SUPERVISÃO

Conceitos e Capacitação Sexta Edição

SAMUEL C. CERTO

SUPERVISÃO

Conceitos e Capacitação　　　Sexta Edição

SAMUEL C. CERTO
Professor de Administração da Cátedra Steinmetz, no Rollins College.

Tradução
Suely Sonoe

Revisão Técnica
Marcus Wilcox Hemais
Mestre em Administração de Empresas pela PUC-Rio
Professor de Marketing no IAG/PUC-RJ e Pesquisador da EBAPE/FGV

Consultoria em Leis Trabalhistas e Ética
Maria do Carmo Whitaker
Advogada e Mestre em Direito pela Universidade de São Paulo – USP.
Docente da Fundação Armando Alvares Penteado – FAAP e
da Escola Superior de Advocacia de São Paulo – ESASP.
Coordenadora do site www.eticaempresarial.com.br.

São Paulo　Rio de Janeiro　Lisboa　Bangkock　Bogotá　Caracas
Cidade do México　Cingapura　Londres　Madri　Milão　Montreal　Nova Delhi
Santiago　Seul　Sydney　Taipé　Toronto

The McGraw·Hill Companies

Supervisão: Conceitos e Capacitação
Sexta edição
ISBN: 978-85-7726-069-0

A reprodução total ou parcial deste volume por quaisquer formas ou meios, sem o consentimento, por escrito, da editora é ilegal e configura apropriação indevida dos direitos intelectuais e patrimoniais dos autores.

© 2009 McGraw-Hill Interamericana do Brasil Ltda.
Todos os direitos reservados.
Av. Brigadeiro Faria Lima, 201, 17º andar
São Paulo – SP – CEP 05426-100

© 2009 McGraw-Hill Interamericana Editores, S.A. de C.V.
Todos os direitos reservados.
Prol. Paseo de la Reforma 1015 Torre A
Piso 17, Col. Desarrollo Santa Fé,
Delegación Alvaro Obregón
C.P. 01376, México, D.F

Tradução da sexta edição em inglês de Supervision : Concepts & Skill-Building, publicada pela McGraw-Hill/Irwin, uma unidade de negócios da McGraw-Hill Companies. Inc., 1221 Avenue of the Americas, New York, NY 10020.
© 2008 by The McGraw-Hill Companies Inc.
ISBN da obra original: 978-0-07-340500-1

Coordenadora Editorial: *Guacira Simonelli*
Editora de Desenvolvimento: *Marileide Gomes*
Supervisora de Pré-impressão: *Natália Toshiyuki*
Preparação de Texto: *Salete Del Guerra*
Design de Capa: *Jillian Lindner*
Diagramação: *Globaltec Artes Gráficas Ltda.*

Dados Internacionais de Catalogação na Publicação (CIP)
(Câmara Brasileira do Livro, SP, Brasil)

Certo, Samuel C.
　　Supervisão : conceitos e capacitação / Samuel C. Certo ; tradução Suely Sonoe. -- 6. ed. -- São Paulo : McGraw-Hill, 2009.

　　Título original: Supervision : concepts & skill-building
　　Vários colaboradores.
　　Bibliografia
　　ISBN 978-85-7726-069-0

　　1. Administração de pessoal 2. Motivação
3. Sucesso profissional 4. Supervisão de funcionários
I. Título.

08-10743   CDD-658.302

Índices para catálogo sistemático:

　　1. Funcionários : Supervisão : Administração de empresas   658.302
　　2. Supervisão : Gerenciamento : Administração de empresas   658.302

A McGraw-Hill tem forte compromisso com a qualidade e procura manter laços estreitos com seus leitores. Nosso principal objetivo é oferecer obras de qualidade a preços justos, e um dos caminhos para atingir essa meta é ouvir o que os leitores têm a dizer. Portanto, se você tem dúvidas, críticas ou sugestões, entre em contato conosco — preferencialmente por correio eletrônico (mh_brasil@mcgraw-hill.com) e nos ajude a aprimorar nosso trabalho. Em Portugal use o endereço servico_clientes@mcgraw-hill.com. Teremos prazer em conversar com você.

Para Sarah e Drew ...
Ver como vocês enfrentam os desafios diários é um verdadeiro incentivo para mim.
A forte crença e tenacidade diária de vocês os mantêm constantemente na direção certa.
Em frente, a toda velocidade.

Prefácio

A contribuição principal dos supervisores modernos para gerar o sucesso organizacional é inegável. Os tópicos contidos nesta nova edição trazem tanto os conceitos tradicionalmente comprovados como os mais modernos em termos de supervisão, que servem como ferramentas práticas para vencer os desafios apresentados por esta atividade atualmente. O maior avanço nesta nova edição foi o aprimoramento da interação que o texto proporciona, para que o aluno tenha uma mistura rica de idéias práticas de supervisão e exemplos reais ilustrativos de como os supervisores modernos resolvem os problemas enfrentados atualmente. O estudo criterioso dos conceitos de supervisão e dos exemplos apresentados em todo o livro aumentam muito as chances de sucesso e recompensa pessoal do aluno como supervisor.

Esta nova edição*, assim como as anteriores, prepara o aluno para se tornar supervisor. Refletindo sobre as complexidades do cargo de supervisor, *Supervisão: Conceitos e Capacitação* ajuda o aluno a entender os requisitos necessários para se tornar um supervisor de sucesso. No geral, este livro concentra-se na discussão de conceitos importantes de supervisão *e* na capacitação em habilidades fundamentais para a aplicação desses conceitos.

O sucesso permanente deste livro reafirma minha crença de que um texto de alta qualidade sobre supervisão deve conter importante material teórico, além de facilitar os processos de ensino e de aprendizado do aluno. As seções a seguir detalham como esta nova edição apresenta a teoria da supervisão e como ela facilitará tais processos.

VISÃO GERAL DO DESENVOLVIMENTO DO TEXTO
A Base

Esta sexta edição, assim como as edições anteriores, tem como base sólidos fundamentos teóricos. Para criar essa base, foram enviadas pesquisas a professores de cursos de supervisão e a supervisores de muitas empresas, com o objetivo de coletar informações acerca dos tópicos necessários para desenvolver um pacote de aprendizado sobre supervisão da mais alta qualidade disponível no mercado. Os principais temas gerados a partir dos resultados dessa pesquisa foram resumidos e apresentados a grupos de especialistas de todo o país, com o objetivo de aperfeiçoar e desenvolvê-los. Então, professores de cursos de supervisão e supervisores profissionais atuaram como críticos no ajuste do plano do livro, e serviram como orientadores finais antes que a redação do texto tivesse iniciado. A Figura A mostra o foco dos vários profissionais durante o desenvolvimento do texto.

A Sexta Edição – Uma Tradição de Sucesso Continua

Supervisão: Conceitos e Capacitação está dividido em cinco partes principais: "O Que É um Supervisor?", "Desafios da Supervisão Moderna", "Funções do Supervisor", "Habilidades do Supervisor" e "Supervisão e Recursos Humanos".

A Parte Um, "O Que É um Supervisor?", é composta do primeiro capítulo, "Supervisão Moderna: Conceitos e Habilidades". O Capítulo 1 busca oferecer ao aluno uma introdução completa à supervisão, antes de embarcar em um estudo mais detalhado do processo de supervisão. Os principais aspectos revisados nesse capítulo abrangem um novo texto introdutório tratando da aceitação de um profissional como novo supervisor, além de um caso para reflexão apresentado no final do capítulo e uma nova seção ampliando a discussão sobre as habilidades do supervisor.

---
* N.E.: Primeira edição brasileira, sexta edição norte-americana, publicada pela McGraw-Hill/Irwin.

FIGURA A *Supervisão:* **A Equipe de Profissionais**

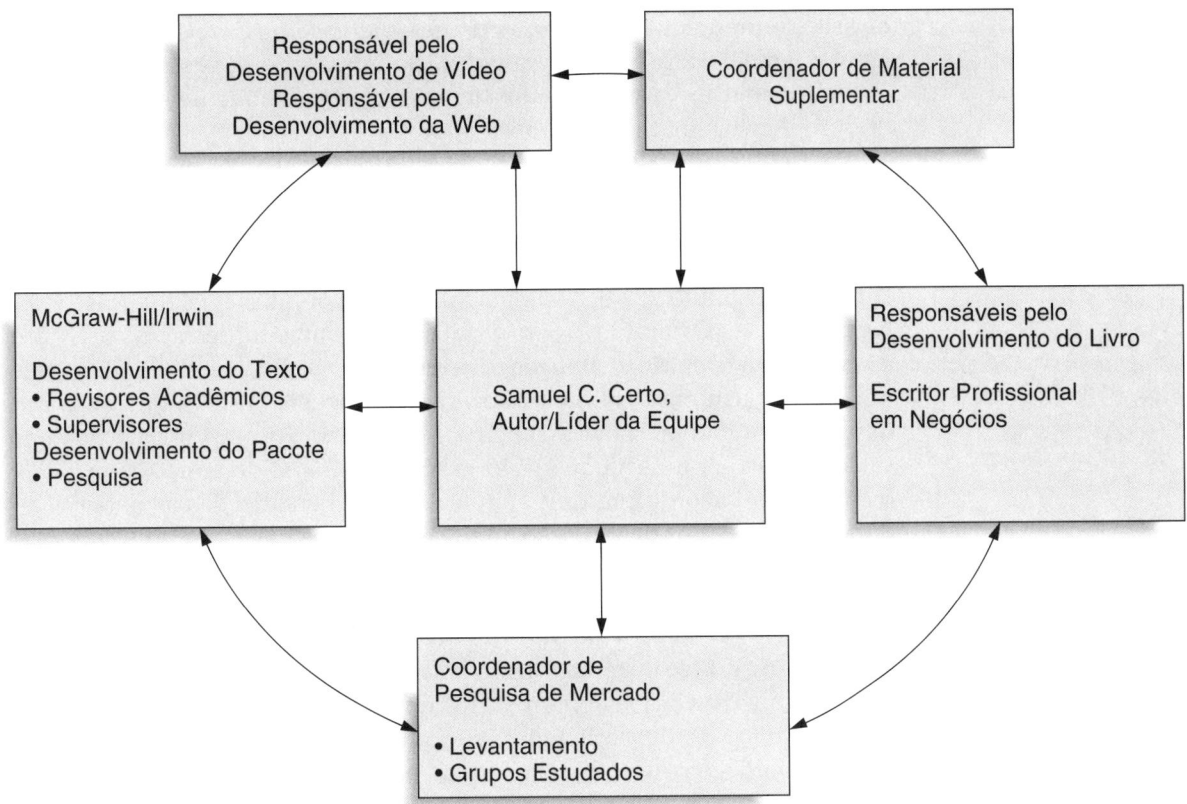

A Parte Dois, "Os Desafios da Supervisão Moderna", abrange as áreas em que os supervisores deverão enfrentar os grandes desafios organizacionais contemporâneos. O Capítulo 2, "Assegurando a Alta Qualidade e Produtividade", descreve a influência da qualidade e da produtividade na supervisão das organizações. O Capítulo 3, "Trabalho em Equipe: a Importância das Reuniões", e o Capítulo 4, "Cumprindo os Altos Padrões Éticos", foram atualizados nesta edição. No Capítulo 3, foram aprofundados temas tais como relacionamentos e desenvolvimento de grupo. No Capítulo 4, foi introduzido o tópico sobre a ética no universo corporativo de hoje. O Capítulo 5, "Gestão da Diversidade", é um importante capítulo porque tem como foco a influência da diversidade no processo de supervisão. Entre os principais tópicos abordados estão a definição de diversidade, o preconceito, os estereótipos, a discriminação de gênero e idade. Foi introduzida uma nova abordagem que trata do crescente número de líderes do sexo feminino nas empresas, o aumento do número de portadores de deficiência na força de trabalho e os avanços na tecnologia da comunicação.

A Parte Três, "Funções do Supervisor", contém quatro capítulos. O Capítulo 6, "Atingindo as Metas: Planos e Controles", apresenta uma combinação entre as funções de planejamento e de controle do supervisor. Nesta edição, foi acrescentado um conjunto de exemplos novos, incluindo enfoques no setor bancário, na definição de metas e no planejamento na área da construção civil, visando aumentar o pragmatismo e a riqueza do capítulo. No Capítulo 7, "Organização e Autoridade", foram enfatizadas a organização e a delegação; esse capítulo inclui novos exemplos de flexibilidade e delegação que o supervisor deve observar. No Capítulo 8, "O Supervisor Como Líder", foi aprofundada a abordagem sobre as diferenças entre gestor e líder. O Capítulo 9, "Solução de Problemas, Tomada de Decisões e Criatividade", apresenta ao aluno visões gerais sobre os tipos de problemas e de decisões enfrentados pelos supervisores, além de possíveis medidas para resolver os problemas e tomar as decisões. Nesta edição, foi acrescentado um novo texto introdutório sobre a situação dos atendentes de telefone de emergência na solução dos problemas que lhes são apresentados.

A Parte Quatro, "Habilidades do Supervisor", apresenta uma discussão das principais aptidões para que o supervisor seja bem-sucedido. Essas habilidades englobam "Comunicação" (Capítulo 10), "Motivação de Funcionários" (Capítulo 11), "Funcionários Problemáticos: Orientação e Disciplina" (Capítulo 12), "Administração de Tempo e Estresse" (Capítulo 13) e "Administração de Conflitos e Mudanças" (Capítulo 14). Nesta edição, o Capítulo 11 foi revisado para demonstrar técnicas criativas de motivação visando à retenção de funcionários qualificados. O Capítulo 12 foi aprimorado com uma abordagem mais ampla a respeito da influência positiva da crítica construtiva e das soluções criativas sobre os funcionários problemáticos. A revisão do Capítulo 13 foi caracterizada por um enfoque maior na administração do tempo e em como lidar com o estresse. Na abordagem do Capítulo 14, foram enfatizadas as políticas e mudanças organizacionais na programação do trabalho.

Novamente, nesta edição, no final da Parte Quatro, foi inserido o Apêndice A "Políticas Organizacionais". Esse apêndice continua a proporcionar ao aluno um meio exclusivo e especial para entender o impacto das políticas na supervisão das organizações modernas. Esse material oferece uma clara definição das políticas organizacionais, permitindo a discussão sobre os vários níveis de ações e táticas políticas. Também se destaca um tópico denominado gerenciamento da impressão, que vem acompanhado de uma abordagem especial sobre gestão das políticas organizacionais.

O texto é encerrado com uma organização nova da Parte Cinco, "Supervisão e Recursos Humanos". O Capítulo 18, que fazia parte da quinta edição, agora foi transformado no Apêndice B, discutido mais adiante. O Capítulo 15, "Seleção de Funcionários", concentra-se no processo de escolha da pessoa certa para preencher uma posição em aberto e também nas fontes, nos métodos e nas questões legais a serem consideradas. As novidades do capítulo nesta revisão englobam um enfoque maior nas práticas de contratação e nas habilidades para entrevistar candidatos a um emprego. O Capítulo 16, "Orientação e Treinamento", trata do processo de orientação dos novos contratados, do desenvolvimento das habilidades dos funcionários e da avaliação dos métodos de treinamento. O Capítulo 16 tem como aprimoramento a inclusão de um novo texto introdutório sobre a importância do compromisso do gestor com o treinamento, acompanhado de dicas e técnicas atualizadas de treinamento. No Capítulo 17, "Avaliação de Desempenho", é discutida a importância da avaliação sistemática de desempenho e são apresentados diversos métodos de avaliação. O aprimoramento da edição oferece um enfoque maior na eficácia dos planos de desenvolvimento pessoal, na utilização dos dados da avaliação pelas companhias e na relação entre o feedback da avaliação e o desempenho.

O livro termina com os apêndices B e C. O Apêndice B, "Legislação Pertinente à Supervisão: Saúde e Segurança, Relações Trabalhistas, Emprego Justo", trata de informações legais práticas, relevantes para uma supervisão de sucesso. O Apêndice C, "Seqüência Profissional do Supervisor: Encontrando a Carreira Certa", serve para o aluno como fonte rica em informações sobre a carreira, indicando como encontrar o primeiro emprego, talvez em um cargo de supervisão, e como administrar a carreira. Ele enfatiza tópicos importantes, como definição das metas profissionais, preparação para procurar um emprego e aspectos-chave para enfrentar a entrevista. Esse apêndice foi elaborado para ser um tópico vital de discussão do curso e servir como guia de referência valioso para que o aluno comece efetivamente a gerenciar sua carreira.

VISÃO GERAL DO SISTEMA DE APRENDIZADO DO LIVRO

Cada capítulo desta edição dá continuidade à tradição de fazer da supervisão um estudo interessante, agradável, efetivo e eficaz. Nesta edição, o aluno perceberá novos elementos pedagógicos introduzidos para melhorar ainda mais a força da metodologia geral. Cada componente pedagógico será descrito nas seções a seguir.

Citações do Capítulo

No início de cada capítulo, são introduzidas novas citações de especialistas em negócios, personalidades históricas e políticas empresariais. Essas citações foram escolhidas especificamente para ajudar a estruturar os tópicos apresentados nos capítulos e são seguidas de identificação e afiliação dos citados para que o aluno possa entender a importância do estudo da supervisão. Por exemplo, esta é a citação de abertura do Capítulo 5 (sobre gestão da diversidade):

> Diversidade [é] a arte de pensar juntos, de forma independente.
> – Malcolm Stevenson Forbes, editor (1919-1990)

Tópicos Gerais do Capítulo

Os tópicos gerais apresentados no início de cada capítulo constituem uma ferramenta que o aluno pode utilizar para ter uma prévia noção geral do conteúdo dos capítulos e revisar o material antes dos exames. Esses tópicos gerais também podem ser usados para ajudar o aluno a entender a relação entre os temas de um e outro capítulo.

Objetivos de Aprendizado

Os principais temas do conteúdo do capítulo formam a base dos objetivos de aprendizado. Os objetivos de aprendizado servem como guia para estudar o conteúdo e como meio para organizar o material.

Problema de um Supervisor

Como novidade desta edição, cada capítulo começa com um texto introdutório na seção intitulada "Problema de um Supervisor", que consiste em um episódio relatando o trabalho de um supervisor na vida real. Por exemplo, o Capítulo 1 relata a história de Tyrone Dugan, um supervisor novo em um ambiente de trabalho novo, esforçando-se ao máximo para provar a seus funcionários que é um líder capaz. Cada seção "Problema de um Supervisor" é acompanhada, ao final do capítulo, de uma seção correspondente de exercício de discussão intitulada "Problema a Ser Resolvido pelo Aluno" (ver a seguir os detalhes).

Definições de Margem

Na margem das páginas, são apresentadas as definições dos principais termos. O aluno pode usar essas definições para testar seu entendimento dos termos e localizar, no texto, onde estão sendo abordados os conceitos importantes.

Tópicos de Destaque do Aprendizado

Incorporados em cada capítulo, diversos exemplos extraídos da vida real retratam os supervisores enfrentando os desafios diários. Esses exemplos foram escolhidos criteriosamente e inseridos nos capítulos para tornar o aprendizado mais interessante, mais aplicável e mais duradouro. Como resultado desse sistema de destaque, este livro é rico em experiências de supervisores na vida real. Além disso, esses tópicos de destaque foram bem atualizados para esta edição. Estes são os tipos de destaque inseridos ao longo do livro:

Supervisão e Ética

Esse item vem ilustrar o papel vital da ética na atuação do supervisor. Praticamente toda fase da atividade de supervisão é afetada por questões éticas. Por exemplo, no Capítulo 5, o novo item "Supervisão e Ética" trata das complicações éticas dos relacionamentos amorosos entre supervisores e subordinados.

Habilidades em Supervisão

Esse item mostra ao aluno como o supervisor usa suas habilidades para enfrentar os desafios atuais na realização de seu trabalho. Os textos têm como objetivo oferecer ao aluno os exemplos mais atuais disponíveis. Por exemplo, o texto novo do Capítulo 7 concentra-se na arte da delegação por parte do supervisor.

Dicas da Linha de Frente

Em cada capítulo, esse item destaca orientações práticas para ajudar o aluno a tornar-se um supervisor de sucesso. O Capítulo 12 oferece uma visão completa e atualizada sobre crítica construtiva e como aplicá-la de uma forma eficiente.

Supervisão e Diversidade

Cada um desses itens ilustra uma importante questão envolvendo a diversidade relacionada ao conteúdo do capítulo e enfatiza como o supervisor moderno pode enfrentar a questão. Um exemplo novo no Capítulo 15 discute as ações da cadeia de restaurantes Bertucci's Brick Oven Ristorante para atrair funcionários de grupos diversificados mediante seu compromisso com o desenvolvimento dos funcionários e com a promoção interna.

Supervisão nos Diversos Setores

Esse item ilustra a relação entre o conteúdo textual e os vários setores de atividades. Esses textos, distribuídos ao longo do livro, asseguram ao aluno uma compreensão rica e plena de como aplicar os conceitos de supervisão às várias situações distintas. Como exemplo, o texto destaca empresas reais de vários setores, como automobilístico (Honda Motor Company), da construção civil (Grayson Homes) e supermercadista (Whole Foods).

Resumo

Os objetivos de aprendizado são retomados ao final de cada capítulo em um breve resumo dos conceitos apresentados. Esse formato exclusivo permite ao aluno revisar aquilo que aprendeu de cada objetivo de aprendizado.

Figuras e Tabelas

Ilustrações e tabelas são amplamente usadas para esclarecer e reforçar os conceitos do texto.

Termos Principais

Cada capítulo inclui uma lista dos principais termos. A leitura dessa lista ajuda o aluno a revisar o conteúdo, testando sua compreensão dos termos. O número da página em que se encontra a primeira definição do termo também está incluído no glossário ao final do livro. Esses termos estão destacados em todo o livro como definições de margem.

Questões para Discussão e Revisão

Essas questões testam a compreensão dos conceitos do capítulo. Elas podem ser usadas de forma independente por alunos ou por professores como método de revisão dos capítulos.

Módulo de Aptidão

Os módulos de aptidão apresentados ao final de cada capítulo refletem um compromisso ampliado nesta edição de enfatizar as habilidades do aluno na aplicação dos conceitos de supervisão. Cada módulo contém inúmeros elementos que o professor pode usar como parte formal de um curso para desenvolver a capacidade de aplicação do aluno. O aluno também pode usar os elementos de maneira independente. Cada módulo de aptidão está dividido em duas partes: conceitos e capacitação.

Parte Um: Conceitos

Essa seção do módulo de aptidão concentra-se em ajudar o aluno a entender com clareza e apreender os conceitos de supervisão estudados no capítulo. A seção contém um resumo organizado por objetivos de aprendizado, uma lista dos termos principais acompanhados do número da página para o aluno revisar o significado dos termos, e questões para discussão e revisão que o aluno pode estudar de forma independente ou que o professor pode usar como base para uma discussão em classe.

Parte Dois: Capacitação

Essa seção busca ajudar o aluno a desenvolver a capacidade de aplicar o conteúdo do capítulo na solução de problemas de supervisão. A seção contém as seguintes atividades:

Problema a Ser Resolvido pelo Aluno. Nessa atividade, novidade desta edição, o aluno deve responder as questões aplicando os conceitos apresentados no capítulo ao cenário do texto introdutório. Por exemplo, o cenário de abertura do Capítulo 3, "Supervisionar a Equipe de Vendas da Duplisea É um Esforço a Distância", é baseado em uma empresa chamada CheckFree. No item "Problema a Ser Resolvido pelo Aluno" desse capítulo, os alunos devem discutir se uma equipe "virtual", como a da CheckFree, possui características de equipe.

Caso de Solução de Problemas. Em seguida, cada capítulo contém um breve caso para que o aluno possa aplicar um pouco mais os conceitos apresentados no capítulo em várias situações de supervisão. Perguntas especialmente formuladas para cada caso exigem que o aluno se concentre em resolver um problema de supervisão. Por exemplo, com base em um novo caso incluído no Capítulo 12, Suspensão de Policiais de Lexington, Kentucky, o aluno deve determinar se o departamento de polícia tem direito de aplicar medidas disciplinares aos policiais por má conduta, mesmo quando estão de folga.

Autoconhecimento. Cada capítulo contém um curto questionário de auto-avaliação, que ajuda o aluno a observar que tipo de supervisor ele pode vir a ser. Por exemplo, o Capítulo 5, "Gestão da Diversidade", apresenta um questionário que o aluno pode usar para conhecer seus preconceitos em relação à idade. As questões para discussão que acompanham os questionários ajudam o aluno a explorar com mais profundidade os resultados da auto-avaliação, permitindo que ele se conheça melhor. No módulo de aptidão do Capítulo 5, por exemplo, os alunos devem colocar numa lista os preconceitos comuns que as pessoas têm em relação aos trabalhadores de idade mais avançada.

Exercícios em Aula. O exercício de aptidão consiste em uma atividade criada especificamente para ajudar o aluno a desenvolver as habilidades de supervisão. Cada módulo de aptidão contém dois exercícios que variam no formato e na estruturação, alguns devem ser realizados individualmente e outros devem ser realizados em grupo. Quase todos os exercícios podem ser utilizados tanto em sala de aula como fora dela. Por exemplo, os exercícios de aptidão do Capítulo 6 procuram desenvolver as habilidades de definição de metas e de controle.

Glossário

Os termos e as definições utilizados em cada capítulo estão listados ao final do livro no glossário, permitindo ao aluno e ao professor uma consulta rápida. Para incentivar o aluno a revisar o assunto, foram incluídas o número das páginas do texto em que os termos aparecem definidos e discutidos.

MATERIAL EXTRA

Com o objetivo de aprimorar o processo de aprendizado do aluno e oferecer ao professor mais recursos para expor os assuntos tratados no livro, há um material extra que acompanha este livro, disponível em www.mhhe.com/certo6e. Esses materiais estão disponíveis em inglês e alguns são comerciais, ou seja, você precisa comprá-los. Para ter acesso aos materiais comerciais, faça um pedido em uma livraria, informando o ISBN do produto. Para ter acesso aos materiais gratuitos, os professores brasileiros necessitam obter uma senha com a McGraw-Hill do Brasil, que deve ser solicitada por e-mail (divulgacao_brasil@mcgraw-hill.com). Na Europa, a senha deve ser obtida com a McGraw-Hill de Portugal (servico_clientes@mcgraw-hill.com). A seguir, é apresentada a descrição de cada material.

Centro de Aprendizado On-Line

O centro de aprendizado on-line (Online Learning Center – OLC), em www.mhhe.com/certo6e oferece, tanto ao aluno quanto ao professor, acesso a vários recursos. Para o professor: slides em Power Point, manual do professor e outros; para o aluno: termos principais de cada capítulo, questões de múltipla escolha e outros. Consulte os links *Student Edition* e *Instructor Edition* para mais detalhes. Todos os recursos estão disponíveis em inglês

Manual de Recursos para Vídeo e Grupo: Guia do Professor para uma Aula Dinâmica ISBN: 0073044342 (impresso) ou on-line em www.mhhe.com/mobmanual

Elaborado por Amanda Johnson e Angelo Kinicki, o Manual de Recursos para Vídeo e Grupo foi desenvolvido para ajudar o professor a criar uma atmosfera mais estimulante e dinâmica na sala de aula. O manual contém exercícios interativos, realizados em sala da aula, individuais e em grupo, acompanhando os capítulos do livro.

Esse guia valioso, juntamente com o site de vídeo "Situações da Realidade do Gestor", oferece informações e exercícios que ajudam o professor a integrar os cenários do vídeo com a atmosfera da sala de aula. Para cada exercício, o manual inclui objetivos de aprendizado, slides exclusivos em PowerPoint para acompanhamento do exercício, e questões de ampla discussão, para facilitar o aprimoramento do aprendizado. Disponível em inglês.

CD-ROM de Recursos para o Professor (IRCD) ISBN: 0073317403/9780073317403

O IRCD desta edição é o espaço do professor para acessar os materiais do curso, inclusive o Banco de Testes, Manual do Professor e Slides em Power Point.

O desenvolvimento de um banco de testes de alta qualidade para acompanhar a sexta edição de *Supervisão* foi extremamente importante. O banco de testes, elaborado pelo Dr. Amit Shah, da Frostburg State University, contém mais de 2.000 perguntas.

Cada capítulo inclui questões de múltipla escolha, de redação e de correspondência de alternativas. Além disso, um questionário preparado para cada capítulo pode ser copiado ou usado como transparência. Cada questão do banco de testes inclui a resposta, a página do livro correspondente em que a resposta pode ser encontrada e o raciocínio da resposta. Todas as questões estão classificadas por nível de dificuldade e organizadas de acordo com os objetivos de aprendizado, mantendo a consistência com todo o pacote de ensino. Todo este material está disponível em inglês.

AGRADECIMENTOS

Para o autor, os muitos anos de sucesso de *Supervisão: Conceitos e Capacitação* são muito gratificantes. O sucesso deste livro deve-se, em grande parte, ao trabalho árduo e ao compromisso de muitos respeitados colegas. Fico feliz em poder agradecer a contribuição desses profissionais. Meus agradecimentos especiais vão para estes especialistas, com suas críticas e opiniões oferecidas ao longo dos anos:

Raymond Ackerman
Amber University

Rex Adams
Southside Virginia Community College, Daniels

Musa Agil
Cape Fear Community College

Linda Alexander
Southeast Community College, Lincoln

Gemmy Allen
Mountain View College

Scott Ames
North Lake College

E. Walter Amundsen
Indiana University Southeast

Paul Andrews
Southern Illinois University

Lydia Anderson
Fresno City College

Solimon Appel
College for Human Services

Bob Ash
Rancho Santiago College

Glenda Aslin
Weatherford College

Bob Baker
Caldwell Community College

James Bakersfield
North Hennepin Community College

L. E. Banderet
Quinsigamond Community College

Robert Barefield
Drury College, Springfield

Laurence Barry
Cuyamaca College

Perry Barton
Guinnett Area Technical College

Lorraine Bassette
Prince George Community College

Vern Bastjan
Fox Valley Technical College

Becky Bechtel
Cincinnati Technical College

Kenneth Beckerink
Agricultural and Technical College

Gina Beckles
Bethune-Cookman College

Jim Beeler
Indiana Vocational and Technical College, Indianápolis

Robert Bendotti
Paradise Valley Community College

Jim Blackwell
Park College

David Bodkin
Cumberland University

Arthur Boisselle
Pikes Peak Community College

Robert Braaten
Tidewater Community College

James Brademas
University of Illinois, Urbana

Suzanne Bradford
Angelina College

Richard Braley
Eastern Oklahoma State College

Janis Brandt
Southern Illinois University

Stanley Braverman
Chestnut Hill College

Duane Brickner
South Mountain Community College

Dick Brigham
Brookhaven College

Arnold Brown
Purdue University North Central

Eugene Buccini
West Connecticut State University

Gary Bumbarner
Mountain Hope Community College

Kick Bundons
Johnson County Community College

Bill Burmeister
New Mexico State University
Randy Busch
Lee College
Oscar S. Campbell
Athens State College
Marjorie Carte
D. S. Lancaster Community College
Joseph Castelli
College of San Mateo
Win Chesney
St. Louis Community College at Meramac
James Chester
Cameron University
William Chester
University of the Virgin Islands
Michael Cicero
Highline Community College
Jack Clarcq
Rochester Institute of Technology
Charles Clark
Oklahoma City Community College
Sharon Clark
Lebanon Valley College
Virgil Clark
Sierra College
Jerry Coddington
Indiana Vocational and Technical College, Indianápolis
Bruce Conners
Kaskaskia College
Ronald Cornelius
University of Rio Grande
Gloria Couch
Texas State College Institute
Darrell Croft
Imperial Valley College
Joe Czajka
Universidade da Carolina do Sul
Beatrice Davis
Santa Fe Community College
James Day
Grambling State University
Richard De Luca
University of Hawaii, Kapiolani Community College

Edwin Deshautelle Jr.
Bloomfield College
Richard Deus
Louisiana State University at Eunice
Ruth Dixon
Sacramento City College
Mike Dougherty
Milwaukee Area Technical College
Leroy Drew
Diablo Valley College
Janet Duncan
Central Maine Technical College
Ron Eads
City College of San Francisco
Acie B. Earl Sr.
Black Hawk College
Patrick Ellsberg
Labette Community College
Earl Emery
Lower Columbia College
Tracy Ethridge
Tri-County Technical College
Roland Eyears
Baker College, Flint
Tom Falcone
Central Ohio Technical College
James Fangman
Wisconsin Technical College
Medhat Farooque
Central Arizona College
Jim Fatina
Indiana University
Dr. Anthony Favre
Mississippi Valley State University
Janice M. Feldbauer
Austin Community College
Jack Fleming
Triton College
Lee Fleming
Moorpark College
Charles Flint
San Jacinto College Central
Toni Forcioni
Montgomery College, Germantown
Laurie Francis
Mid State Technical College

Cheryl Frank
Inver Hills Community College
Connie French
Los Angeles City College
Larry Fudella
Erie Community College South
William Fulmer
Clarion University of Pennsylvania
Carson Gancer
Kalamazoo Valley Community College
Autrey Gardner
Industrial Technology Department, Warren Air Force Base
David Gennrich
Waukesha County Technical College
Brad Gilbreath
New Mexico State University
Sally Gillespie
Broome Community College
Catherine Glod
Mohawk Valley Community College
Tim Gocke
Terra Technical College
Richard Gordon
Detroit College of Business, Dearborn
Greg Gorniak
Pennsylvania State University, Behrend
William G. Graham
Palm Beach Community College
Valerie Greer
University of Maryland
James Grunzweig
Lakeland Community College
James Gulli
Citrus College
Peter J. Gummere
Community College of Vermont
Thomas Gush
College of DuPage
Bill Hamlin
Pellissippi State Technical College
Willard Hanson
Southwestern College
James Harbin
East Texas State University

Carnella Hardin
Glendale College
Scott Harding
Normandale Community College
Louis Harmin
Sullivan County Community College
LeeAnna Harrah
Marion Technical College
Lartee Harris
West Los Angeles College
Edward L. Harrison
University of South Alabama
Paul Hedlund
Barton County Community College
Dr. Douglas G. Heeter
Ferris State University
Kathryn Hegar
Indiana Vocational and Technical, Terre Haute
J. Donald Herring
State University of New York–Oswego
Charles A. Hill
UC–Berkeley Extension
Gene Hilton
Mountain View College
Jean Hiten
Brookhaven College
Roger Holland
Owensboro Community College
Larry Hollar
Cerritos College
Russ Holloman
Catawba Valley Community College
Joshua Holt
Ricks College
Tonya Hynds
Augusta College
Robert Ironside
Indiana University at Kokomo
Ruby Ivens
Lansing Community College
Ellen Jacobs
North Lake College
Debbie Jansky
Milwaukee Area Technical College
Bonnie Jayne
College of St. Mary

Bonnie Johnson
Fashion Institute of New York

Sue Jones
Odessa College

Iris Jorstad
Waubonsee Community College

Vincent Kafkaa
Effective Learning Systems

Ronald C. Kamahele
University of Alaska–Anchorage

Jack E. Kant
San Juan College

Sarkis Kavooyian
Bryant & Stratton

Bernard Keller
Delaware Technical and Community College

Robert Kemp
Pikes Peak Community College

James Kennedy
Angelina College

Howard Keratin
Peralta Laney College

James Kerrigan
Fashion Institute of Technology

Scott King
Stonehill College

Jay Kingpin
El Centro College

Edward Kingston
Universidade do Sul da Flórida

Ronald Kiziah
Piedmont Virginia Community College

Mary Lou Kline
Caldwell Community College

Russell Kunz
Collin County Community College, Spring Creek

Sue Kyriazopoulous
DeVry Institute of Technology

Bryan Lach
Alamance Community College

Joyce LeMay
Saint Paul College

Les Ledger
Central Texas College

Allen Levy
Macomb Community College Center

Corinne Livesay
Mississippi College

Thomas Lloyd
DeVry Institute of Technology

Barbara Logan
Westmoreland County Community College

Rosendo Lomas
Albuquerque Technical–Vocational Institute

Frances Lowery
Lawrence Technical University

Henie Lustgarten
Brewer State Junior College

Paul D. Lydick
Paul D Camp Community College

Alvin Mack
University of Maryland

Jon Magoon
Everett Community College

Marvin Mai
Santa Rosa Junior College

John Maloney
College of DuPage

Joseph Manno
Empire College

Gary Marrer
Glendale Community College

Lynda Massa
Santa Barbara Business College

Noel Matthews
Front Range Community College

Edward Mautz
Montgomery College

Ron Maxwell
El Camino College

Kim McDonald
IPFW

Robert McDonald
Central Wesleyan College

Tim McHeffey
Suffolk County Community College

William McKinney
University of Illinois, Urbana

Joseph McShane
Gateway Technical Institute, Kenosha

Raymond Medeiros
Southern Illinois University

Unny Menon
California State Polytechnic University

Dorothy Metcalfe
Cambridge Community College Center
Eugene Meyers
Fashion Institute of Design and Merchandising, Los Angeles
Charles Miller
Western Kentucky University
Dr. Diane Minger
Cedar Valley College
David Molnar
NE Wisconsin Technical College
Daniel Montez
South Texas College
Dominic A. Montileone
Delaware Valley College
Wayne Moorhead
Delaware Valley College
Peter Moran
Brown Mackie College
Ed Mosher
Wisconsin Indianhead Technical College
Donald Mossman
Laramie County Community College
John Mudge
Concordia College
James Mulvihill
Mankato Technical Institute
David W. Murphy
Madisonville Community College
Hershel Nelson
South Central Technical College
John Nugent
Polk Community College
Randy Nutter
Montana Technical College
Sylvia Ong
Scottsdale Community College
Cruz Ortolaza
Geneva College
Smita Jain Oxford
Commonwealth College
Joseph Papenfuss
Catholic University of Puerto Rico
Mary Papenthien
Westminster College, Salt Lake City
John Parker
Milwaukee Area Technical College

Robert Payne
Baker College
James Peele
Manchester Community College
Joe Petta
Carl Sandburg College, Galesburg
Bonnie Phillips
Regis College
David A. Phillips
Purdue University
Martha Pickett
Casper College
Sarah T. Pitts
Christian Brothers University
Steven Pliseth
University of Wisconsin, Platteville
Barbara Pratt
Sinclair Community College
Robert Priester
Community College of Vermont
Barbara Prince
Madison Area Technical College
John Pryor
Northern Nevada Community College
Marcia Ann Pulich
University of Wisconsin–Whitewater
Margaret Rdzak
Cardinal Stritch College
William Redmon
Western Michigan University
Arnon Reichers
Ohio State University
Charles Reott
Western Wisconsin Technical Institute
Peter Repcogle
Orange County Community College
Richard Rettig
University of Central Oklahoma
Harriett Rice
Los Angeles City College
Robert Richardson
Iona College
Charles Riley
Tarrant County Junior College
Richard Riley
National College
Michael Rogers
Albany State College

Robert Roth
City University, Bellvue
Larry Runions
North Carolina Vocational Textile
Henry Ryder
Gloucester County College
Larry Ryland
Lurleen B. Wallace Junior College
Mildred Sanders
Jefferson State Community College
Don Saucy
Universidade da Carolina do Norte–Pembroke
Duane Schecter
Muskegon Community College
S. Schmidt
Diablo Valley College
Ralph Schmitt
Macomb Community College South
Irving Schnayer
Peralta Laney College
Greg Schneider
Waukesha County Technical College
Arthur Shanley
Muwaukee School of Engineering
Margie Shaw
Lake City Community College
Allen Shub
Northwestern Illinois University
Pravin Shukla
Nash Community College
Clay Sink
University of Rhode Island
Dr. Leane B. Skinner
Auburn University
Ron Smith
DeKalb Institute of Technology
Steve Smith
Mid State Technical College
Wanda Smith
Ferris State University
Carl Sonntag
Pikes Peak Community College
Marti Sopher
Cardinal Stritch College

Jerry Sparks
St. Louis Community College at Florissant Valley
David Spitler
Cannon International Business College
Richard Squire
Central Michigan University
Dick Stanish
Northwest Technical College
Gene Stewart
Tulsa Junior College
George Stooks
State University of New York–Oswego
John Stout
Brookhaven College
Art Sweeney
University of Scranton
Sally Terman
Troy State University
Sherman Timmons
Scottsdale Community College
Don Tomal
University of Toledo
Donna Treadwell
University of Arkansas at Little Rock
Ron Tremmel
Johnson County Community College
Guy Trepanier
Rend Lake College
John Tucker
Iona College
Bill Tyer
Purdue University
Robert Ulbrich
Tarrant County Junior College
Diann Valentini
Parkland College
Steven Vekich
Fashion Institute of Technology
Susan Verhulst
Des Moines Area Community College
Michael Vijuk
Washington State Community College
Charles Wall
William Rainey Harper College
Joyce Walsh-Portillo
Broward Community College

Kathy Walton
Bakersfield College

John P. Wanous
Ohio State University

David Way
Galveston College

Robert Way
Salt Lake City Community College

Vincent Weaver
Greenville Technical College

Rick Webb
Milwaukee Area Technical College

Ronald Webb
Johnson County Community College

Rick Weidman
Prince George Community College

Alan Weinstein
Messiah College Grantham

Bill Weisgerber
Canisius College

Julia Welch
Saddleback College

Floyd Wente
University of Arkansas Medical School

Ron Weston
Contra Costa College

Charles Wetmore
California State University, Fresno

Jerry Wheaton
North Arkansas Community College

Luther White
Central Carolina Community College

Michael R. White
University of Northern Iowa

Timothy G. Wiedman
Thomas Nelson Community College

Stephen L. Winter
Orange County Community College

Michael White
University of Northern Iowa

Sara White
University of Kansas Medical Center

Barbara Whitney
St. Petersburg Junior College

Tim Wiedman
Thomas Nelson Community College

Stephen Winter
Orange County Community College

Arthur Wolf
Chestnut Hill College

Barry Woodcock
Tennessee Technological University

Michael Wukitsch
American Marketing Association

Catalina Yang
Normandale Community College

Charles Yauger
Arkansas State University

Morrie Yohai
New York Institute of Technology

Teresa Yohon
Hutchinson Community College

James Yoshida
University of Hawaii, Hawaii Community College

Allan Young
Bessemer State Technical College

Marilyn Young
Waukesha County Technical College

Richard Young
Universidade do Estado da Pensilvânia

Dan Yovich
Purdue University North Central

Fred Ziolkowski
Purdue University

Karen Zwissler
Milwaukee Area Technical College

Obviamente, os profissionais da McGraw-Hill merecem reconhecimento especial. Tive muita sorte de contar com dois extraordinários editores neste projeto. Kelly Lowery foi editora deste projeto antes de ser interrompida pela licença maternidade. A tenacidade e firmeza de Kelly certamente ajudaram esta edição tornar-se realidade. John Weimeister, o outro editor, realizou um trabalho extraordinário. O apoio e o conhecimento de mercado de John foram marcantes na sua personalidade como editor. Megan Richter, assistente editorial, foi coordenadora indispensável no projeto da nova edição. Megan acompanhou todas as atividades do projeto e garantiu sua conclusão no prazo. Diversos outros profissionais da McGraw-Hill foram fundamentais para tornar esta edição uma realidade. Entre esses profissionais estão Kelly Odom, Marlena Pechan, Michael McCormick, Jillian Lindner, Cathy Tepper, Elisabeth Nevins Caswell e Tammy Eiermann.

O empresário Charles Steinmetz, de Orlando, há muito tempo líder no setor de pesticidas, ensinou-me muitas lições práticas sobre supervisão, ao longo dos anos.

Chuck e sua esposa, Lynn, instituíram recentemente a Cátedra Steinmetz de Administração para promover o estudo e o conhecimento na Roy E. Crummer Graduate School of Business na Rollins College. Sinto-me muito honrado em ser o primeiro titular da Cátedra Steinmetz de Administração e espero transferir aos alunos a profunda sagacidade empresarial e os altos padrões éticos e morais que fizeram de Charles Steinmetz empreendedor e gestor em nível mundial. Gostaria de agradecer a Dr. Craig McAllaster, Diretor da Crummer, por criar uma atmosfera educacional em que o profissionalismo na elaboração de um livro didático consegue crescer e florescer.

Do ponto de vista pessoal, sem o amor e apoio de uma família zelosa, jamais conseguiria concluir projetos de natureza tão desafiadora. Minha esposa, Mimi, é uma pessoa muito especial que está sempre interessada no que faço. Ela sempre me lembra de como é importante o equilíbrio profissional, familiar e espiritual para uma vida digna. Outros familiares, Brian, Matthew e Lizzie, Sarah e Drew, Trevis e Melissa, sempre demonstraram apoio incondicional. Com Skylar e Lexie, início da próxima geração da nossa família, sempre me lembro da verdadeira razão da nossa existência.

Samuel C. Certo

Sobre o Autor

Dr. Samuel C. Certo é professor de administração e ex-diretor da Roy E. Crummer Graduate School of Business, da Rollins College. Ele leciona administração há mais de 20 anos e recebeu prêmios de prestígio, incluindo o Award for Innovative Teaching (*Prêmio pelo Ensino Inovador*) da Sourthern Business Association, o Instructional Innovation Award (*Prêmio pela Inovação no Ensino*) concedido pela Decision Sciences Institute, e o Charles A. Welsh Memorial Award (*Prêmio em Memória a Charles A. Welsh*) pelo destacado ensino na Crummer School. Dr. Certo recebeu, recentemente, o prêmio Bornstein na Rollins College pela contribuição significativa de seu conhecimento e estudos acadêmicos no engrandecimento da reputação nacional da Rollins College. Seus inúmeros trabalhos publicados incluem artigos em publicações especializadas, tais como *Academy of Management Review, Journal of Experiential Learning and Simulation* e *Training*. Ele também escreveu diversos livros didáticos, incluindo *Modern Management*. Os livros profissionais publicados incluem *The Strategic Management Process* e *Digital Dimensioning: Finding the E-Business in Your Business*. Ex-presidente da Divisão de Desenvolvimento e Educação em Administração da Academia de Administração, ele foi agraciado pelo grupo com o prêmio Excellence of Leadership (*Excelência de Liderança*). Dr. Certo tem atuado como presidente da Association for Business Simulation and Experiential Learning (*Associação para Simulação Empresarial e Aprendizado Experimental*), como editor associado da publicação *Simulation & Games*, e como membro do comitê revisor da publicação *Academy of Management Review*. Sua experiência como consultor é ampla, com notável experiência nos quadros de diretoria.

Resumo do Sumário

PARTE UM
O Que É um Supervisor? 1

1. Supervisão Moderna: Conceitos e Habilidades 2

PARTE DOIS
Os Desafios da Supervisão Moderna 27

2. Assegurando a Alta Qualidade e Produtividade 28
3. Trabalho em Equipe: A Importância das Reuniões 62
4. Cumprindo os Altos Padrões Éticos 92
5. Gestão da Diversidade 112

PARTE TRÊS
Funções do Supervisor 133

6. Atingindo as Metas: Planos e Controles 134
7. Organização e Autoridade 168
8. O Supervisor Como Líder 194
9. Solução de Problemas, Tomada de Decisão e Criatividade 220

PARTE QUATRO
Habilidades do Supervisor 247

10. Comunicação 248
11. Motivação de Funcionários 282
12. Funcionários Problemáticos: Orientação e Disciplina 308
13. Administração de Tempo e Estresse 334
14. Administração de Conflitos e Mudanças 364

Apêndice A: Políticas Organizacionais 393

PARTE CINCO
Supervisão e Recursos Humanos 403

15. Seleção de Funcionários 404
16. Orientação e Treinamento 436
17. Avaliação de Desempenho 464

Apêndice B: Legislação Pertinente à Supervisão: Saúde e Segurança, Relações Trabalhistas, Emprego Justo 492

Apêndice C: Seqüência Profissional do Supervisor: Encontrando a Carreira Certa 515

NOTAS 527

GLOSSÁRIO 545

ÍNDICE 551

Sumário

Prefácio vi

Sobre o autor xxii

PARTE UM
O QUE É UM SUPERVISOR? 1

Capítulo 1
Supervisão Moderna: Conceitos e Habilidades 2

Tipos de Habilidades de Supervisão 4
   Noção Clássica das Habilidades de Gestão 4
   Visão Moderna das Habilidades de Gestão 5
   Supervisão de uma Força de Trabalho Diversificada 6
Funções Gerais do Supervisor 8
   Planejamento 8
   Organização 9
   Seleção 9
   Liderança 10
   Controle 10
   Relacionamentos entre as Funções 10
Responsabilidades do Supervisor 11
   Tipos de Responsabilidades 11
   Responsabilidades em uma Organização Que Sofre Mudanças 12
   Responsabilidades e Responsabilização 13
Tornando-se um Supervisor 13
   Preparando-se para o Cargo 14
   Obtendo e Usando o Poder e a Autoridade 15
Características de um Supervisor de Sucesso 15
Sobre o Livro 17
Módulo de aptidão 19
   Parte um: conceitos 19
   Resumo 19
   Termos Principais 20
   Questões para Discussão e Revisão 20
   Parte dois: capacitação 21
   Problema a ser resolvido pelo aluno 21
   Caso de Solução de Problemas: Julgando os Juízes da Conferência da Costa Atlântica 21
   Autoconhecimento 22
   Exercício em Aula
   Reconhecendo as Habilidades de Gestão 23
   Capacitação em Supervisão
   Definindo o Papel como Supervisor 23
   Capacitação em Supervisão
   Liderando uma Equipe 25

PARTE DOIS
OS DESAFIOS DA SUPERVISÃO MODERNA 27

Capítulo 2
Assegurando a Alta Qualidade e Produtividade 28

Conseqüências da Baixa Qualidade 30
   Recursos Limitados 30
   Custos Mais Elevados 31
Tipos de Controle de Qualidade 31
   Controle de Qualidade do Produto 32
   Controle do Processo 32
Métodos de Aperfeiçoamento da Qualidade 33
   Controle Estatístico da Qualidade 33
   Programa Zero Defeito 35
   Equipes de Envolvimento de Funcionários 35
   Programa Seis Sigma 36
   Gestão da Qualidade Total 37
Padrões de Qualidade 39
Diretrizes para o Controle de Qualidade 40
   Prevenção versus Detecção 40
   Definição e Imposição de Padrões 41
O Desafio da Produtividade 43
   Tendências de Produtividade nos Estados Unidos 43
   Restrições à Produtividade 43
Medindo a Produtividade 45
Melhorando a Produtividade 48
   Utilizar os Orçamentos 49
   Aumentar a Produção 49
   Aperfeiçoar os Métodos 49
   Reduzir as Despesas Indiretas 50
   Minimizar o Desperdício 51
   Regular ou Nivelar o Fluxo de Trabalho 52
   Instalar Equipamentos Modernos 52
   Treinar e Motivar os Funcionários 53
   Minimizar o Atraso, o Absenteísmo e a Rotatividade 54
Temor dos Funcionários ao Aperfeiçoamento da Produtividade 55
Módulo de aptidão 56
   Parte um: conceitos 56
   Resumo 56
   Termos Principais 57
   Questões para Discussão e Revisão 57
   Parte dois: capacitação 59
   Problema a ser resolvido pelo aluno 59

Caso de Solução de Problemas: Atendimento é Tudo em Fast-Food 59
Autoconhecimento 60
Exercício em Aula
Definindo e Medindo a Qualidade do Serviço 60
Capacitação em Supervisão
Melhorando o Desempenho 61

Capítulo 3
Trabalho em Equipe: A Importância das Reuniões 62

Razões para Participar de Grupos 64
Grupos no Local de Trabalho 65
  Grupos de Tarefa e Grupos Funcionais 65
  Grupos Formais e Grupos Informais 65
  Fazendo o Grupo Trabalhar com Você 67
Características dos Grupos 68
  Papéis 68
  Normas 69
  Status 70
  Coesão 71
  Tamanho 71
  Homogeneidade 72
  Eficácia 72
Desenvolvimento de Grupos 72
Trabalho em Equipe 73
  Vantagens do Trabalho em Equipe 74
  Liderando a Equipe 75
  Legislação Trabalhista e Trabalho em Equipe 78
Reuniões 79
  Razões para Realizar Reuniões 79
  Preparando-se para uma Reunião 79
  Conduzindo uma Reunião 81
  Superando os Problemas com as Reuniões 83
Módulo de aptidão 84
  Parte um: conceitos 84
  Resumo 84
  Termos Principais 85
  Questões para Discussão e Revisão 85
  Parte dois: capacitação 87
  Problema a ser resolvido pelo aluno 87
  Caso de Solução de Problemas: Grupos de Colegas Ajudam os Funcionários da Eastman Kodak a Resolver Contendas 87
  Autoconhecimento 88
  Exercício em Aula
  Adquirindo Habilidades em Participação 89
  Capacitação em Supervisão
  Avaliando o Desempenho da Equipe 89

Capítulo 4
Cumprindo os Altos Padrões Éticos 92

Ética no Trabalho 93
  Vantagens do Comportamento Ético 94
  Desafios do Comportamento Ético 95
  Diferentes Medidas do Comportamento Ético 97
Comportamento Ético do Supervisor 100
  Tomando Decisões Éticas 101
  Supervisionando Funcionários Antiéticos 102
Tratamento aos Delatores de Práticas Inadequadas 103
Módulo de aptidão 105
  Parte um: conceitos 105
  Resumo 105
  Termos Principais 106
  Questões para Discussão e Revisão 106
  Parte dois: capacitação 107
  Problema a ser resolvido pelo aluno 107
  Caso de Solução de Problemas: Advogados, Ford e Firestone: Quem É o Culpado? 107
  Autoconhecimento 108
  Exercício em Aula
  Supervisionando Funcionários Antiéticos 109
  Capacitação em Supervisão
  Tomando Decisões 109

Capítulo 5
Gestão da Diversidade 112

O Que é Diversidade? 113
Perspectiva da Diversidade nos Estados Unidos 115
Desafios do Trabalho em uma Sociedade Diversificada 116
  Preconceito e Discriminação 117
  Estereótipos 118
  Sexismo 119
  Ageísmo 121
Implicações para o Supervisor 123
  Vantagens da Diversidade 123
  Comunicação 124
  Treinamento em Diversidade 125
  Questões Legais 127
Módulo de aptidão 128
  Parte um: conceitos 128
  Resumo 128
  Termos Principais 129
  Questões para Discussão e Revisão 129
  Parte dois: capacitação 129
  Problema a ser resolvido pelo aluno 129
  Caso de Solução de Problema: A Wal-Mart Empenha-se Com a Questão da Diversidade 130
  Autoconhecimento 131

Exercício em Aula
Gerindo a Diversidade   131
Capacitação em Supervisão: Orientando os Funcionários   132

PARTE TRÊS
FUNÇÕES DO SUPERVISOR   133

Capítulo 6
Atingindo as Metas: Planos e Controles   134

Planejamento nas Organizações   136
Objetivos   137
Políticas, Procedimentos e Normas   140
Planos de Ação   141
Planejamento Contingencial   142
Gestão por Objetivos   142

O Supervisor como Planejador   144
Fornecendo Informações e Estimativas   144
Alocando Recursos   144
Envolvendo os Funcionários   148
Planejando com a Equipe   149
Atualizando os Objetivos   149

O Supervisor como Controlador   150
Processo de Controle   150
Tipos de Controle   156
Ferramentas de Controle   156

Características de Controles Eficazes   159
Oportunidade   159
Eficácia dos Custos   159
Aceitabilidade   160
Flexibilidade   160

Módulo de aptidão   160
Parte um: conceitos   160
Resumo   160
Termos Principais   161
Questões para Discussão e Revisão   162
Parte dois: capacitação   163
Problema a ser resolvido pelo aluno   163
Caso de Solução de Problemas: A Gestão por Objetivos Deixa Claros os Objetivos da Edward Don & Company   163
Autoconhecimento   164
Exercício em Aula
Definindo Metas   165
Capacitação em Supervisão
Controlando uma Operação de Construção de Barcos de Papel   166

Capítulo 7
Organização e Autoridade   168

Estrutura Organizacional   170
Organograma   170
Tipos de Estrutura   171

Autoridade   176
Autoridade de Linha, de Assessoria e Funcional   176
Autoridade Centralizada e Descentralizada   177
Poder, Responsabilidade e Responsabilização   177

Processo de Organização   178
Definição do Objetivo   178
Determinação dos Recursos Necessários   179
Atividades em Grupo e Atribuição de Funções   179

Princípios de Organização   180
Princípio da Paridade   180
Unidade de Comando   180
Cadeia de Comando   181
Esfera de Controle   181

Delegação de Autoridade e Responsabilidade   183
Vantagens de Delegar   183
Empowerment   184
Processo de Delegação   185
Relutância em Delegar   187

Módulo de aptidão   188
Parte um: conceitos   188
Resumo   188
Termos Principais   190
Questões para Revisão e Discussão   190
Parte dois: capacitação   191
Problema a ser resolvido pelo aluno   191
Caso de Solução de Problemas: Será que a Thor Industries Está Organizada para Crescer?   191
Autoconhecimento   192
Exercício em Aula
Criando uma Rede de Contatos   193
Capacitação em Supervisão
Delegando   193

Capítulo 8
O Supervisor Como Líder   194

Características do Líder de Sucesso   196
Estilos de Liderança   197
Grau de Autoridade Retida   198
Orientado para as Tarefas versus *Orientação para as Pessoas*   198
Atitudes do Líder   199
Teorias Contingenciais de Liderança   201
Escolha do Estilo de Liderança   202

Orientando   207
Relações Humanas   208
Auto-imagem do Supervisor   208
Relacionamento entre Supervisor e seus Funcionários   209
Relacionamento entre Supervisor e seus Gestores   211
Relacionamento entre Supervisor e seus Pares   212

Módulo de aptidão   213
Parte um: conceitos   213

Resumo 213
Termos Principais 214
Questões para Discussão e Revisão 214
Parte dois: capacitação 215
Problema a ser resolvido pelo aluno 215
Caso de Solução de Problemas: Estilo de Liderança Descendente e Ascendente na US Airways 216
Autoconhecimento 217
Exercício em Aula
Praticando os Princípios das Relações Humanas 218
Capacitação em Supervisão
Liderando uma Equipe 219

Capítulo 9
Solução de Problemas, Tomada de Decisão e Criatividade 220

Processo de Tomada de Decisão 222
Modelo Racional 222
Concessões Humanas 224
Diretrizes para a Tomada de Decisão 228
Considerar as Conseqüências 229
Reagir Rápido em uma Crise 229
Informar o Gestor 229
Ser Determinado, porém Flexível 230
Evitar as Armadilhas ao Tomar Decisões 230
Ferramentas para a Tomada de Decisão 232
Teoria da Probabilidade 232
Árvore de Decisão 233
Programas de Computador 234
Tomada de Decisão em Grupo 234
Vantagens e Desvantagens 234
Tomando Decisões em Grupo 236
Criatividade 238
Raciocinando com mais Criatividade 238
Estabelecendo e Mantendo uma Atmosfera de Trabalho Criativa 239
Superando as Barreiras contra a Criatividade 239
Módulo de aptidão 240
Parte um: conceitos 240
Resumo 240
Termos Principais 242
Questões para Discussão e Revisão 242
Parte dois: capacitação 243
Problema a ser resolvido pelo aluno 243
Caso de Solução de Problemas: Idéias para Aperfeiçoamento Apresentadas por uma Encarregada de Caixa da Costco 243
Autoconhecimento 244
Exercício em Aula
Tomando Decisões 245
Capacitação em Supervisão
Aprendendo com os Erros 245

PARTE QUATRO
HABILIDADES DO SUPERVISOR 247

Capítulo 10
Comunicação 248

Como Funciona a Comunicação 250
Processo de Comunicação 250
Ouvir versus Escutar 251
Comunicação Eficaz 251
Comunicar do Ponto de Vista do Receptor 252
Aprender com o Feedback 252
Usar Estratégias para Escutar Bem 253
Estar Preparado para Lidar com as Diferenças Culturais 255
Barreiras contra a Comunicação 257
Sobrecarga de Informações 257
Mal-entendidos 258
Tendências na Percepção 260
Tipos de Mensagens 262
Mensagens Não-Verbais 262
Mensagens Verbais 264
Tecnologia e Tipos de Mensagem 266
Escolhendo o Tipo de Mensagem Mais Eficaz 267
Comunicação nas Organizações 269
Direção da Comunicação 269
Comunicação Formal e Informal 271
Fofocas e Rumores 271
Módulo de aptidão 273
Parte um: conceitos 273
Resumo 273
Termos Principais 274
Questões para Discussão e Revisão 274
Parte dois: capacitação 276
Problema a ser resolvido pelo aluno 276
Caso de Solução de Problemas: Ajudando o Comércio a Aprimorar as Mensagens de E-mail 276
Autoconhecimento 277
Exercício em Aula
Comunicando Efetivamente 278
Capacitação em Supervisão
Interpretando as Comunicações 280

Capítulo 11
Motivação de Funcionários 282

Como Funciona a Motivação? 284
Teorias de Conteúdo 284
Teorias de Processo 289
Teorias Motivacionais e a Legislação 291
Dinheiro como Fator Motivacional 292
Quando o Dinheiro Motiva 292
Planos de Remuneração com Incentivos Financeiros 292
Sigilo das Informações Salariais 295

Como o Supervisor Pode Motivar   295
  Tornando o Trabalho Interessante   296
  Mantendo Expectativas Altas   297
  Oferecendo Recompensas Valorizadas   297
  Relacionando a Recompensa ao Desempenho   298
  Tratando os Funcionários de Forma Individualizada   299
  Incentivando a Participação dos Funcionários   300
  Fornecendo Feedback   301
Módulo de aptidão   301
  Parte um: conceitos   301
  Resumo   301
  Termos Principais   302
  Questões para Discussão e Revisão   303
  Parte dois: capacitação   304
  Problema a ser resolvido pelo aluno   304
  Caso de Solução de Problemas: Motivando os Funcionários na Nucor Corporation   304
  Autoconhecimento   305
  Exercício em Aula
  Descobrindo o que Motiva os Trabalhadores   306
  Capacitação em Supervisão
  Desenvolvendo Métodos Motivacionais   306

Capítulo 12
Funcionários Problemáticos: Orientação e Disciplina   308

Problemas que Exigem Providências Especiais   310
  Absenteísmo e Atraso   310
  Insubordinação e Falta de Cooperação   311
  Consumo Abusivo de Álcool e Drogas   311
  Violência no Local de Trabalho   312
  Furto   313
Orientação   315
  Benefícios da Orientação   315
  Momento Adequado para Orientar   316
  Técnicas de Orientação   316
Disciplina   318
  Medidas Disciplinares   318
  Disciplina Positiva   323
  Autodisciplina   323
Funcionários Problemáticos   324
  Detecção de Funcionários Problemáticos   324
  Confronto com o Funcionário Problemático   325
  Assistência e Avaliação da Recuperação   326
Fontes de Apoio   327
Módulo de aptidão   328
  Parte um: conceitos   328
  Resumo   328
  Termos Principais   329
  Questões para Discussão e Revisão   329
  Parte dois: capacitação   330
  Problema a ser resolvido pelo aluno   330

  Caso de Solução de Problemas: Suspensão de Policiais de Lexington, Kentucky, Police Officers   331
  Autoconhecimento   331
  Exercício em Aula
  Avaliando a Medida Disciplinar   332
  Capacitação em Supervisão
  Enfrentando os Problemas de Desempenho   332

Capítulo 13
Administração de Tempo e Estresse   334

Administração de Tempo   336
  Entendendo Como o Supervisor Utiliza o Tempo   336
  Planejando Como Utilizar o Tempo   338
  Controlando os Fatores de Desperdício de Tempo   339
Administração do Estresse   345
  Causas do Estresse   345
  Conseqüências do Estresse   348
  Administração do Estresse Pessoal   349
  Administração do Estresse Organizacional   352
Resumo Sobre a Personalidade   356
Módulo de aptidão   357
  Parte um: conceitos   357
  Resumo   357
  Termos Principais   359
  Questões para Discussão e Revisão   359
  Parte dois: capacitação   360
  Problema a ser resolvido pelo aluno   360
  Caso de Solução de Problemas: Não há Problema em Não Ser Perfeito?   361
  Autoconhecimento   361
  Exercício em Aula
  Utilizando o Tempo com Sabedoria   363
  Capacitação em Supervisão:
  Administrando o Tempo e o Estresse   363

Capítulo 14
Administração de Conflitos e Mudanças   364

Conflito   366
  Aspectos Positivos e Negativos do Conflito   366
  Tipos de Conflito   367
Administração do Conflito Interpessoal   370
  Estratégias   371
  Iniciando a Resolução de Conflito   373
  Reação a um Conflito   374
  Mediação da Resolução de Conflito   375
Mudanças no Trabalho   376
  Origem das Mudanças   377
  Resistência às Mudanças   378
  Implementação das Mudanças   378
  Proposta de Mudanças   382
Poder e Política Organizacional   382
  Fontes de Poder   383
  Tipos de Poder   383

Estratégias Políticas 384
Construção de uma Base de Poder 386
Estabelecimento de uma Margem Competitiva 386
Socialização 387
Módulo de aptidão 387
Parte um: conceitos 387
Resumo 387
Termos Principais 388
Questões para Discussão e Revisão 388
Parte dois: capacitação 390
Problema a ser resolvido pelo aluno 390
Caso de Solução de Problemas: O National Conflict Resolution Center Ajuda a Encontrar Soluções Convenientes para Ambas as Partes 390
Autoconhecimento 391
Exercício em Aula
Resolvendo um Conflito 392
Capacitação em Supervisão
Exercendo o Poder de Provocar Mudanças 393
Apêndice A: **Políticas Organizacionais 393**

PARTE CINCO
SUPERVISÃO E RECURSOS HUMANOS 403

Capítulo 15
Seleção de Funcionários 404

Papel do Supervisor no Processo de Seleção 406
Critérios de Seleção 406
Recrutamento 408
Recrutamento Interno 408
Recrutamento Externo 408
Processo de Seleção 409
Triagem dos Formulários de Solicitação de Emprego e Currículos 408
Entrevista 411
Aplicação dos Testes de Seleção 419
Verificação de Referências Profissionais e Pessoais 420
Decisão de Contratação 421
Exame Médico 422
Questões Legais 422
Legislação Antidiscriminatória 422
Acessibilidade no Trabalho 425
Lei de Reforma e Controle da Imigração 427
Módulo de aptidão 427
Parte um: conceitos 427
Resumo 427
Termos Principais 429
Questões para Discussão e Revisão 429
Parte dois: capacitação 430
Problema a ser resolvido pelo aluno 430
Caso de Solução de Problemas: Honda Procura: Engenheiros que Adoram Morar em Cidades Pequenas 430
Autoconhecimento 431
Exercício em Aula
Preparando para Entrevistar Candidatos a um Emprego 432
Capacitação em Supervisão
Entrevistando e Selecionando Funcionários Novos 435

Capítulo 16
Orientação e Treinamento 436

Orientação de Novos Funcionários 439
Benefícios da Orientação 439
Papel do Supervisor 440
Tópicos da Orientação 440
Métodos de Orientação 442
Treinamento 443
Ciclo de Treinamento 443
Avaliação das Necessidades de Treinamento 447
Tipos de Treinamento 448
Coaching de Apoio ao Treinamento 454
Avaliação do Treinamento 456
Módulo de aptidão 458
Parte um: conceitos 458
Resumo 458
Termos Principais 459
Questões para Discussão e Revisão 459
Parte dois: capacitação 461
Problema a ser resolvido pelo aluno 461
Caso de Solução de Problemas: Treinamento de Funcionários de Centrais de Atendimento 461
Autoconhecimento 462
Exercício em Aula
Atuando como Instrutor 463
Capacitação em Supervisão
Orientando um Novo Integrante da Equipe 463

Capítulo 17
Avaliação de Desempenho 464

Objetivos da Avaliação de Desempenho 465
Abordagem Sistemática de Avaliação do Desempenho 467
Processo de Avaliação 467
O Que Medir na Avaliação 469
Diretrizes da EEOC 470
Avaliação de Desempenho e Revisão Salarial 470
Tipos de Avaliação 471
Escala de Classificação Gráfica 471
Método de Comparação aos Pares 471
Método de Escolha Forçada 473
Avaliação Descritiva 473
Escala de Classificação do Coportamento (ECC) 474

Avaliação por Lista de Verificação do Desempenho 474
Avaliação de Incidentes Críticos 474
Método de Norma de Trabalho 475
Gestão por Objetivos (GPO) 475
Avaliação por Terceiros Que Não o Supervisor 476

Causas de Distorções 478

Entrevista de Avaliação do Desempenho 481
Objetivo da Entrevista 481
Preparação para a Entrevista 481
Condução da Entrevista 482

Módulos de aptidão 483
Parte um: conceitos 483
Resumo 483
Termos Principais 485
Questões para Discussão e Revisão 485
Parte dois: capacitação 487
Problema a ser resolvido pelo aluno 487
Caso de Solução de Problemas: Avaliando Funcionários de uma Clínica Dentária 487

Autoconhecimento 488
Exercício em Aula
Usando um Programa de Avaliação de Funcionários 489
Capacitação em Supervisão
Elaborando uma Avaliação 492

Apêndice B: **Legislação Pertinente à Supervisão: Saúde e Segurança, Relações Trabalhistas, Emprego Justo** 492

Apêndice C: **Seqüência Profissional do Supervisor: Encontrando a Carreira Certa** 515

Notas 527

Glossário 545

Índice 551

Parte Um

O Que É um Supervisor?

1. Supervisão Moderna: Conceitos e Habilidades

Supervisores de Sucesso Planejam, Organizam, Selecionam, Lideram e Controlam
Digital Vision/Getty Images

Capítulo Um

Supervisão Moderna: Conceitos e Habilidades

Tópicos Gerais do Capítulo

Tipos de Habilidades de Supervisão
Noção Clássica das Habilidades de Gestão
Visão Moderna das Habilidades de Gestão
Supervisão de uma Força de Trabalho Diversificada

Funções Gerais do Supervisor
Planejamento
Organização
Seleção
Liderança
Controle
Relacionamentos entre as Funções

Responsabilidades do Supervisor
Tipos de Responsabilidades
Responsabilidades em uma Organização Que Sofre Mudanças
Responsabilidades e Responsabilização

Tornando-se um Supervisor
Preparando-se para o Cargo
Obtendo e Usando o Poder e a Autoridade

Características de um Supervisor de Sucesso

Sobre o Livro

Objetivos de Aprendizado

Depois de estudar o capítulo, o aluno estará apto a:

1.1 Definir o que é um supervisor.
1.2 Descrever os tipos básicos de habilidades de supervisão.
1.3 Descrever como a crescente diversidade da força de trabalho afeta o papel do supervisor.
1.4 Identificar as funções gerais de um supervisor.
1.5 Explicar quais as responsabilidades do supervisor com a alta administração, os funcionários e os colegas.
1.6 Descrever a formação típica de alguém que é promovido a supervisor.
1.7 Identificar as características de um supervisor de sucesso.

Trabalhe com muito empenho, mantenha altos padrões e atenha-se a seus valores, porque há sempre alguém observando.

– Ivan Seidenberg, Presidente e CEO da Verizon

Problema de um Supervisor: Ser Aceito como Supervisor Novo

Quando você se torna supervisor, não se pode garantir que os funcionários do seu grupo ficarão tão entusiasmados quanto você. Na realidade, você terá de convencê-los – além de convencer o seu próprio gerente – de que está pronto e é capaz de enfrentar os desafios do novo cargo.

Isso foi o que aconteceu com Tyrone Dugan quando ele foi contratado para o cargo de gerente assistente na Qdoba Mexican Grill, em Florissant, Missouri. Qdoba é uma cadeia nacional de quase 200 restaurantes fast-food de comida mexicana, onde a refeição é preparada na frente dos clientes. Embora a companhia descreva o ambiente de trabalho como "informal" e "divertido", a roupa descontraída e a interação ativa entre supervisores e funcionários não necessariamente querem dizer que o trabalho seja simples. Os supervisores trabalham bem próximos de seus funcionários e precisam encontrar uma maneira de atingir as metas, mantendo, ao mesmo tempo, um ambiente positivo.

Encarregado de liderar uma equipe de 10 funcionários, Dugan logo percebeu que alguns deles estavam na expectativa para ver se ele se sairia bem como supervisor do grupo. Ouvindo e observando atentamente, Dugan descobriu que os funcionários estavam observando o seu desempenho e comentando com o seu gerente se eles achavam que ele falhava de alguma forma, como, por exemplo, quando não iniciava o processo no prazo adequado. Um funcionário em particular parecia questionar a liderança de Dugan, embora nenhum dos demais expressasse sua opinião diretamente a ele.

Refletindo a respeito dos desafios dessa transição, Dugan acredita que no início ele foi "passivo demais". Com a experiência, ele descobriu que obtinha melhores resultados definindo claramente os padrões e acompanhando de perto o trabalho dos funcionários para ter certeza de que estavam atingindo tais patamares.

Dugan também se esforçou para estabelecer uma comunicação positiva com os funcionários. Ele explica: "Simplesmente comecei a conversar com eles". Reconhecendo que a inveja pode fomentar o rancor contra o supervisor, ele garantiu aos funcionários que "eles poderiam ter a mesma oportunidade de promoção que eu tive caso tivessem disposição para trabalhar com afinco". Seu estímulo claramente funcionou porque diversos funcionários de Dugan acabaram assumindo posições de supervisão em outras unidades da Qdoba.

Supervisores novos às vezes enfrentam o desafio de ter de provar a seus funcionários que eles são capazes e estão prontos para assumir novas responsabilidades, assim como fez Tyrone Dugan.

1. Que tipos de habilidades relacionadas ao cargo podem ajudar Dugan a demonstrar que ele possui conhecimento para lidar com o trabalho?
2. Que tipos de habilidades pessoais podem ajudá-lo na nova posição?

Fontes: Texto baseado em Sonja D. Brown, "Congratulations, You're a Manager! Now What? *Black Enterprise*, abr. 2006, extraído de Business & Company Resource Center, http://galenet.galegroup.com; site da Qdoba Mexican Grill, www.qdoba.com, acessado em 29 de junho de 2006.

A experiência de Tyrone Dugan em aprender a ser um bom supervisor é significativa porque os supervisores são extremamente importantes para as organizações. Supervisores como Dugan inspiram os funcionários a darem o melhor de si. Motivando-os a desempenhar suas funções no seu melhor, o supervisor permite que a organização obtenha benefícios do compromisso, talento e entusiasmo de seus funcionários.

supervisor
Gestor no primeiro nível de gestão

Supervisor é o gestor no primeiro nível de gestão, mas não significa que seus subordinados sejam gestores. Muitos tipos diferentes de organização necessitam de supervisores. A Figura 1.1 reproduz anúncios reais para diversos cargos de supervisão.

O trabalho básico de um gestor é fazer com que a organização atinja suas metas; no entanto, há distinções. No caso de executivos da alta administração de uma organização, gerir consiste em assegurar que a visão e a estratégia dos negócios da empresa possibilitem atingir as metas por vários anos. A gestão no nível de supervisão significa garantir que os funcionários de um determinado setor desempenhem suas funções, de modo que o departamento contribua com sua parcela para atingir as metas da organização. Normalmente, os supervisores concentram-se nos problemas do dia-a-dia, e nas metas a serem atingidas em um ano ou menos. Este capítulo introduz as atividades do supervisor e as habilidades e características de que ele precisa para ser eficaz.

FIGURA 1.1
Exemplos de Cargos de Supervisão a Serem Preenchidos

Publicidade **GERENTE DE PRODUÇÃO** Agência de produção gráfica, editoração eletrônica e multimídia procura Gerente de Produção com iniciativa própria e capacidade de buscar soluções para os problemas, para supervisionar a elaboração de páginas de catálogo/varejo na plataforma Mac. Experiência mínima necessária de 5-7 anos nas gestões de produção e de pessoal. Conhecimento de serviços de bureau é apreciável. Enviar currículo e pretensão salarial para: Dept. A-7 P.O. Box 200 Ski Springs, CO 80300	**SUPERVISOR DE SEGUNDO TURNO DE TORNO AUTOMÁTICO** Fábrica em expansão estabelecida na área do subúrbio, procura pessoa qualificada para supervisionar o segundo turno das operações de produção. Deve ter conhecimento e experiência em máquinas de eixo simples/múltiplo. Oferecemos excelentes condições de trabalho em uma fábrica nova. Salário muito bom e pacote completo de benefícios. Enviar currículo para: P.O. Box 1234 Industrious, IN 46000	Assistência Médica **FISIOTERAPEUTA CHEFE** Grupo de assistência médica rural possui vaga imediata para fisioterapeuta formado, para desenvolver um sistema sofisticado e progressivo de fisioterapia. O candidato ideal deve conhecer os princípios fundamentais de gestão e possuir sólidas habilidades clínicas e de avaliação. O candidato também deve ter disposição para assumir a liderança do departamento. Salário e pacote de benefícios atrativos. Enviar currículo para: Diretor de Recursos Humanos Quality Care Health Services Director of Human Resources Quality Care Health Services Minuscule, NM 87000
SUPERVISOR DE SECRETARIA Grande escritório de advocacia procura Supervisora de Secretaria para fazer parte da equipe de gestão de secretárias. As responsabilidades incluem orientação, coordenação e avaliação da equipe de aproximadamente 200 secretárias. Será dada preferência à candidata com experiência anterior em escritórios de advocacia (como supervisora ou secretária). A candidata ideal deve ter habilidade em trabalhar bem com diversos tipos de personalidade em um ambiente exigente e agitado. Oferecemos tecnologia de ponta, excelente pacote de benefícios e salário compatível com a experiência. Para análise imediata e confidencial, enviar currículo e histórico salarial para: Recursos Humanos Human Resources P.O. Box 987 City Center, TN 38000	**GESTÃO DE VENDAS** Nossa organização está crescendo e procura um candidato experiente em Gestão de Vendas para liderar nosso Departamento de Copiadoras Coloridas, que está em expansão. O candidato ideal deve ter 3-5 anos de experiência em gestão de vendas, planejando, organizando, contratando e motivando uma equipe de profissionais de venda. São requisitos necessários: experiência anterior em vendas, técnicas de desenvolvimento de contas e sucesso em mercado vertical. Conhecimento de equipamentos de impressão, artes gráficas e escritório. Outras experiências no setor serão apreciadas. Para se candidatar a essa excepcional oportunidade profissional, enviar currículo com pretensão salarial para: Dept. 001 Suburbanite, NJ 07000	**DIRETOR ASSISTENTE DE GOVERNANÇA** Grande hotel de luxo está aceitando currículos para a posição de Diretor Assistente de Governança. São requisitos: formação superior e 4-5 anos de experiência em Gestão de Governança. Será dada preferência a candidatos com experiência como Diretor de Governança em hotel de pequeno ou médio porte ou Diretor Assistente em hotel de grande porte. É necessário possuir excelentes habilidades de supervisão e administração. Candidatos interessados devem enviar currículo confidencial para: Luxurious Suites 1000 Upscale Blvd. Villa Grande, CA 90000

TIPOS DE HABILIDADES DE SUPERVISÃO

Embora um supervisor de uma unidade da Pizza Hut e um supervisor de uma fábrica da Ford Motor Company trabalhem em ambientes bem diferentes, as habilidades necessárias para ser bem-sucedido enquadram-se nas mesmas categorias básicas. Essas categorias de habilidades são utilizadas em todos os níveis de gestão e tipos de organização. As habilidades desenvolvidas em uma posição inicial como supervisor se mostrarão úteis em cada cargo ocupado ao longo da carreira do gestor.

Noção Clássica das Habilidades de Gestão

Por muitos anos, os especialistas creditavam o sucesso do gestor a três categorias básicas de habilidades: técnica, em relações humanas e conceitual. Além disso, a aplicação dessas habilidades requer uma quarta habilidade, que seria habilidades na tomada de decisão.

As **habilidades técnicas** consistem no conhecimento especializado e na perícia utilizados para executar determinadas técnicas e procedimentos. A capacidade do arrecadador de fundos da United Way de convencer executivos a preencher cheques vultosos é uma habilidade técnica. A capacidade de o mecânico fazer o motor do automóvel funcionar depende de suas habilidades técnicas. Outras habilidades técnicas podem envolver atividades de contabilidade, vendas e muitos outros tipos de trabalho. Para ser "técnica", a habilidade não precisa ser mecânica ou científica; ela pode envolver qualquer técnica ou procedimento relacionado ao trabalho.

As **habilidades em relações humanas** são aquelas necessárias para trabalhar bem com outros funcionários. Essas habilidades incluem a capacidade de se comunicar, motivar e entender as pessoas. O supervisor usa suas habilidades em relações

habilidades técnicas
Conhecimento especializado e perícia utilizados para executar determinadas técnicas ou procedimentos

habilidades em relações humanas
Capacidade de trabalhar bem com outros funcionários

FIGURA 1.2
Importância Relativa dos Tipos de Habilidades em Diferentes Níveis de Gestão

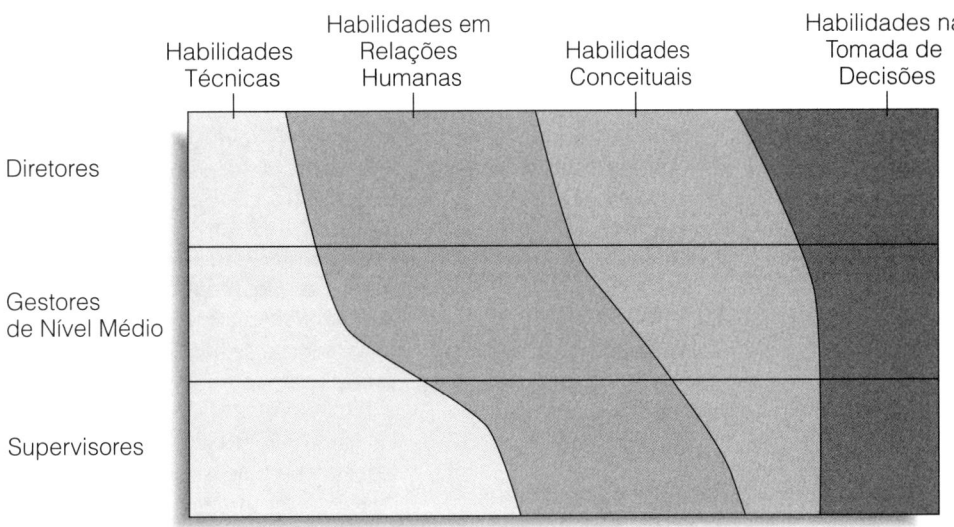

habilidades conceituais
Capacidade de entender a relação das partes com o todo e entre si

habilidades na tomada de decisões
Capacidade de analisar as informações e tomar boas decisões

humanas para impressionar seus superiores, inspirar os funcionários, diminuir conflitos, manter um bom relacionamento com os colegas e ter êxito em muitas outras áreas.

As **habilidades conceituais** envolvem a capacidade de entender a relação das partes com o todo e entre si. No caso de um supervisor, as habilidades conceituais incluem reconhecer como o trabalho do departamento ajuda toda a organização a atingir suas metas e como o trabalho de vários funcionários afeta o desempenho do departamento como um todo.

As **habilidades na tomada de decisões** envolvem a capacidade de analisar as informações e tomar boas decisões. Um profissional com sólidas habilidades na tomada de decisões consegue pensar de forma objetiva e criativa. No Capítulo 9, será apresentada uma visão mais detalhada de como tomar decisões eficazes.

A importância relativa de cada tipo de habilidade depende do nível de gestão. Como mostra a Figura 1.2, as habilidades em relações humanas são importantes em todo nível de gestão. No entanto, o supervisor depende mais das habilidades técnicas do que o de nível superior, porque os funcionários com dificuldades para realizar seu trabalho dirigem-se ao supervisor, e contam com a sua ajuda. Ademais, o diretor tende a depender mais das habilidades na tomada de decisões simplesmente porque tende a tomar decisões mais complexas.

Visão Moderna das Habilidades de Gestão

Expandindo a visão clássica das habilidades de gestão, os pensadores atuais têm adotado uma perspectiva mais moderna das atividades normalmente executadas pelo gestor.[1] Essa maneira de pensar começa com uma lista de atividades e, depois, identifica as habilidades necessárias para realizá-las com êxito. As atividades típicas do gestor dividem-se em três grupos:

1. *Atividades relativas à tarefa:* Esforços para cumprir as responsabilidades importantes relativas à gestão, como, por exemplo, planejamento, definição de objetivos para os funcionários e monitoramento do desempenho.

2. *Atividades relativas às pessoas:* Esforços para gerir pessoas, por exemplo, oferecendo apoio e incentivo, reconhecendo as contribuições, desenvolvendo as habilidades dos funcionários e delegando-lhes poder para resolver os problemas.

3. *Atividades relativas às mudanças:* Esforços para modificar os componentes da organização, por exemplo, monitorando o ambiente para detectar alguma necessidade de mudança, propondo novas táticas e estratégias, incentivando as demais pessoas a pensar de forma criativa e assumindo riscos para promover as mudanças necessárias.

TABELA 1.1
Habilidades do Supervisor de Sucesso

Esclarecer as funções	Atribuir tarefas; explicar as responsabilidades do cargo, os objetivos das tarefas e as expectativas de desempenho no trabalho
Monitorar as operações	Verificar o andamento e a qualidade do trabalho; avaliar o desempenho de cada funcionário e da unidade
Planejar no curto prazo	Determinar como empregar os recursos humanos e demais recursos para realizar a tarefa de forma eficaz; determinar como programar e coordenar as atividades com eficácia
Consultar	Consultar as pessoas antes de tomar decisões que as afetem; incentivar a participação na tomada de decisão; aplicar as idéias e sugestões apresentadas por outros funcionários
Apoiar	Ter consideração; demonstrar solidariedade e apoio quando alguém está aborrecido ou ansioso; incentivar e apoiar quando uma tarefa é difícil ou estressante
Reconhecer	Elogiar e reconhecer o desempenho eficaz, as realizações importantes, as contribuições especiais e a melhoria no desempenho
Desenvolver	Orientar e aconselhar; oferecer oportunidades para desenvolver as habilidades; ajudar as pessoas a descobrir como melhorar suas habilidades
Delegar poder	Conceder responsabilidade e livre-arbítrio nas tarefas do trabalho; confiar nas pessoas para resolver os problemas e tomar decisões sem necessidade de obter aprovação prévia
Antecipar-se às mudanças	Descrever os resultados desejáveis que podem ser obtidos pela unidade; descrever uma proposta de mudança com entusiasmo e convicção
Assumir os riscos da mudança	Assumir riscos e sacrifícios pessoais para incentivar e promover a mudança desejada na organização
Incentivar o pensamento inovador	Desafiar as pessoas a questionarem seus pressupostos de trabalho e buscarem maneiras melhores de realizá-lo
Monitorar o ambiente externo	Analisar as informações de eventos, tendências e mudanças no ambiente externo visando identificar ameaças e oportunidades para a unidade de trabalho

Para realizar essas atividades, o supervisor e outros gestores dependem de um conjunto diversificado de habilidades, inclusive as listadas na Tabela 1.1. No entanto, as situações variam e cada supervisor pode precisar de outras habilidades além das listadas no livro.

Para desenvolver a variedade de habilidades necessárias para ser um bom supervisor, é necessário entender e praticar os conceitos discutidos neste livro, assim como, conhecer bons supervisores e gestores e observar como eles enfrentam as situações que surgem no seu dia-a-dia. O supervisor que desenvolve continuamente suas habilidades em cada área é o que tem mais probabilidades de ser promovido à alta administração.

Supervisão de uma Força de Trabalho Diversificada

Boas habilidades em relações humanas são muito importantes no ambiente laborativo de hoje devido à crescente diversidade da força de trabalho norte-americana. Em 1980, um pouco mais da metade (51%) da força de trabalho era composta de homens brancos; há uma expectativa de queda na participação desse grupo para 43% até o ano de 2012.[2] Enquanto a participação de homens brancos na força de trabalho diminui, espera-se que a participação de trabalhadores negros, hispânicos e asiáticos aumente. (Ver o texto a seguir "Supervisão e Diversidade" para obter mais informações sobre os hispânicos, o maior grupo étnico). As mulheres estão entrando na força de trabalho mais ou menos no mesmo ritmo que os homens, e hoje compõem mais de 46% da mão-de-obra adulta, ocupando a maioria dos cargos em 151 ocupações.[3] Além disso, espera-se que o

SUPERVISÃO E DIVERSIDADE

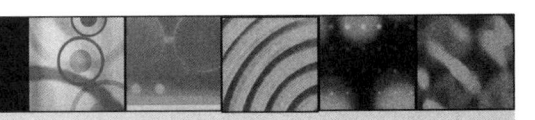

O MAIOR GRUPO DE MINORIA ÉTNICA

Os hispânicos – imigrantes e descendentes de imigrantes latino-americanos – tornaram-se o maior grupo de minoria étnica dos Estados Unidos. Em mais duas gerações, espera-se que os membros desse grupo representem quase um quarto da força de trabalho norte-americana. O que significa que muitos supervisores terão funcionários hispânicos trabalhando sob seu comando nos próximos anos.

Uma ampla variedade de americanos são denominados hispânicos. Suas origens são diversas e entre eles estão tanto profissionais bem remunerados, como trabalhadores iniciantes da faixa mais inferior na escala salarial. Hoje, a maioria é proveniente do México.

O momento e a geografia dessa onda de imigração a distinguem dos padrões anteriores observados na história dos Estados Unidos. Os imigrantes mexicanos têm a possibilidade de retornar facilmente a seu país de origem, ficando, portanto, mais fácil manterem as ligações com a sua cultura. E, na economia moderna, as mensagens da mídia e dos profissionais de marketing são voltadas para esse grupo, facilitando, assim, manterem o uso da língua espanhola. A maioria dos imigrantes mexicanos e a maioria de seus filhos falam espanhol e inglês, talento valioso em muitas organizações.

Em termos estatísticos, o índice de formação no ensino médio entre os hispânicos acompanha a média dos norte-americanos. Os imigrantes hispânicos tendem a possuir uma ética profissional extremamente sólida, e os adolescentes saem à procura de emprego mesmo antes de se formarem. Para os supervisores, essa situação pode indicar áreas desse importante segmento da força de trabalho que necessitam de treinamento e desenvolvimento.

Fonte: Texto baseado em Brian Grow, "Hispanic Nation", *BusinessWeek*, 15 mar. 2004, extraído de Infotrac, http://web5.infotrac.galegroup.com.

---

segmento de trabalhadores com 65 anos de idade ou mais represente mais de 16% da população norte-americana em 2020.[4]

Oportunidades e Desafios

Essas mudanças todas querem dizer que os supervisores podem ter um quadro de funcionários mais diversificado, composto por pessoas do sexo feminino, por pessoas de etnias distintas e trabalhadores mais experientes – talvez cidadãos idosos, empregados novamente depois de sua aposentadoria. Vejamos o caso de Al Aurilio, supervisor de separadores de materiais descartados que são levados ao depósito da Pacific Iron and Metal Company, localizada em Seattle, Washington. Com mais de 60 anos de experiência na empresa, Aurilio tornou-se especialista na composição metálica dos itens que são separados, e compartilha seu conhecimento com os demais funcionários.[5] Conforme a descrição apresentada nos capítulos subseqüentes, essa crescente diversidade permite ao supervisor contar com uma variedade maior de talentos e adquirir uma visão interna de perspectivas jamais imaginadas.

Diversidade não é um tema novo. Durante os anos 1800, por exemplo, imigrantes alemães instalaram-se na região da Pensilvânia até a região oeste em Minnesota. Eles estabeleceram escolas e empresas para suas comunidades e publicaram jornais em alemão. A cidade de classe trabalhadora de Cicero, Illinois, já foi povoada na maioria por cidadãos de origem tcheca, polonesa e eslovaca. Hoje, Cicero é dominada por uma participação crescente de imigrantes mexicanos, que têm aberto lojas, obtido empregos nas fábricas e vêm tendo conquistas nos mais diversos campos, inclusive elegendo Ramiro Gonzalez, um imigrante mexicano, para prefeito da cidade.[6] Em outros municípios e cidades, os imigrantes vêm da Bósnia, da Somália, do Congo ou da Etiópia, tal como os funcionários da Robinwood Inc., de Boston, fabricante de velas e artigos para presente. O co-fundador da companhia, Philip Celeste, trabalha com o Comitê de Salvamento Internacional para contratar e treinar refugiados.[7]

Embora a diversidade não seja um tema novo, a expectativa de uma diversificação ainda maior da força de trabalho norte-americana no futuro que, aliada à legislação e às políticas voltadas a garantir o tratamento justo de vários grupos, exige que o supervisor trabalhe bem com uma variedade ainda maior de pessoas.

Discriminação Sutil

Nos dias de hoje, dificilmente alguém diria que não há problema em discriminar funcionários ou que o gestor deveria dar preferência a pessoas da sua raça ou do mesmo sexo. No entanto, formas sutis de discriminação persistem em qualquer local de trabalho, e todos possuem alguns estereótipos que, de forma consciente ou inconsciente, influenciam em seu comportamento. A discriminação sutil implica, por exemplo, ignorar a opinião da única mulher em uma reunião ou tratar equivocadamente um qualificado profissional afro-americano, como se ele ocupasse um cargo de menos prestígio.

Os supervisores e outros gestores podem adotar diversas táticas para melhorar tais atitudes:

- Colocar pessoas diferentes para trabalharem juntas, dando-lhes a oportunidade de conhecer os costumes e valores uns dos outros.
- Adotar um tipo de comportamento que ele, supervisor, espera dos funcionários, demonstrando, acima de tudo, respeito pelos outros.
- Questionar os estereótipos negativos. Quando algum funcionário fizer um comentário ofensivo, chamar a atenção para o dano que ele provoca e pedir-lhe para evitar esses tipos de observações no futuro.

Infelizmente, muitos supervisores ainda trabalham para organizações que não conseguem enxergar a vantagem de contratar e desenvolver uma força de trabalho diversificada. Mesmo em uma organização em que a administração não mantenha um compromisso com essas metas, o supervisor pode aconselhar e orientar os funcionários de outras etnias e do sexo feminino, ajudando-os a progredir na organização. O supervisor também pode considerar importante conhecer cada funcionário do departamento, como, por exemplo, o que o motiva e quais são suas metas profissionais. Em todo o livro, são apresentadas idéias mais específicas, relacionadas aos tópicos do capítulo, para enfrentar o desafio da diversidade.

FUNÇÕES GERAIS DO SUPERVISOR

Jennifer Plotnick é supervisora do conselho de educação da sua cidade. Suas responsabilidades incluem garantir que os funcionários do seu departamento realizem um bom trabalho, preparar o orçamento do departamento, assegurar-se de não gastar mais que o montante orçado, explicar aos funcionários o que se espera do trabalho deles, e justificar ao gerente por que ela precisa de mais pessoal no departamento para o ano seguinte. Por outro lado, os supervisores de outras áreas podem perder a maior parte do tempo criando condições para os funcionários realizarem o trabalho e com menos responsabilidades que Plotnick.

Embora as situações e o grau de responsabilidade sejam diferentes, o supervisor e outros gestores executam os mesmos tipos de funções. Para descrever essas atividades em comum, os especialistas em gestão categorizam-nas desta maneira: planejamento, organização, seleção, liderança e controle. As funções de gestão estão ilustradas na Figura 1.3, que mostra que todas as atividades devem ser voltadas a possibilitar aos funcionários a produção de serviços e mercadorias de alta qualidade, seja para os clientes da organização, seja para os colegas de outro departamento.

Planejamento

O senso comum diz que realizamos melhor o trabalho quando sabemos o que estamos tentando alcançar. O trabalho do supervisor inclui determinar as metas do departamento e as formas de cumpri-las. Essa é a função do **planejamento**. Algumas vezes, um supervisor tem poder suficiente para determinar as próprias metas, enquanto outro supervisor concentra-se em como atingir as metas definidas pelo gestor de nível superior.

planejamento
Definir metas e determinar como cumpri-las

FIGURA 1.3
Funções do Supervisor e de Outros Gestores

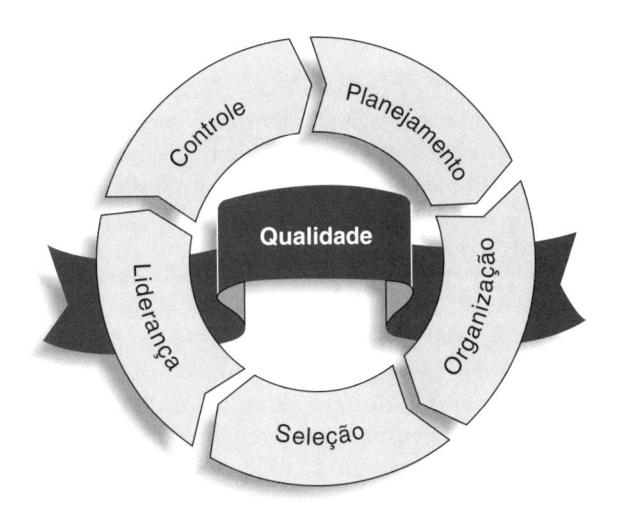

Assim como já mencionado anteriormente, o trabalho do supervisor consiste em ajudar a organização a atingir suas metas. As metas organizacionais resultam do planejamento feito pela diretoria. Dessa forma, a finalidade do planejamento realizado pelos supervisores é determinar como o departamento pode contribuir para atingir as metas da organização como um todo. Isso inclui o planejamento de quanto dinheiro se deve investir e, no caso de um departamento de vendas ou revendas, quanto dinheiro se espera ganhar e qual nível de resultado se quer atingir. Também é necessário avaliar quantos funcionários serão necessários. A tecnologia da computação também disponibilizou novas ferramentas de planejamento. No Capítulo 6, o planejamento será discutido mais detalhadamente.

Organização

Depois de o supervisor identificar o que precisa ser feito, a próxima etapa é determinar como estabelecer o grupo, de que forma alocar os recursos e designar o trabalho para atingir essas metas de forma eficaz. Essa é a função de **organização.**

organização
Estabelecer o grupo, alocar os recursos e designar o trabalho para atingir as metas

Alguém precisa decidir como estruturar a organização em geral, criando departamentos e níveis de gestão. Evidentemente, poucos supervisores têm poder nesse tipo de decisão. No nível de supervisão, a função de organização normalmente envolve atividades como a programação de projetos e a atribuição das responsabilidades aos funcionários (ou, assim como será discutida mais adiante, a criação de condições para os funcionários realizarem essas tarefas de organização). Além disso, os supervisores modernos são cada vez mais responsáveis pela formação e liderança de equipes de trabalhadores para lidar com projetos especiais ou com operações do dia-a-dia. As equipes virtuais dependem da comunicação eletrônica para funcionar de forma eficaz quando os membros e os supervisores da equipe trabalham muito longe uns dos outros. No Capítulo 7, será discutida mais detalhadamente a função de organização, e, no Capítulo 3, a liderança de equipe.

Seleção

O supervisor precisa de funcionários qualificados para realizar as tarefas planejadas e organizadas por ele. As atividades envolvidas com a identificação, a contratação e o desenvolvimento da qualidade e do número necessário de funcionários são denominadas função de **seleção**. Enquanto o desempenho de um funcionário de nível operacional (de nível não gerencial) é normalmente julgado com base nos resultados atingidos por ele de forma individual, o desempenho do supervisor depende da qualidade dos resultados atingidos por ele através de seus funcionários. Portanto, a seleção é fundamental para o sucesso do supervisor. As várias atividades da função de seleção serão tratadas nos Capítulos 15 a 17.

seleção
Identificar, contratar e desenvolver a qualidade e o número necessário de funcionários

Liderança

Mesmo que o supervisor tenha a mais clara e inspirada visão de como o departamento e seus funcionários devem trabalhar, essa visão só se tornará realidade se os funcionários a compreenderem e realmente fizerem a sua parte. O supervisor é responsável por fazer com que os funcionários compreendam o que se espera deles e estimulando e motivando-os a realizar um bom trabalho. Influenciar os funcionários a agir (ou a não agir) de certa maneira consiste na função de **liderança**. Uma boa liderança é ainda mais importante para o supervisor em épocas de mudanças rápidas, incentivadas pelo disseminado uso da internet e de outras tecnologias.

A organização depende em grande parte das habilidades conceituais do supervisor, mas a liderança requer boas habilidades em saber se relacionar bem com as pessoas. O supervisor deve estar ciente do comportamento de cada funcionário e deve saber usar isso para fazer com que os funcionários reajam de acordo com aquilo que ele deseja. No Capítulo 8, a liderança será discutida mais detalhadamente. Em outros capítulos, serão discutidos os meios pelos quais os supervisores influenciam os funcionários a agirem, como por exemplo através da comunicação (Capítulo 10), da motivação (Capítulo 11) e da disciplina (Capítulo 12).

liderança
Influenciar pessoas a agir (ou não agir) de certa maneira

Controle

O supervisor precisa ter conhecimento de tudo o que acontece no departamento. Quando algo sai errado, o supervisor deve encontrar uma maneira de resolver o problema ou oferecer condições para que os funcionários resolvam. Acompanhar o desempenho e realizar os ajustes necessários fazem parte da função de **controle** da gestão.

Em um número cada vez maior de organizações, não se espera que o supervisor exerça o controle impondo suas soluções. Ao contrário, espera-se que ele forneça os recursos e motive os funcionários a identificar e corrigir eles próprios os problemas. Nessas organizações, o supervisor ainda é responsável pelo controle, mas ele trabalha com outras pessoas para realizar essa função. No Capítulo 6, serão discutidos com mais detalhes esses e outros princípios mais tradicionais de controle. Hoje, a função de controle também pode incluir a utilização de controles de mensagem eletrônica que monitoram como os funcionários usam o computador e a "tecnologia de supervisão eletrônica", que usa tanto a internet como a tecnologia audiovisual para monitorar a segurança nas operações de uma loja, o serviço de atendimento ao cliente, os níveis de estoque e outros detalhes de supervisão.[8]

controle
Acompanhar o desempenho e realizar os ajustes necessários

Relacionamentos entre as Funções

Na Figura 1.3, observa-se as funções de gestão como um processo em que o planejamento vem em primeiro lugar, seguido de organização, seleção, liderança e, por fim, controle. Essa ordem existe porque cada função depende da função ou das funções anteriores. Depois que o supervisor tiver feito o planejamento das atividades do departamento, ele pode buscar a melhor maneira de organizar o trabalho e as pessoas para atingir os objetivos. Em seguida, o supervisor precisa reunir as pessoas certas e fazê-las realizar seu trabalho. Nesse momento, o supervisor pode dirigir o trabalho delas e estimular seus esforços. Os resultados são, assim, avaliados pelo supervisor para assegurar que o trabalho seja realizado de forma adequada. Durante a função de controle, o supervisor pode querer revisar algumas metas, momento em que todo o processo recomeça.

Evidentemente, na vida real, o supervisor não gasta uma semana planejando e, depois, uma semana organizando. Ao contrário, ele muitas vezes realiza todas as funções de gestão no curso de um dia. Por exemplo, o coordenador de um centro médico de um hospital pode começar o dia verificando o desempenho das enfermeiras (controlando), depois, participar de uma reunião para discutir as necessidades dos pacientes (planejando) e, em seguida, ajudar a resolver uma briga entre uma enfermeira e uma fisioterapeuta (liderando). Portanto, a Figura 1.3 é um modelo bem geral de gestão que mostra como as funções dependem umas das outras, e não como o supervisor estrutura o seu trabalho.

Normalmente, o supervisor gasta a maior parte do tempo liderando e controlando, porque ele trabalha diretamente com os funcionários que estão produzindo ou vendendo um produto ou fornecendo serviços de apoio. Planejamento, seleção e organização tomam menos tempo do supervisor. Em compensação, o gestor de nível superior é responsável por definir o rumo geral da organização; portanto, ele gasta mais tempo no planejamento e na organização.

RESPONSABILIDADES DO SUPERVISOR

Certa ocasião, um supervisor com pouca noção das suas responsabilidades acompanhava um operador de lança-guindaste em um pátio de armazenamento para içar um alinhador-triturador. Eles trabalhavam juntos sob a linha de transmissão de energia; o operador olhava para o supervisor, enquanto manipulava o cabo de içamento. Tragicamente, a lança balançou e bateu na linha de transmissão, e a forte descarga elétrica acabou matando o supervisor. Carl Metzgar, especialista em segurança que analisou esse incidente, ressalta que o acidente ocorreu porque o supervisor não estava supervisionando. Um supervisor focado em observar, orientar e acompanhar o trabalho teria notado a posição do equipamento e da linha de transmissão e orientado o funcionário a executar a tarefa de maneira mais segura. Segundo Metzgar, "o supervisor deve ser responsável pelo panorama geral".[9] Um funcionário que se torna supervisor assume todas as responsabilidades que estão listadas na Tabela 1.2. Em suma, embora o supervisor tenha mais poderes que o funcionário não-gestor, ele tem também muitas responsabilidades com a alta administração, com os funcionários e com os colegas.

Tipos de Responsabilidades

O supervisor é responsável por executar todas as tarefas designadas a eles pelos gestores de nível superior. Inclusive fornecendo aos gestores informações adequadas e precisas para realizar o planejamento. Ele também deve manter os gestores informados sobre o

TABELA 1.2
Responsabilidades do Supervisor

Fontes: Nolo.com, "When You're the Boss", reimpresso em www.workingwoman.com/wwn/article.jsp?contentId=513&ChannelID=210; Rona Leach, "Supervision: From Me to We", Supervision, fev. 2000, p. 8.

- Reconhecer os talentos de cada subordinado.
- Compartilhar sua visão das metas que a organização deseja alcançar.
- Tratar seus funcionários com dignidade e respeito.
- Conduzir as reuniões necessárias de forma eficaz e garantir que elas cumpram seu papel.
- Manter seu pessoal informado e atualizado.
- Ser acessível àqueles sob sua supervisão.
- Realizar avaliações periódicas do progresso do grupo.
- Oferecer aos funcionários a oportunidade de avaliá-lo.
- Elogiar seu pessoal pelas realizações.
- Manter o contato com pessoas do seu segmento.
- Ser capaz de realizar as tarefas daqueles que estão sob sua supervisão.
- Manter o senso de humor.
- Ser justo.
- Adotar práticas adequadas de contratação.
- Conhecer a legislação aplicada à empresa e ao seu cargo.
- Adotar as normas e os regulamentos de segurança no trabalho.
- Manter registros precisos dos funcionários.
- Evitar o assédio sexual e a discriminação por gênero, idade, raça, gravidez, orientação sexual ou nacionalidade.
- Saber como demitir um funcionário sem violar os seus direitos.

desempenho do departamento. O supervisor deve servir como uma espécie de elo de ligação, uma ponte, entre os funcionários e a alta administração da empresa. Portanto, suas responsabilidades incluem estimular o estado de espírito dos funcionários e encaminhar as preocupações dos funcionários aos gestores apropriados.

Alguns supervisores podem questionar as responsabilidades que possuem com seus funcionários. Afinal, os funcionários são responsáveis por fazer o que os supervisores pedem. Mesmo assim, como o supervisor funciona como ponte entre a alta direção e os funcionários, o modo como ele trata os seus subordinados é muito importante. O supervisor é responsável por transmitir aos subordinados instruções claras e garantir que eles entendam o trabalho. Deve identificar os problemas e corrigi-los antes que o desempenho dos funcionários seja prejudicado ainda mais. Ele também deve tratar os funcionários com justiça e defender seus interesses na diretoria.

Concluindo, o supervisor é responsável por cooperar com os colegas de outros departamentos. Cabe a ele, sempre que possível, responder prontamente quando um colega de outro departamento solicitar informações. Deve compartilhar as idéias que ajudem os departamentos da organização a trabalharem juntos para atingir as metas em comum. Além disso, o supervisor deve ouvir quando colegas de outros departamentos apresentarem sugestões para melhorar o modo como o trabalho é realizado. Quando o supervisor aprende com as idéias dos outros, toda a organização se beneficia, além disso, ele se sente gratificado por trabalhar em conjunto, como um membro de uma equipe.

Responsabilidades em uma Organização Que Sofre Mudanças

À medida que a tecnologia vem avançando e o comércio internacional vem crescendo, as organizações estão se especializando em realizar mudanças cada vez mais rapidamente. Essas mudanças decorrem da necessidade de agir contra a concorrência de empresas de outros países e aproveitar as tecnologias, tais como a internet. Hoje, o supervisor deve ter habilidade para se comunicar tanto virtual como pessoalmente, e deve também estar preparado para mudar com a mesma agilidade de seus empregadores.

As organizações podem enfrentar a concorrência acirrada, melhorando a eficácia de suas estruturas. Muitas organizações têm eliminado níveis da gestão, transferindo mais autoridade na tomada de decisão para os supervisores e seus funcionários.[10] A Dell Inc., por exemplo, teve êxito no difícil ramo da venda de computadores pessoais, operando com mais eficácia que a concorrência. Recentemente, a companhia empenhou esforços para cortar $ 1,5 bilhão das despesas anuais. Os supervisores estavam entre aqueles que apresentaram estratégias para o corte de gastos diretamente ao presidente da companhia.[11] Hoje, os supervisores muitas vezes têm responsabilidades que, há apenas algumas décadas, seriam atribuídas a gestores do nível médio. O supervisor trabalha muito próximo aos funcionários e, atualmente, também lida com grande parte do planejamento e organização, que, anteriormente, eram funções realizadas pelos gestores de nível médio.

Além disso, a organização espera do funcionário operacional papel ativo nas tarefas tradicionais de gestão, como, por exemplo, na definição de metas, na alocação do trabalho e no acompanhamento e na melhoria da qualidade. Nesse novo cenário, a ultrapassada abordagem de supervisão "comando-e-controle" não é eficaz. Ela sufoca a verdadeira criatividade e a delegação de poder que esse tipo de reorganização busca promover.

Conseqüentemente, o papel do supervisor nesse tipo de situação é de ajudar os funcionários a realizar essas responsabilidades que vêm sendo ampliadas. Esse papel é baseado no entendimento de que o conhecimento e o compromisso dos funcionários estão entre os ativos mais valiosos da organização. Edward E. Lawler III, especialista em eficácia organizacional e professor da Universidade do Sul da Califórnia, afirma que a organização é mais bem-sucedida quando contrata funcionários talentosos e "trata-os bem". De acordo com Lawler, quando a direção motiva e permite aos funcionários um bom desempenho, está criando uma "espiral virtuosa", em que ela e suas pessoas atingem cada vez mais as suas metas.[12] Tratar bem os funcionários envolve um estilo de liderança respeitoso, justo e ético. Os funcionários esperam ser tratados com dignidade, o que inclui ouvi-los e demonstrar consideração por suas diferenças individuais. Eles desejam que o supervisor seja justo ao tomar decisões e os inclua, quando possível, na tomada de decisão. E esperam que o supervisor seja ético e se comporte de modo coerente com suas palavras.[13]

Essas responsabilidades dependem muito das habilidades interpessoais. Portanto, as mudanças que ocorrem no trabalho, hoje, demandam supervisores menos dependentes do conhecimento técnico e mais da capacidade de compreender, inspirar e criar uma atmosfera de cooperação entre as pessoas. Se o supervisor está acostumado a dizer aos outros o que fazer e, depois, verificar o modo como o trabalho é feito, esse novo estilo de supervisão pode parecer estranho. No entanto, muitos supervisores acham que os funcionários podem contribuir e efetivamente o fazem, com idéias e compromissos que inserem a organização em uma espiral virtuosa. Em Hamilton, Ontário, a companhia siderúrgica Dofasco espera que equipes de trabalhadores de linha tomem muitos tipos de decisões e mantenham os padrões de qualidade. Esses funcionários, dotados de poder, e seus supervisores têm ajudado a companhia a se manter lucrativa, mesmo nesses últimos anos, quando a redução no ritmo da produção tem afetado os concorrentes.[14]

Além disso, a tecnologia está mudando o trabalho dos supervisores de várias maneiras. A tecnologia da informação facilitou o trabalho de funcionários realizando suas tarefas em locais distintos. Portanto, o supervisor precisa motivar e controlar trabalhadores que, muitas vezes, não encontra pessoalmente todos os dias. Muitos funcionários preferem trabalhar a distância, ou trabalhar com um computador em um local remoto, por exemplo, em sua própria casa. O trabalho virtual torna a tarefa do supervisor ainda mais importante e mais desafiadora.

Responsabilidades e Responsabilização

Quaisquer que sejam as responsabilidades de determinado supervisor, a organização o considera responsável por cumpri-las. **Responsabilização** refere-se à prática de aplicar penalidades por não cumprir as responsabilidades de forma adequada, e normalmente implica também conceder recompensas por cumpri-las. Portanto, se a supervisora de atendimento ao cliente, Lydia Papadopoulos, ensina bem os atendentes de telemarketing a ouvir com atenção os clientes, a companhia deve recompensá-la com um aumento salarial. Em contrapartida, o gestor de nível superior frustrado com o supervisor porque este não lhe fornece as informações sobre os acontecimentos do departamento pode demiti-lo por não cumprir sua responsabilidade.

responsabilização
Prática de aplicar penalidades por não cumprir de forma adequada as responsabilidades e de conceder recompensas por cumpri-las

TORNANDO-SE UM SUPERVISOR

A maioria dos supervisores começa trabalhando no departamento que atualmente supervisiona. Como as habilidades técnicas são relativamente importantes para o gestor de primeiro nível, a pessoa selecionada para ser supervisor é muitas vezes um funcionário com conhecimento superior das habilidades técnicas que serão necessárias para um bom desempenho no departamento. A pessoa também pode trabalhar há mais tempo na empresa do que muitos outros funcionários do departamento. Bons hábitos de trabalho e habilidades de liderança também são razões para selecionar um funcionário para ser supervisor. Algumas vezes, a companhia pode contratar um universitário recém-formado para ser supervisor, possivelmente porque ele demonstrou potencial de liderança ou alguma habilidade especializada que será útil para o cargo.

Infelizmente, nenhuma dessas bases de promoção ou contratação garante que a pessoa saiba como supervisionar. A funcionária de um hotel promovida à posição de supervisão, por exemplo, pode sentir-se perdida em como motivar aqueles que hoje se reportam a ela. Gene Ference, presidente da HVS/The Ference Group de Weston,

Connecticut, acredita que a maneira mais eficaz de estimular o desempenho e o desenvolvimento seja usar a prática de coaching (orientar) em vez de simplesmente dizer "Faça o seu melhor". De acordo com Ference, orientar significa perguntar, por exemplo, "Na sua opinião, como podemos aplicar esses princípios culinários no nosso novo cardápio do spa?" e "Os corredores dos quartos da ala oeste estão excepcionalmente limpos hoje. Como você acha que podemos mantê-los sempre assim?"[15]

Tornar-se supervisor causa uma grande mudança na vida profissional da pessoa. O novo surpevisor, de uma hora pra outra, vai precisar usar mais as habilidades conceituais e de relações humanas e dedicar mais tempo planejando com antecendência e controlando as atividades do departamento. Além disso, ocorre uma mudança no relacionamento entre ele e os funcionários do departamento. Em vez de ser um dos demais, o supervisor torna-se parte da administração – sendo até mesmo alvo de culpa ou raiva quando o funcionário se ressente das políticas da companhia. Todas essas mudanças podem provocar certa ansiedade. É natural questionar se a pessoa está qualificada ou como enfrentará os problemas que surgirão.

Preparando-se para o Cargo

Uma maneira de combater a ansiedade é preparando-se para o cargo. Um supervisor novo pode aprender sobre gestão e supervisão por meio da leitura e da observação. Ele pode pensar em como desempenharia o papel do supervisor. Mais importante que a simpatia são o senso de justiça e o foco no cumprimento das metas. O supervisor pode também se empenhar em aprender o máximo sobre a organização, o departamento e o cargo que vai ocupar. A Figura 1.4 apresenta uma visão geral do que aguarda um supervisor novo.

FIGURA 1.4
O Que Aguarda o Supervisor Novo?

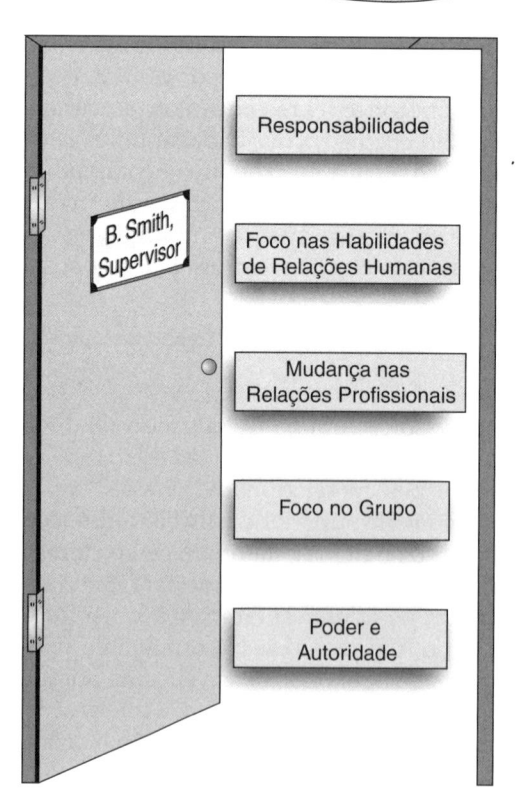

Uma vez no cargo, o supervisor precisa continuar o processo de aprendizado. Mais importante que entender o local onde vai trabalhar é conhecer os funcionários do departamento ou o grupo de trabalho. O supervisor precisa saber quem são os trabalhadores discretos, porém, produtivos, e quem são os líderes informais. Para conhecer os funcionários, o supervisor pode conversar com seu próprio gerente e ler as avaliações de desempenho, mas as fontes de informação mais confiáveis são os próprios funcionários. Principalmente nos primeiros dias na função, o supervisor deve dedicar tempo para discutir as metas com os funcionários e observar seus hábitos de trabalho.

O supervisor pode descobrir que um ou mais funcionários candidataram-se ao cargo de supervisão e, assim, podem estar enciumados. Uma abordagem construtiva que o supervisor pode adotar para resolver esse problema é reconhecer os sentimentos da outra pessoa, pedir o apoio do funcionário e discutir suas metas de longo prazo. Um aspecto importante dessa abordagem é o fato de o supervisor ajudar o funcionário a atingir ou superar suas próprias metas. Por exemplo, um supervisor pode ajudar um representante de vendas, possivelmente enciumado, a aumentar suas vendas. A maioria dos funcionários considera melhor gestor aquele que os ajuda a ganhar mais.

Obtendo e Usando o Poder e a Autoridade

Para realizar seu trabalho, o supervisor precisa não apenas de conhecimento, mas também de poder (capacidade para realizar certos atos) e autoridade (direito de realizar certos atos). Para adquirir poder ao assumir o cargo de supervisor, talvez seja útil que seu superior faça um anúncio oficial sobre a promoção. Ao aceitar o cargo, o supervisor pode pedir ao chefe que anuncie a promoção em uma reunião com os funcionários. O supervisor pode aproveitar a oportunidade para expor suas expectativas, o desejo de trabalhar em equipe e o interesse em ouvir os problemas relativos ao trabalho.

O supervisor novo não deve ter pressa de realizar mudanças no departamento, ao contrário, deve primeiro entender o funcionamento do departamento e as expectativas dos funcionários. Realizar mudanças rápidas sem procurar saber a opinião dos funcionários pode aliená-los e colocá-los na defensiva. O supervisor pode obter apoio para as mudanças, introduzindo-as gradualmente depois de solicitar sugestões, quando apropriado.

Para obter mais idéias sobre como se tornar um supervisor, consulte os textos apresentados em "Dicas da Linha de Frente". Além disso, muitos capítulos deste livro apresentam idéias que serão úteis nessa transição. Por exemplo, no Capítulo 7 é discutida a delegação de autoridade, e no Capítulo 14 são discutidos as fontes e os tipos de poder, juntamente com mais informações sobre gestão das mudanças.

CARACTERÍSTICAS DE UM SUPERVISOR DE SUCESSO

Infelizmente, muitos de nós já trabalhamos com alguém que aparentemente sufocava os nossos melhores esforços ou nos enfurecia com decisões injustas. Por outro lado, possivelmente também já trabalhamos para um supervisor que nos ensinou novas habilidades, inspirou-nos a fazer melhor do que acreditávamos ser capaz, ou nos deu motivação para ir trabalhar todos os dias. O que está por trás do sucesso dessa segunda categoria de supervisores? A Figura 1.5 ilustra algumas características do supervisor de sucesso. Faça o exercício de Autoconhecimento da página 22 para saber se o cargo de supervisão se ajusta a seus traços e interesses atuais.

Um supervisor de sucesso possui *atitude positiva*. Os funcionários tendem a refletir as atitudes das pessoas que são seus superiores. Quando a atitude do supervisor em relação ao trabalho e à organização é positiva, os funcionários tendem a sentir-se satisfeitos com o trabalho e a interessar-se por ele. Além disso, os gestores e colegas do mesmo nível preferem trabalhar com alguém que tenha atitude positiva.

DICAS DA LINHA DE FRENTE

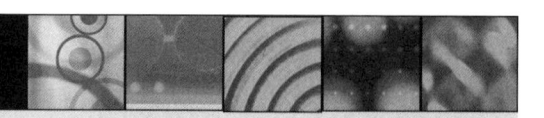

TORNANDO-SE SUPERVISOR

Muitas vezes, um novo supervisor assume a posição como resultado de uma promoção. O que significa que o relacionamento do supervisor com as outras pessoas do departamento irá mudar. Como manter relacionamentos profissionais positivos com as pessoas quando agora você é responsável por assegurar que elas realizem o trabalho de forma correta e eficaz? Estas são algumas sugestões para uma transição mais tranqüila:

- *Estabelecer limites de comportamento.* Alguns tipos de comportamento apresentados pelos colegas, tais como fofocar, reclamar do trabalho e escolher amigos interferem no papel do supervisor. Os funcionários esperam que o supervisor seja justo e objetivo. Se alguns funcionários esperam ser favorecidos por causa da amizade, não são amigos de verdade.
- *Não ser o "salvador".* Em vez de imediatamente realizar o trabalho sempre que surgir algum problema, ensine os funcionários do grupo a realizar as tarefas que um dia você já realizou. Treinar pode ser mais complicado do que executar você mesmo o trabalho, mas o treinamento propicia a formação de um grupo de trabalho mais sólido.
- *Descobrir como medir o sucesso.* Como avaliar se cada pessoa está tendo êxito quanto a qualidade, custo e prazo? Como supervisor, é necessário ter uma visão apurada para enxergar quando os funcionários estão no rumo certo para atingir as metas e quando é necessário intervir.
- *Comunicar-se com todos.* Tenha como regra conversar com cada membro do grupo de trabalho para poder entender as metas de cada um e para todos saberem o que se espera deles. Mostre aos funcionários que o esforço de cada um beneficia o grupo como todo.
- *Ser firme.* Algumas vezes os funcionários "testam" o novo supervisor para ver se ele impõe regras e padrões. Se isso acontecer, o supervisor precisará deixar claro que leva a sério o sucesso de todo o grupo.
- *Aprender com os outros.* Conhecer outros supervisores e gestores que compartilhem conhecimento adquirido com a experiência.

Fontes: Texto baseado em Brandi Britton, "Making the Move from Peer to Supervisor", *Los Angeles Business Journal*, 10 out. 2005; Ed Lisoski, "From Peer to Supervisor", *Supervision*, maio 2005, extraído de Business & Company Resource Center, http://galenet.galegroup.com.

FIGURA 1.5
Características de um Supervisor de Sucesso

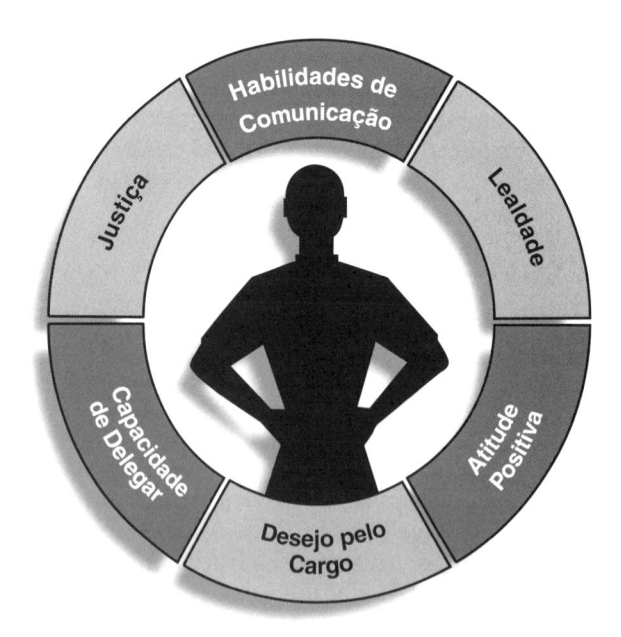

(Habilidades de Comunicação; Lealdade; Atitude Positiva; Desejo pelo Cargo; Capacidade de Delegar; Justiça)

O supervisor de sucesso é *leal*. Como parte de uma equipe de gestão, ele deve adotar ações visando o melhor para a organização. Essa responsabilidade pode incluir tomar decisões impopulares aos olhos dos funcionários. Em situações como essa, o supervisor deve reconhecer que assumir um cargo de supervisor significa que nem sempre ele pode "fazer parte da turma".

O supervisor de sucesso é *justo*. O supervisor que favorece ou se comporta com incoerência perde o apoio e o respeito dos funcionários e não consegue liderar com eficácia. Além disso, quando o supervisor designa tarefas e toma decisões de acordo com as pessoas com quem tem mais afinidades, ele não necessariamente toma as atitudes mais adequadas para a organização. Outro aspecto de ser justo é cumprir ele próprio as regras. O supervisor pode servir de bom modelo, por exemplo, cumprindo os prazos e evitando resolver assuntos pessoais no trabalho, ou não levando para casa materiais de escritório.

O supervisor precisa também ser *bom comunicador*. Tanto os funcionários como os superiores dependem do supervisor para mantê-los informados dos acontecimentos. Os funcionários que recebem clara orientação sobre o que se espera deles não apenas desempenharão bem, mas também se sentirão mais satisfeitos com o trabalho. A boa comunicação inclui também manter contato com os funcionários todos os dias e ouvir o que eles têm a dizer. O Capítulo 10 apresenta uma visão mais profunda das habilidades de comunicação que o supervisor precisa desenvolver.

Para ter sucesso, o supervisor precisa ter *capacidade de delegar*, ou seja, conceder aos funcionários autoridade e responsabilidade para realizar as atividades. Como o supervisor tende a possuir excelentes habilidades técnicas, para ele delegar pode ser um desafio. Ele pode resistir em designar uma tarefa a um funcionário que pode não executá-la com tanta facilidade quanto ele próprio executaria. Mesmo assim, o supervisor não pode realizar o trabalho do departamento inteiro. Portanto, ele precisa designar o trabalho aos funcionários.

Igualmente importante, o supervisor deve dar crédito ao funcionário por suas realizações.

Isso, por sua vez, faz o supervisor parecer bom; o sucesso dos funcionários mostra que o supervisor é capaz de selecionar e motivar, além de delegar com eficácia. No Capítulo 7, será discutido mais detalhadamente sobre delegação.

Por fim, o supervisor de sucesso deve *desejar o cargo*. Algumas pessoas sentem-se mais felizes quando utilizam as habilidades técnicas que adquiriram em sua área, seja como marceneiro, fisioterapeuta respiratório ou gerente financeiro. Pessoas que preferem esse tipo de trabalho em vez das funções de gestão provavelmente se sentirão mais felizes se declinarem a oportunidade de se tornarem supervisor. Em compensação, pessoas que gostam do desafio de planejar e inspirar outras pessoas a atingir as metas tendem a ser supervisores mais eficazes. Para obter um exemplo desse tipo de supervisor, leia o texto na seção "Supervisão nos Diversos Setores".

SOBRE O LIVRO

Este livro introduz os muitos tipos de atividades que o supervisor deve realizar visando atingir seus objetivos gerais de fazer com que os funcionários contribuam para cumprir as metas da organização. A Parte Um é dedicada a oferecer uma ampla visão do papel do supervisor. O Capítulo 1 serve como uma introdução às atividades gerais e às responsabilidades do supervisor.

A Parte Dois trata dos desafios enfrentados pelo supervisor moderno para cumprir suas responsabilidades. As expectativas cada vez maiores de clientes, empresários e público em geral têm tornado a alta qualidade a baixo custo uma preocupação obrigatória de funcionários de todos os níveis, inclusive do nível de supervisão. Assim, no Capítulo 2, discute-se como o supervisor deve entender e executar seu papel na manutenção e melhoria constante da qualidade e da produtividade. No Capítulo 3, são abordados os grupos e o trabalho em equipe, refletindo o papel de líder de equipe, atividade cada vez mais comum do supervisor.

SUPERVISÃO NOS DIVERSOS SETORES

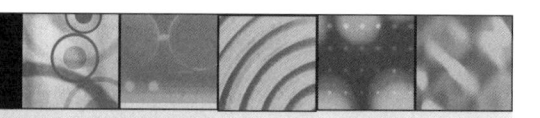

SUPERVISOR DA INDÚSTRIA AUTOMOBILÍSTICA DEPENDE DA HABILIDADE COM AS PESSOAS

Arthur Little começou sua carreira na Honda Motor Company como montador na fábrica da companhia em Marysville, Ohio. Um dos principais requisitos da função era a resistência física. Embora Little fosse jovem (na casa dos seus vinte e poucos anos) e estivesse fisicamente condicionado devido aos dois anos servindo na Marinha, ele achava a experiência de montagem de veículos exaustiva. Mas seus colegas o incentivaram, e ele acabou se acostumando com as demandas da função. Ele começou a pensar nos funcionários da Honda como "uma espécie de família" – a parte do trabalho que ele mais gostava.

Little era ávido por aprender, assim, em seguida, ele assumiu uma posição na fábrica da Honda para aprender diversas funções, fazendo um rodízio entre elas. Dessa maneira, ele aprendeu os procedimentos em várias partes da fábrica de Marysville. Ele começou a substituir, ocasionalmente, os supervisores da fábrica, denominados líderes de equipe. Ao assumir essas atribuições, Little ganhou pontos no sistema da Honda de recompensa dos trabalhadores pela experiência no trabalho.

Finalmente, surgiu uma vaga para a posição de supervisor, e Little candidatou-se ao cargo. Os pontos que ele havia ganhado ajudaram-no a conseguir a posição.

Hoje, no cargo de supervisor, Little mantém o foco em garantir a segurança e a produtividade dos trabalhadores. Ele continua a enxergar os trabalhadores da Honda como um dos ativos da companhia, dizendo que as atitudes deles facilitam muito o seu trabalho: "Você não vê um bando de pessoas esperando as coisas acontecerem".

O engenheiro sênior de pessoal, Brad Alty, concorda com a prioridade que Little deu às relações humanas, dizendo que a principal habilidade necessária em um líder de equipe da Honda é ser uma "pessoa voltada às pessoas". Ele explica: "Você precisa ter disposição para trabalhar com outras pessoas, motivar e acreditar no trabalho em equipe, e precisa ser honesto e íntegro".

Fonte: Texto baseado em James Cummings, "Ohio Plant Supervisor Builds on Experience to Rise through Ranks at Honda", *Dayton (Ohio) Daily News*, 23 maio 2005, extraído de Business & Company Resource Center, http://galenet.galegroup.com.

O supervisor (e outras pessoas da organização) também devem levar em conta as implicações éticas de suas decisões, assunto tratado no Capítulo 4. O valor da diversidade é tema do Capítulo 5.

A Parte Três apresenta uma visão mais profunda das funções de supervisão introduzidas neste capítulo. No Capítulo 6, discute-se como o supervisor usa o planejamento e o controle visando criar condições para seus grupos de trabalho atingirem as metas e os objetivos. O Capítulo 7 trata da função de organização, incluindo o uso da delegação por parte do supervisor para compartilhar a autoridade e responsabilidade. No Capítulo 8, é feita uma análise do papel do supervisor no desempenho da função de liderança na gestão. No Capítulo 9, discute-se como o supervisor pode ser eficaz, resolvendo os problemas e tomando decisões com criatividade.

Na Parte Quatro, são descritas as habilidades necessárias ao supervisor de qualquer tipo de organização. Cada capítulo trata do modo como o supervisor pode se comunicar, motivar os funcionários, supervisionar funcionários "problemáticos", administrar o tempo e o estresse bem como enfrentar os conflitos e as mudanças. Essas habilidades são importantes em todos os níveis da gestão e em todos os tipos de organização. Essa parte é acompanhada de um apêndice especial que ressalta como o supervisor pode negociar e tratar das políticas organizacionais.

A última parte do livro aborda as atividades relativas à gestão dos recursos humanos da organização: seus funcionários. O Capítulo 15 trata do papel do supervisor na seleção de novos funcionários. No Capítulo 16, discute-se o processo de treinamento de funcionários novos e antigos. No Capítulo 17, é feita uma análise de como o supervisor avalia o desempenho dos funcionários.

Por fim, o apêndice no final do livro introduz algumas das muitas leis e normas governamentais que orientam as decisões e o papel do supervisor em relação aos recursos humanos. Ele ressalta as questões de saúde e segurança, relações trabalhistas e práticas justas de emprego.

Em todo o livro, os capítulos incluem recursos especiais para ajudá-lo a aplicar os princípios de supervisão à prática de supervisionar pessoas de verdade em uma organização real. Esses recursos abrangem "Dicas da Linha de Frente" e "Habilidades em Supervisão", que apresentam discussões baseadas em exemplos reais dos desafios modernos da supervisão – criatividade, inovação e trabalho em equipe –, além de oferecer dicas práticas para uma supervisão eficaz. Os textos em "Supervisão e Diversidade" demonstram como a força de trabalho diversificada do futuro já está afetando a vida dos supervisores. Os textos em "Supervisão nos Diversos Setores" demonstram a aplicabilidade das práticas de supervisão em uma ampla gama de setores empresariais. Os textos em "Supervisão e Ética" ilustram como o supervisor é capaz de cumprir as demandas do cargo de forma ética. Os casos apresentados no início e no fim do capítulo mostram como supervisores e organizações da vida real trataram das questões abordadas no capítulo e resolveram os problemas comuns no trabalho.

Uma seção de notas no final do livro, dividida por capítulo, apresenta fontes e material de leitura adicional de vários tópicos tratados nos capítulos. O glossário no final deste texto proporciona uma consulta rápida de todos os termos principais. Para facilitar a revisão, cada definição é acompanhada do número da página em que o termo em negrito está definido.

Os Módulos de Aptidão ao final de cada capítulo contêm auto-avaliações, exercícios para adquirir habilidades, exercícios de simulação, aplicação das informações e mini-estudos de caso. Esses exercícios permitem ao aluno usar os conceitos do texto e desenvolver a capacidade de liderança.

MÓDULO DE APTIDÃO

PARTE UM: CONCEITOS

Resumo

1.1 Definir o que é um supervisor.
Supervisor é um gestor no primeiro nível de gestão. Ou seja, os funcionários que se reportam ao supervisor não são, eles próprios, gestores.

1.2 Descrever os tipos básicos de habilidades de supervisão.
De acordo com o modelo clássico, as habilidades básicas de supervisão são: técnica, em relações humanas, conceitual e na tomada de decisões. As habilidades técnicas consistem na experiência e no conhecimento especializado utilizados para executar determinadas técnicas ou procedimentos. As habilidades em relações humanas permitem ao supervisor trabalhar bem com outras pessoas. As habilidades conceituais permitem ao supervisor ver a relação das partes com o todo e entre si. As habilidades na tomada de decisões são necessárias para analisar as informações e tomar boas decisões. Um modelo recente identifica as habilidades necessárias para se ter sucesso em atividades relativas à tarefa, às pessoas e às mudanças. Essas habilidades consistem em esclarecer os papéis, monitorar as operações e planejar no curto prazo; consultar, apoiar, reconhecer, desenvolver e delegar poder aos funcionários; e antecipar-se às mudanças, assumir riscos, estimular o pensamento inovador e monitorar o ambiente externo.

1.3 Descrever como a crescente diversidade da força de trabalho afeta o papel do supervisor.
Comparada à composição atual da força de trabalho norte-americana, uma fatia cada vez maior de funcionários será feminina, mista e mais idosa. Conseqüentemente, no futuro, o supervisor irá gerir grupos mais diversificados de funcionários. Essa realidade significa que o supervisor pode se beneficiar de uma variedade maior de talentos e pontos de vista, mas também exige dele mais habilidade em relações humanas em comparação ao passado.

1.4 Identificar as funções gerais de um supervisor.

As funções gerais de um supervisor consistem em planejamento, organização, seleção, liderança e controle. O planejamento envolve definir metas e determinar como atingi-las. A organização consiste em determinar como estabelecer o grupo, alocar os recursos e designar o trabalho, visando cumprir as metas. A seleção consiste em identificar, contratar e desenvolver a qualidade e o número necessário de funcionários. Liderança é a função destinada a fazer os funcionários realizarem o que se espera deles. O controle consiste em acompanhar o desempenho e realizar os ajustes necessários.

1.5 Explicar as responsabilidades do supervisor com a alta administração, os funcionários e os colegas.

O supervisor é responsável por realizar o trabalho que lhe é designado pela alta administração e mantê-la informada do progresso do departamento. O supervisor serve de elo entre a alta administração e os funcionários. O supervisor é responsável por tratar os funcionários com justiça, deixando claras as instruções e levando à alta administração da empresa as preocupações dos funcionários. As organizações que implementam reestruturação e reengenharia muitas vezes atribuem ao supervisor a responsabilidade de delegar poder e oferecer condições aos funcionários, em vez de concentrar-se em comandar e controlar. O supervisor também é responsável por cooperar com os colegas de outros departamentos. As organizações deixam a cargo do supervisor o cumprimento dessas várias responsabilidades.

1.6 Descrever a formação típica de alguém que é promovido a supervisor.

A maioria dos supervisores começa como funcionário do departamento que atualmente supervisiona. Normalmente, ele possui habilidades técnicas superiores e pode estar há bastante tempo trabalhando na empresa ou demonstrar potencial de liderança.

1.7 Identificar as características de um supervisor de sucesso.

Um supervisor de sucesso normalmente é alguém que tem atitude positiva, é leal, é justo, comunica-se bem, consegue delegar e deseja o cargo.

Termos Principais

supervisor, p. 3
habilidades técnicas, p. 4
habilidades em relações humanas, p. 4
habilidades conceituais, p. 5
habilidades na tomada de decisões, p. 5
planejamento, p. 8
organização, p. 9
seleção, p. 9
liderança, p. 10
controle, p. 10
responsabilização, p. 13

Questões para Discussão e Revisão

1. Citar algumas das semelhanças entre o cargo de supervisor e de gestores de outro nível. Citar as diferenças entre o cargo de supervisor e de outros gestores.
2. Você acaba de ser promovido como supervisor de caixas de um supermercado. Liste as habilidades técnicas, em relações humanas, conceituais e na tomada de decisão que, em sua opinião, serão necessárias para seu êxito nessa função. Como desenvolver continuamente essas habilidades para chegar ao cargo de gerente da loja?
3. Identifique se cada uma das seguintes habilidades está mais relacionada às atividades relativas à tarefa, às pessoas ou às mudanças.
    a. Capacidade de se comunicar bem com o gerente de outro funcionário.
    b. Capacidade de avaliar se os assistentes de vendas estão realizando os serviços no prazo e de maneira gentil.
    c. Capacidade de planejar um programa de treinamento em segurança para o pessoal de manutenção.

d. Capacidade de envolver os funcionários na tomada de decisões corretas para atender as preferências em termos de férias.
e. Capacidade de perceber como a nova tecnologia pode ajudar o departamento a atingir as metas.
f. Capacidade de ensinar ao funcionário como trabalhar com uma peça sem efetuar mudanças desnecessárias na configuração do equipamento.
4. A tendência populacional indica que a força de trabalho se tornará cada vez mais diversificada. Cite algumas vantagens de haver maior diversidade. Que desafios isso impõe ao supervisor?
5. Quais são as funções básicas do supervisor? Em que funções o supervisor gasta a maior parte do tempo?
6. Em muitas organizações, com a mudança da função de controle, o supervisor não deve mais controlar impondo soluções. Como, então, o supervisor deve executar a função de controle?
7. Quais as responsabilidades do supervisor com cada um desses grupos?
   a. Alta administração.
   b. Funcionários sob sua supervisão.
   c. Colegas de outros departamentos.
8. Emma acaba de ser promovida à gerente de escritório de uma pequena empresa imobiliária. Algumas das pessoas que ela irá supervisionar são ex-colegas; ela sabe que uma delas também se candidatou à vaga. Como ela deve se preparar para a nova posição? Qual a melhor maneira de lidar com o colega que não foi escolhido para o cargo?
9. Cite algumas maneiras de um supervisor novo utilizar o poder e a autoridade de forma eficaz.
10. Liste as características de um bom supervisor. Além das características mencionadas no capítulo, acrescente quaisquer outras que considerar importante. Tome como base sua própria experiência como funcionário e/ou supervisor.

PARTE DOIS: CAPACITAÇÃO

PROBLEMA A SER RESOLVIDO PELO ALUNO

Com base no texto da página 3, reflita e considere os desafios enfrentados por Tyrone Dugan. Liste as habilidades que considerar mais importantes para estabelecer a autoridade e um ambiente de trabalho positivo. Quais dessas habilidades Dugan utilizou? Que outro conselho você daria a Dugan para que ele se estabeleça como um supervisor novo de sucesso? Junto com o seu grupo, prepare um relatório apresentando suas recomendações.

Caso de Solução de Problemas: *Julgando os Juízes da Conferência da Costa Atlântica*

Quando os times de basquetebol de Duke, Georgia Tech, e outros 10 membros da Conferência da Costa Atlântica (Atlantic Coast Conference – ACC) jogam, a maioria dos olhares está voltada para os jogadores e o placar. Alguns torcedores mais fanáticos também observam os juízes, algumas vezes discordando das marcações. Poucos notariam um importante observador: John Clougherty, supervisor de árbitros da ACC.

Para realizar seu trabalho, Clougherty assiste a dezenas de jogos toda a temporada e vê o restante em DVD. Nas mãos, um bloco oficial de anotações, em que anota o número de faltas marcadas para cada time e dados sobre determinadas marcações que precisa discutir depois com cada árbitro. Quando eles cometem algum erro, Clougherty informa-os imediatamente depois da partida. De fato, o feedback imediato é uma das prioridades desse supervisor. Depois que ele se tornou supervisor, começou a pedir que cada partida fosse gravada em DVD e que um disco fosse entregue aos árbitros minutos depois do término do jogo. Se houver discordância em relação a alguma marcação e Clougherty estiver presente na partida, ele revê imediatamente a gravação junto com os árbitros. A informação também o ajuda a manter uma boa comunicação com os técnicos das equipes.

Clougherty usa as gravações em DVD como recurso importante para ensinar os árbitros. Algumas vezes, a mídia também fornece um registro de apoio às medidas disciplinares. Recentemente, durante um jogo entre Florida State e Duke, um grupo de árbitros marcou incorretamente uma falta técnica contra um jogador do Florida State e não reviu a jogada no monitor em quadra. Clougherty reagiu aplicando uma suspensão.

Além de treinar e disciplinar, Clougherty também é responsável pela contratação. Ele trouxe diversos árbitros novos para as partidas da ACC. Seu alto conhecimento em contratação, ele deve à sua vasta experiência: "Depois de 30 anos como árbitro da liga universitária, acredito ter uma boa noção do que é talento". De fato, ele possui muita experiência prática. Durante esses 30 anos apitando, Dougherty trabalhou em dezenas de jogos quadrangulares finais e em quatro finais de campeonato nacional.

1. Quais habilidades de supervisão parecem ser as mais importantes para o trabalho de Clougherty? Por quê?
2. Que tipos de responsabilidade ele tem?
3. Qual a importância da experiência de Clougherty como árbitro na sua preparação para ser supervisor? Além dessa experiência profissional, que experiências e qualidades você considera importantes para alguém ter êxito na função de Clougherty? Essas qualidades e experiências são aplicáveis à maioria dos cargos de supervisão?

Fontes: Ed Miller, "ACC Official Supervisor, a Relatively Thankless Job", (Norfolk, Va.) *Virginian-Pilot*, 6 mar. 2006, extraído de Business & Company Resource Center, http://galenet.galegroup.com; Atlantic Coast Conference; "This Is the ACC", site da ACC, www.theacc.com, acessado em 9 de junho de 2006.

Autoconhecimento

O Cargo de Supervisão É Adequado para Você?

Responda Sim ou Não para cada uma destas perguntas.   Sim   Não

1. Você se considera uma pessoa extremamente ambiciosa?
2. Sinceramente, você gosta das pessoas e tem paciência com elas?
3. Você assumiria a responsabilidade de tomar uma decisão?
4. Você considera importante ganhar muito dinheiro?
5. Para você, ter o reconhecimento de outras pessoas é mais importante do que se orgulhar por realizar bem um trabalho minucioso?
6. Você gostaria de estudar psicologia e comportamento humano?
7. Você se sentiria mais feliz se assumisse mais responsabilidades?
8. Você prefere trabalhar com problemas envolvendo relacionamentos humanos a problemas mecânicos, administrativos, relativos à informática, criatividade, ou outros desse tipo?
9. Você gostaria de ter oportunidade para demonstrar sua capacidade de liderança?
10. Você gostaria de ter liberdade para elaborar seu próprio planejamento em vez de ser orientado em como fazê-lo?

Total

Marque 1 ponto para cada resposta Sim. Se somar 6 pontos ou mais, você se daria bem como supervisor. Se somar 5 pontos ou menos, você deve refletir bem sobre suas preferências e vocações antes de assumir um cargo de supervisão.

Fonte: Teste extraído de *Supervisor's Survival Kit: Your First Step,* Elwood N. Chapman. Copyright © 1993 Pearson Education Inc. Reimpresso com autorização da Pearson Education Inc., Upper Saddle River, NJ.

Exercício em Aula

Reconhecendo as Habilidades de Gestão

Nestas situações, quais das cinco funções de gestão seriam aplicáveis? Discuta suas escolhas em aula.

1. Um dos funcionários sempre chega atrasado para trabalhar.
2. Foi implementado um novo processador de texto no departamento, e algumas pessoas estão tendo dificuldades com a mudança.
3. Seu gerente incumbiu-lhe a tarefa de fazer com que seu pessoal executasse um projeto especial sem que precisasse de horas extras.
4. É hora de preparar o orçamento do departamento para o próximo ano.
5. A produtividade da sua equipe não está atingindo os padrões estabelecidos.

Capacitação em Supervisão

Definindo o Papel como Supervisor

Instruções

1. Imagine-se como supervisor em cada cenário descrito a seguir, e decida que função(ões) de supervisão você adotaria em cada situação.
2. Muitos dos cenários exigem mais de uma função. A coluna "Respostas" enumera a quantidade de funções que devem ser incluídas na resposta. Marque as respostas usando os seguintes códigos:

Código	Função de Supervisão	Breve Descrição
P	Planejamento	Definir metas e determinar como cumpri-las
O	Organização	Determinar como formar o grupo, alocar recursos e designar o trabalho para atingir as metas
S	Seleção	Identificar, contratar e desenvolver a qualidade e o número de funcionários necessários
L	Liderança	Fazer os funcionários realizarem o que se espera deles
C	Controle	Monitorar o desempenho e realizar as correções necessárias

3. Em grupo, compare e discuta suas respostas e o raciocínio usado para chegar a elas.

Cenários

O trabalho do seu grupo está centrado em um projeto cujo prazo para o término vence em dois meses. Embora todos estejam trabalhando no projeto, você acha que seus subordinados estão muito envolvidos na socialização e em comportamentos que gastam muito tempo. Você decide se reunir com o grupo para que os membros ajudem-no a dividir o projeto em pequenos subprojetos com prazos curtos. Desse modo, você acredita que os componentes do grupo ficarão concentrados no projeto e a qualidade do trabalho concluído refletirá a verdadeira capacidade do grupo.

Respostas
(quatro funções)
1. _____

Sua primeira impressão do novo grupo que irá supervisionar não foi das melhores. Durante o jantar com um amigo depois do primeiro dia no cargo, você comenta: "Parece que ganhei uma tarefa de babá em vez de um cargo de supervisão".

(três funções)
2. _____

Seu chefe pede sua opinião sobre a promoção de Andy para uma posição de supervisão. Andy é um dos funcionários mais competentes e eficientes. Ciente de que falta a Andy habilidades de liderança em muitas áreas importantes, você decide não recomendá-lo dessa vez.

(uma função)
3. _____

Em vez disso, diz ao seu chefe que irá trabalhar com Andy para ajudá-lo a desenvolver suas habilidades em liderança de modo que na próxima oportunidade de promoção, Andy esteja preparado para assumir a posição. Você começa uma reunião com o seu grupo de trabalho, informando aos componentes que um importante procedimento adotado pelo grupo nos últimos dois anos está sendo radicalmente reestruturado. O departamento terá de implementar a mudança nas próximas seis semanas. Você prossegue explicando as justificativas apresentadas pela direção para essa mudança. Então, você diz: "Temos os próximos cinco a dez minutos para que externem suas opiniões a respeito dessa mudança". Os comentários, na maioria, foram críticas contra a mudança. Você diz: "Estou contente por vocês compartilharem suas reações; eu, também, reconheço que toda mudança cria problemas. No entanto, podemos passar os 45 minutos restantes da reunião nos concentrando em discutir por que não queremos a mudança e por que a achamos desnecessária, ou trabalhando juntos para buscar soluções viáveis para resolver os problemas que provavelmente serão criados com a implementação dessa mudança". Depois de cinco minutos discutindo e comentando, o consenso do grupo foi no sentido de que eles deveriam gastar o restante do tempo da reunião focados em como lidar com os potenciais problemas que possam surgir com a implementação do novo procedimento.

(três funções)
4. _____

Você está preparando a reunião anual de alocação orçamentária que ocorrerá no escritório do gerente da fábrica na próxima semana. Você decide apresentar um caso real para sustentar o pedido do seu departamento de investimento em alguns equipamentos de alta tecnologia que ajudarão os funcionários a executar melhor o trabalho. Você se manterá firme contra qualquer sugestão de corte no orçamento da sua área.

(uma função)
5. _____

No início da sua carreira você aprendeu uma lição importante quanto à seleção de pessoal. Uma das enfermeiras do seu andar inesperadamente pediu demissão. As outras enfermeiras o pressionaram para preencher a vaga rapidamente porque estavam sobrecarregadas antes mesmo de a enfermeira sair. Depois de um apressado esforço de recrutamento, você se decidiu sem que tivesse informações suficientes. Você se arrependeu da decisão rápida nos três meses de problemas que se seguiram até finalmente ter de demitir a nova contratação. Desde então, você nunca mais deixa que alguém o pressione para tomar uma decisão precipitada em termos de contratação.

(duas funções)
6. _____

Fonte: Este exercício de desenvolvimento de equipe foi preparado por Corinne Livesay, Belhaven College, Jackson, Mississippi.

Capacitação em Supervisão

Liderando uma Equipe

No Capítulo 1 (Supervisão Moderna: Conceitos e Habilidades), foram introduzidas duas maneiras de categorizar as diferentes habilidades usadas pelo supervisor para decidir quais devem ser aplicadas em determinadas situações. Neste exercício, você aplicará o seu conhecimento das categorias clássicas de habilidade a diversas situações de desenvolvimento de equipe.

Instruções

Imagine-se como supervisor em cada uma destas situações. Decida quais destas habilidades ajudam mais na dinâmica de grupo: técnica, em relações humanas, conceitual e na tomada de decisão. Cada situação requer mais de uma habilidade.

1. Como supervisor de um grupo de trabalhadores da produção em uma fábrica que produz peças para telefone, você foi convocado pela alta administração para fazer parte de uma equipe de supervisores de diferentes departamentos. Seu objetivo será o de pesquisar métodos para melhorar o tempo necessário para preencher pedidos volumosos de clientes importantes. Para você, quais serão as duas habilidades mais importantes nessa equipe?

2. Você é supervisor de 20 atendentes do turno da noite em uma empresa de *telemarketing*. Você mesmo já foi atendente, portanto, conhece bem o trabalho. A direção da empresa tem pressionado você e outros supervisores a reduzir o tempo gasto pelos atendentes ao telefone para cada pedido. Em sua visão, uma situação potencialmente negativa para seus funcionários pode ser resolvida com uma competição amigável entre duas equipes de atendentes. A equipe que ficar em segundo não será punida, mas a que vencer será recompensada. Os membros das equipes são incentivados a encontrar novas maneiras de reduzir o tempo gasto ao telefone sem diminuir a satisfação do cliente. Em sua opinião, quais são as duas habilidades mais importantes quando as equipes começarem a produzir mais e a melhorar o desempenho?

3. Você é supervisor do departamento de engenharia e membro de uma equipe composta de pessoal de produção, financeiro, marketing e engenharia. Depois de realizar uma pesquisa de mercado, a equipe deve determinar se recomenda a expansão das operações da companhia no exterior. Para a sua contribuição à equipe, quais são as três habilidades que você acredita que sejam as mais importantes?

Parte Dois

Os Desafios da Supervisão Moderna

2. Assegurando Alta Qualidade e Produtividade

3. Trabalho em Equipe: A Importância das Reuniões

4. Cumprindo os Altos Padrões Éticos

5. Gestão da Diversidade

Supervisores de Sucesso Garantem a Qualidade e a Produtividade por Meio do Trabalho em Equipe
The McGraw-Hill Companies, Inc. / Lars A. Niki, fotógrafo

Capítulo **Dois**

Assegurando Alta Qualidade e Produtividade

Tópicos Gerais do Capítulo

Conseqüências da Baixa Qualidade
  Recursos Limitados
  Custos Mais Elevados

Tipos de Controle de Qualidade
  Controle de Qualidade do Produto
  Controle do Processo

Métodos de Aperfeiçoamento da Qualidade
  Controle Estatístico da Qualidade
  Programa Zero Defeito
  Equipes de Envolvimento de Funcionários
  Programa Seis Sigma
  Gestão da Qualidade Total

Padrões de Qualidade

Diretrizes para o Controle de Qualidade
  Prevenção versus Detecção
  Definição e Imposição de Padrões

O Desafio da Produtividade
  Tendências de Produtividade nos Estados Unidos
  Restrições à Produtividade

Medindo a Produtividade

Melhorando a Produtividade
  Utilizar os Orçamentos
  Aumentar a Produção
  Aperfeiçoar os Métodos
  Reduzir as Despesas Indiretas
  Minimizar o Desperdício
  Regular ou Nivelar o Fluxo de Trabalho
  Instalar Equipamentos Modernos
  Treinar e Motivar os Funcionários
  Minimizar o Atraso, o Absenteísmo e a Rotatividade

Temor dos Funcionários ao Aperfeiçoamento da Produtividade

Objetivos de Aprendizado

Depois de estudar o capítulo, o aluno estará apto a:

2.1 Descrever as conseqüências sofridas pelas organizações como resultado de um trabalho de baixa qualidade.

2.2 Comparar o controle de qualidade do produto com o controle do processo.

2.3 Resumir as técnicas de controle de qualidade.

2.4 Identificar métodos para as organizações medirem seu sucesso na melhoria contínua da qualidade.

2.5 Identificar as restrições da produtividade.

2.6 Descrever como são medidas a produtividade e as melhorias da produtividade.

2.7 Identificar meios de melhorar a produtividade.

2.8 Explicar por que os funcionários temem a melhoria da produtividade e como o supervisor pode superar tais temores.

Se você se esquecer do cliente, nada mais importa.
– *Anne Mulcahy, CEO, Xerox Corporation*

Problema de um Supervisor: Contribuindo para Melhorar a Qualidade e a Produtividade na Hayward Pool Products

O sucesso da empresa fez da eficácia um desafio importante para supervisores, funcionários e para a direção da Hayward Pool Products. A companhia, que produz equipamentos para piscinas, define seu principal objetivo como "a água perfeita para piscinas". Os equipamentos da Hayward, incluindo filtros, aquecedores e bombas, são projetados para atender os mais altos padrões em economia de energia. Os padrões de qualidade da Hayward ajudaram a companhia a crescer.

Na década de 1990, a Hayward adquiriu uma fábrica em Nashville, Tennessee, produzindo 15 mil aquecedores de piscina por ano. Com o aumento nas vendas da companhia para mais de 25 mil aquecedores, parecia que a Hayward precisaria gastar milhões de dólares em uma fábrica maior. Primeiro, no entanto, a companhia reuniu funcionários e gestores para verificar se conseguiriam fazer um melhor uso dos recursos já existentes.

A Hayward adotou uma técnica de aperfeiçoamento denominada *kaizen*, na qual as equipes avaliam os processos de produção, alterando-os para atingir as metas de qualidade e eficácia. A Hayward criou equipes de 10 a 12 pessoas cujos cargos originalmente eram de gestão, operação da linha de produção e de suporte, tais como recursos humanos e finanças. Cada equipe estudou o processo produtivo do início ao fim, procurando alternativas para tornar a instalação física mais eficiente, reduzir o desperdício e diminuir a quantidade de peças que a companhia precisava manter em estoque. Os componentes das equipes também sugeriram métodos para tornar a atividade dos trabalhadores mais segura e fisicamente menos estressante.

Ao lançar essa iniciativa, a companhia levou em consideração os funcionários e o resultado final. Antes de iniciar o processo *kaizen*, a Hayward teve o cuidado de informar a todos que a companhia não tinha a intenção de demitir ninguém por causa do aumento de produtividade. Se determinada função se tornasse desnecessária, os funcionários seriam designados para assumir outras responsabilidades.

Graças ao processo *kaizen*, a Hayward dobrou sua produção da fábrica existente em Nashville. Ao adiar seus planos de expansão, a companhia economizou os $ 8 milhões que seriam os custos de construção de uma nova fábrica e, o mais importante, sem comprometer seu objetivo: "a água perfeita para piscinas". Mas, será que a adoção do processo *kaizen* não foi em detrimento de seus supervisores? Não seria de responsabilidade do supervisor descobrir maneiras de os funcionários trabalharem com mais eficácia e com mais qualidade?

Fontes: "Creativity before Capital", *Industry Week*, jan. 2004, extraído de InfoTrac, http://web4.infotrac.galegroup.com; Hayward Pool Products, "About Us", extraído da página da Hayward, www.haywardnet.com, 29 jun. de 2004.

A Hayward Pool Products valoriza o cliente oferecendo alta qualidade a bons preços. A página da Hayward na internet enfatiza qualidade: "Nosso principal objetivo é proporcionar a água perfeita para piscinas". E a companhia minimiza os custos tornando a produção eficiente. Na Hayward e em outras companhias, o supervisor exerce um papel importante para ajudar a manter a alta qualidade e os baixos custos.

Este capítulo trata do papel do supervisor em garantir a alta qualidade e produtividade. A palavra qualidade assume diferentes significados dependendo do tipo de empresa e dos clientes atendidos. No entanto, uma maneira lógica de entender o significado de *alta qualidade* é pensar nela como o trabalho que atinge ou supera as expectativas do cliente. A Tabela 2.1 descreve oito medidas possíveis da qualidade de mercadorias e serviços. **Produtividade** é o total de produtos (resultados) que a organização obtém com uma determinada quantidade de insumos (veja Figura 2.1). Portanto, produtividade refere-se à quantidade de trabalho aceitável realizado pelos funcionários, por valor recebido, ou ao número de produtos aceitáveis fabricados com uma determinada quantidade de recursos.

Muitas das atividades do supervisor, inclusive de planejamento, liderança e controle, visam a melhoria da qualidade e da produtividade. Neste capítulo, será anali-

produtividade
Quantidade de produtos (resultados) que a organização obtém com uma determinada quantidade de recursos

FIGURA 2.1
Fórmula da Produtividade

$$\text{Produtividade} = \frac{\text{Resultados}}{\text{Insumos}}$$

TABELA 2.1
Dimensões da Qualidade

Fonte: Tabela adaptada de David A. Garvin, "Competing on the Eight Dimensions of Quality", Harvard Business Review, nov./dez. 1987.

Dimensão	Explicação
Desempenho	A característica operacional primária do produto, por exemplo, a aceleração de um automóvel ou a clareza da imagem de um aparelho de televisão.
Recursos distintos	A característica operacional complementar à característica básica do produto, por exemplo, vidros blindados de um automóvel ou a formalidade com que se abre uma garrafa de vinho em um restaurante.
Confiabilidade	A probabilidade de o produto funcionar de forma adequada e não quebrar em um prazo especificado; a garantia do fabricante é muitas vezes vista como indicativo de confiabilidade.
Conformidade	A condição de cumprimento dos padrões estabelecidos para as características operacionais e de *design* do produto, por exemplo, os padrões de segurança de um berço.
Durabilidade	O tempo de duração do produto, por exemplo, se o aparelho de som dura cinco ou vinte e cinco anos.
Suporte	A rapidez e a facilidade com que o produto é reparado, por exemplo, se a loja de computadores envia um técnico, conserta o computador na loja ou não oferece nenhum serviço de manutenção.
Estética	A aparência, a experiência relacionada ao tato, sabor, cheiro, tais como o estilo e o cheiro de um carro novo.
Qualidade percebida	A impressão do cliente sobre a qualidade do produto, por exemplo, a crença do comprador de ser o Audi um automóvel confiável e seguro.

sado o papel do supervisor na viabilização dessas melhorias. O capítulo começa com a descrição das conseqüências da baixa qualidade e segue com a introdução aos tipos de esforços para obtenção do controle de qualidade. O capítulo trata de como os gestores de todos os níveis podem avaliar se estão melhorando e atingindo os padrões de alta qualidade. Em seguida, o capítulo apresenta uma visão mais aprofundada do significado e da medição da produtividade e termina com a descrição de como o supervisor pode participar dos esforços para melhorá-la.

CONSEQÜÊNCIAS DA BAIXA QUALIDADE

O supervisor deve se importar com a qualidade, da mesma forma que os funcionários de qualquer nível também devem. A baixa qualidade limita o acesso da organização aos recursos e aumenta os seus custos.

Recursos Limitados

Quando a qualidade das mercadorias ou dos serviços de uma organização é inadequada, a organização inteira sofre. À medida que informações sobre problemas com o produto se espalham, os clientes procuram alternativas. A organização fica com uma imagem negativa, o que afasta os clientes. A organização perde negócios e, conseqüentemente, perde receita, e também enfrenta maiores dificuldades para atrair outros recursos importantes. Uma organização com má reputação enfrenta dificuldades para recrutar funcionários de alto nível e obter empréstimos em condições favoráveis.

Muitas empresas sabem que há uma forte probabilidade de perderem negócios quando a qualidade é baixa, e essa é a principal razão para investirem na sua constante melhora. A Dell estabeleceu-se como líder de mercado vendendo computadores de alta qualidade a baixo custo, graças à eficácia de suas operações. Infelizmente, no esforço de se tornar eficiente, a companhia começou a negligenciar a satisfação do cliente. Mais especificamente, muitos clientes começaram a ficar decepcionados com as centrais de atendimento da Dell. Por exemplo, muitos representantes da assistência técnica foram treinados para resolver apenas uma categoria de problema, assim, quase 45% das chamadas tinham de ser transferidas do atendente que recebeu a chamada para outro funcionário com o conhecimento necessário para ajudar o cliente. Richard L. Hunter, contratado para melhorar os serviços de atendimento ao cliente da Dell, classificou a situação como "terrível", explicando que era como se "em 45% do tempo, materiais fossem entregues na fábrica errada". Pior ainda, para reduzir a quantidade de chamadas de clientes, a Dell tentou remover o número de atendimento gratuito da sua página na internet. A reação dos clientes traduziu-se no declínio da participação de mercado da Dell e na degradação rápida da avaliação de satisfação do cliente. Para melhorar a situação, Hunter está adotando um método no qual cada funcionário da central de atendimento possui uma bandeira colorida para ele levantar sempre que precisar de ajuda, além disso está realizando treinamento para capacitar os representantes da assistência técnica a resolver uma gama mais variada de problemas.[1]

Custos Mais Elevados

O trabalho de má qualidade também gera o aumento dos custos. Alguns gestores acreditam ser oneroso assegurar que as coisas sejam feitas da forma correta logo na primeira vez. Entretanto, a realidade mostra que as empresas gastam bilhões de dólares por ano com inspeções, erros, retrabalho, reparos, reembolso a clientes e outros custos para encontrar e corrigir erros. Atrair novos clientes custa mais caro do que manter satisfeitos os já existentes, e os custos de marketing também são mais altos. Portanto, a baixa qualidade muitas vezes resulta em tempo e material perdidos, além de demandar o conserto ou descarte de artigos inaceitáveis. Se os problemas não forem detectados antes da venda da mercadoria, o fabricante pode precisar realizar um *recall* de seus produtos para substituí-los ou consertá-los. Além disso, mercadorias e serviços de má qualidade podem resultar em ações judiciais movidas por clientes descontentes ou que sofreram prejuízos.

Os programas de qualidade podem envolver alguns custos iniciais, mas o custo da má qualidade é superior. Em 1995, quando a General Electric decidiu melhorar sua qualidade, implementou a famosa iniciativa Seis Sigma e gastou $ 300 milhões. Mas o programa foi um investimento que fez a empresa economizar entre $ 400 e $ 500 milhões, além disso proporcionou uma economia indireta adicional entre $ 100 e 200 milhões.[2]

Mais oneroso ainda, em termos de finanças, reputação, danos e morte, foi o *recall* de milhões de pneus Firestone, nos anos de 2000 e 2001. A Ford Motor Company, que havia utilizado os pneus no veículo utilitário esportivo Ford Explorer, responsabilizou a Firestone pela taxa de defeitos, que era de até 450 pneus a cada 1 milhão fabricado. A Firestone insistia em colocar a culpa pelas mais de 100 mortes envolvendo o Explorer, em parte, no design do veículo. Ambas as companhias sofreram com a má publicidade, tendo que testemunhar nas comissões de inquérito parlamentar do Congresso Norte-Americano.[3] Enquanto isso, a Ford viu-se envolvida em mais problemas de qualidade que exigiram *recall* dos modelos Focus e Escape. A companhia acelerou os esforços para melhorar a qualidade, incluindo programas conjuntos com os fornecedores.[4]

TIPOS DE CONTROLE DE QUALIDADE

controle de qualidade
Esforços de uma organização para prevenir ou corrigir os defeitos nas mercadorias ou nos serviços, ou para melhorá-los de alguma forma

Por causa das conseqüências negativas da baixa qualidade, as organizações tentam prevenir e corrigir seus problemas adotando vários métodos de controle da qualidade. No sentido geral, **controle de qualidade** refere-se aos esforços da organização para prevenir ou corrigir os defeitos nas mercadorias ou nos serviços, ou para melhorá-los de alguma forma. Algumas organizações usam a expressão *controle de qualidade* para se referirem apenas à detecção de erros, enquanto *garantia de qualidade* refere-se tanto à prevenção como à detecção dos problemas de qualidade. No entanto, este capítulo adota *controle de qualidade* em seu sentido mais amplo por ser a expressão mais comum.

Seja qual for a expressão usada, muitas organizações – principalmente as de grande porte – possuem um funcionário ou mesmo um departamento dedicado a identificar defeitos e melhorar a qualidade. Nesse caso, o supervisor pode se beneficiar da perícia

FIGURA 2.2
Tipos de Controle de Qualidade

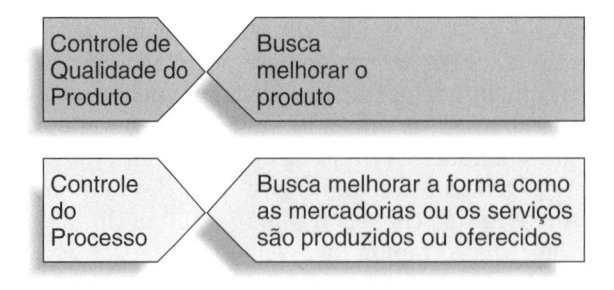

| Controle de Qualidade do Produto | Busca melhorar o produto |

| Controle do Processo | Busca melhorar a forma como as mercadorias ou os serviços são produzidos ou oferecidos |

do pessoal de controle de qualidade. Em último caso, no entanto, as organizações esperam que o supervisor assuma a responsabilidade pela qualidade do trabalho realizado em seu departamento.

Em geral, quando o supervisor busca reforçar o desempenho de alta qualidade ou implementar melhorias, pode se concentrar em duas áreas: o *produto* em si ou o *processo* de fabricação e oferta do produto. A Figura 2.2 ilustra essas duas orientações.

Controle de Qualidade do Produto

A organização que se concentra em métodos para melhorar o produto propriamente dito está usando o **controle de qualidade do produto**. Por exemplo, os funcionários de uma gráfica devem examinar uma amostragem de jornais ou de envelopes, procurando manchas e outros defeitos. A subprefeitura do bairro, cujo parque da cidade está sob sua responsabilidade, deve buscar formas de melhorar os equipamentos do *playground* ou aperfeiçoar os programas voltados aos idosos.

A tecnologia da computação pode melhorar muito o controle de qualidade do produto. A Morton Metalcraft Co., de Morton, Illinois, produz componentes de chapas de metal para veículos industriais e agrícolas, tais como os usados nas retroescavadeiras da John Deere. Os funcionários da Morton trabalham com um sistema computadorizado que utiliza fotos digitais, desenhos e dimensões importantes dos produtos para criar sistemas, que são acionados rotineiramente, para verificar a qualidade do produto inteiro e de suas subseções. Para lidar com as alterações de última hora que o cliente normalmente faz no design, a Morton programou o sistema com rotinas sob medida que viabilizam uma alteração em até cinco minutos. O sistema também reduziu o tempo de inspeção. A inspeção da cabine de uma retroescavadeira da John Deere costumava levar quatro horas e meia de dois operadores; hoje, um operador faz a inspeção em menos de quarenta e cinco minutos.[5]

Controle do Processo

A organização também pode estudar maneiras de executar as atividades com o objetivo de melhorar a qualidade. Esse enfoque é denominado **controle do processo**. A gráfica, por exemplo, pode conduzir verificações periódicas para garantir que os funcionários aprendam boas técnicas de configuração das impressoras. A administração de um parque municipal pode pedir ao pessoal da manutenção que dêem sugestões sobre como manter os parques mais limpos e mais agradáveis. Desse modo, a subprefeitura pode melhorar o processo adotado pelo pessoal na execução do trabalho.

Uma abordagem mais ampla de controle do processo envolve a criação de uma atmosfera organizacional propícia à qualidade. Desde o dia em que são contratados, funcionários de todos os níveis devem entender que a qualidade é importante e que eles têm um papel a desempenhar para oferecer essa alta qualidade. No exemplo do parque, os gestores e funcionários devem buscar meios para reagir mais prontamente às críticas e opiniões dos cidadãos. Agilizando as respostas, os funcionários da subprefeitura teriam mais condições de reconhecer meios de atender melhor a comunidade.

As técnicas de controle do processo são bem eficazes. Na Accurate Gauge and Manufacturing, sediada em Rochester Hills, Michigan, o controle do processo é parte importante dos esforços da companhia em buscar qualidade e corrigir as causas dos defeitos nas peças de precisão, fabricadas pela empresa, para equipamentos pesados e

---

controle de qualidade do produto
Controle de qualidade que se concentra em métodos para melhorar o produto em si

controle do processo
Controle de qualidade que enfatiza como executar as atividades de modo que melhore a qualidade

veículos comerciais e automotivos. As equipes de qualidade reúnem-se semanalmente com a finalidade de antecipar quaisquer problemas, mas algumas melhorias do processo resultaram justamente de reações a problemas. Mesmo quando surgiu uma falha em uma linha de produtos que a companhia estava se preparando para descontinuar, o gerente de engenharia Mark Tario conduziu esforços para corrigir o processo, estabelecendo procedimentos para que os operadores verificassem tanto a pressão como a posição, simultaneamente, e assim as peças foram produzidas. Além de impressionar o cliente com esse compromisso extremo com a qualidade, a iniciativa estabeleceu um processo que se tornou procedimento padrão para produzir outras peças sem qualquer defeito.[6]

MÉTODOS DE APERFEIÇOAMENTO DA QUALIDADE

Dentro dessa ampla estrutura, gestores, pesquisadores e consultores têm identificado diversos métodos para garantir e melhorar a qualidade. Hoje, a maioria das organizações aplica alguns desses métodos ou todos eles, incluindo o controle estatístico da qualidade, o programa zero defeito, as equipes de envolvimento de funcionários, o programa Seis Sigma e a gestão da qualidade total. A Tabela 2.2 mostra resumidamente essas técnicas.

Ao escolher um método – ou mais comumente, aplicar os métodos escolhidos pela alta administração –, o supervisor deve se lembrar de que uma técnica sozinha não garante a boa qualidade. Ao contrário, os processos de controle da qualidade funcionam quando as pessoas que os adotam estão bem motivadas, sabem como usá-los e usam de criatividade na solução de problemas. Por exemplo, Veronica T. Hychalk, enfermeira-chefe e vice-presidente de serviços especializados de enfermagem da Northeastern Vermont Regional Hospital, afirma que, em sua profissão, a qualidade do atendimento deve ser avaliada de acordo com o que o paciente deseja: "compaixão, generosidade, tempo, habilidade, comunicação, educação, atenção e bons resultados de seus cuidadores", diz ela.[7]

Controle Estatístico da Qualidade

Em termos financeiros, raramente faz sentido examinar cada peça, produto acabado ou serviço para garantir os padrões de qualidade. Em primeiro lugar, essa abordagem do controle de qualidade é onerosa. Além disso, o processo de verificação de alguns produtos, como pacotes de queijo ou caixas de lenços de papel, por exemplo, poderia danificar as embalagens. Conseqüentemente, a menos que os custos da baixa qualidade sejam extremamente elevados exigindo a verificação de todos os produtos, a maioria das organizações inspeciona apenas uma amostragem. A procura de defeitos em peças, produtos acabados e outros itens selecionados por meio de uma técnica de amostragem é denominada **controle estatístico da qualidade**.

A maneira mais correta de aplicar o controle estatístico da qualidade é utilizando uma amostragem aleatória. Isso significa selecionar os itens (assim como as peças ou contatos

controle estatístico da qualidade
Procura de defeitos em peças ou produtos acabados selecionados por meio de uma técnica de amostragem

TABELA 2.2
Métodos de Aperfeiçoamento da Qualidade

Controle estatístico da qualidade	Procura defeitos em itens selecionados por meio de uma técnica de amostragem
Controle estatístico de processo	Adoção de estatística para monitorar a qualidade da produção durante o processo produtivo
Programa Zero Defeito	Todos os funcionários produzem níveis tão altos de qualidade que as mercadorias e os serviços não apresentam nenhum problema
Equipes de envolvimento de funcionários	Formação de equipes de funcionários para identificar e resolver problemas ligados à qualidade
Programa Seis Sigma	Adoção de um processo formal em que equipes estudam os processos e corrigem os problemas para limitar os defeitos a 3,4 por cada um milhão de operações
Gestão da qualidade total	Foco na organização inteira com a finalidade de melhorar continuamente cada processo de negócio para satisfazer os clientes

FIGURA 2.3
Gráfico Usado no Controle Estatístico de Processo

Fonte: Gráfico extraído de John A. Lawrence Jr.; Barry A. Pasternack, *Applied Management Science: A Computer-Integrated Approach for Decision Making*. Copyright © 1998 John Wiley & Sons, Inc.
A utilização deste material foi autorizada por John Wiley & Sons, Inc.

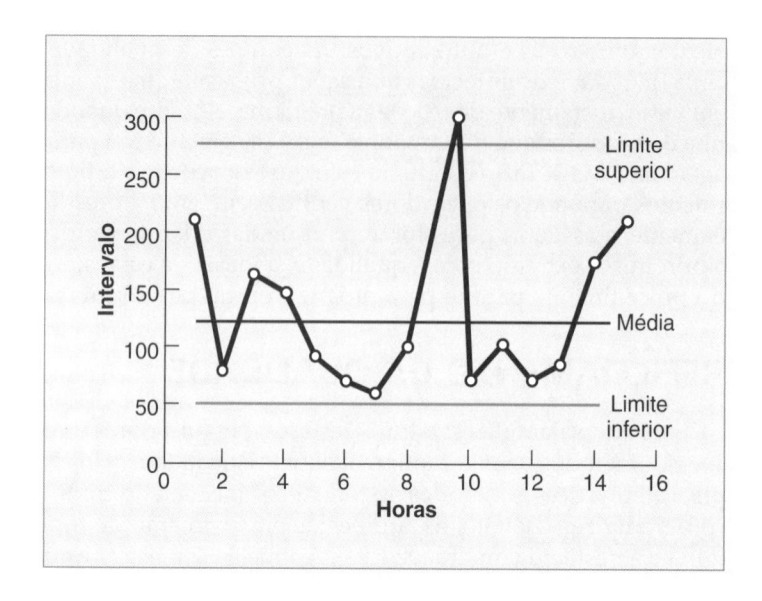

controle estatístico de processo (CEP)
Técnica de controle da qualidade que utiliza a estatística para monitorar a qualidade da produção em base contínua e efetuar correções sempre que os resultados mostrarem o processo fora de controle

de clientes) de maneira que cada um tenha chances iguais de ser selecionado. A hipótese assume que a qualidade da amostragem descreve a qualidade do lote inteiro. Assim, se 2% da amostragem de vidros de tempero para salada apresentarem vazamento, supõe-se que 2% de todos os vidros provenientes da linha de montagem apresentam vazamento. Ou, se 65% dos clientes pesquisados relatarem ter sido tratados com cortesia, presume-se que cerca de 65% de todos os clientes têm a mesma percepção.

Em vez de aguardar o término de um processo para selecionar uma amostragem aleatória, os operadores do processo podem usar a estatística para monitorar a qualidade da produção em base contínua. Essa técnica de controle é denominada **controle estatístico de processo (CEP)**. O operador mede periodicamente um determinado aspecto do que está sendo produzido – por exemplo, o diâmetro de um furo ou a precisão do número de uma conta digitada no computador – e, depois, utiliza os resultados para criar um gráfico de controle, tal como o gráfico simplificado mostrado na Figura 2.3. A reta no meio do gráfico mostra o valor que representa o padrão – nesse caso, a média. Acima e abaixo do valor médio estão as retas que representam os limites superior e inferior aceitáveis. Quando um valor medido fica entre esses limites, o operador pode supor que o processo está funcionando normalmente. Quando o valor fica fora desses limites, o operador deve corrigir o processo.

Portanto, se o operador de uma máquina tiver de produzir uma peça com 0,09 centímetro de diâmetro (o valor médio nesse caso), os limites inferior e superior devem ser 0,085 e 0,095 centímetro, respectivamente. Se o operador medir uma peça e constatar um diâmetro de 0,0919 centímetro, ele deverá ajustar a máquina ou modificar suas ações para evitar que tais erros se repitam. As medições mostradas na Figura 2.3 indicam que o operador realizou alguns ajustes necessários depois de uma medição ter ultrapassado o limite superior. Feito isso, as medições ficaram agrupadas mais próximas da média; o processo está novamente sob controle. Claramente, o CEP proporciona ao operador grande controle na manutenção da qualidade. Assim, não há necessidade de designar pessoal especializado para controlar a qualidade. Essa é uma das razões da popularidade do CEP, hoje em dia, principalmente nas empresas manufatureiras.

A idéia de utilizar o CEP ou outros métodos estatísticos pode deixa o supervisor preocupado com o grau de dificuldade que os funcionários terão para trabalhar com a estatística. No entanto, o processo exige apenas conhecimento básico de estatística, aliado à compreensão do nível de qualidade desejada e atingível. O supervisor deve oferecer aos funcionários o treinamento necessário para utilizar a técnica de CEP e ajustar os processos pelos quais são responsáveis. (No Capítulo 16, será descrito o papel do supervisor no treinamento do funcionário.)

Programa Zero Defeito

Uma visão ampla do controle de qualidade do processo é a de que todos da organização devem trabalhar com o objetivo de atingir a meta de produzir com alta qualidade, de modo que nenhum dos aspectos das mercadorias e dos serviços da organização apresentem qualquer problema. A técnica de controle de qualidade baseada nessa visão é denominada **programa zero defeito**. Uma organização que adota o programa zero defeito oferece produtos de excelente qualidade não apenas porque as pessoas responsáveis pela produção buscam meios de evitar os defeitos, mas também porque o departamento de compras garante o fornecimento de peças e insumos bem trabalhados; o departamento de contabilidade procura pagar as contas no prazo; o departamento de recursos humanos ajuda a encontrar e treinar pessoal altamente qualificado e assim por diante.

Assim, ao implementar um programa zero defeito, gestores e funcionários de todos os níveis buscam produzir qualidade em cada aspecto do seu trabalho. Os funcionários trabalham com seus supervisores e outros gestores para definir as metas em termos de qualidade e identificar as áreas que necessitam de melhorias. A alta administração é responsável por transmitir a toda organização a importância de buscar qualidade e recompensar o desempenho pela alta qualidade atingida.

programa zero defeito
Técnica de controle de qualidade baseada na visão de que todos da organização devem trabalhar com o objetivo de atingir a meta de produzir com alta qualidade, de modo que nenhum dos aspectos das mercadorias e dos serviços da organização apresentem qualquer problema

Equipes de Envolvimento de Funcionários

Ao reconhecerem que os executores de um processo possuem o conhecimento baseado na experiência, muitas organizações envolvem diretamente os funcionários no planejamento de melhoria da qualidade. Muitas companhias formam **equipes de envolvimento de funcionários**, com círculos de qualidade, equipes para solução de problemas, equipes para aperfeiçoamento do processo ou grupos de trabalho autogeridos. A equipe típica de envolvimento de funcionários é constituída de até dez funcionários mais o supervisor, que atua como líder da equipe. Nesse papel, o supervisor programa as reuniões, prepara a agenda e promove a participação e cooperação dos membros da equipe. (No próximo capítulo, serão descritos os princípios gerais das equipes, incluindo o papel do líder de equipe.)

equipes de envolvimento de funcionários
Equipes de funcionários que planejam formas de melhorar a qualidade nas áreas em que atuam na organização

A equipe se reúne periodicamente, geralmente uma ou duas vezes por mês, por uma ou duas horas. Nessas reuniões, os participantes examinam as áreas que precisam melhorar a qualidade e desenvolvem soluções para isso. Os problemas discutidos podem ser identificados pela alta administração ou por funcionários operacionais. Em qualquer dos casos, os problemas devem estar relacionados ao trabalho cotidiano dos funcionários, porque é nessa área que eles possuem o maior conhecimento. Em um processo típico, os membros da equipe podem adotar as seguintes medidas (ver Figura 2.4):

1. Identificar os problemas de qualidade relacionados às áreas de responsabilidade dos funcionários.
2. Selecionar os problemas que devem ter prioridade no tratamento. Um grupo recém-formado pode considerar útil concentrar-se em problemas simples para poder se basear no êxito da solução desses problemas.
3. Analisar o problema para identificar as causas.
4. Identificar as possíveis soluções e selecionar uma a ser recomendada à alta administração.

Dependendo das políticas da organização, um ou mais gestores devem aprovar as recomendações da equipe de envolvimento de funcionários. Uma vez aprovada a recomendação, o pessoal apropriado dentro da organização deve implementá-la. A equipe deve acompanhar a implementação para garantir que o problema seja efetivamente resolvido.

A qualidade e a produtividade têm melhorado continuamente na fábrica da General Cable Corporation, em Moose Jaw, Saskatchewan, Canadá, graças aos esforços das

FIGURA 2.4
Procedimento Típico de uma Equipe de Envolvimento de Funcionários

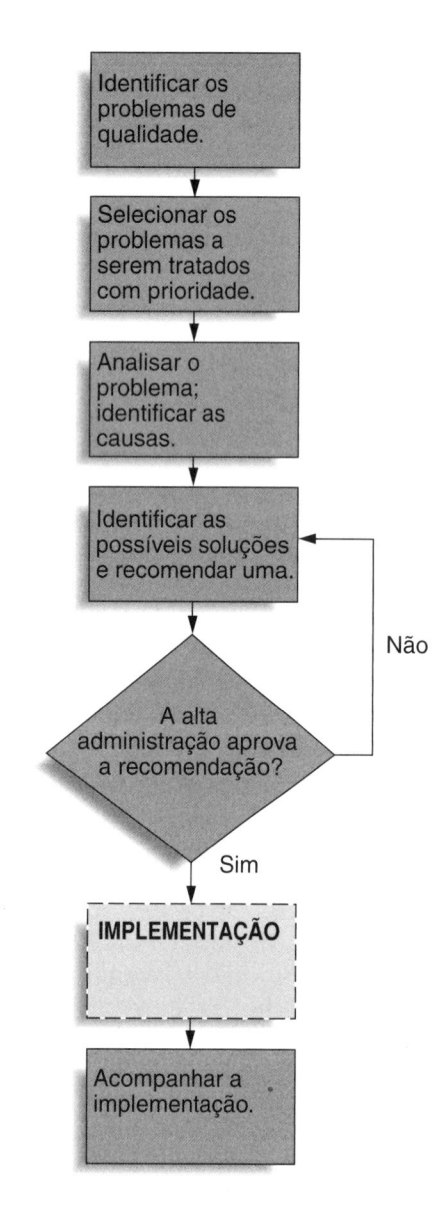

- Identificar os problemas de qualidade.
- Selecionar os problemas a serem tratados com prioridade.
- Analisar o problema; identificar as causas.
- Identificar as possíveis soluções e recomendar uma.
- A alta administração aprova a recomendação? Não → volta para Identificar as possíveis soluções; Sim ↓
- IMPLEMENTAÇÃO
- Acompanhar a implementação.

equipes de funcionários. As equipes de produção buscam melhorar os custos e a qualidade, produzindo uma economia de milhares de dólares por ano para a companhia. Com base na experiência prática, os trabalhadores da produção identificam soluções com a mesma simplicidade com que ajustam a velocidade de funcionamento das máquinas. Por exemplo, a redução da velocidade do processo de extrusão tripla da fábrica cortou pela metade os custos de descarte. Ray Funke, gerente de produção da fábrica e ex-trabalhador da produção, credita os sucessos da companhia à participação dos funcionários e ao fluxo livre de informações. Todos os funcionários da General Cable recebem dados sobre o desempenho produtivo e financeiro para que possam identificar problemas e observar o impacto das soluções. Afirma Funke: "As pessoas saem daqui no fim do dia pensando em algo que possa ser melhorado".[8]

Assim como na General Cable, as equipes de envolvimento de funcionários tendem a ter mais sucesso se o supervisor aplicar os princípios da solução de problemas (descritos no Capítulo 9) e as orientações para a supervisão de grupos (discutidas no Capítulo 3). Além disso, as equipes bem-sucedidas normalmente possuem as características mostradas na Figura 2.5. É necessário que as equipes de envolvimento de funcionários recebam o apoio dos supervisores e gestores de nível superior e que os participantes possuam as habilidades necessárias para contribuir. Para que o grupo tenha um bom início, a organização deve oferecer treinamento na primeira reunião ou nas reuniões seguintes. Entre os conhecimentos a serem passados estão: técnicas para solução de problemas, métodos para aperfeiçoamento da qualidade e métodos para liderar discussões em grupo e incentivar a participação. Por fim, as equipes de envolvimento de funcionários têm mais êxito quando todos os membros do grupo estão ansiosos por participar. Por essa razão, seria útil tornar voluntária a participação no grupo.

Programa Seis Sigma

Com a aplicação da terminologia e dos métodos de controle estatístico de qualidade e o grande compromisso com o programa zero defeito, os fabricantes e outras companhias têm adotado um método de controle de qualidade denominado **Seis Sigma**. Esse é um método de controle de qualidade orientado a processos e destinado a reduzir os erros para 3,4 defeitos a cada um milhão de *operações*, que podem ser definidas como qualquer unidade de trabalho, tais como uma hora de trabalho, a conclusão de uma placa de circuito eletrônico, uma transação de vendas ou o acionamento de uma tecla. (*Sigma* é um termo estatístico que define a variação existente em um produto. No contexto do controle de qualidade, para atingir um nível de seis sigmas, o resultado das operações seria 99,9997% perfeito). Aliados à meta básica de reduzir a variação do padrão a quase zero, os programas Seis Sigma normalmente incluem um processo ana-

Seis Sigma
Método de controle de qualidade destinado a processos no sentido de melhorar o produto ou a oferta de serviços tornando-os 99,97% perfeitos

FIGURA 2.5
Características de Equipes de Envolvimento de Funcionários Bem-Sucedidas

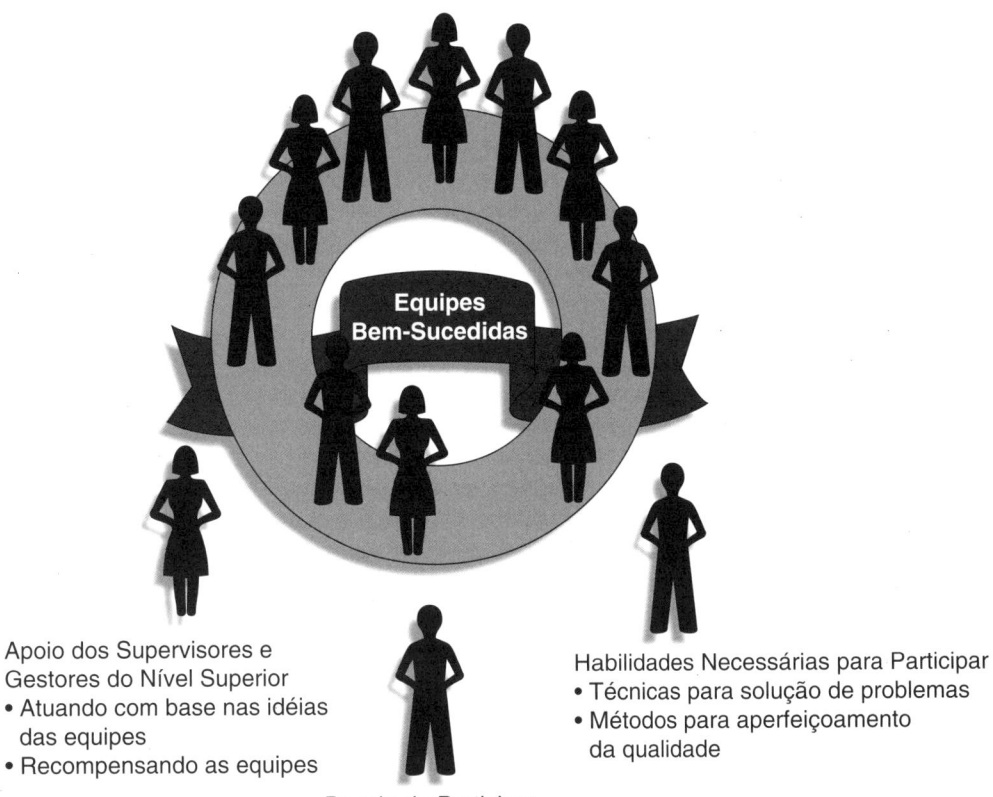

Equipes Bem-Sucedidas

Apoio dos Supervisores e Gestores do Nível Superior
• Atuando com base nas idéias das equipes
• Recompensando as equipes

Desejo de Participar

Habilidades Necessárias para Participar
• Técnicas para solução de problemas
• Métodos para aperfeiçoamento da qualidade

lítico rigoroso para antecipar e resolver os problemas, com o objetivo de reduzir os defeitos, melhorar a produção de itens aceitáveis, aumentar a satisfação do cliente e proporcionar o melhor desempenho organizacional da categoria. Essas melhorias, por sua vez, impulsionam os lucros.[9]

Em meados da década de 1980, a Motorola foi a primeira companhia norte-americana a instituir o programa Seis Sigma em larga escala, e, hoje, a empresa ensina os conceitos Seis Sigma e ministra cursos para outras organizações. A General Electric também oferece aos clientes instrução de alto nível em métodos Seis Sigma. A primeira iniciativa da GE, adotada pela GE Medical Systems, trouxe o programa de qualidade a alguns poucos clientes de assistência médica e resultou em mais de $ 94 milhões em benefícios.[10] O Bank of America utilizou o programa Seis Sigma para eliminar os erros em aplicações hipotecárias e serviços de cartões de crédito.[11]

O programa Seis Sigma é altamente estruturado e ressalta custos e lucros. A organização monta equipes de aperfeiçoamento do processo e treina os funcionários para se tornarem "faixa preta". Esses funcionários normalmente são o pessoal de linha ou de produto, são tecnicamente competentes e muito respeitados, ajudam as equipes a definir os problemas, medir os defeitos, usar as estatísticas para analisar as razões dos defeitos, definir as prioridades, desenvolver e testar um plano para resolver o problema e instituir as medidas permanentes de controle para evitar que ele se repita. Atuam, também, como elo entre a organização e a alta administração.

Gestão da Qualidade Total

Reunindo os aspectos de outras técnicas de controle da qualidade, muitas organizações têm adotado a prática de **gestão da qualidade total (GQT)**, um enfoque de âmbito organizacional buscando a satisfação dos clientes, melhorando continuamente cada etapa na produção de mercadorias e serviços. Alguns dos principais usuários da

gestão da qualidade total (GQT)
Enfoque de âmbito organizacional buscando a satisfação dos clientes, melhorando continuamente cada etapa na produção de mercadorias e serviços

GQT são Federal Express, Hewlett-Packard, Motorola, 3M, Westinghouse e Xerox Business Products and Systems. O objetivo da GQT é atingir ou ultrapassar as expectativas do cliente. Portanto, não se trata de um resultado final, mas de um compromisso permanente de todos da organização. Por exemplo, o departamento de seguros da Weyerhaeuser Company, que atende a outros departamentos dentro do setor madeireiro, adotou os princípios de GQT. Em aulas semanais, os doze membros do departamento aprenderam como trabalhar em pequenas equipes para avaliar o software de gestão de riscos, melhorar a manutenção dos registros e atingir outras metas do departamento. As equipes planejam e avaliam seus esforços que são voltados à qualidade, e realizam sessões de discussão em grupo com fornecedores externos e clientes internos, para encontrar maneiras de melhorar os serviços.[12]

Hoje, a maioria das companhias aceita a idéia básica da GQT – de que todos dentro da organização devem focar na qualidade. Três especialistas que exerceram papel importante na disseminação dessa idéia foram Philip B. Crosby, W. Edwards Deming e Joseph M. Juran.

- Philip B. Crosby, conhecido mundialmente como especialista em qualidade, foi pioneiro no movimento para o aprimoramento da qualidade nos Estados Unidos. Para atingir a qualidade do produto, Crosby afirma que a organização deve receber uma "injeção" de certos ingredientes, tais como integridade, sistemas para medir a qualidade, comunicações sobre o andamento e as realizações, operações para ensinar os fornecedores e funcionários a produzir qualidade e políticas para sustentar o compromisso da organização com a qualidade.
- W. Edwards Deming ensinou controle estatístico de qualidade no Japão, logo depois da Segunda Guerra Mundial, e lá se tornou muito importante nos esforços de melhoria da qualidade durante décadas, antes mesmo da sua teoria sobre qualidade total vir a ser amplamente divulgada nos Estados Unidos. Deming ressalta que para atingir a qualidade do produto, a organização deve melhorar de forma contínua o processo produtivo e não apenas o *design* do produto.
- Joseph M. Juran, assim como Deming, também ensinou conceitos de qualidade aos japoneses. Ele enfatiza a visão de que a alta administração deve buscar manter e melhorar a qualidade por meio de esforços em dois níveis: na organização como um todo e em cada departamento dentro da organização.

A estratégia básica para a implementação da GQT é utilizar grupos, como as equipes de envolvimento de funcionários, para identificar e resolver os problemas. Outra estratégia é analisar alguns critérios para melhorar a qualidade (por exemplo, as categorias para vencer o prêmio Baldrige, descritas adiante) e, depois, buscar seguir tais critérios. Normalmente, esses esforços tratam dos processos utilizados para produzir mercadorias e serviços, e não apenas dos produtos em si.

Como as estratégias de GQT necessitam do envolvimento de funcionários de todos os níveis, a organização precisa educar os funcionários, informando o porquê da necessidade de melhorar a qualidade e como funciona o processo de GQT. O supervisor pode ajudar no sucesso da iniciativa de GQT com comportamentos que ressaltem a importância da qualidade para o êxito da organização. Entre os usuários da GQT, essa postura normalmente é considerada uma conduta coerente. Por exemplo, se todos participarem do treinamento de aprimoramento da qualidade, o supervisor com conduta coerente deve participar plenamente das sessões de treinamento, mesmo que ele tenha outros assuntos urgentes para tratar.

Na gestão da qualidade total, os funcionários de todos os níveis devem estar centrados em atingir ou superar as expectativas dos clientes, porque nesse programa parte-se do pressuposto de que todos têm um cliente para atender. Um representante de vendas ou uma enfermeira consegue facilmente identificar seus "clientes", mas mesmo o pessoal de apoio administrativo de uma fábrica presta serviços a alguém. Para satisfazer os clientes é necessário saber quem são eles, já que podem ser as pessoas que compram os produtos da companhia; os contribuintes que sustentam os órgãos governamentais; ou os demais funcionários de uma organização que usam os relatórios, as orientações ou outro material de apoio preparado em um determinado departamento. O Ritz-Carlton Hotel Co., conhecido por seu enfoque na qualidade, define os seus padrões com base no conhecimento detalhado do desejo de seus clientes. Como as expectativas dos clientes estão sempre mudando, o processo de qualidade do Ritz-Carlton inclui a melhoria do desempenho e a prática de coaching diária com funcionários, inclusive com supervisores.[13]

PADRÕES DE QUALIDADE

De que forma o supervisor e outras pessoas da organização podem saber se estão satisfazendo seus clientes internos e externos? Como saber se eles estão adotando práticas que venham a promover a alta qualidade? Para responder a esses questionamentos, supervisores e outros gestores definem padrões com base nas diretrizes do prêmio Baldrige, nos padrões ISO 9000, e nos indicadores de desempenho, concentrando-se em itens valorizados pelo cliente.

O **Prêmio de Qualidade Nacional Malcolm Baldrige** é um prêmio anual administrado pelo Instituto Nacional de Padrões e Tecnologia (National Institute of Standards and Technology – NIST) do Departamento de Comércio Norte-Americano e concedido à organização que apresentar o desempenho de mais alta qualidade de acordo com sete categorias:[14]

Prêmio de Qualidade Nacional Malcolm Baldrige
Prêmio anual administrado pelo Departamento de Comércio Norte-Americano e concedido à companhia que mostrar o desempenho de mais alta qualidade em sete categorias

1. Liderança
2. Planejamento estratégico
3. Foco no cliente e no mercado
4. Informação e análise
5. Foco nos recursos humanos
6. Gestão do processo
7. Resultados nos negócios

Todos os concorrentes ao prêmio recebem recomendações em áreas que podem ser melhoradas. Muitas organizações, estejam ou não na lista de candidatas ao prêmio, usam as categorias de avaliação Baldrige como base para avaliar seu próprio desempenho. Pat Mene, vice-presidente de qualidade do grupo Ritz-Carlton, chama o prêmio Baldrige de "mapa de orientação para a excelência empresarial".[15] Os programas Baldrige também têm servido de base para quase 60 prêmios de qualidade internacionais e mais de 50 patrocinados por estados norte-americanos.

A participação no programa Baldrige e em outros programas de premiação vem aumentando. Desde 1998, mais de 850 candidatos foram submetidos ao Prêmio Baldrige. A conferência denominada **Quest for Excellence** também vem crescendo. Uma das razões para concorrer ao prêmio está nos esforços que a empresa incorre para melhorar seu desempenho. Desde meados da década de 1990, o NIST tem comparado o desempenho das ações de vencedores do Prêmio Baldrige e das 500 empresas norte-americanas do índice Standard & Poor's. Na maioria dos anos, os vencedores do prêmio Baldrige têm superado o desempenho das 500 empresas da Standard & Poor's na proporção de até seis contra um.[16]

ISO 9000
Série de padrões adotados pela Organização Internacional para Padronização com o objetivo de estabelecer critérios aceitáveis para sistemas de qualidade

Outra medida de sucesso na gestão da qualidade é a certificação ISO 9000. **ISO 9000** é uma série de padrões adotados pela Organização Internacional para Padronização com o objetivo de estabelecer critérios aceitáveis para sistemas de qualidade. Para receber a certificação, a organização é visitada por equipes de auditoria independentes, que determinam se os principais elementos dos padrões estão corretos. Caso estejam, os auditores emitem um certificado de anuência. (Observe que os auditores estão avaliando os processos de qualidade, e não a qualidade do produto.) As organizações buscam a certificação ISO 9000 por inúmeras razões. O cliente pode exigi-la como condição para realizar negócios, ou o governo de um determinado país pode exigi-la de organizações que venham a realizar operações de comércio nessa nação. À medida que mais empresas se tornam certificadas, outras mais terão que buscar a certificação para continuarem competitivas.

benchmarking (análise de desempenho)
Identificação do melhor desempenho em um processo com o objetivo de aprender e implementar as práticas de mais alto desempenho

Gestores de todos os níveis podem avaliar seu sucesso na melhoria da qualidade comparando os processos e resultados de seu departamento com os de outros departamentos e outras organizações. Essa prática é conhecida popularmente como **benchmarking** e consite na identificação, no aprendizado e na implementação de práticas das empresas que apresentam melhor desempenho. Inicialmente, o termo se referia à prática de comparar os produtos e processos de uma empresa com os das melhores empresas do mundo. Por exemplo, a General Mills observou uma equipe de mecânicos de troca e reabastecimento da NASCAR para extrair idéias que ajudassem a acelerar as mudanças nas linhas de produção da Betty Crocker.[17] Embora isso possa parecer uma atividade para gestores do nível superior, supervisores podem aplicar essa técnica nas operações do seu próprio departamento ou mesmo em sua própria carreira e no seu estilo de gestão.

Tais práticas de aperfeiçoamento da qualidade podem tornar a organização eficaz em qualquer área, embora podem não avaliar se os funcionários estão fazendo o que os clientes *desejam*. Por exemplo, o departamento de contabilidade pode adotar o programa zero defeito de maneira tão eficaz que consiga produzir relatórios válidos por um ano sem um único erro. No entanto, se os relatórios não contêm informações úteis para os usuários, será que o departamento realizou um trabalho de alta qualidade? Reconhecendo essa possibilidade, um número cada vez maior de organizações tem chegado à conclusão de que é preciso oferecer um contexto para seus esforços na melhoria da qualidade. Em outras palavras, a melhoria da qualidade deve ser voltada a uma meta maior: oferecer ao cliente mais valor. Nesse contexto, **valor** refere-se à importância que o cliente atribui àquilo que ele obtém (o pacote total de mercadorias e serviços) em comparação com o custo.

valor
Importância atribuída pelo cliente ao conjunto total de mercadorias e serviços em comparação ao seu custo

O aperfeiçoamento da qualidade voltada à valorização começa quando os funcionários da organização comunicam-se com os clientes para identificar suas necessidades e desejos. O cliente pode avaliar muito mais do que simplesmente se o produto atende às especificações; a valorização pode incluir a entrega no prazo, um bom serviço de atendimento ao cliente, pouca necessidade de manutenção, e informações que o ajudem a tirar o máximo proveito ao usar os serviços da companhia.[18] As informações sobre os desejos do cliente é que definem o aspecto no qual a organização deve se concentrar.

DIRETRIZES PARA O CONTROLE DE QUALIDADE

Assim como em outras responsabilidades do supervisor, o sucesso no controle de qualidade exige mais que simplesmente escolher a técnica certa. O supervisor precisa de uma abordagem geral que promova o apoio de todos os envolvidos na melhoria da qualidade. Para desenvolver essa abordagem, o supervisor pode começar seguindo as diretrizes ilustradas na Figura 2.6

Prevenção *versus* Detecção

Quase sempre fica mais barato evitar que os problemas ocorram do que resolvê-los depois de já terem ocorrido; elaborar e implementar a qualidade do produto é mais eficaz que tentar melhorá-lo depois. Portanto, os programas de controle de qualidade não devem se limitar à detecção de defeitos, devem também incluir um programa de prevenção para evitar que surjam defeitos. Uma maneira de evitar problemas é concentrar toda a atenção na produção de novas mercadorias e serviços. Em um ambiente de fábrica, o supervisor deve garantir que a primeira unidade de um novo produto seja testada com muito cuidado, e não esperar até que surja um problema no final da linha de produção. Além disso, quando os esforços de prevenção demonstram que os funcionários estão realizando um bom trabalho, o supervisor deve elogiar o desempenho. Funcionários confiantes e satisfeitos tendem a diminuir a ocorrência de defeitos nas mercadorias e nos serviços.

FIGURA 2.6
Diretrizes para o Controle de Qualidade

Elementos do diagrama (em torno de "Qualidade"):
- Recompensar o desempenho de alta qualidade.
- Enfatizar a prevenção, e não apenas a detecção.
- Definir e impor padrões.
- Fundamentar-se nos benefícios da diversidade.
- Insistir na qualidade dos fornecedores.

Definição e Imposição de Padrões

Se for necessário contar com o apoio dos funcionários ou de outras pessoas para que haja controle de qualidade, eles precisam saber exatamente o que se espera deles. Para tal, são necessários padrões de qualidade. Em muitos casos, o supervisor é responsável por definir os padrões de qualidade, além de comunicá-los e implementá-los. Esses padrões devem ter como características os objetivos efetivos descritos no Capítulo 6: devem ser documentados, mensuráveis, claros, específicos e desafiadores, porém atingíveis. Ademais, tais padrões devem refletir aquilo que é importante para o cliente.

O Baptist Hospital Inc. (BHI), localizado na Flórida, adota metas claras e específicas em termos de serviço de qualidade. Elas começam com os Padrões de Desempenho do BHI, que todos os funcionários devem ler e concordar em segui-los. Os padrões regem as atitudes dos funcionários, a aparência, o atendimento dos pacientes, o compromisso com os colegas e outros aspectos do funcionamento de um hospital. Os funcionários também aprendem o que devem dizer em situações diferentes para transmitir uma atitude de solidariedade. Por exemplo, se um funcionário vê um visitante do hospital parecendo perdido, ele deve dizer: "Posso acompanhá-lo?". O BHI também controla diversas medidas de desempenho, incluindo a qualidade do atendimento clínico, os erros de medicação, a satisfação do paciente, o estado de espírito do funcionário e a porcentagem da receita que será destinada à assistência a pacientes pobres. O desempenho do BHI nessas avaliações supera as normas da comunidade e do país.[19]

Ao comunicar os padrões, o supervisor deve certificar-se de que os funcionários saibam o motivo da importância da qualidade. Os funcionários devem receber informações específicas sobre os custos que a má qualidade gera e também sobre os benefícios da excelente qualidade. Por exemplo, se os funcionários souberem quanto custa produzir um componente ou ganhar um novo cliente, eles conseguem entender os custos da remanufatura de um componente com defeito ou da perda de um cliente. Além disso, os funcionários precisam entender a diferença entre má qualidade e excelente qualidade. Um bom exemplo disso seria no momento da fabricação de uma peça, quando o supervisor pode mostrar ao funcionário um modelo dentro das especificações e outro fora.

Para impor os padrões, o supervisor deve participar da inspeção de qualidade das mercadorias e dos serviços produzidos pelos funcionários. Esse processo pode envolver a verificação aleatória de amostragem de peças, o acompanhamento de um representante de vendas em suas visitas a clientes, ou a visita ao local de trabalho onde os funcionários interagem com clientes. As inspeções de qualidade são parte essencial do trabalho dos supervisores de campo no setor da construção civil, como é descrito no texto da seção Supervisão nos Diversos Setores. As ocasiões dessas inspeções devem

SUPERVISÃO NOS DIVERSOS SETORES

O SETOR DA CONSTRUÇÃO
GRAYSON HOMES

A construção de uma casa nova requer tantas tarefas e tantos trabalhadores e materiais que o supervisor de campo praticamente tem que ser um calendário e uma enciclopédia ambulante. Quase todos os dias, os supervisores de campo da Grayson Homes passam horas nos canteiros de obra, verificando se cada casa está dentro do cronograma e se cada tarefa está sendo realizada de acordo com os mais rígidos padrões de qualidade. Sempre que identificam um problema, eles têm de fazer um acompanhamento com o fornecedor ou empreiteiro responsável.

No passado, os supervisores de campo anotavam os problemas em um bloco de papel amarelo. Depois, retornavam ao escritório com as anotações e conversavam com cada empreiteiro pelo telefone ou pelo rádio, ou enviavam um fax detalhando os problemas. Por último, sentavam-se diante do computador para registrar os fatos pertinentes em planilhas eletrônicas. Os funcionários tinham que digitar os relatórios de inspeções e soluções dos problemas em um banco de dados eletrônico; todo esse processo de digitação significava que o banco de dados ficava semanas desatualizado. Quando os supervisores determinavam que os problemas constantes da lista já tinham sido resolvidos, arrancavam aquela página do bloco oficial e jogavam-na fora.

A direção da Grayson sabia que os supervisores precisavam de informações atualizadas e um método mais simples de controlar todos os detalhes. Assim, a companhia investiu em um sistema e passou a oferecer a cada supervisor um BlackBerry, com software de gestão de qualidade, correio eletrônico, calendário e busca na internet. O equipamento também faz ligações telefônicas. Hoje, os supervisores deixam seus blocos e pastas de anotações no escritório e seguem para os canteiros de obra munidos apenas do BlackBerry. Quando identificam um defeito, selecionam a informação relevante em listas e menus e digitam os detalhes no aparelho, que envia atualizações para o banco de dados de um computador central. Ao final do dia, o supervisor imprime um relatório das casas em construção e dos problemas não resolvidos. No dia seguinte, o supervisor verifica se cada problema do relatório foi resolvido.

O sistema também classifica os problemas por empreiteiro e envia a cada um deles uma lista das situações pendentes. O banco de dados compara as informações de um canteiro de obras com detalhes, tais como o número do lote, o número do produto e até a planta arquitetônica a ser enviada ao respectivo empreiteiro. Os supervisores também podem gerar relatórios listando os tipos de defeitos mais freqüentes, as fases da construção com mais problemas, e a experiência da Grayson com cada empreiteiro. Os relatórios ajudam a prevenir e a resolver problemas sem depender da memória e dos registros.

Essa tecnologia da informação, aliada ao treinamento e às recompensas, tem ajudado a Grayson Homes a produzir um nível extremamente elevado de satisfação do cliente. De acordo com pesquisas realizadas entre os clientes da Grayson, 96% deles afirmam que escolheriam novamente a empresa quando comprassem uma casa ou a recomendariam a um amigo que estivesse procurando uma casa. Recentemente, a companhia também ganhou o National Housing Quality Gold Award, prêmio almejado por todos do setor.

Fontes: Página da Grayson Homes, www.graysonhomes.com/news/, acessado em 3 de julho de 2006; ATSG, "Case Study: Wireless Technology Drives Superior Quality Control for U.S. Homebuilder", página da ATSG, www.atsgi.com, acessado em 14 de junho de 2006; Mark Ward Sr., "Technology on the Job Site", Steve Zurier, "Berry Happy", *Builder*, 1º set. 2005, www.builderonline.com; NAHB Research Center, "Local Home Builder Receives National Recognition for Quality Achievements", comunicado, 23 set. 2004, www.nahbrc.org.

---

ser feitas em dias inesperados para impedir que os funcionários ajustem o desempenho de seu trabalho por conta da inspeção que será realizada naquele dia específico. Quando o supervisor descobre um problema de qualidade durante uma inspeção, ele deve comunicá-lo imediatamente aos funcionários responsáveis. Em seguida, eles devem começar a resolver o problema. Uma resposta adequada vai desde um pedido de desculpa aos clientes até o reparo do problema dentro da organização. A exigência de uma resposta rápida demonstra a importância da qualidade. Para que a imposição dos padrões seja efetiva, os funcionários devem saber que a alta administração considera com muita seriedade a qualidade. Uma frase de efeito divulgada em quadros de aviso, inscrita em *buttons*, ou afixada em caixas registradoras só tem sentido se os supervisores e outros gestores prestarem atenção nesses princípios, recompensarem os funcionários por cumpri-los, e adotá-los, eles próprios.

O DESAFIO DA PRODUTIVIDADE

A concorrência acirrada em âmbito mundial está forçando as empresas norte-americanas a prestarem atenção na produtividade. Além disso, a posição dos cidadãos contra o pagamento de mais impostos está forçando os governos a tornarem suas operações mais produtivas. Para ajudar a melhorar a produtividade, o supervisor precisa entender por que ela é importante e o que limita a produtividade da organização.

Tendências de Produtividade nos Estados Unidos

Quando a produtividade das organizações de um país está melhorando, a população se beneficia. Ela pode adquirir mercadorias e serviços a preços mais baixos ou com menos impostos que antes. Os empregadores tendem a pagar salários mais altos para trabalhadores que são mais produtivos. A população também tem acesso a mais mercadorias e mais serviços com melhor qualidade. Por causa dessas vantagens, os estatísticos acompanham as tendências da produtividade em vários países.

A quantidade de mercadorias e serviços produzidos pelo trabalhador médio nos Estados Unidos permanece superior comparado com a da maioria de trabalhadores de outros países industrializados. Em 2000, a produção média por hora de trabalho no setor industrial, medida em comparação com o índice de 1992, foi de 142,8% nos Estados Unidos e 134,1% no Japão. A produção industrial por hora na França (141,1) ficou bem próxima à dos Estados Unidos, e na Suécia foi superior (150,4). Como mostra a Figura 2.7, a produção industrial por hora nos Estados Unidos vem crescendo nas duas últimas décadas. O crescimento da renda do trabalhador industrial tem acompanhado o aumento da produção. As empresas pagam mais a trabalhadores mais produtivos. Logo, os custos unitários da mão-de-obra (compensação dividida pela produção) têm se mantido próximos do índice anual ao longo da maior parte do período.[20]

Restrições à Produtividade

Quando se fala em maneiras de aumentar a produtividade, é preciso ter em mente que diversas restrições limitam o impacto de um supervisor, ou mesmo de um gestor

FIGURA 2.7
Produtividade nos Estados Unidos: Trabalhadores Industriais

Fonte: Dados do Ministério do Trabalho dos Estados Unidos, Departamento de Estatísticas Trabalhistas, "Major Sector Productivity and Costs Index", acessado em 3 de julho de 2006, http://data.bls.gov.

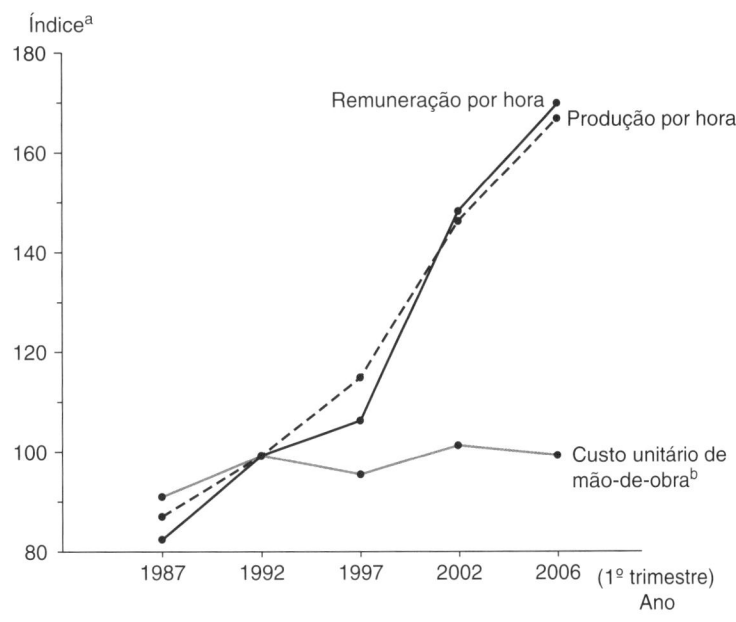

[a]Para acompanhar a produtividade, o Departamento de Estatísticas Trabalhistas mede as mudanças percentuais na produção e remuneração de um trimestre ao seguinte. O índice compara o trimestre corrente com 1992 (que é um índice de 100). Por exemplo, um índice de 50 seria metade do nível de 1992, e um índice de 200 seria o dobro do nível de 1992.
[b]Remuneração por hora dividida pela produção por hora.

de nível superior. Tanto o supervisor como os demais gestores precisam estar cientes dessas restrições para que possam planejar meios de superá-las ou redefinir as metas. Algumas das restrições mais importantes à produtividade são as limitações da alta administração, as atitudes e habilidades dos funcionários, as normas governamentais e as normas sindicais.

Limitações da Alta Administração

Os trabalhadores operacionais ajudam a melhorar a produtividade somente se acreditarem que a direção está efetivamente comprometida com esse objetivo. Muitas vezes, no entanto, os funcionários acreditam que a direção está mais interessada nos lucros do trimestre seguinte do que na produção de mercadorias ou serviços de alta qualidade. Os funcionários ficam frustrados, principalmente quando o gestor parece ignorar suas idéias.

A principal forma de o supervisor superar essa restrição é dar um bom exemplo. O supervisor deve demonstrar em suas ações e palavras que está interessado na produtividade do departamento. Esse comportamento inclui verificar se o trabalho é feito corretamente na primeira vez, além de usar os recursos com sabedoria. O supervisor também deve comunicar as instruções com clareza e planejar com cuidado para que os funcionários consigam atingir plenamente as expectativas do gestor. Além disso, o supervisor deve ouvir as preocupações e idéias dos funcionários para saber como melhorar a produtividade. Se a organização adotar um programa formal de apresentação de idéias, o supervisor pode se oferecer para ajudar o funcionário a redigir ou explicar suas sugestões. Em organizações que permitem ou esperam a participação dos funcionários no planejamento e na tomada de decisões, o supervisor deve incentivar essa participação sempre que possível.

Atitudes e Habilidades dos Funcionários

A melhoria da produtividade requer mudanças. As pessoas tendem naturalmente a resistir às mudanças porque elas são desafiadoras e muitas vezes assustadoras (ver Capítulo 14). Os funcionários que temem as melhorias de produtividade ou se ressentem com elas não têm motivação para fazer as coisas funcionarem. Parte do trabalho de um supervisor é identificar as atitudes dos funcionários e, quando necessário, ajudá-los a assumir uma visão mais positiva. (A última parte deste capítulo aborda essa questão mais detalhadamente.)

As habilidades dos funcionários também afetam o nível de eficácia dos esforços no desenvolvimento da produtividade. Quando a organização deseja que cada membro da equipe contribua mais, cada um deve trabalhar mais rápido ou executar o trabalho de maneira mais eficiente. Alguns funcionários conseguem desempenhar novas tarefas ou realizar seu trabalho de outra maneira com pouco ou nenhum treinamento. Outros conseguem trabalhar apenas de uma maneira. Quando os funcionários desejam mudar, mas não sabem como, o supervisor pode ajudar a superar essa dificuldade oferecendo mais treinamento. Quando os funcionários não se dispõem ou não conseguem aprender, o problema fica mais difícil de ser superado.

As atitudes e as habilidades podem exigir melhorias quando a produtividade sofre em conseqüência de um *choque cultural* – conjunto de situações de desconforto emocional e físico que as pessoas tendem a vivenciar quando mudam de ambiente cultural. Até se adaptarem, as pessoas que sofrem com o choque cultural podem oscilar entre euforia, hostilidade e confusão.[21] Trabalhadores imigrantes, supervisores de pessoas de outra cultura e funcionários cujas culturas diferem da cultura da maioria de seus colegas acham que os outros não reagem a seus comportamentos do modo esperado. Além disso, trabalhadores de uma cultura diferente da deles não sabem exatamente o que se espera do comportamento deles e podem achar que não recebem o crédito que merecem por suas realizações, habilidades e idéias. As reações comuns incluem depressão, solidão, agressão, período de desatenção, frustração, passividade e fadiga. Para ajudar a prevenir ou corrigir as conseqüências do choque cultural, a solução básica é aumentar a exposição a variados tipos de pessoas. Quanto mais expostos à diversidade e quanto mais aprendem sobre ela, mais confortáveis se tornam os seus relacionamentos interpessoais. O supervisor e seus funcionários podem se beneficiar do treinamento formal nessa área. Também ajuda conversar com franqueza e sinceridade sobre o problema. Discutir os sentimentos ajuda a amenizar o choque cultural e faz com que as pessoas entendam melhor umas às outras.

Normas Governamentais

As empresas e outras organizações são reguladas em muitas áreas, inclusive em pagamento de horas extras, indenização por invalidez, poluição ambiental, códigos de construção, padrões mínimos de segurança e trabalho infantil. O cumprimento das normas envolve custos, mas as leis refletem os valores da maioria da sociedade. Por exemplo, pode ser mais barato contratar crianças para montar componentes eletrônicos, porém poucas pessoas desejam retroceder à época em que crianças trabalhavam horas a fio dentro de fábricas. Do mesmo modo, instalar filtros em chaminés de companhias de energia custa caro, mas é fundamental manter limpo o ar que respiramos. Mesmo quando as normas governamentais parecem ilógicas ou pouco razoáveis, a organização pode enfrentar sérias penalidades por ignorá-las ou desobedecê-las. Portanto, o papel correto do supervisor e de outros gestores é conhecer esses regulamentos e buscar formas de melhorar a produtividade sem violar as leis.

Normas Sindicais

Os contratos sindicais normalmente especificam regras que definem tarefas específicas que os trabalhadores podem executar, tais como o horário em que podem trabalhar e como as organizações podem utilizá-los. Algumas vezes o gestor de uma organização identifica uma maneira de aumentar a produtividade, porém essa nova atividade poderá violar uma dessas normas e, sendo assim, não poderá ser aplicada. Por exemplo, pode ser mais eficiente ter dois funcionários aprendendo o mesmo trabalho para que a tarefa possa ser concluída quando um estiver ocupado ou ausente. No entanto, o contrato sindical pode conter uma norma contrária a esse procedimento.

Quando empregadores e sindicatos trabalham juntos em busca de soluções, conseguem superar essas restrições, embora o processo normalmente leve tempo. Se a organização explicar o quanto todos se beneficiarão com as mudanças, o sindicato poderá concordar em rever o contrato, principalmente se a única alternativa for a demissão de funcionários. Embora o supervisor possa propor mudanças, não faz parte do seu trabalho eliminar essas restrições. O supervisor deve fazer sempre o melhor para que o trabalho seja feito com a máxima eficiência e de acordo com as normas de trabalho existentes.

MEDINDO A PRODUTIVIDADE

A maneira básica de medir a produtividade é dividindo a produção resultante pelo insumo (ver Figura 2.1). Em outras palavras, produtividade é o montante de itens produzidos em relação à quantidade de insumos usados para produzir determinado bem. A Tabela 2.3 apresenta exemplos de insumos e produtos de diversos tipos de organização. A equação da produtividade pode comparar a produção resultante e o insumo individual, de um departamento, de uma organização ou até mesmo de toda a força de trabalho remunerada de um país. O restante da discussão concentra-se na preocupação direta dos supervisores com a produtividade do seu departamento e de cada um de seus funcionários isoladamente.

Aplicando a aritmética básica à fórmula da produtividade, o supervisor consegue avaliar o que é preciso mudar para aumentar a produtividade. O lado direito da equação é uma fração. Lembre-se de que quando a parte de cima (o numerador) de uma fração aumenta, o total fica maior. Quando a parte de baixo (o denominador) de uma fração aumenta, o total fica menor. Por exemplo, 3/2 é maior que 1/2, e 1/5 é menor que 1/3. Para aumentar a produtividade, o supervisor deve aumentar os itens produ-

TABELA 2.3
Exemplos de Produtos e Insumos

Fonte: Tabela adaptada de Samuel C. Certo, *Modern Management*, 6. ed., Allyn & Bacon, 1994.

Organização	Insumos	Produtos Resultantes
Transporte coletivo	Ônibus; combustível, óleo e outros insumos; terminais; motoristas; cobradores; gerentes; passagens; programação de horários; fundos; dados	Serviços de transporte de passageiros
Indústria	Caminhões; fábricas; óleo, estopa e outros insumos; matéria-prima; peças compradas; operários; supervisores; engenheiros; estoquistas; faturas dos materiais; registros de estoque; cronograma de produção; registros de programação; fundos; dados	Mercadorias para consumidor final
Hospital	Ambulâncias; quartos; leitos, cadeiras de roda; raios X; recepcionistas; administradores; enfermeiros; médicos; medicamentos; drogas; talas, ataduras, refeições e outros insumos; cronograma médico; fundos; dados	Serviços de atendimento médico a pacientes
Polícia	Carros e viaturas; delegacias; policiais; formulários para registro de boletim de ocorrência; algemas, rádios, armas, material de escritório e outros insumos; mobiliário de escritório; equipamentos para investigações forenses; uniformes; fundos, dados	Proteção da segurança pública

zidos, reduzir os insumos, ou as duas coisas simultaneamente. Suponha que um funcionário processe 96 requisições de carteiras de habilitação em 8 horas de trabalho no escritório da secretaria estadual. Uma forma de medir a produtividade desse funcionário é 96/8, ou seja, 12 requisições por hora (ver Figura 2.8). O supervisor pode observar que um funcionário mais experiente consegue processar 20 requisições por hora, portanto, com base nessa medida, o primeiro funcionário é menos eficiente e talvez precise de mais treinamento, mais motivação ou simplesmente mais experiência.

FIGURA 2.8 Medição da Produtividade

Comparação de Requisição por Hora

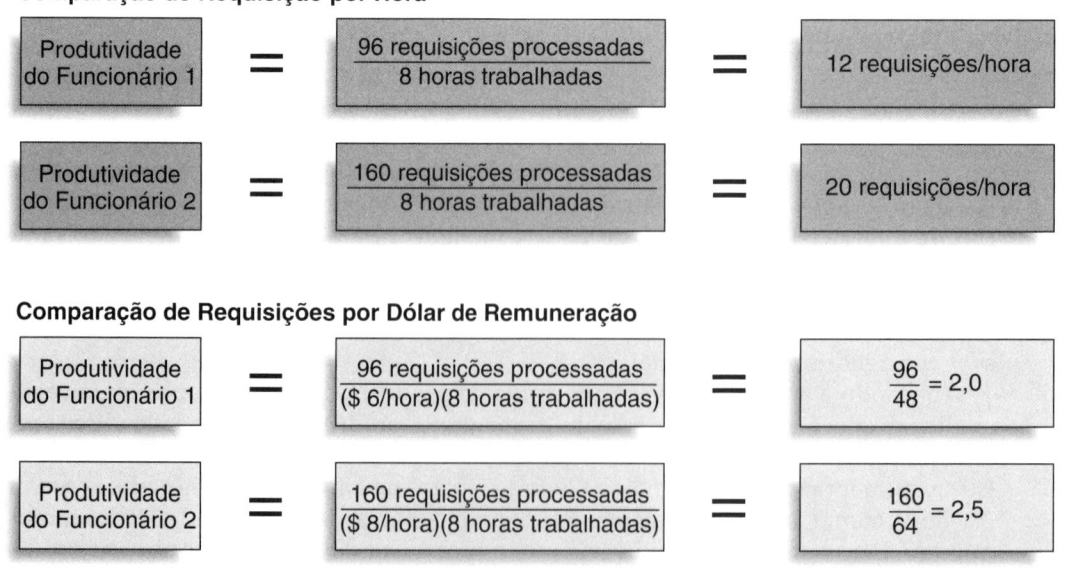

$$\text{Produtividade do Funcionário 1} = \frac{96 \text{ requisições processadas}}{8 \text{ horas trabalhadas}} = 12 \text{ requisições/hora}$$

$$\text{Produtividade do Funcionário 2} = \frac{160 \text{ requisições processadas}}{8 \text{ horas trabalhadas}} = 20 \text{ requisições/hora}$$

Comparação de Requisições por Dólar de Remuneração

$$\text{Produtividade do Funcionário 1} = \frac{96 \text{ requisições processadas}}{(\$ 6/\text{hora})(8 \text{ horas trabalhadas})} = \frac{96}{48} = 2,0$$

$$\text{Produtividade do Funcionário 2} = \frac{160 \text{ requisições processadas}}{(\$ 8/\text{hora})(8 \text{ horas trabalhadas})} = \frac{160}{64} = 2,5$$

Entretanto, a organização também está interessada no custo que ela tem com cada funcionário. Assim, o supervisor poderá utilizar o insumo como parâmetro para calcular o quanto o funcionário custa para a empresa por dia (remuneração por hora multiplicada pelo número de horas). Se o funcionário recebe $ 6 por hora, a medida da produtividade seria 96 dividido por $ 6 × 8 horas trabalhadas, ou seja, 2 (ver Figura 2.8). Se o funcionário que processa 20 requisições por hora ganha $ 8 por hora, a produtividade desse funcionário seria 160 dividido por $ 8 × 8 horas trabalhadas, ou seja, 2,5. Portanto, o funcionário mais experiente é mais produtivo, mesmo considerando o valor mais alto de remuneração.

Nesse exemplo, a alta produtividade compensa o alto custo da mão-de-obra, mas, na prática, algumas companhias enfrentam dificuldades em competir, porque os ganhos de produtividade não acompanham o aumento da remuneração. A General Motors enfrenta dificuldades para competir com outras montadoras porque a remuneração paga é relativamente alta, principalmente quando incluído o custo de benefícios dos funcionários. Na fábrica da GM em Arlington, Texas, a remuneração por hora dos trabalhadores varia de $ 26,50 a $ 30,50; sendo que os benefícios elevam a remuneração total a mais de $ 80 por hora. Os custos da GM incluem também altos pagamentos de benefícios de aposentadoria. Em San Antonio, Texas, a Toyota opera uma fábrica em que os trabalhadores recebem entre $ 15,50 e $ 25,00 por hora. Quando incluídos os benefícios, a remuneração total passa para $ 35 por hora. Os funcionários da GM de Arlington têm feito grandes avanços em termos de produtividade, o que reflete no fato de a empresa ser uma das fábricas montadoras de veículos esportivos utilitários que gasta menos tempo de mão-de-obra por veículo montado. No entanto, o custo da mão-de-obra é tão mais alto que o da Toyota, que mesmo trabalhando mais rápido, os funcionários da GM custam cerca de $ 1.800 por veículo, enquanto os funcionários da fábrica da Toyota custam $ 800 por veículo.[22] Diferenças de custos como essas ajudam a explicar por que algumas indústrias norte-americanas têm perdido as vendas para as companhias estrangeiras.

Os itens produzidos, tais como mercadorias e serviços, são medidos na fórmula da produtividade somente quando considerados adequados. Um vendedor grosseiro e um operário que fabrica componentes com defeito não são considerados produtivos. Nesses casos, a fórmula da produtividade incluiria apenas o número de componentes produzidos corretamente ou o total de vendas realizadas com cortesia e de maneira correta. O operário reproduzido no desenho mostrado na Figura 2.9 definitivamente não entendeu esse conceito.

FIGURA 2.9
Quantidade sem Qualidade não Aumenta a Produtividade

Fonte: *Front Line Supervisor's Bulletin*, 10 de julho de 1992. Reimpressão autorizada pelo Bureau of Business Practice, 125 Eugene O'Neill Drive, Suite 103, New London, CT 06320

MELHORANDO A PRODUTIVIDADE

Quando o supervisor e outros gestores buscam formas de aumentar a produtividade, muitas vezes começam olhando os custos por unidade produzida. A produtividade melhora quando o departamento ou a organização consegue realizar o máximo de trabalho ao menor custo e/ou quando a produção cresce sem aumentar os custos. Outra maneira de melhorar a produtividade é aperfeiçoando a qualidade do processo, de modo que os funcionários trabalhem com mais eficácia e não tenham que perder tempo corrigindo erros ou defeitos. Equívocos, erros e retrabalho provocam atraso na produtividade. A baixa qualidade pode atrasar a produção tanto de cada funcionário quanto da empresa como um todo. Por essa razão, uma das tarefas mais importantes do supervisor é buscar e implementar maneiras de realizar o trabalho da maneira correta desde sua primeira execução.

Muitas das estratégias de controle de qualidade introduzidas neste capítulo, tais como o programa Seis Sigma, o programa zero defeito e as equipes de envolvimento de funcionários, aplicam-se à melhoria da produtividade. Por exemplo, a 3M Corporation adota o programa Seis Sigma como método principal para melhorar o processo e a qualidade do produto. Começando com os processos em suas fábricas e, depois, passando para a eficácia de outros processos, como de finanças ou de atendimento ao cliente. A 3M adota o programa Seis Sigma e alguns outros para cortar cerca de $ 300 milhões de seus custos por ano.[23]

Por causa do contato direto com os funcionários, o supervisor exerce importante influência na maioria dessas iniciativas. O supervisor pode aumentar sua própria produtividade e a da sua equipe ou do seu grupo, compreendendo as metas dos programas de qualidade e o seu próprio papel no cumprimento dessas metas. Por meio de liderança e motivação, ele pode ajudar os funcionários a contribuírem para as metas de qualidade. Por fim, ele pode usar seu conhecimento específico das tarefas e dos processos executados por suas equipes para identificar formas únicas de contribuir para a melhoria da produtividade.

Para reduzir os custos, o supervisor pode lançar mão de inúmeras estratégias. (Ver as alternativas básicas resumidas na Figura 2.10.) O supervisor pode obter mais produtividade, usando tantas estratégias quantas funcionarem. Ao decidir quais estratégias usar, o supervisor deve levar em conta quais delas são interessantes na visão da alta administração, quais são aceitáveis para os funcionários e quais envolvem áreas sob o seu controle.

Uma característica importante de muitas dessas estratégias é o estímulo e o uso das idéias dos funcionários para produzir economia. Por operarem as máquinas, prepararem os relatórios e atenderem os clientes, os funcionários adquirem uma visão mais aproximada de como o trabalho é realizado, permitindo-lhes que vejam as deficiências no modo como a organização está atuando. Por exemplo, a Bic Corporation, fabricante de canetas,

FIGURA 2.10 Estratégias de Controle de Custos

- Utilizar os orçamentos.
- Aumentar a produção resultante.
- Melhorar os métodos.
- Reduzir as despesas indiretas.
- Minimizar o desperdício.
- Regular ou nivelar o fluxo de trabalho.
- Instalar equipamentos modernos.
- Treinar e motivar os funcionários.
- Minimizar o atraso, o absenteísmo e a rotatividade.

lâminas de barbear e isqueiros, possui uma equipe permanente de 15 trabalhadores da linha de produção que se reúnem uma vez por semana para analisar sugestões recebidas na caixa de sugestões da fábrica. Os supervisores têm 10 dias para implementar as idéias aprovadas pelo grupo, e a Bic credita a esse programa a melhoria no estado de espírito dos funcionários, assim como, a melhoria na produtividade e dos lucros finais.[24]

Utilizar os Orçamentos

Não é nenhuma novidade que, antes de o supervisor tomar qualquer decisão inteligente de como cortar os custos, ele precisa saber para onde vai o dinheiro. A principal fonte desse tipo de informação são os relatórios orçamentários, que serão descritos no Capítulo 6. Mediante a análise regular dos relatórios orçamentários, o supervisor pode ver que categorias de gastos representam os maiores e identificar em que áreas o departamento está gastando mais que o orçado. Portanto, o supervisor deve passar algum tempo com os trabalhadores, observando como eles usam os recursos do departamento, inclusive o tempo. O processo de coletar informações de custos e trabalhar com os funcionários para identificar as melhorias necessárias faz parte da função de controle do supervisor.

Aumentar a Produção

Lembre-se de que o numerador da equação de produtividade (produtos resultantes/insumo) representa o que o departamento ou a organização está produzindo. Quanto maior a produção a determinado custo, maior a produtividade. Portanto, a maneira lógica de aumentar a produtividade é aumentando a produção sem elevar os custos.

Muitas vezes, dedicando-se mais, as pessoas conseguem trabalhar mais rápido e com mais determinação. Os atendentes de um restaurante podem achar que conseguem atender mais mesas, e os operários de uma fábrica podem achar que são capazes de montar mais componentes. Porém, nem sempre é possível aumentar a produção sem sacrificar a qualidade. Ademais, esse método de melhorar a produtividade muitas vezes deixa os funcionários insatisfeitos. O supervisor que deseja promover a produtividade aumentando a produção deve primeiro garantir que as novas metas de produção sejam razoáveis, talvez incluindo os funcionários no processo de tomada de decisão. O supervisor deve, também, comunicar as novas metas com cuidado, enfatizando todos os aspectos positivos da mudança. Por exemplo, o supervisor pode mencionar que, se os funcionários forem mais produtivos, a organização tem chance de se manter competitiva sem que sejam necessárias demissões. No fim, a melhoria da produtividade mediante o aumento da produção só funciona quando os funcionários estão motivados para tanto. (Ver Capítulo 11).

Algumas companhias usam a tecnologia para garantir a produtividade. Os programas de monitoramento da utilização de correio eletrônico e de internet têm várias utilidades, inclusive aplicativos que identificam o uso do computador em situações não relacionadas ao trabalho ou violando as normas da companhia. O monitoramento eletrônico também pode produzir medidas básicas de produtividade, tais como, por exemplo, quanto tempo o funcionário gasta para processar o pedido de cada cliente. A American Management Association (*Associação Norte-Americana de Administração*) relata que 76% dos empregadores adotam alguma forma de monitoramento eletrônico, e um quarto das companhias demitiram algum funcionário por uso inadequado da internet.[25] (Ver a discussão de questões relacionadas ao monitoramento eletrônico na seção "Supervisão e Ética").

Aperfeiçoar os Métodos

Existem apenas métodos limitados de executar o mesmo trabalho de uma maneira melhor ou mais rapidamente. Revisar e reestruturar totalmente o modo de execução do trabalho é o princípio básico da *reengenharia*. As técnicas de controle do processo, que têm o objetivo de aperfeiçoar a qualidade, também podem melhorar a produtividade. A Kato Engineering, localizada em Mankato, Minnesota, adotou um processo chamado *kaizen*, em que equipes mapeiam os detalhes de cada processo de trabalho, buscando maneiras de eliminar o desperdício. A companhia manufatureira melhorou a produtividade nos procedimentos do escritório e nas operações da fábrica. Hoje, a Kato responde aos pedidos de cotação em um sexto do tempo original e processa o pedido em 2 horas em vez das 24 que gastava anteriormente.[26]

SUPERVISÃO E ÉTICA

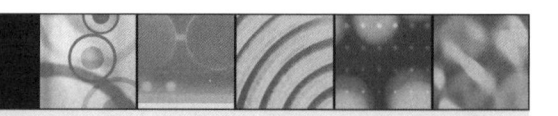

SERÁ QUE O MONITORAMENTO ELETRÔNICO INVADE A PRIVACIDADE DOS FUNCIONÁRIOS?

Recentemente, uma companhia manufatureira de médio porte decidiu começar a monitorar o uso da internet pelos funcionários, com o objetivo de assegurar que eles visitassem somente sites relacionados ao trabalho. Os funcionários queixaram-se com o supervisor alegando que o monitoramento nada mais era do que uma espionagem ou um tratamento infantilizado dos funcionários. O supervisor ficou sem saber como animar os funcionários. Alguns argumentos lógicos seriam de que o monitoramento torna o local de trabalho mais justo para os funcionários conscienciosos. Se a empresa tem conhecimento dos funcionários que ficam planejando férias ou conversando on-line com os amigos terá como recompensar aqueles que evitam desviar sua atenção do trabalho. Do mesmo modo, o monitoramento estende ao pessoal de vendas e funcionários do escritório o mesmo tipo de controle que exerce sobre os funcionários considerados mais fáceis de serem monitorados – notadamente, os operários da produção.

As companhias justificam o monitoramento eletrônico afirmando que ele ajuda a identificar comportamentos que reduzem a produtividade e que podem até mesmo expor a companhia à responsabilização por certos delitos. Em uma pesquisa realizada pela revista *Sales & Marketing Management*, mais da metade das companhias que monitoraram o comportamento eletrônico do pessoal de vendas afirmam ter encontrado alguns representantes gastando uma significativa quantidade de tempo com assuntos pessoais. Certa vez, uma empresa do ramo da internet utilizou o monitoramento para descobrir que um funcionário desleal da área de vendas estava vazando informações a um amigo de uma empresa concorrente. E quando a Dow Chemical utilizou o monitoramento eletrônico para investigar a reclamação feita por um funcionário descobriu que centenas de funcionários estavam usando os computadores para armazenar e enviar materiais com conteúdo sexual e violento.

O monitoramento eletrônico também consegue identificar o bom desempenho dos funcionários. Por exemplo, existem programas que conseguem analisar as ligações telefônicas atendidas no serviço de atendimento ao cliente, buscando palavras e tons específicos de voz. Esse tipo de programa consegue identificar qual vendedor conseguiu amenizar mais rapidamente a raiva dos clientes ou quantos clientes efetivamente cancelaram seu pedido. Essas informações fornecem à companhia dados a respeito da experiência que o consumidor teve ao usar os seus serviços e sobre o desempenho do funcionário.

O lado negativo do monitoramento eletrônico é que o funcionário pode se sentir ofendido, e achar que a empresa está invadindo sua privacidade. Mas por causa da crescente utilidade dessa tecnologia, o supervisor de hoje pode convencer os funcionários de suas vantagens.

Fontes: "Ask Annie: Does Big Brother Software Treat Staff Like Kids?" *Fortune*, 8 mar. 2004, extraído de Infotrac, http://web3.infotrac.galegroup.com; Erin Strout, "Spy Games", *Sales & Marketing Management*, fev. 2002, extraído de Infotrac, http://web3.infotrac.galegroup.com; Chuck Salter, "'This Call Is Being Recorded for...' More than You Think", *Fast Company*, jan. 2004, extraído de Infotrac, http://web7.infotrac.galegroup.com.

Uma abordagem potencialmente sólida para melhorar os métodos é conceder aos funcionários maior controle sobre a maneira como eles trabalham. Grande parte do crescimento da produtividade na década de 1990 se deu porque foram feitos determinados esforços, tais como escutar e aceitar idéias para a produção oferecidas por funcionários de níveis abaixo dos níveis de gestão e também por ter atribuído recompensas para o alto desempenho.[27] Do mesmo modo, estruturar os cargos para incluir variedade e responsabilidade torna o trabalho mais interessante, o que deve motivar os funcionários a produzir com mais qualidade e a trabalhar mais.

Assim como os gestores de todos os níveis, o supervisor deve estar constantemente em busca de alternativas para aperfeiçoar os métodos. Algumas idéias podem vir do próprio supervisor. (O Capítulo 9 apresenta sugestões para o raciocínio criativo.) Os funcionários muitas vezes têm excelentes idéias para executar melhor o trabalho porque eles enxergam os problemas e as falhas da sua função. O supervisor deve manter abertos os canais de comunicação e pedir idéias constantemente.

Reduzir as Despesas Indiretas

despesas indiretas
Despesas indiretas são despesas não diretamente relacionadas à produção de mercadorias e serviços, tais como aluguel, luz, água e folha de pagamento

Muitos departamentos gastam mais que o necessário com **despesas indiretas**, que incluem aluguel, luz, água, folha de pagamento, restaurante da companhia, serviços de zeladoria e outras despesas não diretamente relacionadas à produção de mercadorias e serviços. Normalmente, a organização aloca uma fatia do total de despesas indiretas para cada departamento, com base no seu tamanho. Isso significa que o supervisor tem controle limitado sobre as despesas indiretas de um departamento. No entanto, o supervisor pode periodicamente procurar a origem de gastos desnecessários, como luzes acesas em áreas desocupadas ou áreas de trabalho desorganizadas. Ao reduzir esses custos da companhia, o supervisor reduz, no final das contas, o montante de despesas indiretas atribuídas ao seu departamento.

Os departamentos de apoio, em particular, podem ser responsáveis por contribuir para aumentar o custo das despesas indiretas, por gerarem documentos desnecessários. O supervisor e seus funcionários que produzem ou manipulam relatórios e formulários devem avaliar esses documentos, seja em cópia impressa ou eletrônica, para verificar se são efetivamente necessários. Outra maneira de reduzir a quantidade de papel é certificando-se de que quando um procedimento exigir um formulário com diversas partes, todas as partes sejam realmente utilizadas.

Minimizar o Desperdício

O desperdício ocorre em todos os tipos de operações. Um consultório médico pode requisitar suprimentos demais e acabar jogando-os fora ou ocupando espaço desnecessário no estoque. Uma fábrica pode manipular materiais que produzem muito lixo. Um escritório de vendas pode tirar cópias desnecessárias de propostas longas e inúteis, contribuindo mais para os aterros de lixo do que para os lucros da companhia.

tempo ocioso, ou tempo de paralisação
Tempo durante o qual os funcionários ou as máquinas não estão produzindo mercadorias, nem serviços

Uma outra forma de desperdício é o **tempo ocioso**, ou **tempo de paralisação** – tempo durante o qual os funcionários ou as máquinas não estão produzindo mercadorias, nem serviços. Esse termo é usado com mais freqüência em operações industriais, mas se aplica também a outras situações. Em uma fábrica, o tempo ocioso ocorre quando a máquina fica desligada para reparos ou os trabalhadores estão esperando a reposição de peças. Em um escritório, o tempo ocioso ocorre quando os funcionários ficam aguardando receber instruções, suprimentos, material impresso ou resposta para uma pergunta feita ao supervisor. Em ambas as situações, o tempo ocioso ocorre porque as tarefas e os processos de trabalho foram mal estruturados. O consultor em produtividade, Edgar Burnett, visitou uma fábrica que designava seis operadores para seis máquinas. O trabalho consistia em monitorar periodicamente a produção da máquina e alimentá-la com insumos aproximadamente a cada 40 minutos. Burnett logo descobriu que um operador poderia operar duas máquinas sem dificuldade. Do mesmo modo, Burnett observou uma recepcionista que só gastava três horas por dia em tarefas relacionadas à recepção de visitantes. A companhia resolveu o problema do tempo ocioso da recepcionista, treinando-a para realizar também tarefas administrativas.[28]

comportamento digressivo
Tática de adiar ou evitar o trabalho

Outra forma de desperdício de tempo resulta do **comportamento digressivo**, que consiste na tática de adiar ou evitar o trabalho. Os funcionários e seus supervisores usam uma grande variedade de comportamentos digressivos: um supervisor que aprecia sua xícara de café enquanto lê o jornal antes de começar suas responsabilidades do dia ou um funcionário que pára na mesa de um colega para conversar. O comportamento digressivo pode ser muito tentador quando a pessoa está desanimada ou está diante de uma tarefa muito complicada ou desagradável. (O oposto do comportamento digressivo é a administração eficaz do tempo, que será discutida no Capítulo 13.)

O tempo desperdiçado proporcionalmente representa mais na perda de produtividade que os custos desperdiçados. Para os funcionários de escritório, o que mais causa desperdício de tempo são os *spams* – mensagens eletrônicas não relacionadas ao trabalho, indesejadas e muitas vezes de mau gosto ou fraudulentas. As organizações estão combatendo o problema utilizando softwares de filtragem que buscam vírus e *worms* em mensagens e anexos, conteúdo inadequado e outros sinais de que a mensagem provavelmente seja um *spam*. Elas também estão treinando os funcionários para serem mais cautelosos ao abrirem anexos de e-mails de remetentes desconhecidos.

O supervisor deve ficar alerta com o desperdício de tempo e de outros recursos do seu departamento. Ele deve ser um bom exemplo de administração eficaz do tempo e realizar a parte do processo de controle de detecção do desperdício (ver Capítulo 6). Muitas vezes, os próprios funcionários são boas fontes de informação de como minimizar o desperdício. O supervisor pode estudar a possibilidade de realizar uma competição entre os funcionários para encontrar boas idéias.

FIGURA 2.11
Custos do Fluxo de Trabalho Irregular

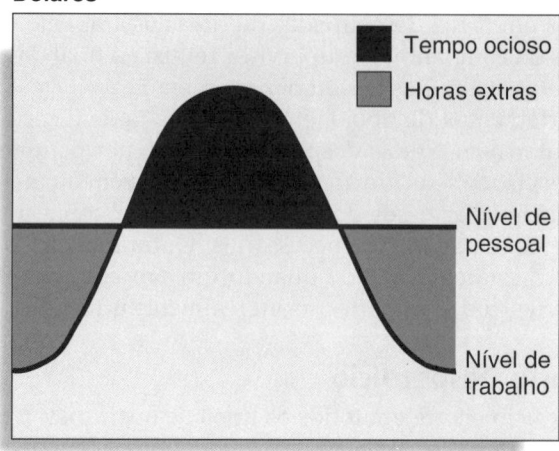

Regular ou Nivelar o Fluxo de Trabalho

Um fluxo de trabalho irregular pode ter um alto custo para a organização (ver Figura 2.11). Quando os níveis de trabalho estão baixos, o resultado é tempo ocioso. Quando o departamento enfrenta uma demanda súbita de trabalho, os funcionários têm de trabalhar horas extras para realizar o trabalho. Conseqüentemente, o departamento poderá ter gastos suplementares com o pagamento dessas horas extras*, que equivalem a uma vez e meia ou duas vezes a remuneração normal, durante os períodos de pico. Além disso, os funcionários ficam mais cansados e dificilmente são tão eficientes durante as horas extras quanto o são em um dia normal de trabalho. Se o supervisor conseguir organizar-se para manter um fluxo de trabalho mais regular, o departamento pode contar com o número apropriado de pessoal para realizar o trabalho nas horas normais de expediente, e poucos funcionários ficarão ociosos em períodos mais fracos de trabalho.

O supervisor pode adotar diversas medidas para regular o fluxo de trabalho do departamento:

1. Primeiro, ele deve certificar-se de ter feito o planejamento adequado para o trabalho requerido.
2. Também pode considerar interessante trabalhar com o seu gerente e colegas ou formar equipes de funcionários para examinar e resolver problemas de fluxo de trabalho. A cooperação pode ajudar a tornar o fluxo de trabalho mais regular ou, pelo menos, mais previsível. Por exemplo, um gerente que passa muito tempo viajando, delega grande parte do trabalho ao retornar, não percebendo que está acumulando prazos em vez de distribuí-los em fluxos de trabalho regulares. O departamento de vendas pode estar enviando os pedidos em lotes ao departamento de produção em vez de enviá-los assim que recebe.
3. Se o fluxo de trabalho precisa permanecer irregular, o supervisor pode achar que o melhor caminho seja usar funcionários temporários durante os períodos de pico, método que pode funcionar se esses trabalhadores possuírem as habilidades adequadas.

Instalar Equipamentos Modernos

O trabalho também pode ficar lento porque os funcionários usam equipamentos já gastos ou antiquados. Se esse for o caso, o supervisor pode considerar se vale a pena adquirir equipamentos modernos. Embora o departamento de produção tenha custos para instalar equipamentos modernos, muitas outras áreas poderão se beneficiar desses equipamentos, inclusive de uma tecnologia de computação de ponta. Hoje, os terminais eletrônicos de auto-atendimento (TEAA) realizam o trabalho que antes era feito por caixas de banco, e os quiosques eletrônicos instalados em aeroportos processam tarefas rotineiras dos emissores de passagens, tais como impressão de bilhetes e escolha de assentos. Dezenas de lancho-

---

* N.R.T.: A Constituição da República Federativa do Brasil estabelece que a hora extra deve ser remunerada em valor de, pelo menos, 50% superior ao valor da hora normal. A Consolidação das Leis do Trabalho – CLT idem.

FIGURA 2.12
Fórmulas Básicas para Avaliar um Investimento

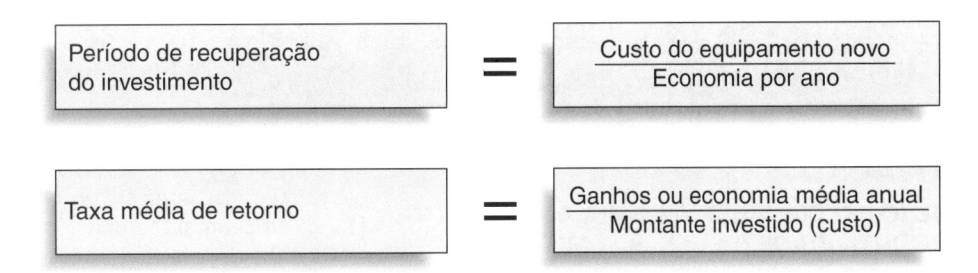

$$\text{Período de recuperação do investimento} = \frac{\text{Custo do equipamento novo}}{\text{Economia por ano}}$$

$$\text{Taxa média de retorno} = \frac{\text{Ganhos ou economia média anual}}{\text{Montante investido (custo)}}$$

netes da rede McDonald's instalaram terminais de computador nos quais o cliente pode fazer seu pedido e pagar com o cartão de crédito. Esses equipamentos automatizam o trabalho executado por pessoas, mas não necessariamente substituem o trabalhador humano. Os bancos, por exemplo, efetivamente contrataram mais atendentes desde que os terminais de auto-atendimento se tornaram populares; hoje, os atendentes resolvem os problemas não rotineiros. Os franqueados do McDonald's que instalaram os quiosques ficaram surpresos ao descobrirem que precisariam aumentar o quadro de funcionários. Os clientes gostam de poder controlar o processamento do pedido, e gostam de não ter de enfrentar as costumeiras filas no horário do almoço, assim, as lojas com quiosques começaram a vender mais, e, conseqüentemente, precisaram de mais pessoal.[29]

Quando decidir adquirir um novo equipamento ou recomendar sua compra, o supervisor deve avaliar se o gasto vale a pena. Uma maneira de descobrir isso é calculando a economia que o novo equipamento pode render por ano em termos, por exemplo, de redução nos custos de reparo, diminuição do tempo de paralisação e aumento na produção de mercadorias. Depois, calcular em quantos anos essa economia recuperaria o custo da aquisição do equipamento, tempo conhecido como **período de recuperação do investimento**. O período de recuperação do investimento é calculado de acordo com a fórmula mostrada na Figura 2.12. Portanto, se um sistema de informatização custar $ 120 mil e espera-se produzir uma economia de $ 40 mil por ano, o período de recuperação do investimento seria de três anos ($ 120 mil/40 mil por ano). A alta administração ou o departamento financeiro normalmente determina um período aceitável de recuperação do investimento para a organização.

Outra maneira de avaliar se um investimento vale a pena é calculando sua **taxa média de retorno (TMR)**. Taxa média de retorno é a porcentagem que representa os ganhos médios anuais por dólar de um determinado investimento. Uma TMR de 15% significa que cada dólar investido produz receita (ou economia) de 15 centavos por ano. Uma fórmula básica para o cálculo da TMR é a segunda equação da Figura 2.12. Para o sistema de informatização do exemplo anterior, a TMR seria calculada dividindo a economia anual de $ 40 mil pelo custo de $ 120 mil, ou 0,33 – um retorno de 33%. Para determinar se esse retorno é aceitável, o supervisor o compara com aquilo que conseguiria ganhar com o dinheiro gasto em outra forma de investimento. Provavelmente, a alta administração ou o departamento financeiro possuem padrões estabelecidos para essa medida.

O período de recuperação do investimento e a TMR, descritos aqui, são apenas duas maneiras simples de avaliar os investimentos. Outros métodos mais complexos levam em conta outros fatores, como prazos para os pagamentos e para os ganhos. Existem programas específicos para calcular períodos de recuperação do investimento, TMR e outras análises da validade financeira de um investimento.

Treinar e Motivar os Funcionários

Para trabalharem com eficácia, os funcionários devem saber como realizar seu trabalho. Portanto, o básico para melhorar a produtividade é treinar os funcionários. Assim como será discutido no Capítulo 11, apenas o treinamento não resulta em desempenho melhor; os funcionários também devem estar motivados para realizar um bom trabalho. Em outras palavras, os funcionários precisam querer fazer um bom trabalho. Motivação é a principal tática para melhorar a produtividade, porque são os funcionários que implementam a maioria das mudanças e muitas vezes estão em melhor posição para pensar em métodos para atingir seus objetivos com mais eficácia (ver a seção "Habilidades em Supervisão: Motivação").

período de recuperação do investimento
Tempo que se leva para os benefícios gerados por um investimento (por exemplo, economia de custos com o maquinário) compensar o seu gasto

taxa média de retorno (TMR)
Porcentagem que representa os ganhos médios anuais por dólar de um determinado investimento

HABILIDADES EM SUPERVISÃO

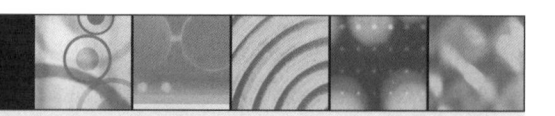

MOTIVAÇÃO
ORGULHO É O COMBUSTÍVEL PARA A MELHORIA DA PRODUTIVIDADE NA GENERAL MOTORS

Pesquisadores da Universidade da Pensilvânia estudaram a produtividade de 3.000 companhias. Eles descobriram que quando as companhias gastam um montante equivalente a 10% de sua receita em melhorias de capital, como em maquinário e sistemas de informatização, a produtividade cresce cerca de 3,9% em média. Mas quando as companhias gastam um valor semelhante no desenvolvimento de funcionários, a produtividade aumenta muito mais, cerca de 8,5%. A lição que se aprende é: os funcionários fazem a diferença.

O supervisor pode influenciar na produtividade, motivando os funcionários a contribuírem com suas idéias e esforços com o objetivo de melhorar a produção e a eficácia. Um exemplo dramático de funcionários motivados que fizeram a diferença ocorreu em Wilmington, Delaware. A General Motors decidiu fechar a fábrica por ser menos produtiva que outras da GM. Os executivos foram até a fábrica e anunciaram aos trabalhadores reunidos que ela seria fechada e que: "Não há nada que vocês possam fazer para mudar essa decisão". Depois que os executivos saíram, o gerente da fábrica apelou para o seu orgulho: "Talvez não haja nada que possamos fazer para mudar essa decisão, mas... podemos fazê-los sentir realmente estúpidos! Porque eles irão fechar a melhor fábrica da General Motors!".

Os trabalhadores sentiram-se inspirados por esse apelo ao orgulho. Equipes de trabalhadores e gerentes identificaram maneiras de melhorar a qualidade e reduzir os custos. Líderes sindicais cooperaram com a direção da fábrica nos esforços de melhoria. A companhia ofereceu informações semanais sobre qualidade e custos. Em dois anos, a fábrica tornou-se o produtor de mais baixo custo da GM, e os custos da garantia de seus veículos eram os menores da companhia. A companhia reverteu sua decisão de fechar a fábrica. Hoje, sempre que a fábrica de Wilmington enfrenta um desafio complicado, os gestores motivam os funcionários, recontando essa experiência.

Os supervisores de outras companhias podem aplicar as lições apreendidas da fábrica da GM de Wilmington, enfatizando o orgulho da realização, em vez de apenas conceder recompensas financeiras. Identifique e ressalte os sucessos do grupo. Transmita entusiasmo, contando a história de sucesso repetidas vezes.

Fonte: John A. Byrne, "How to Lead Now: Getting Extraordinary Performance When You Can't Pay for It", *Fast Company*, ago. 2003, extraído de Infotrac, http://web7.infotrac.galegroup.com.

Minimizar o Atraso, o Absenteísmo e a Rotatividade

Falta de motivação é muitas vezes o problema por trás do tempo perdido com atrasos e faltas. Quando o funcionário não gosta do seu trabalho ou considera-o chato, tende a ter sempre desculpas para chegar atrasado ou faltar. O tempo perdido é oneroso; na maioria dos casos, a organização está pagando alguém que não está efetivamente trabalhando. Além disso, os demais funcionários muitas vezes não conseguem trabalhar bem sem o apoio da pessoa que faltou. Conseqüentemente, minimizar o absenteísmo e o atraso é uma tarefa muito importante do trabalho de um supervisor. (No Capítulo 12, são apresentadas algumas diretrizes para essa tarefa.)

rotatividade
Índice de saída dos trabalhadores da organização

O absenteísmo pode ser o primeiro passo para que o funcionário deixe a companhia. Ele falta cada vez mais e, por fim, acaba pedindo demissão. O índice de saída dos trabalhadores da organização é conhecido como **rotatividade**. A rotatividade alta é cara, porque a organização precisa gastar muito para recrutar e treinar funcionários novos. Portanto, é importante, para o controle de custos, manter bons funcionários, tornando a organização um lugar em que eles desejam permanecer. Na Costco, por exemplo, os custos de mão-de-obra como porcentagem das vendas (ou seja, dólares gastos em mão-de-obra divididos por dólares de mercadorias vendidas) são *menores* que os da Wal-Mart, embora a remuneração paga na Costco seja superior à da Wal-Mart, onde os custos de contratação e treinamento de um funcionário novo é de $ 2.500. E os funcionários motivados da Costco ajudam suas lojas a vender mais por metro quadrado. Portanto, a Costco obtém mais lucro por funcionário que a Wal-Mart.[30] O supervisor pode minimizar a rotatividade aplicando os princípios da motivação, que estão descritos no Capítulo 11.

TEMOR DOS FUNCIONÁRIOS AO APERFEIÇOAMENTO DA PRODUTIVIDADE

Durante um recente discurso na National Association of Manufacturers (*Associação Nacional de Fabricantes*), o presidente do Banco Central Norte-Americano, em Dallas, Robert D. McTeer Jr. contou a seguinte história: "No ritmo em que caminham as melhorias na produtividade, a fábrica do futuro poderá ter apenas dois funcionários: um homem e um cão. O trabalho do homem será de alimentar o cão. O trabalho do cão será de evitar que o homem toque nos equipamentos".[31] Realmente, algumas organizações têm pouquíssimos trabalhadores de produção. A Inflow Inc., sediada em Denver, automatizou seus serviços de hospedagem na internet a ponto de necessitar de apenas dois ou três funcionários para operar suas instalações de 1.800 m².[32] Alguns observadores esperam que a internet acabe conectando não apenas partes de equipamentos da fábrica, mas também as próprias fábricas e, talvez, cadeias inteiras de suprimento.

Uma organização altamente produtiva está em condições ideais para tomar impulso e crescer. Assim, os funcionários podem se beneficiar das melhorias de produtividade. Isso é verdade principalmente quando os esforços para aumentar a produtividade concentram-se em melhorar a qualidade dos processos, e não simplesmente em cortar os custos da folha de pagamento. Mesmo assim, muitos funcionários reagem com medo quando o gerente começa a falar em aumentar a produtividade.

Os funcionários podem ter boas razões para ter medo. Muitos já experimentaram ou ouviram falar de reduções de custos, que resultaram em pagamentos de menos horas extras, em trabalhos mais complicados e, até mesmo, em demissões. Hoje, as notícias sobre as empresas estão cheias de histórias sobre *terceirização* (contratação de especialistas para executar funções da empresa) e *transferência de trabalho para o exterior* (busca de trabalhadores de custos mais baixos, em outros países, para executar tarefas antes realizadas nos Estados Unidos). Quando ocorrem demissões, as pessoas que ficam, muitas vezes têm de se empenhar muito mais para dar conta do trabalho a ser feito.

O supervisor deve reagir a esses temores. Acima de tudo, ele deve estar preparado para dar todas as informações a respeito do assunto. O supervisor que não consegue entender os tipos de mudanças a serem feitas e as razões dessas mudanças deve discutir o assunto com o seu gerente o mais rápido possível. Depois de obter uma clara visão dos planos e das metas da organização, o supervisor deve apresentar essas informações aos funcionários, enfatizando quais serão as vantagens e procurando evitar ater-se aos aspectos negativos. Algumas vezes, as melhorias de produtividade, tais como automação ou melhoria dos processos de trabalho, tornam a tarefa mais interessante, como foi no caso dos bancários depois da automatização dos saques e depósitos. Muitas vezes em um ambiente corporativo competitivo como o de hoje, a melhoria da produtividade é necessária por simples questão de sobrevivência.

Na fábrica da ArvinMeritor, em Asheville, Carolina do Norte, alguns gestores e supervisores inicialmente não se animaram quando a companhia trouxe consultores para melhorar a eficiência. No entanto, os pedidos de eixos da companhia estavam diminuindo, e os lucros também estavam despencando. O apoio para os esforços surgiu quando os supervisores e trabalhadores da produção aprenderam como implementar os programas para tornar a produção mais enxuta e melhorar continuamente os métodos. Desde então, a fábrica de Asheville economizou milhões de dólares, aumentando a eficácia e, assim, melhorando também a satisfação do cliente. A fábrica tornou-se tão competitiva em termos de custos que começou a atender os pedidos que eram encaminhados para uma fábrica mexicana.[33]

Quando um supervisor fornece informações sobre a melhoria da produtividade aos funcionários, deve ser dada a oportunidade de se fazerem questionamentos. Se o supervisor não conseguir responder algumas das perguntas, deve comprometer-se a buscar respostas – e efetivamente buscá-las. Apenas as informações não deixam os funcionários entusiasmados com um programa de produtividade, porém, é praticamente certo que funcionários mal informados ficarão desanimados.

No Capítulo 14, será discutido mais detalhadamente sobre como o supervisor pode ajudar os funcionários a enfrentar os temores e os desafios que acompanham as melhorias de produtividade e outros tipos de mudanças.

MÓDULO DE APTIDÃO
PARTE UM: CONCEITOS

Resumo

2.1 Descrever as conseqüências sofridas pelas organizações como resultado de baixa qualidade do trabalho.
O trabalho de baixa qualidade cria uma imagem negativa da empresa, afastando os clientes, dificultando o recrutamento de funcionários de alto nível e a tomada de empréstimos. O trabalho de baixa qualidade também aumenta os custos associados à tarefa de atrair clientes, procurar e corrigir defeitos, substituir produtos defeituosos e se defender de ações judiciais.

2.2 Comparar o controle de qualidade do produto com o controle do processo.
Ambos os tipos de controle de qualidade envolvem a prevenção e detecção de problemas ligados à qualidade. O controle de qualidade do produto concentra-se em maneiras de melhorar o produto. O controle do processo concentra-se em como executar as atividades focando na produção de resultados de qualidade superior.

2.3 Resumir as técnicas de controle de qualidade.
O controle estatístico da qualidade envolve a busca de defeitos em peças ou produtos acabados, selecionados por meio de uma técnica de amostragem. No controle estatístico do processo, o operador colhe amostras durante o processo, utiliza os resultados para criar um gráfico e faz as correções quando o gráfico indicar que o processo está fora de controle. O programa zero defeito baseia-se na noção de que todos dentro da organização devem trabalhar com o objetivo de atingir a meta de produzir com a máxima qualidade, de forma que todos os aspectos das mercadorias e dos serviços da organização sejam livres de problemas. As equipes de envolvimento de funcionários planejam maneiras de melhorar a qualidade de suas áreas dentro da organização. Em reuniões periódicas, os componentes da equipe examinam as necessidades de aperfeiçoamento e desenvolvem soluções. O programa Seis Sigma consiste em um método estruturado, no qual equipes definem problemas nos processos de trabalho e identificam soluções para reduzir os defeitos para 3,4 unidades por milhão produzido. Gestão da qualidade total é o enfoque de âmbito organizacional na satisfação dos clientes, melhorando de forma contínua todo processo de negócios envolvido na produção de mercadorias ou serviços. Portanto, GQT é um processo contínuo de desdobramento gradual e concentrado na satisfação dos clientes.

2.4 Identificar métodos para as organizações medirem seu sucesso na melhoria contínua da qualidade.
As organizações comparam suas práticas e desempenho com vários conjuntos de diretrizes. Elas podem concorrer para ganhar o Prêmio de Qualidade Nacional Malcolm Baldrige ou avaliar o desempenho utilizando as categorias de avaliação que servem de base para a premiação. Também podem buscar certificação, cumprindo os padrões da ISO 9000. Além disso, podem comparar o próprio desempenho com o de organizações excelentes em determinadas áreas – prática conhecida como *benchmarking*. Para assegurar que quaisquer desses métodos estejam focados nas medidas corretas, a organização pode definir padrões de desempenho em termos de aspectos valorizados pelo cliente. Concentrar-se na prevenção dos problemas de qualidade custa menos do que detectá-los. Supervisores e outros gestores devem definir, comunicar e impor padrões de controle de qualidade. A organização deve insistir na alta qualidade dos fornecedores internos e externos. Os supervisores e gestores de nível superior devem conceder recompensas de valor pelo trabalho de alta qualidade.

2.5 Identificar as restrições da produtividade.
Produtividade é o montante de resultados (produção resultante) obtido pela organização com uma determinada quantidade de insumos, tais como mão-de-obra e maquinário. A direção da empresa limita a produtividade quando parece não estar efetivamente comprometida em melhorá-la. As atitudes e habilidades dos funcionários limitam a produtividade quando eles não têm capacidade ou não se dispõem a atingir os padrões de desempenho. As normas governamentais impõem

responsabilidades às organizações, que por sua vez limitam sua produtividade a fim de atingir outros objetivos. Um contrato sindical pode conter normas trabalhistas que venham a limitar a produtividade.

2.6 Descrever como são medidas a produtividade e as melhorias da produtividade.
Para medir a produtividade, deve-se dividir o montante da produção pelo montante dos insumos. Produção resultante é o montante de trabalho realizado ou de mercadorias e serviços produzidos, supondo resultados de qualidade aceitável. Os insumos podem ser medidos em dólares, horas ou as duas medidas em conjunto. A produtividade aumenta quando a produção aumenta ou quando os insumos diminuem, podendo ocorrer as duas coisas simultaneamente.

2.7 Identificar meios de melhorar a produtividade.
Duas maneiras de melhorar a produtividade são o controle da qualidade e o controle dos custos. O controle da qualidade envolve minimizar os defeitos ou erros. O controle dos custos envolve produzir o mesmo montante de mercadorias ou serviços a custo inferior ou produzir mais com o mesmo custo. O supervisor pode aumentar a produção, fazendo as pessoas ou as máquinas trabalharem mais rápido ou por mais tempo. Uma outra alternativa pode ser melhorar os métodos, ou seja, executar as atividades com mais eficácia. O supervisor pode identificar maneiras de reduzir as despesas indiretas e minimizar o desperdício, diminuindo, inclusive, os recursos físicos desperdiçados e o tempo ocioso. A alocação de pessoal pode ficar mais eficiente quando se regula ou nivela o fluxo de trabalho. A instalação de equipamentos modernos reduz os custos quando o equipamento novo é mais eficiente. Para cortar os custos relacionados ao pessoal, o supervisor deve propiciar aos trabalhadores treinamento adequado e motivação, e adotar medidas para minimizar o atraso, o absenteísmo e a rotatividade.

2.8 Explicar por que os funcionários temem a melhoria da produtividade e como o supervisor pode tratar tais temores.
Muitos funcionários temem as melhorias da produtividade porque muitas vezes tais mudanças acarretam demissões e trabalho extra para os funcionários remanescentes. O supervisor pode reagir, mantendo os funcionários informados a respeito dos planos da organização, enfatizando os benefícios e ouvindo suas opiniões.

Termos Principais

produtividade, p. 29
controle de qualidade, p. 31
controle de qualidade do produto, p. 32
controle do processo, p. 32
controle estatístico da qualidade, p. 33
controle estatístico de processo, p. 34
programa zero defeito, p. 35
equipes de envolvimento de funcionários, p. 35
programa Seis Sigma, p. 36
gestão da qualidade total (GQT), p. 37
Prêmio de Qualidade Nacional Malcolm Baldrige, p. 39
ISO 9000, p. 39
benchmarking (análise de desempenho), p. 40
valor, p. 40
despesas indiretas, p. 50
tempo ocioso ou tempo de paralisação, p. 51
comportamento digressivo, p. 51
período de recuperação do investimento, p. 53
taxa média de retorno (TMR), p. 53
rotatividade, p. 54

Questões para Discussão e Revisão

1. A Brand X Corporation busca tornar-se o fabricante de tobogãs e cadeiras para jardins de custo mais baixo. Para manter os custos baixos, a direção dá a seguinte orientação ao departamento de produção, "Mantenha a linha de montagem em funcionamento. Temos um inspetor entre o pessoal para identificar os problemas depois". Quais são as possíveis conseqüências que a Brand X Corporation pode vir a sofrer como resultado dessa abordagem de produção?
2. Qual a diferença entre controle de qualidade do produto e controle do processo? Cite um exemplo de cada tipo de controle. (Se possível, use exemplos de algum trabalho que você já tenha realizado.)
3. Defina o programa zero defeito de controle da qualidade. Em sua opinião, é possível atingir zero defeito? Justifique.
4. Michelle LeVerrier supervisiona um grupo de caixas em um banco localizado na cidade. O gerente do banco pediu-lhe para liderar uma equipe de envolvimento de funcionários destinada a melhorar os processos de atendimento individual dos

clientes na boca do caixa. Estas são as quatro etapas que devem ser seguidas pela equipe: (*a*) identificar os problemas de qualidade na área específica de responsabilidade, (*b*) selecionar um problema como foco, (*c*) analisar o problema e (*d*) identificar soluções e escolher uma para apresentar à direção. Como Michelle pode usar esse procedimento de quatro etapas para realizar sua primeira reunião com a equipe?

5. O que é gestão da qualidade total (GQT)?

6. Coloque-se na posição de supervisor responsável por uma farmácia. Você recebeu algumas reclamações de erros nas prescrições dos clientes. Para melhorar a qualidade do serviço prestado pelos farmacêuticos, você pode se concentrar em (*a*) melhorar o trabalho de detecção de erros no futuro ou (*b*) melhorar o trabalho de prevenção dos erros. Qual dessas alternativas escolheria? Explique.

7. Frank Ouellette trabalha em uma agência do governo em que nem os gestores nem os funcionários parecem se preocupar com o tempo gasto para concluir uma tarefa. Será que os colegas de Frank devem se preocupar com a produtividade? Por que sim ou não?

8. Anna Holt, supervisora de uma fábrica de botas, acaba de receber um memorando do seu gerente informando que a produtividade do seu turno precisa aumentar 10% no trimestre fiscal seguinte. No entanto, recentemente, quando ela abordou seu gerente solicitando a atualização de duas máquinas, ele negou. Além disso, ela sabe que o sindicato dos trabalhadores irá se opor a um aumento na quantidade de botas a serem produzidas pelo grupo em um determinado turno. Quais restrições contra a produtividade são enfrentadas por Anna? Como ela deve tentar resolvê-las?

9. No escritório de processamento de reclamações da All-Folks Insurance, 25 funcionários processam 2.500 reclamações por dia. O escritório de processamento de reclamações da Purple Cross Insurance utiliza um sistema informatizado moderno, e seus 15 funcionários processam 3.000 reclamações por dia.
   a. Qual dos dois escritórios é mais produtivo?
   b. Em sua opinião, em qual dos escritórios os funcionários são mais bem remunerados? Por quê?
   c. Supondo que metade das reclamações processadas pelos funcionários da Purple Cross contenha algum tipo de erro no processamento e todas as reclamações processadas na All-Folks sejam feitas corretamente. Em sua visão, qual escritório é mais produtivo? Por quê?

10. A que fontes o supervisor deve recorrer para obter informações que o ajudem a determinar os custos?

11. Em sua visão, como os funcionários reagiriam a cada uma dessas iniciativas de corte nos custos?
    a. Um plano para aumentar a produção, programando menos intervalos de descanso.
    b. Um plano para aumentar a produção, contratando uma pessoa para levar os suprimentos até os trabalhadores do laboratório, em vez de eles mesmos terem de buscar o próprio material.

12. Rachel Roth supervisiona um turno de trabalhadores que fabricam roupas para esquiar. Por causa da natureza sazonal desse tipo de produto, o fluxo de trabalho tende a ser irregular, e Rachel sente que isso prejudica a produtividade. Que medidas Rachel pode adotar para tentar regular o fluxo de trabalho de seu departamento?

13. Um supervisor de manutenção descobriu que se instalar no prédio um tipo de lâmpada altamente econômica, poderá produzir uma economia anual para a organização de $ 1 mil. A substituição do sistema atual pelo novo custaria cerca de $ 2.500.
    a. Qual o período de recuperação do investimento nesse sistema?
    b. Qual a taxa média de retorno?
    c. Em sua opinião, esse investimento compensa? Justifique.

14. De que maneira a alta rotatividade prejudica a produtividade? O que o supervisor pode fazer para minimizá-la?

15. Por que os funcionários muitas vezes resistem às melhorias de produtividade? Como o supervisor pode se preparar para reagir às atitudes dos funcionários?

PARTE DOIS: CAPACITAÇÃO

PROBLEMA A SER RESOLVIDO PELO ALUNO

Com base no texto da página 29, reflita e discuta como teria se sentido um supervisor da fábrica da Hayward, em Nashville, quando a direção formou equipes para melhorar a qualidade e a produtividade. Se você fosse o supervisor, teria recebido bem ou mal a ênfase em obter idéias dos funcionários? Por quê? Em seguida, trabalhando em grupo, descreva resumidamente três formas de apoiar os esforços da companhia que um supervisor da Hayward poderia ter adotado para melhorar a produtividade e a qualidade dos processos de trabalho. Para extrair idéias, revise as funções e habilidades de gestão introduzidas no Capítulo 1.

Caso de Solução de Problemas: *Atendimento É Tudo em Fast-Food*

David Drickhamer, diretor editorial de pesquisa da revista *Industry Week*, relata uma recente parada que fez para comprar um lanche para o seu filho. Como eles ainda tinham outras tarefas a fazer, ele acabou entrando no auto-atendimento de um restaurante fast-food.

A experiência dele como cliente começou quando pressionou o botão do terminal de atendimento e ouviu uma mensagem gravada com um apelo insistente para experimentar o novo sanduíche de frango da cadeia de lanchonetes. Ele pediu um lanche infantil com pedaços de frango acompanhados de molho.

Drickhamer dirigiu até a janela do caixa. Jon, o caixa, pediu-lhe o favor de aguardar enquanto ia buscar pilhas novas para o fone de ouvido que usava para atender os pedidos. Jon voltou um minuto depois e solicitou o pagamento, mas no valor errado. Enquanto ele saiu para buscar as pilhas, foram feitos mais dois pedidos, assim Jon tentou imaginar como fazer, no computador, para retornar ao pedido de Drickhamer. Jon pediu desculpas e chamou o supervisor para ajudar. O supervisor aproximou-se e, sem dizer uma palavra, corrigiu o pedido no computador. Jon recebeu o pagamento e conseguiu o troco ao entrar com o pedido do cliente seguinte.

Drickhamer passou à janela seguinte para retirar o lanche. Ali, uma mulher chamada Mary perguntou-lhe qual molho ele queria. Ele respondeu "nenhum" olhando dentro da embalagem. Vendo que, mesmo não sendo um típico lanche com molho para crianças, não havia guardanapos e ele os pediu, duas vezes. Ela, assim como Jon, estava usando fones de ouvido e não respondeu.

Drickhamer permaneceu na janela de retirada do lanche, esperando pelos guardanapos. Depois de alguns segundos, a janela abriu-se novamente. Apareceu um terceiro funcionário, pronto para entregar o pedido do cliente seguinte. Drickhamer pediu novamente os guardanapos. O terceiro funcionário lhe entregou os guardanapos, e Drickhamer saiu dirigindo com um passageiro satisfeito no banco traseiro do carro.

1. Qual padrão de qualidade um restaurante fast-food deve apresentar? Ou seja, quais aspectos da refeição oferecida, do atendimento, do ambiente, entre outros, você consideraria aceitáveis em termos de qualidade, e quais superariam suas expectativas?

2. Os esforços de produtividade em um restaurante fast-food envolvem o trabalho de bastidores na cozinha. No entanto, ao descrever sua experiência, Drickhamer ressalta que, em uma empresa prestadora de serviços, a produção inclui a interação com o cliente. Identifique um ou dois aspectos nesse caso em que a produtividade poderia ser melhorada.

3. Trabalhando sozinho ou em grupo, elabore um diagrama do processo de trabalho descrito neste estudo de caso. No diagrama, mostre os materiais que cada funcionário necessitou e o tipo de serviço que cada funcionário ofereceu ao cliente. Avalie em que aspectos o processo pode ser melhorado, com base nas informações dadas e em quaisquer experiências vividas por você mesmo em restaurantes fast-food. Por fim, prepare uma lista das ações para melhorar a qualidade e a produtividade desse processo de trabalho. Com as orientações do seu professor, apresente o diagrama e crie um relatório listando as ações ou apresente as suas conclusões para a classe.

Fonte: Caso baseado em David Drickhamer, "Fine-Tuning the Fast Food Lane", *Industry Week*, jun. 2004, extraído de InfoTrac, http://web4.infrotrac.galegroup.com.

Autoconhecimento

Teste a Sua Produtividade Pessoal

Marque as atividades que você realiza ou os hábitos que possui. Quanto maior o número de itens marcados, mais produtivo você pode ser.

_____ 1. Completo as tarefas imediatamente, sem adiar.

_____ 2. Faço anotações durante reuniões e conversas para evitar mal-entendidos e omissões.

_____ 3. Planejo hoje o trabalho de amanhã, fazendo algumas anotações antes de ir embora.

_____ 4. Priorizo minhas tarefas, realizando, primeiro, as mais importantes ou as mais difíceis todos os dias.

_____ 5. Mantenho um arquivo de acompanhamento.

_____ 6. Planejo prazos realistas, deixando espaço para atrasos.

_____ 7. Mantenho minha área de trabalho ou mesa arrumada e organizada.

_____ 8. Delego sempre que possível a meu assistente e/ou meus subordinados.

_____ 9. Limito a quantidade e a duração das ligações telefônicas e eu mesmo monitoro o uso da internet.

_____ 10. Não temo dizer "não" a fim de preservar o tempo que tenho disponível para o trabalho.

Pausa e Reflexão

1. Será que o supervisor precisa ser ainda mais produtivo que as pessoas que ele supervisiona?
2. Como eu poderia usar melhor o meu tempo no futuro?

Fonte: Questionário de Ted Pollock, "Increasing Personal Productivity", *Supervision*, mar. 2001. Reimpressão autorizada pela © National Research Bureau, 320 Valley Street, Burlington, IA 52601.

Exercício em Aula

Definindo e Medindo a Qualidade do Serviço

Nos Estados Unidos, oito entre dez trabalhos são do setor de prestação de serviço, portanto, é importante entender o significado de oferecer um atendimento de qualidade ao cliente. Este exercício tem o objetivo de ajudar o aluno a aplicar o que aprendeu neste capítulo sobre a área de prestação de serviço.

Instruções

1. Forme grupos de duas ou três pessoas. Identifique um ambiente de trabalho em que o serviço de atendimento ao cliente seja crítico. O local deve ser conhecido de todos do grupo. Pode ser um local de trabalho em que um dos componentes do grupo trabalhou ou que, pelo menos, tenha sido cliente (por exemplo, loja, agência de correio, banco, hospital, universidade, hotel, restaurante).

2. Identifique um cargo específico do ambiente de trabalho (por exemplo, garçom/garçonete, enfermeira, atendente da livraria da universidade, vendedor de sapatos).

3. Revise alguns dos princípios abordados neste capítulo (ver Figura A). Selecione aqueles apropriados para o cargo identificado, e desenvolva diretrizes específicas para os funcionários focadas no atendimento ao cliente.

4. Depois, selecione os princípios apropriados para o supervisor dos funcionários do cargo identificado, e desenvolva algumas diretrizes de supervisão focadas no atendimento ao cliente. Por exemplo, como o supervisor deve monitorar o desempenho para

FIGURA A
Princípios de Qualidade do Capítulo 2

- Controle do processo
- Programa zero defeito
- Equipes de envolvimento de funcionários
- Cinco ingredientes de qualidade (integridade, sistemas, comunicações, operações e políticas) de Philip Crosby
- *Benchmarking*
- Prevenção *versus* detecção
- Definição e imposição de padrões
- O papel dos fornecedores
- Recompensas pela qualidade
- Dimensões de qualidade (desempenho, recursos distintos, confiabilidade, cumprimento dos padrões, durabilidade, suporte, estética e qualidade percebida da Tabela 2.1)

determinar se os funcionários estão praticando os padrões de qualidade de atendimento estabelecidos?

5. Compartilhe os esforços do grupo com a classe, apresentando um relatório por escrito incluindo o ambiente de trabalho, o título do cargo, os princípios da Figura A e como estes foram aplicados pelo grupo ao cargo e ao supervisor.

Fonte: Este exercício de desenvolvimento de equipe foi preparado por Corinne Livesay, Belhaven College, Jackson, Mississippi.

Capacitação em Supervisão

Melhorando o Desempenho

A classe deve ser dividida em grupos de quatro a seis pessoas. Cada grupo receberá o seguinte material: 20 cartões, um rolo de fita adesiva, uma tesoura e uma caneta hidrográfica. Para realizarem o exercício, os grupos podem usar apenas esses recursos, nenhum outro.

O professor estabelece o tempo que os grupos terão para terminar o projeto (10 ou 15 minutos). Quando o professor der o sinal para começar, cada grupo deve usar o material fornecido para construir uma casa. As equipes podem usar o material da maneira que considerarem adequado, mas não podem usar nenhum outro recurso próprio.

Quando o tempo esgotar, um componente de cada grupo leva a casa construída pela equipe até a mesa ou algum outro local designado na sala. O professor indica cinco membros da classe para servir de jurado. Eles avaliam cada casa em uma escala de 1 a 5 (sendo 5 a nota máxima). Os pontos atribuídos pelos juízes serão somados, e a casa com a maior pontuação será considerada vencedora dessa competição de qualidade. Por fim, as seguintes questões serão discutidas pela classe:

- Com que base os juízes avaliaram a qualidade das casas? Quantos dos critérios da Tabela 2.1 eles utilizaram?
- Como o grupo decidiu a maneira como a casa seria construída? Os componentes do seu grupo trabalharam bem em conjunto para produzir a casa?
- Com base na experiência do seu grupo e nas informações de como os juízes chegaram aos resultados, como você melhoraria a qualidade da sua casa se pudesse repetir o exercício? Suas mudanças são melhorias do processo ou melhorias do produto?
- Qual equipe foi a mais produtiva? Por quê? Ela utilizou métodos que teriam ajudado outros grupos? Como você melhoraria a produtividade da sua equipe?

Capítulo **Três**

Trabalho em Equipe: A Importância das Reuniões

Tópicos Gerais do Capítulo

Razões para Participar de Grupos
Grupos no Local de Trabalho
Grupos de Tarefa e Grupos Funcionais
Grupos Formais e Grupos Informais
Fazendo o Grupo Trabalhar com Você
Características dos Grupos
Papéis
Normas
Status
Coesão
Tamanho
Homogeneidade
Eficácia
Desenvolvimento de Grupos
Trabalho em Equipe
Vantagens do Trabalho em Equipe
Liderando a Equipe
Legislação Trabalhista e Trabalho em Equipe
Reuniões
Razões para Realizar Reuniões
Preparando-se para uma Reunião
Conduzindo uma Reunião
Superando os Problemas com as Reuniões

Objetivos de Aprendizado

Depois de estudar o capítulo, o aluno estará apto a:

3.1 Explicar por que as pessoas participam de grupos.

3.2 Distinguir tipos de grupos existentes no local de trabalho.

3.3 Discutir como o supervisor pode fazer com que os grupos cooperem com ele.

3.4 Descrever as características dos grupos no trabalho.

3.5 Identificar os estágios no desenvolvimento dos grupos.

3.6 Explicar por que o trabalho em equipe é importante.

3.7 Descrever como o supervisor pode liderar uma equipe para ser produtiva.

3.8 Discutir como planejar reuniões eficazes.

3.9 Fornecer diretrizes para conduzir reuniões eficazes.

Ter sucesso como equipe é manter cada membro responsável por sua especialidade.
– Mitchell Caplan, CEO, E-Trade Group

Problema de um Supervisor: Supervisionar a Equipe de Vendas da CheckFree É um Esforço a Distância

Quando pessoas de uma equipe de trabalho saem juntas para ir a um restaurante, por se tratar de uma ocasião rotineira as discussões se concentram em experimentar ou não o prato do dia. Para Judy Duplisea e sua equipe da CheckFree, no entanto, almoçar ou jantar juntos é um evento raro e valorizado, que exige a reserva de um ambiente tranqüilo nos fundos do restaurante para que as conversas e os risos não perturbem os demais clientes.

Duplisea, vice-presidente regional da empresa de Atlanta, mora em Canton, Ohio, enquanto o restante da sua equipe de vendas e de relacionamento com o cliente mora em Connecticut, Maryland, Michigan, New Hampshire e Nova York. Suas reuniões se parecem mais com festas de confraternização que outra coisa.

A CheckFree é uma prestadora de serviços financeiros eletrônicos que permite ao consumidor receber e pagar contas online ou eletronicamente. Os membros da equipe de Duplisea, assim como cerca de 23 milhões de outros funcionários nos Estados Unidos, trabalham em casa e usam computadores, aparelhos de fax e conference calls para criar seu escritório "virtual". Quando Duplisea começou na CheckFree, em 1997, ela tinha algumas dúvidas quanto à eficácia do trabalho virtual. "Eu não sabia se conseguiria lidar com a falta de socialização e controle do meu pessoal de vendas", diz ela. Mas suas experiências com a equipe, que começaram com uma boa base de relacionamentos pessoais criada por meio de conference calls regulares e reuniões pessoais com a máxima freqüência possível, mudaram sua opinião. "Hoje o meu grupo provavelmente é o mais unido que qualquer outro grupo com o qual eu trabalhei em escritórios 'normais'", afirma Duplisea. "Fazemos de tudo para manter o contato uns com os outros", usando programas de mensagens instantâneas durante o dia para perguntas rápidas ou apenas para se distrair um pouco.

O que faz uma equipe virtual realmente funcionar? Duplisea aconselha contratar "bons funcionários, e se assegurar de que não terá necessidade de se encontrar com eles todos os dias. É importante que se possa confiar neles".

Nem todo supervisor tem a mesma disposição de Duplisea para confiar em pessoas que trabalham em outro estado. Conforme for avançando na leitura deste capítulo, pense sobre o que torna uma equipe sólida e por que liderar uma equipe a distância pode ser bem desafiador.

Fonte: Michael Rosenwald, "Long-Distance Teamwork as 'Virtual Offices' Spread, Managers and Their Staffs Are Learning to Adapt to New Realities", *Boston Globe*, 29 abr. 2001, p. J1.

Judy Duplisea valoriza o fato de que o sucesso na supervisão da equipe de vendas da CheckFree depende da formação de uma equipe sólida. Aisha Mootry também valoriza o trabalho com as outras pessoas da sua organização, uma agência de mídia chamada Tapestry. Quando Mootry foi promovida de planejadora de mídia para supervisora de mídia, percebeu que teria de administrar um conjunto complexo de relacionamentos de trabalho, inclusive os relacionamentos com seus colegas planejadores de mídia que ela supervisionaria, com seu próprio gerente e outros colegas que trabalham em outras funções e com outros grupos de cliente da Tapestry. Mootry resume os desafios do supervisor dessa forma: "Existem muitas camadas de relacionamentos que precisam ser administradas".[1] O fato principal da vida do supervisor é que grande parte do seu trabalho e quase todas as suas metas envolvem o trabalho realizado em grupos.

grupo
Duas ou mais pessoas que interagem umas com as outras têm ciência umas das outras e pensam em si como uma unidade

Para definir o termo formalmente, **grupo** são duas ou mais pessoas que interagem umas com as outras, têm ciência uma das outras, e pensam em si como um grupo. O supervisor precisa perceber quais grupos de funcionários trabalham juntos para atingir objetivos. Aumenta a cada dia o número de organizações que estão abrindo espaços para os esforços em grupo e formando equipes. Como líder ou membro da equipe, o supervisor ajuda a planejar e a executar diversas atividades. Muitos esforços de grupo e equipe acontecem em reuniões.

Este capítulo trata de como o supervisor pode trabalhar efetivamente como líder e membro de uma equipe ou outro grupo. Serão descritas algumas características gerais dos grupos, o motivo por que as pessoas fazem parte de grupos, que tipos de grupos operam no local de trabalho e como eles se desenvolvem. Em seguida, será discutido o que pode ser feito para obter a participação do funcionário usando o trabalho em equipe e, também, serão apresentadas as vantagens básicas que o trabalho realizado dessa forma oferece e as maneiras como o supervisor pode liderar de forma eficaz. Por fim, o Capítulo apresenta diretrizes para realizar reuniões.

RAZÕES PARA PARTICIPAR DE GRUPOS

A inauguração do restaurante Colors, na cidade de Nova York, veio como um sinal da reconstrução depois de uma tragédia nacional. Cerca de metade dos 50 trabalhadores do restaurante eram funcionários do Windows on the World, famoso restaurante localizado quase no topo do World Trade Center. Depois do atentado a bombas contra o edifício em 2001, os funcionários do Windows que sobreviveram ao ataque enfrentaram a dor da perda de dezenas de colegas, além da perda do local de trabalho e do próprio emprego. Um grupo de ex-funcionários do Windows uniu-se a outros investidores para lançar o Colors, um estabelecimento cujo nome reflete a diversidade étnica da culinária e dos funcionários, que inclui imigrantes de mais de 20 países. O *chef* executivo, Raymond Mohan, não só comanda a cozinha como também orienta os funcionários-proprietários sobre como serem investidores do restaurante. Mohan afirma: "Todos têm uma opinião de como o Colors deve ser administrado... tento garantir que eles atuem de forma segura, saudável e eficiente". Evidente que o motivo para investir e trabalhar no Colors é buscar uma carreira no setor de restaurantes. No entanto, para alguns funcionários, os relacionamentos significam mais. O *bartender* Patricio Valencia chama seus colegas do Windows de "minha segunda família".[2]

Esse exemplo sugere que as pessoas pertencem a grupos por diferentes motivos. Às vezes, fazer parte de um grupo é conseqüência de ser funcionário de uma empresa por exemplo. Mais especificamente, todos os funcionários são membros da organização que os emprega, sendo que a maioria faz parte de uma divisão ou de um departamento. Alguns funcionários também se filiam a um sindicato dependendo da empresa em que trabalham. Os funcionários podem participar de algum grupo apenas porque o supervisor ou um gerente exige isso. Em outros casos, podem participar de um grupo para progredir na carreira ou simplesmente para evitar contrariar o gerente. Mas, também existem funcionários que se juntam a grupos porque eles têm prazer em 'pertencer'. Essas são algumas das razões pessoais mais comuns para participar de um grupo (ver Figura 3.1):

- *Intimidade* – O fato de ser membro do mesmo grupo cria laços entre as pessoas. A amizade geralmente resulta de experiências compartilhadas durante a participação em algum tipo de grupo, como a turma da escola ou o time de futebol.
- *Poder em número* – Ter laços com os outros dá às pessoas a confiança que às vezes lhes falta quando agem sozinhas. A sensação de confiança fica bem fundamentada. Em uma organização, um grupo de pessoas tende a exercer mais influência que uma pessoa que age sozinha.
- *Metas em comum* – As pessoas que têm uma meta a atingir podem receber apoio moral e prático trabalhando com ou ao lado de outras pessoas com metas semelhantes.
- *Realização dos objetivos pessoais* – Pertencer a um grupo ajuda as pessoas a atingir objetivos pessoais de diversas maneiras. O tempo que os membros do grupo passam juntos

FIGURA 3.1
O Que Atrai as Pessoas aos Grupos?

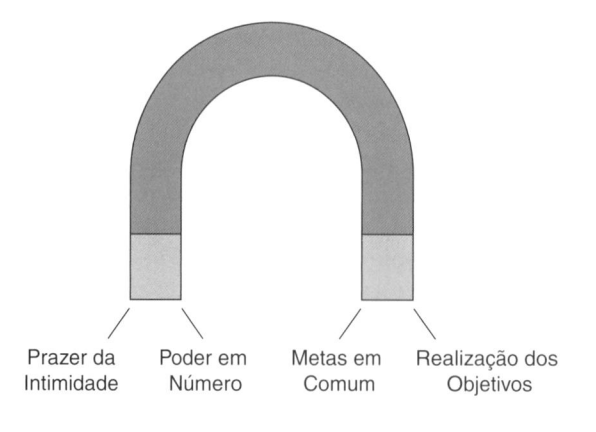

Prazer da Intimidade | Poder em Número | Metas em Comum | Realização dos Objetivos

pode ser agradável. A participação em certos grupos pode aumentar o prestígio de uma pessoa. Em alguns casos, a participação em um grupo pode satisfazer o desejo que a pessoa tem de se sentir importante.

GRUPOS NO LOCAL DE TRABALHO

Dentro de uma organização todos os funcionários formam grupos. No entanto, a maioria das organizações é grande demais para todos os seus membros interagirem uns com os outros. Portanto, a maioria dos funcionários se aglutinam em grupos menores, exceto em organizações muito pequenas. Alguns exemplos são os departamentos, as forças-tarefa e os grupos que se reúnem no almoço para jogar cartas, fazer tricô ou conversar sobre futebol. Neste capítulo, as referências aos grupos geralmente são feitas a esses grupos pequenos, ou seja, grupos em que todos os membros interagem entre si.

Para tirar o máximo proveito dos diversos grupos que se formam em uma organização, o supervisor precisa ser capaz de identificá-los. O primeiro passo é reconhecer suas várias categorias e, então, o supervisor pode empregar diversos fundamentos para obter a cooperação por parte dos grupos.

Grupos de Tarefa e Grupos Funcionais

grupos funcionais
Grupos que satisfazem às necessidades da organização, executando uma função específica

grupos de tarefa
Grupos formados para executar uma tarefa específica e, depois de concluída, são dissolvidos

Alguns grupos satisfazem as necessidades contínuas da organização, executando uma função específica, como produção de mercadorias, venda de produtos ou investimento em fundos. Esses são os chamados **grupos funcionais**. Por exemplo, o departamento de contabilidade de um hospital tem como função permanente manter registros precisos do fluxo de entrada e saída de recursos da organização. Na maioria dos casos, um grupo funcional é aquele que aparece no organograma de uma companhia.

Outros grupos, os chamados **grupos de tarefa**, são formados para executar uma tarefa específica e, depois de consluída, são dissolvidos. Um grupo de tarefa também pode ser formado para executar uma tarefa contínua. Por exemplo, o Piedmont Medical Center de Rock Hill, na Carolina do Sul, criou uma Equipe de Atendimento Rápido para atender casos de paradas cardíacas (ataques cardíacos) entre os pacientes. Sempre que alguma enfermeira percebe que uma pessoa apresenta quadro associado a um ataque cardíaco, ela localiza a equipe. Entre os membros da equipe, estão uma enfermeira para atendimentos críticos, um fisioterapeuta respiratório, um médico para atendimentos críticos e um supervisor de enfermaria. Eles avaliam o paciente e intervêm de acordo com os sintomas observados. Um dos membros, Dr. Bill Alleyne, afirma que a equipe reduz a necessidade de tratamento intensivo, encurta a internação hospitalar e aumenta as chances de sobrevivência do paciente.[3] Assim como muitos grupos de tarefa, a Equipe de Atendimento Rápido poderá operar durante anos, sem data específica para ser extinta, porque o hospital provavelmente sempre terá pacientes com risco de ataques cardíacos.

Grupos Formais e Grupos Informais

grupos formais
Grupos estabelecidos pela direção da empresa para cumprir os objetivos organizacionais

grupos informais
Grupos formados por indivíduos de uma organização quando desenvolvem relacionamentos para atender a necessidades pessoais.

Os grupos funcionais e os grupos de tarefa são tipos de **grupos formais**. Esses são os grupos estabelecidos pela direção da empresa para cumprir os objetivos organizacionais. Portanto, esses grupos são resultado da função de gestão de organizar (introduzida no Capítulo 1). Um departamento de atendimento ao cliente e um comitê encarregado de planejar o piquenique da companhia são exemplos de grupos formais.

Os **grupos informais** surgem quando indivíduos da organização desenvolvem relacionamentos para atender a necessidades pessoais. A Figura 3.2 mostra dois grupos informais de uma pequena loja. O gerente do departamento de louças e porcelanas e quatro funcionários gostam de praticar corrida depois do trabalho. Nesse caso, eles podem se encontrar para correr juntos e, eventualmente, desenvolver uma amizade em

FIGURA 3.2 Estruturas de Grupos Informais

Fonte: De Samuel C. Certo, *Human Relations Today: Concepts and Skills* (Nova York: McGraw-Hill, 1995), p. 259.

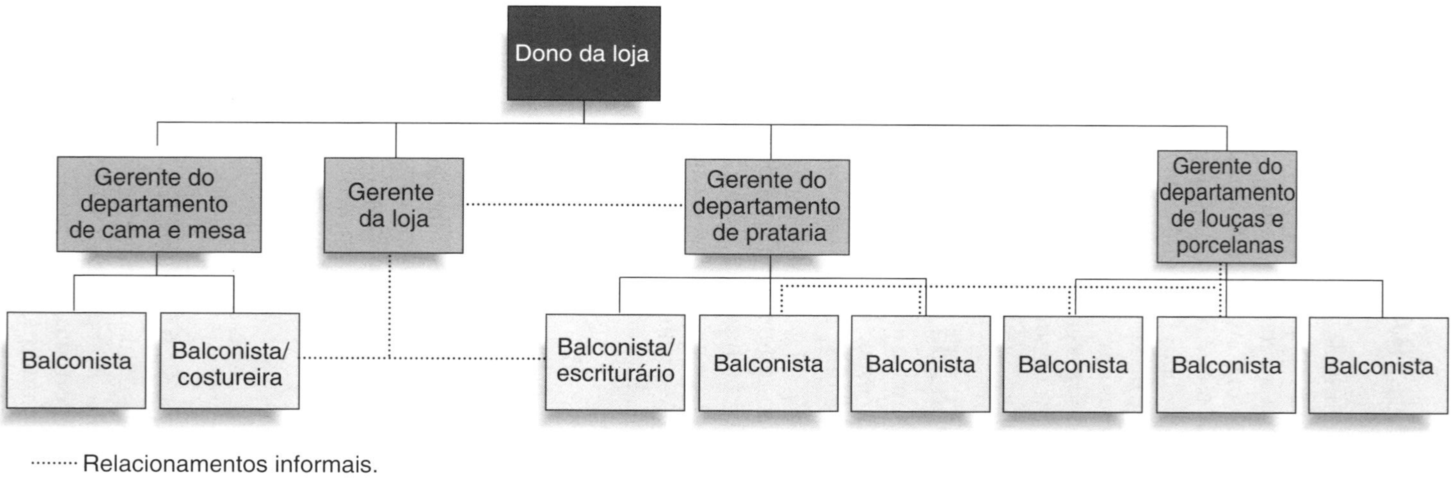

- Dono da loja
  - Gerente do departamento de cama e mesa
    - Balconista
    - Balconista/costureira
  - Gerente da loja
  - Gerente do departamento de prataria
    - Balconista/escriturário
    - Balconista
    - Balconista
  - Gerente do departamento de louças e porcelanas
    - Balconista
    - Balconista
    - Balconista

.... Relacionamentos informais.

torno dessa atividade compartilhada. A maioria dos funcionários aceita bem a oportunidade de fazer parte de grupos informais porque eles ajudam satisfazer necessidades sociais. As amizades estabelecidas dentro do grupo podem tornar o trabalho mais agradável.

Podem ser desenvolvidos subgrupos informais entre os membros de um grupo formal quando este não consegue atender às necessidades pessoais. Por exemplo, quando alguns membros do grupo ficam chateados com o líder ou não se sentem seguros quanto a pertencer à equipe, eles podem formar um subgrupo. Podem ser formados subgrupos também quando alguns membros do grupo não se sentem bem em relação ao comportamento que é esperado deles; por exemplo, pode ser que não demonstrem seus sentimentos. Em uma situação como essa, as pessoas que formam o subgrupo podem se sentir mais confortáveis com os outros membros do subgrupo.

Fazendo o Grupo Trabalhar com Você

Os grupos têm muito a oferecer na tomada de decisões e solução de problemas. Um grupo pode gerar uma solução criativa que provavelmente uma pessoa sozinha não conseguiria pensar. O fato de pertencer a um grupo pode criar apoio, permitindo às pessoas tomarem decisões sobre assuntos que as afetam. Para aproveitar ao máximo as possíveis vantagens de trabalhar com grupos, o supervisor pode adotar diversas táticas.

Uma importante medida é que o supervisor certifique-se de que todos os membros de um grupo formal saibam o que podem e devem fazer. Isso inclui a definição e a comunicação clara dos objetivos do grupo (que serão descritos no Capítulo 6). Os componentes do grupo também precisam entender a autoridade e os limites de cada um dentro da equipe. Por exemplo, um grupo reunido para resolver um problema deve saber se deve implementar a solução ou simplesmente sugerir soluções, deixando a cargo do supervisor a tarefa de escolher uma alternativa e implementá-la.

Além de transmitir as expectativas, o supervisor deve manter os grupos informados a respeito do que está acontecendo na organização e quais as mudanças que estão sendo planejadas para o futuro. Fazer um esforço para se comunicar com os grupos é uma maneira de demonstrar que eles são importantes para a organização. Isso também tende a criar um ambiente propício para que os membros, prontamente, informem ao supervisor o que está acontecendo no grupo.

O supervisor deve apoiar o grupo quando este deseja apresentar preocupações reais à alta administração. Por exemplo, se algum problema está impedindo os funcionários de terminar o trabalho no prazo ou dentro dos padrões estabelecidos, o supervisor deve fazer o possível para dar uma solução para o problema. No entanto, isso não significa adotar uma postura "nós contra eles" em relação à direção da empresa. O supervisor faz parte da administração e deve agir apropriadamente.

Um supervisor responsável por estabelecer um grupo pode ajudá-lo a funcionar de maneira efetiva, escolhendo bem os seus integrantes. Em muitos casos, o grupo pode se beneficiar de uma combinação de pessoas com uma variedade de pontos fortes ou conhecimentos diversificados. Ao mesmo tempo, ao criar um grupo formal, o supervisor precisa ter cuidado com a separação de grupos informais, porque isso pode atrapalhar o estado de espírito dentro do grupo formal. Além disso, o número de componentes do grupo é importante. Embora algumas vezes seja importante incluir todos os funcionários da organização, em muitas tarefas, um grupo trabalha melhor com um número reduzido de membros. Algumas das diretrizes de supervisão discutidas em outros capítulos também podem ser utilizadas para obter a cooperação do grupo. O supervisor deve tratar todos os funcionários com justiça e imparcialidade, respeitar a posição do líder informal do grupo e encontrar maneiras de recompensar o grupo como um todo, e não apenas individualmente. Por fim, o supervisor deve incentivar o grupo a participar na solução dos problemas. Como resultado dessas práticas, o supervisor irá se beneficiar recebendo o apoio do grupo.

FIGURA 3.3
Formas de Descrever os Grupos

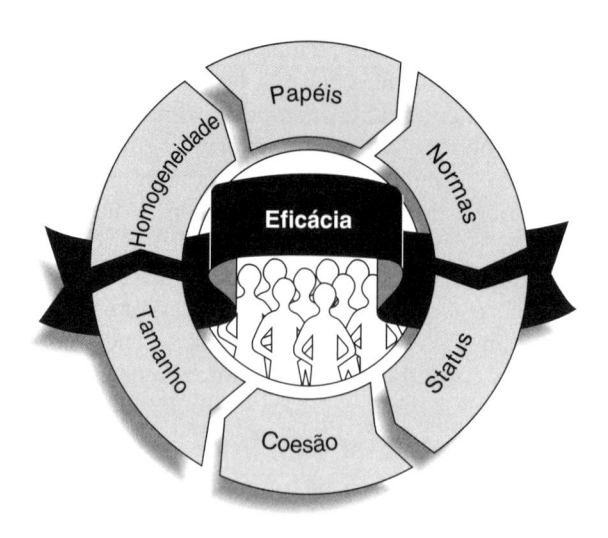

CARACTERÍSTICAS DOS GRUPOS

Com base nessa discussão e na experiência pessoal, é possível concluir facilmente que trabalhar com um grupo não é como trabalhar sozinho. Os cientistas sociais resumem inúmeras características de grupos, inclusive as maneiras de descrevê-los, o nível de eficácia e a pressão exercida por eles nos indivíduos. O supervisor que conhece essas informações teóricas pode usá-las para entender o que está acontecendo dentro de um grupo. Ele pode decidir se o grupo está realmente apoiando a realização dos objetivos organizacionais ou se ele precisa intervir e realizar algumas mudanças.

Ao analisar as semelhanças e diferenças existentes entre os grupos, é interessante considerar algumas maneiras básicas de descrevê-los. Algumas das características mais úteis incluem papéis, normas, status, coesão, tamanho, homogeneidade e eficácia (ver Figura 3.3).

Papéis

papéis
Padrões de comportamento relacionados às posições dos funcionários em um grupo

Dentro dos grupos, seus componentes assumem o que chamamos de **papéis**, ou seja, padrões de comportamento relacionados a sua posição no grupo. Alguns papéis comumente encontrados ou assumidos por uma pessoa incluem o de líder (formal ou informal), o de bode expiatório, o de palhaço da turma e o da pessoa para quem os outros contam os seus problemas.

O que leva uma pessoa a assumir um papel? Algumas vezes a posição formal de uma pessoa dentro da organização exige um determinado papel. Por exemplo, assim como descrito no Capítulo 1, espera-se que um supervisor tenha determinados tipos de comportamento. O papel assumido por uma pessoa pode vir também da combinação entre as suas crenças de como deve se comportar e as expectativas dos outros de como ela irá agir. Por exemplo, se Anne demonstra solidariedade para com um colega que está se divorciando, pode acabar descobrindo que muitas pessoas no departamento a procuram em busca de orientação para resolver algum problema pessoal. Se ela continuar a reagir com atenção e simpatia, pode acabar assumindo um papel de ouvinte dos problemas dos outros, mas talvez os outros não esperem que ela própria venha se queixar um dia. Do mesmo modo, se Stuart fizer graça em algumas reuniões, os membros do grupo podem começar a esperar ouvir piadas e observações engraçadas regularmente.

Esses tipos de papéis que as pessoas escolhem atendem a diversas finalidades. As pessoas podem assumir um papel, por exemplo, como líder ou organizador, que ajude o grupo a concluir seu trabalho. Ou podem assumir um papel que mantenha o grupo unido – aquela pessoa com quem se pode contar para aparar as arestas sempre que surgirem conflitos entre os componentes do grupo. Por fim, os membros do grupo podem assumir papéis que os ajudem a atender a suas necessidades pessoais. Assim, Stuart talvez conte piadas para ocultar seu próprio desconforto por participar daquela equipe.

É importante conhecer os papéis porque, ao reconhecê-los, o supervisor pode ajudar a incentivar o comportamento desejável ou a provocar uma mudança em um comportamento indesejável. O supervisor talvez queira incluir um líder de um grupo informal no planejamento de como executar uma mudança na política. O supervisor que considera um transtorno os gracejos de um funcionário durante as reuniões precisa entender que outras pessoas podem estar incentivando esse comportamento. Portanto, para fazer o funcionário parar, o supervisor terá de pôr fim ao incentivo às piadas e aos gracejos.

Algumas vezes, o supervisor também tem de resolver problemas envolvendo o **conflito de papéis**, situação em que uma pessoa possui dois papéis diferentes, que apresentam tipos de comportamento conflitantes. Suponha, por exemplo, vários funcionários que fizeram parte de um time de voleibol durante anos. No trabalho, um deles foi promovido para ser supervisor dos demais, com a expectativa de que dará fim às esquivas ao trabalho, que são comuns no seu departamento. O papel do supervisor como colega de time conflita com seu papel como supervisor rígido. O papel que o supervisor irá escolher influenciará no desempenho de seu trabalho, bem como no seu relacionamento com os funcionários.

conflito de papéis
Situação em que uma pessoa assume dois papéis diferentes, que exigem tipos de comportamento conflitantes

Normas

Os grupos normalmente têm padrões de comportamento apropriado ou aceitável, denominados **normas** do grupo. Por exemplo, em alguns ambientes de trabalho os funcionários têm como norma executar somente o que se espera deles e nada mais. Uma explicação para tal comportamento seria o medo de que se realizarem uma quantidade excepcional de trabalho em uma determinada tarefa, a direção vá esperar sempre essa mesma quantidade todos os dias. Um funcionário novo, ávido por criar um bom registro de trabalho, pode deixar os demais irritados se violar a norma, "trabalhando demais". Outras normas podem ser declaradas e não implícitas; por exemplo, a organização espera que todos cheguem ao trabalho no horário determinado. Veja o texto na seção "Habilidades em Supervisão: Desenvolvimento de Equipe", que apresenta outro exemplo de normas e outras características de grupo.

normas
Padrões de comportamento apropriado ou aceitável do grupo

Quando um membro do grupo viola uma norma, o grupo reage, pressionando para que a pessoa se adapte. Os grupos formais adotam procedimentos para tratar das violações de normas que são políticas do grupo, como a pontualidade no trabalho, por exemplo. Quando as normas não são oficiais, a primeira atitude comum seria alguém mostrar ao violador como ele deve se comportar. Se isso não funcionar, o grupo pode acabar excluindo a pessoa, ridicularizando-a ou mesmo ameaçando-a fisicamente.

Os funcionários que participam de grupos que estabelecem a regra de não realizar nada além do necessário adotam uma regra que prejudica a organização. Quando um supervisor percebe que um grupo de funcionários parece se comportar de maneira que contraria a realização dos objetivos organizacionais, ele pode investigar se eles estão seguindo alguma norma de um grupo informal. Esse pode ser o caso se meia dúzia de funcionários do departamento saem do trabalho 15 minutos mais cedo. Para mudar esse tipo de norma, deve-se verificar como a organização trata esse comportamento. Uma explicação pode ser que a organização ou o supervisor não recompense adequadamente aqueles que cumprem as regras. Na tentativa de convencer os funcionários a mudar ou ignorar a norma de um grupo informal, o supervisor deve se lembrar de que a violação de normas acarreta conseqüências negativas para os membros do grupo.

HABILIDADES EM SUPERVISÃO

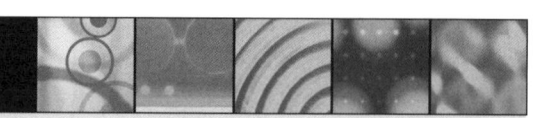

DESENVOLVIMENTO DE EQUIPE
CARACTERÍSTICAS DE GRUPO NO PROGRAMA ANTÁRTICO NORTE-AMERICANO

Nas três estações de pesquisa do Programa Antártico Norte-Americano, todo grupo deve aprender a ser eficaz. O trabalho é duro, as condições são primitivas, as horas demoram a passar – e não existe lugar algum para ir. Os funcionários rotineiramente cumprem 50 horas de trabalho por semana, são expostos a temperaturas bem abaixo de zero, e não existe nenhum tipo de transporte para fora do continente de fevereiro a agosto.

Então, por que alguns funcionários se inscrevem ano após ano? Seis em cada dez pessoas que trabalham uma temporada inteira retornam no ano seguinte. A principal razão é a extrema ligação dos grupos de trabalho. Dennis Hoffman, administrador de rede, que se inscreveu em 11 temporadas de inverno na estação de McMurdo, diz que continua voltando por causa das amizades que fez. Descrevendo as muitas pessoas que voltam repetidas vezes, a gerente de recrutamento Tamesha Johnson diz: "Quando eles vão para casa, sentem-se como exilados nos Estados Unidos".

Os grupos do Programa Antártico tornam-se muito coesos porque realizam um trabalho árduo, dependem uns dos outros, e convivem muito tempo juntos. A manutenção da usina de energia e a conservação da água são questões de vida ou morte. Normas acabam se criando com base nessas questões, tais como não parecer "limpo demais" (são permitidos por semana banhos de chuveiro de apenas dois minutos na estação do Pólo Sul). O diretor médico do programa, Dr. Ron Shemenski, explica: "Existe pouquíssima hierarquia em 'O Gelo'. Todos fazemos o que é necessário". Ele acrescenta que os papéis do grupo são peculiares a cada situação: "O gerente da usina de energia provavelmente é mais importante que o médico, ou o cozinheiro; ele é o mais importante que todos!".

Desenvolver um grupo tão coeso requer muito mais que sorte. O desenvolvimento de grupos no Programa Antártico requer seleção cuidadosa, treinamento e liderança. Os candidatos devem passar por uma rígida avaliação psicológica e verificação de consumo de álcool e drogas. Os candidatos também recebem informações sobre os desafios que os esperam em termos de tarefas e condições de trabalho. Aqueles selecionados para o programa participam de atividades de dinâmica de grupo nas Montanhas Rochosas e são reavaliados por psicólogos diversas semanas depois de iniciarem suas novas funções. Alguns dias depois de chegar à Antártica, eles se reúnem com seus supervisores para discutir suas expectativas.

As recompensas e a boa comunicação também ajudam a manter o funcionamento harmonioso dos grupos. Os gestores da estação organizam almoços semanais com pequenos grupos de funcionários, durante os quais respondem a perguntas, a preocupações e abrandam rumores. Os funcionários preenchem auto-avaliações, que ajudam a descrever suas realizações para os supervisores. Um sistema de reconhecimento incentiva os funcionários a cumprimentarem colegas que se comportam apropriadamente.

Sistemas para recompensar o comportamento positivo são essenciais nas estações de pesquisa, já que são poucas as alternativas para enfrentar o comportamento negativo. Certa ocasião, um funcionário da base de McMurdo foi pego com drogas ilícitas. Assim como em muitas organizações, isso seria motivo para demissão, mas o funcionário não podia ir embora até a chegada de um avião. Ele concordou em continuar trabalhando até então, e foi remunerado pelo período. Também é comum ver funcionários que ultrapassam os requisitos básicos do trabalho. Cientistas e demais funcionários cooperam lavando louça, limpando as áreas, trazendo a correspondência e realizando tarefas domésticas que, em qualquer outro continente, seriam feitas por pessoal de apoio, mal remunerados.

Fonte: Ann Pomeroy, "HR on 'The Ice'", *HRMagazine*, jun. 2004, extraído de InfoTrac, http://web4.infotrac.galegroup.com.

Status

status
Posição de um membro do grupo em relação aos demais colegas

Status de um membro do grupo é sua posição em relação aos demais colegas. O status depende de diversos fatores, inclusive do papel da pessoa no grupo, da posição, da remuneração, do nível de educação, da idade, da raça e do sexo. Portanto, em um grupo, a pessoa com o maior status pode ser um homem muito alto, que possui um chalé à beira de um lago. Os outros consideram impressionante a presença dessa pessoa e esperam ser convidados para o chalé. Portanto, o seu status é alto.

O status é importante para o supervisor pelo fato de que os membros do grupo que possuem o maior status exercem maior influência no desenvolvimento das normas do grupo. Os membros do grupo com menor status tendem a basear seu padrão de comportamento no dos membros de maior status. O supervisor que deseja reforçar ou mudar as normas do grupo terá mais sucesso concentrando-se nos membros de maior status do grupo.

Coesão

coesão
Grau de união dos membros do grupo

O grau de união dos membros do grupo é conhecido como **coesão**. Um grupo coeso possui integrantes que desejam permanecer com o grupo mesmo durante os períodos de estresse. Eles aceitam as normas do grupo mesmo quando são pressionados a seguir outras normas.

Grupos coesos trabalham com mais firmeza que os demais e tendem a cumprir seus objetivos. O supervisor pode promover a coesão de diversas maneiras:

- Ressaltando para os membros do grupo suas características e metas comuns. O supervisor de um departamento de pesquisa pode ressaltar com orgulho o fato de seu grupo ser seleto e formado por talentos individuais trabalhando em um projeto importante.
- Destacando áreas em que o grupo obteve êxito no cumprimento das metas. Histórias de sucesso, como de realizações de tarefas ou de melhoria do status dos membros, tendem a aumentar a coesão.
- Mantendo o grupo suficientemente pequeno. Preferencialmente com não mais de oito membros, de forma que todos se sintam confortáveis em participar. Quando um número maior de funcionários reporta-se a um único supervisor, ele pode apoiar a formação de mais de um grupo.
- Estimulando a competição com outros grupos. Por outro lado, a coesão diminui quando os membros de um grupo estão competindo entre si.
- Incentivando os membros menos ativos a participarem das atividades do grupo. Os grupos tendem a ser mais coesos quando todos participam de maneira uniforme.

A Figura 3.4 mostra resumidamente o que torna os grupos coesos.

Tamanho

Os grupos de uma organização podem variar muito em tamanho. Com apenas duas pessoas é possível formar um grupo. Até 16 membros de um grupo podem se conhecer e se comunicar bem entre si, porém, com mais de 20 membros, subgrupos informais tendem a se formar.

Os grupos grandes normalmente funcionam de maneira diferente dos menores. Os grupos menores tendem a chegar mais rápido às decisões e dependem menos das regras e dos procedimentos formais. Além disso, os integrantes mais tranqüilos tendem a participar de grupos menores. Se os processos de um grupo parecerem confusos demais – por exemplo, se o grupo tende a levar mais tempo para tomar as decisões –, o supervisor deve considerar a possibilidade de dividir o grupo em subgrupos. Um grupo maior pode fazer mais sentido quando há trabalho em demasia a ser feito, e membros individuais do grupo possam trabalhar de forma independente na maior parte do tempo.

FIGURA 3.4
Situações em Que os Grupos Se Unem

- Participação igual de todos
- Metas ou características compartilhadas
- Competição com outros grupos
- Tamanho adequado do grupo
- Histórico de sucesso

Homogeneidade

homogeneidade
Grau de semelhança entre os membros de um grupo

O grau de semelhança entre os membros de um grupo é conhecido como **homogeneidade**. Assim, um grupo *homogêneo* é aquele em que os membros têm muito em comum. Quando os membros de um grupo têm muitas diferenças, diz-se que o grupo é *heterogêneo*. Os membros do grupo podem ser semelhantes ou diferentes dependendo da idade, sexo, raça, experiência profissional, nível de educação, classe social, personalidade, interesses e outras características.

Os membros de um grupo homogêneo têm inúmeras vantagens. Talvez a mais significativa delas seja o maior conforto que os integrantes da equipe sentem pelo fato de conviverem com pessoas semelhantes. Essa pode ser a razão pela qual grupos homogêneos propiciam mais cooperação entre os membros, mais satisfação e maior produtividade, pelo menos quando se trata da realização de tarefas simples.

Em contrapartida, para a realização de tarefas complexas e criativas, um grupo heterogêneo pode ter um desempenho melhor do que um grupo homogêneo, porque os membros do grupo oferecem uma variedade de habilidades, experiências e pontos de vista. O grupo heterogêneo como um todo possui habilidades e conhecimentos mais amplos, e pode examinar problemas de perspectivas diferentes.

Eficácia

As características precedentes de grupos podem influenciar na sua eficácia, ou seja, se ele cumpre aquilo para o qual foi designado. Para o supervisor, a eficácia de um grupo é uma das características mais importantes. Em geral, os grupos formais da organização devem ser os mais eficazes possíveis. Os grupos informais devem ser ativos apenas até o momento em que apóiem as metas organizacionais. Por exemplo, a equipe de futebol de uma companhia que melhora o estado de espírito e as relações de trabalho é adequadamente eficaz. Uma "panelinha" que prejudica o relacionamento entre os funcionários não ajuda a organização a alcançar os seus objetivos.

DESENVOLVIMENTO DE GRUPOS

Em certo sentido, grupos são organismos vivos com estágios de vida. Eles crescem, estão sujeitos a fracassos e sucessos, amadurecem e, conseqüentemente, podem se desfazer. A Figura 3.5 mostra uma visão do desenvolvimento de grupos, que passam por esses estágios:[4]

- *Orientação* – Inicialmente, no momento em que o grupo se forma, seus integrantes tendem a estar extremamente comprometidos, mas não possuem a experiência e as habilidades para trabalhar bem juntos. Os membros do grupo tendem a se preocupar com o que é esperado do grupo e como eles se enquadram nele. O papel do supervisor é basicamente o de esclarecer os objetivos que o grupo deve alcançar e orientá-los em como chegar lá.

- *Insatisfação* – Se os integrantes conseguirem entender seus papéis e os objetivos do grupo, este passará para o estágio da insatisfação. Embora os membros do grupo consigam trabalhar juntos com mais competência, o entusiasmo inicial dá lugar à decepção com a realidade cotidiana de fazer parte do grupo. Ao mesmo tempo em que continua a ajudar os membros do grupo a desenvolver a competência, o supervisor deve concentrar-se mais em incentivá-los e motivá-los.

- *Resolução* – Se os componentes do grupo conseguirem conciliar as diferenças entre as expectativas iniciais e a realidade vivida, o grupo passará para o estágio da resolução. Durante esse estágio, os membros do grupo continuam a aumentar a produtividade e o estado de espírito melhora. O supervisor deve se dedicar a ajudar a resolver os conflitos e incentivar os membros do grupo a participarem do planejamento e da tomada de decisão.

FIGURA 3.5
Estágios de Desenvolvimento de Grupos

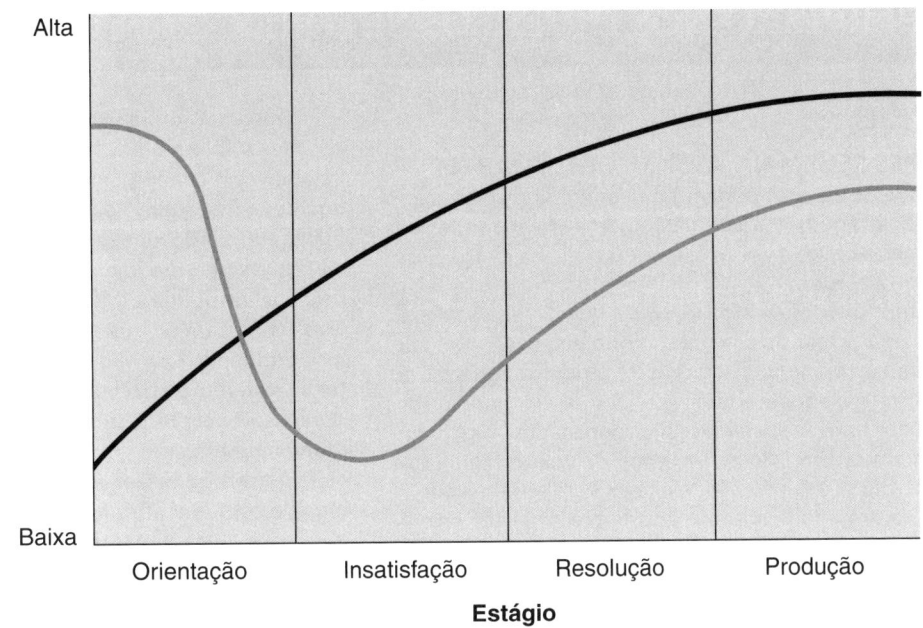

Produtividade e Estado de Espírito Moral

[Gráfico mostrando curvas de Produtividade e Estado de espírito ao longo dos estágios: Orientação, Insatisfação, Resolução, Produção. Eixo vertical: Baixa a Alta.]

Legenda
— Produtividade (quantidade de trabalho)
— Estado de espírito dos membros do grupo

- *Produção* – Se os componentes do grupo continuarem a resolver os conflitos e desenvolverem uma estrutura de trabalho aceitável a todos, a produção e o estado de espírito continuarão a melhorar. O grupo estará efetivamente trabalhando como equipe. Quando a estrutura do grupo precisar de mudança ou outras questões surgirem, o grupo resolverá rapidamente. O supervisor deve dar o máximo de autonomia possível aos membros do grupo.
- *Término* – Em algum momento, muitos grupos precisam ser desfeitos. Se o grupo atingiu o estágio de produção, seus componentes podem ficar abatidos. Se o grupo terminar antes desse estágio, os membros tenderão a sentir-se mais aliviados.

Conduzir um grupo aos estágios de resolução e produção é uma tarefa complicada para o supervisor que se sente melhor dando ordens, porque esse processo exige capacidade de resolver conflitos e promover o desenvolvimento dos funcionários (que será visto nos Capítulos 14 e 16).

TRABALHO EM EQUIPE

equipe
Grupo pequeno, cujos membros compartilham metas, compromissos e responsabilidade em busca de resultados

Hoje, as organizações estão cada vez mais buscando maneiras de envolver os funcionários na tomada de decisões e solução de problemas. Para um crescente número de organizações, trabalho em equipe significa envolvimento dos funcionários. **Equipe** é um grupo pequeno, cujos membros compartilham metas, compromissos e responsabilidade em busca de resultados. Na maioria das organizações, quando se formam equipes, alguém é indicado para ser o líder. Muitas vezes o líder da equipe é um supervisor, e a equipe é constituída de funcionários operacionais.

Ser um líder de equipe eficaz depende muitas vezes das mesmas habilidades necessárias para ser um supervisor eficaz. O líder de equipe precisa de excelentes habilidades de comunicação, paciência, senso de justiça e bom relacionamento com os membros da equipe. Além disso, como a finalidade da equipe é contar com o conhecimento especializado de todos os seus componentes, o líder da equipe precisa desenvolver um

SUPERVISÃO NOS DIVERSOS SETORES

VAREJO
EQUIPES REGEM NA WHOLE FOODS MARKET

O que as equipes podem fazer em uma organização? Na Whole Foods Market uma cadeia de mais de 150 supermercados que vende alimentos naturais e orgânicos, a resposta é: tudo.

Os funcionários de cada loja da Whole Foods são designados a participar de uma dentre oito equipes funcionais, tais como a equipe de padaria, a de produtos agrícolas ou a de caixa. E a equipe é que vai decidir se eles permanecerão. Todos funcionários novos são contratados, inicialmente, como provisório. Somente depois de quatro semanas, a equipe vota se deve ou não mantê-lo. Para ser efetivado, o recém-contratado precisa de dois terços de votos favoráveis. As equipes funcionais e as de loja também tomam muitas das decisões sobre os itens que a loja deve oferecer.

A matriz da companhia também designa funcionários a equipes extras. Por exemplo, existe uma equipe nacional de tecnologia da informação e uma equipe nacional de liderança. As mesmas regras de contratação se aplicam a essas equipes. Mesmo no nível de equipe nacional de liderança, as decisões são tomadas em conjunto.

O sistema de remuneração da companhia incentiva as equipes a selecionarem o melhor pessoal. Além da remuneração, eles recebem gratificações baseadas no desempenho da equipe. A cada quatro semanas, a companhia avalia o desempenho da equipe e compara com as metas de cada uma. As equipes que cumprem as metas recebem como gratificação uma participação nos lucros.

A estrutura de equipe, entretanto, impõe alguns desafios. A companhia tem sido tão bem-sucedida que ela vem crescendo rapidamente, resultando, assim, em equipes muito grandes nas lojas. Mesmo assim, o diretor-executivo, John Mackey, mantém-se fiel à idéia de que as equipes conseguem lidar com as decisões e com os problemas. Quando um repórter perguntou ao CEO como 140 caixas de uma loja conseguem trabalhar como equipe, ele respondeu: "Isso soa como um problema... Mas... não tenho a menor idéia de como eles resolvem esse problema. Essa não é mais a minha função". O repórter investigou e descobriu que a equipe opera com 13 supervisores em uma subequipe, e que a equipe inteira se reúne mensalmente.

A prática de deixar os funcionários tomarem decisões em questões que afetam a eles próprios é estendida também para outras áreas. Por exemplo, a companhia determinou que os funcionários da linha de frente cuidassem especificamente do seguro de saúde. Assim, em vez de ter uma equipe especializada na matriz para escolher a apólice, a Whole Foods deixa a cargo dos melhores funcionários da empresa a escolha de um plano.

Algumas pessoas podem achar difícil coordenar as atividades em uma companhia com tanto trabalho em equipe, mas os resultados dos negócios na Whole Foods são evidências do sucesso das equipes. Ao contrário da maioria dos supermercados, a Whole Foods apresenta lucros e cresce muito mais rápido do que os concorrentes.

Fonte: Charles Fishman, "The Anarchist's Cookbook", *Fast Company*, jul. 2004, extraído de InfoTrac, http://web4.infotrac.galegroup.com.

---

estilo de liderança que incentive o envolvimento. (Para obter mais informações sobre esse tipo de liderança, veja o Capítulo 8).

Na década de 1970, tornou-se popular formar equipes nas quais funcionários sugeriram maneiras de melhorar a qualidade do seu próprio trabalho. Mais recentemente, as organizações vêm expandindo o uso de equipes, criando **equipes de trabalho autogeridas**. São grupos de cinco a quinze membros que trabalham juntos para produzir um produto inteiro. Os membros da equipe fazem rodízio de funções, programam o trabalho e as férias e tomam outras decisões que afetam sua área de responsabilidade. Algumas companhias que adotam equipes de trabalho autogeridas são Toyota, General Electric e Xerox.

equipes de trabalho autogeridas
Grupos de cinco a quinze membros que trabalham juntos para produzir um produto inteiro

Vantagens do Trabalho em Equipe

Uma vantagem básica de se valer de equipes de trabalho é que elas permitem à empresa usar mais do discernimento e da perícia de todos os seus funcionários. (Veja, como exemplo, o texto em "Supervisão nos Diversos Setores: Varejo".) Na área de marketing, algumas companhias estão formando equipes de vendas, combinando a perícia técnica e de vendas para atender melhor às necessidades de seus principais clientes. Por exemplo, muitas empresas de alta tecnologia e internet combinam o conhecimento especializado em hardware, software e suporte técnico para ajudar os clientes a utilizar tudo que oferecem os equipamentos e os programas que adquirem. A IBM está incentivando seus brilhantes cientistas a juntarem-se aos especialistas em vendas formando equipes para visitar clientes potenciais. Algumas vezes, os cientistas dessas equipes precisam de orientação para aprender a manter uma boa comunicação com os executivos das empresas. O cientista da computação da IBM, Baruch Schieber, por exemplo, afirma: "Eu costumava acreditar que você podia resolver tudo usando a matemática". No fim, ele reconheceu que as equações não são a maneira mais persuasiva de mostrar aos gestores como a IBM pode resolver seus problemas. Quando ele se juntou a uma equipe que estava trabalhando com a Boston Coach, Schieber descobriu que a matemática resolveria o problema de programação dos horários das limusines da companhia. No entanto, ele dedicou seu tempo ouvindo os funcionários das sedes da Boston Coach antes de explicar que poderia usar os dados da companhia para criar um sistema que permitiria aos motoristas transportar mais clientes por dia.[5]

As equipes também servem como motivadores. Os funcionários que participam do planejamento e da tomada de decisão tendem a assumir mais responsabilidade pela qualidade das atividades que realizam. Eles também tendem a ficar mais interessados no trabalho, e, com isso, trabalham mais e produzem com mais qualidade.

Enfim, motivando os funcionários e contando com os seus pontos fortes é possível melhorar o desempenho das organizações que usam equipes de trabalho autogeridas. Uma companhia que tem desfrutado dessas vantagens do trabalho em equipe é a Rowe Furniture, com sede na Virgínia. A empresa fabricante de estofados queria evitar a remessa de trabalho para fora do país, como estava fazendo a maioria de seus concorrentes. Então, a direção da companhia determinou que uma forma de competir com eficácia seria descobrir como fabricar um sofá em apenas dez dias, em vez das típicas quatro a seis semanas. A resposta foi: utilizando equipes. O trabalho em equipe começou quando os funcionários foram designados para trabalhar com os engenheiros para pensar como reorganizar as atividades de produção para economizar tempo. Eles formaram centrais de trabalho, denominadas *focos de fábrica*, em que equipamentos de corte, costura, estrutura e estofamento operassem na mesma área. A maioria deles recebeu treinamento em várias funções para que pudesse atuar na área em que mais tivesse mais necessidade. Toda semana, dentro desses grupos, o supervisor Fred Stanley dá a um membro da equipe um bloco com a tarefa de relacionar "cinco coisas que estamos fazendo certo e cinco coisas que estamos fazendo errado". A operária da produção, Rhonda Melton, sentiu-se motivada pela chance de dar sua opinião, percebendo essa oportunidade como um sinal de que os gestores a consideram "importante para a companhia". Os esforços estão sendo compensados, já que os trabalhadores não apenas conseguem fabricar um sofá em dez dias, mas conseguem produzir em uma escala superior e com menos erros na fabricação.[6]

Liderando a Equipe

O sucesso de trabalhar em equipe depende em parte dos líderes da organização. No aspecto geral, a meta de um líder de equipe é desenvolver um grupo produtivo. Especialistas em trabalho de equipe têm associado a produtividade da equipe às características descritas na Tabela 3.1. No geral, essas características descrevem uma equipe cujos membros desejam participar, compartilhar idéias com liberdade e entender o que se espera deles. Desenvolver esse tipo de equipe exige a comunicação constante, para certificar-se de que todos entendam as metas e verifiquem o que está funcionando bem e o que está precisando de mudanças. Os líderes de equipe precisam ser bons modelos – ser confiáveis, colaboradores e focados na equipe. Quando o papel do supervisor envolve liderança de equipe, ele pode receber um treinamento em coaching, administração de conflitos e outras habilidades para ajudar os membros da equipe a trabalhar juntos de forma eficaz.[7]

Orientação da Equipe

O líder de equipe capaz de estimular o desempenho de alta qualidade é aquele concentrado em possibilitar que os membros da equipe dêem o máximo de si. *Possibilitar*, nesse contexto, significa oferecer aos funcionários os recursos necessários para realizar o trabalho e eliminar os obstáculos que interferem no trabalho (por exemplo, procedimentos

TABELA 3.1
Características de Equipe Associadas à Produtividade da Equipe

Fontes: Adaptação baseada em Edward Glassman, "Self-Directed Team Building without a Consultant", *Supervisory Management*, mar. 1992, p. 6; Louis V. Imundo, "Blueprint for a Successful Team", *Supervisory Management*, maio 1992, p. 2-3.

Característica	Descrição e Significado
Sinceridade e honestidade	Esses são sinais de que os membros do grupo confiam uns nos outros. É importante, também, ter bom senso e saber o momento certo para agir.
Liderança que não domina	O líder é flexível, mudando conforme as condições e as circunstâncias.
Decisões tomadas em consenso	O líder algumas vezes terá de decidir sozinho ou rejeitar sugestões, mas todos os membros da equipe devem opinar em muitas das decisões, em vez de apenas votarem sem a oportunidade plena de serem ouvidos.
Aceitação das atribuições	Os membros da equipe devem aceitar as tarefas a serem realizadas, e executá-las corretamente e no prazo. Os membros da equipe devem enxergar o trabalho como um esforço conjunto, ajudando uns aos outros, conforme necessário.
Metas que são entendidas e aceitas	As metas dão à equipe propósito e direção. Os membros da equipe devem entender a realização das metas como o principal propósito da equipe.
Avaliação do progresso e dos resultados	Os membros da equipe devem se concentrar nos resultados.
Ambiente agradável	Conflitos podem estimular a ação e mudanças desejadas, no entanto, é necessário haver um nível básico de cooperação.
Envolvimento e participação	Os membros da equipe devem se envolver no trabalho do grupo. Quando um membro da equipe reluta em se expressar nas reuniões, o líder deve buscar sua opinião durante ou depois da reunião.
Debate e discussão	Se todos concordam o tempo todo, pode significar que os membros da equipe são incapazes ou não se dispõem a contribuir.
Ambiente que permite ouvir	Os membros da equipe devem ouvir uns aos outros, mesmo quando discordam.
Acesso à informação	Todos os membros da equipe devem saber o que está acontecendo.
Solução de conflitos em que todos saem ganhando	Os membros da equipe devem trabalhar para resolver os conflitos a fim de permitir que todos saiam ganhando.
Rotatividade relativamente baixa	Os membros de uma equipe devem manter relacionamentos próximos, o que é impossível quando os participantes estão sempre mudando.

que atrasam o trabalho sem agregar valor, do ponto de vista do cliente). Oferecer recursos inclui garantir aos funcionários o treinamento necessário para serem membros eficazes de uma equipe. Normalmente, os funcionários não estão acostumados a trabalhar em equipe e podem se beneficiar do treinamento em tomada de decisões, solução de conflitos, administração de reuniões, habilidades interpessoais, solução de problemas, negociação e atendimento ao cliente. Outras maneiras de o líder possibilitar que a equipe realize o máxizcmo inclui expressar uma visão para a equipe – ou seja, descrever o que ela pode e deve realizar – e estabelecer padrões de desempenho para ajudar os componentes da equipe a entender suas metas. Os líderes também devem se assegurar de que as equipes reconheçam seus limites, tais como os limites estabelecidos pela direção da empresa ou por normas sindicais.[8]

Ao darem condições de a equipe atingir a excelência e poder para tomar decisões, os líderes estão usando a prática coaching com os funcionários. Por exemplo, em vez de simplesmente dizer a eles o que fazer, o orientador os questiona, com o intuito de ajudá-los a resolver como enfrentar alguma situação.

O líder de equipe incentiva os membros, demonstrando compreensão e apreço por suas idéias e sentimentos. Em vez da crítica, o orientador inicia as discussões com a seguinte frase: "como poderemos melhorar da próxima vez". O orientador também presta atenção em como os membros da equipe interagem, reconhecendo quando é o momento para resolver uma discussão e quando é o momento para promover a participação equilibrada dos membros da equipe.

Nesse estilo de liderança pode parecer que o supervisor tem menos poder do que aquele que impõe as direções a tomar e confere o desempenho. No entanto, o coaching permite ao supervisor tirar proveito dos pontos fortes e do conhecimento especializado de todo o grupo. O resultado, provavelmente, será uma posição mais forte para todos, inclusive para o supervisor.

Seleção dos Membros da Equipe

Um líder, ao selecionar membros para compor sua equipe, pode fazê-lo de duas formas. Ele pode selecionar candidatos para participar das funções envolvendo o trabalho em equipe, ou selecionar funcionários da empresa para participar de uma equipe dedicada a uma tarefa específica. Em qualquer das situações, o supervisor deve procurar pessoas que trabalhem bem com os outros funcionários. Se a equipe tiver que incluir pessoas de diversos departamentos, o líder da equipe deve conversar com outros supervisores e funcionários para saber quem trabalharia melhor naquela determinada equipe.

Desenvolvimento de Equipe

Depois de saber quem fará parte da equipe, o líder deve desenvolver nos integrantes a capacidade de trabalhar em grupo para atingir os objetivos em comum. Esse processo é denominado **desenvolvimento de equipe**. O desenvolvimento de equipe inclui diversas atividades: definir metas, analisar as necessidades e a alocação do trabalho, examinar se o grupo está trabalhando bem e como está se desenvolvendo o relacionamento entre os membros da equipe.

Em algumas organizações, um consultor especialista em desenvolvimento de equipes realiza esse processo. No entanto, a contratação de uma pessoa especializada, muitas vezes, é onerosa, principalmente para as organizações de pequeno porte. Quando o supervisor é responsável pelo desenvolvimento de equipe, ele mesmo pode assumir essa responsabilidade. Ao final de uma reunião, o supervisor pode dedicar algum tempo para perguntar aos componentes se eles acham que a reunião foi proveitosa e se acreditam que desenvolveram uma solução criativa. Os participantes podem avaliar a reunião, verificando se todos participaram, se eles sentiram que foram ouvidos pelos outros, e se o resultado foi satisfatório. O CEO da Whole Foods Market, John Mackey, termina as reuniões de equipe com o que ele chama de "apreciações"; cada participante diz algo positivo de cada um dos demais participantes.[9]

O consultor Jim Jenkins ressalta que o desenvolvimento de equipe não precisa se tornar tão oneroso quanto amplamente relatado, tais como quando equipes realizam percursos ao ar livre, quando são feitas palestras com renomados palestrantes motivacionais ou mesmo quando são organizadas festas. Ao contrário, métodos eficazes de desenvolver sólidos relacionamentos de trabalho podem ser bem simples, como sessões semanais de 15 minutos centradas em amistosos diálogos.[10]

Comunicação nas Equipes

O modo como o líder se comunica com os demais membros influencia no sucesso da equipe. Em geral, o líder de equipe deve criar uma atmosfera de confiança e sinceridade e incentivar a participação dos integrantes. O líder de equipe também deve reconhecer as desavenças, e não ocultá-las. Para descobrir se você já possui um estilo de comunicação que o tornaria um líder eficaz de equipe ou se precisa de algumas mudanças para assumir esse papel, faça o exercício de Autoconhecimento ao final deste capítulo.

Os líderes de equipe precisam desse tipo de estilo de comunicação porque o sucesso do trabalho em equipe requer comunicação sincera e positiva entre seus membros.

---

desenvolvimento de equipe
Desenvolver a capacidade dos membros da equipe de trabalhar juntos para atingir objetivos em comum

Sentir-se capaz de expressar o ponto de vista de alguém e saber como fazê-lo de forma construtiva são pontos essenciais para colher os benefícios dos variados pontos de vista.

Dick Gorelick, consultor especializado em artes gráficas, vê a comunicação positiva como característica importante no sucesso das equipes de produção das companhias de artes gráficas e impressão. Observando centenas de reuniões, Gorelick notou que os participantes do setor de produção e vendas interagem melhor quando se concentram nas necessidades do cliente e demonstram consideração pelos esforços uns dos outros. Os membros de equipe provenientes do setor de produção ajudam o vendedor a atender os clientes, oferecendo informações sobre o andamento do trabalho. Os membros de equipe provenientes do setor de vendas ajudam o pessoal da produção a produzir qualidade, orientando-os a respeito dos desejos e das necessidades dos clientes.[11]

Recompensas

Para que as equipes mantenham-se produtivas, os integrantes devem ser recompensados de forma adequada. A organização deve recompensar toda a equipe por suas realizações e não ressaltar as recompensas individuais. Na Rowe Furniture, onde as metas enfatizam a produtividade, as recompensas ressaltam a produtividade em equipe. Toda manhã, a equipe de montagem recebe uma meta diária de número de peças de mobiliário a serem produzidas. Sempre que a equipe completa a sua meta, ela pode ir embora. Se terminar cedo, os membros da equipe vão mais cedo para casa, recebendo a remuneração de um dia inteiro de trabalho. Com a melhoria da eficácia da equipe, se a companhia considerar possível atingir as metas com menos funcionários, a economia será distribuída entre os membros da equipe.[12] (Para obter mais informações sobre incentivos em grupo, veja o Capítulo 11.)

Os membros de equipe tendem a valorizar recompensas inéditas; portanto, as recompensas devem ser suficientemente variadas para que todos se sintam motivados. Por exemplo, o típico vendedor sente-se motivado por dinheiro, enquanto o pessoal técnico pode se interessar mais por reconhecimento e promoção. Portanto, uma alternativa seria usar o plano de incentivo básico da companhia e consultar os membros da equipe para chegar a um consenso sobre a recompensa extra que eles gostariam de receber por uma realização específica.

Legislação Trabalhista e Trabalho em Equipe

No início da década de 1990, quando equipes de trabalho autogeridas* era uma idéia nova e popular, alguns observadores levantaram a questão de que o trabalho em equipe poderia violar a legislação trabalhista federal dos Estados Unidos. Mais especificamente, a Lei Nacional de Relações Trabalhistas de 1935, que proíbe o empregador de dominar ou interferir na formação de qualquer "organização trabalhista" (isto é, um grupo como o sindicato, que represente os funcionários nas negociações com a direção da empresa). A finalidade desse ponto da lei era evitar que os empregadores criassem "falsos sindicatos" para interferir nas tentativas de os funcionários se organizarem. Algumas pessoas ficaram preocupadas com o fato de que conceder poderes aos funcionários para tomar decisões em questões sobre emprego e carga horária fosse considerada dominação de uma organização trabalhista.

O Comitê Nacional de Relações Trabalhistas (National Labor Relations Board – NLRB) emitiu, em 2001, uma norma que parece acabar com essas preocupações. A norma determinou a aceitação do uso de equipes de funcionários na fábrica de latas de alumínio da Crown Cork & Seal Company, no Texas. Essas equipes tomavam decisões em questões como produção e segurança. De acordo com o NLRB, as equipes não seriam consideradas organizações trabalhistas porque sua autoridade de planejar e implementar decisões significava autoridade de "supervisão". Além disso, as equipes foram estabelecidas para resolver problemas e não para os membros representarem os funcionários em negociações com a direção da empresa. Hoje, os empregadores estão menos preocupados com a legalidade do trabalho em equipe, que envolve a solução de problemas, e não a representação dos funcionários. No entanto, o supervisor que estiver formando uma equipe ou trabalhando com equipes deve verificar se os especialistas da companhia em recursos humanos e legislação irão assegurar a legalidade do acordo.[13]

REUNIÕES

Grande parte do trabalho das equipes e de outros grupos ocorre em reuniões. São nesses encontros que os grupos planejam, resolvem problemas e recompensam os sucessos. Embora o papel do supervisor possa ser tanto de participante como de líder da reunião, este capítulo destaca o papel de líder do supervisor nas reuniões. Os princípios apresentados aqui também se aplicam a outras situações, mas a capacidade de o supervisor implementar melhorias fica reduzida se outra pessoa estiver conduzindo a reunião.

Razões para Realizar Reuniões

Reuniões devem ocorrer quando servem a algum propósito. Por mais óbvia que pareça essa afirmação, muitos supervisores e outros gestores realizam reuniões programadas regularmente, tenham ou não algo específico para tratar. Um supervisor que esteja pensando em convocar uma reunião deve levar em conta especificamente a sua finalidade. O grupo deve ter condições de cumprir essa finalidade ao término da reunião. Para manter os integrantes da equipe a par dos acontecimentos, uma reunião diária de cinco minutos para acompanhamento pode ser mais eficaz. Para analisar e resolver um problema específico, o grupo talvez necessite de uma sala de reuniões para se reunir por um tempo maior. Misturar essas duas finalidades em uma só reunião a tornará confusa.[14] E, evidentemente, não se deve convocar de modo algum uma reunião sem finalidade lógica, como, por exemplo, para fazer parecer importante assuntos menores, provar que está sendo democrático, ou salvar uma causa perdida.

Existem diversas razões válidas para a realização de uma reunião. Uma delas é transmitir novidades a um determinado grupo de pessoas. Ao transmitir as informações em uma reunião, o supervisor tem a chance de ver e responder as reações das pessoas diante das novidades. A reunião também é adequada quando o supervisor deseja a participação do grupo na tomada de decisões. (No Capítulo 9, são descritos os prós e contras da tomada de decisões em grupo.) O supervisor pode usar reuniões com o objetivo de preparar os membros do grupo para realizar uma mudança e obter apoio para realizá-la. (No Capítulo 15, esse processo é descrito.) As reuniões são muito importantes quando alguns ou todos os membros de um grupo trabalham em locais diferentes – por exemplo, quando alguns funcionários trabalham em locais distantes, ou trabalham em casa por meio de conexões de computador. As reuniões são essenciais para evitar os tipos de mal-entendidos que ocorrem quando as pessoas não mantêm contato pessoal.[15] Do mesmo modo, quando as reuniões trazem pessoas de diferentes funções para discutir uma questão em comum, os participantes podem ver como cada função contribui com soluções distintas.

A Google, por exemplo, mantém reuniões regularmente para reunir o pessoal de vendas, gerentes de produto, engenheiros e funcionários que atendem determinados setores. A finalidade dessas reuniões é determinar como atender às necessidades recém-identificadas. Segundo as palavras da vice-presidente da Google, Sheryl Sandberg: "Estamos em contínuo processo de mudanças, portanto, estamos em contínuo modo de colaboração... E observo que a colaboração está funcionando bem quando alguém da engenharia ressalta um aspecto relacionado ao cliente, e alguém de vendas ressalta um aspecto de sistemas". Desse modo, Sandberg sabe que a colaboração está ajudando todos a enxergarem o cenário de uma forma mais ampla.[16]

Preparando-se para uma Reunião

Ao preparar-se para uma reunião, o supervisor deve decidir quem deve participar, quando e onde deve realizar a reunião. Quando a sua finalidade é transmitir informações para o departamento inteiro, naturalmente todo o departamento deve ser convidado. Em muitos casos, no entanto, a finalidade é obter dos participantes informações e opiniões. Nesse caso, o supervisor deve convidar somente aqueles que têm o conhecimento ou a informação necessária.

Sempre que possível, a reunião deve ser marcada em um horário conveniente para todos os participantes. Horários que costumam causar dificuldades são os de pico de trabalho e no final do expediente às vésperas do fim de semana ou de algum feriado. No entanto, se a reunião for curta, faz sentido programar a reunião para meia hora antes do almoço ou do fim do expediente.

O local da reunião normalmente depende da disponibilidade de salas. Para uma reunião bem pequena, os participantes podem se reunir no escritório do supervisor. Reuniões maiores podem ser realizadas em salas próprias para esse fim. Quando todo o departamento é convidado, pode ser complicado encontrar uma sala com espaço suficiente. Em geral, é mais agradável reunir-se em um local mais informal do que espremer um grupo grande em uma sala de reuniões lotada.

Uma das tarefas mais básicas de preparação da reunião é estabelecer a **agenda**, a lista de assuntos a serem discutidos. Um método prático é colocar primeiro os assuntos

agenda
Lista dos assuntos a serem abordados em uma reunião

FIGURA 3.6
Exemplo de Agenda de Reunião

Equipe do Livro *Supervisão*

Sheraton O'Hare

24 de junho de 2007

8h30 – 15h00

1. Livro de exercícios (8h30-10h00)
   a. Componentes e processo
   b. Possíveis fontes de material
   c. Cronograma provisório
2. Trabalho manuscrito restante (10h00-12h00)
   a. Exemplos no texto
   b. Textos de abertura do capítulo
   c. Material do final do capítulo
   d. Mudanças baseadas no feedback do revisor
3. Almoço (12h00-13h00)
4. Vídeos (13h00-14h00)
5. Material extra (14h00-15h00)
   a. Componentes
   b. Processo

mais importantes, para garantir que eles sejam discutidos antes de esgotar o tempo. Colocando em primeiro lugar os itens mais importantes, as pessoas têm um incentivo a mais para chegarem na hora marcada, assim, elas não perderão os assuntos de maior interesse da agenda.[17] Para manter o foco nos tópicos importantes, é importante relembrar a finalidade da reunião. A Figura 3.6 mostra uma agenda feita para uma reunião convocada por um editor para discutir o andamento deste livro. Note que além dos tópicos a serem discutidos, a agenda menciona o nome do grupo que está se reunindo, o local, a data e o horário de início e término da reunião.

Uma agenda bem elaborada pode fazer a diferença entre uma reunião que apenas cumpre os objetivos básicos e aquela que além de motivar, também inspira. No livro *Manager of Choice*, a consultora Nancy Ahlrichs compara dois exemplos. Uma boa reunião pode seguir uma agenda, com o supervisor relatando o recente desempenho profissional e financeiro do grupo e, em seguida, oferecendo algum material de treinamento. Depois disso, os funcionários fazem perguntas e praticam a "aptidão da semana". Uma excelente reunião pode exigir planejamento mais minucioso e envolvimento dos funcionários. O supervisor começa com as informações relacionadas ao desempenho e às finanças, mas, depois disso, vem o envolvimento dos funcionários. Um funcionário lidera uma discussão sobre um tópico pesquisado por ele ou um artigo lido por todos. Em seguida, cada funcionário compartilha algo que aprendeu na semana anterior, e todos aprendem mais duas frases em um idioma estrangeiro. O grupo termina votando no vencedor para o prêmio "idéia da semana".[18]

A agenda deve ser distribuída a todos os participantes com antecedência, para que eles a analisem e se preparem antes da reunião. Além disso, a pessoa que está convocando a reunião deve assegurar-se de que todos os participantes recebam quaisquer outros documentos de que possam precisar para estarem preparados para contribuir. Nas reuniões de funcionários de um fabricante de computador da região do meio-oeste dos Estados Unidos, os participantes recebem antecipadamente um documento com o tópico de cada reunião para que eles possam pesquisar o assunto. Segue um exemplo de tópico abordado na reunião: que medidas podem ser adotadas para reduzir em 10% o índice de material descartado. Esse assunto exige pesquisa para fazer a reunião valer a pena. Em algumas situações, cada participante assume a responsabilidade por um determinado item da agenda.[19]

Para obter mais orientações sobre preparação de reuniões, veja "Dicas da Linha de Frente".

Conduzindo uma Reunião

As reuniões devem começar pontualmente no horário marcado. Essa prática demonstra respeito pelo compromisso de todos os participantes, e incentiva as pessoas a chegarem sempre na hora marcada. Desse modo, é possível anunciar a hora em que a reunião deverá terminar e terminar exatamente no horário indicado. Quando surgem assuntos críticos próximo ao final da reunião, o grupo pode chegar a um acordo e estender a reunião ou continuar a discussão em um outro momento.

Para garantir que as reuniões sejam as mais proveitosas possíveis, o supervisor pode facilitar a discussão de diversas maneiras. Uma é reformulando as idéias expressas pelos participantes. Por exemplo, se um funcionário do comitê de segurança e saúde de uma gráfica disser: "Temos de fazer algo com a emissão de substâncias tóxicas na gráfica", o supervisor pode comentar: "Você está recomendando que devemos melhorar a ventilação". Esse tipo de resposta ajuda o supervisor e os outros participantes a entenderem o que está sendo dito. Evidentemente, o supervisor deve usar essa técnica com cuidado; os participantes podem se sentir incomodados se ele parecer um eco. Além disso, o supervisor deve resumir os pontos principais quantas vezes forem necessárias para garantir que todos acompanhem a discussão. O momento adequado para resumir seria na conclusão de cada item da agenda, no encerramento da reunião e nas ocasiões em que as pessoas estão com dificuldades para acompanhar a discussão.

DICAS DA LINHA DE FRENTE

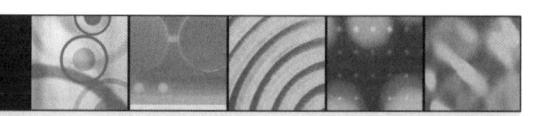

PREPARANDO-SE PARA UMA REUNIÃO

As pessoas odeiam perder tempo, principalmente quando têm tarefas complicadas com metas importantes a serem cumpridas. Assim, não é à toa que uma reunião eficaz é uma grande força motivadora da satisfação dos funcionários com o seu trabalho. Estas dicas para a preparação de uma reunião ajudam a torná-la produtiva:

- *Destacar sua finalidade*. Ter certeza de que o melhor modo de atingir essa finalidade é mesmo por meio de uma reunião. A reunião é uma grande alternativa para o grupo gerar idéias ou resolver um problema, mas se a finalidade for apenas transmitir algumas informações, pode ser mais proveitoso enviar uma mensagem eletrônica. Uma exceção seria no caso de a pessoa que estivesse informando também tivesse interesse em receber opiniões e comentários ou se as pessoas que estivessem recebendo as informações tivessem questões que deveriam ser tratadas dentro do grupo.
- *Direcionar os convites*. Algumas reuniões têm o objetivo de reunir todo o grupo de trabalho. No entanto, caso se trate de um problema específico, é necessário ser seletivo quanto às pessoas que serão convocadas. Nesse caso, deve-se avaliar quais são as pessoas que oferecem conhecimento profundo do assunto e têm poder para tomar e implementar decisões. Se algumas partes da agenda forem de interesse de apenas parte do grupo, pode-se programar duas reuniões com duas agendas distintas, para não desperdiçar o tempo de ninguém. A indústria química Chemtura começou a realizar reuniões de vendas menores, porém mais freqüentes, convidando os participantes interessados por regiões ou produtos específicos. Embora os gerentes participem de mais reuniões, eles consideram esses encontros mais produtivos que as grandes assembléias realizadas no passado.
- *Fazer anotações*. Preparar a agenda e assegurar que ela se mantenha focada no propósito da reunião. Fornecer a todos os participantes uma cópia da agenda com antecedência suficiente para que eles possam se preparar para participar. Escolher uma pessoa para tomar notas durante a reunião para ter uma ata precisa dos acontecimentos.

Fontes: Rebecca Aronauer, "Cure the Meeting Blahs: Tips to Make Your Meetings More Efficient and Productive", *Sales & Marketing Management*, jun. 2006; T. L. Stanley, "Make Your Meetings Effective", *Supervision*, abr. 2006, extraídos de InfoTrac, http://web4.infotrac.galegroup.com.

O supervisor deve ter o cuidado de não dominar a discussão, ele deve se assegurar de que todos tenham chance de participar. Posicionar todos sentados em torno de uma mesa ou em círculo faz com que as pessoas se sintam mais envolvidas. Algumas pessoas têm mais facilidade que outras para se expressar durante uma reunião. A pessoa que está conduzindo a reunião é responsável por incentivar a contribuição de todos, tarefa que pode ser conduzida simplesmente dizendo: "Mary, o que você acha das sugestões propostas até aqui?". Outra forma de incentivar a participação é indicando diferentes funcionários para liderar as discussões, em uma espécie de rodízio. Essa é uma maneira de oferecer treinamento em liderança e demonstrar que há confiança nos funcionários.[20]

Pode ser mais complicado diminuir a participação de quem monopoliza as discussões. Um método é começar com alguém que não seja a pessoa mais falante e, depois, dar seqüência em torno da mesa e ouvir a opinião de cada um sobre o assunto. Além disso, o supervisor pode ter uma conversa individual com a pessoa que monopoliza as discussões, fazendo-a ver que suas contribuições são importantes, mas que o discurso prolongado é desnecessário.

Durante toda a reunião, o supervisor deve tomar nota sobre as decisões tomadas. Isso o ajuda a resumir os aspectos principais para os participantes. Além disso, o ajuda a se lembrar das medidas que devem ser tomadas posteriormente e os responsáveis por implementá-las.

Quando a reunião está próxima de terminar, o supervisor deve ajudar a dar um encerramento. Uma forma direta de fazer isso é resumindo o que foi tratado, deixar claro o que precisa ser feito e, em seguida, agradecer o comparecimento de todos. Por exemplo, ao final de uma reunião convocada para decidir como aumentar a eficácia das decisões de compras da companhia, o supervisor pode dizer: "Selecionamos três possibilidades interessantes

FIGURA 3.7
Diretrizes para Conduzir uma Reunião

*Comece e termine na hora marcada.
Reafirme os pontos principais.
Incentive a participação de todos.
Faça anotações.
Dê um encerramento à reunião.*

a serem exploradas. Max irá pesquisar os custos de cada uma delas e nos reuniremos daqui duas semanas para escolher uma". Depois, o trabalho do supervisor será o de fazer um acompanhamento para certificar-se de que os planos estão sendo executados. Assim como no exemplo, esse acompanhamento pode incluir o planejamento de outra reunião.

A Figura 3.7 mostra resumidamente essas diretrizes para a condução de uma reunião.

Superando os Problemas com as Reuniões

Uma queixa freqüente sobre as reuniões é o desperdício de tempo porque os participantes se desviam do assunto principal. Assim, uma tarefa importante do supervisor é manter a discussão pautada nos itens da agenda. Quando um participante começa a discutir assuntos não relacionados, o supervisor pode reafirmar a finalidade da reunião e sugerir que, se o assunto parecer importante, ele seja tratado em outra reunião.

Ao retomar o curso da discussão, é importante evitar ridicularizar os participantes e respeitar seus esforços em contribuir. Para isso, o supervisor pode apontar para os efeitos de determinados tipos de comportamento em vez de ressaltar aspectos da personalidade dos participantes. Por exemplo, se um participante costuma interromper quando os outros estão falando, o supervisor não deve dizer: "Não seja tão indelicado". Um comentário mais proveitoso seria: "É importante que todos do grupo tenham a chance de expressar suas idéias até o fim. As interrupções inibem a participação das pessoas".

Outros problemas podem surgir quando o líder e os participantes da reunião não estão preparados. Se não houver agenda, a discussão pode seguir sem rumo. Se alguém não traz as informações de apoio necessárias, os participantes podem não ter condições de planejar ou tomar decisões, e a reunião será improdutiva. Esses tipos de problemas provocam frustração e irritação entre os participantes que sentem estar desperdiçando um tempo precioso. A solução é seguir as diretrizes já descritas no livro, incluindo a criação e distribuição de uma agenda antes da reunião. Quando o supervisor está preparado para liderar a reunião, mas os demais não estão preparados para participar, o supervisor deve considerar reprogramar a reunião.

MÓDULO DE APTIDÃO
PARTE UM: CONCEITOS

Resumo

3.1 Explicar por que as pessoas participam de grupos.

As pessoas podem acabar se tornando membros de grupos pelos simples fato de serem funcionários da organização. (Todos os funcionários são membros da organização que os emprega.) Os empregadores podem indicar funcionários para participar de determinados grupos, tais como comitês ou forças-tarefa. Um funcionário também pode participar de um grupo para satisfazer as necessidades pessoais, como ter mais intimidade com as pessoas, metas em comum e realização dos objetivos pessoais.

3.2 Distinguir tipos de grupos existentes no local de trabalho.

Os grupos funcionais atendem às necessidades permanentes da organização, executando uma função específica. Os grupos de tarefa são formados para executar uma atividade específica e são desfeitos quando ela é concluída. Os grupos formais são estabelecidos pela alta administração para cumprir os objetivos organizacionais. Os grupos informais surgem quando indivíduos da organização desejam desenvolver relacionamentos pessoais.

3.3 Discutir como o supervisor pode fazer com que os grupos cooperem com ele.

O supervisor deve garantir que todos os membros de um grupo formal saibam o que podem e devem fazer. O supervisor também deve manter os grupos informados dos acontecimentos na organização e das mudanças planejadas. O supervisor deve apoiar o grupo quando os membros desejarem levar à alta administração questões que considerem importantes. Quando o supervisor é responsável por formar um grupo, ele deve combinar pessoas que têm variados pontos fortes e diferentes formações, no entanto, deve evitar separar membros que constituem grupos informais. Por fim, os princípios gerais da supervisão eficaz aplicam-se também à supervisão de grupos, assim como na supervisão dos indivíduos que o compõem.

3.4 Descrever as características dos grupos de trabalho.

Os integrantes do grupo têm vários papéis, ou padrões de comportamento relacionados à sua posição no grupo. Espera-se que os membros do grupo sigam as normas, ou os padrões estabelecidos pelo grupo em termos de comportamento aceitável ou apropriado. O status de cada membro dentro do grupo depende de diversos fatores, que podem incluir o seu papel no grupo, o título que possui, a remuneração, o nível de educação, a idade, a raça e o sexo. Alguns grupos são mais coesos que outros; ou seja, os seus componentes tendem a manter-se unidos diante dos problemas. Os grupos podem variar muito em termos de tamanho, com a provável formação de subgrupos dentro dos grupos com mais de 20 membros. Homogeneidade refere-se ao grau de semelhança entre os integrantes do grupo. Todas essas características podem influenciar a eficácia de um grupo. Em geral, o supervisor quer que um grupo seja eficaz quando suas metas apóiam o cumprimento das metas organizacionais.

3.5 Identificar os estágios no desenvolvimento dos grupos.

No estágio de orientação, o grupo é formado e seus integrantes ficam muito comprometidos com os outros membros do grupo, mas falta experiência e habilidades para trabalhar bem quando juntos. No estágio de insatisfação, os integrantes do grupo estão trabalhando de maneira mais eficiente, mas a euforia inicial dá lugar à decepção com a realidade cotidiana de fazer parte do grupo. Durante a fase de resolução, os membros do grupo tornam-se mais produtivos e o estado de espírito melhora quando os componentes começam a resolver seus conflitos. Na fase de produção, o grupo está trabalhando efetivamente como equipe, com mais produtividade e ânimo. Muitos grupos passam pela fase de término, geralmente no período em que as atividades do grupo terminam.

3.6 Explicar por que o trabalho em equipe é importante.

As equipes reúnem funcionários para colaborar na solução de problemas e na tomada de decisões. Com o uso das equipes, a organização pode aproveitar mais plenamente o discernimento e a perícia de todos os funcionários. As equipes também podem motivar os funcionários, concedendo-lhes poder para decidir como realizar o trabalho. Conseqüentemente, as organizações que trabalham com equipes podem se beneficiar com a melhora no seu desempenho, que é medida pela melhora no nível de qualidade, pelo aumento da produtividade e dos lucros.

3.7 Descrever como o supervisor pode liderar uma equipe para ser produtiva.

Se o desenvolvimento de uma equipe inclui a seleção de seus integrantes, o supervisor deve incluir pessoas que trabalham bem umas com as outras. O supervisor deve adotar um papel de orientador, dando condições aos funcionários, fornecendo-lhes os recursos necessários e removendo quaisquer obstáculos que possam atrapalhar o sucesso da equipe. Depois, o supervisor desenvolve a equipe, ajudando-a a definir metas, analisando o que precisa ser feito, alocando o trabalho, verificando se o grupo está trabalhando bem, e examinando os relacionamentos entre os membros da equipe. O supervisor pode aumentar o êxito da equipe por meio de uma comunicação eficaz que crie um clima de confiança e incentive a colaboração. O supervisor deve assegurar-se de que as equipes recebam recompensas que tenham valor para seus integrantes.

3.8 Discutir como planejar reuniões eficazes.

O supervisor deve realizar uma reunião somente quando há uma razão válida para isso. Ele deve marcar a reunião em uma data conveniente e planejar quais pessoas devem participar. O supervisor deve criar uma agenda, listando os assuntos a serem tratados na reunião. A agenda deve ser distribuída a todos os participantes com antecedência suficiente para que eles possam se preparar adequadamente para o encontro.

3.9 Fornecer diretrizes para conduzir reuniões eficazes.

As reuniões devem começar e terminar nos horários previstos. O supervisor deve facilitar a discussão, reformulando o que os participantes dizem, se necessário, e resumindo os pontos principais, porém, sem dominar os debates. O supervisor deve garantir que todos participem da discussão, tomar notas das decisões e evitar o desvio do assunto. Depois da reunião, o supervisor deve fazer um acompanhamento para garantir a implementação dos planos.

Termos Principais

grupo, p. 63
grupos funcionais, p. 65
grupos de tarefa, p. 65
grupos formais, p. 65
grupos informais, p. 65
papéis, p. 68
conflito de papéis, p. 69
normas, p. 69
status, p. 70
coesão, p. 71
homogeneidade, p. 72
equipe, p. 73
equipes de trabalho autogeridas, p. 74
desenvolvimento de equipe, p. 77
agenda, p. 80

Questões para Discussão e Revisão

1. Reflita sobre o seu emprego atual ou o mais recente. (Se você nunca trabalhou, pense no seu papel de estudante.)
    a. De que grupos você faz parte? Por exemplo, de que tipo de organização você é funcionário? Em que divisão ou departamento você trabalha? Você faz parte de algum grupo informal?
    b. Por que você se juntou a esses grupos?

2. Indique se cada um dos grupos abaixo é formal ou informal. Depois, indique se é um grupo funcional ou de tarefa.
    a. Seis funcionários que decidiram por conta própria pesquisar a possibilidade de estabelecer uma creche no local de trabalho.
    b. A diretoria de uma grande corporação.
    c. Três funcionários que decidem planejar uma festa de aniversário para um colega.
    d. Programadores de software de uma editora educacional.
3. Joseph Dittrick é supervisor do departamento de marketing de um fabricante de brinquedos. Ele é responsável por liderar um grupo de funcionários para encontrar maneiras de melhorar um produto que apresenta problemas. Como Joseph pode incentivar o grupo a atuar com a máxima eficácia?
4. Por que o supervisor precisa conhecer as seguintes características de grupos?
    a. Papéis dos membros do grupo.
    b. Status dos membros do grupo.
5. Yolanda Gibbs supervisiona os funcionários do departamento de consulta de uma biblioteca pública. Sua equipe reúne-se uma vez por mês para discutir maneiras de melhorar a qualidade dos serviços prestados na biblioteca. Yolanda quer que a equipe seja coesa e que seus membros trabalhem com afinco. Como ela pode incentivar a coesão do grupo?
6. Um supervisor percebe que os integrantes de um comitê não estão tão animados com o trabalho como estavam no início do projeto. Como ele pode ajudar o comitê a passar para o estágio de resolução de desenvolvimento do grupo?
7. Peter Wilson é supervisor e líder de uma equipe que vem trabalhando para reestruturar totalmente um produto – discos para deslizar no gelo. Eles pretendem fazê-los parecer totalmente novos e, assim, mais atraentes para uma nova geração de clientes. A equipe inclui tanto o pessoal de design como de vendas. Que tipo ou tipos de recompensas Peter deve considerar para os membros da sua equipe se o projeto tiver êxito?
8. Como o supervisor de uma organização com equipes de trabalho autogeridas pode ajudar a evitar que a legislação trabalhista federal seja violada?
9. Bonnie First supervisiona os fisioterapeutas respiratórios de um grande hospital comunitário. Um dia seu gerente lhe disse: "Mais uma vez, o seu departamento fez horas extras demais na semana passada. Quero que me proponha uma solução para esse problema, e acho que você precisa envolver os funcionários para encontrar uma solução. Volte a falar comigo em uma semana, trazendo idéias". Para se preparar para a próxima reunião com o gerente, Bonnie decidiu realizar uma reunião com o departamento às 13h00 do dia seguinte. Ela pediu a dois fisioterapeutas que divulgassem o encontro.

    Na reunião, Bonnie descreveu o problema. Para sua decepção, ninguém parecia ter qualquer sugestão. Ela disse: "Se ninguém tiver uma idéia melhor, vocês simplesmente terão de ajudar mais uns aos outros quando alguém tiver dificuldades para cumprir as tarefas. E não hesitem em me chamar para ajudar também".

    Como a supervisora poderia ter planejado melhor essa reunião?
10. Como supervisor, você fez todo o possível para se preparar para uma reunião, inclusive elaborando e distribuindo a agenda. Na reunião, você tem problemas com dois dos participantes. Ken domina as conversas, desviando para assuntos que não estão na agenda. Sheryl recusa-se a falar, embora você saiba que ela leu a agenda e provavelmente tenha alguma sugestão para oferecer. Que medidas você deve adotar para provocar uma participação mais positiva de Ken e Sheryl?

PARTE DOIS: CAPACITAÇÃO

PROBLEMA A SER RESOLVIDO PELO ALUNO

Com base no texto da página 63 e na Tabela 3.1 da página 76, reflita e discuta se todas as características relacionadas na tabela podem existir em uma "equipe virtual", tais como a equipe de vendas da CheckFree. Trabalhe com o grupo para buscar soluções que ajudem Judy Duplisea a desenvolver todas essas características em sua equipe de vendas. Tente identificar um método para melhorar cada característica listada na tabela. (Se tiver dificuldades com alguma característica, tenha em mente que a maioria desses tópicos serão abordados nos capítulos seguintes.) Se o tempo permitir, repita este exercício no final do curso, e veja se seu grupo tem mais idéias.

Caso de Solução de Problemas: *Grupos de Colegas Ajudam os Funcionários da Eastman Kodak a Resolver Contendas*

Quando os funcionários têm divergências complicadas na Eastman Kodak Company, eles podem contar com a ajuda de uma equipe de colegas. A Kodak oferece um processo de resolução de contendas nas quais colegas e a alta gerência participam. Os funcionários da linha de frente e da alta gerência se oferecem para servir como jurados, ouvir reclamações e recomendar soluções. Geralmente, eles se oferecem para ajudar porque se sentem atraídos por essa abordagem de solução de problemas e querem contribuir; muitos se consideram capazes porque acreditam serem bons líderes, ouvintes e solucionadores de problemas.

O processo de resolução de contendas por meio dos colegas/alta gerência reúne um quadro de funcionários e gestores, sendo os funcionários a maioria. O quadro não pode alterar as políticas da companhia ou criar normas. Ao contrário, o grupo verifica se as pessoas envolvidas na questão analisada estão aplicando corretamente as políticas e normas da empresa. A Kodak concorda em aceitar a decisão do quadro de jurados; o funcionário reclamante não precisa aceitar a decisão e pode procurar outras soluções.

A revisão da questão por colegas/alta gerência é parte de um sistema mais amplo de solução de conflitos na Kodak. A diretora do sistema, Mary Harris, afirma que a possibilidade de escolher a revisão por meio de colegas ou alta gerência aumenta a satisfação dos funcionários.

Alguns gestores, no entanto, ficaram apreensivos quando a Kodak introduziu a revisão por colegas/alta gerência. A companhia teve de reafirmar que eles não seriam punidos se um quadro de revisão desconsiderasse as decisões tomadas por eles. Em vez disso, a companhia explicou que o processo seria um recurso disponível para todos, gestores ou funcionários. A experiência com o processo convenceu Don Franks, um gerente operacional da fábrica da Kodak Park. Um funcionário recorreu ao processo para contestar uma decisão tomada por Franks. Ele explica que inicialmente "não ficou muito entusiasmado" em ter uma de suas decisões questionadas publicamente, mas se sentiu "pronto para ajudar" a resolver o problema com o funcionário. No fim, o quadro de jurados confirmou a decisão de Franks, e o funcionário ficou satisfeito. Franks acredita que o funcionário teria continuado a questionar a decisão se não existisse o procedimento para dar outra visão a respeito da questão.

Harvey Caras, cuja empresa de consultoria ajudou a Kodak a estabelecer o sistema de revisão por pares, afirma que apenas uma pequena porcentagem de supervisores precisa ser convencida de que o sistema irá beneficiá-los. E, com base em sua experiência, Caras afirma que eles conseguirão enxergar as vantagens depois que entenderem como o sistema funciona. Ele conta a respeito do gerente de uma fábrica que lhe disse o quão positiva havia sido a experiência de aprendizado com o processo de resolução de contendas. De acordo com Caras, o gerente afirmou que: "Todas as vezes que temos uma decisão anulada [por um quadro de jurados], aprendemos algo que nos ajuda a tornar este lugar um lugar melhor para trabalhar".

Na Kodak, o supervisor Patrick Teora fez parte de diversos quadros de jurados. Ele descobriu que os funcionários da linha de produção contribuem com uma visão prática valiosa, e que os gestores participantes contribuem para um entendimento perfeito dos procedimentos e documentos necessários. Ele acredita que os dois tipos de participantes trabalham bem como equipe porque todos os integrantes levam seus papéis muito a sério.

Teora também descobriu que ao participar de um quadro de jurados, ele se aperfeiçoou como supervisor. Diz ele: "eu não ficaria nem um pouco feliz se alguém derrubasse a minha decisão". Hoje, ele é mais cuidadoso ao impor sua autoridade.

1. Que desafios podem surgir quando funcionários e gestores são reunidos para trabalhar como grupo em um quadro de jurados para a resolução de contendas? Como a Kodak pode enfrentar esses desafios?

2. Para selecionar o pessoal para seus quadros de jurados compostos de colegas e a alta gerência, a Kodak busca voluntários. Quais são algumas das vantagens e desvantagens de usar voluntários em vez de outra abordagem, como a contratação de pessoal para a função ou a convocação de funcionários para participar?

3. Coloque-se na posição de líder de um quadro de jurados composto de colegas ou da alta gerência, como o descrito neste caso. O quadro está sendo consultado para ouvir a reclamação de uma funcionária de que seu supervisor recusou sem motivo justificável seu pedido de participar de um programa de treinamento. Prepare uma agenda para a reunião do quadro de jurados para ouvir a reclamação. Quais os pontos de vista que você deverá ouvir? Como você garantirá que vai ouvir todos os participantes? Como estabelecerá a reunião para garantir a participação de todos os jurados na decisão?

Fonte: Margaret M. Clark, "A Jury of Their Peers", *HRMagazine*, jan. 2004, extraído de InfoTrac, http://web4.infotrac.galegroup.com.

Autoconhecimento — Como Você Se Comunica Sendo Líder de Equipe?

Em cada afirmação, circule a avaliação que reflete o que você acha que sempre faz (CT*), faz muitas vezes (C), raramente faz (D) e nunca faz (DT). Sua resposta reflete como você percebe a sua própria forma de comunicação. Seja honesto; só você verá o resultado.

1.	Quando as pessoas falam, ouço com atenção; ou seja, não penso em outros assuntos, como na minha resposta ou em algum prazo, nem fico lendo enquanto alguém está falando comigo.	CT	C	D	DT
2.	Eu forneço as informações de que o grupo precisa, mesmo que outra pessoa seja a fonte.	CT	C	D	DT
3.	Perco a paciência quando as pessoas discordam de mim.	CT	C	D	DT
4.	Eu peço e analiso com cuidado o conselho de outras pessoas.	CT	C	D	DT
5.	Eu interrompo as outras pessoas quando elas estão falando.	CT	C	D	DT
6.	Eu digo às pessoas o que desejo, falando rápido em frases curtas e sem final.	CT	C	D	DT
7.	Quando as pessoas discordam de mim, ouço o que elas têm a dizer e não respondo imediatamente.	CT	C	D	DT
8.	Falo com franqueza e sinceridade, deixando claro quando estou expressando opiniões ou sentimentos e não relatando fatos.	CT	C	D	DT
9.	Eu termino a frase dos outros.	CT	C	D	DT
10.	Acho difícil expressar meus sentimentos, exceto quando estou estressado e fico nervoso.	CT	C	D	DT
11.	Tenho consciência da minha maneira de me expressar: expressão facial, linguagem corporal, tom de voz e gestos.	CT	C	D	DT
12.	Quando as pessoas discordam de mim, evito discutir e não respondo.	CT	C	D	DT
13.	Durante as reuniões, prefiro ouvir a falar.	CT	C	D	DT
14.	Quando eu falo, sou conciso e vou direto ao assunto.	CT	C	D	DT
15.	Evito discussões durante as reuniões em equipe.	CT	C	D	DT

* N.R.: CT – Concordo Totalmente, C – Concordo, D – Discordo, DT – Discordo Totalmente.

Opções de concordância (CT ou C) nas afirmações 1, 4, 8, 11 e 14 e de discordância (D ou DT) nas demais indicam que você incentiva a franqueza e a sinceridade; cria um clima de confiança, envolvendo a equipe em decisões importantes que afetam a vida dos seus componentes. Você se comunica com clareza e equilibra a dinâmica de tarefas e processos.

Opções de concordância nas afirmações 2, 3, 5, 6 e 9 indicam que você tende a ser orientado a tarefas e domina a equipe. Muitas vezes você não tolera a discordância e pode inibir o envolvimento e a discussão. Opções de discordância nesses itens não necessariamente indicam que você incentiva a colaboração; ela pode ser bloqueada por comunicação passiva.

Opções de concordância nas afirmações 7, 10, 12, 13 e 15 indicam que você silencia a discordância, evitando-a e, assim, mina a dinâmica de tarefas e processos da equipe. A falta de liderança tende a destruir mais que a liderança autoritária. Pelo menos, as pessoas sabem o que esperar de um ditador.

Fonte: De *Supervisory Management*, maio 1992. Copyright ©1992 by American Management Association. Reprodução autorizada pela American Management Association via Copyright Clearance Center.

Pausa e Reflexão

1. Quando é proveitoso ser orientado a tarefas? Quando é melhor se concentrar em obter contribuições da equipe inteira?

2. Por que a discordância nas equipes pode ser benéfica?

3. Como é possível incentivar as pessoas a expressarem suas opiniões quando discordamos delas? Como é possível expressar as discordâncias de maneira construtiva?

Exercício em Aula

Adquirindo Habilidades em Participação

Uma característica importante de qualquer reunião eficaz são participantes que saibam ouvir. Elabore uma lista relacionando o que você considera ser certo ou errado em uma reunião para se tornar um bom ouvinte, e compartilhe suas idéias com a classe. A lista pode começar assim: *Certo*: ficar atento, concentrar-se em quem está falando, e evitar emitir julgamentos ríspidos sobre o que foi dito. *Errado*: interromper, conversar com os outros na sala, ou se deixar influenciar pelos seus sentimentos em relação à pessoa que está falando.

Capacitação em Supervisão

Avaliando o Desempenho da Equipe

Ao trabalhar com equipes, a maioria dos gestores acredita na seguinte máxima: "Nenhum de nós é tão eficaz quanto todos nós". Neste exercício, será possível verificar se a máxima é verdadeira.

Instruções

1. Realize esta parte do exercício sozinho. Quando o professor começar a marcar o tempo, você tem dois minutos para preencher o Quadro 1 com o nome dos estados norte-americanos. O quadro vem com as iniciais de cada um dos 50 estados. Escreva o nome do estado por extenso; não use abreviações. Nesta etapa, não converse.

2. Forme equipes de três a cinco alunos para trabalhar no Quadro 2. A equipe deve escolher um aluno para preencher a lista do grupo. Sem olhar no primeiro quadro preenchido, o grupo tem dois minutos para preencher o segundo quadro. Evite falar alto entre vocês para que as outras equipes não ouçam suas respostas.

3. O professor lerá o nome dos 50 estados para o aluno conferir as respostas. Em seguida, preencha as informações sobre o desempenho da sua equipe.

Quadro 1: Trabalhando sozinho
Número de respostas corretas de cada membro da equipe: ____ ____ ____ ____
Qual é a média desses acertos? ____

Quadro 2: Trabalhando em equipe
Número de respostas corretas preenchidas pela equipe: _____
Quantos membros da sua equipe tiveram o mesmo número de acertos ou mais no Quadro 1 em comparação com os acertos do grupo no Quadro 2? _____

Questões para Discussão
1. Quantos alunos, trabalhando sozinhos, tiveram desempenho tão bom ou melhor que os alunos trabalhando em uma das equipes?
2. Tirar proveito do conhecimento coletivo de um grupo para ajudar a resolver um problema é uma das vantagens de trabalhar em grupos. Cite algumas outras vantagens de trabalhar em grupo ou em equipe, que normalmente não é possível perceber quando se trabalha sozinho.

Fonte: Exercício preparado por Corinne Livesay, Belhaven College, Jackson, Mississippi.

QUADRO 1
Trabalhando Sozinho

#	Resposta	#	Resposta
1.	A	26.	M
2.	A	27.	N
3.	A	28.	N
4.	A	29.	N
5.	C	30.	N
6.	C	31.	N
7.	C	32.	N
8.	D	33.	N
9.	F	34.	N
10.	G	35.	O
11.	H	36.	O
12.	I	37.	O
13.	I	38.	P
14.	I	39.	R
15.	I	40.	S
16.	K	41.	S
17.	K	42.	T
18.	L	43.	T
19.	M	44.	U
20.	M	45.	V
21.	M	46.	V
22.	M	47.	W
23.	M	48.	W
24.	M	49.	W
25.	M	50.	W

(continua)

QUADRO 2
Trabalhando em Equipe

1. A		26. M
2. A		27. N
3. A		28. N
4. A		29. N
5. C		30. N
6. C		31. N
7. C		32. N
8. D		33. N
9. F		34. N
10. G		35. O
11. H		36. O
12. I		37. O
13. I		38. P
14. I		39. R
15. I		40. S
16. K		41. S
17. K		42. T
18. L		43. T
19. M		44. U
20. M		45. V
21. M		46. V
22. M		47. W
23. M		48. W
24. M		49. W
25. M		50. W

Capítulo **Quatro**

Cumprindo os Altos Padrões Éticos

Tópicos Gerais do Capítulo

Ética no Trabalho
Vantagens do Comportamento Ético
Desafios do Comportamento Ético
Diferentes Medidas do Comportamento Ético

Comportamento Ético do Supervisor
Tomando Decisões Éticas
Supervisionando Funcionários Antiéticos

Tratamento dos Delatores de Práticas Inadequadas

Objetivos de Aprendizado

Depois de estudar o capítulo, o aluno estará apto a:

4.1 Definir o que é ética e explicar como as organizações especificam os padrões de comportamento ético.

4.2 Identificar as vantagens do comportamento ético e os desafios que tornam o comportamento ético mais difícil no ambiente de trabalho nos dias de hoje.

4.3 Discutir o impacto das diferenças culturais nas questões éticas.

4.4 Descrever os principais tipos de comportamento ético que devem ser praticados pelo supervisor.

4.5 Descrever maneiras de tomar decisões éticas.

4.6 Fornecer medidas para supervisionar funcionários antiéticos.

4.7 Definir os delatores de práticas inadequadas e descrever como o supervisor deve lidar com esse tipo de funcionário.

Você trata as pessoas do modo como deseja ser tratado. Se tratar todos com respeito, de alguma forma, assim será tratado. Se for honesto e sincero, de alguma forma, assim será tratado.
– *Dick Parsons, CEO, Time Warner*

Problema de um Supervisor: Escolhendo o Vendedor Certo

O site do Small Business Administration – SBA (*Departamento Norte-Americano de Pequenas Empresas*) na internet oferece aos empresários e gestores que o consultam orientações sobre vários tópicos. A recomendação do SBA a respeito de ética empresarial inclui um exemplo que, com algumas modificações, pode ser igualmente aplicado aos supervisores.

Suponha que Sally supervisione uma equipe de três vendedores de uma pequena empresa de software. A companhia vem prosperando, mas a equipe de vendas está com dificuldades para dar conta da carga de trabalho. Sally consegue aprovação para contratar um quarto vendedor. Ela entrevista diversos candidatos e escolhe Mary como a melhor do grupo. Na segunda-feira, Sally entra em contato com Mary para dar a notícia de que ela tinha sido escolhida como a melhor candidata e que o departamento de recursos humanos da companhia (nesse caso, um especialista chamado Paul) encaminharia uma oferta formal de emprego. Mary deveria começar em duas semanas e, enquanto isso, deveria marcar um horário com Paul para providenciar a documentação necessária.

No dia seguinte, um amigo liga para Sally dizendo ter encontrado a "pessoa perfeita" para a vaga de vendedor. Sally diz ao amigo que acabara de oferecer formalmente o emprego a outra pessoa. O amigo insiste: "Apenas converse com ele. Quem sabe, talvez você queira contratá-lo no futuro". Sally sente-se incomodada, mas seu amigo persiste, e ela acaba concordando: "Bom, se ele puder vir amanhã, eu converso com ele, mas não prometo nada". O amigo de Sally diz: "Você não vai se arrepender. Gene é perfeito para o trabalho. Vou pedir a ele que envie o currículo por *e-mail*".

Na quarta-feira à tarde, Gene chega para a entrevista no escritório de Sally. Ela percebe, com certo desalento, que seu amigo estava certo. A experiência e a postura de Gene são exatamente aquilo que ela estava buscando. Ele é mais indicado para o cargo do que Mary. Ele até possui uma carteira de possíveis futuros clientes para a companhia. A impressão era de que enquanto Mary possibilitaria à empresa atingir as metas de vendas, Gene possibilitaria superar as metas.

Sally estuda as opções que ela tem. Já foi complicado obter autorização da companhia para contratar mais um vendedor; contratar os dois seria praticamente impossível. Ela chega à conclusão de que só tem duas possibilidades, ou cumprir o compromisso com Mary ou cancelar a oferta e contratar o melhor candidato para o cargo. Qualquer das duas opções seria boa (manter a promessa que fez à primeira candidata ou contratar o melhor candidato). E, ao mesmo tempo, em qualquer dos casos ela estaria fazendo algo errado (quebrando a promessa ou contratando a segunda melhor opção). Em sua opinião, o que Sally deveria fazer?

Fontes: Caso adaptado do *Small Business Administration*, "Business Ethics: The Foundation of Effective Leadership", páginas de liderança de Gestão dos Próprios Negócios, site do SBA na internet, www.sba.gov, acessado em 19 de julho de 2004; a questão da seção "Problema a Ser Resolvido pelo Aluno" na página 109 foi baseada em Barbara Ley Toffler, "Five Ways to Jump-Start Your Company's Ethics", *Fast Company*, out. 2003, extraído de InfoTrac, http://web7.infotrac.galegroup.com.

Assim como no caso de Sally, muitas decisões que o supervisor tem de tomar vão além de simplesmente escolher entre o certo e o errado. Nos negócios, assim como na vida cotidiana, fazemos escolhas que afetam outras pessoas de maneira complexa. Este capítulo trata do papel da ética no trabalho, e tem a finalidade de ajudar você a fazer escolhas, tendo consciência de que sua escolha causará impacto na vida de outras pessoas. O capítulo começa apresentando as diferenças entre o comportamento ético e o antiético. Em seguida, são descritas as orientações sobre como o supervisor deve se comportar com ética. O capítulo apresenta, também, maneiras de enfrentar as dificuldades de supervisionar funcionários antiéticos e funcionários delatores do comportamento ilegal ou antiético praticado na organização.

ÉTICA NO TRABALHO

ética
Princípios pelos quais as pessoas distinguem o que é moralmente correto

Em geral, **ética** refere-se aos princípios adotados pelas pessoas para distinguir o que é moralmente correto. Por exemplo, a maioria das pessoas concordaria que é errado enganar outras pessoas ou, pelo menos, concordariam que é antiético enganar uma viúva idosa e tirar-lhe todas as suas economias. Muitas decisões envolvendo ética são difíceis de serem tomadas. Por exemplo, seria considerado enganar ou ser esperto aumentar o relatório de despesas ou se aproveitar do erro de um fornecedor na soma de uma fatura? O questionário de Autoconhecimento nas páginas 108 e 109 oferece uma chance ao aluno de examinar seus próprios padrões de comportamento ético. Para ter uma avaliação precisa, seja honesto consigo mesmo!

Algumas pessoas afirmam ser a expressão "ética empresarial" um oxímoro – ou seja, uma combinação de termos contraditórios. É possível que o empresário se comporte de forma ética? Será que ele deve assim agir? Sob um ponto de vista considera-se a lucratividade a preocupação máxima da empresa. Assim, é fácil comportar-se com ética a não ser que a escolha ética também seja menos lucrativa para a organização. Por outro lado, o comportamento ético é um dever da organização e de seus funcionários, mesmo que faça com que os benefícios econômicos de curto prazo diminuam. A conclusão é que todos seriam beneficiados se as organizações e os indivíduos considerassem sempre o bem comum.

Como supervisor, o profissional deve buscar um comportamento ético de seus funcionários e também contribuir efetivamente para um ambiente motivador de ações éticas. Pesquisas mostram que tais iniciativas efetivamente fazem diferença. Uma recente pesquisa realizada pelo Ethics Resource Center* demonstrou que ao longo dos últimos anos, os funcionários têm relatado que se sentem menos pressionados a fazer concessões éticas e observam menos ações antiéticas cometidas por outros. Ao mesmo tempo, a porcentagem de funcionários que relatam condutas inadequadas de colegas tem aumentado. Essa tendência não necessariamente significa que estão ocorrendo mais condutas impróprias, mas, ao contrário, que os funcionários acreditam que, com base em suas reclamações, o empregador tomará providências.[1] A Figura 4.1 mostra resumidamente algumas tendências observadas nessa pesquisa, que foi realizada entre 2000 e 2003.

Vantagens do Comportamento Ético

Além de ser moralmente correto, o comportamento ético oferece vantagens potenciais à organização. Ser reconhecido como ético ou como organização ética é um ótimo passo para manter a reputação de possuir altos padrões. Um estudo realizado com centenas de vendedores mostrou que aqueles que enxergavam a organização como defensora de altos padrões éticos estavam mais propensos a acreditar em seu supervisor e a estar satisfeitos com o emprego. O estudo também demonstrou que, por causa dos padrões éticos, os vendedores mostravam-se mais propensos a permanecer na companhia.[2] Atingir esse tipo de ambiente ético é, em grande parte, uma questão de prática do dia-a-dia. Por exemplo, os funcionários esperam que o supervisor seja justo e uma maneira de demonstrar justiça envolve as análises de desempenho. O supervisor realiza avaliações justas de desempenho, definindo padrões claros e mensuráveis, fazendo com que os funcionários conheçam e entendam esses padrões, e avaliando o desempenho de acordo com tais padrões.[3]

O comportamento ético é um de diversos outros comportamentos que asseguram a saúde e o sucesso da organização a longo prazo. Nos negócios, esse sucesso fica evidente no desempenho das ações da companhia. Alguns investidores não poupam esforços para escolher companhias com bom histórico de controle do comportamento ético. Jim Huguet montou uma carteira de ações de alto desempenho, analisando várias

FIGURA 4.1
Destaques da Pesquisa Nacional de Ética Empresarial

Fonte: Ethics Resource Center, "2003 National Business Ethics Survey: Executive Summary", www.ethics.org, 19 jul. de 2004; Ethics Resource Center, "Major Survey of America's Workers Finds Substantial Improvements in Ethics", notícias, 21 maio de 2003, www.ethics.org.

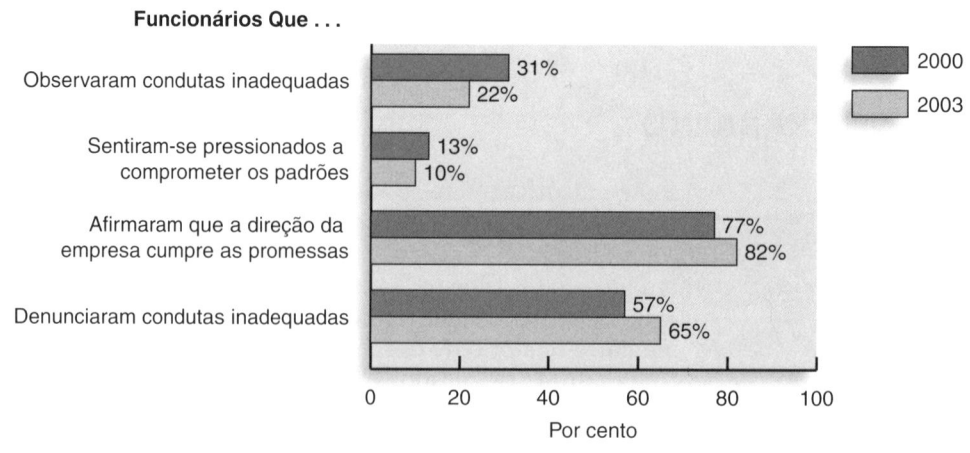

Funcionários Que ...

	2000	2003
Observaram condutas inadequadas	31%	22%
Sentiram-se pressionados a comprometer os padrões	13%	10%
Afirmaram que a direção da empresa cumpre as promessas	77%	82%
Denunciaram condutas inadequadas	57%	65%

Por cento

---

* N.E.: O ERC é um órgão americano, sem fins lucrativos, que busca o desenvolvimento da ética nas organizações.

medições de desempenho das companhias, inclusive de "governança corporativa" – sistema para garantir que os líderes coloquem o sucesso da companhia à frente do próprio enriquecimento pessoal.[4] Inúmeras empresas de investimento, incluindo a Calvert Funds, Domini Social Investments e Pax World Funds, citam o comportamento ético como um dos critérios para a escolha de ações. Os analistas dessas empresas tendem a fugir de companhias multadas por órgãos reguladores do governo, auditadas por empresas supostamente independentes que também são remuneradas por prestar serviços de consultoria, ou remunerando seus executivos em mais de $ 10 milhões por ano.[5]

O comportamento ético também pode melhorar as relações da organização com a comunidade, o que tende a atrair clientes e funcionários do mais alto nível. A companhia de roupas infantis Hanna Andersson, por exemplo, é muito conhecida pela sua preocupação com a comunidade. Essa preocupação é expressa por meio de doação de parte dos lucros e do programa Hannadowns de doação de roupas, que, além de bonitas, são duráveis. A companhia também remunera os funcionários para trabalharem até 16 horas por ano como voluntários em suas comunidades. O co-fundador Gun Denhart afirma: "As empresas, assim como as pessoas, não vivem no vácuo. Não é possível ter uma companhia saudável em uma comunidade doente".[6] Além de ganhar aprovação, o comportamento ético pode reduzir a pressão pública por regulamentação governamental – situação que a maioria dos gestores veriam como vantajosa.

Em comparação, os custos do comportamento antiético podem ser altos. As organizações com funcionários antiéticos podem perder o respeito, os clientes e os trabalhadores qualificados que se sentem incomodados por trabalhar em um ambiente que compromete seus padrões morais. Nos últimos anos, o comportamento ilegal e antiético arruinou muitas companhias americanas, incluindo a Enron e a Tyco. Outras, entre elas a Boeing e Martha Stewart Living Omnimedia, enfrentaram enormes dificuldades para se recuperarem de escândalos.

O comportamento antiético também implica conseqüências pessoais. Funcionários públicos federais que aceitam presentes proibidos pelas normas do governo federal podem ser suspensos, rebaixados ou, até mesmo, demitidos. As restrições proíbem a oferta de presentes por conta da posição ou do cargo do presenteado e de "origem proibida", ou seja, de uma pessoa ou organização que mantém negócios com o órgão no qual trabalha o funcionário. Algumas vezes, é necessário aceitar os presentes para não magoar o ofertante. Esses presentes devem ser informados publicamente e considerados presentes do departamento e não do funcionário presenteado. Um bom exemplo são as doações recebidas por funcionários da CIA: tapetes do Paquistão avaliados em $ 500 cada, um rifle antigo avaliado em $ 750, e uma luminária do Oriente Médio em formato de palmeira parcialmente dourada e com filigranas prateadas, avaliada em $ 500.[7] Alguns atos antiéticos, e que também são ilegais, podem resultar em sentença de prisão. Estudantes de MBA da Universidade de Maryland visitam o Federal Correction Institute, em Cumberland, Maryland, para encontrar executivos colarinhos brancos ou profissionais altamente qualificados cumprindo penas por fraude ou desfalque.[8]

Desafios do Comportamento Ético

Apesar dessas implicações, as reestruturações, as demissões e os enxugamentos observados nos últimos anos têm tornado mais difícil o ato de encorajar o comportamento ético. Com mais responsabilidades, o supervisor e outros gestores nas organizações reestruturadas ou enxugadas não conseguem monitorar o comportamento diário dos funcionários. Ao mesmo tempo, a incerteza que existe no ambiente de trabalho tem deixado os funcionários com medo de serem éticos, pois o comportamento ético pode atrapalhar na conquista de suas metas. Maquiar os números dos registros de desempenho ou produzir mercadorias de qualidade duvidosa para manter os custos reduzidos é tentador se a alternativa for a demissão por não ter atingido as metas de desempenho e de custos. Os funcionários muito pressionados precisam de flexibilidade, autoridade e liderança ética

SUPERVISÃO E ÉTICA

FUNCIONÁRIOS DE LOCADORA DE AUTOMÓVEIS NECESSITAM DE AUTORIDADE PARA SEREM ÉTICOS

Em Slidell, Louisiana, ao longo da costa do golfo, a família Perez estava entre aquelas que receberam ordens para evacuar a área, em uma manhã de sábado de 2005, por causa da aproximação do furacão Katrina, que vinha pela região costeira dos Estados Unidos. Para a família Perez, a evacuação trouxe uma dificuldade a mais: o carro da família estava na oficina. A família havia alugado um carro para aquele fim de semana, carregado o carro com suas bagagens e seguido para o Alabama, para o que seria uma curta estadia na casa de amigos.

No dia seguinte, o furacão passou diretamente sobre Slidell, e as águas das inundações chegaram a atingir seis metros em algumas partes da cidade. Nos dias seguintes ao furacão, era impossível retornar à área devastada. Entretanto, na terça-feira, o carro alugado teria de ser devolvido ao escritório inundado da locadora.

Sem saber o que fazer, a família Perez ligou para o escritório central de atendimento ao cliente da companhia. O representante da locadora também não tinha a menor idéia e pediu para ligar novamente depois de alguns dias. Quando perguntado como isso afetaria os termos do contrato de aluguel, o representante não conseguiu dar nenhuma informação. Dois dias depois, a família ligou novamente, e o representante disse que eles poderiam devolver o automóvel à loja local em Alabama e não seria cobrada nenhuma taxa pelos dois dias extras.

No entanto, quando a família Perez devolveu o carro, recebeu uma fatura de aluguel de seis dias inteiros – e com a cobrança de quatro vezes a diária combinada no contrato original. Em vez de $ 150 a família foi cobrada em mais de $ 1.500 pelo aluguel do automóvel. Quando a família contestou, o agente no balcão insistiu que regras são regras, e que a família não havia cumprido o contrato original. A companhia não abriria mão dos termos do contrato, insistia o agente, porque "negócios são negócios".

Nenhum funcionário se dispôs a ligar para o escritório central de atendimento ao cliente e verificar o contrato original, então, a família ligou do próprio celular e negociou pagar um total de $ 332. Uma semana depois, a família conseguiu entrar em contato com a pessoa que havia feito o contrato inicial, e depois de uma hora de discussão, eles conseguiram o reembolso da diferença.

Será que os funcionários deveriam desconsiderar os termos do contrato para ajudar as vítimas de um desastre? As empresas e as pessoas têm dever ético de ajudar os necessitados? Aparentemente, um representante do serviço de atendimento ficou sem ação diante dessas questões. O segundo considerou certo conceder um desconto e talvez a melhor maneira de cumprir a promessa de publicidade da agência de "fazer o máximo". O terceiro agente concentrou-se somente no contrato. (Evidentemente, se a família Perez tivesse cumprido estritamente o contrato e devolvido o automóvel em Slidell, ele estaria submerso, assim como os outros veículos do pátio do estacionamento.) As ações de todos os três agentes foram influenciadas pelo quanto a companhia os permitiria fazer.

Fonte: Texto baseado em Herbert Jack Rotfeld, "It's Just Business", *Journal of Consumer Affairs*, verão 2006, extraído de Business & Company Resource Center, http://galenet.galegroup.com.

---

para criar um ambiente em que possam tomar decisões com base em princípios. Veja no texto da seção "Supervisão e Ética" um exemplo de circunstâncias em que foi difícil tomar uma decisão ética.

Outras dificuldades surgem no ambiente do supervisor. De acordo com o presidente Stuart Gilman do Ethics Resource Center, as companhias focadas exclusivamente nas vendas e nos lucros podem criar um ambiente em que os funcionários sintam-se obrigados a se desviarem das regras. De acordo com Gilman, os funcionários necessitam de treinamento e orientação, além de uma fonte prontamente disponível de recomendações sobre comportamento ético.[9] Juntamente com a grande pressão pelas metas, algumas organizações criam um clima em que os funcionários ficam com medo de precisar ser antiético para salvar o futuro da companhia ou para sentir que fazem parte da organização. A Figura 4.2 mostra, de acordo com uma pesquisa recente, as razões mais comuns pelas quais as pessoas se sentem pressionadas a comprometer seus padrões éticos.

Em um nível bem simples, um supervisor pode descobrir sem querer que a tolerância a lapsos de ética pode levar os funcionários a se comportarem de maneira cada vez mais intolerável. Por exemplo, se o supervisor fingir que não vê quando algum funcionário

FIGURA 4.2
Cinco Maiores Fontes de Pressão Que Comprometem os Padrões Éticos

Fonte: "How to Help Revigorate Your Organization's Ethics Program", *HR Focus*, jun. 2003, extraído de InfoTrac, http://web3.infotrac.galegroup.com.

Fonte de Pressão	Percentual
Obedecer as ordens do chefe	49%
Atingir metas muito altas	48%
Ajudar a organização a sobreviver	40%
Cumprir as pressões dos prazos	35%
Desejar sentir-se parte da organização	27%

leva para casa pequenos itens, como lápis ou parafusos, este pode eventualmente começar a "tomar emprestado" itens maiores.

Diferentes Medidas do Comportamento Ético

Como o supervisor pode superar esses desafios do comportamento ético? Um bom ponto de partida é buscando a orientação do **código de ética** da organização, se ela tiver algum. Trata-se do documento formal da organização, descrevendo os valores e as normas de comportamento ético. Por exemplo, a Figura 4.3 mostra o credo (declaração de crenças) da Johnson & Johnson Corporation, que serve como código de ética da

código de ética
Documento formal de uma organização, descrevendo os valores e as normas de comportamento ético

FIGURA 4.3
Credo da Johnson & Johnson (Declaração de Crenças)

Fonte: Johnson & Johnson, "Our Company: Our Credo", página da corporação na internet, www.jnj.com, 14 nov. 2005.

Cremos que nossa primeira responsabilidade é para com os médicos, enfermeiras e pacientes, para com as mães, pais e todos os demais que usam nossos produtos e serviços.
Para atender suas necessidades, tudo o que fizermos deve ser de alta qualidade.
Devemos constantemente nos esforçar para reduzir nossos custos, a fim de manter preços razoáveis.
Os pedidos de nossos clientes devem ser pronta e corretamente atendidos.
Nossos fornecedores e distribuidores devem ter a oportunidade de auferir um lucro justo.

Somos responsáveis para com nossos empregados, homens e mulheres que conosco trabalham em todo o mundo.
Cada um deve ser considerado em sua individualidade. Devemos respeitar sua dignidade e reconhecer seus méritos. Eles devem sentir-se seguros em seus empregos.
A remuneração deve ser justa e adequada e o ambiente de trabalho limpo, ordenado e seguro.
Devemos ter em mente maneiras de ajudar nossos empregados a atender às suas responsabilidades familiares.
Os empregados devem sentir-se livres para fazer sugestões e reclamações.
Deve haver igual oportunidade de emprego, desenvolvimento e progresso para os qualificados.
Devemos ter uma administração competente, e suas ações devem ser justas e éticas.

Somos responsáveis perante as comunidades nas quais vivemos e trabalhamos, bem como perante a comunidade mundial.
Devemos ser bons cidadãos – apoiar boas obras sociais e de caridade e arcar com a nossa justa parcela de impostos.
Devemos encorajar o desenvolvimento do civismo e a melhoria da saúde e da educação.
Devemos manter em boa ordem as propriedades que temos o privilégio de usar, protegendo o meio ambiente e os recursos naturais.

Nossa responsabilidade final é para com os nossos acionistas. Os negócios devem proporcionar lucros adequados. Devemos experimentar novas idéias.
Pesquisas devem ser levadas avante, programas inovadores desenvolvidos e os erros reparados.
Novos equipamentos devem ser adquiridos, novas fábricas construídas e novos produtos lançados.
Reservas devem ser criadas para enfrentar tempos adversos.
Ao operarmos de acordo com esses princípios, os acionistas devem receber justa recompensa.

companhia. O Carnegie Council dos Estados Unidos e a Uehiro Foundation do Japão estabeleceram um código de ética com base na herança mundial comum de Platão, Aristóteles e Confúcio.[10]

Cumprir os altos padrões éticos é bem complicado para aqueles que trabalham com pessoas de culturas diferentes, porque os padrões éticos podem variar de uma para outra. Em um estudo comparando os valores dos profissionais especializados nos Estados Unidos, no Canadá e no México, pessoas entrevistadas de todos os países concordaram que honestidade é uma das qualidades mais importantes para representar os padrões éticos nos negócios. No entanto, somente os profissionais canadenses incluíram a lealdade entre os três principais valores, e somente os mexicanos mencionaram o compromisso entre os três principais.[11] Mesmo quando os ideais coincidem, pessoas de diferentes partes do mundo podem aceitar diferentes padrões de comportamento dos empresários. A organização Transparency International acompanha o nível de percepção da corrupção, como, por exemplo, de suborno de funcionários públicos, e identifica uma ampla variação na quantidade de práticas de corrupção observadas pelas pessoas de país a país. De acordo com o que mostra a Figura 4.4, os finlandeses, dinamarqueses e neozelandeses percebem que há muito pouca corrupção em seus países. Em contrapartida, a corrupção é comum no Haiti, na Nigéria e em Bangladesh.[12]

FIGURA 4.4 Amostragem de Níveis de Corrupção Percebidos nos Países

Fonte: De "Transparency International Corruption Perception Index 2003". Publicada com permissão.

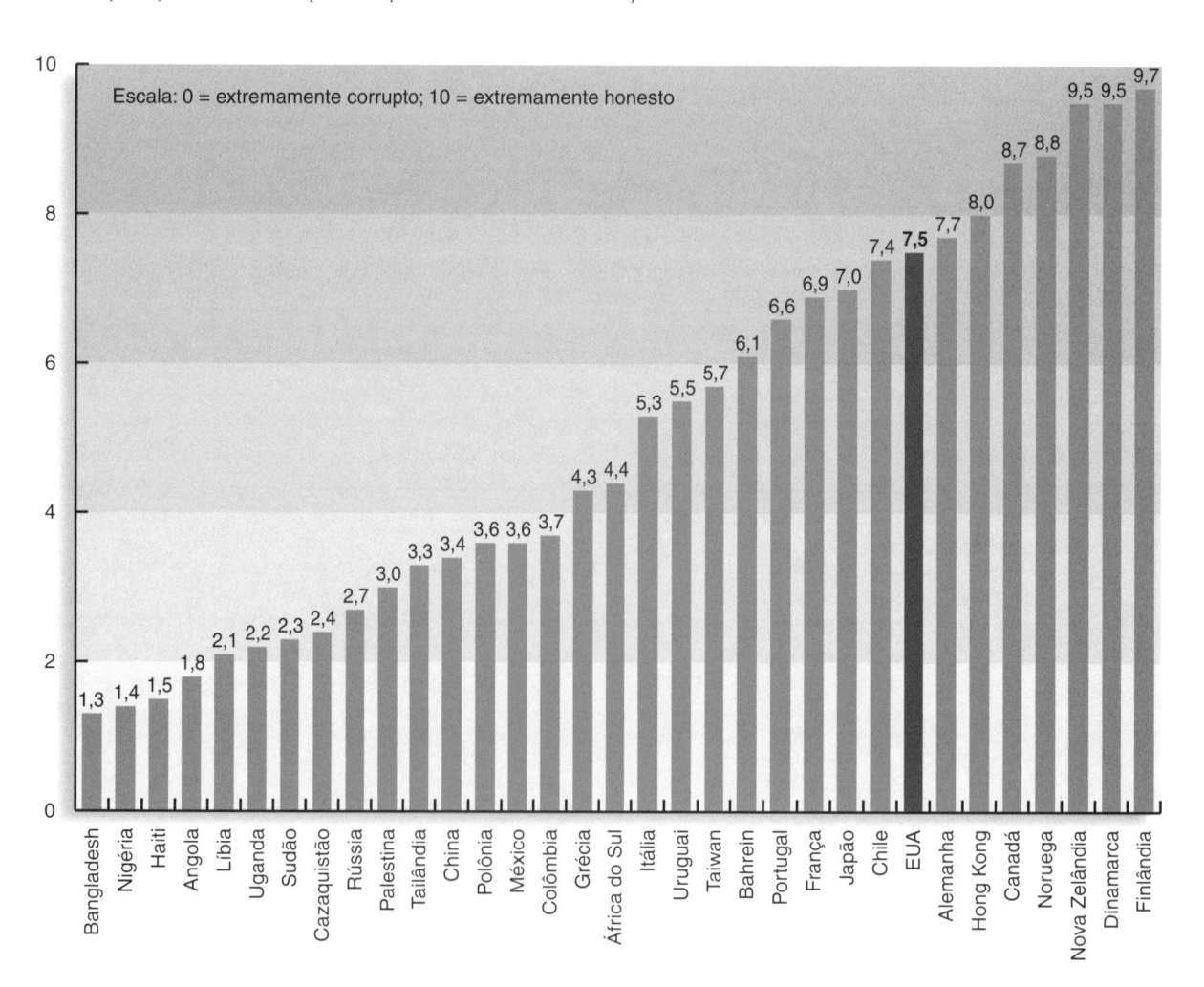

Escala: 0 = extremamente corrupto; 10 = extremamente honesto

Bangladesh	1,3
Nigéria	1,4
Haiti	1,5
Angola	1,8
Líbia	2,1
Uganda	2,2
Sudão	2,3
Cazaquistão	2,4
Rússia	2,7
Palestina	3,0
Tailândia	3,3
China	3,4
Polônia	3,6
México	3,6
Colômbia	3,7
Grécia	4,3
África do Sul	4,4
Itália	5,3
Uruguai	5,5
Taiwan	5,7
Bahrein	6,1
Portugal	6,6
França	6,9
Japão	7,0
Chile	7,4
EUA	7,5
Alemanha	7,7
Hong Kong	8,0
Canadá	8,7
Noruega	8,8
Nova Zelândia	9,5
Dinamarca	9,5
Finlândia	9,7

Se a organização mantém negócios em um país onde a corrupção é esperada, os funcionários podem ter mais dificuldades para estabelecer os altos padrões. A Coca-Cola vende refrigerantes em praticamente todos os países do mundo, sendo dois terços das vendas fora dos Estados Unidos. Para atender as nove milhões de lojas que vendem Coca-Cola, a empresa mantém contratos com centenas de engarrafadores, que acrescentam água ao concentrado patenteado da companhia e distribuem o refrigerante em latas e garrafas. Para poder entrar em alguns países, a companhia descobriu que teria de usar como engarrafadores pessoas com ligações políticas. No Irã, tal pessoa era parente do presidente do país; no Uzbequistão, era um genro do presidente, que trouxe seu irmão para dirigir a companhia. No caso de companhias petrolíferas, a entrada em um mercado estrangeiro para prospectar petróleo geralmente envolve negociar contratos vultosos com o governo, mesmo que este seja considerado corrupto. Os pagamentos realizados pela ExxonMobil ao presidente da Angola, José Eduardo dos Santos, na década de 1990, ajudaram a financiar a guerra civil no país. O presidente da companhia, Lee Raymond, defende esse tipo de acordo, alegando que uma companhia petrolífera não pode escolher onde operar: "Você meio que precisa ir onde está o petróleo".[13]

Uma das razões das diferenças percebidas nos níveis de corrupção é a oferta de presentes no trabalho, que pode ter diferentes significados de acordo com cada cultura. Nos Estados Unidos, por exemplo, o ato de presentear muitas vezes é interpretado como suborno, como uma tentativa de comprar influência. No entanto, em muitas outras partes do mundo, oferecer presentes é a maneira adequada de uma pessoa demonstrar sua gratidão e respeito pelo presenteado. O ato de dar e receber presentes entre as diversas culturas pode criar situações delicadas, e às vezes é difícil para o supervisor aplicar os padrões aceitos no país onde ele atua em situações de negociações internacionais ou com funcionários e gestores de outras culturas. Estas são algumas recomendações para a oferta de presentes em um ambiente multinacional:

- Evite presentes e cartões de conteúdo religioso ou possivelmente ofensivos a determinadas religiões (por exemplo, oferecer presunto a um judeu ou muçulmano).
- Deixe claro que a intenção é apenas presentear e não subornar. Algumas vezes, isso significa oferecer um presente a um grupo inteiro e não apenas a uma pessoa.
- Conheça o significado dos objetos do dia-a-dia e a quantidade deles. Itens de couro não são aceitos entre os hindus; para o chinês, relógio é lembrança de morte. As flores têm significados especiais em muitas culturas. Os números quatro e nove significam azar no Japão, enquanto presentes em jogos de oito são bem aceitos.
- Saiba dar e receber. O costume norte-americano de abrir energicamente o presente, inclusive rasgando o papel que o envolve, não é universal.
- Para evitar a confusão de o presente ser entendido como suborno, estabeleça uma política determinando presentes com um valor que sinalize respeito, e tenha o cuidado para que não tenha valor alto o bastante para influenciar o presenteado. A companhia deve providenciar presentes dentro desses critérios e mandar imprimir ou bordar o logotipo da empresa.[14]

O que o supervisor pode fazer se a recusa de um presente insultar o presenteador? Acima de tudo, o supervisor deve seguir a política da companhia e, em muitos casos, isso significa recusar o presente. Ao mesmo tempo, no entanto, o supervisor deve explicar com educação e cuidado a razão da sua recusa. Se o supervisor tiver subordinados imigrantes que podem não entender a visão do país onde atua sobre a oferta de presentes, isso deve ser trabalhado com todos os funcionários antes que surja algum problema. O supervisor deve verificar se existe alguma política ou código de ética da companhia tratando dessa questão. Se a resposta for positiva, é essencial que todos os funcionários obedeçam essa política, inclusive o supervisor, porque, dessa forma, poderão encontrar uma maneira de mostrar que a recusa de um presente não deve ser interpretada como um insulto ao presenteador. Algumas companhias têm ajudado as pessoas a fazerem escolhas éticas em um contexto internacional, assinando, de forma voluntária, o United Nations Global Compact. O pacto inclui princípios de cidadania global, como, por exemplo, trabalhar contra a extorsão e o suborno. Até aqui, 1.700 organizações assinaram o pacto; dessas, 61 são norte-americanas, incluindo Nike e Goldman Sachs.[15]

COMPORTAMENTO ÉTICO DO SUPERVISOR

Se o supervisor deseja um alto padrão de comportamento ético no trabalho, ele próprio deve se comportar com ética. O supervisor, em particular, deve demonstrar dimensões importantes do comportamento ético, incluindo a lealdade, a justiça e a honestidade (veja a Figura 4.5).

Como líder, espera-se do supervisor lealdade à organização, a seu gerente e a seus subordinados (veja o Capítulo 8). Quando a lealdade a essas pessoas provoca conflitos, surgem dilemas éticos. Essas relações de lealdade também podem criar conflitos com os próprios interesses do supervisor. Se o supervisor for visto pelas outras pessoas da organização como aquele que coloca em primeiro lugar seus próprios interesses, ele terá dificuldades para obter lealdade, confiança e respeito dos outros funcionários.

Justiça é outro traço importante de um supervisor. Os funcionários esperam ser tratados com igualdade. Eles se ressentem se o supervisor favorece alguém ou transfere a culpa pelos erros aos funcionários. Em alguns casos, esse ressentimento pode alimentar reações antiéticas que pioram ainda mais a situação. Houve, por exemplo, o caso de um consultor que trabalhou em uma madeireira que sofreu com a queda nos lucros apesar dos altos números das vendas. O consultor observou que os funcionários eram tratados com rispidez e perguntou a um deles por que o nível de absenteísmo era baixo e a qualidade era alta, considerando que são essas áreas que geralmente sofrem quando os funcionários estão descontentes. O funcionário deu uma resposta de imediato: sempre que os funcionários ficavam contrariados, "engordavam o animal", um grande triturador de madeira. A máquina ficava ali para triturar restos de madeira para produzir aglomerados; os funcionários insatisfeitos o "alimentavam" com madeira acabada, e a direção da empresa jamais notava a diferença. Os funcionários não queriam faltar ao

FIGURA 4.5
Importantes Dimensões do Comportamento Ético do Supervisor

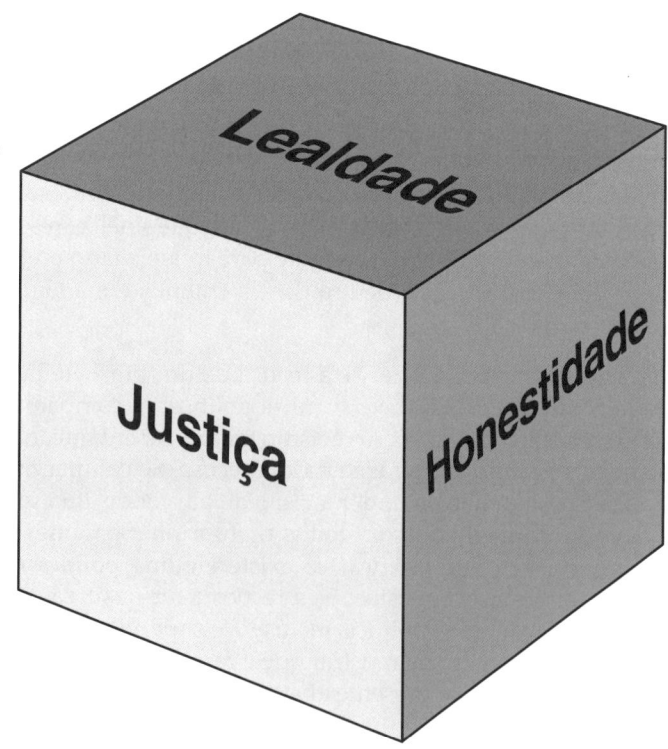

trabalho porque tinham "cotas de engorda" – se eles não alimentassem a cota, tinham que colocar $ 20 em um fundo usado para promover festas de tempos em tempos.[16] Essa situação fazia com que os funcionários sentissem que eram tratados com injustiça e, assim, tentavam compensar enganando o empregador. Ironicamente, nenhuma das partes estava efetivamente se beneficiando, pelo contrário, o tratamento justo dos funcionários e a lucratividade é que estariam andando juntos nessa situação.

O supervisor pode achar mais difícil ser justo – ou convencer os outros de que ele é justo – quando supervisiona seus próprios parentes. Portanto, seria uma atitude sábia se o supervisor evitasse o **nepotismo**. Quando o supervisor aceita um presente de um fornecedor ou de alguém que queira influenciar seu julgamento, pode surgir um problema relacionado. Mesmo que o supervisor esteja certo em manter-se objetivo, aceitando dinheiro, diversão em abundância ou outros presentes, outras pessoas podem questionar se ele consegue ou não ser justo. Quando o supervisor assume essa postura, possivelmente a direção vai duvidar da sua capacidade de exercer um julgamento imparcial.

nepotismo
Contratação de parentes

A honestidade engloba diversos tipos de comportamento do supervisor. Em primeiro lugar, quando os funcionários apresentam uma sugestão ou atingem ótimos resultados, o supervisor deve efetivamente atribuir créditos a eles. Fingir que são suas as realizações dos outros é uma espécie de desonestidade. Da mesma forma, é desonesto usar os recursos da companhia para assuntos particulares. Por exemplo, o supervisor que gasta horas de trabalho batendo papo com os amigos ao telefone ou que leva para casa suprimentos do escritório para uso pessoal está, na realidade, roubando pertences da organização. Além disso, o supervisor está demonstrando que esse tipo de comportamento será ignorado, encorajando, assim, os funcionários a serem igualmente desonestos. Por último, o supervisor deve ser honesto sobre o que a organização tem a oferecer aos funcionários.

Tomando Decisões Éticas

É necessário decidir qual ação seria considerada ética de acordo com determinada situação e, depois, determinar quais seriam as melhores maneiras de executá-la. Não existem regras definitivas para a tomada de decisões éticas. Em alguns casos, duas possibilidades podem parecer igualmente éticas ou antiéticas. Talvez a pessoa possa ser prejudicada, qualquer que seja a decisão do supervisor. Além disso, assim como já foi discutido aqui, as pessoas de diferentes culturas podem ter visões diferentes do comportamento ético ou antiético. O texto na seção "Dicas da Linha de Frente" oferece recomendações para a tomada de decisões diante desse tipo de dilema.

Algumas vezes, o supervisor pode promover a decisão ética, envolvendo os outros no processo. Quando o grupo discute a questão, os integrantes podem oferecer suas perspectivas da situação e dos valores subjacentes. Discutir as implicações éticas da decisão ajuda o supervisor a enxergar conseqüências e opções sobre as quais não pensaria sozinho. (O Capítulo 9 apresenta mais diretrizes para a tomada de decisão em grupo.)

Decidir qual seria o comportamento ético nem sempre acaba com um dilema ético. Os funcionários, muitas vezes, sentem medo de fazer o moralmente correto e que essa atitude prejudique o seu desempenho no trabalho, fazendo-o perder o emprego. A *National Business Ethics Survey*, mencionada na Figura 4.1, constatou que esse tipo de temor é mais comum entre os jovens e aqueles que estão na organização há menos de três anos.[17] Entretanto, o supervisor pode ajudar a atenuar essas preocupações. Os funcionários têm desempenho melhor quando supervisores e gestores do nível superior demonstram um comportamento ético e incluem padrões éticos nas avaliações de desempenho (o que pode significar avaliar até mesmo um simples elogio).

DICAS DA LINHA DE FRENTE

FAZENDO ESCOLHAS ÉTICAS

Em algumas situações, a ética fica evidente, porém, em outras, as coisas podem se complicar um pouco mais. Como o supervisor pode decidir o que fazer quando as alternativas são um misto de vantagens e prejuízos, ganância e bondade? O web site do *Center for Ethics and Business*, da Loyola Marymount University, oferece uma estratégia de três etapas para resolver dilemas éticos. Essa estratégia combina duas maneiras de pensar das pessoas em relação à ética: determinando as conseqüências da ação e avaliando a ação propriamente dita.

As conseqüências, geralmente, são mais fáceis de comparar, assim, deve-se pensar primeiro nas conseqüências de cada alternativa. Em seguida, relacionar quem seria ajudado em cada alternativa e, depois, quem seria prejudicado. Para cada pessoa ou grupo da lista, é preciso considerar o tipo de benefício e prejuízo resultante de determinada conduta. O que seria maior? O benefício ou o prejuízo? Considere também as conseqüências tanto de curto prazo como de longo prazo. Procurar a alternativa que ofereça a melhor combinação de maiores benefícios e menores prejuízos.

Depois, passe da avaliação das conseqüências para a ação propriamente dita. Será que cada ação alternativa envolve comportamento adequado aos altos padrões morais, como justiça, honestidade e respeito pela dignidade das pessoas? Será que alguma dessas ações viola os princípios morais? Dentro desse contexto, tente encontrar uma alternativa que obedeça aos mais altos padrões de comportamento.

Por fim, compare as escolhas resultantes de cada maneira de pensar a respeito da ética. Se as duas primeiras etapas levarem à mesma alternativa, a decisão está tomada. Se não, o supervisor tem uma decisão difícil pela frente, devendo considerar qual maneira de pensar sobre ética reflete melhor os seus próprios valores.

Fonte: Center for Ethics and Business, "Resolving an Ethical Dilemma", www.ethicsandbusiness.org/strategy.htm, acessado em 19 de julho de 2004.

Supervisionando Funcionários Antiéticos

É tentador ignorar o comportamento antiético dos outros, na esperança de que eles mudem por conta própria. No entanto, o problema geralmente piora quando o funcionário antiético percebe que pode agir dessa maneira e escapar impunemente. Quando o supervisor suspeita de algum funcionário com comportamento antiético, ele deve tomar imediatamente uma atitude. A Figura 4.6 mostra resumidamente as medidas a serem tomadas.

A primeira medida é colher e registrar evidências. O supervisor precisa ter certeza da ocorrência do comportamento antiético. Por exemplo, se o supervisor suspeitar que um ou mais funcionários estão relatando gastos inexistentes na conta de despesas, deve revisar regularmente esses relatórios. Assim que identificar algo estranho, deve conversar com o funcionário. Depois de confrontar o funcionário com as evidências, o supervisor deve seguir o procedimento disciplinar adotado pela organização. (Esse tópico sobre disciplina será discutido no Capítulo 12.)

Depois de tratar do problema, o supervisor deve tentar entender as condições que contribuíram para sua existência. Essa iniciativa ajuda o supervisor a evitar lapsos éticos semelhantes no futuro. Ao analisar o motivo pelo qual o funcionário comportou-se de forma antiética, o supervisor deve considerar se ele próprio proporcionou um ambiente favorável para o comportamento ético no departamento. O supervisor demonstrou bons exemplos de comportamento ético? Será que as recompensas por

FIGURA 4.6
Medidas a Serem Adotadas quando um Funcionário É Suspeito de Comportamento Antiético

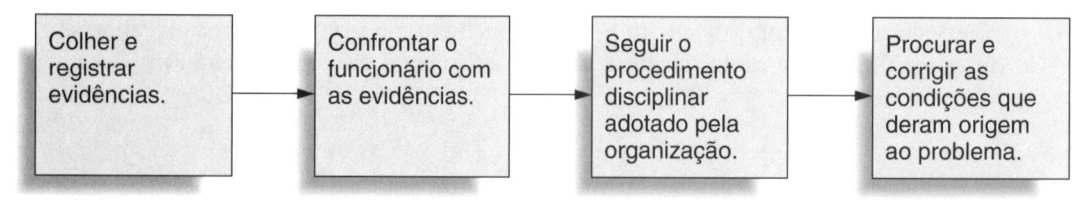

Colher e registrar evidências. → Confrontar o funcionário com as evidências. → Seguir o procedimento disciplinar adotado pela organização. → Procurar e corrigir as condições que deram origem ao problema.

produtividade são tão altas a ponto de tentar os funcionários a agir desonestamente? Será que os funcionários interpretam mensagens de que a organização preocupa-se exclusivamente com as realizações, usando a máxima de que "não importa como você irá fazer, apenas faça"? O consultor em ética Frank Bucaro afirma que um vendedor que acredita que o seu emprego depende de atingir as metas de vendas pode colocar em risco a reputação da companhia. Um vendedor excessivamente ávido por conseguir atingir as suas metas pode dar ao cliente a impressão de que a organização toda coloca a ética e a satisfação do cliente em segundo plano.[18]

TRATAMENTO DOS DELATORES* DE PRÁTICAS INADEQUADAS

delator de práticas inadequadas
Pessoa que expõe a violação da ética ou da lei

Uma pessoa que expõe a violação da ética ou da lei é conhecida como **delator de práticas inadequadas**. Normalmente, o delator leva o problema primeiro a um gestor da organização. Se a direção mostra-se indiferente, ele, então, contata um órgão do governo, a mídia ou uma organização privada. A esperança do delator é que a publicidade negativa estimule a organização a agir de forma correta. Como descreve o texto da seção "Habilidades em Supervisão", uma forte liderança ética é essencial nesse momento.

A denúncia de um funcionário pode ser problemática para a organização. Mesmo assim, o delator de práticas inadequadas é protegido, nos Estados Unidos, por exemplo, pela legislação federal, pela legislação de diversos estados e por algumas decisões judiciais recentes. Por exemplo, a legislação federal americana protege funcionários que registram reclamações relacionadas a violações das leis antidiscriminatórias, das leis ambientais, e dos padrões de segurança e saúde ocupacional. Mais recentemente, a Lei Sarbanes-Oxley** proíbe empregadores de retaliar funcionários que denunciam possíveis fraudes de contabilidade, auditoria ou relatórios enganosos aos investidores. Portanto, em geral, o empregador não pode retaliar ninguém por denunciar alguma violação. Tomemos como exemplo um funcionário que registra uma reclamação de assédio sexual; a organização não pode reagir demitindo o funcionário.

Além disso, nos termos de uma lei da época da Guerra Civil americana, pouco usada até o final da década de 1980, delatores de companhias que fraudam o governo americano têm direito a receber até 30% de qualquer montante que a companhia tenha efetivamente de pagar como multa pelo delito. O número de casos registrados por delatores de práticas inadequadas nos termos da Lei de Falsas Alegações *(False Claims Act)**** saltou de 66 denúncias em 1987 para 533 no ano de 1997, e os casos registrados a cada ano continuam altos (394 em 2005). Desde 1987, os ressarcimentos baseados na Lei de Falsas Alegações totalizaram mais de $ 17 bilhões, com uma média de quase 17% concedidos aos delatores.[19] Em um recente caso dramático, o advogado paralegal R. C. Taylor registrou um processo judicial como delator alegando que o escritório de advocacia em que trabalhara anteriormente havia cometido uma fraude, tentando ludibriar a Federal Communications Commission. Em um acordo judicial, a organização concordou em pagar $ 130 milhões ao Ministério da Justiça; Taylor (e seus advogados) receberão mais de $ 30 milhões desse montante.[20]

Apesar das proteções, o delator de práticas inadequadas muitas vezes sofre ao divulgar publicamente suas denúncias. Normalmente, os colegas o rejeitam ou ficam ressentidos com ele, que pode acabar sendo transferido para um posto inferior ou, até, ser demitido. Mesmo quando os tribunais concordam que o delator foi tratado com injustiça, pode levar anos para que ele seja compensado pela organização ou seja reconhecido publicamente. Mesmo quando o delator permanece no emprego, ele sofre consequências. Daniel Thobe fez uma denúncia contra a DPL Inc., uma concessionária de serviços públicos. Thobe informou ao comitê de auditoria da DPL que estava preocupado com os relatórios financeiros da companhia e com a governança corporativa. O comitê

---

* N.R.T.: Embora ainda não totalmente integrado na cultura do povo brasileiro, o instituto da delação foi acolhido pela legislação somente nos últimos anos, como por exemplo, pela lei de "lavagem" de Capitais (Lei 9.613/98); e pela lei de proteção a vítimas e testemunhas (Lei n.º 9.807/99), entre outras.
** N.R.T.: Essa é uma lei federal americana criada em 2002 em resposta aos diversos escândalos corporativos que ocorreram nos Estados Unidos, entre eles os da Enron, da Tyco International e da WorldCom. A lei busca garantir maior controle sobre possíveis fraudes corporativas, utilizando mecanismos de auditoria e criando comitês e comissões para supervisionar as atividades das empresas.
*** N.R.T.: Lei federal americana que diz que qualquer cidadão pode entrar com uma ação contra organizações públicas que estejam praticando fraudes.

HABILIDADES EM SUPERVISÃO

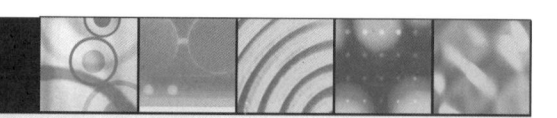

LIDERANÇA NA BOEING

Nos últimos anos, a poderosa fabricante de aeronaves, Boeing, foi enfraquecida por escândalos, processos judiciais e publicidade negativa. A propaganda negativa prejudicou os resultados financeiros, além de prejudicar a imagem da Boeing. Descobriu-se que o diretor financeiro da empresa discutiu oportunidades de emprego com um diretor de compras da Força Aérea. Nesse caso, houve conflito de interesses, porque a diretora da Força Aérea, Darleen Druyun, esteve envolvida na negociação de um contrato de arrendamento e compra de aviões-tanque da Boeing, que, posteriormente, a contratou. Outra acusação foi contra dois funcionários da Boeing, que teriam usado documentos roubados da Lockheed Martin para concorrer contra a empresa em um contrato para lançamento de foguetes para a Força Aérea. De acordo com as alegações, um dos funcionários levou os documentos da Lockheed quando a Boeing o contratou. A Boeing envolveu-se em outras acusações embaraçosas por tentar minimizar problemas junto ao governo e a Lockheed. Devido a tais acontecimentos, o governo suspendeu temporariamente um contrato no valor de um bilhão de dólares, referente ao lançamento de um foguete, além de uma oferta da Boeing para concorrer no fornecimento de aviões-tanque, no valor de mais de $ 20 bilhões.

Nesse ambiente manchado por escândalos, os executivos da alta administração da Boeing tiveram de fazer da ética a base da companhia para recuperar sua reputação no mercado. Atualmente, cada um dos funcionários da companhia deve assinar um código de conduta. A Boeing criou um escritório com 100 pessoas para administrar as políticas de ética. Suas responsabilidades incluem alocar atendentes para a linha gratuita de denúncias e treinar os funcionários. Os executivos também viajam com freqüência para Washington, D.C., para reunirem-se com representantes do governo e legisladores. Os representantes do governo americano agem com cautela antes de manter negócios com a Boeing.

Recentemente, o Ministério da Justiça dos Estados Unidos anunciou um acordo com a Boeing sobre a investigação da Lockheed: a companhia concordou em pagar uma multa recorde de $ 615 milhões e assumir a responsabilidade pelos atos de seus funcionários. O presidente e CEO da Boeing, Jim McNerney, declarou: "Implementamos um programa de ética e anuência que é tão rigoroso quanto qualquer outro existente hoje no setor... Nossa meta é tornar a Boeing tão conhecida por sua ética e anuência quanto pela qualidade de seus produtos e sua tecnologia".

Fontes: Associated Press, "Boeing Settlement Is a Record", *The Olympian*, 1 jul. 2006, www.theolympian.com; Jonathan R. Laing, "Taking Flight", *Barron's Online*, 5 jul. 2004, http://online.wsj.com/barrons/; J. Lynn Lunsford; e Andy Pasztor, "New Boss Struggles to Lift Boeing above Military Scandals", *The Wall Street Journal*, 14 jul. 2004, http://online.wsj.com.

contratou um escritório independente de advocacia para investigar, e os advogados concordaram com algumas questões levantadas por Thobe. Três grandes executivos da alta administração pediram demissão, e a DPL prometeu reforçar os controles financeiros. Embora Thobe estivesse protegido pela Lei Sarbanes-Oxley e tivesse mantido o emprego, ele enfrentou o constrangimento da crítica pesada dos executivos da DPL durante a investigação. E, assim como outros denunciantes que permanecem no emprego, Thobe está na posição incômoda de trabalhar para uma companhia que ele, sabidamente, sujeitou a uma investigação.[21] Por causa dessas conseqüências – e para ser justo com o empregador – o possível denunciante de práticas inadequadas deve tentar resolver os problemas dentro da organização antes de fazer a denúncia.

Hoje, muitas organizações* estão protegendo a si próprias e aos funcionários preocupados com a ética, disponibilizando linhas telefônicas de acesso gratuito para facilitar a denúncia e resolver os problemas dentro da organização. A HCA, que dirige hospitais e outros centros de saúde, utiliza um canal desse tipo, que recebe em torno de mil chamadas por ano. Mais da metade das ligações envolvem problemas com o quadro de pessoal; o restante inclui reclamações de assédio, fraude, tratamento de pacientes, erros de cobrança e questões relacionadas à proteção ambiental. O objetivo da HCA é responder cada reclamação em 24 horas, manter o registro das suas respostas e disponibilizar os registros ao reclamante. (Denunciantes anônimos podem acompanhar o registro pelo número do processo.) O procedimento possibilitou descobrir uma conspi-

---

* N.R.T.: No Brasil algumas empresas começam a implantar canais de comunicação para receberem denúncias sobre irregularidades ocorridas ou práticas inadequadas. Alguns códigos de ética ou de conduta, adotados voluntariamente pelas organizações, contêm cláusulas incentivando que os colaboradores levem ao conhecimento das lideranças da empresa as violações éticas. Cf. ARRUDA, Cecília. *Código de Ética*. Negócio Ed: São Paulo, 2002, p.11, 44, 75, 201.

ração envolvendo fraude na cobrança apresentada à HCA por uma agência temporária de assistência, além de uma situação em que um supervisor tomou emprestado milhares de dólares de funcionários e não devolveu a maior parte do dinheiro. O supervisor antiético acabou demitido.[22]

Se as denúncias de atos inadequados forem motivadas simplesmente por mesquinhez ou desejo de vingança contra uma pessoa, a atitude do supervisor deve ser a de desencorajá-las. Mesmo assim, quando alguém tem alguma denúncia, o supervisor deve investigá-la rapidamente e informar as providências que serão tomadas. Essa atitude faz com que o funcionário sinta que suas alegações são levadas a sério e que o supervisor deseja resolvê-las de forma justa e apropriada. O supervisor deve ter em mente que o típico delator não é simplesmente um criador de casos, mas uma pessoa com altos ideais e competência. Mantendo o fluxo de informações e resolvendo os problemas, a organização conseguirá encontrar soluções sem os custos e o embaraço da divulgação pública. Enfim, o comportamento ético elimina a necessidade de denúncias – e outras precipitações negativas da conduta inadequada – acima de tudo.

MÓDULO DE APTIDÃO
PARTE UM: CONCEITOS

Resumo

4.1 Definir o que é ética e explicar como as organizações especificam os padrões de comportamento ético.

Ética refere-se aos princípios pelos quais as pessoas distinguem o que é moralmente correto. As organizações preocupam-se muito com o comportamento ético porque a tecnologia moderna tornou enormes as conseqüências potenciais do comportamento antiético. Reconhecendo a importância da prevenção de lapsos de ética, muitas organizações têm adotado um código de ética. Esse código oferece recomendações de comportamento e sustenta a afirmação da alta gerência da empresa de preocupação com o comportamento ético.

4.2 Identificar as vantagens do comportamento ético e os desafios que tornam o comportamento ético mais difícil no ambiente de trabalho nos dias de hoje.

Ser reconhecida como uma organização ética é uma ótima maneira de manter uma reputação de altos padrões. Quando consumidores, clientes e fornecedores percebem que são tratados com ética, mostram-se mais dispostos a querer trabalhar com a organização e fazer o melhor. O comportamento ético também melhora as relações com a comunidade, atraindo clientes e funcionários qualificados. O comportamento antiético, em contrapartida, pode fazer a organização perder respeito e seus melhores funcionários (que se sentem incomodados em trabalhar para uma organização antiética). Esse tipo de comportamento pode até levar funcionários e gestores à prisão se infringirem as leis.

Torna-se mais difícil incentivar o comportamento ético se houver insegurança no ambiente de trabalho. O medo de perder o emprego pode levar funcionários a cooperarem com alguma atividade antiética promovida pelos outros, portanto, é importante que o supervisor promova um clima motivador do comportamento ético.

4.3 Discutir o impacto das diferenças culturais nas questões éticas.

Em alguns casos, o comportamento e os padrões éticos variam entre as culturas. O maior risco de operar em países corruptos são as possíveis mudanças políticas. Uma razão que demonstra que há diferenças nos níveis de corrupção é a intepretação que se tem sobre a oferta de presentes no ambiente de trabalho. O supervisor deve sempre seguir a política da companhia, mas com cuidado e polidez para não ofender os membros de outra cultura.

4.4 Descrever os principais tipos de comportamento ético que devem ser praticados pelo supervisor.

O supervisor deve ser leal com a organização, com o gerente e com os subordinados. Deve tratar os outros, principalmente os funcionários, de maneira justa. Para afastar quaisquer dúvidas acerca da justiça, deve-se evitar o nepotismo e recusar presentes de fornecedores e outras pessoas que buscam influência. Por fim, o supervisor deve ser honesto, inclusive, atribuindo o devido crédito aos subordinados por realizações e evitando o uso de recursos da companhia para fins pessoais.

4.5 Descrever maneiras de tomar decisões éticas.

Não existem regras definitivas sobre como tomar decisões éticas, mas alguns questionamentos essenciais ajudam. O supervisor pode promover uma tomada de decisão ética envolvendo outras pessoas no processo decisório. Discutir as implicações éticas da questão ajuda o supervisor a enxergar conseqüências e opções sobre as quais não pensaria sozinho.

4.6 Fornecer medidas para supervisionar funcionários antiéticos.

Quando o supervisor acredita que um funcionário está agindo com falta de ética, deve tomar uma atitude rapidamente. O supervisor, primeiro, precisa colher e registrar evidências. Depois, deve confrontar o funcionário com as evidências e seguir o procedimento disciplinar da organização. Depois de tratar do problema específico, o supervisor deve tentar entender as condições que contribuíram para o surgimento do problema e procurar corrigir tais circunstâncias.

4.7 Definir os delatores* de práticas inadequadas e descrever como o supervisor deve lidar com esse tipo de funcionário.

O delator de práticas inadequadas é aquele que expõe uma violação da ética ou das leis. Ele é protegido de retaliação pela legislação federal e estadual bem como por decisões judiciais recentes. O supervisor deve desencorajar a denúncia de atos ilegais quando ela é motivada simplesmente por mesquinhez ou desejo de vingança. No entanto, quando alguém apresenta uma denúncia, o supervisor deve investigar rapidamente a reclamação e informar as providências que serão tomadas. Essa atitude faz o funcionário perceber que suas reclamações são levadas à sério. Enfim, mantendo o fluxo de comunicação e respondendo aos problemas, a organização é capaz de encontrar suas próprias soluções.

---

* N.R.T.: No Brasil, não se exige que o empregado denuncie ao empregador o colega de trabalho que haja cometido práticas inadequadas na organização. Entretanto, em certas oportunidades haverá obrigação contratual de informar tais casos, se houver essa determinação no código de ética ou conduta da empresa.

Termos Principais

ética, p. 93
código de ética, p. 97
nepotismo, p. 101
delator de práticas inadequadas, p. 103

Questões para Discussão e Revisão

1. Cite algumas vantagens e desafios do comportamento ético.
2. A oferta de presentes no trabalho é interpretada de forma diferente em cada cultura. O que o supervisor deve fazer se a companhia proíbe que se aceite presentes, mas um cliente de outra cultura insiste em presentear?
3. De que forma a lealdade pode criar conflitos para um supervisor?
4. Como o supervisor deve praticar a honestidade no trabalho?
5. Em cada uma das situações a seguir, qual seria a atitude ética a ser tomada pelo funcionário ou supervisor? Que critérios você usou para decidir? O que você teria feito nessas situações? Por quê?
   a. Depois de ser contratado, o novo funcionário oferece ao supervisor informações confidenciais sobre o plano de marketing de um novo produto de seu ex-empregador. As duas companhias têm linhas de produto concorrentes.

b. A editora de uma revista fica sabendo que uma determinada pessoa, que vale a pena ser noticiada, deseja recebê-la para conceder uma entrevista. A política da revista é jamais pagar por entrevistas, mas a editora sabe que conseguiria "camuflar" a despesa em qualquer parte do orçamento. Ela está desesperada atrás da história; sabe que será bom tanto para a revista como para a sua carreira.

6. Devon Price supervisiona uma equipe de funcionários de manutenção. Um dia, uma secretária da companhia chamou-o e disse: "Você sabia que Pete, um dos funcionários da equipe, está pegando alguns suprimentos, como pregos e fita adesiva, para trabalhar em projetos pessoais?". O que Devon deve fazer?

7. Supondo que Pete, o funcionário de manutenção da questão 6, foi descoberto furtando suprimentos e foi punido disciplinarmente. Descontente, ele decide relatar alguns problemas de segurança que havia observado, apresentando queixa no escritório local do OSHA – *Occupational Safety and Health Administration* (Departamento de Saúde e Segurança Ocupacional). Quando Devon, o supervisor de Pete, descobre que o departamento será investigado pelo OSHA, fica furioso. Pete parece ser simplesmente um criador de casos. O que Devon deve fazer?

PARTE DOIS: CAPACITAÇÃO

PROBLEMA A SER RESOLVIDO PELO ALUNO

Com base no texto da página 93, reflita e compare as alternativas de Sally (contratar Mary ou contratar Gene) em termos destas três questões:

- A alternativa é legal?
- É equilibrada (justa para todos no curto e longo prazo)?
- É correta?

Veja se o grupo consegue chegar a uma decisão unânime sobre contratar Mary ou Gene.

Se a solução não for óbvia, tente esta sugestão da escritora Barbara Ley Toffler: discutir o problema em termos de uma palavra com sentido forte. Em vez de perguntar qual seria a escolha *ética* para Sally, perguntar: "Qual seria a atitude *responsável* a ser tomada? Qual seria a atitude *decente* a ser tomada? Qual seria a atitude *louvável* a ser tomada?". Agora, será que o grupo consegue chegar a uma decisão unânime?

Resuma sua decisão e a base para a sua escolha. O que essa discussão em grupo lhe ensinou sobre tomada de decisões éticas?

Caso de Solução de Problemas: *Advogados, Ford e Firestone: Quem É o Culpado?*

Uma das maiores empresas de consultoria em segurança no trânsito dos Estados Unidos, a Strategic Safety, identificou 30 casos de defeito de pneus Firestone instalados em veículos Ford Explorer, em 1996, depois que advogados do Texas, que processavam judicialmente a Bridgestone e a Firestone, contrataram os serviços das mesmas empresas. Embora poucos desses casos tivessem resultado em morte, a Strategic Safety e os advogados pronunciaram-se em diversas oportunidades para informar ao NHTSA – National Highway Traffic Safety Administration (*Departamento Nacional de Segurança do Tráfego Rodoviário*) sobre eles. Sean Kane, sócio da Strategic Safety, afirma que os advogados foram "bem espertos" ao deixarem que o governo tomasse conhecimento, com receio de que as investigações não identificassem nenhum problema e os processos individuais pendentes ficassem comprometidos. "Você não deve ficar dando uma mãozinha para os réus", afirmou Kane, que posteriormente alegou haver tentado alertar a mídia com informações obtidas do banco de dados do próprio NHTSA.

Depois de 1996, no entanto, mais problemas com os pneus Firestone foram revelados, principalmente no Texas, onde dirigir em alta velocidade por tempo prolongado e em clima quente contribuía para a separação fatal dos sulcos dos pneus. Kane revelou em julho de 2000 que a Ford estava realizando um *recall* na Venezuela por causa dos pneus Firestone, e a pressão resultante forçou um procedimento semelhante nos Estados Unidos. A Firestone recolheu 6,5 milhões de pneus no outono de 2000, todos vendidos para a Ford Motor Company para que fossem instalados em seu veículo esportivo utilitário Ford Explorer, e descobriu-se que os acidentes relacionados ao Explorer foram causadores de 203 mortes nos Estados Unidos, todos, exceto 13, ocorreram depois de 1996.

A Ford alega que os pneus estavam com defeito e voluntariamente recolheu mais 13 milhões deles, oferecendo aos proprietários substituição gratuita. A Firestone contra-atacou com dados demonstrando que o design do Explorer apresentava defeitos fatais. A empresa afirmou, por exemplo, que a separação dos sulcos ocorreu com 10 vezes mais freqüência no Explorer que na caminhonete Ford Ranger, que utiliza os mesmos pneus e os mesmos chassis. O NHTSA demorou em suas investigações por falta de verba e ainda precisa investigar as alegações da Firestone sobre o design do Explorer. Enquanto isso, os advogados das vítimas dizem que a Ford e a Firestone sabiam, mais que ninguém, as razões dos acidentes, mas mantiveram tudo às escuras.

Embora pareça evidente que, assim como afirma a ex-diretora da NHTSA, Joan Claybrook: "Por alguma razão, a combinação de pneus Firestone em um Ford Explorer é fatal", aparentemente levará muito tempo antes de a verdade vir à tona.

1. Em sua visão, todas as pessoas envolvidas no caso Ford-Firestone agiram com falta de ética? Justifique.
2. Se alguém houvesse feito uma denúncia no início da situação, você acha que o problema teria chegado ao ponto que chegou? Justifique.
3. Supondo que você faça parte de uma equipe que irá preparar um código de ética para a Ford e a Firestone, elabore um ou mais princípios do código que ajudariam os funcionários a evitar o tipo de problema descrito nesse caso.

Fontes: Joann Muller; Nicole St. Pierre, "Ford vs. Firestone: A Corporate Whodunit", *BusinessWeek*, 11 jun. 2001, p. 46-47; Keith Bradsher, "Lawyers Hid Tire Failures from Agency Attorneys", *Denver Post*, 24 jun. 2001, p. A1; James Cox; Jayne O'Donnell, "Consultant Denies Withholding Ford/Firestones Accident Data", *USA Today*, 25 jun. 2001, p. B2.

Autoconhecimento

Será Que Você Tem Comportamento Ético?

Esta lista foi extraída de uma recente pesquisa realizada com 1.300 trabalhadores que afirmaram ter praticado atividades antiéticas. Marque as atividades que você praticaria ou pensaria em praticar, e dê uma nota atribuindo seus próprios valores (não há tabela de pontos!). Se quiser, no final, compare os seus padrões com os dos entrevistados na pesquisa.

1. ____ Economizar no controle de qualidade.
2. ____ Encobrir incidentes.
3. ____ Abusar das faltas por doença ou mentir sobre elas.
4. ____ Mentir ou enganar clientes.
5. ____ Pressionar de forma inadequada outras pessoas.
6. ____ Falsificar números ou relatórios.
7. ____ Demitir ou promover algum funcionário de forma injusta.
8. ____ Mentir ou enganar seu superior sobre assuntos graves.
9. ____ Reter informações importantes.
10. ____ Fazer uso inadequado de bens da companhia ou roubar.
11. ____ Cometer ou ignorar infrações ambientais.
12. ____ Receber crédito pelo trabalho ou pela idéia de outra pessoa.
13. ____ Discriminar algum colega.
14. ____ Fazer uso abusivo de álcool ou droga.
15. ____ Violar direitos autorais ou de uso de software.
16. ____ Mentir ou enganar subordinados em assuntos graves.

17. ____ Fingir não ver, pagar ou aceitar suborno.
18. ____ Manter caso extraconjugal com colega de trabalho.
19. ____ Abusar da conta de despesas.
20. ____ Abusar de informações confidenciais ou vazá-las.
21. ____ Falsificar a assinatura sem o conhecimento da pessoa.
22. ____ Aceitar presentes ou serviços inapropriados.
23. ____ Apresentar relatórios governamentais ou normativos falsos.
24. ____ Negociar ações de forma ilícita, usando informações privilegiadas.

Porcentagem de entrevistados que admitiram cometer cada infração: (1) 16%, (2) 13%, (3) 11%, (4) 9%, (5) 7%, (6) 6%, (7) 6%, (8) 5%, (9) 5%, (10) 4%, (11) 4%, (12) 4%, (13) 4%, (14) 4%, (15) 3%, (16) 3%, (17) 3%, (18) 3%, (19) 2%, (20) 2%, (21) 2%, (22) 1%, (23) 1%, (24) 1%.

Fonte: De Henry Fountain, "Of White Lies and Yellow Pads", *The New York Times*, 6 jul. 1997. Copyright © 1997 The New York Times. Reproduzido com permissão.

Pausa e Reflexão

1. As suas respostas são uma boa medida da sua ética? Você consegue pensar em outros comportamentos que possam ser mencionados na lista?
2. O supervisor deve manter padrões éticos superiores aos de seus subordinados?
3. Em que áreas de conduta você é mais ético? Em que áreas seus padrões devem melhorar?

Exercício em Aula

Supervisionando Funcionários Antiéticos

Cada aluno deve preencher a pesquisa da Figura 4.7 individualmente, circulando todas as respostas possíveis. O professor, então, deve tabular os resultados e distribuí-los para discutir na aula seguinte.

Para cada item da pesquisa, discuta estas questões:

- Que resposta ou respostas foram selecionadas pela maioria dos alunos?
- Qual a justificativa para as respostas escolhidas?
- Se você fosse supervisor de um funcionário que agiu dessa forma, como reagiria (supondo que tenha presenciado o comportamento)?
- Se o seu supervisor descobrisse que você agiu da forma indicada pela resposta da pesquisa, você acha que sua carreira seria afetada de que maneira?

Fonte: Esse exercício foi baseado em uma sugestão apresentada por James Mulvihill, Mankato, MN.

Capacitação em Supervisão

Tomando Decisões

Uma maneira de tomar decisões éticas é garantindo a tomada de decisão baseada no código de ética da organização. Neste exercício, o aluno deve criar um exemplo desse tipo de decisão.

Em equipe, escolha um código de ética para estudar. Escolha uma organização do seu interesse ou visite sites para procurar um código de ética ou uma declaração de valores. Ou, então, use os hiperlinks em "The Index of Codes", publicado on-line pelo Centro de Estudo da Ética nas Profissões do Illinois Institute of Technology, em http://ethics.iit.edu/codes/codes_index.html (disponível em inglês), ou o site brasileiro www.eticaempresarial.com.br. Outra opção seria tomar como base o código da Johnson & Johnson, apresentado na Figura 4.3.

Escolha um dos princípios do código de ética. Prepare uma curta apresentação, ilustrando esse princípio. Essa apresentação deve abordar um dilema no trabalho, envolvendo o princípio escolhido, mostrando como as pessoas irão resolver a situação. Se possível,

Figura 4.7
Pesquisa para Exercício em Aula

Qual destes atos você cometeria?
Circule tantas alternativas quantas forem aplicáveis.
1. Colocar informações falsas no currículo:
   a. Se necessário para conseguir o emprego.
   b. Só em detalhes mínimos.
   c. Se a maioria das pessoas também o fizer.
   d. Nunca.
2. Passar para um concorrente segredos de produto ou procedimentos do seu empregador:
   a. Para conseguir um emprego com o concorrente.
   b. Por $ 100.
   c. Por $ 1 milhão.
   d. Nunca.
3. Colar em um teste usado como base para promoção:
   a. Se você tiver uma família para sustentar.
   b. Se considerar o teste injusto.
   c. Se os colegas também o fizerem.
   d. Nunca.
4. Usar a copiadora do escritório:
   a. Para fazer uma cópia do recibo do seu dentista.
   b. Para fazer seis cópias de um relatório relacionado a um trabalho filantrópico seu.
   c. Para fazer 50 cópias do seu currículo.
   d. Nunca para fazer cópias não relacionadas ao trabalho.
5. Acrescentar gastos inexistentes nas despesas de viagem a trabalho:
   a. Se você acreditar que está sendo mal remunerado.
   b. Só em valores pequenos que o empregador não deve notar.
   c. Só quando estiver em dificuldades financeiras.
   d. Nunca.
6. Faltar alegando doença, sem estar doente:
   a. Se estiver muito cansado por estar trabalhando em um grande projeto.
   b. Se o seu filho estiver doente.
   c. Se precisar se recuperar do fim de semana.
   d. Nunca.
7. Mentir sobre o paradeiro do seu supervisor quando ele sai para um longo e descontraído almoço:
   a. Só se ele pedir especificamente para agir dessa forma.
   b. Se o supervisor lhe conceder, em troca, um bom aumento.
   c. Só se a pessoa que estiver procurando for o chefe do seu supervisor.
   d. Nunca.

basear a sua apresentação em uma situação relacionada ao trabalho que, pelo menos, um dos participantes da equipe tenha vivenciado.

As equipes, então, devem se apresentar, uma de cada vez, para toda a classe. Faça a classe tentar adivinhar o princípio ético ilustrado em cada apresentação. Por fim, a classe deve decidir se a solução apresentada no quadro efetivamente obedece ao princípio do código de ética.

Capítulo Cinco

Gestão da Diversidade

Tópicos Gerais do Capítulo

O Que É Diversidade?

Perspectiva da Diversidade nos Estados Unidos

Desafios do Trabalho em uma Sociedade Diversificada
  Preconceito e Discriminação
  Estereótipos
  Sexismo
  Ageísmo

Implicações para o Supervisor
  Vantagens da Diversidade
  Comunicação
  Treinamento em Diversidade
  Questões Legais

Objetivos de Aprendizado

Depois de estudar o capítulo, o aluno estará apto a:

5.1 Definir o que é diversidade.

5.2 Discutir as mudanças na força de trabalho norte-americana e seus impactos na atuação do supervisor.

5.3 Diferenciar entre preconceito, discriminação e estereótipos no ambiente de trabalho.

5.4 Explicar por que o sexismo e o ageísmo são barreiras contra a diversidade e como o supervisor pode se conscientizar melhor sobre o assunto.

5.5 Descrever algumas maneiras de se comunicar melhor em um ambiente de trabalho diversificado.

5.6 Descrever as metas do treinamento em diversidade.

5.7 Relacionar as mais recentes e importantes leis americanas e seus dispositivos sobre diversidade.

Diversidade [é] a arte de pensar juntos, de forma independente.
– *Malcolm Stevenson Forbes, editor (1919-1990)*

Problema de um Supervisor: Diversificação na Mira

O corpo de bombeiros da cidade de Nova York (FDNY) possui um contingente de 11.334 membros, formado por aproximadamente 94% de pessoas brancas e quase todos do sexo masculino. Portanto, um programa elaborado para atrair recrutas do sexo feminino e de grupos de minorias seria uma boa iniciativa. No entanto, a história do programa de cadetes do FDNY mostra como é difícil delinear um programa de diversidade que seja bem aceito por todos.

O programa de cadetes permite que candidatos sujeitos a treinamentos intensivos sejam admitidos com notas nos testes escritos e físicos inferiores ao que seria normalmente requisitado para um bombeiro. A turma de formandos de dezembro de 2000 do FDNY foi a primeira a incluir participantes do programa. No geral, a turma era composta de 2,9% de asiáticos, 10,7% de negros, 14,3% de hispânicos e 1,4% de mulheres.

O programa de cadetes é aberto a qualquer pessoa, mas somente 60% dos iniciantes no programa têm sido mulheres ou de minorias. Alguns críticos alegam que os 40% restantes, formados por homens brancos, são uma proporção elevada, o que impede o programa de atingir sua meta de tornar o corpo de bombeiros mais diversificado. Outra possível falha no programa, afirmam alguns críticos, é que os brancos beneficiados com a política de admissão seriam filhos e parentes próximos de supervisores do alto escalão do FDNY e do sindicato dos bombeiros.

O sindicato, por sua vez, opõe-se ao programa de cadetes alegando que ele afrouxa os padrões e aumenta os riscos do trabalho. O presidente da *Uniformed Firefighters Association (Associação dos Bombeiros Uniformizados)*, Kevin Gallagher, afirma: "Temos uma história secular de sistema de mérito. Esse trabalho é perigoso demais para admitir a redução dos padrões com o intuito de resolver a questão da diversidade".

Mas o programa ainda é um orgulho para o FDNY. O responsável pelo programa, Thomas Von Essen, afirma: "Esse é um programa fantástico que nos ajudou a promover o mais elevado percentual de minorias que já tivemos. Se pudéssemos dobrar esse percentual uma vez por ano, conseguiríamos proporcionar maior diversificação entre os recrutas".

Evidentemente, ambos os lados mantêm opiniões firmes sobre os méritos do aumento de diversidade no corpo de bombeiros. À medida que você for avançando na leitura do Capítulo, reflita sobre o que você faria para resolver esse problema.

Fonte: Elissa Gootman, "Effort to Diversify Fire Department Bears Fruit, While Drawing Criticism", *The New York Times*, 16 nov. 2000, p. B1, B6.

O QUE É DIVERSIDADE?

Os esforços para haver mais diversidade entre os membros do corpo de bombeiros da cidade de Nova York podem ser controversos, mas refletem a crescente conscientização sobre a diversidade no ambiente de trabalho. Lidar bem com a diversidade cultural, étnica, etária, sexual e racial é um processo que leva uma vida inteira, para a maioria das pessoas. No entanto, estar preparado para trabalhar com êxito em um ambiente multicultural é uma meta que o supervisor pode estabelecer agora e trabalhar para atingi-la em cada encontro de negócios.

O entendimento a respeito da diversidade cultural tem amadurecido nas últimas décadas. O antigo modelo de "caldeirão cultural", no qual se esperava que os imigrantes incorporassem a língua e a cultura na tendência corrente, foi superado há muito tempo. Hoje, percebe-se a diversidade como um ponto forte. **Diversidade** é definida como as características dos indivíduos que moldam a sua identidade e as suas experiências vivenciadas em sociedade.[1] Comemorações e lembranças claras da herança da diversidade, como, por exemplo, o dia comemorativo a Martin Luther King Jr. ou a Parada do Orgulho Gay, enriquecem e renovam a sociedade e a cultura. Quando a diversidade é assegurada dentro da organização, o supervisor tem chances de estabelecer a melhor combinação entre funcionário e trabalho, permitindo a disseminação de variados pontos de vista e melhorando a tomada de decisões. Muitas formas de discriminação, seja na contratação ou em qualquer prática empresarial, são ilegais. Mesmo que não fosse, as considerações éticas deveriam motivar o supervisor a buscar diversidade dentro do seu departamento ou da sua equipe.

Empresários e governos também se esforçam para reconhecer a diversidade em seus discursos e interações com cidadãos, funcionários e clientes. A Boston Goodwill, por

diversidade
Características dos indivíduos que moldam a sua identidade e as suas experiências vivenciadas em sociedade

SUPERVISÃO E DIVERSIDADE

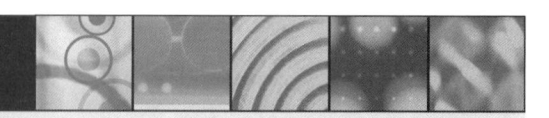

DIVERSIDADE SIGNIFICA OPORTUNIDADE NO BANK OF AMERICA

Visto que mais de 90% dos brancos não hispânicos nos Estados Unidos já possuem contas bancárias, o Bank of America (BofA) está buscando novos clientes, de outros grupos étnicos menos atendidos. O banco, que é o segundo maior dos Estados Unidos, com 4.200 filiais em 21 estados, tem desfrutado da crescente receita no varejo por causa da sua capacidade de atender às necessidades de grupos pouco atendidos, incluindo hispânicos, asiáticos e afro-americanos.

Dois terços dos hispano-americanos – grupo grande, jovem e em franco crescimento – são mexicanos. Os recentes imigrantes, em particular, costumam falar basicamente espanhol e têm famílias grandes. Muitos desejam enviar ajuda financeira aos parentes no México, e alguns não possuem documentação norte-americana para abrir uma conta bancária. Para atender esse grupo, o Bank of America permite aos imigrantes mexicanos abrir conta corrente usando o Registro Consular, documento emitido pelo consulado mexicano. Outros bancos também aceitam o Registro, mas o Bank of America atrai os clientes com serviços exclusivos, como, por exemplo, a Remessa Segura, que permite ao cliente transferir dinheiro da sua conta corrente do Bank of America para terminais de auto-atendimento espalhados por todo o México. Em vez de se dirigir a um serviço de transferência eletrônica e pagar uma taxa de $ 35, o cliente do banco pode transferir os fundos usando o seu próprio telefone, computador ou um terminal de auto-atendimento. O Bank of America foi o primeiro banco norte-americano a oferecer terminais de auto-atendimento em espanhol. O banco também começou a conceder financiamento imobiliário para famílias grandes com base no histórico de crédito de até quatro membros da família. Esse novo padrão de crédito pode parecer arriscado, mas o índice de inadimplência de financiamento imobiliário desses clientes representa menos da metade da que ocorre entre brancos não hispânicos.

Evidentemente, o atendimento de clientes não envolve apenas a criação de produtos. O banco necessita de funcionários capazes de interagir bem com os clientes. O Bank of America contrata caixas, gerentes de empréstimo e pessoal de atendimento ao cliente que saibam falar espanhol para atender seus clientes que falam somente essa língua. A companhia sabe que esses funcionários são importantes para a sua estratégia, assim, a remuneração de incentivo dos gerentes é, em parte, baseada no nível de cumprimento das metas de contratação em termos de diversidade. Os funcionários também participam do conselho de Orientação da Diversidade e do conselho de Negócios da Diversidade, que identificam problemas e propõem soluções para tornar o banco um ambiente em que funcionários de diversas origens possam contribuir.

Fontes: Shawn Tully, "Bank of the Americas", *Fortune*, 14 abr. 2003, extraído de InfoTrac, http://web7.infotrac.galegroup.com; Brian Grow, "*Hola, Amigo!* You're Approved", *BusinessWeek*, 12 abr. 2004, extraído de InfoTrac, http://web4.infotrac.galegroup.com; Cora Daniels, "50 Best Companies for Minorities", *Fortune*, 28 jun. 2004, extraído de InfoTrac, http://web4.infotrac.galegroup.com; Bank of America, "Diversity" e "Diversity Fact Sheets", página de carreiras, site do Bank of America na internet, www.bankofamerica.com/careers/, acessado em 9 de agosto de 2004.

---

exemplo, descobriu um potencial valioso nos trabalhadores deficientes. A organização contratou um homem chamado Paul e o treinou para realizar trabalhos de manutenção. Antes disso, Paul recebia auxílio do governo por causa de um déficit de aprendizado que o atrapalhava em sua comunicação, na conclusão dos estudos e na obtenção de um emprego. No entanto, na Goodwill, Paul logo dominou as tarefas de manutenção e zeladoria. Por fim, ele foi promovido a supervisor do turno da noite na Barnes Federal Building. Ele é um líder paciente com sua equipe de sete funcionários, e sua postura ajuda a manter baixa a rotatividade.[2] O texto na seção "Supervisão e Diversidade" detalha como o Bank of America atende os clientes hispânicos nos Estados Unidos, uma iniciativa que exige talentosos bancários que saibam se comunicar em espanhol. O banco, do mesmo modo, tem sido líder na oferta de serviços bancários em outros idiomas, inclusive em mandarim, cantonês, taiwanês e vietnamita. Seus serviços incluem o Centro Bancário Norte-Americano-Asiático, estabelecido para atender clientes com necessidades tanto nos Estados Unidos como em Hong Kong, e uma equipe autogerida de 30 bancários, denominada Equipe Bancária Chinesa, que opera dos escritórios no estado de Washington.[3]

Este capítulo explora os desafios e as oportunidades relacionados à diversidade da força de trabalho, enfatizando como eles afetam o supervisor. O Capítulo começa com um resumo de algumas medidas da crescente diversidade nos Estados Unidos.

Em seguida, concentra-se nos desafios da diversidade, como os preconceitos e estereótipos. Por fim, é feita uma descrição de como o supervisor pode ajudar as organizações a perceber as vantagens da diversidade por meio da comunicação, do treinamento e do cumprimento das exigências legais.

PERSPECTIVA DA DIVERSIDADE NOS ESTADOS UNIDOS

A cara dos Estados Unidos está mudando. Esse processo não é novo: o país foi construído com base no conceito de diversidade à medida que imigrantes e colonos chegaram ao país. Hoje, no entanto, os norte-americanos reconhecem tanto as diferenças sutis como as óbvias entre os funcionários de qualquer nível organizacional. Essas diferenças exigem muito das habilidades de gestão do supervisor.

Até recentemente, por volta da década de 1980, homens brancos representavam metade dos trabalhadores norte-americanos. Hoje, a participação das mulheres na força de trabalho aumentou para mais de 50%, e uma recente pesquisa constatou que elas ocupam metade de todas as posições de nível de gestão, de trabalho especializado e de outras áreas.[4] Mães de filhos pequenos, mais especificamente, têm entrado no mercado de trabalho em um ritmo que não mostra nenhum sinal de desaceleração. Espera-se, ainda, que a força de trabalho continue envelhecendo, já que alguns trabalhadores mais idosos adiam a aposentadoria, e a primeira leva da geração de *baby boomers* (nascidos entre 1946 e 1964) chega aos seus 50 e 60 anos. A proporção de afro-americanos, ásio-americanos e hispânicos na força de trabalho e na população norte-americana está aumentando gradualmente e espera-se que esse processo deva continuar (veja a Figura 5.1). Parte desse aumento é impulsionada pela imigração. Mais de um entre dez trabalhadores nos Estados Unidos nasceram em outro país. Desses trabalhadores que não nasceram no exterior, quase metade são hispânicos, e quase um quarto são asiáticos.[5]

FIGURA 5.1 Composição Percentual da Força de Trabalho Norte-Americana por Grupo Étnico, 1990-2030

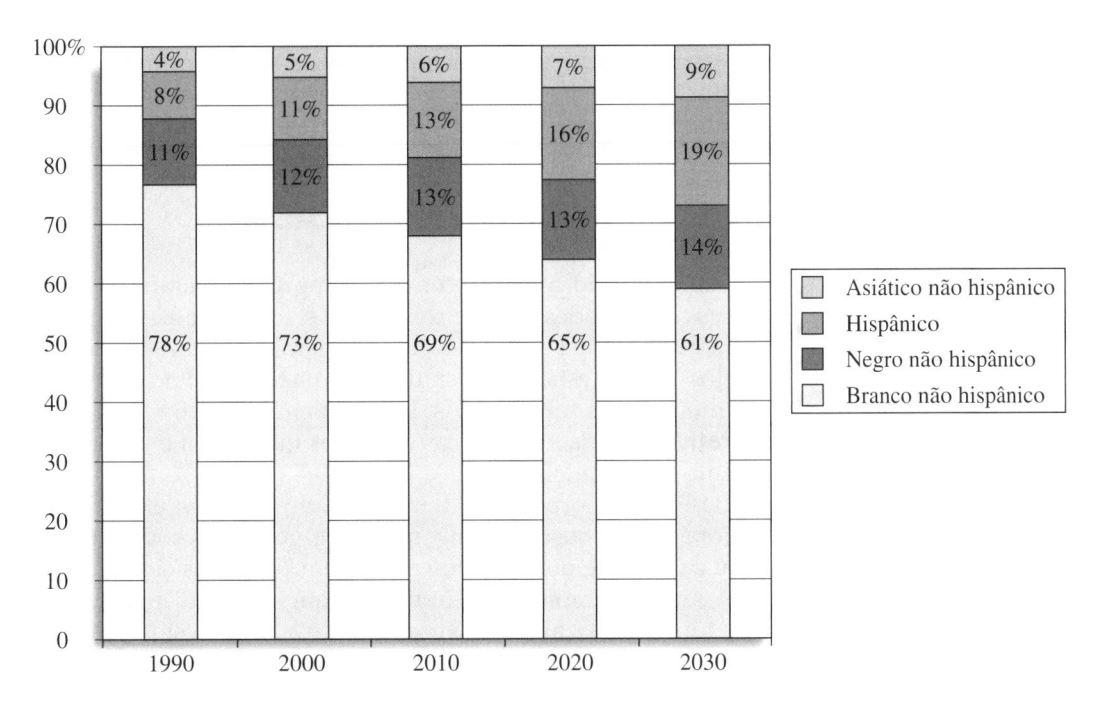

Fonte: Mitra Toossi, "A Century of Change: The U.S. Labor Force, 1950-2050", *Monthly Labor Review,* maio 2002, p. 15-28.

Ano	Branco não hispânico	Negro não hispânico	Hispânico	Asiático não hispânico
1990	78%	11%	8%	4%
2000	73%	12%	11%	5%
2010	69%	13%	13%	6%
2020	65%	13%	16%	7%
2030	61%	14%	19%	9%

Nota: Os percentuais totais ultrapassam um pouco os 100% porque alguns entrevistados hispânicos classificaram sua raça como negra, asiática ou "outra".

Essas mudanças no ambiente de trabalho refletem as tendências gerais da população norte-americana.[6] O supervisor também terá de lidar com funcionários mais idosos, funcionários virtuais, horários flexíveis, feriados étnicos e muitos outros reflexos da diversidade que afetam as operações do dia-a-dia no ambiente de trabalho.

Outros tipos de mudança estão ocorrendo, embora em menor escala. Os avanços na tecnologia estão permitindo aos funcionários personalizar o uso de computadores e equipamentos de telecomunicações, de modo que eles consigam executar várias funções. Durante o período atribulado de apresentação da declaração do imposto de renda, a Receita Federal Norte-Americana emprega centenas de trabalhadores portadores de deficiência para atender ligações de contribuintes, usando computadores equipados com adaptações, como sintetizadores de voz que lêem a informação da tela para o usuário cego. Um exemplo de uma trabalhadora produtiva que possui deficiência visual é o de Janet Eckles. O seu trabalho é atender às ligações de quem necessita de tradutor de espanhol, esse atendimento é oferecido pelo Serviço Telefônico de Idiomas. Eckles também treina outros funcionários, usando um computador equipado com um programa chamado Job Access with Speech, que lhe permite operar o computador pelo seu teclado e ouvir a resposta em um fone de ouvido. O Ministério da Defesa Norte-Americano usa diversas adaptações, inclusive programas de reconhecimento de voz, leitores de tela que imprimem as informações em braille, e programas que ampliam a imagem na tela do computador do funcionário.[7] No entanto, apesar dessas e de outras tecnologias, o índice de empregabilidade de homens e mulheres portadores de deficiência mantém-se muito inferior ao da força de trabalho em geral. Entre os adultos norte-americanos portadores de algum tipo de deficiência, um pouco mais da metade ficou empregada pelo menos parte do ano, comparado com quase nove de dez trabalhadores sem deficiência. Desses portadores de deficiência considerada não grave, 44% trabalharam período integral durante o ano todo. O desenvolvimento de mais tecnologias auxiliares é importante, considerando que 12% da população dos Estados Unidos é portadora de deficiência grave, e o índice de deficiência tende a aumentar com o envelhecimento da população.[8]

A diversidade também é influenciada pelas mudanças locais e internacionais. A transferência de fortunas de várias regiões dos Estados Unidos, como do chamado cinturão da ferrugem* e do famoso Vale do Silício na Califórnia, movimenta os trabalhadores de uma área a outra em migrações internas contínuas. Acontecimentos mundiais, como o fim da União Soviética e as dificuldades políticas e econômicas de países emergentes, levam trabalhadores técnicos, altamente sofisticados e treinados em muitas áreas, a deslocarem-se para os Estados Unidos à procura de emprego. Todos esses fatores combinados aumentam tanto o nível da diversidade encontrada pelo supervisor no trabalho quanto as oportunidades de criar uma equipe forte e flexível.

DESAFIOS DO TRABALHO EM UMA SOCIEDADE DIVERSIFICADA

Essas tendências estão modificando a forma como as empresas operam. Hoje, o supervisor necessita de novas habilidades para se comunicar e colaborar efetivamente com uma gama mais ampla de tipos de pessoas. Em termos gerais, no entanto, a consciência de diferenças de todos os tipos está criando mudanças na forma como as empresas selecionam, treinam e motivam os funcionários. Ela também exerce um profundo impacto na **cultura corporativa**, ou seja, nas crenças e normas que regem o comportamento organizacional de uma empresa.

cultura corporativa
Crenças e normas que regem o comportamento organizacional de uma empresa

Recentemente, a Georgia-Pacific Corporation tem realizado esforços extras para recrutar e promover funcionárias. A busca de engenheiras e gestoras proporciona à companhia de produtos de papel, que normalmente opera em pequenas cidades, um quadro maior de candidatas a um emprego na indústria, que era tradicionalmente dominada por homens. Os funcionários algumas vezes têm de adaptar a sua forma de pensar para se ajustar à cultura mais diversificada resultante da contratação de funcionários não tradicionais. A companhia promoveu Lynda McCarty à gestora da serraria

---

* N.R.T.: *Rust Belt* em inglês, é a região dos Grandes Lagos onde se concentravam as indústrias siderúrgica, metalúrgica e automobilística.

em Prosperity, Carolina do Sul. No início, McCarty sentia-se sozinha na cidade de mil habitantes, muitos dos quais questionavam a decisão de colocar uma mulher para ser encarregada da serraria. McCarty impressionou seus funcionários trabalhando horas a fio, atendendo ao desejo deles de ter novos equipamentos e uma sala de descanso, e demonstrando sua firmeza ao insistir que eles melhorassem o linguajar vulgar. Os gestores da Georgia-Pacific reforçam a aceitação de líderes do sexo feminino, ressaltando as histórias de sucesso como a de McCarty.[9]

Preconceito e Discriminação

Os esforços para valorizar a diversidade, como os da Georgia-Pacific, são importantes porque atitudes e comportamentos negativos em relação a alguns grupos continuam a ser um problema. Uma recente pesquisa constatou que muitos funcionários – mais de um terço dos pesquisados – ouvem comentários de teor sexual inadequados no trabalho. Quase três entre dez funcionários ouvem ofensas raciais e étnicas.[10] O supervisor precisa desencorajar esse tipo de comportamento porque o ambiente de trabalho acaba se tornando negativo para todos.

preconceito
Julgamento preconcebido sobre uma pessoa ou um grupo de pessoas

Muitas vezes, as ofensas são sinais de **preconceito**, um julgamento preconcebido sobre uma pessoa ou um grupo de pessoas. O preconceito pode ser algo sutil. Nem sempre as pessoas reconhecem os próprios preconceitos, mesmo quando eles afetam o seu comportamento. Por exemplo, suponhamos um supervisor que tenha uma vaga para preencher. Se ele partir do princípio de que uma candidata à vendedora não pode realizar as visitas à noite, que um trabalhador mais idoso não é fisicamente tão forte quanto um mais jovem, ou que um pai ou uma mãe trabalhadora irá abusar dos privilégios da falta por doença, ele está julgando com base no preconceito. Quando tais julgamentos motivam as decisões empresariais relacionadas à contratação, avaliação e promoção, eles podem ser considerados como uma forma de discriminação.

discriminação
Tratamento injusto ou desigual baseado no preconceito

A **discriminação***, tratamento injusto ou desigual baseado no preconceito, é proibida por lei, como será discutido mais adiante neste capítulo. Os Estados Unidos têm sido uma nação de imigrantes desde os seus primórdios, mesmo tendo um passado de escravidão. Mas os princípios de liberdade religiosa e civil estão profundamente arraigados no sistema legal norte-americano, começando com a Constituição (1787) e a Proclamação da Independência (1862-1863), continuando com a Lei dos Direitos Civis de 1964 e suas atualizações mais recentes e, depois, com a Lei Contra a Discriminação do Norte-Americano Portador de Deficiência (1990). Mais especificamente, o Título VII da Lei dos Direitos Civis de 1964 considera ilegal o empregador discriminar com base em raça, cor, sexo, religião ou nacionalidade ao tomar decisões relacionadas a: contratação, demissão, treinamento, disciplina, compensação, benefícios, classificação ou outros termos ou condições de emprego. Por exemplo, os tribunais decidiram que uma funcionária poderia processar uma loja depois de se queixar haver sido tratada de forma injusta ao se converter ao islamismo e começar a vestir o xador e o véu. A funcionária afirmou que os gerentes da loja reclamaram da sua vestimenta, mudaram o seu horário de trabalho sem avisar, e trataram-na com desrespeito. A funcionária também afirmou que os outros funcionários eram tratados de forma diferente e que esse tratamento diferenciado era devido à sua religião e às exigências da religião. O processo judicial dessa funcionária foi baseado na alegação de discriminação religiosa.[11]

As conseqüências legais são apenas uma dentre as várias oriundas da discriminação. Um ambiente de trabalho manchado pelo preconceito e pela discriminação desencoraja e divide os funcionários. Se algum supervisor trata os funcionários de forma injusta, por algum motivo, o resultado nunca é positivo. O tratamento injusto torna-se um fato amplamente conhecido entre os funcionários, diminui o ânimo e a confiança, e pode, eventualmente, prejudicar a produtividade. Essas conseqüências aparecem nas estatísticas do trabalho. A rotatividade, por exemplo, entre os executivos negros é 40% maior que entre os executivos brancos. O fato de os afro-americanos iniciarem seus próprios negócios em um índice bem superior ao de americanos brancos pode ser uma boa notícia para a economia, mas é uma má notícia para o empregador que não consegue manter esses talentos dentro da sua organização.[12]

---

* N.R.T.: No Brasil também se pune a discriminação. A Lei 1390, de 30 de julho de 1951, já incluía entre as contravenções penais a prática de atos resultantes de preconceitos de raça ou de cor. Posteriormente, a Lei 7.716, de 5 de janeiro de 1989, pune quaisquer atos de discriminação por raça, cor, etnia, religião ou procedência nacional.

O supervisor tem a responsabilidade de ajudar a evitar a discriminação. Alguns tipos de discriminação são mais evidentes que outros, e alguns são mais fáceis de serem combatidos que outros. A primeira medida importante de qualquer supervisor é conhecer e tomar ciência dos seus próprios preconceitos. Uma vez reconhecidos, os preconceitos podem ser combatidos e até eliminados.

Nem sempre as experiências do passado com membros de diferentes grupos étnicos, raciais ou religiosos podem ser aplicadas aos subordinados ou colegas que possivelmente encontraremos no futuro. Se, por exemplo, o supervisor atribuir cargas de trabalho ou responsabilidades de forma diferente, porque ele sente que "negros têm dificuldades para manter o emprego" ou "adolescentes não são confiáveis", ele está deixando o preconceito controlar suas decisões empresariais. Além dos problemas éticos e legais que tais crenças podem acarretar, elas podem levar o supervisor a não fazer uso otimizado dos recursos da empresa e a ignorar a confiança que ela depositou nesses indivíduos ao contratá-los.

Estereótipos

O supervisor deve estar ciente das muitas distinções entre o comportamento e a cultura norte-americana e as normas dos outros países. Por exemplo, nos Estados Unidos, o sinal da mão com o polegar levantado é entendido como positivo ou "tudo bem". No Irã, no entanto, é considerado gesto obsceno. Fazer reverência inclinando a cabeça enquanto sorri indica respeito no Japão, mas não necessariamente significa concordância de opinião. Nos Estados Unidos, não existe mesura com a cabeça, e quando alguém sorri e inclina a cabeça, o norte-americano geralmente supõe que ele está concordando com suas afirmações.

Mesmo o tempo tem valores diferentes em certas culturas. Em algumas culturas, é considerado grosseria ou falta de tato agir com pressa em situações de negócios. A velocidade com que as pessoas falam e o número de vezes que elas consideram adequado repetir sua fala também variam de uma cultura para outra.

estereótipos
Imagens generalizadas ou padronizadas a respeito dos outros

O importante ao lidar com as diferenças raciais e culturais é evitar os **estereótipos**, ou seja, imagens generalizadas ou padronizadas a respeito dos outros. O supervisor deve sempre evitar generalizar suas próprias crenças ou observações a respeito de uma cultura e usá-las para classificar os membros dessa cultura de forma injusta. Imagine como você deveria responder a um funcionário ou supervisor que afirmasse, por exemplo: "Todos os americanos são agressivos e falam alto". No entanto, sem pensar muito, é possível pensar em declarações negativas semelhantes a respeito de negros, homossexuais, idosos ou deficientes físicos. Esses estereótipos, geralmente baseados em informações falsas ou incompletas, não nos permitem enxergar as pessoas na sua individualidade e tratá-las de maneira apropriada. Saber que o japonês reverencia os idosos, por exemplo, ou que as culturas hispânicas são centradas na família, pode ajudar o supervisor a entender por que ele precisa de tato especial ao delegar trabalho para um funcionário japonês idoso ou por que um funcionário dominicano pode precisar de alguns dias de licença quando um parente estiver doente. Não justifica tirar conclusões equivocadas com base nos estereótipos. Embora exija certo cuidado evitar os estereótipos, é compensador melhorar os relacionamentos interpessoais e supervisionar com êxito uma equipe diversificada.

Um especialista em comunicações cita dois motivos para que os estereótipos persistam, apesar de eles, na nossa percepção, não serem precisos.[13] Em primeiro lugar, as pessoas tendem a pensar nos estereótipos como um bom atalho para a formação de opiniões; em segundo lugar, algumas vezes, as pessoas sentem-se confortáveis ao pensar que sabem como são os outros em vez de ter de gastar tempo para conhecê-los em sua real complexidade. O supervisor deve estar ciente das armadilhas de se fiar em estereótipos, suposições comuns e especialmente as que são assumidas sobre as diferenças raciais e culturais, e trabalhar para superá-los. Estar ciente de que tais estereótipos são ultrapassados e que eles podem produzir padrões de comportamento ofensivo é um primeiro e importante passo para eliminá-los.

FIGURA 5.2
Empresas de Propriedade de Mulheres: uma Parcela Crescente do Total

Fontes: Dados obtidos do Center for Women's Business Research, "Privately Held, Majority (51% or More) Women-Owned Businesses in the United States, 2004", relatório de fatos, páginas de notícias, www.nfwbo.org, acessado em 13 de agosto de 2004; Departamento Norte-Americano de Censo, *Statistical Abstract of the United States*, 2002, Tabela 716, p. 483, www.census.gov.

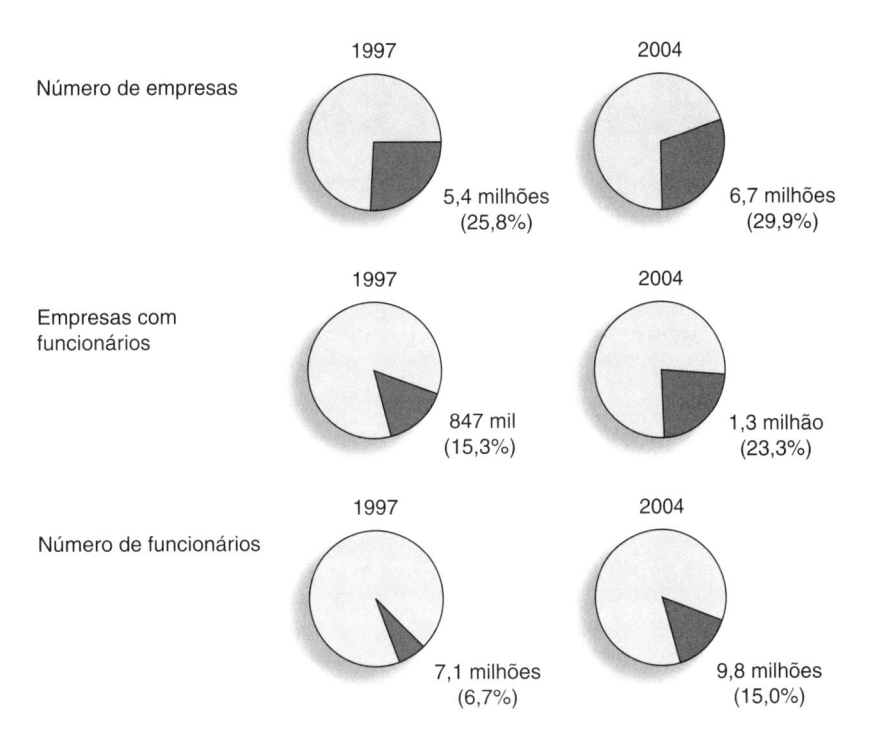

Número de empresas
1997: 5,4 milhões (25,8%)
2004: 6,7 milhões (29,9%)

Empresas com funcionários
1997: 847 mil (15,3%)
2004: 1,3 milhão (23,3%)

Número de funcionários
1997: 7,1 milhões (6,7%)
2004: 9,8 milhões (15,0%)

Nota: "Empresas de propriedade de mulheres" são companhias de propriedade privada, com mais de 51% de controle acionário de mulheres.

Sexismo

sexismo
Discriminação baseada em estereótipos de gênero

Há muito tempo a mulher vem tendo crescente êxito na força de trabalho, e sua participação tem mudado o ambiente de trabalho de várias maneiras. **Sexismo**, que é a discriminação baseada em estereótipos de gênero, é uma barreira contra a diversidade, e muitos empregadores têm adotado medidas para combatê-lo e evitá-lo. Seja na forma de linguagem sexista, assédio sexual ou discriminação contra gays e lésbicas, o sexismo desafia os esforços do supervisor na garantia de um ambiente de trabalho justo e harmonioso.

Embora elas ainda sejam minoria nas altas posições, há mais mulheres dirigindo companhias e divisões, e as empreendedoras estão deixando uma forte marca nas empresas norte-americanas (veja a Figura 5.2). Entre as grandes empresas que possuem profissionais do sexo feminino nos cargos de CEO, diretoras-executivas ou chefes de divisões estão a Kraft Foods, Archer-Daniels-Midland, DuPont, Radio Shack e Nieman Marcus Stores. Mais que o dobro das novas empresas americanas de pequeno porte são abertas por mulheres e não homens.[14] Muitas empresas estão desenvolvendo políticas de flexibilidade de horário e de trabalho em casa, que facilitam a vida de todos os trabalhadores – mas especialmente das mulheres, que ainda são, tradicionalmente, as responsáveis por cuidar dos filhos e dos parentes idosos – para mesclar as responsabilidades profissional e familiar. No entanto, o número de pais solteiros ou separados com a guarda dos filhos tem aumentado substancialmente: de 400 mil em 1990 para 2,3 milhões em 2004. Nos Estados Unidos, os pais solteiros ou separados representam mais de um sexto de pais ou mães que criam sozinhos os filhos, cujas necessidades especiais podem demorar a ser reconhecidas pela sociedade e os empregadores.[15]

As sutilezas no uso da língua, como, por exemplo, da palavra *aeromoça* em lugar da expressão neutra *atendente de vôo*, é uma forma de sexismo que o supervisor consciente pode rapidamente eliminar. Uma forma mais óbvia de sexismo, como, por exemplo, deixar de atribuir a uma mulher um trabalho fisicamente mais exigente, ou perguntar a uma candidata grávida se irá deixar a criança em uma creche, ou negar a promoção de uma mulher qualificada, suscita questões legais e éticas que um supervisor teria dificuldades em lidar. Essas atitudes raramente são justificadas, embora as dificuldades

SUPERVISÃO E ÉTICA

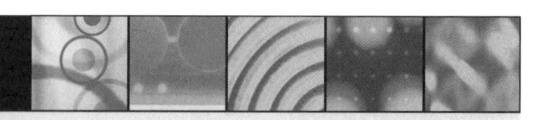

ROMANCE PARA ALGUNS PODE SER ASSÉDIO PARA OUTROS

Considerando que as pessoas dedicam muitas de suas horas no ambiente de trabalho, não é à toa que romances aconteçam entre colegas. No entanto, quando um desses parceiros é o supervisor, pode surgir uma situação ética desastrosa.

É fácil perceber que haverá problemas quando o supervisor está interessado em manter um romance, mas a funcionária sob sua supervisão deseja apenas um relacionamento profissional. Se o supervisor convidá-la para jantar, será que a funcionária conseguirá efetivamente responder de modo que não afete suas relações de trabalho? Um simples "não" pode ferir os sentimentos do supervisor, e a funcionária pode ficar preocupada em ser retaliada no trabalho, talvez de maneira sutil, como, por exemplo, tendo negada a oportunidade de participar de treinamentos ou de promoções. Se a funcionária responder de forma ambígua, o supervisor pode continuar a convidá-la, e ela ficará cada vez mais constrangida. Em qualquer dos casos, o supervisor também terá um problema. Se, por exemplo, o trabalho da funcionária for insatisfatório, o supervisor terá de corrigi-la, e ela poderá interpretar essa atitude como retaliação por ter se recusado a sair com ele. Portanto, fica impossível para o supervisor aplicar a medida disciplinar apropriada.

Mas e se a funcionária sentir-se atraída pelo supervisor? Mesmo essa situação aparentemente feliz está repleta de problemas. Os funcionários, que inevitavelmente descobrem o romance, ficam avaliando cada decisão tomada pelo supervisor para ver se há favorecimento à funcionária em questão. Mais problemas podem surgir se e quando o caso termina. A funcionária pode registrar queixa de assédio sexual, alegando que o relacionamento era indesejado, e que o supervisor a estaria retaliando por ter terminado o romance.

Uma situação bem confusa ocorreu na Prisão Estadual Feminina da Califórnia. Era sabido que o diretor principal de uma unidade mantinha romances com três funcionárias, incluindo sua secretária e a diretora adjunta. O diretor principal foi, então, promovido a diretor de outra unidade. Nessa unidade, houve uma solicitação para que um comitê que estava selecionando um orientador correcional promovesse a secretária do recém-promovido diretor para a posição. A mulher não foi selecionada. O diretor, então, "aconselhou" o comitê a selecioná-la. Ela, por sua vez, vangloriou-se do seu poder sobre o diretor. Depois, a diretora adjunta (a segunda amante) candidatou-se e foi transferida para a nova unidade, onde ela se reportaria diretamente ao diretor e não ao seu supervisor imediato. Por fim, a terceira amante do diretor foi transferida para a unidade dele, onde ela também se gabava do seu relacionamento e do poder sobre o diretor. Uma funcionária de nome Miller concorreu com a terceira mulher pela promoção, e, embora tivesse melhores qualificações, a outra funcionária foi promovida. Como se essas decisões já não fossem suficientemente desastrosas, as três mulheres discutiam publicamente a respeito do relacionamento que mantinham com o diretor.

Miller acabou registrando uma queixa, primeiro à administração prisional e, depois, à EEOC – *Equal Employment Opportunity Commission* (Comissão de Oportunidades Iguais de Emprego). A EEOC concordou que Miller apresentava um caso legítimo de reclamação por assédio sexual porque as circunstâncias podiam ser vistas como que criando um "ambiente de trabalho hostil", embora Miller jamais tenha sido pressionada a oferecer favores sexuais.

Poucos locais de trabalho apresentam histórias desse nível, mas o exemplo reforça a importância de o supervisor ser justo, mesmo que isso restrinja algumas oportunidades de manter um romance.

Fonte: Texto baseado em Jonathan A. Segal, "Dangerous Liaisons", *HR Magazine*, dez. 2005, extraído de Business & Company Resource Center, http://galenet.galegroup.com.

---

enfrentadas por mulheres e minorias em galgar as hierarquias corporativas estejam tão bem documentadas a ponto de receber um nome. A expressão "teto de vidro" refere-se a um certo nível de responsabilidade ao qual muitos candidatos qualificados se vêem galgando e, depois, não seguem adiante, apesar da sua capacidade e disposição em contribuir mais para as metas da empresa. Mudanças para melhor ocorrem todo dia, mas ainda há muito progresso a ser feito.

A forma mais ostensiva de sexismo é o **assédio sexual***, definido como a abordagem sexual indesejada, incluindo linguagem, comportamento ou exibição de imagens. As ofensas variam de piadas de conteúdo sexual e exibição de imagens explícitas no trabalho até o contato físico, os avanços sexuais e os pedidos de favores sexuais. Na maioria dos casos de assédio sexual, a mulher tem sido a vítima e o homem o agressor, mas nem sempre esse é o caso. Independentemente da pessoa envolvida, o assédio sexual é

assédio sexual
Abordagem sexual indesejada, incluindo linguagem, comportamento ou exibição de imagens

---

* N.R.T.: A Lei nº. 10.224, de 15 de maio de 2001, introduziu no Código Penal Brasileiro o artigo 216-A, criminalizando o assédio sexual nas relações de trabalho e de ascendência. Ela define a prática do assédio como "Constranger alguém com o intuito de obter vantagem ou favorecimento sexual, prevalecendo-se o agente da sua condição de superior hierárquico ou ascendência inerentes ao exercício de emprego, cargo ou função", e fixa pena de detenção de um a dois anos para o assediador.

ilegal, e os especialistas orientam o supervisor a adotar uma política de "tolerância zero", e levar a sério qualquer tipo de reclamação, investigando-a de imediato. Nos Estados Unidos, alguns estados, inclusive Connecticut e Califórnia, exigem que as companhias ofereçam treinamento aos supervisores de como evitar o assédio sexual. Mesmo quando não exigido por lei, o supervisor e as companhias podem solicitar um treinamento para ajudá-los a cumprir as obrigações éticas e demonstrar que o supervisor e a organização conduzem a questão com seriedade.[16] Além disso, assim como descreve o texto em "Supervisão e Ética", o supervisor precisa ser extremamente cauteloso ao se envolver em relações românticas com pessoas que trabalham na mesma companhia. Esses relacionamentos muitas vezes criam situações embaraçosas que podem ser consideradas antiéticas ou mesmo acabar criando um ambiente hostil para outros funcionários.

Ageísmo

As chances de algum dia você vir a supervisionar trabalhadores mais idosos são relativamente grandes. O número de pessoas com 65 anos ou mais na força de trabalho norte-americana está aumentando. Isso está ocorrendo por pelo menos duas razões: a primeira se deve à parcela da população com 65 anos ou mais estar crescendo, e mais pessoas nessa faixa etária estão decidindo continuar no trabalho, no mínimo por meio período. A segunda é que a parcela de trabalhadores idosos já é maior que em qualquer período desde a Segunda Guerra Mundial, tendência que provavelmente deve continuar.[17]

Embora os trabalhadores idosos possam oferecer experiência significativa, algumas vezes são discriminados. Eles geralmente levam mais tempo que os mais jovens procurando emprego, e uma recente pesquisa constatou que os trabalhadores idosos têm mais medo da discriminação que das mudanças.[18] A discriminação baseada na idade é denominada **ageísmo**. Muitas vezes, o preconceito está na raiz do ageísmo. Algumas pessoas imaginam um desempenho inferior dos trabalhadores idosos, mas as evidências mostram que tais expectativas negativas muitas vezes são infundadas. Uma pesquisa realizada pela *Society for Human Resource Management* (Sociedade de Gestão de Recursos Humanos) constatou que os trabalhadores idosos trazem para seus empregadores inúmeros aspectos positivos, resumidos na Figura 5.3.

ageísmo
Discriminação baseada na idade

FIGURA 5.3
10 Razões para Contratar Trabalhadores Idosos

Fonte: J. Collison, *SHRM/NOWCC/CED Older Workers Survey* (Alexandria, VA: Society for Human Resource Management, jun. 2003), citado em Nancy R. Lockwood, "The Aging Workforce: The Reality of the Impact of Older Workers and Eldercare in the Workplace", *HR Magazine*, dez. 2003, extraído de InfoTrac, http://web5.infotrac.galegroup.com.

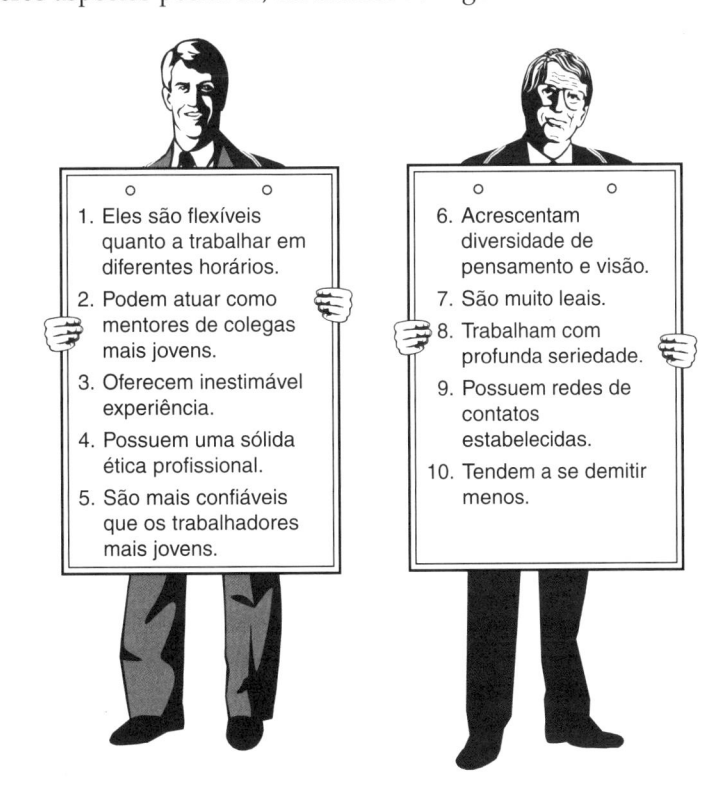

1. Eles são flexíveis quanto a trabalhar em diferentes horários.
2. Podem atuar como mentores de colegas mais jovens.
3. Oferecem inestimável experiência.
4. Possuem uma sólida ética profissional.
5. São mais confiáveis que os trabalhadores mais jovens.
6. Acrescentam diversidade de pensamento e visão.
7. São muito leais.
8. Trabalham com profunda seriedade.
9. Possuem redes de contatos estabelecidas.
10. Tendem a se demitir menos.

Margit Gerow expressou bem a sua situação quando estava procurando um emprego: "É uma indústria para pessoas jovens", disse Gerow sobre a indústria de software em Seattle, onde buscava um novo emprego desde que havia sido demitida. "Eu chamava a atenção como se fosse um 'ET', por ter mais de 60 anos. Mas sou um recurso nacional, assim como o minério de ferro. E acho que vale a pena me prospectarem".[19]

Com o envelhecimento da geração dos *baby boomers* e com os avanços nos cuidados com a saúde e com a alimentação proporcionando vidas mais longas e saudáveis, trabalhadores idosos (homens e mulheres) serão com certeza uma presença cada vez mais comum. A Lei Contra a Discriminação Etária no Emprego (1967)* torna ilegal deixar de contratar, ou demitir, com base na idade. Quando se dá preferência a trabalhadores mais jovens e inexperientes em detrimento de idosos igualmente ou melhor qualificados ou quando a redução do quadro de pessoal acaba demitindo desproporcionalmente trabalhadores mais idosos (e, muitas vezes, mais bem remunerados), o ageísmo custa à organização o benefício da experiência, da visão e do julgamento proporcionados por essas pessoas. John Renner, psicólogo do Hagberg Consulting Group, afirma que os dados coletados pela empresa de consultoria com 4 mil executivos mostram que, enquanto a disposição de se arriscar diminui depois dos 40 anos, a paciência, traço fundamental na gestão, não se desenvolve antes dos 45. Mente aberta e disposição para o trabalho em equipe também são habilidades que efetivamente aumentam com a idade.[20]

Em alguns casos raros, como no caso do limite de 64 anos de idade para pilotos da Agência Federal de Aviação ou da representação de personagens exigindo atores bem jovens ou de idade bem avançada, a idade representa a chamada **qualificação ocupacional de boa fé**, característica objetiva exigida de uma pessoa para desempenhar adequadamente uma função. Em todos os demais casos, os especialistas sugerem ao supervisor tomar muito cuidado com decisões baseadas em presunções relativas à idade, como, por exemplo, de que funcionários mais idosos são fisicamente menos capazes ou possuem dificuldades visuais impeditivas do bom desempenho. Testes comprobatórios de qualificação para o trabalho, como o teste de acuidade visual, podem assegurar que a idade não está sendo usada como fator de discriminação e que trabalhadores valiosos não estão sendo ignorados ou perdidos.

Não existe mais, nos Estado Unidos, idade obrigatória** para a aposentadoria, e muitos trabalhadores consideram financeiramente necessário continuar suas carreiras. O Departamento Norte-Americano de Censo estima que 20% da população terá mais de 65 anos em 2030 (veja a Figura 5.4) e a tendência é de que muitos desses cidadãos permaneçam no trabalho. Eles serão uma força potente, e muitas empresas estão preparadas para treinar aposentados que decidem retornar ao trabalho.

qualificação ocupacional de boa fé (BFOQ)
Característica objetiva exigida de um indivíduo para desempenhar adequadamente uma função

FIGURA 5.4
Porcentagem de População com mais de 65 anos nos Estados Unidos, 2000 e 2030

Fonte: Departamento Norte-Americano de Censo, "U.S. Interim Projections by Age, Sex, Race, and Hispanic Origin", 18 mar. 2004, site do Departamento Norte-Americano de Censo, www.census.gov.

Número de norte-americanos com mais de 65 anos

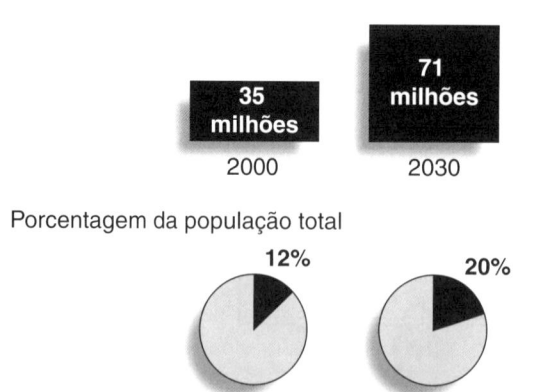

35 milhões — 2000
71 milhões — 2030

Porcentagem da população total
12% — 20%

---

* N.R.T.: No Brasil, a Lei 9.029, de 13 de abril de 1995, proíbe que o empregador adote prática discriminatória por motivo de sexo, origem, raça, cor, estado civil, situação familiar ou idade.
** N.R.T.: No Brasil, a aposentadoria por idade só é obrigatória para os funcionários públicos quando atingem 70 anos de idade, conforme o artigo 40,II da Constituição Federal. Nos demais casos, a aposentadoria é assegurada pelo artigo 201 § 7º. da Constituição Federal, para homens com mais de 65 anos de idade e mulheres com mais de 60 anos de idade, desde que tenham trinta e cinco anos e trinta anos, respectivamente, de contribuição para a previdência e o cumprimento do período de carência, previsto na Lei de Benefícios da Previdência Social (Lei 8213/91). Há outros prazos estabelecidos para os trabalhadores rurais, para os que exercem atividades em regime familiar e outros casos especiais a serem conferidos nos parágrafos seguintes do mesmo artigo 201 da Constituição Federal.

FIGURA 5.5
Fontes de Diversidade no Trabalho

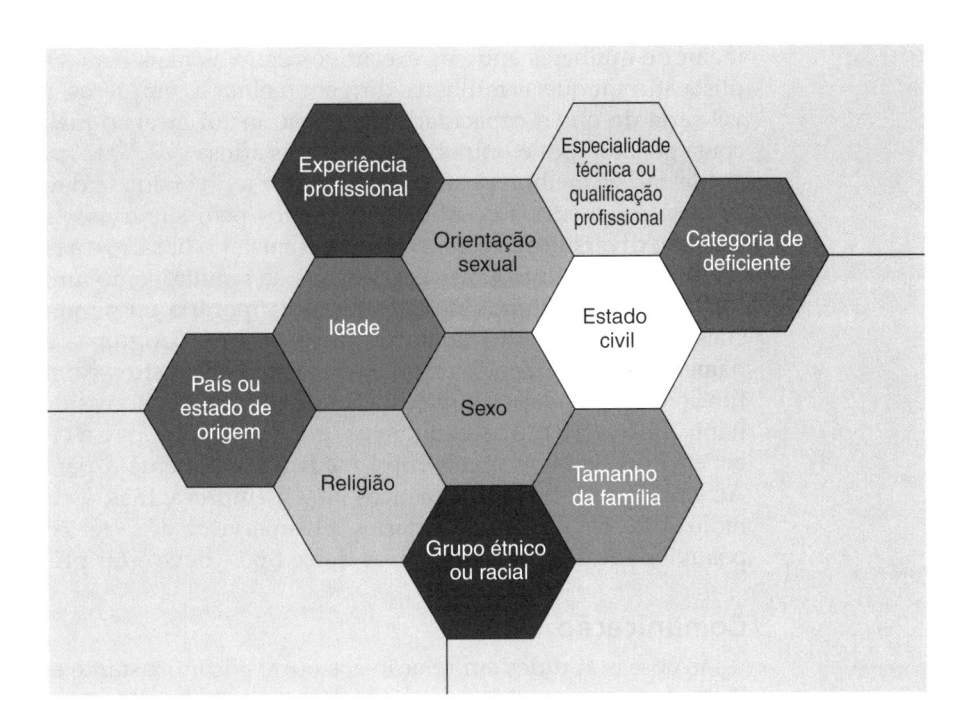

Fontes de diversidade (diagrama hexagonal): Experiência profissional; Especialidade técnica ou qualificação profissional; Orientação sexual; Categoria de deficiente; Idade; Estado civil; País ou estado de origem; Sexo; Religião; Tamanho da família; Grupo étnico ou racial.

IMPLICAÇÕES PARA O SUPERVISOR

O supervisor pode esperar que seus funcionários sejam diversificados em pelo menos alguns dos aspectos descritos neste capítulo. A Figura 5.5 mostra algumas possíveis fontes de diversidade de um grupo de trabalho. O desafio do supervisor é aproveitar as vantagens dessa diversidade. Para isso, é necessária uma comunicação eficaz para unir as diferenças culturais. O supervisor também pode se beneficiar do treinamento em diversidade e trabalhar em conjunto com o pessoal de recursos humanos da companhia para aprender como ele e seus funcionários devem se comportar para cumprir as leis relacionadas à diversidade da força de trabalho.

Vantagens da Diversidade

Superar os desafios de supervisionar uma força de trabalho diversificada exige esforço consistente e disposição para aprender com os erros, principalmente no caso de um supervisor novo. Mas existem recompensas, entre elas a convicção de que esse tipo de comportamento é tanto ético quanto justo. Outras vantagens para o supervisor incluem a oportunidade de aprender com as variadas visões daqueles que são diferentes dele, mais motivação e lealdade da equipe de funcionários, aperfeiçoamento das habilidades de comunicação, melhoria da capacidade de gestão e mais oportunidades de avançar na carreira.

A empresa como um todo também se beneficia com o resultado positivo do empenho do supervisor. Alguns dos benefícios que a empresa obtém com a diversidade são: maior capacidade de atrair e reter os melhores funcionários para os empregos, melhoria da produtividade, mais ânimo e motivação em toda a companhia, maior capacidade de recuperação da força de trabalho, mais inovação, menos rotatividade e melhor desempenho resultando em maior participação de mercado. Por exemplo, o trabalhador imigrante supera os obstáculos para chegar aos Estados Unidos e encontrar um emprego, apesar das barreiras que encontra, principalmente por causa do idioma. Pessoas com tamanho empenho para obter sucesso, alto nível de energia e motivação, têm potencial para inspirar todo o grupo de trabalho. Esse trabalhador também pode trazer idéias valiosas, com base em suas próprias experiências no país de origem.[21] A organização de pesquisa Catalyst recentemente estudou o desempenho financeiro das maiores empresas norte-americanas e descobriu que as companhias com um número maior de mulheres entre os executivos eram as mais bem-sucedidas. Seria muito simplista afirmar que as mulheres dirigem melhor as empresas, mas uma conclusão razoável seria de que a capacidade de gestão inclui atrair o melhor talento sem levar em conta gênero, raça e outras características afins.[22]

Mesmo os melhores esforços para gerir a diversidade devem ser tratados com cautela. Entre os vários desafios enfrentados pelo supervisor no moderno ambiente de trabalho diversificado estão a tarefa de ajustar o horário e a carga de trabalho aos feriados religiosos e étnicos; as necessidades da família, como uma criança doente ou pai ou mãe idosa necessitando de assistência temporária ou permanente; e os acordos especiais, como divisão de trabalho e trabalho virtual. Algumas vezes, são necessários treinamento e equipamentos especiais para atenuar o estresse de alguma deficiência de um funcionário ou adaptar uma estação de trabalho às necessidades físicas de um funcionário. Outros exemplos incluem os manuais bilíngües e a criação de um programa de benefícios que ofereça cobertura médica permanente a parceiros de ambos os sexos. Acordos como esses são benéficos para a empresa, mas, às vezes, podem criar insatisfação entre os outros funcionários. O supervisor deve ter consciência de que existe a possibilidade de surgir problemas desse tipo e deve estar preparado para enfrentá-los.

Comunicação

As nossas atitudes em relação aos outros ficam bastante evidentes na comunicação. Portanto, a comunicação do supervisor no trabalho deve servir como bom modelo de gestão construtiva da diversidade.

A comunicação não-verbal é igualmente tão poderosa em certos contextos quanto as palavras pronunciadas, e a linguagem corporal varia de uma cultura a outra (e mesmo entre os gêneros), assim como varia a linguagem falada. É importante não se basear demasiadamente nas generalizações sobre a cultura, porque, mesmo dentro das culturas, há variações de comportamento entre as pessoas. No entanto, para chegar a algumas conclusões básicas de como o supervisor pode estruturar melhor sua comunicação com os outros, tanto com os gestores como com os subordinados, é necessário ter como base algumas afirmações simples. Tenha em mente, entretanto, que elas não refletem a verdadeira complexidade das culturas estrangeiras ou dos indivíduos. Os exemplos são:[23]

- O japonês valoriza a capacidade de se manter fisicamente tranqüilo.
- Os norte-americanos brancos interpretam o contato visual como sinal de honestidade, enquanto, em muitas outras culturas, as pessoas baixam os olhos em sinal de respeito para com os superiores.
- Os norte-americanos tendem a sorrir para todos, enquanto os alemães sorriem de forma discreta para os amigos. O japonês sorri não apenas para expressar alegria, mas também para ocultar o constrangimento e até a raiva.
- Na Bulgária, as pessoas inclinam a cabeça para a frente, sinalizando não, e meneiam a cabeça, sinalizando sim.
- Os latino-americanos ficam mais próximos das pessoas do mesmo sexo, os norte-americanos ficam mais próximos das pessoas do sexo oposto.
- Na Ásia, no Oriente Médio e na América do Sul, amigos do mesmo sexo podem segurar na mão ou andar de braços dados em público, enquanto casais heterossexuais que se tocam em público causam um certo choque.
- Na América do Norte, a pessoa sentada na cabeceira da mesa geralmente é considerada a líder de grupo, a menos que seja uma mulher. Nesse caso, os observadores tendem a supor que o líder é um dos homens.

A comunicação não-verbal ou a linguagem corporal raramente ocorre sem que sejam acompanhadas de algumas palavras. A comunicação verbal, tanto escrita como falada, proporciona muitas oportunidades para unir as diferenças entre as culturas – como também apresenta riscos de não transmitir o significado pretendido. Uma das formas de o supervisor melhorar sua comunicação com as pessoas em um ambiente de trabalho diversificado é escolhendo as palavras com extremo cuidado, principalmente ao dar orientações.

Muitas palavras na língua inglesa têm mais de um significado, é repleta de gírias, expressões idiomáticas e emprestadas, como, por exemplo, "in the red" (*estar no vermelho*), "out of left field" (*surgir do nada*) e "get the nod" (*obter aprovação*). Essas expressões podem enganar, confundir e frustrar quem não é fluente e devem ser usadas com cautela, ou, se possível, nem serem usadas. Doris West-Walkin, consultora de recursos humanos da Johns Hopkins Medical Institutions, percebeu que era necessário se comunicar com cautela com as enfermeiras filipinas que haviam sido contratadas. Essas funcionárias falavam inglês, mas não o dialeto e a gíria dos colegas norte-americanos. Por isso, afirma West-Walkin, o supervisor precisa evitar usar expressões que possam causar confusão.[24]

O supervisor também deve observar que cada setor possui seu próprio jargão e que termos técnicos mal-empregados podem criar problemas específicos. O setor editorial, por exemplo, tem seus próprios significados para termos como *viúva, órfã, registro* e *rio*.[*] Até mesmo um nativo pode desconhecer o jargão de um determinado setor, então, os termos devem ter suas explicações padronizadas na orientação e no treinamento. Quando os funcionários têm outra língua nativa que não a do país onde trabalham, é ainda mais importante uma comunicação cautelosa. O texto na seção "Habilidades em Supervisão" oferece sugestões para melhorar a comunicação com os funcionários cuja língua materna não seja o idioma oficial do país.

O objetivo de todos esses exemplos não é afirmar que o supervisor deve se especializar em outras culturas. Isso seria impossível e provavelmente uma meta inútil. O que essas diferenças indicam, no entanto, é que, acima de tudo, não se deve conjecturar nas comunicações com os outros, principalmente no modo de interpretar as palavras e as ações de uma pessoa. Pensar antes de se comunicar, para entender a possível reação às suas palavras e gestos, é um bom hábito a ser cultivado. Verificar se está sendo entendido é uma maneira simples, mas bem eficaz de assegurar a transmissão do significado desejado.

Treinamento em Diversidade

Para se beneficiar de todas as vantagens de contar com uma força de trabalho diversificada, o supervisor primeiro deve garantir que as diferenças culturais sejam percebidas por todos como uma força positiva dentro da empresa. Algumas vezes, é necessário um treinamento formal em diversidade, podendo ser, por exemplo, na forma de um seminário de dois ou três dias, para aumentar a consciência dos funcionários a respeito do multiculturalismo e ajudar a reduzir as barreiras, como o preconceito e os estereótipos. Muitas vezes, esses programas atraem os contratados pertencentes a grupos minoritários e geram o aumento da percepção das diferenças entre as pessoas. O aperfeiçoamento da capacidade de comunicação também é uma meta comum do treinamento em diversidade, juntamente com o aperfeiçoamento das habilidades interpessoais e técnicas, melhorando a proficiência do idioma e facilitando o *mentoring*. Algumas empresas, no entanto, experimentam uma reação adversa ao treinamento em diversidade. Entre os problemas detectados estão a intensificação dos estereótipos do grupo e até mesmo os processos judiciais movidos com base em declarações ofensivas expressas durante as sessões de "conscientização".[25] O treinamento deve ser acompanhado de diretrizes e controles apropriados, e deve ser administrado por intrutores profissionais.

Jonathan Segal, especialista em recursos humanos, destaca a importância do treinamento principalmente para o supervisor, porque é ele quem interage diretamente com os funcionários, e, às vezes, agir com boas intenções pode ser uma forma ruim de proteção. Segal constatou que um supervisor que se preocupa com os funcionários pode facilmente embarcar em situações que envolvem implicações legais que ele desconhece.

---

[*] N.R.T. : O termo *órfão* significa a primeira linha de um parágrafo impressa sozinha no final da página; *viúva* é a última linha de um parágrafo impressa sozinha no início da página; *registro* é o ajuste adequado para a impressão em relação às margens do papel e a outros itens na mesma folha; e *rio* são os contornos dos espaços em branco na margem da página dando a impressão de um "rio fluindo" (*in* www.contexture.us/INDEX.HTM, acessado em 12 de novembro de 2007).

HABILIDADES EM SUPERVISÃO

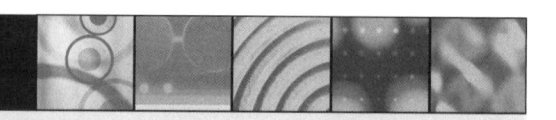

COMUNICAÇÃO

SUPERVISIONANDO TRABALHADORES QUE NÃO FALAM A MESMA LÍNGUA

A história dos Estados Unidos é uma história de imigrantes, e a força de trabalho norte-americana continua a incluir muitas pessoas que falam outra língua, que não o inglês. Hoje, muitos trabalhadores nos Estados Unidos falam espanhol, tagalog (originário das Filipinas), polonês ou vietnamita como língua materna. O supervisor deve ter capacidade para motivar e liderar esses funcionários e ajudá-los a trabalhar bem com as outras pessoas da organização.

A comunicação com os trabalhadores cuja língua materna não seja o inglês começa com a conscientização dos desafios impostos pela barreira do idioma. O supervisor deve se empenhar para garantir que eles entendam as orientações, os questionamentos, as normas, os avisos, as expectativas, o feedback dos clientes e até mesmo as conversas informais. A dificuldade da língua pode deixar esses funcionários inseguros e com medo. O supervisor pode adotar estas medidas para ajudar os funcionários a superar a barreira do idioma:

- Procurar e contratar funcionários bilíngües e multilíngües para atuar como intérpretes.
- Fornecer todas as instruções e informações impressas, traduzidas no(s) idioma(s) do(s) funcionário(s).
- Afixar diagramas e figuras por todo o local de trabalho. Boas ilustrações ajudam todos os trabalhadores, inclusive os nativos.
- Aprender continuamente sobre as culturas dos funcionários imigrantes. Além das diferenças de língua, será que eles possuem costumes diferentes em relação ao contato visual, aos títulos usados para se dirigirem às pessoas ou a distância que se deve manter entre as pessoas?
- Demonstrar apreço e respeito pela cultura dos funcionários. Aproveitar as oportunidades de experimentar a comida e os estilos musicais da sua cultura.
- Se houver muitos funcionários precisando de ajuda no idioma, verificar se a companhia pode pagar aulas ou reembolsar o custo de cursos de idiomas oferecidos em escolas da comunidade.
- Quando o empregador estabelece normas de uso obrigatório do idioma oficial do país, o supervisor deve trabalhar em conjunto com o departamento de recursos humanos para garantir que tais normas sejam implementadas de acordo com as leis. Por exemplo, o empregador pode exigir o uso de inglês para promover a segurança ou a comunicação eficaz com os clientes. Essas normas não podem ser adotadas como meio de discriminação (por exemplo, para dificultar o acesso de imigrantes aos cargos oferecidos pela companhia).
- Exigir claramente o tratamento digno entre os funcionários. Racismo e discriminação deixam o ambiente pesado, afetando todo o grupo de trabalho e pode expor o empregador ao risco de processos judiciais.

Fontes: Texto baseado em Robert D. Ramsey, "Supervising Employees with Limited English Language Proficiency", *Supervision*, jun. 2004, extraído de InfoTrac, http://web5.infotrac.galegroup.com; Equal Employment Opportunity Commission, *EEOC Compliance Manual*, Seção 13(C), National Origin Discrimination: English-Only Rules, site da EEOC, www.eeoc.gov, acessado em 9 de agosto de 2004.

Por exemplo, um supervisor pode chegar à conclusão de que o desempenho de um funcionário está sendo prejudicado por causa de um problema emocional ou mental. O supervisor pode pensar que a melhor maneira de trabalhar com o funcionário é identificando a origem do problema. No entanto, existem várias exigências legais com a finalidade de evitar a discriminação contra funcionários portadores de deficiência; se o funcionário chegar à conclusão de que ele é portador de algum tipo de deficiência, os esforços bem-intencionados do supervisor podem colocar a companhia em uma situação difícil.[26] Como os problemas ligados à diversidade podem se tornar bem complexos, o supervisor deve procurar treinamento e levá-lo a sério quando a organização o oferece. Quando a diversidade é acolhida pela diretoria e inserida nas políticas e nos procedimentos impostos de forma justa, e quando as metas do treinamento em diversidade são reforçadas continuamente dentro da cultura corporativa, ela tem maior chance de contribuir para as metas da companhia. Se não existir esse apoio ideal, o supervisor ainda pode apoiar a diversidade, estabelecendo de forma consistente um bom exemplo no tratamento com as outras pessoas. Tais práticas aparentemente inocentes, como contratar apenas pessoas que pareçam se ajustar à "cultura corporativa", podem levar o supervisor a compor o quadro de pessoal da empresa com trabalhadores de semelhantes históricos; com características religiosas, étnicas ou raciais idênticas; ou da mesma faixa etária. Mesmo que essas empresas não sofram nenhuma ação judicial, elas ainda estão perdendo um dos melhores recursos potenciais – a criatividade e vitalidade, decorrentes da promoção do relacionamento entre as pessoas e o que elas podem aprender umas com as outras.

TABELA 5.1 Algumas Leis Importantes, nos Estados Unidos e no Brasil, Que Promovem Oportunidades Iguais de Emprego

Legislação	Resultado
Estados Unidos	
Título VII da Lei dos Direitos Civis, de 1964, conforme emenda	Criou a Equal Employment Opportunity Commission (Comissão de Oportunidades Iguais de Emprego); impede a discriminação baseada em raça, cor, religião, sexo ou nacionalidade.
Lei de Equivalência Salarial, de 1963	Exige remuneração igual para homens e mulheres desempenhando trabalhos similares.
Lei Contra a Discriminação por Idade no Emprego, de 1967	Impede a discriminação contra pessoas que já completaram 40 anos.
Lei de Reabilitação Vocacional, de 1973	Para cargos ligados ao governo federal, exige ação antidiscriminatória visando empregar portadores de deficiência física qualificados, proibindo a sua discriminação.
Lei Contra a Discriminação por Gravidez, de 1978	Impede a discriminação contra as mulheres grávidas, no nascimento do bebê ou em quadros clínicos relacionados.
Lei Assistencial de Readaptação dos Veteranos da Guerra do Vietnã, de 1974	Impõe ação antidiscriminatória no emprego para veteranos da época da Guerra do Vietnã.
Lei Contra a Discriminação do Norte-Americano Portador de Deficiência, de 1990	Proíbe a discriminação contra funcionários portadores de deficiência no setor privado e incentiva a oferta de adaptações razoáveis para eles.
Lei dos Direitos Civis, de 1991	Impõe o ônus da prova ao empregador e permite indenizações punitivas e compensatórias nos casos de discriminação.
Brasil	
Constituição Federal de 1988 Art. 7º XXX	Estabelece proibição de diferença de salários, de exercício de funções e de critério de admissão por motivo de sexo, idade, cor ou estado civil.
Constituição Federal de 1988 Art. 7º XXXI	Estabelece proibição de qualquer discriminação no tocante a salário e critério de admissão do trabalhador portador de deficiência.
Constituição Federal de 1988 Art. 7º XXXII	Estabelece proibição de distinção entre trabalho manual, técnico e intelectual ou entre os profissionais respectivos.
Lei 7.716 de 5 de janeiro de 1989	Pune quaisquer atos de discriminação por raça, cor, etnia, religião ou procedência nacional.
Consolidação das Leis do Trabalho – CLT Art. 5º	A todo trabalho igual garante salário igual, sem distinção de sexo.
Art. 373-A, III	Veda considerar o sexo, a idade, a cor, ou situação familiar como variável determinante para fins de remuneração, formação profissional e oportunidades de ascensão profissional.
Art. 461	Garante ao trabalho de igual valor, salário igual sem distinção de sexo, nacionalidade e idade.
Lei 7.853 de 24 de outubro de 1989	Dispõe sobre o apoio às pessoas portadoras de deficiência, sua integração social, sobre a Coordenadoria Nacional para Integração da Pessoa Portadora de Deficiência – Corde, institui a tutela jurisdicional de interesses coletivos ou difusos dessas pessoas, disciplina a atuação do Ministério Público, define crimes, e dá outras providências.
Lei 8.213 de 24 de julho de 1991	Dispõe sobre Planos de Benefícios da Previdência Social e no seu artigo 93, determina que as empresas, com 100 (cem) ou mais empregados, devem preencher de 2% (dois) a 5% (cinco por cento) de seus cargos com beneficiários reabilitados da Previdência Social ou com PPDs (Pessoas Portadoras de Deficiências).

Questões Legais

Uma análise de todas as leis americanas relevantes ao emprego está além do escopo deste livro. A Tabela 5.1 mostra resumidamente algumas das principais leis que regem as áreas da diversidade no trabalho e que o supervisor deve conhecer. Essas normas regem a contratação, a remuneração, a promoção e a avaliação, tudo dentro do escopo das responsabilidades do supervisor.

A Equal Employment Opportunity Commission – EEOC (Comissão de Oportunidades Iguais de Emprego) foi instituída pelo Título VII da Lei dos Direitos Civis de 1964 e emenda de 1972. A EEOC é constituída de cinco membros, indicados pelo presidente americano, para um mandato de cinco anos. Essa agência atua como principal meio para o governo federal americano fazer cumprir as leis de oportunidades iguais de emprego e tem poder para investigar reclamações, usar a conciliação para acabar com a discriminação quando esta é identificada, e mover ações por discriminação em nome de algum indivíduo, se necessário. Cada estado americano também criou suas próprias leis para preencher as lacunas na legislação federal.[27]

MÓDULO DE APTIDÃO

PARTE UM: CONCEITOS

Resumo

5.1 Definir o que é diversidade.

Diversidade refere-se às características dos indivíduos que moldam sua identidade e as experiências por eles vividas em sociedade. Diversidade racial, cultural, étnica, etária, sexual e outras são bem-vindas e consideradas aspecto positivo nas empresas, hoje em dia.

5.2 Discutir as mudanças na força de trabalho norte-americana e seus impactos na atuação do supervisor.

O número de mulheres e minorias na força de trabalho está aumentando. A força de trabalho está também envelhecendo, e as novas tecnologias estão inserindo o portador de deficiência na força de trabalho com valiosas habilidades e percepções. Os trabalhadores técnicos estrangeiros estão trazendo seu conhecimento especializado para muitas empresas norte-americanas. Todas essas mudanças proporcionam ao supervisor tanto um desafio para as suas habilidades de gestão como uma oportunidade para criar uma equipe de trabalhadores sólida e flexível.

5.3 Diferenciar entre preconceito, discriminação e estereótipos no ambiente de trabalho.

Preconceito é o julgamento preconcebido em relação a uma pessoa ou um grupo de pessoas. Discriminação é o tratamento injusto ou desigual baseado no preconceito. Estereótipos são imagens generalizadas e padronizadas que as pessoas têm dos outros.

5.4 Explicar por que o sexismo e o ageísmo são barreiras contra a diversidade e como o supervisor pode se conscientizar melhor sobre o assunto.

Sexismo e ageísmo referem-se à discriminação contra as pessoas com base no sexo ou na idade, respectivamente. O supervisor deve estar ciente de que o sexismo pode ser sutil, como em uma linguagem sexista, ou ostensivo, como no assédio sexual, definido como abordagem sexual indesejada, incluindo linguagem, comportamento ou exibição de imagens. O assédio sexual é ilegal. O ageísmo pode custar à organização a vantagem da experiência, da visão e do julgamento proporcionados pelos trabalhadores mais idosos. A discriminação baseada na idade é ilegal, exceto no caso (raro) de qualificação de boa fé.

5.5 Descrever algumas maneiras de se comunicar melhor em um ambiente de trabalho diversificado.

O supervisor consegue se comunicar com mais eficácia, entendendo que a comunicação verbal e não-verbal varia em significado entre as culturas. Evitar gírias e expressões idiomáticas, explicar os jargões técnicos e verificar se o significado foi entendido ajudam a melhorar a comunicação.

5.6 Descrever as metas do treinamento em diversidade.

O treinamento em diversidade tem a finalidade de aumentar a consciência dos funcionários a respeito do multiculturalismo e ajuda a reduzir barreiras, como o preconceito e os estereótipos. Outras metas incluem o aperfeiçoamento da comunicação e das habilidades técnicas e interpessoais.

5.7 Relacionar as mais recentes e importantes leis americanas e seus dispositivos sobre diversidade.

O Título VII da Lei dos Direitos Civis de 1964 e emenda de 1972 criou a Comissão de Oportunidades Iguais de Emprego (EEOC), que investiga e atua em reclamações de discriminação. Veja na Tabela 5.1 um resumo da recente legislação.

Capítulo 5 Gestão da Diversidade 129

Termos Principais

diversidade, *p.* 113
cultura corporativa, *p.* 116
preconceito, *p.* 117
discriminação, *p.* 117
estereótipos, *p.* 118

sexismo, *p.* 119
assédio sexual, *p.* 120
ageísmo, *p.* 121
qualificação ocupacional de boa fé, *p.* 122

Questões para Discussão e Revisão

1. O que é diversidade? A sua importância vem mudando? Como?
2. Rasheen supervisiona o setor de correspondência de uma grande empresa de serviços financeiros. Ele foi informado de que participará de um treinamento em diversidade na próxima semana. Rasheen acredita que, por ter contratado recentemente três funcionárias compatriotas, ele já sabe tudo sobre diversidade. Se você fosse o supervisor de Rasheen, o que você diria a ele para prepará-lo para o programa de treinamento?
3. Algumas pesquisas indicam que a crescente diversidade cultural e racial nos Estados Unidos restringe-se às grandes cidades. Em sua visão, à que se deve essa tendência? Será que ela indica que apenas supervisores de cidades grandes devem se preocupar com a diversidade?
4. Faça a distinção entre preconceito e discriminação. Como os estereótipos contribuem para a existência tanto de um como de outro.
5. Aaron, supervisor de serviços administrativos de uma organização de manutenção da saúde, deseja contratar a melhor pessoa para o cargo de recepcionista. Ramona, sua gerente, está em dúvida se a candidata selecionada por Aaron será capaz de exercer a função porque ela usa cadeira de roda. Ramona está preocupada porque os demais trabalhadores gastarão muito tempo ajudando-a a entrar no escritório e sair para o almoço, para os intervalos e assim por diante. De que forma Aaron pode garantir que sua candidata será uma boa contratação para a empresa?
6. Crie uma lista de quantas expressões idiomáticas em inglês você conhece que podem confundir uma pessoa que fala a língua. Ao lado de cada expressão, escreva outra que transmita melhor o mesmo significado.
7. O chefe de Mariah a chama de "meu amor", embora chame os colegas dela pelo nome, Jason, Rick e Harrison. Como Mariah pode acertar essa situação com o chefe?
8. Diversos integrantes da sua equipe estão faltando por motivo de saúde, e o seu cronograma semanal de produção está atrasado. Um funcionário novo o procura, pedindo-lhe meio dia de licença por causa de um feriado religioso do qual você nunca ouviu falar. O que você faz?
9. O que é EEOC e quais são suas responsabilidades e poderes?

PARTE DOIS: CAPACITAÇÃO

PROBLEMA A SER RESOLVIDO PELO ALUNO

Com base no texto da página 113, reflita e considere sobre a questão da diversidade no corpo de bombeiros da cidade de Nova York. Comece reconhecendo que os membros do seu grupo podem ter opiniões diversas sobre esse assunto. Liste as várias formas de diversidade dos integrantes do seu grupo. Os componentes são de vários grupos étnicos ou raciais e de ambos os sexos? Diferentes idades? Diferentes tipos de experiência profissional? De que outra forma vocês são "diversos"? Conforme as discussões avançam, avalie se as diferentes experiências de vida dos membros do grupo os ajudam a ver o problema de formas diferentes, e tente ouvir atentamente, principalmente, as diferentes visões da sua própria diversidade. O ideal seria que esse processo os ajudasse a entender mais plenamente a situação.

Discuta como as políticas de recrutamento do FBNY estão atingindo a meta de diversificar a força de trabalho. Depois, discuta se as políticas estão efetivamente cumprindo a meta de selecionar o melhor pessoal para a função. Em consenso, escolha duas mudanças que possam ser adotadas pelo departamento para equilibrar melhor essas duas metas. Resuma essas mudanças em um memorando a ser encaminhado ao gestor de recursos humanos do corpo de bombeiros.

Caso de Solução de Problemas: *A Wal-Mart Empenha-se com a Questão da Diversidade*

A Wal-Mart Stores, com 1,3 milhão de funcionários, é o maior empregador privado (não-governamental) nos Estados Unidos. Em 2004, a companhia também se tornou ré da maior ação coletiva sob a acusação de discriminação sexual. De acordo com a ação original, movida por seis mulheres em 2001, a Wal-Mart sistematicamente lhes negou oportunidades de promoção e níveis de remuneração iguais aos oferecidos aos funcionários do sexo masculino. Um juiz federal decidiu que as práticas da companhia suscitavam a possibilidade de um tratamento padronizado injusto, justificando a ação coletiva, significando que mais de um milhão de funcionárias podem ser indenizadas se a Wal-Mart perder o caso.

A acusação que deu início a esse processo surgiu quando uma gerente-assistente de uma unidade do Sam's Club da Califórnia descobriu que outro gerente-assistente do sexo masculino ganhava $ 10 mil a mais que ela por ano. A mulher, Stephanie Odle, investigou e recebeu como justificativa para a remuneração superior do seu colega a alegação de que ele teria esposa e filhos para sustentar. Odle recebeu um aumento, mas só depois de apresentar um orçamento doméstico, e, mesmo com o aumento, seu salário continuou menor que o do colega. Odle alega haver sido posteriormente demitida por causa da reclamação, e levou o caso para a EEOC. Sua denúncia acabou sendo combinada com a das outras funcionárias da Wal-Mart.

As reclamantes no processo usam estatísticas para sustentar o caso. Elas ressaltam que dois terços das funcionárias horistas da Wal-Mart são mulheres, embora apenas um pouco mais de um terço das gerentes sejam mulheres. Entre os principais gerentes das lojas da Wal-Mart, apenas 14% são mulheres. Além disso, de acordo com o processo judicial, as funcionárias da Wal-Mart em funções de horista recebem de 5% a 15% a menos que os funcionários homens nas mesmas funções.

Em sua defesa, a Wal-Mart ressalta que a maioria das decisões de emprego não é tomada na matriz, e sim dentro de cada loja. Conseqüentemente, a companhia como um todo não pode ser considerada como tendo um padrão discriminatório. Além disso, a Wal-Mart alega não existir diferença salarial em 90% de suas lojas. Em relação à baixa proporção de mulheres nos cargos de gestão, a companhia apresenta como justificativa a baixa proporção de mulheres que se candidatam às promoções. A companhia também alega que se espera do gerente mais mobilidade; supõe-se que as mulheres tendem a aceitar menos essas exigências da carreira que os homens.

Algumas mudanças recentes na Wal-Mart podem tornar mais justo o tratamento dos funcionários. A companhia contratou um diretor de diversidade, reestruturou as escalas salariais e contratou consultores para reelaborar a descrição dos cargos. A gratificação dos executivos é baseada parcialmente no cumprimento das metas ligadas à diversidade. Um novo sistema eletrônico permite a todos os funcionários da companhia candidatar-se ao treinamento em gestão. Até há pouco tempo, apenas cargos para horistas – não para gestores – eram divulgados dentro das lojas; a maioria dos varejistas divulga todas as vagas disponíveis como forma de demonstrar que suas práticas de promoção são justas. Christine Kwapnoski, uma das partes envolvidas na ação judicial, reclamou que desejava tornar-se supervisora, mas o Sam's Club onde ela trabalhava não possuía processo de inscrição, então, tinha de contar com a informação boca a boca. De acordo com Kwapnoski, seus colegas do sexo masculino passavam mais tempo se socializando com a administração, assim tinham mais acesso às promoções. (Ela também afirmou ter escutado que se quisesse uma promoção deveria se "embonecar".)

Se a Wal-Mart trabalhar com o governo para chegar a um acordo sobre o caso, provavelmente implementará mais mudanças. Algumas companhias que chegaram a um acordo em ações semelhantes concordaram em aceitar um monitor nomeado pelo tribunal para supervisionar as práticas de empregabilidade da companhia. Outra conseqüência comum dos acordos de discriminação é o estabelecimento de critérios objetivos por parte do empregador para avaliar o desempenho dos funcionários.

1. A visão da Wal-Mart é atingir um serviço superior de atendimento ao consumidor e preços baixos, aplicando três crenças básicas do fundador Sam Walton: "respeito pelo indivíduo, atendimento aos nossos clientes e empenho na busca da excelência". Como uma força de trabalho diversificada pode ajudar uma companhia a realizar essa meta? Como a diversidade pode dificultar o cumprimento dessa meta? Com base nas informações desse caso, em sua visão, a Wal-Mart conseguiu cumprir bem sua meta?

2. Os advogados de defesa da Wal-Mart ressaltam ser impossível esperar que uma companhia com mais de um milhão de funcionários garanta um tratamento justo a todos; ela tem de confiar que os gestores

do nível inferior adotem a prática correta. Quais requisitos gerais esse ponto de vista impõe aos gerentes das lojas e aos supervisores de departamento?

3. Prepare um argumento sustentando ou as reclamações das funcionárias ou a defesa da Wal-Mart. (Se o professor orientar, este exercício pode fazer parte de um debate em aula.) Pesquise novas histórias recentes sobre o caso, e verifique se elas contêm fatos extras que possam ser usados para sustentar seus argumentos.

Fontes: Caso baseado em Wal-Mart Stores, "3 Basic Beliefs", páginas Sobre a Wal-Mart no site da companhia, www.walmartstores.com, acessado em 12 de agosto de 2004; Wendy Zellner, "A Wal-Mart Settlement: What It Might Look Like", *BusinessWeek*, 5 jul. 2004, extraído de InfoTrac, http://web4.infotrac.galegroup.com; Ann Zimmerman, "Wal-Mart Faces Class Action in Sex Discrimination Case", *The Wall Street Journal*, 22 jun. 2004, http://online.wsj.com; Cora Daniels, "Women vs. Wal-Mart," *Fortune*, 21 jul. 2003, extraído de InfoTrac, http://web4.infotrac.galegroup.com.

Autoconhecimento

Evitando o Viés Etário

Marque 0 para as afirmações que considera verdadeiras; marque 10 para as que considera falsas.

_____ 1. A produtividade do trabalhador declina com a idade.
_____ 2. Os funcionários idosos são mais caros.
_____ 3. É mais difícil lidar com funcionários mais velhos.
_____ 4. Os funcionários mais velhos vão se acomodando até poderem se aposentar.
_____ 5. Os funcionários mais velhos são mais propensos a acidentes e absenteísmo.
_____ 6. Os funcionários mais velhos podem se aposentar porque estão financeiramente seguros.
_____ 7. O retreinamento de funcionários mais velhos é mais caro porque seu futuro na companhia é mais curto que a média.

Pontuação: Quanto maior a sua pontuação, menor a probabilidade de você ter uma visão distorcida sobre a idade de um trabalhador. Todas as afirmações são falsas.

Fonte: Adaptação baseada em Margaret J. Cofer, "How to Avoid Age Bias", *Nursing Management*, 1 nov. 1998, p. 11.

Pausa e Reflexão

1. Você consegue pensar em quaisquer outros preconceitos comuns em relação ao trabalhador mais idoso?
2. Cite alguns trabalhadores mais idosos que você conhece. Escolha um ou dois, e reflita sobre os benefícios que eles propiciam às suas funções. Eles se enquadram nos sete estereótipos listados anteriormente? Como?
3. Como você pode aprender com os seus colegas de trabalho mais idosos? E como eles podem aprender com você?

Exercício em Aula

Gerindo a Diversidade

Inventário de Análise Cultural

São duas perguntas para cada tópico. Para cada uma, escreva respostas curtas. Depois de terminar, o professor pode discutir suas respostas com a classe, ou você pode discuti-las em pequenos grupos, ou pode realizar uma "caçada cultural", tentando descobrir alguém da classe que tenha respondido como você.

1. Casamentos
   a. Qual a parte mais importante da cerimônia de casamento?
   b. Qual a parte mais importante da recepção?
2. Jantares
   a. Quem fatia a carne em grandes jantares de família?
   b. Quem retira a mesa em grandes jantares de família?

3. Velórios
    a. Qual a decisão correta em relação a "ver" o falecido?
    b. Onde deve ocorrer a cerimônia fúnebre?
4. Família
    a. Qual a principal atividade que a sua família faz reunida?
    b. Até que grau de parentesco existe a obrigação de se responsabilizar por um membro da família (por exemplo, emprestar dinheiro, tomar conta dos filhos, prover alimentação, deixar a pessoa viver com você provisoriamente)?
5. Etnia
    a. Como a sua família se identifica etnicamente?
    b. O que representa a identidade étnica e cultural da sua família? (Por exemplo, se você for húngaro, cite uma canção de ninar húngara ou uma comida típica consumida por sua família.)

Fonte: De Dan O'Haire; Gustav Friedrich, *Strategic Communication in Business and the Professions*, 2. ed. Copyright © 1995 by Houghton Mifflin Company. Publicado com permissão.

Capacitação em Supervisão

Orientando os Funcionários

Sua equipe de trabalho é responsável por entrevistar candidatos para preencher as vagas existentes no grupo e apresentar recomendações de contratação. Para uma das vagas existentes, você entrevistou diversos candidatos qualificados e decidiu pelo melhor. No entanto, o candidato é bem jovem, e a maioria dos integrantes do seu grupo está na faixa dos 50 anos. Embora eles estejam impressionados com as habilidades do candidato, você sente que eles estão relutantes em mudar tão drasticamente a composição da equipe. Sua preocupação é manter o fluxo de trabalho sem problemas e manter elevado o estado de espírito cultivado.

Supondo que o candidato tenha sido contratado, dividam-se em grupos e pensem em estratégias para incorporar a nova pessoa na equipe de modo que os integrantes o aceitem e o recebam bem.

Parte **Três**

Funções do Supervisor

6. Atingindo as Metas: Planos e Controles

7. Organização e Autoridade

8. O Supervisor Como Líder

9. Solução de Problemas, Tomada de Decisões e Criatividade

Supervisores de Sucesso Lideram para Atingir as Metas
Stockbyte/Punchstock Images

Capítulo **Seis**

Atingindo as Metas: Planos e Controles

Tópicos Gerais do Capítulo

Planejamento nas Organizações
  Objetivos
  Políticas, Procedimentos e Normas
  Planos de Ação
  Planejamento Contingencial
  Gestão por Objetivos
O Supervisor como Planejador
  Fornecendo Informações e Estimativas
  Alocando Recursos
  Envolvendo os Funcionários
  Planejando com a Equipe
  Atualizando os Objetivos
O Supervisor como Controlador
  Processo de Controle
  Tipos de Controle
  Ferramentas de Controle
Características de Controles Eficazes
  Oportunidade
  Eficácia dos Custos
  Aceitabilidade
  Flexibilidade

Objetivos de Aprendizado

Depois de estudar o capítulo, o aluno estará apto a:

6.1 Descrever os tipos de planejamento existentes nas organizações.

6.2 Identificar as características de objetivos eficazes.

6.3 Definir o conceito de *gestão por objetivos (GPO)* e discutir sua aplicação.

6.4 Discutir o papel do supervisor no processo de planejamento.

6.5 Explicar a finalidade do uso de controles.

6.6 Identificar as etapas no processo de controle.

6.7 Descrever os tipos e as ferramentas de controle.

6.8 Listar as características de controles eficazes.

O supervisor inteligente conta com a colaboração para a realização do trabalho. Quanto mais difícil ou impossível de ser feito for o trabalho ou as restrições de tempo, mais importante será o envolvimento das pessoas na criação de um plano para realizá-lo.

– *Edward J. Felten, ex-presidente (aposentado), First Supply Group*

Problema de um Supervisor: Planejando a Qualidade na Apache Stoneworks

Como proprietário da Apache Stoneworks de Denver, Romarico Nieto supervisiona uma equipe de cinco assentadores de pisos finos de pedra e cerâmica. A companhia é especializada em trabalhos de acabamento refinado, portanto, os clientes esperam um trabalho perfeito. Nieto e sua equipe oferecem exatamente isso, graças a um criterioso planejamento e a busca de altos padrões de qualidade.

Os clientes muitas vezes esperam que a equipe de Nieto inicie os trabalhos de instalação imediatamente após a chegada ao local, mas normalmente a equipe leva dois dias na preparação. Esse cuidado é o que Nieto chama de "nosso trabalho mais importante". Nieto começa planejando no computador os procedimentos de instalação de cada trabalho. O programa gera um modelo (um "plano de caminho crítico") do processo, incluindo detalhes, como, por exemplo, as cores. Ele imprime cópias do plano e as entrega para cada membro da equipe. Dessa forma, cada um sabe exatamente onde deve estar em cada estágio do processo. O trabalho em equipe é fundamental para a companhia operar com eficácia.

No local, a equipe utiliza ferramentas, tais como régua de prumo e nível, para medir os desníveis do piso e as inclinações das paredes. A superfície quase nunca é plana, e os cantos quase nunca são quadrados, assim, é necessário ajustar a disposição das peças para esconder as irregularidades. A superfície pode ser nivelada de diversas maneiras, e as peças podem ser dispostas de forma que minimizem a evidência de algum ângulo imperfeito. Nieto afirma: "Gastamos horas preparando a disposição do piso de um ambiente para maximizar o uso de peças inteiras e evitar que as quebras apareçam. Planejamento antecipado, paciência e atenção aos detalhes não apenas melhoram a qualidade, mas também aumentam a produtividade". A equipe coloca uma fileira de peças e determina a melhor disposição em torno do perímetro; o plano é, então, ajustado para evitar que a pedra ou a cerâmica tenha suas bordas lascadas.

Em alguns casos, os assentadores profissionais literalmente ficam encurralados em um canto, esperando a argamassa secar. O planejamento detalhado de Nieto evita esse problema. Os profissionais da sua equipe sabem exatamente o que fazer primeiro, e o que fazer por último. Eles começam com as paredes, depois fazem o contrapiso, em seguida, a parte central e, por fim, o perímetro.

O controle de qualidade é contínuo à medida que os assentadores vão executando o trabalho. Por exemplo, eles usam um disco de hóquei (*puck*) para verificar se todos os pisos estão planos e no mesmo nível. Sempre que os trabalhadores assentam uma peça, eles a nivelam. Eles cortam um retângulo de mais ou menos 2,5 por 5 cm do mesmo material (o disco de hóquei), certificando-se de que ele tenha a mesma altura da primeira peça assentada. Eles colocam o retângulo em uma extremidade da régua niveladora e a colocam sobre a peça, movendo o retângulo em todas as direções. Dessa forma, o assentador tem certeza de que todas as peças assentadas até o retângulo ficarão totalmente planas. Conforme eles vão assentando cada peça, vão conferindo com a régua e o retângulo. Diz Nieto: "Quando terminamos, você pode deslizar o retângulo pelo piso que ele correrá como se fosse um disco de hóquei sobre o gelo porque não colidirá em nenhuma saliência ou reentrância".

O trabalho da construção civil, assim como os executados pela Apache Stoneworks, exige precisão para que seja realizado corretamente. Romarico Nieto precisa fazer com que seus funcionários completem o trabalho de maneira perfeita, no prazo e dentro do orçamento, além de fazer com que seus clientes fiquem completamente satisfeitos.

QUESTÕES

1. Pense nos níveis de planejamento envolvidos em um trabalho da Apache Stoneworks. De que tipos de habilidades de planejamento – quanto à qualidade, tempo e orçamento – Nieto precisa para completar um trabalho com êxito?
2. Que habilidades Nieto precisa utilizar para lidar com os problemas cotidianos do trabalho, como, por exemplo, avaliar o progresso dos funcionários e a qualidade da construção? De que habilidades ele precisa para lidar com as reclamações e preocupações do cliente?

Fonte: Romarico Nieto, "Tiler's Secrets: The Critical Path to Flawless Installation", *Tools of the Trade*, jan./fev. 2003, extraído de Business & Company Resource Center, http://galenet.galegroup.com.

Por meio do planejamento, Romarico Nieto garante que sua equipe atinja as metas e os objetivos. Para isso, ele precisa saber o que é esperado da equipe e se ela está efetivamente trabalhando de acordo com os objetivos. O supervisor obtém essas informações importantes po meio da execução das funções de planejamento e controle.

Este capítulo descreve como o supervisor pode e deve executar essas funções. O capítulo começa com uma descrição de como o planejamento é feito nas organizações, incluindo os tipos de objetivos e planejamentos comuns. Em seguida, o capítulo apresenta uma discussão sobre o papel do supervisor como planejador: definindo e atualizando os objetivos e incluindo os funcionários nesses processos. A segunda metade do capítulo trata da função de controle da gestão. Nela, serão descritos o processo seguido pelo supervisor e algumas das ferramentas utilizadas por ele no controle. Serão abordadas também as características de controles que são considerados eficazes.

HABILIDADES EM SUPERVISÃO

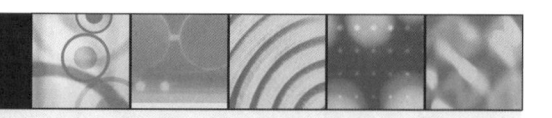

DEFINIÇÃO DE METAS

DICAS PARA DEFINIR METAS

Se você conseguir pensar nas metas como um acordo entre você e seus funcionários, descobrirá que a definição de metas está mais para uma arte que para uma ciência. Metas altas demais desencorajam os funcionários; metas baixas demais não os motivam. Muitos supervisores acreditam que a melhor estratégia para definir as metas é incluir os funcionários no processo o máximo possível.

Estas são algumas dicas para a definição de metas:

1. Tentar definir metas individuais para cada funcionário, principalmente quando for possível permitir que cada um crie suas próprias metas.
2. Ajudar as pessoas a aprimorar seu senso de valor próprio, conhecendo suas habilidades e seus pontos fortes.
3. Usar as perspectivas dos funcionários para determinar as metas que são e as que não são realistas.
4. Criar metas concisas e mensuráveis, estabelecendo prazos.
5. Pensar em si próprio como um recurso de apoio para os funcionários atingirem suas metas.
6. Buscar maneiras de ajudar os outros em vez de criticá-los ou pressioná-los com ultimatos.
7. Manter-se flexível e receptivo a novas idéias e sugestões à medida que a equipe trabalha em busca dessas metas.
8. Permitir que os funcionários arrisquem e cometam erros, reconhecendo que falhas e pequenos contratempos fazem parte do processo de crescimento.
9. Comemorar o progresso. Comemorar, também, os erros e aprender com eles.
10. Certificar-se de que todos tenham em mente a missão ou visão da companhia.

Fontes: Jody Urquhart, "Manage by Mobilizing", *Journal of Property Management*, maio-jun. 2001, p. 6; Ken Fracaro, "Optimism on a Rainy Day", *Supervision*, 1° maio 2001, p. 5.

PLANEJAMENTO NAS ORGANIZAÇÕES

planejamento
Definir metas e determinar como cumpri-las

Assim como foi discutido no Capítulo 1, **planejamento** é a função da gestão de definir metas e determinar como cumpri-las. Para o supervisor, esse processo inclui pensar nas tarefas que o departamento precisa realizar para atingir seus objetivos, além de como e quando executar tais tarefas. Para uma pessoa propensa a realizar ações mais rapidamente, o planejamento pode parecer monótono e também uma perda de tempo. Mas o planejamento é uma necessidade evidente, principalmente levando-se em conta o que aconteceria em uma organização em que nada fosse planejado. Por exemplo, se uma loja não implementasse o planejamento, os clientes não saberiam quando ela seria inaugurada, e os funcionários não saberiam que itens de estoque pedir e quando pedir. O ponto da loja seria escolhido ao acaso, sem que se fizesse uma pesquisa de mercado para identificar onde haveria negócios suficientes para gerar lucros. Os gestores não saberiam quantos funcionários contratar, porque não teriam idéia de quantos clientes atenderiam. Evidentemente, essa empresa não cumpriria a missão de oferecer aos clientes atendimento e mercadorias de alta qualidade. Veja na seção "Habilidades em Supervisão" algumas idéias para definir as metas.

O supervisor e outros gestores planejam por diversas razões. Saber o que a organização pretende realizar ajuda-os a estabelecer prioridades e tomar decisões para atingir as metas. O planejamento força o gestor a dedicar tempo para se concentrar no futuro e permite estabelecer uma maneira justa de avaliar o desempenho. Ele ajuda o gestor a utilizar os recursos de forma eficiente, minimizando, assim, a perda de tempo e de recursos. O tempo gasto no planejamento de um projeto reduz o tempo que seria necessário para executá-lo. O tempo total gasto em planejamento e execução pode efetivamente ser menor para um projeto totalmente planejado do que para um iniciado às pressas.

Muitos pacotes de softwares podem ajudar o supervisor a planejar os projetos com eficácia. Modelos que o supervisor pode adaptar para suas próprias finalidades orientam passo a passo as várias etapas de planejamento e ajudam a estabelecer as fases do projeto e a ordem de sua execução, as metas e os prazos, as pessoas e os departamentos envolvidos, os obstáculos previstos e os planos de ação para superá-los, e os orçamentos e outros recursos que poderão ser necessários.

Enfim, as demais funções executadas pelo gestor – organização, alocação de pessoal, liderança e controle –, todas dependem de um bom planejamento. Antes de o supervisor e demais gestores alocar os recursos e inspirar os funcionários a atingirem seus objetivos, e antes de determinar se os funcionários estão cumprindo esses objetivos, eles precisam saber o que estão buscando realizar.

O supervisor raramente tem muita influência sobre a maneira como a organização executa seu planejamento. Ao contrário, ele participa de qualquer processo já existente. Para participar de forma construtiva, o supervisor deve conhecer o processo.

Objetivos

objetivos
As realizações desejadas pela organização como um todo ou de parte dela

metas
Os objetivos, muitas vezes aqueles com enfoque mais abrangente

O planejamento é centrado na definição de metas e objetivos. Os **objetivos** especificam as realizações desejadas pela organização como um todo ou de parte dela. De acordo com uma escola de pensamento, **metas** são objetivos com enfoque mais abrangente. Por exemplo, uma organização busca tornar-se o fornecedor número um de serviços assistenciais de casas de repouso até o final do próximo ano. Isso deve ser considerado uma meta. Em contrapartida, o departamento de contabilidade procura remeter todas as faturas da alta de um paciente em duas semanas; isso é mais específico e, portanto, um objetivo. Este livro adota o termo *objetivos* na maioria dos casos e trata os termos *objetivos* e *metas* como sinônimos.

Independentemente do termo adotado, as metas da organização identificam o motivo pelo qual as pessoas devem se empenhar. Na General Cable Corporation, a alta administração desejava reduzir os materiais descartados, cujo custo totalizava 4% do custo de materiais da companhia. Depois de analisar as áreas em que ocorriam mais descartes, a General Cable fez com que todos os funcionários vissem e entendessem os gráficos, que mostravam os setores problemáticos. Assim, os funcionários começaram a procurar maneiras de reduzir o material descartado, definindo metas para resolver os problemas nas áreas de maior custo. Quatro anos depois, o índice de descarte chegou a 1,1%, com a meta de 0,85% para o ano seguinte. Como a General Cable informa aos operadores dos equipamentos as áreas em que os problemas estão ocorrendo, esses funcionários conseguem contribuir para atingir as metas de redução de material descartado.[1] A seção "Supervisão nos Diversos Setores" apresenta um exemplo de como os bancos estão escolhendo os seus objetivos.

Objetivos Estratégicos

planejamento estratégico
Elaboração de metas de longo prazo para a organização como um todo

O planejamento deve começar de cima, com um plano para a organização como um todo. **Planejamento estratégico** é a elaboração das metas de longo prazo da organização. Essas metas normalmente incluem: o tipo e a qualidade das mercadorias, a qualidade dos serviços oferecidos e o nível de lucro a ser obtido pela organização.

A General Electric (GE), por exemplo, possui uma ampla estratégia de busca de inovações para que a companhia possa vender novos produtos, e mais lucrativos, do que competir através de preços baixos. A companhia concedeu verba ao grupo de negócios GE Lighting para desenvolver uma nova tecnologia denominada *diodo orgânico emissor de luz* (OLEDs – Organic Light-Emitting Diodes). Os cientistas da GE Lighting acreditam que a companhia terá capacidade para produzir OLEDs em rolos de material flexível, tais como o plástico, que possam ser utilizados para produzir cortinas ou revestimentos de teto luminosos. Conforme essa tecnologia vem se aperfeiçoando, tem demonstrado potencial para substituir, futuramente, as lâmpadas convencionais. A direção da empresa determinou que o desenvolvimento da tecnologia OLED convém à estratégia geral de negócios da empresa. No entanto, os produtos podem levar até 15 anos para chegar ao mercado.[2]

SUPERVISÃO NOS DIVERSOS SETORES

SETOR BANCÁRIO

A DATABASE MARKETING AGENCY AJUDA OS BANCOS A PLANEJAR OS LUCROS

Os bancos definem suas metas objetivando os lucros. Mas o que torna um banco lucrativo? Muitos bancos levam em conta objetivos como aumentar o número de clientes ou o número de contas. Mas de acordo com Rich Weissman, executivo da Database Marketing Agency, esse enfoque no volume apresenta consideráveis desvantagens.

Com sua experiência de ajudar os bancos a obter lucratividade, Weissman descobriu que um pequeno subconjunto de clientes de um banco produz grande parte dos lucros. Se esses clientes deixarem o banco ou mesmo levarem parte dos seus negócios para outra instituição, os lucros do banco podem praticamente desaparecer.

Algumas vezes, os bancos combatem esse risco, definindo objetivos em termos de volume de venda cruzada, ou seja, vendendo mais produtos aos clientes já existentes. Mas Weissman afirma que esse objetivo também pode não ser lucrativo.

Weissman aconselha os bancos a olharem para o que ele chama de "porção da carteira" e "dinâmica do lucro". Sua companhia ajuda os bancos a separar os dados de seus clientes para identificar aqueles mais lucrativos em termos do seu relacionamento total com o banco. Depois, eles analisam a dinâmica: o que as agências e os funcionários estão fazendo para manter esses relacionamentos proveitosos. Por fim, o banco define os objetivos ligados a produzir mais relacionamentos lucrativos.

Fonte: Janet Bigham Bernstal, "The Profit Pursuit", *Bank Marketing*, abr. 2004, extraído de InfoTrac, http://web6.infotrac.galegroup.com.

Normalmente, são os executivos da alta administração que elaboram o planejamento estratégico; em outros casos, um departamento de planejamento prepara os objetivos que devem ser aprovados pela diretoria. De qualquer forma, são os principais gestores que decidem o rumo a ser seguido pela organização.

Objetivos Operacionais

Os objetivos das divisões, dos departamentos e dos grupos de trabalho apóiam as metas desenvolvidas no planejamento estratégico. Esses objetivos, desenvolvidos por meio de **planejamento operacional**, especificam como o grupo ajudará a organização a atingir suas metas. O planejamento operacional é executado por supervisores e gestores de nível médio. A Tabela 6.1 mostra resumidamente as características do planejamento estratégico e operacional.

planejamento operacional
Desenvolvimento de objetivos especificando como as divisões, os departamentos e os grupos de trabalho apoiarão as metas organizacionais

Os gestores de nível médio definem os objetivos que possibilitarão à sua divisão ou ao seu departamento contribuir para as metas definidas para a organização. Os supervisores definem os objetivos que possibilitarão ao seu departamento ou seu grupo de trabalho contribuir para as metas departamentais ou divisionais. Por exemplo, se o objetivo organizacional de um banco for aumentar os lucros em 8% no ano seguinte, a meta de uma filial localizada em uma área de alto crescimento poderá ser de aumentar seus próprios lucros em 9%. Nessa filial, o vice-presidente ou supervisor encarregado das operações de empréstimo pode ter como objetivo aumentar os empréstimos a pessoas jurídicas em 15%. O supervisor de caixa pode ter como objetivo fazer com que o cliente não espere mais de cinco minutos para ser atendido. (O bom atendimento está em planejar apoio aos objetivos operacionais para atrair novos clientes para o banco.)

TABELA 6.1
Características do Planejamento Estratégico e Operacional

	Planejamento Estratégico	Planejamento Operacional
Planejadores	Diretores possivelmente com o departamento de planejamento	Supervisores e gestores de nível médio
Escopo	Objetivos para a organização como um todo	Objetivos para uma divisão, um departamento ou um grupo de trabalho
Prazo	Longo prazo (mais de um ano)	Curto prazo (um ano ou menos)

Com os objetivos operacionais, todos os funcionários devem se concentrar em seus papéis de apoio à estratégia da companhia. Na Cardinal Health, uma empresa da cidade de Dublin, em Ohio, que produz produtos e serviços da área médica, os objetivos operacionais apóiam as metas da companhia em quatro áreas: crescimento, excelência nas operações, desenvolvimento de líderes e enfoque no cliente. No início de cada ano, os funcionários estabelecem os objetivos para si próprios, que devem incluir um objetivo que apóie cada uma das metas no nível da companhia. A Conway Transportation, uma companhia transportadora sediada em Ann Arbor, Michigan, fornece a cada um de seus motoristas informações sobre como seu desempenho está contribuindo para os lucros da companhia. Os motoristas devem cumprir os objetivos operacionais relacionados à produtividade, segurança, prazo de entrega, absenteísmo, custos e danos das mercadorias transportadas.[3]

Observe-se que nesses exemplos os objetivos tornam-se mais específicos nos níveis mais baixos da organização, e o planejamento tende a se concentrar em prazos mais curtos. Esse é o padrão usual do planejamento em uma organização. Portanto, os diretores pensam de forma abrangente e fazem o seu planejamento para longo prazo, enquanto grande parte do planejamento do supervisor envolve as ações a serem tomadas na semana ou no mês corrente.

Objetivos Pessoais

Além do planejamento para o departamento como um todo, cada supervisor deve aplicar boas práticas de planejamento aos seus próprios esforços individuais. Isso inclui determinar como ajudar o departamento a cumprir seus objetivos e também como atingir os objetivos da sua própria carreira. Outra aplicação importante do planejamento seria a administração efetiva do uso do tempo pelas pessoas. (O Capítulo 13 apresenta como tema a administração de tempo.)

Características dos Objetivos Eficazes

Para que os objetivos sejam eficazes – ou seja, claramente entendidos e práticos –, eles devem possuir determinadas características. Devem ser documentados por escrito, mensuráveis ou observáveis, claros, específicos e desafiadores, porém, possíveis de serem atingidos (veja a Figura 6.1).

Documentar os objetivos *por escrito* pode parecer um transtorno, mas esse procedimento os torna importantes; os funcionários conseguem visualizá-los como algo que os gestores dedicaram tempo e reflexão. As pessoas designadas para realizar os objetivos podem, assim, consultá-los como lembretes daquilo que elas devem executar, e podem dedicar um tempo para assegurarem-se de tê-los entendido. Enfim, a documentação por escrito obriga o supervisor a refletir sobre o significado dos objetivos.

FIGURA 6.1
Características de Objetivos Eficazes

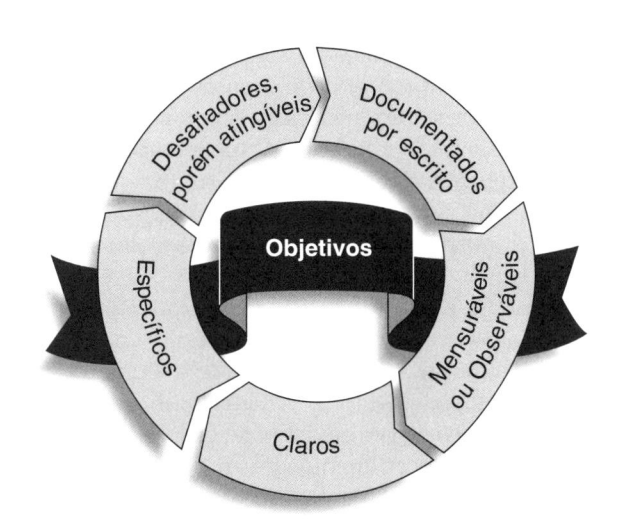

Ao tornar os objetivos *mensuráveis* ou, pelo menos, observáveis, o supervisor consegue, de alguma forma, identificar se as pessoas estão efetivamente cumprindo-os. Os objetivos mensuráveis podem especificar um certo valor monetário, um prazo ou uma quantidade de serviços ou mercadorias a serem produzidas. Como exemplo, pode-se analisar o número de clientes visitados pelo vendedor, de peças produzidas ou de clientes atendidos. Objetivos com as palavras *maximizar* e *minimizar* não são mensuráveis. Se o objetivo for de "maximizar a qualidade", como a pessoa saberá quando a qualidade máxima for atingida? Em vez disso, o objetivo deve ser estabelecido, por exemplo, como uma taxa de defeito não superior a 2% ou nenhuma reclamação de clientes durante o mês. Outros objetivos difíceis de serem medidos são aqueles que simplesmente demandam "melhorar" ou "fazer melhor" algo. A pessoa que redige o objetivo deve especificar a maneira de medir ou observar a melhoria.

Quando o supervisor necessita da participação de outras pessoas na realização dos objetivos, é necessário que elas os entendam. Portanto, é fácil entender por que os objetivos devem ser *claros*. O supervisor pode garantir a clareza dos objetivos, explicando-os em linguagem simples, e perguntando aos funcionários se eles entenderam.

Estabelecer objetivos *específicos* significa indicar quem deve fazer o que, e em que prazo deverá ser feito. Objetivos específicos descrevem as ações que devem ser adotadas pelas pessoas e o resultado esperado dessas ações. Por exemplo, em vez de dizer, "Regularmente devem ser feitas cópias de segurança dos arquivos do computador", um objetivo deve especificar, "Cada operador de processador de texto fará uma cópia de segurança dos seus arquivos ao final de cada dia de trabalho". Ser específico simplifica o trabalho e garante a melhor realização dos objetivos. Além disso, os objetivos específicos ajudam o funcionário a entender exatamente o que se espera dele.

Os objetivos *desafiadores* tendem a motivar mais os funcionários a fazer o melhor. No entanto, os funcionários precisam acreditar na sua capacidade de atingir os objetivos. Do contrário, eles ficam frustrados ou chateados com o que parece ser expectativas não razoáveis. A maioria das pessoas já passou pela experiência de enfrentar um trabalho desafiador e desfrutar da sensação de orgulho e realização por completá-lo. Ao definir as metas, o supervisor deve se lembrar de quão estimulantes e incentivadores da autoconfiança podem ser essas experiências.

Políticas, Procedimentos e Normas

Para cumprir seus objetivos de compor o quadro de pessoal do seu departamento de sistemas de informação com funcionários do mais alto nível, Bruce Frazzoli contratou algumas pessoas com as quais costumava trabalhar no emprego anterior. Depois, ele ficou constrangido ao ser repreendido por violar a política do seu empregador que determina que o gestor deve trabalhar em conjunto com o departamento pessoal nas decisões de contratação. Frazzoli aprendeu que os supervisores e demais gestores devem considerar as políticas, os procedimentos e as normas da organização ao definir os objetivos. O conteúdo dos objetivos e o método de realização deles devem ser coerentes com três itens: políticas, procedimentos e normas.

políticas
Diretrizes abrangentes de como agir

Políticas são diretrizes abrangentes de como agir; elas não detalham como proceder em situações específicas. Por exemplo, uma empresa pode adotar uma política de aumentar o número de mulheres e de minorias na sua força de trabalho. Essa política não dita quem ou quando contratar; ela simplesmente estabelece uma expectativa geral. A Figura 6.2 mostra resumidamente uma política de código de vestuário de um banco em Wisconsin.

procedimentos
Etapas a serem cumpridas para atingir uma finalidade específica

Procedimentos são etapas a serem cumpridas para atingir uma finalidade específica. A organização pode especificar procedimentos para a contratação de funcionários, aquisição de equipamentos, arquivamento de documentos e muitas outras atividades. As diretrizes de gestão da editora McGraw-Hill inclui procedimentos sugeridos de como realizar as avaliações e entrevistas de emprego. O supervisor pode ser responsável por desenvolver os procedimentos de atividades executadas em seu próprio departamento. Por exemplo, o gerente de um restaurante pode criar um procedimento de

FIGURA 6.2
Política de Código de Vestuário de um Banco de Wisconsin

Fonte: Código adaptado de Mary Siegel, "Sample Dress Code Policy", *Teller Vision*, jun. 2003 (M&I Bank Dress Code, 124th Street Branch), extraído de Business and Company Resource Center, http://galenet.galegroup.com.

Traje profissional, asseio, limpeza e bons hábitos de saúde pessoal são importantes para a impressão transmitida aos clientes. As roupas devem ser adequadas (por exemplo, não devem ser justas). Cabelo, maquiagem e estilo dos acessórios devem ser apropriados para o trabalho e não excessivos ou chamativos.
O supervisor é responsável pela imagem e aparência profissional de sua respectiva área.

Para Todos os Funcionários
- *Piercings* corporais, exceto os aceitos por norma (por exemplo, brincos), não são permitidos a menos que o acessório seja retirado durante o expediente.
- Tatuagens devem estar sempre cobertas.
- Calças de cintura baixa não são permitidas.

Para as Mulheres
- Vestido, saia e terno feminino são aceitáveis.
- *Shorts*, minissaia, vestido de verão e vestido decotado não são permitidos.
- Tomara-que-caia, frente única, blusa sem manga não são permitidas.
- Sapatos devem ser apropriados para o trabalho.

Para os Homens
- Funcionários em contato com o público ou com responsabilidades de supervisão ou com especialização técnica devem vestir terno ou paletó esporte, calça social e gravata. Os trajes dos funcionários de áreas sem contato com o público devem ser limpos, asseados e de estilo moderado.
- Calças jeans, blusão de moleton, camiseta regata, camiseta, sandálias, tênis e itens similares de vestimenta casual não apresentam aparência profissional.
- O comprimento do cabelo não deve ficar abaixo do colarinho.

---

limpeza ou um supervisor de manutenção pode detalhar os procedimentos de desligamento de uma máquina. Os procedimentos liberam o gestor e os funcionários de tomar decisões em atividades executadas de forma rotineira.

normas
Instruções específicas sobre o que fazer ou não fazer em determinada situação

Normas são instruções específicas sobre o que fazer ou não fazer em determinada situação. Diferentemente das políticas, elas nem são específicas nem dão margem a interpretações. Por exemplo, uma das normas da Opto Technology estabelece que todos os funcionários devem usar óculos* de proteção sempre que manipularem substâncias químicas e trabalharem com soldadores, furadeiras e fios elétricos. Os restaurantes possuem normas determinando que os funcionários devem lavar as mãos antes de trabalhar. Normas desse tipo muitas vezes são impostas por lei.

Planos de Ação

plano de ação
Plano especificando a maneira de atingir um objetivo

Os objetivos servem de base para o plano de ação e o plano de contingência (veja a Figura 6.3). O **plano de ação** consiste em especificar a maneira de atingir um objetivo. Considerando que os objetivos são orientações para onde rumar, o plano de ação seria

FIGURA 6.3
Áreas de Planejamento

- Plano de Ação (como atingir os objetivos)
- Planos de Contingência (o que fazer se surgirem problemas)
- Objetivos (realizações desejadas)

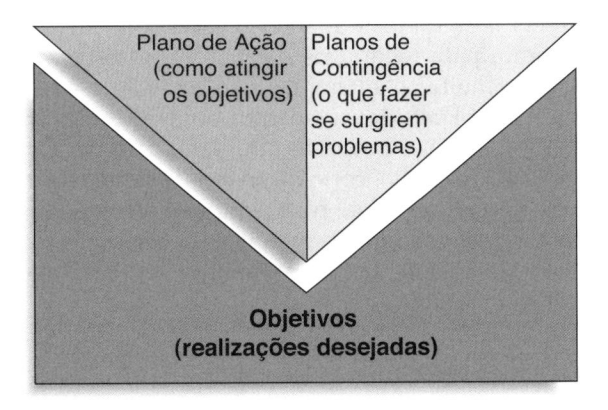

* N.R.T.: No Brasil, por força do artigo 166 da Consolidação das Leis do Trabalho, a empresa é obrigada a fornecer aos funcionários equipamento de proteção individual e em perfeito estado de conservação e funcionamento. Tais equipamentos são destinados à proteção de riscos suscetíveis de ameaçar a segurança e a saúde no trabalho.

o mapa que orienta como chegar lá. Para uma jornada de sucesso, são necessários os dois tipos de informação.

O supervisor cria um plano de ação, respondendo as perguntas *o que, quem, quando, onde* e *como*:

- *Quais* ações devem ser adotadas? Os vendedores precisam visitar os clientes? De que maneira os consumidores devem ser atendidos. Quais produtos devem ser produzidos? O supervisor deve delinear as providências específicas envolvidas.
- *Quem* tomará as providências necessárias? O supervisor pode realizar algumas tarefas, mas muitas atividades são designadas a funcionários específicos ou a grupos de funcionários.
- *Quando* cada atividade deve ser concluída? Em muitos tipos de processos, algumas etapas determinam quando o projeto inteiro será concluído. O supervisor deve programar com muito critério essas atividades.
- *Onde* será executado o trabalho? Às vezes, essa pergunta é fácil de ser respondida, mas um processo que cresce pode demandar do supervisor o planejamento de espaço extra. Algumas atividades podem exigir que o supervisor considere a execução do trabalho no chão da fábrica ou a disposição dos itens em um depósito.
- *Como* será executado o trabalho? Os procedimentos usuais e os equipamentos são adequados ou o supervisor precisa inovar? Ao refletir sobre como executar o trabalho, o supervisor pode perceber a necessidade de mais treinamento.

Planejamento Contingencial

Muitos acreditam na lei de Murphy: "Se algo puder dar errado, efetivamente dará". Mesmo os mais otimistas admitem que as coisas nem sempre saem como o planejado. Uma entrega pode ser atrasada por uma greve ou uma tempestade, um funcionário importante pode mudar de emprego, um sistema de computador "à prova de leigos" pode sofrer pane. A identificação de um bom supervisor não está tanto no fato de ele jamais haver enfrentado essas desagradáveis surpresas, mas de ele estar preparado ou não com idéias de como reagir a elas.

Planejar especificando o que fazer se os planos originais não funcionarem é conhecido como **planejamento contingencial**. Um bom supervisor possui planos de contingência acompanhando qualquer plano original. Uma boa técnica de planejamento contingencial é a revisão de todos os objetivos, procurando áreas em que algo possa sair errado. Depois, o supervisor determina como reagir se esses problemas realmente aparecerem.

Durante o verão de 2003, a interrupção no fornecimento de energia elétrica feito por uma usina afetou grande parte da região nordeste dos Estados Unidos, além de partes do centro-oeste e Canadá. Mais de 50% do total de indústrias estabelecidas em Ohio foram afetadas, com um prejuízo estimado em $ 1,1 bilhão. A Ford Motor Company foi obrigada a desligar mais de 20 fábricas em Michigan, Ohio e Ontário. No entanto, a companhia estava preparada. Equipes de funcionários rapidamente fizeram as mudanças necessárias para que as operações mais importantes funcionassem com geradores e baterias, para preservar os dados e manter o serviço de atendimento ao cliente, enquanto outros trabalharam para reparar os danos. A Ford estava preparada para esse tipo de contingência, mas muitas companhias não estavam e ainda não estão. Uma pesquisa realizada pela Robert Half Management Resources constatou que mais de um terço das companhias, nos EUA, não possuem um plano para dar continuidade às operações em caso de tempestade, incêndio, corte de energia, ataque terrorista ou outra catástrofe.[4]

O planejamento contingencial nem sempre é formal. Para criar um plano de contingência formal de cada detalhe das operações, gastaria-se muito tempo. Em vez disso, o supervisor deve simplesmente ter em mente como reagir se alguns detalhes da operação não saírem como planejado.

Gestão por Objetivos

Muitas organizações usam um sistema formal de planejamento conhecido como **gestão por objetivos (GPO)**, processo pelo qual gestores e funcionários de todos os

---

planejamento contingencial
Planejamento que especifica o que fazer se os planos originais não funcionarem

gestão por objetivos (GPO)
Sistema formal de planejamento em que gestores e funcionários de todos os níveis definem os objetivos para suas próprias realizações; assim, o desempenho de cada um é medido de acordo com esses objetivos

níveis definem os objetivos para suas próprias realizações. O desempenho de cada um é, assim, medido de acordo com esses objetivos. Basicamente, a gestão por objetivos envolve três etapas:

1. Todos os funcionários da organização trabalham com seus gestores para definir objetivos, especificando aquilo que cada um deve realizar no período operacional seguinte (por exemplo, no ano seguinte).
2. O gestor de cada funcionário examina periodicamente seu desempenho para verificar se ele está cumprindo os objetivos. Normalmente, essas avaliações ocorrem de duas a quatro vezes por ano. As avaliações ajudam o funcionário e o gestor a identificar as medidas corretivas necessárias e oferecem informações para definir os objetivos futuros.
3. A organização recompensa os funcionários com base em quão próximos eles chegam ao cumprimento dos objetivos.

A Figura 6.4 apresenta exemplos dos objetivos de funcionários de diversos níveis de uma organização, usando a gestão por objetivos. É possível observar que o objetivo dos funcionários que não estão no nível de gestão apóia a realização do objetivo do super-

FIGURA 6.4
Exemplo de Objetivos de uma Organização Utilizando a Gestão por Objetivos

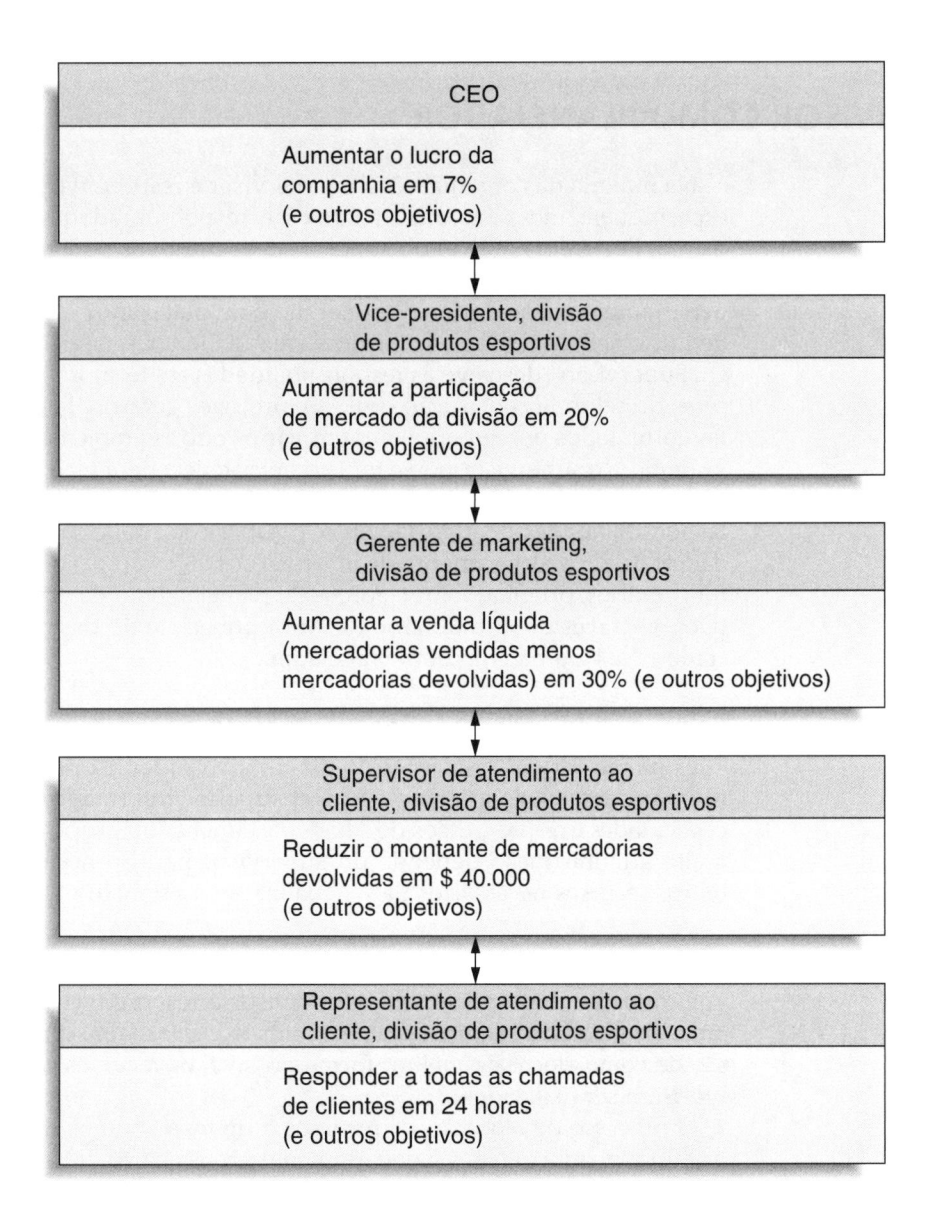

CEO
Aumentar o lucro da companhia em 7%
(e outros objetivos)

↕

Vice-presidente, divisão de produtos esportivos
Aumentar a participação de mercado da divisão em 20%
(e outros objetivos)

↕

Gerente de marketing, divisão de produtos esportivos
Aumentar a venda líquida (mercadorias vendidas menos mercadorias devolvidas) em 30% (e outros objetivos)

↕

Supervisor de atendimento ao cliente, divisão de produtos esportivos
Reduzir o montante de mercadorias devolvidas em $ 40.000
(e outros objetivos)

↕

Representante de atendimento ao cliente, divisão de produtos esportivos
Responder a todas as chamadas de clientes em 24 horas
(e outros objetivos)

visor, que, por sua vez, apóia a realização do objetivo de seu superior e, assim, sucessivamente até o maior nível na hierarquia. (Na prática, evidentemente, cada pessoa dentro da organização teria diversos objetivos a serem cumpridos.)

Para a gestão por objetivos ser efetiva, gestores de todos os níveis (principalmente da diretoria) devem estar comprometidos com o sistema. Além disso, os objetivos definidos por eles devem atender os critérios descritos anteriormente para serem eficazes. Por exemplo, não se espera que o vendedor simplesmente venda mais, mas, sim, que ajude a desenvolver objetivos específicos, tais como visitar 40 clientes por mês ou vender 50 copiadoras até 31 de dezembro. Por fim, tanto os gestores como os funcionários devem estar aptos a cooperar no processo de definição dos objetivos.

Algumas pessoas não gostam da gestão por objetivos porque a sua definição e o seu monitoramento levam tempo e exigem muito trabalho de documentação. No entanto, a organização pode se beneficiar ao envolver os funcionários na definição das metas, propiciando, assim, um compromisso maior no seu cumprimento. Com isso, os funcionários também se beneficiarão com um sistema de recompensas que seja racional e baseado no desempenho e não na personalidade do funcionário. Com essas vantagens, um supervisor pode querer adotar os princípios da gestão por objetivos com os funcionários do seu próprio departamento, mesmo que a organização como um todo não adote formalmente esse sistema.

O SUPERVISOR COMO PLANEJADOR

Na maioria das organizações, o supervisor é responsável pela criação de planos que especifiquem metas, tarefas, recursos e responsabilidades do seu próprio departamento. Portanto, no nível do supervisor, os objetivos podem variar das tarefas que ele pretende realizar em determinado dia até o nível de produção a ser atingido pelo departamento naquele ano. Para ser um bom planejador, o supervisor deve saber como definir objetivos nessas e em outras áreas. O texto apresentado na seção "Habilidades em Supervisão" descreve as responsabilidades em termos de planejamento de supervisores do setor da construção civil. As diretrizes gerais aplicam-se a desafios semelhantes enfrentados por supervisores em vários outros ambientes.

Embora o supervisor possa ter certa resistência para realizar os registros necessários, um planejamento completo vale o investimento de tempo e esforço. Ao cumprir suas responsabilidades de planejamento, o supervisor pode se envolver em diversas atividades, desde o fornecimento de informações até a alocação de recursos, envolvendo os funcionários, orientando os esforços de planejamento da equipe e atualizando os objetivos. (Através do questionário de Autoconhecimento das páginas 164-165, você pode conferir se é ou não um bom planejador.)

Fornecendo Informações e Estimativas

Como gestor das operações do dia-a-dia, o supervisor encontra-se em melhor posição para manter os gestores de nível superior informados sobre as necessidades, as capacidades e os progressos do seu departamento ou grupo de trabalho. Por essa razão, a alta administração depende do supervisor para fornecer estimativas de pessoal e outros recursos necessários para a realização do trabalho.

Alocando Recursos

O departamento pelo qual o supervisor é responsável possui número limitado de recursos – pessoas, equipamentos e dinheiro. O trabalho do supervisor engloba a decisão de como alocar da melhor forma possível os recursos existentes aos trabalhos que precisam ser realizados.

O processo de alocação de recursos humanos abrange determinar de quantos e de que tipos de funcionários o departamento precisa para cumprir seus objetivos. Se houver

HABILIDADES EM SUPERVISÃO

PLANEJAMENTO

ESTABELECENDO PRIORIDADES PARA OS PROJETOS

James Adrian, consultor empresarial do setor da construção civil, acredita que o desempenho do supervisor no canteiro de obras seja o ingrediente mais importante nos lucros de uma construtora. O planejamento e a tomada de decisão do supervisor devem ajudar a companhia a enfrentar as dificuldades relativas ao clima, aos fornecedores e aos sindicatos. Um planejamento minucioso orienta o supervisor de campo a tomar cerca de 80 decisões por dia em termos de prazo, custo, qualidade e segurança do projeto.

Para cumprir essas demandas, o supervisor precisa entender a importância de cada projeto que estiver planejando. Adrian recomenda listar cada uma das tarefas de construção do dia em uma planilha. Ao lado de cada tarefa, indicar o custo por tarefa completada. Depois, avaliar a importância de cada tarefa em três aspectos: (1) se a conclusão da tarefa no prazo estabelecido é crucial para o cumprimento do cronograma geral; (2) se o risco de produtividade – a probabilidade de a qualidade ou eficácia ser prejudicada se o supervisor não estiver envolvido – é alto, baixo ou médio; e (3) se a tarefa é nova ou desconhecida para os funcionários que a irão executar. Por fim, levando em conta os custos e essa avaliação, o supervisor classifica as tarefas de acordo com o grau de supervisão direta necessária. Ele deve definir como sendo de mais alta prioridade as tarefas com altos custos, cruciais para o cumprimento do cronograma, com alto risco de produtividade e novas ou desconhecidas. Alta prioridade significa que o supervisor faz questão de observar a tarefa e estar disponível para ajudar a resolver os problemas.

Adrian observou várias situações em canteiros de obra em que sua planilha de planejamento teria melhorado a capacidade do supervisor. Por exemplo, na construção de uma parede base de concreto, as tarefas incluem a confecção de moldes, a instalação de armaduras de reforço e o preenchimento dos moldes com o concreto derramado do caminhão. Normalmente, o supervisor observa a etapa de derramamento do concreto. No entanto, os problemas de custos e programação ocorrem com mais freqüência durante a etapa de confecção dos moldes. Nesse caso, o risco de produtividade é maior na confecção dos moldes, indicando que esse estágio exige do supervisor mais atenção.

Do mesmo modo, Adrian descobriu que muitos supervisores de construção desconhecem os custos dos materiais e equipamentos. Ele demonstrou a importância desse problema a um grupo de alunos de um curso de produtividade. Ele levou o grupo a um canteiro de obras para observar o trabalho e anotar os problemas de produtividade. Todos criticaram o fato de um grupo de trabalhadores (que recebiam mais de $ 40 por hora) ter um intervalo de 15 minutos. Mas ninguém comentou sobre um equipamento que permaneceu ocioso por quatro horas. Os alunos não pensaram nisso porque nenhum deles imaginava que o uso do equipamento custasse mais de $ 120 por hora.

A maioria dos supervisores sabe planejar considerando os gastos e a programação. Além disso, supervisores atarefados poderiam muito bem tentar adaptar a visão prática de Adrian de planejar como alocar o tempo.

Fonte: Texto baseado em James Adrian, "Improving Your Supervisor's Work Day", *Pavement*, jan. 2006, extraído de Business & Company Resource Center, http://galenet.galegroup.com.

---

a expectativa de a carga de trabalho aumentar muito, o supervisor talvez tenha de planejar a contratação de novos funcionários. Ele deve também planejar as férias e outros dias de folga dos funcionários, além da rotatividade.

O processo de alocação de equipamentos inclui determinar a quantidade de equipamento necessária para realizar o trabalho. Por exemplo, será que todo escriturador contábil precisa ter seu próprio computador, ou será que as máquinas calculadoras são suficientes? O supervisor pode descobrir que o departamento precisa adquirir mais equipamentos. Nesse caso, ele deve justificar a requisição de compra ou de locação, demonstrando como essa aquisição ou locação beneficiará a organização.

Elaboração do Orçamento

O processo de alocação de recursos financeiros é denominado *elaboração de orçamento*. **Orçamento** é um plano que especifica como o dinheiro será gasto. Muitas famílias utilizam o orçamento para saber como dividir o salário entre as despesas da casa, do carro, da alimentação, da poupança e assim por diante. As empresas utilizam orçamentos

orçamento
Plano especificando como gastar o dinheiro

TABELA 6.2
Exemplo de Orçamento do Projeto de uma Oficina

Fonte: De *Industrial Supervision: In the Age of High Technology*, David L. Goetsch. Copyright © 1992 Pearson Education, Inc. Reprodução autorizada por Pearson Education, Inc., Upper Saddle River, NJ.

Relatório de Monitoramento Orçamentário							
Unidade organizacional Oficina Número do trabalho 1763 Período janeiro-junho							
Total de peças necessárias 6.000 Peças já produzidas 2.700 Produção restante 3.300							
Projeção de peças por mês 1.000 Produção atual por mês 900 Diferença -100							
Gastos Reais							
Item	Montante Orçado	janeiro	fevereiro	março	abril	maio	junho
Mão-de-obra direta	$ 60.000	$ 10.000	$ 10.000	$ 10.000			
Mão-de-obra indireta	5.400	900	900	900			
Materiais	13.200	2.195	3.156	1.032			
Suprimentos operacionais	3.000	1.200	0	296			
Conserto de equipamentos	5.400	0	0	3.600			
Total	**$ 87.000**	**$ 14.295**	**$ 14.056**	**$ 15.828**			

para determinar o quanto vai gastar com cada item, como salários, aluguéis, suprimentos, seguros e assim por diante. Esses itens seriam parte de um *orçamento operacional*. Itens de valores mais elevados, tais como maquinário ou prédio novo, seriam contabilizados em separado, como parte de um *orçamento de capital*.

Em algumas organizações, o supervisor deve elaborar um orçamento, mostrando quanto ele acha que precisará gastar no ano seguinte para atingir as metas do departamento ou para realizar um projeto específico. A Tabela 6.2 apresenta um exemplo de orçamento do projeto de uma oficina. Nas linhas, estão apresentadas as diferentes categorias de despesas. Na primeira coluna de valores estão os montantes orçados para os gastos de cada categoria. Nas colunas subseqüentes à direita estão os montantes reais gastos por mês em cada categoria. O supervisor utiliza os montantes reais no controle, que será discutido mais adiante.

Ao preparar um orçamento, o supervisor normalmente deve seguir algumas normas e diretrizes. Por exemplo, uma companhia pode estabelecer os aumentos salariais do departamento como um todo em um limite não superior a 5% do orçamento salarial do ano anterior. Outra organização pode especificar um montante total a ser gasto pelo departamento, ou pode dar ao supervisor uma fórmula para calcular as despesas indiretas. Com base nessas diretrizes, o supervisor prevê, assim, quanto gastar em cada área. Na maioria dos casos, o supervisor e seu respectivo gestor examinam o orçamento. O supervisor deve se dispor a modificá-lo quando o gestor de nível superior assim o exigir.

Programação

O supervisor deve sempre pensar no volume de trabalho a ser executado pelo departamento em determinado período e em como vai cumprir os prazos. A definição de um cronograma preciso para concluir o trabalho é denominado **programação**. Esse procedimento engloba a definição de quais são as atividades prioritárias e por quem e quando serão executadas determinadas tarefas.

Em muitas organizações, o supervisor deve utilizar uma ou mais técnicas e ferramentas para ajudar na programação. Duas das técnicas mais utilizadas são o diagrama de Gantt e as redes PERT. O **diagrama de Gantt** consiste em uma ferramenta de programação que lista as atividades a serem completadas e utiliza barras horizontais para representar graficamente o tempo gasto em cada atividade, incluindo as datas de início e término. O exemplo de diagrama de Gantt mostrado na Figura 6.5 foi criado com um programa chamado QuickGantt, que preenche automaticamente o diagrama utilizando as informações da atividade e da programação que são inseridas em uma planilha eletrônica.

programação
Definição de um cronograma preciso para a conclusão do trabalho

diagrama de Gantt
Ferramenta de programação que lista as atividades a serem completadas e que utiliza barras horizontais para representar graficamente o tempo gasto na atividade, incluindo as datas de início e término das tarefas

FIGURA 6.5 Exemplo de Diagrama de Gantt do Projeto de uma Construção

Fonte: Copyright (c) 2002 Ballantine & Company, Inc. Todos os direitos reservados.

Cronograma do Projeto
Architects & Contractors, Inc.
Projeto e Desenvolvimento da Construção

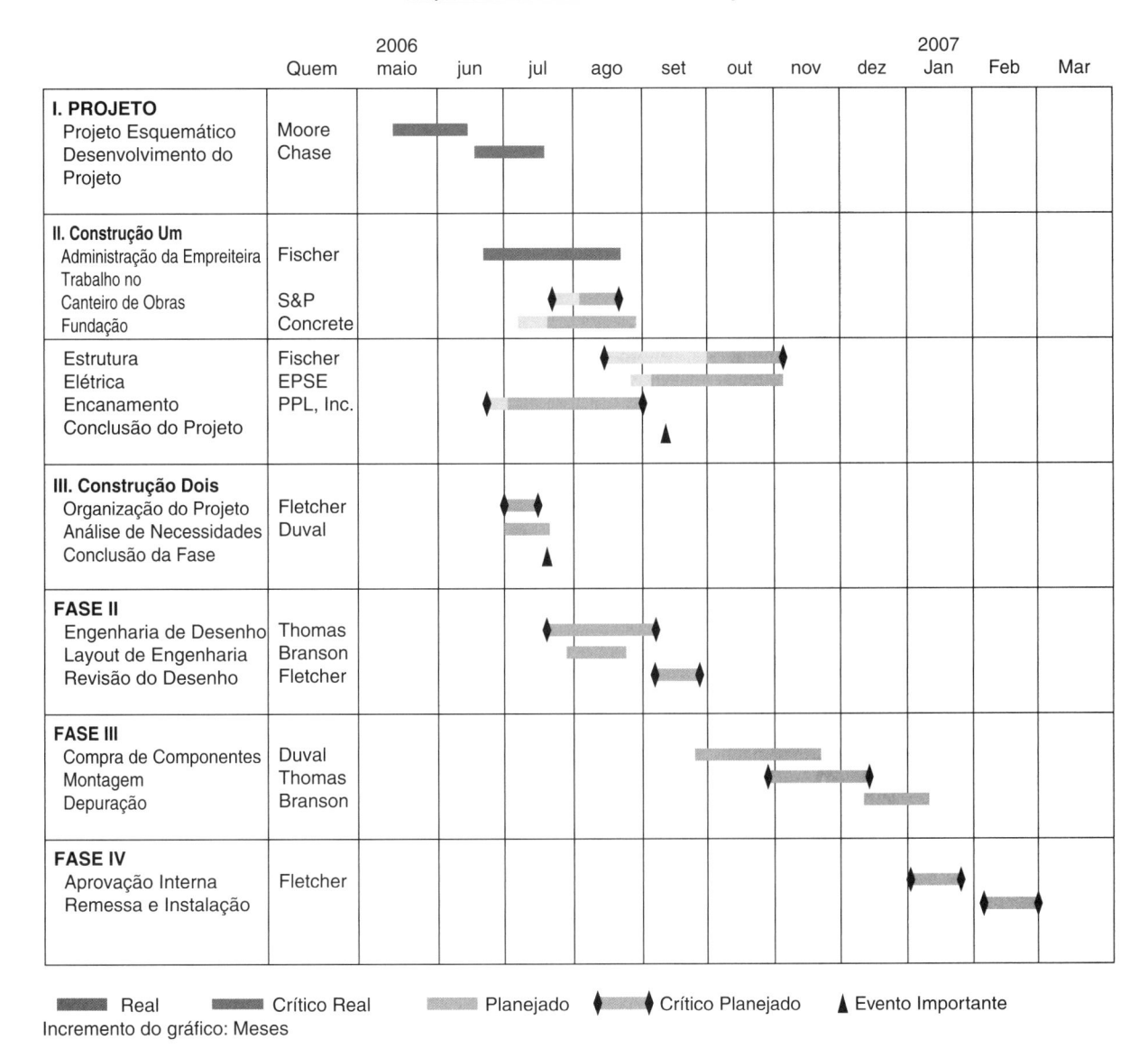

	Quem	2006 maio	jun	jul	ago	set	out	nov	dez	2007 Jan	Feb	Mar
I. PROJETO Projeto Esquemático Desenvolvimento do Projeto	Moore Chase											
II. Construção Um Administração da Empreiteira Trabalho no Canteiro de Obras Fundação	Fischer S&P Concrete											
Estrutura Elétrica Encanamento Conclusão do Projeto	Fischer EPSE PPL, Inc.											
III. Construção Dois Organização do Projeto Análise de Necessidades Conclusão da Fase	Fletcher Duval											
FASE II Engenharia de Desenho Layout de Engenharia Revisão do Desenho	Thomas Branson Fletcher											
FASE III Compra de Componentes Montagem Depuração	Duval Thomas Branson											
FASE IV Aprovação Interna Remessa e Instalação	Fletcher											

▬ Real ▬ Crítico Real ▭ Planejado ◆◆ Crítico Planejado ▲ Evento Importante

Incremento do gráfico: Meses

técnica de avaliação e revisão de projetos (PERT)
Ferramenta de programação que identifica as relações entre as tarefas e o tempo gasto em cada tarefa

A **técnica de avaliação e revisão de projetos (PERT)** consiste em uma ferramenta de programação que identifica as relações entre as tarefas e o tempo gasto em cada uma delas. Para utilizar essa ferramenta, o planejador cria uma rede PERT. Por exemplo, na Figura 6.6, os círculos representam os eventos que ocorrem na produção de um filme. As setas ligando os círculos representam a seqüência das atividades. A letra em cada seta refere-se à atividade resultante no evento correspondente. Muitos gráficos PERT também incluem informações sobre a estimativa de tempo de cada tarefa. Uma

FIGURA 6.6
Ferramenta de Programação PERT

Fonte: www.smartdraw.com/resources/examples/business/images/coded_pert_full.gif.

PRODUÇÃO DE FILME

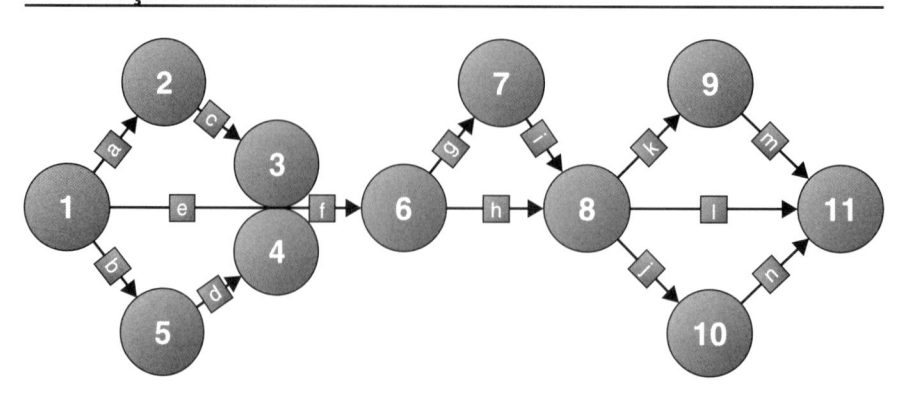

ATIVIDADES	
CÓDIGO	SIGNIFICADO
a	Obter verba, empréstimos, investidores
b	Buscar interesse do diretor
c	Elaborar contratos de pessoal, acordo salarial
d	Selecionar e contratar equipe de produção
e	Divulgar, contatar agentes
f	Fazer reconhecimento das locações
g	Construir cenários
h, i	Filmar as cenas
j	Selecionar um regente, escolher as canções
k	Editar o filme
l	Redigir material de divulgação, comprar espaço publicitário, selecionar cenas do filme para divulgação
m	Realizar uma exibição como teste com o público
n	Criar CD da trilha sonora

EVENTOS	
CÓDIGO	SIGNIFICADO
1	Obter script
2	Fundos obtidos
3	Talentos contratados
4	Equipe de produção contratada
5	Contrato assinado pelo diretor
6	Locações selecionadas
7	Todos os cenários finalizados
8	Filmagem concluída
9	Filme editado
10	Trilha sonora completa
11	Filme lançado

informação importante de uma rede PERT é o *caminho crítico* – a seqüência de tarefas que demandará mais tempo. Algum atraso no caminho crítico pode atrasar todo o projeto.

Além dessas ferramentas, o supervisor pode utilizar um computador para ajudá-lo na programação. Muitos pacotes de programas de gestão de projetos foram desenvolvidos para essa aplicação.

Envolvendo os Funcionários

Para ter certeza de que os funcionários entendam os objetivos e os considerem atingíveis, o supervisor pode envolvê-los no processo de definição das metas. Os funcionários envolvidos no processo tendem a se sentir mais comprometidos com os objetivos, e são capazes de introduzir idéias que o supervisor não havia considerado. Em muitos casos, funcionários que ajudam a definir os objetivos concordam em assumir mais desafios.

Uma forma de envolver os funcionários na definição dos objetivos seria pedindo-lhes para escrever aquilo de que são capazes de realizar no ano seguinte (ou outro período apropriado). Depois, o supervisor pode discutir as idéias com cada um, e modificar os objetivos para atender às necessidades gerais do departamento. Outra abordagem seria a realização de uma reunião com todo o grupo de trabalho para que os funcionários e o supervisor possam desenvolver os objetivos em conjunto. (No Capítulo 3, são apresentadas idéias de como realizar reuniões produtivas.)

Para definir os objetivos da equipe de vendas da Davis & Geck (companhia de suprimentos médicos), o gerente de vendas Dave Jacobs pede aos vendedores e seus supervisores regionais para propor níveis de vendas que eles possam garantir. O supervisor deve discutir com cada vendedor as suas metas e avaliar se elas são realistas. Jacobs, então, modifica as metas considerando a tendência mais abrangente do setor. No primeiro ano, Jacobs utilizou essa abordagem ascendente, e algumas projeções foram excessivamente otimistas. Desde então, os supervisores começaram a pedir aos vendedores para preparar planos de ação detalhando a forma que eles esperam atingir suas metas. O resultado: metas mais precisas.[5]

Planejando com a Equipe

Em muitas formas de trabalho em equipe, todo o conjunto de funcionários, e não apenas um gestor, deve ficar encarregado do planejamento. Nesses casos, o supervisor deve não apenas procurar envolver os funcionários no planejamento, mas também orientar a equipe na realização da função de planejamento. Isso exige conhecimento e comunicação clara sobre o conteúdo do plano e incentivo aos componentes da equipe, obter a cooperação e haver compartilhamento livre das idéias.

Quando as equipes contam com diversos pontos de vista e diversas experiências dos seus integrantes, conseguem apresentar planos criativos que são melhores que os planos anteriores. Recentemente, a American Airlines passou a adotar o trabalho em equipe em seus centros de manutenção. Devido à sua eficiência, a companhia decidiu que poderia oferecer, com lucro, seus serviços de manutenção a outras companhias aéreas. A American formou equipes de funcionários do sindicato e da direção da empresa para descobrir como aumentar a produtividade de cada centro de manutenção. No centro de Tulsa, uma das soluções apresentadas foi de revisar o método básico de manutenção pesada. No sistema tradicional, a aeronave ficava estacionada no hangar e centenas de funcionários trabalhavam nela, removendo e substituindo as peças. As equipes imaginaram que seria mais eficiente instalar três áreas de trabalho e transferir cada aeronave de um estágio para o seguinte. Com as sugestões recebidas dos trabalhadores de todos os níveis, a companhia reestruturou toda a área de trabalho, reposicionando os supervisores e reorganizando as peças e os equipamentos, deixando-os mais próximos de onde eles seriam necessários. Com essas e outras mudanças, a American espera que o centro de Tulsa atinja sua meta geral: reduzir os custos e aumentar a receita para um ganho total de US$ 500 milhões.[6] (O Capítulo 3 apresenta uma discussão mais detalhada de como gerir o trabalho em equipe.)

Atualizando os Objetivos

Depois de definir os objetivos, o supervisor deve monitorar o desempenho dos funcionários e compará-lo com as metas que foram definidas previamente. (O processo de controle será descrito mais adiante neste capítulo.) Dependendo do resultado, o supervisor determina se os objetivos precisam ser modificados.

Quando o supervisor deve atualizar os objetivos do seu departamento ou do grupo de trabalho? Ele deve atualizá-los sempre que a diretoria da empresa atualizar os objetivos organizacionais. Além disso, as organizações com um procedimento regular de planejamento especificam quando o supervisor deve revisar e atualizar seus objetivos.

O SUPERVISOR COMO CONTROLADOR

controle
Função da gestão que garante a execução do trabalho de acordo com o planejado

Assim como foi discutido no Capítulo 1, **controle** é a função da gestão que garante a execução do trabalho de acordo com o planejado. O supervisor executa esse processo de diversas maneiras. Estes são alguns exemplos fictícios:

- Bud Cavanaugh recomenda à sua equipe: "Espero ver a área de trabalho limpa todos os dias na hora em que vocês forem embora. Isso quer dizer que o chão deve ser varrido e todas as ferramentas guardadas".
- Uma ou duas vezes por dia, Maria Lopez passa algum tempo verificando os documentos produzidos pelos operadores de processador de texto sob sua supervisão. Maria verifica algumas páginas produzidas por cada funcionário naquele dia. Se ela perceber que algum funcionário tem dificuldades em determinada tarefa – por exemplo, em entender a letra manuscrita ou criar corretamente tabelas –, Maria discute o problema com ele.
- Sonja Friedman descobriu que os cidadãos que ligavam para o seu departamento de habitação estavam reclamando da demora para serem atendidos. Ela marcou uma reunião para discutir com os funcionários como atender mais rapidamente às ligações.

Como mostram esses exemplos, o supervisor precisa estar a par sobre o que acontece na área que se encontra sob sua supervisão. Será que os funcionários sabem o que eles devem fazer e será que têm capacidade para tanto? Será que todas as máquinas e equipamentos (seja uma fresadora operada por computador, seja um telefone celular) estão funcionando adequadamente? Será que o trabalho está sendo realizado corretamente e no prazo?

Para responder a essas perguntas, o supervisor, teoricamente, poderia simplesmente ficar sentado aguardando um desastre acontecer. Se não houver desastre, então, não há necessidade de reparo. Em termos mais realistas, o supervisor tem como responsabilidade resolver os problemas o mais rápido possível, o que significa que ele precisa descobrir alguma forma de *detectar* os problemas rapidamente. Detecção de problemas é o cerne da função de controle.

Por meio do controle, o supervisor pode adotar medidas para assegurar a qualidade e administrar os custos. Percorrendo a área de trabalho e verificando o desempenho, assim como faz Maria Lopez, o supervisor consegue ter certeza de que os funcionários estão produzindo um trabalho satisfatório. Definindo padrões para manter a área de trabalho limpa, Bud Cavanaugh reduz os custos relacionados ao tempo gasto procurando ferramentas ou, num eventual acidente, escorregar no piso sujo. Sonja Friedman também envolve os funcionários com o objetivo de melhorar os processos de trabalho. De várias outras maneiras, o supervisor pode beneficiar a organização por meio do processo de controle.

Processo de Controle

padrões
Medidas do que se espera

Embora os métodos específicos de controle adotados pelo supervisor variem de acordo com o tipo de organização e de funcionários supervisionados, o processo básico envolve três etapas. Em primeiro lugar, o supervisor estabelece **padrões** de desempenho, que são medidas do que se espera que seja realizado. Depois, o supervisor monitora o desempenho real e compara-o com os padrões preestabelecidos. Por último, o supervisor adequa a sua ação, seja reforçando o êxito ou realizando alguns ajustes para alinhar o desempenho com os padrões exigidos. A Figura 6.7 ilustra esse processo.

Se o sistema de controle funcionar corretamente, o supervisor conseguirá descobrir os problemas antes dos clientes e da direção. Portanto, o supervisor tem a chance de solucionar o problema a tempo de minimizar o prejuízo.

Estabelecer Padrões de Desempenho

Padrões de desempenho são conseqüências naturais do processo de planejamento. Uma vez conhecidos os objetivos a serem atingidos pelos funcionários, o supervisor pode determinar o que eles devem fazer para cumpri-los. Suponha que o objetivo de uma central de telemarketing composta por oito atendentes seja realizar 320 chamadas por

FIGURA 6.7
Processo de Controle

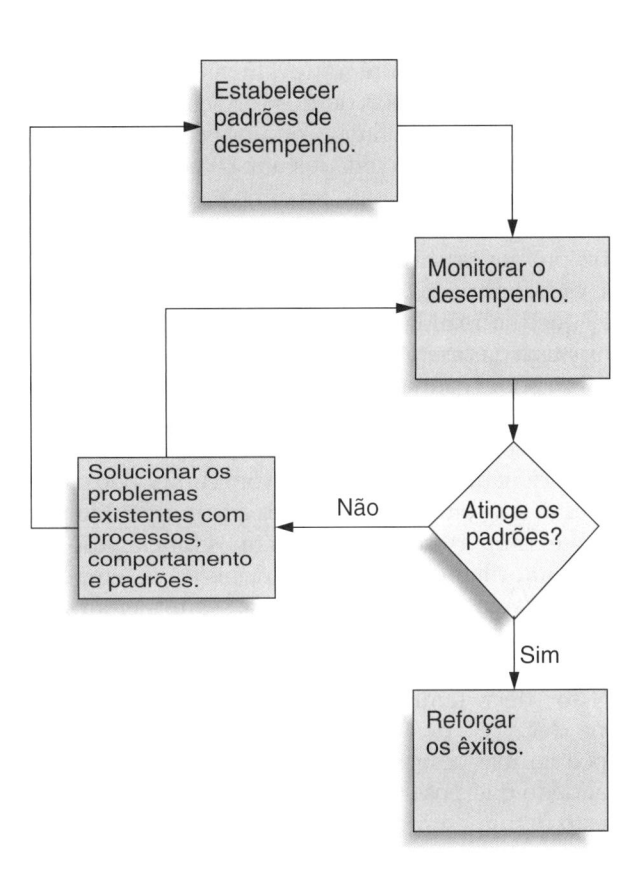

noite, resultando em 64 vendas. Para atingir esse objetivo, cada atendente deve realizar em média dez ligações por hora, com pelo menos duas delas resultando em venda. Esses números podem ser considerados dois dos padrões de desempenho da central.

Os padrões definem a quantidade e qualidade aceitáveis do trabalho. (A medida de quantidade desse exemplo seria o número de ligações realizadas; o número de vendas mediria a qualidade da venda, ou seja, a conversão de uma ligação em uma venda.) Outros padrões podem especificar as expectativas em termos de nível de serviço, montante de dinheiro gasto, quantidade de estoque disponível, nível de poluição na área de trabalho e outros aspectos. Por fim, todos esses padrões medem o nível de contribuição do departamento no cumprimento dos objetivos da organização para atender os clientes e, para a empresa, a geração de lucros.

O método que supervisores utilizam para definir padrões depende da sua experiência, das expectativas do empregador e da natureza do trabalho que está sendo monitorado. Muitas vezes, o supervisor utiliza seu conhecimento técnico para estimar padrões razoáveis. O desempenho do passado também serve de boa orientação sobre o que se pode esperar. No entanto, o supervisor deve evitar ser escravo do passado. Na elaboração de um novo orçamento, alguns supervisores partem do princípio de que se foi gasto determinado montante em alguma categoria no passado, essa despesa continuará sendo adequada no futuro. Porém, algumas vezes, existem alternativas melhores. O supervisor pode contar com fontes extras de informação na definição dos padrões de desempenho. Fabricantes de equipamentos e programadores de sistemas podem fornecer informações sobre a velocidade de desempenho de uma máquina ou de um sistema computadorizado que não existia antes. Algumas companhias adotam estudos de tempo e movimento para analisar a agilidade e eficácia com que os funcionários conseguem trabalhar.

Para serem eficazes, os padrões de desempenho devem atender os mesmos critérios dos objetivos; ou seja, devem ser documentados por escrito, mensuráveis, claros, específicos e desafiadores, porém, devem ser atingíveis. Os padrões também devem medir aspectos das mercadorias ou dos serviços que interessam aos clientes e que sustentem a estratégia da companhia. Certa ocasião, um banco adotou como base alguns padrões de desempenho relacionados a marketing para tipos de produtos que a instituição imaginava serem os mais lucrativos. O banco determinou que as linhas de empréstimo com garantia hipotecária produziam alto retorno. Assim, determinou às agências que promovessem esse produto. Uma grande parcela de consumidores que procuravam essas linhas de crédito ficava na região sul da Flórida. A maioria deles eram aposentados que, na realidade, não queriam o dinheiro do empréstimo dando como garantia a hipoteca da casa. Ao contrário, eles procuravam o produto como uma espécie de "garantia" de poder ganhar o dinheiro em caso de alguma necessidade. O banco estava gerando despesas com a aprovação do crédito e abertura de contas, mas não estava ganhando muito com clientes que efetivamente tomavam empréstimos da sua linha de crédito. O funcionário ou a agência estavam cumprindo os objetivos, abrindo as linhas de crédito, mas estavam contribuindo menos que o esperado para os lucros do banco.[7]

Não somente o supervisor, mas também os funcionários devem conhecer e entender os padrões. Ao informar quais são os padrões de desempenho, o supervisor deve fazê-lo por escrito para que os funcionários possam memorizá-los e consultá-los quando acharem necessário. (O Capítulo 10 apresenta mais detalhadamente sugestões para uma boa comunicação.)

O supervisor deve também garantir que os funcionários entendam o raciocínio envolvido na definição dos padrões. Faz parte da natureza humana resistir quando alguém impõe normas restritivas, mas as normas parecem menos rígidas quando têm alguma finalidade que possa ser entendida. Portanto, se o departamento de processamento de texto de um escritório de advocacia tem como padrão produzir documentos sem nenhum erro, o supervisor deve explicar que faz parte do plano do escritório formar uma carteira de clientes de prestígio, oferecendo um excelente produto. Com essa explicação, os digitadores tendem a se sentir menos oprimidos por causa do rígido padrão de qualidade e mais orgulhosos em fazer parte de um excelente escritório de advocacia.

Monitorar o Desempenho e Comparar com os Padrões

Uma vez estabelecidos os padrões de desempenho, o supervisor pode iniciar a parte central do processo de controle, que é o monitoramento do desempenho. No exemplo da equipe de telemarketing, o supervisor pode querer acompanhar a quantidade de chamadas que cada atendente realizou e quantas delas resultaram em vendas.

Uma maneira de monitorar o desempenho seria simplesmente registrando as informações no papel ou digitando-as em um computador, tarefa que pode ser executada pelo supervisor, pelos funcionários ou por ambos. Os atendentes de telemarketing do exemplo conseguem fornecer ao supervisor informações que podem ser inseridas em um registro, como o mostrado na Tabela 6.3. Alguns tipos de máquinas e equipamentos possuem sistemas eletrônicos ou mecânicos de contagem que oferecem uma forma precisa de medir o desempenho. Por exemplo, os leitores ópticos dos caixas de uma loja podem monitorar a velocidade com que os operadores registram as mercadorias.

Assim como no texto da seção "Supervisão e Ética" do Capítulo 2, um número cada vez maior de empresas utilizam métodos de monitoramento eletrônico para controlar o desempenho dos funcionários. Algumas utilizam programas para monitorar o que os funcionários fazem na internet, enquanto outras registram as ligações telefônicas do serviço de atendimento ao cliente. O monitoramento eletrônico pode ser importante para supervisionar funcionários que "trabalham virtualmente" de casa ou de outros locais longe do supervisor. O supervisor se preocupa sempre com a maneira de controlar o trabalho de alguém que ele não possa ver, dessa forma, ele recebe informações detalhadas sobre as atividades desses funcionários. No entanto, também é importante considerar outras maneiras de supervisionar os trabalhadores a distância. O supervisor precisa se concentrar mais nos resultados do que nas atividades, preocupando-se mais com o que o funcionário conseguiu realizar hoje e não exatamente com o que ele fez. O supervisor de trabalhadores virtuais também precisa de mais habilidade para ouvir

TABELA 6.3
Exemplo de Registro de Desempenho

Semana de 22 de novembro de 2007
Padrão de Desempenho: 40 ligações, 8 vendas

Nome	Número de Ligações Completadas	Número de Vendas Realizadas	Providência
Forrest	32	6	Discutir o ritmo lento de trabalho.
French	41	8	Elogiar o desempenho.
Johnson	39	7	Nenhuma.
Munoz	47	9	Elogiar o desempenho.
Peterson	38	8	Elogiar o desempenho.
Spagnoli	50	7	Elogiar o empenho; discutir como converter mais ligações em vendas.
Steinmetz	29	5	Discutir o fraco desempenho; aplicar medida disciplinar se necessário.
Wang	43	9	Elogiar o desempenho.
Total	**319**	**59**	

para que consiga captar melhor as preocupações e os problemas dos funcionários pelo telefone, nas entrelinhas da mensagem eletrônica ou mesmo indiretamente na qualidade e no tipo de trabalho produzido.[8]

Evidentemente, o monitoramento deve ser eficaz e preciso. Além de utilizar o monitoramento eletrônico, o supervisor consegue obter informações precisas, observando os funcionários diretamente. A presença física do supervisor mostra o interesse que ele tem pelos funcionários e pelo que eles estão fazendo, além de estar disponível para esclarecer dúvidas e ajudar a resolver eventuais problemas. Um supervisor ativo não apenas acompanha os trabalhadores e assegura que eles estejam cumprindo as metas, mas também assume muitos outros papéis, inclusive de professor, agente de segurança e defensor dos funcionários.[9]

Do ponto de vista da qualidade, o monitoramento de desempenho deve também avaliar a satisfação dos clientes. No caso de grupos que prestam serviços a outros funcionários da organização, o supervisor deve procurar saber desses "clientes internos" se eles estão recebendo o que precisam no momento em que precisam. Na Bristol-Myers Squibb Company, pesquisas regulares procuram descobrir se os funcionários estão satisfeitos com os serviços internos, tais como limpeza, manutenção e restaurante. O gigante da indústria farmacêutica recentemente criou uma equipe com o objetivo de melhorar as pesquisas para poder usar as medidas "passíveis de ação", significando que o departamento fornecedor dos serviços pode utilizar os resultados para identificar os tipos de mudanças necessárias. Por exemplo, a pesquisa sobre o restaurante dos funcionários tinha a finalidade de fazer uma avaliação geral, mas uma avaliação cujos resultados são "regular" ou "excelente" não sugere áreas passíveis de melhorias. As novas pesquisas apresentam perguntas como: os itens oferecidos no cardápio atendem as suas necessidades alimentares?[10]

Durante o monitoramento do desempenho, o supervisor deve se concentrar em comparar o desempenho real com os padrões por ele estabelecidos. Será que os funcionários estão cumprindo os padrões, superando-os ou deixando a desejar? Dois conceitos importantes para manter esse enfoque são o da variância e o princípio da exceção.

Em um sistema de controle, **variância** refere-se ao tamanho da diferença entre o desempenho real e o padrão a ser atingido. Ao definir os padrões, o supervisor deve estabelecer o nível significativo de variância para fins de controle. É útil pensar em termos de porcentagem. Por exemplo, se o padrão de desempenho de um hospital for marcar, em dez minutos ou menos, os testes laboratoriais para pacientes não internados, o

variância
Tamanho da diferença entre o desempenho real e o padrão estabelecido

princípio da exceção
Princípio de controle que estabelece que um supervisor deverá tomar providências quando a variância for significativa

supervisor pode decidir aceitar uma variância de 50% (cinco minutos). (Em um ambiente de produção, uma variância de 5% a 10% pode ser mais apropriado para a maioria dos padrões.) Assim como já foi discutido no Capítulo 2, algumas organizações se empenham na busca de um padrão de aceitação de zero defeito.

De acordo com o **princípio da exceção**, o supervisor deverá tomar providências quando a variância for significativa. Portanto, no exemplo anterior, ao monitorar o desempenho, o supervisor precisaria tomar providências somente se os pacientes não internados estivessem levando mais de quinze minutos ou menos de cinco minutos para marcar os testes laboratoriais.

O princípio de exceção é proveitoso se ajudar o supervisor a administrar bem o seu tempo e a motivar os funcionários. Um supervisor que não consegue tolerar variações razoáveis acaba tentando resolver o "problema" sempre que um funcionário produz poucas unidades de um componente ou estoura o orçamento de suprimentos do escritório por pouco mais que o custo de uma caixa de clipes. Nesse caso, os funcionários podem se sentir frustrados por causa do sistema de controle, e o estado de espírito pode se deteriorar. Ao mesmo tempo, o supervisor pode acabar se ocupando demais com trivialidades em vez de se concentrar em questões mais importantes.

Reforçar os Sucessos e Corrigir os Problemas

A informação obtida com o processo de controle traz benefícios somente se o supervisor utilizá-la como base de reforço ou mudança de comportamento. Se o desempenho for satisfatório ou superior, o supervisor deverá incentivá-lo. Se o desempenho for inaceitável, ele deverá realizar mudanças para melhorar o desempenho ou ajustar o padrão. Na Tabela 6.3, a coluna da direita mostra algumas providências que o supervisor pretende tomar com base nos dados de desempenho.

reforço
Encorajamento de um comportamento, associando-o a uma recompensa

Quando os funcionários estão realizando um trabalho excelente, os clientes estão satisfeitos e os custos dentro do orçado, o supervisor deve reforçar esses resultados positivos. **Reforço** significa incentivar o comportamento, associando-o a uma recompensa. O elogio do supervisor pelo desempenho que atenda os padrões não apenas proporciona ao funcionário uma boa sensação, mas também deixa claro o que se espera dele. No caso de um desempenho excepcional, o supervisor também pode recompensar o funcionário com uma gratificação. As gratificações que o supervisor pode oferecer dependem da companhia e das normas sindicais relativas ao alto desempenho.

problema
Fator dentro da organização que se torna uma barreira contra as melhorias

Quando o desempenho fica bem abaixo dos padrões, o supervisor deve investigar o motivo pelo qual isso está acontecendo. Desempenho abaixo do padrão é sinal de **problema** – algum fator dentro da organização que se torna uma barreira contra as melhorias. O supervisor tem a tarefa de identificar o problema. Por exemplo, se o supervisor da empresa de telemarketing descobre que o grupo não está atingindo os objetivos de vendas, ele pode procurar saber quem está abaixo das metas: se todos ou apenas alguns funcionários. Se o desempenho de todos estiver abaixo do padrão, o problema pode estar na necessidade de treinamento ou na motivação da equipe de vendas. Ou o problema pode estar fora do controle direto do supervisor; o produto pode ter falhas ou os clientes podem não ter interesse por alguma outra razão como, por exemplo, estar passando por dificuldades financeiras. Se apenas um funcionário não estiver vendendo, o supervisor precisa procurar o problema por trás do fraco desempenho dele. Será que o funcionário sabe como fechar uma venda? Será que ele está com problemas pessoais que estão afetando o desempenho?

sintoma
Indicativo de existência de um problema subjacente

O fraco desempenho por si só raramente é um problema, e sim um **sintoma** – indicativo de um problema subjacente. Para fazer bom uso das informações obtidas com o controle, o supervisor precisa distinguir os problemas dos sintomas. No exemplo anterior da pesquisa da Bristol-Myers Squibb, o departamento de facilidades ficou surpreso ao constatar a insatisfação dos funcionários com a variedade de itens oferecidos no cardápio dos refeitórios da companhia. Mas antes de acrescentar mais itens no cardápio, Ann McNally, líder da equipe responsável pelas pesquisas, reuniu um

FIGURA 6.8
Ferramentas para Solucionar os Problemas de Desempenho

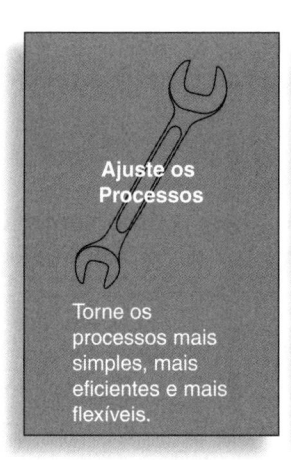

Ajuste os Processos
Torne os processos mais simples, mais eficientes e mais flexíveis.

Melhore o Comportamento
Ofereça novas recompensas, melhor treinamento ou orientações mais claras.

Ajuste os Padrões
Alinhe os padrões com as habilidades, os recursos e os objetivos reais.

grupo de funcionários para conversar sobre o problema. Os funcionários desses grupos descreveram o quanto era atribulado o dia de trabalho. Quando eles se dirigiam ao refeitório para pegar uma refeição, não estudavam todas as opções do cardápio, mas apenas escolhiam o que estavam acostumados a comprar. A equipe constatou que a reclamação sobre a variedade do cardápio na verdade era sintoma de um problema de comunicação e tempo. Os funcionários precisavam conseguir ver as alternativas em uma rápida olhada. O departamento trabalhou com o fornecedor de serviços de alimentação para exibir as alternativas de forma diferente e divulgar o cardápio on-line para que os funcionários pudessem verificá-lo, conforme lhes fosse conveniente. Acrescentar mais opções no cardápio aumentaria os custos da companhia sem resolver o verdadeiro problema.[11]

Algumas vezes, o problema por trás de uma variância significativa está no fato de o padrão ser alto ou baixo demais. Por exemplo, se nenhum atendente da equipe de telemarketing está atingindo o número desejado de vendas, talvez o padrão esteja alto demais, em desacordo com a atual situação financeira e de mercado. Em outros casos, o gestor descobre com o desempenho que um padrão nem sempre mede o aspecto correto.

Para resolver o problema, talvez seja necessário ajustar algum processo, o comportamento de um determinado funcionário ou o padrão em si (veja a Figura 6.8). No caso de problemas de processo e comportamento, o supervisor pode optar por uma entre inúmeras possíveis ações, tais como:

- Criar novas recompensas para um bom desempenho.
- Treinar os funcionários.
- Melhorar a comunicação com os funcionários.
- Oferecer orientação e/ou adotar medidas disciplinares aos funcionários de fraco desempenho.
- Perguntar aos funcionários quais barreiras estão interferindo no desempenho e, assim, removê-las. (Entre as barreiras comuns estão a falta de informação ou de suprimentos, manutenção deficiente dos equipamentos e ineficácia dos procedimentos de trabalho.)

A melhor resposta para os problemas relacionados aos padrões é torná-los mais adequados. Talvez seja necessário que o supervisor torne o padrão menos rígido ou mais desafiador.

Qualquer que seja a providência adotada pelo supervisor, é importante alertar o funcionário assim que observar um desvio do padrão. Desse modo, o funcionário pode realizar mudanças antes de o desempenho se deteriorar ainda mais. Se o supervisor deixar o problema se agravar, ficará mais difícil resolvê-lo. Por exemplo, um funcionário pode acabar se habituando a realizar a tarefa de forma errada ou demorada demais, ficando impossível que não haja atrasos.

Ao modificar os padrões, completa-se o círculo do processo de controle. Com os novos padrões estabelecidos, o supervisor mais uma vez está pronto para monitorar o desempenho.

Tipos de Controle

Pela descrição do processo de controle, pode parecer que o controle só começa quando o trabalho do funcionário já está concluído: terminado o trabalho, o supervisor verifica se ele foi bem-feito. No entanto, esse é apenas um tipo de controle. Existem três tipos de controle dependendo do momento em que ele ocorre: o controle por *feedback*, controle simultâneo e controle prévio.

controle por *feedback* Controle baseado no desempenho já ocorrido

Controle por *feedback* é aquele baseado no desempenho já ocorrido. Ao analisar os comentários do cliente a respeito do atendimento, o supervisor está praticando controle por feedback. Os clientes fornecem informações sobre a qualidade do atendimento; e, de acordo com elas, o supervisor atua, reforçando ou tentando modificar o comportamento do funcionário.

controle simultâneo Controle feito durante a realização do trabalho

A palavra *simultâneo* descreve atividades que ocorrem ao mesmo tempo. Portanto, **controle simultâneo** refere-se ao controle do trabalho feito durante a sua realização. O gerente de um restaurante que cumprimenta os clientes na mesa e visita a cozinha para acompanhar o andamento do trabalho está praticando controle simultâneo. Esse supervisor está colhendo informações sobre o que está sob controle e quais problemas podem surgir. O supervisor pode atuar em qualquer problema antes que o cliente ou o funcionário se aborreça. Outra técnica de controle simultâneo é o controle estatístico de processo, descrito no Capítulo 2.

controle prévio Esforços para evitar algum comportamento que possa produzir resultados indesejados

Controle prévio refere-se aos esforços para evitar algum comportamento que possa produzir resultados indesejados. Tais esforços podem incluir o estabelecimento de normas, políticas e procedimentos. Um supervisor de produção pode, por exemplo, passar aos funcionários diretrizes sobre a detecção de maquinários em mau funcionamento. Assim, o funcionário pode requisitar o conserto antes de desperdiçar tempo e material com o equipamento. O controle prévio seria uma das funções da filosofia de gestão conhecida como gestão da qualidade total (veja o Capítulo 2).

Ferramentas de Controle

Ao estudar como monitorar o desempenho, o supervisor pode começar com algumas ferramentas básicas usadas pela maioria dos gestores. Orçamentos e relatórios são comuns na maioria das organizações. Além disso, o supervisor pode se beneficiar da observação pessoal do trabalho.

Orçamentos

A elaboração de um orçamento faz parte do processo de planejamento. No controle, o orçamento serve como um tipo de padrão de desempenho. O supervisor compara os gastos reais com os valores orçados.

A Tabela 6.4 mostra um exemplo de relatório orçamentário baseado na Tabela 6.2. A primeira coluna mostra cada categoria de despesas do projeto da oficina, que foi programado para durar seis meses, de janeiro a junho. Portanto, a coluna de orçamento para seis meses representa o total que o supervisor espera gastar em cada categoria do projeto. Esse relatório foi preparado em 31 de março (com metade do projeto concluída), portanto, a coluna seguinte mostra o que foi orçado para a metade do projeto. A coluna ao lado mostra os montantes efetivamente gastos durante os primeiros três meses. Na última coluna da direita aparece a variância entre o montante real e o montante orçado. Nesse caso, a oficina está com uma variância total negativa porque o projeto está $ 679 acima do orçado para os três primeiros meses.

TABELA 6.4
Relatório Orçamentário de um Projeto de Produção

Fonte: De *Industrial Supervision: In the Age of High Technology*, David L. Goetsch. Copyright © 1992 Pearson Education, Inc. Reprodução autorizada por Pearson Education, Inc., Upper Saddle River, NJ.

Unid. Organizacional	Oficina	Número do Trabalho	1763	Data 31 de março de 20xx
Item	Orçamento para Seis Meses	Orçado Atualizado do Ano (jan.-mar.)	Real Atualizado do Ano (jan.-mar.)	Variância
Mão-de-obra direta	$ 60.000	$ 30.000	$ 30.000	$ 0
Mão-de-obra indireta	5.400	2.700	2.700	0
Materiais	13.200	6.600	6.383	217
Suprimentos Operacionais	3.000	1.500	1.496	4
Conserto de equipamentos	5.400	2.700	3.600	–900
Total	**$ 87.000**	**$ 43.500**	**$ 44.179**	**– $ 679**

Ao usar esse tipo de relatório orçamentário para fins de controle, o supervisor concentra-se na coluna de variância, procurando discrepâncias significativas. Na Tabela 6.4, o supervisor observaria que a variância total desfavorável deve-se inteiramente a uma grande despesa com o conserto de equipamentos. Se não fosse por esse item, a oficina estaria abaixo do orçado ou exatamente dentro dos padrões estabelecidos. Seguindo o princípio da exceção, o supervisor toma providências quando ocorrem variações significativas. Normalmente, isso consiste em procurar meios de cortar os custos quando o departamento estoura o orçamento. Nesse exemplo, o supervisor deverá se concentrar em evitar outras quebras de equipamento. Algumas vezes, o supervisor pode alterar o orçamento quando alguma variância indica que os números do orçamento não estão sendo realistas.

Relatórios de Desempenho

Um relatório bem estruturado pode ser uma importante fonte de informações. O **relatório de desempenho** mostra, resumidamente, o desempenho e a comparação com os padrões estabelecidos. Esse relatório pode simplesmente resumir fatos para possibilitar suas interpretações. Os fatos podem ser: o número de ligações realizadas pelos representantes de vendas ou encomendas entregues.

relatório de desempenho
Resumo do desempenho e comparação com os padrões estabelecidos

A maioria dos supervisores tanto elabora como solicita relatórios de desempenho. Normalmente, a organização pede que o supervisor prepare um tipo específico de relatório sobre o desempenho do departamento. O papel do supervisor é preparar esse relatório. O supervisor também pode pedir que os funcionários preparem relatórios para ele. Nesse caso, o supervisor pode determinar o tipo de relatório que ele quer.

Tomemos como base os relatórios necessários a uma central de atendimento ao cliente. O supervisor da central precisa fornecer à direção relatórios regulares, que apresentem o volume de trabalho e a agilidade e eficácia do atendimento das ligações pelos funcionários. Na maioria das organizações, a direção deseja saber o volume da carga de trabalho, os custos e a receita (se os funcionários recebem pedidos) e a satisfação do cliente, entre outras medidas. O supervisor identifica as medidas específicas disponíveis, dada a tecnologia de medição da companhia, e decide como incluí-las no relatório. Por exemplo, o relatório pode apresentar um gráfico de linha com o volume semanal ou mensal de ligações, comparando o real com o previsto. A comparação do desempenho real com as metas e as previsões é importante para identificar as áreas com problemas. Sempre que o desempenho real varia significativamente dos padrões, o relatório deve conter uma explicação para tal fato. Se o nível de atendimento caiu e o tempo médio para atender as ligações aumentou durante determinado mês, a explicação pode ser o corte de energia, que aumentou o volume de chamadas. Esse tipo de expli-

FIGURA 6.9 Gráfico de Variâncias Criado com Base na Tabela 6.3

Ligações Completadas – Variância de um Padrão de 40

Funcionário	Variância
Forrest	−8
French	+1
Johnson	−1
Munoz	+7
Peterson	−2
Spagnoli	+10
Steinmetz	−11
Wang	+3

Vendas Realizadas – Variâncias de um Padrão de 8

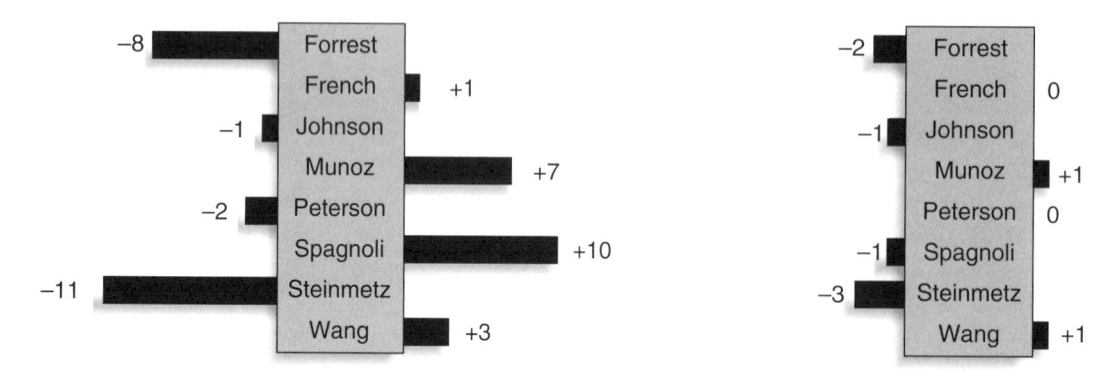

Funcionário	Variância
Forrest	−2
French	0
Johnson	−1
Munoz	+1
Peterson	0
Spagnoli	−1
Steinmetz	−3
Wang	+1

cação ajuda no planejamento e na solução de problemas. Relatórios úteis esclarecem em vez de ocultar os problemas. Se o supervisor esconder os problemas de desempenho, será mais difícil convencer o gestor da necessidade que o grupo tem de obter mais recursos ou treinamentos.[12]

Sempre que possível, o supervisor deve cuidar para que o relatório seja simples e direto. Uma tabela ou um registro de desempenho pode ser mais útil que um relatório descritivo. Os gráficos, às vezes, revelam melhor uma tendência do que números mostrados em colunas. A Figura 6.9 mostra como os dados da Tabela 6.3 podem ser convertidos em um gráfico. Nesse caso, as variações foram computadas primeiro para a diferença entre o desempenho de cada funcionário e, depois, para os padrões de desempenho. Observe como é fácil identificar no gráfico a grande variação no número de ligações por funcionário. Será que isso quer dizer que alguns funcionários se empenham mais que outros? Pode ser, mas deve-se ter em mente o processo de busca de um problema. Também é possível que alguns funcionários tenham mais habilidade em tornar as ligações mais breves e diretas.

O papel do supervisor na criação de uma atmosfera propícia para a elaboração de relatórios completos e precisos pode ainda ser mais importante. O supervisor pode moldar um clima favorável, buscando as idéias dos funcionários de forma ativa, e demonstrando disposição para ouvir os relatos de algo que possa estar errado.

O supervisor também deve verificar se todos os relatórios que está recebendo ainda são úteis. Muitos relatórios continuam a ser emitidos muito depois de perder a sua utilidade. Ao decidir se deve continuar a utilizar um relatório, o supervisor deve levar em conta se o documento possui as características dos controles eficazes, descritos ao final deste capítulo.

Observação Pessoal

O supervisor que passa o dia inteiro no escritório, lendo orçamentos e relatórios, fica fora de contato com a realidade da empresa. Um importante papel do controle é o de passar o tempo com os funcionários e observar o que está acontecendo. O consultor em gestão, Tom Peters, popularizou essa abordagem, que ele chama de "gestão a passeio". Com essa abordagem, o supervisor pode ouvir os funcionários, ajudá-los a descobrir métodos melhores de executar o trabalho e realizar as mudanças necessárias para ajudá-los a implementar tais métodos. Por exemplo, uma enfermeira-supervisora pode observar que as outras enfermeiras muitas vezes perdem tempo discutindo qual chamada atender primeiro. A supervisora pode debater esse assunto com elas e ajudá-las a estabelecer critérios para definir prioridades.

A observação pessoal pode ajudar o supervisor a entender as atividades que estão por trás dos números dos relatórios. No entanto, o supervisor precisa tomar cuidado ao interpretar o que vê. Muitas vezes, a presença de um supervisor faz o trabalhador mudar seu comportamento. Além disso, o supervisor precisa visitar as áreas de trabalho com a freqüência necessária para ter certeza de estar acompanhando situações rotineiras, e não apenas crises esporádicas ou interrupções das atividades. Ao mesmo tempo, o supervisor não deve passar muito tempo entre os funcionários a ponto de eles sentirem que as visitas interferem no trabalho. Quanto tempo se deve gastar na gestão a passeio? O supervisor provavelmente terá de se basear na fórmula tentativa e erro, avaliando as reações dos funcionários e a quantidade de informação obtida.

A impossibilidade de exercer o controle por meio de observação pessoal é um desafio para a supervisão de funcionários que trabalham em casa. Essa questão está ficando cada vez mais importante à medida que a tecnologia da comunicação vem viabilizando o trabalho virtual para pessoas deficientes, empregados que ficam em casa cuidando dos filhos, e outros que simplesmente preferem não ter de se arrumar para sair de casa. Como o supervisor pode ter certeza de que esses funcionários não estão gastando o tempo assaltando a geladeira ou buscando as últimas notícias sobre alguma novela?

Evidências mostram que o funcionário que opta por trabalhar em casa tende a ser uma pessoa automotivada. Isso quando não tem dificuldades para fazer intervalos. Há relatos sobre um trabalhador virtual que ficou tão envolvido na programação de seu computador que acabou sofrendo de dores de cabeça por trabalhar horas a fio. No fim, ele teve de programar o despertador do rádio-relógio para tocar a cada duas horas, lembrando-o de fazer um intervalo. Exemplos radicais à parte, supervisores e funcionários podem se beneficiar do treinamento para lidar com o relacionamento a distância. Se não houver esforço extra na comunicação, o trabalhador virtual tende a ser deixado de fora do círculo. Keith Binder, que supervisiona dois trabalhadores virtuais, telefona uma vez por semana para cada um deles para que eles fiquem a par das decisões no trabalho e, com isso, possam comentá-las também.[13]

CARACTERÍSTICAS DE CONTROLES EFICAZES

Nenhum supervisor consegue acompanhar cada detalhe do trabalho de cada funcionário. Um sistema eficaz de controle é aquele que ajuda o supervisor a direcionar seus esforços na identificação precisa de problemas importantes. Normalmente, o supervisor deve usar qualquer sistema de controle estabelecido pelos gestores de nível superior. No entanto, ao fazer recomendações sobre controles ou estabelecer controles para serem usados dentro do departamento, o supervisor pode se empenhar em atingir as características de controles eficazes apresentadas a seguir.

Oportunidade

O controle deve ser *oportuno*, permitindo ao supervisor corrigir os problemas a tempo de melhorar os resultados. Por exemplo, um relatório orçamentário anual não permite que o supervisor ajuste os gastos a tempo de cumprir as metas do orçamento. Em contrapartida, relatórios orçamentários mensais dão ao supervisor tempo para identificar os padrões de gasto que podem criar problemas. Se a previsão de gastos com remessas em 24 horas no orçamento anual do supervisor for de $ 500, mas o departamento já gastou $ 200 até o final de fevereiro, o supervisor sabe que o trabalho deverá ser planejado com antecedência suficiente para enviar os materiais por outros meios mais econômicos.

Eficácia dos Custos

Os controles devem ser *econômicos*. Em geral, isso significa que o custo de utilização dos controles deve ser inferior ao benefício resultante do seu uso. Em um supermercado, por exemplo, um sistema sofisticado destinado a garantir que um item sequer do estoque se perca ou seja roubado pode não render à loja uma economia suficiente para justificar o custo do sistema.

Aceitabilidade

Os controles devem ser *aceitáveis para supervisores e funcionários*. Os supervisores desejam controles que lhes ofereçam informações suficientes sobre o desempenho para poder entender o que está acontecendo no ambiente de trabalho. Os funcionários desejam controles que não invadam indevidamente a sua privacidade. Uma área de controvérsias é a de monitoramento eletrônico do desempenho dos funcionários. Por exemplo, os computadores conseguem controlar quantas ligações os operadores atendem e quanto tempo eles gastam em cada chamada. O monitoramento eletrônico oferece ao supervisor muita informação, inclusive quanto tempo o operador gasta indo ao toalete. Será que esse controle minucioso melhora o desempenho, incentivando os funcionários a trabalharem mais? Ou será que apenas piora o estado de espírito dos funcionários, desmotivando-os a gastar mais tempo sendo atencioso no atendimento do cliente? A resposta está em parte na forma como o supervisor usa essas informações.

Os funcionários também gostam de controles que enfocam áreas sobre as quais eles próprios têm algum controle. Por exemplo, um controle que quantifica o número de unidades produzidas por um funcionário seria aceitável somente se nunca faltassem as peças necessárias para produzir tais unidades. Um funcionário cujo desempenho pareça fraco devido à falta de estoque se sentiria frustrado com tal controle.

Flexibilidade

Por último, os controles devem ser *flexíveis*. Isso significa que o supervisor deve ter a possibilidade de ignorar alguma variância se isso for melhor para a organização. Por exemplo, na comparação dos gastos de um orçamento, o supervisor deve saber que há ocasiões em que gastar um pouco mais que o orçado efetivamente vai beneficiar a companhia. Esse deve ser o caso quando os funcionários têm de realizar horas extras para atender um pedido de um cliente importante. No futuro, talvez um planejamento melhor possa evitar as horas extras, mas a meta imediata é satisfazer o cliente.

Uma das razões da importância da flexibilidade é a possível incompatibilidade entre as medidas de desempenho. Por exemplo, os funcionários podem considerar impossível cortar custos e, ao mesmo tempo, melhorar a qualidade. Nesse caso, o supervisor talvez tenha de estabelecer prioridades ou ajustar as medidas de controle. Tais ações são um tipo de planejamento, um exemplo de como controlar e planejar o trabalho em conjunto para ajudar a organização a atingir suas metas.

MÓDULO DE APTIDÃO

PARTE UM: CONCEITOS

Resumo

6.1. Descrever os tipos de planejamento existentes nas organizações.

No alto escalão da organização, os gestores desenvolvem o planejamento estratégico, que consiste na criação de metas de longo prazo para a organização. Os planos para as divisões, os departamentos e os grupos de trabalho são conhecidos como planos operacionais e estabelecidos pelos gestores do nível médio e supervisores. Os planos operacionais apóiam o plano estratégico; eles são mais específicos e concentram-se em um prazo mais curto. O supervisor deve aplicar boas práticas de planejamento também em seus esforços individuais.

6.2 Identificar as características de objetivos eficazes.

Os objetivos eficazes devem ser documentados por escrito, mensuráveis ou observáveis, claros, específicos e desafiadores, porém, atingíveis.

6.3 Definir o conceito de *gestão por objetivos (GPO)* e discutir sua aplicação.

A gestão por objetivos consiste no processo em que gestores e funcionários de todos os níveis estabelecem os objetivos que irão realizar, sendo o desempenho de cada um avaliado com base nesses objetivos. Nesse tipo de gestão, todos dentro da organização trabalham para definir os objetivos, cada funcionário é periodicamente avaliado por seu gestor, que compara seu desempenho com os objetivos preestabelecidos, e recompensado pela organização com base em quanto ele cumpre desses objetivos. Para a eficácia da gestão por objetivos, gestores de todos os níveis da organização devem estar comprometidos com o sistema.

6.4 Discutir o papel do supervisor no processo de planejamento.

O supervisor é responsável pela elaboração de planos especificando metas, tarefas, recursos e responsabilidades do seu próprio departamento. O supervisor mantém os gestores de nível superior informados sobre as necessidades, as capacidades e o progresso dos grupos. Ele decide como alocar os recursos existentes aos trabalhos a serem realizados, inclusive criando orçamentos. O supervisor também prepara a programação. Quando possível, ele deve envolver os funcionários no processo de planejamento.

6.5 Explicar a finalidade do uso de controles.

Quando os problemas são identificados a tempo de corrigi-los, o controle permite ao supervisor assegurar o trabalho de alta qualidade e controlar os custos.

6.6 Identificar as etapas do processo de controle.

Primeiro, o supervisor estabelece e informa por escrito os padrões de desempenho. Depois, monitora o desempenho e o compara com os padrões. Dependendo do resultado da avaliação, o supervisor reforça o sucesso ou soluciona os problemas. A solução de um problema pode demandar ajuste de um processo, do comportamento de um funcionário ou mesmo do padrão.

6.7 Decrever os tipos e as ferramentas de controle.

O controle por *feedback* concentra-se no desempenho já ocorrido. O controle simultâneo acontece durante a execução do trabalho. O controle prévio tem a finalidade de evitar o comportamento que possa produzir resultados indesejados. Orçamentos, relatórios de desempenho e observação pessoal, todos servem de ferramentas de controle.

6.8 Listar as características de controles eficazes.

Os controles eficazes são oportunos, econômicos, aceitáveis tanto para o supervisor quanto para o funcionário, e também devem ser flexíveis.

Termos Principais

- planejamento, *p.* 136
- objetivos, *p.* 137
- metas, *p.* 137
- planejamento estratégico, *p.* 137
- planejamento operacional, *p.* 138
- políticas, *p.* 140
- procedimentos, *p.* 140
- normas, *p.* 141
- plano de ação, *p.* 141
- planejamento contingencial, *p.* 142
- gestão por objetivos (GPO), *p.* 142
- orçamento, *p.* 145
- programação, *p.* 146
- diagrama de Gantt, *p.* 146
- técnica de avaliação e revisão de projetos (PERT), *p.* 147
- controle, *p.* 150
- padrões, *p.* 150
- variância, *p.* 153
- princípio da exceção, *p.* 154
- reforço, *p.* 154
- problema, *p.* 154
- sintoma, *p.* 154
- controle por *feedback*, *p.* 156
- controle simultâneo, *p.* 156
- controle prévio, *p.* 156
- relatório de desempenho, *p.* 157

Questões para Discussão e Revisão

1. Para o supervisor e outros gestores, qual a importância do planejamento?
2. Defina o que são políticas, procedimentos e metas. Qual a relação entre eles e os objetivos da organização.
3. Jill Donahue é supervisora dos atendentes de chamadas de emergência de cidadãos e policiais, bombeiros e ambulâncias. Um de seus objetivos para o próximo ano é reduzir o tempo médio gasto no atendimento das ligações, de um minuto para trinta segundos. Como ela pode criar um plano para atingir esse objetivo? Quais perguntas ela deve responder? Sugira uma possível resposta para cada pergunta.
4. Imagine-se na posição de supervisor da oficina cujo orçamento aparece na Tabela 6.2
   a. Modifique os valores orçados para criar um orçamento de um novo projeto do mesmo tamanho e tipo. Use estas hipóteses e diretrizes:
      - A organização determina que os custos de mão-de-obra direta não podem aumentar mais que 6%.
      - Você foi orientado a cortar em 10% os gastos com consertos de equipamentos.
      - Você espera um aumento de cerca de 5% nos custos dos materiais.
   b. Que outras hipóteses você utilizou para criar o orçamento?
5. O que há de errado com cada um dos seguintes objetivos? Reescrevê-los para estabelecer as características de um objetivo eficaz.
   a. Melhore o procedimento para atender às reclamações dos clientes.
   b. Atinja ou supere as cotas de vendas do ano passado.
   c. Minimize o número de peças com defeitos.
   d. Comunique-se claramente com os pacientes.
6. Quais são algumas das vantagens em envolver os funcionários no processo de desenvolvimento dos objetivos? Como o supervisor pode atuar nisso?
7. Seu melhor amigo acaba de ser promovido para uma posição de supervisor e se sente constrangido em "controlar as pessoas". Explique a ele a importância do controle para ajudar a organização a atingir as metas.
8. Quais são as etapas do processo de controle?
9. Qual a relação entre o processo de controle e a função de planejamento da gestão?
10. Bonnie Goode supervisiona os operadores do departamento de atendimento ao cliente de uma empresa de softwares. Os funcionários devem atender cerca de 50 chamadas por dia (250 em uma semana de cinco dias). Toda segunda-feira, Goode recebe um relatório do desempenho semanal de cada atendente, comparando o número de chamadas efetuadas com o padrão estabelecido. O relatório mais recente apresenta estas informações:

Atendente	Seg.	Ter.	Quar.	Quin.	Sex.	Total	Variância
Brown	10	28	39	42	16	135	-115
Lee	48	51	58	43	49	249	-1
Mendoza	65	72	56	83	61	337	87
Smith	53	48	47	40	45	233	-17

   a. No papel de supervisora, como Goode deve reagir em relação ao desempenho de cada atendente?
   b. Esse sistema de controle é eficaz para assegurar um desempenho de qualidade? Explique.
11. Se o não-cumprimento de um padrão de desempenho indicar algum tipo de problema subjacente, como o supervisor deve tentar resolvê-lo?

12. Mildred Pirelli supervisiona os vendedores de uma loja de departamentos. Um dia, ela resolveu dar um passeio pelo departamento para observar os vendedores em ação. Ela viu um vendedor aprovar uma compra por cartão sem obedecer a política da companhia de conferir a assinatura.
    a. Como Pirelli deve reagir a essa variação da política da companhia?
    b. A maneira como Pirelli obteve essa informação (por observação pessoal) deve influenciar sua decisão de como agir? Explique.
13. Por que os controles devem ser oportunos e econômicos?

PARTE DOIS: CAPACITAÇÃO

PROBLEMA A SER RESOLVIDO PELO ALUNO

Com base no texto da página 135, reflita e discuta como a ênfase da Apache Stoneworks no planejamento completo e nos padrões rígidos de qualidade pode afetar o trabalho de Romarico Nieto como supervisor.

Escolha um integrante do seu grupo para assumir o papel de Nieto e outro para o papel de cliente. Imagine que a equipe de assentadores esteja chegando para o segundo dia de trabalho e o cliente questione por que não foi assentada, ainda, nenhuma peça. O cliente deseja falar com o supervisor para saber por que o trabalho está "levando tanto tempo".

Nieto deseja que sua equipe realize um excelente trabalho e satisfaça o cliente. Prepare uma representação de como Nieto lidaria com a situação. Talvez sejam necessários outros integrantes da equipe para desempenhar o papel dos trabalhadores enquanto Nieto lida com essa situação.

Depois da apresentação, discuta se o cliente ficou satisfeito, e sugira outras maneiras que o supervisor pode encontrar para enfrentar esse desafio. Repita a apresentação com outros integrantes do grupo representando os papéis.

Caso de Solução de Problemas: *A Gestão por Objetivos Deixa Claros os Objetivos da Edward Don & Company*

Na Edward Don & Company, distribuidora de suprimentos e equipamentos para a indústria alimentícia, os funcionários do departamento de crédito conhecem os objetivos a serem cumpridos. O motivo está no programa de gestão por objetivos implementado pelo gerente de crédito corporativo da companhia, Jeff Ingalls.

Ingalls reúne-se com cada membro da equipe uma vez por ano para avaliar o quanto ele cumpriu os objetivos do ano e definir outros para o ano seguinte. Ele e o funcionário definem de cinco a sete objetivos para o ano. Eles podem mudar as metas do ano seguinte com base no desempenho já ocorrido ou nas novas tecnologias que possam afetar o desempenho. Dentro do prazo de três a seis meses, Ingalls volta a se reunir com os funcionários para discutir se eles estão avançando rumo às metas. Mesmo quando os funcionários são capazes de atingir os objetivos sem a ajuda de Ingalls, essas reuniões servem para eles se lembrarem da importância dos objetivos.

Os objetivos dos funcionários do departamento de crédito abrangem qualidade, eficácia e desenvolvimento profissional. Por exemplo, os objetivos de um analista de crédito envolvem manter uma proporção baixa de devedores duvidosos em relação aos empréstimos concedidos, aprovar pelo menos um número mínimo de contas novas, e aprender a utilizar os recursos do computador. Para os agentes de cobrança, os objetivos incluem atingir um aumento percentual específico de contas atualizadas (com os pagamentos em dia), reduzir a porcentagem de pagamentos com atrasos de 90 dias, e aprender alguma nova habilidade.

Quando algum funcionário não está conseguindo atingir o objetivo, Ingalls e ele discutem o problema e procuram uma maneira de resolvê-lo. Por exemplo, o supervisor de contas a receber enfrentava dificuldades com uma meta envolvendo a precisão das informações registradas pelos seus funcionários. Em um mês comum, os funcionários cometiam de 40 a 50 erros em uma transação conhecida como requisição de caixa. O objetivo do supervisor exigia uma taxa de erro bem menor.

Ingalls e o supervisor criaram um formulário que iria registrar todo erro de requisição e caixa. O supervisor registrava os erros e identificava a causa de cada um. A maioria dos erros decorria de informações incorretas recebidas pelos funcionários ou de informações corretas, mas registradas incorretamente. Para resolver esses problemas básicos, o supervisor reunia-se com cada funcionário que cometesse algum erro, discutia a origem do problema e pedia a ele que fosse mais cuidadoso. Esse processo mostrava aos funcionários a importância dos erros. Eles reagiram, registrando as informações com mais cuidado. Em pouco tempo, os erros de requisição de caixa caíram para uma faixa entre sete a dez por mês. Como o departamento levava menos tempo corrigindo os erros, a produtividade melhorou, ajudando Ingalls a cumprir seus próprios objetivos.

Ingalls declara preferir trabalhar em organizações que adotam a gestão por objetivos. Para ele, esse sistema facilita a gestão dos funcionários. Eles sabem o que se espera deles. Assim, Ingalls pode deixá-los concentrar-se em como atingir tais objetivos enquanto ele se concentra em problemas mais amplos do departamento de crédito.

1. Sem o programa de gestão por objetivos, teria sido mais difícil para Ingalls detectar e resolver o problema do supervisor com os erros de requisição de caixa? Por que sim ou não?
2. Os exemplos de objetivos dos analistas de crédito e agentes de cobrança englobam o treinamento visando ao desenvolvimento pessoal. Em sua opinião, por que Ingalls incluiu essa categoria de metas? De que forma esse objetivo pode ajudar Ingalls a atingir seus objetivos para o departamento de crédito ou contribui para o desempenho geral da companhia?
3. Elabore para si um objetivo de desenvolvimento pessoal. Ele deve obedecer aos critérios dos objetivos eficazes mostrados na Figura 6.1. Mostre seu objetivo para um amigo ou colega da classe, e discuta com ele como você planeja atingi-lo.

Fonte: "MBO Improves Credit Departament Performance", *Credit & Collection Manager's Letter*, 1º abril 2003, extraído de Business & Company Resource Center, http://galenet.galegroup.com.

Autoconhecimento

Será Que Você É um Bom Planejador?

Responda cada uma destas perguntas com Sim ou Não.

1. Você planeja à noite o que vestir no dia seguinte? _____
2. Você compra presentes de aniversário na última hora? _____
3. Você divide as tarefas domésticas com os colegas de quarto ou com a família? _____
4. Quando recebe o contracheque, você destina partes dele para despesas específicas? _____
5. No começo de um dia de trabalho ou de aulas, você prepara uma lista do que deve realizar? _____
6. Você compra um item extremamente caro porque um amigo também possui esse item e se vangloria disso? _____
7. Você começa a estudar para os exames finais antes da última semana de aulas? _____
8. Ao comprar um novo equipamento eletrônico, por exemplo, um computador ou um aparelho de DVD, você lê o manual de instruções para saber como usá-los? _____
9. Antes de viajar, você estuda o mapa? _____
10. Quando existem vários projetos nos quais trabalhar ao mesmo tempo, você ataca primeiro aquele que lhe parece mais interessante? _____

Pontuação: Sim nas perguntas 1, 3, 4, 5, 7, 8 e 9 e Não nas perguntas 2, 6 e 10 mostram que você é planejador.

Pausa e Reflexão

1. Antes de responder esse questionário, você se considerava um planejador criterioso? Esse questionário mudou sua opinião?
2. O planejamento é mais importante para o supervisor do que para qualquer funcionário que não seja do nível de gestão? Por que sim ou não?
3. Pense em uma ou duas ferramentas de planejamento que você gostaria de experimentar. Quando acredita que irá experimentá-las? Como decidirá se elas são úteis ou não?

Exercício em Aula

Definindo Metas

Este exercício é uma oportunidade de praticar os tópicos aprendidos neste capítulo. O aluno irá praticar definindo metas (objetivos) pessoais documentadas por escrito, mensuráveis, específicas, claras e desafiadoras.

Instruções

1. No espaço fornecido na página seguinte, escreva quatro metas importantes para você cumprir durante o restante deste semestre.
2. Algumas das metas devem ser de curto prazo (talvez algo que tenha de terminar até o final desta semana); outras devem ser de longo prazo (talvez a serem concluídas até o final do semestre).
3. Escreva as metas para poder verificar todas as quatro características (mensurável, específica, clara e desafiadora) representadas. Este é o conceito resumido de cada característica:
   - *Mensurável* – Forneça uma maneira tangível (valor em dinheiro, prazo ou quantidade) de determinar se a meta foi cumprida; evite termos como *maximizar*, *melhorar* e outros imensuráveis.
   - *Específica* – Descreva as ações necessárias para atingir a meta.
   - *Clara* – Use linguagem simples.
   - *Desafiadora* (no entanto, realista ou atingível) – Escolha metas motivadoras e estimulantes que quando cumpridas dão uma sensação de orgulho e aumentam a sua confiança.
4. Suas quatro metas devem representar várias áreas diferentes; por exemplo, metas acadêmicas, de trabalho, de carreira, espirituais, familiares, financeiras, sociais ou físicas. Um exemplo de meta financeira que preenche os quatro critérios seria: "Economizarei 20% de cada salário, começando nesta sexta-feira. Assim, terei dinheiro suficiente para pagar o seguro do meu automóvel que vence na última semana do semestre". Caso tenha dificuldades para preencher qualquer um dos quatro critérios das suas metas pessoais, discuta com um colega ou com o professor para ver se ele pode ajudar a definir a meta com mais clareza.
5. Depois de cumprida cada meta, escreva a data na coluna "Acompanhamento" ao lado da meta.

Fonte: Este exercício foi elaborado por Corinne Livesay, Belhaven College, Jackson, Mississippi.

Meta:	**Acompanhamento**
	(Quando cumprir esta meta, escreva neste espaço a data.)
✓ se a meta é: Mensurável ☐ Específica ☐ Clara ☐ Desafiadora ☐	

Meta:	**Acompanhamento**
	(Quando cumprir esta meta, escreva neste espaço a data.)
✓ se a meta é: Mensurável ☐ Específica ☐ Clara ☐ Desafiadora ☐	

Meta:	**Acompanhamento**
	(Quando cumprir esta meta, escreva neste espaço a data.)
✓ se a meta é: Mensurável ☐ Específica ☐ Clara ☐ Desafiadora ☐	

Meta:	**Acompanhamento**
	(Quando cumprir esta meta, escreva neste espaço a data.)
✓ se a meta é: Mensurável ☐ Específica ☐ Clara ☐ Desafiadora ☐	

Capacitação em Supervisão

Controlando uma Operação de Construção de Barcos de Papel

Divida a classe em grupos de cinco ou seis componentes. Um dos membros de cada grupo deve atuar como supervisor e o restante como funcionários. Como na vida real poucos grupos de trabalho chegam a escolher seu supervisor, o professor deve designar arbitrariamente o supervisor de cada grupo. O professor fornecerá a cada grupo folhas de papel de mais ou menos 15 cm x 15 cm.

1. Cada um analisa as instruções para a construção de um barco de origami (veja a Figura 6.10).
2. O supervisor de cada grupo estabelece os padrões de desempenho para construir o barco em 10 minutos. Os padrões devem abranger tanto a qualidade como a quantidade. Ao estabelecer os padrões, o supervisor pode utilizar quaisquer informações que conseguir obter; o supervisor decide se deseja obter opiniões e informações do grupo.

Ao mesmo tempo, cada funcionário calcula quantos barcos consegue produzir corretamente em 10 minutos. O funcionário anota em um papel essa estimativa, mas ainda não a revela ao supervisor.

FIGURA 6.10 Instruções para Construir Barcos de Origami

Fonte: Corinne Livesay de Belhaven College, Jackson, Mississippi, forneceu as instruções do origami.

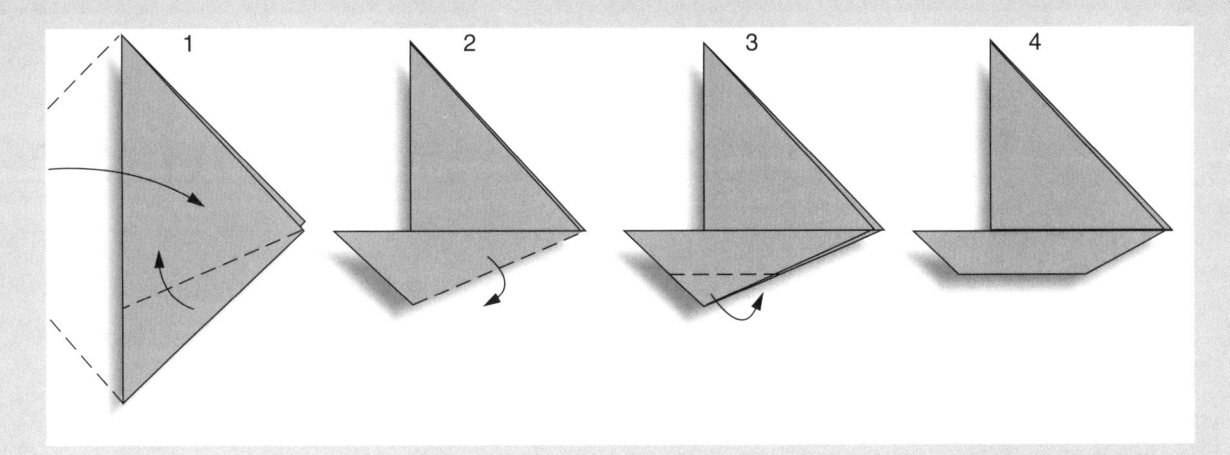

3. Durante 10 minutos, os funcionários produzem quantos barcos puderem, seguindo as instruções. Durante esse período, o supervisor tenta monitorar o desempenho deles em qualquer aspecto que considerar importante. Se os funcionários estiverem abaixo do padrão de desempenho, o supervisor deverá tentar encontrar meios de melhorá-lo. (Isso pode incluir aguardar pacientemente que as habilidades melhorem, se essa atitude parecer mais proveitosa.)

4. Depois de passados os 10 minutos, contar quantos barcos cada grupo produziu e avaliar a qualidade do trabalho. Em classe, discutir o desempenho dos grupos. Cada grupo atingiu os padrões de desempenho estabelecidos pelo supervisor? Se não, houve alguma variação significativa? Com base na estimativa de cada um, os funcionários acreditam que os padrões estabelecidos pelo supervisor foram razoáveis?

5. A classe deve levar em conta inclusive os esforços do supervisor na adoção de medidas corretivas. Os supervisores intervieram demais ou de menos? As iniciativas dos supervisores ajudaram ou prejudicaram os esforços dos funcionários? Como? O que essa experiência revela sobre o modo como o supervisor deve se comportar no ambiente de trabalho?

Capítulo **Sete**

Organização e Autoridade

Tópicos Gerais do Capítulo

Estrutura Organizacional
Organograma
Tipos de Estrutura

Autoridade
Autoridade de Linha, de Assessoria e Funcional
Autoridade Centralizada e Descentralizada
Poder, Responsabilidade e Responsabilização

Processo de Organização
Definição do Objetivo
Determinação dos Recursos Necessários
Atividades em Grupo e Atribuição de Funções

Princípios de Organização
Princípio da Paridade
Unidade de Comando
Cadeia de Comando
Esfera de Controle

Delegação de Autoridade e Responsabilidade
Vantagens de Delegar
Empowerment
Processo de Delegação
Relutância em Delegar

Objetivos de Aprendizado

Depois de estudar o capítulo, o aluno estará apto a:

7.1 Descrever organogramas.

7.2 Identificar as formas básicas de estruturação das organizações.

7.3 Estabelecer a distinção entre autoridade de linha e de assessoria e autoridade centralizada e descentralizada.

7.4 Comparar e contrastar *autoridade*, *poder*, *responsabilidade* e *responsabilização*.

7.5 Identificar as etapas do processo de organização.

7.6 Descrever os quatro princípios da organização.

7.7 Discutir por que e de que maneira os supervisores delegam.

7.8 Identificar as causas da relutância em delegar.

Você precisa ter certeza de haver criado uma organização que seja capaz de funcionar com ou sem você.
– Carley Roney, Co-Fundadora e Editora-Chefe, The Knot (*publicação e web site voltados ao planejamento de casamentos*)

Problema de um Supervisor: Organizando na Busca por Inovação na Raytheon

A Raytheon é um gigantesco conglomerado que atua na área de defesa, ganhando mais de $ 18 bilhões por ano. Todo ano a companhia gasta centenas de milhões de dólares no desenvolvimento de novos produtos. Suas dezenas de milhares de funcionários trabalham em sete linhas de negócios, incluindo os sistemas de mísseis, os sistemas de inteligência, as aeronaves e os sistemas espaciais.

Em uma corporação desse porte, pode ser difícil que as pessoas com idéias verdadeiramente inovadoras sejam ouvidas. No entanto, a Raytheon depende das idéias de seus talentosos cientistas e engenheiros para atingir seus objetivos. Assim, a companhia estabeleceu uma estrutura de tal maneira que as pessoas pudessem experimentar as idéias independentemente da estrutura de uma gigantesca corporação.

O grupo independente trabalha naquilo que na Raytheon é denominado de Bike Shop, numa referência à oficina de bicicletas onde os irmãos Wright desenvolveram seu avião. São apenas 15 cientistas e engenheiros trabalhando na Bike Shop, localizada em Tucson, Arizona. O ambiente foi propositadamente criado para propiciar a criatividade. A roupa de trabalho normal é o jeans, e o prédio fica nos fundos de um centro empresarial, e não em um luxuoso corredor *high-tech*. Os modelos são construídos com qualquer peça, e os funcionários podem pegá-la em uma loja qualquer do setor. O líder da equipe, o físico James Small, explica: "Costumamos nos divertir mais do que geralmente é permitido no trabalho".

Small compôs a equipe da Bike Shop, recrutando os peritos mais criativos e diligentes que conseguiu identificar dentro da Raytheon. Ele os atraiu com equipamentos de ponta e autorização para colocar até $ 250 mil de despesas em cartões de crédito corporativos. O privilégio de usar o cartão de crédito permite aos integrantes da equipe comprarem os itens necessários, sem ter de passar pelo processo formal de compra da companhia.

Um projeto recente da Bike Shop chamado de Whirl é um protótipo de uma aeronave operada sem piloto, capaz de permanecer flutuando em um mesmo local por vários dias. O projeto teve início em uma conversa entre Small e um oficial militar sobre idéias para uma aeronave com tais recursos. Small prometeu retornar em uma semana com alguma idéia. Ele reuniu três membros da equipe da Bike Shop para extrair idéias. Então, um físico realizou análises da aerodinâmica enquanto outro integrante da equipe procurou em sua garagem componentes de um aeromodelo. Um terceiro integrante da equipe deixou a oficina pronta para construir o primeiro protótipo do conceito, que mais se parece com um ventilador de teto. Uma semana depois, Small apresentava ao militar a idéia e recebia aprovação para continuar testando e desenvolvendo o protótipo.

Small afirma que o Whirl não está tão avançado quanto os demais projetos da Bike Shop. Mas, afinal, como a maioria dos projetos é confidencial, é difícil saber ao certo.

É complicado manter acesa uma faísca de criatividade em uma organização de grande porte. A idéia da Raytheon foi de estabelecer a Bike Shop como um grupo menor em que o pessoal pudesse experimentar e produzir produtos novos, em vez de trabalhar em peças de um projeto maior, já programado.

QUESTÕES

1. Reflita sobre o papel de cada componente da equipe da Bike Shop. Quando James Small organizou a equipe, no papel de supervisor, de que habilidades ele precisou? Como ele assegurou a criatividade nos processos de equipe?
2. Quais habilidades Small pode usar para garantir que cada funcionário complete as tarefas cruciais do projeto no geral e que cada um possa justificar seu trabalho?

Fontes: Jonathan Karp, "At the 'Bike Shop', Secretive Defense Work Starts at Home Depot", *The Wall Street Journal*, 8 de setembro de 2004, http://online.wsj.com; Raytheon Company, "Backgrounder", maio de 2004, página "About Us", www.raytheon.com.

---

organização
Estabelecer o grupo, alocar os recursos e designar o trabalho para atingir as metas

Na história introdutória do capítulo, a organização física de uma empresa evoluiu para atender às necessidades da companhia. Assim como discutido no Capítulo 1, **organização** é a função que a gestão tem de estabelecer o grupo, alocar os recursos e designar o trabalho para atingir as metas. Por meio da organização, supervisores e demais gestores colocam seus planos em ação. Quando a organização é bem-feita, a empresa consegue utilizar os recursos, principalmente os recursos humanos, de forma mais eficaz. Por essa razão, uma empresa bem organizada está mais apta a ser lucrativa.

Mesmo nas organizações mais simples, os gestores precisam se organizar. Para organizar um time de *softball*, é preciso juntar equipamentos, encontrar um local para jogar, procurar jogadores, decidir a posição de cada jogador e preparar a lista de rebatedores. Mesmo que a empresa seja constituída apenas de uma pessoa, ela teria de decidir onde trabalhar, que atividades realizar e se firmaria parcerias para o fornecimento de alguns serviços.

Neste capítulo, serão descritas as maneiras como as organizações são estruturadas e como os supervisores se organizam. O processo de organização inclui a divisão de autoridade e responsabilidade. No capítulo, será explicado como o supervisor compartilha essas duas funções com seus subordinados.

ESTRUTURA ORGANIZACIONAL

Algumas das decisões mais fundamentais e abrangentes envolvem a estrutura da organização como um todo. Por exemplo, a diretoria pode atribuir a um gestor autoridade sobre um produto específico, uma determinada região geográfica ou uma especialidade em particular, como vendas ou finanças. O supervisor exerce pouca influência nesse tipo de decisão. No entanto, o supervisor precisa entender como ele e seu departamento se encaixam no cenário geral, e isso abrange conhecer a estrutura organizacional.

Organograma

Os empresários adotam uma forma padrão de desenhar a estrutura de uma organização: o organograma. Esses gráficos são formados por caixas para representar as várias posições ou departamentos de uma organização (normalmente, apenas no nível de gestão). As linhas de ligação entre as caixas indicam quem se reporta a quem. A Figura 7.1 é um organograma que apresenta a estrutura de uma companhia internacional. Nesse organograma observa-se, por exemplo, que uma pessoa é responsável por todas as operações norte-americanas e outra, por todas as operações internacionais. Esses dois gestores se reportam a uma pessoa que atua como chairman e CEO de toda a companhia.

FIGURA 7.1 Organograma de uma Companhia Internacional

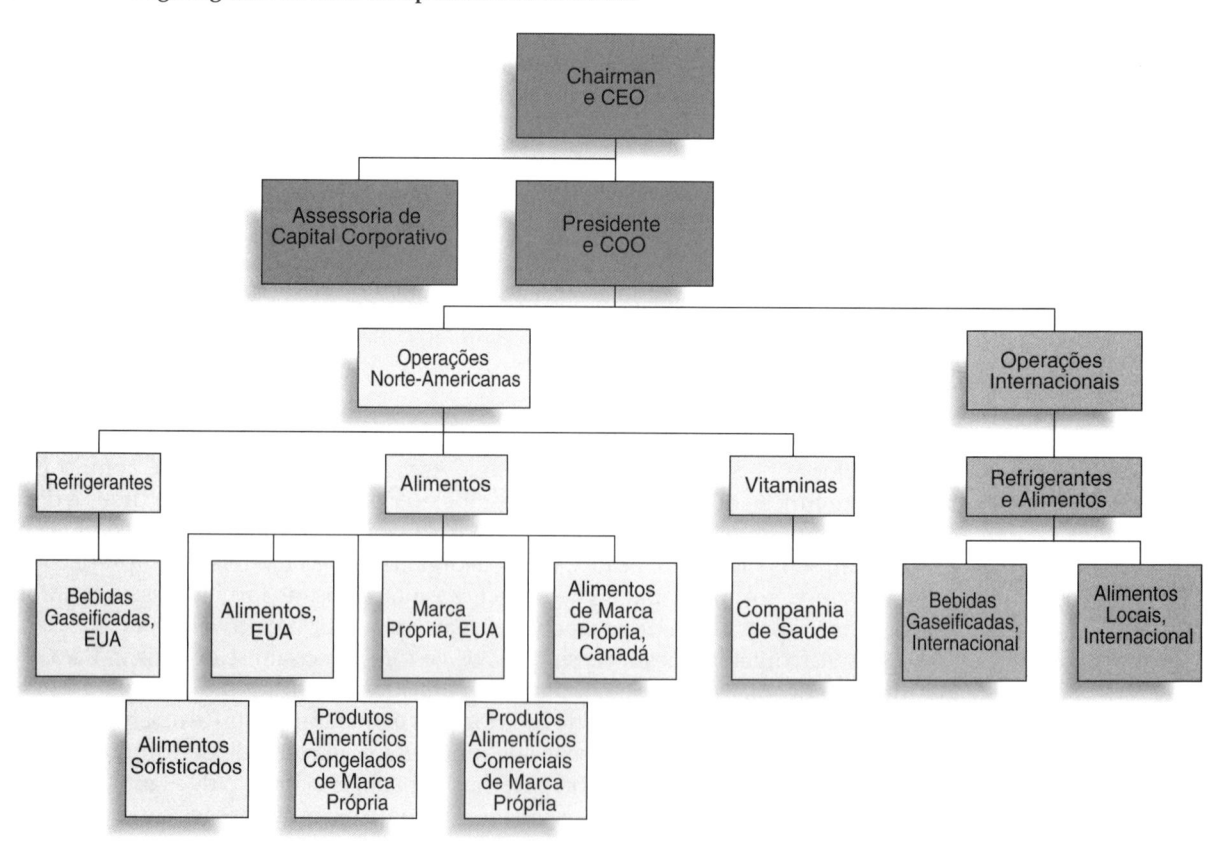

Todas as posições no topo do organograma são as de maior autoridade e responsabilidade. Logicamente, as pessoas nessas posições são conhecidas como gestores de alto escalão (geralmente, diretores). A partir desse nível, descendo pelas linhas do organograma até os níveis inferiores, aparecem os gestores de nível médio, subordinados aos diretores. Em outras palavras, os diretores são providos de autoridade para dirigir o trabalho dos gestores de nível médio e, com isso, são responsáveis pela conclusão de seu trabalho. Na base do organograma estão os gestores de primeiro nível (ou, algumas vezes, os funcionários operacionais). A Figura 7.1 não mostra os supervisores.

O organograma, às vezes, mostra apenas uma parte da organização. Assim como a Figura 7.1, um organograma pode mostrar apenas os níveis mais altos da administração ou mostrar uma única divisão de uma grande companhia. Lendo os títulos das pessoas em cada caixa, é possível ter uma idéia do escopo de um determinado organograma.

A partir do momento que o supervisor entende o organograma, ele consegue visualizar onde ele se enquadra dentro da organização e onde estão as oportunidades futuras de promoções. Ele também consegue visualizar as várias responsabilidades dos demais gestores nos respectivos níveis organizacionais. Quando está ciente da sua posição, o supervisor consegue determinar como o seu departamento ou grupo contribui para atingir as metas da organização.

Tipos de Estrutura

Uma organização de tamanho médio ou grande funciona melhor quando agrupada em departamentos. **Departamento** refere-se a um grupo exclusivo de recursos designado pela alta administração para executar uma tarefa específica, tal como vender os produtos da companhia aos clientes de uma determinada região, tratar de pacientes com câncer ou ensinar matemática. A maneira como a administração forma os departamentos – atividade denominada **departamentalização** – determina o tipo de estrutura da organização.

departamento
Grupo exclusivo de recursos designado pela alta administração para executar uma tarefa específica

departamentalização
Formação dos departamentos de uma organização

Ao longo dos anos, têm-se observado poucas formas de estruturação das organizações. Tradicionalmente, os organogramas têm apresentado estruturas divididas em quatro categorias: estrutura funcional, estrutura por produto, estrutura por área geográfica e estrutura por cliente. Mais recentemente, as organizações têm buscado outras estruturas que proporcionem mais flexibilidade e agilidade na resposta às necessidades do cliente.

Ao decidir que tipos de estrutura usar e como combiná-las, o gestor busca um arranjo organizacional que melhor cumpra as metas da companhia. Conforme os diretores vão adquirindo experiência, ou conforme a companhia e o ambiente vão mudando, a estrutura pode exigir pequenos ajustes ou grandes revisões. Portanto, a "reestruturação" que tem ocorrido em muitas organizações nos últimos anos consiste em mudanças na estrutura em resposta ao acirramento da concorrência, às dificuldades do cenário econômico ou ao desejo de aproveitar as novas práticas, como, por exemplo, decisões tomadas por equipes de funcionários.

Estrutura Funcional

Na estrutura funcional, o quadro de pessoal e demais recursos são agrupados de acordo com o tipo de trabalho executado. Por exemplo, uma empresa pode ter vice-presidentes de finanças, produção, vendas e recursos humanos. Para cada vice-presidente, são designados os funcionários necessários para executar essas atividades. A Figura 7.2 mostra um exemplo de companhia com estrutura funcional. A Wiss, Janney, Elstner Associates é uma empresa de arquitetura que conta com um vice-presidente responsável pelas operações (ou seja, pelo trabalho de todos os arquitetos e engenheiros que prestam serviços aos clientes) e outro responsável pela administração (ou seja,

FIGURA 7.2 Estrutura Funcional
Organograma parcial da Wiss, Janney, Elstner Associates

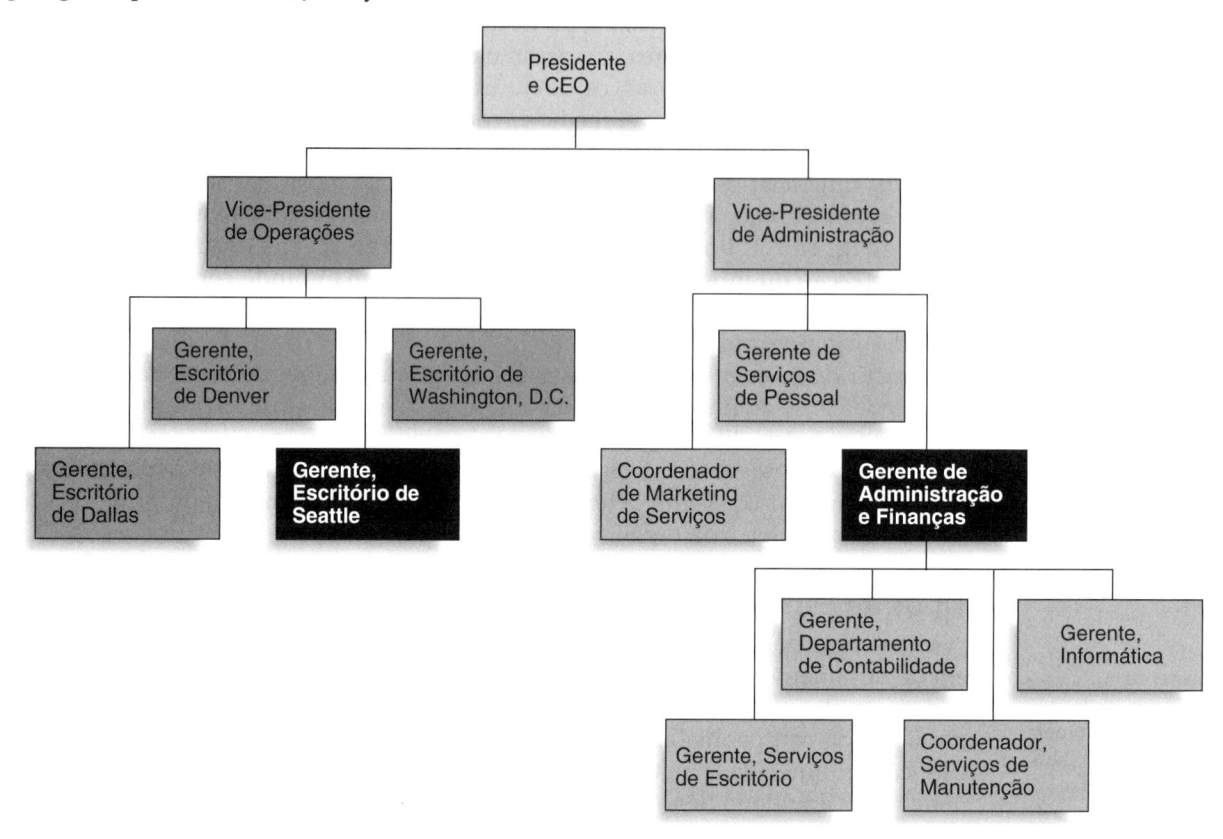

pelos serviços de apoio). Abaixo do vice-presidente de administração, a organização está dividida em funções, como as de marketing e as de pessoal.

Estrutura por Produto

Em uma organização com estrutura por produto, o trabalho e os recursos são atribuídos aos departamentos responsáveis por todas as atividades relacionadas à produção e entrega de determinado produto (mercadoria ou serviço). Em uma indústria automobilística, pode existir um departamento para cada modelo de automóvel. Faculdades e universidades, muitas vezes, são departamentalizadas de acordo com a área ensinada, como, por exemplo, marketing, finanças e organizações. Na companhia mostrada na Figura 7.1, as operações estão departamentalizadas de acordo com três categorias de produto: refrigerantes, alimentos e vitaminas. A Figura 7.3 ilustra uma estrutura por produto na divisão bancária comercial e ao consumidor de um banco. Embora as ofertas de produtos de um grande banco sejam muito mais abrangentes, esse organograma parcial mostra a divisão estruturada de acordo com o tipo de produto, como, por exemplo, crédito ao consumidor, crédito comercial, contas bancárias e assim por diante.

Estrutura por Área Geográfica

A estrutura por área geográfica resulta da departamentalização de uma organização de acordo com a localização dos clientes atendidos ou das mercadorias e dos serviços produzidos. Uma indústria manufatureira pode ter um departamento para cada uma de suas fábricas espalhadas pelo mundo. Uma companhia seguradora pode ter um departamento para cada um dos seus 12 territórios de venda. O gerente de cada

FIGURA 7.3 Estrutura por Produto
Organograma parcial da divisão de um banco

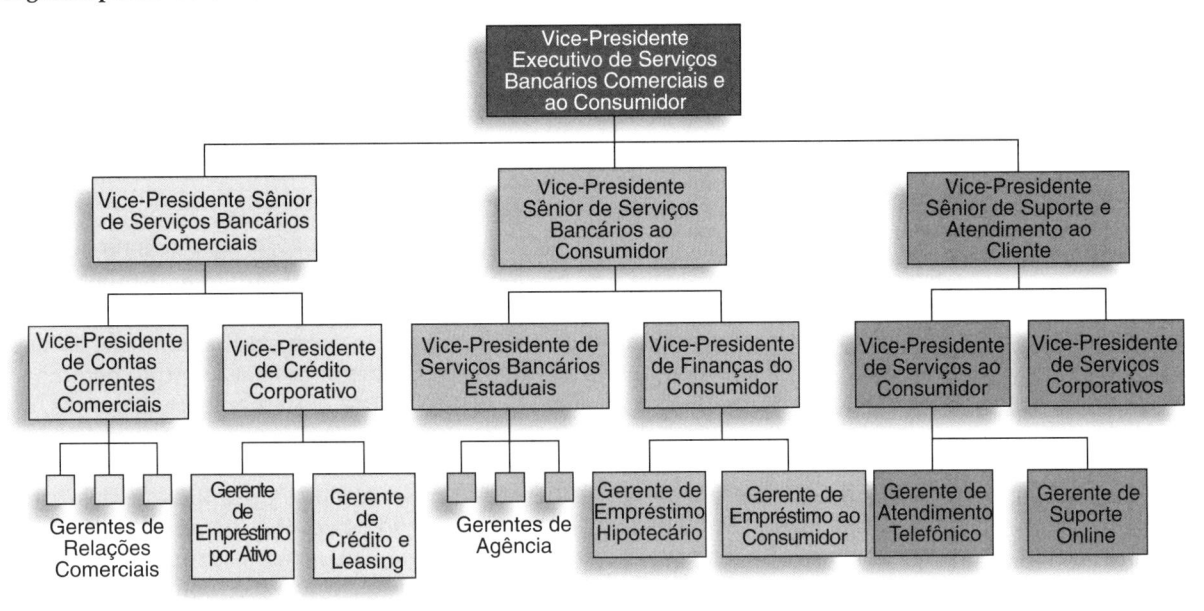

```
                    Vice-Presidente
                 Executivo de Serviços
              Bancários Comerciais e
                    ao Consumidor
   ┌───────────────────────┼───────────────────────┐
Vice-Presidente Sênior  Vice-Presidente      Vice-Presidente
de Serviços Bancários   Sênior de Serviços   Sênior de Suporte e
     Comerciais         Bancários ao         Atendimento ao
                        Consumidor           Cliente
   ┌─────────┐            ┌─────────┐         ┌─────────┐
Vice-Pres.  Vice-Pres.  Vice-Pres. de  Vice-Pres.  Vice-Pres.  Vice-Pres.
de Contas   de Crédito  Serviços      de Finanças  de Serviços de Serviços
Correntes   Corporativo Bancários     do           ao          Corporativos
Comerciais              Estaduais     Consumidor   Consumidor
```

- Gerentes de Relações Comerciais
- Gerente de Empréstimo por Ativo
- Gerente de Crédito e Leasing
- Gerentes de Agência
- Gerente de Empréstimo Hipotecário
- Gerente de Empréstimo ao Consumidor
- Gerente de Atendimento Telefônico
- Gerente de Suporte Online

departamento seria responsável por produzir e/ou vender todas as mercadorias e serviços da companhia nessa região geográfica. Na empresa de arquitetura mencionada na Figura 7.2, as operações estão departamentalizadas de acordo com as cidades em que estão localizados os seus escritórios: Dallas, Denver, Seattle, Washington, D.C. e outras localidades não mostradas na figura.

Estrutura por Cliente

Na estrutura por cliente, a organização é departamentalizada de acordo com o tipo de cliente atendido. Por exemplo, uma companhia aeroespacial pode ter diferentes departamentos atendendo empresas, exército e programa espacial. A Rackspace, uma companhia de hospedagem web sediada em San Antonio, Texas, possui uma estrutura por cliente, visando atingir sua meta de oferecer aos clientes o melhor suporte possível. Diversas empresas, como varejistas e sites de jogos, usam a Rackspace para lidar com os detalhes práticos da operação na internet. Os funcionários do serviço de atendimento ao cliente estão agrupados em equipes, incluindo um líder, dois ou três gerentes de conta e especialistas em faturamento e suporte técnico. Cada equipe atende um grupo de clientes de tamanho e complexidade específicos. Quando um cliente liga com um problema que exija resposta de um especialista, ele fica ao lado do funcionário que está atendendo a chamada e fornece as orientações necessárias.[1]

Combinações

Como se pode observar nas figuras, muitas vezes as organizações combinam os tipos básicos de estrutura. Assim, a Figura 7.1 mostra uma combinação de estruturas por área geográfica e por produto, enquanto a Figura 7.2, uma combinação de estruturas funcional e por área geográfica. Um arranjo típico seria o de uma grande corporação com divisões para cada uma das linhas de produto. Dentro de cada divisão, os gestores seriam responsáveis por executar uma determinada função, incluindo vendas e operações (ou seja, produção de mercadorias ou prestação de serviços). Cada departamento de vendas, por sua vez, seria estruturado geograficamente.

Várias combinações de estruturas surgem quando a organização forma equipes de funcionários para cumprir objetivos, como, por exemplo, melhorar a qualidade, desenvolver produtos ou aplicar uma nova tecnologia. Essas equipes podem demandar diversos tipos de especialização; portanto, a organização reúne pessoas que executam diferentes funções ou trabalham em diferentes regiões. Muitas dessas equipes de funcionários são agrupadas de acordo com o produto ou cliente. Por exemplo, uma equipe formada para desenvolver um novo tipo de alto-falante para um sistema de som pode combinar funcionários das funções de vendas, engenharia e produção sob o núcleo central desse produto. No Capítulo 3, há uma discussão mais detalhada sobre formação e liderança de equipes.

Novas Estruturas Organizacionais

Os gestores de muitas organizações consideram as formas básicas de departamentalização rígidas demais para um ambiente altamente competitivo e turbulento. O agrupamento de pessoas de acordo com a função ou a área geográfica pode criar barreiras que interferem na coordenação das atividades e no compartilhamento de idéias. Uma estrutura rígida raramente seria adequada para uma organização muito pequena. Essas organizações normalmente possuem uma **estrutura** extremamente **orgânica**, em que as fronteiras entre os trabalhos mudam continuamente e as pessoas atuam em qualquer área que necessite de suas contribuições.

estrutura orgânica
Estrutura organizacional em que as fronteiras entre os trabalhos mudam continuamente e as pessoas atuam em qualquer área que necessite de suas contribuições

As organizações maiores também estão buscando a flexibilidade das estruturas orgânicas. Elas o fazem organizando-se em torno de equipes e *processos* (série de atividades voltada a itens valorizados pelo cliente) ou *projetos* (grupos de tarefas com escopo definido e prazo de conclusão). Os laboratórios clínicos com grande volume de atendimento, algumas vezes, utilizam a organização de processo. Técnicos se especializam na realização de testes de determinadas categorias, principalmente daqueles que demandam treinamento extra (por exemplo, testes genéticos). No entanto, o trabalho especializado pode se tornar tedioso e limitar as chances do funcionário de desenvolver novas habilidades e substituir o colega. Portanto, muitos outros laboratórios clínicos promovem o rodízio de funcionários entre estações de trabalho ou designam funcionários a grupos de base que trabalham onde são mais necessários.[2]

Uma pesquisa realizada com base na experiência dos gestores de sete grandes corporações identificou como principal desafio dessa abordagem o fato de os funcionários ficarem confusos sobre os detalhes de suas funções e responsabilidades.[3] Conseqüentemente, os gestores de todos os níveis, inclusive os supervisores, devem dedicar algum tempo para assegurar que todos os funcionários envolvidos em um projeto ou processo tenham claras orientações e uma descrição completa das funções que devem realizar naquele projeto específico. Se um supervisor estiver liderando a equipe, ele deve certificar-se de que todas as funções necessárias para a conclusão do trabalho tenham alguém alocado a elas. Juntamente com as funções comuns (tais como desenhar o produto ou configurar a linha de produção) algumas equipes podem ter metas singulares, que demandam a criação de funções especiais.

organizações em rede
Organizações que mantêm a flexibilidade, mantendo uma estrutura pequena e firmando acordos com outras pessoas físicas e jurídicas, conforme a necessidade para que possa concluir seus projetos

Um número crescente de organizações está tentando se manter flexível mantendo um tamanho pequeno. Ao invés de aumentar os funcionários para atender à demanda do cliente, essas organizações, denominadas **organizações em rede**, firmam contratos com outras pessoas físicas e jurídicas para concluir projetos específicos.[4] Na prática, essa estrutura pode envolver a *terceirização* ou remunerar outra organização para executar uma função. As companhias seguradoras, normalmente, terceirizam o trabalho judicial para casos específicos, as centrais de atendimento pós-horário de expediente para informações de perdas e a administração dos seus investimentos.[5] Mais recentemente, há indícios de uma outra forma de terceirização denominada *transferência de trabalho para o exterior (offshoring)*, em que as companhias transferem os departamentos da matriz para locais financeiramente mais vantajosos no exterior. Os locais mais populares são a Índia, a China e o Leste Europeu, que possuem grande número de engenheiros e cientistas. A Delphi Corporation, por exemplo, possui mais de 20 fábricas na Polônia, República Tcheca e em outros países do Leste Europeu. Essas fábricas estão convenientemente localizadas próximas às fábricas européias das companhias automobilísticas que compram as peças da Delphi.[6] Outras organizações buscam *alianças*, relacionamentos baseados em parceria, tais como *joint ventures*, investimentos minoritários vinculados a acordos contratuais e acordos de investimento conjunto em pesquisas

SUPERVISÃO NOS DIVERSOS SETORES

MANUFATURA
FABRICANDO JIPES EM UMA ORGANIZAÇÃO VIRTUAL

Para reduzir os custos de produção (e preservar empregos nos Estados Unidos), a DaimlerChrysler e o sindicato dos trabalhadores da indústria automobilística recentemente concordaram com um plano inovador para a fabricação dos jipes Wrangler, em Ohio. Com base no plano, a DaimlerChrysler está terceirizando mais da metade das atividades de produção aos fornecedores. Essas companhias investem nas fábricas e no maquinário e pagam os trabalhadores para produzir os componentes do Wrangler. A esperança é que cada companhia seja capaz de projetar e operar com mais eficácia a sua especialidade do que era feito na fábrica da Chrysler quando ela própria operava grande parte da produção.

Juntos, a DaimlerChrysler e seus fornecedores estão investindo $ 900 milhões para substituir a antiga fábrica de Toledo, Ohio. Três fornecedores estão arcando com cerca de um terço dos custos e devem operar no mesmo local. A Kuka Group, uma corporação alemã, montará as carrocerias do veículo. A Durr Industries, também com sede na Alemanha, construirá e operará a oficina de pintura da fábrica. A Hyundai Mobis, companhia sul-coreana, construirá o chassis. A Chrysler atuará na montagem e no acabamento final, inclusive na acoplagem da carroceria e do chassis. As companhias irão operar em prédios distintos, ligados por esteiras rolantes.

O número total de funcionários permanecerá mais ou menos o mesmo (4 mil) de quando a Chrysler lidava com todas essas atividades. Um quarto dos empregos será transferido para os fornecedores. A remuneração dos trabalhadores da Kuka e Durr permanecerá a mesma, e os trabalhadores de chassis terá o salário reduzido. A Chrysler também terceirizará trabalhos de manipulação de materiais e de manutenção. O sindicato aceitou o plano porque, do contrário, a antiga fábrica seria simplesmente fechada.

A DaimlerChrysler prevê que a economia desse arranjo permitirá à companhia investir no desenvolvimento e na produção de novos modelos. Se a economia esperada se concretizar, a companhia provavelmente buscará organizações virtuais para algumas das suas outras 13 montadoras norte-americanas.

Fonte: Joann Muller, "Saving Chrysler", *Forbes*, 16 de agosto de 2004, extraído de Business & Company Resource Center, http://galenet.galegroup.com; "DaimlerChrysler, Suppliers Team Up", *Detroit News*, 4 de agosto de 2004, www.detnews.com.

---

e outros arranjos menos formais. O caso extremo é o da *organização virtual*, em que uma pequena organização central (talvez de uma única pessoa) constitui alianças conforme o necessário para executar projetos específicos. A Hardinge Inc. utilizou uma organização virtual quando adquiriu a Bridgeport Machines e transferiu a linha de produção da Bridgeport de Connecticut para Elmira, Nova York. A Hardinge reuniu os principais funcionários da Bridgeport Machine e da Hardinge, além de especialistas de outras companhias. O pessoal do JCIT Training Institute ajudou a estruturar o fluxo de produção. Entre os fornecedores participantes estavam a Zeller Electric e a Skico (que produz peças de componente). Essa equipe virtual atingiu a meta de transferir intacto todo o processo de produção e instalá-lo de modo que a qualidade e a eficiência aumentassem.[7] O texto na seção "Supervisão nos Diversos Setores" descreve outro exemplo de organização virtual.

Um número crescente de empresas está criando o "empreendimento interno", em que uma pequena equipe ou grupo dentro da própria companhia recebe recursos para desenvolver novas idéias e novos empreendimentos sem deixar a organização. O texto introdutório da página 169 descreve esse tipo de empreendimento interno. Na Elite Information Systems de Los Angeles, Mark Goldin, que foi diretor-técnico executivo da companhia, lançou um empreendimento para a internet chamado Elite.com, com verba, espaço de escritório e recursos de dentro da Elite. Um dos aspectos positivos da decisão, de acordo com o CEO Chris Poole, foi o fato de Goldin conseguir trabalhar sem as restrições do tipo "é assim que sempre fizemos".[8]

Assim como as próprias organizações, o supervisor nessas novas estruturas deve ser flexível. Ele deve contribuir onde quer que a organização esteja precisando do seu talento – requisito que o força constantemente a conhecer, atualizar e divulgar suas habilidades. Nesse papel, ele pode precisar identificar como contribuir para determinado projeto e, assim, estar pronto para mudar para uma nova designação quando não mais agregar valor à atual. Além disso, nas estruturas novas, o supervisor depende mais das habilidades de relacionamento do que das habilidades técnicas. Utilizar a prática *coaching* com uma equipe ou um grupo de projeto requer capacidade para motivar, liderar e se comunicar, já que a equipe toma muitas decisões ligadas ao projeto ou processo. Essa capacidade é necessária, principalmente, para orientar equipes que reúnem pessoas de variadas funções.

AUTORIDADE

autoridade
Direito de executar uma tarefa ou de dar ordens

Quando o supervisor atribui funções, ele concede aos funcionários autoridade para executá-las. **Autoridade** é o direito de executar uma tarefa ou de dar ordens (veja a Tabela 7.1). O supervisor, por sua vez, tem autoridade sobre certas áreas, e seu gestor exerce autoridade ainda mais abrangente.

Autoridade de Linha, de Assessoria e Funcional

autoridade de linha
Direito de executar tarefas e dar ordens relacionadas à finalidade primária da organização

O tipo básico de autoridade existente nas organizações é a **autoridade de linha**, ou seja, o direito de executar tarefas e dar ordens relacionadas à finalidade primária da organização. A autoridade de linha dá ao supervisor de produção da Deere & Company, por exemplo, o direito de comandar um trabalhador na operação de uma máquina; dá ao *chef* principal de um restaurante o direito de comandar o *chef* de saladas a preparar uma salada de espinafre usando determinados ingredientes. Na empresa de arquitetura representada na Figura 7.2, o gerente do escritório de Seattle é dotado de autoridade de linha.

autoridade de assessoria
Direito de aconselhar ou auxiliar aqueles com autoridade de linha

Em contrapartida, **autoridade de assessoria** é o direito de aconselhar ou auxiliar aqueles com autoridade de linha. Por exemplo, os funcionários de um departamento de recursos humanos ajudam outros departamentos através da contratação de trabalhadores qualificados. O gerente de controle de qualidade de uma indústria manufatureira ajuda o gerente de produção a verificar se as mercadorias são produzidas com qualidade aceitável. Na Figura 7.2, o gerente de administração e finanças é dotado de autoridade de assessoria.

Uma história curiosa publicada na coluna Shark Tank da revista *Computerworld*, que circula nos Estados Unidos, ilustra a necessidade da autoridade de assessoria. De acordo com a história, um funcionário de suporte técnico foi ao departamento de folha de pagamento da companhia atendendo a um chamado para consertar a impressora que travou durante a impressão dos contracheques. Conforme o técnico se aproximou

TABELA 7.1
Significado dos Termos Relacionados à Organização no Cotidiano

Fonte: Tabela adaptada de Brad Lee Thompson, *The New Manager's Handbook* (Burr Ridge, IL; Richard D. Irwin, Inc., 1995), p. 49.

Termo	Significado no Cotidiano
Departamentalização	"Vamos dividir o trabalho."
Autoridade	"Eu (ou você) tenho de decidir como isso será feito."
Responsabilidade	"Este trabalho é meu (ou seu); pode deixar comigo."
Responsabilização	"A minha parte vai só até aqui."
Unidade de comando	"Não importa com quem mais trabalhe, você deve se reportar a apenas uma pessoa."
Esfera de controle	"Existe um número-limite de pessoas que um gestor consegue gerir efetivamente."
Delegação	"Você tem responsabilidade e autoridade para realizar essa tarefa."
(Atribuição de Poder)	"Confio em você para desempenhar essas funções e atingir esses resultados; isso significa muito mais que lhe delegar a tarefa."

da impressora, o funcionário do departamento saltou na frente dele, reclamando que não era permitido ao técnico ver os contracheques. O técnico questionou como seria possível ele consertar a impressora sem se aproximar da máquina. O funcionário respondeu, "Você deverá ficar de olhos fechados".[9] Evidentemente, os técnicos de suporte dessa companhia precisam de autoridade de assessoria suficientemente abrangente para trabalhar de olhos abertos.

Muitas vezes surgem conflitos entre o pessoal de linha e de assessoria. O pessoal de linha pode achar que os trabalhadores de assessoria estão se intrometendo e não entendem do trabalho ou a sua importância. O pessoal de assessoria pode achar que o pessoal de linha está resistindo às novas idéias e não valoriza a importante assistência oferecida. Seja o supervisor dotado de autoridade de linha ou de assessoria, ele pode se beneficiar estando ciente de que esses tipos de conflito são comuns e tentar valorizar o ponto de vista da outra pessoa.

Supervisores e demais funcionários com autoridade de assessoria também podem ser dotados de **autoridade funcional**, que é o direito concedido pela alta administração a um pessoal de assessoria específica para que estes possam dar ordens relacionadas à sua área de especialidade. Por exemplo, os funcionários do departamento de contabilidade podem ter autoridade para requisitar as informações necessárias para elaborar relatórios. Ou o gerente de recursos humanos pode ter autoridade para garantir que todos os departamentos estejam em conformidade com a legislação relacionada a práticas justas de emprego.

autoridade funcional
Direito concedido pela alta administração a um pessoal de assessoria específica para que estes possam dar ordens relacionadas à sua área de especialidade

Autoridade Centralizada e Descentralizada

Em algumas organizações, os gestores do alto escalão retêm grande parte da autoridade; em outras, a administração concede mais autoridade aos gestores de nível médio, supervisores e funcionários operacionais. As organizações que compartilham relativamente pouca autoridade são consideradas centralizadas; as que compartilham muita autoridade são consideradas descentralizadas.

Esses termos são relativos. Em outras palavras, nenhuma organização é totalmente centralizada ou descentralizada, mas as organizações se enquadram em amplas possibilidades de um extremo a outro. Uma organização pode até mudar o grau de autoridade que ela centraliza, dependendo das metas e do plano estratégico. Mesmo as funções individuais dentro da organização podem sofrer esse tipo de mudança. Muitas corporações, incluindo a Agilent Technologies, AutoNation e Cisco Systems, por exemplo, tornaram suas operações de finanças ao mesmo tempo mais centralizadas e mais descentralizadas. Como é possível? A estratégia básica é identificar as tarefas financeiras, tais como lidar com pagamentos e vendas, que sejam rotineiras. Essas tarefas repetitivas são centralizadas em uma operação com um conjunto de procedimentos, para torná-las o mais eficaz possível. Outras tarefas financeiras, tais como planejar quanto gastar para atingir as metas de longo prazo, são executadas por peritos em finanças designados a unidades de negócios específicas. Esses funcionários podem, então, se tornar especialistas em determinados negócios, ajudando sua unidade a tomar decisões melhores.[10]

Se o supervisor tiver conhecimento do tipo de estrutura, centralizada ou descentralizada, adotado pelo seu empregador, saberá que nível de autoridade ele pode esperar receber. Supondo o caso de um supervisor que deseje expandir a autoridade de sua posição de modo a poder realizar melhorias no departamento, provavelmente essa ambição seria vista menos favoravelmente em uma organização centralizada que em uma descentralizada.

Poder, Responsabilidade e Responsabilização

É fácil confundir autoridade com poder, responsabilidade ou responsabilização. No entanto, quando usados corretamente, esses termos não têm o mesmo significado. **Poder** é a capacidade (ao contrário de direito) de fazer os outros agirem de determinada forma. A autoridade do supervisor normalmente lhe confere certo grau de poder;

poder
Capacidade de fazer os outros agirem de determinada forma

os funcionários geralmente fazem o que o supervisor lhes pede para fazer. No entanto, algumas pessoas têm poder oriundo de outras fontes que não a posição ocupada na organização. Além disso, algumas pessoas dotadas de autoridade têm dificuldades para fazer os outros agirem da maneira que elas desejam. (No Capítulo 14, o poder será discutido mais detalhadamente).

responsabilidade
Obrigação de desempenhar as atividades atribuídas

Responsabilidade é a obrigação de desempenhar as atividades atribuídas. A pessoa que aceita responsabilidade compromete-se em exercer suas atribuições empenhando o máximo de esforço. Evidentemente, é mais fácil realizar um bom trabalho quando se tem autoridade para controlar os recursos necessários, inclusive o pessoal. Um aspecto importante do trabalho do supervisor é, portanto, garantir que as pessoas aceitem a responsabilidade pela tarefa que o grupo de trabalho deve completar e que elas entendam claramente quais são essas responsabilidades. O supervisor também deve garantir às pessoas autoridade suficiente para desempenhar suas responsabilidades.

Os funcionários que aceitam responsabilidade podem ser recompensados por realizar um bom trabalho, e aqueles que não a aceitam podem ser punidos. Essa prática é denominada *responsabilização* (veja o Capítulo 1). Suponha, por exemplo, que uma organização atribua ao supervisor a responsabilidade de comunicar as políticas aos seus funcionários. Responsabilização significa que o supervisor pode esperar conseqüências se a responsabilidade for ou não cumprida. Portanto, responsabilização é uma maneira de incentivar as pessoas a cumprirem suas responsabilidades.

A autoridade de transferir (delegar) responsabilidade aos funcionários e de responsabilizá-los aumenta o poder de um supervisor. Mesmo quando o supervisor delega, ele continua responsável pelo desempenho dos funcionários. Carley Roney, fundadora do web site The Knot, voltado a casais que planejam se casar, aprendeu essa lição quando teve de conciliar entre liderar a sua companhia e cuidar do segundo filho da família. Roney não conseguia mais colocar sempre a companhia em primeiro plano, e ela descobriu que podia confiar no seu pessoal para realizar o trabalho. Em uma situação bem mais triste, um supervisor da Advanced Tent Rental aprendeu sobre responsabilização depois que dois trabalhadores se feriram durante a retirada do mastro de sustentação de uma tenda. O mastro tocou em um cabo de energia ligado, e ambos foram feridos; um acabou morrendo. O tribunal considerou o supervisor responsável por não haver verificado a existência de cabos de energia ligados próximos à tenda e por não haver alertado os trabalhadores sobre o perigo. Talvez o supervisor tenha entendido ser suficiente, mesmo na questão da segurança, delegar a responsabilidade, mas, na realidade, ele ainda era responsável pela segurança.[11]

PROCESSO DE ORGANIZAÇÃO

Para o supervisor, os esforços de organização estão geralmente centrados na alocação de responsabilidades e recursos, de modo a tornar o funcionamento do departamento ou grupo de trabalho mais eficaz e efetivo. Além disso, o supervisor pode querer ou precisar formar equipes (veja o Capítulo 3). Independentemente de o trabalho de organização envolver a criação de uma nova companhia, a reestruturação de uma já existente ou a decisão de como organizar um departamento ou uma equipe, o processo deve ser basicamente o mesmo. O supervisor ou outro gestor deve definir o objetivo, determinar quais são os recursos necessários e, depois, agrupar as atividades e atribuir as funções. Essa abordagem de três etapas produz uma estrutura que sustenta as metas da organização (veja a Figura 7.4).

Definição do Objetivo

As atividades de gestão devem apoiar os objetivos desenvolvidos durante o processo de planejamento. No caso das atividades de organização, o supervisor ou outro gestor deve começar definindo o objetivo a ser atingido pelo departamento ou pelo grupo de trabalho.

FIGURA 7.4
Processo de
Organização

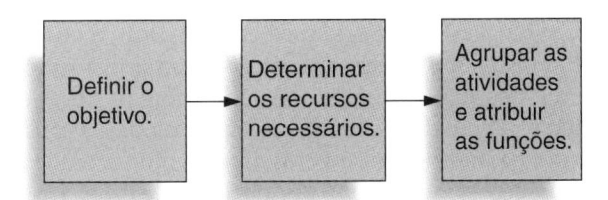

Definir o objetivo. → Determinar os recursos necessários. → Agrupar as atividades e atribuir as funções.

Se o supervisor não as conhece, ele não terminou o planejamento e deve completar essa tarefa antes de tentar organizar o trabalho. Recentemente, a Dow Jones and Company decidiu mudar do modo estrutura por produto para uma estrutura por cliente, com a finalidade de operar com mais eficácia. A nova estrutura abrange três grandes divisões: o Grupo de Mídia ao Consumidor (atividades relacionadas ao *Wall Street Journal* impresso ou eletrônico e outros produtos voltados ao consumidor), o Grupo de Mídia Empresarial (que oferece notícias *on-line*, informações financeiras e outros produtos ou serviços para companhias) e o Grupo de Mídia Comunitária (que publica jornais comunitários). A diretoria determinou que essa estrutura permitiria à companhia operar efetivamente com menos funcionários.[12]

Determinação dos Recursos Necessários

O processo de planejamento também deve dar ao supervisor uma idéia de quais recursos, incluindo pessoal, equipamentos e dinheiro, são necessários para atingir as metas. O supervisor deve analisar os planos e identificar quais recursos são necessários para as áreas específicas que estão sendo organizadas.

Para atingir a meta do Ritz-Carlton de satisfazer a todos os seus clientes para que eles retornem, os gestores determinaram que precisavam de funcionários comprometidos em garantir a alta qualidade. Eles também perceberam que a cada funcionário deve ser atribuído poder para que possa contribuir para a satisfação do cliente. Essa responsabilidade, por sua vez, requer dos funcionários acesso a informações sobre os desejos dos clientes e o funcionamento dos processos da companhia. Modernos sistemas de informação ajudam a suprir essa necessidade.

Atividades em Grupo e Atribuição de Funções

A última etapa do processo é aquela que a maioria das pessoas imagina que seja organizar. O supervisor agrupa as atividades necessárias e atribui as funções a funcionários apropriados. Para garantir que atribuirá todas as responsabilidades necessárias, o supervisor também pode envolver os funcionários nessa etapa do processo de organização. Na fábrica de motocicletas da Harley-Davidson em Kansas City, Missouri, os funcionários estão profundamente envolvidos nesse tipo de decisão. Representantes da diretoria e do sindicato estabeleceram uma estrutura geral, baseada no trabalho em equipe. Grande parte do trabalho ocorre naquilo que a companhia chama de *grupos naturais de trabalho*, equipes de até 15 trabalhadores que lidam com todas as tarefas de funções especializadas (pintura, fabricação) ou de montagem de modelos específicos de moto. Cada grupo natural de trabalho decide como atingir suas metas – por exemplo, decide como dispor o maquinário e os equipamentos e como resolver os problemas de qualidade. Os trabalhadores revezam em várias funções dentro do grupo para que eles possam substituir uns aos outros quando necessário. Os grupos têm autoridade para resolver os problemas que possam surgir. Por exemplo, quando uma máquina da linha de produção de moldagem quebrou, os grupos afetados pela quebra trabalharam juntos para consertar a máquina e anteciparam o início do turno seguinte para não atrasar a produção.[13]

No Ritz-Carlton de Nova York, essa etapa incluiu a criação da posição de diretor de qualidade. Paul Roa, que ocupa o cargo, afirma que a tecnologia e o treinamento ajudam a manter o pessoal do hotel informado sobre os desejos dos clientes. Os funcionários do hotel recebem treinamento para aprender a observar as preferências dos hóspedes (como, por exemplo, travesseiros de pluma em vez de poliéster, mais laranjas que maçãs nas cestas de frutas). As observações dos funcionários são inseridas no banco de dados nacional da companhia. Todo dia, o hotel imprime um relatório destacando as preferências dos hóspedes programados para chegar no dia seguinte. Um coordenador em tempo integral de histórico de hóspedes analisa o relatório para que o hotel possa atender a essas preferências. Ademais, todos os funcionários têm poder para resolver as reclamações dos hóspedes e conceder até $ 2 mil de desconto por dia e por hóspede sem a aprovação da direção. Eles também podem analisar um problema e preparar um plano de ação para resolvê-lo. Se a falha se repete, a companhia forma uma equipe para um processo formal de solução de problemas para eliminar futuras ocorrências.[14] Em suma, as decisões envolvendo pessoal e a autoridade altamente descentralizada contribuem para atingir os objetivos de qualidade do Ritz-Carlton.

No restante deste capítulo, será discutido como executar a terceira etapa do processo de organização.

PRINCÍPIOS DE ORGANIZAÇÃO

Os supervisores, principalmente os novos no cargo, podem não saber ao certo como agrupar as atividades e atribuir as funções. A tarefa pode parecer muito abstrata. Felizmente, os peritos em gestão desenvolveram alguns princípios que podem orientar o supervisor: o princípio da paridade, da unidade de comando, da cadeia de comando e da esfera de controle.

Princípio da Paridade

princípio da paridade
Princípio de que os funcionários que aceitam uma responsabilidade devem também ter autoridade suficiente para cumpri-la

Paridade é a qualidade de ser igual ou equivalente. Assim, de acordo com o **princípio da paridade**, os funcionários devem ter níveis iguais de autoridade e responsabilidade. Em outras palavras, quando alguém aceita uma responsabilidade, ele precisa de autoridade suficiente para cumpri-la. Se o chefe dos caixas de uma agência do Citibank for responsável por oferecer serviços de atendimento de alta qualidade ao cliente, mas não tiver autoridade para demitir um caixa grosseiro, ele pensará que é difícil ou impossível cumprir essa responsabilidade.

Unidade de Comando

Meredith Buckle controlava o trabalho de manutenção de um pequeno edifício comercial. Quando os ocupantes do edifício tinham algum problema, como, por exemplo, um vazamento de pia ou um escritório gelado, eles chamavam Buckle. Muitas vezes, para ser atendido mais rápido, eles a chamavam várias vezes, reclamando que o problema estava atrapalhando o trabalho. Conseqüentemente, Buckle sentia que nunca conseguia satisfazer a todos, e ela tinha dificuldades para decidir quem atender primeiro.

unidade de comando
Princípio de que cada funcionário deve ter apenas um supervisor

De acordo com o princípio da **unidade de comando**, cada funcionário deve ter apenas um supervisor. Os funcionários que recebem ordens de diversas pessoas tendem a ficar confusos e irritados. Conseqüentemente, tendem a realizar um trabalho ruim. Seria útil para Buckle se o administrador do prédio recebesse os pedidos dos ocupantes e designasse a ela as tarefas juntamente com a programação para completá-las.

Algumas vezes, o próprio gestor do supervisor viola esse princípio, comandando os subordinados do supervisor. Isso deixa os funcionários numa posição delicada, porque passam a ser comandados por duas pessoas, e deixa o supervisor na posição delicada de precisar corrigir o comportamento do seu gestor. Nesse tipo de situação, o supervisor talvez deva conversar com seu chefe com o intuito de restaurar a unidade de comando. O supervisor pode dizer, por exemplo: "Tenho notado que minha equipe fica confusa quando nós dois damos ordens. Gostaria de sugerir que você me informe o que deseja, e eu transmito para a equipe". Evidentemente, o supervisor também deve evitar comandar funcionários subordinados a outras pessoas.

Cadeia de Comando

Em uma cadeia, cada elo está ligado a no máximo outros dois, um de cada lado. Em uma organização, a autoridade avança como os elos de uma cadeia. Ao longo dessa **cadeia de comando**, a autoridade flui de um nível da gestão ao seguinte, do topo à base da organização.

Quando alguém pula um nível, viola o princípio da cadeia de comando. Por exemplo, se Fred Paretsky quer faltar na sexta-feira, porém, acredita que o gestor da divisão seja mais receptivo à sua solicitação que o seu supervisor, ele vai falar diretamente com o gestor da divisão, que o autoriza. Infelizmente, embora o gestor da divisão não saiba, o grupo de Paretsky ficará desfalcado na sexta-feira porque outros dois trabalhadores também faltarão. Ao violar a cadeia de comando, Paretsky e o gestor da divisão criaram um problema de pessoal que o supervisor teria evitado com um pouco de planejamento. Do mesmo modo, no exemplo anterior do gestor que dá ordens aos funcionários do supervisor, o chefe está violando tanto o princípio da cadeia de comando como o da unidade de comando.

Pode levar muito tempo e pode ser difícil tomar cada decisão passando por todos os níveis da organização, principalmente quando existem muitas camadas de gestão. A solução é usar o bom senso. Por exemplo, uma solicitação de informações provavelmente não precisa passar por todas as camadas da gestão. Em contrapartida, uma decisão que afete as operações do grupo deve passar pela cadeia de comando. Para obter mais recomendações sobre cadeia de comando, veja o texto na seção "Dicas da Linha de Frente".

Esfera de Controle

Evidentemente, acompanhar e desenvolver os talentos de apenas um funcionário é mais fácil que supervisionar 100 funcionários, mas contratar um supervisor para cada funcionário seria extremamente oneroso. O número de pessoas supervisionadas por um gestor é denominado **esfera de controle**. Quanto maior o número de pessoas supervisionadas por um gestor, maior sua esfera de controle. Hoje, as esferas de controle se expandiram à medida que as organizações tentam economizar, eliminando posições de gestão e atribuindo mais poder aos funcionários para tomar decisões. Assim como mostra a Figura 7.5, nas grandes companhias, a esfera de controle chega à proporção de um gestor para nove funcionários; a esfera de controle tende a ser menor em companhias menores. No governo federal americano, as demissões ocorridas na década de 1990 resultaram em esferas de controle ainda mais amplas – por exemplo, um gestor para 15 funcionários do Ministério da Previdência Social.[15] Essa tendência torna o trabalho do supervisor mais desafiador que nunca. O supervisor moderno precisa de habilidades da mais alta qualidade em comunicação, motivação e monitoramento do desempenho de equipes maiores de trabalhadores.

Ao organizar, o gestor precisa saber quantas pessoas ele é efetivamente capaz de supervisionar. O ideal seria o gestor supervisionar tantos funcionários quanto puder, com a condição de conseguir efetivamente orientá-los a atingir suas metas. Esse número depende em parte de diversos fatores, como:[16]

- *Semelhança entre funções* – Quanto maior a semelhança entre as funções desempenhadas pelos funcionários, maior pode ser a esfera de controle.

---

cadeia de comando
Fluxo de autoridade de uma organização de um nível da gestão ao seguinte

esfera de controle
Número de pessoas supervisionadas por um gestor

DICAS DA LINHA DE FRENTE

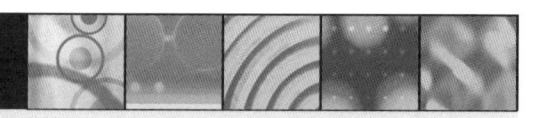

NÃO QUEBRE A CADEIA

Existe alguma circunstância em que seja válido passar por cima do chefe? Adrian DeVore já o fez, e ela afirma que existe um custo.

DeVore teve empregos em hotel e no varejo, onde acreditava ser tratada de forma injusta pelo chefe. Quando DeVore achou que estava sendo mal remunerada, reclamou aos superiores do seu chefe. Ela fez o mesmo quando achou que estava sendo discriminada. O raciocínio era de que ela não confiava em seus supervisores e duvidava que eles pudessem ajudá-la. DeVore acredita que fez o que era necessário, mas reconhece que jamais terá uma boa recomendação desses chefes para ajudá-la a seguir carreira em outra empresa.

Os especialistas afirmam que pular um elo da cadeia de comando normalmente prejudica mais o funcionário que o chefe. O chefe tende a se sentir traído, e fica difícil recuperar a confiança na relação.

Na maioria das situações, uma abordagem mais eficaz seria levar os problemas ao supervisor imediato e de forma profissional. Isso significa que o funcionário precisa preparar evidências para sustentar o problema, para discutir as ações, o comportamento e outras medidas com seu chefe, de forma a ajustá-las diretamente. Falar da forma mais calma e objetiva possível também ajudará na comunicação.

Somente se esse esforço bem planejado não funcionar, é que se deve buscar o próximo elo da cadeia de comando. Antes disso, deve-se verificar as idéias com algum amigo de confiança ou algum mentor para ter certeza de que a sua visão da situação é razoável e se vale a pena colocar em risco a relação com o chefe imediato.

Há, no entanto, ocasiões em que se faz necessário passar por cima de um elo da cadeia de comando. Se o funcionário testemunhar ou for alvo de comportamento ilegal ou assédio, ou se alguém estiver correndo perigo, é necessário levar as reclamações ao nível mais alto possível para ter uma resposta a contento.

Fonte: Mike Drummond, "Consultants Caution to Think Twice before Bypassing the Boss", *Knight Ridder/Tribune Business News*, 16 de agosto de 2004, extraído de Business & Company Resource Center, http://galenet.galegroup.com.

- *Proximidade geográfica* – Quanto maior a proximidade física dos subordinados, maior pode ser a esfera de controle.
- *Complexidade e mudança* – Quanto maior a simplicidade e a familiaridade das funções desempenhadas pelos subordinados, maior pode ser a esfera de controle. Mudanças freqüentes ou rápidas podem fazer as tarefas parecerem mais difíceis; nesse caso, seria necessária uma esfera de controle menor.
- *Coordenação* – Os gestores precisam de uma esfera de controle menor quando gastam grande parte do tempo coordenando o trabalho dos subordinados entre si ou com outros grupos. Quanto menor o tempo gasto na coordenação, maior pode ser a

FIGURA 7.5
Esferas Típicas de Controle

Fonte: Barbara Davison, "Management Span of Control: How Wide Is Too Wide?" *Journal of Business Strategy*, jul.-ago. 2003, extraído de Business & Company Resource Center, http://galenet.galegroup.com.

esfera de controle. Em muitas organizações, a tecnologia da informação tem viabilizado esferas de controle maiores porque os funcionários conseguem obter facilmente as informações necessárias e compartilhá-las com toda a companhia.
- *Planejamento* – Quanto menor o tempo necessário para o gestor planejar, maior pode ser a esfera de controle.
- *Disponibilidade de apoio de pessoal especializado* – Quanto maior a disponibilidade de pessoal especializado para oferecer suporte em diversas áreas, maior pode ser a esfera de controle.
- *Padrões de desempenho* – Se houver padrões de desempenho claros e objetivos e os funcionários os conhecerem, a esfera de controle pode ser maior do que numa situação em que o supervisor precisa continuamente esclarecer o que espera dos funcionários.

As características dos gestores e dos funcionários também são importantes. O gestor pode achar que, à medida que adquire mais experiência, também cresce o número de pessoas que consegue efetivamente supervisionar. O gestor com sólidas habilidades em administração de tempo e tomada de decisão também tende a estar mais apto a supervisionar mais funcionários. Igualmente para os funcionários, quanto maior a sua capacidade de trabalhar de forma independente, maior pode ser a esfera de controle do seu supervisor.

DELEGAÇÃO DE AUTORIDADE E RESPONSABILIDADE

Uma pesquisa feita com trabalhadores norte-americanos constatou que mais de 50% deles acreditavam trabalhar demais, pressionados pela carga excessiva de trabalho e com tempo insuficiente para completar suas tarefas.[17] O conceito de organização parte do princípio de que só uma pessoa não consegue executar todo o trabalho de uma organização. Mesmo empresas compostas de apenas uma pessoa normalmente firmam acordos com pessoas de fora para fornecer alguns serviços. Por exemplo, Lars Hundley dirige do canto de sua sala de estar uma empresa composta por somente uma pessoa. Sua empresa, a CleanAirGardening.com, é a maior representante virtual nos Estados Unidos dos cortadores de grama com lâminas em rolo cilíndrico da Brill, importante marca alemã. Hoje, Hundley terceiriza o recebimento de pedidos por telefone para uma central de atendimento especializada, assim, ele pode passar mais tempo testando e escolhendo novos produtos e dar conta das ligações do serviço de atendimento ao cliente.[18] Conceder a outra pessoa a autoridade e responsabilidade para realizar uma tarefa é denominado **delegação**. Você pode verificar sua eficácia em termos de delegação, respondendo o questionário de Autoconhecimento da página 192.

delegação
Conceder a outra pessoa a autoridade e responsabilidade para realizar uma tarefa

Vantagens de Delegar

Enquanto o desempenho da maioria dos funcionários fora do nível de gestão é avaliado em termos de realizações individuais, o desempenho do supervisor é avaliado de acordo com as realizações de todo o departamento. Portanto, o resultado do departamento será considerado de ótima qualidade, e a imagem do supervisor será a melhor se ele contar com a perícia dos funcionários. W. H. Weiss, escritor e consultor em gestão industrial, afirma que a eficácia e o sucesso do supervisor "dependem, em grande parte, da sua capacidade de delegar responsabilidade e autoridade aos outros e mantê-los responsáveis pelos resultados... A melhor maneira de expandir sua autoridade pessoal é delegando o máximo de responsabilidade possível. O acúmulo de autoridade serve para diminuir seu próprio status e importância".[19]

Por exemplo, um supervisor de produção pode criar uma equipe de funcionários para buscar formas de tornar o local de trabalho mais seguro. Esses funcionários, provavelmente, conseguirão ter mais idéias que o supervisor sozinho. Alguns funcionários podem ter formação ou serem especializados em áreas que lhes permitam identificar onde são necessárias as melhorias. O supervisor que delega também tem mais tempo para tarefas que só ele pode realizar, como, por exemplo, planejar e orientar. Kelly Hancock, que supervisiona os atendentes dos anúncios classificados do jornal *Toronto Sun*, afirma: "Delegando, tenho mais tempo para executar tarefas de natureza mais urgente e criativa. Consigo trabalhar em projetos especiais, como na criação de competições de vendas para os vendedores". Uma maneira de pensar nessa vantagem da delegação é vendo-a como ferramenta importante de administração do tempo (que será discutida no Capítulo 13). Se o supervisor de produção do exemplo cuidasse de todos os aspectos da segurança, levaria semanas só para identificar e descrever os problemas e as soluções. O tempo pode ser mais bem gasto programando e providenciando vários tipos de treinamento para os funcionários.

Em circunstância semelhante, o supervisor de uma companhia de serviços financeiros causou problemas ao não delegar. A companhia contratou um perito técnico como responsável pela tecnologia da informação (TI). Esse gestor tinha muito conhecimento sobre equipamentos de informática e trabalhou muito para manter os sistemas da companhia funcionando adequadamente. Quando a empresa decidiu ampliar a variedade de sistemas para atender às necessidades dos negócios, o gestor trabalhou mais e mais para atender às demandas que cresciam cada vez mais rapidamente. Ele continuou tentando aplicar sua própria perícia, em vez de delegar ao pessoal de TI. Porém, ele não conseguiu atender sozinho a todas as necessidades da companhia. Por fim, a companhia teve de transferi-lo para um trabalho sem ninguém para supervisionar, e um novo gestor foi contratado para delegar e se concentrar no desenvolvimento do conhecimento do pessoal do grupo de TI.[20]

A delegação surte efeito benéfico também para os funcionários, pois oferece oportunidades para que eles desenvolvam suas habilidades e se tornem mais importantes na organização. Dependendo dos tipos de tarefas delegadas, essa responsabilidade adicional pode melhorar sua carreira e seu potencial de ganhos. Pode também aumentar o interesse dos funcionários no seu trabalho. É razoável esperar que funcionários mais interessados e mais envolvidos em atingir os objetivos da organização consigam produzir trabalhos de mais qualidade e permanecer na organização mais tempo. (Esse tema será discutido no Capítulo 11). Por exemplo, os funcionários da produção que atuam em uma equipe de segurança podem descobrir que a maior responsabilidade os faz se preocuparem ainda mais com a qualidade do seu trabalho do dia-a-dia.

O Executive Petty Officer[*] Rodney Randall chefia a missão de salvamento da guarda costeira de Eaton's Neck no estreito de Long Island (Nova York). Ele vê a delegação como principal meio para o pessoal que está sob sua supervisão adquirir a experiência necessária e, muitas vezes, evita acompanhá-los no atendimento. Ele afirma que, se houver no local alguém que você acredita que tem as respostas, é mais fácil perguntar do que pensar no que fazer. Em vez de dar respostas, o oficial Randall treina os homens e as mulheres sob sua supervisão para pensar por si mesmos, dando-lhes autoridade para tomar decisões, sejam elas certas ou erradas.[21]

Empowerment

Essas vantagens da delegação explicam por que muitas organizações usam o envolvimento de funcionários para melhorar a qualidade de seus produtos e serviços (veja o Capítulo 2). Em outras palavras, elas delegam aos funcionários a autoridade e responsabilidade para tomar decisões em diversas áreas. Essa prática – denominada **empowerment (atribuição de poder)** – é baseada na expectativa de que os funcionários proporcionam mais visão interna e conhecimento do que o gestor sozinho proporcionaria e que essa participação aumenta o compromisso dos funcionários em fazer o melhor.

Empowerment **(atribuição de poder)**
Delegação de ampla autoridade e responsabilidade para tomar decisões

---

[*] N.R.T.: *Executive Petty Officer* refere-se a um cargo na Marinha dos Estados Unidos. O nível hierárquico equivalente no Brasil seria o posto de sargento. (N. do R.T.)

FIGURA 7.6
Processo de Delegação

Decidir qual tarefa delegar. → Atribuir a tarefa. → Criar uma obrigação. → Conceder autoridade. → Acompanhar.

Uma funcionária com *empowerment* na equipe de um banco comercial elaborou uma nova maneira de organizar o trabalho do grupo. Ela sugeriu que os integrantes da equipe se especializassem em tipos específicos de clientes, em vez de lidar com qualquer tarefa que surgisse na seqüência. A equipe decidiu experimentar temporariamente essa idéia. Eles descobriram que, com alguns ajustes, o plano tornava o trabalho mais interessante e eles ficavam mais comprometidos com suas tarefas.[22]

Processo de Delegação

Ao efetivamente delegar, o supervisor não está simplesmente distribuindo tarefas de forma aleatória, mas seguindo um processo lógico: decidir qual tarefa delegar, atribuir a tarefa, criar uma obrigação, conceder autoridade e acompanhar o desenvolvimento do trabalho (veja a Figura 7.6).

Decidir Qual Tarefa Delegar

Existem diversas maneiras de selecionar as tarefas a serem delegadas. Quando algum funcionário sabe melhor que o supervisor como executar determinada tarefa, faz sentido delegar. Outra perspectiva é delegar tarefas simples que claramente os funcionários conseguem executar. Por exemplo, Kelly Hancock do jornal *Toronto Sun* atribui aos funcionários tarefas administrativas, tais como contar as linhas das notas que saem no jornal a respeito de aniversários ou falecimentos. O supervisor também pode delegar tarefas que ele considera mais chatas. Essa abordagem pode, no entanto, não dar certo, se os funcionários perceberem que são sempre escolhidos para fazer o trabalho chato. As tarefas realizadas com regularidade são boas candidatas a serem delegadas porque vale o esforço de treinar os funcionários para executá-las.

Evidentemente, o supervisor *não* deve delegar algumas tarefas, incluindo questões de pessoal e atividades designadas especificamente a ele. Portanto, o supervisor não deve atribuir tarefas que envolvem avaliação de desempenho e solução de conflitos. Do mesmo modo, se o chefe de uma supervisora de vendas pedir-lhe para ir a uma outra cidade para resolver uma reclamação de cliente, não seria adequado que ela delegasse essa atribuição a uma outra pessoa.

Atribuir a Tarefa

O supervisor continua o processo de delegação escolhendo os funcionários que devem executar a tarefa. Ao delegá-la, o supervisor leva em conta quem está disponível e, então, decide a quem atribuí-la. A decisão pode ser baseada na pessoa que é melhor qualificada ou na que é mais eficiente ou o supervisor pode atribuir as tarefas com o objetivo de proporcionar treinamento e desenvolvimento àqueles que demonstram potencial. O supervisor também deve avaliar as personalidades envolvidas, as questões de segurança e quaisquer políticas da companhia ou normas do sindicato aplicáveis. O supervisor também consegue executar mais efetivamente essa etapa quando conhece bem seus funcionários. Combinar as atribuições com os desejos e as habilidades do funcionário ajuda a organização a aproveitar totalmente o potencial dos seus recursos humanos. Com base em sua experiência como supervisora de caixa da WestStar Credit Union, Geraldine Albores (hoje gerente de agência) aconselha: "Procure conhecer cada funcionário, seus pontos fortes e fracos. Assim, você consegue delegar".[23]

Quando duas tarefas precisam ser executadas ao mesmo tempo e uma pessoa é a mais qualificada para executar ambas, o processo de escolha do funcionário para realizar o trabalho fica complexo. Nesses casos, o supervisor deve estabelecer prioridades. Ele deve considerar a importância de cada tarefa no cumprimento das metas do departamento e no atendimento dos clientes. Se a prioridade entre as tarefas não ficar clara, ele deverá verificar com o gestor.

Para terminar a etapa de atribuição de tarefa, o supervisor deve dizer ao funcionário designado o que se espera que ele faça. O supervisor deve certificar-se de que o funcionário entenda o que deve fazer e tenha o conhecimento e as habilidades necessárias. Orientações claras são específicas, mas devem oferecer ao funcionário alguma flexibilidade para aplicar seu conhecimento e suas habilidades com criatividade. Denise O'Berry, presidente da The Small Business Edge Corporation, aconselha que os supervisores detalhem os *resultados* desejados, e não o procedimento a seguir.[24] Essa abordagem dá ao funcionário liberdade para melhorar os processos. O supervisor deve, então, monitorar os resultados para certificar-se de que o funcionário não precisa de orientações mais claras e mais detalhadas. Para ter certeza de que o funcionário entendeu a atribuição, o supervisor pode pedir-lhe que a defina com suas próprias palavras. (O Capítulo 10 contém mais informações sobre como se comunicar com clareza.) Para obter mais recomendações sobre como delegar de forma justa e eficaz, veja o texto na seção "Habilidades em Supervisão".

Criar uma Obrigação

Quando o supervisor atribui alguma tarefa, ele precisa certificar-se de que o funcionário aceite a responsabilidade de realizá-lo. O supervisor pode incentivar o funcionário a aceitar a responsabilidade, envolvendo-o na tomada de decisões e ouvindo suas idéias. O trabalhador que se sente envolvido tende a se sentir responsável. O supervisor não pode forçar o funcionário a assumir a responsabilidade, mas, felizmente, muitos funcionários a assumem com boa vontade e naturalmente. Além disso, tornando o funcionário responsável por suas ações, o supervisor o faz aceitar a responsabilidade.

Embora o funcionário aceite a responsabilidade de realizar determinada tarefa, isso não quer dizer que o supervisor não tenha mais a responsabilidade pela sua conclusão. A organização ainda considera o supervisor como responsável. Portanto, depois de delegada a tarefa, ambas as partes são responsáveis pelo trabalho. A tarefa do supervisor passa a ser garantir ao funcionário os recursos necessários para que a tarefa seja concluída dentro dos padrões de qualidade. O supervisor cumpre essa tarefa por meio da função de controle da gestão, descrito no capítulo anterior.

Conceder Autoridade

Junto com a responsabilidade, o supervisor deve conceder ao funcionário a autoridade necessária para realizar o trabalho. Essa é a maneira como o supervisor aplica o princípio da paridade, já discutido neste capítulo. Por exemplo, se um supervisor da Abbott Laboratories conceder ao pesquisador a responsabilidade de executar determinado procedimento, ele também deverá conceder a autoridade para obter os materiais e equipamentos necessários para realizar o trabalho.

Acompanhar

Depois de atribuir as tarefas e a autoridade para executá-las, o supervisor precisa dar ao funcionário liberdade para atuar com independência e criatividade. Isso não significa que o supervisor deve abandonar o funcionário para que ele tenha sucesso ou fracasso por conta própria; afinal, o supervisor é igualmente responsável pelo êxito do trabalho. Portanto, deve ficar claro para o funcionário a disposição do supervisor em orientá-lo. O supervisor deve também estabelecer um plano de verificação periódica do andamento do trabalho. O supervisor pode descobrir que, para ter êxito, o funcionário precisa de

HABILIDADES EM SUPERVISÃO

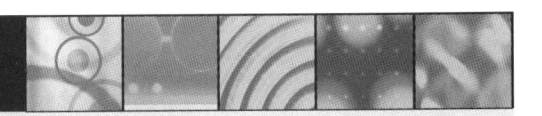

DELEGANDO

SABER QUANDO NÃO INTERFERIR

Para muitos supervisores, o grande desafio de delegar está na sensação de conseguir eles próprios realizar o trabalho mais rápido ou melhor que os funcionários. O supervisor que se sente assim fica tentado a rodear os funcionários de tal maneira que eles jamais aprendem a tomar decisões de forma independente. Ou, no caso extremo, alguns supervisores não sabem direito como liderar e motivar, assim, apenas atribuem as funções e deixam os resultados a cargo dos funcionários.

Evidentemente, esses funcionários não estão sendo realmente supervisionados e podem não atingir as metas porque não sabem como cumpri-las ou não acreditam que seus esforços sejam percebidos ou recompensados.

Portanto, a arte de delegar envolve tanto saber quando não interferir quanto saber quando se envolver mais. Com base em sua experiência na indústria financeira, Mark Roberts sugere como solução distinguir os resultados (o que precisa ser realizado) dos métodos (como atingir os resultados desejados). Robert afirma: "Delegar envolve dizer ao pessoal o que precisa ser atingido, mas não forçá-los a adotar o seu método de cumprir os objetivos". No entanto, dependendo das habilidades do funcionário, o supervisor talvez precise discutir o que ele irá fazer e ter certeza de que ele saberá como atingir suas metas. O supervisor também precisa verificar se as metas estão sendo atingidas, para saber claramente quando deve interferir, orientando, treinando ou aplicando medidas disciplinares.

Para Orest Protch, que já supervisionou funcionários de uma usina siderúrgica, a arte de delegar parece com a apresentação de um equilibrista, o supervisor se equilibra em uma linha entre se envolver demais ou ignorar o que está acontecendo. Para manter o equilíbrio, Protch ressalta, é essencial ser justo e tratar os funcionários com dignidade e respeito. Parte da justiça está no fato de o supervisor investigar a causa de algum erro e aceitar a culpa quando ele próprio também for causador (por exemplo, por faltar clareza nas informações dadas). Mais especificamente, o supervisor deve levar em conta quanta autoridade ele delegou. Se o supervisor não delegou autoridade para tomar decisões em caso de emergência, o funcionário não pode ser responsabilizado pelos eventos nessa situação.

Quanto de autoridade o supervisor deve delegar? Protch recomenda delegar o mínimo necessário para o funcionário executar o trabalho corretamente, mas também lhe dar certa liberdade para atuar em caso de emergência. Se o funcionário for capaz, o supervisor deverá deixá-lo executar o trabalho. Na usina onde Protch foi supervisor, em certa ocasião, ele interferiu no trabalho exatamente a tempo de descobrir que todas as entregas estavam paradas porque o sindicato ao qual pertenciam os funcionários da transportadora havia decretado greve. Nada estava saindo do depósito. Protch seguiu para o escritório de entregas e se instalou em uma mesa ao lado do funcionário responsável. Ele deixou o funcionário resolver o problema. Duas horas mais tarde, o funcionário havia convocado uma série de caminhoneiros autônomos para entregar os produtos aos clientes. Protch estava disponível para ajudar, mas ele não interferiu quando não havia necessidade. O problema foi resolvido, e o funcionário saiu-se à altura do desafio.

Fontes: Texto baseado nas idéias de Mark Roberts, "Supervision: The Delegation Game", *Money Marketing*, 15 set. 2005; Orest Protch, "Delegation of Authority", *Supervision*, abr. 2006, ambos extraídos de Business & Company Resource Center, http://galenet.galegroup.com.

---

mais informações ou de ajuda para remover os obstáculos, ou talvez simplesmente de elogio pelo trabalho feito até o momento.

Se o desempenho de um funcionário em uma tarefa que ele não conhecia não for perfeito, o supervisor não deve temer delegar mais trabalho para ele no futuro. Todos precisam de tempo para aprender, e o desempenho decepcionante pode servir de chance para o supervisor descobrir o que é necessário para melhorar as habilidades do funcionário. Além disso, o fraco desempenho pode resultar da maneira como o trabalho foi delegado, e não de algum problema com o funcionário.

Relutância em Delegar

Ruby Singh trabalha até tarde da noite revisando o trabalho de todos os seus subordinados e preparando instruções detalhadas para eles adotarem no dia seguinte. Seu próprio gestor sugeriu-lhe que ela desse mais liberdade aos funcionários, o que lhe pouparia mais tempo e lhe proporcionaria satisfação profissional. No entanto, Singh tem medo de que, se ela não mantiver as rédeas curtas sobre seus funcionários, o desempenho do departamento possa ser prejudicado.

Muitos supervisores efetivamente acreditam que são capazes de realizar o trabalho melhor do que seus funcionários. Eles chegam a afirmar: "Se você quiser algo bem feito, faça-o você mesmo". Muitas vezes eles têm razão, principalmente se sua própria promoção ao cargo de supervisão foi conseqüência do alto desempenho. Pode ser difícil ficar observando um funcionário cometendo erros, principalmente se a imagem do supervisor for prejudicada por permitir a ocorrência de erros.

Esses riscos fazem com que muitos supervisores tenham medo de delegar. A psicóloga Donna Genett especula que esse medo surge porque "muitas pessoas atingem cargos superiores por méritos próprios. Quando chegam ao nível de gestão, a situação muda porque seu sucesso depende de permitir que os outros brilhem".[25] Em outras palavras, a organização necessita de que o supervisor desenvolva e oriente os funcionários para que estes sejam mais úteis. Isso exige que se delegue, embora no aprendizado alguns erros sejam cometidos.

Em alguns casos, os funcionários efetivamente não têm capacidade para executar a tarefa que lhes foi delegada. Nesse caso, o supervisor deve buscar alinhar os talentos da força de trabalho com as necessidades do departamento. Talvez os funcionários precisem de treinamento ou as práticas de contratação do departamento precisem de melhorias. (Nos Capítulos 15 e 16, serão discutidos a seleção e o treinamento de funcionários.)

Assim como já discutido, delegar libera o supervisor, permitindo-lhe se concentrar nas tarefas que realizam melhor ou que somente ele pode executar. Às vezes, o supervisor se sente melhor empregando sua perícia no trabalho dos subordinados do que se esforçando nas responsabilidades de supervisão, como, por exemplo, motivando os funcionários e resolvendo os conflitos. No entanto, o supervisor precisa superar qualquer desconforto ou medo, porque a organização necessita de supervisores que efetivamente supervisionem.

MÓDULO DE APTIDÃO

PARTE UM: CONCEITOS

Resumo

7.1 Descrever organogramas.

Organograma é um método-padrão de desenhar a estrutura de uma organização. As caixas representam os departamentos ou as posições, e as linhas de ligação indicam as relações de subordinação. As posições no topo do organograma são as de maior autoridade e responsabilidade.

7.2 Identificar as formas básicas de estruturação das organizações.

A menos que seja uma organização pequena, as organizações geralmente são agrupadas em departamentos. Uma organização com estrutura funcional agrupa o pessoal e outros recursos de acordo com o tipo de trabalho executado. A estrutura por produto agrupa o trabalho e os recursos de acordo com o produto fabricado ou fornecido. Em uma estrutura por área geográfica, os departamentos são definidos de acordo com a localização dos clientes ou das mercadorias ou dos produtos oferecidos. Em uma estrutura por cliente, a organização é departamentalizada de acordo com a categoria de clientes atendidos.

Hoje, as organizações, muitas vezes, combinam os tipos básicos de estruturas, principalmente quando equipes de funcionários são formadas com a finalidade de atingir objetivos, que podem ser os de melhorar a qualidade ou aplicar uma nova tecnologia. As organizações que buscam a flexibilidade muitas vezes favorecem uma estrutura orgânica – em que as fronteiras entre os trabalhos mudam continuamente e as pessoas atuam em qualquer área que suas contribuições sejam necessárias. Elas podem formar organizações em rede, estabelecendo acordos com outras organizações ou pessoas físicas para completar projetos específicos (em vez de contratar mais funcionários permanentes).

7.3 Estabelecer a distinção entre autoridade de linha e de assessoria e autoridade centralizada e descentralizada.

Autoridade é o direito de executar uma tarefa ou dar ordens a outra pessoa. Autoridade de linha é o direito de executar tarefas e dar ordens relativas à finalidade primária da organização. Autoridade de assessoria é o direito de aconselhar ou auxiliar aqueles com autoridade de linha. Quando a autoridade é centralizada, é compartilhada entre poucos diretores; quando a autoridade é descentralizada, é disseminada entre um número maior de pessoas.

7.4 Comparar e contrastar *autoridade*, *poder*, *responsabilidade* e *responsabilização*.

Autoridade é o direito de executar uma tarefa ou de dar ordens. Poder é a capacidade (ao contrário de direito) de fazer os outros agirem de determinada maneira. Responsabilidade é a obrigação de desempenhar determinadas tarefas. Responsabilização é a prática de impor penalidades pelo fracasso no cumprimento das responsabilidades e recompensar pelo êxito no cumprimento das responsabilidades. A autoridade para transferir a responsabilidade aos funcionários e responsabilizá-los aumenta o poder do supervisor. (No entanto, o supervisor continua sempre responsável pelo desempenho de seus funcionários.)

7.5 Identificar as etapas do processo de organização.

Para organizar um departamento ou grupo de trabalho, o supervisor deve, em primeiro lugar, definir o objetivo do departamento ou grupo de trabalho e, em seguida, determinar quais são os recursos necessários. Por fim, o supervisor agrupa as atividades e atribui as funções aos funcionários apropriado.

7.6 Descrever os quatro princípios da organização.

De acordo com o princípio da paridade, caso seja atribuída responsabilidade aos funcionários, eles devem também receber autoridade para cumpri-la. O princípio da unidade de comando estabelece que cada funcionário deve ter apenas um supervisor. Cadeia de comando é o fluxo de autoridade de um nível da organização ao seguinte; a maioria das decisões e informações deve fluir ao longo da cadeia de comando. Por fim, supervisores e outros gestores devem ser dotados de esfera de controle adequada; o melhor número de funcionários para uma situação específica depende de vários fatores.

7.7 Discutir por que e de que maneira os supervisores delegam.

O supervisor delega para aprimorar a qualidade do desempenho dele próprio e do departamento, contando com a perícia dos funcionários. Delegar também libera o supervisor, permitindo-lhe dedicar mais tempo às tarefas de supervisão. Através da delegação, pode-se melhorar o ânimo e o desempenho do funcionário, quando a este é atribuído poder para tomar decisões em várias áreas. Para delegar, o supervisor segue um processo de cinco etapas: decidir qual tarefa delegar, atribuir a tarefa, criar uma obrigação, conceder autoridade e acompanhar o desenvolvimento do trabalho. Ao delegar, o supervisor deve certificar-se de que os funcionários entendam e sejam capazes de executar o trabalho, e ele ainda continua responsável por verificar se o trabalho está sendo realizado adequadamente.

7.8 Identificar as causas da relutância em delegar.

Muitos supervisores relutam em delegar por acreditar que ninguém mais consegue fazer o trabalho, além deles. Talvez o supervisor não queira abrir mão de realizar as atividades de que gosta. Alguns supervisores têm mais satisfação ao executar o trabalho que deveria ser executado pelos funcionários do que desempenhando as responsabilidades de supervisão.

Termos Principais

organização, p. 169
departamento, p. 171
departamentalização, p. 171
estrutura orgânica, p. 174
organizações em rede, p. 174
autoridade, p. 176
autoridade de linha, p. 176
autoridade de assessoria, p. 176
autoridade funcional, p. 177
poder, p. 177
responsabilidade, p. 178
princípio da paridade, p. 180
unidade de comando, p. 180
cadeia de comando, p. 181
esfera de controle, p. 181
delegação, p. 183
empowerment (atribuição de poder), p. 184

Questões para Discussão e Revisão

1. Emily Sanford acaba de ser promovida para supervisionar os vendedores da seção de presentes de uma loja de departamentos. Quais das atividades de organização apresentadas a seguir ela deve executar?
   a. Programar a escala dos funcionários.
   b. Formar uma equipe de funcionários para trabalhar em um evento promocional dentro do departamento.
   c. Ajudar a decidir qual seria o melhor local para uma nova filial da loja de departamentos.
   d. Designar algum funcionário encarregado das listas de casamentos.
   e. Determinar se a loja de departamentos deve lançar sua própria linha de produtos.

2. Qual seria a melhor estrutura para estes tipos de organização?
   a. Uma empresa composta de três pessoas, que vende refeições finas, prontas e embaladas, a empórios sofisticados.
   b. Uma pequena organização que fornece automóveis antigos a estúdios de cinema.
   c. Um fabricante de janelas, com escritórios em Toronto, Seattle, Miami e Chicago.

3. Que atributos especiais o supervisor deve possuir para ter sucesso em alguns dos novos tipos de estruturas organizacionais?

4. Quais destes supervisores apresentados a seguir têm basicamente autoridade de linha? Quais têm autoridade de assessoria?
   a. Supervisor de produção de uma editora, responsável pela diagramação e impressão dos livros.
   b. Supervisor de manutenção de um hospital.
   c. Supervisor de processamento de texto de uma empresa de advocacia.
   d. Supervisor de folha de pagamento do corpo de bombeiros.

5. Nos últimos anos, as organizações têm-se tornado mais descentralizadas. Normalmente, essa mudança envolve a eliminação de posições do nível médio de gestão e o compartilhamento de mais controle com os funcionários de níveis inferiores da organização. Em sua visão, como isso afeta a função do supervisor nessas organizações?

6. Alguém dotado de autoridade sempre possui poder? Uma pessoa que aceita a responsabilidade possui necessariamente autoridade? Explique.

7. Quais são as etapas do processo de organização? Como elas se aplicam ao gestor de um restaurante responsável pela escala dos funcionários? Explique como o supervisor deve cumprir cada etapa.

8. Descreva cada um destes princípios de organização:
   a. Princípio da paridade.
   b. Unidade de comando.
   c. Cadeia de comando.
   d. Esfera de controle.

9. O supervisor de produção de uma fábrica de móveis toma conhecimento dos fatores que podem influenciar na esfera de controle. O supervisor acredita que sua própria esfera de controle seja ampla demais para supervisionar com eficácia. Há algo que uma pessoa nessa posição possa fazer? Se não, explique por quê. Se sim, sugira o que ele pode tentar fazer.
10. Harry Jamison, perito-contador, está planejando criar uma empresa especializada na preparação da declaração de imposto de renda. Harry é a única pessoa da empresa, pelo menos por enquanto. Será que ele pode delegar algum trabalho? Ele deve delegar? Explique.
11. Em sua opinião, que medidas um supervisor que reluta em delegar poder pode adotar para superar essa preocupação?

PARTE DOIS: CAPACITAÇÃO

PROBLEMA A SER RESOLVIDO PELO ALUNO

Com base no texto da página 169, reflita sobre quais dificuldades James Small pode enfrentar sendo um supervisor que trabalha separado do restante da organização da Raytheon. Em grupo, liste três diferenças entre o modo de planejar o trabalho dos funcionários da Bike Shop da Raytheon e dos trabalhadores de produção que fabricam uma peça-padrão. Liste três diferenças no modo de controlar o trabalho.

Como supervisor, James Small também serve como uma espécie de "pino de conexão" entre os cientistas especializados de seu grupo e as necessidades de negócios gerais da Raytheon. Atribua a três membros do seu grupo os papéis de James Small, do gestor de Small e de um funcionário da Bike Shop que esteja trabalhando no projeto Whirl. Represente um diálogo em que o gestor esteja buscando informações atualizadas sobre o status do projeto Whirl. Quais seriam as metas do gestor e quais seriam as do funcionário? De que maneira Small pode contribuir para as necessidades da empresa e, ao mesmo tempo, dar liberdade suficiente para os funcionários realizarem experiências?

Caso de Solução de Problemas: *Será que a Thor Industries Está Organizada para Crescer?*

A Thor Industries é o maior fabricante mundial de veículos de lazer. Se nunca ouviu falar nessa companhia, talvez seja por causa da sua forma de organização. A matriz da companhia consiste em três escritórios situados no sexto andar de um edifício no centro de Manhattan. Ali, o executivo, Wade Thompson, e seu assistente controlam as atividades de uma companhia que, recentemente, desfrutou de mais de $ 150 milhões em vendas.

O restante do trabalho é realizado em toda a América do Norte, nas 20 fábricas da companhia de *trailers* e *motor homes* e três de ônibus. A Thor fabrica veículos de lazer comercializados com vários nomes, incluindo Airstream, Keystone, Dutchmen, Outback, Four Winds e General Coach.

Thompson construiu a Thor adquirindo fabricantes de *trailers* e *motor homes* e ônibus e permitindo-lhes operar de maneira independente. Na realidade, as dez companhias de veículos de lazer que a Thor adquiriu continuam a competir entre si sob o domínio da corporação. E as operações de cada modelo dentro de uma divisão são independentes. Na Keystone, por exemplo, existem 14 modelos, e estes possuem fábricas separadas, cada uma com seu próprio gestor encarregado do modelo. O vice-presidente executivo da Keystone William Fenech afirma: "Eu digo aos caras, se vocês quiserem fabricar veículos cor-de-rosa, vão em frente. Mas aí, vocês terão de vendê-los". Dentro de uma unidade, existem diferentes grupos funcionais, como, por exemplo, de fabricação de carrocerias, de encanamento, de elétrica e de acabamento. Cada grupo possui um líder de produção. O líder e o grupo juntos são responsáveis por aumentar a eficácia, inclusive com autoridade para eliminar os trabalhadores improdutivos.

Além de operar com independência, as divisões são recompensadas de forma independente. O presidente de cada divisão recebe 15% dos lucros da divisão antes de serem deduzidos os impostos, e alguns chegam a ganhar mais que o executivo da corporação. As recompensas financeiras nos níveis inferiores também estão vinculadas ao desempenho. Os trabalhadores da fábrica, em alguns casos, são pagos com base no montante produzido, e não pelas horas trabalhadas. Além disso, toda a força de trabalho de uma unidade ganha uma porcentagem de suas vendas. Cada grupo funcional dentro da unidade – como, por exemplo, de encanamento ou elétrica – recebe uma parcela desse montante.

De acordo com Thompson, essa estrutura incentiva a inovação e o atendimento ao consumidor. As peças básicas de qualquer veículo de lazer são essencialmente as mesmas. As marcas se distinguem entre si pelo estilo, pelo serviço e por características especiais. Thompson acredita que, quando cada divisão opera suas próprias vendas, produção, pesquisa e desenvolvimento, é mais incentivada a superar as outras marcas. Além disso, as divisões menores conseguem ouvir e reagir com mais agilidade às críticas e opiniões do cliente do que em uma corporação centralizada. Uma concessionária de Michigan explica que eles não têm de passar por uma cadeia gigantesca de comando para fazer alguma coisa. De fato, essa é uma estrutura que a General Motors (GM) já adotou um dia, com organizações diferentes para cada uma de suas marcas. No entanto, a GM acabou se tornando mais centralizada porque não conseguia mais sustentar a permanente duplicação de tantas funções.

Com essa estrutura, o que sobra para o executivo? Basicamente, Thompson acompanha as principais medidas financeiras. Quando alguma divisão está patinando, ele entra em ação. Mais recentemente, ele pediu aos presidentes das divisões que compartilhassem idéias sobre aumentar a qualidade e a eficácia.

1. A descrição dessa estrutura da Thor Industries está mais para funcional, por produto, por área geográfica ou por cliente, ou alguma combinação delas? Explique. A Thor Industries é altamente centralizada ou descentralizada? Explique.
2. Wade Thompson é um bom exemplo de gestor que delega autoridade? Por que sim ou não?
3. Imagine-se como supervisor de produção de uma das fábricas da Thor. Sugira como você lidaria com cada um dos seguintes desafios dentro da estrutura organizacional dessa companhia:
   a. Para melhorar a qualidade de instalação das cabines, você gostaria de receber idéias de supervisores de alguma divisão cuja qualidade seja bem alta.
   b. Você deseja reduzir os custos de trabalho da divisão de eletricidade, operando com mais eficácia e fabricando a mesma quantidade de veículos de lazer com menos trabalhadores. Você quer que a equipe de eletricidade aceite a responsabilidade desse desafio.
   c. Você gosta de acampar e, baseado em uma idéia que surgiu entre alguns praticantes de campismo, você quer tentar fabricar veículos de camping com um novo recurso: estações de trabalho equipadas com computador.

Fontes: Jonathan Fahey, "Lord of the Rigs", *Forbes*, 29 de março de 2004, extraído de Business & Company Resource Center, http://galenet.galegroup.com; Thor Industries, relatório anual de 2003, www.thorindustries.com.

Autoconhecimento

Você Delega?

Para testar sua capacidade de delegar, responda Sim ou Não para as seguintes perguntas.

1. Você trabalha sempre muito mais que o expediente normal? _____
2. Geralmente você está mais ocupado do que as pessoas com as quais trabalha? _____
3. Freqüentemente você precisa correr para cumprir os prazos? _____
4. Você nunca consegue completar projetos importantes? _____
5. Você é ocupado demais para planejar ou priorizar seu trabalho? _____
6. Ao retornar das férias você encontra pilhas de tarefas não terminadas à sua espera? _____
7. Você não treinou outra pessoa que pudesse assumir o seu trabalho em cima da hora? _____
8. Você acha que outras pessoas fazem intervalos ou saem durante o expediente enquanto você realiza o trabalho delas? _____
9. Você se considera o único capaz de fazer o trabalho corretamente? _____
10. Você tem dificuldades de se expressar? _____

Quanto maior o número de respostas Sim, maior a probabilidade de você ter dificuldades em delegar.

Fonte: Janet Mahoney, "Delegating Effectively", *Nursing Management*, junho de 1997, p. 62. Reprodução autorizada por Lippincott Williams & Wilkins.

Pausa e Reflexão
1. Para você, quando é mais difícil delegar?
2. Quando você deseja que os outros lhe deleguem mais?

Exercício em Aula

Criando uma Rede de Contatos

Seis Graus de Separação

Alguns especialistas acham que qualquer que seja a forma de estruturação de uma organização, o segredo da eficácia está na criação de atalhos entre os diferentes níveis da empresa. Estudos têm demonstrado que bastam algumas poucas dessas conexões entre indivíduos bem relacionados para distinguir um universo bem pequeno dentro de um bem grande. Essa é a idéia básica do conceito de "seis graus de separação", surgida com base no trabalho do psicólogo de Harvard, Stanley Milgram, na década de 1960.

Milgram deu a cada uma das pessoas selecionadas aleatoriamente em Kansas e Nebraska uma carta endereçada a alguém que elas não conheciam em Massachusetts. Ele pediu a essas pessoas que remetessem a carta a algum conhecido que chegasse mais próximo do destinatário. Cada participante precisou em média de apenas cinco intermediários para estabelecer a conexão.

Dividam-se em grupo e recrie a experiência de Milgram como um exercício de reflexão. Uma pessoa do grupo deve dar o nome de algum colega de uma faculdade ou universidade que você não tenha freqüentado. Verifique entre as pessoas do grupo se alguém pode indicar alguma pessoa que possa conduzi-lo mais próximo do seu amigo-alvo. Veja se você consegue, pelo menos, chegar ao *campus* certo, quem sabe na pessoa citada, e compare as anotações com os demais grupos da classe para ver quantos "graus de separação" foram necessários nas menores e maiores cadeias de relações.

Capacitação em Supervisão

Delegando

Organizando uma Equipe para Arrecadar Fundos

Divida a classe em equipes de quatro a seis componentes. Indique um líder para atuar como supervisor de cada equipe. Cada equipe deve realizar uma reunião inicial para organizar um evento com a finalidade de arrecadar fundos para uma causa de sua escolha. As equipes devem definir os objetivos, determinar os recursos necessários e as atividades do grupo e atribuir as funções. O supervisor deve delegar quaisquer responsabilidades possíveis, inclusive pedindo a um voluntário para fazer as anotações na própria reunião.

Antes de terminar a aula, um representante de cada equipe deve relatar à classe quão eficaz foi a reunião: quanto tempo a equipe levou para definir os objetivos? As funções foram atribuídas de maneira equilibrada? Qual foi a responsabilidade de cada membro? O supervisor foi eficaz em delegar? Aparentemente, houve algum membro da equipe com mais poder que os demais?

Capítulo Oito

O Supervisor Como Líder

Tópicos Gerais do Capítulo

Características do Líder de Sucesso
Estilos de Liderança
  Grau de Autoridade Retida
  Orientação para as Tarefas versus Orientação para as Pessoas
  Atitudes do Líder
  Teorias Contingenciais de Liderança
  Escolha do Estilo de Liderança
Orientando
Relações Humanas
  Auto-imagem do Supervisor
  Relacionamento entre Supervisor e seus Funcionários
  Relacionamento entre Supervisor e seus Gestores
  Relacionamento entre Supervisor e seus Pares

Objetivos de Aprendizado

Depois de estudar o capítulo, o aluno estará apto a:

8.1 Discutir a possível relação entre traços pessoais e capacidade de liderança.
8.2 Comparar os estilos de liderança que o supervisor pode adotar.
8.3 Explicar as teorias contingenciais de liderança.
8.4 Identificar os critérios para a escolha de um estilo de liderança.
8.5 Descrever as diretrizes para orientação dos funcionários.
8.6 Indicar por que o supervisor deve se entender e tornar positiva a visão que tem de si próprio.
8.7 Explicar como o supervisor pode criar e manter boas relações com seus funcionários, gestores e pares.

> Se as pessoas o virem apenas visando aos seus próprios interesses, elas não o acatarão.
>
> – Carlos M. Gutierrez, Ministro do Comércio Norte-Americano e ex-CEO, Kellogg

Problema de um Supervisor: Aprendendo a Liderar

Desde o início de sua carreira, Frederick W. Hill vem aprendendo a ser um líder de sucesso. As lições que ele aprendeu o impulsionaram a atingir uma posição como executivo da JP Morgan Chase.

Ele iniciou sua carreira quando conseguiu um emprego no Mellon Bank, no turno da noite. Hill trabalhava com muita dedicação e, depois de seis meses, conseguiu uma promoção para o cargo de supervisor do turno. O grupo supervisionado pelo jovem negro era composto de funcionárias brancas e pelo menos 20 anos mais velhas que ele. Conforme Hill aprendia a liderar esse grupo, percebeu que conseguia ser mais eficaz quando era mais simpático, mas sem confundir o seu papel de supervisão com amizade. Ele devia ser "amigável, sem ser amigo".

Depois, a carreira de Hill deu uma grande guinada: ele trabalhou como policial no estado da Pensilvânia. Nesse trabalho, aprendeu a observar tudo cuidadosamente e a prestar atenção nos detalhes. Certa vez, um colega ficou gravemente ferido em uma operação sigilosa; a equipe de apoio que o acompanhava era despreparada. Por isso, Hill aprendeu a importância de garantir que cada detalhe do plano esteja correto.

Enquanto trabalhava como policial, Hill formou-se em Direito e, depois, assumiu o setor contencioso em um grande escritório de advocacia. Ali, aprendeu a questionar todos, inclusive os peritos contratados pela parte em oposição a sua, que deveriam apresentar argumentos sólidos e elaborados. Desde então, essa lição o tem ajudado a liderar e a enfrentar com coragem o ceticismo ou as críticas nas situações difíceis.

O passo seguinte na carreira de Hill trouxe-o de volta à função de gestão. Ele trabalhou como advogado na Westinghouse; depois, como lobista; e, por último, como chefe do departamento de marketing e comunicação da companhia. Ao mesmo tempo, ele lecionava na Universidade de Pitisburgo. Como professor, ele aprimorou sua capacidade de orientar e motivar as pessoas. Ele aprendeu como é fácil elogiar e como é difícil criticar; pois, para ser eficaz, a crítica deve ser construtiva.

Da Westinghouse, Hill foi para a McDonnell Douglas, mais uma vez como chefe de marketing e comunicação. O trabalho era desafiador. A companhia enfrentava dificuldades financeiras e com sua reputação, e a área de comunicação não tinha status significativo dentro da empresa, que era dirigida por ex-pilotos combatentes. Nesse momento, as habilidades de liderança de Hill seriam decisivas para o sucesso de sua área. Hill começou inspirando sua equipe, encorajando-a a arriscar e a realizar um grande trabalho dentro da sua esfera de controle. Ele também se baseou nas lições aprendidas com seu pai e seu avô, que respondiam à discriminação racial de sua época agindo como se eles efetivamente fossem iguais, forçando, assim, os demais a tratá-los com justiça. Hill encorajava seus funcionários especializados a agir como se devessem participar das decisões da direção. Sua equipe criou uma campanha publicitária corporativa inspiradora que ajudou a restabelecer o bom nome da McDonnell Douglas e rendeu ao seu grupo respeito dentro da companhia.

Depois da fusão entre McDonnell Douglas e Boeing, Hill foi para a JP Morgan Chase, onde é vice-presidente executivo de marketing e comunicação. Dessa posição, ele resume as lições de liderança aprendidas: "Liderança é aumentar as esperanças, atenuar os temores, incentivar a imaginação e fortalecer a determinação das pessoas de verdade". Nesse sentido, Hill é um verdadeiro líder.

Leva tempo para se adquirir habilidades efetivas de liderança, como Frederick W. Hill aprendeu ao longo de sua carreira. As organizações de hoje precisam de supervisores capazes de motivar e supervisionar os funcionários em várias situações.

QUESTÕES

1. Reflita sobre os diferentes papéis de liderança assumidos por Hill durante a carreira. Em sua opinião, Hill é um "líder natural", cujas características pessoais o conduziram ao sucesso ou suas habilidades podem ser ensinadas aos outros?
2. Em cada uma das posições como supervisor, que habilidades Hill aprendeu? Elabore uma lista, incluindo cada um dos diferentes trabalhos de Hill e a contribuição de cada trabalho para o seu sucesso.

Fonte: Frederick W. Hill, "Leadership: A Personal Journey". *Executive Speeches*, fev.-mar. 2004 (apresentação na Sexta Conferência Anual da Associação de Ex-Alunos Afro-Americanos da Escola de Administração de Harvard, Boston, 10 de outubro de 2003), extraído de Business & Company Resource Center, http://galenet.galegroup.com.

Quando o supervisor sabe o que os funcionários devem fazer e quem deve fazer o que, o seu trabalho consiste mais em criar circunstâncias para que eles façam o que se espera deles. Em outras palavras, o supervisor deve ser um líder. Assim como discutido no Capítulo 1, **liderança** é a função de influenciar as pessoas para agir ou não agir de determinada maneira.

Este capítulo trata sobre o que faz a liderança funcionar, descreve vários estilos de liderança e apresenta critérios para adequar um estilo a alguma situação.

liderança
Influenciar pessoas para agir ou não agir de determinada maneira

HABILIDADES EM SUPERVISÃO

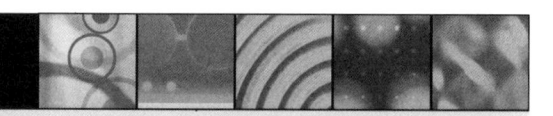

LIDERANDO

SER UM "LÍDER SERVIDOR"

O escritor Robert Ramsey diz que prefere explicar a liderança como a capacidade de simplesmente remover obstáculos. Ele afirma que os funcionários fazem o que têm de fazer se o caminho for claro e fácil de trilhar. Isso quer dizer que o papel do supervisor está mais para o de alguém que serve aos funcionários (limpando o caminho) do que alguém que simplesmente observa do alto e dita instruções.

Ramsey experimentou esse papel de "líder servidor" na prática quando foi designado para supervisionar o departamento de recursos humanos de uma companhia. Quando chegou lá, a maioria dos funcionários não confiava no departamento e, algumas vezes, chegava a hostilizá-lo. Por quê? A imagem do departamento era basicamente a de impositor de regras, distribuidor de penalidades sempre que algum funcionário ou departamento não cumprisse os prazos ou não seguisse os procedimentos. O pessoal de Ramsey sentia-se desmoralizado por causa do papel negativo que o departamento exercia na companhia.

A solução que Ramsey deu foi a de mudar a imagem que o departamento tinha de si próprio. Ele começou batizando o departamento de recursos humanos com o nome "Escritório das Pessoas", definindo novas metas centradas no atendimento à companhia. O principal objetivo passaria a ser tornar a vida profissional dos funcionários mais simples e mais gratificante. Para atingir essas metas, Ramsey e seu pessoal começaram a reorganizar os procedimentos e sistemas para facilitar seu uso pelos funcionários. Eles reescreveram o manual de funcionários dando ênfase na ajuda que o departamento poderia lhes oferecer para que cumprissem os requisitos, aumentassem a renda e fizessem valer todos os benefícios funcionais aos quais eles teriam direito. Os funcionários do departamento começaram a enviar sugestões e informações atualizadas, com a finalidade de criar relações positivas. Por fim, a abordagem de Ramsey orientada para o atendimento proporcionou aos funcionários da companhia uma opinião positiva do seu departamento e os estimulou a realizar um trabalho cada vez de melhor qualidade.

De que outras maneiras o supervisor pode aplicar a liderança servidora? Ramsey sugere a prática do coaching, ensinar e modelar o comportamento desejado. Ele alerta que os supervisores devem buscar conhecer seus funcionários e dispensar bastante tempo percorrendo o local de trabalho para reforçar o comportamento positivo e descobrir as suas necessidades. A liderança servidora também inclui oferecer aos funcionários liberdade para tomar decisões e recursos necessários para executar o trabalho. Em suma, Ramsey aconselha: "Mostre aos funcionários o rumo desejado, coloque-os na direção do sucesso e, depois, deixe o caminho livre".

Fonte: Robert D. Ramsey, "The New Buzz Word", *Supervision*, outubro de 2005, extraído de InfoTrac, http://web2.infotrac.galegroup.com.

Este capítulo também apresenta discussões sobre como realizar uma atividade importante relacionada à liderança: fornecer orientações. Como a liderança requer basicamente habilidades de relações humanas, o capítulo termina com uma discussão de como o supervisor pode ter um bom relacionamento com as várias pessoas dentro da organização.

CARACTERÍSTICAS DO LÍDER DE SUCESSO

Qual a diferença entre um gestor e um líder? De acordo com o consultor e escritor Paul Taffinder, "Gestores buscam e seguem uma direção. Líderes inspiram a realização". A consultora e especialista em treinamento Deborah Gavello usa uma analogia: "Gerir é dirigir uma empresa eficientemente; liderar é instigar o pessoal". O *Small Business Administration*, órgão do governo americano destinado a ajudar pequenas empresas, enfatiza que o papel do líder é criar idéias novas e incitar os demais com essas visões, de forma a obter compromisso com uma abordagem nova para resolver um problema antigo.[1] O líder produz essa inspiração, incutindo nos funcionários o senso de finalidade comum, a crença de que juntos conseguem atingir algo importante. O texto na seção "Habilidades em Supervisão" mostra a visão de um ex-supervisor sobre como atingir essa meta.

Para descobrir se as pessoas são naturalmente líderes, os cientistas sociais têm estudado a personalidade de líderes eficazes, procurando traços em comum. Supõe-se que esses traços em comum sejam prognóstico de boa liderança. Alguns traços considerados significativos são:

- *Senso de responsabilidade* – Uma pessoa promovida à posição de supervisão recebe a responsabilidade pelo seu desempenho e o dos outros. O supervisor deve se dispor a assumir seriamente essa responsabilidade.
- *Autoconfiança* – O supervisor que acredita na sua capacidade de fazer com que o trabalho seja concretizado transmite confiança aos funcionários.
- *Alto grau de vitalidade* – Muitas organizações esperam do supervisor muitas horas de dedicação com disposição para enfrentar as diversas responsabilidades que acompanham o cargo. Algumas posições de supervisão também são fisicamente exigentes, demandando observação e participação ativa nos acontecimentos no próprio local de trabalho.
- *Empatia* – Ao dirimir disputas, responder perguntas e entender as necessidades, o supervisor deve ser perspicaz para perceber os sentimentos dos funcionários e da alta direção. O supervisor que tenha dificuldade para entender o que motiva as pessoas fica em desvantagem.
- *Locus de controle interno* – **Locus de controle interno** é a crença de que a pessoa seja a causa primária de tudo o que acontece a si mesma. As pessoas com locus de controle externo tendem a culpar os outros ou os acontecimentos fora do seu controle quando algo sai errado. Acredita-se que as pessoas com locus de controle interno sejam melhores líderes porque elas se empenham mais para assumir o controle dos acontecimentos.
- *Senso de humor* – É mais divertido trabalhar com pessoas bem-humoradas, sejam elas subordinados ou chefes (supondo, é claro, que o senso de humor seja aplicado de maneira adequada – sem brincadeiras de cunho racista ou sexista).

locus de controle interno
Crença de que a pessoa seja a causa primária de tudo o que acontece a si mesma

Concentrando-se em traços como esses apresentados, o aluno deve se questionar se possui qualidades de liderança. Além disso, ele pode determinar se tem potencial para ser CEO, respondendo o questionário de Autoconhecimento da página 217.

Embora esses traços pareçam prováveis características de um líder de sucesso, os resultados de vários estudos sobre traços de liderança mostram inconsistências. Alguns estudos têm identificado um conjunto de traços como sendo importantes, enquanto outros têm identificado um conjunto de traços completamente diferente. Conseqüentemente, as pesquisas não estabelecem uma clara ligação entre traços de personalidade e sucesso em liderança. Portanto, se a pessoa tiver a maioria dos traços descritos aqui, poderá ser bem-sucedida como líder, mas o sucesso não é garantido. Além disso, se tiver apenas alguns desses traços, ela não deverá desanimar; ela ainda pode desenvolver as habilidades usadas pelos líderes eficazes.

ESTILOS DE LIDERANÇA

Anita O'Donnell dirige uma empresa eficientemente; ela estabelece as regras e não tolera nenhum desvio. Greg Petersen concentra-se nas suas percepções sobre as necessidades dos funcionários; e estes, por sua vez, retribuem com lealdade e bom trabalho. George Liang é um supervisor descontraído quando o trabalho é rotineiro, mas, quando surge um grande pedido, ele se torna rígido.

Se uma pessoa já teve vários chefes, tem boas chances de ter experimentado mais de um estilo de liderança. O'Donnell, Petersen e Liang ilustram apenas algumas das possibilidades. Alguns supervisores lideram instintivamente, da maneira que se sentem mais confortáveis; outros adotam conscientemente um estilo próprio de liderança. No entanto, um supervisor que conhece os tipos básicos de estilos de liderança provavelmente se encontra em melhor posição para utilizar aquele que, na sua visão, produz os resultados desejados.

Grau de Autoridade Retida

Uma maneira de descrever os estilos de liderança seria em termos do grau de autoridade que o líder retém. Os funcionários podem escolher e controlar seu próprio trabalho? Ou o supervisor toma todas as decisões? Para descrever as possibilidades, os teóricos em gestão referem-se à liderança como sendo de três formas: autoritária, democrática e neutra.

Com a **liderança autoritária**, o líder detém muita autoridade, tomando as decisões e ditando as instruções aos funcionários. Um exemplo seria o de um comandante militar, que exige obediência sem questionamentos.

Alguns supervisores compartilham mais autoridade do que os supervisores que praticam a liderança autoritária. Com a **liderança democrática**, o supervisor permite a participação dos funcionários na tomada de decisões e na solução de problemas. Um supervisor com estilo de liderança democrática pode, por exemplo, reunir-se semanalmente com o seu pessoal para discutir como melhorar o relacionamento com os clientes. Quando surge algum conflito, esse supervisor discute com o grupo as possíveis soluções e escolhe uma para colocar em prática.

No extremo oposto da liderança autoritária está a **liderança *laissez-faire***. Um gestor que adota essa liderança não intervém e deixa os funcionários livres para trabalhar da maneira que acharem conveniente. O supervisor raramente consegue colocar esse estilo de liderança em prática porque a natureza do seu trabalho exige estreito envolvimento com os funcionários.

Muitos supervisores não são nem totalmente autoritários nem totalmente democráticos. A maioria deles dá ao funcionário certo grau de liberdade para realizar seu trabalho, mas ainda toma algumas das decisões do departamento. Anos atrás, Robert Tannenbaum e Warren H. Schmidt desenharam um gráfico mostrando uma seqüência contínua, ou uma faixa de possibilidades, para o grau de autoridade que o gestor pode deter. Ainda hoje, essa seqüência contínua é conhecida como um meio para retratar as possibilidades (veja a Figura 8.1).

Orientação para as Tarefas *versus* Orientação para as Pessoas

Outra maneira de perceber as diferenças nos estilos de liderança seria considerando o foco do supervisor ao tomar as decisões e avaliar as realizações. Em termos gerais, o líder pode ser orientado para as tarefas ou orientado para as pessoas. O líder com orientação para as tarefas é aquele que concentra seus esforços nos trabalhos a serem execu-

liderança autoritária
Estilo de liderança em que o líder detém muita autoridade

liderança democrática
Estilo de liderança em que o líder permite a participação dos subordinados na tomada de decisões e na solução de problemas

liderança *laissez-faire*
Estilo de liderança em que o líder não intervém e permite que os subordinados conduzam a si próprios

FIGURA 8.1 Possibilidades de Deter Autoridade

Fonte: Figura adaptada de Robert Tannenbaum e Warren Schmidt, "How to Choose a Leadership Pattern", *Harvard Business Review*, maio-junho de 1973.

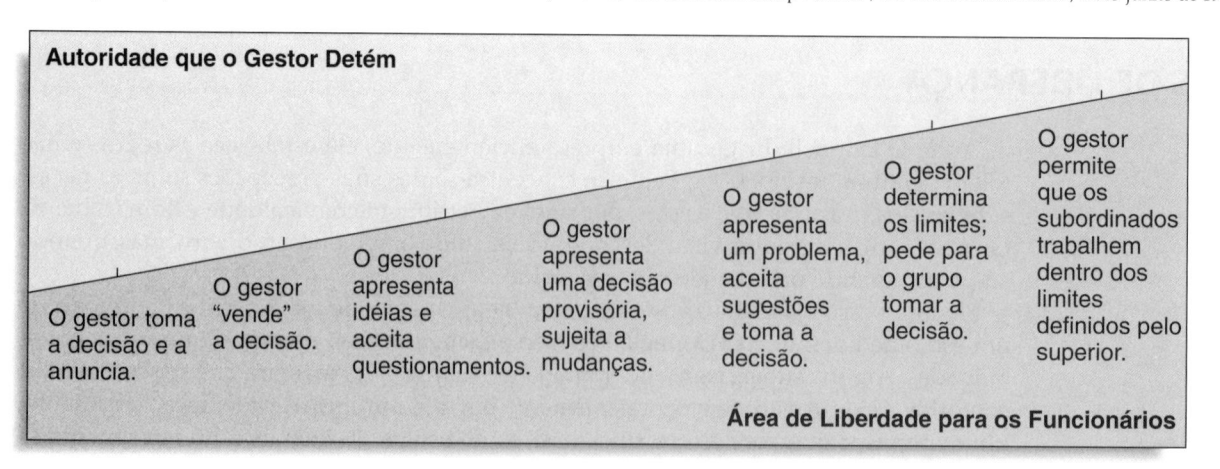

Autoridade que o Gestor Detém

| O gestor toma a decisão e a anuncia. | O gestor "vende" a decisão. | O gestor apresenta idéias e aceita questionamentos. | O gestor apresenta uma decisão provisória, sujeita a mudanças. | O gestor apresenta um problema, aceita sugestões e toma a decisão. | O gestor determina os limites; pede para o grupo tomar a decisão. | O gestor permite que os subordinados trabalhem dentro dos limites definidos pelo superior. |

Área de Liberdade para os Funcionários

tados e nas metas a serem cumpridas. Quando o trabalho é executado de maneira correta e dentro do prazo, ele fica satisfeito. Por outro lado, o líder com orientação para as pessoas preocupa-se principalmente com o bem-estar dos funcionários geridos por ele. Esse tipo de líder enfatiza questões como o estado de espírito, a satisfação profissional e o relacionamento entre os funcionários.

Evidentemente, a organização espera que seus supervisores e demais gestores se preocupem em cumprir os objetivos organizacionais. Vamos analisar uma decisão infeliz (para a equipe do Boston) tomada por Grady Little, durante a partida de beisebol, nos últimos dias da temporada de 2003. Little, que na época era técnico da equipe do Boston Red Sox, tinha de decidir se devia manter no time o principal arremessador, Pedro Martinez, no jogo contra o New York Yankees. Little acreditava que o arremessador substituto poderia ajudar o time a derrotar a equipe do New York, mas Martinez disse a Little que queria permanecer no jogo. Um arremesso perfeito de Martinez faria a multidão vibrar, então, Little atendeu o pedido da estrela do time, mas o Red Sox perdeu a partida e a chance de jogar na série mundial. Em uma análise posterior, a impressão era de que uma decisão orientada para as pessoas conflitou com o objetivo maior do time.[2]

A maioria das organizações espera que seus supervisores consigam combinar certo grau de orientação para as tarefas com algum grau de orientação para as pessoas. Um supervisor que tende a se concentrar no trabalho deve se lembrar de estar sempre observando como os funcionários estão se saindo e como estão se sentindo no ambiente de trabalho. O supervisor que normalmente age em defesa do bem-estar dos funcionários deve se lembrar constantemente que também precisa alcançar as metas propostas pela organização.

Os pesquisadores Robert R. Blake e Jane S. Mouton recomendam que os supervisores e demais gestores sejam bons em ambas as orientações de liderança. Eles desenvolveram a Managerial Grid® (*Grade Gerencial*) (veja a Figura 8.2) que identifica sete estilos de liderança para gestores. Um eixo representa a preocupação do gestor com as pessoas, e o outro representa a preocupação com a produção. A pesquisa de Blake e Mouton os levou a concluir que produtividade, satisfação profissional e criatividade são as preocupações que obtiveram a maior nota (9,9) e, por isso, estão posicionadas no estilo de liderança de gestão de equipe. Para aplicar esse modelo de liderança, o supervisor deve identificar em que posição seu estilo atual de liderança se enquadra na grade gerencial e, depois, determinar os tipos de mudanças que deve realizar para adotar o estilo (9,9), que é o de maior preocupação tanto com as pessoas como com a produção.

Atitudes do Líder

Observando o comportamento dos gestores, Douglas McGregor percebeu que muitos tendem a apresentar um conjunto de atitudes que refletem suas crenças a respeito dos trabalhadores e do ambiente de trabalho. Ele chamou esse conjunto de atitudes de **Teoria X**. Resumindo, na Teoria X, o supervisor parte dos seguintes pressupostos: 1) que as pessoas não gostam de trabalhar e tentam evitar o trabalho, e, por isso, elas devem ser forçadas a trabalhar; 2) que as pessoas querem fugir da responsabilidade e preferem ser dirigidas; e 3) que a necessidade básica das pessoas é a estabilidade. Por isso, não surpreende o fato de que essas crenças influenciem o comportamento dos supervisores e demais gestores. Na Teoria X, o supervisor adotaria um papel autocrático, controlando de perto os funcionários e esperando pelo momento de precisar aplicar medidas disciplinares para mantê-los trabalhando adequadamente.[3]

McGregor afirma que pode ser vantajoso para o gestor adotar um conjunto de atitudes bem diferente das apresentadas, que ele denominou **Teoria Y**. De acordo com a Teoria Y, trabalhar é uma atividade tão natural quanto descansar ou brincar, e as pessoas trabalham com empenho para atingir os objetivos com os quais estão comprometidas. Elas podem aprender a assumir a responsabilidade e ter criatividade para solucionar problemas organizacionais. O supervisor e demais gestores que adotam a Teoria Y concentram-se em desenvolver o potencial dos seus funcionários.

Teoria X
Conjunto de atitudes de gestão baseado na visão de que as pessoas não gostam de trabalhar e devem ser forçadas a isso

Teoria Y
Conjunto de atitudes de gestão baseado na visão de que o trabalho é uma atividade natural e que as pessoas trabalham com empenho e criatividade para atingir os objetivos com os quais estão comprometidas

FIGURA 8.2 Grade Gerencial

Fonte: Figura Leadership Grid® de *Leadership Dilemmas – Grid Solutions*, de Robert R. Blake; Ann Adams McCanse (anteriormente, figura Grade Gerencial (*Managerial Grid*®) de Robert R. Black; Jane S. Mouton) (Houston: Gulf Publishing Company), p. 29. Copyright 1991, Scientific Methods, Inc. Reprodução autorizada pelos proprietários.

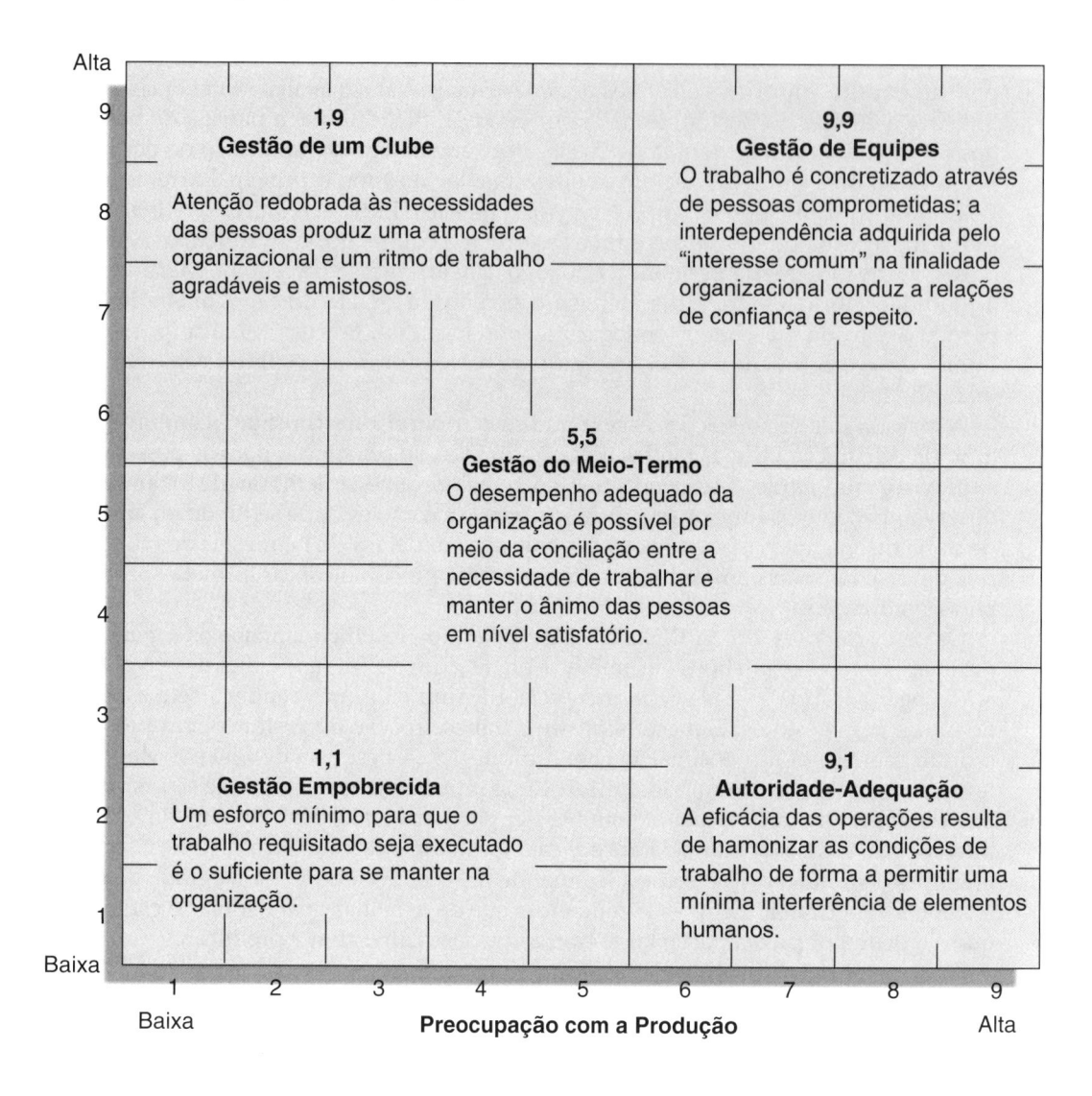

1,9 Gestão de um Clube
Atenção redobrada às necessidades das pessoas produz uma atmosfera organizacional e um ritmo de trabalho agradáveis e amistosos.

9,9 Gestão de Equipes
O trabalho é concretizado através de pessoas comprometidas; a interdependência adquirida pelo "interesse comum" na finalidade organizacional conduz a relações de confiança e respeito.

5,5 Gestão do Meio-Termo
O desempenho adequado da organização é possível por meio da conciliação entre a necessidade de trabalhar e manter o ânimo das pessoas em nível satisfatório.

1,1 Gestão Empobrecida
Um esforço mínimo para que o trabalho requisitado seja executado é o suficiente para se manter na organização.

9,1 Autoridade-Adequação
A eficácia das operações resulta de hamonizar as condições de trabalho de forma a permitir uma mínima interferência de elementos humanos.

Preocupação com a Produção

O estilo de liderança dos que adotam a Teoria Y tende a ser democrático. A Tabela 8.1 mostra resumidamente os dois conjuntos de hipóteses: da Teoria X e da Teoria Y.

Hoje, a visão comum entre os estudiosos da gestão é a de que a Teoria Y é adequada para muitas situações. Para entender como um gestor agiria, adotando a Teoria Y, consideremos o caso de Don T. Davis, gerente da agência da Smith Barney, divisão de corretagem do Citigroup, em Beverly Hills, Califórnia. Davis dedica-se a oferecer os recursos necessários para os 85 consultores financeiros do escritório atenderem os clientes. Davis explica: "Estou aqui há muito tempo. Tenho a liberdade de ligar para alguém no Citigroup e pedir: preciso da sua ajuda". Todos os dias, Davis percorre várias vezes os escritórios de corretagem e se coloca à disposição dos consultores financeiros caso eles tenham problemas ou precisem de incentivo. Muitas vezes, ele os acompanha nas visitas a potenciais clientes para que possa orientá-los melhor nas vendas e no trabalho em equipe.

TABELA 8.1
Contraste entre as Atitudes de Liderança

Fonte: Tabela baseada em Douglas McGregor, *The Human Side of Enterprise* (Nova York: McGraw-Hill, 1960).

Teoria X	Teoria Y
As pessoas não gostam de trabalhar e tentam evitar o trabalho.	Trabalhar é uma atividade tão natural quanto descansar ou brincar.
As pessoas devem ser forçadas a trabalhar.	As pessoas se empenham no trabalho para atingir os objetivos com os quais estão comprometidas.
As pessoas querem evitar a responsabilidade.	As pessoas podem aprender a buscar responsabilidade e preferem ser orientadas.
A necessidade primária das pessoas é a estabilidade.	Muitas pessoas conseguem ser criativas ao resolver os problemas organizacionais.

Ele também procura identificar situações nas quais possa ajudar os funcionários, como, por exemplo, designando uma pessoa especializada para trabalhar junto com eles no caso de o cliente necessitar de um produto mais complexo. Em certa ocasião, um consultor financeiro estava com dificuldades para iniciar um contato com um novo cliente, então, Davis providenciou para que esse futuro grande cliente viajasse para Nova York e se reunisse com os especialistas do Citicorp. A viagem facilitou o processo para o consultor financeiro, que, desde então, não teve dificuldades para atender esse cliente.[4]

Na última década, os especialistas em gestão ampliaram sua visão de gestão e liderança para incluir a **Teoria Z**. Na Teoria Z, o supervisor procura envolver os funcionários na tomada de decisões, considera as metas de longo prazo ao elaborar planos e dá aos funcionários uma liberdade relativamente grande para cumprir suas obrigações. Essa teoria é baseada nas comparações entre os estilos de gestão praticados nos Estados Unidos e no Japão. Ela parte do pressuposto de que, considerando que os trabalhadores japoneses são mais produtivos que os colegas norte-americanos, a diferença deve-se, em parte, aos diferentes estilos de gestão. Portanto, a Teoria Z foi desenvolvida na tentativa de adaptar algumas práticas japonesas de gestão ao ambiente de trabalho norte-americano. Entre as práticas japonesas estão o envolvimento dos funcionários e o emprego permanente.

Teoria Z
Conjunto de atitudes de gestão que enfatiza a participação dos funcionários em todos os aspectos da tomada de decisão

Teorias Contingenciais de Liderança

Com todas essas possibilidades, será que existe alguma abordagem que seja definida como a melhor para liderar os funcionários? Será que o supervisor deve cultivar de forma consciente um estilo de liderança? Existe uma visão comum que parte do pressuposto de que o melhor estilo de liderança depende das circunstâncias.

Modelo Contingencial de Fiedler

Um dos primeiros pesquisadores a desenvolver esse tipo de teoria – chamada *teoria contingencial* – foi Fred Fiedler. De acordo com Fiedler, cada líder prefere um tipo de liderança, que pode ser orientada para as relações interpessoais (isto é, orientada para as pessoas) ou orientada para as tarefas. Quem tem o melhor desempenho, o líder orientado para as relações interpessoais ou o líder orientado para as tarefas? A resposta para essa pergunta depende de três fatores: do relacionamento entre o líder e os componentes do grupo, da estrutura da tarefa e do poder da posição que o líder ocupa (veja a Figura 8.3). O relacionamento entre o líder e os componentes do grupo refere-se ao nível de apoio e lealdade que os membros da equipe dão ao líder. A estrutura da tarefa descreve todos os procedimentos detalhados a serem seguidos pelos funcionários para executar a tarefa. O poder da posição está relacionado à autoridade formal que a organização concede ao líder.

Fiedler recomenda que o líder deve identificar se o seu estilo preferido de liderança é o adequado para a situação vigente. Por exemplo, se há bom relacionamento entre líder e componentes do grupo, uma tarefa estruturada e uma posição de muito poder, o líder deve ser orientado para as tarefas. Fiedler alega que, se o estilo preferido do líder não for o mais adequado para determinada situação, ele deve tentar mudar as características da situação.

FIGURA 8.3 Modelo Contingencial de Liderança de Fiedler

Fonte: Modelo adaptado de Fred E. Fiedler, "Engineer the Job to Fit the Manager", *Harvard Business Review*, setembro-outubro de 1965.

Relacionamento entre Líder e Componentes do Grupo	Bom	Bom	Bom	Bom	Ruim	Ruim	Ruim	Ruim
Estrutura da Tarefa	Estruturada	Estruturada	Não Estruturada	Não Estruturada	Estruturada	Estruturada	Não Estruturada	Não Estruturada
Poder da Posição do Líder	Muito	Pouco	Muito	Pouco	Muito	Pouco	Muito	Pouco
Qual Líder Desempenha Melhor?	Líder com Orientação para as Tarefas	Líder com Orientação para as Tarefas	Líder com Orientação para as Tarefas	Líder com Orientação para as Relações Interpessoais	Líder com Orientação para as Relações Interpessoais	Líder com Orientação para as Relações Interpessoais	Líder com Orientação para as Tarefas ou para as Relações Interpessoais	Líder com Orientação para as Tarefas

■ Características da situação vigente   ■ Melhor estilo de liderança para a situação vigente

No exemplo citado, o líder com orientação para as relações interpessoais pode tentar tornar a tarefa menos estruturada; o resultado é que ele teria uma situação na qual o líder provavelmente conseguisse ser mais eficaz.

Teoria de Hersey-Blanchard

O trabalho de Fiedler incentivou outros a desenvolverem suas próprias teorias contingenciais de liderança. Dois deles, Paul Hersey e Ken Blanchard, desenvolveram um modelo chamado *teoria do ciclo de vida*.

Esse modelo, assim como o de Fiedler, considera o grau de enfoque do gestor nas relações interpessoais ou nas tarefas. Ao contrário do modelo de Fiedler, no entanto, a teoria de Hersey-Blanchard pressupõe que o comportamento do líder deve ser adaptado à situação vigente. Mais especificamente, o estilo de liderança deve refletir a maturidade dos subordinados, medida por características, como, por exemplo, a capacidade de trabalhar com independência.

De acordo com a teoria do ciclo de vida de Hersey-Blanchard, o líder deve ajustar seu grau de comportamento orientado para as relações interpessoais e para as tarefas em resposta ao desenvolvimento da maturidade dos seus subordinados. Conforme os subordinados vão amadurecendo, o líder deve passar pelas seguintes combinações de comportamento orientado para as relações interpessoais e para as tarefas:

1. Comportamento muito orientado para as tarefas e pouco orientado para as relações interpessoais.
2. Comportamento muito orientado para as tarefas e muito orientado para as relações interpessoais.
3. Comportamento pouco orientado para as tarefas e muito orientado para as relações interpessoais.
4. Comportamento pouco orientado para as tarefas e pouco orientado para as relações interpessoais.

Em situações especiais, por exemplo, quando os prazos são curtos, o líder talvez tenha de ajustar temporariamente o estilo de liderança. No entanto, Hersey e Blanchard afirmam que esse padrão de escolha de um estilo de liderança propicia a melhor relação de trabalho no longo prazo entre líder e seguidores.

Escolha do Estilo de Liderança

O estudo das teorias contingenciais como um todo proporciona algumas diretrizes gerais para a escolha de um estilo de liderança. Para identificar o melhor estilo, o super-

FIGURA 8.4 Características que Afetam a Escolha do Estilo de Liderança

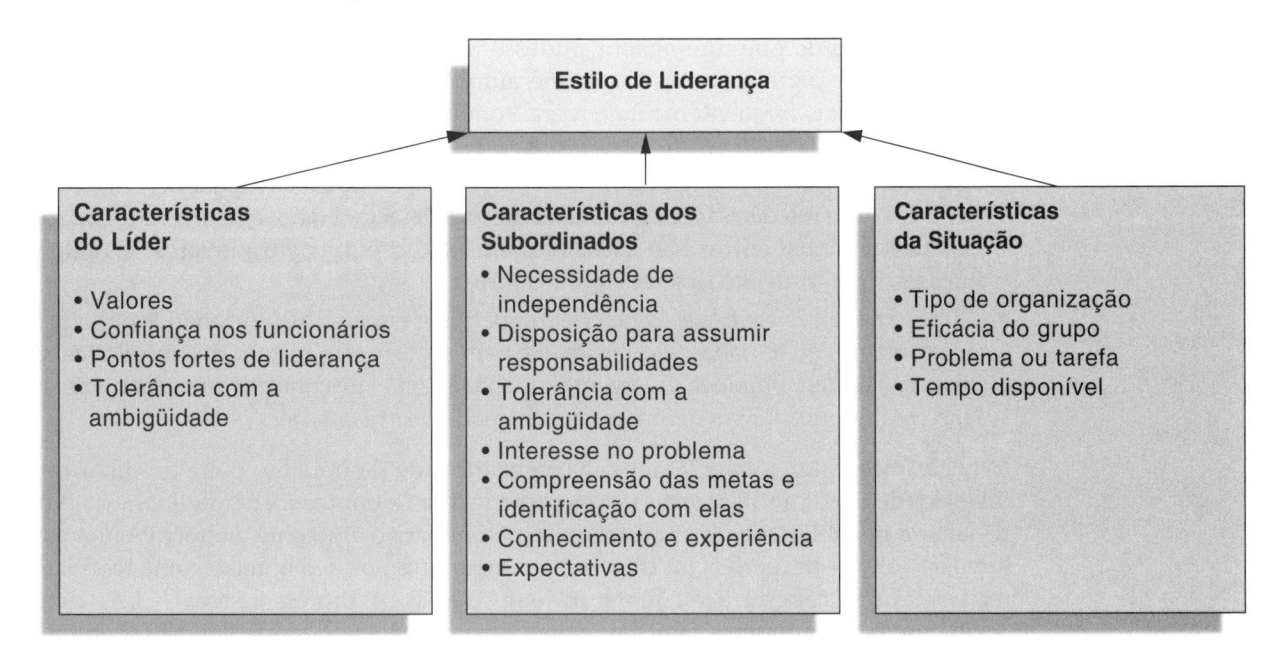

```
                          ┌─────────────────────┐
                          │  Estilo de Liderança │
                          └─────────────────────┘
                           ↑        ↑        ↑
```

Características do Líder
- Valores
- Confiança nos funcionários
- Pontos fortes de liderança
- Tolerância com a ambigüidade

Características dos Subordinados
- Necessidade de independência
- Disposição para assumir responsabilidades
- Tolerância com a ambigüidade
- Interesse no problema
- Compreensão das metas e identificação com elas
- Conhecimento e experiência
- Expectativas

Características da Situação
- Tipo de organização
- Eficácia do grupo
- Problema ou tarefa
- Tempo disponível

visor deve considerar as características do líder, dos subordinados e da situação vigente. A Figura 8.4 mostra algumas características importantes a serem consideradas.

Características do Líder

Os variados tipos de personalidade e valores culturais existentes influenciam os líderes a escolherem diferentes estilos de liderança. Se um supervisor se sente mais confortável sustentado por um sistema de regras, normas e cronogramas bem definidos, um outro pode preferir lançar mão de métodos criativos quando surge uma oportunidade. Um supervisor pode se sentir bem ao envolver os funcionários nas decisões, enquanto outro pode não se acostumar com o tempo e o esforço que isso exige.

Os bons líderes têm uma característica em comum: a capacidade de servir de bom exemplo. Um autor acredita que se trata mais de uma questão de como o supervisor faz as "pequenas coisas" ao se relacionar com os funcionários, que pode ser, por exemplo, chegar pontualmente nas reuniões, chamar os funcionários pelo nome, responder prontamente os e-mails ou as ligações, ouvir com atenção, dar aos funcionários todo o crédito pelas suas realizações, evitar o desperdício (por exemplo, apagar a luz ao sair da sala) e demonstrar respeito usando boas maneiras.[5] Juntas, essas pequenas atitudes se acrescentam ao comportamento que os funcionários podem e vão respeitar.

Até certo ponto, o supervisor obtém melhores resultados quando adota o estilo de liderança com o qual se sinta mais à vontade. O nível de conforto depende de características como:

- *Os valores do gestor* – O que é mais importante para o supervisor no desempenho do seu trabalho? Será que é a contribuição do departamento para os lucros da companhia? Será que é o crescimento e desenvolvimento do próprio gestor ou dos funcionários? Um gestor que se preocupa com o desenvolvimento dos funcionários tende a envolvê-los mais nas decisões.
- *Nível de confiança nos funcionários* – Quanto mais confiança o supervisor tem nos funcionários, mais ele os envolve no planejamento e na tomada de decisões. Marty Schottenheimer, técnico do San Diego Chargers da Liga Nacional de Futebol Americano, adotava uma regra que determinava não ser permitido a qualquer jogador atuar no domingo se ele não estivesse presente no treinamento da sexta-feira que

antecedesse à partida. No entanto, à medida que o técnico passou a confiar em um comitê executivo de jogadores, ele começou a considerar algumas preocupações, como a idéia de que um jogador pudesse precisar de uma semana inteira para se recuperar de alguma lesão. Conforme aumentava a sua confiança no comitê, ele afrouxava mais freqüentemente a regra, com base nas informações que ele recebia.[6]

- *Características pessoais positivas de liderança* – Alguns supervisores têm talento para liderar discussões em grupo; outros são melhores em analisar calmamente as informações e tomar a decisão. Alguns são bons em detectar os desejos e as necessidades dos funcionários; outros excelentes em se concentrar em números. Os líderes eficazes tiram proveito dos seus pontos fortes.
- *Tolerância com a ambigüidade* – Quando o supervisor envolve os funcionários na solução de problemas ou tomada de decisões, ele nem sempre tem certeza dos resultados. Os supervisores têm opiniões divergentes quanto ao nível de conforto que experimentam com essa incerteza. Essa divergência é chamada de *ambigüidade*.

Logicamente, uma diversidade maior no ambiente de trabalho pode produzir uma diversidade maior entre características como valores e pontos fortes da liderança. Vale ressaltar a possibilidade de as mulheres trazerem para o ambiente de trabalho um conjunto de valores e experiências diferentes comparados aos dos homens, uma teoria que recebeu ampla cobertura da literatura empresarial. A professora da UCLA, Helen Astin, que estudou líderes famosas, acredita na existência de uma "maneira feminina de liderar". Ela afirma que as mulheres tendem a se concentrar nas questões interpessoais e enfatizar a liderança coletiva, incluindo a delegação de poder aos funcionários. A tendência das líderes femininas estudadas por Astin era de descrever as realizações como realizações de todo o grupo, e não apenas da líder.

Do mesmo modo, Alice H. Eagly, professora de psicologia social da Purdue University, analisou mais de 360 estudos sobre o gênero na liderança. Nesses estudos, ela constatou que a única diferença significativa entre homens e mulheres estava no fato de que elas tendem a ser mais democráticas no estilo de liderança. Em muitos casos, esse estilo de liderança seria sustentado por uma visão de interdependência das pessoas em uma organização. Um líder com essa crença está mais propenso a reagir a um problema dizendo aos funcionários: "Vamos buscar uma solução juntos". O texto na seção "Supervisão e Diversidade" mostra como as práticas de liderança podem também variar entre as culturas.

Características dos Subordinados

Ao escolher um estilo de liderança, o supervisor inteligente leva em consideração tanto seus funcionários quanto ele próprio. Funcionários criativos e produtivos que têm bastante liberdade para trabalhar podem se frustrar ao se depararem com um supervisor autoritário. No outro extremo, funcionários que precisam de uma estrutura e orientação se sentirão perdidos e poderão até mesmo parar de trabalhar se o líder adotar um estilo democrático ou neutro.

O que o supervisor deve verificar ao escolher o tipo de liderança que os funcionários desejam? Estas são algumas características que poderiam influenciar na escolha:

- *Necessidade de independência* – Pessoas que têm necessidade de muita orientação gostam da liderança autoritária.
- *Disposição para assumir responsabilidades* – Funcionários ávidos por assumir responsabilidades gostam do estilo de liderança democrático ou neutro.
- *Tolerância com a ambigüidade* – Funcionários que têm tolerância com a ambigüidade aceitam o estilo de liderança que lhes propicie mais voz ativa na solução dos problemas.
- *Interesse no problema a ser resolvido* – Funcionários que se interessam pelo problema e que o consideram importante querem ajudar a resolvê-lo.

SUPERVISÃO E DIVERSIDADE

LIDERANÇA ENTRE AS CULTURAS

O supervisor lidera com mais eficácia os funcionários quando conhece os valores culturais que definem a maneira como as pessoas reagem ao líder. A partir do momento que o líder conhece esses valores, ele consegue identificar quando é necessário adaptar seu discurso ou seus atos.

A maneira de demonstrar respeito a uma pessoa com autoridade pode variar de cultura para cultura. Em algumas culturas, é desrespeitoso questionar o líder; portanto, esse líder não espera ouvir idéias inovadoras dos seus seguidores. Já as organizações norte-americanas se preocupam mais em atribuir poder aos funcionários e a buscar suas idéias. Portanto, o líder norte-americano, quando está em países estrangeiros, deve insistir em demonstrar que está aberto a questionamentos e sugestões dos funcionários. Quando a Johnson & Johnson entrou na Rússia, os gestores tiveram de insistir com as pessoas que trabalhavam no marketing local para que se manifestassem sempre que tivessem idéias melhores para o lançamento de produtos em seu próprio país.

Algumas culturas e organizações querem que os funcionários arrisquem para inovar; outras são rápidas em punir o fracasso. Em uma organização que promove a inovação e a exposição ao risco, pode ser necessário que o líder promova ativamente esse valor em suas metas e recompensas.

Uma indústria multinacional superou esse obstáculo no Leste Europeu dizendo aos funcionários novos que durante dois anos eles poderiam cometer erros razoáveis e aprender com tais erros sem sofrer quaisquer conseqüências. A comunicação e a produtividade melhoraram à medida que os funcionários se sentiram mais relaxados para experimentar novas idéias.

Algumas culturas dão muita importância ao status e à reputação de uma pessoa dentro do grupo. Na China, a Wal-Mart conscientemente valoriza o papel de cada um dentro da companhia, e essa iniciativa lhe proporciona vantagens, já que a sua estratégia depende de ter trabalhadores altamente motivados.

Muitas culturas, inclusive as latinas, valorizam a comunicação voltada para os relacionamentos. Outras culturas valorizam muito mais a privacidade, o que faz com que a comunicação no trabalho concentre-se mais na execução da tarefa. Um supervisor não hispânico de funcionários hispânicos pode liderar melhor adotando uma orientação mais voltada às relações interpessoais.

Fontes: Keith S. Collins, "Penetrating Barriers: Communicating Clearly in the International Organization", *Communication World*, junho-julho de 2003; Arturo Castro, "Effective Leadership of Latin Employees", *Club Management*, abril de 2003, ambos os textos extraídos de Business & Company Resource Center, http://galenet.galegroup.com.

- *Entendimento das metas e identificação com elas* – Funcionários que entendem as metas departamentais ou organizacionais e com elas se identificam querem desempenhar um papel ativo na decisão de como atingi-las. Além disso, o supervisor considera esses funcionários confiáveis no cumprimento de suas responsabilidades. Funcionários que não se identificam com as metas podem precisar de controle e orientação mais ativa do supervisor.
- *Conhecimento e experiência* – Funcionários com o conhecimento necessário para resolver um problema se dispõem mais a querer ajudar a encontrar uma solução. Além disso, suas opiniões e informações são mais úteis para o supervisor. Portanto, um novato no trabalho provavelmente necessita de um supervisor que adote um comportamento orientado tanto para as relações interpessoais quanto para as tarefas, mas, à medida que o funcionário for adquirindo experiência, o supervisor poderá diminuir a interferência.
- *Expectativas* – Alguns funcionários esperam participar da tomada de decisões e da solução de problemas. Outros acham que, se o supervisor não está lhes dizendo o que fazer, então não está realizando um bom trabalho.

As organizações que adotam equipes de trabalho autogeridas (veja o Capítulo 3) geralmente dão apoio às diversas características dos funcionários que estão associadas ao uso bem-sucedido da liderança democrática e pouca orientação para as tarefas. Elas normalmente treinam os funcionários para assumir amplas responsabilidades (ou selecionam o funcionário com esse perfil). Elas geralmente fornecem à equipe informações sobre os problemas a serem resolvidos e o desempenho da organização e da equipe.

Essas informações produzem funcionários bem informados e conhecedores dos problemas enfrentados pela equipe. Enfim, os integrantes de uma equipe de trabalho autogerida esperam participar de uma ampla variedade de decisões. O que resta para o supervisor fazer? Muitas tarefas importantes: comunicar a visão da missão da equipe e promover um clima em que seus integrantes apreciem o sucesso e contribuam para o êxito da equipe e da organização.

Características da Situação

Além da personalidade e das preferências do supervisor e dos subordinados, a própria situação ajuda a determinar o melhor estilo de liderança. Diversas características são importantes:

- *Tipo de organização* – Nas organizações, geralmente, é adotado um ou outro estilo de liderança. Se a organização espera que o supervisor dirija um grande número de funcionários, um estilo de liderança democrático pode ser relativamente complicado e demorado. Se os gestores do alto escalão valorizam claramente um determinado estilo de liderança, o supervisor pode achar difícil usar um estilo diferente e mesmo assim conseguir ser considerado eficiente. Lee Cockerell, que se aposentou recentemente do seu posto de vice-presidente executivo de operações da Walt Disney World, começou trabalhando como garçom do Hilton Hotel de Washington, D.C. Um supervisor arriscou ao contratar Cockerell, pois ele jamais havia estado em um ambiente tão sofisticado. O supervisor, desde a contratação, dirigiu cada movimento de Cockerel para que os padrões exigentes do hotel fossem respeitados. Cockerell recorda-se que o estilo autoritário, mas respeitoso, do supervisor foi um treinamento necessário para seguir os padrões da companhia. Cockerell carregou consigo um compromisso semelhante com o padrão de qualidade quando seguiu carreira na Disney, onde as atitudes e as ações dos funcionários da linha de frente fazem a diferença e tornam memorável a experiência de cada cliente.[7]

- *Eficácia do grupo* – Quaisquer que sejam as características de cada funcionário, alguns grupos têm mais êxito que outros na tomada de decisões. Se um departamento, uma equipe ou outro grupo de trabalho tiver pouca experiência para tomar suas próprias decisões, o supervisor pode considerar mais fácil usar a abordagem autoritária. O supervisor deve delegar as decisões para os grupos somente quando estes conseguirem lidar com a responsabilidade.

- *O problema ou a tarefa* – O grupo de trabalho ou o funcionário individualmente consegue solucionar com mais facilidade problemas relativamente simples, mas é necessário que o supervisor mantenha um controle maior quando os problemas são complexos ou difíceis. Além da dificuldade, o supervisor deve considerar o nível de estruturação da tarefa. Uma tarefa estruturada, ou seja, aquela que possui um conjunto de procedimentos a ser seguido, é melhor gerida por um líder autocrático. No entanto, algumas tarefas, como, por exemplo, gerar idéias para melhorar o serviço de atendimento ao cliente ou planejar o piquenique do departamento, são relativamente pouco estruturadas. Nessas tarefas, é mais produtivo que um líder democrático, orientado para as pessoas, promova o envolvimento dos funcionários.

- *Tempo disponível* – O líder autoritário encontra-se em uma posição em que lhe é permitido tomar decisões rapidamente. A decisão tomada em grupo normalmente requer mais tempo para discussões e troca de idéias. Portanto, o gestor deve usar um estilo de liderança relativamente democrático somente quando houver tempo para isso.

Um estudo divulgado na revista *Harvard Business Review* revelou que os líderes mais eficazes escolhem entre seis estilos distintos, dependendo das suas metas e da situação em que se encontram. Os estilos podem ser resumidos das seguintes formas:

1. Impositivo, que demanda submissão. ("Faça o que eu digo!")
2. Exemplar, que estabelece padrões de desempenho extremamente elevados. ("Faça como eu faço, já!")

3. Orientador, que se concentra no desenvolvimento das pessoas. ("Tente fazer assim.")
4. Democrático, que busca o consenso por meio da participação. ("O que você acha?")
5. Paternal, que cria harmonia e ligações emocionais. ("As pessoas em primeiro lugar.")
6. Determinado, que mobiliza as pessoas com entusiasmo e visão. ("Acompanhem-me.")[8]

Quando funcionários e gestores trabalham em equipe, o estilo de liderança democrático (que se baseia na Teoria Y e enfatiza as pessoas) é mais adequado. Alguns especialistas em gestão acreditam que uma figura análoga para esse estilo de liderança seria o orientador. O orientador delega a responsabilidade para que as operações sejam executadas e se dispõe a dividir a autoridade. Ele se concentra em selecionar pessoas qualificadas, ajudando-as a aprender a executar bem o seu trabalho e incitando-as a desempenhar no seu máximo. Joseph Lipsey, gestor de treinamento e desenvolvimento de uma grande empresa seguradora, credita a esse estilo de liderança a transformação do seu departamento, que deixou de ser uma área de pouco impacto para se tornar uma área que trabalha com eficiência:

> Eliminando o medo, contratando pessoal do mais alto nível... implementando uma estrutura de equipe, tomando decisões em consenso e desencadeando a enorme criatividade e o desejo de contribuir e de encontrar um significado para o trabalho que é inato a todos, criamos uma verdadeira "força" dentro desta organização.[9]

ORIENTANDO

O supervisor pratica a liderança quando está orientando. No trabalho, dar orientações vai desde emitir procedimentos formais detalhados para determinada tarefa até estimular o grupo de trabalho com uma missão que os una em torno de uma causa em comum. O supervisor pode dar orientações simplesmente estabelecendo o que o funcionário deve fazer em determinada situação. Ou, se o supervisor liderar um grupo onde muitas decisões são tomadas, as orientações do supervisor podem enfatizar princípios amplos, como: "em nosso grupo, não perdemos tempo procurando culpados; tentamos descobrir como transformar esse cliente bravo em cliente satisfeito". Em todos os casos, a maneira como o supervisor dá as orientações pode influenciar no grau de disposição e de reação dos funcionários. (Veja a Figura 8.5.)

O supervisor deve ter certeza de que o funcionário entendeu as orientações. Se o supervisor disser que precisa de determinados números para hoje, será que o funcionário pode deixar um bilhete na sua mesa às seis horas, meia hora depois de ele já ter ido embora? Ou será que o supervisor precisa de tempo para analisar os números, por isso,

FIGURA 8.5
Lista de Controle para Orientar

- ☑ As orientações são adequadamente específicas para a tarefa
- ☑ As orientações são claras e não ambíguas
- ☑ O funcionário consegue confirmar as orientações
- ☑ O supervisor verifica o progresso até sua conclusão
- ☑ As orientações não são mudadas depois de atribuído o projeto
- ☑ Os funcionários conhecem os motivos das orientações
- ☑ O tom do supervisor é de confiança e educação, e não de desculpas

na realidade, ele deveria receber os números até uma determinada hora, digamos, às três horas da tarde? Por isso, o supervisor deve passar as orientações de maneira clara e específica. Outra maneira de assegurar-se de que o funcionário entendeu a orientação é pedindo-lhe que repita o que ele deve fazer e verificar o seu progresso antes que ele termine o trabalho. (No Capítulo 10, serão apresentadas mais diretrizes para a eficácia da comunicação.)

Pode ser útil para o supervisor pedir sempre opiniões e críticas aos funcionários sobre a sua capacidade de orientar. As opiniões mais proveitosas vêm de perguntas específicas, tais como: As minhas orientações geralmente são claras ou vocês precisam da ajuda dos colegas para entender do que preciso? Será que eu mudo de idéia muitas vezes sobre o que você deve fazer depois de já ter iniciado algum trabalho? Quando o supervisor enfatiza metas amplas ao se comunicar com os funcionários, deixando que eles resolvam os detalhes, ele precisa procurar evidências que demonstrem que eles sabem quais são essas metas amplas.

O supervisor deve certificar-se de que os funcionários entendam a razão das orientações. Em uma crise, as pessoas se dispõem a cooperar; elas conseguem facilmente entender a necessidade de cooperação. Assim, se o paciente de um hospital sofrer um ataque cardíaco, a equipe de atendimento não contesta se alguém der ordens aos gritos em um esforço para reanimar o paciente. Mas, algumas vezes, o supervisor precisa identificar a crise ou explicar a necessidade de cooperação. O supervisor de um terminal de carga poderia dizer: "Esse pedido é do nosso maior cliente, que já está irritado com os atrasos na entrega. Se não carregarmos o caminhão hoje, teremos problemas". Essa abordagem tem mais possibilidade de atingir os resultados do que não explicar a razão e simplesmente gritar: "Vamos andando!".

O modo mais eficaz de dar instruções é fazê-lo com confiança e educação, mas sem desculpas. Se o supervisor disser: "Desculpe-me, eu sei que você está ocupado, mas eu gostaria de receber aqueles resultados laboratoriais até o meio-dia", o funcionário poderá achar que está recebendo opções em vez de instruções. O funcionário também pode ficar em dúvida sobre quem é o encarregado do departamento. Em vez disso, o supervisor poderia dizer: "Quero receber aqueles resultados laboratoriais até o meio-dia". É evidente que jamais deve ser ríspido.

Se os funcionários não estiverem seguindo as orientações do supervisor, ele poderá verificar se elas estão de acordo com as diretrizes. Talvez os funcionários não saibam o que se espera deles, ou talvez não percebam que o supervisor esteja dando orientações, e não sugestões.

RELAÇÕES HUMANAS

Liderança é claramente uma aplicação das habilidades de relações humanas e talvez a medida mais importante para avaliar se o supervisor é capaz de manter bons relacionamentos com seus funcionários. É óbvio que o supervisor também deve ter boas habilidades em relações humanas para manter bons relacionamentos com outras pessoas. Ele deve trabalhar bem com o seu gestor e seus pares e se sentir bem.

A maioria dos livros de administração enfoca as habilidades técnicas de gestão. Como o supervisor pode desenvolver as habilidades de relações humanas? Para se relacionar bem com a maioria das pessoas é necessário projetar uma atitude positiva, interessar-se pelos outros e ajudá-los nos momentos difíceis. Além disso, o supervisor pode adotar medidas para trabalhar em cada uma das categorias de relacionamento que são importantes para o seu sucesso.

Auto-imagem do Supervisor

A supervisora de processamento de pedidos, Eleanor Chakonas, se considera uma pessoa disposta a arriscar e que faz as coisas acontecerem. Quando lhe foi solicitado planejar a expansão do seu departamento, ela se entregou ao trabalho com tamanho entusiasmo que inspirou seus funcionários a contribuírem para o esforço. O plano demandou esforços extras, mas renderia ao departamento um desempenho acima das expectativas da alta administração. Um supervisor que se considera mais cauteloso ou mais propenso a erros do que Eleanor teria conduzido o trabalho de planejamento de forma diferente.

A imagem que o supervisor tem de si próprio, ou seja, o seu **autoconceito**, influencia o seu comportamento. Uma pessoa que acredita ser dotada de poder age com poder; uma pessoa que se considera inteligente é capaz de tomar decisões criteriosas. Vale a pena o supervisor se conscientizar da imagem que ele tem de si próprio. A consultora empresarial Susan Surplus tem observado que os supervisores normalmente demonstram alto desempenho e profundo conhecimento do trabalho que supervisionam. O autoconceito desses supervisores, muitas vezes, vem da imagem que têm de si e de se sentirem individualmente capazes de executar o trabalho. O sucesso do supervisor exige mudança desse autoconceito. Como líder, o supervisor deve pensar em como criar um ambiente de equipe positivo, em que os integrantes consigam realizar o trabalho.[10]

Ter noção do seu autoconceito também ajuda o supervisor a cultivar pensamentos positivos que o ajudam a atuar de maneira positiva. Quando uma pessoa pensa "como sou idiota" ou "eu não deveria ter perdido a cabeça como ele", ela deve prestar atenção nesses pensamentos e analisar o que eles dizem em relação ao seu autoconceito. Ela deve dedicar algum tempo para refletir sobre os seus pontos fortes e as suas metas. Ao realizar uma tarefa de maneira satisfatória, a pessoa deve reconhecer o feito, bem como quando receber um elogio, um sorriso ou agradecimento. Esforçando-se para agir dessa maneira, o supervisor não apenas conseguirá se entender melhor, como também terá uma visão mais positiva de si mesmo.

autoconceito
A imagem que uma pessoa tem de si própria

Relacionamento entre Supervisor e seus Funcionários

Um supervisor querido e respeitado pelos funcionários os inspira a trabalhar mais e melhor. Mas isso não quer dizer que o supervisor deva ser amigo dos funcionários. Ao contrário, o supervisor deve sistematicamente tratá-los de maneira que reflita o seu papel como uma pessoa que faz parte da administração. O supervisor de hoje delega poder em vez de comandar os funcionários, buscando o consenso e dedicando algum tempo para descobrir as necessidades deles em termos de sucesso profissional e desenvolvimento da carreira.

Algumas das histórias mais inspiradoras sobre liderança descrevem líderes que verdadeiramente se importam com os funcionários e valorizam a capacidade que eles têm de contribuir para a organização. O técnico de basquete Phil Jackson é um exemplo que se tornou conhecido no esporte americano por ser um líder que se interessa pelos jogadores do seu time. Por exemplo, ele descobriu que Shaquille O'Neal reagia bem a um tipo de orientação paternal. Jackson incentivou O'Neal a terminar a faculdade e concedeu à estrela do time licença durante a temporada de 2000-2001 para freqüentar seu curso de graduação na Louisiana State University. Na Pacific Gas and Electric Company (PG&E), a gerente de divisão, Gayle Hamilton, demonstrou sua dedicação aos funcionários estando sempre presente, mesmo em circunstâncias difíceis. Durante um terremoto, o prédio do escritório da divisão em Santa Cruz, Califórnia, ficou seriamente danificado. A PG&E ofereceu a ela um escritório em uma área mais distante para trabalhar, mas Hamilton optou por permanecer com sua equipe, embora tivesse de trabalhar em um *trailer* estacionado ao lado dos trilhos da ferrovia. Ela fez sua opção com base no compromisso de "fazer parte dos acontecimentos, e não ficar à parte deles".[11]

O Supervisor Como Exemplo

Para os funcionários, o supervisor é a pessoa que representa mais diretamente a direção e a organização. Portanto, quando os funcionários avaliam a organização,

SUPERVISÃO E ÉTICA

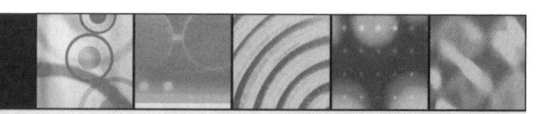

COMO SERVIR DE BOM MODELO

Um modelo é alguém que demonstra um comportamento politicamente correto. As organizações dependem dos supervisores para atuar como exemplos de comportamento ético. O supervisor deve refletir sobre os tipos de comportamento que ele espera de seus funcionários e, assim, assegurar que ele próprio agirá com o mesmo tipo de comportamento.

Estas são algumas sugestões de como servir de modelo:

- Ouvir os funcionários com respeito. Se o desempenho de algum funcionário for fraco, ouvir o que ele tem a dizer antes de tomar providências.
- Recompensar com base em medidas objetivas. Isso demonstra que o supervisor age com justiça.
- Encontrar tempo para se dedicar a causas que valham a pena. Servir como voluntário em trabalhos beneficentes durante seu tempo de folga.
- Realizar reuniões diárias antes de começar o trabalho. Dar aos funcionários a oportunidade para questionar e apresentar suas preocupações. Ouvir com respeito e efetuar mudanças positivas, quando for possível.
- Atribuir quantidade razoável de trabalho a cada funcionário. Oferecer a todo funcionário qualificado a oportunidade de realizar tarefas de que ele goste e, também, distribuir igualmente as tarefas desagradáveis.
- Promover oportunidades para que os funcionários aprendam novas habilidades ou progridam dentro da organização.
- Em termos de prioridades, colocar os funcionários acima do seu ego. Quando os funcionários forem bem-sucedidos ou criativos, garantir que lhes seja concedido o devido crédito. Acreditar que, quando eles demonstram ser bons, o supervisor também parecerá ser bom.
- Aplicar padrões éticos em todas as decisões. Jamais mentir, enganar ou roubar, mesmo em coisas mínimas.

Fontes: T. L. Stanley, "Be a Good Role Model for Your Employees", *Supervision*, janeiro de 2004, extraído de InfoTrac, http://web5.infotrac.galegroup.com; Edward E. Lawler III, *Treat People Right: How Organizations and Individuals Can Propel Each Other into a Virtuous Spiral of Success* (San Francisco: Jossey-Bass, 2003), p. 205-209.

observam o comportamento do supervisor. Eles também se apóiam no comportamento do supervisor para ter uma orientação de como proceder dentro da companhia. Se o supervisor prolonga muito o horário de almoço, os funcionários poderão pensar que ele está desperdiçando tempo inutilmente ou que a companhia está agindo de forma injusta, pois não pune os gestores que violam as normas.

Para ser bom exemplo para os funcionários, o supervisor deve também cumprir todas as normas e regulamentos que são aplicados aos funcionários. Ele deve ser imparcial no tratamento dos funcionários, por exemplo, designando tarefas desagradáveis a todos, e não apenas a alguns funcionários. O supervisor deve também ser ético, ou seja, honesto e justo. (No Capítulo 4, a ética será discutida mais detalhadamente.) O texto em "Supervisão e Ética" apresenta mais idéias de como ser um modelo positivo.

Criando Confiança

Ao liderar os funcionários, o supervisor está pedindo que eles trilhem um novo caminho, para que se empenhem a fim de atingir uma meta mais desafiadora. Os funcionários irão relutar antes de arriscar a sorte seguindo a visão do supervisor, a menos que sintam confiança nele. Portanto, criar confiança é parte essencial da liderança.

A confiança resulta do fato de ser confiável. Os funcionários tendem a confiar em um líder dotado daquilo que o especialista em relações humanas Ed Lisoski chama de "os três Cs", ou seja, coragem, caráter e convicção.[12] A *coragem* é necessária para dizer a verdade, arriscar em uma idéia nova e assumir a responsabilidade pelos erros de alguém. O *caráter* consiste em comportar-se com ética, conforme descrito no Capítulo 4. A *convicção* consiste em manter-se firme, permanecendo fiel às metas e aos valores criteriosamente escolhidos por alguém. Paul Taffinder, citado no início deste capítulo sobre liderança, ressalta a importância da convicção em entusiasmar as pessoas apenas pelo fato de elas enxergarem essa convicção em seu líder. Taffinder observa que as pessoas que tiveram de superar experiências difíceis no passado, muitas vezes, tornam-se bons líderes, porque as dificuldades pelas quais passaram as inspiraram a refletir sobre o que acreditam e em que estão focando seus esforços. Esse processo desenvolve a convicção do líder de que ele deve ter grandes idéias, de forma que, quando ele expressa a sua convicção, os demais acreditam e confiam nele.[13] Mesmo que a pessoa tenha tido a sorte de não passar por grandes sofrimentos, ela pode desenvolver sua capacidade de liderar refletindo sobre seus valores e seus objetivos e praticando como expressá-los com convicção.

Criar confiança consome tempo e esforço; no entanto, o supervisor pode perdê-la com um único ato impensado. A melhor maneira de criar confiança é adotando um comportamento justo e previsível. O supervisor deve cumprir as promessas e dar crédito aos funcionários quando eles realizarem bem algum trabalho. Manter abertos os canais de comunicação também cria confiança. Quando o supervisor ouve atentamente os funcionários e compartilha as informações com eles, não há desconfiança de que algo está sendo escondido. O consultor em treinamento e educação Jim Kouzes mantém a impressora da empresa ao lado da sua mesa. Ele considera valioso o que ele aprende com as interrupções dos funcionários quando eles vêm buscar seus documentos.

Relacionamento entre Supervisor e seus Gestores

Não importa o quão capaz o supervisor possa ser no planejamento, na organização e na liderança, porque o que pode determinar o curso da sua carreira em determinada organização é a sua capacidade de se relacionar bem com o seu gestor. Isso nem sempre pode parecer justo, mas o gestor é quem normalmente decide se a pessoa será promovida, se fará um trabalho interessante ou receberá um aumento ou mesmo se estará empregada na semana seguinte. O gestor que gosta de trabalhar com essa pessoa tem mais propensão a ter uma visão favorável (ou pelo menos tolerante) do desempenho dela.

Expectativas

Embora um gestor seja diferente do outro, a maioria espera certos tipos de comportamento das pessoas geridas por ele. Assim como mostra resumidamente a Figura 8.6, o supervisor pode presumir que, com razão, o gestor espera lealdade, cooperação, comunicação e resultados.

FIGURA 8.6
O que os Gestores Esperam dos Supervisores

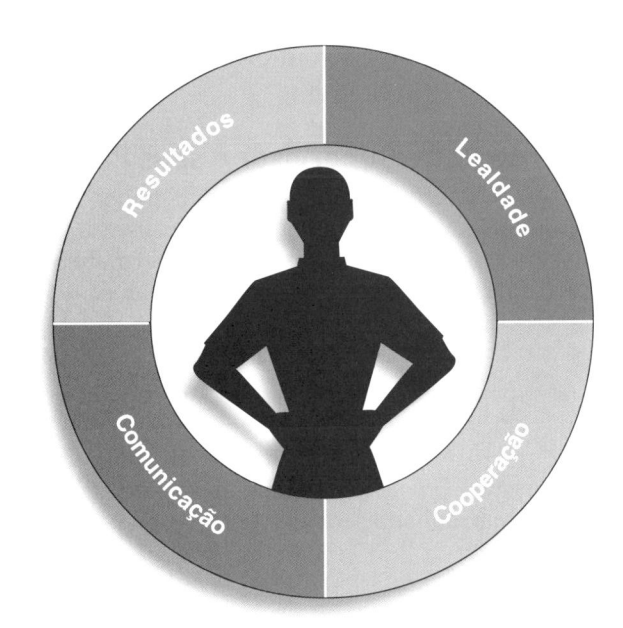

- *Lealdade* significa que o supervisor deve falar apenas dos aspectos positivos das políticas da companhia e do seu gestor. Se o supervisor não conseguir pensar em nada positivo para dizer, é melhor silenciar do que criticar.
- *Cooperação* significa que o supervisor deve trabalhar com as demais pessoas dentro da organização para atingir as metas organizacionais. Se o gestor criticar, o supervisor deverá ouvir e tentar melhorar. Se a crítica parecer injusta, ele deverá primeiro certificar-se de não haver algum equívoco e, depois, tentar extrair aspectos positivos da crítica.
- *Comunicação* significa que o gestor espera que o supervisor o mantenha informado a respeito do desempenho do departamento.
- *Resultados* significa que o supervisor deve fazer com que o departamento atinja ou supere seus objetivos. A melhor maneira de parecer bom diante do gestor é fazendo seu departamento ter alto desempenho.

Conhecendo Melhor o seu Gestor

A melhor maneira de atender às expectativas do gestor é conhecendo-o como indivíduo. O supervisor deve observar como o gestor lida com as várias situações, tentar identificar seu estilo de liderança e observar as questões que mais importam para ele. Ele deve adaptar ao máximo o seu estilo para combinar com o estilo do gestor quando estiverem juntos. Além disso, deve perguntar quais são as expectativas do gestor em relação a ele e como o seu desempenho será medido.

Se Estiver Insatisfeito

Apesar do máximo empenho, o supervisor pode se sentir insatisfeito com o gestor. Isso acontece com muitas pessoas em algum momento da carreira. Se o supervisor estiver descontente, deve começar buscando a origem do problema. A maioria dos problemas interpessoais surge de comportamentos e atitudes de duas pessoas, assim, é necessário determinar o que o supervisor pode mudar para melhorar a situação.

Se ele não conseguir melhorar a situação o bastante, mudando o seu próprio comportamento, deve conversar com o gestor, apresentar os tipos de atitudes que o incomodam e de que maneira isso o afeta. Se não conseguir resolver o problema, a melhor solução talvez seja apostar em um novo emprego. Mas o supervisor deve tentar manter o emprego atual enquanto procura outro. Futuros empregadores consideram de forma mais favorável candidatos empregados.

Relacionamento entre Supervisor e seus Pares

Se o supervisor se relaciona bem com os seus pares do mesmo departamento ou de outros, eles o ajudarão a se mostrar capaz e a realizar o trabalho. O ressentimento e a antipatia pelo supervisor podem criar um fluxo permanente de problemas. Portanto, o supervisor deve cultivar boas relações com seus pares.

Competição

Às vezes, os supervisores são concorrentes no que diz respeito a aumentos, gratificações e promoções. Eles devem ter em mente que, quanto mais cooperar, mais positiva será a sua imagem no geral. Isso significa que ele deve competir da forma mais justa e mais amistosa possível. Se ele tentar sabotar algum colega, provavelmente quem acabará com a imagem arranhada será ele.

Crítica

Como o supervisor está sempre tentando manter uma atitude positiva, ele deve evitar procurar aspectos para fazer críticas sobre os outros supervisores ou qualquer outra pessoa. No entanto, se ele souber de alguma atitude de um colega que vai contra os interesses da organização, deve procurá-lo diretamente e mencionar o problema. Normalmente, ser educado e diplomático, supondo que o que aconteceu não foi algo intencional, mas um erro ou um descuido, pode ajudar na solução do problema.

Se o colega não quiser ouvir as críticas e o problema for prejudicar a companhia, os funcionários e os clientes, o supervisor deverá, então, levá-lo ao seu gestor. Ao fazê-lo, deve ressaltar o problema e as suas conseqüências para a organização, e não as pessoas envolvidas. Fofocar não é comportamento de um líder, mas superar problemas.

MÓDULO DE APTIDÃO
PARTE UM: CONCEITOS

Resumo

8.1 Discutir a possível relação entre traços pessoais e capacidade de liderança.

Para descobrir que tipo de pessoa seria um bom líder, os pesquisadores têm procurado traços em comum entre os líderes bem-sucedidos. Entre os traços que podem ser significativos estão o senso de responsabilidade, a autoconfiança, o alto grau de vitalidade, a empatia, o locus de controle interno e o senso de humor. No entanto, os resultados da pesquisa têm-se mostrado inconsistentes, levando a concluir que os traços sozinhos não permitem prever o sucesso como líder.

8.2 Comparar os estilos de liderança que o supervisor pode adotar.

Dependendo do grau de autoridade que detém, o supervisor pode ser autoritário (deter muita autoridade), democrático (compartilhar a autoridade) ou *laissez-faire* (abrir mão de grande parte da autoridade). O supervisor também pode ser orientado para as tarefas, para as pessoas ou para ambas. Ele pode basear seu estilo de liderança nos pressupostos da Teoria X, de que os funcionários devem ser forçados a trabalhar; da Teoria Y, de que os funcionários podem ser motivados a buscar a responsabilidade e atingir os objetivos com criatividade; ou nos valores da Teoria Z, como o envolvimento do funcionário e o enfoque nas metas de longo prazo.

8.3 Explicar as teorias contingenciais de liderança.

Essas teorias sustentam a hipótese de que os líderes podem ser mais eficazes, adaptando os diferentes estilos de liderança às várias circunstâncias. Por exemplo, no modelo contingencial de Fiedler, o líder, quer seja orientado para as pessoas quer seja para as tarefas, tem melhor desempenho dependendo do relacionamento entre líder e componentes do grupo, da estrutura da tarefa e do poder da posição do líder. Fiedler recomenda que, se o estilo de liderança preferido pelo líder não for adequado para a situação, as características da situação deverão ser modificadas. Em contrapartida, na teoria do ciclo de vida de Hersey e Blanchard, o líder deve modificar o seu comportamento para se adaptar à situação. À medida que os seguidores vão amadurecendo, o líder deve usar vários níveis de comportamento voltado às tarefas e às relações.

8.4 Identificar os critérios para a escolha de um estilo de liderança.

O supervisor deve escolher o estilo de liderança mais adequado para as suas próprias características, bem como para as dos funcionários e da situação. Os critérios para avaliar as características do líder são os seus valores, o nível de confiança nos funcionários, os pontos fortes de liderança e a tolerância com a ambigüidade. Os critérios para avaliar as características dos funcionários são as suas necessidades de independência, a disposição para assumir responsabilidades, a tolerância com a ambigüidade, o interesse pelos problemas, as expectativas, a compreensão das metas e identificação com elas e o conhecimento e a experiência. Os critérios para avaliar as características da situação são o tipo de organização, a eficácia do grupo, a natureza do problema ou da tarefa e o tempo disponível.

8.5 Descrever as diretrizes para orientação dos funcionários.
O supervisor deve ter certeza de que os funcionários entenderam as orientações e os motivos por trás delas. O supervisor deve instruir com confiança e educação, mas sem usar um tom de desculpa.

8.6 Indicar por que o supervisor deve se entender e tornar positiva a visão que tem de si próprio.
O autoconceito do supervisor influencia em seu comportamento. As pessoas que acreditam serem capazes tendem a agir com capacidade. O supervisor deve cultivar o autoconceito de um líder eficaz.

8.7 Explicar como o supervisor pode criar e manter boas relações com seus funcionários, gestores e pares.
O supervisor deve projetar uma atitude positiva, interessar-se pelos outros e ajudá-los quando necessário. Para os funcionários, o supervisor deve servir de bom exemplo, ser ético e inspirar confiança. Para o seu gestor, o supervisor deve oferecer lealdade, cooperação, comunicação e resultados e se adaptar ao estilo dele. Com os seus pares, o supervisor deve competir da forma mais justa e amistosa possível e apresentar as críticas que forem necessárias de forma construtiva.

Termos Principais

liderança, p. 195
locus de controle interno, p. 197
liderança autoritária, p. 198
liderança democrática, p. 198
liderança *laissez-faire*, p. 198
Teoria X, p. 199
Teoria Y, p. 199
Teoria Z, p. 201
autoconceito, p. 209

Questões para Discussão e Revisão

1. Descreva os seis traços que os pesquisadores acreditam indicar um bom líder. Contudo, as pesquisas *não* estabelecem uma relação clara entre traços de personalidade e sucesso na liderança. Em sua visão, que outros fatores contribuem para o sucesso ou o fracasso?

2. Claire Callahan supervisiona o departamento de campismo de uma grande loja de equipamentos de lazer ao ar livre. O gerente de loja (chefe de Callahan) estabeleceu como objetivo que ela deveria aumentar as vendas em 10% no trimestre seguinte. Escolha um dos três estilos de liderança (autoritário, democrático ou *laissez-faire*) para que ela atinja as metas. Em seguida, estabeleça três ou mais medidas que possam ser adotadas por Callahan, com a finalidade de influenciar seus funcionários a cumprir os novos objetivos de vendas.

3. Ann Wong é supervisora de contas a pagar de uma seguradora. Durante um período de cortes na empresa, ela decide adotar um estilo de liderança mais orientada para as pessoas que o seu usual. O que ela pretende com essa mudança?

4. Pete Polito supervisiona uma equipe interfuncional cuja tarefa é avaliar se o design e o estilo dos skates fabricados pela companhia são seguros e modernos. Usando a Teoria Y, que medidas Polito poderia adotar na condução dessa equipe com o objetivo de atingir as metas?

5. Em sua opinião, seria mais realista o supervisor ajustar a situação para chegar ao seu estilo de liderança preferido, assim como sugerido pelo modelo contingencial de liderança de Fiedler, ou ajustar o seu estilo de liderança à situação, assim como sugerido por Hersey e Blanchard? Explique suas razões.

6. Em sua opinião, em quais destas situações seria mais adequado o supervisor usar o estilo autoritário de liderança? Em quais situações seria mais adequado um estilo democrático? Explique suas escolhas.

   a. O gestor do supervisor diz: "a diretoria quer que comecemos a buscar a sugestão dos funcionários de como melhorar a qualidade em todas as áreas de operações". Cada departamento tem ampla autonomia para estabelecer como cumprir essa determinação.

   b. Um supervisor não se sente confortável em reuniões e gosta de tentar descobrir sozinho as soluções para os problemas. Os funcionários dele acreditam que um bom supervisor deve ser capaz de lhes dizer exatamente o que fazer.

   c. Uma carga de materiais tóxicos está a caminho de um depósito. O supervisor é responsável por instruir os funcionários como manipular o material quando a carga chegar, o que ocorrerá tarde da noite, nesse mesmo dia.

7. Prakash Singh prefere um estilo bem democrático de liderança e não se sente bem dizendo às pessoas o que fazer. Como solução, ele elaborou suas instruções de maneira bem geral para que os funcionários sentissem que tinham mais controle. Ele também tem certa tendência a pedir desculpas quando se sente autoritário. Em sua visão, esse método de dar orientações é eficaz? Por que sim ou não?

8. Por que o supervisor deve ter uma visão positiva de si mesmo? De que maneira o supervisor pode ter consciência de seu autoconceito e torná-lo mais positivo?

9. Identifique o que está errado no que se refere às relações humanas de cada uma das seguintes situações. Sugira uma maneira melhor de lidar com cada uma.

   a. O chefe de Carole Fields a cumprimenta pelo relatório que ela apresentou no dia anterior. Ela responde que não foi lá grande coisa.

   b. Quando Rich Peaslee foi promovido a supervisor, ele disse aos demais funcionários: "Agora, lembrem-se, eu também fazia parte da 'turma' antes dessa promoção, e quero continuar fazendo".

   c. O supervisor do segundo turno observa que os funcionários do primeiro turno não têm deixado as áreas de trabalho limpas nos últimos três dias. Ele reclama com o seu gestor sobre a supervisão relapsa do primeiro turno.

10. Carla Santos não se relaciona bem com o seu novo gestor; um não gostou do outro desde que se conheceram. Santos foi transferida para um novo departamento quando o antigo supervisor saiu da companhia, assim, nem ela nem seu gestor efetivamente escolheram trabalhar juntos. Santos não quer que o seu trabalho como supervisora seja prejudicado por um relacionamento que não é bom. Que medidas ela pode adotar para melhorar a situação?

PARTE DOIS: CAPACITAÇÃO

PROBLEMA A SER RESOLVIDO PELO ALUNO

Com base no texto da página 195, reflita e identifique quais seriam as características de um líder eficaz demonstradas por Frederick Hill. Hill aprendeu muito sobre liderança, ouvindo conselhos, bem como observando e reagindo às situações complicadas ao longo de vários anos. Em grupo, discuta se é possível ensinar as lições de Hill a um novo supervisor, em curto prazo.

Relacione as lições de liderança aprendidas por Hill e desenvolva um plano de treinamento de uma semana para ensiná-las a novos supervisores. Leve em consideração quaisquer idéias de treinamento, inclusive palestras (e quem poderia proferi-las), viagens, filmes, representações e qualquer outro método de aprendizado já usado neste ou em outros cursos.

Em sua visão, o programa de treinamento elaborado pelo grupo seria tão eficaz para os novos supervisores quanto as lições de vida foram para Hill? Por que sim ou não?

Caso de Solução de Problemas: *Estilo de Liderança Descendente e Ascendente na US Airways*

Rakesh Gangwal foi executivo da US Airways Group (antiga USAir) até o ano de 2001. Ele planejava expandir a malha aeroviária da US Airways, aumentar a frota e a lucratividade e melhorar diversos aspectos importantes do atendimento, como, por exemplo, pontualidade. Seu estilo de gestão é ativo e corresponde com suas metas ambiciosas, mas o que muitos observadores percebem sobre Gangwal é que ele age em duas direções – de cima para baixo e de baixo para cima.

A parte descendente do seu método ficava aparente na maneira como ele revisava as decisões mais importantes tomadas na organização. Ao mesmo tempo, as dezenas de forças-tarefa estabelecidas por ele buscavam dos funcionários um exame minucioso e relatórios de tudo, desde segurança interna do vôo até vantagens competitivas corporativas, e é aí que entrava o estilo ascendente. Ele diz: "Adoro receber idéias dos funcionários da linha de frente, porque sei que são essas que geralmente funcionam".

Embora Gangwal era feliz trabalhando nas duas direções distintas ao mesmo tempo, alguns chefes de divisão tinham de se ajustar ao fluxo de informações e às opiniões recebidas de baixo. Muito longe de permitir que eles renunciassem à autoridade, no entanto, Gangwal exigia que seus gestores também desenvolvessem e implementassem suas próprias idéias. Conhecido pela sinceridade, ele admitia que suas expectativas eram altas, cerca de três quartos dos vice-presidentes da empresa foram substituídos depois da sua chegada. "Eu realmente imponho meus pontos de vista ao estabelecer as direções e o que estamos tentando atingir, mas a partir de então deixo o processo seguir. É uma linha bem tênue", ele diz.

Outra característica do estilo de Gangwal é que ele presta atenção nos detalhes. Ele revisava pessoalmente os vídeos de treinamento para comissários de bordo e se preocupava com a linguagem corporal deselegante exibida nos filmes. Ele também revisava as mudanças no cardápio, editava o texto usado pelos comissários de bordo nos anúncios antes e durante os vôos e ajustava as tarefas dos supervisores de manutenção. Ele esperava poder, em algum momento, relaxar nos detalhes, mas primeiro queria colocar a sua "marca" na US Airways. Ele passava 12 horas por dia no escritório e ainda trabalhava muitas horas em casa, à noite.

Gangwal pediu demissão da US Airways em novembro de 2001 para assumir uma posição como presidente de um sistema de reserva de viagens. Em um movimento inusitado, em 2003, o sindicato dos trabalhadores de transporte (Transport Workers Union - TWU) indicou Gangwal para compor a diretoria da US Airways. (O TWU e a Associação de Comissários de Bordo dividem uma cadeira na diretoria. Eles receberam essa posição em troca de concessões salariais feitas em 2002.) Na época da indicação, Bill Gray, diretor do TWU, descreveu Gangwal como: "severo, mas justo", acrescentando: "Ele tem nosso respeito". No entanto, Gangwal recusou a indicação.

1. Em sua visão, Rakesh Gangwal é um líder autoritário, democrático ou *laissez-faire*? Por quê?
2. Em sua opinião, a atitude de Gangwal é característica da Teoria X, da Teoria Y ou da Teoria Z? Explique sua resposta.
3. A US Airways declarou falência recentemente e anunciou planos para se reestruturar como companhia aérea de tarifas com desconto, tal como a JetBlue ou a America West. Essa foi a segunda declaração de falência da US Airways desde a queda nos negócios do setor aeroviário depois dos ataques terroristas de setembro de 2001. Em sua opinião, como essa mudança no ambiente de negócios afeta o papel de liderar a US Airways? A falência exige algum tipo diferente de liderança? Coloque-se no lugar de um supervisor de despacho de bagagens da US Airways. Em sua opinião, como a decretação da falência e a reestruturação afetariam a maneira de liderar esse grupo?

Fontes: Adam Bryant, "Like His Mentor at US Airways, the Chief Has an Eye for Details", *The New York Times*, 29 de novembro de 1998, sec. 3, p. 2; Ted Reed, "Unions Proposed Former Chief for US Airways Board", *Knight Ridder/Tribune Business News*, 8 de abril de 2003, extraído de Business & Company Resource Center, http://galenet.galegroup.com; Susan Carey, "US Airways Files for Chapter 11 a Second Time", *The Wall Street Journal*, 13 de setembro de 2004, http://online.wsj.com.

Autoconhecimento

Será que Você Pode Ser um CEO?

Todo ano a revista americana *Inc.* realiza uma pesquisa com as 500 empresas que mais crescem nos EUA e relata o sucesso delas. Em 1998, os editores da *Inc.* também examinaram as características pessoais e profissionais dos CEOs das mesmas companhias. O questionário a seguir pode revelar as suas qualificações, e a pontuação é baseada no jogo de beisebol.

1. *Casamento* – Mais de 80% dos CEOs da pesquisa da *Inc.* eram casados, com uma vida doméstica estável. Você conseguirá duas rebatidas se for casado e tiver uma vida doméstica estável. Qualquer outra situação, você está eliminado.

2. *Educação* – A educação é mais importante que a renda da família entre esse grupo de elite; praticamente metade dos CEOs é formada em cursos superiores de quatro anos. Você consegue duas rebatidas se planeja realizar uma pós-graduação, uma para graduação e está eliminado para qualquer nível abaixo.

3. *Idade* – Mais de três quartos dos CEOs tinham 40 anos ou menos. Você conseguirá duas rebatidas se tiver menos de 41 e uma rebatida se tiver entre 41 e 50 anos. Fora dessa faixa, você está eliminado.

4. *Setor* – O setor de prestação de serviços tem crescido em detrimento do setor industrial e de venda e distribuição. Você conseguirá uma rebatida se atuar em uma prestadora de serviços; qualquer outra área, está eliminado.

5. *Indústria* – A porcentagem de empresas de informática e telecomunicações entre as 500 maiores cresceu drasticamente, e quase todas as demais têm perdido terreno. Acrescente duas rebatidas caso você esteja atuando na área de informática ou telecomunicações e uma caso esteja atuando na área de serviços corporativos. Qualquer outra área, você está eliminado.

6. *Capital* – Um de cada cinco principais empresas começou com capital inferior a $ 5 mil, e a maioria dos fundadores da companhia citados na lista jamais tomou empréstimo para cobrir seus custos iniciais. Se, no momento, você tiver capital suficiente para iniciar seu negócio, conseguirá uma rebatida. Do contrário, está eliminado.

7. *Vantagem* – A capacidade tecnológica e os direitos sobre alguma propriedade intelectual conduziram o sucesso da maioria das principais empresas. Se você controla alguma propriedade intelectual valiosa, consegue duas rebatidas; uma se entende da sua área melhor que ninguém, e está eliminado em qualquer outra hipótese.

8. *Receita* – O método tradicional de venda por vendedores internos remunerados com estruturas tradicionais de salário mais gratificação produziu um índice de crescimento médio de aproximadamente 75% por ano para as 500 empresas pesquisadas pela *Inc.* Você conseguirá uma rebatida se atuar à moda antiga e mantiver sua empresa crescendo 25% por ano. Do contrário, está eliminado.

Vamos à sua pontuação. Você teve 34 chances de rebater; então, divida o número total de rebatidas por 34. Se a sua "média de rebatidas" for superior a 0,30, seu desempenho está bom. Acima de 0,35, está extraordinário. Continue atuando assim.

Fonte: *Inc. 500*, Eric Kriss. Copyright © 1998 by Business Innovator Group Resources/*Inc*. Reprodução autorizada por Business Innovator Group Resources/*Inc*. via Copyright Clearance Center.

Pausa e Reflexão

1. Algumas das características identificadas nesse questionário não descrevem a capacidade de liderança. Em sua opinião, como o estado civil, o nível de educação e a idade estão relacionados ao status de CEO?

2. Você almeja algum dia liderar como CEO ou prefere exercer a liderança em outra competência?

FIGURA 8.7 Lista de Controle das Competências em Relações Humanas

Fonte: *Your Attitude Is Sharing*, Elwood N. Chapman. Copyright © 1995 Pearson Education, Inc. Reprodução autorizada por Pearson Education, Inc. Upper Saddle River, NJ.

1. Transmitir consistentemente estas atitudes aos colegas, superiores, clientes ou pacientes:

- ❑ Transmitir sinais verbais e não-verbais positivos em qualquer contato, inclusive telefônico.
- ❑ Permanecer otimista mesmo trabalhando com pessoas pessimistas.
- ❑ Ser confiante e sensível quando aqueles com os quais esteja lidando não o são.
- ❑ Tratar todas as pessoas com sinceridade, ética e moral.
- ❑ Evitar comentários raciais ou sexuais que possam ser mal interpretados.
- ❑ Manter o senso de humor.
- ❑ Reconhecer quando começar a ficar pessimista e iniciar uma atitude renovadora para o projeto.
- ❑ Desenvolver e manter uma atitude positivamente voluntariosa.

2. Demonstrar estas habilidades de relações humanas ao lidar com os colegas:

- ❑ Criar e manter relações de trabalho horizontais igualmente efetivas com todos do departamento. Recusar-se a fazer favorecimentos a alguns funcionários.
- ❑ Criar uma relação produtiva e não conflituosa com aqueles que possam ter um conjunto diferente de valores pessoais.
- ❑ Criar relacionamentos baseados em compensações mútuas.
- ❑ Desenvolver relações produtivas e saudáveis com aqueles que possam ser significativamente mais jovens ou velhos.
- ❑ Manter uma relação produtiva mesmo com pessoas que o irritem.
- ❑ Tratar todos, independentemente das diferenças étnicas ou socioeconômicas, com respeito.
- ❑ Trabalhar bem com as outras pessoas independentemente da orientação sexual delas.
- ❑ Não interpretar como sendo pessoais os deslizes ou menosprezos dos outros; não assumir uma postura defensiva nem tentar devolver na mesma moeda.
- ❑ Reparar uma relação estremecida o mais rápido possível.
- ❑ Mesmo não sendo responsável pelo prejuízo em uma relação de trabalho, proteger a própria carreira, tomando a iniciativa de restaurá-la.
- ❑ Permitir às outras pessoas reatar a relação.
- ❑ Eliminar as frustrações inofensivamente sem prejudicar as relações.
- ❑ Não se perturbar quando for provocado ou testado.

3. Demonstrar estas habilidades em relações humanas quando lidar com os seus superiores:

- ❑ Criar uma sólida relação vertical com o supervisor, sem ignorar os colegas.
- ❑ Ser um produtor altamente eficiente e contribuir para a produtividade dos colegas.
- ❑ Sobreviver, com uma atitude positiva, a um supervisor de gênio difícil até que ocorram mudanças.
- ❑ Estabelecer relações mutuamente compensadoras.
- ❑ Mostrar que consegue corresponder às expectativas do seu potencial de produtividade sem ignorar os colegas que não conseguem.
- ❑ Viver próximo do seu potencial de produtividade sem altos ou baixos extremos, independentemente das difíceis mudanças no ambiente de trabalho.
- ❑ Não subestimar ou superestimar um superior.
- ❑ Informar os erros ou as análises equivocadas em vez de tentar escondê-las.
- ❑ Mostrar ser capaz de transformar qualquer mudança em oportunidade, inclusive aceitando um novo supervisor que tenha um estilo diferente.
- ❑ Recusar-se a transformar pequenos incidentes em grandes desavenças.

4. Demonstrar estas atitudes profissionais e habilidades em relações humanas:

- ❑ Ser um excelente ouvinte.
- ❑ Estabelecer um bom registro de assiduidade.
- ❑ Manter um bom equilíbrio entre carreira e família, assim nenhum ficará prejudicado.
- ❑ Demonstrar automotivação.
- ❑ Comunicar-se livre e plenamente.
- ❑ Preparar-se para ser promovido de modo que as outras pessoas fiquem felizes quando isso ocorrer.
- ❑ Compartilhar com estranhos apenas informações positivas e não confidenciais sobre a organização.
- ❑ Transmitir aos outros apenas informações confiáveis.
- ❑ Manter os relacionamentos pessoais e profissionais suficientemente separados.
- ❑ Concentrar-se nos aspectos positivos do trabalho e, ao mesmo tempo, tentar melhorar os negativos.
- ❑ Emitir comentários apenas positivos de pessoas ausentes.
- ❑ Deixar um emprego ou uma companhia de forma positiva; treinar o substituto de forma a não prejudicar a produtividade.
- ❑ Se preferir a estabilidade, adquira paciência; se preferir ziguezaguiar, não pise sobre os outros enquanto sobe os degraus do sucesso.
- ❑ Sempre ter um plano B (plano contingencial para a carreira).
- ❑ Evitar a autopiedade.

Exercício em Aula

Praticando os Princípios das Relações Humanas

Divida a classe em grupos de quatro ou cinco alunos. A cada grupo será atribuída uma das quatro partes da Figura 8.7, que consiste em uma lista de como os funcionários, inclusive os supervisores, podem demonstrar a competência em relações humanas.

Cada grupo discute os princípios da sua parte da lista. Com base nos empregos que já tiveram ou em situações observadas, os componentes do grupo descrevem as boas ou más práticas de relações humanas. Mais especificamente, devem analisar se os supervisores observados praticam ou não esses princípios.

Depois de discutirem entre si esses princípios, os grupos devem se apresentar um por vez. Cada grupo seleciona um princípio para apresentar à classe. Um representante (ou mais) do grupo apresenta uma breve ilustração do princípio.

Fonte: Esse exercício foi sugerido por Corinne R. Livesay, Belhaven College, Jackson, Mississippi.

Capacitação em Supervisão

Liderando uma Equipe

Divida a classe em equipes de quatro a seis componentes. Indique um supervisor para cada equipe ou peça voluntários. As equipes têm o seguinte objetivo: determinar se a biblioteca da faculdade é fácil de usar como deveria ser e apresentar sugestões de melhorias, se necessário.

Cada supervisor deve escolher particularmente um estilo de liderança (orientado para as tarefas ou orientado para as pessoas) e uma atitude (Teoria X ou Teoria Y) e colocá-los em prática durante o exercício. Os componentes da equipe devem decidir sobre suas próprias características, tais como a necessidade de independência, disposição para assumir responsabilidades e assim por diante.

Ao final do exercício, cada equipe deve discutir com o restante da classe a eficácia do líder e dos componentes da equipe. Além disso, as equipes devem apresentar seus resultados: elas apresentaram alguma boa sugestão para a biblioteca?

Capítulo **Nove**

Solução de Problemas, Tomada de Decisão e Criatividade

Tópicos Gerais do Capítulo

Processo de Tomada de Decisão
Modelo Racional
Concessões Humanas

Diretrizes para a Tomada de Decisão
Considerar as Conseqüências
Reagir Rápido em uma Crise
Informar o Gestor
Ser Determinado, porém Flexível
Evitar as Armadilhas ao Tomar Decisões

Ferramentas para a Tomada de Decisão
Teoria da Probabilidade
Árvore de Decisão
Programas de Computador

Tomada de Decisão em Grupo
Vantagens e Desvantagens
Tomando Decisões em Grupo

Criatividade
Raciocinando com mais Criatividade
Estabelecendo e Mantendo uma Atmosfera de Trabalho Criativa
Superando as Barreiras contra a Criatividade

Objetivos de Aprendizado

Depois de estudar o capítulo, o aluno estará apto a:

9.1 Identificar as etapas do modelo racional de tomada de decisão.

9.2 Discutir como as pessoas fazem concessões para seguir o modelo de tomada de decisão.

9.3 Descrever as diretrizes para a tomada de decisão.

9.4 Explicar como a teoria da probabilidade, a árvore de decisão e os programas de computador ajudam na tomada de decisão.

9.5 Discutir as vantagens e desvantagens de tomar decisões em grupos.

9.6 Descrever as diretrizes da tomada de decisão em grupo.

9.7 Descrever as diretrizes para um raciocínio criativo.

9.8 Discutir como o supervisor pode estabelecer e manter uma atmosfera criativa de trabalho.

9.9 Identificar maneiras de superar as barreiras contra a criatividade.

O futuro não acontece ao acaso – ele é moldado por decisões.
– Paul Tagliabue, ex-representante, NFL (Liga Nacional de Futebol Americano)

Problema de um Supervisor: Como Reter Atendentes de Chamadas de Emergência

Os atendentes dos escritórios municipais dos Estados Unidos recebem chamadas de pessoas angustiadas, que ligam para o número 911 para pedir ajuda em diversas situações de emergência. Como se pode imaginar, esse trabalho é muito estressante, e, muitas vezes, os funcionários acabam desistindo do emprego. O resultado é uma enorme dor de cabeça para o supervisor compor o quadro de pessoal.

Vamos estudar a situação da central de atendimento de chamadas de emergência de Oklahoma City. Em uma recente contagem, havia 76 posições de atendentes na central, das quais 12 estavam vagas. Poucos meses antes, 46 candidatos realizaram testes, e apenas 18 foram aprovados na seleção. Antes que o município oferecesse uma posição a qualquer um dos candidatos, sete deles desistiram. Dos 11 restantes, quatro desistiram antes do início das aulas de treinamento. Nesse ritmo, seria praticamente impossível preencher as vagas em aberto.

Por que é tão difícil preencher essas vagas? Uma das razões pode ser o fato de o trabalho ser estressante demais. A função exige ouvir pessoas desnorteadas e, às vezes, pessoas que estão passando por situações pavorosas. Greg Giltner, sargento da polícia de Oklahoma City, afirma: "A maioria das chamadas é feita por pessoas que relatam aos funcionários estar passando pelo pior dia de sua vida". Nessas circunstâncias, a pessoa pode estar extremamente perturbada, a ponto de insultar o atendente. O funcionário nem sempre consegue evitar uma tragédia, mas pode acontecer de ouvir a tragédia chegando ao fim do outro lado da linha. Muitos funcionários de diversas centrais se lembram de situações em que o interlocutor falava em suicídio e eles tentavam prolongar a conversa para que a polícia tivesse tempo de chegar ao local, mas infelizmente a ligação terminava com o som de um tiro ou com um também assustador silêncio. A atendente Charlotte Muniz, de Orlando, Flórida, explica: "Você não pode passar pelo fio do telefone para ajudar. Acho que as pessoas não imaginam o quão difícil é esse trabalho e pelo que nós passamos". São situações tão desoladoras, e as centrais ajudam os funcionários a enfrentá-las disponibilizando "salas de silêncio" para que eles possam se acalmar, além de capelas e programas de aconselhamento, para aqueles que desejam.

Além do estresse inerente ao trabalho, os atendentes ainda são designados para trabalhar de segunda a segunda, 24 horas por dia. Elaine Nelson-Lewis, que trabalhou com êxito durante anos na central de Oklahoma City, decidiu se aposentar porque, nas suas próprias palavras: "Eu queria um pouco de normalidade na minha vida". Nelson-Lewis preferia ter um emprego que lhe permitisse aproveitar os feriados e finais de semana com a família. Quando as posições ficam vagas, os demais atendentes ficam sobrecarregados porque têm de cobrir a escala nos feriados.

Outro fator para a dificuldade em preencher as vagas pode ser a faixa salarial. A remuneração pode chegar a $ 26 por hora, porém um funcionário iniciante pode receber somente $ 9 por hora. Para um atendente estressado, um emprego mais tranqüilo e com salário equivalente pode parecer mais tentador.

Com essa faixa salarial, fica difícil obter um emprego em uma central de atendimento de emergência. Os critérios de avaliação englobam testes escritos, entrevistas, testes com detector de mentiras e verificação dos antecedentes do candidato. As centrais precisam de funcionários que se mantenham calmos em uma crise, que percebam uma situação complicada e falem com clareza. Os candidatos aprovados nesse processo devem ter várias semanas ou até meses de treinamento para entender os procedimentos do trabalho, além de aprender o que constitui um crime, os métodos utilizados para enfrentar uma crise e a geografia da área onde irão atuar.

Diante de todas essas dificuldades, muitas vezes o supervisor de centrais de atendimento de emergência tem problemas para compor o quadro de pessoal.

QUESTÕES

1. Se você fosse supervisor de uma central de atendimento de emergência, como definiria o problema de manter todas as posições de atendente preenchidas?
2. Como você aplicaria suas habilidades de tomada de decisão para encontrar uma solução para o problema definido?

Fontes: Ken Raymond, "High Turnover Rate Causes Staffing Crisis for 911 Center", *[Oklahoma City] Daily Oklahoman*, 1° ago. 2006; Sarah Lundy, "911 Dispatcher's Job Requires Cool Head, Ability to Multitask", *Seattle Times*, 16 jul. 2006, ambos extraídos de Business & Company Resource Center, http://galenet.galegroup.com.

Não importa quão criterioso seja o planejamento feito pelo supervisor ou quão eficaz seja a sua liderança, ele inevitavelmente enfrentará problemas. As imperfeições humanas, os novos desafios do ambiente em que o departamento opera e o desejo de atingir mais qualidade são apenas três fontes de problemas para o supervisor resolver com criatividade. Ter sucesso não significa não ter problemas. Na realidade, dizem que ter sucesso significa simplesmente resolver os problemas certos ou, como Winston Churchill afirmou em certa ocasião: "Sucesso é a capacidade de ir de fracasso em fracasso sem perder o entusiasmo".[1] Os melhores gestores, inclusive supervisores, são

decisão
Uma opção escolhida entre as alternativas existentes

aqueles que sabem em que problemas devem se concentrar e como reagir a eles de forma positiva. Ao resolver os problemas certos – pelo menos os que podem melhorar a qualidade do trabalho – o bom supervisor melhora as atividades do departamento e o atendimento oferecido aos clientes.

Decisão é uma opção escolhida entre as alternativas existentes. A solução de problemas envolve uma série de decisões: decidir se algo está errado, decidir qual é o problema, decidir como resolvê-lo. O êxito na solução de problemas depende de boas decisões. Neste capítulo, será discutida a maneira como o supervisor toma as decisões e serão apresentadas diretrizes sobre como decidir com eficácia. O capítulo abrange uma discussão sobre tomada de decisão em grupo e sugestões para o raciocínio criativo.

PROCESSO DE TOMADA DE DECISÃO

Grande parte do trabalho de um supervisor consiste em tomar decisões no âmbito de todas as funções da gestão. O que o supervisor ou o departamento deve realizar hoje ou esta semana? Quem deve ficar encarregado de um projeto ou uma máquina específica? O que o supervisor deve dizer ao seu gestor sobre o cliente que reclamou ontem? Os funcionários precisam de mais treinamento ou apenas de mais inspiração? Como o supervisor pode acabar com a disputa permanente entre dois funcionários? Esses são apenas alguns dos problemas que o típico supervisor irá incorrer.

Em muitos casos, o supervisor toma decisões como essas sem refletir muito sobre todo o processo que envolve uma decisão. O supervisor age de maneira automática porque imagina que aquela decisão seja a correta ou porque sempre resolveu problemas semelhantes dessa maneira. Quando alguma decisão parece mais complexa, o supervisor tende a refletir mais sobre o processo decisório. Por exemplo, ao decidir se deve adquirir um maquinário ou demitir um funcionário, o supervisor pode criar uma lista criteriosa de prós e contras, tentando incluir todas as questões financeiras, práticas e éticas. (O Capítulo 4 apresenta discussões sobre tomada de decisões éticas.) Embora muitas vezes tomar uma decisão possa parecer uma ação automática, o supervisor pode melhorar a maneira como toma decisões, entendendo o funcionamento do processo decisório, na teoria e na prática.

Modelo Racional

Se soubéssemos tudo, tomaríamos decisões perfeitas. Como um sabe-tudo tomaria uma decisão? Provavelmente ele seguiria o modelo racional de tomada de decisão, ilustrado na Figura 9.1.

Identificar o Problema

De acordo com esse modelo, o responsável pela decisão, primeiramente, identifica o problema. Retomando o Capítulo 9, é importante distinguir os sintomas de um problema do problema em si. Normalmente, o supervisor é o primeiro a perceber os sintomas, e, conseqüentemente, cabe a ele procurar o problema.

FIGURA 9.1 Modelo Racional de Tomada de Decisão

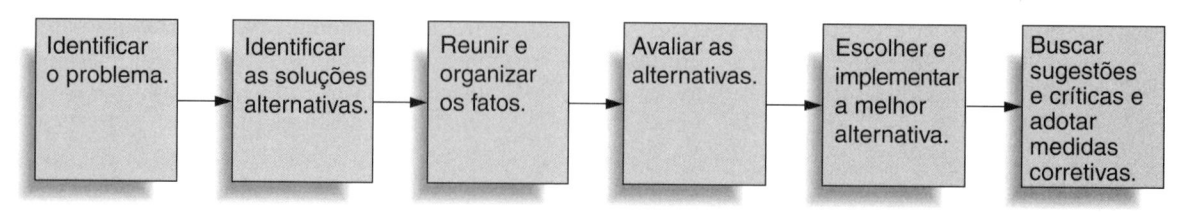

| Identificar o problema. | Identificar as soluções alternativas. | Reunir e organizar os fatos. | Avaliar as alternativas. | Escolher e implementar a melhor alternativa. | Buscar sugestões e críticas e adotar medidas corretivas. |

Por exemplo, Dave Frantz acredita que precisa trabalhar 60 horas por semana para cumprir seu trabalho como supervisor de um grupo de trabalhadores de serviços de manutenção. Frantz trabalha duro e passa pouco tempo socializando; portanto, o problema não está no seu empenho. Ele percebe que passa aproximadamente metade do seu tempo envolvido com os relatórios que a alta administração exige, o que o faz concluir que aí está o seu problema, pois perde muito tempo com a papelada. (Ao mesmo tempo, é comum Frantz encontrar e resolver outros problemas menores, o que lhe toma mais tempo.)

Identificar as Soluções Alternativas

O passo seguinte é identificar as soluções alternativas. No exemplo anterior, Frantz pensa em diversas possibilidades para resolver seu problema. Ele pode delegar a outros funcionários o trabalho com os relatórios, contratar uma secretária, adquirir um programa para automatizar parte do trabalho ou convencer a direção a eliminar a papelada exigida.

Reunir e Organizar os Fatos

Em seguida, a pessoa que tem poder de decisão reúne e organiza os fatos. Frantz pergunta ao seu gestor se todos aqueles relatórios são realmente necessários; o gestor lhe responde que sim. No departamento de recursos humanos, Frantz obtém informações sobre a faixa salarial das secretárias. Ele avalia quais aspectos do seu trabalho podem ser delegados e separa anúncios e artigos de revista sobre vários computadores e programas.

Avaliar as Alternativas

O supervisor, então, avalia as alternativas com base nas informações que ele reuniu. Esse processo deve ser o mais objetivo possível. Para o supervisor, são critérios relevantes para sua avaliação: o tempo exigido, o valor envolvido, a aceitabilidade ética e legal de cada alternativa e as considerações de aspecto humano, como, por exemplo, o provável impacto nos funcionários e clientes. O ideal seria que a alternativa escolhida tivesse um impacto positivo nos seguintes aspectos: custos menores, vendas maiores, qualidade melhor e clientes e funcionários mais satisfeitos.[2] No exemplo de Dave Frantz, ele chega à conclusão de que não pode eliminar ou delegar o trabalho com os relatórios. Ele sabe que o programa custaria muito menos que a secretária, embora esta lhe economizasse mais tempo. Ele acredita que seu gestor estaria mais propenso a comprar o programa do que contratar uma secretária.

Escolher e Implementar a Melhor Alternativa

O supervisor, em seguida, escolhe e implementa a melhor alternativa. No exemplo citado, Frantz decide comprar o programa. Assim, prepara um relatório mostrando os custos e benefícios dessa aquisição. Ele destaca os benefícios que a companhia terá se ele for mais eficiente e puder passar mais tempo liderando e controlando. Ele escolhe o programa que acredita atender melhor às suas necessidades a um custo razoável.

Ao avaliar e escolher as alternativas, como o supervisor pode decidir qual a melhor? Algumas vezes, a opção é óbvia, mas, em outras ocasiões, o supervisor necessita de um critério formal para decidir, como, por exemplo:

- A alternativa escolhida deve efetivamente resolver o problema. Ignorar a papelada possibilitaria que Frantz saísse do trabalho no horário, mas não resolveria o problema da execução do trabalho.
- A alternativa aceitável deve ser viável. Em outras palavras, o supervisor deve poder implementá-la. Por exemplo, Frantz descobriu que não era viável pedir para diminuir o trabalho com os relatórios.
- O custo da alternativa deve ser razoável se comparado aos benefícios produzidos. O empregador de Frantz pode considerar razoável o gasto na aquisição de um pro-

grama, mas pode acreditar ser alto o custo de uma secretária de período integral quando comparado aos benefícios de facilitar a execução do trabalho.

Buscar Sugestões e Críticas

O último passo é buscar sugestões e críticas e adotar medidas corretivas. No exemplo citado, Frantz apresenta a proposta ao seu gestor, que sugere alguns acréscimos e algumas modificações. Seu gestor sugere inclusive que os demais funcionários da companhia também trabalhem com o novo tipo de relatório que Frantz irá gerar. Frantz faz a requisição do programa e, quando ele chega, automatiza parte do seu trabalho, usando a experiência para melhorar suas idéias originais.

Quando uma decisão afetar o futuro da carreira de uma pessoa ou representar um gasto significativo, o supervisor deverá tomar a melhor decisão possível. Uma maneira de fazê-lo é tentando completar cada uma das etapas do modelo racional. Em geral, o supervisor pode se beneficiar desse modelo quando as decisões forem complexas e formais ou quando suas conseqüências forem significativas.

Concessões Humanas

O exemplo do modelo racional de tomada de decisões pode parecer bem distante do dia-a-dia da maioria dos supervisores. Muitas vezes, o supervisor não tem tempo nem vontade de seguir todos os passos do modelo até tomar uma decisão. Mesmo quando tenta seguir esses passos, muitas vezes o supervisor sente dificuldade para pensar em todas as alternativas ou reunir todos os fatos necessários. Algumas vezes, não surge nenhuma alternativa que demonstre ser claramente a melhor.

Por causa dessas limitações organizacionais e humanas, o supervisor – assim como todas as pessoas que tomam decisões – faz concessões na maior parte do tempo (veja a Figura 9.2). A decisão resultante pode não ser perfeita, mas normalmente é a que o responsável pela decisão mais aceita. O supervisor que está ciente dos tipos de concessão que as pessoas fazem consegue percebê-los melhor quando ele próprio faz uso desses tipos. Além disso, está claro para o supervisor que em determinadas situações alguns tipos de concessão podem ser úteis, mas em outras não, e devem ser evitados ao máximo.

Simplicidade

Apesar de pensarmos que em muitas situações abordamos o problema sob uma nova perspectiva e que já analisamos todas as opções, a maioria das pessoas acaba adotando uma visão mais simplista. Normalmente as pessoas refletem sobre suas pró-

FIGURA 9.2
Concessões Humanas na Tomada de Decisão

- Simplicidade
- Racionalidade Limitada
- Racionalidade Subjetiva
- Racionalização
- Ponto de Vista Pessoal
- Síndrome da Recenticidade
- Estereotipagem

- Decisões Racionais

FIGURA 9.3
O Processo da Racionalidade Limitada

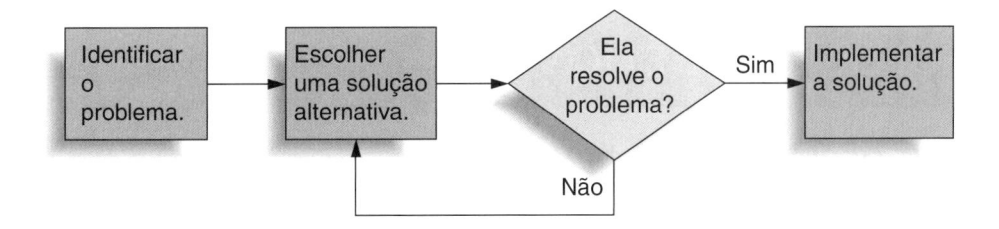

prias experiências e pensam em como resolveram problemas semelhantes no passado. Se consideram algumas possibilidades, acreditam já terem considerado todas. As pessoas tendem a escolher uma alternativa que já experimentaram antes e que produziu resultados aceitáveis. O aspecto negativo dessa tentativa de simplificação é a tendência de ignorar soluções inovadoras, mesmo que elas produzam resultados melhores algumas vezes.

Racionalidade Limitada

Quando o tempo, os custos ou outras limitações, como a tendência a simplificar, tornam impossível ou difícil encontrar a melhor alternativa, o responsável pela decisão escolhe uma alternativa que considera suficientemente boa. Escolher uma alternativa que atenda aos padrões mínimos de aceitabilidade é uma forma de **racionalidade limitada**; ou seja, a pessoa responsável por decidir impõe restrições, ou *limites*, ao modelo *racional* de tomada de decisão. (A Figura 9.3 mostra como funciona a racionalidade limitada.) O responsável pela decisão considera as alternativas somente até encontrar uma que atenda aos critérios mínimos de aceitabilidade.

racionalidade limitada
Escolher uma alternativa que atenda aos padrões mínimos de aceitabilidade

Por exemplo, uma supervisora que está cansada dos atrasos dos funcionários pode, a princípio, pensar em demitir todos que chegarem atrasados em determinada semana. Mas ela sabe que essa alternativa seria desmoralizante, criaria uma necessidade grande e súbita de contratar e treinar e provavelmente não impressionaria seu gestor. Portanto, ela descarta essa alternativa. Então ela se lembra de ter concedido "prêmio por pontualidade" no ano anterior, mas que isso não acabou com os atrasos. Ela descarta também essa alternativa. Por último, ela se lembra de ter lido um artigo que recomendava explicar claramente aos funcionários as consequências que esse tipo de comportamento acarretava e, depois, fazê-los sentir tais consequências. Ela decide tentar essa abordagem. Provavelmente existem outras maneiras de resolver o problema (que podem ser melhores), mas a supervisora não gasta mais tempo pensando nelas.

Racionalidade Subjetiva

Quando as pessoas avaliam as alternativas, tendem a contar com a intuição e o instinto, em vez de coletar dados imparciais. Por exemplo, um supervisor de vendas pode prever que os pedidos aumentarão no ano seguinte em 2%. O supervisor de vendas não chegou a esse número por meio de pesquisa de marketing ou de análise de dados do setor; ao contrário, ele se baseou na sua experiência com as tendências de demanda do produto. Portanto, mesmo quando o processo para se chegar à decisão é racional, os números usados no processo podem ser subjetivos e, portanto, não totalmente precisos.

Racionalização

As pessoas tendem a ser favoráveis às soluções que acreditam conseguir justificar aos outros. Por exemplo, a supervisora de produção Renata King sabe que seu gestor busca conter os custos. Quando King avalia alternativas para tratar de algum problema, ela costuma dar preferência àquela que tenha o custo mais baixo.

SUPERVISÃO E ÉTICA

QUE DECISÕES VOCÊ CONSEGUE JUSTIFICAR?

Para ilustrar uma armadilha em uma tomada de decisão ética, os professores Ian Ayres e Barry Nalebuff apresentam o exemplo de um passageiro que pega o trem Metro-North de New Haven, Connecticut (onde eles lecionam), para ir até a grande estação central, na Cidade de Nova York. O trem vive lotado, e o maquinista nunca perfura o bilhete do passageiro. Se você fosse esse passageiro, talvez quisesse manter o bilhete, já que ele é válido por três meses e ninguém viu se já foi usado ou não.

Ayres e Nalebuff afirmam que seus alunos normalmente respondem que reutilizariam o bilhete, apresentando diversas justificativas para tal. Por exemplo, alguns dizem que o erro é do maquinista que não invalida o bilhete. Por que o cliente deveria sair caçando o maquinista? Eles se sentem incomodados com a idéia de simplesmente rasgar o bilhete em um ato de honestidade. Outros sugerem dar o bilhete a um morador de rua, embora se oponham a outras formas de furto contra a companhia de trens a fim de ajudar pessoas pobres.

Outras justificativas são mais complexas e quantitativas. Alguns alunos disseram a Ayres e Nalebuff que a reutilização do bilhete seria uma maneira de compensação pelos atrasos do passado ou pela perda de algum bilhete, como se as decisões éticas servissem de meio para tornar a vida mais justa. Os alunos apresentaram como justificativa que a companhia de trens poderia aumentar os preços para compensar os bilhetes não invalidados e reutilizados; por outro lado, eles se demonstraram mais incomodados com a idéia de realizar pequenos furtos ocasionalmente com a justificativa de que as lojas poderiam aumentar os preços para cobrir esse tipo de prejuízo. No fim, essas discussões levaram a maioria dos alunos a concluir que não devem reutilizar o bilhete.

Promovendo esse tipo de discussão, Ayres e Nalebuff chegaram à conclusão de que as pessoas normalmente procuram justificar o comportamento antiético em vez de admitir o erro. Os professores afirmam: "A justificativa dada é esta: 'Sou uma pessoa ética. Portanto, se agi de determinada maneira, foi com ética. Preciso encontrar uma justificativa ética para o meu ato'".

Para o supervisor, essa é uma forma duvidosa de tomar decisões, já que ele próprio deve seguir os altos padrões e também servir de exemplo para os funcionários. Antes de tentar justificar as questões éticas, o supervisor deve considerar o risco de que seu raciocínio seja uma mera racionalização.

Fonte: Ian Ayres e Barry Nalebuff, "Throwaway Tickets", *Forbes*, 16 ago. 2004, extraído de InfoTrac, http://web7.infotrac.galegroup.com.

Pode ser que outra alternativa seja melhor, mas ela acredita que, independentemente do resultado, seu gestor se mostrará mais satisfeito com seu esforço em manter os custos baixos.

A racionalização também interfere nas boas decisões quando o responsável pela decisão se concentra mais em justificar a alternativa do que em avaliar as opções com base em critérios já definidos. Por exemplo, ao examinar como gastar o dinheiro da organização, o supervisor ou gestor deve pensar no impacto que causará sobre os clientes, os funcionários e sobre as metas da companhia. No entanto, em escândalos corporativos recentes, alguns executivos gastaram grandes somas para fins que aparentemente apenas os enriqueceram em termos pessoais. Por exemplo, quando Dennis Kozlowski era CEO da Tyco International, a companhia comprou para ele uma cortina de banheiro no valor de $ 6 mil e um cesto de lixo folheado a ouro no valor de $ 2.200, entre muitos outros gastos inusitados. Kozlowski alegou considerar tais decisões aceitáveis porque a diretoria da Tyco havia autorizado os gastos.[3] O texto na seção "Supervisão e Ética" descreve os problemas que a racionalização pode causar quando aplicada a questões éticas.

Para combater os problemas relacionados à racionalização, o supervisor deve estabelecer metas claras, informá-las aos funcionários e se concentrar em cumpri-las. Quando o supervisor se concentra no que é mais importante, os funcionários tendem a fazer o mesmo.

Ponto de Vista Pessoal

Ao supervisionar programadores de computador, Abraham Wassad precisa revisar a documentação e as instruções que eles elaboram, que ensinam como utilizar os programas. Wassad mostrou a um dos programadores que algumas partes das suas instruções precisavam ser mais bem explicadas. "Acho que está ok do jeito que está", insistiu o programador. "*Eu* consigo entender."

Muitas vezes, as pessoas cometem o mesmo erro desse programador: presumir que todos percebem as coisas do mesmo modo que ele. O programador pensa que as instruções estão claras para qualquer pessoa. Tais suposições podem propiciar decisões incorretas em muitas áreas, inclusive em termos de quantidade de informações a serem transmitidas, o que é mais importante nas condições de trabalho para os funcionários, ou características do produto desejadas pelo cliente. Para evitar esse problema, o responsável pela decisão deve procurar descobrir o que as pessoas pensam e considerar o ponto de vista delas.

Em uma companhia produtora de aço revestido, os operadores não se preocupavam com a medição da espessura do revestimento, embora fosse um aspecto importante da qualidade do produto. A incorreção ou irregularidade da espessura causava problemas nos produtos dos clientes. No entanto, os problemas levavam anos para se tornarem aparentes, e os operadores estavam mais concentrados em aspectos que conseguiam perceber no dia-a-dia, como a quantidade de material que saía da fábrica. A companhia definiu que a solução seria combater a visão limitada dos trabalhadores, que passaram a participar de discussões com projetistas, vendedores e clientes do produto. Eles visitaram os laboratórios de testes onde eram detectados os problemas e os locais onde eram utilizados os produtos defeituosos. Essa iniciativa ajudou os trabalhadores a enxergar a importância da espessura do revestimento e, rapidamente, a começar a melhorar a qualidade.[4]

Síndrome da Recenticidade

As pessoas se lembram mais facilmente dos acontecimentos ocorridos recentemente do que daqueles ocorridos em algum momento do passado. Essa tendência é conhecida como **síndrome da recenticidade**. Por exemplo, um supervisor pode se lembrar de que a última vez que atribuiu uma avaliação negativa de desempenho a um funcionário, ele ficou irritado, mas não se lembrar de que a mesma avaliação negativa atribuída dois anos antes fez o funcionário melhorar o desempenho. É óbvio que, na maioria das situações, um fato não deve receber mais peso simplesmente por ser mais recente. Essa é uma das razões por que o responsável pela decisão precisa levar em conta as alternativas de forma razoável e mais plena possível.

síndrome da recenticidade
Tendência a lembrar mais facilmente dos acontecimentos ocorridos recentemente

Estereotipagem

Opiniões rígidas sobre um grupo de pessoas são chamadas de **estereótipos**. A estereotipagem interfere na tomada de decisão racional porque limita a compreensão do responsável pela decisão em relação às pessoas envolvidas. Os estereótipos distorcem a verdade e vão de encontro à idéia de que as pessoas oferecem uma rica variedade de pontos de vista e aspectos positivos individuais. Por exemplo, o estereótipo do afro-americano como pessoa atlética pode parecer lisonjeiro a princípio, mas pode também parecer um insulto e um equívoco quando aplicado a um funcionário afro-americano que possua qualidades de confiabilidade e o dom da oratória. Sem dúvida, esse funcionário preferiria ser reconhecido pelos seus talentos ímpares, e não por algumas qualidades estereotipadas, e um supervisor capaz de reconhecer tais talentos está mais apto a liderá-lo.

estereótipos
Opiniões rígidas sobre um grupo de pessoas

A cura para a estereotipagem está em *não* presumir que todos são iguais. Essa suposição não apenas é excessivamente simplista, como também é um insulto para as outras pessoas. Ela ignora os pontos positivos e os valores que as pessoas recebem da sua cultura. Assim, o supervisor deve se esforçar permanente e conscientemente para aprender sobre os vários grupos de pessoas representados no ambiente de trabalho. A finalidade é adquirir informações que sirvam de ponto de partida para compreender os outros e, também, reconhecer a peculiaridade de cada indivíduo dentro do grupo.

Além disso, é necessário que o supervisor esteja ciente de seus próprios estereótipos em relação às pessoas e situações. Ao tomar uma decisão, ele deve estudar se esses estereótipos realmente descrevem a situação em questão.

HABILIDADES EM SUPERVISÃO

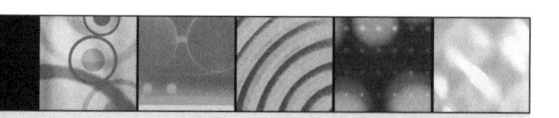

TOMANDO DECISÕES E RESOLVENDO PROBLEMAS

A AUTOMAÇÃO DECIDE QUEM ATENDE A CHAMADA

A maioria das pessoas que ligam para algum telefone de serviço de atendimento ao consumidor procurando ajuda relata um misto de boas e más experiências. Alguns clientes ficam esperando 45 minutos; outros têm o prazer de ter a ligação atendida depois do primeiro ou segundo toque. Parece que alguns atendentes estão totalmente familiarizados com a solução do problema; outros precisam consultar o supervisor para ajudá-los.

Para o supervisor, o problema é garantir que os atendentes trabalhem com eficácia e mantenham os clientes satisfeitos. Nos bastidores, esse processo envolve uma série de decisões, tais como quais funcionários devem atender as chamadas, como eles podem atender com eficácia cada ligação e quem deve atender a chamada seguinte. Felizmente, a tecnologia moderna oferece várias ferramentas que automatizam a maioria dessas decisões, liberando os supervisores para se concentrarem em ajudar os funcionários a desenvolver suas habilidades.

Com o objetivo de ajudar os funcionários a trabalhar bem, as centrais de atendimento podem utilizar algum programa de gerenciamento do desempenho. Esses programas são conhecidos, e a função deles é coletar dados sobre o nível de cumprimento de determinadas metas pelos funcionários, como a quantidade de chamadas completadas em determinado tempo. Programas similares, porém mais avançados, permitem também automatizar as decisões dos funcionários. Por exemplo, com base nas informações obtidas das pessoas que ligam, o programa pode exibir um roteiro de orientação para o funcionário, incluindo soluções para os problemas do cliente, além de possíveis produtos de interesse a consumidores com necessidades semelhantes. Além disso, os dados de desempenho podem ajudar funcionários e supervisores a tomar decisões sobre treinamento e orientação, possibilitando identificar áreas que necessitam de melhorias.

O programa também toma decisões complexas, como transferir ligações para um determinado atendente da central, de forma que ele possa atingir suas metas gerais. Muitas vezes, imagina-se que, quando alguém liga para uma central de atendimento, cada chamada é atendida na ordem, conforme os atendentes vão ficando livres. Na realidade, muitas centrais utilizam um programa para direcionar as ligações de acordo com as variadas metas. Uma maneira relativamente simples de fazer isso é atribuindo níveis de prioridade para os clientes. Utilizando o número de telefone do cliente ou qualquer outro tipo de identificação, o programa determina a importância do cliente para a companhia (os que gastam mais têm mais prioridade). Para que os clientes menos importantes não permaneçam esperando além do limite de sua paciência, o nível de prioridade deles aumenta gradualmente, à medida que o tempo de sua espera for aumentando.

Outro programa mais sofisticado também leva em conta as habilidades do funcionário que atende a chamada. Os atendentes são classificados com base nos dados coletados sobre, por exemplo, o treinamento de cada um e o histórico de solução de reclamações sem a necessidade de ajuda de outros. Quando o cliente liga, o sistema coleta as informações sobre o tipo de problema e, em seguida, a ligação é encaminhada para o atendente mais bem preparado para ajudar nesse tipo de chamada.

Evidentemente, o programa não é perfeito para tratar de decisões incomuns. No entanto, considerando o gigantesco volume de ligações a ser encaminhado e atendido pelas centrais, a automação economiza tempo e poder na tomada de decisões.

Fontes: Keith Dawson, "Turn Measurement into Action and Change", *Call Center*, 1º ago. 2006; Eli Borodow e Kevin Hayden, "IP Contact Center Technology: Eliminating the Risks (Part VII)", *Customer Interaction Solutions*, ago. 2005, ambos extraídos de Business & Company Resource Center, http://galenet.galegroup.com.

DIRETRIZES PARA A TOMADA DE DECISÃO

Será que o supervisor sempre deve evitar as concessões humanas ao tomar decisões? Não necessariamente. Em algumas situações, buscar seguir à risca o modelo racional seria custoso e demorado demais. Algumas vezes, o supervisor minimiza as concessões humanas, utilizando a informática para automatizar parte do processo de tomada de decisão. O texto na seção "Habilidades em Supervisão" serve de exemplo. Com ou sem tecnologia moderna, o supervisor tem diversas opções para tomar decisões de forma mais racional. Nos próximos parágrafos, serão apresentadas mais diretrizes para a tomada de decisão no trabalho.

Considerar as Conseqüências

O supervisor precisa estar ciente das possíveis conseqüências de uma decisão. Por exemplo, as decisões de contratação ou demissão acarretam grandes conseqüências no desempenho do departamento. Compras de itens de custo baixo são menos críticas que as compras de grandes equipamentos ou sistemas de computação. Algumas decisões afetam a segurança dos trabalhadores, enquanto outras apenas causam pequenas diferenças no conforto deles.

Quando as conseqüências de uma decisão são grandes, o supervisor deve levar mais tempo para decidir, seguir o modelo racional de decisão e procurar incluir o máximo de alternativas possíveis. Quando as conseqüências da decisão são brandas, o supervisor deve limitar o tempo e o dinheiro gastos na identificação e avaliação das alternativas. O supervisor pode optar por aceitar algumas das concessões humanas já descritas aqui.

Reagir Rápido em uma Crise

Quando uma usina nuclear está com superaquecimento, o supervisor não tem tempo para avaliar as qualificações dos funcionários e escolher o melhor para cada tarefa a fim de enfrentar a crise. Quando o cliente de uma loja está aos berros, reclamando do atendimento, o supervisor não tem tempo para relacionar todas as respostas possíveis. Ambas as situações demandam uma ação rápida.

Em uma crise, o supervisor deve escolher rapidamente o curso de ação que lhe pareça melhor. Essa é uma aplicação correta da racionalidade limitada. Em vez de esperar para avaliar as alternativas, o supervisor deve implementar a solução e avaliar se a reação está funcionando. Com base na reação, o supervisor pode modificar a solução escolhida.

Refletindo a respeito da sua carreira, Jackson Tai, atualmente executivo da companhia de serviços financeiros DBS Group Holdings, sente muito orgulho de uma decisão que tomou numa ação rápida para cumprir os altos padrões éticos. Há alguns anos, a filial de Hong Kong estava sendo reformada, e dezenas de cofres de segurança foram destruídos acidentalmente. A companhia imediatamente assumiu total responsabilidade, pediu desculpas publicamente e se ofereceu para indenizar os clientes cujos itens haviam sido danificados ou destruídos. Tai afirma que a companhia foi elogiada "pelo fato de termos sido firmes e assumido seriamente a nossa responsabilidade com os clientes".[5]

Informar o Gestor

O gestor não quer saber de todas as decisões tomadas pelo supervisor no dia-a-dia. Contudo, ele precisa saber o que está acontecendo no departamento. O supervisor deve, então, informá-lo das principais decisões, inclusive daquelas que afetam o cumprimento dos objetivos departamentais, das respostas diante de uma crise e de qualquer decisão controvertida.

Quando o gestor precisa tomar conhecimento de alguma decisão, é recomendável normalmente que o supervisor discuta o problema antes de tomar a decisão e anunciá-la. O gestor pode enxergar algum aspecto do problema que tenha escapado à atenção do supervisor ou pode ter prioridades diferentes, que o façam vetar ou modificar a solução apresentada pelo supervisor. Por exemplo, quando uma supervisora quis criar uma nova posição para um funcionário muito capaz, seu diretor aprovou com a condição de que ela não aumentasse o orçamento total. Tendo esse tipo de informação, ajustando-se à condição e ao mesmo tempo avaliando as alternativas, a supervisora tem menos complicações e evita contrariar o gestor. Evidentemente, em uma situação de crise, ela pode não ter tempo para consultar o gestor e deve encontrar uma forma de discutir a decisão com ele, posteriormente.

Ser Determinado, porém Flexível

Às vezes, é difícil dizer qual alternativa mais provavelmente terá êxito ou produzirá os melhores resultados. Duas alternativas podem parecer igualmente boas, ou talvez nenhuma pareça suficientemente boa. Nesse caso, o supervisor pode encontrar dificuldades em passar do estágio de análise das alternativas para o estágio de escolha e implementação de uma delas. Entretanto, evitar a decisão é outra maneira de decidir não fazer nada, e isso não é a melhor opção. Ademais, os funcionários e colegas acham frustrante trabalhar com alguém que pareça jamais se decidir ou retornar com as respostas para os seus questionamentos. Portanto, o supervisor precisa ser determinado.

Ser determinado significa chegar a uma decisão em um tempo razoável. O razoável se mede dependendo da natureza da decisão. Por exemplo, o supervisor não deve passar horas decidindo quais tarefas atribuir aos técnicos todos os dias de manhã, mas pode gastar vários dias selecionando um candidato para preencher uma vaga, porque essa decisão é mais complexa, e suas conseqüências são maiores. O supervisor deve escolher a alternativa que lhe pareça melhor (ou pelo menos aceitável) dentro do prazo apropriado para a decisão e, depois, concentrar-se em implementá-la.

Certos tipos de comportamento são típicos de um supervisor determinado. O supervisor determinado elimina rapidamente as questões rotineiras, encaminhando-as imediatamente às pessoas adequadas, e não deixa o trabalho parado. O supervisor determinado assume total responsabilidade pela obtenção dos fatos necessários, quando precisa resolver algum problema. Enfim, o supervisor determinado mantém os funcionários informados sobre o que ele espera deles e como cada um está progredindo em relação a seus objetivos.

Ser determinado não significa ser um supervisor que não enxerga os erros que comete. Ao implementar uma solução, o supervisor precisa buscar sugestões e críticas que indiquem se ela está funcionando. Se a primeira tentativa de solucionar o problema falhar, o supervisor deverá ser flexível e tentar outra abordagem. Depois que o supervisor de uma agência do correio de Carmel, na Califórnia, removeu os pôsteres criados por um cartunista local famoso, com o intuito de adequar sua agência à padronização exigida pela política do serviço de correios norte-americano, ele teve de enfrentar as pessoas que protestaram e reuniram mais de mil assinaturas em petições contra a ação. Os manifestantes chegaram a envolver o deputado local, Sam Farr, que convenceu as autoridades do correio a flexibilizar os regulamentos em favor dos gostos locais. Com o supervisor liberado para dar a seus clientes aquilo que eles desejavam, a agência do correio de Carmel planejou uma cerimônia de comemoração para a recolocação dos cartazes.[6]

Evitar as Armadilhas ao Tomar Decisões

Alguns supervisores parecem se deliciar quando há crises e prazos para cumprir e agem como se cada decisão fosse uma questão de vida ou morte (veja a Figura 9.4). Mas um bom planejamento pode evitar muitas crises; questões de vida ou morte não são atribuições usuais do trabalho de um supervisor. Transformar cada decisão em uma grande questão não torna o supervisor mais importante, mas interfere efetivamente na clareza do seu raciocínio. O supervisor deve ser capaz de colocar cada questão em perspectiva, para que possa avaliar com calma as alternativas, e dedicar tempo adequado para encontrar a solução.

Outra armadilha que o responsável pela decisão precisa atentar é a reação inadequada diante do fracasso. Se o supervisor tomar uma decisão errada, sua imagem ficará melhor se reconhecer o erro. Procurar algum culpado apenas faz o supervisor parecer irresponsável. Ao mesmo tempo, o supervisor não precisa ficar agonizado com seus erros. A visão construtiva consiste em extrair qualquer lição do erro e seguir adiante.

FIGURA 9.4
Armadilhas ao Tomar Decisões

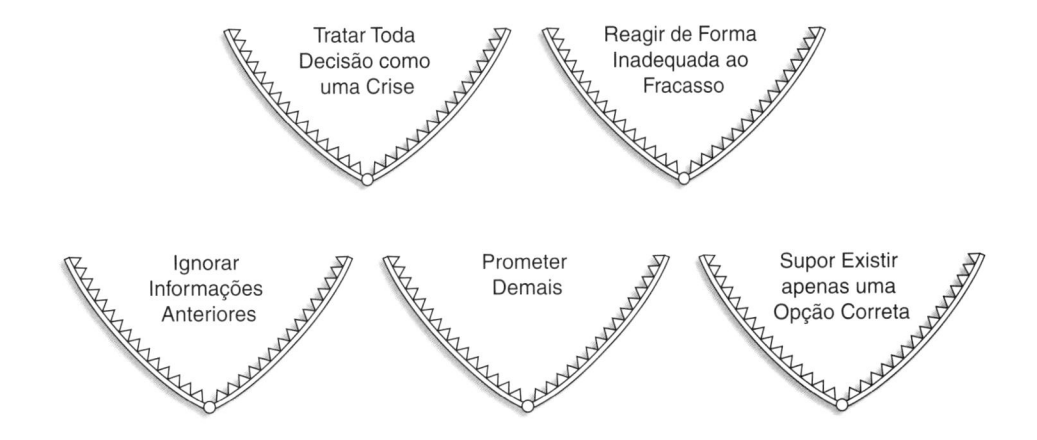

- Tratar Toda Decisão como uma Crise
- Reagir de Forma Inadequada ao Fracasso
- Ignorar Informações Anteriores
- Prometer Demais
- Supor Existir apenas uma Opção Correta

Ao tentar ganhar tempo e trabalhar de forma independente, alguns supervisores não recorrem a informações que estão disponíveis facilmente. Uma fonte importante de informações são os dados de situações anteriores. Será que algumas das alternativas já foram tentadas antes? Se foram, quais teriam sido os resultados? Respondendo a essas perguntas, o supervisor consegue avaliar as alternativas de forma mais realista. Para problemas e decisões recorrentes, o supervisor pode criar um sistema para coletar informações que possam ser usadas em decisões futuras. Consultando outros colegas da organização ou especialistas externos, o supervisor, muitas vezes, consegue obter dados disponíveis facilmente que o ajudem a tomar uma decisão melhor. Pode ser necessário que o supervisor certifique-se de que os funcionários estejam compartilhando as informações com eficácia. Parece mais fácil supor que todos os funcionários entendem daquilo que precisam entender, mas essa suposição precisa ser testada de vez em quando. Por exemplo, um fabricante tentava resolver um problema com um gerador de energia que vinha usando há mais de cinco anos. Como era um equipamento usado há tanto tempo, a direção da empresa não acreditava que os funcionários precisassem de treinamento técnico para resolver o problema. No entanto, um grupo de operadores, eletricistas, engenheiros e outros técnicos pararam seus trabalhos durante algumas horas para analisar o funcionamento do gerador. Alguns minutos depois de iniciada a análise, ficou claro que os integrantes de cada grupo usavam termos diferentes para as peças do equipamento e tinham visões diferentes sobre os processos do gerador. Antes que eles pudessem se comunicar suficientemente bem para resolver o problema original, os integrantes dos grupos tiveram de estabelecer um entendimento comum.[7]

Às vezes, o supervisor se sente tentado a prometer demais. Esse erro coloca muitos supervisores em uma armadilha, porque as promessas deixam as pessoas felizes – pelo menos até serem quebradas. Por exemplo, um supervisor pode prometer um aumento salarial a um funcionário irritado antes de verificar se o orçamento comporta tal aumento. Essa promessa pode resolver o problema imediato de irritação do funcionário, mas pode ter efeito contrário se o supervisor não conseguir cumprir o prometido. Do mesmo modo, uma supervisora pode dizer ao seu gestor que consegue continuar cumprindo os prazos mesmo durante a instalação de um novo sistema de computador. Ela não está muito segura disso, mas prometer é uma maneira de evitar o confronto com o seu gestor (pelo menos até o departamento não cumprir algum prazo). Na verdade, todos ficariam mais satisfeitos se o supervisor fizesse promessas realistas. Desse modo, é possível chegar às soluções que funcionem dentro do esperado.

Outra armadilha seria supor a existência de apenas uma decisão "correta". Em seu famoso livro sobre raciocínio criativo, *Um Toc na Cuca* (*Whack on the Side of the Head*), Roger Von Oech afirma que devemos deixar para trás a primeira idéia mais comumente usada – a "única resposta certa" – para alcançar idéias novas e possivelmente melhores. Von Oech diz: "É a segunda, terceira ou décima resposta certa que resolve o problema de forma inovadora".[8]

FERRAMENTAS PARA A TOMADA DE DECISÃO

Na preparação do orçamento do ano seguinte, LaTanya Jones, gestora do departamento de eletrodomésticos de uma loja, precisava determinar a quantidade de colegas vendedores que teriam de trabalhar cada dia da semana. Na fábrica que produz equipamentos de ar-condicionado, o supervisor de produção Pete Yakimoto precisava descobrir por que o índice de defeitos estava aumentando e o que fazer para corrigir o problema. Os funcionários de Yakimoto alegavam que os erros ocorriam porque eles tinham de trabalhar rápido demais, e ele se questionava se contratar mais funcionários seria financeiramente justificável.

Problemas como esses são difíceis de serem resolvidos mentalmente. Normalmente, um supervisor diante de decisões com essa complexidade precisa de ferramentas e técnicas para analisar as alternativas. Algumas das ferramentas mais utilizadas são: a teoria da probabilidade, a árvore de decisão e os programas de computador.

Teoria da Probabilidade

Às vezes, o supervisor precisa escolher dentre várias ações aquela que proporcione o maior benefício (ou o menor custo), mas não é capaz de controlar completamente o resultado. Portanto, o supervisor não tem 100% de certeza de qual será o resultado. Por exemplo, um supervisor de vendas pode dizer aos vendedores quais clientes visitar, mas não pode controlar o comportamento dos clientes. Pete Yakimoto, no exemplo citado anteriormente, pode recomendar a contratação de novos funcionários; no entanto, ele tem controle limitado sobre como será o desempenho deles. Em termos estatísticos, situações com resultados incertos envolvem risco.

teoria da probabilidade
Conjunto de técnicas para comparar as conseqüências das decisões possíveis em uma situação de risco

Para tomar decisões em situações de risco, o supervisor pode comparar as conseqüências de diversas alternativas usando a **teoria da probabilidade**. Para lançar mão dessa teoria, o supervisor precisa saber ou ser capaz de estimar o valor de cada possível resultado e a chance (probabilidade) de o resultado ocorrer. Por exemplo, um supervisor de produção está comparando duas prensas de estamparia. O supervisor quer usar uma prensa para produzir $ 1 milhão em peças por ano. A prensa A custa $ 900 mil e a prensa B, $ 800 mil. Baseado no registro de acompanhamento e reclamações dos fornecedores, o supervisor acredita que há 90% de chance de a prensa A durar dez anos (produzindo, assim, $ 10 milhões em peças) e apenas 10% de chance de quebrar depois de cinco anos (produzindo, assim, $ 5 milhões em peças). O supervisor acredita que há 30% de chance de a prensa B quebrar depois de cinco anos.

Para aplicar a teoria da probabilidade nas decisões em situações de risco, o supervisor pode começar colocando os resultados possíveis em forma de tabela. A Tabela 9.1 mostra a possível produção das prensas de estamparia. Nesse caso, o supervisor subtraiu o custo da prensa do valor possivelmente produzido pelo equipamento em cinco ou dez anos. Pode-se observar que, como a prensa B é mais barata, esse equipamento possivelmente produzirá um resultado maior. É necessário lembrar, no entanto, que a prensa B também tem mais possibilidade de quebrar depois de cinco anos. O *valor esperado* (VE) de cada resultado possível é calculado multiplicando o resultado possível (R) pela probabilidade desse resultado (P). Esse cálculo pode ser representado pela fórmula: $VE = R \times P$. A Tabela 9.2 mostra os resultados desse cálculo. O supervisor deve escolher a prensa com o maior valor esperado, que, nesse caso, seria a A.

TABELA 9.1
Possíveis Resultados em uma Situação de Risco

	Cinco Anos de Produção	Dez Anos de Produção
Prensa A	$ 5 milhões − $ 900 mil = $ 4,1 milhões	$ 10 milhões − $ 900 mil = $ 9,1 milhões
Prensa B	$ 5 milhões − $ 800 mil = $ 4,2 milhões	$ 10 milhões − $ 800 mil = $ 9,2 milhões

Nota: Os resultados são calculados subtraindo do valor da produção o custo da prensa.

TABELA 9.2
Valor Esperado das Possibilidades

	Cinco Anos de Produção	Dez Anos de Produção
Prensa A	$ 4,1 milhões × 0,10 = $ 410 mil	$ 9,1 milhões × 0,90 = $ 8,2 milhões
Prensa B	$ 4,2 milhões × 0,30 = $ 1,3 milhão	$ 9,2 milhões × 0,70 = $ 6,4 milhões

Nota: Os valores são calculados multiplicando os resultados possíveis (da Tabela 9.1) pela probabilidade de ocorrência desses resultados.

Árvore de Decisão

Na vida real, a maioria das decisões envolvendo probabilidade é, no mínimo, tão complexa quanto o exemplo anterior de compra de equipamento. Fica mais fácil separar o valor relativo das alternativas utilizando um gráfico. Portanto, o supervisor pode considerar interessante utilizar uma árvore de decisão para tomar decisões em situações de risco. **Árvore de decisão** é um gráfico que ajuda no processo de tomada de decisão, mostrando os valores esperados pelas decisões, em variadas circunstâncias.

Como retratada na Figura 9.5, a árvore de decisão mostra as alternativas disponíveis, originárias dos pontos de decisão. Para cada alternativa, pode ocorrer um de diversos eventos. Assim como no exemplo anterior, a pessoa responsável pela decisão calcula a probabilidade de ocorrência de cada evento. Para determinar o valor esperado de cada resultado, o responsável pela decisão multiplica a probabilidade pelo valor do resultado ($VE = R \times P$). A pessoa responsável pela decisão deve selecionar a alternativa com o maior valor esperado.

Por exemplo (veja a Figura 9.5), um supervisor de vendas está tentando decidir se deve contratar um novo vendedor com um salário anual de $ 40.000. O supervisor prevê que, com o novo vendedor na equipe, haverá 60% de chance de as vendas do

árvore de decisão
Gráfico que ajuda o responsável pela decisão a usar a teoria da probabilidade, mostrando os valores esperados pelas decisões, em variadas circunstâncias

FIGURA 9.5 Uma Árvore de Decisão Simples

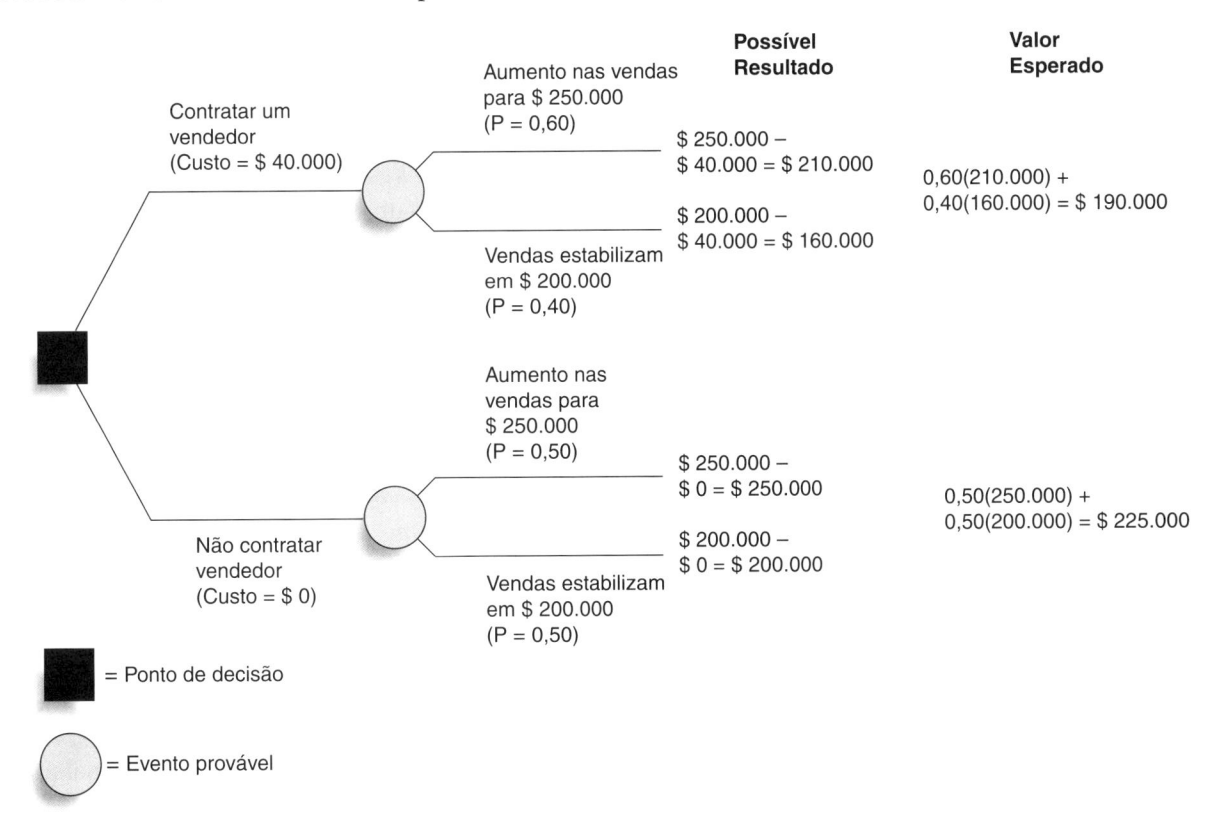

- Contratar um vendedor (Custo = $ 40.000)
  - Aumento nas vendas para $ 250.000 (P = 0,60)
    - $ 250.000 − $ 40.000 = $ 210.000
  - Vendas estabilizam em $ 200.000 (P = 0,40)
    - $ 200.000 − $ 40.000 = $ 160.000
  - Valor Esperado: 0,60(210.000) + 0,40(160.000) = $ 190.000

- Não contratar vendedor (Custo = $ 0)
  - Aumento nas vendas para $ 250.000 (P = 0,50)
    - $ 250.000 − $ 0 = $ 250.000
  - Vendas estabilizam em $ 200.000 (P = 0,50)
    - $ 200.000 − $ 0 = $ 200.000
  - Valor Esperado: 0,50(250.000) + 0,50(200.000) = $ 225.000

■ = Ponto de decisão
○ = Evento provável

departamento aumentarem de $ 200.000 para $ 250.000. Sem o novo vendedor, as chances de as vendas aumentarem seriam de apenas 50%. O supervisor supõe que, na pior das hipóteses, o departamento permaneceria estável em qualquer dos casos. O valor em dólar de cada resultado possível é o montante de vendas menos o custo da opção (contratar ou não contratar). Para calcular o valor esperado de cada opção, o supervisor multiplica a probabilidade de cada resultado pelo valor desse resultado. Supondo haver 60% de chance de as vendas aumentarem se o supervisor contratar um vendedor (e 40% de chance de permanecerem estáveis), o valor esperado da contratação seria de 0,60($ 210.000) + 0,40($ 160.000), ou seja, $ 190.000. O valor esperado por não contratar seria de $ 225.000. Com base no maior valor esperado por não contratar, o supervisor deve chegar à conclusão de que faz mais sentido em termos financeiros não contratar o vendedor, no momento.

Programas de Computador

Alguns programas de computador foram desenvolvidos para ajudar as pessoas a tomar decisões. Esse tipo de **software de apoio à tomada de decisão** conduz o usuário pelas etapas do processo decisório (veja a Figura 9.1). Além de fazer o usuário identificar as alternativas, o programa busca determinar os valores e as prioridades dele.

Para ajudar a selecionar as informações, o supervisor também pode usar programas de planilhas eletrônicas ou de gerenciamento de banco de dados. O programa de planilhas eletrônicas, como o Excel, ajuda o usuário a organizar os números em linhas e colunas; ele permite calcular automaticamente, por exemplo, a soma de uma coluna de números. O programa de gerenciamento de banco de dados, como o Access, IBM DB2 ou Oracle, armazena sistematicamente grandes volumes de dados e facilita que o usuário requisite e recupere categorias específicas de dados. O índice computadorizado de periódicos de uma biblioteca serve de exemplo desse tipo de programa.

O Commerce Bank passou a adotar um programa de gerenciamento de banco de dados quando descobriu que alguns administradores estavam gastando mais de dois terços do seu tempo respondendo a dúvidas dos funcionários. Às vezes, os funcionários das agências tinham de esperar semanas para receber as informações necessárias para tomar as decisões. O Commerce Bank instalou um sistema computadorizado, batizado de *Wow Answer Guide*, contendo detalhes de todos os processos envolvidos nas transações bancárias. Quando algum cliente tem dúvidas ou precisa da ajuda do funcionário em uma transação incomum, o atendente consegue encontrar as informações necessárias nesse banco de dados.[9]

Programas de computador desse tipo não substituem o supervisor na tomada de decisões, mas podem ajudá-lo a organizar suas idéias e a coletar informações. O supervisor ainda precisa identificar com criatividade as alternativas e utilizar seu bom senso para escolher a melhor solução.

software de apoio à tomada de decisão
Programa de computador que conduz o usuário pelas etapas do processo decisório

TOMADA DE DECISÃO EM GRUPO

Algumas organizações permitem ou esperam que o supervisor trabalhe com alguma equipe ou outro grupo para chegar a uma decisão. Por exemplo, o supervisor pode buscar informações ou opiniões de uma equipe de funcionários para decidir como atingir as metas de produção ou incentivá-los a descobrir uma solução entre eles. O supervisor também pode contar com os supervisores de outros departamentos para compartilharem seus conhecimentos.

Vantagens e Desvantagens

A decisão em grupo tem algumas vantagens em relação à decisão individual. Os integrantes do grupo podem contribuir com mais idéias alternativas que qualquer pessoa sozinha conseguiria pensar.

SUPERVISÃO NOS DIVERSOS SETORES

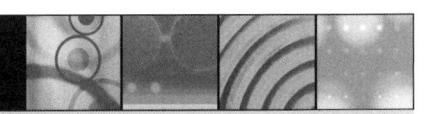

INDÚSTRIA DE TRANSPORTE RODOVIÁRIO

TOMADA DE DECISÃO EM GRUPO AJUDA A CONCRETIZAR A POLÍTICA

Uma empresa familiar de transporte rodoviário enfrentava uma situação difícil. Sofrendo com pressões externas, que incluíam o aumento no preço do combustível e os custos altos do seguro, além de fatores internos, como a alta rotatividade de sua mão-de-obra e a dificuldade em contratar novos motoristas, a empresa também estava tentando dobrar seu tamanho. Mas os esforços para crescer eram prejudicados porque havia uma permanente discordância dentro da companhia sobre como impor padrões de segurança aos motoristas da empresa.

O supervisor do departamento de segurança sabia quais eram os motoristas que tinham péssimos registros de segurança. Mas o supervisor do departamento de operações queria mantê-los empregados porque eram produtivos e difíceis de serem substituídos. Assim, a política de segurança da empresa nunca era totalmente implementada, porque, para isso acontecer, custaria à companhia esses motoristas.

Contudo, diversos acidentes de trânsito amplamente divulgados convenceram o dono da empresa de que a frota inteira estava colocando em risco grande parte dos negócios. Ele convocou uma reunião com todos da companhia para elaborar um conjunto mínimo de critérios para os motoristas, incluindo o número máximo de infrações durante o transporte, de acidentes evitáveis e de infrações fora do trabalho nos últimos 12, 24 e 36 meses. Uma vez aplicados, esses padrões facilmente identificaram seis motoristas que deveriam ser dispensados. Um deles estava na empresa desde a sua fundação e era famoso pelo cumprimento dos prazos de entrega e pelo excelente atendimento ao cliente.

Era uma decisão difícil, e o grupo discutiu durante algum tempo. Mas, no fim, os supervisores decidiram que exceções à regra não serviam ao melhor interesse da frota, e todos os seis motoristas com péssimos registros de segurança foram dispensados.

Sem essa decisão, as novas políticas teriam tido o mesmo destino das anteriores, ou seja, ignoradas quando fossem inconvenientes. Supervisores de todas as áreas podem enfrentar decisões igualmente difíceis. Nesse caso, a boa vontade em transformar a política em ação abriu caminho para melhorar tanto a segurança quanto os resultados financeiros da empresa.

Fonte: Jim York, "Safety Scorecard", *Fleet Owner*, mar. 2001, p. 34-35.

Como há uma tendência de as pessoas tomarem por base suas próprias experiências ao criar e avaliar as alternativas, um grupo enxergaria o problema de uma perspectiva mais ampla.

Além disso, as pessoas envolvidas na busca de uma solução tendem a apoiar mais a sua implementação. Ao se envolver na busca da solução, elas entendem melhor por que determinada solução foi escolhida e, como supõe-se que irá funcionar, tendem a enxergá-la como sendo uma solução *delas*. O Capítulo 3 apresenta mais detalhadamente as vantagens que o trabalho feito dessa maneira oferece às organizações, estabelecendo equipes de trabalho autogeridas e transformando o papel do supervisor de comandante para orientador. O texto na seção "Supervisão nos Diversos Setores" apresenta uma companhia que obteve apoio para a implementação de uma solução, usando a tomada de decisão em grupo.

Evidentemente, a decisão em grupo também tem desvantagens. Em primeiro lugar, uma única pessoa consegue chegar a uma decisão mais rápido que um grupo. Em segundo lugar, há um custo para a organização quando os funcionários gastam muito tempo em reuniões em vez de estarem produzindo ou vendendo. Em terceiro lugar, o grupo pode chegar a uma decisão mais fraca, deixando uma pessoa ou um pequeno subgrupo dominar o processo. Em quarto lugar, os grupos, às vezes, são vítimas do **pensamento coletivo**, que é o fracasso em raciocinar de forma independente e realista, decorrente da preferência dos componentes do grupo em desfrutar do consenso.[10] Alguns sintomas do pensamento coletivo são:

- Ilusão de ser invulnerável.
- Defesa da posição do grupo contra qualquer objeção.
- Visão do grupo sendo nitidamente moral, "o pessoal do bem".
- Visões estereotipadas dos oponentes.
- Pressão contra os integrantes do grupo que discordam.

pensamento coletivo
O fracasso em raciocinar de forma independente e realista, estando em um grupo, por causa do desejo de desfrutar do consenso

- Autocensura, ou seja, não permitir que ninguém discorde.
- Ilusão de que todos concordam (porque ninguém expõe uma visão contrária).
- "Patrulha ideológica" autonomeada, ou seja, pessoas que incitam os demais membros do grupo a aderir.

Com base em sua experiência, a consultora especializada em projetos de tecnologia da informação (TI) e software, Johanna Rothman, afirma que os peritos em TI tendem a ser ansiosos para tomar decisões. Quando há muitas pessoas na equipe, ela fica vulnerável ao pensamento coletivo, porque o grupo prontamente se agarra à primeira idéia sem procurar visões diferentes. Gerentes de projetos de TI que foram bem-sucedidos tentam reunir equipes com as mais diversas perspectivas, incluindo pessoas conhecidas por questionar idéias e discutir pontos de vista impopulares.[11]

Quando o supervisor percebe no seu grupo sintomas de pensamento coletivo, é hora de questionar se o grupo está efetivamente procurando soluções. O supervisor que também é o líder do grupo deve extrair diversos pontos de vista, pedindo sugestões e incentivando os integrantes do grupo a ouvir com mente aberta. Outra maneira de superar o pensamento coletivo seria indicando um componente do grupo para atuar como advogado do diabo, contestando a posição da maioria. Quando o grupo tiver chegado a uma decisão, o líder também pode sugerir que todos reflitam sobre ela e cheguem a uma decisão final em uma reunião posterior.

Tomando Decisões em Grupo

Dadas as vantagens e desvantagens da tomada de decisão em grupo, o supervisor deve agir com inteligência, envolvendo os funcionários em algumas decisões, mas não em todas. Quando a decisão precisa ser tomada rapidamente, tal como em uma emergência, o supervisor deve decidir sozinho. Decisões individuais são adequadas também quando o potencial benefício de uma decisão é tão pequeno que o custo do trabalho em grupo para decidir não seria justificável. No entanto, quando o supervisor precisa ter apoio para encontrar alguma solução, como estabelecer medidas para cortar custos ou melhorar a produtividade, o processo em grupo é proveitoso. Tomar decisões em grupo também pode ser vantajoso quando as conseqüências de tomar uma decisão ruim são grandes; as vantagens da sabedoria coletiva de um grupo compensam o tempo e o custo de reunir informações.

O supervisor pode deixar o grupo tomar a decisão ou o grupo pode apenas ajudar com informações e opiniões, deixando para o supervisor a responsabilidade de decidir. Por exemplo, o supervisor pode pedir ao grupo apenas para sugerir alternativas. Se o supervisor deixar a decisão a critério do grupo, ele pode pedir que os seus integrantes escolham qualquer alternativa ou pode oferecer algumas alternativas para eles escolherem. Uma vez que o supervisor pede sugestões e críticas, ele deve ter certeza de que pretende usar as informações. Os funcionários percebem rápido – ou sentem-se ofendidos – quando o supervisor apenas finge estar interessado em suas idéias.

Incentivando a Participação

Como a principal vantagem de tomar decisões em grupo é a variedade de opiniões e conhecimento disponíveis, o supervisor que conduz uma reunião de tomada de decisões deve garantir a participação de todos. Uma maneira básica de incentivar a participação é evitando monopolizar a discussão. O supervisor deve se concentrar em ouvir as opiniões dos participantes. Além disso, alguns integrantes de grupos têm mais facilidade que outros para se expressar. O supervisor deve observar os participantes que estão calados e pedir suas opiniões sobre tópicos específicos que estão sendo discutidos. Enfim, o supervisor pode incentivar a participação, reagindo de forma positiva quando as pessoas contribuem com idéias. Opor-se às críticas ou ridicularizar os integrantes do grupo vai inibi-los de falar.

Aprender a ouvir exige compromisso e prática. Brax Wright dirige uma empresa familiar, a Associated Supply Company. Ele queria ser visto como um gestor envolvido nas operações do dia-a-dia. Agindo dessa forma, ele sobrecarregava os funcionários com orientações e críticas. Quando ele e seus familiares descobriram que esse tipo de "microgestão" estava prejudicando o desempenho da companhia, decidiram conceder aos funcionários mais controle. Houve uma situação em que Wright descobriu que seus funcionários tinham mais capacidade de resolver problemas que a direção da empresa. Quando apareceram erros em uma contagem do estoque, Wright reclamou e convocou uma reunião. Os funcionários se opuseram aos esforços dos donos da empresa em descobrir o culpado pelo erro e, em vez disso, transformaram a discussão em uma oportunidade de planejar melhorias no processo de estoque da companhia.[12]

Outra barreira que inibe a participação dos indivíduos na tomada de decisão é a mentalidade "nós-eles" que pode jogar os integrantes da equipe uns contra os outros em vez de possibilitar o trabalho deles em conjunto para resolver algum problema. Mark Turner, vice-presidente de risco corporativo da Ford Motor Credit Co., conta a seguinte história:

> estávamos nos reunindo com um grupo de gestores da Ford Motor. No primeiro dia, um dos caras da Ford Motor começou a falar: "Se vocês do crédito apenas fizessem isso". Don [Winkler, presidente e CEO da Ford Motor Credit] disse: "Calma lá. Sou um executivo da Ford Motor Co. Todos fazemos parte da Ford. Se você vai ficar sentado nessa sala trabalhando nessa equipe, terá de esquecer esse negócio de 'nós' e 'eles'... Estou apenas tentando alertar que esse é um esforço coletivo".[13]

Brainstorming

Outra maneira de gerar idéias em grupo é utilizar a técnica de brainstorming. **Brainstorming** é um processo de geração de idéias (veja a Figura 9.6) em que os componentes do grupo expressam suas idéias, não importando quão bizarras elas possam parecer. Um dos integrantes do grupo registra todas as idéias, e ninguém pode criticar ou mesmo emitir qualquer comentário sobre elas até o final do processo.

Donald Winkler, presidente e CEO da Ford Motor Credit Co., adota um método ímpar para manter a sessão de brainstorming em uma rota positiva: ele não permite que a palavra "mas" seja pronunciada na sua presença. Greg Smith, um dos vice-presidentes da companhia, conta que o sentimento de Wringler em relação a essa regra é tão forte que nas reuniões no escritório de Colorado Springs: "Uma jarra fica sobre a mesa. Sempre que alguém diz 'mas', ele coloca um dólar na jarra".[14]

Ouvir as idéias das outras pessoas muitas vezes estimula o raciocínio dos integrantes do grupo. O supervisor pode explorar ainda mais o processo de raciocínio das pessoas por meio de táticas de expansão da mente, como, por exemplo, reunindo-se na área de trabalho, e não em salas de reunião comuns, pedindo que as pessoas que não integram o grupo identifiquem os problemas ou pedindo aos funcionários que se preparem para a reunião, listando individualmente os problemas a serem apresentados. Com todas as idéias listadas, o grupo consegue avaliar aquelas que se mostram mais promissoras.

brainstorming
Processo de geração de idéias em que os componentes do grupo expressam suas idéias, um dos integrantes as registra, e ninguém pode comentar sobre elas até o final do processo

FIGURA 9.6
O Processo de Brainstorming

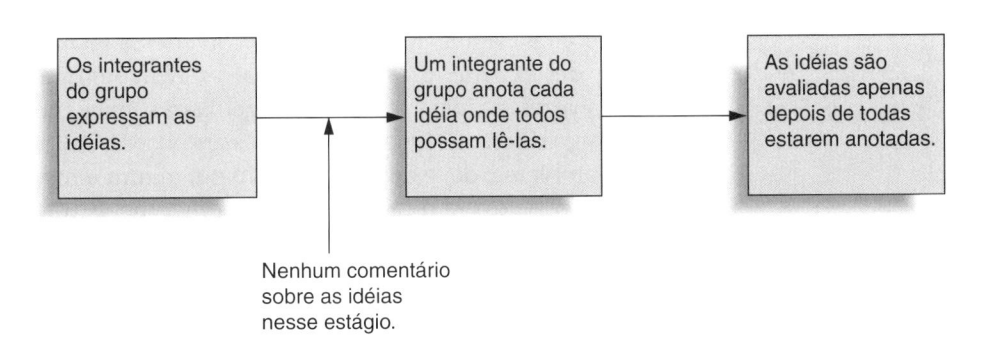

Os integrantes do grupo expressam as idéias. → Um integrante do grupo anota cada idéia onde todos possam lê-las. → As idéias são avaliadas apenas depois de todas estarem anotadas.

Nenhum comentário sobre as idéias nesse estágio.

CRIATIVIDADE

Rebecca Liss, gerente de operações de uma das filiais da Kemper Securities, teve de ser criativa quando contratou Gail para ser uma nova funcionária. Com Gail na equipe, o grupo de Liss ficou muito grande, mas não havia verba prevista no orçamento para espaço extra no escritório ou para um terminal de computador para Gail. Isso significava que dois funcionários teriam de compartilhar um terminal de alguma forma. Em conjunto com o seu pessoal, Liss trabalhou a idéia de dispor as mesas em forma de ilha, com um terminal de computador posicionado entre dois funcionários, que o compartilhavam.

Esse exemplo mostra como o raciocínio criativo pode produzir excelentes soluções. **Criatividade** é a capacidade de criar algo produtivo ou novo. Em termos de tomada de decisão, significa a capacidade de gerar alternativas inovadoras ou diferentes das usadas no passado. Quando algum problema parece não ter solução, o supervisor precisa de muita criatividade para encontrar uma nova abordagem.

> **criatividade**
> Capacidade de criar algo produtivo ou novo

É comum imaginarmos que, enquanto algumas pessoas são criativas, outras se restringem a seguir cursos de ação rotineiros e comuns. O questionário de Autoconhecimento da página 244 permite ao aluno avaliar seu nível de capacidade criativa. Caso você não consiga atingir o nível desejado, não desanime – as evidências mostram que as pessoas podem desenvolver a capacidade de serem criativas.

Raciocinando com mais Criatividade

O princípio básico para a pessoa se tornar mais criativa é ter a mente aberta para as próprias idéias. Ao tentar resolver algum problema, pense no máximo de alternativas possíveis. Anote todas, sem rejeitar nenhuma; e faça a avaliação delas somente depois de terminar de pensar. Esse processo é semelhante ao processo de geração de idéias em grupo. Quando viável, o processo de brainstorming em grupo ajuda a estimular a criatividade dos participantes. Sozinho ou em grupo, a prática ajuda as idéias a fluírem mais facilmente.

Anos atrás, o executivo da publicidade James Webb Young descreveu uma técnica de cinco etapas para a geração de idéias criativas:[15]

1. Reunir informações primárias, informando-se sobre o problema e desenvolvendo o seu próprio conhecimento geral. Young afirma: "Expandir constantemente a sua experiência, tanto de forma direta quanto indireta, [importa] demais no trabalho de produção de idéias".[16]
2. Examinar em detalhes as informações que possui. Se tiver idéias incompletas, anote-as para retomá-las posteriormente.
3. Refletir; deixar o inconsciente trabalhar. Em vez de pensar no problema, fazer qualquer coisa para estimular a imaginação ou a emoção, como, por exemplo, ouvir música.
4. Identificar alguma idéia. Ela provavelmente surgirá na cabeça de maneira involuntária.
5. Moldar e desenvolver a idéia para torná-la prática. Buscar críticas construtivas.

Três décadas depois de Young desenvolver essa técnica, ela ainda continua prática.

Young destaca que o raciocínio criativo nem sempre envolve um processo consciente. Às vezes, as idéias criativas surgem em sonhos ou devaneios ou quando se está fazendo algo diferente. Quando uma pessoa encontra dificuldades para resolver determinado problema, deve deixá-lo de lado por algum tempo e realizar outras atividades, tais como passear com o cachorro, tomar uma ducha, trabalhar em alguma tarefa diferente. Acima de tudo, não deixar de descansar ou divagar. Se estiver tentando resolver o problema em grupo e a discussão se desviar para outro caminho, deve-se adiar ou, pelo menos, fazer uma pausa e continuar a discussão mais tarde.

O empreendedor Ray Kurzweil, inventor de um sintetizador de som e um conversor de texto impresso em fala para portadores de deficiência visual, utiliza os sonhos para criar suas idéias. Antes de ir dormir, Kurzweil escolhe um problema e alguns critérios para a solução e, então, fica ponderando sobre ele à medida que vai pegando no sono. Muitas vezes, ele sonha com alguns aspectos da solução. Às vezes, quando ele acorda e reflete sobre os sonhos, Kurzweil consegue estabelecer uma relação entre as idéias sonhadas e o problema real, chegando, assim, a uma solução criativa.[17]

Evidentemente, o supervisor talvez não tenha condições de tirar uma soneca ou tomar uma ducha antes de qualquer grande decisão, mas pode encontrar outras maneiras de fazer uma pausa e dar tempo à criatividade. Algumas sugestões são:[18] mantenha a mente aberta e não aja como se estivesse tão ocupado a ponto de inibir os colegas e funcionários a compartilhar idéias, e preocupações. Funcionários tímidos e discretos podem ter grandes idéias, e o supervisor jamais as conhecerá se não se empenhar a incentivá-los. Quando alguém apresentar alguma idéia, pense nela com cuidado antes de responder. Às vezes, idéias aparentemente fracas podem ser aperfeiçoadas. Mantenha um registro das idéias para poder revisá-las posteriormente com a cabeça mais fresca. Inclua idéias que surgem durante leituras, conversas e divagações. Tente não mudar muito a rotina diária para deixar fluir a corrente criativa. Reaja às novas idéias como se elas fossem algo a ser testado ou flertado, e não como dificuldades que atrapalham a rotina. Quando as idéias surgirem, experimente diferentes questionamentos, como:

- "O que poderíamos fazer se tivéssemos dinheiro suficiente?"
- "E se não tivermos tempo suficiente para resolver o problema?"
- "Como uma criança resolveria esse problema?"
- "Qual seria a solução ideal?"

Estabelecendo e Mantendo uma Atmosfera de Trabalho Criativa

O supervisor pode obter vantagens da criatividade de todo o grupo de trabalho estabelecendo uma atmosfera de trabalho que estimule o raciocínio criativo. O passo mais importante que o supervisor pode dar nessa direção é demonstrar que ele valoriza a criatividade. Quando os funcionários apresentam sugestões, ele deve ouvir atentamente e procurar os seus aspectos positivos. Ele também deve tentar implementar as idéias dos funcionários, dandos-lhes a atenção merecida.

Quando as idéias não funcionam, o supervisor deve tomar o fracasso como sinal de que as pessoas estão tentando. Ele deve ajudar os funcionários a perceber a lição que o fracasso pode proporcionar. O objetivo é evitar que os funcionários percam o ânimo de apresentar mais sugestões no futuro. Como observa a especialista de treinamento em gestão, Rayona Sharpnack: "A única maneira de aprender é por meio do fracasso... a única maneira de crescer é por meio da experiência, da prática e do risco".[19]

Superando as Barreiras contra a Criatividade

Muitas vezes, os supervisores e funcionários têm dificuldades em demonstrar criatividade por temerem o fracasso de suas idéias. O supervisor pode superar essa barreira reconhecendo que existe a possibilidade de as idéias dos funcionários fracassarem. É mais difícil superar seu próprio medo em fracassar; na realidade, a organização nem sempre premia a criatividade. É melhor que o supervisor tenha em mente que a falta de criatividade provavelmente vai impedir tanto os grandes sucessos como os grandes fracassos.

Se a idéia efetivamente não funcionar, o supervisor deverá reconhecer o problema e não procurar alguém para transferir a culpa. Ele deve se concentrar em encontrar uma solução, e não em encontrar um culpado. A maioria dos gestores admira o supervisor que tenta implementar idéias após ter refletido sobre elas com cuidado e que busca aprender com os erros em vez de procurar culpados. O supervisor que se prepara com planos contingenciais (veja o Capítulo 6) e se concentra nas soluções tende a impressionar seus superiores, mesmo no caso de uma idéia específica não funcionar como previsto.

Outra barreira contra a criatividade é a pressa excessiva. Assim como já discutido, o raciocínio criativo requer que o supervisor tenha tempo para se acalmar e descansar. Se ele não consegue fazer essas pausas no trabalho, precisa encontrar tempo para pensar em outro lugar, como em sua casa, durante a caminhada num parque ou enquanto está dirigindo. Por exemplo, o supervisor pode assistir menos à TV, assim terá mais tempo para refletir sobre os problemas. Além da pausa para reflexão, outro bom substituto para a televisão é a leitura. A imaginação necessária para ler um bom livro efetivamente ajuda as pessoas a desenvolver sua capacidade de raciocínio, mas o adulto, por exemplo, lê em média apenas alguns minutos por dia.

O isolamento também interfere na criatividade. O supervisor deve conversar com os colegas dos demais departamentos da organização. Ele deve também conversar com seus funcionários e ouvi-los. Os colegas de outras organizações também podem ser boas fontes de idéias, assim como seus amigos e parentes. Contudo, o supervisor deve tomar cuidado e evitar gastar grande parte do tempo com o mesmo pequeno grupo de pessoas. Elas provavelmente não são fontes tão produtivas de novas idéias quanto pessoas que acabamos de conhecer ou que não temos tanta familiaridade.

MÓDULO DE APTIDÃO

PARTE UM: CONCEITOS

Resumo

9.1 Identificar as etapas do modelo racional de tomada de decisão.

De acordo com o modelo racional, o responsável pela decisão deve, primeiro, identificar o problema e, depois, as soluções alternativas. Em seguida, deve reunir e organizar os fatos. Ele avalia as alternativas e, então, escolhe e implementa a melhor. Por fim, ele busca sugestões e críticas e adota a medida corretiva.

9.2 Discutir como as pessoas fazem concessões ao seguir o modelo de tomada de decisão.

As pessoas geralmente simplificam a abordagem racional de tomada de decisão escolhendo alguma alternativa que já experimentaram antes e que tenha produzido resultados aceitáveis. A escolha de uma alternativa dentro de padrões mínimos de aceitabilidade é uma forma de racionalidade limitada. As pessoas tendem a analisar as alternativas de forma subjetiva, recorrendo à intuição e ao instinto e dando preferência a soluções que consigam justificar. As análises das pessoas também tendem a ser confusas por causa do ponto de vista adotado, da tendência a se lembrar melhor dos acontecimentos recentes e, também, por causa do uso de estereótipos.

9.3 Descrever as diretrizes para a tomada de decisão.

O supervisor deve ter ciência das possíveis conseqüências das suas decisões. Em uma crise, o supervisor deve tomar uma decisão rapidamente. Em relação a crises e outras situações que influenciem no desempenho do departamento, o supervisor deve informar ao gestor sobre a decisão, se possível antes de colocá-la em prática. O supervisor deve ser determinado, porém flexível. Deve evitar as armadilhas da tomada de decisões, como tratar de todos os problemas como se fossem crises, reagir de forma inadequada ao fracasso, não aproveitar as informações disponíveis e prometer demais.

9.4 **Explicar como a teoria da probabilidade, a árvore de decisão e os programas de computador ajudam na tomada de decisão.**

A teoria da probabilidade define o valor esperado de um resultado em uma situação de risco multiplicando o valor dos resultados possíveis pela sua probabilidade de ocorrência. A pessoa que toma a decisão, com base nessa teoria, escolhe o resultado de maior valor esperado. A árvore de decisão é um gráfico que mostra os valores esperados das decisões em variadas circunstâncias. Assim, ela ajuda o responsável pela decisão a utilizar a teoria da probabilidade. O software de apoio à tomada de decisão conduz o usuário pelo processo racional de tomada de decisão, e os programas de planilha eletrônica e de gerenciamento de banco de dados ajudam o usuário a organizar suas informações. O programa de computador não substitui o usuário na tomada de decisão, mas ajuda-o a raciocinar mais logicamente sobre problemas.

9.5 **Discutir as vantagens e desvantagens de tomar decisões em grupo.**

Os integrantes do grupo podem contribuir com mais idéias alternativas que um indivíduo sozinho. Além disso, as pessoas envolvidas em encontrar uma solução tendem a apoiar com mais convicção a sua implementação. Entre as desvantagens estão o fato de as decisões em grupo serem mais demoradas que as individuais, o processo ser mais custoso e os grupos serem vítimas do pensamento coletivo, efetivamente reprimindo diferentes pontos de vista.

9.6 **Descrever as diretrizes da tomada de decisão em grupo.**

O supervisor pode se beneficiar da tomada de decisão em grupo quando há tempo suficiente e quando as conseqüências de uma decisão equivocada justifiquem os custos de se decidir em grupo. A tomada de decisão em grupo também traz benefícios quando o supervisor precisa de apoio para a alternativa escolhida. O grupo pode efetivamente tomar a decisão ou pode oferecer informações e opiniões como sugestões alternativas, deixando para o supervisor a decisão final. O supervisor que conduz uma reunião de tomada de decisão deve certificar-se de que todos participem e reajam de maneira positiva. O processo de brainstorming, em que os integrantes do grupo expressam suas idéias não importando quão improváveis elas possam ser, muitas vezes, ajuda a estimular o raciocínio dos componentes.

9.7 **Descrever as diretrizes para um raciocínio criativo.**

O princípio básico para a pessoa se tornar mais criativa é ter a mente aberta para as próprias idéias. Ao tentar resolver algum problema, deve pensar no máximo de alternativas possíveis, sem rejeitar nenhuma. Algumas pessoas usam a técnica de cinco etapas: reunir informações primárias, examinar as informações, refletir, identificar alguma idéia, e moldar e desenvolvê-la. O raciocínio criativo nem sempre é consciente; sonhar, divagar e distrair-se com outras atividades podem, efetivamente, ajudar a gerar idéias.

9.8 **Discutir como o supervisor pode estabelecer e manter uma atmosfera criativa de trabalho.**

O supervisor deve deixar claro que valoriza a criatividade. Ele deve ouvir e incentivar as sugestões. Quando as idéias não funcionam, o supervisor deve reconhecer o fracasso como sinal de que as pessoas estão tentando. Em vez de se concentrar em encontrar culpados, o supervisor deve verificar quais lições podem ser extraídas do fracasso.

9.9 **Identificar maneiras de superar as barreiras contra a criatividade.**

Algumas barreiras contra a criatividade são: o medo do fracasso, a pressa excessiva e o isolamento. Para superar essas barreiras, o supervisor deve lembrar-se de que o fracasso inevitavelmente acompanha a experiência. Portanto, ele deve reservar tempo para refletir e descansar e se comunicar com os colegas e pares dentro da organização.

Termos Principais

decisão, *p.* 222
racionalidade limitada, *p.* 225
síndrome da recenticidade, *p.* 227
estereótipos, *p.* 227
teoria da probabilidade, *p.* 232
árvore de decisão, *p.* 233
software de apoio à
tomada de decisão, *p.* 234
pensamento coletivo, *p.* 235
brainstorming, *p.* 237
criatividade, *p.* 238

Questões para Discussão e Revisão

1. Andrea é encarregada da escala de trabalho do departamento de serviços de uma concessionária de automóveis. Ultimamente, o pessoal do departamento de vendas tem atendido as ligações dos clientes e prometido o término do serviço para determinado dia ou em determinado prazo. Conseqüentemente, todos estão insatisfeitos – os mecânicos, os vendedores, os clientes e Andrea – por causa da desorganização do cronograma de trabalho e porque o departamento de serviços não consegue cumprir as promessas feitas aos clientes. Usando o modelo racional de tomada de decisões, que medidas Andrea pode adotar para corrigir a situação?

2. Defina *racionalidade limitada*. Descreva alguma situação em que você tenha recorrido à racionalidade limitada como método de tomada de decisão. Quais foram os resultados da decisão? Em sua visão, essa foi a melhor maneira de tomar a decisão naquelas circunstâncias? Por que sim ou não?

3. Franklin Jones, supervisor do setor de compras de uma loja de departamentos, diz: "Acho que essas jaquetas masculinas vão vender muito bem no próximo outono. Vamos fazer um grande pedido". Em que tipo de concessões à tomada de decisão racional ele está se baseando para decidir? Usando o modelo de tomada de decisão, qual seria a abordagem mais racional?

4. Em cada uma das situações a seguir, o que está interferindo na capacidade de o supervisor tomar a melhor decisão? Sugira como o supervisor pode aperfeiçoar a sua tomada de decisão.
   a. "Acho que esse novo modelo de secretária eletrônica deveria ser azul", disse o supervisor de design. "Adoro azul."
   b. "Vamos realizar o treinamento às três horas, todas as sextas-feiras", disse o supervisor do serviço de atendimento ao cliente. "Afinal, o movimento nas sextas à tarde tem sido fraco nas últimas semanas."
   c. "Aposto que podemos impulsionar as vendas, atraindo mais mulheres", disse o gerente de vendas de uma concessionária de automóveis. "Para gerar algum movimento, podemos promover um pequeno desfile ou uma demonstração de maquiagem ou algo nesse gênero, uma semana ou outra."

5. Este capítulo apresenta diversas diretrizes para a tomada de decisão, que são: considerar as conseqüências, reagir rapidamente em uma crise, informar o gestor, ser determinado, porém flexível, e evitar as armadilhas da tomada de decisão. Como essas diretrizes poderiam influenciar na maneira como o supervisor de enfermagem enfrenta as seguintes situações?
   a. O supervisor está preparando a escala das enfermeiras para o mês seguinte.
   b. Uma das enfermeiras liga na sexta-feira à tarde dizendo que seu pai acabara de falecer; portanto, ela faltará na semana seguinte.

6. Philip é o tipo de supervisor que gosta de trabalhar de forma independente. Sempre que enfrenta alguma nova situação, prefere analisá-la e tomar sua decisão sem consultar outras fontes. Como essa abordagem afetaria os resultados da decisão tomada por ele? Qual seria a melhor maneira de ele proceder?

7. Rita McCormick é supervisora da repartição pública estadual que processa os pagamentos de impostos sobre a venda de mercadorias. Ela percebe que os trabalhadores não estão dando conta do trabalho e quer obter autorização para contratar mais dois funcionários ou programar horas extras até colocar tudo em dia. McCormick calcula que há 80% de chances de a carga de trabalho continuar nesse nível e 20% de retornar aos patamares anteriores, que é o nível em que os funcionários atuais conseguem dar

conta durante o expediente normal de trabalho. (Ela acredita que não há chances de o trabalho diminuir no futuro.) Como ela teria de pagar 150% de hora extra, prevê um custo anual de $ 150.000 em horas extras, comparado a um custo de $ 140.000 com o acréscimo de dois funcionários na força de trabalho.

    a. Crie uma árvore de decisão para esse problema.

    b. Qual alternativa o supervisor deve escolher?

8. Cite algumas das vantagens de tomar decisões em grupo. Cite algumas das desvantagens.

9. Quais são os sintomas do pensamento coletivo? O que o supervisor pode fazer para superar o pensamento coletivo em uma reunião de equipe?

10. Roberto Gonzalez quer criar soluções mais criativas. Quando tem de resolver algum problema, ele tenta gerar o máximo de soluções alternativas possível. Infelizmente, no geral, ele se frustra antes de descobrir uma alternativa satisfatória, assim, simplesmente escolhe alguma solução aceitável e tenta implementá-la. Como Gonzalez pode modificar seu processo de tomada de decisão para gerar idéias mais criativas?

11. Como o supervisor pode estimular a criatividade no seu departamento ou grupo de trabalho?

PARTE DOIS: CAPACITAÇÃO

PROBLEMA A SER RESOLVIDO PELO ALUNO

Com base no texto da página 221, reflita e discuta o problema de composição do quadro de pessoal que os supervisores das centrais de atendimento de emergência enfrentam. Será que o número de posições em aberto seria o problema ou o sintoma de um problema? Trabalhando em grupo, defina o problema em uma frase ou duas.

Em seguida, faça uma sessão de brainstorming, visando gerar algumas idéias para resolver o problema. Por fim, quando todos tiverem tido a chance de sugerir soluções, eles avaliam cada idéia, atribuindo as seguintes notas: 2 (com boa probabilidade de ajudar), 1 (com alguma probabilidade) ou 0 (com pouca probabilidade). Calcule a avaliação média de cada idéia.

Alguma idéia do seu grupo recebeu uma avaliação média próxima de 2 (com boa probabilidade de ajudar)? Se você fosse o supervisor de uma central de atendimento, onde buscaria idéias para resolver esse problema? Será que obter idéias dos atendentes atuais melhoraria a qualidade das idéias?

Caso de Solução de Problemas: *Idéias para Aperfeiçoamento Apresentadas por uma Encarregada de Caixa da Costco*

Steve Heller, assistente da gerência de uma loja da Costco Wholesale Corp., em Carlsbad, Califórnia, tinha um problema a resolver. A produtividade dos caixas da loja mostrava-se insatisfatória. Mais especificamente, o processamento das mercadorias dos clientes nos terminais de caixa era mais lento que os padrões da Costco. Heller queria encontrar formas de ajudar os caixas a trabalhar melhor.

Para resolver esse problema, Heller convocou uma reunião com os demais gerentes da loja. Juntos, ele e os demais gestores listaram as possíveis soluções e discutiram o mérito de cada uma.

Ao sair da reunião, Heller divulgou um comunicado, listando os funcionários de melhor desempenho da loja. Ele percebeu que a encarregada de caixa Pam LaBlanc foi destaque na lista desde que foi contratada. Heller foi até o terminal onde trabalhava LaBlanc e lhe agradeceu pela contribuição para o desempenho da loja. Depois, perguntou-lhe como conseguia desempenhar tão bem sua função.

Heller aprendeu mais do que esperava. LaBlanc explicou que precisava trabalhar em equipe com os assistentes, criando, assim o hábito de lhes pedir sugestões. Ela também sugeria aos assistentes como ajudá-la. No dia-a-dia, ela trabalhava com pessoas diferentes, assim o processo se tornou um tipo de rede de compartilhamento de idéias.

Heller pediu a LaBlanc exemplos específicos, e ela tinha vários. Nessa conversa de 15 minutos, Heller encontrou mais idéias para melhorar a produtividade do que ele e seus colegas de gestão conseguiram descobrir nas horas gastas em brainstorming e discussões.

Heller decidiu que a forma mais eficaz de melhorar a produtividade seria pedindo a LaBlanc que ensinasse o que aprendera. Ela passou suas idéias para os demais encarregados de caixa. Depois disso, mais da metade dos caixas da loja de Carlsbad estava superando os padrões de produtividade da companhia. Heller acredita que o fato de ouvir e atuar nas idéias de uma encarregada de caixa também melhorou as atitudes e as relações de trabalho entre os funcionários.

1. Como Steve Heller definia o problema descrito nesse caso? Como Pam LaBlanc definia o problema? Como a definição do problema afetava o modo como essas duas pessoas resolveram inicialmente o problema?
2. Quais as vantagens e desvantagens da decisão em grupo ilustradas nesse caso?
3. Trabalhando individualmente ou em grupos de três ou quatro alunos, liste opções para Heller aplicar o que aprendeu dessa experiência para continuar melhorando o desempenho dos caixas. Em outras palavras, como Heller pode continuar incentivando os funcionários a melhorar a produtividade e a qualidade do serviço? Como ele pode continuar incluindo-os na solução dos problemas?

Fonte: Bob Nelson, "Good Listeners Make Good Leaders", *Bank Marketing*, mar. 2004, extraído de Business & Company Resource Center, http://galenet.galegroup.com.

Autoconhecimento

Será que Você É Criativo?

Com quantas dessas afirmações você se identifica? Quanto maior o número de afirmações com as quais você se identifica, maior a tendência de ser criativo.

_____ 1. Faço muitas perguntas.

_____ 2. Gosto de jogos de palavras e enigmas.

_____ 3. Anoto minhas idéias.

_____ 4. Sei em que período do dia estou mais propenso a pensar em algo novo.

_____ 5. Leio e ouço idéias contrárias às minhas próprias crenças.

_____ 6. Muitas vezes, questiono-me, "E se... ?".

_____ 7. Gosto de descobrir como as coisas funcionam.

_____ 8. Todo dia reservo algum tempo para ficar sozinho, em silêncio.

_____ 9. Não reflito sobre as pessoas ou situações.

_____10. Leio sobre minha área de trabalho.

_____11. Leio sobre áreas fora da minha especialidade.

_____12. Consigo pensar em mais de uma maneira de realizar a maioria das atividades cotidianas.

_____13. Consigo rir dos meus próprios erros.

_____14. Falo (ou gostaria de aprender) outra língua.

_____15. Tenho disposição para arriscar.

Pausa e Reflexão

1. Você se identificou com mais da metade das afirmações? Caso *não* tenha se identificado com alguma afirmação, será que ela descreve algo em você que pode ser mudado?
2. Antes de estudar este capítulo e responder a este questionário, você se achava criativo? Este capítulo e o questionário mudaram a sua opinião? Em que sentido?

Exercício em Aula

Tomando Decisões

Este exercício foi elaborado para testar a capacidade do aluno de raciocinar de forma criativa sobre um problema com o objetivo de ajudar outra pessoa a chegar a uma decisão. Dividam-se em duplas e decidam qual dos dois vai representar o funcionário e qual o supervisor. O funcionário quer convencer o supervisor, que está relutante, a experimentar o trabalho a distância.

O "funcionário" tem alguns minutos para se preparar. Ele deve decidir como tratar do problema e, depois, apresentar uma solução para superar o ceticismo do "supervisor". O "supervisor" tem alguns minutos para tomar a decisão e, depois, apresentar as etapas do processo e a justificativa para a resposta. Se ambos ficarem satisfeitos com o desempenho, podem apresentar voluntariamente o seu cenário da tomada de decisão e solução do problema.

Capacitação em Supervisão

Aprendendo com os Erros

Todos aqueles que tomam decisões cometem alguns erros; o segredo está em aprender com os erros. Divida a classe em equipes e deixe cada integrante apresentar um erro que tenha cometido no trabalho ou na escola, como perder algum prazo ou compromisso ou ter entendido errado alguma instrução. Discuta o que a equipe pode aprender de cada erro e escolha um com o qual todos os integrantes concordem ter aprendido mais. Cada equipe deve apresentar o erro escolhido e relacionar as lições aprendidas com ele.

Parte **Quatro**

Habilidades do Supervisor

10. Comunicação

11. Motivação de Funcionários

12. Funcionários Problemáticos: Orientação e Disciplina

13. Administração de Tempo e Estresse

14. Administração de Conflitos e Mudanças

Apêndice A: Políticas Organizacionais

Supervisores Bem-sucedidos Comunicam, Motivam e Orientam os Funcionários
Eric Audras/Photoalto/PictureQuest

Capítulo Dez

Comunicação

Tópicos Gerais do Capítulo

Como Funciona a Comunicação
Processo de Comunicação
Ouvir versus *Escutar*

Comunicação Eficaz
Comunicar do Ponto de Vista do Receptor
Aprender com o Feedback
Usar Estratégias para Escutar Bem
Estar Preparado para Lidar com as Diferenças Culturais

Barreiras contra a Comunicação
Sobrecarga de Informações
Mal-entendidos
Tendências na Percepção

Tipos de Mensagens
Mensagens Não-Verbais
Mensagens Verbais
Tecnologia e Tipos de Mensagem
Escolhendo o Tipo de Mensagem Mais Eficaz

Comunicação nas Organizações
Direção da Comunicação
Comunicação Formal e Informal
Fofocas e Rumores

Objetivos de Aprendizado

Depois de estudar o capítulo, o aluno estará apto a:

10.1 Descrever o processo de comunicação.
10.2 Distinguir o ouvir do escutar.
10.3 Descrever as técnicas de uma comunicação eficaz.
10.4 Identificar as barreiras contra a comunicação e sugerir formas de evitá-las.
10.5 Distinguir entre mensagem verbal e não-verbal e mencionar os tipos de mensagens verbais.
10.6 Identificar as direções do fluxo de comunicação dentro da empresa.
10.7 Distinguir entre comunicação formal e informal dentro da empresa.
10.8 Descrever o papel da rádio peão nas empresas.

A visibilidade é incrivelmente importante. É muito difícil liderar por e-mails.

– *Bill Zollars, CEO, Yellow Roadway*

Problema de um Supervisor: Fazendo os Trabalhadores da Xerox Compartilharem as Idéias

No ambiente de trabalho atual, a importância dos funcionários para a companhia não está tão relacionada à sua capacidade e agilidade, mas com o seu conhecimento, por causa do rápido crescimento da tecnologia e sua utilização. Funcionários experientes criam conjuntos pessoais de ferramentas e técnicas para resolver os problemas, às vezes, de uma forma diferente de como aconteceria se o supervisor trabalhasse sozinho, produzindo, assim, melhores resultados ou economizando tempo e dinheiro. Se os funcionários ensinassem uns aos outros esses truques do ofício, a organização como um todo teria a ganhar. Mas a dificuldade do supervisor está no fato de os funcionários guardarem para si suas idéias e seus métodos.

Na Xerox, isso se tornou um problema entre os técnicos de manutenção das copiadoras da companhia. A empresa deu a cada técnico um manual impresso detalhando como efetuar os reparos, mas os técnicos, em vez de consultar os manuais, trocavam entre si dicas de como diagnosticar e resolver os problemas. Muitas vezes, eles se reuniam informalmente no depósito da companhia para compartilhar histórias relacionadas ao trabalho. A direção da empresa interpretou que esse comportamento não era ociosidade, pois as conversas se tornaram um importante meio de compartilhar conhecimento. Assim, a Xerox forneceu a cada técnico um rádio bidirecional. Os técnicos podiam conversar pelo rádio sempre que quisessem buscar idéias.

As consultas pelo rádio eram muito convenientes, mas as comunicações eram limitadas demais. Geralmente, o técnico conversava apenas com alguns colegas, o que ele considerava "seus conhecidos". Dessa forma, o compartilhamento de informações ficava apenas entre eles, deixando de lado técnicos que sabiam muito, mas que tinham menos amizade entre os colegas.

No passo seguinte, a Xerox instalou o Eureka, um banco de dados eletrônico contendo idéias de reparos. No entanto, essa inovação esbarrou em um problema: os técnicos raramente se dispunham a apresentar idéias. Parecia estranho sentar-se diante do computador e tentar inserir tudo o que eles sabiam sobre conserto de copiadoras. O compartilhamento de idéias tornou-se um desafio para a direção da empresa. Alguns supervisores dispuseram-se a recompensar, inclusive em dinheiro, funcionários que apresentassem sugestões. Eles também coletaram sugestões de engenheiros a fim de extrair algumas idéias importantes para inserir no sistema, demonstrando assim o quanto isso era importante. O nome dos contribuintes era incluído juntamente com as sugestões, assim eles começaram a receber mensagens de agradecimento das pessoas que aproveitavam suas idéias. Hoje, milhares de técnicos de manutenção contribuem com idéias para o Eureka, em parte pela recompensa emocional de ser considerado um "líder pensante", alguém capaz de resolver os problemas difíceis da companhia.

Tanto na Xerox quanto em outras companhias, o supervisor deve incentivar seus funcionários a compartilhar o conhecimento para que toda a organização possa se beneficiar daquilo que eles conhecem. O conhecimento pode ser compartilhado por meio de qualquer tipo de comunicação, desde sistemas formalmente criados até conversas rápidas.

QUESTÕES

1. Por que os funcionários da Xerox relutavam em compartilhar o que sabiam?
2. Como o supervisor pode incentivar esse tipo de comunicação?

Fontes: Scott Thurm, "Companies Struggle to Pass On Knowledge that Workers Acquire", *The Wall Street Journal*, 23 jan. 2006, http://online.wsj.com; Rochelle Garner, "The Digital Storyteller", *Computer Reseller News*, 13 dez. 2004, extraído de Business & Company Resource Center, http://galenet.galegroup.com; Pamela Babcock, "Shedding Light on Knowledge Management", *HRMagazine*, maio 2004, extraído de Business & Company Resource Center, http://galenet.galegroup.com.

---

comunicação
Processo pelo qual as pessoas enviam e recebem informações

Um trabalho de alta qualidade exige boa comunicação entre o supervisor e seus funcionários. **Comunicação** é o processo pelo qual as pessoas enviam e recebem informações. Essas informações podem ser opiniões, fatos ou sentimentos. Mesmo o empresário mais racional precisa entender de sentimentos; por exemplo, o supervisor deve saber quando o seu chefe está bravo ou quando os funcionários estão desmotivados.

A comunicação é a alma da função do supervisor. Para trabalhar com seus gestores, seus funcionários e os supervisores de outros departamentos, o supervisor envia e recebe idéias, instruções, relatórios de progresso e muitos outros tipos de informação. Essas e outras formas de comunicação chegam a ocupar três quartos de um dia de trabalho do supervisor. Portanto, ele precisa saber como se comunicar com eficiência. Neste capítulo, serão descritas as habilidades básicas de comunicação e os tipos que são comumente observados nas organizações.

COMO FUNCIONA A COMUNICAÇÃO

Em 13 de março de 2001, Neil L. Patterson, executivo da empresa de desenvolvimento de softwares Cerner Corp., enviou um e-mail para cerca de 400 gestores da companhia. Na mensagem, Patterson exigia o aumento da produtividade e insistia para que os gestores supervisionassem criteriosamente os funcionários, descontassem das férias as faltas injustificadas, reduzissem o pessoal em 5% e realizassem reuniões com os funcionários às sete horas da manhã e às seis horas da tarde, e também aos sábados pela manhã. Dois aspectos eram incomuns nessa comunicação: o tom era extremamente irado e ameaçador e logo chegou aos demais funcionários da empresa em Kansas City, sendo divulgada publicamente até no site Yahoo!, onde os investidores tiveram acesso a essas informações.

A mensagem que incluía frases como: "Este CEO não concederá nenhum outro benefício aos funcionários que continuam nessa cultura, nem que o inferno congele" e "Vocês têm um problema, ou o resolvem ou eu os substituirei", jamais deveria ser divulgada ao público. Patterson rapidamente pediu desculpas pela mensagem com um e-mail encaminhado aos funcionários e uma entrevista concedida para o jornal *Kansas City Star*. De acordo com o porta-voz da companhia, Stan Sword, a mensagem original foi "um exagero" decorrente da paixão de Patterson pelo trabalho, e os funcionários acabaram entendendo.

Mesmo assim, as ações da companhia caíram 22% nos três dias seguintes, e a revista *Fortune*, em tom jocoso, pediu desculpas por haver recentemente indicado a Cerner como uma das 100 melhores empresas do país para se trabalhar. Ao mesmo tempo que o preço das ações voltava a subir, após algumas semanas, a maioria dos observadores declarava que o e-mail de Patterson havia quebrado diversas regras da boa comunicação. Dentre as quais: não demonstrar raiva na comunicação; manter-se aberto para receber sugestões e críticas; e modelar uma liderança efetiva. Mais duas regras violadas por Patterson aplicam-se à comunicação eletrônica: não tentar manter grandes discussões em grupo por e-mail e jamais se esquecer de que esses tipos de mensagens não são privadas.[1]

Muitas vezes, as pessoas descobrem, assim como Neil Patterson, que a simples conversa ou mensagens não garantem uma comunicação eficaz. O público-alvo precisa receber e compreender a mensagem para que essa possa ser considerada adequada.

Processo de Comunicação

Para descrever e explicar problemas como esse, cientistas sociais tentaram mostrar graficamente o processo de comunicação. Como resultado desse esforço, criou-se um modelo amplamente aceito de funcionamento da comunicação. A Figura 10.1 mostra uma versão desse modelo.

A comunicação começa com o emissor codificando a mensagem. Significa que o emissor traduz seus pensamentos e sentimentos em palavras, gestos, expressões faciais, e assim por diante. O emissor, em seguida, transmite a mensagem codificada por escrito, pela fala ou por contato pessoal. Se a comunicação funcionar como se espera, o público-alvo recebe a mensagem e consegue decodificá-la ou interpretá-la corretamente. É evidente que podem ocorrer erros. A comunicação pode ser interrompida por causa de **ruído**, ou seja, algo que distorça a mensagem, interferindo no processo de comunicação. São exemplos de ruído: desatenção, ambigüidade e incompatibilidade entre os equipamentos eletrônicos utilizados na transmissão da mensagem.

O emissor da mensagem consegue reconhecer e resolver os problemas de comunicação prestando atenção no feedback. **Feedback**, nesse contexto, é o modo como o receptor reage, ou deixa de reagir, à mensagem. O feedback pode assumir a forma de palavras ou de um comportamento. Por exemplo, um programa de monitoramento eletrônico da internet detectou quatro visitas a páginas de pornografia em apenas dez minutos em uma empresa do Colorado que tinha apenas quatro funcionários, e, em outra grande empresa de Denver, havia três mil transações de compras eletrônicas,

ruído
Algo que distorce a mensagem, interferindo no processo de comunicação

feedback
O modo como o receptor de uma mensagem reage ou deixa de reagir à mensagem

FIGURA 10.1
Processo de Comunicação

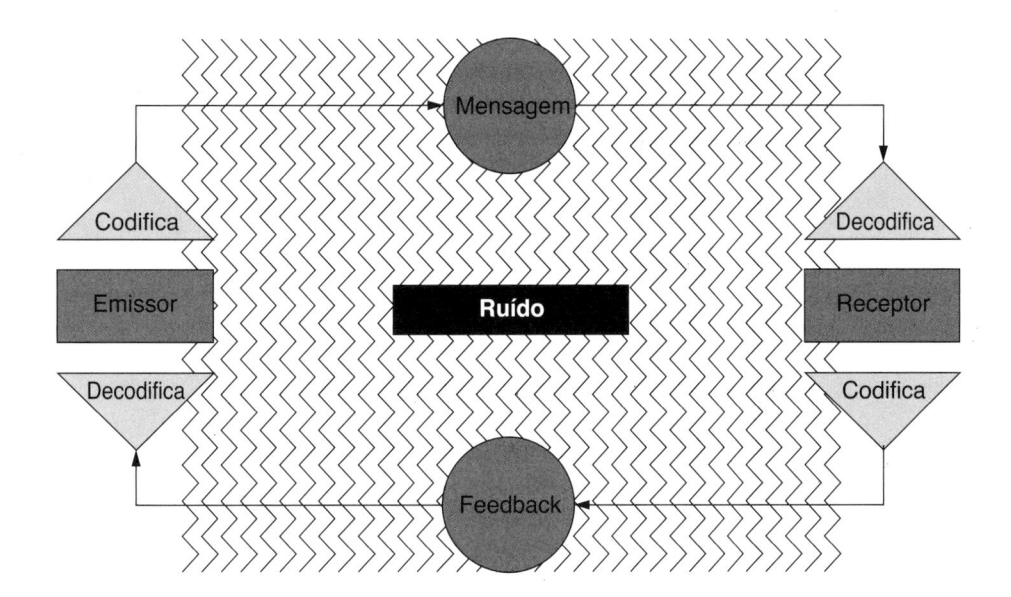

quatro mil lances de negociações e quinhentas visitas a sites pornográficos em cinco dias.[2] Independentemente da opinião das pessoas sobre esse tipo de vigilância, resultados como esses mostram ao supervisor que os funcionários não estão dando a atenção devida às suas tarefas. Para Neil Patterson, da Cerner, esse tipo de resultado serviria de feedback, indicando que ele não havia se comunicado com clareza suficiente sobre como os funcionários deveriam usar a internet no horário de expediente.

Ouvir *versus* Escutar

Observe na Figura 10.1 que o receptor precisa decodificar a mensagem, ou seja, tanto o receptor quanto o emissor exercem uma função ativa na comunicação. Se o receptor não executar sua função, não será estabelecida uma comunicação.

Isso significa que o receptor de uma mensagem deve *escutar*, e não apenas *ouvir* a mensagem. Ouvir significa registrar o som no cérebro. Provavelmente, a maioria das pessoas já ouviu a mãe pedindo que arrumasse o quarto ou algum colega reclamando das condições de trabalho, mas possivelmente não tenha efetivamente escutado. Escutar significa realmente prestar atenção no que está sendo dito e tentar entender toda a mensagem. Esse é o significado da "decodificação". Quando os pais ou os colegas reclamam, muitas vezes as pessoas optam por não escutá-los.

Portanto, assim como mostra o modelo do processo de comunicação, para que esta funcione, é necessário garantir que as pessoas tanto decodifiquem quanto enviem as mensagens corretamente. Como a comunicação é parte essencial da função de um supervisor, ele deve praticar as habilidades de escutar, de escrever e de falar bem. Na próxima seção, será discutida mais detalhadamente a prática de escutar.

COMUNICAÇÃO EFICAZ

O supervisor precisa entender os pedidos que transitam pela sua mesa e as dúvidas que os funcionários trazem. Ele precisa saber quando o chefe está zangado ou impressionado. Ele precisa garantir que os funcionários entendam suas instruções. Quando o supervisor cumpre bem essas responsabilidades, ele está se comunicando bem. A Figura 10.2 mostra que uma boa comunicação tende a ocorrer quando as partes se comunicam a partir do ponto de vista do receptor, aprendem com o feedback, usam estratégias para escutar bem e superam as barreiras da comunicação.

FIGURA 10.2
Técnicas de uma Comunicação Eficaz

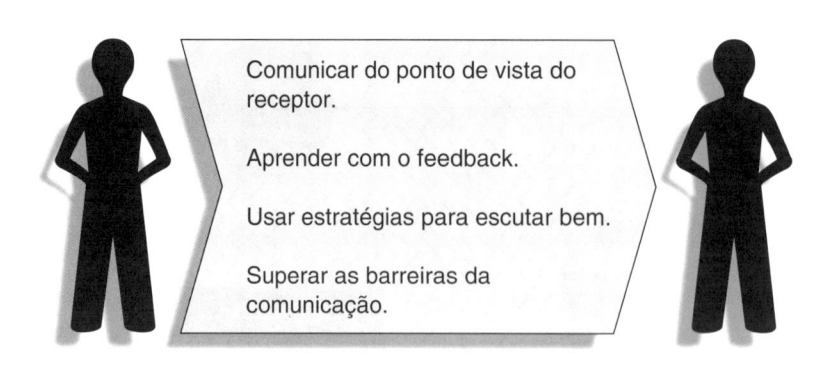

- Comunicar do ponto de vista do receptor.
- Aprender com o feedback.
- Usar estratégias para escutar bem.
- Superar as barreiras da comunicação.

Comunicar do Ponto de Vista do Receptor

Embora saibamos que as outras pessoas não compartilham de todas as nossas experiências, visões, prioridades e interesses, normalmente nos esquecemos de tudo isso quando estamos nos comunicando. No entanto, essas diferenças tendem a tornar o público-alvo mais propenso a ignorar ou entender de maneira equivocada as mensagens enviadas. Por exemplo, um empresário pode ter ótima impressão da companhia pelo fato de ela pertencer à família há quatro gerações. Por outro lado, um vendedor experiente sabe que o cliente prefere saber quais são os benefícios oferecidos pela companhia. O vendedor, portanto, irá se comunicar tendo em mente o ponto de vista do receptor; ele se concentra no que a companhia pode oferecer ao cliente.

Esse princípio da área de vendas aplica-se a todos os tipos de comunicação. Resumindo, se a pessoa quiser atrair a atenção, o interesse e a compreensão do receptor, ela deverá se comunicar partindo do ponto de vista dele. A aplicação desse princípio envolve táticas, tais como usar vocabulário acessível, mencionar experiências em comum e tratar dos interesses do receptor. Portanto, ao explicar aos funcionários sobre a reorganização do departamento, o supervisor deve se concentrar em questões relacionadas à estabilidade de emprego e estrutura de cargos, e não em como as mudanças proporcionarão mais lucros à companhia e a posicionarão mais próxima do concorrente. Afinal, naturalmente, os funcionários se preocupam mais com o seu próprio emprego. Para aprender mais sobre a comunicação do ponto de vista do receptor, veja o texto na seção "Dicas da Linha de Frente".

Aprender com o Feedback

O feedback ajuda o supervisor a se comunicar com eficácia. Quando o supervisor envia uma mensagem, ele geralmente espera algum tipo de reação. Suponhamos que um supervisor esteja explicando uma política da empresa, que exige que todos os funcionários almocem entre 11h e 13h. Um tipo de feedback seria a expressão no rosto dos funcionários, que poderia demonstrar se eles ficaram confusos ou entenderam a mensagem. Eles também podem responder verbalmente, fazendo questionamentos a respeito do que foi dito. Outro tipo de reação vem do comportamento posterior à mensagem. Se todos entenderam, ninguém irá almoçar depois das 13h. Avaliando as palavras, as expressões faciais e o comportamento das pessoas que receberam a mensagem, o supervisor pode identificar se eles a entenderam ou não.

Quando o feedback indica que a mensagem não foi plena e corretamente recebida, o supervisor pode tentar modificá-la para que o receptor a entenda melhor. Talvez ele tenha de eliminar fontes de ruído, tais como falar em um local com menos fatores de distração ou escolher palavras mais claras.

O supervisor também pode usar o feedback quando está recebendo uma mensagem e, se não tiver certeza do seu significado, poderá pedir ao emissor para explicá-la melhor. Esclarecer as dúvidas geralmente é mais inteligente do que tentar adivinhar o que foi dito.

DICAS DA LINHA DE FRENTE

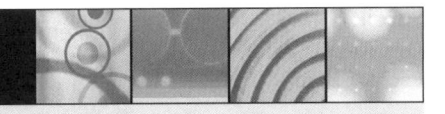

COMUNICAR ADOTANDO A ATITUDE "DO OUTRO"

Algumas vezes, o supervisor percebe que seus funcionários ou gestores não estão prestando atenção, isto é, não estão realmente escutando alguma mensagem importante que ele deseja transmitir. Muitas vezes, isso ocorre porque o supervisor não se comunica do ponto de vista do leitor ou do ouvinte. Para resolver esse problema, uma saída seria adotar a atitude do outro, o que significa pensar nos interesses, no conhecimento e nas preocupações do interlocutor. A seguir, são apresentadas algumas idéias de como escrever ou falar adotando a visão do receptor:

- Verifique os pronomes usados. Se a pessoa disser "eu quero" ou "minhas metas", ela não está se dirigindo ao interlocutor. É preciso descobrir o que interlocutor deseja. Direcione a mensagem para as metas *dele*, interlocutor.
- Lembre-se da sensação de sobrecarga de informações. Em vez de tentar impressionar o interlocutor, selecione e transmita as informações mais importantes. Destaque a questão mais relevante do seu ponto de vista e deixe que as pessoas reflitam sobre ela. Disponibilize os detalhes em materiais de apoio para aqueles que desejam obter mais informações.
- Escolha exemplos significativos para o interlocutor. Ao contar histórias relacionadas a esportes ou cultura popular, verifique se o interlocutor acompanha as mesmas modalidades de esporte e assiste aos mesmos programas de TV. Há gestores que pensam que todos assistem aos jogos de futebol e jogam golfe. O grupo pode gostar de futebol ou de recitais de piano.
- Escolha palavras significativas para o interlocutor. Evite termos técnicos e abreviações, a menos que tenha certeza de serem do conhecimento de todos. Evite também palavras da moda, tais como *paradigma* e *parâmetros*, a menos que esteja falando em um sentido técnico e para pessoas tecnicamente esclarecidas no assunto.
- Preste atenção. A pessoa quer que o interlocutor preste atenção nela, e vice-versa. Se estiver conversando com alguém, preste atenção e deixe outros afazeres para mais tarde. É realmente impossível dar total atenção a alguém se você estiver executando diversas tarefas ao mesmo tempo.

Fonte: *Management World*, jun. 2004, Institute of Certified Professional Managers. Copyright © 2004 by AMS Foundation. Reprodução autorizada por AMS Foundation via Copyright Clearance Center.

Uma empresa americana que valoriza a importância do feedback é a C. R. Bard. Ela fabrica produtos para diagnóstico e tratamento de diversos problemas de saúde. Com o objetivo de atingir suas metas em termos de inovação de produtos e redução de custos, a empresa precisa de um fluxo de idéias de funcionários de todos os níveis. A Bard comunicou essa necessidade divulgando no site da empresa um convite para que os funcionários dessem sugestões. Em algumas empresas, as idéias recebidas dos funcionários parecem desaparecer; eles apresentam sugestões, mas não recebem nenhuma resposta. Na Bard, no entanto, há equipes para avaliar cada idéia e dar aos funcionários as respostas que eles precisam, no tempo adequado. Em um mês, cada funcionário que apresenta uma sugestão recebe um relatório informando se a idéia foi aprovada no processo de avaliação estabelecido pela empresa. Se a idéia for útil, o funcionário também receberá uma recompensa, junto com esse feedback. Recompensas e respostas rápidas transmitem aos funcionários a mensagem de que a companhia efetivamente se importa com as idéias apresentadas. Conseqüentemente, nos primeiros 20 meses do programa de geração de idéias, a Bard havia recebido mais de mil sugestões.[3]

Usar Estratégias para Escutar Bem

"As coisas já não são feitas como antes", Tom Wiggins reclamou com Allen Pincham, seu supervisor no canteiro de obras. "Ai, ai", pensou Pincham, "lá vai começar a ladainha de sempre". Pincham começou a examinar algumas plantas, ignorando Wiggins até ele se acalmar e retomar o trabalho. Mais tarde, naquela mesma semana, o empreiteiro geral abordou Pincham questionando-o sobre um relatório que recebera de Wiggins afirmando que alguns trabalhos não estavam sendo executados conforme as normas. Wiggins alegou que tentou informar Pincham, mas que foi ignorado.

FIGURA 10.3
Dez Regras para Escutar Bem

1. Remova fatores de distração e dê ao interlocutor total atenção.
2. Olhe para o interlocutor na maior parte do tempo.
3. Quando o interlocutor hesitar, sinalize incentivando, com um sorriso ou um aceno de cabeça.
4. Tente ouvir o tópico mais importante e os argumentos de sustentação.
5. Faça a distinção entre opiniões e fatos.
6. Controle as emoções.
7. Seja paciente; não interrompa.
8. Tome notas.
9. Em momentos oportunos, formule perguntas para esclarecer dúvidas.
10. Expresse com suas próprias palavras a argumentação do interlocutor e questione se está correta.

Se Allen Pincham tivesse escutado melhor, teria poupado muitos gastos no projeto de construção e evitado grande parte do constrangimento. Escutar é parte fundamental da comunicação, e a maioria dos supervisores poderia ser melhor ouvinte. (O aluno pode testar suas próprias habilidades como ouvinte respondendo ao questionário de Autoconhecimento das páginas 277 e 278.) A Figura 10.3 relaciona dez regras para ser um bom ouvinte.

A prática de escutar bem começa com o compromisso de ouvir prestando atenção. O supervisor não deve partir do princípio de que a mensagem é chata ou irrelevante e deve, ao contrário, dispor-se a ouvir com atenção e tentar identificar as informações importantes. Por exemplo, quando algum funcionário reclama com muita freqüência de questões aparentemente triviais, as reclamações podem ocultar algum problema mais grave que ele não está expressando de maneira direta. Às vezes, o supervisor não tem tempo para escutar quando alguém quer conversar. Quando isso acontece, ele deve marcar um horário para continuar a conversa. O supervisor também deve ter em mente que alguns funcionários são, por natureza, mais extrovertidos que outros. Funcionários introvertidos podem ter idéias excelentes, mas precisam de incentivo para compartilhá-las. O empregador não deve buscar idéias apenas nas reuniões, mas também incentivar conversas pessoais para dar aos funcionários introvertidos oportunidade de apresentá-las.[4]

O supervisor também deve se concentrar na mensagem e não desviar sua atenção. Uma das principais fontes de distração é ficar pensando na resposta que vai dar; outra é supor que o ouvinte não tem nada interessante a dizer. Quando você tiver dificuldades em prestar atenção, uma boa saída é anotar alguns pontos sobre o que a pessoa está dizendo, concentrando-se nos principais tópicos.

Se o interlocutor usar palavras ou frases que desencadeiem uma reação emocional, o supervisor deverá tentar controlar as emoções para que elas não interfiram na sua compreensão. Uma maneira de reagir é avaliar se o interlocutor está apenas tentando dar vazão às emoções. Nesse caso, a melhor atitude é escutar e reconhecer as emoções, sem concordar nem discordar, e esperar até que o funcionário se acalme antes de tentar resolver o problema. Depois, deve formular perguntas que lhe permitam ver os fatos que estão por trás da declaração emocional: "Stan, você está dizendo que é tratado com injustiça. Você pode me dar exemplos?".

escuta ativa
Ouvir o que o interlocutor está dizendo, procurar entender os fatos e os sentimentos que ele está tentando transmitir e expressar o que foi entendido da mensagem

Em muitas situações, o supervisor pode se beneficiar de uma técnica denominada escuta ativa, criada pelo psicólogo Carl R. Rogers. A **escuta ativa** não consiste apenas em ouvir o que o interlocutor está dizendo, mas também procurar entender os fatos e os sentimentos que ele está tentando transmitir e, então, expressar aquilo que você entendeu da mensagem que lhe foi passada. A Tabela 10.1 apresenta exemplos de dois tipos de prática de escuta. No Exemplo 1, a supervisora está simplesmente ouvindo as palavras do funcionário; no Exemplo 2, ela está adotando a escuta ativa. De acordo com Rogers, a escuta ativa é uma maneira de o supervisor ajudar os funcionários a entender a situação, assumir responsabilidades e cooperar. No entanto, a escuta ativa é usada

TABELA 10.1
Prática de Ouvir *versus* Escuta Ativa

Fonte: Exemplo baseado em "Active Listening", Carl R. Rogers e Richard E. Farson.

Exemplo 1: **Prática de Ouvir**	**Operador de Processamento de Texto:** Ei, Wanda, o Finchburg está de brincadeira? Ele quer todo o relatório pronto até o fim do dia? É impossível!
	Supervisora: Mas esse é o trabalho. Você tem de trabalhar o mais rápido que puder. Essa semana, estamos sendo muito pressionados.
	Operador: Será que ele não percebe que já estamos atrasados no cronograma por causa dos relatórios trimestrais?
	Supervisora: Olha, Don, não sou eu quem decide o que os gestores querem. Eu apenas faço com que o trabalho seja executado, e é isso que estou tentando fazer.
	Operador: Como eu vou dizer para a minha mulher que vou ficar *de novo* até mais tarde?
	Supervisora: Isso você tem de resolver com ela, e não comigo.
Exemplo 2: **Escuta Ativa**	**Operador de Processamento de Texto:** Ei, Wanda, o Finchburg está de brincadeira? Ele quer todo o relatório pronto até o fim do dia? É impossível!
	Supervisora: Parece que você ficou um pouco aborrecida com isso, Phyllis.
	Operadora: É lógico! Eu estava quase colocando em dia todo o trabalho dos relatórios trimestrais. E, agora, essa!
	Supervisora: Como se você já não tivesse trabalho suficiente, não é?
	Operadora: Exatamente. Não sei como vou conseguir cumprir esse prazo.
	Supervisora: Você não está a fim de ficar até mais tarde, não é?
	Operadora: Claro que não! Há duas semanas que venho fazendo planos. Parece que tudo que fazemos por aqui é sempre de última hora.
	Supervisora: Acho que você se sente como se o trabalho estivesse levando parte da sua vida pessoal.
	Operadora: Bem, é isso mesmo. Eu sei que Finchburg precisa desse relatório para conseguir um grande cliente. Imagino que esse trabalho *seja* realmente importante. Talvez eu consiga sair daqui em um horário razoável se Joel me ajudar a fazer as tabelas.

efetivamente somente quando o supervisor demonstra verdadeiro respeito pelos funcionários e acredita na capacidade que eles têm de dirigir suas próprias atividades.[5]

Estar Preparado para Lidar com as Diferenças Culturais

Hoje, o supervisor, mais que em épocas passadas, encontra funcionários ou clientes de culturas diferentes da sua. Se o supervisor estiver preparado para lidar com as diferenças culturais, conseguirá se comunicar claramente com essas pessoas. Para se preparar, ele pode procurar conhecer pessoalmente algumas orientações básicas de comunicação intercultural.[6]

Ele deve se restringir a uma linguagem simples e básica, por exemplo, valendo-se das palavras "usar" em vez de "utilizar", "antes" em vez de "antecedente". Deve empregar palavras com significado literal. Cada cultura possui suas próprias gírias e expressões idiomáticas, como, por exemplo, as seguintes expressões do vocabulário inglês: "over the hill" (que significa, literalmente, *sobre a colina* e, como gíria, *em declínio, próximo à velhice*) e "in the ballpark" (que significa, literalmente, *no estádio de partidas esportivas* e, como gíria, *aproximadamente correto*). Pessoas de outras culturas, principalmente as que falam outra língua, podem não conhecer essas expressões. Além disso, deve-se evitar usar jargão técnico. Por exemplo, os supervisores das instituições médicas Johns Hopkins tiveram de aprender a se expressar de forma literal. Por exemplo: "Vá atender a chamada do paciente que tocou a campainha agora" em vez de "Atenda a chamada!". Muitas enfermeiras do hospital Johns Hopkins são das Filipinas, onde a língua falada é o inglês, mas as expressões utilizadas nem sempre são as mesmas que um norte-americano nativo utilizaria. Ao informar as metas e as expectativas, o supervisor deve explicar literalmente o comportamento desejado.

Ao conversar, deve-se falar devagar e pronunciar as palavras cuidadosamente. Não é necessário falar alto; um erro comum é imaginar que um tom de voz alto seria a única forma de se fazer entender. O conhecimento limitado da língua *não* quer dizer que a pessoa tenha dificuldades auditivas, de aprendizado ou mesmo que não tenha interesse em aprender. Ao contrário, a pessoa talvez simplesmente precise de algum tempo para aprender a língua. Complementar as palavras com gestos, ilustrações e expressões faciais também ajuda a ser bem compreendido. O primeiro funcionário da empresa de comidas e bebidas de David Hodges era um imigrante mexicano que falava espanhol na maior parte do tempo. Hodges diz que, no início, "ele se utilizava muito dos gestos para conseguir demonstrar o que ele queria que o funcionário fizesse". Apesar das dificuldades, tanto ele quanto o seu funcionário estavam dispostos a aprender o idioma do outro, e Hodges acha que o esforço compensou, pois ele foi recompensado com um funcionário leal e inovador.

No caso de informações por escrito, valem as mesmas orientações quanto a usar regras simples. Além disso, pode-se fornecer uma versão traduzida das informações. Mesmo assim, às vezes, os funcionários querem receber, também, uma versão na língua do país onde trabalham. A empresa norte-americana ShawCor Pipe Protection conta com funcionários hispânicos na sua maioria, e eles muitas vezes levam para casa versões em inglês das informações do trabalho como forma de praticar as habilidades da língua. Em algumas situações, o funcionário não consegue ler nem na sua própria língua. As ilustrações são muito importantes quando não se tem certeza do nível de conhecimento da língua.

Deve-se procurar saber se o interlocutor entendeu a mensagem pedindo-lhe que explique aquilo que ouviu, mas não perguntar diretamente: "Você entendeu?". Muitas pessoas ficam constrangidas em dizer que não entenderam a mensagem. Em vez disso, elas permanecem caladas ou tentam mudar de assunto. Em geral, perguntas que demandam respostas simples, afirmativas ou negativas, estimulam pouco feedback. Por exemplo, em vez de perguntar: "Você vai trabalhar amanhã?" (a resposta não garante que ela entendeu), deve-se perguntar: "Qual o seu dia de folga essa semana?" (a pessoa deve entender razoavelmente bem para responder).

O supervisor deve certificar-se de estar entendendo o que a outra pessoa está dizendo. É importante que ele peça esclarecimentos quando necessário. O supervisor deve ajudar o interlocutor a relaxar e pedir que fale mais devagar. Se não conseguir entender alguma palavra pronunciada por um estrangeiro, deve pedir que a pessoa tente soletrar ou demonstrar de alguma forma o que ela quer dizer. Acima de tudo, o supervisor deve se dispor a entender e tentar de tudo para que isso aconteça.

O supervisor deve procurar conhecer sobre os estilos de comunicação utilizados por pessoas de culturas diferentes e tentar adaptá-los, quando necessário. Por exemplo, os ásio-americanos tendem a manter um estilo de conversa menos assertivo que outros americanos. Alguns reclamam que são freqüentemente interrompidos. Os funcionários de algumas culturas hispânicas consideram inapropriado falar sobre suas realizações, assim, um supervisor desatento pode subestimar as contribuições dessas pessoas. Além disso, o trabalhador hispânico pode partir do princípio de que o papel do chefe é dizer-lhe o que fazer, assim, ele pode acreditar ser errado apresentar idéias e sugestões. Os imigrantes de outros países podem até mesmo ter passado por experiências que os façam desconfiar das pessoas no comando, assim, eles costumam não expressar as preocupações com a segurança ou outros problemas no trabalho. Evidentemente, esses são apenas padrões gerais; um supervisor inteligente evita tirar conclusões sobre o caráter de uma pessoa baseado nas referências culturais. O supervisor também pode demonstrar sinal de apreço pelos funcionários e por sua cultura, aprendendo algumas expressões de elogio na língua deles.

Além disso, o supervisor pode ajudar os funcionários a se comunicar, ressaltando a importância de manter uma comunicação simples. Pode, também, compartilhar com eles o que aprendeu sobre estilos de comunicação e elogiá-los quando progredirem na comunicação intercultural. Thomas Chen, fundador da Crystal Window & Door Systems Ltd., de Flushing, Nova York, oferece aulas gratuitas de inglês a seus 200 funcionários, quase três quartos deles são sino-americanos. Funcionários qualificados bilíngües ministram as aulas à noite e nos finais de semana e utilizam instruções pessoais e multimídia para abranger todo tipo de matéria, desde o inglês de conversação até o vocabulário técnico da área. Nas datas denominadas de "sextas-feiras exclusivamente em inglês", todos, inclusive a crescente população de trabalhadores hispânicos da companhia, praticam o que aprendem nas aulas. E, como todos estão fazendo as aulas, ninguém se sente constrangido.[7]

BARREIRAS CONTRA A COMUNICAÇÃO

O modelo de processo de comunicação indica em que momento podem surgir as barreiras contra a comunicação. Em geral, o emissor não codifica claramente a mensagem, que pode ser perdida na transmissão ou o receptor pode entendê-la de maneira equivocada. Na prática, essas categorias de problemas muitas vezes se sobrepõem. Esses problemas criam barreiras que aparecem sob a forma de sobrecarga de informações, mal-entendidos e percepções tendenciosas.

Sobrecarga de Informações

O mundo de hoje geralmente recebe o nome de "a era da informação". As pessoas são bombardeadas diariamente com informações (veja a Figura 10.4). No caminho para o trabalho, anúncios de rádio e placas publicitárias expõem marcas de automóvel e refrigerantes para o consumidor. No trabalho, recebemos memorandos, revistas e relatórios da gerência, falando sobre tendências, políticas e responsabilidades. Ao longo do dia, muitos funcionários recebem informações de colegas, do computador, de páginas impressas e de ligações telefônicas. À noite, a família e os anunciantes da TV relatam as novidades do dia. As pessoas lidam com essa rajada de informações e prestam atenção em muito do que vêem e ouvem.

Como o supervisor pode reagir diante dessa barreira contra a comunicação? Uma abordagem importante é fornecer aos funcionários só as informações que lhes serão úteis. Por exemplo, quando os funcionários precisam de instruções, o supervisor deve prepará-las criteriosamente, para não ter de criar outras mais tarde. Além disso, ele deve verificar se os funcionários estão prestando atenção. Ele pode fazer isso observando as pessoas que estão recebendo as informações e pedindo opiniões. O supervisor pode perguntar ao funcionário se ele entendeu o que tem de ser feito e pedir que ele explique a tarefa com suas próprias palavras. O supervisor pode fazer perguntas ao seu gestor, como, por exemplo, se ele acha que determinada idéia ajudaria a alcançar as metas do departamento.

FIGURA 10.4
A Gigantesca Onda de Informações Criada em um Ano

Fonte: School of Information and Management Systems, Universidade da Califórnia, Berkeley. "How Much Information? 2003", resumo executivo, 27 out. 2003, www.sims.berkeley.edu/research/projects/how-much-info-2003.

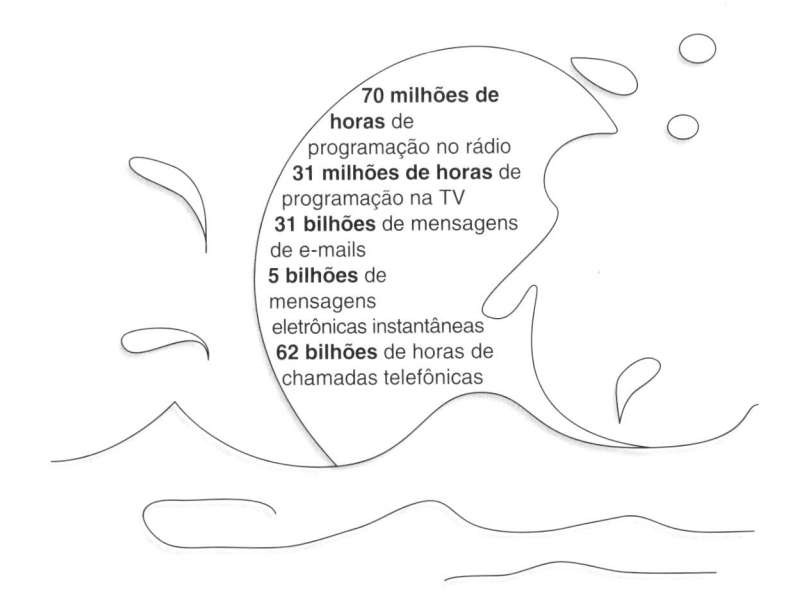

70 milhões de horas de programação no rádio
31 milhões de horas de programação na TV
31 bilhões de mensagens de e-mails
5 bilhões de mensagens eletrônicas instantâneas
62 bilhões de horas de chamadas telefônicas

Mal-entendidos

Na decodificação da mensagem, o seu receptor pode entendê-la de maneira equivocada, provocando mal-entendidos. Esse tipo de barreira surge quando a mensagem é desnecessariamente complicada. Vamos imaginar o memorando de um supervisor com o seguinte texto: "A deterioração das práticas de manutenção criará, inevitavelmente, condições que prejudicarão nosso histórico de segurança, até aqui, admiráveis". A pessoa que receber esse memorando provavelmente não o entenderá corretamente por causa do grande esforço para descobrir o significado das palavras. Em vez disso, o supervisor pode escrever: "Como os trabalhadores da manutenção não estão mais ajustando as máquinas todo mês, elas ficarão desgastadas e provocarão prejuízos".

Quando o supervisor é o receptor da mensagem, ele precisa estar atento para entender o seu verdadeiro significado. O supervisor não deve hesitar em pedir esclarecimentos sobre os pontos duvidosos. É importante também verificar o significado da mensagem, fazendo, por exemplo, as seguintes perguntas: "Então, você quer que eu faça..." ou "Você está dizendo que...?". O supervisor também deve ficar atento para perceber quando as pessoas se expressam propositadamente de forma vaga ou ardilosa. Nessas circunstâncias, ele deve interpretar as mensagens com especial atenção.

Do mesmo modo, ele deve saber que a linguagem vulgar pode gerar sentidos contrários ao que se deseja ou, até, ser ofensiva. Em um caso recente, uma atendente do serviço ao consumidor da Verizon Communications Inc. afirma haver sido demitida por pronunciar uma expressão grosseira durante uma avaliação disciplinar. Essa reação pode parecer extrema, mas algumas companhias, inclusive a Verizon e a General Motors, efetivamente proíbem vulgaridades. Não há consenso entre os especialistas sobre se o supervisor deve se submeter a "ouvir qualquer tipo de palavra proferida pelos trabalhadores".[8]

Escolha das Palavras

Para evitar mal-entendidos, o supervisor deve escolher com cuidado as palavras ao codificar a mensagem. Além de escolher palavras simples, deve, também, evitar palavras ambíguas. Se o funcionário perguntar: "Para onde o senhor quer que eu leve esses equipamentos?", o supervisor não deve responder simplesmente: "Ao concerto".

Alguns problemas também podem ser gerados quando usamos palavras que atribuem características à outra pessoa. Se o supervisor disser: "Você é muito irresponsável", o funcionário não prestará atenção na mensagem. Em vez disso, o supervisor deve descrever comportamentos específicos e os seus próprios sentimentos: "Esta é a segunda vez que você erra nesta semana. Fico nervoso em ter de explicar o mesmo procedimento mais de uma ou duas vezes". Essa abordagem é denominada "afirmação de primeira pessoa", e não de "segunda pessoa". A Tabela 10.2 mostra exemplos das diferenças entre esses dois tipos de afirmações.

É muito importante que se escolha as palavras de maneira criteriosa para se dirigir aos outros. Um supervisor cuidadoso usa o nome do colega ou do cliente em vez de dizer "querido" ou "meu bem", a menos que ele tenha certeza de que o interlocutor goste de ser abordado com esse tipo de expressão no ambiente de trabalho.

A escolha das palavras também é importante para dar clareza. O supervisor deve evitar linguagens que gerem confusão no significado, como nessa frase de um prospecto enviado aos clientes da Federated Investors: "As amortizações serão processadas de modo a maximizar o montante da amortização que não está sujeita a despesas de vendas diferidas duvidosas".[9] Uma boa maneira de verificar a clareza da comunicação por escrito é lendo-a em voz alta antes de enviá-la.

Diferenças Culturais

Outra preocupação envolve os mal-entendidos decorrentes das diferenças culturais. Por exemplo, a cultura dos Estados Unidos, em geral, dá relativamente grande importância à expressão da opinião individual das pessoas. Um supervisor dessa cultura

TABELA 10.2
Duas Maneiras de Comentar sobre os Outros

	Afirmações de Segunda Pessoa	Afirmações de Primeira Pessoa
Exemplos	"Você é muito irresponsável!"	"Estou chateado por você ter perdido o prazo pela terceira vez. Quando alguém do departamento perde o prazo, a imagem do departamento inteiro fica prejudicada. Como podemos resolver isso?"
	"Na próxima reunião do departamento, é melhor que você esteja preparado e seja pontual, ou irá se arrepender quando reavaliarmos o seu salário."	"Fiquei aborrecido por você não ter se preparado e ter se atrasado para a reunião. Espero um padrão de desempenho melhor."
	"Você está importunando as mulheres com essas piadas sujas. Pare imediatamente com isso antes que fiquemos realmente encrencados."	"Recebi reclamações de duas funcionárias do departamento dizendo que elas ficam constrangidas com as suas piadas sujas. A política da companhia e a legislação proíbem esse tipo de comportamento."
Provável Reação	Adotar uma postura defensiva, ignorando o interlocutor.	Ouvir o interlocutor, colaborando para encontrar uma solução.

espera, portanto, que os funcionários se sintam livres para expressar suas idéias e seus descontentamentos. Em contrapartida, as pessoas de uma cultura que valoriza muito a harmonia (como a japonesa) podem concordar com o interlocutor por educação, e não por compartilhar da opinião. Pessoas de uma cultura que valoriza a demonstração de respeito de acordo com a posição hierárquica (como a do México e do Oriente Médio) podem não querer demonstrar discordar de um gestor ou de uma pessoa do alto escalão. Um gestor norte-americano que não conhece esses valores pode supor, equivocadamente, que os funcionários dessas culturas não são capazes ou não se dispõem a contribuir com suas idéias.

Para evitar interpretações equivocadas de palavras e de comportamento dos outros, o supervisor deve conhecer os estilos de comunicação das diversas culturas das pessoas com as quais trabalha. A Tabela 10.3 mostra alguns aspectos da comunicação afetados pela cultura e exemplos de diferenças culturais. As informações sobre os valores e costumes das diferentes culturas, evidentemente, não se aplicam a todos os membros de uma cultura, mas podem alertar o supervisor sobre áreas às quais são necessários cuidados redobrados para promover o entendimento.

Deduções versus *Fatos*

Mal-entendidos também surgem quando o ouvinte confunde deduções com fatos. **Dedução** é a conclusão tirada dos fatos disponíveis. Um supervisor pode perceber que o funcionário não está atingindo os padrões de desempenho. Esse seria um fato. Se o supervisor disser: "Você é preguiçoso!", ele está deduzindo com base no fato de o desempenho estar abaixo da média. A dedução pode ou não ser verdadeira.

Afirmações que contêm as palavras *nunca* e *sempre* são deduções. O supervisor pode afirmar: "Você está sempre atrasado" sabendo, com certeza, que o funcionário chegou atrasado ao trabalho seis dias seguidos. No entanto, o supervisor não pode saber, com certeza, se o funcionário está *sempre* atrasado.

Um autor de textos de administração conta a história de um gestor que repreendeu severamente um supervisor e a equipe de funcionários da manutenção por eles estarem parados, em pé, ao lado de uma máquina que seria desmontada. O gestor chegou à

dedução
Conclusão baseada nos fatos disponíveis

TABELA 10.3
Diferenças Culturais na Comunicação

Fontes: Roger E. Axtell, *Gestures: The Do's and Taboos of Body Language around the World* (Nova York: Wiley, 1991); Philip R. Harris e Robert T. Moran, *Managing Cultural Differences*, 3. ed. (Houston: Gulf Publishing, 1991); Deborah Tannen, *Talking from 9 to 5* (Nova York: William Morrow, 1994); Sondra Thiederman, *Bridging Cultural Barriers for Corporate Success: How to Manage the Multicultural Work Force* (Nova York: Lexington Books, 1991); Chanthika Pornpitakpan, "Trade in Thailand: A Three-Way Cultural Comparison". *Business Horizons* 43, n. 2 (mar./abr. 2000), p. 61-70.

Aspecto da Comunicação	Exemplo
Linguagem	Mesmo dentro dos Estados Unidos, os funcionários falam muitas línguas diferentes.
Escolha das palavras	Nos Estados Unidos, uma recusa direta é considerada clara e honesta; no Japão, é considerada rude e precipitada.
Gestos	Nos Estados Unidos, balançar a cabeça para cima e para baixo significa *sim*, e para os lados, significa *não*; o contrário vale na Bulgária e em partes da Grécia, da Turquia e do Irã.
Expressões faciais	Na cultura norte-americana em geral, as pessoas sorriem com relativa freqüência e vêem o sorriso como forma de demonstrar boa vontade. Uma pessoa do Oriente Médio pode sorrir como forma de evitar o conflito e da Ásia, de esconder a raiva ou o constrangimento.
Contato visual	Os árabes propositadamente olham nos olhos da outra pessoa para conhecer o interlocutor e trabalhar bem com ele; na Inglaterra, piscar um dos olhos é sinal de que a pessoa ouviu e entendeu.
Distância entre falante e ouvinte	As pessoas do Oriente Médio podem interpretar a proximidade física em uma conversa como indicativo de envolvimento; um norte-americano pode interpretar essa proximidade como sinal de agressão.
Contexto (situação em que a mensagem é enviada e recebida)	Conversações de negócios durante o jantar são aceitáveis nos Estados Unidos, mas são vistas como grosseria na França.
Rituais de conversação (frases e comportamentos que são costumes não devem ser interpretados literalmente)	Nos Estados Unidos, as pessoas muitas vezes se cumprimentam perguntando: "How are you?" (Como vai?), sem intenção de ouvir alguma resposta; nas Filipinas, elas perguntam: "Where are you going?" (Aonde você vai?). Os homens usam mais piadas e gozações amigáveis; as mulheres usam mais expressões conciliatórias, como, por exemplo: "Desculpa", e expressando os pedidos de forma indireta.

conclusão de que os trabalhadores estavam "fazendo corpo mole" e gritou para eles começarem imediatamente. O supervisor explicou que eles estavam esperando pela autorização necessária para realizar o trabalho, descrevendo os cuidados com a segurança que eles deveriam adotar. Com isso, o gestor pediu desculpas pela conclusão precipitada a que chegou sem conhecer os fatos.[10]

Para superar os erros cometidos por tratar deduções como se fossem fatos, o supervisor deve estar ciente delas. Ao enviar alguma mensagem, o supervisor deve evitar afirmações que propiciem a interpretação das deduções como fatos. Ao ouvir alguma mensagem, ele deve explicitar suas deduções. Por exemplo, o supervisor de uma padaria pode dizer: "Quando você diz que o teste da nova receita não deu certo, suponho que esteja dizendo que a qualidade do pão ficou ruim. É isso?".

Tendências na Percepção

Com base na própria experiência e valores, o emissor e o receptor de uma mensagem conjecturam um sobre o outro e sobre a mensagem. O modo como as pessoas vêem e interpretam a realidade é denominado **percepção**. Observe o desenho da Figura 10.5. O que você vê? É possível ver uma senhora idosa ou uma mulher jovem.

Quando se tem uma percepção falsa em relação aos outros, a mensagem pode ser distorcida. Imagine uma situação em que o supervisor Al Trejo tenha descoberto que seus funcionários gostariam de que ele prestasse mais atenção nos problemas e nos sucessos do dia-a-dia. Assim, Al pára em frente à mesa de uma de suas funcionárias,

percepção
O modo como as pessoas vêem e interpretam a realidade

FIGURA 10.5
Um Desenho que Pode Ser Percebido de Mais de uma Forma

Fonte: Edwin G. Boring, "A New Ambiguous Figure", *American Journal of Psychology*, jul. 1930, p. 444. Veja também Robert Leeper. "A Study of the Neglected Portion of the Field of Learning – The Development of Sensory Organization", *Journal of Genetic Psychology*, mar. 1935, p. 62. Originalmente desenhado pelo cartunista W. E. Hill e publicado em *Puck*, 8 nov. 1915.

Kim Coleman, e pergunta: "O que você está fazendo?". Com base nas suas experiências, Coleman acredita que os supervisores estão sempre prontos para criticar, assim, ela percebe a pergunta de Trejo como se ele estivesse querendo descobrir se ela estava fazendo "corpo mole". Colocando-se na defensiva, ela responde secamente: "Meu trabalho, é lógico". Trejo percebe que Coleman não quer discutir seu trabalho com ele.

Preconceito

Amplas generalizações sobre categorias de pessoas, que são os estereótipos, podem dar margem a conclusões negativas sobre elas. Essas conclusões negativas são chamadas **preconceitos** e podem distorcer a percepção das pessoas. Na cultura norte-americana, é comum atribuir certas características às mulheres, aos afro-americanos, aos ásio-americanos, aos operários e a muitos outros grupos de pessoas. É óbvio que essas características, muitas vezes, não se aplicam a uma pessoa em particular. Imagine uma situação em que o gestor presuma que todas as mulheres são irracionais e extremamente emocionais e uma supervisora subordinada a ele venha pedir um aumento salarial. Mesmo que ela apresente uma série de argumentos lógicos sustentando o seu pedido, ele pode percebê-lo como irracional e reagir dizendo: "fica tranqüila, as coisas vão dar certo". Se essa comunicação inadequada persistir, a supervisora pode acabar ficando frustrada e pedindo demissão.

Uma maneira de superar as barreiras contra a comunicação resultantes de preconceitos é estar ciente das suposições levantadas. Será que a pessoa está reagindo ao que o interlocutor está dizendo ou ao que ele está vestindo? Ela está reagindo à mensagem ou ao sotaque do interlocutor? Ou às palavras e crenças da pessoa em relação à raça da pessoa? A conscientização permite tanto ao emissor quanto ao receptor de uma mensagem concentrarem-se em entender em vez de presumir.

Tendências ao Prestar Atenção

A percepção começa quando as pessoas prestam atenção em alguma mensagem ou em algum estímulo. No entanto, a tendência existe mesmo no estágio inicial do processo de percepção. As pessoas tendem a prestar mais atenção em uma mensagem

preconceito
Conclusões negativas sobre alguma categoria de pessoas baseadas em estereótipos

que pareça servir a seus próprios interesses. Elas também conseguem escutar melhor as mensagens que se encaixam em seu ponto de vista e descartam as que o contradizem. Suponhamos que um funcionário sugira um novo procedimento e tenha como resposta do seu supervisor a seguinte frase: "Sua idéia jamais funcionará". O funcionário pode supor que o supervisor se opõe à mudança, e não que a idéia efetivamente não funcione.

O supervisor pode combater esse tipo de suposição elaborando as mensagens com cuidado, de forma a atrair o receptor. No caso da idéia sugerida pelo funcionário, o supervisor poderia dizer: "Obrigado pela sugestão. Imagino que ela produzirá uma economia mensal de $ 50. Você acha que consegue pensar em alguma maneira de modificá-la para que sua implementação custe menos de $ 1.500?". Esse exemplo de resposta mostra que o supervisor está prestando atenção na sugestão e reconhecendo pelo menos seu mérito.

TIPOS DE MENSAGENS

Quando Sandy entrou em sua baia na seguradora onde trabalha, encontrou um bilhete do supervisor sobre a mesa dizendo o seguinte: "Venha falar comigo". Sandy já ficou nervosa e pensou: "O que será que eu fiz?".

Sandy foi até a sala do supervisor e viu que ele estava sorrindo. "Parabéns", ele disse, "conseguimos o aumento de salário que havíamos pedido para você".

Nesse exemplo, o supervisor de Sandy comunicou-se com ela por três meios: um bilhete, uma expressão facial e palavras pronunciadas. Duas das mensagens foram **mensagens verbais**; ou seja, constituídas de palavras. A terceira, o sorriso no rosto, foi uma **mensagem não-verbal**; ou seja, transmitida sem palavras.

mensagem verbal
Mensagem constituída de palavras

mensagem não-verbal
Mensagem transmitida sem usar palavras

Mensagens Não-Verbais

Como alguém pode se fazer entender sem usar palavras? Embora a idéia da mensagem não-verbal possa parecer surpreendente, as pessoas permanentemente enviam e recebem mensagens através de expressões faciais, postura e outros sinais não-verbais. No exemplo de Sandy, a mensagem transmitida pela expressão no rosto do supervisor foi tão importante quanto a mensagem verbal. O sorriso, diferentemente do bilhete, fez Sandy perceber que o supervisor tinha boas notícias.

Os principais tipos de mensagens não-verbais são os gestos, a postura, o tom de voz, a expressão facial e até mesmo o silêncio. Aprendemos o significado de muitas dessas mensagens simplesmente vivenciando a nossa cultura. Com base na experiência, é possível reconhecer um aperto de mão amigável, um silêncio frio em resposta a algo dito e a distância adequada a ser mantida de outra pessoa quando se está conversando, parte de um conceito conhecido como espaço pessoal (veja a Figura 10.6). Suponha que um supervisor e uma funcionária estejam discutindo algum problema relacionado ao trabalho dela. A funcionária baixa os olhos, desviando o olhar do supervisor. Na cultura norte-americana, com base nas suposições comuns, o supervisor pode concluir que a funcionária é desonesta, desinteressada ou culpada de algo.

Da mesma forma que aprendemos o significado da mensagem não-verbal da nossa própria cultura, em outras culturas as pessoas têm diferentes vocabulários não-verbais. No exemplo anterior, se a funcionária fosse cambojana, talvez ela estivesse tentando demonstrar respeito; de acordo com o costume cambojano, seria grosseria olhar o supervisor nos olhos. O significado dos sinais não-verbais pode variar até mesmo entre diferentes grupos de pessoas nascidas em um mesmo país. O não-reconhecimento das diferentes interpretações dos sinais não-verbais pode provocar mal-entendidos, como, por exemplo, no caso de um europeu-americano concluir, com base no contato visual, que um afro-americano não está interessado em ouvir o que ele está dizendo.

FIGURA 10.6
Etiqueta da Distância Adequada: Alguns Exemplos Interculturais

Fonte: Exemplo baseado em Sondra Thiederman, *Bridging Cultural Barriers for Corporate Success: How to Manage the Multicultural Work Force* (Nova York: Lexington Books, 1991), p. 132.

- Na média, os norte-americanos mantêm-se a uma distância de mais ou menos 60 centímetros quando estão tratando de negócios.
- Homens do Oriente Médio normalmente mantêm-se a uma distância de 45 centímetros.
- As culturas asiáticas e muitas africanas mantêm uma distância de 90 centímetros ou mais.

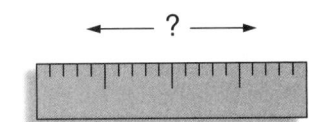

Quando uma pessoa está enviando mensagens tanto verbais quanto não-verbais, a não-verbal pode exercer mais influência no receptor. Esse aspecto foi bem compreendido por um grupo de pessoas que protestavam contra a intenção do Citigroup de comprar o Associates First Capital, empresa que estava sob investigação na época. Os ativistas reuniram-se em frente a um tribunal em Durham, Carolina do Norte, carregando guarda-chuvas vermelhos, símbolo do Citigroup, com buracos recortados neles.[11] A Figura 10.7 mostra o peso dos diferentes componentes de uma mensagem. Se a importância relativa de uma comunicação não-verbal parece surpreendente, imagine alguém dizendo: "Você está encrencado!" em um tom de voz irritado. Agora imagine a mesma pessoa dizendo isso sorrindo. Essas mensagens são idênticas?

Por causa da importância das mensagens não-verbais, o supervisor deve ter consciência das mensagens que envia. Por exemplo, mensagens não-verbais, como se vestir de maneira conservadora e um aperto de mão firme comunicam uma atitude profissional. Além disso, os funcionários muitas vezes interpretam a presença física do supervisor como uma mensagem de que ele tem interesse naquilo que eles estão fazendo. Os funcionários de uma indústria aeroespacial disseram a um consultor que eles queriam que os gestores visitassem o local de trabalho como demonstração de interesse em ouvir os trabalhadores. Essa mensagem não-verbal terá muita importância se o supervisor mantiver contato visual, ouvir os funcionários e perguntar o que *eles* desejam discutir.[12] A mensagem não-verbal que demonstra interesse, quando enviada através da presença física do supervisor, é aquilo a que Bill Zollars se refere

FIGURA 10.7
Contribuições Relativas de Diversos Fatores no Impacto Total de uma Mensagem

Fonte: Dados de Albert Mehrabian, "Communication without Words", *Psychology Today*, set. 1968, p. 53-55.

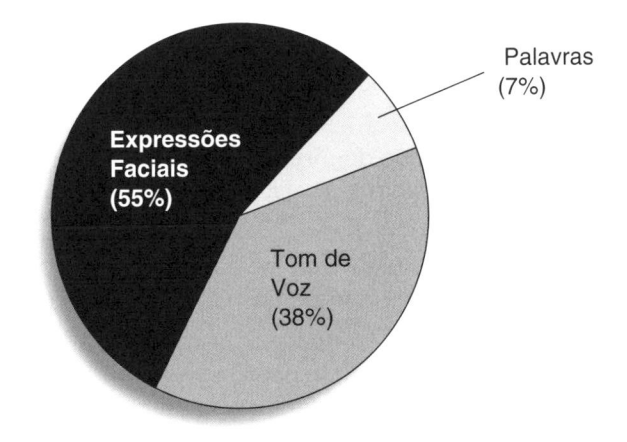

Expressões Faciais (55%)
Tom de Voz (38%)
Palavras (7%)

Quando a mensagem é tanto verbal quanto não-verbal, a não-verbal pode exercer mais impacto no receptor do que as palavras em si. Esse gráfico mostra o impacto relativo, expresso em percentual, de palavras, tom de voz e expressões faciais.

na citação apresentada no início deste capítulo. Zollars, executivo da transportadora Yellow Roadway, assumiu aquele trabalho quando a companhia estava em dificuldades e, assim, como líder, estabeleceu como prioridade visitar e conversar com os funcionários.[13]

Mensagens Verbais

Grande parte da comunicação não-verbal complementa as mensagens verbais. As pessoas enviam mensagens verbais falando (comunicação oral) ou escrevendo (comunicação escrita).

Comunicação Oral

Para se comunicar com os funcionários, o supervisor normalmente depende da comunicação oral. Todos os dias ele conversa com os funcionários para explicar as responsabilidades do trabalho, perguntar, designar tarefas, verificar o andamento e resolver problemas. Esse tipo de comunicação oferece ao supervisor a possibilidade de enviar e receber muitos sinais não-verbais, juntamente com os verbais. O supervisor pode se beneficiar ao aplicar as habilidades de comunicação não-verbal nas conversas com os funcionários. Por exemplo, o supervisor deve usar um tom de voz bem modulado e oferecer bastante tempo para as perguntas.

Na maioria das vezes, a comunicação oral ocorre cara a cara, em conversas, entrevistas, reuniões e apresentações formais. (No Capítulo 3, discute-se mais detalhadamente sobre as reuniões.) A tecnologia oferece cada vez mais opções de canais de comunicação oral para pessoas de diferentes localidades. As mais comuns são as ligações telefônicas; as tecnologias mais recentes incluem o correio de voz, a teleconferência e a videoconferência.

Muitos supervisores ficam nervosos quando têm de falar diante de um grupo, mas o nervosismo pode ser positivo se servir de estímulo para que ele se prepare bem. As seguintes medidas podem ajudar o supervisor a fazer uma boa apresentação:[14]

1. Prepare uma programação das medidas a serem adotadas e marque na agenda a data aproximada de cada uma para evitar adiamentos.

2. Procure se informar sobre o público-alvo, se possível, como indivíduo ou como grupo. Verifique o que eles já sabem e o que precisam saber do supervisor. O que eles sentem e como motivá-los.

3. Elabore a apresentação, incluindo uma boa abertura. Comece com um breve histórico ou com uma pergunta instigante. Evite começar com uma piada.

4. Limite o número dos principais tópicos (três é um número razoável) e apresente-os claramente como uma prévia da apresentação.

5. Passe de um tópico a outro de forma clara, resumindo cada um antes de passar para o seguinte.

6. Caminhe pela sala (mas não de forma compassada), use gestos naturais e estabeleça contato visual com cada parte da sala. Varie a inflexão da voz e mantenha o público envolvido.

7. Use um bom encerramento que retome a abertura, resuma os tópicos principais ou que dispertem a atenção dos ouvintes. Seja atencioso com o público e termine no horário estabelecido.

8. Ainda nervoso? Para superar muito o seu nervosismo, prepare-se ensaiando (peça que um amigo ensaie com você), conferindo e reconferindo o material visual e a tecnologia audiovisual antes de começar e estabelecendo uma conversa amigável com aqueles que chegarem mais cedo.

SUPERVISÃO NOS DIVERSOS SETORES

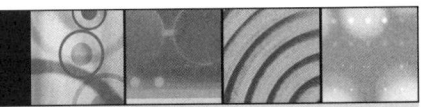

FRAGRÂNCIAS
SUPERVISOR DA FABERGE ESCREVE SUA TRILHA PARA O SUCESSO

Segundo Raymond Dreyfack, o que impulsionou sua carreira foi a habilidade para escrever. Iniciando como supervisor da Faberge Perfumes (hoje, parte da Unilever, e sediada na Europa), Dreyfack aprendeu a apresentar aos gestores idéias importantes que o ajudaram a progredir na companhia.

Como supervisor do setor de digitação, Dreyfack observou vários problemas na organização. Embora esses problemas não fossem demasiadamente críticos, os clientes reclamavam, e as faturas, às vezes, continham erros. Os funcionários entendiam errado, e os procedimentos faziam as pessoas se atrasarem. Esses problemas são comuns na maioria das organizações. Dreyfack decidiu que seu papel na Faberge seria o de procurar respostas e apresentá-las àqueles que ocupavam posições com poder para atuar na melhoria desses problemas.

Dreyfack considerou o fato de que gestores ocupados não gostam de ser interrompidos pelo supervisor toda vez que ele quer anunciar alguma nova idéia. A melhor alternativa seria escrever suas idéias de forma resumida e convincente. Desse modo, seu chefe poderia ler as idéias no momento oportuno, quando tivesse tempo para avaliar as suas vantagens. Aprender a limitar as idéias apresentadas em memorandos concisos proporcionou a Dreyfack concentrar-se em aspectos mais importantes e argumentos lógicos.

Enfim, Dreyfack ficou conhecido na Faberge como alguém a quem a empresa poderia recorrer para criar comunicações claras e com raciocínio lógico. A direção da empresa recorria a ele para escrever respostas a clientes insatisfeitos e esclarecer procedimentos corporativos ambíguos. Passados vários anos, as responsabilidades de Dreyfack aumentaram, e seu salário praticamente triplicou.

Dreyfack chegou à conclusão de que gostava tanto de escrever que poderia fazer uma carreira escrevendo. Poucos supervisores se dispõem a seguir essa trilha e deixar a vida corporativa para se tornar escritor profissional. No entanto, qualquer supervisor pode se beneficiar das habilidades de escrita.

Fonte: Raymond Dreyfack, "The Write Way to Jump-Start Your Career", *Supervision*, abr. 2004, extraído de InfoTrac, http://web2.infotrac.galegroup.com.

O supervisor que desejar uma ajuda mais formal e mais específica para falar diante de grupos pode solicitar à empresa que o inscreva em um dos muitos seminários de treinamento ou aulas de oratória de alguma faculdade. Ele pode também participar de grupos onde possa praticar, já que praticar não apenas melhora o ato de falar em público, como também diminui a ansiedade.

A capacidade de falar com confiança em qualquer ambiente público é muito importante na carreira de supervisão ou de gestão. William Converse contou com suas habilidades de comunicação para salvar sua empresa quando, no programa de TV *Inside Edition,* foram divulgadas informações afirmando que os purificadores de ar da Alpine Industries poluíam o ar em vez de limpá-lo. Com as vendas despencando e uma investigação aberta, Converse compareceu a programas de rádio para desmentir a história.[15]

Comunicação Escrita

Muitas situações demandam registro do que as pessoas dizem umas às outras. Portanto, grande parte da comunicação verbal dentro das organizações é feita por escrito. O texto na seção "Supervisão nos Diversos Setores" apresenta o exemplo de um supervisor que usou a comunicação escrita para progredir na carreira e beneficiar sua companhia. Entre as formas mais comuns de comunicação escrita estão os memorandos, as cartas, os relatórios, as mensagens eletrônicas, os quadros de avisos e os cartazes.

O memorando é um meio informal de envio de mensagem escrita. No alto da página, o remetente digita a data, o nome do destinatário, o seu nome e o assunto. Devido à sua informalidade, o memorando serve de comunicação interna da empresa.

As pessoas que escrevem para alguém fora da empresa normalmente enviam uma carta, que é mais formal que um memorando, mas, basicamente, com as mesmas vantagens e desvantagens. Ambos servem de documento escrito para o destinatário examinar, e ambos exigem tempo razoável para serem elaborados e enviados.

A análise de como atender a uma necessidade ou como resolver um problema é apresentada na forma de um relatório. O relatório descreve a necessidade ou o problema e, assim, propõe uma solução. Muitos relatórios contêm figuras e gráficos para facilitar a compreensão da mensagem. Outro recurso útil em um relatório longo (de mais de duas páginas) é começar com um parágrafo resumindo o seu conteúdo. Com isso, um gestor ocupado pode avaliar sobre o que o relatório trata, mesmo que não possa lê-lo completamente de imediato.

As mensagens escritas também podem ser enviadas eletronicamente, por fax ou e-mail. Nos últimos anos, o e-mail tem se tornado um canal popular, já que os computadores estão presentes em praticamente todas as organizações. O *Bureau of Labor Statistics* (Departamento Norte-Americano de Estatísticas Trabalhistas) concluiu recentemente que mais da metade dos funcionários utiliza computador no trabalho, sendo que as atividades mais comuns são o acesso ao e-mail e à internet, realizadas por dois de cada cinco funcionários.[16]

O e-mail facilita a comunicação de diversas formas, mas pode trazer também algumas complicações, como, por exemplo, na história envolvendo Neil Patterson da Cerner Corp., mencionada na página 250. Assim como Patterson percebeu, as complicações muitas vezes surgem exatamente por causa da facilidade de envio do e-mail. Enquanto a elaboração de uma carta ou de um relatório demanda tempo, proporcionando uma chance para refletir e alterar, a mensagem de e-mail é informal. O autor pode escrever a mensagem às pressas e clicar em "Enviar" antes de avaliar se o conteúdo pode ser mal interpretado. A situação é ainda mais arriscada com a facilidade do recurso "Responder a todos", que faz com que a mensagem seja enviada a todos que receberam uma cópia da mensagem original, e não apenas ao remetente original. Um comentário destinado a apenas um dos colegas pode, de repente, tornar-se informação pública entre várias pessoas, incluindo até o chefe, os clientes ou os fornecedores de alguém. Hoje, é mais comum o uso impensado do recurso "Responder a todos" para enviar uma mensagem irrelevante à maioria dos destinatários. Quando a empresa de Ben Swett, Windowbox.com, envia uma mensagem a determinados funcionários de um cliente informando sobre a falta de um produto no estoque, Swett, geralmente, recebe mensagens com conteúdo inexpressivo, na forma de comentários motivacionais, acompanhados de frases do tipo: "Alguém tem de tomar alguma providência", com cópia para todos, para que os colegas possam ver o quão dedicado é o remetente. Do mesmo modo, um grande cliente da Windowbox periodicamente envia mensagens à empresa e a outros fornecedores, e um ou dois destes respondem a todos com mensagens do tipo: "Ficamos felizes com sua recente visita à nossa empresa".[17] Em vez de se transformar em transtorno, os usuários de e-mail deveriam enviar mensagens apenas àqueles interessados no seu conteúdo.

Para transmitir uma única mensagem a muitas pessoas, a organização pode utilizar cartazes e avisos afixados em quadros ou divulgados por meio eletrônico. Esses meios são impessoais, porém, uma forma eficaz de enviar mensagens; devem ser usados para complementar os tipos de comunicação mais pessoais. Por exemplo, se o gestor de uma fábrica deseja promover a qualidade, pode usar cartazes com os dizeres: "Qualidade em Primeiro Lugar". Para que a mensagem seja eficaz, no entanto, gestores e supervisores também devem elogiar as pessoas que realizam trabalhos de maior qualidade, discutir a qualidade ao avaliar o desempenho e servir de exemplo no seu próprio trabalho.

Tecnologia e Tipos de Mensagem

A evolução tecnológica tem propiciado um número crescente de alternativas para enviar mensagens. Entre os desenvolvimentos mais recentes estão o e-mail, a mensagem instantânea, a teleconferência, a telefonia celular e a videoconferência.

FIGURA 10.8
Colocar por Escrito?

Usar a comunicação por escrito quando . . . 
. . . puder esperar o destinatário ler.
. . . não tiver condições de reunir as pessoas.
. . . a mensagem for complexa.
. . . a informação for mais baseada em fatos e não contiver conteúdo delicado.
. . . não causar constrangimento caso outras pessoas leiam a mensagem.
. . . precisar de registro da comunicação.
. . . o destinatário tiver capacidade para ler na sua língua e usar a mesma tecnologia (impresso, e-mail, arquivo eletrônico etc.).

Usar a comunicação oral quando . . . 
. . . a mensagem contiver conteúdo delicado.
. . . necessitar de feedback imediato.
. . . o destinatário possa ter dificuldades para ler.
. . . quiser criar uma relação ou ver as reações.

Esses tipos de mensagens são opções interessantes, mas dificultam a escolha de um canal de comunicação. Além disso, a possibilidade de enviar e receber informações não apenas no trabalho, mas também em casa, no carro e no avião, pode contribuir para a sobrecarga de informações, já discutida neste capítulo. Alguns funcionários podem sentir que jamais podem se desprender totalmente do seu local de trabalho porque podem ser contatados por fax ou pelo celular, onde quer que estejam.

Escolhendo o Tipo de Mensagem Mais Eficaz

Com tantas maneiras de enviar uma mensagem, qual seria a melhor para fazer isso? Embora a comunicação pessoal seja a que transmita a maior quantidade de informações (palavras *mais* tom de voz *mais* linguagem corporal *mais* retorno imediato), o método mais eficaz e efetivo de envio de mensagem depende da situação. A Figura 10.8 mostra alguns critérios para a escolha entre a comunicação escrita e a oral. Ao decidir telefonar para a pessoa, encontrar-se com ela ou enviar uma mensagem por e-mail ou por fax, o supervisor deve avaliar as restrições de tempo e custo, a complexidade e a delicadeza do assunto, a necessidade de um registro da comunicação, a necessidade de feedback e os recursos do receptor.

Restrições de Tempo e Custo

Quando o supervisor precisa contatar alguém às pressas, uma carta ou um memorando pode ser demorado demais. Pode ser mais fácil encontrar o funcionário em sua sala, ou no chão-de-fábrica. Muitas vezes, a maneira mais rápida de localizar alguém dentro da empresa é pelo telefone.

A tecnologia moderna reduz o tempo necessário para enviar mensagens. As transmissões por fax, e-mail e correio de voz permitem ao supervisor contatar pessoas que passam grande parte do dia distantes do telefone ou atendendo outras chamadas. No entanto, essas tecnologias não garantem que as mensagens sejam *recebidas* rapidamente, porque é o receptor quem decide quando apanhar a mensagem de fax ou verificar as mensagens do correio de voz ou e-mail.

Da mesma forma que o tempo, os custos impõem certas restrições na escolha do meio de comunicação. Quando as pessoas que precisam discutir algum assunto estão fisicamente distantes, os custos de uma videoconferência são menores que os de reunir todos fisicamente. Por exemplo, a matriz da Midway Games está localizada em Chicago, e a empresa opera estúdios em Austin, Texas; Los Angeles; San Diego; Seattle; e Newcastle, na Inglaterra, além de escritórios de vendas na Europa. A videoconferência é um meio prático para a empresa de videogames possibilitar o compartilhamento de informações entre os funcionários. De fato, a Midway utiliza seu sistema de videoconferência quase diariamente.[18]

Complexidade e Delicadeza do Assunto

Uma mensagem complexa fica mais clara se for escrita. Por exemplo, fica mais fácil entender os resultados de uma pesquisa ou a análise do desempenho de um grupo de trabalho se forem apresentados em um relatório escrito. Em uma reunião, a apresentação oral de um relatório fica mais clara se complementada por material escrito e apresentado através de transparências de PowerPoint, cartazes ou transparências exibidas em retroprojetor. Quando é necessário rapidez para comunicar informações complexas a uma pessoa fora da organização, pode ser economicamente mais eficaz usar um aparelho de fax ou o modem do computador.

Para assuntos que envolvem questões emocionais ou quando o problema envolve o estado de espírito dos funcionários, o comunicador precisa da informação extraída do tom de voz, dos gestos e das expressões faciais. Esse tipo de informação também é essencial para avaliar se os funcionários (principalmente os novos) estão se saindo bem. Comunicações escritas, como o e-mail, são mais adequadas para mensagens objetivas. Por sua vez, mensagens com conteúdo sarcástico, humorístico ou emocional são mais propensas a serem mal-interpretadas pelos destinatários. Max Messmer, presidente da Accountemps, empresa especializada em gestão de recursos humanos, afirma que reuniões cara a cara reduzem as possíveis falhas de comunicação. No entanto, uma pesquisa encomendada pela empresa constatou que a maioria dos gestores prefere o envio de e-mail, devido a sua extrema praticidade.[19]

Quanto mais delicada for a mensagem ou a situação, maior propensão para que seja utilizada a comunicação não-verbal. O tom de voz nas ligações telefônicas, correio de voz e mensagens eletrônicas com áudio fornece informações. A maior parte das informações, evidentemente, vem da comunicação cara a cara. Uma reunião individual ou coletiva permite ao emissor da mensagem amenizar a irritação e desfazer desentendimentos. Ela oferece ao receptor a chance de arejar as idéias e fazer perguntas. Por exemplo, um supervisor que precisa aplicar medidas disciplinares a um funcionário deve certificar-se de que ele entenda o problema e tenha a chance de apresentar o ponto de vista dele. Do mesmo modo, o anúncio de cortes ou reestruturação deve ser transmitido pessoalmente.

Necessidade de Registro

Assim como será discutido no Capítulo 12, a aplicação de medidas disciplinares exige registro por escrito, além de reunião pessoal. O supervisor precisa combinar a mensagem escrita com uma comunicação oral. Outras ações que demandam registro documental são o cadastro de pedidos e o estabelecimento das metas de um funcionário ou do departamento.

Necessidade de Feedback

A maneira mais fácil de obter feedback é por meio da mensagem oral. O participante de uma reunião ou o interlocutor ao telefone pode responder imediatamente com comentários e perguntas. Se o retorno for fundamental, a comunicação cara a cara será mais eficaz que a conversa telefônica, porque o emissor da mensagem pode ver as expressões faciais e perceber as reações. A pessoa parece confusa, animada, brava, satisfeita? Se o supervisor, explicando um novo procedimento, disser: "Você entendeu?" e o funcionário responder com um "acho que sim" sem muita convicção, o supervisor sabe que precisa dar exemplos ou mais esclarecimentos sobre o assunto.

Recursos do Receptor

As pessoas receberão a mensagem somente se ela for comunicada por um canal com a qual elas se sintam à vontade usando. Em muitas situações, alguns funcionários não têm capacidade suficiente de leitura. Se o supervisor perceber que algum funcionário não consegue ler a mensagem, ele deverá encontrar maneiras de transmiti-la por meio de palavra falada, figuras, gestos ou algum outro meio de comunicação. Essa situação ocorre quando o funcionário não consegue ler nada ou lê muito mal a ponto de não entender determinada mensagem. Alguns funcionários podem saber ler em seus idiomas de origem, mas não em outros; nesse caso, o supervisor pode elaborar mensagens escritas em diversos idiomas.

O problema do analfabetismo é uma questão delicada. O supervisor deve ter tato e procurar, com cuidado, sinais de dificuldades de leitura. O funcionário com dificuldade para ler normalmente se sente constrangido com o problema e procura escondê-lo. Na ShawCor Pipe Protection, localizada em Pearland, Texas, Angela Molis trata desse problema delicado usando mais de um canal de comunicação, para garantir o entendimento. Molis, que é coordenadora ambiental e de segurança e saúde da ShawCor, prepara o material escrito sobre o treinamento tanto em espanhol quanto em inglês, contendo muitos diagramas. Além disso, durante as sessões de treinamento, ela reserva tempo para ler o material em voz alta. E, ainda, Molis treina funcionários para que sejam "líderes de zona". Esses funcionários compartilham as lições aprendidas sobre segurança com os colegas, que normalmente reagem melhor ao treinamento dado por um colega do que por um supervisor.[20]

Uma questão ainda mais delicada é a habilidade e o conforto proporcionado às pessoas no uso da tecnologia moderna. Algumas pessoas ficam frustradas ou irritadas quando a ligação é atendida pela secretária eletrônica. O supervisor pode minimizar tais frustrações ao gravar uma mensagem informando, por exemplo, a que horas ele retornará ou como entrar em contato com algum operador ou a secretária. Do mesmo modo, informações oferecidas on-line parecerão convenientes para alguns e inacessíveis para outros.

COMUNICAÇÃO NAS ORGANIZAÇÕES

Nas empresas, no governo e em outras organizações, normalmente a comunicação segue certos padrões. Se o supervisor entender esses padrões, conseguirá fazer melhor uso deles.

Direção da Comunicação

comunicação descendente
Comunicação organizacional em que a mensagem é enviada a alguém de nível hierárquico inferior

Reveja os organogramas apresentados no Capítulo 7. Quando uma pessoa envia uma mensagem a outra de nível hierárquico inferior, ocorre a **comunicação descendente**. O supervisor recebe uma comunicação descendente quando ouve instruções ou uma avaliação do seu gestor ou quando lê um memorando da diretoria, descrevendo alguma nova política da empresa. O supervisor envia uma comunicação descendente quando discute algum problema com um funcionário ou diz a ele como executar alguma tarefa. Os funcionários esperam receber comunicação descendente suficiente para saber como realizar o trabalho e normalmente gostam de saber o suficiente para entender o que está acontecendo. Veja no texto da seção "Habilidades em Supervisão" uma aplicação da comunicação descendente.

comunicação ascendente
Comunicação organizacional em que a mensagem é enviada a alguém de nível hierárquico superior

Quando uma pessoa envia uma mensagem a outra de nível hierárquico superior, ocorre a **comunicação ascendente**. O supervisor recebe uma comunicação ascendente quando algum funcionário faz uma pergunta ou relata algum problema. O supervisor envia uma comunicação ascendente quando relata ao gestor sobre o andamento do trabalho ou pede um aumento salarial. O gestor quer principalmente receber comunicações ascendentes sobre assuntos controversos ou questões que afetam o seu próprio desempenho.

Para estar sempre bem-informado e se beneficiar da criatividade dos funcionários, o supervisor deve incentivar a comunicação ascendente. Nick Visconti, supervisor de vendas externas da ESP Pharma, diz que a comunicação aberta faz parte da cultura da sua empresa. Ele afirma que a direção da ESP acolhe bem seus esforços para se comunicar durante as viagens de negócios ou no escritório. A vice-presidente de recursos

HABILIDADES EM SUPERVISÃO

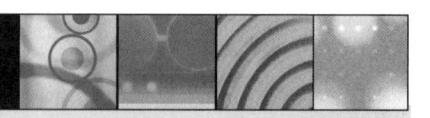

COMUNICAÇÃO VISUAL
GRÁFICOS MANTÊM OS FUNCIONÁRIOS NO ALVO

O supervisor ajuda os funcionários a atingir altos padrões estabelecendo metas desafiadoras e obtendo o compromisso do funcionário para atingi-las. Nos vários departamentos, o supervisor pode ajudar seus funcionários a atingir metas como, por exemplo, considerando o material descartado, volume de vendas, níveis de estoque, redução de produtos defeituosos, absenteísmo, lesões, cumprimento dos prazos de entrega, conclusão das etapas de algum projeto ou outras medidas. Os funcionários precisam saber quais são as suas metas e se eles se sentem mais motivados quando vêem seu progresso em relação ao cumprimento de cada meta.

Para dar mais ênfase a essas informações na hora de transmiti-las, muitos supervisores preparam gráficos. Através de gráficos bem elaborados, os funcionários conseguem visualizar em que estão se empenhando e o progresso até aquele momento. As seguintes sugestões ajudam o supervisor a criar um gráfico mais eficaz:

- Escolha de uma a três medidas para definir o sucesso do grupo. Crie um gráfico para cada uma das medidas.
- Mostre a melhoria no desempenho de forma clara e consistente. Por exemplo, uma linha ascendente geralmente demonstra uma melhoria. O esquema de cores deve ser coerente entre um gráfico e outro.
- Mantenha os gráficos simples, usando apenas algumas barras ou linhas por gráfico. Dependendo do tipo de medida de desempenho utilizada, mostre o progresso na direção da meta ou o desempenho do período atual comparado com o do período passado. Em alguns casos, mostre a tendência de prazo mais longo, por exemplo, em redução de custos ou aumento das vendas.
- Atualize os gráficos regularmente; se possível, uma vez por semana ou uma vez por mês. Não espere diversos meses para atualizar o gráfico; os funcionários perdem o interesse em um gráfico desatualizado.
- Afixe o gráfico em local de fácil observação para os funcionários. Seu tamanho deve ser suficientemente grande e suas cores devem ser firmes para facilitar a leitura, independentemente do local em que esteja afixado.
- Hoje, em alguns ambientes, grande parte da comunicação sobre o desempenho ocorre em computadores. Se o supervisor tiver dificuldades para preparar gráficos no computador, muitas faculdades oferecem cursos de aperfeiçoamento das habilidades. Programas conhecidos, como Excel e PowerPoint, oferecem ferramentas para criar gráficos de fácil leitura.
- Explique os gráficos que estão sendo usados e procure saber se os funcionários estão entendendo o significado de cada um. Muitas organizações, inclusive fábricas, esperam que seus funcionários usem gráficos para poder monitorar seu próprio desempenho. Procure recursos de treinamento para os funcionários que podem se beneficiar da ajuda extra nessa habilidade.
- Ao discutir o desempenho com os funcionários, informalmente ou em reuniões, mencione os resultados mostrados nos gráficos. A ênfase nesses resultados transmite a idéia de que as informações constantes nos gráficos são importantes.

Fontes: Ed Lisoski, "Checking Your Business Gauges", *Supervision*, jan. 2005; Ed Lisoski, "Rising from the Ranks to Management: How to Thrive versus Survive", *Supervision*, jul. 2006; e Bob Trebilcock, "Manufacturing Goes Back to School", *Modern Materials Handling*, 1º jul. 2006, extraídos de Business & Company Resource Center, http://galenet.galegroup.com.

---

humanos da ESP Pharma tem o hábito de caminhar diariamente pelos escritórios da companhia, assim os funcionários podem facilmente abordá-la para conversar a respeito de suas dúvidas.[21]

O supervisor pode melhorar a comunicação ascendente aplicando as estratégias de uma boa comunicação. Ele deve enviar uma resposta ao funcionário para que este saiba que a mensagem foi recebida. Outra forma de incentivar a comunicação ascendente é estabelecendo um meio formal, como, por exemplo, uma caixa de sugestões onde os funcionários possam apresentar idéias e comentários. Quando uma companhia de telecomunicações da região centro-oeste dos Estados Unidos reestruturou seu programa de sugestões, descobriu que tipos de programas eram mais bem-sucedidos. O supervisor pode aplicar algumas das lições aprendidas por essa companhia. Por exemplo, o supervisor pode pedir que cada sugestão seja relacionada às metas da companhia. Ele pode pedir sugestões específicas relacionadas à redução das taxas de erro ou de descarte de material ou diminuir o tempo de resposta. Algumas das melhores sugestões resultam do pedido aos funcionários para identificar melhorias no seu próprio trabalho. Por fim, o supervisor pode pedir à pessoa que está sugerindo que apoie as idéias com fatos e evidências, demonstrando as vantagens da sugestão. Quando o supervisor estabelece os requisitos de forma positiva, os funcionários ficam mais envolvidos e animados com as suas idéias. Evidentemente, o supervisor deve implementar as idéias bem sustentadas e relacionadas às metas e conceder o crédito àqueles cujas idéias ajudaram a companhia.[22]

A mensagem enviada a alguém do mesmo nível hierárquico é chamada de **comunicação lateral**. O supervisor envia e recebe comunicações laterais quando discute suas necessidades com colegas de outros departamentos, coordena seu grupo de trabalho com o de outros supervisores e socializa com demais supervisores da companhia.

Por que o supervisor deveria saber sobre as direções da comunicação? O supervisor pode usar esse tipo de informação, por exemplo, para certificar-se de que está se comunicando bem em todas as direções: comunicação descendente suficiente para que os funcionários saibam o que se espera deles e para ele próprio entender o que está acontecendo na organização; comunicação ascendente suficiente para o gestor estar ciente das realizações do supervisor e os funcionários se sentirem encorajados em apresentar idéias; e comunicação lateral suficiente para que o trabalho do departamento do supervisor seja bem coordenado com o trabalho dos demais departamentos.

comunicação lateral
Comunicação organizacional em que a mensagem é enviada a alguém do mesmo nível hierárquico

Comunicação Formal e Informal

A comunicação que segue as linhas do organograma é conhecida como **comunicação formal**, direcionada ao cumprimento das metas da organização. Por exemplo, quando o supervisor discute com o funcionário sobre o desempenho deste, ele o está ajudando a executar um trabalho de alta qualidade. Quando o supervisor apresenta ao gestor um relatório das atividades semanais do departamento, ele está ajudando o gestor a cumprir suas responsabilidades de controle.

comunicação formal
Comunicação organizacional relacionada ao trabalho e que segue as linhas do organograma

No entanto, grande parte da comunicação dentro da organização tem a finalidade de atender às necessidades individuais das pessoas. Por exemplo, gestores e funcionários podem, igualmente, gastar o tempo discutindo sobre o desempenho dos seus times favoritos, o comportamento dos filhos e os bons restaurantes para almoçar. Esse tipo de comunicação é denominado **comunicação informal**.

comunicação informal
Comunicação organizacional voltada a atender às necessidades e aos interesses individuais e que não necessariamente segue as linhas formais de comunicação

Fofocas e Rumores

Grande parte da comunicação informal ocorre na forma de fofocas e rumores. A fofoca parece uma conversa superficial, mas gira em torno das pessoas. As pessoas fofocam para indicar qual comportamento é aceitável. Assim, quando os funcionários fofocam sobre quem foi promovido ou quem está saindo com o novo supervisor de um respectivo departamento, eles estão ventilando e refinando sua visão sobre as políticas de promoção e os casos entre colegas de trabalho.

Rumores ou boatos são explicações, às vezes infundadas, para o que está acontecendo em relação às pessoas. Por exemplo, se algum diretor da empresa visita a fábrica, os funcionários podem espalhar rumores de que ela será vendida ou que as operações serão transferidas para a Coréia do Sul. Quando as pessoas têm medo, elas espalham rumores para amenizar seus temores enquanto tentam chegar aos fatos. Assim, os rumores tendem a circular, basicamente, durante crises e conflitos e geralmente são falsos.

Apesar de os rumores e as fofocas serem fatos da vida no trabalho, não é de bom tom que o supervisor participe da disseminação de algum deles. Como membro da direção, espera-se que o supervisor saiba e relate os fatos sobre os negócios da empresa. Se o supervisor espalhar alguma fofoca ou algum rumor, ele acabará sendo responsabilizado pela sua divulgação.

Embora o supervisor deva se manter afastado dos rumores e das fofocas, ele pode ocasionalmente ouvir alguma história que exija providências. Por exemplo, ele pode tomar conhecimento de que os integrantes de uma equipe podem não ser capazes de cooperar ou que algum funcionário pode ter violado uma norma de trabalho. Se a história indicar a existência de algum problema que exija o envolvimento do supervisor, ele deverá começar tentando descobrir os fatos. Rumores e fofocas raramente contêm versões completas ou sem distorções da verdade. As pessoas tendem a florear as histórias para torná-las mais interessantes, e mesmo as pessoas bem-intencionadas percebem as situações de modo distorcido. Por exemplo, as pessoas se lembram dos aspectos mais inusitados de alguma situação e interpretam da sua maneira. Portanto, o supervisor precisa ter mente aberta e procurar os fatos com as pessoas diretamente envolvidas, e não com aquelas que estão espalhando os rumores. As perguntas a respeito da situação devem se concentrar na questão relacionada ao trabalho que preocupa o supervisor, e ele deve evitar palavras que insinuem algum julgamento. O supervisor deve perguntar sobre ações que observou, e não sobre opiniões e "achismos".[23] Se a situação for complicada ou envolver questões legais, o supervisor deverá buscar ajuda do pessoal de recursos humanos da companhia. (O Apêndice B menciona inúmeras áreas legais envolvendo os supervisores.)

Rádio Peão

rádio peão
Recurso utilizado pela comunicação informal

O recurso utilizado pela comunicação informal é conhecido como **rádio peão**. A rádio peão é importante para o supervisor porque os funcionários a usam como fonte de informações. Assim, o supervisor sabe que às vezes os funcionários já têm as informações antes que ele as comunique. Ele também deve saber que os funcionários podem obter informações erradas por meio da rádio peão, principalmente em épocas de crises ou conflitos.

Quando supervisores e funcionários trabalham em horários distintos, se torna difícil manter uma boa comunicação. De acordo com uma recente pesquisa realizada pela Coleman Consulting Group, especializada em empresas com operações ininterruptas e que empregam funcionários para trabalhar em turnos, quase 70% dessas empresas relataram grandes problemas de comunicação entre a direção e os funcionários dos turnos. A pesquisa abrangeu mais de 22 mil funcionários e constatou que a comunicação deles com a direção da empresa reduziu-se ao status de informação de rádio peão em praticamente 90% dos casos. Apenas 11% relataram receber informações diretamente do supervisor, e 59% relataram deduzir que a direção efetivamente não se importava com eles.[24]

A rádio peão surge espontaneamente, e os gestores geralmente não conseguem controlá-la. No entanto, se o supervisor tomar conhecimento da sua existência, poderá tentar identificá-la e corrigir as informações erradas. Ele também pode adotar algumas medidas para que, pelo menos, algumas das mensagens da rádio peão sejam positivas e estejam de acordo com os objetivos da organização:[25]

- Utilize regularmente as ferramentas da comunicação formal para informar aos funcionários a versão dos fatos do ponto de vista da organização.
- Esteja aberto a discussões; seja uma pessoa a quem os funcionários possam recorrer quando quiserem confirmar ou negar os rumores.
- Utilize as entrevistas de avaliação de desempenho como forma de ouvir os funcionários e também como um meio de transmitir informações.
- Conte com um funcionário de confiança para atuar como fonte de informações sobre as mensagens transmitidas através da rádio peão.
- Quando precisar acabar com os rumores, emita uma resposta formal.

Além disso, se o supervisor e os demais gestores estiverem exercendo suas habilidades de liderança, com o objetivo de criar um ambiente em que os funcionários possam e desejem contribuir de forma positiva, tanto a comunicação formal quanto a informal são importantes. O supervisor deve incentivar a comunicação entre os funcionários para que eles possam melhorar a forma de trabalharem juntos.

Na Southern Company, uma concessionária de energia elétrica, sediada em Atlanta, Chris Womack diz que a boa comunicação é tarefa essencial da liderança. De acordo com Womack, os gestores da Southern devem assegurar que os funcionários da linha de frente conheçam e entendam os objetivos da companhia. Ele considera que a comunicação franca é um ingrediente necessário para reter e motivar os funcionários. Womack diz: "A sinceridade nutre um relacionamento de trabalho positivo e faz com que as pessoas queiram realmente trabalhar mais para a companhia".[26]

MÓDULO DE APTIDÃO

PARTE UM: CONCEITOS

Resumo

10.1 Descrever o processo de comunicação.

O processo de comunicação ocorre quando as pessoas enviam e recebem informações. Ele começa quando alguém codifica uma mensagem, colocando-a em palavras ou sinais não-verbais. O emissor da mensagem a transmite por meio da fala ou da escrita. Depois, o receptor da mensagem a decodifica ou a interpreta. Normalmente, o receptor dá um feedback ao emissor.

10.2 Distinguir o ouvir do escutar.

A pessoa ouve quando o cérebro registra os sons. Ela escuta quando ouve os sons e também presta atenção e tenta entender a mensagem.

10.3 Descrever as técnicas de uma comunicação eficaz.

A comunicação tende a ser eficaz quando as partes se comunicam do ponto de vista do receptor, aprendem com o feedback, utilizam estratégias para escutar com eficácia e superam as barreiras contra a comunicação. Para escutar com eficácia, o ouvinte deve se comprometer a escutar, reservar tempo para escutar e, assim, concentrar-se na mensagem. O ouvinte também deve tentar controlar suas emoções, não deixando nenhuma reação emocional interferir no entendimento. A escuta ativa envolve ouvir o que o falante diz, procurar entender os fatos e os sentimentos que ele está tentando transmitir e expressar aquilo que o ouvinte entendeu da mensagem. O supervisor também deve estar preparado para lidar com as diferenças culturais para conseguir se comunicar bem. Ele deve usar palavras simples, evitar jargões, falar devagar, dar ao ouvinte tempo para perguntar, pedir esclarecimentos e conhecer os diferentes estilos de comunicação das diferentes culturas.

10.4 Identificar as barreiras contra a comunicação e sugerir formas de evitá-las.

São barreiras contra a comunicação a sobrecarga de informações, os mal-entendidos e as percepções e os preconceitos. O supervisor pode evitar essas barreiras fornecendo aos funcionários apenas as informações necessárias, codificando as mensagens com cuidado e simplicidade, observando o feedback, evitando insultos, estando ciente das deduções e dos preconceitos e formulando as mensagens para que elas atraiam o receptor.

10.5 **Distinguir entre mensagem verbal e não-verbal e mencionar os tipos de mensagens verbais.**

As mensagens verbais são constituídas de palavras. As mensagens não-verbais são transmitidas sem palavras, por exemplo, através de expressões faciais, gestos ou tons de voz. São tipos de mensagens verbais as discussões cara a cara, as ligações telefônicas, os memorandos, as cartas, os relatórios, as mensagens de e-mail, as mensagens de fax e as videoconferências.

10.6 **Identificar as direções do fluxo de comunicação dentro da empresa.**

A comunicação organizacional flui no sentido ascendente, descendente e lateral. A comunicação ascendente segue do emissor ao seu superior. A comunicação descendente segue dos gestores para os supervisores. A comunicação lateral flui entre as pessoas do mesmo nível.

10.7 **Distinguir entre comunicação formal e informal dentro da empresa.**

A comunicação formal segue pelas linhas do organograma e está relacionada com o cumprimento das metas organizacionais. A comunicação informal pode seguir em qualquer direção entre quaisquer membros da organização. Normalmente ela é voltada a atingir os objetivos pessoais e não organizacionais.

10.8 **Descrever o papel da rádio peão nas empresas.**

A rádio peão é o meio utilizado em grande parte da comunicação informal da organização. Grande parte da informação transmitida pela rádio peão são fofocas e rumores. O supervisor geralmente não consegue controlar esse fluxo de informações, mas deve estar ciente da sua existência e saber que talvez precise corrigir as informações erradas. Além disso, incentivando a comunicação com os seus funcionários, o supervisor pode conseguir assegurar que algumas das mensagens transmitidas pela rádio peão sejam positivas.

Termos Principais

comunicação, p. 249
ruído, p. 250
feedback, p. 250
escuta ativa, p. 254
dedução, p. 259
percepção, p. 260
preconceito, p. 261

mensagem verbal, p. 262
mensagem não-verbal, p. 262
comunicação descendente, p. 269
comunicação ascendente, p. 269

comunicação lateral, p. 271
comunicação formal, p. 271
comunicação informal, p. 271
rádio peão, p. 272

Questões para Discussão e Revisão

1. A supervisora Phyllis Priestley quer comunicar ao seu chefe o que pretende realizar no seminário de liderança do qual deve participar na semana seguinte. Ela decide fazê-lo na forma de um memorando. Descreva como essa comunicação deve seguir o modelo mostrado na Figura 10.1.

2. Uma pessoa pode ouvir, mas não escutar bem? Uma pessoa pode escutar, mas não ouvir bem? Explique.

3. Toda segunda-feira de manhã, o supervisor Ron Yamamoto participa de uma reunião divisional para discutir o andamento dos projetos e fazer planejamentos. Yamamoto acredita que os participantes da reunião, na sua maioria, são prolixos e que a reunião, como um todo, é chata. Contudo, ele precisa saber o que está acontecendo na divisão. Como ele pode escutar com eficácia, mesmo estando entediado?

4. Sheila James possui uma empresa de serviços de bufê, com quatro funcionários. Ela acaba de conseguir um contrato para a recepção de um casamento de um casal chinês que fala pouco inglês. Que providências James pode tomar para garantir uma comunicação eficaz com o casal? Como supervisora, que medidas ela deve adotar em relação aos funcionários para garantir que eles também entendam os desejos do casal?

5. Em uma reunião com os funcionários, realizada para introduzir o novo programa que irá fornecer aos trabalhadores administrativos informações sobre a situação financeira, as estatísticas de vendas e os planos de marketing da empresa, você percebe que um dos funcionários alterna entre olhar pela janela e mexer no computador portátil. Certamente, ele não está prestando atenção. Nessa situação, que barreira contra a comunicação talvez esteja ocorrendo? Como supervisor, que medidas você pode tomar para superá-la?

6. Os exemplos a seguir descrevem algumas maneiras de enviar mensagens. Indique se cada uma é verbal ou não-verbal. Para cada mensagem verbal, indique se é oral ou escrita.

    a. Um longo silêncio acompanhado de um olhar frio.

    b. Uma carta enviada por fax.

    c. Correio de voz.

    d. Uma risada.

7. Como supervisor de expedição, você precisa relatar ao seu gestor sobre o extravio de um saco de malote (você não sabe direito como isso aconteceu). Você prefere enviar essa mensagem por meio de comunicação escrita ou oral? Você quer entregá-la pessoalmente? Descreva a forma de comunicação que escolheria e por quê.

8. Nina Goldberg foi designada pelo seu gestor para fazer uma apresentação aos funcionários sobre as mudanças a serem implementadas nos planos de saúde que a empresa comercializa. Usando as cinco medidas descritas neste capítulo, como Goldberg deve preparar a sua apresentação?

9. A comunicação cara a cara é a que transmite mais informações, já que a pessoa que está comunicando consegue perceber a linguagem corporal e o tom de voz do ouvinte, além das palavras em si. Contudo, por que o supervisor não deve escolher sempre a comunicação cara a cara em vez de outros meios?

10. Lee Hamel é um supervisor bastante ocupado. Ele raramente ouve seus funcionários, exceto quando há algum problema com a produção ou com o cronograma. Hamel imagina que os funcionários ficarão satisfeitos se o trabalho fluir bem. Por que essa atitude pode ser contraproducente a longo prazo? Que providências ele pode tomar para melhorar a comunicação ascendente com os seus funcionários?

11. Quais das seguintes comunicações organizacionais são formais? Quais são informais?

    a. Um memorando informando sobre o piquenique da companhia.

    b. Uma reunião em que os funcionários discutem as metas mensais do departamento.

    c. Um rumor sobre uma nova política de férias.

    d. Uma discussão entre um supervisor e um funcionário sobre quem vencerá a Copa do Mundo.

12. O supervisor deve participar de alguma comunicação informal? Se sim, em que situação? Se não, por quê?

PARTE DOIS: CAPACITAÇÃO

PROBLEMA A SER RESOLVIDO PELO ALUNO

Refletindo com base no texto da página 249, em sua opinião, por que foi difícil convencer os técnicos da Xerox a compartilhar as informações utilizando o sistema Eureka? Em grupo, liste todas as barreiras nas quais consigam pensar que desestimulariam esse tipo de comunicação. Elaborada a lista, formule planos de como o supervisor dos técnicos poderia superar cada uma dessas barreiras.

Caso de Solução de Problemas: *Ajudando o Comércio a Aprimorar as Mensagens de E-mail*

Com base em algumas avaliações, o trabalhador médio dedica uma ou duas horas por dia aos seus e-mails, normalmente, lendo, respondendo e excluindo as mensagens indesejadas. Nas grandes organizações, quase metade dos dados armazenados em computadores são mensagens de e-mails e seus anexos, praticamente empatando com os arquivos de clientes, de informações de produção e finanças da companhia. Em casa, os consumidores também sentem muitas vezes que não encontrarão nenhuma mensagem interessante no meio da enxurrada de *spam*. Tanto em casa quanto no trabalho, as pessoas passam rapidamente pela lista de mensagens recebidas tentando eliminar as inúteis.

Nesse contexto, a maneira como o autor compõe a mensagem de correio eletrônico determina se o destinatário irá efetivamente lê-la. O autor deve imaginar que a mensagem aparecerá em uma lista enorme e que o destinatário estará tentando eliminar as mensagens irrelevantes. De acordo com o especialista em usabilidade da rede Jakob Nielsen, os destinatários tendem a prestar mais atenção em mensagens que pareçam ser de uma fonte confiável e contenham na linha de assunto uma mensagem de interesse.

Nielsen pesquisou como o destinatário processa as correspondências eletrônicas referentes a transações de compra. Essas mensagens estavam relacionadas a vários aspectos da compra, por exemplo, notificando o cliente sobre a efetivação de uma compra, sobre a remessa de um pacote ou sobre a emissão de algum reembolso. Além disso, as mensagens respondiam a pedidos de informações ou forneciam outros serviços de atendimento ao consumidor.

Nielsen e seus colegas observavam enquanto as pessoas liam as suas correspondências eletrônicas e perceberam que muitos leitores demonstravam estresse e frustração. Eles reclamavam que estavam muito ocupados para ficar lendo mensagens e queriam evitar o que consideravam uma perda de tempo. Eles rapidamente excluíam as mensagens aparentemente irrelevantes.

Baseado em suas observações, Nielsen aconselha aos autores das mensagens que as elaborem com cuidado, principalmente as linhas "de" e "assunto". A mensagem deve vir de um nome identificável (por exemplo, o da loja, da marca ou da companhia) e indicar uma função reconhecível dentro da companhia (por exemplo, bilhetes@nomedacompanhiaaérea.com ou confirmacaoderemessa@nomedaloja.com). A linha de assunto deve se referir a alguma transação iniciada pelo cliente. De acordo com Nielsen, a melhor linha de assunto identificada em sua pesquisa foi "O pedido foi expedido". A frase tanto é curta quanto significativa. Em contrapartida, uma mensagem como "Informação importante" não tem sentido; pode tratar de qualquer assunto considerado importante pelo remetente.

No corpo da mensagem, Nielsen alerta para colocar primeiro a informação mais importante. Para um pedido que foi expedido, o cliente deseja uma lista do conteúdo do pacote e o número de controle. As informações sobre como obter mais ajuda também são importantes. A importância da informação deve ser baseada naquilo que *destinatário* considera mais importante. Geralmente, o consumidor está pouco interessado em receber mensagens de marketing.

Considere como se aplicam esses princípios no caso de uma confirmação verdadeira de um pedido. A UNICEF vende cartões e presentes *on-line* no endereço eletrônico www.unicefusa.com (no Brasil: www.unicef.org.br). Quando ela recebe algum pedido, a organização envia a seguinte mensagem:

> Assunto: Seu pedido a UNICEF
> Data: 16/09/2004 9h10m27.
> De: products@unicefusa.org
> Para: janecustomer@isp.com

Obrigado por fazer seu pedido junto ao Fundo Norte-Americano para a UNICEF.

Para entrega normal dentro dos Estados Unidos, você deve receber a encomenda em dez dias úteis. Para entrega expressa, você deve receber a encomenda em dois dias úteis.

Caso tenha alguma dúvida sobre o seu pedido, contate o Representante de Atendimento ao Consumidor, de segunda a sexta, em 1-888-238-8096, das 8h às 16h30, horário-padrão ou por e-mail: products@unicefusa.org

O Fundo Norte-Americano para a UNICEF aproveita essa oportunidade para agradecê-lo por ajudar a UNICEF a ajudar as crianças do mundo inteiro.

Informe aos amigos, familiares e colegas sobre os cartões e presentes da unicefusa.org, porque 75 centavos de cada dólar gasto ajudam a sustentar os programas da UNICEF para salvar vidas. Clique em: http://www.unicefusa.org/cards/friends.html

Se você fez alguma doação ao Fundo Norte-Americano para a UNICEF além da compra, nós lhe agradecemos. No recibo dessa transação, será incluído um registro da sua contribuição dedutível do seu imposto de renda.

Seu número de confirmação é: 30000

1. Que princípios de uma comunicação eficaz são usados na mensagem da UNICEF?
2. Sugira pelo menos três alterações para tornar a mensagem da UNICEF mais eficaz.
3. Estude estas situações em que um supervisor deseja enviar uma mensagem de correio eletrônico. Para cada situação, coloque-se como supervisor e componha uma mensagem que transmita aquilo que você precisa informar e tenha em mente a possibilidade de o destinatário estar atolado com um grande volume de mensagens. Certifique-se de escrever uma linha de assunto curta para cada mensagem.
    a. O supervisor quer que todos os funcionários do grupo apresentem seus pedidos de férias. O chefe do supervisor deseja a programação de férias em duas semanas; portanto, o supervisor precisa da resposta de todos, pelo menos alguns dias antes desse prazo.
    b. O supervisor quer lembrar a dois membros do grupo de trabalho que eles estão escalados para participar de uma sessão de treinamento na terça e quarta-feira da semana seguinte. (Decida se essa mensagem será encaminhada a todo o grupo ou apenas aos dois funcionários.)
    c. O supervisor está em uma visita externa a um futuro grande cliente e integra uma equipe que está negociando uma venda. O supervisor precisa notificar seu grupo sobre o êxito dos esforços da equipe. O grupo provavelmente terá de trabalhar algumas horas a mais durante algumas semanas para poder atender o grande pedido negociado pela equipe.

Fontes: Jakob Nielsen, "Automated Customer Service Email and Transactional Messages", *Alertbox*, dez. 2003, www.useit.com; Jakob Nielsen, "Ten Steps for Cleaning Up Information Pollution", *Alertbox*, jan. 2004, www.useit.com; Stewart Alsop, "There's a Killer App on the Loose – but I'm on the Case", *Fortune*, 17 mar. 2003, extraído de InfoTrac, http://web2.infotrac.galegroup.com; UNICEF, mensagem e-mail, 16 set. 2004.

Autoconhecimento **Você É um Bom Ouvinte?**

Na linha ao lado de cada afirmação, marque de 1 (raramente) a 10 (geralmente), indicando a freqüência com que cada afirmação se aplica a você. Seja honesto consigo mesmo, considerando o seu comportamento nas últimas reuniões ou encontros de que participou.

_____ 1. Eu escuto uma conversa por vez.
_____ 2. Gosto de ouvir as impressões e os sentimentos das pessoas, além dos fatos de uma situação.
_____ 3. Eu realmente presto atenção nas pessoas; não apenas finjo.
_____ 4. Eu me considero bom analista das comunicações não-verbais.
_____ 5. Não presumo saber o que o interlocutor irá dizer antes que ele diga.
_____ 6. Procuro o que é importante na mensagem de uma pessoa, em vez de presumir que ela não seja interessante e encerrar a conversa.

_____ 7. Freqüentemente balanço a cabeça, faço contato visual ou qualquer outro gesto para que o interlocutor saiba que estou escutando.

_____ 8. Quando alguém acaba de falar, analiso o significado da sua mensagem antes de responder.

_____ 9. Deixo o interlocutor terminar antes de tirar conclusões a respeito da mensagem.

_____ 10. Espero o interlocutor acabar de falar para formular a resposta.

_____ 11. Escuto o conteúdo, independentemente do estilo de "apresentação" do falante.

_____ 12. Geralmente, peço às pessoas que esclareçam o que disseram, em vez de tentar adivinhar o significado.

_____ 13. Faço um esforço planejado para entender os pontos de vista da outra pessoa.

_____ 14. Escuto o que a pessoa está realmente dizendo, e não o que eu quero ouvir.

_____ 15. Quando discordo de alguém, a pessoa sente que eu entendi o seu ponto de vista.

Total de Pontos

Some o total de pontos. De acordo com a teoria da comunicação, se a soma totalizar de 131 a 150 pontos, você realmente aprova os seus próprios hábitos de escuta e está no caminho certo para se tornar um bom ouvinte. Se totalizar de 111 a 130 pontos, você demonstra algumas dúvidas sobre a sua eficácia como ouvinte e algumas falhas no seu conhecimento de como escutar. Se totalizar 110 pontos ou menos, provavelmente não está satisfeito com o modo como escuta as pessoas, e seus amigos e colegas também não o consideram um bom ouvinte. Procure melhorar suas habilidades de ouvinte.

Pausa e Reflexão

1. Pense em alguma situação em que você acredite que alguém o escutou com cuidado e em outra em que acredite que alguém não prestou muita atenção no que queria dizer. Nessas duas situações, qual a diferença no modo como foi tratado?
2. Identifique algo que você possa e irá efetivamente melhorar na maneira como escuta as outras pessoas. (Se precisar de idéias, consulte os comportamentos listados nesse questionário.)

Fonte: *Management Solutions*, jan. 1989. Copyright © 1989 by American Management Association. Reprodução autorizada por American Management Association via Copyright Clearance Center.

Exercício em Aula

Comunicando Efetivamente

Neste capítulo, você aprendeu muitos princípios que ajudam a melhorar as habilidades de comunicação. O exercício seguinte revê seis desses princípios e oferece a você a oportunidade de ver como usá-los para melhorar a comunicação como supervisor.

Instruções

1. Revise a seguinte relação de princípios de comunicação:
   a. Use o feedback para verificar se a mensagem foi recebida com precisão.
   b. Pratique a escuta ativa.
   c. Selecione um método apropriado para enviar a mensagem.
   d. Preste atenção nas mensagens não-verbais.
   e. Esteja bem preparado para falar diante de um grupo.
   f. Entenda a importância do papel da comunicação informal no trabalho, principalmente dos rumores, das fofocas e da rádio peão.

2. Leia os cenários e determine quais dos princípios de comunicação foram violados pelo supervisor. Em cada espaço em branco, escreva a letra do princípio na lista apresentada na Etapa 1. O princípio escolhido deve indicar aquele que o supervisor poderia ter utilizado para atingir um resultado mais positivo. (Dica: cada princípio será utilizado apenas uma vez; para cada cenário, há uma resposta que é a mais correta.)

Cenário	Princípio
Terça à tarde, o gestor da fábrica deu a cada um dos 12 supervisores um documento de cinco páginas, explicando algumas mudanças no manual do funcionário que entrariam em vigor no mês seguinte. O gestor da fábrica instruiu os supervisores para que realizassem reuniões com o departamento, em algum momento, nos próximos três dias, em que cada um deveria apresentar as mudanças ao seu próprio pessoal. Jeff enviou um aviso aos seus funcionários, convocando-os para uma reunião de 45 minutos na quinta à tarde. Nos dois dias seguintes, ocorreram diversos fatos inesperados que demandaram grande parte do tempo de Jeff. Mesmo assim, ele deu um jeito de realizar a reunião; no entanto, ele teve apenas alguns minutos antes da reunião para dar uma olhada no documento. Ele acabou lendo a maior parte do documento em voz alta na reunião.	1. _____
Pete foi falar com o seu supervisor sobre um problema particular. Ele saiu da reunião sentindo não ter conseguido se comunicar com o supervisor, pois ele pareceu preocupado e disperso durante toda a conversa.	2. _____
Sid estava de saída para um almoço de negócios com um cliente em um restaurante local. Ele parou o tempo suficiente para, às pressas, e em 90 segundos, passar a um de seus funcionários instruções sobre uma tarefa que tinha um prazo de término para aquele mesmo dia à tarde. Sid terminou de passar as instruções, olhando no relógio e dizendo: "Vou chegar atrasado ao meu compromisso. Você entendeu tudo, não entendeu?". O funcionário murmurou: "É, acho que sim", e Sid saiu porta afora.	3. _____
Krista ouviu, sem querer, um dos funcionários do seu departamento conversando pelo telefone com alguém, que havia ouvido de fonte segura que a empresa ia cortar 10% dos funcionários. Krista balançou a cabeça de desgosto e pensou consigo: "Outro rumor ridículo. Com todos esses rumores rondando este lugar, eu gastaria todo o meu tempo dispersando todos eles. Deixarei esse morrer naturalmente; não tenho tempo para resolver isso agora".	4. _____
Shannon tinha uma enorme lista de coisas para fazer e decidiu se livrar do máximo de itens logo pela manhã, através do uso do e-mail. Ela conseguiu se livrar de seis tarefas através do envio de mensagens para algumas pessoas. A sétima mensagem que ela enviou continha informações confidenciais sobre um de seus funcionários. No dia seguinte, o gestor de Shannon falou com ela sobre uma situação ruim que havia sido criada em conseqüência da sétima mensagem enviada por ela. Aparentemente, alguma pessoa que não deveria ter lido a mensagem teve acesso a ela. Ele pediu que ela avaliasse com mais cuidado as mensagens que escolhe para enviar por e-mail.	5. _____

Michael decidiu delegar um importante projeto a Susan, sua funcionária mais capacitada. Ele chamou Susan e lhe passou algumas instruções específicas sobre o projeto, que ele percebeu ser uma grande oportunidade para ela demonstrar a sua capacidade à alta administração. Susan, no entanto, não compartilhava do mesmo entusiasmo de Michael em relação ao novo trabalho que lhe fora designado. Michael ignorou seu rosto inexpressivo e optou por reagir a suas respostas verbais. Por exemplo, quando ele perguntou se ela concordava que aquele era um projeto excitante, ela respondeu depois de alguns segundos de silêncio com um simples "sim".

6. _____

Fonte: Este exercício foi preparado por Corinne Livesay, Belhaven College, Jackson, Mississippi.

Capacitação em Supervisão

Interpretando as Comunicações

Divida a classe em grupos de no mínimo três pessoas. Em cada grupo, crie uma encenação que inclua três sentenças, tais como:

1. As palavras "Eu não acho que isso esteja correto".
2. A frase que veio antes disso.
3. A frase que veio depois disso.

Determine também o ambiente físico e a situação em que as frases foram pronunciadas. Deixe cada grupo encenar a situação para a classe. Após o término das encenações, discuta-as:

- Como o contexto ou a situação alterou o significado de "Eu não acho que isso esteja correto"?
- Como o comportamento não-verbal e o ambiente foram diferentes em cada encenação?
- Como a frase "Eu não acho que isso esteja correto" seria parafraseada em uma sentença diferente?
- Que componente comunicou a maior parte das informações sobre o significado da cena – as palavras, o comportamento não-verbal ou a situação?

Fonte: Exercício adaptado de Isa N. Engelberg e Dianna R. Wyann. *Working in Groups: Communication Strategies and Principles* (Boston: Houghton Mifflin, 1997).

Capítulo Onze

Motivação de Funcionários

Tópicos Gerais do Capítulo

Como Funciona a Motivação?
Teorias de Conteúdo
Teorias de Processo
Teorias Motivacionais e a Legislação

Dinheiro Como Fator Motivacional
Quando o Dinheiro Motiva
Planos de Remuneração com Incentivos Financeiros
Sigilo das Informações Salariais

Como o Supervisor Pode Motivar
Tornando o Trabalho Interessante
Mantendo Expectativas Altas
Oferecendo Recompensas Valorizadas
Relacionando a Recompensa ao Desempenho
Tratando os Funcionários de Forma Individualizada
Incentivando a Participação dos Funcionários
Fornecendo Feedback

Objetivos de Aprendizado

Depois de estudar o capítulo, o aluno estará apto a:

11.1 Identificar a relação entre motivação e desempenho.
11.2 Descrever as teorias motivacionais de conteúdo.
11.3 Descrever as teorias motivacionais do processo.
11.4 Explicar quando os incentivos financeiros tendem a motivar os funcionários.
11.5 Descrever os planos de compensação que usam os incentivos financeiros.
11.6 Discutir os prós e os contras de manter o sigilo das informações salariais.
11.7 Identificar maneiras de o supervisor motivar os funcionários.

Isso pode soar meloso e piegas, mas pessoas felizes são melhores para os negócios. Elas são mais criativas e produtivas, criam ambientes onde o sucesso é mais provável, e você tem muito mais chances de manter seus melhores recursos humanos.

– *Shelly Lazarus, CEO, Ogilvy & Mather Worldwide*

Problema de um Supervisor: Mantendo Felizes os Funcionários da Connextions

Quando o consumidor liga para alguma empresa pedindo ajuda na instalação de uma impressora nova, no esclarecimento de dúvidas sobre o seguro ou na compra de uma camisa à venda em algum catálogo, muitas vezes, acaba falando com algum funcionário de uma empresa tal como a Connextions. A empresa, sediada em Orlando, Flórida, oferece aos seus clientes os serviços necessários para lidar com os pedidos, as vendas, as devoluções e as dúvidas do consumidor. As operações da empresa incluem centrais de atendimento compostas de funcionários que atendem chamadas telefônicas como se fossem funcionários das empresas que são clientes da Connextions.

Em uma central de televendas, um dos maiores desafios da gestão é manter os funcionários motivados para atender uma chamada atrás da outra, cada uma delas com a mesma atenção e educação com que atendiam no início do turno. Na realidade, às vezes, é difícil manter um bom funcionário nesse tipo de emprego. Uma central de atendimento, geralmente, tem uma rotatividade grande e precisa preencher vagas constantemente. Os funcionários vão ficando frustrados com o ritmo alucinante, com os clientes complicados e com o fato de o trabalho ser relativamente mal remunerado e com poucas chances de crescimento.

A Connextions mantém uma margem de superioridade nesse setor, buscando maneiras para manter seus funcionários entusiasmados com o trabalho. Toda semana, a empresa promove competições de vendas; os que vendem mais recebem certificados ou outro tipo de premiação. Os funcionários e seus supervisores indicam colegas para o prêmio de Funcionário do Mês, com base no alto desempenho e em esforços extras. Os vencedores desse prêmio mensal recebem certificados, bonificação em dinheiro e almoço com os executivos da empresa. O vencedor mais bem colocado na competição de Funcionário do Mês recebe uma vaga especial no estacionamento, que pode ser um prêmio estranho para o melhor funcionário, a menos que seja levado em consideração o fato de o estacionamento ser tão grande que ele tenha que caminhar uma média de 400 metros até chegar ao trabalho.

Talvez a recompensa não seja a principal razão para os funcionários permanecerem na Connextions. Ao contrário de muitos dos seus concorrentes, a Connextions desenvolveu planos de carreira no qual o funcionário pode ser promovido à medida que desenvolve suas habilidades. Por exemplo, Todd Harris começou como agente de uma central de contatos, onde se tornou um dos melhores vendedores da empresa. Ele recebeu treinamento para desenvolver as habilidades de gestão e, em seguida, foi promovido a supervisor do programa do grupo de vendas pela internet, dedicado a atender um dos clientes da Connextions, a Blue Cross and Blue Shield da Flórida. Harris, que supervisiona 19 agentes, usa a sua própria experiência para inspirar seus funcionários a dar o máximo de si, observando que essa tarefa pode ser "um degrau na construção de uma carreira".

Além de compartilhar sua experiência, Harris consegue manter os mesmos funcionários por anos, pois conhece cada agente, sabe o que os motiva e o que os desanima. Desse modo, Harris está seguindo a liderança do vice-presidente de operações da central de contatos da Connextions, Mike Tripp, que diz que a motivação consiste em "garantir que os funcionários não se transformem apenas em números". Em vez disso, eles precisam ouvir palavras de agradecimento e sentir-se valorizados no dia-a-dia.

Manter os funcionários na empresa em um setor com alta rotatividade, que pode chegar a 100% ao ano (o número de pessoas que pedem demissão é o mesmo que o número que mantêm o emprego), é um duro desafio para o supervisor. Todd Harris tem a vantagem de trabalhar em uma companhia comprometida a manter os funcionários satisfeitos e produtivos.

QUESTÕES
1. Quais práticas e políticas da companhia ajudam Harris a manter os funcionários motivados?
2. O que Harris, individualmente, como supervisor, pode fazer para manter os funcionários satisfeitos e produtivos no trabalho?

Fontes: Julia Chang, "Rules of Engagement", *Sales & Marketing Management*, abr. 2006, extraído de InfoTrac, http://web2.infotrac.galegroup.com; Connextions. "What We Do", www.connextions.net, acessado em 24 de agosto de 2006.

---

motivação
Prática de incentivar as pessoas para que elas atuem do modo desejado

A prática de incentivar as pessoas para que elas atuem do modo desejado é denominada **motivação**. Entre outras coisas, o supervisor deve motivar os funcionários a realizar um bom trabalho, cumprir as tarefas no prazo e manter uma boa assiduidade. Na Connextions, as competições, as gratificações, as vagas especiais no estacionamento e os planos de carreira combinam métodos práticos e divertidos de motivar os funcionários.

Quando os funcionários estão motivados e possuem as habilidades necessárias, os equipamentos, os insumos e o tempo, eles são capazes de desempenhar bem a função para a qual foram designados (veja a Figura 11.1). O objetivo de motivar os funcionários é fazer com que trabalhem da melhor maneira possível e com isso consigam atingir as metas do departamento e da empresa. Como o supervisor também é avaliado com base no desempenho do seu grupo, saber motivar seus funcionários é uma habilidade que supervisores precisam desenvolver.

FIGURA 11.1 O Efeito da Motivação no Desempenho

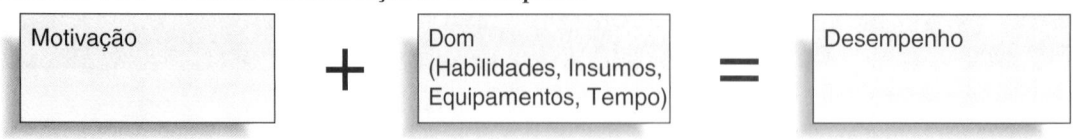

Motivação + Dom (Habilidades, Insumos, Equipamentos, Tempo) = Desempenho

Neste capítulo, será discutido como o supervisor pode explorar a relação entre os objetivos do funcionário e o seu próprio desempenho. Este capítulo descreve as teorias sobre o que motiva os funcionários e como funciona esse processo de motivação, identifica as questões legais e, também, aborda o papel do dinheiro como fator motivacional. Por fim, serão sugeridas maneiras práticas para o supervisor motivar os funcionários.

COMO FUNCIONA A MOTIVAÇÃO?

"O que há de errado com essas pessoas?" questiona Martha Wong, ao pensar sobre os assistentes de venda que ela supervisiona no departamento de calçados. "Pagamos bons salários, mas, quando iniciamos uma temporada muito agitada como essa, ninguém se dispõe a contribuir com esforço extra, abrindo mão do intervalo, uma vez ou outra, ou mesmo trabalhando com um pouco mais de agilidade." Wong precisa descobrir o que fazer para que os funcionários *queiram* manter os clientes satisfeitos nesses períodos agitados. Talvez eles acreditem merecer receber mais ou talvez queiram algo diferente, como ter a sensação de fazer parte de uma equipe.

Imagine se supervisores como Wong soubessem exatamente o que motiva os funcionários. Por exemplo, imagine que todos os vendedores fossem motivados exclusivamente pelo dinheiro e que os cientistas sociais criassem uma fórmula precisa para determinar o que a empresa deve oferecer para obter um determinado resultado. Suponha também que todas as secretárias fossem motivadas pela flexibilidade do horário de trabalho e todos os operários fossem motivados pelo reconhecimento por parte do gestor da fábrica. A empresa que tivesse esse conhecimento teria condições de elaborar os tipos de recompensas desejados pelos funcionários. O supervisor poderia distribuir as recompensas e saber que, se os funcionários tivessem os recursos necessários, realizariam um bom trabalho.

Evidentemente, as coisas não são tão simples assim, e o supervisor precisa recorrer a diversas teorias desenvolvidas pelos cientistas sociais a respeito de motivação. Nenhuma delas é perfeita e nem apresenta explicações comprovadas de como fazer o funcionário se comportar de determinada maneira, mas servem como um tipo de orientação para o supervisor. O conhecimento das teorias mais famosas ajuda a pensar nas maneiras de motivar os funcionários.

Teorias de Conteúdo

Algumas teorias motivacionais enfocam o que motiva os funcionários. Essas são as chamadas *teorias de conteúdo* porque estão voltadas ao conteúdo dos fatores motivacionais. Embora o dinheiro seja o fator motivacional que mais prontamente venha à mente, algumas pessoas respondem melhor a outras fontes de satisfação. Para ajudar a pensar nos fatores que *o* motivam, o aluno pode responder o questionário de Autoconhecimento da página 305, no final deste capítulo.

As teorias motivacionais de conteúdo mais utilizadas são as de Abraham Maslow, David McClelland e Frederick Herzberg.

Teoria da Hierarquia das Necessidades de Maslow

O psicólogo Abraham Maslow parte do princípio de que as pessoas são motivadas por necessidades não supridas. Quando a pessoa tem alguma necessidade não suprida, ela se sente impulsionada, ou motivada, a supri-la. Um exemplo básico: a pessoa que precisa de comida sente fome e, então, come alguma coisa.

De acordo com a teoria de Maslow, são cinco as categorias básicas das necessidades motivacionais das pessoas:

1. As necessidades fisiológicas estão voltadas à sobrevivência: alimento, água, sexo e proteção.
2. As necessidades de segurança mantêm as pessoas livres dos riscos. Na sociedade moderna, essas necessidades abrangem o seguro, os exames médicos rotineiros e uma casa em um bairro seguro.
3. As necessidades sociais englobam o desejo de amor, amizade e companheirismo. As pessoas procuram satisfazer a essas necessidades durante o tempo que passam com a família, os amigos e os colegas de trabalho.
4. As necessidades de estima são os sentimentos de auto-estima e de ser respeitado pelos outros. A aceitação e o elogio são duas formas de suprir essas necessidades.
5. As necessidades de auto-realização descrevem o desejo de viver, aproveitando o potencial pleno da pessoa. A pessoa que busca suprir essas necessidades dá o máximo de si no trabalho e em casa e também busca o desenvolvimento mental, espiritual e físico.

Na visão de Maslow, essas necessidades estão organizadas hierarquicamente (veja a Figura 11.2). As necessidades básicas estão em primeiro lugar nessa hierarquia, as pessoas tentam satisfazê-las antes de tudo. No topo da hierarquia, estão as necessidades que as pessoas tentam satisfazer quando já conseguiram suprir a maioria das demais. No entanto, as pessoas podem tentar suprir simultaneamente mais de uma categoria de necessidades.

De acordo com essa visão, as pessoas costumam depender do emprego para suprir a maioria das suas necessidades fisiológicas e de segurança por meio do salário e dos benefícios, como o seguro saúde. As necessidades na parte superior da hierarquia podem ser supridas em muitos lugares. Por exemplo, as pessoas satisfazem algumas das suas necessidades sociais nos relacionamentos com a família e com os amigos fora do trabalho e buscam suprir as necessidades de auto-realização em trabalhos voluntários ou por meio de filiações em organizações religiosas. Mesmo assim, as pessoas também podem satisfazer às necessidades de nível superior no trabalho. O funcionário que recebe elogios por ter resolvido um problema difícil ou que se orgulha do seu trabalho está suprindo alguma necessidade de nível superior.

O crescimento das iniciativas de responsabilidade social corporativa combinado com o crescimento do trabalho voluntário em muitas comunidades permite que algumas empresas consigam suprir as necessidades de nível mais alto dos funcionários, por meio de oportunidades organizadas para fazerem o bem. Por exemplo, os grupos sem fins lucrativos do condado de Orange, na Califórnia, beneficiaram-se dos de mais de 30 mil funcionários municipais envolvidos em mais de 100 projetos do Centro de Voluntariado, no Volunteer Connectionn Day, em 2001. Os trabalhadores da empresa Home Depot consertaram centenas de casas de necessitados, um grupo de trabalhadores

FIGURA 11.2
Hierarquia das Necessidades de Maslow

do hotel Brea Embassy Suites arrecadou fraldas para dar às mães necessitadas. Funcionários de outras empresas americanas trabalharam em cozinhas preparando sopas, empacotando e enviando alimentos doados, dedicando seu tempo na orientação de adolescentes e idosos, levantando fundos para causas e limpando praias e parques comunitários. Monica Warthen, gestora de relações comunitárias da Experian, uma empresa internacional de serviços de informática cujos funcionários são voluntários ativos, disse: "Acreditamos que, dando aos funcionários a oportunidade de fazer atividades além do trabalho do dia-a-dia, eles se tornam mais plenos e, portanto, sentem-se melhor em relação ao trabalho e se tornam funcionários mais felizes".[1]

A hierarquia de Maslow é uma visão muito citada da motivação, mas tem alguns aspectos negativos. Os críticos (inclusive o próprio Maslow) observam que a teoria foi baseada em trabalho clínico, com pacientes neuróticos, e sua relevância não foi testada no ambiente de trabalho.[2] Será que as necessidades identificadas por Maslow são realmente abrangentes? Será que elas descrevem pessoas de diversas culturas ou apenas a maioria dos trabalhadores norte-americanos? A falta de estudos investigando a hierarquia das necessidades torna impossível responder a essas perguntas com certeza. No entanto, a popularidade da teoria de Maslow indica que ela pode oferecer orientações úteis sobre o que motiva as pessoas.

Aplicada a uma situação de trabalho, a teoria de Maslow mostra que o supervisor deve conhecer as necessidades de determinados funcionários. Durante uma grave recessão, o supervisor de uma fábrica pode pensar que muitos funcionários se sentem motivados apenas com o fato de manterem o emprego e poderem pagar suas contas. Em contrapartida, os funcionários que não se preocupam tanto com a manutenção do emprego podem reagir bem aos esforços de suprir as necessidades sociais. Na Wyndham International, quando David Mussa tornou-se vice-presidente, os funcionários raramente permaneciam empregados muito tempo na empresa. Assim, ele reservou tempo para discutir o trabalho com pequenos grupos. Mussa pensava que o problema poderia estar no fator financeiro, isto é, no suprimento das necessidades básicas. Mas, ao contrário disso, ele descobriu que o problema estava nas necessidades de estima. Muitos dos funcionários sentiam que a companhia não os valorizava, principalmente porque raramente recebiam feedback ou alguma orientação (coaching) para ajudá-los a realizar bem o trabalho. Eles queriam um envolvimento maior dos supervisores e a demonstração de que se importavam com eles. Assim, Mussa contratou mais supervisores, de forma que cada um pudesse ter mais tempo para orientar seus funcionários, o que, na verdade, era uma obrigação deles.[3]

Hoje em dia, é muito comum que nas famílias tanto a mãe quanto o pai trabalhem, e uma preocupação prática dos funcionários é a necessidade de um horário de trabalho mais flexível para equilibrar as demandas de casa e do trabalho. Algumas organizações têm oferecido políticas favoráveis às famílias, que incluem acordos de flexibilização do trabalho, tais como:

horário flexível
Política que concede a alguns funcionários certa liberdade para escolher os dias da semana em que pretendem trabalhar oito horas ou como cumprir as 40 horas de trabalho semanais

trabalho compartilhado
Acordo no qual dois funcionários que trabalham meio expediente compartilham as responsabilidades de uma posição de período integral

- **Horário flexível** — Essa política* concede aos funcionários certa liberdade para escolher os dias em que pretendem trabalhar oito horas ou a maneira como irão cumprir as 40 horas de trabalho semanais.
- *Trabalho de meio expediente* — Para os funcionários que conseguem se manter sem precisar trabalhar período integral, essa opção os libera para ter mais tempo para suprir outras necessidades. É uma opção financeiramente interessante para as organizações porque poucas oferecem pacotes completos de benefícios a funcionários que trabalham meio expediente.
- **Trabalho compartilhado** — Para criar empregos de meio expediente, dois funcionários compartilham as responsabilidades de uma única posição.
- *Trabalho a distância* — Alguns funcionários podem e querem trabalhar em casa, mantendo o contato por meio de computador e telefone.

A Figura 11.3 mostra estimativas percentuais de 945 empresas norte-americanas que oferecem vários acordos flexíveis de trabalho.

---

* N.R.T.: No Brasil, a base legal do horário flexível é o artigo 7o inciso XIII da Constituição Federal que estabelece a jornada de trabalho dentro do período de oito horas diárias e quarenta e quatro horas semanais, como regra geral, e permite a compensação de horários e a redução da jornada mediante acordo ou convenção coletiva de trabalho.

FIGURA 11.3
945 Companhias Norte-Americanas que Oferecem Opções Flexíveis de Trabalho

Fonte: Hewitt Associates, "Hewitt Study Shows Work/Life Benefits Hold Steady Despite Recession", noticiário, 13 maio 2003, http://was4.hewlitt.com/hewitt/resource/newsroom/pressrel/2002/05-13-02.htm.

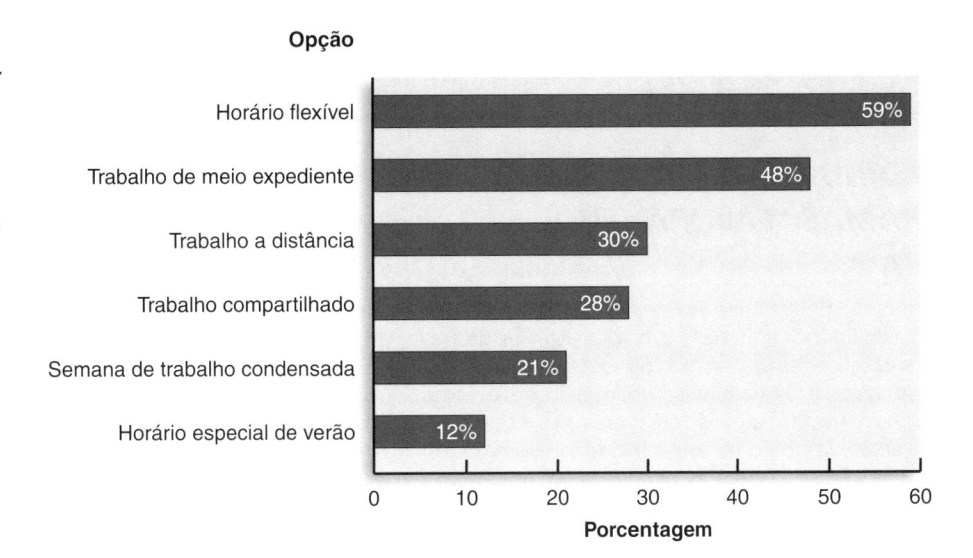

Opção

Opção	Porcentagem
Horário flexível	59%
Trabalho de meio expediente	48%
Trabalho a distância	30%
Trabalho compartilhado	28%
Semana de trabalho condensada	21%
Horário especial de verão	12%

Na IBS, distribuidora de ferramentas, insumos e componentes para fabricantes, os gestores acreditam que o pequeno porte da companhia lhes propicia certa flexibilidade para suprir as necessidades dos funcionários. Michelle St. John, gestora de operações da IBS, afirma: "Permitimos que o funcionário saia para resolver alguma necessidade e retome o trabalho mais tarde".[4] St. John, assim como muitos outros especialistas em recursos humanos, acredita que políticas que facilitam acordos de trabalho em função de famílias são importantes para obter e manter os melhores funcionários.

Pesquisas recentes constataram acordos flexíveis de trabalho em quase três quartos das companhias norte-americanas, sendo o horário flexível oferecido em mais da metade delas. (Veja a Figura 11.3.) Outros benefícios favoráveis à família incluem serviços para ajudar os trabalhadores a encontrarem creches para os filhos e casas de repouso para cuidar dos pais idosos.[5] No entanto, alguns funcionários acreditam que essas políticas são benéficas para alguns em detrimento de outros. Veja o texto na seção "Supervisão e Ética" para obter mais informações sobre como algumas empresas reagem a esse problema.

Teoria da Necessidade de Realização, Poder e Afiliação de McClelland

Na década de 1960, David McClelland desenvolveu uma teoria motivacional partindo do pressuposto de que, por meio das experiências de vida, as pessoas desenvolvem várias necessidades. Sua teoria concentra-se em três dessas necessidades:

1. *Necessidade de realização* — desejo de fazer algo melhor do que o já feito antes.
2. *Necessidade de poder* — desejo de controlar, influenciar ou ser responsável por outras pessoas.
3. *Necessidade de afiliação* — desejo de manter relações pessoais próximas e amistosas.

De acordo com McClelland, as pessoas possuem, em certo grau, todas essas necessidades. No entanto, a intensidade das necessidades varia de um indivíduo para outro. A natureza das primeiras experiências de vida da pessoa pode tornar mais intensa qualquer uma dessas necessidades.

O grau de intensidade das necessidades influencia o fator que motiva uma pessoa. Uma pessoa com forte necessidade de realização se sente mais motivada com o sucesso do que com o dinheiro. Essa pessoa tende a estabelecer metas difíceis, porém atingíveis, e a avaliar cuidadosamente os riscos. Uma pessoa com forte necessidade de poder tenta influenciar outras pessoas e busca progresso e maior responsabilidade. Uma pessoa com forte necessidade de afiliação coloca de lado a ambição em troca da aprovação e da aceitação.

SUPERVISÃO E ÉTICA

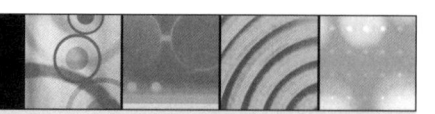

REPENSANDO A JUSTIÇA DOS PROGRAMAS "FAVORÁVEIS À FAMÍLIA*"

Na década de 1980, mais e mais empresas começaram a oferecer flexibilidade de horário e outros acordos de trabalho "favoráveis à família" como forma de ajudar os funcionários a conciliar as demandas do trabalho e de suas casas. Contudo, no fim, alguns funcionários começaram a reclamar que esse esforço para tratar das necessidades de determinados trabalhadores não estava sendo aplicado de maneira totalmente justa para todos. Às vezes, as demandas de horário de uma pessoa eram favorecidas, mas, por outro lado, dificultava o trabalho de seus colegas. Em outras situações, as horas de trabalho parciais de um funcionário geravam dificuldades aos clientes. Se a produtividade sofria prejuízos, o favorecimento de um funcionário acabava prejudicando os proprietários da empresa e qualquer outra pessoa que tivesse a remuneração vinculada ao desempenho geral da empresa.

Percebendo essas falhas nos acordos "favoráveis à família", as empresas começaram a procurar maneiras de tornar as suas políticas mais justas para todos e mais alinhadas com as necessidades da empresa. Por exemplo, na empresa de contabilidade RSM McGladrey, os funcionários devem elaborar um relatório por escrito, justificando como o horário flexível beneficiaria os clientes e os colegas, e não apenas a eles próprios. Forçando os funcionários a reavaliar as suas necessidades, a empresa efetivamente ajudou alguns deles a descobrir planos melhores. Michelle Krapfl, gestora de um escritório da RSM em Cedar Rapids, Iowa, havia se programado para trabalhar 30 horas semanais, mas constantemente precisava permanecer mais tempo no trabalho, demonstrando que, em seu escritório, a flexibilidade, na verdade, estava mais parecendo algo rígido. Quando Krapfl e outros colegas com acordos flexíveis apresentaram seus relatórios, ficou evidente que ela não ocupava um cargo que permitisse trabalhar meio expediente. Ela se transferiu para outra unidade, onde convive com outros funcionários e um supervisor que também trabalham meio expediente. Nesse caso, eles se apóiam mutuamente para cumprir as atribuições no prazo.

Outra solução seria deixar a cargo dos próprios funcionários a responsabilidade de decidir como executar o trabalho quando em situações de acordos flexíveis. No escritório de Phoenix da Chubb Corporation, uma empresa seguradora, os funcionários têm certa flexibilidade em relação aos horários de trabalho, mas eles são responsáveis por determinar como a equipe irá completar o trabalho dentro dessas horas. A maioria dos funcionários opta por ajustar as horas trabalhadas, escolhendo a semana de trabalho condensada e horários flexíveis de almoço, além de alguma flexibilidade no horário de entrada e saída. Esse controle os motivou a planejar o fluxo de trabalho criteriosamente toda manhã, para poder aproveitar e trabalhar nos horários mais convenientes para eles. Conseqüentemente, as equipes da Chubb ficaram muito mais eficientes, beneficiando não só a empresa, como também os próprios funcionários.

Fonte: Sue Shellenbarger, "Fairer Flextime: Employers Try New Policies for Alternative Schedules", *The Wall Street Journal*, 17 nov. 2005, http://online.wsj.com.

Essa teoria ajuda a entender o comportamento dos vendedores de um escritório de vendas da Westinghouse. O gestor responsável por esse escritório disse a seus 16 funcionários que compraria os ingredientes e lhes prepararia um almoço se eles atingissem suas metas. Nos 19 meses seguintes, eles superaram suas quotas 18 vezes. Esse desempenho excepcional causou tamanha boa impressão na matriz que a companhia se ofereceu para pagar o almoço. Contudo, o gestor recusou o reembolso. Apesar da suposição de que os vendedores seriam motivados pelo dinheiro, o gestor enxergou a necessidade de afiliação: os funcionários gostaram da atenção pessoal do chefe, que comprou as carnes e preparou o churrasco para que eles pudessem se confraternizar. Se essa interação fosse substituída por algum programa corporativo de recompensa, essa força motivacional seria anulada. Do mesmo modo, a Pfizer inspirou seus representantes de vendas mais idosos e experientes reunindo-os em grupos para competir entre si e orientar os representantes mais jovens da companhia farmacêutica. Os vendedores veteranos, cujo desempenho decaiu quando eles começaram a se sentir isolados, voltaram a ter bom desempenho quando começaram a desfrutar das relações mais sólidas estabelecidas entre eles e ter um papel mais atuante diante de seus colegas mais jovens.[6]

A teoria de McClelland é diferente da de Maslow no sentido de supor que pessoas diferentes possuem padrões diferentes de necessidades, enquanto a teoria de Maslow supõe o mesmo padrão de necessidades para todas as pessoas. Portanto, McClelland considera as

---

* N.R.T.: César Furtado Bullara, do Instituto Superior da Empresa (ISE), sediado em São Paulo, Brasil, coordenou uma pesquisa, apoiada em um estudo feito com base no modelo *International Family-Responsible Employer Index* (IFREI), índice criado pela Universidade de Navarra (IESE) para identificar os programas adotados pelas empresas que permitem conciliar trabalho e família. A pesquisa envolveu 100 empresas brasileiras, sendo 67 de grande porte e 33 médias e pequenas, cujos resultados encontram-se no site http://www.ise.org.br/noticia_especial.asp?id=18 **Fonte:** *O Estado de São Paulo*, ed. 03/09/2008, B14, Negócios.

TABELA 11.1
Teoria dos Dois Fatores: Fatores de Higiene e Fatores Motivacionais

Fatores de Higiene	Fatores Motivacionais
Administração e política da companhia	Oportunidade de realizações
Supervisão	Oportunidade de reconhecimento
Relacionamento com o supervisor	O trabalho em si
Relacionamento com os pares	Responsabilidade
Condições de trabalho	Progresso
Salários e benefícios	Crescimento pessoal
Relacionamento com os subordinados	

diferenças individuais. Ambas as teorias, no entanto, dão a entender que o supervisor deve se lembrar de que há diversas possibilidades pelas quais os funcionários são motivados.

Teoria dos Dois Fatores de Herzberg

A pesquisa de Frederick Herzberg levou-o à conclusão de que a satisfação e a insatisfação do funcionário se originam de fontes diferentes. De acordo com a teoria de dois fatores, a insatisfação resulta da falta do que Herzberg chama de *fatores de higiene*, que incluem o salário e os relacionamentos com os colegas. Uma pessoa mal remunerada (como, por exemplo, um fisioterapeuta que ganha menos que a remuneração média da posição) fica insatisfeita com o emprego. Em contrapartida, a satisfação resulta da existência do que Herzberg chama de *fatores motivacionais*, que incluem as oportunidades oferecidas pelo emprego. Portanto, um funcionário que vislumbra uma chance de promoção tende a ficar mais satisfeito com o emprego atual do que aquele que não vislumbra tal chance. A Tabela 11.1 relaciona itens que compõem os fatores de higiene e motivacionais.

Herzberg descobriu que os funcionários são mais produtivos quando a empresa oferece uma combinação de fatores desejáveis de higiene e motivacionais. De acordo com essa teoria, uma organização não pode garantir a satisfação e a produtividade de seus funcionários simplesmente lhes concedendo um bom aumento salarial todo ano. Os funcionários também precisam de fatores motivacionais, tais como a possibilidade de aprender novas habilidades e assumir novas responsabilidades. Assim como outras teorias de conteúdo, a teoria de Herzberg indica que os supervisores devem considerar diversas maneiras de motivar os funcionários.

Teorias de Processo

Outra maneira de explicar como funciona a motivação seria analisando o processo motivacional, em vez de os fatores motivacionais específicos. As teorias referentes ao processo motivacional são conhecidas como teorias de processo. As duas principais teorias de processo são a teoria da valência-expectativa de Vroom e a teoria do reforço de Skinner.

Teoria da Valência-Expectativa de Vroom

Partindo do princípio de que as pessoas agem para satisfazer às suas necessidades, Victor Vroom buscou explicar o que determina a intensidade da motivação. Ele determinou que a intensidade com que uma pessoa se motiva para agir de uma determinada maneira depende de dois fatores:

1. *Valência* – a importância que uma pessoa atribui à conseqüência de determinado comportamento. Por exemplo, uma pessoa pode valorizar muito o prestígio e a gratificação resultantes da apresentação de uma sugestão vencedora em uma competição de melhoria da qualidade.
2. *Expectativa* – a probabilidade percebida de determinado comportamento produzir determinado resultado. A pessoa do exemplo pode acreditar que sua idéia tenha 50% de probabilidade de vencer a competição de melhoria da qualidade.

De acordo com a teoria da valência-expectativa, a intensidade da motivação seria equivalente ao valor percebido do resultado multiplicado pela probabilidade percebida

FIGURA 11.4 Teoria da Valência-Expectativa de Vroom

| Intensidade da Motivação | = | Valor Percebido do Resultado (Valência) | X | Probabilidade Percebida de Produzir o Resultado (Expectativa) |

de que o comportamento produzirá o resultado (veja a Figura 11.4). Em outras palavras, as pessoas se sentem mais motivadas a buscar resultados que elas valorizam e acreditam poder atingir.

Essa teoria é baseada na *percepção* dos funcionários quanto às recompensas e se eles são capazes de alcançá-las. Os funcionários podem atribuir valores diferentes às recompensas do que supervisores poderiam pensar e ter opiniões diferentes sobre sua capacidade. Se o supervisor considera bom o sistema de recompensa existente, mas os funcionários não estão motivados, ele deve investigar se eles acreditam ser impossível realizar o que se espera deles. Para descobrir isso, o supervisor deve ter a capacidade de se comunicar bem (veja o Capítulo 10).

Na Lee County Fleet Management, localizada em Fort Myers, Flórida, a gestora de frota Marilyn Rawlings aplicou esses princípios mostrando repetidamente aos funcionários que eles podiam atingir os altos padrões exigidos pela empresa. Ela trabalha em conjunto com cada funcionário para preparar um plano de crescimento pessoal, incluindo a definição de metas. Rawlings incentiva cada funcionário a definir uma meta ampla e, então, o ajuda a atingi-la. Rawlings afirma: "Quero que as pessoas percebam que elas podem realizar coisas que não imaginavam serem capazes". Essa experiência pode mudar a percepção das pessoas, fazendo com que elas percebam que são capazes de realizar mais. Quando Rawlings queria que a sua empresa recebesse o Selo Azul por Excelência no Serviço Automotivo* (*Automotive Service Excellence* – ASE), ela precisava de que mais dois técnicos recebessem a certificação. Os dois únicos ainda não certificados decidiram não tentar por não acreditar que conseguiriam passar no teste. Rawlings valorizou a importância do resultado, dizendo a cada um que, com a certificação, eles seriam considerados heróis do grupo e que ela promoveria uma comemoração com todos quando o grupo recebesse o prêmio. Ambos os técnicos prestaram o exame, e ambos foram aprovados.[7]

Teoria do Reforço de Skinner

Do campo da psicologia vem a teoria do reforço, criada por B. F. Skinner. Na teoria do reforço, o comportamento das pessoas seria influenciado amplamente pelas conseqüências do seu comportamento passado. Geralmente, as pessoas continuam a fazer coisas que trouxeram boas experiências e evitam fazer aquilo que tenha provocado conseqüências indesejáveis. Por exemplo, ser elogiado provoca uma boa sensação; portanto, as pessoas tendem a fazer aquilo que, na sua experiência, irá provocar elogios.

A teoria do reforço sugere que o supervisor pode encorajar ou desencorajar um determinado tipo de comportamento pelo modo como reage. Ele pode aplicar um **reforço**, que consiste em oferecer uma conseqüência desejada ou eliminar uma conseqüência negativa em resposta a algum comportamento esperada pelo supervisor. Da mesma forma, o supervisor pode aplicar uma **punição**, que consiste em uma conseqüência desagradável do comportamento que ele deseja eliminar. Assim como foi descrito na história apresentada no início deste capítulo, quando os vendedores tiveram bom desempenho, eles receberam gratificações ou ganharam a competição, e isso seria uma forma de reforço. A aplicação da teoria do reforço para motivar as pessoas a se comportarem de determinado modo é conhecida como **modificação do comportamento**. Na linguagem cotidiana, chamamos de aplicação de estímulos.

Para obter resultados de longo prazo, o reforço é mais eficaz que a punição. Os psicólogos descobriram que a punição repetida (ou o fracasso) pode levar a uma conseqüência

reforço
Conseqüência desejada ou eliminação de uma conseqüência negativa, qualquer uma em resposta a um comportamento desejável

punição
Conseqüência desagradável em resposta a um comportamento indesejável

modificação do comportamento
Aplicação da teoria do reforço para motivar as pessoas a se comportarem de determinado modo

---

* N.R.: Certificação oferecida para profissionais do ramo automotivo, atestando sua competência e eficiência. Para mais informações sobre essa certificação, no Brasil, consulte www.asebrasil.org.br

infeliz denominada impotência aprendida. Significa que, se o funcionário for punido repetidas vezes por falhar em algum aspecto do trabalho, ele acabará acreditando ser incapaz de ter êxito no emprego. Esse funcionário começará a lidar com o trabalho de forma passiva, acreditando que irá falhar independentemente da maneira como trabalha.

Juntas, as teorias de processo de Vroom e de Skinner sustentam a idéia de que o supervisor motiva melhor quando enfatiza menos a punição das infrações e mais quando elabora metas alcançáveis para os funcionários e concede os recursos para que eles possam atingi-las. Essas teorias são compatíveis com o novo estilo de gestão adotado por Andy Pearson, que dirigiu a PepsiCo Inc. por praticamente 15 anos, com um estilo bem-sucedido, porém rígido, que lhe rendeu a fama de ser um dos 10 chefes mais rigorosos nos Estados Unidos (de acordo com a revista *Fortune* de 1980), em parte devido a seu histórico de demitir rotineiramente entre 10% e 20% da força de trabalho menos produtiva. O ex-presidente e fundador da Yum! Brands, uma das maiores cadeias de restaurantes do mundo, Pearson mudou seu estilo. Em vez de perguntar aos funcionários: "E daí?", ele se perguntava: "Se eu pudesse pelo menos acionar o poder de todos dentro da organização, em vez de apenas algumas pessoas, o que conseguiríamos realizar?". Da sua mudança, Pearson declarou à revista *Fast Company*:

> Muitas pessoas cometem o erro de achar que obter resultados é tudo o que existe no trabalho. Elas buscam os resultados sem formar uma equipe ou sem criar uma organização com capacidade para mudar. Seu verdadeiro trabalho é obter os resultados e fazê-lo de modo a tornar a organização um ótimo local para trabalhar, um lugar onde as pessoas gostem de ir trabalhar, em vez de apenas preencher pedidos e atingir as metas mensais.[8]

Teorias Motivacionais e a Legislação

A maioria dessas teorias motivacionais tem um elemento em comum: o supervisor deve levar em conta as diferenças individuais ao definir as recompensas. Aquilo que motiva uma pessoa pode não motivar outra; portanto, o supervisor precisa oferecer uma variedade de recompensas. Ao mesmo tempo, para evitar a discriminação, o empregador deve distribuir os benefícios de forma justa.

O supervisor não tem total controle dos tipos de recompensa que pode utilizar. Ele não apenas precisa seguir as políticas da organização, mas também deve obedecer a diversos itens das legislações que exigem que o empregador ofereça determinados tipos de benefícios*. Por exemplo, a legislação federal americana estabelece exigências para a remuneração de horas extras, os intervalos de descanso, o seguro saúde para aposentados, dentre outras exigências. A maioria das organizações conta com um departamento ou um profissional de recursos humanos responsável por ajudar no cumprimento da legislação relativa aos benefícios.

No entanto, vale destacar as exigências da Lei Norte-Americana de Licença Médica e por Motivos Familiares, de 1993, porque afetam o papel do supervisor norte-americano na preparação da escala de trabalho e na contratação de pessoal para o departamento. De acordo com essa lei, empresas com 50 funcionários ou mais devem conceder a eles até 12 semanas de licença não remunerada para cuidar de criança recém-nascida, adotada ou alimentar um bebê até um ano após o seu nascimento. Esses empregadores também devem conceder esse mesmo tempo de licença se o funcionário precisar cuidar de filhos, pais, cônjuges com doença grave ou se ele próprio tiver problemas de saúde que o impeçam de realizar seu trabalho. Durante o período de licença, o empregador deve continuar a pagar o prêmio do seguro saúde do funcionário. O empregador também deve garantir o retorno do funcionário ao seu cargo ou a um equivalente. Se a necessidade da licença for previsível, o funcionário deve notificar a organização com um mês de antecedência.

Em algumas organizações, o supervisor enfrenta muitas dificuldades para planejar e programar por causa da licença dos funcionários. Em uma recente pesquisa realizada pela Society for Human Resource Management (*Sociedade de Gestão de Recursos Humanos*), constatou-se que cerca de um terço da força de trabalho das companhias pesquisadas havia solicitado licença médica durante o ano anterior e um sexto havia

---

* N.R.T.: Os principais benefícios garantidos aos trabalhadores brasileiros estão previstos nos incisos do artigo 7º, da Constituição Federal da República Federativa do Brasil e no artigo 458 da Consolidação das Leis do Trabalho. Além dos benefícios previstos em lei, há outros que as empresas oferecem aos executivos com o objetivo de reter e atrair talentos.

solicitado licença por motivos familiares. O sistema de licenças pode dificultar a motivação dos outros funcionários que têm de assumir o trabalho extra. Cerca de um terço das companhias nessa mesma pesquisa relatou que os funcionários reclamavam que os colegas tiravam licenças por razões que eles consideravam questionáveis.[9]

DINHEIRO COMO FATOR MOTIVACIONAL

Alguns supervisores e gestores partem do princípio de que o principal item que os funcionários buscam no emprego é o dinheiro. A maioria das pessoas trabalha para ganhar pelo menos o suficiente para sobreviver. Embora seja apenas uma das muitas maneiras existentes de motivar os funcionários, o dinheiro é um item muito importante. Em um estudo realizado com trabalhadores de pouca qualificação e baixa remuneração de um hospital, os pesquisadores constataram que eles se sentiam tratados com dignidade quando lhes era oferecido treinamento, quando os níveis do quadro de pessoal eram adequados e quando a remuneração deles era relativamente alta para o tipo de trabalho executado.[10] Essa constatação indica o dinheiro como fator importante, não apenas como meio de pagar as contas, mas também como sinal do valor da pessoa para a organização.

Quando o Dinheiro Motiva

As teorias motivacionais do conteúdo presumem que o dinheiro motiva as pessoas quando ele atende às necessidades. Celia Talavera, mãe de quatro filhos, viaja de ônibus durante duas horas para chegar ao Lowes Santa Monica (Califórnia) Beach Hotel, onde trabalha como camareira. Ela é a favor de um acordo proposto de "salário mínimo" que aumentaria a sua remuneração de $ 9,88 para $ 10,50, pois, assim, ela teria uma pequena quantia para guardar na poupança ou gastar com outros benefícios. "Estou lutando por um salário mínimo porque quero trabalhar no hotel por muito tempo", ela afirma.[11] A oportunidade de ganhar mais também pode ser muito importante para um estudante universitário, considerando o alto custo das mensalidades da faculdade e o impacto potencialmente significativo do diploma no futuro do aluno. Um aposentado ou uma pessoa casada cujo cônjuge tenha uma renda confortável pode trabalhar, basicamente, visando recompensas não financeiras, tais como a sensação de realização ou a satisfação decorrente da realização de algum trabalho útil.

Para o dinheiro funcionar como motivador, os funcionários precisam acreditar na capacidade que eles têm de obter as recompensas financeiras oferecidas pela organização. Portanto, se uma companhia de teatro oferecer aos funcionários uma bonificação pela venda por telefone de determinada quantidade de bilhetes por temporada, a bonificação motivará os funcionários somente se eles acreditarem na possibilidade de vender a quantidade determinada de bilhetes. Da mesma forma, se uma organização oferecer gratificação pelas sugestões para a melhoria da qualidade, ela motivará os funcionários somente se os mesmos acreditarem na própria capacidade de gerar idéias.

Planos de Remuneração com Incentivos Financeiros*

O modo como o plano de compensação é estruturado pode influenciar a intensidade com que os funcionários se sentem motivados a desempenhar bem suas funções. Alguns planos de compensação oferecem bonificações, comissões ou outros tipos de remuneração pelo cumprimento ou pela superação dos objetivos. Por exemplo, cada vez mais organizações vinculam os aumentos de salário e as bonificações ao êxito em reter clientes e em cumprir as metas de qualidade estabelecidas (veja a Figura 11.5). Outras remuneram mais os funcionários que aprendem outras habilidades, tais como a operação de guindastes e maquinários controlados por computador ou o desenvolvimento de programas de computador para a realização de negócios no âmbito global. Esses planos de compensação utilizam os chamados **incentivos financeiros**. Uma recente pesquisa, realizada nos Estados Unidos, constatou que mais de 10% de cada dólar pago seriam destinados a alguma forma de remuneração variável.[12]

incentivos financeiros
Pagamento pelo cumprimento ou pela superação dos objetivos

---

* N.R.T.: A remuneração do trabalhador no Brasil é regulada pelo artigo 457 e seguintes da Consolidação das Leis do Trabalho.

FIGURA 11.5
Companhias que Vinculam a Remuneração ao Desempenho, 2000 e 2004

Fonte: "Salary Budget Survey" anual da WorldatWork, www.worldatwork.org.

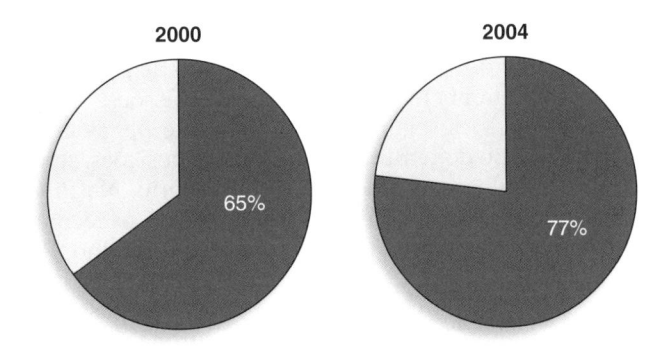

2000 — 65%
2004 — 77%

O supervisor raramente tem influência no tipo de plano de compensação adotado pela organização. Contudo, ele pode ter mais capacidade de motivar se souber quais tipos de planos oferecem incentivo financeiro. Se o supervisor souber que o sistema de remuneração da organização foi desenvolvido para motivar, ele poderá identificar as necessidades de incentivos não financeiros dos funcionários. Se o plano de compensação da organização incluir incentivos financeiros, mas os funcionários continuarem desmotivados, o supervisor deverá procurar outros tipos de motivadores. Por outro lado, se o plano de compensação não contiver nenhum incentivo financeiro, o supervisor poderá pedir autorização para incluir a bonificação financeira no orçamento do departamento.

Sistema de Remuneração por Unidade Produzida

sistema de remuneração por unidade produzida
Pagamento de acordo com a quantidade produzida

O **sistema de remuneração por unidade produzida** remunera os funcionários de acordo com a quantidade produzida. Esse método muitas vezes é utilizado para remunerar trabalhadores independentes, ou seja, autônomos que executam algum trabalho para a organização. Por exemplo, uma revista pode pagar a um redator um valor fixo por palavra ou uma confecção pode pagar a uma costureira um valor fixo por camisa confeccionada. O agricultor pode ser remunerado com base na quantidade da colheita. Diferentemente dos trabalhadores independentes, no entanto, poucos funcionários são remunerados com base nesse sistema.

Sistema de Bonificação por Produção

Os funcionários do departamento de produção podem receber uma remuneração ou um salário fixo, além de uma bonificação constituída de pagamento por unidade produzida. Portanto, um funcionário pode receber $ 8,50 ou mais por hora, mais $ 0,20 por unidade produzida. Isso é chamado de sistema de bonificação por produção. Se os funcionários não parecerem motivados com um sistema de bonificação por produção, o bônus talvez não seja suficiente para compensar o esforço extra. Nesse sistema, os funcionários que trabalham mais rápido ganham mais, mas o sistema não incentiva necessariamente um trabalho de alta qualidade.

Existem também outros tipos de bonificação. Quando uma explosão nos negócios da Dilworth Mattress Co. coincidiu com a escassez de trabalhadores qualificados, Alan Hirsch, dono da empresa, localizada em Charlotte, Carolina do Norte, batalhou para encontrar os 10 trabalhadores de que precisava para manter funcionando suas operações. Ele teve a idéia de conceder uma bonificação quinzenal de $ 50 aos trabalhadores com assiduidade exemplar na quinzena anterior.[13]

A Saga Software, empresa de desenvolvimento de programas, sediada em Reston, Virginia, distribui cerca de $ 300 mil em bonificação imediata por desempenho. Mais ou menos metade dos 800 funcionários da empresa recebeu entre $ 500 e $ 5 mil, há poucos anos atrás; se eles optassem por adiar o recebimento de toda a bonificação ou de parte dela, a empresa reajustava o prêmio em 50%.[14]

comissões
Pagamento vinculado ao montante de vendas concretizadas

Comissões

Em um departamento de vendas, os funcionários podem ganhar **comissões**, ou pagamentos vinculados ao montante de vendas concretizadas. Por exemplo, um agente imobiliário firma um contrato de corretagem para a venda de uma casa. Com a venda do imóvel, o agente deve receber uma comissão de 2% sobre o preço da venda. O vendedor e a corretora também devem receber comissões.

Embora as comissões sejam mais comumente pagas a vendedores, as companhias têm aplicado esse tipo de remuneração a outras posições, sendo que a organização cobra do cliente por trabalho executado pelo funcionário. Na Pinard's Small Engine Repair, oficina localizada em Manchester, New Hampshire, os técnicos de serviço recebem uma comissão com base na quantia faturada pelo seu trabalho. Para isso, os técnicos controlam o tempo gasto em cada trabalho que realizam. Os funcionários que gastam pelo menos metade do seu tempo realizando consertos passíveis de faturamento ganham comissão de no mínimo 4% sobre a quantia faturada. Os técnicos podem ganhar porcentagens maiores se dedicarem mais do seu tempo a tais atividades. Por exemplo, um técnico que dedica pelo menos 80% do seu tempo a consertos passíveis de faturamento ganha uma comissão de 7%, que é uma comissão muito maior, considerando que o montante faturado também deve ser maior. Portanto, o sistema de remuneração incentiva os técnicos da Pinard's a trabalhar com mais eficácia. A oficina apóia esse sistema definindo acordos de trabalho, de maneira que os técnicos fiquem livres para se concentrarem nos consertos, em vez de ajudar na loja ou atender o telefone.[15]

A maioria das organizações que pagam comissões também paga uma remuneração ou um salário fixo. Se não o fizer, a incerteza financeira pode preocupar os funcionários, a ponto de interferir na motivação. Algumas pessoas, no entanto, gostam do potencial ilimitado de ganhos de um emprego remunerado exclusivamente por comissões.

Pagamentos por Sugestões

Para incentivar a participação e a comunicação dos funcionários, muitas companhias pagam a eles por sugestões de como cortar os custos ou melhorar a qualidade. Normalmente, a sugestão precisa ser aproveitada ou, de fato, ela deve economizar alguma quantia mínima para que o funcionário receba o pagamento. A quantia paga pode ser vinculada à dimensão do benefício da sugestão para a organização. Em outras palavras, uma idéia de grande impacto resulta em pagamento de quantia maior.

Planos de Incentivo Coletivo

Hoje, as organizações estão cada vez mais concentradas em como fazer os funcionários e seus supervisores trabalharem juntos, em equipes. Um incentivo financeiro para fazer as pessoas trabalharem dessa maneira seria o **plano de incentivo coletivo**, com o pagamento de uma bonificação quando o grupo como um todo atinge alguns objetivos. A organização compara o desempenho de uma unidade de trabalho com os seus objetivos e, assim, paga uma bonificação se o grupo ultrapassar os objetivos. Na Continental Airlines, cada funcionário recebe pelo menos $ 65 cada mês que a companhia aérea aparece entre os três melhores em pontualidade pela avaliação do Ministério de Transportes Norte-Americano ou quando pelo menos 80% dos vôos cumprem os horários. Para cada mês que a Continental aparece em primeiro lugar, a bonificação aumenta para $ 100.[16]

Um tipo de incentivo coletivo freqüentemente usado é o **plano de divisão de lucros***. Nesse tipo de plano, a companhia separa uma parcela dos lucros obtidos durante determinado período e divide esses lucros entre os funcionários. Esse plano se baseia no pressuposto de que, quanto melhor o trabalho executado, maior o ganho obtido pela companhia e, portanto, maior a bonificação concedida. No passado, a divisão de lucros ficava restrita basicamente aos executivos, mas, hoje, mais companhias estão dividindo os lucros entre todos os seus funcionários. A InterDyn Cargas, que oferece serviços de consultoria e programas corporativos, utiliza o plano de divisão de lucros como forma de manter os funcionários concentrados no sucesso da equipe, e não no desempenho individual de cada um. Todo semestre, um quinto dos lucros da InterDyn é separado e dividido entre os funcionários, e aqueles que estão há mais tempo na companhia ganham um pouco mais.[17]

plano de incentivo coletivo
Plano de incentivo financeiro que recompensa uma equipe de trabalhadores por cumprir ou superar algum objetivo

plano de divisão de lucros
Plano de incentivo coletivo no qual a companhia separa uma parcela de seus lucros e a divide entre os funcionários

---

* N.R.T.: O artigo 7º, inciso XI da Constituição Federal da República Federativa do Brasil e a Lei 1.101 de 19/12/2000 garantem a participação do empregado nos lucros ou resultados da empresa.

participação nos ganhos
Plano de incentivo coletivo em que a organização incentiva os funcionários a participarem, dando sugestões e tomando decisões, e, assim, recompensa o grupo com uma parcela do aumento da receita

Um crescente número de companhias está adotando o programa de **participação nos ganhos**, no qual a organização incentiva os funcionários a participarem, dando sugestões e tomando decisões para melhorar as operações da companhia ou do grupo de trabalho. Se o desempenho melhorar, os funcionários receberão uma parcela do aumento da receita. Portanto, a participação nos ganhos procura motivar não apenas concedendo recompensas financeiras, mas também fazendo o funcionário sentir que exerce um papel importante na equipe.

Sigilo das Informações Salariais*

Na nossa sociedade, dinheiro é considerado assunto particular, e a maioria das pessoas não gosta de falar sobre o quanto ganha. Portanto, nas organizações privadas (não-governamentais), os funcionários, geralmente, não sabem o salário uns dos outros, embora o supervisor saiba quanto ganham os seus subordinados. Em compensação, os ganhos do funcionário público são informações públicas, muitas vezes divulgadas em jornais locais, porque são os contribuintes que pagam a sua remuneração.

O sigilo ajuda ou atrapalha na utilização do dinheiro como fator motivacional? Certamente, não faz sentido revelar informações se elas apenas vão constranger os funcionários. A maioria dos funcionários superestima o salário dos outros. Essa superestimação pode deixar um funcionário insatisfeito no caso de ele acreditar ser mal pago, em comparação aos outros.

Visando motivar o funcionário com a possibilidade de aumento e a crença de ter uma remuneração justa, a organização deve mostrar o quanto ele pode vir a ganhar. Um exemplo de compromisso entre a manutenção do sigilo e o compartilhamento de informações é quando a organização divulga as faixas salariais. As faixas mostram o salário mais baixo e o mais alto ou quanto a organização paga a um funcionário de determinada posição. Os funcionários não sabem em detalhes quanto cada um ganha, mas as faixas mostram o que eles podem esperar ganhar se receberem um aumento, uma promoção ou uma transferência para outra posição.

COMO O SUPERVISOR PODE MOTIVAR

A primeira parte deste capítulo abordou as teorias motivacionais. Essas teorias sugerem algumas maneiras práticas para o supervisor motivar seus funcionários. A Figura 11.6 mostra diversas possibilidades.

FIGURA 11.6
Métodos para o Supervisor Motivar os Funcionários

- Tornando o Trabalho Interessante
  - Rodízio de funções
  - Enriquecimento horizontal do cargo
  - Enriquecimento vertical do cargo
  - Contato com clientes
- Mantendo Expectativas Altas
- Oferecendo Recompensas Valorizadas
- Relacionando as Recompensas ao Desempenho
- Tratando os Funcionários de Forma Individualizada
- Incentivando a Participação
- Fornecendo Feedback

---

* N.R.T.: No Brasil, pune-se a violação do segredo que deve ser guardado em função da profissão. As punições estão previstas nos códigos de ética profissionais das profissões regulamentadas. Além disso, trata-se de crime previsto no artigo 154 do Código Penal Brasileiro.

HABILIDADES EM SUPERVISÃO

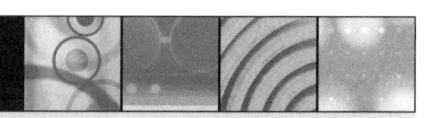

MOTIVANDO OS FUNCIONÁRIOS
BANCOS TORNAM O TRABALHO DO CAIXA MAIS INTERESSANTE

Em muitos bancos, a rotatividade entre os caixas é alta. O atendimento ao cliente acaba sendo prejudicado, e os bancos continuamente têm de contratar e treinar novos funcionários. Outros bancos conseguem reter seus caixas, motivando-os com a oferta de um trabalho interessante.

Em Houston, o Sterling Bancshares concede aos caixas mais autoridade para decidir, por exemplo, quando creditar os cheques depositados na conta de um cliente, o que pode ser feito imediatamente ou depois de compensado o cheque. A autoridade para a tomada de decisão demanda informações, então, o banco instalou estações de trabalho computadorizadas para uso dos caixas. A companhia também implementou um programa para dar certificações aos caixas em três níveis. Conforme o caixa vai concluindo com êxito o treinamento nesse programa, ele vai avançando nos níveis salariais.

Em Rhode Island, o Bank of Newport está ensinando mais sobre o atendimento a clientes e o sistema bancário a seus caixas. A companhia instituiu treinamento em salas de aula, para que os caixas possam aprender uma variedade de tarefas, além de direcionar os clientes a produtos financeiros que mais os beneficiem.

Em Owosso, Michigan, o Republic Bancorp ampliou o escopo do cargo de caixa. No Republic, os caixas são chamados de representantes de atendimento ao cliente. Entre suas responsabilidades estão o contato telefônico com os clientes durante os períodos de pouco movimento no banco. Nesses contatos telefônicos, os caixas tentam incentivar os clientes a realizarem depósitos e encaminhar as pequenas empresas interessadas em adquirir empréstimos ao departamento responsável por tais ações. Se o caixa conseguir fechar o negócio, pode receber um incentivo de até 75% de seu salário.

Em Cleveland, o Third Federal Savings and Loan treina os funcionários, inclusive os caixas, para executar várias tarefas. Os funcionários do Third Federal devem atuar em qualquer tarefa para as quais estejam qualificados, para que todo o grupo atinja as suas metas. Muitos dos caixas podem abrir conta poupança e conceder empréstimos. Os chefes, por sua vez, ajudam os caixas quando a carga de trabalho aumenta. O Third Federal também inclui os caixas em vários comitês e forças-tarefa.

Fonte: Bill Stoneman, "To Reduce Turnover, Turn the Teller into a Team Player", *American Banker*, 8 jul. 2003, extraído de Business & Company Resource Center, http://galenet.galegroup.com.

Tornando o Trabalho Interessante

rodízio de funções
Troca de funcionários entre uma função e outra, oferecendo-lhes mais variedade

treinamento cruzado
Treinamento nas habilidades necessárias para executar mais de uma função

enriquecimento horizontal do cargo
Esforço para tornar um cargo mais interessante, acrescentando mais funções

enriquecimento vertical do cargo
Incorporação de fatores motivacionais em um cargo, mais especificamente concedendo ao funcionário mais responsabilidade e reconhecimento

Quando os funcionários consideram o seu trabalho interessante, eles costumam dedicar total atenção e entusiasmo. Em geral, o trabalho é interessante quando oferece variedade e permite ao funcionário algum controle sobre o que ele faz. O trabalho pode ficar mais interessante com o rodízio de funções, enriquecimento horizontal do cargo, enriquecimento vertical do cargo e maior contato com os clientes. Veja mais exemplos no texto da seção "Habilidades em Supervisão".

No **rodízio de funções,** os funcionários trocam entre uma função e outra, e isso proporciona a eles mais variedade nas tarefas. Por exemplo, os funcionários de um departamento de produção podem realizar o rodízio, operando em todas as máquinas da fábrica. O rodízio de funções requer funcionários com mais habilidades. Para que isso aconteça, o supervisor ou a companhia deve oferecer **treinamento cruzado**, ou seja, treinamento nas habilidades necessárias para executar mais de uma função. A oportunidade de aprender novas habilidades com o treinamento cruzado pode, por si só, motivar os funcionários.

O **enriquecimento horizontal do cargo** consiste em um esforço para tornar o trabalho mais interessante, através do acréscimo de mais funções. Portanto, um operador de máquina pode ser responsável não apenas por operar determinada máquina, mas, também, por realizar a sua manutenção e inspecionar a qualidade das peças nela produzidas. Assim como ocorre com o rodízio de funções, essa abordagem parte do princípio de que a variedade de um cargo o torna mais atraente, fazendo com que os funcionários se sintam mais motivados.

O **enriquecimento vertical do cargo** consiste na incorporação de fatores motivacionais em um cargo. Herzberg chamava de motivadores os fatores que enriquecem verticalmente um cargo. Geralmente, o cargo enriquecido verticalmente concede ao funcionário mais responsabilidades para tomar decisões e mais reconhecimento pelo bom desempenho. Portanto, esses tornam-se mais desafiadores e, supostamente, mais compensadores. Por exemplo, em vez de exigir que o vendedor de uma loja de departamentos chame o supervisor sempre que houver alguma reclamação do cliente, a empresa deve autorizá-lo a tratar das reclamações, e, dessa forma, ele chamaria o supervisor somente se a solução do problema custasse à loja um montante superior a um valor preestabelecido.

Quando os cargos são modificados para que se tornem mais interessantes, a organização e o supervisor devem se lembrar de que nem todos os funcionários são motivados pelos mesmos fatores. Portanto, enquanto alguns funcionários podem aceitar prontamente a nova variedade do cargo, outros tendem a mostrar menos entusiasmo. Alguns trabalhadores podem pensar que o cargo está sendo reestruturado simplesmente para que os funcionários trabalhem mais ganhando o mesmo salário. O supervisor deve ter cuidado ao ressaltar as vantagens do novo acordo e prestar atenção às reações do funcionário.

O trabalho também pode se tornar mais significativo se for proporcionado ao funcionário algum contato com as pessoas que recebem e usam seus produtos (mercadorias ou serviços). As enfermeiras e os vendedores estão sempre em contato com as pessoas por eles atendidas, mas os trabalhadores da produção e o pessoal da contabilidade têm menos contato com os clientes. Ocasionalmente, o supervisor pode providenciar uma visita dos trabalhadores aos usuários dos produtos. Por exemplo, um grupo de trabalhadores da produção pode ser designado para fazer uma visita a um cliente que está com dificuldades para operar uma máquina produzida pela companhia. Os trabalhadores não apenas estariam capacitados para ajudar o cliente, mas também poderiam extrair algumas idéias para melhorar o produto. Os funcionários da contabilidade podem se reunir com os usuários dos demonstrativos contábeis da companhia a fim de verificar se eles entendem e estão satisfeitos com os relatórios.

Mantendo Expectativas Altas

Uma boa motivação pode conduzir a um desempenho acima das expectativas do próprio funcionário. Quando há grandes expectativas em relação a nós, muitas vezes, consideramo-nos capazes de realizar muito. Entretanto, quando há poucas expectativas, costumamos produzir pouco. Em ambos os casos, as expectativas são auto-realizáveis.

A relação direta entre expectativas e desempenho é conhecida como **efeito Pigmalião**. O nome tem origem no mito grego de Pigmalião, rei do Chipre, que esculpiu a estátua de uma linda donzela e, então, por ela se apaixonou. Ele teve desejos tão fortes que ela se tornasse real, que ela se tornou real.

efeito Pigmalião
Relação direta entre expectativas e desempenho; altas expectativas levam a altos desempenhos

De acordo com o efeito Pigmalião, um supervisor que diz a seu funcionário "Você é tão tapado que nunca vai entender corretamente os procedimentos" não o está motivando. Ao contrário, o funcionário acabará acreditando ser incapaz de entender os procedimentos. Assim, o supervisor que espera que os funcionários estabeleçam para si altos padrões deve pensar e falar partindo do pressuposto de que eles são capazes de atingir os altos padrões. O supervisor deve dizer: "Esses procedimentos são complicados, mas tenho certeza de que, se você estudá-los regularmente e fizer perguntas sobre suas dúvidas, conseguirá aprendê-los".

Uma pessoa que reconhece a importância de se manter altas expectativas é Alex Gordon, jogador da liga inferior de beisebol nos Estados Unidos. Quando o Kansas City Royals o selecionou, no ano de 2005, ele foi a segunda principal contratação daquele ano, e as expectativas para a sua carreira no beisebol dispararam. Qual foi a reação de Gordon? Quando ele se preparava para começar uma partida, jogando com a equipe da categoria AA do Wichita Wranglers, ele disse a um repórter: "Eu realmente gostei das expectativas. Elas me dão um pouco mais de motivação para jogar bem".[18]

Oferecendo Recompensas Valorizadas

As teorias motivacionais de conteúdo indicam que a variedade de recompensas pode motivar, mas nem todos os funcionários valorizam as mesmas recompensas. O desafio do supervisor é identificar as recompensas que funcionam com determinados funcionários

DICAS DA LINHA DE FRENTE

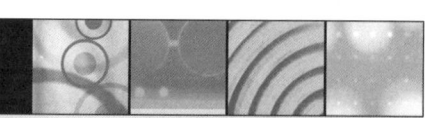

DEMONSTRANDO UMA CONSIDERAÇÃO SINCERA

Johanna Rothman ajuda os especialistas em tecnologia da informação das equipes de projeto a aprenderem a trabalhar juntos. Como líder de equipe e consultora, ela descobriu que elogios vagos são menos eficazes que declarações pessoais específicas. Rothman recomenda aos grupos usarem um formato que ela chama de "expressão de consideração". Esta é a fórmula de Rothman para uma declaração de consideração:

Eu o admiro, (nome), por (a ação específica). Essa ação (dizer o efeito da ação sobre si mesmo ou sobre o grupo).

De acordo com Rothman, a segunda parte da demonstração de consideração pode parecer estranha de ser dita, mas é a que efetivamente motiva as pessoas a manterem o comportamento desejado.

Rothman mostra a sua fórmula com vários exemplos, inclusive estes dois (editados):

Eu o admiro, Ron, por pensar no projeto e testá-lo com inteligência. Trabalhei com testadores que não conheciam os nossos projetos e não obtive os benefícios que desejava dos testes. Você descobriu coisas que eu não sabia que podiam ser inseridas no código do programa.

Eu o admiro, Dawn, por analisar meu primeiro esboço do projeto de arquitetura. Por tê-lo revisado rápido o bastante para me proporcionar tempo de reorganizá-lo, e nossos clientes realmente gostaram do modo como o produto está organizado agora.

Fonte: Johanna Rothman, "Appreciations, Personalized Thank You's", *The Pragmatic Manager* 1, n. 2 (2003), página da Rothman Consulting Group, www.jrothman.com.

---

em determinados momentos. O que significa avaliar as necessidades que as pessoas estão tentando satisfazer e as variadas maneiras que o supervisor tem para recompensá-las.

Às vezes, uma premiação extraordinariamente atraente não serve apenas para reconhecer um funcionário valioso, mas também para motivar os demais, que não poderão deixar de notar o resultado do ótimo desempenho do colega. Gordon M. Bethune, ex-presidente da Continental Airlines, premiou com um Ford Explorer zero quilômetro a agente de reservas de Tampa, Flórida, Wendy Pignataro, pelo período de perfeita assiduidade. Pignataro e seis outros vencedores receberam seus prêmios diante de centenas de colegas na matriz da companhia, em Houston.[19]

Evidentemente, existem alguns limites para o critério de recompensas adotado pelo supervisor. A política da companhia ou um acordo sindical pode impor o valor do aumento salarial dos funcionários e o grau de vinculação de tais aumentos com o desempenho em detrimento do tempo de casa ou de alguma outra medida. Contudo, o supervisor pode lançar mão das teorias motivacionais, aliadas à sua própria experiência, para identificar os tipos de recompensa sobre as quais ele tem algum controle. Por exemplo, o supervisor tem ampla liberdade para oferecer compensações como elogios e reconhecimento. Muitos supervisores têm algum grau de arbítrio nas funções que ocupam. Os funcionários que têm muita necessidade de realização (teoria de McClelland) ou que tentam satisfazer às necessidades de estima e auto-realização (teoria de Maslow) podem valorizar a oportunidade de participar de mais treinamentos. Os funcionários que têm muita necessidade de afiliação ou que tentam suprir as necessidades sociais podem gostar de ser designados para tarefas nas quais terão a oportunidade de trabalhar com outras pessoas.

Relacionando a Recompensa ao Desempenho

A recompensa que o supervisor vai utilizar deve ser vinculada ao desempenho do funcionário. Infelizmente, os funcionários dificilmente enxergam uma ligação entre um bom desempenho no trabalho e um aumento salarial. Se existe alguma conexão, o funcionário deve estar ciente dela e entendê-la. Outra maneira de ligar a recompensa ao desempenho está no modo como o supervisor faz elogios. O texto na seção "Dicas da Linha de Frente" oferece maneiras de expressar um elogio relacionado ao desempenho.

A vinculação da recompensa com a concretização de objetivos realistas é uma maneira de ajudar o funcionário a acreditar na sua capacidade de atingir as recompensas desejadas. Assim como descreve a teoria da valência-expectativa de Vroom, a recompensa tende a motivar mais os funcionários quando eles a percebem como atingíveis.

Na Great Scott Broadcasting, companhia de radiodifusão independente de Pottstown, Pensilvânia, os representantes de vendas das oito estações de rádio da companhia em Maryland e Delaware precisam ser profundos conhecedores da demografia dos ouvintes, do protocolo de marketing e de outras informações fundamentais sobre venda de inserções na rádio. Com um jogo chamado Trivia Feud, a gestora geral, Cathy Deighan, garante que os representantes tenham as informações necessárias para responder rápida e corretamente as perguntas dos clientes. O jogo competitivo de 15 minutos é jogado em toda reunião semanal de vendas. Segundo Deighan, o jogo pode virar uma loucura. Cada um da equipe vencedora recebe um prêmio, como, por exemplo, um vale-presente de um jantar para dois, uma lavagem gratuita do automóvel ou dinheiro.[20]

Uma maneira básica de vincular as recompensas ao desempenho seria utilizando os objetivos (veja o Capítulo 6). Por exemplo, o sistema de gestão por objetivos oferece recompensa quando os funcionários cumprem ou superam os objetivos que eles ajudaram a definir para si. Portanto, se funcionários que trabalham no refeitório de uma empresa devem deixar a área de trabalho limpa ao final de cada turno, eles saberão se fizeram o necessário para serem recompensados recebendo aumento salarial regular ou tempo livre extra, por exemplo.

Usar objetivos claros para ajudar a motivar os funcionários é uma forma importante de demonstrar que, quando os funcionários se empenham, eles estão tentando fazer as coisas certas. A Rackspace, serviço de hospedagem na rede, sediada em San Antonio, Texas, vincula a recompensa à sua meta de oferecer suporte "fanático" ao cliente. A companhia está dividida em equipes integradas por funcionários de diversas funções, inclusive de gestão de contas e suporte técnico. Cada equipe é responsável por atingir suas próprias metas de atendimento e finanças, inclusive de rotatividade de clientes, crescimento dos negócios dos clientes e, também, quantidade de novos clientes que cada antigo cliente trouxe à empresa. Todo mês, se as equipes atingem suas metas, os seus integrantes recebem bonificações em montantes de até 20% de seus salários. O elogio feito por clientes é afixado nas paredes, e cada funcionário recebe reconhecimento por meio do prêmio mensal Straitjacket; os funcionários concedem esse prêmio votando naquele cujo atendimento ao cliente tenha sido o mais fanático.[21] (Veja o Capítulo 10 para obter informações sobre comunicação de metas e outras informações aos funcionários.)

Tratando os Funcionários de Forma Individualizada

A maioria das teorias motivacionais ressalta que fatores diferentes motivam as pessoas em intensidades diferentes. O supervisor que deseja motivar bem precisa se lembrar de que os funcionários reagem de variadas formas. O supervisor não pode esperar que todo funcionário fique entusiasmado com um treinamento cruzado ou com o pagamento de horas extras. Alguns funcionários podem preferir um trabalho fácil ou menos horas de expediente, para que tenham tempo e energia para as atividades externas. A editora da *Business Week*, Diane Brady, mãe e trabalhadora, ficou feliz ao saber que teria privacidade para utilizar uma bomba de extrair leite materno, durante o expediente em seu escritório de Nova York, para dar ao seu filho recém-nascido.[22] "Quando extraio o leite no trabalho, sinto-me mais próxima do meu filho, mesmo estando distante durante o dia", ela diz. Wolfgang Zwierner serviu as mesas do famoso Peter Luger Steak House no Brooklyn durante 38 anos. Ele afirma: "O trabalho de garçom é para quem gosta das pessoas. Eu as deixo confortáveis. Eu as mimo quando posso".[23] A Figura 11.7 mostra, em uma pesquisa do Gallup, como os trabalhadores norte-americanos classificam as características do trabalho.

Sempre que possível, o supervisor deve ter atitudes de acordo com as diferenças individuais. Quando um determinado tipo de motivação parece não funcionar com

FIGURA 11.7 Características do Trabalho Classificadas por Importância pelos Trabalhadores Norte-Americanos

Fonte: Dados do Gallup citados em Patricia Braus. "What Workers Want", *American Demographics*, ago. 1992, p. 30-31 e subseqüentes.

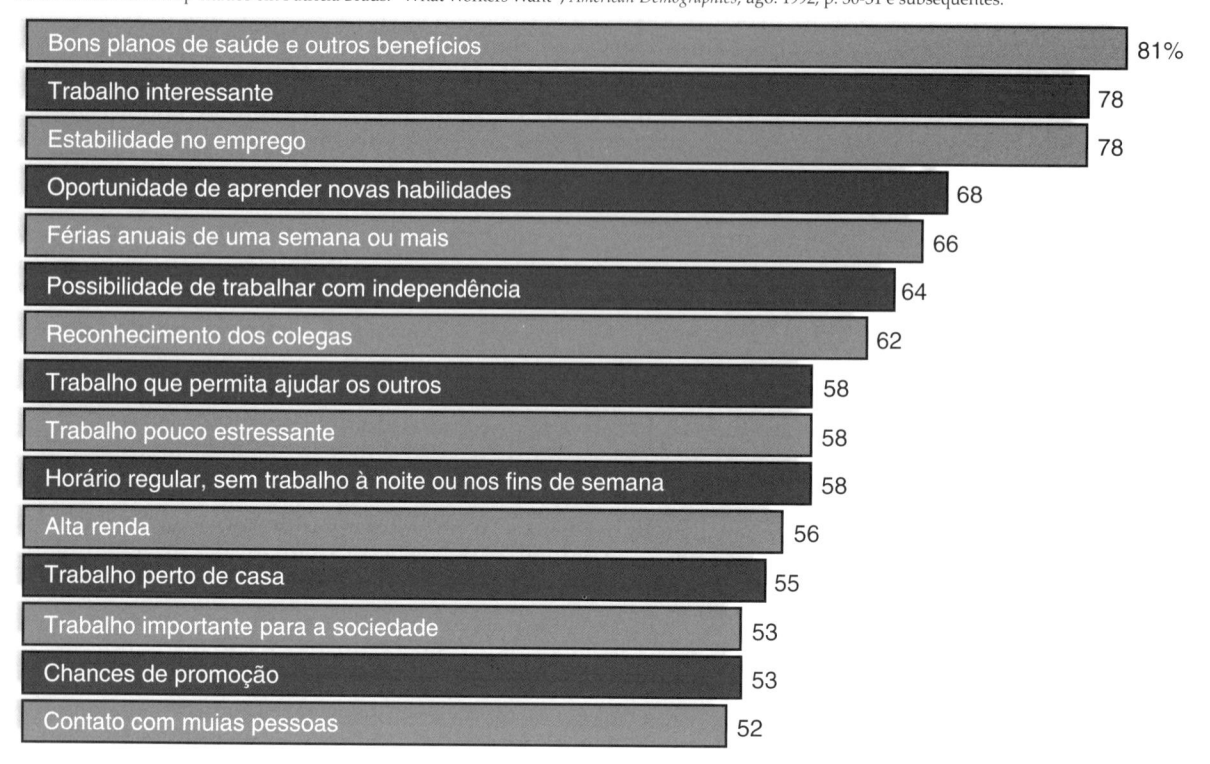

Característica	%
Bons planos de saúde e outros benefícios	81%
Trabalho interessante	78
Estabilidade no emprego	78
Oportunidade de aprender novas habilidades	68
Férias anuais de uma semana ou mais	66
Possibilidade de trabalhar com independência	64
Reconhecimento dos colegas	62
Trabalho que permita ajudar os outros	58
Trabalho pouco estressante	58
Horário regular, sem trabalho à noite ou nos fins de semana	58
Alta renda	56
Trabalho perto de casa	55
Trabalho importante para a sociedade	53
Chances de promoção	53
Contato com muitas pessoas	52

algum funcionário, o supervisor deve tentar algum outro tipo de motivação que se ajuste melhor às necessidades dele.

Incentivando a Participação dos Funcionários

Uma maneira de descobrir as necessidades dos funcionários e se beneficiar das suas idéias seria incentivando-os a participar do planejamento e da tomada de decisões. Assim como foi discutido no Capítulo 9, os funcionários tendem a ter mais comprometimento quando podem contribuir com as decisões ou as soluções. Eles também tendem a cooperar mais quando sentem que fazem parte de uma equipe.

Assim como descrito no texto na seção "Supervisão nos Diversos Setores", no Capítulo 3, a Whole Foods Market concede às equipes de funcionários muita autoridade para tomar decisões. A cadeia de supermercados estendeu essa prática em uma recente decisão sobre os benefícios do seguro saúde. A companhia possui um plano auto-segurado, mas as reclamações ultrapassaram os fundos do plano, o que fez com que a Whole Foods criasse outro plano, utilizando contas poupança de saúde. Assim, a companhia deposita dinheiro nas contas dos funcionários, e eles, que não pagam nenhum prêmio, retiram os primeiros $ 500 de custos com receita médica e $ 1.000 de outras despesas com saúde. Depois disso, as contas são pagas com o dinheiro da conta poupança. Depois de um ano de experiência, a Whole Foods pediu que os funcionários avaliassem se a empresa deveria continuar com o novo sistema de conta poupança ou optar pela cobertura tradicional do seguro. Os funcionários optaram por manter as contas poupança de saúde. Parte do atrativo provavelmente está no fato de os trabalhadores da Whole Foods serem, em grande parte, relativamente jovens e saudáveis; recentemente, apenas 10% dos funcionários gastaram todo o dinheiro de suas contas, e o montante que restou foi transferido para a conta do ano seguinte. Como os funcionários não têm de pagar o prêmio do seguro, a maioria deles optou pela cobertura do seguro como parte do seu pacote de benefícios. E a Whole Foods está satisfeita, porque o acordo está ajudando a controlar os gastos com cobertura médica.[24]

Fornecendo Feedback

As pessoas querem e precisam saber como anda o seu desempenho. Parte da função de um supervisor é fornecer ao funcionário feedback do seu desempenho. Quando o supervisor diz ao funcionário que ele está cumprindo ou superando os objetivos, ele sabe que está se saindo razoavelmente bem. Quando o supervisor diz ao funcionário que ele não está atingindo os objetivos, ele sabe que precisa melhorar. A maioria das pessoas tenta melhorar quando tem chances para isso.

O elogio é um tipo importante de feedback. Ao monitorar os funcionários, o supervisor deve buscar sinais de desempenho excelente e fazer com que o funcionário saiba, em termos específicos, que o bom trabalho está sendo percebido e que está beneficiando a organização.

Existem muitas maneiras de elogiar. Por exemplo, a supervisora de enfermagem pode escrever um memorando para uma enfermeira comentando sobre a cortesia com que ela trata os pacientes e como ela transmite uma boa imagem do hospital. Ou o supervisor da polícia pode comentar com um escrivão que o seu trabalho está sempre completo e legível. Quando Dave Marin era gerente de banco, inventou um método simples de elogiar, e seu impacto o surpreendeu. Quando se preparava para uma reunião de vendas, ele comprou um saco de pedras e marcou cada pedra com um enorme V, que representava a mensagem: "Você é o máximo". Marin dava uma para cada funcionário que ele elogiasse na reunião. Ele pensava que as pedras estavam parecendo uma bobagem, porém Marin ficou surpreso quando os funcionários começaram a lhe perguntar se ele distribuiria mais na reunião seguinte. Ele ficou ainda mais surpreso quando, anos mais tarde, soube que os funcionários haviam guardado suas recompensas como se fossem bens valiosos.[25] Seu valor não veio, evidentemente, do valor das pedras em si, mas da preciosidade do elogio público.

O supervisor não precisa usar uma abordagem dramática para elogiar um comportamento. O elogio é tão fácil de ser dado e seu potencial compensador é tão intenso que o supervisor pode e deve usá-lo rotineiramente, desde que seja sincero.

MÓDULO DE APTIDÃO

PARTE UM: CONCEITOS

Resumo

11.1 Identificar a relação entre motivação e desempenho.

Para ter um bom desempenho, o funcionário precisa estar motivado. Motivar consiste em dar às pessoas incentivos para agir de determinada maneira. Para a motivação funcionar, o supervisor precisa saber quais recompensas são valorizadas pelos funcionários.

11.2 Descrever as teorias motivacionais de conteúdo.

As teorias motivacionais de conteúdo tentam identificar o que motiva as pessoas. De acordo com a teoria de Maslow, as pessoas são motivadas pelas necessidades não satisfeitas. Essas necessidades são divididas hierarquicamente em: fisiológicas, de segurança, sociais, de estima e de auto-realização. As pessoas tentam satisfazer às necessidades da base da hierarquia antes de se voltar às necessidades do topo. De acordo com McClelland, as pessoas têm necessidades de realização, poder e afiliação. A intensidade de cada tipo de necessidade varia de uma pessoa para outra. Na teoria dos dois fatores de Herzberg, os funcionários ficam insatisfeitos com a falta dos fatores de higiene e satisfeitos com a existência dos fatores motivacionais.

11.3 Descrever as teorias motivacionais do processo.

As teorias do processo explicam, por meio do processo, como funciona a motivação. De acordo com a teoria da valência-expectativa de Vroom, a intensidade da motivação de uma pessoa depende da importância atribuída por ela ao resultado de um comportamento multiplicada pela probabilidade percebida de que o comportamento efetivamente conduzirá a esse resultado. As pessoas se sentem mais motivadas a buscar os resultados que elas valorizam muito e que acreditam que podem atingir. Na teoria do reforço, criada por B. F. Skinner, o modo como as pessoas se comportam resulta do tipo de conseqüência vivenciada por elas, em virtude do seu comportamento. O supervisor pode, portanto, influenciar o comportamento, administrando as conseqüências (na forma de reforço ou punição).

11.4 Explicar quando os incentivos financeiros tendem a motivar os funcionários.

O dinheiro motiva as pessoas quando ele satisfaz suas necessidades. Os funcionários precisam acreditar serem capazes de atingir as recompensas financeiras oferecidas pela empresa.

11.5 Descrever os planos de compensação que usam os incentivos financeiros.

No sistema de remuneração por unidade produzida, os funcionários são pagos de acordo com a quantidade produzida. No sistema de bonificação por produção, eles recebem um salário ou uma remuneração básica acrescida de uma bonificação baseada no desempenho; como, por exemplo, uma quantia por unidade montada. Comissões são pagamentos vinculados à quantidade de vendas concretizadas. Algumas organizações pagam os funcionários por apresentarem sugestões úteis para o corte de gastos e a melhoria da qualidade. No plano de incentivo coletivo, os funcionários recebem uma bonificação quando o grupo como um todo supera algum objetivo. Os planos de divisão de lucros e de participação nos ganhos são tipos de incentivo coletivo.

11.6 Discutir os prós e os contras de manter o sigilo das informações salariais.

O sigilo das informações salariais deve ser mantido para preservar a privacidade dos funcionários. No entanto, para se sentirem motivados pela possibilidade de ganhar mais e pelo senso de justiça dos níveis de remuneração, os funcionários precisam saber quanto eles podem esperar ganhar. Normalmente, a organização compensa essas necessidades, divulgando as faixas salariais e mostrando o piso e o teto salarial pago a qualquer funcionário de uma determinada função.

11.7 Identificar maneiras de o supervisor motivar os funcionários.

O supervisor pode motivar os funcionários tornando o trabalho interessante, por meio de rodízio de funções, enriquecimento horizontal do cargo, enriquecimento vertical do cargo e contato com os usuários do produto ou serviço. Outras maneiras de motivar os funcionários seria mantendo expectativas altas em relação aos funcionários, concedendo recompensas de acordo com o desempenho, tratando-os de forma individualizada, incentivando a participação fornecendo feedback, inclusive por meio de elogios.

Termos Principais

motivação, p. 283
horário flexível, p. 286
trabalho compartilhado, p. 286
reforço, p. 290
punição, p. 290
modificação do comportamento, p. 290
incentivos financeiros, p. 292
sistema de remuneração por unidade produzida, p. 293
comissões, p. 293
plano de incentivo coletivo, p. 294
plano de divisão de lucros, p. 294
participação nos ganhos, p. 295
rodízio de funções, p. 296
treinamento cruzado, p. 296
enriquecimento horizontal do cargo, p. 296
enriquecimento vertical do cargo, p. 296
efeito Pigmalião, p. 297

Questões para Discussão e Revisão

1. Relacione e classifique as cinco necessidades básicas, da mais baixa à mais alta, descritas por Maslow na sua hierarquia de necessidades. Caso o supervisor aplique essa hierarquia em relação a seus funcionários, quais seriam algumas maneiras específicas de satisfazer às necessidades deles?

2. Cite algumas políticas "favoráveis à família" adotadas pelas companhias para que os funcionários possam conciliar o trabalho com suas obrigações familiares. Que outras políticas dessa natureza podem ajudar o funcionário a satisfazer às demandas da sua vida e, assim, motivá-lo no trabalho?

3. Quais são as três categorias de necessidades identificadas por McClelland em sua teoria? Que categoria de necessidades seria a mais forte para você pessoalmente?

4. Quais são os fatores de higiene e os fatores motivacionais descritos por Herzberg? Tome como base seu emprego atual ou algum que tenha tido recentemente. Quais desses fatores existem (existiam) nesse emprego? Como eles afetam (afetavam) o seu nível de satisfação? E seu nível de motivação?

5. John Lightfoot acredita ter 75% de chances de ganhar uma bonificação de $ 100. Mary Yu acredita ter 75% de chances de se qualificar para receber um aumento anual de $ 1.000. De acordo com a teoria da valência-expectativa de Vroom, seria correto concluir que Mary ficará mais intensamente motivada pelo seu potencial de recompensa do que John com o dele? Explique.

6. André Jones supervisiona programadores de computador. Ele espera que cada programador reserve algum tempo, nas sextas-feiras, para apresentar um relatório de progresso.
    a. Indique pelo menos uma maneira de André usar o reforço para motivar os funcionários a apresentar seus relatórios no prazo.
    b. Indique pelo menos uma maneira de André utilizar a punição para motivar os funcionários a apresentar seus relatórios no prazo.
    c. Em sua visão, qual dessas abordagens teria mais êxito? Por quê?

7. Em sua opinião, em qual das seguintes situações o dinheiro seria um bom motivador? Explique.
    a. A economia está fraca, e, embora os vendedores acreditem estar se empenhando ao máximo, as vendas estão fracas. A supervisora de vendas Rita Blount diz aos vendedores que qualquer um que tiver vendas semanais de 10% a mais receberá uma bonificação de $ 5 mil.
    b. Um varejista como a Best Buy, por exemplo, anuncia que o funcionário que tiver o melhor desempenho da loja será o principal candidato a um cargo de gestor de uma unidade da companhia, que será aberta em outro estado. Quem quer que seja escolhido para o cargo receberá um aumento salarial de no mínimo 9%.
    c. Uma fisioterapeuta respiratória, mãe de dois filhos em idade escolar, pode ganhar $ 500 a mais neste mês se aceitar uma escala que envolve trabalho nos finais de semana.

8. Que tipo ou tipos de plano de remuneração (por unidade produzida, bonificação por produção, comissão, pagamento de sugestões, incentivo coletivo) funcionaria(m) melhor em cada uma das seguintes situações? Por quê?
    a. Uma companhia quer motivar os funcionários do departamento de produção para atender o aumento nos pedidos de brinquedos de madeira, decorrente da tentativa de expansão de um mercado regional para um mercado nacional.
    b. Uma concessionária de automóveis deseja valorizar o trabalho em equipe no seu departamento de serviços.

9. Antonio Delgado supervisiona os policiais do 4º Distrito Policial. Mencione algumas maneiras de tornar o trabalho deles mais interessante.

10. A supervisora de uma companhia de vendas por catálogo lê em um relatório que 15% de todos os pedidos acabam sendo devolvidos, mas esse número é considerado melhor que a média do setor. Como ela pode utilizar o efeito Pigmalião para motivar os funcionários a reduzir ainda mais o número de devoluções?

11. O que há de errado em cada uma das seguintes tentativas de motivação?
    a. Uma supervisora de vendas de uma seguradora acredita que os funcionários valorizam a oportunidade de ampliar a própria experiência, portanto, ela recompensa o funcionário de melhor desempenho todo ano oferecendo a participação em um seminário de liderança com todas as despesas pagas. O seminário dura uma semana e é realizado em um hotel de uma cidade a 320 quilômetros de distância.
    b. O supervisor do refeitório de um hospital concede todo mês a um funcionário uma bonificação de $ 50. Para dar a todos a mesma chance de receber a bonificação, ele escreve o nome de cada funcionário num pedaço de papel e coloca todos os nomes num pote para realizar um sorteio.
    c. O supervisor de manutenção de uma fábrica de conservas acredita que funcionários qualificados deveriam ser capazes de avaliar se estão realizando um bom trabalho. Portanto, o supervisor concentra os esforços de motivação pensando em recompensas inteligentes para conceder todos os anos aos funcionários de melhor desempenho.

PARTE DOIS: CAPACITAÇÃO

PROBLEMA A SER RESOLVIDO PELO ALUNO

Com base na descrição do texto da página 283, reflita e relacione as técnicas motivacionais usadas por Todd Harris na Connextions. Depois, um dos componentes do grupo deve revisar cada uma das teorias motivacionais descritas neste capítulo. Cada componente do grupo sugere, então, uma ou duas idéias de motivação, baseadas na teoria revista. Discuta cada idéia em grupo. Com base na sua experiência, você acredita que cada idéia motivará os funcionários do grupo de Harris? Como?

Caso de Solução de Problemas: *Motivando os Funcionários na Nucor Corporation*

Hoje, a Nucor Corporation é a maior metalúrgica dos Estados Unidos; por isso, é difícil acreditar que um dia ela foi tão pequena, em um setor que é tão competitivo. O que destacou essa empresa das demais foi o enfoque na motivação e no fortalecimento dos funcionários. O enfoque no funcionário pode ser percebido no costume de imprimir o nome de cada um na capa do relatório anual da Nucor. Mas a preocupação com os funcionários vai muito além de símbolos.

O sistema de remuneração da Nucor é notável. Em todos os níveis da companhia, a maior parcela da renda dos funcionários está vinculada ao seu desempenho. A remuneração básica de um metalúrgico da Nucor fica próxima de $ 10 por hora, muito abaixo da faixa do setor, que gira em torno de 16 e 21 dólares por hora. Entretanto, os metalúrgicos ganham uma bonificação baseada na quantidade de aço produzida sem qualquer defeito durante o turno de cada um. Essas bonificações podem triplicar a remuneração do funcionário, deixando-a muito acima da média do setor. A vinculação da bonificação ao desempenho geral do turno também motiva os funcionários a cooperarem para a concretização do trabalho. Além disso, a companhia adota a divisão de lucros, incentivando os funcionários a se preocuparem com o desempenho da companhia como um todo. A companhia calcula a bonificação referente a cada pedido de aço e a paga semanalmente, assim, os funcionários recebem bastante reforço. Em 2005, um típico metalúrgico da Nucor recebeu $ 79 mil e ainda recebeu mais $ 2 mil de uma bonificação especial, comemorando os ganhos recordes da companhia; além disso, ainda teve um ganho de aproximadamente $ 18 mil, referentes à divisão de lucros. Os gestores também recebem, igualmente, altas quantias de remuneração na forma de bonificação e divisão de lucros.

Para os funcionários novos da Nucor, muitas vezes acostumados com a remuneração básica, esse acordo de remuneração parece alarmante a princípio. Quando eles tomam gosto pelas bonificações, no entanto, ficam extremamente motivados. Quando a Nucor adquiriu uma metalúrgica em Auburn, Nova York, os trabalhadores desejavam manter seu antigo sistema de remuneração, então, a direção simplesmente continuou a pagá-los da maneira antiga, mas foi clara em informar o quanto eles receberiam no sistema da Nucor. No fim, os funcionários perceberam que essa nova forma de remuneração os permitiria encher seus bolsos. David Hutchins, supervisor da Nucor de Auburn, diz que antes de a Nucor adquirir sua fábrica, os trabalhadores do grupo costumavam relaxar sempre que o ritmo do estágio inicial das operações diminuía. Mas, com a bonificação computada no resultado de cada turno, os funcionários não pensaram mais em si como grupos separados: "Onde quer que esteja o gargalo", explica Hutching, "vamos até lá, e todos trabalham nele". Não demorou muito e o resultado de Auburn cresceu e, como conseqüência, o total dos contracheques.

No entanto, a motivação na Nucor não se restringe à maior remuneração. A companhia incentiva os funcionários a compartilharem as idéias e lhes concede poder para tomar decisões e resolver problemas. O supervisor, por exemplo, toma as decisões mais típicas de um gestor de fábrica. Certa ocasião, depois da falha em uma estrutura elétrica da fábrica de Hickman, Arkansas, um grupo de eletricistas das unidades da Nucor de Decatur, Alabama, e do condado de Hertford, Carolina do Norte, seguiu para Hickman para trabalhar no problema. Eles não precisaram da aprovação do supervisor; simplesmente precisavam fazer o que consideravam mais importante.

Aliada à cooperação, a Nucor propicia uma competição saudável para estimular a criatividade. Por exemplo, as fábricas, muitas vezes, promovem competições entre os turnos para ver qual consegue atingir uma meta relacionada com produção, segurança ou eficácia.

1. Como a remuneração baseada no desempenho motiva os funcionários da Nucor? Esse sistema seria eficaz se a Nucor não permitisse que os funcionários também tomassem as decisões? Por que sim ou não?
2. Não são os supervisores que estabelecem o sistema de remuneração de uma grande companhia como a Nucor. Como o supervisor da Nucor pode contribuir para a motivação do funcionário?
3. Essa descrição sobre a Nucor tem as características de uma organização em que você se sentiria motivado? Por que sim ou não? Qual teoria motivacional descreveria melhor seus sentimentos?

Fonte: Nanette Byrnes, "The Art of Motivation", *BusinessWeek*, 1º maio 2006, extraído de InfoTrac, http://web2.infotrac.galegroup.com.

Autoconhecimento

O Que o Motiva?

O que chama a sua atenção em um emprego? Classifique os seguintes fatores de emprego de 1 a 12. Atribua 1 para o fator que considera mais importante e 12 para o menos importante.

_____ 1. Trabalho interessante e significativo.
_____ 2. Boa remuneração ou salário.
_____ 3. Autoridade para tomar decisões importantes.
_____ 4. Ambiente de trabalho agradável, tais como laboratório moderno e limpo, loja bonita ou escritório atraente.
_____ 5. Colegas simpáticos.
_____ 6. Bom relacionamento com o supervisor.
_____ 7. Clara compreensão das metas e das exigências de desempenho do departamento e da companhia.
_____ 8. Valorização e reconhecimento na realização de um bom trabalho.
_____ 9. Oportunidades para aprender novas habilidades.
_____ 10. Título ou cargo de prestígio.
_____ 11. Chance de progredir.
_____ 12. Estabilidade no emprego.

Pausa e Reflexão

1. Quais desses motivadores você espera do trabalho como supervisor?
2. Você pode modificar seu próprio cargo para incluir mais desses fatores?
3. Como supervisor, quais desses fatores motivacionais você pode oferecer aos funcionários?

Exercício em Aula

Descobrindo o que Motiva os Trabalhadores

Preencha o questionário de Autoconhecimento, caso não o tenha feito ainda. Em seguida, identifique quantos alunos escolheram cada resposta como a mais importante e como a menos importante, pedindo a eles que levantem a mão. O professor deve marcar as respostas no quadro-negro ou preencher a seguinte tabela:

	Número de Alunos Classificando Cada Item	
Item Nº	Mais Importante	Menos Importante
1.	_____	_____
2.	_____	_____
3.	_____	_____
4.	_____	_____
5.	_____	_____
6.	_____	_____
7.	_____	_____
8.	_____	_____
9.	_____	_____
10.	_____	_____
11.	_____	_____
12.	_____	_____

Discuta as seguintes questões:
- Que resposta ou respostas a maioria da classe escolheu como sendo a mais importante?
- Que resposta ou respostas a maioria da classe escolheu como sendo a menos importante?
- Em sua opinião, essas escolhas são típicas da maioria dos funcionários atualmente? Por que sim ou não?
- Como o supervisor pode utilizar essa informação para motivar os funcionários?

Capacitação em Supervisão

Desenvolvendo Métodos Motivacionais

Este capítulo trata de uma das áreas mais desafiadoras para o supervisor: motivação dos funcionários. O exercício a seguir ajuda você a desenvolver uma lista abrangente de métodos motivacionais para serem usados quando algum funcionário não está desempenhando no seu melhor.

1. A figura da página 295 mostra diversos métodos motivacionais. Com base no que você aprendeu sobre motivação neste curso ou em qualquer outra situação, liste os métodos, as técnicas e as estratégias que possam servir como fonte de idéias para motivar as pessoas.

2. Neste exercício, não se preocupe com o impacto econômico das idéias ou com um plano para implementá-las. Por exemplo, se você sugerir uma bonificação para recompensar os funcionários pelo bom desempenho, não é necessário que apresente uma fórmula para calculá-la. No entanto, não apresente sugestões bizarras, que não teriam nenhum sentido organizacional, tais como sugerir recompensar todos os funcionários e suas famílias com duas semanas de férias na Bermuda, com todas as despesas pagas.

3. Divida a classe em grupos. Em seguida, elabore uma lista em grupo que possa ser copiada para cada integrante. Haverá, sem dúvida, muitos dias durante a carreira de gestão em que você poderá usar essa lista para ajudá-lo a gerar algumas idéias sobre como motivar algum funcionário desmotivado. Além disso, a lista pode ser melhorada com o tempo, à medida que você for se tornando mais experiente como líder motivacional.

Medidas que podem ser adotadas para ser um líder motivacional	Características de um ambiente de trabalho motivador	Formas de recompensar os funcionários pelo bom desempenho	Estratégias que podem ser adotadas para melhorar a forma como o trabalho é feito	Políticas e benefícios organizacionais
Ajudar os funcionários a definir metas desafiadoras, porém atingíveis	Mercadorias e serviços nos quais os funcionários acreditem	Divulgar as realizações no jornal da companhia	Informar claros padrões de desempenho	Horário flexível de trabalho para acomodar as necessidades pessoais e familiares

Capítulo **Doze**

Funcionários Problemáticos: Orientação e Disciplina

Tópicos Gerais do Capítulo

Problemas que Exigem Providências Especiais
   Absenteísmo e Atraso
   Insubordinação e Falta de Cooperação
   Consumo Abusivo de Álcool e Drogas
   Violência no Local de Trabalho
   Furto

Orientação
   Benefícios da Orientação
   Momento Adequado para Orientar
   Técnicas de Orientação

Disciplina
   Medidas Disciplinares
   Disciplina Positiva
   Autodisciplina

Funcionários Problemáticos
   Detecção de Funcionários Problemáticos
   Confronto com o Funcionário Problemático
   Assistência e Avaliação da Recuperação

Fontes de Apoio

Objetivos de Aprendizado

Depois de estudar o capítulo, o aluno estará apto a:

12.1 Identificar os tipos mais comuns de comportamentos problemáticos entre os funcionários.

12.2 Explicar por que e quando o supervisor deve orientar o funcionário.

12.3 Descrever as técnicas de orientação.

12.4 Discutir métodos eficazes de aplicação das medidas disciplinares.

12.5 Descrever os princípios da disciplina positiva e da autodisciplina.

12.6 Explicar como o supervisor pode detectar e confrontar funcionários problemáticos.

12.7 Especificar como o supervisor pode encaminhar o funcionário problemático para que receba ajuda e, depois, como ele pode acompanhar os esforços de recuperação.

12.8 Discutir o papel do gestor do supervisor e do departamento de recursos humanos em ajudar o supervisor a lidar com os funcionários problemáticos.

> Iniciar e desenvolver uma empresa é como participar de uma batalha – e eu sempre prefiro entrar em uma batalha com uma equipe de indivíduos que sejam leais uns aos outros e com a causa.
>
> – *Srivats Sampath, fundador da McAfee.com e CEO da Mercora*

Problema de um Supervisor: Convencer os Funcionários do Laboratório a Cumprir as Normas

Um laboratório de análises clínicas contratou uma pessoa para a posição de gestor do laboratório, responsável pela supervisão dos técnicos. A nova supervisora, vamos chamá-la de Madison, está tendo dificuldades para convencer os técnicos a cumprir as normas básicas de segurança e a executar o trabalho sem reclamar. Então, Madison decidiu escrever para a coluna "Management Q&A" de uma revista chamada *Medical Laboratory Observer*, buscando conselhos sobre liderança. Ela diz ao colunista, Christopher Frings, consultor em gestão, que seus funcionários a pressionam e reclamam quando ela passa as instruções, e a maioria simplesmente não faz o que ela solicita. De acordo com Madison, os funcionários recusam-se a usar luvas de látex e tentam comer e beber durante o expediente no laboratório.

Madison contou a Frings que tentou resolver o problema procurando conquistar a simpatia deles, sendo agradável e tentando fazer com que eles gostassem dela. No entanto, ela não notou melhorias no comportamento dos técnicos. Ela tem a impressão de que o motivo seja o fato de ela ser jovem. Ela tem mais dificuldades com os funcionários que trabalham há mais tempo no laboratório, pois os mais jovens tendem a cooperar mais.

Embora Frings considere a situação dessa supervisora um "desastre de gestão", ele recomenda que Madison assuma o comando do laboratório urgentemente, para que os funcionários e a direção não sejam surpreendidos com os problemas decorrentes da falta de cuidados básicos para manter a segurança e garantir a precisão nos resultados dos testes. Frings também contou com uma junta de gestores de laboratórios para passar algumas recomendações de especialistas.

Marti Bailey, líder de uma unidade de trabalho do Milton S. Hershey Medical Center do estado da Pensilvânia, aconselhou Madison a "explicar claramente as suas expectativas aos funcionários e, então, responsabilizá-los". Bailey antecipa que pelo menos um funcionário talvez tenha de ser demitido para que o resto do pessoal acredite na seriedade da supervisora em relação às normas. Ela também sugere que o supervisor concentre-se nas normas de trabalho durante as avaliações de desempenho e conceda aumentos salariais somente aos funcionários que têm colaborado.

Lawrence Crolla, químico de diversos hospitais da periferia de Chicago, ressalta que não é função do supervisor fazer amizade com o pessoal: "Os funcionários sob sua supervisão não precisam gostar de você; eles têm de respeitá-lo". Crolla acrescenta que uma ótima maneira de conquistar o respeito é tratar os funcionários com justiça. Ele também recomenda que a supervisora ressalte a finalidade de cada norma.

Alton Sturtevant, gestor da LabCorp em Birmingham, Alabama, recomenda detalhar por escrito as responsabilidades de cada funcionário e controlar o desempenho de cada um. Sturtevant acrescenta a importância de o supervisor trabalhar em conjunto com o departamento de recursos humanos da companhia para assegurar o cumprimento de todas as normas e políticas disciplinares. Essas medidas ajudam a estabelecer uma base sólida para que as medidas disciplinares sejam executadas e para que o supervisor se proteja de possíveis alegações de injustiça nas medidas aplicadas.

Liderar funcionários que se recusam a cumprir as normas é um dos maiores desafios do supervisor.

QUESTÕES

1. Como essa supervisora pode mudar a sua atitude de tentar agradar os funcionários simplesmente para a atitude de convencê-los a melhorar o comportamento?
2. Será que recomendações dadas pelos especialistas são suficientes para melhorar o desempenho do laboratório de análises clínicas de Madison?

Fonte: Christopher S. Frings, "Ensuring Staff Cooperation", *Medical Laboratory Observer*, jul. 2005, extraído de Business & Company Resource Center, http://galenet.galegroup.com.

Quando o supervisor realiza um bom trabalho de liderança, de solução de problemas e de comunicação e motivação, o desempenho da maioria dos funcionários é satisfatório. Mesmo assim, algumas vezes, o supervisor enfrenta o desafio de ter de lidar com algum funcionário problemático, ou seja, aquele que insistentemente não se dispõe ou não é capaz de obedecer às normas ou cumprir os padrões de desempenho. Em geral, os funcionários problemáticos são classificados em duas categorias: (1) funcionários *causadores* de problemas, que, por exemplo, provocam brigas ou saem mais cedo do trabalho; e (2) funcionários *portadores* de problemas, que, devido a preocupações financeiras, por exemplo, se tornam dispersos no trabalho. Ao lidar de maneira correta com esses funcionários problemáticos, o supervisor consegue resolver a situação sem prejudicar o ânimo ou o desempenho dos demais.

Este capítulo apresenta recomendações sobre como supervisionar funcionários problemáticos. Descreve alguns problemas comuns que exigem providências especiais por parte do supervisor e explica duas medidas básicas a serem adotadas: orientação e disciplina. Neste capítulo, também, é discutido como ajudar um funcionário problemático. Além disso, descreve o tipo de apoio que o supervisor pode esperar dos superiores, do departamento de recursos humanos e de outros profissionais especializados.

PROBLEMAS QUE EXIGEM PROVIDÊNCIAS ESPECIAIS

Pela terceira segunda-feira consecutiva, Peter Dunbar telefona dizendo que está doente. Os demais funcionários se queixam por ter de trabalhar mais para compensar suas faltas, e correm rumores sobre a natureza do problema de Dunbar. Sua supervisora sabe que deve tomar alguma providência e deve começar procurando descobrir qual o real motivo do problema.

Quando o supervisor percebe o fraco desempenho, costuma colocar a culpa na falta de habilidade ou de esforço do funcionário. Mas, quando o supervisor e o funcionário precisam explicar seu próprio desempenho, eles costumam culpar a falta de apoio por parte da organização ou de alguma outra pessoa. Essa incoerência indica a necessidade de investigação para descobrir a verdadeira origem de um problema de desempenho. Por exemplo, o supervisor pode considerar os seguintes questionamentos:

- Será que no passado o desempenho do funcionário foi melhor?
- Será que o funcionário recebeu treinamento adequado?
- Será que o funcionário conhece e entende os objetivos que ele tem de atingir?
- Será que o supervisor está fornecendo *feedback* e apoio suficientes?
- Será que o supervisor tem incentivado e recompensado o bom desempenho?
- Será que os demais funcionários com capacidades semelhantes desempenham bem? Ou será que eles têm as mesmas dificuldades?

Embora o persistente descumprimento das normas possa ser decorrência de variados motivos, os mais comumente identificados pelo supervisor são: o absenteísmo, o atraso, a insubordinação, a falta de cooperação, o consumo abusivo de álcool e drogas, a violência no local de trabalho e o furto.

Absenteísmo e Atraso*

Um funcionário que falta ao trabalho, ou mesmo que comparece só uma parte do dia, custa muito para o empregador. A companhia, muitas vezes, paga pelas horas improdutivas, por exemplo, através do pagamento de licença remunerada ao funcionário que alega doença. Além disso, a produtividade dos demais funcionários pode ser prejudicada se eles tiverem de cobrir um colega ausente ou atrasado. Em uma recente pesquisa, foi constatado que o absenteísmo custou aos empregadores dos Estados Unidos uma média de 640 dólares por funcionário, no ano de 2003.[1]

É evidente que os funcionários que estão realmente doentes devem tirar licença e devem ficar afastados do trabalho para sua recuperação. A empresa concede essa licença quando há boas razões para justificá-la, como, por exemplo, para que o funcionário descanse e se recupere ou para evitar o contágio do restante da força de trabalho. O problema surge quando as faltas são injustificadas e se repetem com regularidade. Além disso, a falta ao trabalho, muitas vezes, sinaliza algum problema mais grave, como, por exemplo, uma crise familiar, descontentamento com algo no trabalho ou planos de sair da empresa.

Uma ação efetiva contra o atraso e o absenteísmo deve buscar entender a causa desse comportamento problemático. As faltas injustificadas são mais freqüentes nas organizações em que o estado de espírito é ruim. Assim como mostra a Figura 12.1, as justificativas mais comuns apresentadas para a ausência não programada são as doenças e os problemas familiares. O empregador pode ajudar os funcionários a administrar essas necessidades oferecendo programas, tais como os bancos de licença remunerada, em que o funcionário tem direito a um número específico de dias de licença remunerada,

---

* N.R.T.: No Brasil, são inúmeras as hipóteses em que os empregados poderão se ausentar do serviço sem prejuízo do salário. Nos casos de doença ou acidente de trabalho (Lei 8.213/91); no período correspondente à licença maternidade e aborto não criminoso (artigos 392/395, Consolidação das Leis do Trabalho); quando o empregado for requisitado pela Justiça Eleitoral (Lei 9.504/97, art. 98); em todos os casos enumerados no artigo 473 da Consolidação das Leis do Trabalho, os jurados, em virtude do comparecimento às sessões do Júri, (artigo 430 do Código Processo Penal) e outras ausências previstas em acordos e convenções coletivas ou, que por liberalidade, o empregador conceder.

FIGURA 12.1
Por que os Funcionários Têm Ausências Não Programadas?

Fonte: "2003 Unscheduled Absence Survey". *Medical Benefits*, 15 dez. 2003, extraído de Business & Company Resource Center, http://galenet.group.com (dados de CCH Inc.).

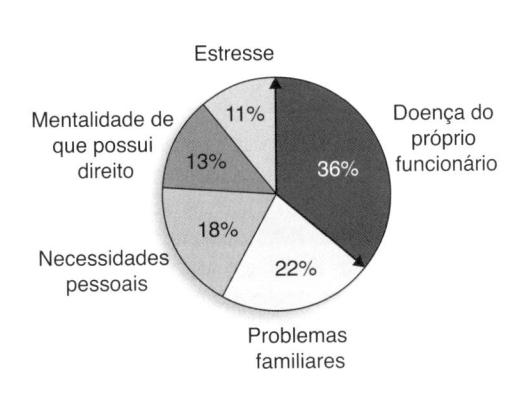

- Estresse: 11%
- Doença do próprio funcionário: 36%
- Problemas familiares: 22%
- Necessidades pessoais: 18%
- Mentalidade de que possui direito: 13%

que ele pode usar quando estiver doente, precisar resolver problemas familiares ou quiser tirar férias. Se o funcionário tirar alguns dias de licença para ir ao médico ou resolver crises familiares, isso é descontado das férias. A Wisco Industries oferece um reforço positivo para a boa assiduidade: incentivo em dinheiro a funcionários que trabalhem pelo menos um número mínimo de horas durante cada período.[2] Ademais, o supervisor pode reduzir o absenteísmo criando um ambiente de trabalho positivo, em que predomine um bom estado de espírito.

Insubordinação e Falta de Cooperação

Quando o desempenho insatisfatório resulta da falta de entendimento de como executar o trabalho, a solução é relativamente simples: o supervisor deve passar as instruções claramente e garantir que o empregado tenha um treinamento adequado. Mas, algumas vezes, o funcionário desempenha mal ou infringe as normas por vontade própria. Esse tipo de funcionário pode simplesmente se negar a cooperar ou pode demonstrar **insubordinação**, isto é, recusar-se deliberadamente a executar o que os seus superiores pedem.

insubordinação
Recusa deliberada a executar o que o supervisor ou outro superior pede.

Muitos tipos de comportamento negativo se encaixam nessas categorias. Um funcionário pode apresentar uma atitude geral negativa ao criticar, reclamar e demonstrar não gostar de um supervisor ou da própria organização. Ele pode se envolver em discussões sobre as mais variadas questões. Um funcionário pode fazer "malabarismos" para trabalhar o menos possível. Ele pode passar grande parte do dia socializando, contando piadas ou, simplesmente, trabalhando mais devagar. Outro funcionário pode sistematicamente deixar de cumprir as normas quando se "esquece" de usar os equipamentos de segurança ou de avisar quando sai para almoçar. Outro tipo de comportamento negativo são as reclamações de funcionários que sofrem racismo e/ou retaliação, algo que, infelizmente, tem surgido nos últimos anos.[3]

Apesar da gravidade desses problemas, é importante que o supervisor reconheça a diferença entre o funcionário que não executa bem o seu trabalho por vontade própria e aquele que não trabalha bem porque precisa de ajuda. Um gestor dotado dessa qualidade é Mike Speckman, vice-presidente de vendas da inSilica, empresa que vende semicondutores. Certa ocasião, Speckman tinha um vendedor que era desorganizado e dedicava praticamente cada minuto aos clientes já existentes, em vez de buscar outros que ajudariam a companhia a crescer. Alguns supervisores poderiam enxergá-lo como causa perdida, mas Speckman enxergou um funcionário com vontade de aprender. Ele decidiu acompanhar o vendedor nas visitas a possíveis futuros clientes. Na primeira visita, Speckman conduziu as conversações para mostrar como o trabalho deveria ser feito. Na segunda visita, ele e o vendedor trabalharam como equipe. Na terceira, o vendedor assumiu a liderança, e Speckman o acompanhou apenas para observar e apoiar. Essa orientação deu ao vendedor a confiança necessária para ter sucesso.[4]

Consumo Abusivo de Álcool e Drogas*

O consumo abusivo de álcool e drogas pelos trabalhadores é oneroso em vários sentidos. De acordo com o National Institute on Drug Abuse (*Instituto Nacional do Consumo Abusivo de Drogas dos EUA*), os funcionários usuários de drogas têm três vezes mais propensão a chegarem atrasados e acima de três vezes mais propensão a se envolverem em acidentes de trabalho. As despesas médicas e os custos das faltas são muito mais elevados entre os consumidores de droga. E os funcionários que fazem consumo abusivo de álcool e drogas são muito menos produtivos que os colegas sóbrios.[5]

---

* N.R.T.: No direito brasileiro, ao lado de várias outras causas enumeradas pelo artigo 482 da Consolidação das Leis do Trabalho, a insubordinação e a embriaguez habitual em serviço são consideradas justas causas para rescisão do contrato de trabalho.

Infelizmente, o consumo abusivo de substâncias químicas no trabalho não é incomum. Um estudo realizado pelo Ministério do Trabalho norte-americano constatou que um terço dos funcionários afirma que as drogas ilegais podem ser compradas no trabalho e um quinto dos mais jovens afirma que já consumiram maconha no local de trabalho. De acordo com o Departamento de Saúde Mental e Abuso de Substâncias Químicas do governo federal norte-americano, cerca de um entre dez trabalhadores de período integral ou parcial abusa ou é dependente de álcool e drogas. O problema é muito mais grave nas empresas de pequeno ou médio porte (com menos de 500 funcionários), talvez porque elas normalmente têm menos procedimentos formais que visam manter o ambiente de trabalho livre das drogas. Em um estudo realizado com sete empresas norte-americanas de vários setores, o custo do consumo abusivo de substâncias químicas pelos funcionários chegou a gerar mais de cinco mil dólares em perda de produtividade e pagamentos extras dos benefícios do seguro saúde.[6]

A Americans with Disabilities Act (ADA), lei norte-americana contra a discriminação do portador de deficiência, que proíbe a discriminação motivada por deficiência física ou mental, trata o abuso de substância química decorrente de algum vício como deficiência. Portanto, o consumo abusivo de substância química não serve como justificativa legal para a demissão de um funcionário. O supervisor deve incentivá-lo a procurar ajuda, mesmo que isso exija ajuste na escala de trabalho ou concessão de licença por deficiência. Além disso, as providências tomadas em relação ao funcionário devem se restringir ao desempenho profissional, e não propriamente ao uso de drogas. Por exemplo, o supervisor pode alertá-lo de que, se o pegar mais uma vez envolvido em brigas com os colegas, vai suspendê-lo. Esse alerta está direcionado ao comportamento profissional do funcionário. (Para obter mais detalhes sobre a ADA e outras legislações contra a discriminação no emprego nos Estados Unidos, veja o Capítulo 15).

Embora o supervisor deva tratar cada funcionário com justiça e evitar a discriminação, sua responsabilidade também é a de ajudar a garantir um ambiente de trabalho seguro para os demais funcionários e as demais pessoas da empresa. Se o supervisor suspeitar de que algum funcionário está fazendo uso abusivo de substâncias e criando algum risco, ele deve agir. Mais uma vez, o segredo está em abordar apenas o comportamento profissional e os requisitos do cargo, incluindo a segurança. (A seção sobre funcionários problemáticos, páginas 325-327, apresenta recomendações de como lidar com funcionários que abusam das drogas ou do álcool.) Além de esperar que o supervisor possa identificar os comportamentos problemáticos, algumas companhias, em que a segurança é fundamental, realizam testes de detecção de drogas nos funcionários. Uma dessas companhias é a Ercole Electric, localizada em Fredericksburg, Maryland. O presidente da Ercole, Greg Semuskie, afirma: "Meus funcionários me agradeceram por iniciar o programa de testes de detecção de drogas. Eles sabiam quem consumia drogas e não queriam trabalhar com essas pessoas. Eles disseram que se sentiram mais seguros com esse programa".[7]

Violência no Local de Trabalho

Recentemente, gestores em segurança da revista *Fortune 1000** responderam a uma pesquisa da Pinkerton afirmando que a violência no local de trabalho é a principal ameaça contra a segurança. Por ano, ocorrem cerca de dois milhões de incidentes envolvendo violência no trabalho, e, de acordo com o Departamento de Estatísticas Trabalhistas, desde 1992, os assassinatos têm sido a segunda causa principal de morte no trabalho nos Estados Unidos, perdendo apenas para os acidentes rodoviários. Em 1999, 645 norte-americanos foram mortos no trabalho.[8]

Kristin L. Bowl, porta-voz da Society for Human Resource Management (*Sociedade de Gestão de Recursos Humanos*) de Alexandria, Virgínia, afirma que cerca de 15% dos incidentes violentos no trabalho resultam do consumo abusivo de substâncias químicas, e o Ministério do Trabalho norte-americano constatou que 96% das cerca de um milhão de mulheres vítimas de abuso doméstico também são vítimas de violência no trabalho. O órgão ainda indica que aproximadamente um de cada dez incidentes violentos é praticado pelo cônjuge ou ex-cônjuge, namorado ou parente, e Bowl aconselha: "Os empregadores podem ajudar a obter mandados de proteção e oferecer escolta

---

* N.R.T.: A revista de negócios americana *Fortune* faz anualmente uma relação das mil empresas com maior lucratividade nos Estados Unidos.

motorizada para aqueles que trabalham até tarde da noite, além de oferecer várias medidas de segurança aos funcionários em geral".[9]

Estima-se que a violência doméstica custe às companhias norte-americanas de três a cinco bilhões de dólares por ano em licenças por doença e produtividade reduzida.[10] Por essas e outras razões, algumas companhias, como a Philip Morris Co. e a Liz Claiborne Inc., oferecem informações e ajuda a funcionários vitimados no trabalho ou em casa. Rona Solomon, diretora-adjunta do Center for Elimination of Violence in Family Inc. (Brooklyn, Nova York), afirma que é muito importante encaminhar as vítimas da violência aos programas de assistência ao funcionário e que também é muito importante preservar sua privacidade.[11] O vice-presidente de programas de assuntos corporativos da Philip Morris Management Corp., DeDe Thompson Bartlett, afirma que eles não sabem quem participa dos programas de aconselhamento e que não mantêm registros a respeito.[12]

Como conseqüência da violência no trabalho, os funcionários muitas vezes sofrem danos psicológicos que precisam ser tratados. O supervisor inteligente evita adotar o papel de conselheiro, mas permanece alerta quanto àqueles que precisam de ajuda especial, que pode ser na forma de um encaminhamento a um auxílio profissional especializado ou mesmo uma transferência ou licença. Depois de um tiroteio na Navistar, em Melrose Park, Illinois, em fevereiro de 2001, em que um ex-funcionário matou quatro colegas, cerca de 20% da força de trabalho tirou o dia seguinte de folga, e muitos passaram esse dia nas sessões de aconselhamento para lidar com sentimentos complexos, tais como dor, estresse e, até mesmo, culpa.[13]

Furto

A principal causa da perda de mercadorias e dinheiro no comércio varejista, hoje, não está no furto de itens da loja, que representa 33% das perdas, mas no furto praticado por funcionários, que constitui 44% das perdas. (Erros na documentação e fraudes do fornecedor compõem o restante 18% e 5%, respectivamente).[14]

Quando a gestora de uma loja da Beall's Outlet da região sudeste dos Estados Unidos começou a furtar pequenas quantias em dinheiro da caixa registradora, usou várias estratégias para esconder os seus furtos. Em pouco tempo, ela havia retirado mil dólares, mas, mesmo assim, o delito poderia permanecer despercebido se a companhia não tivesse instalado um programa para monitorar as transações da caixa registradora. O programa de computador conseguiu monitorar cada venda concretizada, cada venda cancelada, cada venda não concretizada e cada devolução, e o pessoal da segurança conseguiu levantar a vigilância dentro das três semanas do primeiro roubo e colher provas suficientes na semana seguinte para confrontar a gestora e processá-la.[15] Esse tipo de programa de monitoramento vem sendo cada vez mais utilizado pelas empresas.

Nem todos os furtos envolvem dinheiro ou bens tangíveis. O funcionário também pode "roubar o tempo", trabalhando menos do que ele deveria, tirando mais licença por doença ou alterando o cartão de ponto. A perda de tempo, navegando na internet, por exemplo, é cada vez mais freqüente. Há diversos novos programas que conseguem bloquear determinados sites, impedindo que o funcionário visite determinadas páginas, e monitorando as atividades na internet. Alguns desses "monitores de atividades" registram as teclas acionadas e os movimentos do mouse (registram quanto tempo determinadas páginas permanecem ativas ou abertas) e também criam um registro completo sobre o uso do computador.[16] Quando essas ferramentas são utilizadas, os problemas de privacidade surgem, e alguns observadores sentem que o uso desse tipo de programa demonstra falta de confiança por parte do empregador, o que pode prejudicar o seu relacionamento com os empregados. A Figura 12.2 mostra, resumidamente, a média de prejuízos tangíveis por furto praticado por funcionários em vários tipos de lojas de comércio.

O furto de informações também consiste em um problema grave e crescente, facilitado ainda mais pela nova tecnologia da comunicação. Recentemente, um assistente administrativo da Coca-Cola Company, nos EUA, foi acusado de oferecer segredos comerciais à PepsiCo. A Pepsi alertou os executivos do concorrente, que notificaram o FBI. Em outros casos, os funcionários não protegem adequadamente os dados do com-

SUPERVISÃO E ÉTICA

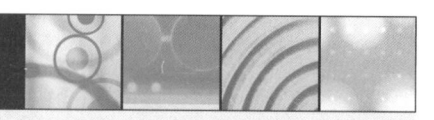

FURTO DE IDENTIDADE NOS BANCOS

Todas as companhias devem proteger os dados de seus clientes, mas o problema é particularmente importante para os bancos e outras instituições financeiras. A maioria dos funcionários dessas companhias é honesta, mas alguns que são desonestos e têm acesso aos registros financeiros podem esvaziar as contas dos clientes ou tomar empréstimos no nome deles. Em 2004, dos US$ 3,4 bilhões perdidos pelos bancos em fraudes nos EUA, mais da metade dos prejuízos foi causada por pessoas que trabalhavam nas instituições.

A fraude cometida por funcionários inclui o uso de identidade falsa para tomar empréstimos e a venda de dados financeiros a pessoas de fora da empresa. Às vezes, algum integrante de uma quadrilha de furto de identidade pode, sem ser percebido, obter um emprego em um banco e, assim, repassar as informações para o grupo. Ou um estranho pode subornar algum funcionário do banco para receber dados de clientes.

Histórias de horror são relatadas nos Estados Unidos. Na Carolina do Norte, uma funcionária do Centura Bank abriu várias contas com nomes fictícios, depositou os fundos das contas de despesas da companhia e, depois, transferiu os depósitos para a sua conta pessoal. Sacando quantias de menos de US$ 500 durante vários anos, ela desviou mais de US$ 2 milhões. Em Wisconsin, uma funcionária do U.S. Bank furtou diversas contas de clientes do banco. A funcionária forjou documentos para obter empréstimos e, em seguida, depositou o dinheiro em sua conta pessoal. Na Dakota do Norte, um funcionário do U.S. Bank Service Center usou os dados de clientes para fazer compras debitadas dos clientes no valor de US$ 28 mil.

Uma medida importante para evitar esse tipo de crime é selecionar criteriosamente os funcionários. Além disso, o supervisor deve relatar imediatamente qualquer atividade suspeita. A investigação de uma fraude ou de um furto pode levar anos; portanto, a denúncia precoce pode reduzir significativamente o prejuízo. Muitas instituições financeiras também usam programas para rastrear o comportamento do funcionário e emitir relatórios identificando os padrões de comportamento suspeito. Um exemplo clássico é o do funcionário que se recusa a sair de férias; permanecer no trabalho, às vezes, é uma das maneiras para se evitar a descoberta dos delitos.

Fonte: Karen Krebsbach, "The Enemy Within", *Banking Wire*, 16 jun. 2004, extraído de Business & Company Resource Center, http://galenet.galegroup.com.

---

putador, e o equipamento acaba sendo furtado por estranhos. Um funcionário da PSA HealthCare, sediada em Norcross, Georgia, carregou dados dos pacientes em um computador portátil e o retirou do escritório. Posteriormente, o computador foi furtado do automóvel do funcionário. Esse incidente ocorreu apesar de a PSA adotar políticas proibindo os funcionários de remover dados dos escritórios da companhia.[17] O furto de informações é uma preocupação específica em bancos e outras prestadoras de serviços financeiros, assim como descrito no texto da seção "Supervisão e Ética".

O fato de o furto praticado por funcionários ser uma prática comum indica que o supervisor deve se precaver contra ele. Além das abrangentes recomendações apresentadas neste capítulo para lidar com os funcionários problemáticos, o supervisor deve adotar medidas para evitar o furto e reagir contra ele. Cada organização possui seus próprios procedimentos, variando de acordo com o tipo de setor. Além disso, o supervisor deve verificar criteriosamente os antecedentes de qualquer pessoa que planeja contratar (parte do processo de seleção está descrito no Capítulo 15).

Para evitar o furto de informações, o monitoramento de funcionários deve se concentrar no acesso e na recuperação de dados. Por exemplo, um funcionário de uma instituição financeira usou seu acesso para requisitar relatórios de cré-

FIGURA 12.2
Quantia Média Perdida em Furtos Praticados por Funcionários

Fonte: Jennifer S. Lee, "Tracking Sales at the Cashiers", *The New York Times*, 11 jul. 2001, Copyright © 2001, The New York Times. Reprodução autorizada.

Média de todas as lojas	$1.023
Supermercados e empórios	$183
Lojas de departamento	$746
Lojas de vestuário masculino, feminino e infantil	$1.078
Lojas de artigos populares	$1.123
Lojas de material de construção, ferragens, madeira e artigos de jardinagem	$1.146

dito de diversos clientes. Em seguida, ele vendeu os dados a companhias que criaram identidades falsas para cometer fraudes. É extremamente difícil detectar exatamente quando e como os funcionários usam os dados, assim, os empregadores estão usando cada vez mais ferramentas de alta tecnologia. Por exemplo, cartões de acesso, que o funcionário precisa passar em uma leitora, permitem rastrear eletronicamente o sistema da companhia para saber como cada funcionário usa as informações.[18]

O supervisor deve se assegurar de que os funcionários sigam todos os procedimentos de manutenção dos registros. Ele deve lançar mão de meios para melhorar o ânimo e o envolvimento dos funcionários porque, quando eles se sentem parte da organização, são menos propensos a furtá-la. O supervisor também deve se assegurar de que eles entendam os custos e as conseqüências do furto. Acima de tudo, o supervisor deve servir de bom exemplo, demonstrando um comportamento ético.

A Small Business Administration, agência governamental norte-americana para administração dos pequenos negócios, alerta que, quando o supervisor suspeita de algum funcionário, ele não deve investigar o crime por conta própria. Ao contrário, ele deve relatar sua suspeita ao seu gestor e à polícia ou a consultores especializados em segurança.

ORIENTAÇÃO

Se o supervisor reage imediatamente contra o comportamento impróprio, às vezes, ele consegue acabar rapidamente com o problema sem que seja necessário tomar providências mais complexas. Por exemplo, toda vez que um funcionário se queixar sobre como as coisas funcionam na empresa, o supervisor pode reagir pedindo-lhe com calma que apresente algumas alternativas. Essa atitude não apenas desestimula a reclamação constante, como também pode revelar algumas novas e boas maneiras de trabalhar. Em muitos casos, no entanto, o supervisor deve adotar medidas extras para demonstrar a gravidade do comportamento inadequado.

Muitas vezes, a maneira mais construtiva que um supervisor pode tratar um comportamento impróprio é por meio da orientação. **Orientação** refere-se ao processo de entender o problema pessoal de um indivíduo e ajudá-lo a resolver esse problema. O próprio funcionário deve ser capaz de resolver, sem a ajuda do supervisor, um problema relativamente simples, como o de chegar atrasado ao trabalho porque ficou acordado até tarde assistindo à televisão. No caso de problemas mais complexos, como os provocados por dificuldades financeiras ou consumo abusivo de substâncias químicas, a solução exige ajuda de um especialista. Como a orientação é um processo de cooperação entre supervisor e funcionário, este tende a reagir de maneira mais positiva a ela do que a uma simples ordem para "entrar na linha ou rua"!

orientação
Processo de entender o comportamento impróprio de um indivíduo e ajudá-lo a resolver o problema

Benefícios da Orientação

A orientação beneficia os funcionários de várias maneiras. Ela pode atenuar as preocupações ou ajudá-los a resolver seus problemas. O trabalho em cooperação com o supervisor para resolver algum problema transmite ao funcionário a sensação de que tanto o supervisor como a organização têm interesse em seu bem-estar. Essa crença, por sua vez, pode aumentar a satisfação pessoal e a motivação. As melhorias de produtividade resultantes desse processo beneficiam o funcionário por meio das recompensas pelo bom desempenho.

A organização também se beneficia. O funcionário que recebe a orientação necessária fica mais motivado e consegue cumprir melhor os padrões de desempenho. As mudanças nas atitudes de um funcionário também podem refletir no trabalho de outros funcionários. Quando os problemas pessoais afetam o trabalho de um funcionário, os colegas acabam sofrendo conseqüências, como, por exemplo, trabalhar mais para compensar as falhas do funcionário problemático. Além disso, ter por perto alguém com atitude negativa tende a contaminar o ânimo dos demais do grupo. Quando a orientação melhora o desempenho e a atitude do funcionário problemático, todo o grupo tende a melhorar.

Momento Adequado para Orientar

O supervisor deve orientar o funcionário quando ele precisa de ajuda para descobrir como resolver um problema que está afetando o seu trabalho. Algumas vezes, o funcionário pode procurar o supervisor para partilhar alguma dificuldade, como um problema conjugal ou um questionamento sobre como realizar um bom trabalho. Outras vezes, o supervisor pode notar que o funcionário parece estar com algum problema quando, por exemplo, a qualidade do seu trabalho está piorando.

É fundamental que o supervisor reconheça que ele pode não estar preparado para ajudar em todos os tipos de problemas. Ele não está em posição de salvar um casamento, resolver as dificuldades financeiras do funcionário ou tratar de algum parente com problemas de alcoolismo. Somente quando o supervisor se sentir qualificado para resolver algum problema é que ele deve ajudar o funcionário. Em outros casos, ele deve simplesmente ouvir, demonstrar preocupação e encaminhar o funcionário a um profissional habilitado. O departamento de recursos humanos tem condições de sugerir fontes de ajuda.

Técnicas de Orientação

A orientação envolve uma ou mais discussões entre o supervisor e o funcionário. Essas sessões devem ser feitas em locais onde haja privacidade e que não tenha interrupções. As sessões podem ser dirigidas ou não dirigidas (veja a Figura 12.3).

Orientação Dirigida versus Não Dirigida

orientação dirigida
Método de orientação em que o supervisor questiona o funcionário sobre algum problema específico; quando o supervisor entende o problema, sugere maneiras de enfrentá-lo

O método mais centrado de orientação é a **orientação dirigida**, em que o supervisor questiona o funcionário sobre algum problema específico. O supervisor escuta o funcionário até entender a origem do problema. Depois, ele sugere maneiras de enfrentá-lo.

Por exemplo, vamos supor que Bill Wisniewski, programador de computador, tenha faltado inúmeras vezes no mês passado. O supervisor pode perguntar: "Por que você tem faltado tanto?". Wisniewski responde: "Porque minha esposa está doente, e alguém precisa tomar conta das crianças". O supervisor pode, em seguida, perguntar sobre o estado de saúde da esposa de Wisniewski (por exemplo, se o problema irá persistir) e a idade e as necessidades dos filhos e assim por diante. Depois, o supervisor pode

FIGURA 12.3
Orientação Dirigida *versus* Não Dirigida

Orientação Dirigida

| O supervisor questiona sobre o problema. | → | O supervisor escuta as respostas até entender o problema. | → | O supervisor sugere maneiras de resolver o problema. |

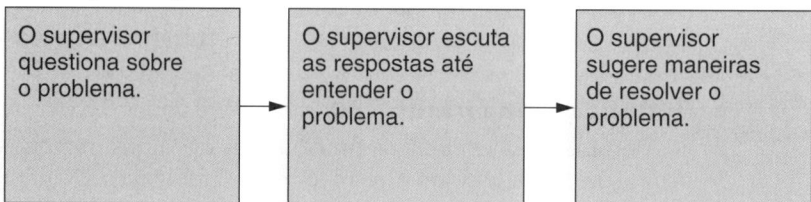

Orientação Não Dirigida

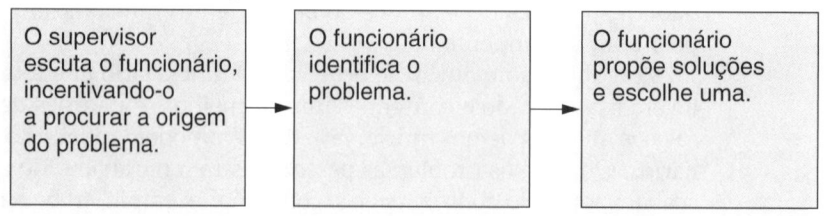

| O supervisor escuta o funcionário, incentivando-o a procurar a origem do problema. | → | O funcionário identifica o problema. | → | O funcionário propõe soluções e escolhe uma. |

FIGURA 12.4 Entrevista de Orientação

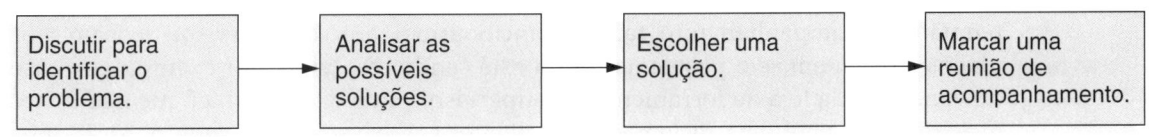

```
┌──────────────┐    ┌──────────────┐    ┌──────────────┐    ┌──────────────┐
│ Discutir para│    │ Analisar as  │    │ Escolher uma │    │ Marcar uma   │
│ identificar o│───▶│ possíveis    │───▶│ solução.     │───▶│ reunião de   │
│ problema.    │    │ soluções.    │    │              │    │ acompanhamento.│
└──────────────┘    └──────────────┘    └──────────────┘    └──────────────┘
```

sugerir fontes alternativas de assistência, talvez encaminhando Wisniewski ao programa que a companhia mantém, destinado a ajudar nesse tipo de problema.

Na maioria dos casos, tanto o supervisor quanto o funcionário se beneficiam. O benefício é ainda maior quando o supervisor ajuda o funcionário a se desenvolver e a mudar, em vez de apenas buscar uma solução para aquele problema específico. Para isso, o supervisor pode utilizar a **orientação não dirigida**. Nesse método, ele deve, basicamente, escutar e incentivar o funcionário a procurar a origem do problema e a propor soluções. No exemplo anterior, o supervisor deve abordar o funcionário com perguntas abertas, como: "Você quer me falar mais do problema?". O ideal seria que Wisniewski formulasse sua própria solução e descobrisse ser capaz de resolver seus problemas familiares sem faltar nenhum dia ao trabalho.

orientação não dirigida
Método de orientação em que o supervisor, basicamente, escuta e incentiva o funcionário a procurar a origem do problema e a propor as soluções possíveis

Entrevista de Orientação

A entrevista de orientação começa com uma discussão para identificar o problema (veja a Figura 12.4). Depois, segue uma análise das possíveis soluções e a escolha de uma delas para implementar. A entrevista termina com o supervisor marcando uma reunião de acompanhamento.

A pessoa que pede a orientação começa descrevendo o problema. Se for o funcionário quem pede ajuda, ele deverá começar. Se for o supervisor quem marca a entrevista porque algo parece errado, ele deverá começar. O supervisor deve se concentrar no comportamento e no desempenho; no que a pessoa faz, e não naquilo que ela é, e incentivar o funcionário a fazer o mesmo. Por exemplo, se o funcionário disser que os colegas o discriminam, o supervisor deverá pedir-lhe para descrever as atitudes que o levaram a essa conclusão. Além disso, o supervisor deve usar os princípios da escuta ativa, descritos no Capítulo 10.

Como a orientação ocorre, muitas vezes, em conseqüência dos problemas pessoais de algum funcionário, este pode ter reações emocionais durante as sessões de orientação. O supervisor precisa estar preparado para enfrentar as crises de choro, os ataques de fúria e outras possíveis reações. Ele precisa se manter calmo e tranqüilizar o funcionário dizendo-lhe que essas demonstrações emocionais não são normais nesse tipo de situação. Evidentemente, há maneiras adequadas e inadequadas de expressar as emoções. Por exemplo, um vendedor de loja de ferragens tem um filho de dez anos que apresenta problemas comportamentais. Não seria adequado o vendedor expressar sua preocupação e frustração tratando os clientes de maneira ríspida.

Depois, o supervisor e o funcionário devem buscar alternativas para resolver o problema. Em vez de simplesmente recomendar alguma solução, o supervisor pode tentar ser mais útil, fazendo, por exemplo, perguntas que o ajudem a raciocinar sobre o problema. O funcionário tende a cooperar mais com uma solução que ele mesmo ajudou a desenvolver. Pedir ao funcionário sugestões de solução pode ser uma forma muito boa de acabar com as suas constantes reclamações. Quando o supervisor e o funcionário concordam com uma determinada solução, o supervisor deve reafirmá-la para assegurar que o funcionário a entenda. (O Capítulo 9 apresenta recomendações mais detalhadas para a solução mútua de problemas.)

Por fim, o supervisor deve marcar uma reunião de acompanhamento, que deve ocorrer somente depois que o funcionário começar a perceber alguns resultados. Na reunião de acompanhamento, tanto o funcionário quanto o supervisor revisam seus planos e discutem se o problema foi ou está sendo resolvido. Por exemplo, no caso do vendedor da loja de ferramentas, o supervisor pode dizer: "Notei que não temos mais recebido nenhuma reclamação de clientes sobre o seu atendimento. Aliás, uma senhora me disse que você fez o máximo para ajudá-la". O supervisor está se concentrando no desempenho profissional, o qual ele está qualificado para discutir, em vez de enfocar os problemas familiares do funcionário. Se o funcionário responder: "É, estou bem mais calmo desde que comecei a conversar sobre o meu filho com aquela orientadora", o supervisor tem um bom indicativo de que o problema está sendo resolvido.

DISCIPLINA

"Não agüento mais esse comportamento grosseiro da Márcia; se ela não melhorar, vai se arrepender!", desabafou o supervisor Don Koh, alertando que a funcionária pode sofrer as conseqüências do seu próprio comportamento. Mesmo que a supervisão de um funcionário problemático possa provocar raiva e frustração, o supervisor precisa exercer a disciplina de forma construtiva. **Disciplina** é a medida adotada pelo supervisor para evitar que o funcionário viole as regras. Em muitos casos, a medida disciplinar pode rapidamente provocar uma mudança no comportamento do funcionário.

disciplina
Medida adotada pelo supervisor para evitar que o funcionário viole as regras

Medidas Disciplinares

Ao aplicar as medidas disciplinares, o supervisor deve saber distinguir entre disciplina e punição. (Veja o questionário de Autoconhecimento das páginas 331-332 para ajudar a identificar a diferença.) Assim como descrita no Capítulo 11, punição é a conseqüência desagradável em resposta a um comportamento indesejado. A disciplina, ao contrário, é mais abrangente; é um processo de ensinamento. O supervisor explica a importância e as conseqüências do comportamento do funcionário e, então, se necessário, faz com que ele sofra as conseqüências.

As formas específicas de o supervisor aplicar essas medidas podem ser regidas pela política da companhia ou pelo acordo sindical, quando houver. Portanto, o supervisor deve conhecer todas as normas e políticas aplicáveis. Isso inclui respeitar os direitos do funcionário no processo disciplinar. Os direitos do funcionário são os seguintes:[19]

- Direito de conhecer as expectativas do cargo e as conseqüências do seu descumprimento.
- Direito de receber ação administrativa coerente e previsível em resposta às violações das normas.
- Direito de receber medida disciplinar justa baseada em fatos.
- Direito de questionar a alegação da gestão sobre os fatos e apresentar defesa.
- Direito de receber medida disciplinar progressiva (descrita na próxima seção).
- Direito de apelar da medida disciplinar.

Processo Disciplinar

Antes de aplicar a medida disciplinar em resposta a algum comportamento problemático, o supervisor precisa ter uma visão clara da situação. Ele pode observar o

FIGURA 12.5 Possíveis Etapas do Processo Disciplinar

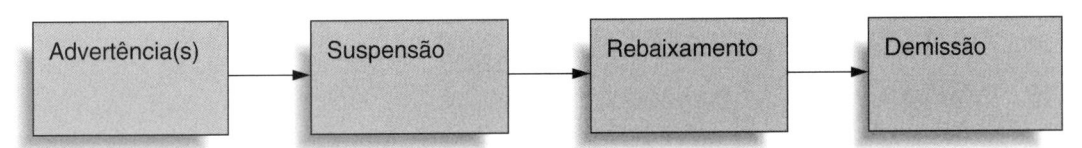

Advertência(s) → Suspensão → Rebaixamento → Demissão

problema pessoalmente ou alguém pode descrever-lhe o problema. Em qualquer dos casos, o supervisor precisa colher os fatos antes de tomar qualquer outra providência.

Assim que possível, o supervisor deve se reunir com os funcionários envolvidos e pedir que cada um dê sua versão sobre o ocorrido. Por exemplo, se um supervisor percebe que um dos seus funcionários está usando demais o telefone do escritório para fazer ligações pessoais, ele não deve acusar precipitadamente ou emitir um memorando geral expressando a política da companhia sobre o uso do telefone. Ao contrário, o supervisor deve inquirir diretamente o funcionário e perguntar, em particular, o teor das ligações. Para obter a versão do funcionário sobre algum problema, o supervisor deve escutar com atenção e resistir à tentação de ficar irritado.

Quando o supervisor observa e entende o porquê do comportamento problemático, a aplicação das medidas disciplinares ao funcionário ocorre em até quatro etapas: advertência, suspensão, rebaixamento e demissão (veja a Figura 12.5). Esse padrão de disciplina é progressivo porque as etapas avançam da medida menos grave à mais grave. A advertência é desagradável de ouvir, mas atinge a finalidade de informar ao funcionário as conseqüências do seu comportamento antes de serem aplicadas medidas mais sérias. Suspensão, rebaixamento e demissão são mais desagradáveis para o funcionário porque o atingem diretamente "no bolso".

Advertência

A advertência pode ser escrita ou verbal. Em algumas organizações, a política exige uma advertência verbal seguida de outra advertência escrita se o desempenho não melhorar. Os dois tipos de advertência têm como finalidade garantir que o funcionário entenda o problema. O aviso deve conter as seguintes informações:

- Qual o comportamento problemático.
- De que maneira o comportamento prejudica a organização.
- Como e quando se espera do funcionário uma mudança no seu comportamento.
- Que medidas serão adotadas se o funcionário não mudar o comportamento.

Assim, o supervisor pode dizer: "Observei nas duas últimas reuniões do departamento que você tem feito comentários agressivos. Essa atitude não só atrapalha as reuniões, mas também faz com que seus colegas não o levem a sério. Espero que você não faça mais esse tipo de comentário nas próximas reuniões, ou terei de suspendê-lo". Assim como mostra esse exemplo, a advertência deve ser curta e direta.

No caso de advertência por escrito, uma boa prática é pedir ao funcionário para assiná-la, documentando o início da primeira etapa do processo disciplinar. Se o funcionário se recusar a assinar a advertência, mesmo com alterações mínimas, o supervisor deverá registrar a sua recusa ou chamar alguém (por exemplo, o gestor do supervisor) como testemunha da recusa.

Suspensão

Com a **suspensão**, o funcionário fica impedido de comparecer ao trabalho por um período determinado, pelo qual ele não é pago. O período da suspensão pode variar de

suspensão
O funcionário fica impedido de comparecer ao trabalho por um período determinado, pelo qual ele não é pago

um dia a um mês, dependendo da gravidade do problema. A suspensão é útil quando a acusação contra o funcionário é grave, como em um caso de furto, em que o supervisor precisa de tempo para investigar.

Rebaixamento

Rebaixamento é a transferência de um funcionário para um cargo de menor responsabilidade e geralmente de menor salário. Algumas vezes, o rebaixamento é, na realidade, um alívio para o funcionário, principalmente se ele não estiver se empenhando no trabalho ou se seu desempenho estiver ruim, porque a função está acima da sua capacidade. Nesse caso, o funcionário pode apreciar o fato de retornar ao cargo em que era competente. No entanto, é mais comum que o rebaixamento provoque sentimentos negativos. Esse tipo de punição dura o tempo em que o funcionário permanece no cargo de nível inferior.

rebaixamento
Transferência de um funcionário para um cargo de menor responsabilidade e geralmente de menor salário

Demissão

A remoção definitiva de um funcionário do cargo é denominada **demissão**, exoneração ou dispensa. A organização não pode realmente considerar a demissão um bom resultado porque, como conseqüência, ela precisará recrutar, contratar e treinar um funcionário novo. Mesmo assim, às vezes, o supervisor precisa demitir um funcionário que comete um grave delito ou que não responde a outras formas de disciplina. Algumas vezes, o funcionário ou o supervisor pode concluir ser impossível resolver o problema ou, no mínimo, difícil ou penoso demais. Além de comportamentos indesejados, a demissão pode ocorrer porque o funcionário propositadamente danifica os bens da organização, briga no trabalho ou envolve-se em práticas perigosas (por exemplo, um maquinista de trem que faz uso de bebida alcoólica no trabalho).

demissão
Dispensa de um funcionário do seu emprego

Nunca é fácil demitir, mas, às vezes, é uma atitude necessária da tarefa de assegurar um ambiente de trabalho positivo aos demais funcionários. Na Wire One Technologies, Ric Robbins tinha um representante de vendas que constantemente sacrificava o trabalho de equipe em prol dos ganhos pessoais. De acordo com Robbins, vice-presidente regional, esse funcionário andava pelo escritório dos colegas para ficar observando, procurando pistas de grandes vendas. Os outros funcionários gastavam energia demais para se proteger do colega antiético, a ponto de não conseguirem trabalhar bem. Robbins teve de demitir o representante de vendas para preservar o ânimo e o desempenho da equipe.[20]

Em muitas organizações, a política exige que o supervisor envolva a alta administração antes de demitir algum funcionário. O supervisor deve estar a par de qualquer política deste tipo e cumpri-la.

Ao seguir as etapas do processo disciplinar, o supervisor deve ter em mente que o objetivo é acabar com o comportamento problemático. Ele deve adotar somente as etapas necessárias para provocar a mudança no comportamento: a meta principal é resolver o problema sem demitir o funcionário.

Recomendações de uma Boa Medida Disciplinar

Quando algum funcionário está causando problemas, o supervisor precisa agir imediatamente. Isso nem sempre é fácil. Apontar o comportamento inadequado e executar as conseqüências negativas são tarefas desagradáveis. No entanto, se ele ignorar a situação, o supervisor transmitirá a impressão de que o problema não é grave. Conseqüentemente, o problema se agrava. Constatando que o comportamento inadequado não traz conseqüências, o funcionário pode intensificá-lo, e os demais colegas podem segui-lo.

Em compensação, quando Kathleen R. Tibbs foi supervisora interna de serviço de bordo da Eastern Airlines, ela enfrentou a tarefa desagradável de disciplinar uma comissária por causa de seu atendimento inaceitável. Tibbs suspendeu-a por sete dias.

DICAS DA LINHA DE FRENTE

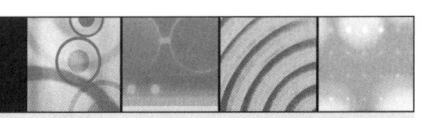

CRÍTICA CONSTRUTIVA

Quando o funcionário apresenta algum comportamento inadequado, o supervisor deve ser capaz de discutir a situação com o intuito de chegar a uma solução. Geralmente, isso envolve algumas críticas construtivas para que o funcionário saiba exatamente o que está desagradando o supervisor. Eis algumas idéias para emitir críticas construtivas:

- Descrever o comportamento, não a pessoa. Suponha que um funcionário tenha requisitado o material errado para um projeto. Não ajuda nada se o supervisor disser: "Como você pode ser tão distraído?". Seria melhor dizer: "Custa muito caro requisitar o material errado. Da próxima vez, por favor, digite o número dos itens com mais cuidado".
- Ser específico e preciso a respeito do problema. Um comentário geral como "Seu trabalho é malfeito" ou "Sua atitude é deplorável" é vago. Quais mudanças no comportamento podem resolver esses problemas? Do mesmo modo, comentários exagerados como "Você está sempre atrasado" dão ao funcionário abertura para mostrar exemplos do contrário, em vez de enfocar o problema.
- Dizer as razões das críticas. Fica mais fácil obedecer às ordens quando se conhece a finalidade delas.
- Usar um tom de voz neutro. Se o supervisor estiver irritado demais a ponto de não conseguir falar com calma, deve esperar até se acalmar (exceto, é claro, se for uma emergência). A calma é igualmente importante quando as críticas forem feitas por escrito. Se o supervisor está preparando um relato por escrito de algum incidente, os princípios descritos aqui são ainda mais importantes porque os comentários são mais permanentes.
- Ser breve. Independentemente do cuidado com que o supervisor se expresse, a crítica é desagradável de ouvir, por isso as pessoas resistem a ela. Quanto menos falar, mais o supervisor será ouvido.
- Criticar em particular. Elogiar em público.

Fonte: Texto baseado em Jim Olsztynski. "How to Critique, Criticize Important for Supervisors", *Snips*, dez. 2005, extraído de Business & Company Resource Center, http://galenet.galegroup.com.

Sua atitude proporcionou à funcionária condições para enfrentar os problemas pessoais que estavam prejudicando o seu atendimento.

Ao discutir o assunto com o funcionário, o supervisor deve se concentrar em entender e resolver o problema em questão. A discussão não é o momento para apontar culpados ou resgatar exemplos do passado de comportamentos inadequados. Geralmente, também não é proveitoso que o supervisor discorra demoradamente o quão paciente ou condescendente ele tem sido. Ao contrário, o supervisor deve escutar até que entenda o problema e, assim, começar a discutir como resolvê-lo no futuro. Falar sobre o comportamento, e não sobre a personalidade, ajuda o funcionário a entender o que se espera dele. Para ter algumas idéias sobre como discutir de forma construtiva o comportamento problemático, veja o texto na seção "Dicas da Linha de Frente".

O supervisor deve controlar as emoções. Embora seja apropriado demonstrar uma sincera preocupação quanto ao problema, os demais sentimentos são totalmente irrelevantes e podem atrapalhar a discussão construtiva. Quando o funcionário quebra as regras ou não parece disposto a realizar um bom trabalho, é muito natural que o supervisor fique irritado. Porém, ele deve se acalmar antes de confrontar o funcionário, deve procurar ser objetivo e não hostilizá-lo. Permanecer tranqüilo ao aplicar uma medida disciplinar mostra ao funcionário que o supervisor confia no que está fazendo.

A disciplina deve ser um assunto particular. O supervisor não deve humilhar o funcionário, repreendendo-o diante dos colegas. A humilhação alimenta o ressentimento e pode efetivamente piorar o comportamento problemático no futuro.

O supervisor deve, também, ser coerente ao aplicar a medida disciplinar, seguindo as quatro etapas do processo que foram descritas aqui.

FIGURA 12.6
Recomendações de uma Boa Medida Disciplinar

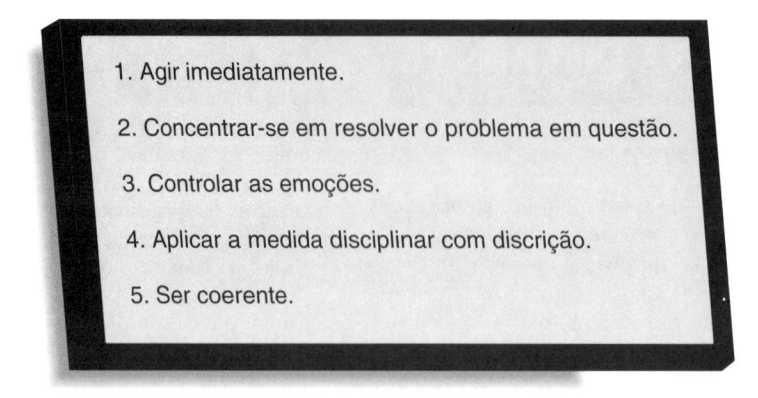

1. Agir imediatamente.
2. Concentrar-se em resolver o problema em questão.
3. Controlar as emoções.
4. Aplicar a medida disciplinar com discrição.
5. Ser coerente.

Além disso, o supervisor deve reagir a *todos* os casos de comportamento inadequado em vez de, por exemplo, ignorar os delitos de um funcionário antigo e punir os de um funcionário novo. Ao mesmo tempo, a seriedade da resposta deve ser proporcional à gravidade do problema. A política contra o uso de drogas e a violência no trabalho deve estabelecer demissão imediata por causa do risco envolvido. A Stater Bros. Markets, cadeia de supermercados, adota uma política de demissão imediata de qualquer funcionário envolvido em furto ou venda de bebida alcoólica a menores sem solicitar identificação adequada.[21] A reação contra um atraso deve ser menos severa. A questão está em adotar e seguir uma política coerente para problemas graves e menores. Melhor ainda, a coerência deve se estender também aos elogios e à recompensa do desempenho positivo. As recomendações para uma boa medida disciplinar estão resumidas na Figura 12.6.

Documentação da Medida Disciplinar

Algumas vezes, o funcionário que sofre medidas disciplinares reage registrando uma reclamação ou processando o empregador. Para conseguir justificar as providências tomadas, o supervisor deve manter um registro das medidas disciplinares aplicadas e suas justificativas. Esses registros são necessários para mostrar que as medidas não são discriminatórias e que estão de acordo com a política da companhia. Assim como já mencionado neste capítulo, uma maneira de registrar a medida disciplinar é através de uma cópia assinada de qualquer advertência por escrito. Além disso, outras medidas disciplinares devem ser registradas no arquivo pessoal do funcionário, sob a orientação do departamento de recursos humanos.

O supervisor, muitas vezes, utiliza as avaliações de desempenho anteriores como documentação para adotar a medida disciplinar necessária. No entanto, essa abordagem muitas vezes produz um efeito insatisfatório, porque os supervisores relutam em atribuir avaliações negativas. Uma avaliação de desempenho que classifica o trabalho do funcionário como médio, adequado ou dentro dos padrões mínimos não serve de justificativa para demiti-lo. Essa é uma das razões para que o supervisor avalie o desempenho com precisão (veja o Capítulo 17).

A documentação é muito importante quando o supervisor precisa demitir algum funcionário. Como a demissão é uma experiência muito delicada, alguns ex-funcionários reagem processando a empresa. No arquivo do funcionário devem constar as providências tomadas pelo supervisor até chegar à demissão e um registro dos comportamentos específicos que o levaram a tomar aquela decisão.

Uma documentação cuidadosa também é essencial para as organizações com muitas políticas e normas disciplinares que buscam a proteção dos funcionários contra medidas arbitrárias ou de cunho político aplicadas pelo supervisor. Essas normas podem provocar conseqüências inesperadas, como proteger algum funcionário problemático contra uma medida disciplinar merecida, a menos que o supervisor consiga documentar adequadamente o comportamento inapropriado, de preferência com testemunhas. Um exemplo de quão complicado pode ser esse processo pode ser observado no caso de abusos denunciados por moradores da Communities of Oakwood, uma casa de saúde administrada pelo governo estadual de Oakwood, EUA, que cuida de pessoas portadoras de deficiência mental. Dos 15 funcionários acusados de abuso nos últimos anos, cerca de metade já tinha sido repreendida ou suspensa por vários delitos graves, como beber no trabalho e trocar os medicamentos dos pacientes. Os administradores da Oakwood precisam da aprovação do comitê de pessoal para demitir esses funcionários. Essa exigência os protege de serem demitidos por motivações políticas, mas também impõe ao supervisor a exigência de apresentação de documentação específica e justificável de qualquer problema de comportamento.[22]

Disciplina Positiva

O ideal seria que as medidas disciplinares não apenas acabassem com o comportamento inadequado, mas, também, evitassem o surgimento de problemas. A medida disciplinar destinada a evitar o surgimento do comportamento inadequado é conhecida como **disciplina positiva**, ou disciplina preventiva. Uma função importante da disciplina positiva é assegurar que os funcionários conheçam e entendam as normas que eles devem cumprir. O supervisor também deve explicar as conseqüências da violação dessas normas. Por exemplo, um supervisor de produção deve explicar que a política da companhia exige a demissão de qualquer funcionário que esteja operando maquinário sob a influência de drogas ou álcool.

disciplina positiva
Medida disciplinar destinada a evitar o surgimento de qualquer comportamento inadequado

O supervisor também pode aplicar a disciplina positiva, trabalhando para criar as condições mínimas necessárias para evitar que os funcionários causem problemas. O funcionário pode apresentar comportamento inadequado quando se sente frustrado. Por exemplo, se a organização estabelecer uma cota de vendas superior à que os vendedores acreditam que possam atingir, eles podem desistir e fazer corpo mole em vez de se empenhar ao máximo. Se os operadores de computador reclamam que precisam de mais intervalos de descanso para evitar problemas de saúde, e nenhuma mudança é feita, eles adotam uma atitude negativa em relação à aparente falta de preocupação da companhia com o bem-estar deles. Essa reação está ligada a outra causa do comportamento inadequado: a sensação de não ser parte importante da organização. Se os funcionários concluírem que não há harmonia entre eles e a direção, alguns podem voltar suas energias para descobrir o que podem fazer sem que sejam punidos.

Para combater esses problemas, o supervisor deve conhecer e aceitar as idéias e as necessidades dos funcionários. O supervisor deve incentivar a comunicação ascendente, promover o trabalho em equipe e estimular a participação dos funcionários na tomada de decisões e na solução de problemas. O uso eficaz das técnicas de motivação também ajuda a evitar a frustração e o isolamento, que levam ao comportamento inadequado. Por fim, adotando boas práticas de contratação e treinamento, o supervisor pode ajudar a garantir uma boa sintonia entre os valores, os interesses e as habilidades do funcionário e a organização.

licença para tomar aíw simuma decisão
Um dia de licença para o funcionário problemático decidir se retorna ao trabalho e cumpre os padrões exigidos pela empresa ou permanece afastado

Em algumas companhias, a disciplina positiva inclui um dia de licença remunerada para os funcionários que não conseguem seguir as normas e atingir os padrões de desempenho. Durante essa suspensão, conhecida como **licença para tomar uma decisão**, o funcionário deve decidir se retorna ao trabalho e atinge os padrões ou permanece afastado. Se o funcionário decidir retornar, ele vai trabalhar com o supervisor para desenvolver objetivos e planos de ação para melhorar o seu desempenho.

Enfim, o supervisor não deve apenas punir o comportamento inadequado, mas também recompensar o tipo de comportamento desejável. Por exemplo, o supervisor deve reconhecer aqueles que dão sugestões de melhorias ou resolvem problemas complexos. (Veja o Capítulo 11 para obter idéias específicas.)

Autodisciplina

Um bom programa de disciplina positiva resulta em autodisciplina, que significa que o funcionário voluntariamente cumpre as normas e tenta atingir os padrões de desempenho. A maioria das pessoas se sente satisfeita com um trabalho bem-feito, portanto, a autodisciplina decorre da compreensão do funcionário quanto ao que se espera dele. O

HABILIDADES EM SUPERVISÃO

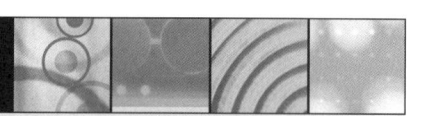

LIDERANDO

QUANDO O FUNCIONÁRIO INTIMIDA

"Valentão" é o rótulo dado àqueles que rotineiramente intimidam os outros. No parquinho da escola, valentão é aquele que bate nas crianças menores, principalmente naquelas que não contam com um grande círculo de amigos para defendê-las. No trabalho, o valentão estabelece o controle por meio de sarcasmo, ameaças e intimidação verbal.

O supervisor não deve tolerar o comportamento intimidador. O valentão torna o ambiente de trabalho desagradável para trabalhadores valiosos e desvia o foco da equipe, das metas, para seu próprio status. As organizações que toleram o comportamento intimidador costumam apresentar alto índice de rotatividade e baixa produtividade; elas podem ser até processadas por funcionários insatisfeitos.

A consultora em gestão, Constance Dierickx, recomenda as seguintes atitudes ao supervisor que deseja enfrentar o comportamento intimidador:

- Explique o comportamento problemático em uma discussão com o funcionário valentão. Alguns supervisores sentem-se tentados a analisar o motivo pelo qual o intimidador está agindo de forma negativa ou a classificar o comportamento como "arrogante" e "cruel". As afirmações do supervisor, no entanto, devem conter apenas fatos mensuráveis e observáveis, tais como críticas públicas ou sarcásticas. Dierickx trabalhou com um colega que tinha ataques emocionais; então, ela calmamente lhe dizia que não falaria com ele se ele levantasse a voz, xingasse, esmurrasse a mesa ou tivesse qualquer outro tipo de comportamento desrespeitoso.
- Busque ajuda. Se o supervisor não se sentir bem em discutir o problema com o funcionário, ele deve procurar o departamento de recursos humanos. Ele não deve deixar de informar o superior sobre o problema em que está trabalhando. Além disso, deve manter registros escritos do comportamento observado e das providências que foram tomadas.
- Se o funcionário não parar com o comportamento intimidador, provavelmente será necessário demiti-lo. O supervisor deve certificar-se de basear todas as providências em comportamentos observáveis e trabalhar com o departamento de recursos humanos para obedecer aos procedimentos da companhia.

Uma vez que o supervisor deixe claro que não tolera o comportamento intimidador, todo o grupo de trabalho conseguirá perceber qual seria o comportamento aceitável. Dessa forma, o supervisor ajuda a criar um ambiente de trabalho positivo para todos.

Fonte: Constance Dierickx. "The Bully Employee: A Survival Guide for Supervisors", *Supervision*, mar. 2004. Reprodução autorizada pela National Research Bureau, 320 Valley Street, Boolington, IA 52601.

---

supervisor pode ajudar a incentivar a autodisciplina explicando não apenas as normas e os padrões de desempenho, mas também a razão da existência dessas normas e padrões.

Além disso, um supervisor que gasta horas almoçando ou batendo papo com os amigos pelo telefone ou, ainda, navegando na internet não está em posição de exigir dos funcionários tempo e dedicação total em um dia de trabalho. Se o supervisor espera que os funcionários cumpram as normas, ele deve servir de bom exemplo, praticando a autodisciplina.

FUNCIONÁRIOS PROBLEMÁTICOS

Até aqui, este capítulo ressaltou problemas que podem ser resolvidos através do fornecimento de informações mais detalhadas aos funcionários ou simplesmente ajudando-os a mudar seu comportamento. Contudo, alguns funcionários têm problemas em reagir a um processo simples de disciplina ou de orientação. Esse pode ser o caso de um funcionário que costumeiramente intimida os demais, assim como é apresentado na seção "Habilidades em Supervisão". Entre os funcionários problemáticos, além dos intimidadores, estão aqueles que consomem substâncias químicas de maneira exagerada e os portadores de problemas psicológicos.

Detecção de Funcionários Problemáticos

Os primeiros sinais de que o supervisor está diante de um funcionário problemático podem ser os tipos de problemas disciplinares apresentados até aqui. O supervisor pode perceber que o funcionário está freqüentemente atrasado ou que a qualidade

TABELA 12.1
Possíveis Sinais de Consumo de Álcool e Drogas

> Fala desarticulada.
> Movimentos desajeitados e aumento de acidentes.
> Mudança de personalidade.
> Capacidade de trabalhar em equipe prejudicada.
> Cheiro de álcool no hálito do funcionário.
> Crescente desleixo com a aparência pessoal e com os detalhes do trabalho.
> Maior número de faltas ou de atrasos, acompanhados de desculpas.
> Devaneios.
> Saídas freqüentes do local de trabalho; idas constantes ao toalete.
> Violência no local de trabalho.

do seu trabalho vem piorando. Se o supervisor aplicar a medida disciplinar ou oferecer a orientação e isso não resolver o problema, provavelmente ele está diante de um funcionário problemático.

Normalmente, o supervisor percebe que o funcionário está consumindo drogas ou álcool através de sinais. Os exemplos citados na Tabela 12.1 são alguns dos sinais comportamentais mais comuns. (Observe que essas são apenas algumas indicações de que o funcionário provavelmente esteja usando drogas ou álcool. Pode haver outras explicações para esses comportamentos também.) Talvez o supervisor flagre o funcionário em posse de drogas ou álcool. Quando há suspeita de que algum funcionário usa drogas, algumas organizações têm como política submetê-lo a testes de detecção de consumo de drogas para comprovar.

O supervisor deve evitar fazer acusações tendo como base apenas o que ele imagina que esteja acontecendo, já que pode haver outras explicações – como, por exemplo, o uso de medicamentos psicotrópicos prescritos – para os efeitos que se parecem com os efeitos do uso de álcool ou de drogas ilícitas. Por exemplo, o supervisor não deve dizer: "Notei que você tem bebido no ambiente de trabalho". Em vez disso, o supervisor deve se limitar a falar sobre o desempenho profissional: "Vejo que algo está prejudicando a qualidade do seu trabalho esta semana. Vamos conversar para descobrir qual é o problema e como resolvê-lo".

Confronto com o Funcionário Problemático

Ignorar o problema não faz com que ele desapareça. Deste modo, esperar que o funcionário alcoólatra busque ajuda por sua própria conta raramente funciona. Isso apenas ajuda o funcionário a manter a ilusão de que o consumo abusivo de substância química não está provocando problemas significativos. Ele pode pensar que, se o chefe não está reclamando, é porque o trabalho não está tão ruim. Portanto, quando o supervisor suspeita de algum problema, ele precisa confrontar o funcionário.

O primeiro passo é documentar o problema. O supervisor deve anotar exemplos de desempenho inaceitável do funcionário. Ao coletar essa informação, o supervisor deve certificar-se de registrar também informações sobre todos os funcionários cujo desempenho esteja se deteriorando, e não apenas do funcionário em questão.

Quando o supervisor já tiver colhido evidências suficientes, ele deve confrontar o funcionário. O supervisor deve discorrer sobre o desempenho do funcionário, descrevendo as evidências do problema. Depois, deve encaminhá-lo a uma fonte de orientação ou outra ajuda, dizendo algo como: "Acho que algo o está perturbando, por isso quero que você converse com um orientador assistencial de funcionários". Por último, o supervisor deve expor ao funcionário as conseqüências caso ele não mude o comportamento. Em alguns casos, pode-se estabelecer que aceitar a ajuda é condição para que o funcionário mantenha o emprego. Assim, o supervisor pode dizer: "Você não deve ter vergonha de aceitar ajuda, e tudo será mantido em sigilo. Mas é sua responsabilidade realizar o trabalho com segurança e dentro dos padrões. Se não o fizer, terei de aplicar os procedimentos disciplinares da empresa para os casos de desempenho inaceitável". Especialistas concordam que esse tipo de advertência feita por um supervisor pode ser um dos meios mais eficazes de motivar um funcionário consumidor de substâncias químicas a buscar ajuda.

Durante o confronto, o funcionário pode adotar uma postura agressiva ou defensiva. Essa reação é comum nesse tipo de situação, assim, o supervisor não deve interpretar a atitude como sendo pessoal ou reagir emocionalmente. O funcionário também pode dar desculpas extremamente tristes ou convincentes. Em qualquer dessas circunstâncias, o supervisor deve continuar focado no comportamento profissional do funcionário e nos efeitos do comportamento na organização. Independentemente de quão irritado o funcionário fique ou de quão impressionante ou criativa seja a desculpa, o comportamento dele precisa melhorar.

No entanto, recomenda-se certa cautela. O supervisor deve evitar assumir o papel de médico, orientador ou policial. Isso significa que o supervisor não deve tentar diagnosticar aquilo que pode ser um problema médico ou psicológico. O supervisor deve também proteger a privacidade do funcionário e lhe conceder a oportunidade de resposta a qualquer argumento. Além disso, se o trabalho for regido por um acordo sindical, o supervisor deve obedecer às suas exigências. Atendo-se às medidas objetivas de desempenho e requisitos do cargo, o supervisor pode escapar de armadilhas, como a de sentir pena do funcionário, de encobri-lo ou permitir que o ambiente de trabalho se torne inseguro e injusto porque ele reluta em enfrentar os problemas.[23]

Assistência e Avaliação da Recuperação

A maioria das organizações cria procedimentos para oferecer ajuda a funcionários problemáticos. Quando o supervisor acredita que a origem dos problemas está em algum funcionário problemático, ele deve examinar os procedimentos da organização. Na maioria dos casos, ele deve começar pelo departamento de recursos humanos.

O tipo de programa de tratamento costuma variar de acordo com o tamanho da organização. Muitas empresas de pequeno porte encaminham os funcionários problemáticos a um serviço de orientação. Outra política seria simplesmente dizer ao funcionário para escolher entre buscar ajuda ou perder o emprego. O supervisor deve ter cuidado ao recorrer a esta abordagem. Se possível, o objetivo principal deve ser a reabilitação do funcionário, e não a sua demissão. A reabilitação não é apenas mais importante para a sociedade de uma forma geral, como também costuma ser menos onerosa do que a contratação e o treinamento de um funcionário novo, e tem menos probabilidade de infringir as leis contra a discriminação no emprego.

programa de assistência ao empregado (PAE)
Programa estabelecido pela empresa para oferecer orientação e ajuda a funcionários cujos problemas pessoais estejam prejudicando o seu desempenho no ambiente de trabalho

Outras organizações, principalmente as de grande porte, oferecem um **programa de assistência ao empregado (PAE)**. PAE é um programa estabelecido pela empresa para oferecer orientação e ajuda a funcionários cujos problemas pessoais estejam afetando o seu desempenho no ambiente de trabalho. O programa pode ser constituído simplesmente de um serviço de encaminhamento ou dotado de um quadro de pessoal completo com assistentes sociais, psicólogos, enfermeiras, orientadores de carreira, consultores financeiros e outros profissionais especializados. Esses programas são voluntários (o funcionário não é obrigado a participar, a menos que queira) e confidenciais (a participação é mantida em sigilo). Entre os serviços oferecidos pelo PAE estão os seguintes programas: recuperação de consumo abusivo de substâncias químicas, consultoria financeira e orientação de carreira, encaminhamento a creches e casas de repouso para idosos, orientação e educação sobre AIDS e orientação a funcionários que trabalham com colegas de diferentes origens culturais. A Figura 12.7 mostra os benefícios obtidos pelas organizações em conseqüência da adoção dos programas de assistência ao funcionário. Alguns funcionários não buscariam ajuda sem o incentivo do encaminhamento por parte do supervisor.[24]

A razão de se oferecer o PAE e outras fontes de orientação é melhorar o desempenho do funcionário. Cabe ao supervisor verificar se o plano de tratamento está produzindo os resultados desejados no trabalho. Quaisquer sinais de melhorias não relacionadas ao desempenho (por exemplo, abstinência de álcool) são irrelevantes do ponto de vista do supervisor.

FIGURA 12.7 Benefícios de um Programa de Assistência ao Funcionário

Fonte: Departamento Norte-Americano de Serviços Humanos e de Saúde e SAMHSA, "Employer Tip Sheet #8: Employee Assistance Programs", National Clearinghouse for Alcohol and Drug Information Publications, www.health.org, extraído em 24 set. 2004.

- ☑ Através do PAE, o funcionário pode encontrar tratamento para problemas que prejudicam o seu desempenho.
- ☑ O PAE ajuda a organização a criar políticas, a orientar os funcionários e a treinar os supervisores.
- ☑ O PAE alivia o supervisor que se sente pressionado a ajudar nos problemas pessoais do funcionário.
- ☑ Como serve de alternativa para a demissão do funcionário problemático, o PAE economiza os custos da substituição do mesmo.
- ☑ As organizações que adotam o PAE conseguem reduzir os níveis de acidentes, absenteísmo e rotatividade.
- ☑ O PAE ajuda as organizações a manter um ambiente de trabalho livre de drogas.

FONTES DE APOIO

A supervisão de funcionários problemáticos é uma questão delicada. O supervisor deve ter cuidado em motivar e resolver o problema e não criar hostilidade e ressentimento. Ao mesmo tempo, o supervisor deve ter cuidado em seguir os procedimentos organizacionais, as exigências sindicais e a legislação voltada à prática justa do emprego. Felizmente, o supervisor pode contar com o apoio dos seus superiores, do departamento de recursos humanos e de consultores externos.

Quando algum funcionário não responde às primeiras tentativas de orientação, o supervisor deve tentar discutir o problema com o seu gestor. O gestor talvez possa oferecer uma visão mais clara de como enfrentar o problema. Além disso, algumas etapas, tais como a suspensão ou a demissão, podem exigir do supervisor autorização de algum gestor de nível superior.

É recomendável, também, consultar o departamento de recursos humanos, que possui informações sobre as políticas da companhia em relação às questões disciplinares e sobre como documentá-las. O pessoal de recursos humanos pode orientar sobre a maneira como o supervisor deve proceder sem infringir a lei, violar o contrato sindical ou colocar a organização em risco, por exemplo, sendo acionada judicialmente. Além disso, os especialistas em pessoal têm conhecimento profundo que os tornam boas fontes de idéias sobre o que dizer ou que medidas corretivas propor. Algumas vezes, o simples fato de falar sobre alguma estratégia ajuda o supervisor a pensar em novas formas de tratar do problema.

Em organizações de pequeno porte que não contam com profissionais de recursos humanos, o supervisor ou o seu gestor podem concordar que o problema exige ajuda externa. Eles podem contratar algum consultor, advogado trabalhista ou um especialista em recursos humanos para prestar serviços de caráter temporário. A remuneração desse tipo de especialista pode parecer alta, mas pode ser bem inferior aos custos de se defender de algum processo judicial por demissão injustificada. O escritório local da Small Business Administration (SBA) também pode oferecer ajuda. A assistência da SBA pode incluir a recomendação de algum executivo de um de seus programas para fornecer consultoria gratuita às pequenas empresas.

Em suma, quando os problemas de algum funcionário ou o comportamento inadequado ameaçam perturbar o ambiente de trabalho, o supervisor não deve se desesperar. A boa execução da orientação e da disciplina pode resolver muitos desses problemas. Quando não, diversas pessoas dentro e fora da organização podem ajudar.

MÓDULO DE APTIDÃO

PARTE UM: CONCEITOS

Resumo

12.1 Identificar os tipos mais comuns de comportamentos problemáticos entre os funcionários.

Os problemas encontrados com mais freqüência pelo supervisor são: o absenteísmo, o atraso, a insubordinação, a falta de cooperação, o consumo abusivo de álcool e drogas, a violência no local de trabalho e o furto praticado por funcionários.

12.2 Explicar por que e quando o supervisor deve orientar o funcionário.

A orientação ajuda o funcionário a resolver seus problemas, permitindo que ele desempenhe melhor seu trabalho. A orientação melhora a produtividade, além de melhorar as atitudes e a satisfação profissional do funcionário. O supervisor deverá orientar o funcionário quando ele precisar de ajuda para descobrir como resolver algum problema que esteja prejudicando o seu trabalho. Quando o funcionário tiver algum problema e o supervisor não se sentir qualificado para ajudá-lo, deverá encaminhá-lo a um profissional especializado.

12.3 Descrever as técnicas de orientação.

A orientação consiste em uma ou mais discussões entre supervisor e funcionário. Essas discussões podem envolver a orientação dirigida, em que o supervisor questiona o funcionário de maneira a identificar o problema e, depois, sugere soluções. Ou as discussões podem ser não dirigidas, em que o supervisor basicamente escuta e incentiva o funcionário a procurar a origem do problema e identificar possíveis soluções. No início da entrevista, a pessoa que identificou o problema o descreve, atendo-se ao comportamento e ao desempenho. Depois, o supervisor e o funcionário estudam maneiras de resolver o problema. Por fim, o supervisor marca uma reunião de acompanhamento para revisar a solução planejada e verificar se o problema está sendo resolvido.

12.4 Discutir métodos eficazes de aplicação das medidas disciplinares.

Depois de colher os fatos da situação, o supervisor deve se reunir com o funcionário ou funcionários envolvidos e ouvir a versão de cada um sobre o ocorrido. O supervisor deve usar a técnica de "saber ouvir". Em seguida, ele deve aplicar uma advertência, se for o caso. Se necessário, o supervisor faz o funcionário sofrer as consequências do comportamento impróprio através da suspensão, rebaixamento ou, por último, demissão. O supervisor deve aplicar tantas medidas quantas forem necessárias para resolver o comportamento inadequado. Ele deve aplicar a medida disciplinar de forma imediata, privada, imparcial e racional e deve documentar todas as medidas disciplinares adotadas.

12.5 Descrever os princípios da disciplina positiva e da autodisciplina.

A disciplina positiva visa evitar o comportamento problemático desde o seu início e garantir que o funcionário conheça e entenda as normas. Esse tipo de disciplina busca: gerar condições para que o funcionário tenha menos chance de criar problemas, possibilitar a adoção de licença para tomar uma decisão quando ocorrem problemas e recompensar o comportamento desejável. Uma disciplina positiva resulta na autodisciplina dos funcionários; ou seja, eles voluntariamente seguem as normas e tentam cumprir os padrões de desempenho. O supervisor que espera a autodisciplina de seus funcionários deve ele próprio exercê-la em primeiro lugar.

12.6 Explicar como o supervisor pode detectar e confrontar funcionários problemáticos.

O supervisor pode procurar os problemas disciplinares e investigar se eles são sintomas de problemas pessoais. No caso de abuso de substâncias químicas, o supervisor consegue observar sinais de que o funcionário está consumindo álcool ou drogas. Quando o supervisor suspeita de algum funcionário com problemas, ele deve documentar o problema e, depois, reunir-se com ele e descrever as evidências do problema, limitando-se ao desempenho do funcionário no trabalho. O supervisor deve encaminhar o funcionário a uma fonte de ajuda e explicar as conseqüências se ele não aceitar a ajuda, devendo sempre ter o cuidado para não reagir exageradamente à resposta emocional ou às desculpas do funcionário.

12.7 Especificar como o supervisor pode encaminhar o funcionário problemático para que receba ajuda e, depois, como ele pode acompanhar os esforços de recuperação.

O supervisor deve conhecer os procedimentos da organização para ajudar os funcionários problemáticos. Isso pode envolver o encaminhamento do funcionário a alguma ajuda externa ou ao programa de assistência ao funcionário da organização. O supervisor é responsável por verificar se o desempenho do funcionário está melhorando, e não por avaliar as evidências de melhorias não ligadas ao trabalho.

12.8 Discutir o papel do gestor do supervisor e do departamento de recursos humanos em ajudar o supervisor a lidar com os funcionários problemáticos.

O gestor do supervisor e o departamento de recursos humanos podem ajudar o supervisor a lidar com os funcionários problemáticos, de forma a seguir as diretrizes organizacionais, as exigências legais ou os acordos sindicais. O supervisor deve discutir o problema com o seu gestor e o departamento de recursos humanos para obter informações sobre a política da organização no tratamento de funcionários problemáticos e sugestões para tratar de algum problema específico. A organização pode oferecer um programa de assistência ao funcionário cuja meta principal seja a reabilitação do funcionário.

Termos Principais

insubordinação, p. 311
orientação, p. 315
orientação dirigida, p. 316
orientação não dirigida, p. 317
disciplina, p. 318
suspensão, p. 319
rebaixamento, p. 320
demissão, p. 320
disciplina positiva, p. 323
licença para tomar uma decisão, p. 323
programa de assistência ao empregado (PAE), p. 326

Questões para Discussão e Revisão

1. Dennis McCutcheon supervisiona os funcionários do departamento de material de construção de uma grande loja de ferragens. Uma de suas funcionárias, Kelly Sims, chegou atrasada ao trabalho todas as terças e quintas nas últimas três semanas. Às vezes, ela desaparece por mais de uma hora no período do almoço. Embora Sims tivesse uma atitude positiva quando começou no emprego, McCutcheon ouviu-a, sem querer, reclamar com os colegas e, também, estava sendo menos atenciosa com os clientes. Usando as perguntas mencionadas na seção "Problemas que Exigem Providências Especiais" (páginas 311-316), como ele pode descobrir a verdadeira origem do problema de desempenho de Sims?

2. Qual a diferença entre orientação dirigida e não dirigida? Crie um pequeno diálogo exemplificando as duas formas de direção.

3. Uma funcionária explica ao supervisor que seu desempenho tem piorado porque ela vem sendo perturbada e aterrorizada pelas ameaças do seu ex-marido.
   a. O supervisor deve orientar a funcionária quanto ao seu desempenho no trabalho? Explique.
   b. O supervisor deve orientar a funcionária quanto às ameaças do seu ex-marido? Explique.

4. Durante uma sessão de orientação, o supervisor dirigiu-se ao funcionário com as declarações apresentadas abaixo. O que há de errado com cada declaração? Qual seria uma alternativa melhor para cada uma?
    a. "Sua indolência está realmente virando um problema."
    b. "Pare com essa gritaria! Do jeito que anda o seu desempenho nos últimos tempos, você não tem direito de ficar bravo."
    c. "Você precisa levar o trabalho mais a sério. Limite-se a trabalhar e, assim, não teremos problemas."
5. Quais são as etapas adotadas no processo disciplinar? Em que tipo de situação o supervisor deve adotar todas essas etapas?
6. Que outro tipo de informação deve ser incluído na seguinte advertência a um funcionário?

    "Notei que você voltou atrasado do almoço ontem e três vezes na semana passada. Isso irrita os demais funcionários, porque eles retornam prontamente para dar aos demais a chance de aproveitar seus horários. A partir de amanhã, espero que você retorne no horário determinado."
7. Descreva quatro recomendações para disciplinar com eficácia os funcionários.
8. Jackie Weissman supervisiona um grupo de técnicos de um laboratório de análises clínicas. É extremamente importante que os técnicos sigam os procedimentos laboratoriais para obter resultados de testes precisos. Que providências Weissman pode adotar para aplicar a disciplina positiva ao grupo?
9. a. Cite alguns sinais que mostram que um funcionário está abusando do álcool ou das drogas.
    b. Por que o supervisor deve evitar fazer afirmações do tipo: "Você tem vindo trabalhar meio 'alto' ultimamente"?
10. Que providências o supervisor deve tomar para confrontar um funcionário aparentemente problemático?
11. O filho de nove anos de Rick Mayhew foi recentemente diagnosticado com uma doença crônica de tratamento difícil e caro. Além disso, a sogra idosa de Mayhew irá morar com a sua família. Seu supervisor tem notado que seu desempenho tem piorado ultimamente; muitas vezes, ele chega atrasado, sai mais cedo e está com dificuldades para se concentrar no trabalho. O supervisor não quer perder um funcionário como Mayhew. Será que um programa de assistência ao funcionário ajudaria Rick? Por que sim ou não?
12. Tom Chandra está com problemas com um dos funcionários da produção que ele supervisiona. O funcionário tem ignorado as instruções sobre os novos procedimentos para a operação de um torno mecânico, preferindo, ao contrário, seguir as orientações antigas. Que tipo de ajuda Chandra pode obter do seu gestor e do departamento de recursos humanos para lidar com esse problema?

PARTE DOIS: CAPACITAÇÃO

PROBLEMA A SER RESOLVIDO PELO ALUNO

Com base no texto da página 309, reflita e discuta o que o supervisor desse laboratório pode fazer para melhorar o comportamento dos funcionários. Em grupo, encene as situações a seguir:

- O supervisor descobre um funcionário comendo um sanduíche na sua estação de trabalho no horário do almoço. (Não é seguro comer no laboratório, porque o laboratório ou os demais materiais podem ser contaminados.)

- O supervisor pede a um funcionário para mostrar o laboratório a um colega recém-contratado no seu primeiro dia de trabalho. O primeiro funcionário preferiria continuar nos seus projetos usuais.
- O supervisor percebe, seguidas vezes, que diversos funcionários não estão usando luvas.

Discuta cada encenação. O supervisor está aplicando as recomendações dadas pelos especialistas e os princípios descritos neste capítulo? Em sua visão, quais são as idéias mais eficazes?

Caso de Solução de Problemas: *Suspensão de Policiais de Lexington, Kentucky, Police Officers*

Um policial de Lexington, Kentucky, ficou incomodado com o conteúdo divulgado por outros policiais em suas páginas do site MySpace.com. Esses policiais discutiam o trabalho deles, inclusive as prisões efetuadas. O texto continha críticas, como insultos contra homossexuais e portadores de deficiência mental e comentários afirmando que eles trabalhavam para o "povo arrogante" de Lexington e o "Governo Comunista de Lexington Fayette Urban". Esses policiais apareciam uniformizados nas fotos de suas páginas no MySpace.

O policial incomodado com o conteúdo da página relatou sobre o site ao supervisor. Este verificou as alegações, e o departamento de polícia buscou a orientação do departamento jurídico do condado de Urban, para que os direitos de livre expressão dos policiais fossem respeitados com base na Primeira Emenda Constitucional dos Estados Unidos. Um comitê da polícia e assessores jurídicos reuniram-se em sigilo para avaliar a conduta dos policiais e recomendar a medida disciplinar apropriada. O comitê recomendou ao chefe de polícia, Anthony Beatty, que cinco policiais fossem responsabilizados pela conduta e afastados da função, fossem suspensos por 80 horas sem remuneração e recebessem treinamento adicional para conscientização, além do treinamento rotineiro a que são submetidos. O chefe de polícia Beatty aceitou as recomendações e apresentou o plano de disciplina para cada um dos policiais.

Os policiais aceitaram as medidas disciplinares. Depois de cumprida a suspensão, eles retomariam plenamente as suas funções. Beatty disse a um jornalista: "Nas minhas discussões com os policiais certamente conversamos sobre como superar esse problema, seguir adiante e como nos tornarmos uma divisão ainda melhor, melhorando também o nosso relacionamento com a comunidade a qual servimos. Todos os policiais se comprometeram a fazer exatamente isso e se arrependeram muito de sua atitude".

1. O departamento de polícia foi correto em aplicar medidas disciplinares aos policiais pelo seu comportamento fora do trabalho? Por que sim ou não?
2. Se você fosse o supervisor e recebesse a reclamação do conteúdo divulgado pelos policiais sobre as páginas do MySpace, como teria reagido? Com quem você falaria e o que perguntaria?
3. No geral, conforme a descrição desse texto, este caso serve de exemplo de uma boa medida disciplinar? Você pode sugerir algumas maneiras de o supervisor de um departamento de polícia aumentar a eficácia das medidas disciplinares nessa situação? (Tenha em mente que os órgãos governamentais, como esse departamento de polícia, muitas vezes, adotam procedimentos rígidos de documentação e tomada de decisões.)

Fontes: Cassondra Kirby e Michelle Ku, "Two Officers Suspended for MySpace Postings: City Council Accepts Recommendation", *Lexington Herald-Leader*, 23 jun. 2006; Cassondra Kirby, "Three Police Officers Suspended for Web Postings", *Lexington Herald-Leader*, 7 jul. 2006, ambos os textos extraídos de Business & Company Resource Center, http://www.galenet.galegroup.com.

Autoconhecimento

Você Consegue Distinguir entre Disciplina e Punição?

Marque verdadeiro ou falso para cada uma das afirmações.

_____ 1. Se algum funcionário deixasse de fazer o que eu solicitei, eu suspenderia o seu pagamento imediatamente.

_____ 2. Se percebesse que um funcionário estivesse saindo mais cedo do trabalho regularmente, cancelaria seus privilégios de almoço.

_____ 3. Se visse dois funcionários discutindo, perguntaria a cada um separadamente a sua versão da história.

_____ 4. Se tivesse de emitir uma advertência a algum funcionário, iria me certificar de que ele entendeu exatamente a que comportamento ela se refere.

_____ 5. Se algum funcionário me ofendesse, reagiria ofendendo-o, para que ele percebesse como me senti.

_____ 6. Não importa o quão irritado eu esteja me sentindo em relação a algum funcionário, não agirei com hostilidade.

_____ 7. Se algum funcionário estiver desempenhando mal, comentarei na sua avaliação de desempenho.

_____ 8. Se algum funcionário chegasse atrasado ao trabalho, no dia do churrasco da companhia, eu o obrigaria a permanecer no trabalho em vez de sair mais cedo junto com os outros funcionários para participar do evento.

_____ 9. Se sentisse o cheiro do álcool no hálito de algum funcionário depois do almoço, eu o demitiria imediatamente.

_____ 10. Se flagrasse algum funcionário descumprindo a política da companhia, discutiria imediatamente com ele sobre o comportamento e suas conseqüências.

Pontuação Verdadeiro nas afirmações 1, 2, 5, 8 e 9 demonstram punição; verdadeiro nas afirmações 3, 4, 6, 7 e 10 expressam disciplina.

Pausa e Reflexão

1. Nas afirmações 1, 2, 5, 8 e 9, tente pensar em uma maneira de usar a disciplina positiva em vez da punição para evitar ou corrigir o comportamento inadequado.
2. Será que a punição é sempre necessária ou desejável no trabalho? Se sim, quando ela seria adequada? Se não, por quê?
3. Houve alguma situação de trabalho em que você tenha sido punido? Se sim, a punição o ajudou (por exemplo, ensinando alguma lição importante)?

Exercício em Aula

Avaliando a Medida Disciplinar

O correio norte-americano adotou um código disciplinar que substitui a suspensão de uma a duas semanas sem remuneração por uma carta de advertência, que costumava ser aplicada em caso de infrações repetidas. Como penalidade máxima, o trabalhador pode ser afastado sem remuneração por um "dia de reflexão".

O correio acredita que a nova política trata os "adultos como adultos". Mas o presidente da National Rural Letter Carriers Association (*Associação Nacional dos Correios Rurais*) teme que os funcionários possam ver a nova medida disciplinar como uma simples "advertência branda".

Discuta essas duas visões.

Fonte: "World Week". *The Wall Street Journal*, 3 nov. 1998, p. 1.

Capacitação em Supervisão

Enfrentando os Problemas de Desempenho

Este é um exercício de encenação. Um aluno se voluntaria para representar o papel do supervisor. Outro, para ser o funcionário problemático. O cenário:

Chris Johnson é caixa da matriz de um banco há cinco anos. Ultimamente, ele tem cometido muitos erros. Muitas vezes, as somas de Chris contêm erros, e ele tem refeito muitos recibos por causa disso. Os clientes começaram a reclamar dos erros cometidos por ele e da maneira desatenta e insolente como os atende. No entanto, na última avaliação de desempenho de Chris, feita há apenas dois meses, a sua avaliação geral foi excelente, resultando em um generoso aumento salarial. O supervisor de Chris, Pat Smith, precisa decidir como reagir à piora no desempenho de Chris.

Antes de começar a encenação, a classe discute o que o supervisor deve fazer. Com base nas informações fornecidas, será que Pat deve adotar a orientação, a disciplina, ambas ou nenhuma? Quando a classe chegar a um acordo quanto a uma estratégia geral, os dois voluntários representam a cena.

Depois, a classe discute o que aconteceu:

- O supervisor realizou um bom trabalho aplicando as técnicas escolhidas? O que o supervisor executou bem? O que ele poderia ter feito melhor?
- O funcionário e o supervisor chegaram a uma solução viável? Explique.
- Como o supervisor pode fazer um acompanhamento com o intuito de verificar se o funcionário está melhorando?

Capítulo **Treze**

Administração de Tempo e Estresse

Tópicos Gerais do Capítulo

Administração de Tempo
Entendendo Como o Supervisor Utiliza o Tempo
Planejando Como Utilizar o Tempo
Controlando os Fatores de Desperdício de Tempo

Administração de Estresse
Causas do Estresse
Conseqüências do Estresse
Administração do Estresse Pessoal
Administração do Estresse Organizacional

Resumo sobre a Personalidade

Objetivos de Aprendizado

Depois de estudar o capítulo, o aluno estará apto a:

13.1 Discutir como o supervisor pode avaliar o uso do seu tempo.

13.2 Descrever maneiras de planejar o uso do tempo.

13.3 Identificar alguns fatores que provocam o desperdício de tempo e maneiras de controlá-los.

13.4 Listar os fatores que contribuem para o estresse entre os funcionários.

13.5 Resumir as conseqüências do estresse.

13.6 Explicar como o supervisor pode administrar o seu próprio estresse.

13.7 Identificar como as organizações, inclusive os supervisores, podem ajudar os funcionários a administrar o estresse.

O tempo é a moeda da sua vida. É a única moeda que você possui, e só você pode decidir como gastá-la. Cuidado para não deixar outra pessoa gastá-la por você.

– *Carl Sandburg, biógrafo e poeta norte-americano*

Problema de um Supervisor: O Estresse do Pessoal da Mississippi Power Company

A experiência não teria preparado os funcionários da Mississippi Power Company (MPC) para a tarefa que tiveram de enfrentar depois da passagem devastadora do furacão Katrina. Quando a tempestade cessou, a companhia teve de reparar os danos que ela causou; tudo estava em uma desordem jamais vista. Cada um dos 195 mil clientes da MPC ficou sem energia elétrica. Mais de 300 estruturas de transmissão ficaram destruídas; das 122 linhas de transmissão, 119 não funcionavam; e muitas subestações foram inundadas com água salgada. Os técnicos tiveram de substituir mais de 9 mil postes e 2.300 transformadores. Até mesmo para começar os trabalhos, eles precisaram contar com o trabalho das equipes de poda de árvores, que limpavam a área para os eletricistas terem acesso a todos os equipamentos danificados. Os funcionários sofriam intensa pressão para trabalhar rápido, a fim de restabelecer os serviços essenciais à comunidade. Mais crucial ainda era a necessidade de fornecer eletricidade para os bombeiros e órgãos governamentais locais, para que estes pudessem iniciar os trabalhos de resgate. Para agravar o caos, a comunicação estava difícil porque o sistema de telefonia também ficou inoperante.

Em quaisquer condições, um trabalho difícil, perigoso e importante como esse seria estressante. Porém, outras circunstâncias complicavam ainda mais o desafio. A maior tensão estava no fato de a maioria dos funcionários também ter sofrido perdas pessoais provocadas pela mesma tempestade que tornava o seu trabalho tão estressante. De acordo com o gestor de operações de atendimento ao cliente da MPC, Charlie Sentell, as casas de grande parte dos funcionários da companhia foram significativamente danificadas, inundadas ou completamente destruídas. Os trabalhadores ficavam exaustos, porque trabalhavam várias horas e descansavam pouco. Conforme a lama deixada pelas inundações ia secando, ela se transformava em poeira, que causava problemas de saúde, como sinusite e dificuldades respiratórias. O uso de máscaras de proteção ajudava a amenizar esse problema, mas tornava ainda mais sacrificante o trabalho nas altas temperaturas e na umidade. O cheiro era sufocante, e os companheiros das equipes sabiam que, quando saíam para trabalhar, poderiam se deparar com cadáveres. A falta de suprimentos e materiais era constante. Além da dimensão sem precedentes do trabalho, o número de funcionários contratados e a falta de comunicação adequada muitas vezes exigiam que os funcionários se desdobrassem para tomar decisões fora do seu escopo normal de trabalho.

Como os funcionários enfrentaram essas circunstâncias? Alguns trabalhadores de campo disseram que recorreram ao seu treinamento. O chefe de equipe, Shawn Schmill, disse que, mesmo trabalhando muitas horas com pouco descanso, o treinamento pelo qual passara o havia preparado bem: "Quando você passa pelo programa de aprendiz, trabalha em muitas situações difíceis e diferentes, e o especialista lhe ensina como seguir trabalhando". Além disso, a natureza fisicamente exigente do trabalho de um técnico de campo, embora fatigante, também ajuda esses trabalhadores a manter a forma física, e isso os ajudou quando o desastre exigiu toda força e resistência.

Os funcionários reconheciam os esforços que a companhia estava empregando para lhes prover tudo de que necessitavam, priorizando a segurança. Alguns eletricistas sindicalizados agradeceram seus colegas locais pelo apoio a seus esforços durante o trabalho emergencial. Os trabalhadores também se sentiam gratificados com os atos de bondade para com eles. Por exemplo, em Pass Christian, uma equipe que trabalhava em uma tarde escaldante contou com duas mulheres que caminharam por volta de 700 metros até uma estação de primeiros socorros para conseguir caixas de garrafas de água para os trabalhadores.

Além disso, a MPC possuía planos contra desastres e antecipou muitas das necessidades dos funcionários, inclusive a de trazer milhares de trabalhadores de outros estados e, também, do Canadá. A companhia arranjou milhares de acomodações em hotéis, sedes militares, dormitórios de universidades, trailers, tendas e edifícios de companhias. Trinta locais improvisados foram usados para armazenagem de tendas, macas, camas, alimentos, chuveiros, lixeiras e banheiros químicos. A MPC não apenas teve de fornecer aos funcionários materiais e equipamentos para que realizassem o trabalho, como também teve de garantir que todos recebessem comida, água e gasolina para seus veículos – não era fácil a tarefa de obter e entregar esses itens nos dias que se seguiram à passagem do Katrina.

Apesar das incontáveis dificuldades, os funcionários da MPC restabeleceram a eletricidade em apenas 12 dias a todos os 169 mil clientes com condições de recebê-la. O Edison Electric Institute concedeu à companhia o prêmio Resposta Emergencial, mas o CEO Anthony Topazi deu todo o crédito aos funcionários: "Eles deixaram de lado suas próprias perdas para conduzir um verdadeiro esforço de restauração". E Johnny Atherton, vice-presidente de assuntos externos da MPC, disse: "Dezenas de funcionários mostraram uma liderança e adaptabilidade incríveis, tornando-se supervisores de grupo, tomadores de decisões fundamentais e gestores de área, todos incumbidos de responsabilidades que suplantam de longe as atribuições normais da descrição do cargo".

Poucos locais de trabalho têm tarefas tão estressantes como as descritas, envolvendo o restabelecimento de serviços na costa do golfo americano durante os dias e as semanas que se seguiram ao furacão Katrina. Nessas circunstâncias, os supervisores da MPC enfrentaram o desafio de ajudar seus funcionários a se manterem concentrados, seguros e comprometidos com as tarefas em questão.

QUESTÕES

1. Como o supervisor pode reconhecer e se preparar para enfrentar os fatores de estresse no trabalho?
2. Como o supervisor pode ajudar o funcionário a lidar com um trabalho estressante?

Fontes: Steven M. Brown, "Power and Data Restored in Mississippi, but Rebuilding Continues", *Utility Automation & Engineering T&D*, jun. 2006; Terry Wildman, "Every Customer Lost", *Transmission & Distribution World, Online Exclusive*, 1º jul. 2006; Stuart M. Lewis, "Linemen Give It Their All", *Transmission & Distribution World*, 1º fev. 2006, todos os textos extraídos de Business & Company Resource Center, http://galenet.galegroup.com.

Um supervisor que está tendo um dia ruim pode sentir como se tudo estivesse fora de controle. Em vez de trabalhar naquilo que deseja, o supervisor tenta resolver problemas inesperados e acalmar clientes e funcionários contrariados. Embora dias de trabalho como esses prejudiquem tanto funcionários como gestores de todos os níveis, eles são especialmente problemáticos para o supervisor, porque a sua função abrange resolver muitas necessidades e muitos conflitos. Para minimizar e enfrentar essas dificuldades, o supervisor deve administrar o seu tempo e o estresse.

Neste capítulo, serão descritas as técnicas básicas de administração do tempo e do estresse. Serão identificadas maneiras como o supervisor pode controlar o uso do tempo. Além disso, o capítulo apresenta a definição do estresse e a descrição das suas conseqüências. Por último, são apresentadas algumas recomendações para o supervisor lidar com o seu próprio estresse e também ajudar os funcionários a lidar com o estresse deles.

ADMINISTRAÇÃO DE TEMPO

O típico dia de trabalho de Sean Mulligan é agitado. Assim que ele inicia uma ligação telefônica, alguém aparece na porta com um problema; normalmente, ele não tem tempo para se sentar e refletir sobre o problema. No final do dia, Mulligan está exausto, mas precisa fazer um grande esforço para dizer o que realizou no dia. Os dias de Lisa Ng também são agitados, mas, quando alguém a interrompe, ela pega a sua agenda e marca um horário para atendê-lo mais tarde. Ela começa o dia sabendo quais tarefas são essenciais e sempre dá um jeito de executá-las.

Com que tipo de supervisor você gostaria de trabalhar? Que tipo de supervisor você preferiria ser? Tempo é o único recurso disponível a todos em porções iguais: todos têm 24 horas. O aluno pode avaliar a sua reação diante das pressões do tempo respondendo o questionário de Autoconhecimento das páginas 361-362.

O supervisor que mantém o controle do seu tempo considera o seu trabalho mais fácil e consegue realizar mais. Realizar mais é uma boa maneira de impressionar a alta administração. A prática de controlar a maneira como utiliza o tempo é conhecida como **administração de tempo**.

administração de tempo
Prática de controlar a maneira como utiliza o tempo

As técnicas de administração de tempo podem ser consideradas tão simples quanto riscar a tarefa de uma lista assim que ela é concluída, usar uma agenda para controlar a programação ou obter todas as informações necessárias antes de iniciar algum projeto. Considerando que este capítulo oferece diretrizes gerais para a administração do tempo, o supervisor deve trabalhar nos detalhes. Se ele der uma olhada nas muitas variedades de agendas, planejadores e ferramentas de programação oferecidas no mercado, seja na forma de papel, seja na forma de software, verá que as pessoas se organizam de maneiras diferentes.

Entendendo Como o Supervisor Utiliza o Tempo

Antes de o supervisor controlar a maneira como utiliza o tempo, ele precisa entender aquilo que ele já faz. Uma forma prática de descobrir como ele utiliza o tempo é mantendo um **registro de tempo**, em que anota todas as atividades executadas por ele, a cada hora, durante o dia de trabalho. A Figura 13.1 mostra um exemplo desse tipo de registro. Durante o dia, a cada meia hora, ele deve anotar o que fez na meia hora anterior. Ele não deve esperar até o final do dia; esse nível de detalhe é difícil de ser lembrado.

registro de tempo
Registro das atividades da pessoa, de hora em hora, durante o dia

Depois de elaborado o registro de tempo de pelo menos uma semana típica de trabalho, o supervisor deve analisá-lo e questionar o seguinte:

- Quanto tempo gastou em atividades importantes?
- Quanto tempo gastou em atividades desnecessárias?

FIGURA 13.1 Formato de um Registro de Tempo

Data _____

Hora	Atividade	Outras Pessoas Envolvidas	Local
7:30–8:00			
8:00–8:30			
8:30–9:00			
9:00–9:30			
9:30–10:00			
10:00–10:30			
10:30–11:00			
11:00–11:30			
11:30–12:00			
12:00–12:30			
12:30–1:00			
1:00–1:30			
1:30–2:00			
2:00–2:30			
2:30–3:00			
3:00–3:30			
3:30–4:00			
4:00–4:30			
4:30–5:00			
5:00–5:30			

- Quanto tempo gastou em atividades que outra pessoa poderia fazer (talvez com algum treinamento)?
- Que tarefas importantes não conseguiu terminar?

Nessa análise, ele poderá observar alguns padrões. Será que ele reserva algum tempo do dia para as ligações telefônicas ou reuniões? Ele interrompe freqüentemente o que está fazendo para resolver algum problema ou para fazer algo mais interessante? Ataca as tarefas mais importantes primeiro ou as mais fáceis? Ele se vê envolvido em comportamentos que o fazem perder tempo? Um autor da área de administração descreveu alguns comportamentos comuns que fazem desperdiçar o tempo, como: trabalhar sem planejamento, trabalhar com metas confusas ou metas em excesso, supervisionar demais, preocupar-se demais, socializar-se em demasia, buscar a perfeição, postergar dar as más notícias, corrigir seus próprios erros ou os erros dos outros, esperar, participar de reuniões sem sentido, lidar com pessoas que não passam o dia inteiro no trabalho, ficar irritado.[1] Outro fator que provoca a perda de tempo é dar instruções incorretas. Instruções incompletas ou mal transmitidas provocam erros ou fazem o funcionário voltar para pedir esclarecimentos.[2]

As respostas a essas e outras questões similares ajudam o supervisor a enxergar os aspectos que ele precisa melhorar. Depois de tentar aplicar um pouco os princípios apresentados neste capítulo, o aluno poderá tentar criar um registro de tempo para saber se melhorou.

Manter o registro de tempo também é útil para as pessoas que sentem que não conseguem controlar o seu tempo pessoal. Por exemplo, se a pessoa se sente frustrada com o pouco tempo dedicado às pessoas queridas ou se não consegue reservar tempo para algum trabalho voluntário, ela pode registrar como gasta as horas fora do trabalho. Ela poderá descobrir que está gastando muito tempo em alguma atividade sem importância da qual pode abrir mão para dedicar mais tempo a alguma outra.

Planejando Como Utilizar o Tempo

Com base nas orientações para manter o registro de tempo, é possível planejar como utilizar melhor o tempo. É necessário que se realize efetivamente as atividades mais importantes primeiro antes de passar às menos importantes. É preciso estabelecer prioridades. Assim, o planejamento consiste em decidir o que precisa ser feito e quais são as atividades mais importantes.

O planejamento de como utilizar o tempo começa com o processo descrito no Capítulo 6. Seguindo as diretrizes apresentadas naquele capítulo, é possível, rotineiramente, estabelecer os objetivos anuais, especificando quando cada um deve estar concretizado. Com esses objetivos anuais em mente, pode-se ter uma idéia das atividades que devem ser realizadas em períodos mais curtos – por trimestre, mês ou semana. Os objetivos devem ser revisados regularmente e usados para planejar as atividades semanais e diárias.

Criar uma Lista de Tarefas

Muitas pessoas consideram importante gastar alguns minutos ao final de cada semana preparando uma lista das tarefas a realizar, ou seja, o que precisa ser feito durante a semana seguinte. Depois de criada a lista, todas as atividades que precisam ser concluídas naquela semana são marcadas como de nível A; são as prioridades máximas. Em seguida, as atividades importantes, mas que podem ser adiadas se necessário, são classificadas como B. As demais atividades são classificadas como C; as menos prioritárias da semana. Em seguida, é programado o tempo para realizar as atividades de nível A e nível B. Se sobrar tempo, trabalhar nas atividades de nível C. Cada atividade completada deve ser riscada da lista de tarefas.

Como saber quando é a melhor hora para realizar as atividades da lista? Eis algumas recomendações para criar programações semanais e diárias:

- Em primeiro lugar, registrar todas as atividades com hora já estabelecida. Por exemplo, a reunião semanal com os funcionários, já programada regularmente para as segundas-feiras, pela manhã, ou o compromisso já marcado com o gestor, na quinta-feira, às 15h, não devem ser modificados.

- Em seguida, procurar horário para as demais atividades de nível A. Tentar evitar programá-las para o final do dia (em um plano diário) ou da semana (em um plano semanal). Se surgir alguma situação crítica, haverá outra oportunidade para terminar essas atividades. Depois, programar as atividades de nível B.

- Programar as atividades mais complexas e mais importantes para o período do dia em que a pessoa seja mais produtiva. Se ela costuma sentir sono depois do almoço ou for lenta no período da manhã, ela deve programar as atividades de prioridade máxima no período em que se sinta mais ativa.

- Aprender a usar a agenda ou as ferramentas de planejamento instaladas no sistema operacional do computador. Por exemplo, o Calendário do Microsoft Works permite registrar os eventos futuros, as reuniões, os compromissos e os feriados e também emite lembretes personalizados de cada evento. Outros programas, como o Lotus

Notes, permitem agendar uma reunião de equipe e inserir o dia, a hora e o local nas agendas de todos os membros da equipe.
- Reservar tempo para refletir, e não apenas para executar. Lembrar-se de que o processo criativo requer tempo para reflexão (veja o Capítulo 9).
- Não preencher todas as horas do dia ou da semana. Deixar algum tempo livre para lidar com os problemas e os assuntos inesperados trazidos pelos funcionários e outras pessoas. Se não surgir nenhum problema, melhor ainda. Sobrará tempo para as atividades de nível C.

Deve-se ter o cuidado de não confundir a finalidade da lista de tarefas e transformá-la na meta em si. Alguns consultores de administração de tempo afirmam que a elaboração das listas pode acabar tomando o lugar das atividades iniciais. Certamente, a elaboração de listas pode tomar tempo. A consultora de comunicações, Ilya Welfeld, mantém listas de listas, incluindo uma lista de prioridade para complementar a lista de tarefas que ela mantém no Microsoft Outlook. Deanna Brown, editora da revista *Breathe*, gasta meia hora por dia criando uma lista de tarefas. "Ligar para a mamãe" constava na lista de um mês, e Brown justificou o seu raciocínio para a inclusão dessa tarefa como sendo um sinal de que "Eu penso nela".[3]

Controlando os Fatores de Desperdício de Tempo

Muitos supervisores acreditam que certas atividades e atitudes são as que mais os fazem desperdiçar tempo. A Figura 13.2 identifica os fatores mais comuns que causam o desperdício de tempo: reuniões, ligações telefônicas, e-mails, documentação, visitante inesperado, procrastinação, perfeccionismo, não delegar e incapacidade de dizer não. Algumas das atividades são necessárias, mas o supervisor nem sempre administra bem o tempo gasto nelas.

Reuniões

A principal razão de muitos supervisores odiarem as reuniões é que, muitas vezes, elas são uma perda de tempo. As pessoas caminham lentamente até a sala de reuniões e, então, passam o tempo batendo papo enquanto esperam pelos atrasados. Quando a reunião formal finalmente toma o seu curso, a discussão, às vezes, é desviada pela tangente e o grupo, por fim, não termina a tarefa para a qual se reuniu. Reuniões desse tipo são frustrantes.

Quando se participa de uma reunião conduzida por outra pessoa, é difícil controlar a perda de tempo. O supervisor pode encorajar o uso criterioso do tempo, mantendo-se em prontidão. Se as reuniões normalmente começarem com atraso, ele poderá levar consigo algum material de leitura ou outro trabalho para fazer enquanto espera. Se a discussão na reunião parecer irrelevante, ele poderá, com sutileza, pedir à pessoa que está falando que explique como tal discussão pode ajudar a cumprir a meta da reunião.

FIGURA 13.2
Fatores Comuns de Desperdício de Tempo

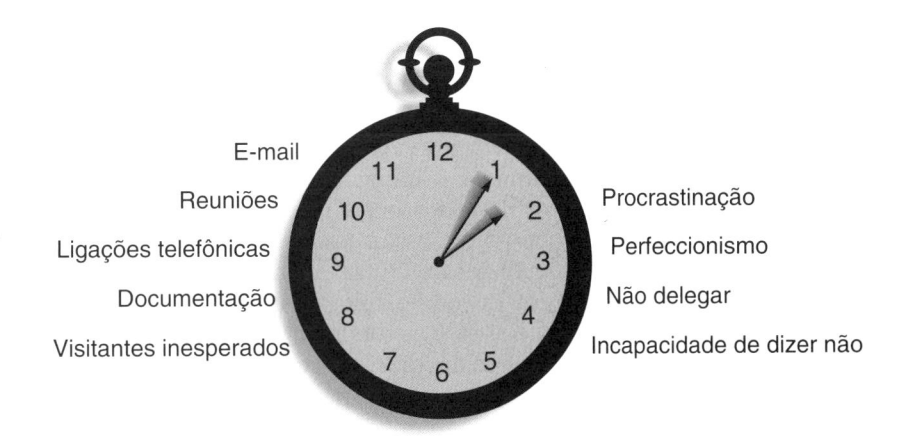

E-mail
Reuniões
Ligações telefônicas
Documentação
Visitantes inesperados

Procrastinação
Perfeccionismo
Não delegar
Incapacidade de dizer não

Quando uma pessoa convoca uma reunião, ela fará bom uso do tempo se começá-la pontualmente. Se as discussões desviarem do curso, faça, de maneira educada, com que os participantes se lembrem do assunto em questão. Além disso, marcar um horário para o término da reunião ajuda na administração do tempo. Se o problema não puder ser resolvido no tempo programado, deve-se marcar uma reunião posterior. (No Capítulo 3, são apresentadas algumas idéias de como realizar boas reuniões.)

Ligações Telefônicas e E-mails

Quando alguém liga para o supervisor, não tem como saber se aquele é o momento adequado. Conseqüentemente, a maioria das pessoas recebe chamadas quando está ocupada com outra atividade. Quando interrompem o fluxo do trabalho, as ligações telefônicas provocam o desperdício de tempo.

Lembrar que ninguém é escravo do telefone também é uma maneira de controlar o tempo. Se tiver a sorte de contar com uma secretária para filtrar as chamadas, o supervisor poderá encarregá-la de atender as ligações enquanto estiver trabalhando em tarefas de alta prioridade. Se tiver de atender ao telefone durante uma reunião ou enquanto estiver fazendo algo importante, o supervisor deverá explicar ao interlocutor que não pode dar a devida atenção naquele momento e poderá programar um horário mais conveniente para retornar a ligação. É evidente que essa abordagem deve ser usada com cuidado. Se for o gestor ou algum cliente que está ligando, a ligação pode ser de alta prioridade.

Quando o próprio supervisor faz a chamada, ele deve pensar antes. Ele pode programar um horário todos os dias para fazer as ligações, tendo em mente as diferenças de fuso quando fizer uma chamada internacional. Antes de ligar, ele deve ter sempre em mãos as informações necessárias; não faz sentido fazer o cliente esperar enquanto procura os arquivos que contêm as respostas de que ele precisa. Essa atitude não apenas faz perder tempo, como também irrita o interlocutor por ter de esperar. Se a pessoa para a qual o supervisor telefona não estiver disponível, ele deve perguntar quando ela retorna em vez de simplesmente deixar uma mensagem. Desse modo, ele tem idéia de quando poderá retornar a ligação.

Apesar de toda a sua aparente conveniência, o e-mail pode absorver outra grande parcela do tempo do supervisor. Alguns funcionários recebem 100 ou mais mensagens por dia. O tempo necessário para ler e responder as mensagens recebidas desafia o funcionário a descobrir estratégias para o gerenciamento de mensagens eletrônicas. Nos escritórios do *Wall Street Journal*, um funcionário lê cada mensagem quando ela chega, ignorando apenas as que são conhecidamente spams, exclui mais ou menos metade considerada sem importância e, depois, salva as demais. Outra funcionária revisa periodicamente suas mensagens no painel de visualização, exclui as mensagens não importantes, lê as importantes e, depois, separa-as em pastas para poder consultar posteriormente. Se a mensagem exigir alguma providência posterior, essa funcionária a mantém na sua caixa de entrada.[4]

Além do volume de informações sem importância, o e-mail apresenta outro desafio sério: interrupções. De acordo com estudos sobre o comportamento do trabalhador, um funcionário que tem seu trabalho interrompido leva mais ou menos 25 minutos para retomá-lo. A razão está no fato de o funcionário, geralmente, se desviar para outras atividades depois das interrupções.[5] Portanto, sempre que o supervisor pára o que está fazendo para abrir uma mensagem, pode levar algum tempo antes de retomar o curso anterior de raciocínio. Algumas pessoas extremamente produtivas descobrem maneiras de minimizar o impacto dessas interrupções. Algumas mantêm uma página do processador de texto aberta para registrar quaisquer idéias e lembretes à medida que lhes vão ocorrendo. Essas pessoas usam o recurso de busca do programa para localizar as idéias mais tarde. Outras enviam para si mensagens eletrônicas como lembretes, porque elas têm como hábito verificar o e-mail periodicamente. Outras, ainda, seguem o princípio de resolver totalmente aquilo que as fez interromper sua tarefa no caso de ser necessário no máximo dois minutos. Interrupções mais longas vão diretamente para a lista de tarefas. Em seguida, a pessoa ataca o próximo item da lista (o novo item só deverá ser resolvido imediatamente se for de máxima prioridade).[6]

Para evitar ficar sobrecarregado, o supervisor precisa aprender a priorizar os e-mails, excluir sem ler os inúteis, restringir o número de mensagens enviadas e de destinatários e evitar encaminhar ou responder mensagens de grupos ou outros tipos de correspondências não relacionadas ao trabalho. A consultora empresarial e autora Jennifer White orienta que o supervisor deve ser implacável com o e-mail. Uma das estratégias que ela recomenda é verificar o e-mail uma vez e apenas uma vez durante o dia, em um horário programado. Verificá-lo a todo momento destrói a energia do funcionário, além de sobrecarregá-lo. É evidente que esse método só pode ser adotado se outras pessoas não dependerem de uma resposta rápida. Além disso, nas palavras de Merlin Mann, especialista em gestão de sobrecarga de informações induzida por tecnologia "A menos que você trabalhe em um silo de mísseis coreano, não precisa verificar o e-mail a cada dois minutos".[7]

Documentação e Material de Leitura

O supervisor gasta muito tempo lendo e escrevendo. Ele recebe correspondência, relatórios e revistas para ler e, geralmente, precisa preparar relatórios, cartas e memorandos para enviar a outras pessoas. Leitura e redação não necessariamente desperdiçam o tempo, mas muitos supervisores não realizam bem essas atividades.

Muitas das recomendações de como controlar a documentação são baseadas no princípio de tratar de um assunto por vez. O supervisor deve reservar uma hora específica para ler todos os documentos que passam pela sua mesa. Nesse momento, ele deve determinar se cada item necessita de alguma providência. Se não, deve descartá-lo imediatamente. Se algum item exigir providências, ele deve definir a melhor resposta. Uma maneira eficaz de responder um memorando é escrevendo uma resposta curta no alto da página do documento recebido e devolvendo-o ao remetente. Caso o supervisor tenha uma secretária, pode manter um gravador à mão e ditar as respostas das cartas à medida que as lê. Ou, ainda, ele pode verificar se a resposta à carta pode ser dada por telefone. Caso ele entenda que precisa reservar algum tempo para pesquisar ou preparar algum relatório, deve programar imediatamente algum horário.

A maioria dos supervisores recebe uma grande variedade de revistas, boletins e jornais. Um supervisor pode considerar que o material é muito útil, outros, mais ou menos, ou, ainda, outros podem considerá-lo totalmente irrelevante. Para reduzir o tempo gasto folheando as publicações inúteis, o supervisor deve escolher aquelas que considera úteis e cancelar a assinatura das demais. Recomenda-se que se dê uma olhada no sumário das publicações úteis, em vez de folheá-las página por página. Se um supervisor acha que um determinado relatório interno da companhia que ele recebe não oferece muitas informações úteis, ele pode pedir que seja excluído da lista de distribuição.

Visitantes Inesperados

O supervisor, às vezes, é interrompido por visitantes inesperados: clientes, colegas, funcionários, vendedores ou qualquer outra pessoa que aparece sem horário marcado. Como o atendimento dessas pessoas envolve um tempo que não foi planejado, as interrupções podem interferir na conclusão de algum trabalho. A Figura 13.3 mostra algumas recomendações abrangentes para resolver esse problema potencial.

Quando o supervisor gasta tempo regularmente com visitantes inesperados em assuntos irrelevantes, muito tempo é desperdiçado. O segredo é saber quais são as interrupções importantes. Por exemplo, quando algum cliente irritado exige ver o gestor, o supervisor deve interromper o seu trabalho e ir resolver o problema, já que satisfazer o cliente é uma parte importante de seu trabalho. Se o gestor do supervisor, de vez em quando, aparece para discutir alguma idéia, o supervisor provavelmente terá de trabalhar conforme a agenda do gestor. Mas, quando algum colega de outro departamento pára para contar sobre suas férias ou algum vendedor aparece sem avisar, a interrupção não denota alta prioridade.

FIGURA 13.3
Lidando com Visitantes Inesperados

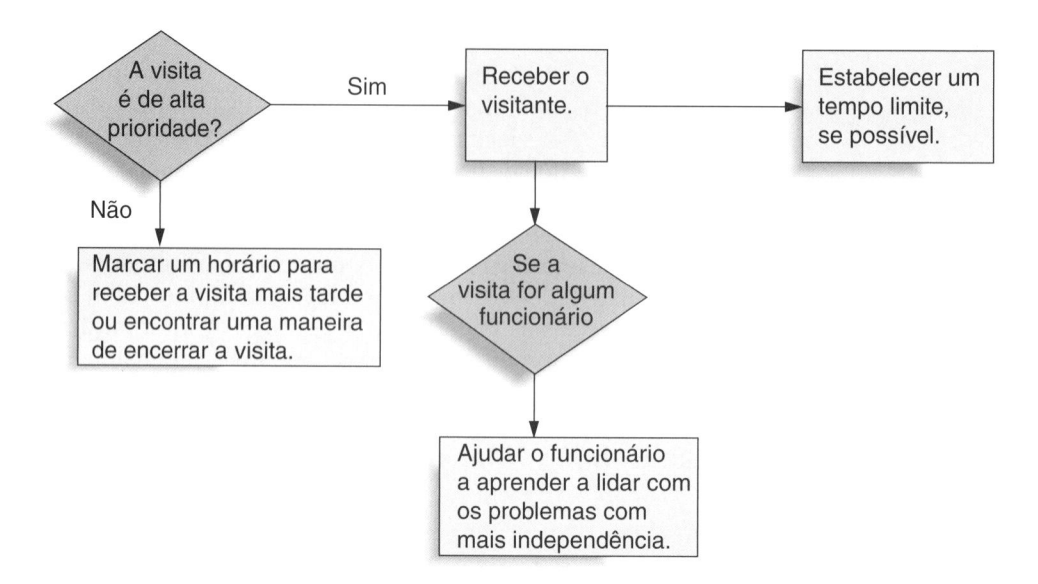

```
[A visita é de alta prioridade?] --Sim--> [Receber o visitante.] --> [Estabelecer um tempo limite, se possível.]
       |
      Não
       v
[Marcar um horário para receber a visita mais tarde ou encontrar uma maneira de encerrar a visita.]

[Receber o visitante.] --> [Se a visita for algum funcionário] --> [Ajudar o funcionário a aprender a lidar com os problemas com mais independência.]
```

No caso de interrupções de pouca prioridade, o supervisor precisa assumir o controle do seu tempo de forma diplomática. O supervisor pode dizer ao colega que acaba de retornar das férias: "Fico feliz em saber que você se divertiu bastante. Vamos marcar um almoço para você me contar tudo". Quando algum vendedor aparece sem hora marcada, o supervisor pode lhe pedir que deixe alguns catálogos. Outra reação diante de visitantes inesperados é estabelecer um limite de tempo. Por exemplo, o supervisor pode dizer: "Tenho cinco minutos. Qual a sua idéia?". Se o problema for urgente ou aparentemente merecer mais tempo, o supervisor pode se organizar para que possa se reunir com o visitante mais tarde, por um tempo determinado.[8]

O ato de se levantar é um sinal útil nesse tipo de situação. Se o supervisor avistar um visitante indesejado caminhando na direção da sua sala, pode se levantar e recebê-lo na porta e conversar com ele ali mesmo. Essa postura transmite a idéia de que ele espera que a conversa seja rápida. Reunir-se com alguém na mesa deste ou em uma sala de reuniões permite ao supervisor se levantar e sair quando terminar de tratar do assunto. Caso o supervisor se reúna em sua sala com alguém, levantar-se ao terminar o assunto indica que a reunião está terminada.

É necessário habilidade para lidar com as interrupções de funcionários porque faz parte da função de um supervisor escutar e ajudá-los a resolver os problemas relacionados ao trabalho. Ao mesmo tempo, o fluxo constante de interrupções pode demonstrar falta de treinamento ou falta de autoridade dos funcionários para lidar com seus trabalhos. Se um funcionário interrompe porque tem algum problema, uma abordagem seria escutar e, em seguida, perguntar: "O que você sugere para resolvermos isso?". Essa atitude demonstra que o supervisor espera a participação do funcionário na busca das soluções. Com a prática, o funcionário pode aprender a enfrentar os problemas com mais independência.

Se o problema não for urgente, o supervisor pode programar um horário mais tarde, quando então ele e o funcionário podem se reunir para trabalhar juntos no problema. Nesse período programado, evidentemente, o supervisor deve priorizar a reunião com o funcionário e desencorajar a interrupção de outras pessoas. Assim, o funcionário percebe que o supervisor irá escutar e trabalhar com ele, embora não necessariamente a qualquer momento.

Procrastinação

Algumas vezes, é difícil começar alguma atividade. Talvez o supervisor tenha de elaborar uma proposta de aquisição de um novo sistema de computador. Ele não sabe ao certo como elaborar esse tipo de proposta, então, fica feliz quando o telefone toca. Ele conversa um pouco, e a conversa o faz lembrar de fazer o acompanhamento de um pedido junto ao fornecedor. Assim, ele faz outra ligação telefônica. Ele se levanta para dar uma esticada nas pernas e pensa que é um bom momento para verificar o que os funcionários estão fazendo. Pouco a pouco, ele dá um jeito de passar o dia inteiro sem trabalhar na proposta. Esse processo de adiar o que precisa ser feito é denominado **procrastinação**.

procrastinação
Adiar o que precisa ser feito

A procrastinação é um fator de desperdício de tempo porque faz as pessoas gastarem o tempo em atividades de pouca prioridade, evitando, assim, as de alta prioridade. A melhor solução para a procrastinação é forçar-se a realizar a atividade. Para isso, a pessoa deve executar um passo de cada vez. Definir qual é o primeiro passo e, assim, executá-lo. Depois, executar o passo seguinte. O supervisor descobrirá que está evoluindo gradativamente e que a grande tarefa não parece tão complicada assim.

Se ele necessitar de mais incentivo para começar, pode se conceder uma recompensa a cada passo concluído. Por exemplo, ele pode definir que, assim que completar o primeiro passo, poderá sair para dar uma caminhada, ligar para algum cliente ou fazer uma pausa para verificar a correspondência. Se o projeto parecer totalmente desagradável, ele pode se concentrar nas recompensas. A última recompensa, evidentemente, seria terminar o trabalho.

Eis algumas dicas para superar a procrastinação:[9]

1. Escolher uma área por vez em que o supervisor costuma protelar a atividade e atacá-la. Ele pode estar acostumado a evitar, por exemplo, começar novos projetos, ou responder os e-mails, ou retornar as ligações. Qualquer que seja o caso, ele deve escolher uma tarefa e começá-la.
2. Dividir o trabalho em categorias e se esforçar para completar um passo da tarefa, responder uma mensagem eletrônica ou retornar uma ligação por vez. Depois de completada cada atividade, ele pode começar a seguinte.
3. Tentar realizar o trabalho maior primeiro, que é quando se tem mais energia. Feito isso, o resto fica mais fácil.
4. Estabelecer prazos. Escrevê-los em local visível e cumpri-los.
5. Não buscar o perfeccionismo.

Perfeccionismo

perfeccionismo
Tentativa de realizar as atividades com perfeição

Uma das razões para as pessoas adiarem o trabalho que precisa ser feito é o medo de não corresponder aos padrões. Embora os altos padrões possam inspirar o alto desempenho, o perfeccionismo deixa as pessoas com medo de tentar. **Perfeccionismo** é a tentativa de realizar as atividades com perfeição. Pode parecer uma meta nobre, mas os seres humanos são imperfeitos. Portanto, a expectativa da perfeição sentencia as pessoas ao fracasso.

Em vez de ser escravo do perfeccionismo, o supervisor deve definir o padrão máximo capaz de atingir de forma realista. O supervisor pode atingir um alto padrão, contando com o conhecimento especializado dos funcionários e colegas. Quando o supervisor perceber que está evitando alguma tarefa difícil, deve lembrar-se de que as metas são realistas e, portanto, deve se esforçar ao máximo para executá-las.

Não Delegar

O perfeccionismo pode estar por trás da não-delegação do trabalho. Mesmo quando outra pessoa pode realizar o trabalho com mais eficácia, em termos de custo e disponibilidade, o supervisor pode relutar em delegar por acreditar que só ele é capaz de realizar o trabalho. Essa atitude impede uma delegação apropriada. Em termos de administração de tempo, conseqüentemente, o supervisor assume trabalho demais. Em vez disso, o supervisor deve aprender a delegar com eficácia. A seção "Dicas da Linha de Frente" sugere formas de o supervisor estabelecer limites razoáveis para as expectativas dos outros em relação a ele e sua expectativa em relação a si.

DICAS DA LINHA DE FRENTE

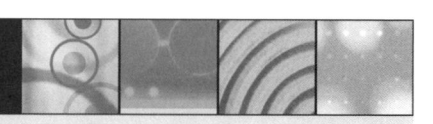

ESTABELECENDO LIMITES

Muitos supervisores foram promovidos a esse cargo, pois realizavam funções das quais gostavam ou, pelo menos, nas quais atuavam com confiança. As responsabilidades de supervisão podem parecer menos agradáveis do que as funções mais comuns. Alguns supervisores descobrem que estão trabalhando muito mais, como jamais haviam imaginado, realizando muitas das antigas tarefas juntamente com as novas responsabilidades. Muitos supervisores descobrem que seu trabalho cresce à medida que a companhia tenta operar com menos funcionários e menos camadas de gestão. Em determinados momentos, fica impossível continuar assumindo novas responsabilidades sem abrir mão de alguma das antigas.

Se o supervisor ficar sobrecarregado e não conseguir completar suas responsabilidades ao longo de uma semana de trabalho, é sinal de que ele precisa estabelecer alguns limites. Um aspecto lógico sobre o qual ele pode começar é revisando todas as tarefas. Algumas organizações têm funcionários que dedicam tempo e energia em projetos com os quais ninguém se importa, como, por exemplo, ao elaborar relatórios que ninguém lê ou produtos para os quais a companhia não investe mais. Será que o supervisor está realizando alguma atividade que um dia foi importante, mas que não serve mais a nenhuma finalidade no momento? Se sim, ele deve obter autorização para parar de executá-la.

Em seguida, ele deve identificar quais atividades podem ser delegadas. Se alguns dos funcionários possuírem as qualificações, eles talvez gostem de um trabalho variado. Se os funcionários não estiverem qualificados, essa pode ser uma oportunidade para treinar e desenvolver aqueles com potencial. Conforme eles vão aprendendo mais, o grupo pode render mais para a organização.

Avaliar o que o supervisor pode realizar em uma semana. Se, depois de delegar, ele ainda tiver mais responsabilidades do que é capaz de lidar razoavelmente, ele pode listá-las e discuti-las com o superior. Alguns gestores ficam surpresos com a quantidade de tarefas que o funcionário está tentando executar. Ele deve pedir ajuda ao supervisor para definir as tarefas mais prioritárias. Talvez o supervisor não se sinta bem durante essa discussão, mas, se ele usar um tom positivo, procurando resolver o problema, provavelmente descobrirá que o superior prefere discutir a ser surpreendido caso o supervisor não consiga completar algum projeto.

O supervisor deve assegurar-se de que o tempo que passa fora do ambiente de trabalho seja efetivamente desligado de qualquer atividade da empresa. Encerrado o expediente, a menos que a função exija disponibilidade plena, ele deve deixar o e-mail e o correio de voz para o dia seguinte. Um exemplo é a experiência de Diane Knorr. Na primeira vez em que o gestor ligou para ela tarde da noite, Knorr sentiu-se orgulhosa da sua aparente importância para a companhia. Mas, no fim, ela teve cada vez mais dificuldade em manter sua vida profissional separada do tempo com a família. Ela começou a apresentar um problema de saúde decorrente do estresse, que persistiu até ela mudar de emprego. Knorr percebeu que, para ter êxito no longo prazo, ela tinha de cuidar de si mesma, embora tal percepção tenha vindo tarde demais para que pudesse permanecer em seu emprego, trabalhando com aquele empregador.

Fontes: Johanna Rothman, "When Do You Say, 'No, That's Not My Job Any Longer'?" Computerworld, 1º ago. 2003, www.computerworld.com; John Schwartz, "Always on the Job, Employees Pay with Health", The New York Times, 5 set. 2004, extraído de Business & Company Resource Center, http://galenet.galegroup.com.

Incapacidade de Dizer Não

Para controlar a utilização do tempo, é preciso ser capaz de dizer não, quando necessário. No entanto, é fácil deixar as outras pessoas e as demandas delas controlarem como utilizamos o nosso tempo, assim acabamos nos desdobrando demais, assumindo mais tarefas do que possivelmente conseguimos realizar bem. Como uma pessoa reage quando outra pede a ela para presidir algum comitê, gerenciar um novo projeto ou assumir uma função ativa em uma atividade filantrópica local? A maioria das pessoas se sente incomodada em dizer não quando se trata de uma oportunidade para um projeto significativo ou quando não quer magoar alguém. Mas, quando a pessoa assume atividades demais, não consegue executar bem nenhuma delas.

Se alguém oferecer ao supervisor uma oportunidade que exija um comprometimento significativo de tempo, ele deve aprender a dizer, educadamente, que irá estudar a oferta e responder mais tarde à pessoa, estabelecendo um prazo. Em seguida, deve avaliar os compromissos e as prioridades atuais e decidir se deve assumir essa nova tarefa. Talvez ele possa concluir que tem tempo para assumi-la, mas em outras ocasiões terá de recusar, alegando que não tem tempo suficiente para fazer jus à tarefa. Se o dia-a-dia já for atribulado, mas a oportunidade parecer importante, ele deverá tentar se questionar "de que atividade me disporia a abrir mão para ter tempo para essa nova tarefa?".

Se o seu supervisor lhe pedir que assuma uma nova tarefa urgente, peça ajuda a ele para decidir se ela deve ser encaixada nas prioridades atuais ou qual atividade deve ser colocada de lado para que possa cumprir o novo projeto.[10]

Para as ocasiões em que seja impossível dizer não, ele pode experimentar as seguintes dicas:

1. Perguntar à pessoa que está lhe pedindo algo como os dois podem planejar melhor para, na próxima oportunidade, realizar a tarefa.
2. Lembrar a pessoa de que agora ela lhe "deve uma" e que, por exemplo, pode cobrir o seu turno da próxima vez que você precisar faltar.
3. Sugerir seu próprio cronograma. Por exemplo, dizer: "Posso terminar o trabalho até o final da semana".
4. Estabelecer um limite de tempo para a sua participação. Por exemplo, explicar que pode dedicar apenas uma hora e nada mais.[11]

Qualquer que seja a sua decisão, uma abordagem com muita reflexão favorece todas as pessoas envolvidas. Se você não tiver tempo para realizar bem a tarefa e dentro do prazo, é melhor dar à outra pessoa a chance de procurar alguém que o possa. Ninguém gosta de descobrir que a pessoa com a qual estava contando tem compromissos demais e não tem tempo suficiente para realizar bem o trabalho.

ADMINISTRAÇÃO DO ESTRESSE

O fato de não conseguir administrar bem o tempo é uma das razões pelas quais o supervisor considera o seu trabalho difícil. É frustrante sair do trabalho sabendo que nada do que estava planejado para aquele dia foi realizado. O supervisor também tem dificuldades para administrar seu tempo quando ouve muitas reclamações, trabalha em um ambiente perigoso e tenta atingir expectativas irreais. Para lidar com tudo isso, o supervisor pode usar técnicas de administração do estresse.

estresse
Reação do corpo para lidar com as demandas ambientais

Estresse é a reação do corpo para lidar com as demandas ambientais, como mudança, frustração, incerteza, perigo ou desconforto. Normalmente, quando se pensa em estresse, pensa-se na reação contra os problemas, como discussões, frio ou longas horas de trabalho. O estresse também resulta dos desafios estimulantes e de mudanças felizes de vida. Assim, comprar um automóvel é estressante, assim como se casar e ser promovido. As pessoas estressadas normalmente apresentam alterações fisiológicas, como aceleração do batimento cardíaco e da respiração, aumento da pressão arterial, da transpiração e da tensão muscular e redução do funcionamento gástrico (estomacal), entre outras.

Causas do Estresse

As demandas ambientais que causam o estresse podem surgir no trabalho, na vida pessoal e nos conflitos que surgem entre os dois.

Causas Relacionadas ao Trabalho

Os fatores profissionais relacionados ao estresse envolvem as políticas, as estruturas, as condições físicas e os processos (o modo de execução do trabalho) da organização. A Figura 13.4 mostra exemplos de cada um desses fatores. Os funcionários costumam se estressar quando as políticas parecem injustas e ambíguas, a estrutura torna o trabalho relativamente insatisfatório, as condições físicas são desconfortáveis e os processos atrapalham a compreensão do que está acontecendo e de como está o desempenho deles.

David Stum, presidente do Loyalty Institute da Aon Consulting, afirma que os funcionários estão cada vez mais estressados por causa "da nova expectativa corporativa... para executar tudo melhor, mais rápido e mais barato". Ele comenta que, nos últimos

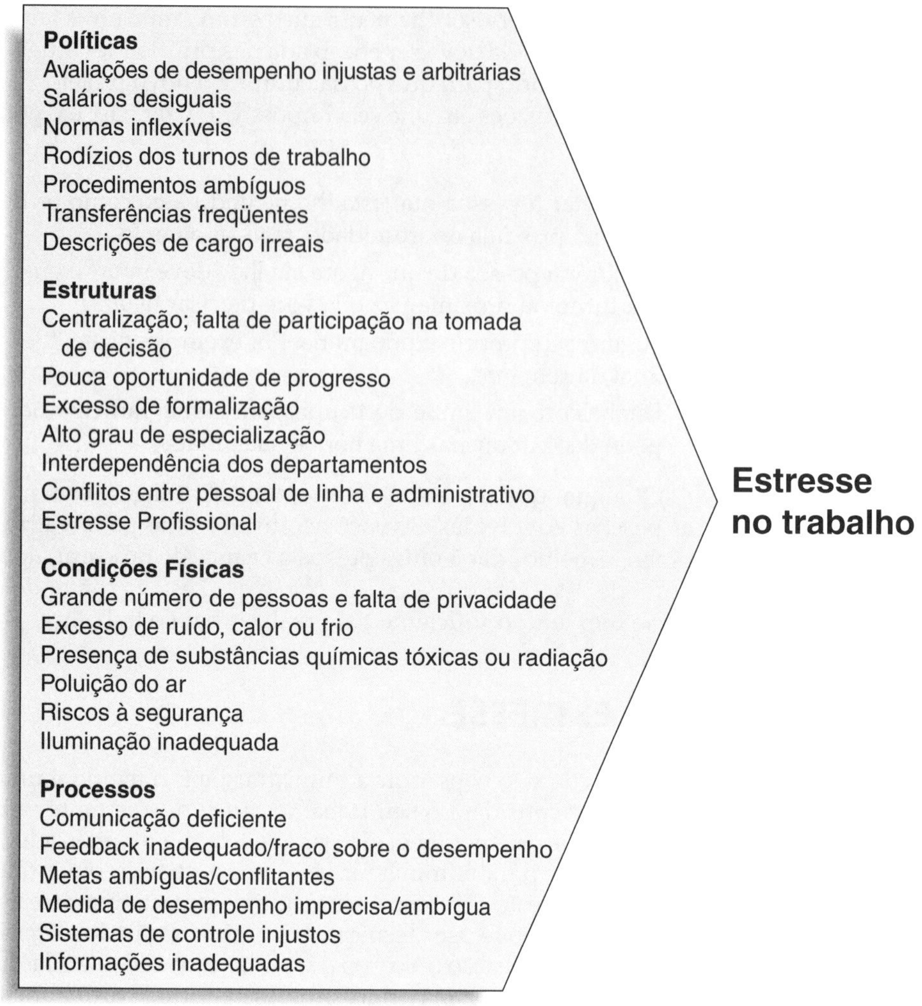

FIGURA 13.4
Fatores Profissionais Ligados ao Estresse

Fonte: Samuel C. Certo e Lee Graf, *Modern Management: Diversity, Quality, Ethics, & the Global Environment*, 6. ed. Copyright © 1994 Pearson Education, Inc. Reprodução autorizada pela Pearson Education, Inc., Upper Saddle River, NJ.

Políticas
Avaliações de desempenho injustas e arbitrárias
Salários desiguais
Normas inflexíveis
Rodízios dos turnos de trabalho
Procedimentos ambíguos
Transferências freqüentes
Descrições de cargo irreais

Estruturas
Centralização; falta de participação na tomada de decisão
Pouca oportunidade de progresso
Excesso de formalização
Alto grau de especialização
Interdependência dos departamentos
Conflitos entre pessoal de linha e administrativo
Estresse Profissional

Condições Físicas
Grande número de pessoas e falta de privacidade
Excesso de ruído, calor ou frio
Presença de substâncias químicas tóxicas ou radiação
Poluição do ar
Riscos à segurança
Iluminação inadequada

Processos
Comunicação deficiente
Feedback inadequado/fraco sobre o desempenho
Metas ambíguas/conflitantes
Medida de desempenho imprecisa/ambígua
Sistemas de controle injustos
Informações inadequadas

→ **Estresse no trabalho**

anos, tem aumentado o número de dias de trabalho perdidos por causa do estresse, a que Paul Rosch, presidente do American Institute of Stress, atribui o custo de US$ 200 a US$ 300 bilhões anuais para as empresas norte-americanas. Esses valores englobam o absenteísmo, a rotatividade, os custos médicos diretos, as indenizações trabalhistas e outros custos legais, os acidentes e a produtividade reduzida.[12]

Pesquisas sobre ocupações dentro de uma empresa, elaboradas pelo Departamento Norte-Americano de Estatísticas Trabalhistas, indicam que as vítimas do estresse ocupacional faltam em média 23 dias de trabalho por ano, comparados com apenas cinco dias por doenças ou lesões. Os trabalhadores dos setores financeiro, securitário e imobiliário representam 12% de todos os casos de estresse, enquanto operadores de máquinas respondem por 15% e supervisores de produção, 4%. Os operários respondem pela maioria das lesões e doenças, enquanto os trabalhadores administrativos representam mais da metade dos casos de estresse. Analisando os dados por gênero, o departamento constatou que os homens respondem por dois terços das doenças e lesões, enquanto as mulheres representam dois terços dos casos de estresse.[13]

Esforços recorrentes de redução do quadro de pessoal têm contribuído muito para o estresse do funcionário. Muitos funcionários vêem o corte de empregos como uma tendência de longo prazo, que prevalece sem levar em consideração o empenho máximo dos funcionários ou o lucro da organização. Um caso recente é o de Pam Cromer, que trabalhou na Westinghouse Electric Corporation em Pitisburgo, nos EUA.

TABELA 13.1
Padrões de Comportamento Associados às Personalidades do Tipo A e Tipo B

Fonte: Tabela adaptada de Meyer Friedman e Ray H. Rosenman, *Type A Behavior and Your Heart* (Nova York: Fawcett Crest, 1974), p. 100-101, resumida em Jane Whitney Gibson, *The Supervisory Challenge: Principles and Practices* (Columbus, OH: Merrill Publishing, 1990), p. 309.

Tipo A	Tipo B
Movimenta, caminha, come rapidamente Fica impaciente com as pessoas mais lentas Fica impaciente quando as pessoas conversam sobre algo que não seja do seu interesse Faz duas ou três coisas ao mesmo tempo Não consegue relaxar ou parar de trabalhar Tenta fazer cada vez mais em menos tempo	Tem interesses variados Adota um estilo de vida relaxado, porém ativo

Ela trabalhava até 80 horas por semana quando a companhia passou por dificuldades no início da década de 1990. Uma noite, parte do seu rosto ficou paralisado, e ela veio a descobrir que a paralisia era conseqüência de sua forte mordedura – por causa da tensão. Apesar da disposição de Cromer em se sacrificar, ela foi demitida em decorrência de cortes na empresa, depois de ter trabalhado na Westinghouse por 22 anos. Na festa de despedida, seus colegas comentaram: "Os vencedores acabam saindo, e os perdedores acabam ficando".[14]

O próprio comportamento do supervisor também pode ser causa de estresse para os funcionários. O supervisor que se comunica mal incita conflitos, aplica medidas disciplinares de forma arbitrária e cria condições de trabalho estressantes. Outros comportamentos do supervisor que também contribuem para o estresse são a demonstração de pouco caso com o bem-estar do funcionário e o controle de cada detalhe do seu trabalho. Se uma pessoa digita enquanto alguém a observa sobre seus ombros, quase consegue sentir a sua pressão arterial subir. O supervisor também contribui para o estresse quando dificulta o trabalho do funcionário, por exemplo, quando dá orientações vagas ou o interrompe com assuntos que podem ser adiados.

Michael Gelman é produtor executivo do Live with Regis, programa de TV matinal de variedades, gravado em Nova York. Durante os 13 anos na função, Gelman descobriu uma maneira própria de lidar com o estresse particular do trabalho com Regis Philbin. "Na televisão ao vivo, não há segunda chance, em hipótese nenhuma", comenta Gelman. "Quando tudo sai errado e Regis resmunga e reclama, não interpreto como sendo pessoal. Tudo faz parte do seu papel. Simplesmente seguimos adiante... e há aqueles 5% do tempo em que fico realmente chateado e quero extravasar; 'Calma lá'. Mas, dessa maneira, eu fugiria das minhas características".[15]

Fatores Pessoais

Mesmo quando expostos a semelhantes fatores profissionais e a semelhante comportamento do supervisor, alguns funcionários ficam mais estressados que outros. O sentimento geral de pessimismo, impotência e pouca auto-estima contribuem para o estresse. Além disso, alguns pesquisadores médicos têm observado que as pessoas mais propensas a sofrer de cardiopatias (presumidamente um sinal de estresse) costumam apresentar um padrão similar de comportamento, que eles nomearam de **personalidade do tipo A**. Personalidade do tipo A refere-se ao padrão de comportamento de tentar constantemente terminar tudo às pressas. Ela abrange os comportamentos mencionados na Tabela 13.1. A pesquisa sugere que algumas pessoas do tipo A parecem prosperar nas suas atitudes em relação à vida, enquanto outras – as propensas a cardiopatias – demonstram muita hostilidade além das características básicas do tipo A. Para ajudar essas pessoas do grupo de risco, os médicos, muitas vezes, recomendam adotar comportamentos opostos, conhecidos como **personalidade do Tipo B** (veja a Tabela 13.1).

Outra causa de estresse é a absoluta incapacidade de deixar o trabalho. De acordo com um levantamento nacional realizado pela Steelcase, que vende móveis corporativos, mais de quatro de cada dez trabalhadores afirmam gastar parte das férias fazendo alguma coisa relacionada ao trabalho. A tecnologia possibilita ao funcionário verificar a correspondência eletrônica, ler as mensagens no celular ou nos BlackBerries ou terminar um relatório no seu computador portátil. Embora o descanso seja necessário para

personalidade do tipo A
Padrão de comportamento que envolve a constante tentativa de realizar muito e às pressas

personalidade do tipo B
Padrão de comportamento voltado a uma atitude de vida relaxada, porém ativa

as pessoas se renovarem e poderem render o máximo, os entrevistados do levantamento, muitas vezes, justificavam o trabalho nas férias como necessário para terminar alguma atribuição ou colocar em dia as tarefas.[16]

Conflito Trabalho-Família

O estresse também pode aumentar para as pessoas que sofrem com o conflito entre as demandas do trabalho e da casa. Tradicionalmente, as mulheres arcavam com as responsabilidades básicas dos cuidados da casa e do bem-estar da família, portanto, como grupo, elas são especialmente vulneráveis a essa fonte de estresse. Uma pesquisa realizada com 311 enfermeiras entre 50 e 70 anos, nos Estados Unidos, constatou que as mulheres que se sentem pressionadas entre as demandas do trabalho e da casa apresentam mais riscos que as demais de sofrer de graves problemas cardíacos. O risco não está associado às suas realizações ou ao seu nível de esforço no trabalho, mas ao grau de conflito vivido entre a carreira e a família. O maior risco foi observado nas mulheres que acreditavam no fato de que ter uma família era empecilho para seu desenvolvimento profissional.[17]

Conseqüências do Estresse

O estresse é um fato da vida. A vida seria um tédio sem alguns fatores de estresse, e a maioria das pessoas busca algum grau de estresse. Algumas pessoas até se sentem atraídas por empregos considerados desafiadores ou emocionantes, que são, normalmente, aqueles provavelmente mais estressantes. No trabalho, o funcionário tende a desempenhar melhor sob um grau moderado de estresse (veja a Figura 13.5).

No entanto, estresse demais provoca problemas, principalmente quando sua origem é negativa (por exemplo, de um gestor crítico, de condições de trabalho inseguras). Assim como mostra a Figura 13.5, o desempenho cai quando o nível de estresse passa de moderado a alto. Em um ambiente altamente estressante, as pessoas ficam mais propensas a apresentar problemas cardíacos, pressão alta, úlcera e possivelmente outras doenças. Por causa da doença e da insatisfação, elas ficam mais tempo afastadas do trabalho. Quando os funcionários estão no trabalho, os fatores de estresse podem atrapalhá-los, uma vez que os impede de desempenhar ao máximo e os deixa mais vulneráveis aos acidentes.

Além de prejudicar a organização com a queda no desempenho e na assiduidade, o estresse em excesso prejudica os funcionários como indivíduo. As pessoas estressadas costumam se sentir ansiosas, agressivas, frustradas, tensas e melancólicas. Elas se tor-

FIGURA 13.5
Níveis de Estresse e Desempenho

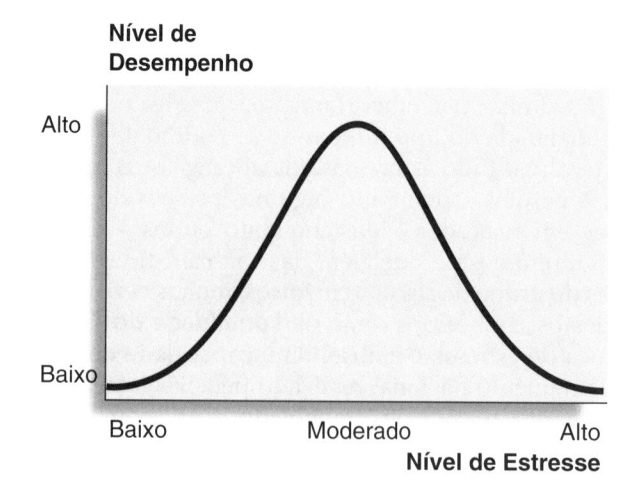

TABELA 13.2
Possíveis Sinais de Estresse em Excesso

> Queda do desempenho no trabalho.
> Aumento no uso de licença por doença.
> Aumento no número de erros e acidentes.
> Melancolia e irritabilidade.
> Fadiga.
> Perda de entusiasmo.
> Comportamento agressivo.
> Dificuldade para tomar decisões.
> Problemas familiares.
> Aparente perda de consideração com os outros e com os sentimentos deles.*
> Sensação de impossibilidade de ajudar as outras pessoas.*
> Sensação de incapacidade de realizar o trabalho bem e completamente.*

* Possíveis sinais de esgotamento.

nam extremamente sensíveis às críticas, têm dificuldades para decidir e tendem a ter problemas para manter um relacionamento mutuamente satisfatório com a pessoa amada. Elas podem também apresentar problemas de insônia. As pessoas estressadas também ficam mais propensas a abusar do álcool e das drogas.

Por causa dessas conseqüências potencialmente negativas do estresse, o supervisor deve perceber quando o funcionário parece estar mais estressado do que ele é capaz de suportar. A Tabela 13.2 relaciona alguns sinais indicativos de um funcionário excessivamente estressado. Se o supervisor perceber algum desses sinais, ele deverá tentar reduzir o estresse do funcionário e recomendar algumas técnicas para combatê-lo. (Na próxima seção, serão descritos os métodos de administração do estresse.)

Esgotamento

Uma pessoa que não consegue lidar com o estresse que dura um período de tempo muito longo pode sofrer de esgotamento. **Esgotamento** é a incapacidade de atuar bem por causa do estresse contínuo. Os funcionários esgotados se sentem exauridos e perdem o interesse no trabalho. Normalmente, o esgotamento ocorre em três estágios:

esgotamento
Incapacidade de atuar bem por causa do estresse contínuo

1. O funcionário se sente emocionalmente exaurido.
2. O funcionário se torna insensível em relação aos outros.
3. O funcionário enxerga a sua eficácia de forma negativa.

O esgotamento não se resolve apenas tirando férias. Portanto, é importante combater o estresse antes que ele provoque o esgotamento.

A Tabela 13.2 relaciona alguns sinais do estresse excessivo, indicativos de esgotamento. O supervisor que percebe esses sinais nos funcionários não deve apenas procurar reduzir o estresse, mas, também, certificar-se de recompensar os funcionários pelos seus esforços. O esgotamento tende a ocorrer com mais freqüência quando as pessoas se dedicam muito o tempo todo, com pouco ou nenhum retorno. Por essa razão, o esgotamento é mais amplamente relatado entre os trabalhadores das profissões denominadas assistenciais, tais como os profissionais da saúde e do ensino.

Administração do Estresse Pessoal

Como o estresse é provocado por fatores tanto pessoais como profissionais, um esforço pleno de administração do estresse abrange ações nos dois níveis. A administração do estresse pessoal é muito importante para as pessoas que trabalham em empregos que, por natureza, são extremamente estressantes, tais como o de supervisor de enfermagem da unidade de terapia intensiva de um hospital ou de supervisor do corpo de bombeiros.

HABILIDADES EM SUPERVISÃO

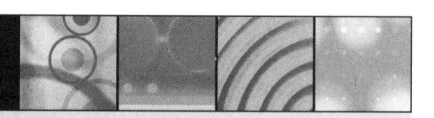

ADMINISTRANDO O ESTRESSE
ENFRENTANDO O DESLOCAMENTO DIÁRIO

O tempo gasto pelas pessoas no deslocamento de ida e volta do trabalho tem aumentado. É uma pena, porque uma recente pesquisa constatou que mais da metade desses trabalhadores ficam estressados no trajeto para o trabalho. A resposta foi ainda mais visível entre aqueles que usam o transporte público do que aqueles que usam o próprio automóvel. Aqueles que se diziam estressados culpavam diversos fatores, inclusive o tráfego, os atrasos, o aborrecimento com os demais passageiros e o mau tempo. Alguns desses trabalhadores estressados expressam sua tensão na forma de raiva e impaciência quando chegam ao trabalho.

O supervisor e demais funcionários podem adotar inúmeras medidas para reduzir o estresse no seu deslocamento para o trabalho:

- Preparar-se para sair no horário. Antes de ir dormir, organizar as roupas e os itens necessários, tais como o relógio, as chaves e a carteira. Sair mais cedo para que os atrasos não o prejudiquem muito.
- Se puder, viajar nos horários de menor movimento. Alguns empregadores oferecem flexibilidade de horário, portanto, talvez o funcionário possa sair antes ou depois do horário de pico.
- Verificar o noticiário do trânsito antes de sair para o trabalho. Se houver alguma obra ou algum acidente no caminho usual, verificar se é possível seguir por uma rota alternativa.
- Tornar a viagem o mais agradável possível. Ouvir músicas tranqüilas ou um audiolivro; se viajar de trem ou ônibus, escolher um livro ou uma revista interessante para ler.
- Dividir carona com alguém com quem goste de conversar.
- Descansar e se exercitar bastante. Isso ajuda o corpo a enfrentar o estresse em qualquer situação, inclusive no deslocamento para o trabalho.

Fontes: "Morning Commuters Beware: The Toll on Your Heart Could Be Deadly", *PR Newswire*, 21 set. 2004; Michael O'Connor, "Bad Drive to Work Can Override Drive to Succeed at the Office", *Knight Ridder/Tribune Business News*, 17 ago. 2003; ambos os textos extraídos de Business & Company Resource Center, http://galenet.galegroup.com.

Existem várias técnicas para administrar o estresse pessoal: administração de tempo (discutida na primeira parte deste capítulo), atitude positiva, exercício físico, biofeedback, meditação e atividades de vida bem equilibradas. O supervisor pode usar essas técnicas para melhorar o seu próprio nível de estresse e também incentivar os funcionários a utilizá-las. A seção "Habilidades em Supervisão" apresenta exemplos de como implementar essas técnicas durante o deslocamento para o trabalho.

Administração de Tempo

Tomar decisões conscientes e racionais quanto ao uso do tempo ajuda a evitar o estresse provocado pelo desperdício de tempo ou por metas irreais. Portanto, um bom começo para combater o estresse provocado pela conciliação entre responsabilidade profissional e familiar seria definir prioridades. Por exemplo, cada pessoa tem uma visão diferente em relação a se uma promoção vale o sacrifício que a nova função trará em termos de mudanças nas atividades que se exerce normalmente e o aumento da carga de trabalho, que pode exigir trabalhar nos finais de semana para serem terminados. Depois, deve-se reservar tempo para as atividades consideradas importantes, programando tempo para os amigos e a família, além dos compromissos profissionais. Assim como afirma Rita Emmett, em seu livro *The Procrastinator's Handbook: Mastering the Art of Doing It Now* (O Manual do Protelador: Dominando a Arte de Fazer Agora), o verdadeiro segredo de encontrar maneiras de realizar as tarefas necessárias de forma eficiente e no momento oportuno é encontrando tempo para aproveitar o resto que a vida tem a oferecer.[18]

Não se pode esquecer de reservar tempo para descansar e se revigorar. Incentivados por relatos de pesquisas mostrando uma relação com a melhoria da segurança e do desempenho no trabalho, alguns gestores chegam a incluir a sesta na sua programação.

Os princípios de administração de tempo também são úteis para administrar o estresse provocado pela conciliação entre as responsabilidades do trabalho e de casa. Se as atividades familiares constarem da lista de tarefas, a pessoa tem uma resposta pronta quando outra demanda conflitar com o tempo reservado à família: "Eu tenho outros compromissos nesse horário". Exceto em circunstâncias incomuns, deve-se evitar levar trabalho para casa. Isso dá demonstrações à família de que o trabalho é mais importante do que o tempo dedicado a ela e, de qualquer forma, em casa, é difícil se concentrar para trabalhar. O general Colin Powell aprendeu essa lição há alguns anos, quando assumiu o comando militar em Frankfurt, na Alemanha. Powell disse aos oficiais sob o seu comando que não deviam trabalhar nos finais de semana, a menos que fosse absolutamente necessário: "Qualquer um pego registrando horas no sábado ou domingo para si ou sua tropa deverá ter um bom motivo".[19]

Ser realista em relação ao tempo é, enfim, menos frustrante do que esperar resolver tudo. Em vez de se criticar pelo que não realizou, faça um esforço de encorajamento todas as vezes que conseguir atingir um equilíbrio entre compromisso pessoal e profissional.

Atitude Positiva

Assim como já mencionado, as pessoas com perspectiva negativa tendem a ser mais suscetíveis ao estresse. Portanto, o supervisor pode reduzir sua reação ao estresse cultivando uma atitude positiva. Ele pode fazer isso evitando generalizações negativas e procurando os aspectos positivos em qualquer situação. Ficar dizendo: "Essa companhia não dá a mínima para nós; a sua única preocupação é com os lucros" ou "Nunca vou entender o porquê desse trabalho" contribui para uma atitude negativa. O supervisor pode substituir de forma consciente esses pensamentos por outros mais positivos: "Hoje, a concorrência é acirrada, mas cada um de nós pode contribuir para ajudar essa companhia a satisfazer os clientes" e "Esse trabalho é difícil, mas planejarei uma forma de aprender como executá-lo melhor".

Nos exemplos positivos, o supervisor se atém em áreas sobre as quais ele tem controle. Isso ajuda a dirimir a sensação de impotência, que pode aumentar o estresse e contribui para uma perspectiva positiva.[20]

Manter o senso de humor também é importante para uma atitude positiva. A consultora Diane C. Decker explica: "Se conseguimos rir de nós mesmos e enxergar as situações com humor, não acharemos que é o fim do mundo".[21] Decker recomenda criar uma lista de itens que provoquem alegria e, assim, cultivá-los. Ela teve essa idéia por experiência própria quando era gestora de uma fábrica que estava com problemas de produção. Ela estava preocupada com o seu próprio futuro e o de seus funcionários. A fim de vencer o estresse, inscreveu-se em um curso para palhaços. Passar o tempo fazendo os outros rirem ajudou-a a relaxar e ter uma visão melhor dos problemas.

Exercício Físico

Especialistas em estresse acreditam que o corpo humano há muito tempo desenvolveu uma reação contra o estresse para ajudar as pessoas a enfrentarem as situações de perigo. Os povos primitivos tinham de enfrentar tempestades ou ataques de animais selvagens ou inimigos humanos. As reações básicas são ou combater o perigo ou fugir. Por isso, as alterações físicas na reação contra o estresse são conhecidas como "síndrome da luta ou fuga".

Como a reação do corpo ao estresse é ficar de prontidão para uma ação física, uma maneira lógica de reagir ao estresse no trabalho é procurar uma vazão por meio de atividade física. Embora nunca seja apropriado acertar um soco no gestor quando ele o critica ou fugir quando os clientes reclamam, outras formas de exercício físico podem produzir extravasamento semelhante, sem conseqüências sociais negativas. Algumas pessoas gostam de correr, caminhar ou andar de bicicleta antes ou depois do trabalho ou, até, como meio para ir para o trabalho. Outras preferem atividades físicas em academias de ginástica, ou praticar esportes coletivos, ou dançar. Além do extravasamento, o exercício físico fortalece os órgãos humanos para que suportem melhor o estresse.

Biofeedback

As pessoas que já dedicaram tempo para tomar consciência de suas funções corporais, tais como pulsação, pressão sanguínea, temperatura corporal e tensão muscular, aprendem a controlá-las. Tomar consciência das funções corporais visando controlá-las é denominado **biofeedback**. As pessoas utilizam o biofeedback para deixar o corpo em um estado mais relaxado.

biofeedback
Tomar consciência das funções corporais visando controlá-las

Meditação

Embora para algumas pessoas a meditação tenha conotação religiosa, na sua forma geral, ela é simplesmente a prática de concentrar os pensamentos em algo diferente, que não sejam as questões do dia-a-dia. Quando a pessoa medita, concentra-se na respiração, em algum símbolo ou em uma palavra ou frase. As pessoas que meditam acreditam que a meditação faz relaxar e que os benefícios se estendem além do tempo gasto meditando.

Atividades de Vida Bem Equilibradas

Para alguém que extrai toda a sua satisfação e recompensas do trabalho, o estresse profissional tende a ser mais extenuante. Nenhum trabalho é todo o tempo compensador, portanto, parte da satisfação deve vir de outras áreas da vida. Por exemplo, se o gestor for impaciente e não elogiar a concretização de um projeto importante, o funcionário pode compensar a frustração desfrutando do prazer com os amigos e a família ou recebendo os cumprimentos dos colegas de futebol quando ele fizer uma boa jogada.

Em outras palavras, as pessoas que levam uma vida bem equilibrada tendem a se satisfazer em diversos momento da vida, e não somente no trabalho. Essa satisfação pode facilitar o enfrentamento do estresse. Levar uma vida bem equilibrada significa não apenas progredir na carreira, mas também dedicar tempo às atividades sociais, familiares, intelectuais, espirituais e físicas. Uma pessoa pode optar por ler biografias, participar de um time de voleibol ou trabalhar como voluntário na cozinha de um restaurante popular. Outra pessoa pode passear de bicicleta com os filhos no fim de semana e atuar de forma ativa em alguma congregação religiosa e uma organização profissional. Essas atividades variadas não apenas ajudam as pessoas a administrar o estresse, mas também tornam a vida mais agradável.

Administração do Estresse Organizacional

Embora os funcionários possam adotar medidas para enfrentar o estresse, uma redução significativa do estresse exige combatê-lo na sua origem. Muitas causas do estresse podem estar nas políticas e práticas da organização e na forma como são administradas. Portanto, qualquer esforço sério para administrar o estresse deve incluir intervenções organizacionais.

A administração do estresse organizacional opera em diversos níveis. O supervisor pode ajustar o seu comportamento de forma a não contribuir para o estresse do funcionário. Além disso, muitas organizações têm ajudado o funcionário a administrar o estresse por meio da reestruturação de cargos, mudanças ambientais e programas de medicina preventiva. Embora o supervisor raramente consiga sozinho implementar todas essas medidas, possivelmente ele ocupa uma posição que lhe permite recomendá-las à alta administração. Ademais, o supervisor ciente das medidas de administração de estresse oferecidas pela organização está em posição melhor para aproveitá-las e recomendá-las aos funcionários.

Comportamento do Supervisor

Entender a origem do estresse ajuda o supervisor a minimizar o estresse e a aumentar a confiança do funcionário. O supervisor deve evitar comportamentos que contribuam para aumentar os níveis de estresse do funcionário. Por exemplo, sabendo que a sensação de impotência e incerteza contribui para o estresse, o supervisor pode mini-

TABELA 13.3
Como o Supervisor Pode Minimizar os Fatores de Estresse Organizacional

Fontes: Tabela baseada nas informações em: Samuel C. Certo, *Modern Management*, 6. ed. (Boston: Allyn and Bacon, 1994), p. 308-10; Fred Luthans, *Organizational Behavior* (Nova York: McGraw-Hill, 1985), p. 146-48.

Preparar os funcionários para enfrentar as mudanças.	• Comunicar-se de maneira clara. • Oferecer treinamento adequado para que se enfrente qualquer demanda nova do trabalho. • Eliminar mudanças desnecessárias durante períodos de transição.
Propiciar um clima organizacional de apoio.	• Criar políticas e procedimentos flexíveis. • Estabelecer políticas justas e administrá-las com imparcialidade. • Investigar se é possível executar o trabalho com mais eficácia, de forma a reduzir a sobrecarga. • Assegurar-se de que os funcionários entendam o que se espera deles. • Elogiar os êxitos individuais e coletivos.
Tornar o trabalho interessante.	• Dar aos funcionários algum controle na tomada de decisões e nos processos de trabalho. • Adequar o nível de dificuldade à capacidade dos funcionários. • Atribuir aos funcionários tarefas variadas.
Incentivar o avanço profissional.	• Informar aos funcionários sobre as perspectivas para a sua carreira na organização. • Incentivar os funcionários a aproveitarem qualquer programa de orientação de carreira, disponível em toda a organização. • Reservar tempo para discutir as metas profissionais com os funcionários.

mizar essas sensações através de uma comunicação clara e feedback regular. Quando possível, o supervisor também pode atribuir mais poder aos funcionários, para que possam tomar decisões e resolver problemas, dando-lhes, assim, mais controle. A Tabela 13.3 mostra, resumidamente, medidas para reduzir o estresse no trabalho.

O comportamento do supervisor pode ajudar o funcionário a enfrentar as situações estressantes. Por exemplo, assim como mostra o texto na seção "Supervisão e Ética", os funcionários irão lidar melhor com as situações estressantes se perceberem que o supervisor lhes trata com ética. De forma semelhante, pesquisas mostram que funcionários de creches tendem a se sentir mais satisfeitos e menos propensos a se demitirem se o supervisor ressaltar que eles são parte fundamental de uma equipe e lhes atribuir um papel no planejamento do trabalho. Os trabalhadores de equipes médicas de atendimento emergencial enfrentam melhor o estresse depois de incidentes traumáticos se o supervisor apoiá-los com palavras de incentivo e lhes der algum tempo para acalmar e aliviar a tensão.[22] Os funcionários entendem que o supervisor não pode eliminar todas as causas do estresse, mas pode decidir como tratar os funcionários.

Assim, como já mencionado, os funcionários com baixa auto-estima tendem a ser mais suscetíveis ao estresse do que os com auto-estima alta. Portanto, o supervisor deve evitar comportamentos que firam a auto-estima do funcionário, tais como humilhações e críticas, sem orientações de como melhorar. Melhor ainda, o supervisor deve se comportar de modo a aumentar a auto-estima, inclusive não economizando elogios (quando sinceros) e dizendo aos funcionários que seus esforços acrescentam muito ao grupo de trabalho ou à organização como um todo.

Mudanças no Trabalho

De acordo com a Figura 13.5, muitas características do trabalho podem causar o estresse. Entre alguns dos fatores profissionais vinculados a ele estão as políticas injustas, os procedimentos ambíguos, a falta de oportunidades de avanço profissional e a comunicação ineficiente. O supervisor possui pelo menos algum controle sobre muitas dessas questões. Por exemplo, ele pode melhorar sua capacidade de agir com imparcialidade e de comunicar as instruções com clareza e precisão.

SUPERVISÃO E ÉTICA

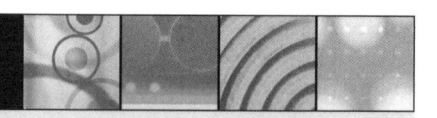

TRATAMENTO ÉTICO AJUDA AS ENFERMEIRAS A ENFRENTAR O ESTRESSE

A maioria das pessoas espera que o salário aumente à medida que vai adquirindo mais experiência, mas algumas companhias têm pedido aos funcionários para aceitar o inesperado: corte salarial para ajudar a companhia a permanecer competitiva. Ser informado de que o funcionário terá de pagar as contas com um contracheque menor é um golpe, portanto, não surpreende que ele tenha uma reação estressada diante dessa notícia. Pesquisadores que estudaram enfermeiras de quatro hospitais constataram que, quando elas eram informadas de que o salário seria reduzido, perdiam o sono à noite. Mas eles também descobriram que os supervisores poderiam ajudá-las a lidar com a situação, tratando-as com ética.

O estudo entrevistou enfermeiras de um grupo de quatro hospitais que implementou mudanças no plano salarial. Em vez de pagá-las por hora, mais as horas extras, os hospitais passariam a pagar um salário fixo. Sem o pagamento de horas extras, a receita delas cairia mais ou menos 10%. A companhia planejou mudar o salário primeiramente em dois hospitais e, depois, nos outros dois. Esse planejamento permitiu aos pesquisadores acompanhar o estresse causado nas enfermeiras pelo corte salarial e comparar a situação delas com as daquelas cujo salário não havia mudado.

As enfermeiras cujo salário foi reduzido apresentaram nível de insônia superior ao das que o salário permaneceu inalterado. A reação delas foi ainda mais significativa, pois, além da insônia, havia outros problemas, incluindo acidentes e queda de produtividade.

Entretanto, algumas enfermeiras lidaram melhor com o estresse do que outras. Muitas vezes, essas enfermeiras tinham supervisores treinados em interação imparcial – ou seja, tratamento dos funcionários de maneira considerada justa. O treinamento abrange maneiras de como tratar os funcionários com dignidade, cortesia e respeito, oferecer-lhes apoio emocional e evitar a manipulação e a humilhação. Esses supervisores também reviram como explicar as decisões e discutir os problemas com os funcionários. As enfermeiras cujos supervisores foram submetidos a esse treinamento apresentaram redução na insônia durante as semanas seguintes ao treinamento. Aquelas cujos supervisores não receberam o treinamento tiveram a insônia reduzida com o passar do tempo, mas apresentaram muito menos melhorias.

Jerald Greenberg, pesquisador que conduziu o estudo, acredita que a maioria dos supervisores deseja tratar os funcionários com imparcialidade e, ainda, que o treinamento deu condições para que os supervisores conseguissem ajudar os funcionários durante períodos de estresse. Quando os funcionários estão estressados, o tratamento justo e cortês se torna mais importante do que nunca. Greenberg diz: "Em um período extremamente estressante como o vivenciado por essas enfermeiras, você realmente precisa se empenhar em convencer as pessoas de que se importa e que está ali para apoiar e ajudá-las".

Fonte: Texto baseado em "Pay Cuts Lead to Worker Insomnia, but Supervisor Training Helps", *Europe Intelligence Wire*, 23 jan. 2006, extraído de Business & Company Resource Center, http://galenet.galegroup.com.

Em geral, uma parte importante da administração do estresse abrange a identificação dos fatores profissionais relacionados ao estresse e, em seguida, a modificação desses fatores, quando possível. Algumas vezes, o supervisor não consegue agir sozinho para efetuar uma mudança; por exemplo, ele pode não ter poder suficiente para resolver os conflitos com outros departamentos. Nesse caso, o supervisor deve se assegurar de que a alta administração conheça a existência de fatores do trabalho relacionados ao estresse e os danos causados por eles nos funcionários.

O exemplo do Hospice of Marion County Healthcare Alliance mostra a importância de escutar e responder os interesses dos funcionários. O asilo, localizado em Ocala, Flórida, implementou um programa denominado Adote um Gestor Sênior. Nesse programa, o funcionário pode acompanhar, como se fosse uma "sombra", um gestor sênior ou lhe pedir que o acompanhe (ou seja, segui-lo no dia-a-dia do trabalho). Quando Sandy Parr era enfermeira encarregada da internação no asilo, sua preocupação era com os esforços da organização em aumentar a internação diária de pacientes. Parr achava que a internação de tantos pacientes era estressante e impossível de ser bem realizada, assim, ela pediu à diretora do asilo, Alice Privett, que a acompanhasse no trabalho. Privett não apenas percebeu a necessidade de reduzir a carga de trabalho, como também passou a admirar mais o excelente trabalho realizado pelas enfermeiras encarregadas da internação.[23] Um supervisor não consegue atuar sozinho para estabelecer um programa de âmbito organizacional como o do Hospice of Marion County. No entanto, o supervisor é que está na melhor posição para pedir a opinião e investigar as preocupações dos funcionários, assim como fez Alice Privett, e poder transmiti-las aos gestores do nível superior.

Quando entre as causas do estresse estão o tédio e a extrema dificuldade do trabalho, a organização talvez possa mudar os requisitos do cargo para torná-lo menos estressante. Assim como descrito no Capítulo 11, um trabalho rotineiro pode se tornar mais interessante por meio do enriquecimento horizontal ou vertical do cargo. Um trabalho excessivamente complicado pode ficar mais simples quando são oferecidos mais treinamentos aos funcionários ou quando são feitas mudanças em algumas das responsabilidades com o intuito de dividir o trabalho de forma mais realista.

Mudanças Ambientais

Assim como mostra a Figura 13.5, algumas características do ambiente de trabalho podem contribuir para aumentar o estresse profissional. Por exemplo, os funcionários ficam estressados com barulho, iluminação inadequada, cadeiras desconfortáveis e calor ou frio excessivo. Quando possível, a organização deve reduzir o estresse, corrigindo alguns desses problemas. O supervisor, geralmente, está em excelente posição para identificar as mudanças ambientais necessárias e relatá-las aos gestores, a fim de que sejam realizadas as mudanças. Isso pode ocorrer quando os funcionários reclamam do desconforto das cadeiras ou da escuridão das áreas de trabalho.

O supervisor também é capaz de reconhecer os fatores de estresse ambientais que estão fora do controle da organização. Recentemente, quatro furacões atingiram a Flórida em um período de seis finais de semana. Trabalhadores de todo o estado passaram por situações estressantes e, em alguns casos, dramáticas. Alguns gestores, inclusive Dick Dobkin, da Ernst & Young, ajudaram os funcionários a enfrentar o estresse, permitindo-lhes priorizar mais as questões familiares do que as responsabilidades profissionais. Em alguns trabalhos, no entanto, isso não foi possível. As exigências de segurança demandavam que os controladores de tráfego aéreo e de programação de horários de vôo permanecessem no trabalho. O furacão Charley arrancou parte do teto da sede da AirTran Airways, em Orlando, sobrecarregando diretamente o centro de operações de sistemas da companhia. De acordo com o gestor de relações públicas da AirTran, Judy Grahan-Weaver: "Nosso pessoal de programação de horários de vôo estavam no prédio; eles literalmente tiveram de se segurar firmes, com os aparelhos de ar-condicionando voando pelo teto e coisas desse tipo".[24] Uma crise dessa natureza exige liderança, dedicação e verdadeira valorização dos funcionários que resistem às extraordinárias dificuldades ambientais.

Programas de Medicina Preventiva

A maioria das organizações oferece seguro saúde aos funcionários, e muitas também exercem papel ativo na promoção do seu bem-estar. A maneira usual de fazer isso é oferecendo um **programa de medicina preventiva**, ou seja, atividades organizacionais que visam ajudar o funcionário a adotar práticas de vida saudável. Essas atividades podem abranger aulas de ginástica, programas antitabagismo, orientação nutricional e exames médicos, como exames para detectar o nível de colesterol e de pressão arterial. Algumas organizações chegam a construir salas de ginástica para os funcionários. Em uma recente pesquisa feita nos Estados Unidos, três quartos dos empregadores afirmaram oferecer programas de medicina preventiva. Os serviços mais comuns são a vacinação contra a gripe, as informações sobre segurança e saúde, os programas de controle do peso, as academias de ginástica na empresa, as feiras de saúde, as avaliações de risco da saúde e os programas antitabagismo.[25]

Por exemplo, em Bradenton, Flórida, a Tropicana opera uma academia de ginástica. Cerca de um quinto dos seus 1.600 funcionários paga uma pequena taxa para participar. Jean Johnson, funcionária do setor de logística do cliente, afirma que a prática de exercícios na academia a mantém focada na saúde, reforçando seus esforços para parar

programa de medicina preventiva
Atividades organizacionais que visam ajudar o funcionário a adotar práticas de vida saudável

de fumar. A companhia também promove um "desafio para a perda de peso", incluindo avaliações pessoais, planos de exercício físico e pesagens semanais. O vencedor do desafio perdeu 24 quilos.[26]

A Tropicana e outras companhias com programas de medicina preventiva não estão apenas reduzindo os níveis de estresse. Elas também estão cortando os custos decorrentes de funcionários não saudáveis. O Doctors Hospital de Sarasota, Flórida, opera uma academia de ginástica, firma acordos com a Associação Cristã de Moços (ACM) de Sarasota para oferecer descontos aos funcionários, promove reuniões dos Vigilantes do Peso e oferece massagens de 15 minutos para combater o estresse. Essas aparentes mordomias são justificáveis, afirma a diretora de recursos humanos do hospital, Theresa Levering, já que funcionários mais saudáveis tendem a recorrer menos ao seguro saúde.[27] Depois que o governo municipal de Chattanooga, Tennessee, implementou postos de atendimento médico e uma academia de ginástica para os funcionários, o município conseguiu negociar um contrato de seguro de saúde sem aumento no prêmio. No mesmo período, outros governos da redondeza viram os custos do seguro saúde aumentarem bastante. Outro empregador de Chattanooga, a UnumProvident, permite aos funcionários utilizar o posto médico interno para realizar exames rotineiros e tomar vacinas. Esse acordo melhora a produtividade e reduz o absenteísmo, porque os funcionários não precisam faltar para ir ao médico ou buscar outro tipo de atendimento.[28]

Dadas as vantagens do programa de medicina preventiva, faz sentido o supervisor participar dele e apoiá-lo. Quando possível, o supervisor deve evitar programar atividades que conflitem com a participação nos programas. Ele pode incentivar os funcionários a participarem e servir de exemplo se ele próprio participar. No entanto, o supervisor deve se limitar a incentivar a participação no programa; não cabe a ele escolher alguns funcionários e incentivá-los a realizar mudanças específicas, tais como perder peso ou parar de fumar. Afinal, como é um especialista que conduz o programa de medicina preventiva, o supervisor fica liberado para se concentrar nos comportamentos relacionados ao trabalho – e evitar acusações de discriminação contra um funcionário que tem algum tipo de deficiência, como obesidade ou vício do fumo.

RESUMO SOBRE A PERSONALIDADE

As recomendações apresentadas neste capítulo para a administração de tempo e estresse funcionam para muitas pessoas. No entanto, o nível de êxito de uma pessoa ao utilizar qualquer técnica específica depende em parte da personalidade dela. Este livro não explora as teorias de psicologia, no entanto, um breve estudo de uma abordagem para entender os tipos de personalidade pode ser útil. O Indicador de Tipos de Myers-Briggs é um teste que classifica as pessoas em 16 tipos de personalidade, com base no trabalho do psiquiatra Carl Jung.[29] Esses 16 tipos de personalidade descrevem os traços de uma pessoa, divididos em quatro categorias (veja a Figura 13.6). Por exemplo, uma pessoa pode ser extrovertida, intuitiva, sensível e observadora. Outra pode ter diferentes combinações dos quatro traços. Esses traços não são considerados positivos ou negativos; cada um possui seus pontos fortes e fracos.

Se a pessoa conhecer seu próprio tipo de personalidade, poderá procurar as técnicas mais adequadas para administrar o tempo e o estresse. Portanto, uma pessoa "introvertida" pode encontrar na meditação uma forma prazerosa de aliviar o estresse, enquanto a "extrovertida" pode achá-la inviável, mas considerar renovador sair com os amigos para dançar. Pessoas "julgadoras" aplicam facilmente os recursos de administração de tempo, como a lista de tarefas. As "observadoras" também conseguem elaborar a lista, mas a perdem e, aparentemente, não têm tempo para procurá-la. Para administrar o seu tempo, esse tipo de personalidade precisa de quantidade heróica de autodisciplina – ou talvez de um trabalho que requeira mais flexibilidade do que estrutura.

Quando a pessoa percebe que determinado comportamento não se ajusta ao seu tipo de personalidade, ela tem uma alternativa. Ela pode se empenhar para desenvolver um

FIGURA 13.6
Base para Categorização de Tipos de Personalidade

Fonte: Figura adaptada de Otto Kroeger e Janet M. Thuesen, "It Takes All Types", *Newsweek*, seção publicitária Management Digest, 7 set. 1992.

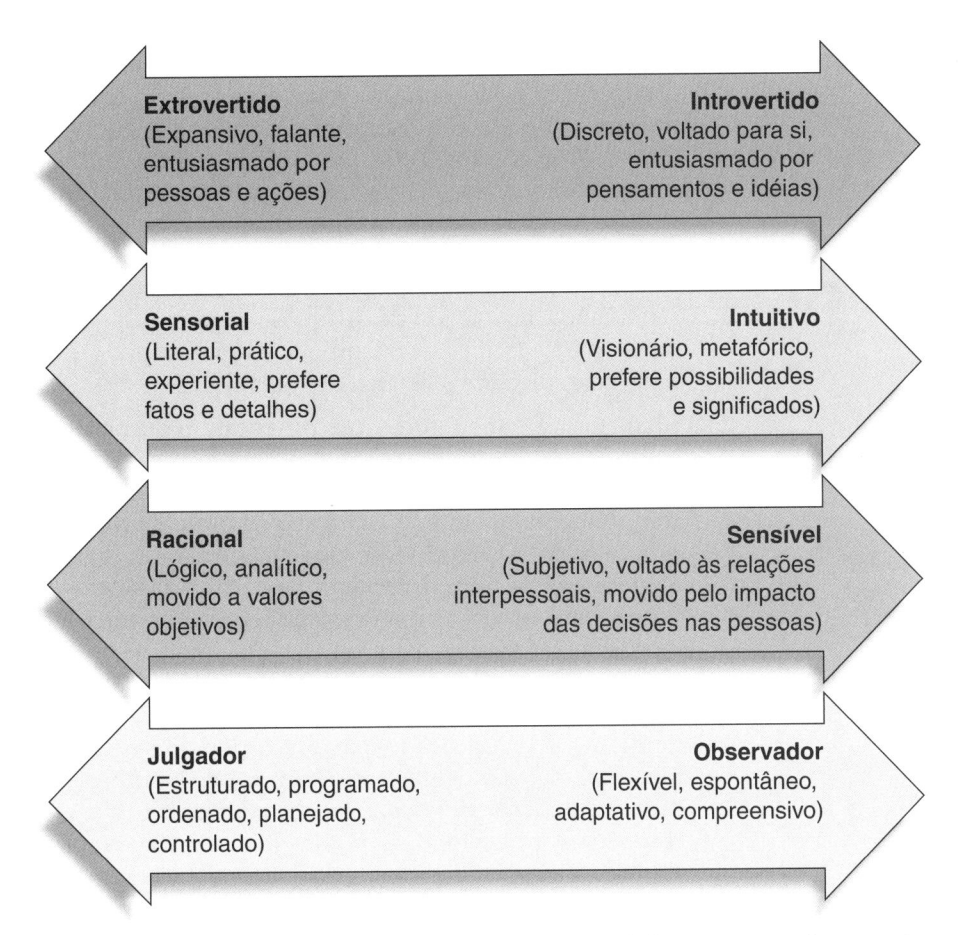

Extrovertido
(Expansivo, falante, entusiasmado por pessoas e ações)

Introvertido
(Discreto, voltado para si, entusiasmado por pensamentos e idéias)

Sensorial
(Literal, prático, experiente, prefere fatos e detalhes)

Intuitivo
(Visionário, metafórico, prefere possibilidades e significados)

Racional
(Lógico, analítico, movido a valores objetivos)

Sensível
(Subjetivo, voltado às relações interpessoais, movido pelo impacto das decisões nas pessoas)

Julgador
(Estruturado, programado, ordenado, planejado, controlado)

Observador
(Flexível, espontâneo, adaptativo, compreensivo)

De acordo com o Indicador de Tipos de Myers-Briggs, os traços de personalidade de uma pessoa enquadram-se em alguma parte de cada uma dessas quatro categorias.

---

traço oposto. Por exemplo, a pessoa sensível pode listar critérios lógicos para tomar uma decisão que seja objetiva. Ou pode evitar situações que exijam comportamentos inadequados para o seu tipo de personalidade. Se a pessoa sensível citada no exemplo anterior realmente odiar tomar decisões objetivas, ela deverá procurar um emprego ou uma organização que valorize mais as decisões subjetivas.

Além disso, o reconhecimento dos diferentes tipos de personalidade ajuda a entender o comportamento das outras pessoas. Por exemplo, se o funcionário achar que o seu gestor está sempre com a cabeça nas nuvens, talvez ele seja intuitivo e o gestor, sensorial. Esse tipo de percepção em si já pode atenuar bastante o estresse.

MÓDULO DE APTIDÃO

PARTE UM: CONCEITOS

Resumo

13.1 Discutir como o supervisor pode avaliar o uso do seu tempo.

Uma maneira prática de avaliar a utilização do tempo é mantendo um registro de tempo. O supervisor coloca suas atividades de um dia de trabalho em períodos de meia hora. Depois de uma ou duas semanas preenchendo o registro de tempo, o supervisor analisa a informação para verificar se está utilizando o tempo de maneira efetiva.

13.2 Descrever maneiras de planejar o uso do tempo.

O supervisor pode planejar o uso do seu tempo criando uma lista de tarefas diária ou semanal e, depois, classificando cada item como de nível A (tarefas que precisam ser executadas), B (tarefas importantes, mas que podem ser adiadas, se necessário) ou C (as demais). Em seguida, ele programa horários específicos para realizar as atividades do nível A e B. Se houver tempo, ele trabalha nas atividades do nível C. O supervisor não deve preencher todas as horas do dia, deixando tempo livre para resolver problemas inesperados. O supervisor pode planejar o seu tempo com a ajuda de diversos programas de computador criados especificamente para administrar o tempo. Ele também pode utilizar os programas denominados organizadores de área de trabalho.

13.3 Identificar alguns fatores que provocam o desperdício de tempo e maneiras de controlá-los.

Muitas reuniões são perda de tempo. O supervisor que convoca uma reunião deve começá-la pontualmente, manter o controle da discussão e terminá-la no horário programado. O supervisor pode controlar as ligações telefônicas, pedindo a alguém que as filtre, retornando as chamadas todos os dias no mesmo horário, preparando-se com as informações necessárias antes ligar e marcando horários em vez de deixar recados. Para controlar o e-mail, o supervisor pode escolher horários para ler e responder as mensagens, utilizando o programa de e-mail para manter as mensagens organizadas em pastas de arquivo, e deve acrescentar às listas de tarefas as interrupções longas feitas por causa das mensagens eletrônicas. Para manipular a documentação e o material de leitura, o supervisor deve trabalhar em cada item apenas uma vez, decidir aqueles que são essenciais, ditar respostas ou responder por telefone, se possível, e reservar tempo para a leitura. No caso de visitantes inesperados, o supervisor pode marcar uma reunião para outra hora, levantar-se para sinalizar que a reunião está terminando ou será curta ou especificar um limite de tempo para a discussão.

A melhor maneira de lidar com a procrastinação é atacando o projeto um passo por vez, concedendo a si mesmo recompensa ao longo do trabalho. Para combater o perfeccionismo, o supervisor deve estabelecer padrões altos, porém razoáveis. O perfeccionismo é o que leva o supervisor a não delegar, portanto, ele deve se empenhar para efetivamente delegar o trabalho. Por fim, o supervisor, algumas vezes, se vê assumindo projetos em excesso. A solução é recusar os projetos que ele não tem tempo para completar de forma adequada.

13.4 Listar os fatores que contribuem para o estresse entre os funcionários.

Alguns fatores profissionais relacionados ao estresse envolvem as políticas, as estruturas, as condições físicas e os processos organizacionais. Claramente, quando o funcionário se sente descontrolado e o ambiente de trabalho é inseguro ou imprevisível, ele sofre mais com os efeitos do estresse. Os fatores pessoais também deixam o funcionário mais vulnerável ao estresse. Entre esses fatores estão a sensação geral de pessimismo, impotência ou baixa auto-estima, além de uma personalidade do tipo A, que reflete uma pessoa que está constantemente tentando realizar muito e às pressas. Os conflitos entre a vida profissional e a vida pessoal podem ser mais uma causa de estresse.

13.5 Resumir as conseqüências do estresse.

Estresse é a reação do corpo para enfrentar as dificuldades ambientais. Essas dificuldades vêm da mudança, da frustração, da incerteza, do perigo ou do desconforto. O estresse pode ser estimulante, mas, em excesso, provoca doenças e prejudica o desempenho. As pessoas estressadas ficam ansiosas, agressivas, frustradas, tensas e melancólicas e podem ter uma reação muito forte a alguma crítica. Elas também correm o risco de abusar das drogas e do álcool. Quando a pessoa não consegue lidar com o estresse por períodos de tempo longos, pode acabar sofrendo de esgotamento.

13.6 Explicar como o supervisor pode administrar o seu próprio estresse.
O supervisor e outras pessoas podem controlar o estresse administrando o tempo, adotando uma atitude positiva, praticando exercícios físicos, usando o biofeedback, meditando e levando uma vida bem equilibrada. Essas atitudes não reduzem o nível de estresse sofrido pela pessoa, mas ajuda a enfrentá-lo melhor.

13.7 Identificar como as organizações, inclusive os supervisores, podem ajudar os funcionários a administrar o estresse.
O supervisor e outros gestores podem procurar eliminar ou minimizar os fatores profissionais vinculados ao estresse. Eles devem se comunicar com clareza, oferecer regularmente feedback aos funcionários e conceder mais poder para tomar decisões e resolver problemas. Quando as condições de trabalho são estressantes, o supervisor deve apoiar e valorizar ainda mais os funcionários e tratá-los com ética e dignidade. O supervisor também deve se comportar de maneira a elevar a auto-estima dos funcionários. Além disso, ele pode tornar o trabalho mais interessante por meio de enriquecimento horizontal e vertical do cargo e assegurar um ambiente de trabalho seguro e agradável. As organizações também podem oferecer programas de medicina preventiva, que incluem serviços em posto médico, orientações para a prática de exercícios e controle do peso, e programas antitabagismo.

Termos Principais

administração de tempo, p. 336
registro de tempo, p. 336
procrastinação, p. 343
perfeccionismo, p. 343
estresse, p. 345
personalidade do tipo A, p. 347
personalidade do tipo B, p. 347
esgotamento, p. 349
biofeedback, p. 352
programa de medicina preventiva, p. 355

Questões para Discussão e Revisão

1. Durante uma semana, mantenha o registro de tempo das suas atividades do trabalho ou da universidade. Siga o formato da Figura 13.1. Que conclusão você tira sobre os seus hábitos de administração do tempo?

2. Demetrius Jones preparou esta lista de tarefas:

Avaliar o desempenho da Angela	A
Limpar os arquivos	C
Terminar o relatório até quarta-feira	A
Preparar um plano de treinamento de funcionários	B
Descobrir por que Kevin tem errado mais ultimamente	B
Ler as publicações especializadas	C

  a. Quais atividades Demetrius deve considerar mais importantes? E menos importantes?
  b. Quais atividades Demetrius deve programar para os horários mais produtivos?
  c. Se Demetrius encaixar todas essas atividades na programação semanal e descobrir que sobrou tempo, o que ele deve fazer com esse tempo "livre"?

3. Suponha que você seja o supervisor dos assistentes sociais de um hospital. Um dos seus colegas, supervisor de enfermagem, pede-lhe para se reunir com ele, no escritório dele, para discutir um problema em comum. Quando você chega, na hora combinada, ele diz: "Volto já, assim que passar essas instruções a uma das enfermeiras e apanhar uma xícara de café". Depois de começarem a reunião, com 10 minutos de atraso, o supervisor atende diversas ligações telefônicas, interrompendo a reunião por cinco minutos a cada chamada. "Desculpe", ele diz depois de

cada ligação, "mas a chamada era importante". Uma hora depois de começada a reunião, vocês não avançaram nada na solução do problema.

   a. Como você se sentiria em uma situação como essa? O comportamento do seu colega prejudica o seu desempenho? Como? E o desempenho dele?

   b. Como você pode reagir nessa situação para utilizar melhor o seu tempo?

4. Imagine que você tenha ido trabalhar uma hora mais cedo para começar a elaborar uma grande proposta que precisa terminar em uma semana. Quinze minutos depois de começar no projeto, uma colega pára para contar-lhe sobre suas férias. Depois que ela sai, seu gestor põe a cara na porta do seu escritório e pergunta se você tem um minutinho. Finalmente, você consegue começar a trabalhar na proposta. Cinco minutos depois do horário de início do expediente, uma das funcionárias entra em sua sala e informa que irá pedir demissão. Qual a melhor maneira de tratar cada um desses visitantes inesperados?

5. Você sabe que tem uma tarefa importante para terminar até o final da semana, mas evita começá-la na segunda-feira porque quer primeiro tirar as demais tarefas da frente. Além disso, quer o planejamento livre para poder se concentrar e realizar um trabalho perfeito. De repente, na quinta-feira, percebe que talvez não consiga terminar a tarefa até o dia seguinte. Você acabou protelando a semana inteira. Que atitudes você poderia ter tomado para evitar procrastinar e, assim, completar a tarefa dentro do programado?

6. Quais dos seguintes fatores são causadores de estresse? Explique.

   a. Um supervisor que passa instruções vagas e confusas e, depois, critica os resultados.

   b. A compra de uma casa.

   c. O trabalho em um emprego chato.

   d. A promoção para uma posição de supervisor desejada há um ano.

7. A supervisora de vendas Anita Feinstein não entende todo esse alarde sobre o estresse. Ela se sente estimulada por um emprego excitante e com muitos desafios. Será que a atitude dela mostra que o estresse não é prejudicial? Explique.

8. Descreva os sinais de esgotamento. Descreva os três estágios do esgotamento. O que o supervisor deve fazer se notar o esgotamento em algum funcionário?

9. Cite cinco fatores profissionais vinculados ao estresse sobre os quais o supervisor deve exercer algum controle.

10. De que forma as seguintes reações ajudam a pessoa a enfrentar o estresse?

    a. Exercício físico.

    b. Biofeedback.

    c. Meditação.

    d. Participação em programa de medicina preventiva.

PARTE DOIS: CAPACITAÇÃO

PROBLEMA A SER RESOLVIDO PELO ALUNO

Com base no texto da página 335, reflita e imagine o papel dos supervisores da Mississippi Power Company nas semanas que se seguiram ao furacão Katrina. Trabalhando em grupo, relacione todos os fatores profissionais vinculados ao estresse naquelas circunstâncias. (Para obter algumas idéias, consulte a Figura 13.4). Na lista, marque com um asterisco cada fator que em sua visão o supervisor pode resolver. Discuta que medidas o supervisor pode adotar. Por exemplo, talvez seja impossível eliminar o desconforto das condições de trabalho, mas, talvez, seja possível ajudar os integrantes da equipe a enfrentar a situação.

Depois, considere os fatores pessoais que podem ter afetado a reação do supervisor ao estresse durante o trabalho de supervisão dos trabalhadores no restabelecimento da energia. Pensando individualmente na situação, avalie suas próprias qualidades e comportamentos. Que qualidades você traria para esse desafio? Em que aspectos você não está preparado para enfrentar esse nível de estresse? Você consegue pensar em algumas áreas em que gostaria de administrar melhor o seu tempo para enfrentar melhor o estresse? Discuta as idéias com o grupo.

Caso de Solução de Problemas: *Não Há Problema em Não Ser Perfeito?*

Debra Chatman Finely trabalhou duro por 15 anos para se tornar vice-presidente de marketing da Prudential Reinsurance Company/Everest Reinsurance Company, em Nova Jersey. Mas, em vez de elevar sua auto-estima, seu sucesso quase lhe custou a saúde.

Preocupada com o fato de ser a afro-americana mais bem avaliada em uma companhia predominantemente branca e que isso pudesse criar uma pressão extra no seu desempenho, Finely decidiu superar o desempenho dos colegas e dizia que jamais cometeria um erro no trabalho. Quando ela se deparou com os obstáculos inevitáveis pelo caminho, primeiro, ela ficou deprimida e, depois, esforçou-se para trabalhar ainda mais. Dedicava regularmente noites e finais de semana no escritório e estudava muito para as reuniões. "Meu trabalho era grande parte da minha identidade. O meu desempenho determinava a minha satisfação comigo mesma", ela afirma hoje.

Mas, no fim, Finely percebeu que o estresse de tentar atingir o impossível – a perfeição – estava se transformando em um problema grave. Ela pediu demissão, procurou orientação especializada e começou a realizar um mestrado em psicologia. Hoje, ela tem outra visão da perfeição: "Não tenho medo de errar se souber que dei o máximo. Algumas vezes, consigo até ver com prazer e humor os meus fracassos – é um grande alívio".

1. Que sinais de alerta teriam indicado à Finely que suas metas para o próprio desempenho eram extremamente irreais?
2. Como você lida com os seus erros? Você acha que a sua estratégia aumenta o estresse da sua vida e, se sim, como pode melhorar?
3. Imagine como você se sentiria se trabalhasse com uma perfeccionista. Assuma cada um destes papéis e escreva, resumidamente, as preocupações que os seguintes indivíduos teriam expressado à Finely quando ela trabalhava na Prudential/Everest:
   a. Supervisor de Finely.
   b. Um dos colegas de Finely.
   c. Um funcionário supervisionado por Finely.

Fonte: Kellye M. Garrett, "Give Perfectionism the Boot", *Black Enterprise*, nov. 1998, p. 181.

Autoconhecimento — De que Maneira Você Utiliza a Tecnologia para Administrar o Tempo?

Responda este questionário simples para descobrir de que maneira você utiliza a tecnologia para economizar e administrar o tempo. Cada uma das afirmações representa um método simples para economizar tempo através do uso de tecnologia. Pontue cada afirmação do seguinte modo: se praticar o método regularmente, atribuir "3"; às vezes, "2"; raramente, "1"; e nunca, "0". Agora, dedique alguns minutos para responder o questionário.

1. Leio rapidamente as publicações especializadas na internet.	3 2 1 0
2. Envio agendas, minutas de reuniões, resumo de tarefas e outros avisos aos colegas e funcionários por e-mail.	3 2 1 0
3. Mantenho os arquivos de trabalho em um único diretório prontamente acessível, o que me permite trabalhar nos projetos em andamento sempre que tenho tempo extra.	3 2 1 0

4. Utilizando programas de planejamento e planilha eletrônica, relaciono e controlo objetivos, estratégias e tarefas necessárias para concretizar minhas metas.   3 2 1 0

5. Agrupo as tarefas relacionadas a cada programa e completo cada grupo de tarefas relacionadas ao mesmo tempo.   3 2 1 0

6. Organizo os documentos com uma estrutura de arquivos intuitiva.   3 2 1 0

7. Mantenho uma lista de tarefas permanente em um gerenciador de tarefas do computador ou em um arquivo pessoal, eliminando os itens conforme vão sendo completados.   3 2 1 0

8. Utilizo a classificação numérica em uma planilha eletrônica, analiso e identifico prioridades.   3 2 1 0

9. Mantenho minha agenda e outras informações fundamentais utilizando tecnologia digital portátil.   3 2 1 0

10. Tenho um programa que mantém meus principais recursos organizacionais, como contatos, tarefas, eventos e arquivos cruciais.   3 2 1 0

11. Mantenho "arquivos de idéias" em que registro pensamentos, lembretes e possíveis tarefas.   3 2 1 0

12. Utilizo o e-mail para encaminhar documentos aos colegas.   3 2 1 0

13. Associo os arquivos relacionados entre si com links html.   3 2 1 0

14. Consolido as pesquisas na internet em um horário específico do dia ou da semana.   3 2 1 0

15. Realizo pesquisas "offline" para economizar tempo.   3 2 1 0

16. Participo de reuniões virtuais por e-mail, listas de discussão e programas de trabalho em equipe.   3 2 1 0

17. Utilizando diretórios compartilhados, divulgo arquivos públicos contendo políticas, formulários e outras informações regularmente utilizadas pelas pessoas à minha volta.   3 2 1 0

18. Transfiro arquivos do meu computador do escritório para o da minha casa ou para o meu computador portátil e vice-versa.   3 2 1 0

19. Comecei a utilizar a digitação por comando de voz para economizar tempo com digitação e ditado pessoal.   3 2 1 0

20. Coloco a data nos nomes dos arquivos para facilitar a localização.   3 2 1 0

21. Utilizo o computador para divulgar fax e e-mails quando adequado.   3 2 1 0

22. Mantenho um diretório e marcadores dos materiais de consulta mais utilizados.   3 2 1 0

23. Utilizo atalhos, tais como modelos e macros, para agilizar o trabalho.   3 2 1 0

24. Realizo transações de negócios on-line.   3 2 1 0

25. Mantenho os dados financeiros em um programa contábil simples ou, se apropriado, utilizo uma planilha eletrônica ou um banco de dados.   3 2 1 0

26. Mantenho arquivos de cada pessoa com quem trabalho, detalhando reuniões, resumos, tarefas e outras observações.   3 2 1 0

27. Crio automaticamente vários rascunhos de um documento, anotando as alterações importantes em cada rascunho.   3 2 1 0

28. Automatizo as funções de recebimento e remessa de correspondência utilizando os recursos para mesclar a correspondência.   3 2 1 0

29. Utilizo a planilha eletrônica para preparar orçamentos, relatórios de despesas, análises estatísticas e outras informações numéricas.   3 2 1 0

Agora, some os pontos e descubra sua avaliação. Se somar entre 75 e 90 pontos, parabéns! Você está desenvolvendo habilidades extraordinárias em termos de tecnologia para economizar tempo. Se somar entre 50 e 74, significa que você conhece inúmeros recursos práticos e, provavelmente, está ciente sobre as várias maneiras como a tecnologia pode ajudá-lo a dominar o tempo. Mantenha o compromisso de aprender mais. Abaixo de 50 significa que você está um pouco desatualizado. Se você estiver nessa categoria (e mesmo que não esteja), revise os princípios observados nesse questionário. Procure ler sobre a tecnologia mais recente. Faça algum curso ou seminário para aprender como utilizar melhor essas extraordinárias ferramentas no dia-a-dia.

Pausa e Reflexão

1. Será que a tecnologia o ajuda a administrar o seu tempo? Por que sim ou não?
2. Será que algumas dessas técnicas, se mal utilizadas, podem se transformar em causadores de desperdício de tempo?
3. Identifique uma das tecnologias da lista que você não tenha utilizado, mas planeja experimentar (ou uma que gostaria de utilizar mais, ou de forma diferente).

Fonte: Richard G. Ensman, "Technology and Time Management: How Do You Rate?" *Manage*, 1º nov. 2001. Reprodução autorizada.

Exercício em Aula

Utilizando o Tempo com Sabedoria

Um aluno por vez diz à classe como desperdiça o tempo. O professor anota no quadro ou na transparência de retroprojetor. Em seguida, a classe discute a lista.

- Quais os fatores mais comuns de desperdício de tempo?
- São eles realmente apenas causadores de desperdício de tempo, ou também são redutores do estresse?

Fonte: A idéia deste exercício foi sugerida por Sylvia Ong, Scottsdale Community College, Scottsdale, Arizona.

Capacitação em Supervisão

Administrando o Tempo e o Estresse

Divida a classe em equipes de quatro ou cinco alunos. Designe a cada equipe um projeto imaginário com uma data de conclusão (ou cada equipe sugere algum). Os projetos sugeridos são: limpar uma das áreas comuns utilizadas pelos alunos na universidade, recrutar colegas para participar de uma campanha de arrecadação de fundos ou criar um anúncio para um evento de artes. Em seguida, as equipes devem (1) criar uma lista de tarefas descrevendo como planejam definir as prioridades do projeto e utilizar da melhor forma o tempo, (2) observar como planejam controlar os fatores de desperdício de tempo e (3) descrever como planejam administrar qualquer estresse associado à tentativa de completar o projeto de forma adequada e no prazo.

Ao final do exercício, os alunos devem se identificar como personalidades do tipo A ou B, e discutir como essa característica contribui para o modo como eles tratam das questões na realização do trabalho em equipe.

Capítulo **Quatorze**

Administração de Conflitos e Mudanças

Tópicos Gerais do Capítulo

Conflito
Aspectos Positivos e Negativos do Conflito
Tipos de Conflito

Administração do Conflito Interpessoal
Estratégias
Iniciando a Resolução de Conflito
Reação a um Conflito
Mediação da Resolução de Conflito

Mudanças no Trabalho
Origem das Mudanças
Resistência às Mudanças
Implementação das Mudanças
Proposta de Mudanças

Poder e Política Organizacional
Fontes de Poder
Tipos de Poder
Estratégias Políticas
Construção de uma Base de Poder
Estabelecimento de uma Margem Competitiva
Socialização

Objetivos de Aprendizado

Depois de estudar o capítulo, o aluno estará apto a:

14.1 Citar os aspectos positivos e negativos do conflito.

14.2 Definir os tipos de conflito.

14.3 Descrever as estratégias de administração do conflito.

14.4 Explicar como o supervisor pode tomar a iniciativa de resolver um conflito, reagir a um conflito e mediar a resolução.

14.5 Identificar a origem das mudanças e explicar por que os funcionários e supervisores resistem a elas.

14.6 Discutir como o supervisor pode superar a resistência e implementar as mudanças.

14.7 Descrever os tipos de poder do supervisor.

14.8 Identificar as estratégias comuns de política organizacional.

A mudança deve ser como uma amiga. Ela deve ocorrer de forma planejada, não ao acaso.

– *Philip Crosby, defensor da qualidade, escritor e fundador da Philip Crosby Associates*

Problema de um Supervisor: Aceitando as Mudanças na Best Buy

Há vários anos, o estado de espírito dos funcionários vinha se deteriorando em uma divisão do grupo de varejo Best Buy, localizada na matriz da empresa, em Mineápolis. Cali Ressler, gestora de recursos humanos responsável pelos programas de equilíbrio entre vida pessoal e profissional da Best Buy, sugeriu ao gestor do grupo que a divisão tentasse flexibilizar mais os horários. Os funcionários poderiam ajustar seus horários desde que cumprissem as exigências do trabalho. Os 300 funcionários trabalharam juntos para planejar o novo acordo, que rapidamente começou a produzir resultados. A rotatividade entre os funcionários recém-contratados desapareceu, os índices de satisfação no emprego aumentaram, e, o melhor de tudo, o desempenho da divisão melhorou.

Jody Thompson, encarregada de mudanças organizacionais da Best Buy, percebeu o impacto desse acordo e enxergou algo que poderia beneficiar toda a companhia. Thompson convenceu a diretoria da Best Buy a autorizar o acordo de horário flexível na companhia inteira. Nenhum grupo seria forçado a adotar o plano, agora chamado de Ambiente de Trabalho Orientado aos Resultados — ROWE (do inglês, Results-Oriented Work Environment). Mas, quando os gestores e os funcionários se sentissem prontos para experimentar, a equipe inteira deveria aderir ao plano. O acordo foi gradativamente sendo adotado entre mais grupos. Até hoje, mais de dois mil dos cem mil funcionários da Best Buy aderiram ao plano. Com essa mudança, a produtividade aumentou, e as queixas contra as condições estressantes de trabalho diminuíram.

Embora o acordo tenha produzido satisfação e melhorias de desempenho entre as equipes que o adotaram, a mudança pode ser complicada. Neste exemplo, a maior dificuldade que o supervisor enfrentou foi aprender a confiar nos funcionários. Entre os funcionários mais experientes, a mudança provocou mágoas devido ao fato de que eles sacrificaram por muitos anos suas metas pessoais para causar uma boa impressão, trabalhando horas a fio. Traci Tobias, que controla os reembolsos de viagens da Best Buy, diz que os funcionários do seu grupo ficaram preocupados com a possibilidade de as pessoas os controlarem. O pessoal do departamento de recursos humanos ajuda os funcionários e seus supervisores a aceitar o novo acordo, usando as sessões de treinamento para dar a eles a chance de desabafar e expor sua antiga forma de pensar no trabalho. Quando os funcionários fazem comentários mal-intencionados sobre a ausência dos colegas, eles chamam a atenção para o "desleixo" das outras pessoas com o horário e acabam percebendo-o como um mau hábito. Em vez de focar em resultados, a atenção se volta para saber quem não está no trabalho no horário convencional de entrada na empresa.

No início, todos do grupo de Tobias usavam um calendário eletrônico para registrar onde estariam em cada dia de trabalho. No fim, com o aumento da confiança, os funcionários pararam de usar o calendário. Hoje, eles usam quadros de aviso fora de suas baias para informar se estão no escritório ou, por exemplo, fora do escritório à tarde, porém, disponível por e-mail. O e-mail também é uma maneira fácil de enviar mensagens. Os funcionários tiveram de se ajustar à nova maneira de trabalhar. Eles também se acostumaram a usar mais seus celulares. Eles escrevem mensagens eletrônicas mais concisas, porque estão mais concentrados em atingir seus objetivos. As reuniões são muito mais curtas e menos freqüentes, porque os funcionários não querem perder tempo.

Tom Blesener, um dos gestores cujo grupo adotou o plano, observou que uma das partes mais difíceis da mudança foi aceitar que a sua concentração no tempo real (nas horas em que o funcionário está "visível" no trabalho) havia sido um grande fator de estresse para os funcionários. Ele teve de substituir a antiga maneira de supervisionar, concedendo mais poder ao funcionário. Quando algum cliente precisa de alguém do grupo disponível aos sábados, Blesener deixa o próprio grupo decidir como suprir essa necessidade. As mudanças exigem planejamento mais cuidadoso, em vez de simplesmente distribuir trabalho extra entre os funcionários no fim do dia ou da semana. Ele também acredita que precisa dedicar mais tempo para conversar com os funcionários e conhecê-los melhor.

Talvez a maior surpresa esteja no fato de que alguns funcionários, que fazem parte do plano, pensem que trabalham demais. Como o trabalho deles fica mais flexível, enxergam com menos clareza quando é hora de parar.

A adoção do plano requer do supervisor e dos funcionários mudanças na maneira de trabalhar e de pensar sobre o trabalho. Essas duas mudanças são difíceis, mesmo quando todos os envolvidos ficam satisfeitos com os resultados.

QUESTÕES

1. De que habilidades o supervisor necessita para lidar com os funcionários em uma grande mudança, como a do plano ROWE?
2. Como o supervisor pode ajudar os funcionários a implementar uma mudança? Quando surgem conflitos, como os que podem ocorrer durante qualquer mudança, que habilidades podem ajudar o supervisor a neutralizá-los?

Fontes: Jyoti Thottam, "Reworking Work", *Time*, 25 jul. 2006; Viv Groskop, "We Envy and Admire People Who Negotiate Shorter Hours – yet There's an Overwhelming Suspicion That They Are 'Skiving Off'", *New Statesman*, 13 mar. 2006, ambos os textos extraídos de Business & Company Resource Center, http://galenet.galegroup.com.

A Best Buy implementou mudanças para ajudar os funcionários a lidarem com os conflitos da vida familiar e profissional. Certamente, conflitos e mudanças ocorrem em qualquer organização. Se são construtivos ou destrutivos depende muito da capacidade de o supervisor administrá-los.

Este capítulo trata da administração de conflitos, analisando a sua natureza e as maneiras como reagir de forma construtiva. Também é discutido o papel da mudança no ambiente de trabalho e como o supervisor pode implementá-la da melhor maneira. Por fim, o capítulo apresenta uma análise de um aspecto do comportamento organizacional que muitas vezes afeta a administração do conflito e da mudança – a política organizacional – e uma descrição de como o supervisor pode usar a política com ética e eficácia.

CONFLITO

conflito
Dificuldade decorrente de necessidades, sentimentos, pensamentos ou demandas incompatíveis ou contraditórias de uma ou mais pessoas

No contexto deste livro, **conflito** refere-se à dificuldade decorrente de necessidades, sentimentos, pensamentos ou demandas incompatíveis ou contraditórias de uma pessoa ou entre duas ou mais pessoas. Se a supervisora Janet Speers vir um funcionário de quem ela gosta levando para casa materiais que pertencem ao escritório, seus sentimentos por ele conflitarão com sua crença de que é errado furtar. Se tanto os seus sentimentos quanto suas crenças forem sólidos, ela terá dificuldades para resolver a questão. Do mesmo modo, se dois funcionários discordarem quanto à maneira de preencher a planilha de faltas por doença, haverá um conflito entre eles. Nesse caso, a organização deve ter um procedimento claro para facilitar a resolução do conflito.

Aspectos Positivos e Negativos do Conflito

Às vezes, o conflito é uma influência positiva que provoca mudanças necessárias. Suponhamos que uma empresa desenvolvedora de sistemas de informação computadorizados contrate um novo analista de sistemas, Jordan Walsh, o primeiro afro-americano na companhia. Walsh fica com todo o trabalho rotineiro e chato, tais como arquivos, serviços em geral, revisão da documentação. Se ele se mostrar animado, os demais funcionários acreditarão que não há conflito (embora ele possa internamente se sentir em conflito). É evidente que essa situação não é boa para Walsh; ele se sente ofendido, todos os dias fica entediado e não está tendo a experiência de que necessita para desenvolver sua carreira. Essa situação também é ruim para o empregador, que está pagando por um analista de sistemas, mas não está aproveitando o seu talento. Além disso, se Walsh pedir demissão, a companhia terá de arcar com o custo de repetir o processo de contratação. No entanto, se Walsh reclamar ao supervisor sobre a limitação das suas funções, o conflito virá à tona, e a resolução poderá melhorar a situação de todos, inclusive a de Walsh. Portanto, quando o conflito serve como sinal de existência de algum problema, ele pode estimular uma resposta criativa.

O conflito contínuo também provoca consequências negativas. Pessoas envolvidas em disputas sofrem com o estresse, que pode provocar danos físicos. Além disso, as pessoas ocupadas em argumentar e tentar convencer as outras sobre seu ponto de vista deixam de desenvolver atividades mais produtivas. Por fim, dependendo da origem do conflito, as pessoas envolvidas podem ficar irritadas com a administração ou com a organização e, assim, agir de forma negativa para a empresa, como, por exemplo, tirando mais dias de licença ou sabotando os equipamentos.

As consequências do conflito dependem em parte do modo como ele é resolvido. Se as pessoas tratam o conflito como oportunidade para resolver o problema e mudar de forma construtiva, as consequências podem ser bem positivas. Se as pessoas enxergarem o conflito como necessidade de uma pessoa vencer em detrimento de outra ou de um gestor impor controle, o conflito tenderá a gerar consequências negativas.

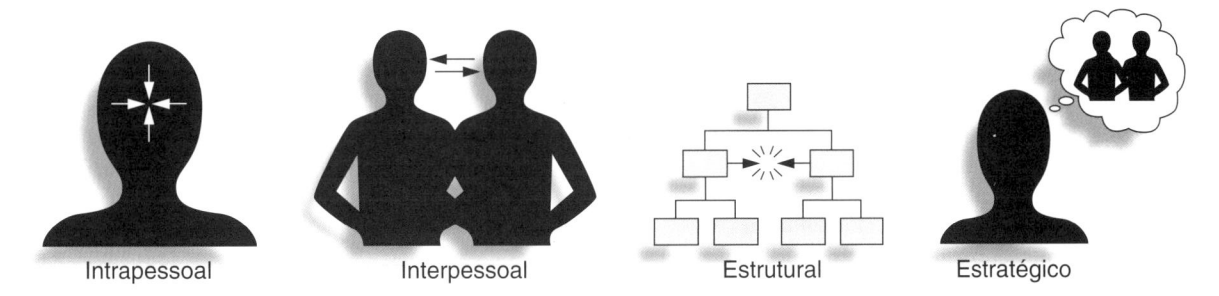

FIGURA 14.1 Tipos de Conflito

Intrapessoal — Interpessoal — Estrutural — Estratégico

frustração
Derrota no esforço de atingir as metas desejadas

Mais especificamente, quando o conflito é visto como uma situação em que um lado sai vencedor e o outro perdedor, este sente a **frustração**; ou seja, a derrota no esforço de atingir as metas desejadas. Uma funcionária que tem sua requisição de horário flexível rejeitada sente-se frustrada. Assim como um funcionário que não consegue convencer um cliente prospecto a retornar suas ligações. A maioria das pessoas consegue suportar um pouco mais se tiver pensamentos do tipo: "Bem, nem sempre as coisas são do jeito que queremos" ou "Ninguém consegue tudo o que quer". No entanto, a frustração repetida tende a gerar raiva. Um funcionário frustrado pode se comportar de forma destrutiva, por exemplo, com sabotagem, agressão, insubordinação e absenteísmo. (O Capítulo 12 trata da supervisão de funcionários com esse tipo de comportamento.) Para ajudar o supervisor a controlar os problemas provocados pela frustração, serão destacadas, neste capítulo, as formas de solução de conflitos visando encontrar uma saída satisfatória para todas as partes.

Tipos de Conflito

Antes que o supervisor possa reagir efetivamente a um conflito, ele precisa entender a sua natureza real. Quem está envolvido? Qual a origem do conflito? A reação do supervisor tende a ser diferente quando o conflito é resultante de divergência de opiniões e quando é decorrente da frustração provocada pela limitação de recursos.

Conforme a definição, o conflito pode ocorrer no indivíduo (intrapessoal) ou entre indivíduos ou grupos. Os tipos básicos de conflito envolvendo mais de uma pessoa são chamados interpessoal, estrutural e estratégico (veja a Figura 14.1).

Conflito Intrapessoal

Esse tipo de conflito surge quando a pessoa tem dificuldades para escolher uma entre diversas metas. É fácil escolher uma entre duas metas possíveis se uma for boa e a outra, ruim. Por exemplo, será que uma pessoa preferiria ganhar $ 1 por ano como traficante de drogas ou $ 1 milhão como microbiólogo descobridor da cura do câncer? Raramente as pessoas ficam diante de escolhas irreais tão fáceis como essas, é claro. A maioria das escolhas se enquadra em três categorias:

1. Uma escolha entre duas possibilidades boas (por exemplo, ter um filho ou procurar um emprego excitante que requer viagens o ano todo).
2. Uma escolha entre duas possibilidades mistas (por exemplo, aceitar uma promoção que requer ficar distante da família ou manter o emprego atual, porém monótono, para permanecer junto à família).
3. Uma escolha entre duas possibilidades ruins (por exemplo, reorganizar o departamento de modo que seja necessário demitir dois funcionários ou eliminar seu próprio cargo).

Como essas opções não são tão óbvias, provocam conflitos.

O supervisor deve avaliar se ele ou a organização estão dando motivo para a existência do conflito intrapessoal. Por exemplo, será que ele está recompensando o comportamento antiético ou pressionando os funcionários para agir sem ética? Se ele agir

SUPERVISÃO E DIVERSIDADE

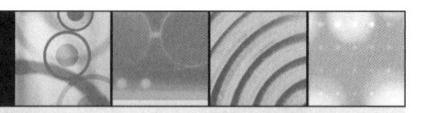

AMBIENTES DE TRABALHO FAVORÁVEIS À FÉ*

Da mesma forma que algumas companhias têm ajudado os funcionários a lidar com os conflitos intrapessoais envolvendo o equilíbrio entre família e trabalho, outras companhias têm estudado como ajudar os funcionários a integrar a sua fé com o seu trabalho. Fé e trabalho não necessariamente precisam estar em conflito. Muitas vezes, para evitar os conflitos, basta uma combinação de sensibilidade quanto às necessidades individuais, alguma flexibilidade e o compromisso com o comportamento ético.

Nas últimas décadas, muitos norte-americanos têm admitido que fé ou religião são tópicos que não devem ser discutidos no trabalho. Mesmo assim, manter uma crença religiosa e praticar essa fé moldam os valores de uma pessoa e podem afetar a sua demanda de tempo. Hoje, alguns empregadores decidiram atenuar a carga dos funcionários, sendo mais abertos na acomodação dessas crenças e práticas. Nas palavras de David Miller, diretor-executivo do Centro de Fé e Cultura da Escola de Teologia de Yale e professor de ética corporativa, os ambientes de trabalho favoráveis à fé "encorajam os funcionários a sentirem que eles não têm mais que deixar sua identidade espiritual, alma e fé no estacionamento antes de entrar no escritório".

Para alguns funcionários, um local de trabalho favorável à fé representa poder ler a Bíblia durante os intervalos ou rezar nos horários das preces muçulmanas. Para outros, "favorável à fé" significa que a organização os ajuda a praticar valores, como tratar os funcionários com imparcialidade. A religião pode demandar práticas especiais, como, por exemplo, uma vestimenta especial, restrições alimentares ou tempo fora do trabalho. Alguns funcionários praticam sua fé expressando aos outros a sua crença. Em um local de trabalho favorável à fé, esse tipo de expressão teria de ser feito com respeito mútuo, sem atrapalhar o trabalho. Quando as pessoas praticam essas atividades, seja falando das suas crenças, seja defendendo a justiça, a lei exige que isso seja feito de maneira que não cause desconforto aos outros funcionários. Em Fort Worth, Texas, a Pulliam Aquatech Pools permite que os funcionários saiam mais cedo para as atividades religiosas, mas exige que eles não divulguem de forma ativa a sua religião no trabalho para não criar controvérsias que possam perturbar o ambiente.

Miller diz que as pessoas ficam mais satisfeitas e dedicadas nas organizações que respeitam o "seu ser pleno", incluindo suas vidas espirituais. As políticas favoráveis à fé também ajudam as organizações a evitar problemas com acusações de discriminação contra a religião. Essas reclamações, na maioria das vezes, são feitas por membros de grupos religiosos minoritários, que sentem que suas práticas são mal-entendidas e não se adaptam de forma razoável. A legislação contra a discriminação exige locais de trabalho sem discriminação religiosa, empregadores que ofereçam acomodações razoáveis (sem impor privações indevidas) e que qualquer atividade religiosa seja estritamente voluntária (ninguém é punido ou incomodado por não participar). Assim, a operadora de um posto de gasolina perdeu uma ação judicial por discriminação impetrada em nome de uma frentista demitida depois de declinar a orientação religiosa de um capelão da companhia e pedir para não receber os e-mails enviados pela companhia com conteúdo religioso. As políticas "favoráveis à fé" são favoráveis somente quando respeitam qualquer fé, inclusive a falta dela.

Fontes: David Miller, "Integrating Faith and Work", Journal of Employee Assistance, out. 2005; Shabnam Mogharabi, "Keep the Faith", Pool & Spa News, 26 set. 2005; Dudley Rochelle, "When Faith and Work Clash", Security Management, jan. 2005, todos os textos extraídos de Business & Company Resource Center, http://galenet.galegroup.com.

---

assim, estará criando conflitos entre os valores dos funcionários e os seus desejos de serem recompensados. Uma maneira de evitar contribuir para os conflitos intrapessoais é assegurar às pessoas que o trabalho não dificulte demais a prática da sua fé. Para obter mais dicas de como evitar esse tipo de conflito intrapessoal, veja o texto na seção "Supervisão e Diversidade".

Escutar os outros com mente aberta ajuda o supervisor a corrigir as atitudes que contribuem para o conflito. Michael Feiner aprendeu esse princípio quando foi executivo da PepsiCo. Feiner descobriu que um dos seus funcionários havia ignorado a hierarquia de comando e foi pedir à alta administração aumentos salariais para o seu grupo. Feiner ficou chateado com esse comportamento, pois era uma ação que o minava como supervisor, e, irritado, confrontou o seu funcionário. Este, por sua vez, explicou que procurou os gestores do nível superior porque várias vezes havia apresentado sua proposta a

---

* N.R.T.: A Constituição da República Federativa do Brasil nos incisos VI, VII e VIII do artigo 5o garante a inviolabilidade da liberdade de consciência e de crença, assegurando o livre exercício dos cultos religiosos; e a prestação de assistência religiosa, estabelecendo que ninguém será privado de direitos por motivo de crença religiosa ou de convicção filosófica ou política.

Feiner e ele repetidamente havia rejeitado os aumentos salariais sem ouvir os argumentos apresentados em favor dos aumentos. Feiner reconheceu que, ao deixar de escutar a proposta, ele permitiu que o conflito persistisse.[1] Escutar os outros e admitir seus erros pode ser difícil e exige autodisciplina e maturidade. No exemplo de Feiner, no entanto, o esforço o tornou um gestor mais eficaz.

Escutar e conversar com os outros ajuda o supervisor a resolver seus próprios conflitos intrapessoais. Algumas vezes, os conflitos persistem porque a pessoa não explorou totalmente as alternativas. Um exemplo é o conflito para conciliar o trabalho com a vida pessoal. O professor de gestão Stewart Friedman orienta seus alunos a analisar o trabalho e a família como aspectos de uma vida unificada e avaliar como melhorar os resultados gerais, em vez de tirar de uma área para compensar em outra. Em uma de suas tarefas, Friedman pede aos alunos para conversar com colegas de trabalho e familiares sobre suas expectativas e, então, pensar com criatividade em encontrar uma forma de alcançá-las. Os alunos consideram a tarefa difícil no início, mas, no final, percebem que é útil para melhorar a sua vida profissional e familiar. Por exemplo, um aluno casado descobriu que sua esposa grávida queria que ele a acompanhasse nas consultas médicas. Ele ficou surpreso com esse desejo de sua esposa, mas conseguiu fazer um ajuste em seus horários e passou a ter a parte da manhã disponível para a sua família. Conversar diretamente sobre a situação com a esposa e o chefe o ajudou a evitar o tipo de conflito que poderia surgir se ele organizasse o seu tempo com base nas suas suposições sobre as expectativas deles.[2]

Em muitos casos, o supervisor não tem conhecimento suficiente para resolver conflitos intrapessoais. Quando o supervisor percebe que o funcionário está lutando contra um conflito intrapessoal, ele deve pensar em quem estaria apto a ajudá-lo. Entre as pessoas qualificadas para lidar com vários tipos de conflitos intrapessoais estão os psicólogos, os conselheiros religiosos e os orientadores de carreira.

Conflito Interpessoal

O conflito entre as pessoas é denominado conflito interpessoal. O supervisor pode se envolver em conflitos interpessoais com o seu gestor, algum funcionário, um colega ou mesmo um cliente. Além disso, ele pode ter de administrar conflitos entre dois ou mais de seus funcionários. O conflito interpessoal pode ser causado por divergência de opiniões, equívoco na interpretação de alguma situação ou diferenças de valores ou crenças. Algumas vezes, duas pessoas simplesmente entram em atrito uma com a outra. (O Capítulo 8 apresenta uma discussão mais profunda sobre liderança de funcionários, e uma seção posterior deste capítulo descreve alguns métodos de administração do conflito interpessoal.)

Um conceito que ganha popularidade é o da "inteligência emocional" ou a capacidade de administrar as emoções e os relacionamentos interpessoais. Algumas vezes, ela é dividida em quatro componentes, que são: a autoconsciência, a autogestão, a consciência social e as habilidades sociais. A inteligência emocional vem sendo introduzida nos programas de treinamento em diferentes organizações, como a gigante American Express, a Força Aérea Norte-Americana e a Cooperative Printing, uma empresa de Mineápolis com apenas 45 funcionários.[3] A esperança é que, ao oferecer aos supervisores e gestores uma forma de lidar com suas emoções e as dos outros, esse tipo de treinamento reduza o conflito e melhore o desempenho dos funcionários.

Conflito Estrutural

O conflito decorrente da forma como a organização é estruturada é denominado conflito estrutural. O conflito ocorre muitas vezes entre o pessoal de linha e de assessoria, e muitas vezes falta harmonia entre os departamentos de produção e de marketing. Nesse exemplo, o departamento de marketing quer atender a todos os desejos do cliente, e o de produção quer produzir o que é mais fácil e pode ser bem-feito.

O conflito estrutural muitas vezes surge quando vários grupos de uma organização compartilham os recursos, como os serviços do departamento de digitação ou de manutenção.

Cada grupo quer que seu trabalho seja feito primeiro, mas o departamento de apoio evidentemente não pode atender a todos ao mesmo tempo. Alguns dos conflitos estruturais mais desagradáveis surgem quando o recurso compartilhado é um funcionário que se reporta a dois gestores diferentes. Na estrutura de algumas organizações, um funcionário pode estar subordinado ao gestor funcional e ao gestor de projetos ou talvez o gestor de algum supervisor pode ignorar a cadeia de comando e passar instruções diretamente aos subordinados do supervisor. No exemplo a seguir, o trabalho ficou impossível para Eric Knudsen. Na companhia de software em que trabalhava, ele foi selecionado para conduzir o desenvolvimento de um novo produto. Uma de suas funções era reportar os resultados a um diretor de vendas e a um diretor de marketing de um grupo de negócios e também a um diretor de marketing e um gestor de operações de um grupo diferente. Como se já não fosse suficiente, um vice-presidente também começou a acompanhar os esforços de Knudsen, que se queixava: "Ficava difícil saber quem era o responsável, quem levar em conta e quem ignorar". No fim, o conflito estrutural ficou insuportável, e Knudsen acabou pedindo demissão.[4]

Quando o conflito estrutural ocorre entre dois grupos de funcionários subordinados a um supervisor ou entre grupos de supervisores diferentes, ele pode ajudar a minimizar ou resolver o conflito dando oportunidade para os dois grupos se comunicarem e conhecerem os pontos de vista uns dos outros, fazendo-os colaborar para atingir uma meta mútua desejável e oferecendo a cada grupo treinamento ou experiência naquilo que o outro grupo faz.

Se alguns funcionários envolvidos em um conflito estrutural forem subordinados a outro supervisor, a administração do conflito requer a cooperação dos dois supervisores. Promover essa cooperação talvez exija o uso adequado de táticas políticas, discutidas na última seção deste capítulo.

Como não são os supervisores que estabelecem a estrutura da organização, a influência exercida por eles nas causas do conflito estrutural é limitada. No entanto, eles precisam ser capazes de identificá-lo. Sabendo que o conflito é de natureza estrutural, o supervisor fica isento de assumir a questão pessoalmente e fica em alerta para as situações que exijam diplomacia extra. O supervisor também pode entender o ponto de vista da outra parte e transmiti-lo aos seus funcionários.

Conflito Estratégico

A maioria dos conflitos descritos até aqui surge quando as pessoas e os grupos tentam trabalhar juntos. No entanto, algumas vezes, a administração ou alguma pessoa provoca o conflito intencionalmente para atingir algum objetivo. Isso é denominado conflito estratégico. Por exemplo, o departamento de vendas pode promover uma competição para estabelecer o maior volume de vendas e descobrir o exemplo mais impressionante de satisfação do cliente. Ou algum gestor pode dizer a dois funcionários que ambos estão concorrendo a vaga de um supervisor que está se aposentando. Nos dois exemplos, a intenção é usar a competição para motivar os funcionários a realizar um trabalho excepcional.

ADMINISTRAÇÃO DO CONFLITO INTERPESSOAL

A gestora de um restaurante, Phyllis Jensen, prepara a escala de trabalho que cada atendente irá cumprir na semana seguinte. Ela percebeu que um dos atendentes, Rich Yakima, faz cara feia quando recebe sua escala e fica assim por horas. Ela perguntou a Yakima a razão desse comportamento, e ele respondeu: "Você sabe exatamente qual é o problema. Você sabe que estou querendo uma noite de folga por semana para poder sair com a minha namorada, mas toda semana você me escala para trabalhar nas sextas e sábados à noite. E tenho notado que Rita e Pat sempre ficam com os horários que eles querem". A reação a problemas como esse é denominada **administração de conflitos**.

administração de conflitos
Reação aos problemas decorrentes de um conflito

FIGURA 14.2
Estratégias de Administração do Conflito

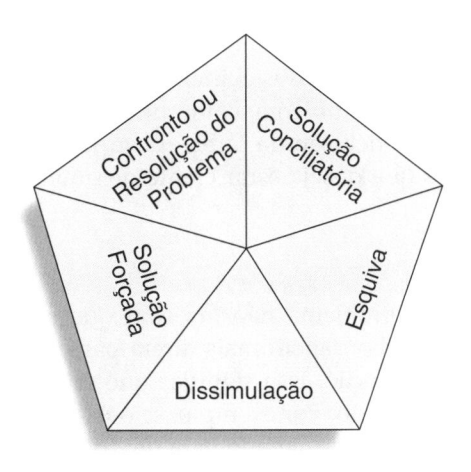

Pentágono com as cinco estratégias: Confronto ou Resolução do Problema, Solução Conciliatória, Esquiva, Dissimulação, Solução Forçada.

Estratégias

De que forma Jensen pode administrar o conflito com Yakima? Ela pode começar reconhecendo as várias estratégias de administração de conflitos: solução conciliatória, esquiva, dissimulação, solução forçada e confronto ou resolução do problema (veja a Figura 14.2). Com base no conhecimento dessas estratégias, Jensen pode escolher a mais adequada para a situação. Para o aluno verificar a qual estratégia de administração de conflitos ele costuma recorrer com mais freqüência, pode responder o questionário de autoconhecimento das páginas 391-392.

Solução Conciliatória

solução conciliatória
Estabelecimento de uma solução que proporcione a cada pessoa parte daquilo que deseja; ninguém consegue tudo, e ninguém perde tudo

Uma das estratégias de administração do conflito é a **solução conciliatória**, ou seja, as partes envolvidas no conflito estabelecem uma solução que proporcione a ambas aquilo que desejam. Nenhuma das partes fica exatamente com o que queria, mas também não perde totalmente. Ambas as partes supostamente ficam um pouco frustradas, mas em um nível suportável.

A pessoa que busca a solução conciliatória presume que não poderá chegar a uma solução totalmente aceitável para todos, mas prefere não forçar ninguém a aceitar completamente uma alternativa desagradável. Nesse sentido, a solução conciliatória não resolve efetivamente o problema básico; ela funciona melhor quando a questão é relativamente irrelevante e o tempo é restrito.

Esquiva e Dissimulação

Como os conflitos são desagradáveis, muitas vezes as pessoas tentam administrá-los evitando-os. Por exemplo, se a supervisora de vendas Jeanette Delacroix considera inflexível e enfadonho o pessoal de recursos humanos, pode esquivar-se de lidar com esse departamento. Quando o contato com o pessoal for absolutamente necessário, ela pode delegar a responsabilidade a algum dos vendedores. Uma estratégia relacionada é a **dissimulação**, ou seja, fingir que o conflito não existe.

dissimulação
Administrar um conflito fingindo que ele não existe

Essas estratégias fazem sentido quando se supõe que todos os conflitos sejam ruins. Se a pessoa se esquiva ou é dissimulada em todos os conflitos, a vida parecerá superficialmente tranqüila. No entanto, as pessoas efetivamente divergem, e, algumas vezes, pessoas com pontos de vista divergentes têm idéias importantes que podem ser divididas. Evitar os conflitos não os elimina e nem anula a validade ou a importância de opiniões divergentes. Portanto, é importante ser seletivo ao se esquivar de algum conflito ou dissimular. Essas estratégias são mais úteis em conflitos não tão graves e para os quais as dificuldades para se chegar à solução seriam maiores que o problema em si.

Esse aspecto é especialmente importante em relação à força de trabalho diversificada de hoje. O ponto de vista de uma pessoa, muitas vezes, parece intrigante, irritante ou totalmente incorreto para alguém de outra raça, idade ou sexo. É necessário um esforço extra para entender as pessoas que são diferentes de nós. No entanto, o supervisor deve dar igual atenção à visão de todos os funcionários, não apenas àqueles que ele entende melhor. Não adianta fingir que todos vêem a situação da mesma maneira. Isso pode aumentar a desconfiança entre os funcionários de que o supervisor esteja agindo com discriminação.

Ao mesmo tempo, as pessoas de variadas culturas não ocidentais preferem evitar os conflitos, valorizando mais a harmonia em vez de "dizer a verdade".[5] Pessoas com esses valores costumam reclamar menos com o supervisor ou dar menos más notícias que os funcionários de culturas ocidentais. Por isso, talvez o supervisor não perceba a existência de algum problema, como uma disputa entre funcionários ou a possibilidade de atraso na conclusão da tarefa. O supervisor deve ter tato para deixar claro aos funcionários que deseja estar ciente de quaisquer problemas para que possa resolvê-los.

Solução Forçada

Ignorar ou evitar algum problema não faz com que ele desapareça; portanto, o supervisor deve tentar uma abordagem mais direta para acabar com o conflito. Uma possibilidade é forçar uma solução. Isso significa que uma pessoa ou um grupo com poder decide qual será o resultado. Por exemplo, se o ferramentista Pete Desai reclama com o supervisor que ele nunca é designado para um trabalho extra, o supervisor pode responder: "Eu faço a programação, e você deve cumprir o que lhe é atribuído. No próximo final de semana será a vez de Sue e Chuck; portanto, faça o melhor que puder". Ou se dois supervisores apresentarem duas propostas conflitantes de alocação de espaço entre seus departamentos, uma comissão formada por gestores de nível superior pode escolher uma das propostas, não deixando margens para discussões.

Em uma organização com equipes de trabalho autogeridas, a tendência em forçar uma solução é ainda mais provável. A equipe pode determinar que, em vez de chegar a um consenso sobre alguma questão, ela deve votar em uma solução. A maioria toma a decisão ou o líder da equipe pode tomar a decisão geral e deixar o grupo trabalhar nos detalhes. Durante a gestão de Timothy Riordan nos governos municipais de Ohio, em certa ocasião, ele estava tentando conduzir seus funcionários em um projeto para reduzir o tempo de processamento do pagamento de impostos e contas de água dos cidadãos de três dias para dois. A equipe ficou em dúvida sobre como fazer os funcionários trabalharem mais rápido. Então, Riordan forçou uma decisão: o tempo de processamento seria reduzido de três dias para a conclusão no mesmo dia do recebimento. A decisão forçada mudou o pensamento de todos. Um dos supervisores exclamou: "Bem, teremos de fazer as coisas diferentes por aqui". E a equipe começou a reestruturar todo o processo para torná-lo mais eficiente.[6]

Forçar uma solução é uma maneira relativamente rápida de administrar um conflito e pode ser o melhor método em uma emergência. Chegar ao consenso, por exemplo, tende a ser mais difícil e leva mais tempo, enquanto uma equipe pode votar rapidamente em alguma questão. Contudo, forçar uma solução pode causar frustração. Em organizações que buscam o trabalho em equipe e o fortalecimento do funcionário, a solução forçada atua contra tais objetivos, eliminando as opiniões da minoria. A sensação ruim que acompanha a frustração e a exclusão da tomada de decisão pode provocar conflitos futuros.

Confronto ou Solução do Problema

resolução do conflito
Administrar um conflito através do confronto ou solução do problema

A maneira mais direta, e algumas vezes mais difícil, de administrar o conflito é confrontar o problema e resolvê-lo. Essa estratégia de administração de conflitos é denominada **resolução do conflito**. Enfrentar o problema requer escutar ambos os lados e tentar entender em vez de buscar culpados. Depois, as partes identificam os pontos com os quais concordam e os aspectos em que ambos se beneficiam das possíveis soluções. Ambas as partes devem analisar seus próprios sentimentos e dedicar seu tempo buscando uma solução. (No Capítulo 9, são apresentadas recomendações para a solução de problemas.)

No confronto ou solução de um problema, o pressuposto em relação ao conflito é diferente das outras estratégias de administração de conflitos, que tendem a presumir a existência de um *conflito entre vencedores e perdedores* entre as partes. Em outras palavras, a conseqüência do conflito será uma pessoa vencedora (ou seja, que atinge o resultado desejado) e outra perdedora. Em contrapartida, na resolução do conflito, parte-se do pressuposto de que muitos dos conflitos são conflitos entre vencedores e vencedores e que, com a resolução, os dois lados ganharão. Evita-se a frustração, e ambos os lados sentem-se vencedores.

Iniciando a Resolução de Conflito

Quando o supervisor tem um conflito com outra pessoa, ele precisa resolvê-lo de forma construtiva. O conflito não costuma desaparecer sozinho. Para iniciar a resolução do conflito, o supervisor deve agir assim que tomar conhecimento do problema. Se o problema persistir, o supervisor acaba se envolvendo cada vez mais com ele, dificultando ainda mais a sua resolução.

É impossível controlar a reação da outra pessoa; portanto, às vezes, a resolução do conflito pode não passar de uma simples maneira de como o problema é abordado. Certa ocasião, Helene Dublisky teve razões para acreditar que um colega havia passado informações falsas ao seu supervisor, dizendo que ela teria descumprido uma política do empregador, uma prestadora de serviços de utilidade pública. Dublisky telefonou para esse colega e descreveu a situação com a máxima objetividade. De acordo com Dublisky, o colega permaneceu em silêncio por alguns instantes, depois disse que tinha de sair e desligou o telefone. Apesar de os dois funcionários não terem discutido uma solução, Dublisky não teve mais problemas desse tipo. Carl Robinson, orientadora de carreira, concorda que vale a pena adotar esse tipo de abordagem para resolver um conflito, porque alerta a outra parte de que a pessoa irá tomar providências se surgir algum conflito. Do mesmo modo, a psicóloga de administração Nina Christopher sugere perguntar se existe algum problema que você deveria saber. Se isso não provocar uma reação, Christopher recomenda acrescentar "Soube por outras pessoas do departamento que você está insatisfeito com algo a meu respeito e gostaria de discutir objetivamente".[7]

A pessoa deve se preparar para a resolução do conflito e, para isso, deve entender o que é o conflito (o primeiro passo da Figura 14.3). Deve ater-se ao comportamento, que as pessoas podem modificar, e não à personalidade, que elas não podem mudar. Qual é a atitude que está causando o problema, e como ela afeta a pessoa e os outros? Por exemplo, a pessoa pode dizer ao supervisor de outro departamento: "Eu tenho recebido os relatórios das vendas semanais somente no final da tarde de sexta-feira. Isso significa que tenho de abrir mão do meu tempo de descanso para analisá-los no fim de

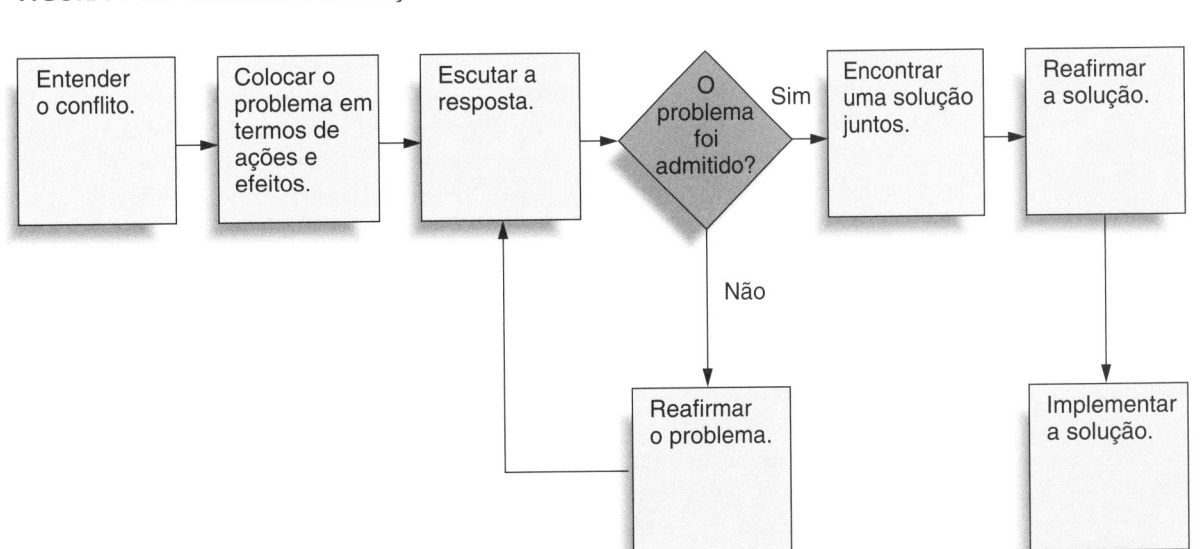

FIGURA 14.3 Iniciando a Resolução de Conflito

semana ou ficar constrangido por comparecer despreparado às reuniões que acontecem às segundas-feiras de manhã com os funcionários".

Quando usado de forma cortês, esse tipo de abordagem funciona até com o gestor de outro funcionário. Pode-se dizer: "Você não comentou nada sobre minhas sugestões da semana passada e nem as de três semanas atrás. Estou preocupado, pois posso estar trazendo idéias demais ou posso não estar dando idéias do tipo esperado".

Depois de colocado o problema, deve-se escutar a resposta da outra pessoa. Se ela não admitir a existência do problema, reafirmar a preocupação até que a outra pessoa entenda ou até que fique claro que será impossível evoluir sem um feedback. Muitas vezes, o conflito existe simplesmente porque uma das partes não entendeu o ponto de vista ou a situação da outra. Quando uma das partes começa a falar do problema, ambas as partes podem trabalhar juntas para encontrar uma solução. Deve-se reafirmar a solução para deixar claro que ambas concordam com o que uma das partes irá fazer (os últimos passos mostrados na Figura 14.3).

Reação a um Conflito

Algumas vezes, o supervisor é parte do conflito que está incomodando outra pessoa. Quando ela informa o supervisor sobre o conflito, depende deste reagir de modo a viabilizar uma solução. Se algum funcionário disser "Você sempre me dá os piores serviços", não adianta ficar com raiva ou na defensiva.

Entender o Problema

A forma construtiva de reagir a um conflito é, em primeiro lugar, escutar a outra pessoa e, depois, tentar entender o verdadeiro motivo do problema. Se a outra pessoa for emotiva, é melhor deixar que ela extravase os sentimentos para só então começar a discutir o problema. O supervisor deve tentar interpretar a questão nos termos que ele próprio usaria para expressar o problema. Ele deve, também, evitar acusações e descobrir a que ações específicas a pessoa está se referindo. Por exemplo, quando o funcionário disser "Você sempre me dá os piores serviços", o supervisor pode pedir-lhe que dê exemplos específicos e, depois, que descreva os seus sentimentos em relação a esse comportamento.

Mark Preiser tomou essa importante iniciativa quando era sócio da Walter F. Cameron Advertising em Hauppauge, Nova York. Certa ocasião, um gerente de contas da sua agência havia se comprometido a entregar um trabalho em determinada data, mas, nesse dia, o programador visual responsável pela arte final telefonou alegando estar doente. O furioso gerente de contas gritava ao telefone, ele duvidava que o funcionário estivesse doente. Ao contrário, ele suspeitava que o motivo fosse o mau tempo, já que estava nevando, e o programador geralmente faltava ao trabalho nesses dias. Preiser entrou na conversa e descobriu que o funcionário estava com medo. Ele havia sofrido um grave acidente em um dia de nevasca e, desde então, ficava aterrorizado quando tinha de dirigir com neve. Preiser trabalhou com o gerente de contas e o funcionário para encontrar uma forma de o funcionário levar trabalho para casa sempre que houvesse previsão de neve.[8]

Pode ser complicado entender o problema se uma das partes envolvidas esconde a sua real causa. Normalmente, uma pessoa nessa situação fica brava ou irritada com algo, mas transfere a irritação para outro alvo. Por exemplo, um colega de outro departamento explode dizendo: "Qual é o seu problema? Os números do seu relatório estão totalmente errados!". O colega não está irritado por causa dos números errados. Ele está nervoso porque terá de fazer uma apresentação para a diretoria e desconfia que ele tenha errado propositadamente como uma maneira de atrapalhá-lo, e, assim, ele pareça desinformado, e o outro conquiste a promoção que ele deseja. Ou, talvez, o colega teve um dia frustrante, e a reação explosiva de seu colega seja mais um fator de frustração.

FIGURA 14.4 Reação a um Conflito

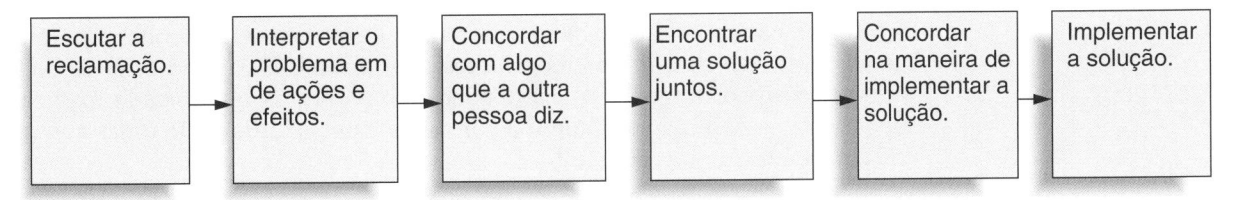

Escutar a reclamação. → Interpretar o problema em de ações e efeitos. → Concordar com algo que a outra pessoa diz. → Encontrar uma solução juntos. → Concordar na maneira de implementar a solução. → Implementar a solução.

Se a reação da outra pessoa, que é parte do problema que ela está descrevendo, parecer exagerada, procure o real motivo do problema. Com a identificação do real motivo, o supervisor escapa de resolver o conflito errado. Além disso, quando o próprio supervisor está irritado com algo, geralmente é mais produtivo expressar diretamente o problema em vez de deixar os outros adivinharem o seu real problema.

Trabalhar uma Solução

Uma vez que o supervisor tenha entendido o problema, ele deve criar uma atmosfera para trabalhar a solução junto com a outra parte. Para isso, ele deve concordar com algum aspecto do que a outra parte diz. No exemplo anterior, ele pode dizer: "Você realmente não gostou dos seus três últimos serviços". Desse modo, o supervisor e o funcionário estão prontos para começar a identificar as possíveis soluções. O último passo é concordar com alguma solução e com a maneira de implementá-la. A Figura 14.4 mostra resumidamente essa abordagem.

Mediação da Resolução de Conflito

Algumas vezes, o supervisor não está pessoalmente envolvido em um conflito, mas as partes pedem sua ajuda para resolvê-lo. Se as partes envolvidas no conflito forem colegas do mesmo nível do supervisor, poderá ser arriscado se envolver; portanto, com tato, ele deve encaminhar os colegas para um gestor de nível superior. Se as partes do conflito são funcionários do supervisor, a mediação é parte da função dele e uma ótima maneira de manter o departamento funcionando adequadamente.

Para mediar um conflito, o supervisor deve adotar as seguintes medidas:

1. Começar estabelecendo uma atmosfera construtiva. Se os funcionários estiverem se agredindo verbalmente, chamar a atenção deles para o problema tentando fazer com que não se comportem dessa forma destrutiva.

2. Pedir que cada um explique o problema. Pedir a cada um que seja específico e que responda às acusações dos outros.

3. Quando todas as partes entenderem o problema, pedir-lhes para expressar individualmente o que desejam realizar ou o que as satisfaria nessa situação.

4. Repetir com suas próprias palavras a posição de cada pessoa. Perguntar aos funcionários se a sua interpretação está correta.

5. Pedir a todos os participantes que dêem o máximo de sugestões de possíveis soluções. Começar a concentrar-se no futuro.

6. Encorajar os funcionários a escolherem uma solução que beneficie a todos. Talvez eles queiram combinar ou modificar algumas das idéias sugeridas.

7. Resumir o que foi discutido e acordado. Garantir que todos os participantes saibam a função de cada um na implementação da solução e pedir a cooperação de todos eles.

Durante esse processo, o supervisor deve continuar se esforçando para manter a atmosfera construtiva. Deve manter um enfoque independente dos tipos de personalidade e da culpa; com o desejo mútuo de encontrar uma solução.

Outra estratégia útil seria, primeiro, reunir-se separadamente com as partes, para dar a cada um a chance de expressar sua opinião. Depois, reunir-se com todos e explicar a regra básica: "Vocês estão em terreno seguro, não se contenham, porém, tudo o que disserem deve visar o melhor interesse do outro". O supervisor pode interromper a discussão caso ninguém esteja obedecendo as regras e encerrá-la explicando que espera que as pessoas continuem a conversar mais abertamente umas com as outras como aprendizado da reunião.[9]

MUDANÇAS NO TRABALHO

O conflito é tanto uma causa como uma consequência da mudança. Quando as pessoas entram em conflito, elas o administram, mudando a situação ou as suas atitudes. Por exemplo, diante do conflito entre as demandas do trabalho e da família, os funcionários tentam cada vez mais equilibrar as duas coisas em vez de escolher uma em detrimento da outra. Esses esforços têm obrigado as organizações a considerar a adoção de políticas e valores mais favoráveis à família. Quando a mudança ocorre, seja no trabalho ou em qualquer outro lugar, o conflito acompanha a necessidade de abrir mão de atitudes e comportamentos com os quais se está acostumado.

O desejo maior de conciliar a vida familiar e profissional é apenas uma das muitas causas de mudança no trabalho atualmente.[10] As causas externas da mudança incluem as maiores expectativas em termos de qualidade e o acirramento da concorrência estrangeira. A tecnologia moderna tornou a comunicação mais rápida e mais flexível e modificou as exigências do trabalho. Para os trabalhadores das áreas de alta tecnologia, realizar treinamento e retreinamento é essencial para suas funções, pois eles precisam acompanhar constantemente o desenvolvimento do setor.

Com o acirramento da concorrência internacional, o supervisor e gestores de nível superior sofrem pressão permanente para que corte os custos. Com o aumento no preço do seguro-saúde, ano após ano, algumas companhias estão tentando cortar os custos, convencendo os funcionários a efetuar mudanças inclusive fora do trabalho. Na Weyco, empresa de assistência médica de Michigan, os funcionários que fumam, mas que não participam do programa antitabagismo da companhia, são demitidos, e aqueles que não realizam a bateria exigida de checkups e exames médicos devem pagar uma parcela maior de prêmio do seguro. E, na Blue Cross/Blue Shield, da Carolina do Norte, os funcionários obesos pagam prêmios maiores do seguro-saúde a menos que participem do programa de medicina preventiva. O diretor médico executivo do plano, Dr. Don Bradley, explica que os programas de medicina preventiva são oferecidos como alternativa para pagar menos: "O segredo é mantê-lo como um incentivo, e não como uma punição".[11]

Por causa dessas e de muitas outras mudanças, o sucesso da organização (sua lucratividade, no caso de uma empresa) depende de como ela se adapta às mudanças do seu ambiente. Por exemplo, a organização deve reagir quando um novo concorrente entra no mercado ou uma nova legislação restringe o seu processo operacional.

A mudança é um fato da vida organizacional; portanto, o supervisor não decide *se* a organização deve ou não mudar, mas *como* fazer as mudanças funcionarem. Ele consegue fazer isso melhor se reconhecer os vários fatores que influenciam no sucesso de uma mudança, tais como:

- *O agente de mudança* – A pessoa que tenta provocar a mudança deve ter capacidade para implementá-la e resolver os problemas relacionados a ela, além de possuir conhecimento profundo da área afetada.
- *Definição do que mudar* – Qualquer mudança na organização deve melhorar a sua produção e a qualidade.
- *O tipo de mudança a ser feita* – Mudanças envolvem processos e equipamentos; políticas, procedimentos e estrutura de cargos; e variáveis relacionadas às pessoas, como atitudes e capacidade de comunicação.

- *As pessoas afetadas* – Algumas pessoas são mais receptivas que outras às mudanças. Além disso, as pessoas vêem algumas mudanças como vantajosas para elas e outras como prejudiciais.
- *Avaliação da mudança* – A avaliação pode indicar se é necessário modificar o processo de mudança ou realizar mais mudanças.

O supervisor é o vínculo principal da organização com os funcionários operacionais; portanto, ele deve saber das possíveis reações deles contra as mudanças, ser capaz de informá-los sobre as mudanças e ajudá-los a reagir de forma positiva.

Origem das Mudanças*

As mudanças podem ser originadas pela administração, pelos funcionários ou por fatores externos (veja a Figura 14.5). As organizações mudam quando a administração enxerga alguma oportunidade ou necessidade de trabalhar melhor. A necessidade surge quando o desempenho não é adequado. A oportunidade surge, por exemplo, de um novo sistema de computador que seja mais eficiente ou um novo procedimento que propicie um atendimento de mais qualidade.

Algumas vezes, mesmo que a melhoria seja incremental, a administração vê a necessidade de mudar. Esse foi o caso quando a Pitney Bowes Credit Corporation, de Shelton, Connecticut, passou de uma grande divisão, porém insípida, da Pitney Bowes Inc. para aquilo que Matthew Kissner, presidente e diretor-executivo, chama de sua "fábrica de idéias". O novo espaço colorido do escritório é cheio de detalhes inusitados que o marcam como "um espaço divertido para incorporar a nossa cultura", diz ele. E, ainda, acrescenta que o lugar não estava ruim, mas eles sabiam que seria possível melhorá-lo.[12]

Até mesmo os funcionários da organização podem provocar mudanças. A criação de um sindicato pode propiciar mudanças no modo como a administração faz acordos com os funcionários e nas condições de trabalho deles. Muitas organizações respondem de forma ativa às sugestões dos funcionários de como melhorar a qualidade e cortar os custos.

Com a diversificação cada vez maior da força de trabalho norte-americana em termos de idade, raça e sexo, a influência exercida pelos funcionários nas mudanças tende a aumentar. Pessoas de origens diferentes podem oferecer mais variedade de soluções criativas. Além disso, o desafio de trabalhar em harmonia com diferentes tipos de pessoas pode em si impulsionar as mudanças, por exemplo, com previsões de diferentes feriados religiosos ou orientações de como tratar as pessoas com igualdade.

Outras mudanças são impostas de fora da companhia. Novas legislações e normas, muitas vezes, provocam mudanças dentro das organizações. Uma organização governamental local pode precisar se mudar por causa da recusa dos eleitores em aprovar um aumento de impostos. Uma série de ações judiciais pode levar a organização a reavaliar a maneira como se fabrica algum produto. O tamanho e a composição da força de trabalho podem influenciar quem a organização contrata e o nível de treinamento oferecido por ela.

As tendências econômicas também são importantes. Por exemplo, as empresas normalmente conseguem buscar o crescimento com mais agressividade quando a economia está em expansão. No entanto, durante a recessão, a mudança também é comum e pode ser bem complicada. Muitas empresas de grande porte têm enfrentado dificuldades.

FIGURA 14.5
Origem das Mudanças

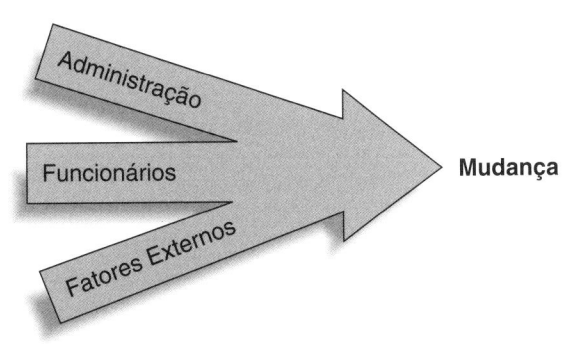

---

* N.R.T.: O Estudo setorial 01/02, de setembro de 2002, desenvolvido pela Desenbahia – Agência de Fomento do Estado da Bahia, intitulado "Fornecedores da Ford uma avaliação preliminar das oportunidades de investimento na Bahia", relata que em outubro de 2001 entrou em operação o maior investimento (cerca de US$ 1,9 bilhão) em uma planta automobilística feito até então pela Ford em todo o mundo. Para que a Ford se instalasse na Bahia, foi necessária uma alteração na Lei 9440/97, que estabeleceu o regime automotivo especial, estendendo o prazo de adesão das montadoras. Com a modificação, enquadraram-se nesse benefício as empresas que apresentaram projetos até 31/10/1989, com aprovação dos Ministérios da Fazenda e do Desenvolvimento da Indústria e Comércio Exterior. Fonte: http://www.desenbahia.ba.gov.br/recursos/news/video/%7BC7766185-8414-4092-B671-804BD991141E%7D_fornecedores_da_ford.pdf, acessado em 25/10/2008.

No final do ano 2000, por exemplo, a Gillette Co. anunciou a eliminação de 8% da sua força de trabalho, ou seja, 2.700 empregados, e o fechamento de oito fábricas, em decorrência de uma reestruturação total da administração por conta de uma rápida sucessão de mais de dois anos de desempenho financeiro abaixo do esperado. A Gillette acabou sendo adquirida pela Procter & Gamble.[13]

Os fabricantes estão descobrindo que a venda dos produtos fabricados por eles, muitas vezes, é menos lucrativa que a oferta de serviços relacionados, como reparos e manutenção dos produtos. Essa informação pode ser fator de mudança na estratégia de algumas companhias. Alguns fabricantes estão começando a reagir diante dessa informação, desenvolvendo pessoal, instalações e treinamento para agregar serviços às suas linhas de produto. Por exemplo, a Caterpillar instalou sistemas de entrega de peças de reposição em qualquer local em 24 horas, e a Hyundai Motor Company oferece garantia estendida e serviço de entrega para clientes de acordo com suas necessidades. Essas mudanças afetam o valor de uma companhia, as necessidades em termos de pessoal e o enfoque no serviço de atendimento ao cliente.[14]

Resistência às Mudanças

Qualquer mudança, como a adoção de um novo procedimento no trabalho ou a conclusão de um grande programa de treinamento, por exemplo, exige trabalho. As pessoas sentem medo porque a mudança carrega o risco de piorar a situação. Por exemplo, quando uma companhia anuncia uma reestruturação, os funcionários começam a se preocupar com as demissões e com o aumento substancial da carga de trabalho.

A resistência das pessoas às mudanças é maior quando elas não têm certeza do que esperar ou o motivo pelo qual a mudança é necessária. As mudanças incitam o medo do desconhecido, outra reação humana normal. Além disso, quando as pessoas não entendem as razões da mudança, o esforço para mudar parece não valer a pena.

Às vezes, mesmo quando a mudança é positiva, ela encontra resistência. Na Xerox Corporation, os funcionários reclamavam do tempo que esperavam para receber o reembolso de despesas relativas aos cursos de negócios que eles faziam. A Xerox realizou um estudo de análise comparativa do setor com outras 26 empresas para tentar encontrar uma solução para o problema e criou um novo sistema, vinculando o uso de mais de um cartão de crédito corporativo, novos formulários a serem preenchidos e sem adiantamentos. A vantagem estava no fato de os funcionários não precisarem mais se preocupar em ser reembolsados. Entretanto, Warren D. Jeffries, gestor de análise comparativa de atendimento ao cliente da Xerox, afirma que todos resistiram às mudanças, mesmo aqueles que estavam insatisfeitos com o sistema antigo.[15]

Implementação das Mudanças

Para implementar uma mudança, o supervisor precisa superar a resistência contra ela, garantir que ela seja efetivada e criar condições para que ela perdure. O conhecido cientista comportamental Kurt Lewin estabeleceu um modelo desse processo (veja a Figura 14.6).[16] O modelo de Lewin indica que uma mudança bem-sucedida tem três fases:

1. *Inconsolidação* (*unfreezing*) – As pessoas reconhecem a necessidade de uma mudança.
2. *Mudança* (*changing*) – As pessoas começam a tentar mudar o comportamento.
3. *Reconsolidação* (*Refreezing*) – O novo comportamento torna-se parte do processo usual dos funcionários.

Este modelo baseia-se em dois pressupostos sobre o processo de mudança. Primeiro, antes de ocorrer a mudança, os funcionários precisam perceber o *status quo* como abaixo do ideal. Segundo, quando os funcionários começarem a mudar, a organização deverá proporcionar uma maneira de o novo comportamento tornar-se prática estabelecida.

FIGURA 14.6
Modelo de Mudança de Lewin

Inconsolidação → Mudança → Reconsolidação

HABILIDADES EM SUPERVISÃO

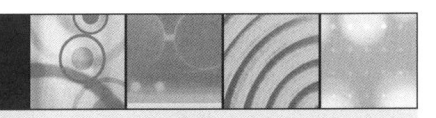

IMPLEMENTANDO MUDANÇAS
SUPERVISOR DE PRODUÇÃO ESTIMULA A INOVAÇÃO

O supervisor ocupa uma posição que lhe permite fazer mudanças dentro do seu próprio grupo de trabalho. Mesmo as pequenas mudanças podem motivar os funcionários e contribuir para melhorar significativamente o desempenho. O supervisor pode inconsolidar esse processo de mudança, incentivando os funcionários a pensar em si e no grupo como inovadores. Quando o supervisor tem o hábito de perguntar aos funcionários como eles podem melhorar o trabalho, eles adquirem o hábito, também, de pensar na mudança como parte de sua responsabilidade.

Uma maneira de estimular a inovação seria tornando o aperfeiçoamento parte da rotina regular do grupo. Em uma empresa fabricante de computadores, localizada no centro-oeste dos EUA, um supervisor de produção convoca, todo trimestre, uma reunião que dura meio-dia. O grupo analisa o fluxo de trabalho e recomenda mudanças.

Antes da reunião, o supervisor divulga o tema a ser discutido. Por exemplo, em algumas dessas reuniões, o grupo explorou maneiras de reduzir o nível de material descartado em 10%, de eliminar a documentação e de combinar as funções do trabalho para melhorar o resultado.

Os funcionários tomam conhecimento do assunto e da reunião com antecedência suficiente para virem preparados com sugestões. Eles também trazem informações sobre custos e os benefícios de suas idéias. Como o assunto é definido antecipadamente pelo supervisor, a reunião mantém o foco. Todos os funcionários têm chance de apresentar suas idéias. Se alguém trouxer algum problema, o grupo deverá procurar mais de uma solução possível; essa regra básica estimula o raciocínio crítico.

Essas reuniões também são uma oportunidade para desenvolver as habilidades de liderança e trabalho em equipe dos funcionários. O supervisor pode nomear um funcionário para liderar as discussões. Outros funcionários podem ser encarregados de vários temas da agenda da reunião. Como exercem um papel ativo, os funcionários se envolvem mais no processo de mudança, aumentando o seu compromisso com o sucesso de cada inovação.

A mudança é um fato do ambiente de trabalho moderno. O supervisor que desenvolve a capacidade dos seus funcionários de aceitar e criar mudanças está construindo um ativo valioso para a organização.

Fonte: David K. Lindo, "You Can Make It Better", *Supervision*, abr. 2004, extraído de InfoTrac, http://web4.infotrac.galegroup.com.

Assim como descrito na seção "Habilidades em Supervisão", o supervisor pode ajudar a criar esse tipo de abertura para a mudança nos seus grupos de trabalho.

Inconsolidação

Na fase de inconsolidação, o supervisor ou outra pessoa responsável pela implementação da mudança deve explicar claramente o porquê da sua necessidade. Quando o ex-comissário da NFL Paul Tagliabue queria que os donos de times de futebol americano concordassem com a adoção de passe livre e teto salarial para os jogadores, a maioria ficou com medo de não conseguir sobreviver com o novo acordo porque as maiores equipes do mercado ficariam com todos os melhores jogadores. Tagliabue concentrou-se em mostrar aos donos de times por que a mudança efetivamente seria de interesse de todos. No fim, ele convenceu um número suficiente deles, de modo que a maioria votou pela aprovação da mudança.[17] Na essência, portanto, inconsolidação significa superar a resistência contra alguma mudança.

Muitas mudanças não só exigem a execução de novas tarefas, como também a adoção de novas atitudes, tais como a disposição para assumir a responsabilidade pelas decisões e o forte compromisso com a valorização do cliente. Os funcionários podem sentir dificuldades para modificar suas atitudes, principalmente se não se sentirem seguros quanto à sinceridade da administração.[18] A organização depende muito do supervisor para trabalhar como elo de ligação entre a administração e os funcionários operacionais, e, para desempenhar essa responsabilidade, ele precisa de boas habilidades de comunicação (veja o Capítulo 10). As recomendações apresentadas a seguir também podem ajudar:[19]

- Informar aos funcionários sobre qualquer mudança assim que tomar conhecimento dela.

- Deixar claro aos funcionários em que consiste a mudança e como ela provavelmente irá afetá-los.
- Explicar a mudança da forma mais positiva possível, mencionando quaisquer benefícios que os funcionários terão como conseqüência da mudança. Entre eles, trabalhos mais interessantes ou gratificações mais generosas. Ao mesmo tempo, policiar-se para não ficar repetindo apenas o ponto de vista da companhia.
- Explicar como a organização irá ajudar os funcionários a enfrentar a mudança. Ela oferecerá treinamento para seguir os novos procedimentos? Ela oferecerá orientação ou outro tipo de assistência aos funcionários demitidos? Como serão os benefícios dos funcionários?
- Não tentar esconder as más notícias, inclusive a possibilidade de ocorrer demissão de alguns funcionários. Manter uma postura profissional e não transmitir desnecessariamente suas próprias preocupações.
- Dar aos funcionários várias oportunidades para expressar as preocupações e esclarecer as dúvidas. É melhor que o supervisor escute as preocupações e as dúvidas em vez de deixá-las circular em um turbilhão de rumores, no qual as informações podem ser distorcidas ou incorretas.
- Dirimir o máximo de dúvidas possível e obter as demais respostas assim que puder.
- Procurar tomar conhecimento da situação da companhia no mercado e transmitir essas informações aos funcionários. A companhia tem recebido novos pedidos? Existem novos produtos ou serviços prontos para serem lançados? Qualquer equipe será mais produtiva se os seus integrantes se sentirem bem-informados sobre os acontecimentos gerais da companhia e se o supervisor for uma fonte confiável de informações precisas e positivas.
- Quando os funcionários demonstrarem descontentamento, escutar o desabafo de tristeza e raiva sem argumentar. É injusto e pouco inteligente dizer aos funcionários que a reação deles é exagerada. As pessoas enfrentam as mudanças de forma subjetiva, e uma experiência subjetiva é tão válida quanto qualquer outra.

Ao escutar e responder os questionamentos, o supervisor deve lembrar-se de que alguns funcionários refletem sobre as dúvidas somente depois de algum tempo. Portanto, ele deve oferecer aos funcionários a oportunidade de perguntar suas dúvidas de forma permanente, não apenas no momento do anúncio de alguma mudança.

Mudança

Quando os funcionários percebem a necessidade de uma mudança e recebem todo o treinamento apropriado, estão prontos para começar a alterar o seu comportamento. O segredo da implementação da mudança está em se basear nos sucessos. O supervisor deve identificar os aspectos da mudança sobre os quais tem controle e, depois, procurar realizá-la com êxito. O supervisor deve destacar qualquer êxito obtido pelo grupo ao longo do curso. Quando os funcionários conseguem enxergar os resultados desejáveis obtidos com a mudança, tendem a apoiar mais e até mesmo a abraçar a causa.

A demonstração de um sucesso prático foi importante quando a New Century Mortgage desejava que seus gestores garantissem o compromisso total dos funcionários; isto significava a compreensão e a capacidade de realizar o que se esperava deles e a disposição de contribuir plenamente. A instituição de crédito hipotecário de Irvine, Califórnia, trabalhou com uma empresa de consultoria para realizar uma pesquisa sobre o nível de comprometimento dos funcionários. Apesar das discussões sobre a relevância dessa mudança, muitos supervisores estavam céticos. No entanto, a companhia insistiu no trabalho conjunto de gestores e funcionários para desenvolver meios de melhorar o compromisso em aspectos constatados pela pesquisa como deficientes. Quando o pessoal da New Century começou a implementar os planos, a companhia acompanhou os lucros de cada divisão. A companhia pôde constatar rapidamente que as receitas eram bem maiores em divisões em que os funcionários estavam totalmente comprometidos. Além do mais, ao comparar as pesquisas feitas dois anos antes, a companhia demonstrou que as divisões que implementaram planos para melhorar o compromisso superaram o desempenho das divisões que não o enfatizaram. Vendo esses benefícios práticos, os gestores da New Century pararam de questionar o novo programa.[20]

A New Century experimentou o programa para aumentar o compromisso dos funcionários sem esperar convencer totalmente o pessoal de que ele valia a pena. Assim como nesse exemplo, a construção do sucesso geralmente requer que se comece com mudanças básicas de comportamento, e não com um esforço na mudança de valores. Os valores, por natureza, são mais resistentes às mudanças. Para induzir mudanças no comportamento, o esforço deve incluir recompensas tangíveis ou intangíveis para o comportamento desejado. Se os funcionários sentirem as conseqüências positivas, suas atitudes também se tornarão mais positivas, e seus valores também poderão mudar.

O supervisor que tem controle sobre a programação de uma mudança deve estabelecer prazos razoáveis. Conforme os funcionários vão cumprindo os prazos, o supervisor pode ressaltar suas realizações no tempo estabelecido. Por exemplo, suponha que um departamento de contabilidade esteja instalando um novo sistema de computadores. Em vez de observar apenas se todos estão usando o sistema corretamente, o supervisor pode estabelecer datas para instalar o equipamento em etapas e aprender a operar o sistema em cada uma delas. Depois, o supervisor deve acompanhar se os terminais foram instalados nos prazos estabelecidos e se todos aprenderam a conectar e digitar a senha em uma única sessão de treinamento, e assim por diante.

O supervisor também deve manter um controle de quais pessoas estão diretamente envolvidas na mudança ou a ordem em que as pessoas se envolverão. O supervisor do departamento de contabilidade pode observar se alguns funcionários já estão entusiasmados com o novo sistema ou são flexíveis e abertos às mudanças. Essas pessoas devem aprender, primeiro, a usar o sistema; depois, elas podem espalhar o seu entusiasmo e ajudar os demais funcionários na sua vez de aprender.

Do mesmo modo, se um grupo de funcionários trabalhar bem quando estão juntos e gostar da companhia uns dos outros, mantê-los juntos é uma atitude sensata. Por exemplo, a mudança para acrescentar mais um turno pode ser mais tranqüila se os grupos informais não forem divididos em turnos diferentes. Por outro lado, quando a mudança exigir a reunião de dois grupos de funcionários de diferentes organizações, locais ou turnos, o supervisor deve desenvolver a cooperação, formando equipes com funcionários de cada grupo.

Reconsolidação

O processo de mudança se completa somente quando os funcionários adotam o novo comportamento como parte da rotina. No entanto, como os novos procedimentos são menos cômodos que os já conhecidos, os funcionários poderão voltar às antigas práticas quando a pressão inicial pelas mudanças diminuir. Nas organizações em que as mudanças não são efetivamente administradas, o gestor pode achar que a iniciativa da mudança foi bem-sucedida simplesmente porque os funcionários modificaram o comportamento, ao seguir as instruções. Mas, se os funcionários apenas cumprirem as exigências básicas da mudança sem ajustar suas atitudes e se a organização não se planejar para reforçar ou recompensar a mudança, pode haver retrocessos.

Isso foi exatamente o que aconteceu com uma unidade de um hospital ao tentar iniciar uma equipe de trabalho autogerida. No início, os funcionários daquela unidade pareciam ter aderido à mudança, pois dispensaram um supervisor que tinha 15 anos de casa e que mantinha um controle firme da unidade. Eles concordaram em operar em equipe e escolheram um líder com uma personalidade mais comedida. Os membros da equipe rapidamente assumiram e passaram a realizar o trabalho administrativo antes executado pelo antigo supervisor. Mas, com o passar do tempo, os componentes da equipe começaram a esperar que o líder tratasse cada vez mais das funções administrativas, e ele acabou permitindo o retorno da antiga forma de trabalho.[21]

O retrocesso é uma reação natural entre os funcionários, mas pode se tornar um problema a menos que o supervisor interfira, trazendo todos de volta ao curso. O supervisor deve lembrá-los das realizações atingidas até o momento e das expectativas para o futuro (veja os princípios de motivação descritos no Capítulo 11). É fundamental que, na fase de reconsolidação, o funcionário seja recompensado pelo comportamento, mostrando que ele fez a mudança desejada.

Proposta de Mudanças

Em muitas situações, o supervisor deseja realizar uma mudança, porém precisa da autorização da alta administração para implementá-la. Ele também deve consultar o seu gestor no caso de mudanças controversas, difíceis de implementar ou extremamente importantes. Essas situações exigem do supervisor a apresentação de uma proposta à alta administração.

Para propor efetivamente uma mudança, o supervisor deve começar avaliando a proposta. Será que ela ajuda a organização a atingir melhor suas metas? Será que melhora a qualidade ou a produtividade? Que ações são necessárias para implementá-la? Quanto ela custa? Como implementá-la? Qual o treinamento necessário? Somente quando as respostas a esses questionamentos confirmarem as vantagens e a viabilidade da mudança é que o supervisor estará preparado para seguir adiante com a proposta.

O supervisor deve lembrar-se de que o processo de mudança começa com o convencimento das pessoas da necessidade da mudança (inconsolidação, no modelo de Lewin). Algumas organizações cultivam de forma ativa as sugestões de melhorias, o que proporciona ao supervisor mais facilidade para propor mudanças à alta administração. Em outras organizações, a alta direção pode ter mais cautela quando mudanças são propostas. Portanto, muitas vezes, é importante o supervisor ajudar a administração a perceber a situação que deu o motivo para a necessidade de mudanças. O supervisor talvez tenha de fazer isso antes de mencionar alguma mudança.

Quando o trabalho de preparação já tiver sido feito, o supervisor deve apresentar uma proposta. Exceto em mudanças simples, ele deve apresentar as propostas por escrito. A introdução da proposta deve apresentar resumidamente a descrição e o motivo da mudança. Depois, o supervisor pode fornecer detalhes sobre o procedimento da mudança e os custos e benefícios envolvidos. (Para obter mais orientações sobre comunicação ascendente e relatório, veja o Capítulo 10; para recomendações de manutenção de bons relacionamentos com o gestor, veja o Capítulo 8.)

PODER E POLÍTICA ORGANIZACIONAL

A implementação de mudanças e a solução de conflitos não são tão complicadas para uma pessoa com posição relativamente sólida na organização. Assim, o supervisor poderá administrar mais efetivamente o conflito e a mudança se conseguir melhorar sua posição dentro da organização. As atividades por meio das quais as pessoas fazem isso são denominadas **políticas organizacionais**. Melhorar a posição de uma pessoa não é em si nem bom nem ruim; portanto, a política também não é em si nem boa nem ruim. Contudo, as habilidades políticas são importantes. Elas ajudam o supervisor a obter cooperação e apoio das outras pessoas dentro da organização. Em uma recente pesquisa, foi constatado que os gestores gastam quase um dia de uma semana de cinco dias úteis em assuntos ligados à política organizacional, inclusive nas atividades politicamente motivadas por seus funcionários (veja a Figura 14.7). O apêndice do final deste capítulo apresenta mais informações sobre política organizacional.

políticas organizacionais
Atos intencionais de influência para aprimorar ou proteger o interesse próprio de pessoas ou grupos

FIGURA 14.7
Parcela de Tempo Gasto pelos Gestores em Política Organizacional

Fonte: "Reducing Conflict in the Office". *USA Today Magazine*, jul. 2003, extraído de LookSmart's Find Articles, www.findarticles.com.

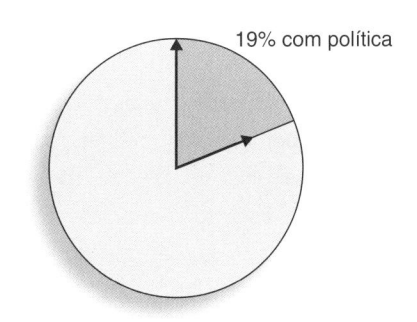

19% com política

A forma mais comum de as pessoas usarem a política para melhorar sua posição é adquirindo poder. **Poder** é a capacidade de influenciar o comportamento das pessoas. Por exemplo, um supervisor pede aos seus funcionários que cheguem ao trabalho pontualmente; no entanto, eles continuam a chegar atrasados. Outro supervisor consegue entusiasmar tanto os funcionários quanto à contribuição que eles oferecem à companhia que eles continuamente chegam ao trabalho no horário e desempenham acima do exigido. O segundo supervisor tem mais poder que o primeiro.

poder
Capacidade de influenciar o comportamento das pessoas

Fontes de Poder

O supervisor editorial Stan Bakker tem longos 10 anos de experiência de transformar originais em livros campeões de venda. Quando ele diz a um dos editores de sua equipe como tratar um determinado autor ou alguma obra, o editor invariavelmente segue as orientações de Bakker. Por quê? Em parte, porque ele é o chefe e, em parte, porque os editores respeitam o seu profundo conhecimento. Portanto, o poder de Bakker provém tanto da sua posição na companhia como das suas características pessoais.

O poder proveniente da função formal de uma pessoa dentro da organização é denominado **poder da posição**. Todo supervisor exerce algum poder de posição sobre os subordinados. O gestor do nível superior, por sua vez, é dotado de mais poder de posição.

poder da posição
Poder proveniente da função formal de uma pessoa dentro da organização

poder pessoal
Poder proveniente das características individuais de cada pessoa

Em contrapartida, **poder pessoal** é aquele proveniente das características individuais de cada pessoa. Uma pessoa não precisa ser gestora da organização para exercer poder pessoal, e os funcionários, algumas vezes, vêem um colega como líder informal do grupo. Se algum supervisor anuncia uma reorganização, um dos funcionários pode instigar todos a colaborarem com o novo plano ou pode atrapalhar, ridicularizando as mudanças. O líder informal de um grupo pode ser alguém que os demais funcionários vêem como conhecedor e experiente ou como alguém com quem eles sentem prazer em trabalhar.

O supervisor não pode eliminar o poder pessoal entre os subordinados, mas deve estar ciente dele para poder tirar proveito. O supervisor deve observar atentamente os problemas que podem surgir quando as metas dele e do líder informal forem conflitantes. Talvez, acima de tudo, ele deva buscar uma forma de tê-lo como seu aliado; por exemplo, ele pode anunciar uma decisão ao líder informal primeiro ou discutir alguns planos com essa pessoa.

Tipos de Poder

Como o poder do supervisor vem das suas características pessoais e da posição ocupada na organização, ele pode ter diversos tipos de poder. O supervisor que possui menos poder de posição do que gostaria pode avaliar os seguintes tipos de poder para verificar se pode desenvolver algum deles. Esses tipos de poder estão resumidos na Tabela 14.1.

O *poder legítimo* vem da posição ocupada pela pessoa. Portanto, o supervisor possui poder legítimo para delegar as tarefas aos funcionários. Para exercer efetivamente o poder legítimo, o supervisor precisa ter certeza de que os funcionários entendam as orientações dadas e que sejam capazes de cumpri-las.

O *poder de referência* decorre das emoções inspiradas por uma pessoa. Alguns supervisores parecem iluminar a sala quando entram; eles possuem uma personalidade dominante, demonstrando entusiasmo, vigor e verdadeiro prazer pelo trabalho. As pessoas gostam de trabalhar com esse tipo de supervisor e, muitas vezes,

TABELA 14.1
Tipos de Poder

Tipo de Poder	Proveniente
Legítimo	Da posição ocupada pela pessoa
De referência	Das emoções inspiradas pela pessoa
De especialista	Do conhecimento ou das habilidades da pessoa
De coação	Do medo relacionado ao uso da força
De recompensa	Da concessão às pessoas de algo desejado
De relação	Do relacionamento das pessoas com alguém de muito poder
De informação	Da posse de informações importantes

desempenham acima das responsabilidades da função porque esperam que ele goste delas. Uma pessoa com poder de referência muitas vezes é chamada de "carismática".

O *poder de especialista* vem do conhecimento e das habilidades da pessoa. Os funcionários respeitam o supervisor que conhece o trabalho melhor que eles. Esse respeito os leva a seguir as instruções do supervisor. Por exemplo, o chefe da equipe de pesquisa e desenvolvimento de uma companhia pode ser um cientista bem-conceituado na área. Espera-se que os pesquisadores peçam a sua orientação e confiem nele.

O *poder de coação* provém do medo relacionado ao uso da força. O supervisor que diz "Chegue amanhã no horário, ou será demitido!" está usando o poder de coação. Esse tipo de poder pode surtir efeito a curto prazo, mas, a longo prazo, os funcionários acabam ressentidos e podem tentar desmoralizar esse supervisor. O supervisor que recorre com freqüência ao poder de coação deve avaliar se ele o está fazendo em detrimento do desenvolvimento de outro tipo de poder mais adequado.

O *poder de recompensa* provém da concessão às pessoas de algo desejado. A recompensa oferecida por um supervisor pode ser um aumento salarial, o reconhecimento ou a designação para um turno desejado. O supervisor que planeja contar com o poder de recompensa para conduzir os funcionários deve ter certeza de poder recompensar com consistência. Muitas vezes, o supervisor é limitado nesse aspecto. A política da companhia pode estabelecer teto máximo para os aumentos salariais, ou talvez existam muito poucas tarefas que realmente empolguem os funcionários.

O *poder de relação* é aquele baseado no relacionamento da pessoa com alguém de muito poder. Por exemplo, imaginemos dois supervisores parceiros de golfe; um deles é promovido para o cargo de gestor de compras; o outro tem poder de relação decorrente do relacionamento mantido com esse novo gestor. De modo semelhante, se uma das funcionárias da organização for a filha do vice-presidente, ela terá poder de relação por causa do relacionamento familiar. O poder de relação pode ser um problema para a organização e para os gestores quando a pessoa que possui esse poder coloca os interesses da sua relação acima dos interesses da organização. Mesmo assim, ele ocorre na vida organizacional.

O *poder de informação* é aquele decorrente da posse de informações importantes. Uma pessoa que tem o conhecimento sobre quais funcionários estarão na lista do próximo corte de pessoal ou sobre quando o gestor do departamento estará fora da cidade possui poder de informação. As secretárias dos grandes executivos possuem poder de informação, além do poder de relação.

Estratégias Políticas

As estratégias políticas de uma pessoa são os métodos utilizados por ela para adquirir e manter o poder dentro da organização. Dependendo das estratégias específicas escolhidas pela pessoa e de como são usadas, elas podem ser éticas ou antiéticas. As estratégias apresentadas a seguir são comumente usadas nas organizações:[22]

- *Prestar favores* – As pessoas lembram dos favores e geralmente se dispõem a retribuir ajudando ou agradecendo. No entanto, fazer favores apenas para criar uma obrigação é antiético. Para obter mais visões sobre o impacto dos favores, veja o texto na seção "Supervisão e Ética".

SUPERVISÃO E ÉTICA

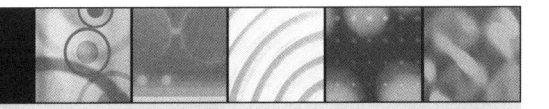

BOAS INTENÇÕES SÃO BONS NEGÓCIOS?

As companhias competem nas vendas, e os funcionários competem nas promoções. Em um ambiente de negócios competitivo, será que existe lugar para a gentileza?

Algumas pessoas acham que sim, pelo menos em certas situações. Se uma pessoa ajuda as outras, a probabilidade de também ser ajudada é maior. Além disso, algumas organizações incentivam a presteza como parte da construção do trabalho em equipe e do compromisso com a organização.

A empresa de consultoria e auditoria KPMG possui um programa de divisão de benefícios. Nesse programa, os funcionários (exceto os sócios, funcionários do alto escalão que possuem participação acionária da empresa) podem doar parte dos seus próprios dias de licença aos colegas. Um funcionário pode doar de quatro a quarenta horas a algum colega que necessite de dias de licença remunerada para cuidar de um familiar com grave problema de saúde. Em um ano recente, os funcionários da KPMG doaram mais ou menos oito mil horas a trinta e dois dos seus colegas.

Uma das funcionárias beneficiadas naquele ano foi Devon Wzientek, que deu à luz a um filho com defeito congênito no coração. O bebê precisou de três cirurgias, a primeira com alguns dias de nascimento. Wzientek esteve fora da empresa por duas semanas de licença-maternidade, seis semanas por deficiência temporária e seis semanas de férias que ela havia economizado. Mesmo assim, precisava ficar em casa para cuidar do bebê; assim, juntos, os colegas da KPMG deram-lhe mais doze semanas de licença remunerada. A experiência de Wzientek tornou-a leal para com a companhia e comprometida com os colegas. Ela afirma: "Alguém sempre acaba precisando de alguns dias de férias, e eu efetivamente estarei pronta para doar as minhas horas". Mas Wzientek não é a única comprometida com os colegas. Ser um doador também fortalece as relações. Todd Cameron, gestor que doou vinte horas a Wzientek, diz: "Difundiu-se um sentimento de bondade".

De acordo com Frank Flynn, professor da Columbia University, os funcionários costumam ter opiniões mais positivas de colegas que demonstram generosidade. Eles gostam dos colegas que assumem o trabalho extra, cobrem o turno de outra pessoa ou se oferecem como orientador. Mas Flynn também observa que as pessoas têm opiniões negativas de colegas que aparentemente se comportam dessa maneira visando o benefício próprio. A generosidade pode ser um contragolpe se impedir os funcionários de executarem seu próprio trabalho ou se ela for tão exagerada que os colegas passam a se sentir em dívida permanente com o funcionário generoso.

Esse esforço para avaliar as intenções das outras pessoas produz alguns padrões na maneira como os colegas percebem os atos de generosidade. Por exemplo, as mulheres tendem a ser menos valorizadas que os homens pela generosidade, talvez porque as pessoas esperem que colegas do sexo feminino sejam "mais legais". Mulheres consideradas mais generosas tendem a receber menos crédito pelos atos de generosidade do que seus colegas homens.

Fonte: Kris Maher, "Giving Can Be Good for Getting Ahead", *The Wall Street Journal*, 31 ago. 2004, http://online.wsj.com.

- *Causar boa impressão* – As pessoas habilidosas em política organizacional sabem da importância de se criar uma imagem positiva. Elas não apenas demonstram o melhor de si, mas também deixam bem claras as suas realizações.

- *Cultivar a rádio-peão* – O ditado "saber é poder" aplica-se à posição de qualquer pessoa dentro da organização. Portanto, o poder é maior para aqueles ligados à rede informal de comunicação que transmite as informações dentro da organização (veja o Capítulo 10). As pessoas podem estabelecer uma relação com a rede informal participando de comitês e criando amizades e contatos informais.

- *Apoiar o gestor* – O gestor do supervisor pode ser um aliado forte. Portanto, é importante ajudar o gestor a parecer competente.

- *Evitar o negativismo* – As pessoas respeitam mais aquele que propõe soluções e não respeitam aquele que simplesmente critica.

- *Elogiar* – As pessoas gostam de ser elogiadas, e o elogio documentado é extremamente valioso. Desde que o elogio seja sincero, o supervisor deve elogiar qualquer pessoa, até mesmo o seu gestor.

FIGURA 14.8
Abordagens para Construir uma Base de Poder

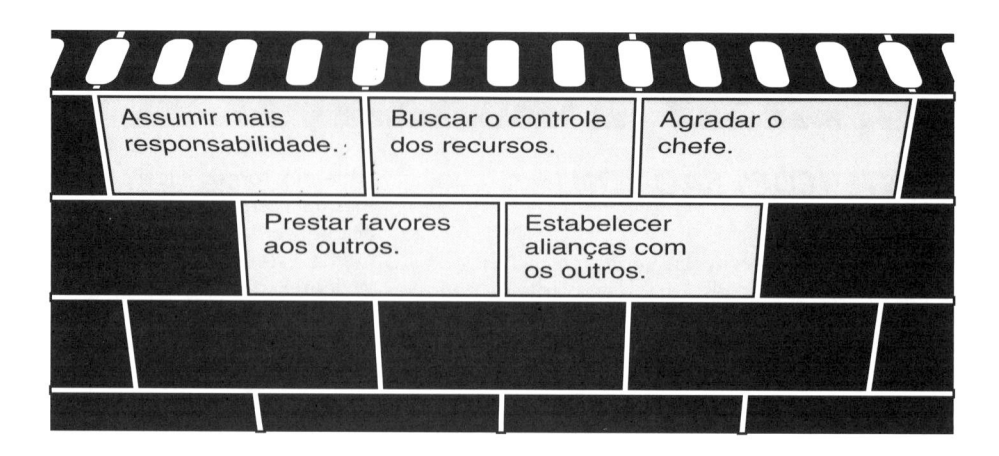

- Assumir mais responsabilidade.
- Buscar o controle dos recursos.
- Agradar o chefe.
- Prestar favores aos outros.
- Estabelecer alianças com os outros.

Construção de uma Base de Poder

No âmago da política organizacional está a construção da base de poder. A abordagem específica adotada depende do tipo de poder que o funcionário ou o gestor pode adquirir. A Figura 14.8 mostra resumidamente algumas possíveis abordagens. Algumas pessoas assumem mais responsabilidade em um esforço de se tornarem necessárias para a organização. Outras buscam controlar os recursos; o supervisor com mais funcionários ou com o orçamento maior é considerado mais poderoso.

Uma ótima maneira de o supervisor construir sua base de poder seria agradando o seu gestor. Colegas e subordinados que percebem que o supervisor mantém uma relação próxima com o gestor tendem a tratá-lo com cuidado para evitar contrariar o gestor.

Prestar favores aos outros para que eles fiquem em débito é, ainda, outra abordagem. É evidente que subornar é antiético, mas existem maneiras éticas de fazer favores aos outros. Um supervisor pode se oferecer para ficar até mais tarde com o colega para terminar um projeto. Quando o supervisor precisar de ajuda ou do apoio de alguém, provavelmente esse colega ficará feliz em retribuir o favor.

A prestação de favores pode ajudar o supervisor em uma das outras técnicas de construção da base de poder: o estabelecimento de alianças com outras pessoas da organização. O supervisor que conta com o apoio de muitas pessoas consegue realizar mais e construir uma boa reputação. Isso não significa que ele tenha de se relacionar com colegas gananciosos, agressivos e antiéticos. Ao contrário, ele deve identificar pessoas que admira como potenciais aliados. Ele pode formar aliança com essas pessoas, ganhando a confiança delas, mantendo-as informadas e estabelecendo relações amistosas por meio de interesses comuns.

Estabelecimento de uma Margem Competitiva

Partindo do pressuposto de que existe limite para o número de promoções e outras regalias, os integrantes da organização buscam adquirir margem competitiva. Eles tentam se destacar para que, quando houver a distribuição de aumentos, promoções e escolha de designações, eles sejam beneficiados. A busca de um desempenho excepcional em um trabalho geralmente é a base dos esforços éticos para estabelecer uma margem competitiva.

Entre algumas abordagens antiéticas para estabelecer uma margem competitiva estão: espalhar mentiras e rumores a respeito dos colegas e creditar para si as idéias e o trabalho dos subordinados. Tentar parecer bom em detrimento de outra pessoa pode funcionar no início, mas, quando a verdade vem à tona, o usuário dessa tática acaba sendo o grande perdedor. Os outros acabam desacreditando essa pessoa. A longo prazo, a forma mais bem-sucedida de parecer excepcional é produzindo resultados excepcionais.

Socialização

Em muitas organizações, parte do jogo de progredir inclui a socialização com os colegas. Talvez as pessoas promovidas mais rapidamente sejam aquelas que de vez em quando jogam golfe com o chefe ou saem para beber depois do trabalho. Dependendo do comportamento do supervisor nessas ocasiões, a socialização pode ajudar ou pode dar um fim no crescimento profissional do funcionário.

O bom senso ajuda o supervisor a lidar com a socialização de forma adequada. Por exemplo, se o supervisor beber exageradamente e ficar bêbado em uma festa da empresa, seu comportamento será provavelmente tido como estúpido. Do mesmo modo, sair com alguma subordinada é um convite para problemas. Se o relacionamento durar, os demais funcionários acabarão sentindo ciúmes da subordinada e duvidando da imparcialidade do supervisor. Se o relacionamento não der certo, o supervisor poderá ser acusado, justa ou injustamente, de assédio sexual por uma subordinada rancorosa. (Veja explicações sobre assédio sexual no Apêndice B.)

Em geral, a atitude mais inteligente é ser sensato, porém natural. Por exemplo, o supervisor não deve forçar uma amizade com o gestor ou com os subordinados. E nem deve usar ocasiões sociais como oportunidade para causar ótima impressão; exibir-se em demasia dificilmente é uma boa maneira de estabelecer relacionamentos.

MÓDULO DE APTIDÃO
PARTE UM: CONCEITOS

Resumo

14.1 Citar os aspectos positivos e negativos do conflito.
Quando ele provoca mudanças necessárias, o conflito é influência positiva porque sinaliza a existência de algum problema. No entanto, o conflito permanente deixa as pessoas estressadas e toma o tempo que poderia ser gasto de forma mais produtiva. Quando o conflito envolve descontentamento com a administração ou a organização, ele pode produzir um comportamento destrutivo.

14.2 Definir os tipos de conflito.
O conflito pode ser intrapessoal; conflito interno de uma pessoa. O conflito entre mais pessoas é denominado interpessoal. O conflito estrutural resulta da forma de estruturação da organização. O conflito estratégico é provocado intencionalmente para atingir alguma meta, tal como a motivação dos funcionários.

14.3 Descrever as estratégias de administração do conflito.
Uma das estratégias é a solução conciliatória, ou a concordância com uma solução que atenda apenas parte da demanda de cada uma das partes conflitantes. Outra abordagem é evitar o conflito ou fingir que ele não existe (dissimulação). A solução forçada ocorre quando uma pessoa com poder escolhe e impõe uma resolução. Nenhuma dessas estratégias tenta resolver o problema básico, e todas pressupõem situação em que uma das partes sai ganhando e a outra, perdendo. O enfrentamento e a solução do problema, denominados resolução do conflito, pressupõem uma situação em que ambas as partes saem ganhando de alguma forma.

14.4 Explicar como o supervisor pode tomar a iniciativa de resolver um conflito, reagir a um conflito e mediar a resolução.
Na iniciativa de resolução de um conflito, o supervisor deve começar tentando entender o conflito e, em seguida, deve expressar o problema e observar a reação. Quando as partes se comunicam, conseguem encontrar uma solução e concordar com o que cada uma deve fazer.

Na reação a um conflito, o supervisor deve escutar a outra pessoa e tentar entender o problema. Depois, ele pode obter a cooperação, concordando com parte das afirmações e trabalhando com a outra pessoa para chegar a uma solução.

Na mediação da resolução do conflito, o supervisor começa estabelecendo uma atmosfera construtiva, depois, pedindo a cada pessoa para explicar qual é o problema e expressar o que deseja. Em seguida, o supervisor reafirma a posição de cada um, pede sugestões de solução e incentiva as partes a escolher uma solução benéfica para todos. Por fim, o supervisor faz um resumo do curso da ação que foi acordado.

14.5 Identificar a origem das mudanças e explicar por que os funcionários e supervisores resistem a elas.

A mudança pode vir da administração em resposta a uma oportunidade ou necessidade de trabalhar melhor. Ela pode vir dos funcionários na forma de sindicalização ou de apresentação de sugestões. A mudança pode ser imposta por influências externas, como por exemplo o governo. Os funcionários e supervisores resistem às mudanças porque normalmente elas exigem esforço extra e, algumas vezes, pioram a situação das pessoas. Outras razões para a resistência contra as mudanças são o medo do desconhecido e a incapacidade de lidar com a mudança.

14.6 Discutir como o supervisor pode superar a resistência e implementar a mudança.

Para superar a resistência contra a mudança, o supervisor pode perceber os sentimentos dos funcionários e reagir. Ele também pode mantê-los informados sobre a transformação que está ocorrendo, sendo realista e ressaltando todos os benefícios. O supervisor deve sempre oferecer aos funcionários a oportunidade de questionar sobre o que está acontecendo. Para implementar uma mudança, o supervisor deve se basear nos sucessos. Isso inclui divulgar êxitos, definir prazos razoáveis para as medidas a serem adotadas e envolver primeiro as pessoas que são mais propensas a se entusiasmar com a mudança.

14.7 Descrever os tipos de poder do supervisor.

O supervisor pode ter poder legítimo, proveniente da sua posição dentro da organização; poder de referência, decorrente das emoções inspiradas nos outros; poder de especialista, proporcionado pelo conhecimento ou habilidades; poder de coação, decorrente do medo relacionado ao uso da força; poder de recompensa, proveniente da concessão às pessoas de algo desejado; poder de relação, decorrente do relacionamento com pessoas de poder; e poder de informação, que a posse de informações importantes proporciona.

14.8 Identificar as estratégias comuns de política organizacional.

As estratégias políticas comumente adotadas nas organizações são prestar favores, criar boa impressão, cultivar a rádio-peão, apoiar o gestor, evitar o negativismo e elogiar.

Termos Principais

conflito, p. 366
frustração, p. 367
administração de conflitos, p. 370
solução conciliatória, p. 371
dissimulação, p. 371
resolução do conflito, p. 372
políticas organizacionais, p. 382
poder, p. 383
poder da posição, p. 383
poder pessoal, p. 383

Questões para Discussão e Revisão

1. No seu primeiro dia no emprego, o supervisor de Jenna apresentou-a de forma inadequada aos colegas, pronunciando errado o seu nome. Os colegas de Jenna, tentando ser simpáticos, pronunciavam seu nome errado. Jenna convivia com

essa situação porque não queria colocar em risco seus novos relacionamentos. Por fim, sentindo-se incomodada com a situação, Jenna acabou falando com o supervisor sobre o erro. Esse tipo de conflito é negativo ou positivo? Por quê?

2. Suponha que você seja o supervisor de produção de um fabricante de ferramentas manuais, como a Snap-On Tools. O seu supervisor diz: "Sei que você estava ansioso pela sua viagem ao Havaí no mês que vem, mas nós vamos aumentar a produção, e três novos funcionários irão se juntar a seu grupo. Gostaria que você considerasse a possibilidade de permanecer para garantir que tudo corra bem".

   a. Qual a natureza do conflito nessa situação? Em outras palavras, quais são as duas metas impossíveis de serem concretizadas ao mesmo tempo?
   b. Cite o máximo de soluções possíveis nas quais consiga pensar para resolver esse conflito.
   c. Qual solução você prefere? Como você pode apresentá-la para o seu gestor?

3. Identifique cada um destes conflitos como interpessoal, estrutural ou estratégico.

   a. A meta do departamento de produção é fabricar peças com mais rapidez e do departamento de controle de qualidade, produzir com menos rapidez para reduzir a taxa de defeitos.
   b. Uma vendedora não anota os recados dos colegas porque acha que tem mais chances de ficar com o melhor desempenho do departamento se eles não retornarem as ligações.
   c. Um dos operadores de caixa de um supermercado é muito mais velho que os demais e não conversa muito com eles. Os demais operadores o criticam por não trabalhar em equipe.

4. Por que a solução conciliatória geralmente deixa ambas as partes frustradas?

5. Rachel Gonzalez supervisiona os atendentes de um restaurante. Ela sabe que muitos deles estão descontentes com a escala de trabalho que prepara, mas acha que as pessoas não devem argumentar. Assim, ela evita discutir o assunto e define a programação da semana seguinte um pouco antes de ir embora. O que há de errado nessa abordagem de administração de conflitos? Qual seria a melhor maneira de administrar esse conflito?

6. Ron Herbst é supervisor de um laboratório de análises clínicas. Ele percebeu que um dos funcionários normalmente vem trabalhar de mau humor. O funcionário executa o trabalho no prazo, mas sua atitude parece afetar os demais colegas.

   a. Como Ron pode tomar a iniciativa de resolver o conflito com esse funcionário? Como ele deve descrever o problema?
   b. Se o funcionário reagir à afirmação de Ron sobre o problema dizendo: "Comigo está tudo bem. Não se preocupe", o que o supervisor deve fazer ou dizer?

7. Os gestores de uma companhia engarrafadora de refrigerantes decidem que cada um dos trabalhadores da produção irá aprender diversas funções e realizar rodízio entre elas. Eles ouviram dizer que essa técnica melhora a produtividade e acreditam que os trabalhadores ficarão mais satisfeitos porque o trabalho ficará mais interessante. No entanto, muitos dos funcionários e supervisores estão relutantes com a mudança. O que explica essa resistência?

8. Quais são os fatores que afetam o sucesso de uma mudança?

9. Como o supervisor pode superar a resistência contra a mudança?

10. Qual a principal razão do fracasso nos esforços de mudanças dentro da organização? O que o supervisor pode fazer para evitar esse fracasso e garantir o êxito das mudanças?

11. Quais as duas principais fontes de poder do supervisor? Em sua visão, qual das duas é mais importante para a eficácia do supervisor? Por quê?

12. Que tipo ou tipos de poder o supervisor está exercendo em cada uma destas situações?

a. Um supervisor de vendas promete uma gratificação de $ 50 para o primeiro vendedor que fechar uma venda na semana.
b. Um dia por mês, uma supervisora pede pizza e reúne os funcionários para almoçar. Os funcionários aguardam ansiosos essas ocasiões porque a supervisora se junta a eles para contar histórias divertidas, e, normalmente, ela consegue passar alguns planos da administração.
c. Um supervisor do departamento de contabilidade conseguiu seu emprego graças à indicação do seu pai, que regularmente joga golfe com o presidente da companhia. Desde a contratação do supervisor, o presidente visitou o departamento algumas vezes para ver como ele estava se saindo. O gestor do departamento foi bem diplomático nas críticas contra o supervisor.
d. Quando os funcionários de um departamento de digitação cometem muitos erros por página ou um erro especialmente gritante, o supervisor afixa as páginas erradas no quadro de avisos do departamento para humilhar os funcionários, visando melhorar o desempenho.

13. Uma supervisora de vendas acredita que poderia ser mais eficaz se o departamento de crédito da companhia cooperasse mais. Se o crédito de possíveis clientes fosse aprovado com mais rapidez, seus vendedores conseguiriam fechar mais vendas. Que táticas políticas seriam recomendáveis para a supervisora de vendas obter mais colaboração do departamento de crédito?

PARTE DOIS: CAPACITAÇÃO

PROBLEMA A SER RESOLVIDO PELO ALUNO

Com base no texto da página 365, reflita e imagine que os funcionários de um dos departamentos da matriz da Best Buy vêm pedindo para participar do programa Ambiente de Trabalho Orientado aos Resultados (ROWE). Trabalhe em grupo, adotando a perspectiva do supervisor do grupo, e liste os conflitos que podem surgir se ele não concordar com essa mudança. Marque cada mudança da lista com a letra i para intrapessoal, I para interpessoal, Su para estrutural e Sa para estratégica. Em seguida, crie outra lista para os conflitos que poderão surgir se o supervisor aceitar a mudança.

Imagine que um dos funcionários precisa sair mais cedo duas vezes por semana para comparecer à reunião de pais e mestres do filho. Um dos componentes do grupo será o funcionário, e outro, o supervisor. Encene como o funcionário acomodaria esse compromisso no acordo de trabalho tradicional. Em seguida, os dois componentes do grupo devem representar os mesmos papéis, supondo que tenha passado três meses desde a adoção do plano. Um dos acordos parece mais conveniente que o outro para o funcionário? E para o supervisor? Se você fosse o supervisor, que acordo preferiria?

Caso de Solução de Problemas: *O National Conflict Resolution Center* Ajuda a Encontrar Soluções Convenientes para Ambas as Partes*

Para as pessoas envolvidas em um conflito, pode ser difícil enxergar uma solução aceitável para ambas as partes. Sentimentos de rancor e mágoa podem reprimir a sua capacidade de refletir sobre o problema e considerar o ponto de vista de todos. Em uma situação complicada como essa, muitas organizações norte-americanas recorrem ao National Conflict Resolution Center (NCRC), sediado em San Diego, Califórnia.

---

* N.R.T.: A Lei no 9.958, de 12/10/2000, instituiu e regulamentou as Comissões de Conciliação Prévia, descritas nos artigos 625 - A até 625 - H, da Consolidação das Leis do Trabalho. Trata-se de uma forma extrajudicial de resolver demandas trabalhistas. Mais informações poderão ser encontradas no site: http://www.mte.gov.br/com_conciliacao/default.asp

O NCRC administra três divisões. O Business Center oferece às organizações serviços de uma junta de especialistas para mediar as disputas entre colegas de trabalho, funcionários e administração ou entre clientes e companhias. Sem escolher lados, o mediador conduz um diálogo em que as partes disputantes discutem o problema e criam uma solução com a qual ambas as partes concordem. O Training Institute oferece treinamento às pessoas sobre como mediar a resolução de conflitos. E o San Diego Mediation Center ajuda as organizações de bairro e comunitárias a resolver disputas locais. Com esses serviços, o NCRC tem obtido sucesso na resolução de milhares de disputas.

Os preços dos serviços de mediação variam entre 250 a 400 dólares por hora. Embora seja muito dinheiro, é muito menos que o custo da contratação de um advogado para resolver o conflito no tribunal. Outro benefício da mediação no trabalho é o fato de as pessoas deixarem de ver umas as outras como oponentes. Se algum funcionário tem uma queixa do supervisor, ambos sentem-se incomodados no trabalho e fica mais difícil manter relações de trabalho produtivas. Quando as pessoas participam da mediação, elas começam a pensar em resolver o problema em vez de brigar. Além disso, o NCRC descobriu que os participantes adquirem uma sensação de poder, por estarem contribuindo para o resultado do processo de mediação.

O Training Institute do NCRC dá lições que se aplicam a qualquer supervisor. Trocando em miúdos, o trabalho do mediador é simplesmente escutar. Robin Seigle, diretor do Business Center, explica: "É muito comum as pessoas entrarem em conflito por suposições criadas sobre a outra pessoa". Quando as partes do conflito sentam-se com o mediador, elas escutam a versão umas das outras da situação e, muitas vezes, descobrem que as suposições não estavam totalmente corretas. A instrutora Barbara Filner dá exemplos de tipos de questionamentos feitos pelo mediador: "O que você esperava que acontecesse? Qual era a sua idéia?". Ao entender o que os participantes querem nas circunstâncias ideais, o mediador ajuda a trabalhar uma solução que os auxilie. De acordo com um dos estagiários do instituto, Brandon Moreno, o fato de escutar bem também ajuda a acalmar as pessoas. Moreno diz que, desde que participou do treinamento em mediação, as pessoas lhe dizem: "consigo envolver as pessoas e fazê-las se abrir e estabelecer uma ligação".

Um dos clientes do NCRC é o Departamento Norte-Americano de Segurança no Transporte. Depois dos ataques de 11 de setembro de 2001, a ansiedade em relação à segurança nas viagens aéreas aumentou, e os agentes de fiscalização têm trabalhado sob pressão para manter os passageiros seguros. Ao mesmo tempo, os procedimentos de fiscalização podem parecer agressivos e inconvenientes aos passageiros. Nessas condições estressantes, podem surgir conflitos. O treinamento em habilidades de mediação tem ajudado os funcionários do departamento a lidar com os colegas estressados, e também com os viajantes impacientes e nervosos.

Com base nessa descrição de mediadores, que tipos de habilidades de supervisão são necessários para mediar um conflito? Considere as várias habilidades descritas dos Capítulos 1 ao 14.

Em que circunstâncias o supervisor pode se beneficiar do uso de mediadores treinados, como os do NCRC, em vez de ele próprio mediar o conflito? Por que um mediador especializado seria importante nessas situações?

Suponha que você seja um dos supervisores do Departamento Norte-Americano de Segurança no Transporte de um aeroporto. Você percebe que uma passageira está visivelmente irritada com a inspeção da sua bagagem de mão. Ao se aproximar do balcão onde a passageira está sendo inspecionada, você a ouve dizer: "Você vai me fazer perder o vôo". Você se envolveria nessa situação? Se sim, como? Quais habilidades de mediação do NCRC, se as tiver, o ajudariam?

Fontes: Pat Broderick, "Defusing Disputes: National Conflict Resolution Center Seeks Solutions to Variety of Problems and Issues", *San Diego Business Journal*, 7 mar. 2005, extraído de Business & Company Resource Center, http://galenet.galegroup.com; National Conflict Resolution Center, "Frequently Asked Questions", www.ncrconline.com, acessado em 5 de setembro de 2006.

Autoconhecimento — Qual o seu Estilo de Tratamento de Conflitos?

Todos têm um estilo básico de tratar os conflitos. Para identificar as estratégias às quais você mais recorre, indique com que freqüência utiliza as descritas nas afirmações a seguir. Ao lado de cada afirmação, marque 5 se com freqüência, 3 se algumas vezes, 1 se nunca.

Quando tenho divergências com alguém...

_____ 1. Exploro nossas diferenças, sem recuar e sem impor meu ponto de vista.

_____ 2. Discordo abertamente e, depois, proponho discutir melhor nossas diferenças.

_____ 3. Busco uma solução mutuamente satisfatória.

_____ 4. Em vez de deixá-lo tomar a decisão sem a minha opinião, garanto que ele me escute e também o escuto.

_____ 5. Aceito uma solução intermediária em vez de buscar alguma totalmente satisfatória.

_____ 6. Admito estar parcialmente errado em vez de explorar nossas diferenças.

_____ 7. Minha reputação é de buscar a conciliação.

_____ 8. Espero dizer mais ou menos metade do que realmente gostaria de dizer.

_____ 9. Cedo totalmente em vez de tentar mudar a opinião dele.

_____ 10. Deixo de lado qualquer aspecto controverso da questão.

_____ 11. Logo concordo, em vez de discutir a questão.

_____ 12. Cedo assim que ele se exalta com alguma questão.

_____ 13. Tento conquistar a sua opinião.

_____ 14. Tento sair vitorioso, a qualquer preço.

_____ 15. Nunca fujo de um bom debate.

_____ 16. Prefiro ganhar a fazer concessões.

Para computar as respostas, some o total de pontos de cada um destes conjuntos de afirmações:

Conjunto A: afirmações 1-4   Conjunto C: afirmações 9-12
Conjunto B: afirmações 5-8   Conjunto D: afirmações 13-16

Um total de 17 pontos ou mais em qualquer desses conjuntos é considerado alto. Total de 12 a 16 é mais ou menos alto. Total de 8 a 11 é mais ou menos baixo. Total de 7 ou menos é considerado baixo. Cada conjunto representa uma estratégia diferente de administração de conflitos:

- Conjunto A = Colaboração (ambos ganham).
- Conjunto B = Conciliação (ambos ganham um pouco, ambos perdem um pouco).
- Conjunto C = Acomodação (eu perco, o outro ganha).
- Conjunto D = Força/dominação (eu ganho, o outro perde).

Fonte: Supervision: Managerial Skills for a New Era, Von der Embse. Copyright©1987 Pearson Education, Inc. Reprodução autorizada por Pearson Education Inc., Upper Saddle River, NJ.

Pausa e Reflexão

1. Em que estilo de administração seu total de pontos foi maior? Você ficou surpreso com esse resultado?
2. Cite algumas vantagens do(s) estilo(s) que mais usa. Cite algumas desvantagens.
3. Você acredita que se beneficiaria se melhorasse em algum estilo de administração de conflitos no qual sua pontuação foi fraca?

Exercício de Aula

Resolvendo um Conflito

Este exercício é baseado em interpretação de papéis. Um dos alunos da classe assume o papel de supervisor, e outros dois, de funcionário. O supervisor espera fora da sala de aula por cinco minutos, enquanto os funcionários preparam a seguinte encenação:

Pat e Chris trabalham em um departamento de digitação de texto, preparando relatórios e cartas utilizando o computador. Pat pisa no cabo do computador de Chris, desligando-o e apagando o projeto em que ele estava trabalhando. Chris fica irritado. Se ele não terminar o trabalho até o final do dia, o descumprimento do prazo constará no registro de desempenho dele e prejudicará as suas chances de obter um aumento. Além disso, o gestor que requisitou o trabalho ficará irritado, porque é um projeto importante.

Esse é o cenário básico; os funcionários devem usar a criatividade, acrescentando detalhes. Por exemplo, eles podem tratar das seguintes questões:

- Será que Pat apagou os arquivos de propósito?
- Será que Pat já fez algo desse tipo antes?
- Será que os dois funcionários se relacionam bem?
- Será que a comunicação em geral e, mais especificamente nesse conflito, é mais complicada por causa de algumas diferenças entre os funcionários (idade, sexo, raça etc.)?

Depois de os dois alunos terem representado a cena, o supervisor volta à sala, e a encenação continua, com os funcionários trazendo o conflito para o supervisor. Este deve tentar administrar o conflito.

Quando o supervisor ficar satisfeito com a forma como o conflito foi tratado (ou depois de 10 minutos), a classe discutirá as seguintes questões:

1. O supervisor entendeu o verdadeiro problema? Se não, qual é o verdadeiro problema?
2. O supervisor e os funcionários resolveram o problema? A solução foi boa?
3. O supervisor foi eficaz na solução do conflito? Como? Como ele poderia melhorar sua abordagem?
4. Em que outras soluções possíveis o supervisor e os funcionários poderiam ter pensado?

Capacitação em Supervisão

Exercendo o Poder de Provocar Mudanças

Divida a classe em equipes de cinco ou mais alunos. Cada um recebe um cartão com um tipo de poder: legítimo, de referência, de especialista, de coação, de recompensa, de relação ou de informação. (Se o grupo for pequeno, alguns alunos podem ficar com dois tipos de poder.) Os alunos não podem mostrar uns aos outros do grupo o seu cartão. Esta é a meta de cada equipe: convencer o restante da classe de que seria uma boa idéia mudar algo (por exemplo, ter aulas à noite em vez de à tarde).

Usando os diferentes tipos de poder, cada equipe apresenta sua idéia para a classe. Depois, a classe discute a eficácia de cada equipe, de cada componente das equipes e o tipo de poder mais eficaz na obtenção de uma reação positiva das pessoas diante da idéia da mudança.

Apêndice A

Políticas Organizacionais

A maioria dos alunos que estudam supervisão considera intrigante o estudo da política organizacional. Talvez o apelo desse assunto seja devido ao modo bizarro como os empresários vilões do cinema subam na vida pisando em qualquer um e em todos. No entanto, como será possível perceber, a política organizacional engloba negócios sujos, mas não se restringe a eles. A política organizacional é uma característica permanente e, algumas vezes, desagradável da vida profissional moderna.

Fonte: Robert Kreitner e Angelo Kinicki, Organizational Behavior, 5. ed. Copyright©The McGraw-Hill Companies. Reprodução autorizada por The McGraw-Hill Companies.

"De acordo com 150 executivos de companhias norte-americanas de grande porte, a política na empresa toma em média 20% do tempo deles; isso representa 10 semanas por ano".[1] Por outro lado, a política organizacional, muitas vezes, é um fator positivo nas organizações empresariais modernas. A política hábil e oportuna ajuda a transmitir bem um ponto de vista, a neutralizar a resistência contra um projeto importante ou a escolher uma tarefa.

Roberta Bhasin, gestora distrital da US West, coloca a política organizacional em perspectiva, observando o seguinte:

> A maioria de nós gostaria de acreditar que as organizações são estruturadas de forma racional, baseadas em divisões razoáveis de trabalho, em fluxo de comunicação claro entre as hierarquias e em linhas de autoridade bem-definidas, visando o cumprimento de metas e objetivos compreendidos.
>
> Mas as organizações são compostas de pessoas com interesses pessoais, visando o poder e a influência. Os interesses fazem parte de um jogo denominado política corporativa. Ela é exercida evitando a estrutura racional, manipulando a hierarquia das comunicações e ignorando as linhas de autoridade estabelecidas. As regras jamais são documentadas e raramente discutidas.
>
> Para alguns, a política corporativa é natural. Eles instintivamente entendem as regras implícitas do jogo. Outros precisam aprender. O gestor que não conhece a política da sua organização fica em desvantagem, não apenas para conseguir aumentos e promoções, mas também para conseguir que o trabalho seja *executado*.[2]

Neste apêndice, essa área importante e interessante será explorada (1) definindo o termo *política organizacional*, (2) identificando três níveis de ação política, (3) discutindo oito táticas políticas específicas, (4) estudando uma área relacionada, o *gerenciamento da impressão*, e (5) discutindo como administrar a política organizacional.

DEFINIÇÃO E DOMÍNIO DA POLÍTICA ORGANIZACIONAL

"A política organizacional engloba atos intencionais de influência, visando aperfeiçoar ou proteger o interesse próprio de pessoas ou grupos".[3] A ênfase no interesse próprio distingue essa forma de influência social.

O supervisor está sempre diante do desafio de conciliar o interesse próprio dos funcionários com o da organização. Quando existe um equilíbrio, a busca pelo interesse próprio pode atender aos interesses da organização. O comportamento político se torna influência negativa quando os interesses próprios corroem ou anulam os interesses organizacionais. Por exemplo, pesquisadores documentaram a tática política de filtrar e distorcer as informações transmitidas ao chefe. Essa prática, quando visa o próprio interesse, coloca esses funcionários em situação bem favorável.[4]

Incertezas Provocam o Comportamento Político

A manobra política é provocada principalmente pela *incerteza*. São cinco as causas comuns de incerteza na organização

1. Objetivos confusos.
2. Medidas de desempenho vagas.
3. Processos de decisão maldefinidos.
4. Competição individual ou coletiva acirrada.[5]
5. Qualquer tipo de mudança.

Em relação a essa última causa de incerteza, o especialista em desenvolvimento organizacional, Anthony Raia, observa: "Qualquer que seja a tentativa de mudança, o subsistema político é acionado. Interesses devidos são quase sempre colocados em risco, e a distribuição do poder é questionada".[6]

Portanto, é de se esperar que um representante externo de vendas, empenhando-se para atingir a cota estabelecida, seja menos político que um supervisor que trabalha em diversos projetos. Enquanto alguns supervisores sustentam sua carreira de sucesso com base na dedicação ao trabalho, na competência e em um pouco de sorte, muitos não agem assim. Essas pessoas tentam ganhar margem competitiva com a combinação de algumas táticas políticas discutidas a seguir. Enquanto isso, o desempenho do vendedor é medido em vendas reais, e não em termos de amizade com o chefe ou do crédito do trabalho dos outros. Assim, o supervisor tende a ser mais político que o vendedor externo por causa da maior incerteza das expectativas da alta administração.

Como no início da carreira geralmente os funcionários sofrem mais com as incertezas, será que os iniciantes são mais políticos que os mais experientes? A resposta é sim, de acordo com uma pesquisa realizada com 243 trabalhadores adultos do interior do estado de Nova York. De fato, um funcionário sênior, prestes a se aposentar, disse ao pesquisador: "Eu costumava lançar mão de artimanhas políticas quando era mais jovem. Hoje, apenas faço o meu trabalho".[7]

Três Níveis de Ação Política

Embora grande parte da manobra política ocorra no nível individual, ela também pode envolver grupos ou ação coletiva. A Figura A mostra três níveis diferentes de ação política: nível individual, nível de coalizão e nível de rede.[8] Cada nível tem características distintas. No nível individual, os interesses próprios pessoais são buscados pelo indivíduo. No entanto, os aspectos políticos das coalizões e das redes não são tão evidentes.

As pessoas com algum interesse em comum podem formar uma coalizão política, de acordo com determinada definição. Em um contexto organizacional, *coalizão* consiste em grupo informal, reunido na busca *ativa* de um *único* objetivo. A coalizão pode ou não coincidir com a formação de um grupo formal. Quando o objetivo-alvo é atingido (um supervisor acusado de assédio sexual é demitido, por exemplo), a coalizão é desfeita. Os especialistas observam que a coalizão política tem "limites difusos", ou seja, tem participação fluida, estrutura flexível e duração temporária.[9]

As coalizões são influências políticas poderosas nas organizações. Considere a situação enfrentada por Charles J. Bradshaw em uma reunião do conselho financeiro da Transworld Corporation. Bradshaw, presidente da companhia, opôs-se ao plano do diretor-executivo de aquisição de uma companhia de clínicas de repouso:

> [O vice-presidente sênior de finanças] iniciou a reunião com uma artilharia de fatos e números sustentando o acordo. "Em dois ou três minutos, sabia que havia perdido", reconhece Bradshaw. "Ninguém falava diretamente comigo, mas todas as colocações eram direcionadas à minha oposição. Sabia que havia um acordo geral em torno da mesa da diretoria . . ."

Depois, seguiu-se a votação. Cinco votos a favor. Apenas Bradshaw votou pelo "não".[10]

FIGURA A
Níveis de Ação Política na Organização

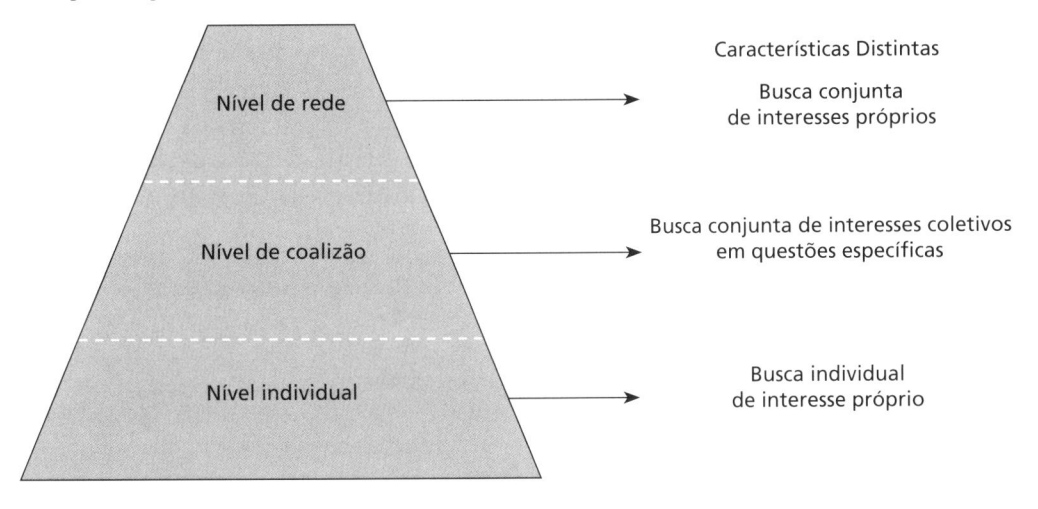

Nível	Características Distintas
Nível de rede	Busca conjunta de interesses próprios
Nível de coalizão	Busca conjunta de interesses coletivos em questões específicas
Nível individual	Busca individual de interesse próprio

Depois da reunião, Bradshaw renunciou à sua posição, cujo salário era de $ 530 mil anuais, sem sequer receber um aperto de mão ou uma despedida por parte do diretor-executivo. No caso de Bradshaw, o conselho financeiro foi um grupo formal, formando temporariamente uma coalizão política para selar o destino dele na Transworld. Coalizões em diretorias corporativas da American Express, IBM e General Motors também destituíram dirigentes dessas companhias gigantescas.

O terceiro nível de ação política envolve as redes.[11] Ao contrário da coalizão, que atua em questões específicas, as redes são associações indefinidas de pessoas buscando apoio social em interesses próprios. Politicamente, as redes são voltadas às pessoas, enquanto as coalizões, às questões. As redes possuem interesses mais amplos e mais duradouros que as coalizões. Por exemplo, os funcionários hispânicos da Avon criaram uma rede para melhorar as oportunidades de carreira dos participantes.

TÁTICAS POLÍTICAS

Qualquer pessoa que tenha trabalhado em alguma organização tem conhecimento prático da politicagem flagrante. Culpar outra pessoa pelo próprio erro é um claro estratagema político. Mas outras táticas políticas são mais sutis. Pesquisadores identificaram uma variedade de comportamentos políticos.

Um estudo marcante, envolvendo entrevistas detalhadas com 87 gestores de 30 companhias do sul da Califórnia, identificou oito táticas políticas.

TABELA A Oito Táticas Políticas Comuns nas Organizações

Fonte: Tabela adaptada de R. W. Allen, D. L. Madison, I. W. Porter, P. A. Renwick e B. T. Mayes. "Organizational Politics: Tatics and Characteristics of Its Actors", California Management Review, 1979, p. 77-83.

Tática Política	Porcentagem de Gestores Mencionando a Tática	Breve Descrição da Tática
1. Atacar ou culpar os outros	54%	Usada para evitar ou minimizar a associação com o fracasso. Reativa quando envolve bode-expiatório. Pró-ativa quando a meta é reduzir a competição por recursos limitados.
2. Usar informações como ferramentas políticas	54	Reter ou distorcer propositadamente as informações. Ocultar alguma situação desfavorável, sobrecarregando os superiores com excesso de informações.
3. Criar uma imagem favorável (gerenciamento da impressão)	53	Vestir/arrumar-se demonstrando sucesso. Aderir às normas organizacionais e atrair a atenção para o sucesso e a influência de alguém. Assumir o crédito pelas realizações dos outros.
4. Criar uma base de apoio	37	Obter apoio antecipado para alguma decisão. Obter o compromisso dos outros com a participação em alguma decisão.
5. Elogiar os outros (bajulação)	25	Fazer uma pessoa influente sentir-se bem (bajular).
6. Formar coalizões de poder com aliados fortes	25	Juntar-se a pessoas poderosas, que possam exigir resultados.
7. Associar-se a pessoas influentes	24	Estabelecer uma rede de apoio tanto dentro como fora da organização.
8. Criar obrigações (reciprocidade)	13	Criar dívidas sociais ("Fiz um favor, agora você me deve um").

TABELA B Você é Politicamente Ingênuo, Sensato ou Agressivo?

Fonte: Reprodução de J. K. Pinto e O. P. Kharbanda. "Lessons for an Accidental Profession", *Business Horizons*, mar.-abr. 1995. Copyright©1995, autorizada por Elsevier.

Características	Ingênuo	Sensato	Agressivo
Atitude básica	Política é desagradável.	Política é necessária.	Política é oportunidade.
Intenção	Evitar a todo custo.	Promover as metas departamentais.	Benefício próprio individual, predador.
Técnicas	Deixar claro a opinião.	Rede; expandir as relações; usar o sistema para prestar e receber favores.	Manipular; usar fraudes e truques quando necessário.
Táticas preferidas	Nenhuma – a verdade prevalece.	Negociar, barganhar.	Intimidar; usar mal as informações; cultivar e usar "amigos e outros contatos".

A amostragem abrange representatividade equivalente de gestores do alto e médio escalão e supervisores. De acordo com os pesquisadores: "Foi pedido aos entrevistados que descrevessem as táticas de política organizacional e as características pessoais de bons manipuladores políticos, tendo como base a experiência acumulada por eles em todas as organizações nas quais já trabalharam.[12] Em ordem decrescente de ocorrência, as oito táticas políticas identificadas foram:

1. Atacar ou culpar os outros.
2. Usar informações como ferramenta política.
3. Criar uma imagem favorável. (Conhecida como gerenciamento da impressão.)[13]
4. Criar uma base de apoio.
5. Elogiar os outros (bajulação).
6. Formar coalizões de poder com aliados fortes.
7. Associar-se com pessoas influentes.
8. Criar obrigações (reciprocidade).

Na Tabela A, estão descritas essas táticas políticas e indicada a freqüência com que cada gestor entrevistado alegou utilizá-las.

Os pesquisadores distinguiram entre tática política reativa e pró-ativa. Algumas das táticas, como a do bode-expiatório, são *reativas* porque a intenção é *defender* o próprio interesse. Outras táticas, como desenvolver uma base de apoio, são *pró-ativas* porque buscam *promover* o interesse próprio.

Qual a sua atitude quanto à política organizacional? Com que freqüência você lança mão das várias táticas políticas mencionadas na Tabela A? O aluno pode ter uma idéia geral da sua tendência política, comparando o seu comportamento com as características mencionadas na Tabela B. Você se caracterizaria como politicamente *ingênuo*, *sensato* ou *agressivo*? Em sua opinião, como as outras pessoas enxergam suas ações políticas? Quais são as implicações de carreira, amizade e ética das suas tendências políticas?[14]

GERENCIAMENTO DA IMPRESSÃO

Gerenciamento da impressão consiste "em um processo por meio do qual as pessoas tentam controlar ou manipular as reações dos outros à imagem delas ou às suas idéias".[15] Esse processo abrange o modo de fala, comportamento e aparência da pessoa. A maioria das tentativas de gerenciamento da impressão visa transmitir uma boa imagem a outras pessoas importantes. Para fins de clareza de conceito, será ressaltado o gerenciamento ascendente da impressão, ou seja, a tentativa de impressionar o supervisor imediato da pessoa. Além disso, é bom ter em mente que todos podem ser alvo do gerenciamento da impressão. Pais, professores, pares, funcionários e clientes, todos são alvos possíveis dos outros no gerenciamento da impressão.

Encruzilhada Conceitual

O gerenciamento da impressão cria uma encruzilhada conceitual interessante, que envolve autocontrole e política organizacional.[16] Talvez isso justifique por que o gerenciamento da impressão tem recebido atenção ativa nas pesquisas nos últimos anos. Funcionários com autocontrole extremamente acentuado ("camaleões" que se ajustam ao ambiente) costumam gerenciar mais a impressão que os com pouco autocontrole. O gerenciamento da impressão também envolve a manipulação sistemática de atribuições. Por exemplo, uma supervisora será melhor vista se a alta administração for encorajada a atribuir os sucessos organizacionais aos esforços dela e a atribuir os problemas e os fracassos a fatores independentes do controle dela. O gerenciamento da impressão efetivamente se enquadra no domínio da política organizacional por causa do enfoque extraordinário nos interesses próprios.

Criando uma Boa Impressão

Se a pessoa "se veste para o sucesso", ela o faz para projetar uma atitude positiva o tempo todo e evita ofender os outros, gerenciando bem a imagem, principalmente se motivada por aumentar as chances de obter o que deseja na vida.[17] Existem, também, formas questionáveis de criar uma boa impressão. Por exemplo, Stewart Friedman, diretor do Programa de Liderança da Universidade da Pensilvânia, recentemente relatou o seguinte caso:

> No ano passado, eu estava realizando um trabalho em um grande banco. O pessoal do banco me contou uma história que me deixou pasmo: depois das 19h, eles deixavam a porta do escritório aberta, com um paletó no espaldar da cadeira, os óculos sobre algum material de leitura em cima da mesa – e, assim, iam embora para casa. Por trás de toda essa sofisticada armação, estava a idéia de criar a ilusão de que eles apenas haviam saído para um lanche rápido e retornariam para o serão.[18]

O gerenciamento da impressão, muitas vezes, desvia-se para territórios antiéticos.

Um estudo feito sobre as tentativas de influenciar os outros, feito com uma amostragem de 84 funcionários de bancos (incluindo 74 mulheres), identificou três categorias de táticas de gerenciamento ascendente da impressão favorável.[19] A tática de gerenciamento ascendente da impressão favorável pode ser *voltada ao trabalho* (manipulação das informações sobre o desempenho de uma pessoa no trabalho), *voltada ao supervisor* (elogios e prestação de favores ao supervisor de uma pessoa) e *voltada a si* (apresentação de si como pessoa educada e boa). Faça uma pausa para responder o questionário da Tabela C. Como você se saiu? O supervisor de nível médio, atualmente, necessita de um grau moderado de gerenciamento ascendente da impressão. Com um grau muito fraco e os gestores ocupados, estes podem ignorar algumas das suas contribuições mais valiosas quando tomam decisões envolvendo a atribuição de tarefas, salários e promoções. Em excesso, a pessoa corre o risco de ser taxada pelos colegas de "falastrona" e "falsa" e outros adjetivos pouco elogiosos.[20] Bajulação e adulação em excesso podem se voltar contra, deixando o alvo dos elogios embaraçado e prejudicando a credibilidade do bajulador. Além disso, corre-se um grande risco de insultar sem querer, quando a tática de gerenciamento da impressão envolve diferentes gêneros, raças, etnias e culturas.[21] Os especialistas internacionais alertam:

> A tática de gerenciamento da impressão é apenas tão efetiva quanto a sua correlação com as normas aceitas de apresentação comportamental. Em outras palavras, um tapinha nas costas de um subordinado japonês, com um sonoro "Bom trabalho, Hiro!", não cria a impressão desejada pelo expatriado na mente do funcionário. De fato, o comportamento provavelmente criará a impressão contrária.[22]

TABELA C Até que Ponto Você Depende das Táticas de Gerenciamento Ascendente da Impressão?

Fonte: Tabela adaptada de S. J. Wayne e G. R. Ferris. "Influence Tactics, Affect, and Exchange Quality in Supervisor-Subordinate Interactions: A Laboratory Experiment and Field Study", *Journal of Applied Psychology*, out. 1990, p. 487-499.

Instruções

Avalie o seu comportamento no emprego atual (ou mais recente) nas afirmações a seguir. Some os pontos das respostas e calcule o total. Compare a sua pontuação com as normas arbitrárias apresentadas a seguir.

Táticas Voltadas ao Trabalho	Raramente Muito Freqüentemente
1. Valorizo os resultados positivos do meu trabalho e faço o meu supervisor tomar conhecimento deles.	1—2—3—4—5
2. Tento fazer o meu trabalho parecer melhor do que é.	1—2—3—4—5
3. Tento assumir a responsabilidade pelos resultados positivos, mesmo quando não sou o único responsável por eles.	1—2—3—4—5
4. Tento fazer com que os meus resultados negativos não pareçam tão graves quanto aparentam para o meu supervisor.	1—2—3—4—5
5. Tento chegar no trabalho mais cedo/ou sair mais tarde para mostrar ao meu supervisor que sou trabalhador dedicado.	1—2—3—4—5
Táticas Voltadas ao Supervisor	
6. Demonstro interesse pela vida pessoal do meu supervisor.	1—2—3—4—5
7. Elogio o meu supervisor pelas suas realizações.	1—2—3—4—5
8. Presto favores pessoais ao meu supervisor, mesmo ele não me pedindo.	1—2—3—4—5
9. Elogio a roupa ou a aparência do meu supervisor.	1—2—3—4—5
10. Concordo com grande parte das sugestões e idéias do meu supervisor.	1—2—3—4—5
Táticas Voltadas a Si	
11. Sou muito simpático e educado com o meu supervisor.	1—2—3—4—5
12. Tento agir como funcionário-modelo diante do meu supervisor.	1—2—3—4—5
13. Trabalho com mais empenho quando sei que meu supervisor irá ver os resultados	1—2—3—4—5
	Total de pontos = _____

Normas Arbitrárias

13-26 Independente
27-51 Cauteloso
52-65 Exibido

Criando uma Má Impressão

À primeira vista, a idéia de tentar conscientemente criar uma má impressão no trabalho parece absurda. Mas uma nova linha interessante de pesquisa sobre gerenciamento da impressão descobriu motivos e, inclusive, táticas para criar uma má impressão de si. Em uma pesquisa sobre experiências de trabalho dos alunos de administração de uma grande universidade da região noroeste dos Estados Unidos, mais da metade afirmou testemunhar casos de alguém intencionalmente parecer incompetente no trabalho.[23] Por quê? No estudo, quatro motivos foram identificados:

(1) Esquiva: o funcionário procura fugir de trabalho extra, estresse, esgotamento, ou transferência ou promoção indesejada. (2) Obtenção de recompensa concreta: o funcionário busca obter um aumento salarial ou uma transferência, uma promoção ou um rebaixamento desejado. (3) Saída: o funcionário procura ser dispensado, demitido ou suspenso e talvez também receber o seguro-desemprego ou a indenização trabalhista. (4) Poder: o funcionário busca controlar, manipular ou intimidar os outros, vingar ou prejudicar a imagem de outra pessoa.[24]

TABELA D   Algumas Recomendações Práticas de Administração da Política Organizacional

Fonte: Reprodução de D. R. Beeman e T. W. Sharkey. "The Use and Abuse of Corporate Politics", Business Horizons, mar.-abr. 1987. Copyright©1987, autorizada por Elsevier.

Para Reduzir a Incerteza do Sistema

Deixar claro quais são as bases e os processos de avaliação.

Diferenciar as recompensas entre os de alto e os de baixo desempenho.

Garantir que as recompensas sejam imediata e diretamente relacionadas com o desempenho, se possível.

Para Reduzir a Competição

Tentar minimizar a competição por recursos entre os gestores.

Substituir a competição por recursos por metas e objetivos externos.

Para Derrubar os Feudos Políticos Existentes

Onde existirem impérios políticos extremamente coesos, dissolvê-los, removendo ou dividindo os subgrupos mais disfuncionais.

Se a pessoa for um executivo, deve ser sutilmente sensível com os gestores cujo modo de operação é a personalização da proteção política. Em primeiro lugar, abordar essas pessoas, orientando-as para que "parem com as manobras políticas". Se elas insistirem, removê-las das posições e, de preferência, da companhia.

Para Evitar Futuros Feudos Políticos

Tornar um dos critérios principais de promoção uma atitude apolítica que coloque os objetivos organizacionais à frente dos objetivos de poder pessoal.

Dentro do contexto desses motivos, o gerenciamento ascendente da impressão *desfavorável* tem sentido.

As cinco táticas de gerenciamento ascendente da impressão desfavorável identificadas pelos pesquisadores são as seguintes:

- *Piorar o desempenho* – limitando a produtividade, cometendo mais erros que o usual, piorando a qualidade, negligenciando tarefas.

- *Não trabalhar no potencial máximo* – fingindo ignorar, não usando as capacidades que possui.

- *Retrair-se* – chegando atrasado, fazendo mais intervalos, fingindo estar doente.

- *Exibir má atitude* – reclamando, ficando irritado e insatisfeito, agindo de forma estranha, relacionando-se de maneira ruim com os colegas.

- *Divulgar limitações* – deixando os colegas tomarem conhecimento (tanto de forma verbal como não verbal) dos erros e dos problemas físicos da pessoa.[25]

Entre as recomendações para gerir funcionários que tentam criar uma má impressão estão: conceder-lhes trabalho mais desafiador, mais autonomia, mais feedback, liderança apoiada, metas claras e razoáveis e ambiente de trabalho menos estressante.[26]

ADMINISTRAÇÃO DA POLÍTICA ORGANIZACIONAL

A política organizacional não pode ser eliminada. O supervisor seria ingênuo se esperasse isso. Mas a manobra política pode e deve ser controlada para mantê-la construtiva e dentro de limites razoáveis. Abraham Zaleznik, da Harvard, coloca essa questão da seguinte forma: "As pessoas podem concentrar a sua atenção em muitas coisas. Quanto mais elas se envolverem em política, menos energia – emocional e intelectual – restará para atacar os problemas realmente relacionados ao trabalho."[27]

O grau de politicidade de uma pessoa é questão de valor, ética e temperamento pessoal. As pessoas estritamente apolíticas ou extremamente políticas geralmente pagam um preço pelo seu comportamento. A primeira pode ser menos promovida ou se sentir deixada de lado, enquanto a segunda pode correr o risco de ser chamada de egoísta e perder a credibilidade. Pessoas em ambas as extremidades do espectro político podem ser consideradas trabalhadores incompetentes de equipe. Um grau moderado de comportamento político cauteloso é geralmente considerado ferramenta de sobrevivência nas organizações complexas. Os especialistas lembram que

> ... o comportamento político tem adquirido má fama apenas por causa da sua associação com os políticos. Por si só, o uso do poder e de outros recursos para atingir objetivos não é inerentemente antiético. Tudo depende de quais são os objetivos preferidos.[28]

Com essa visão em mente, recomenda-se adotar as medidas práticas mencionadas na Tabela D. Deve-se observar também a importância de reduzir a incerteza com avaliações de desempenho padronizadas e ligações claras entre recompensa e desempenho.[29] Objetivos mensuráveis são a primeira linha de defesa do supervisor contra as expressões negativas da política organizacional.[30]

Parte **Cinco**

Supervisão e Recursos Humanos

15. Seleção de Funcionários

16. Orientação e Treinamento

17. Avaliação de Desempenho

Supervisores de Sucesso Selecionam, Treinam e Avaliam Funcionários
Digital Vision/Getty Images

Capítulo Quinze

Seleção de Funcionários

Tópicos Gerais do Capítulo

Papel do Supervisor no Processo de Seleção
Critérios de Seleção
Recrutamento
  Recrutamento Interno
  Recrutamento Externo
Processo de Seleção
  Triagem dos Formulários de Solicitação de Emprego e Currículos
  Entrevista
  Aplicação dos Testes de Seleção
  Verificação de Referências Profissionais e Pessoais
  Decisão de Contratação
  Exame Médico
Questões Legais
  Legislação Antidiscriminatória
  Acessibilidade no Trabalho
  Lei de Reforma e Controle da Imigração

Objetivos de Aprendizado

Depois de estudar o capítulo, o aluno estará apto a:

15.1 Discutir os papéis comuns do supervisor no processo de seleção.

15.2 Distinguir entre descrição e especificação do cargo e explicar como elas ajudam na seleção de funcionários.

15.3 Citar os possíveis locais onde procurar candidatos.

15.4 Identificar as etapas do processo de seleção.

15.5 Discutir como o supervisor deve proceder para entrevistar os candidatos a um emprego.

15.6 Definir os tipos de testes de seleção.

15.7 Resumir as exigências da legislação antidiscriminatória.

15.8 Explicar o impacto da Lei Contra a Discriminação do Norte-Americano Portador de Deficiência (ADA) nas decisões de contratação.

15.9 Descrever as exigências da Lei de Reforma e Controle da Imigração (IRCA) de 1986.

Você pode possuir alguma tecnologia ou algum produto que lhe proporcione certa vantagem, mas é o seu pessoal que determina se você irá desenvolver a próxima tecnologia ou produto vencedor.
– Steve Ballmer, CEO, Microsoft

Problema de um Supervisor: Encontrando Pessoas Divertidas para Trabalhar na Cold Stone Creamery

Quando Amanda S. Kodz abriu uma franquia da Cold Stone Creamery em Spring Township, Pensilvânia, precisava de 30 funcionários para trabalhar em turnos de meio período. Assim, Kodz realizou . . . uma seleção?

Muitas vezes, quando se fala em seleção, o que vem à mente é uma forma de seleção de artistas, como músicos ou atores. Neste caso, de fato, a Cold Stone também procura artistas. Os funcionários da Cold Stone Creamery não se limitam a servir bolas de sorvete na casquinha ou no copinho. Eles realizam a missão da companhia que é a de colocar um sorriso no rosto das pessoas, oferecendo a Máxima Experiência com Sorvetes. Nessa experiência, o cliente escolhe o sabor do sorvete e diversos acompanhamentos, como frutas, nozes e confetes, que o atendente acrescenta ao sorvete escolhido. Em uma placa de granito gelada atrás da vitrine do balcão ele mistura os acompanhamentos ao sorvete, usando pequenas espátulas para manipular a mistura diante dos olhos do cliente. Se o cliente gostar do serviço divertido e depositar uma gorjeta no pote ao lado da caixa registradora, os funcionários começam a cantar um dos *jingles* da Cold Stone Creamery, canções famosas tendo em sua letra o tema sorvetes.

Em Spring Township, Kodz decidiu preencher essas vagas realizando seleções coletivas. Com um grupo de cinco a quinze candidatos (geralmente jovens) por vez, reunidos em uma sala para quebrar o gelo, eles compartilham um de cada vez algum fato interessante sobre suas vidas. Depois, eles imitam algo ou alguém engraçado. Por último, eles cantam algum dos *jingles* da companhia, juntos e também em grupos menores. O processo não se restringe a uma atividade de recreação. Kodz diz que, ao assistir a atuação dos candidatos nessas atividades, ela consegue ver "como os garotos trabalham juntos em equipe e se haverá um bom entrosamento".

Até aqui, essa é uma fórmula de seleção de pessoal que tem ajudado a Cold Stone a expandir seus negócios. O que começou com uma loja em Tempe, Arizona, hoje é uma cadeia de mais de mil lojas espalhadas por todos os Estados Unidos.

É muito complicado encontrar e reter funcionários para preencher as vagas de meio período para iniciantes, mais comuns no mercado de serviços de alimentação. Além disso, o sucesso do supervisor depende em grande parte do seu pessoal.

QUESTÕES

1. O que Kodz precisa fazer para encontrar pessoal suficientemente interessado em trabalhar para ela na Cold Stone Creamery?
2. Como Kodz identifica quais candidatos efetivamente podem oferecer a experiência divertida que está por trás do sucesso da Cold Stone Creamery?

Fontes: David A. Kostival, "Cold Stone Creamery Opens First Berks County Site", *Reading (Pa.) Eagle*, 8 fev. 2005, extraído de Business & Company Resource Center, http://galenet.galegroup.com; Cold Stone Creamery, "Cold Stone Franchise History", www.coldstonecreamery.com, acessado em 7 set. 2006.

Amanda Kodz utiliza um processo sofisticado de entrevista porque sabe que o sucesso da sua franquia depende da contratação do tipo de pessoa capaz de manter a imagem positiva da Cold Stone Creamery. Além dessa razão prática de negócios, o cuidado na contratação é importante porque ela precisa cumprir diversas exigências legais. Portanto, é do interesse do supervisor realizar um bom trabalho, ajudando a selecionar os funcionários. Pessoal entusiasmado e bem qualificado costuma produzir com mais qualidade do que pessoal indiferente e não qualificado. Essa afirmação é muito verdadeira nas organizações mais enxutas de hoje; em que menos funcionários dão conta do trabalho, e cada um deles provoca um impacto maior no desempenho geral da organização. No entanto, uma recente pesquisa constatou que quase metade dos funcionários recém-contratados perde o emprego em um ano e meio. Muitas vezes, esses funcionários possuem as aptidões técnicas necessárias, mas não se adaptam bem. Isso pode acontecer, por exemplo, por falta de motivação ou porque não aceitam críticas e opiniões diferentes das suas.[1]

Este capítulo trata do papel do supervisor na seleção de funcionários, que muitas vezes abrange o trabalho em conjunto com o departamento de recursos humanos da organização. No capítulo, é discutido como o supervisor define as qualidades necessárias para o cargo e o funcionário, preparando a descrição e a especificação do cargo. O capítulo descreve, também, como as organizações podem recrutar candidatos e decidir quem contratar. Por último, são abordadas algumas questões legais que tanto o supervisor quanto outras pessoas da organização devem ter conhecimento ao contratar.

PAPEL DO SUPERVISOR NO PROCESSO DE SELEÇÃO

O papel do supervisor no processo de seleção varia muito de uma organização para outra. Em organizações de pequeno porte, o supervisor pode ter mais liberdade de ação na seleção dos funcionários para preencher as vagas em aberto. Outras organizações adotam procedimentos formais, em que a maior parte do trabalho é realizada pelo departamento de recursos humanos, e o supervisor apenas aprova ou não os candidatos recomendados. Na maioria dos casos, o supervisor trabalha até certo ponto em conjunto com o departamento de recursos humanos. Dessa maneira, ele se beneficia da experiência do departamento na triagem e entrevista dos candidatos e do conhecimento da legislação referente às práticas de contratação.

Assim como descrito no Capítulo 3, cada vez mais as organizações esperam dos funcionários que eles possuam a capacidade de trabalhar em equipe. A aplicação do trabalho em equipe requer, no mínimo, a seleção de funcionários que sejam integrantes eficazes de equipes. O supervisor pode, portanto, tentar identificar candidatos colaboradores e habilidosos na solução de problemas ou que já tenham ajudado alguma equipe a atingir bons resultados no passado. Em outros casos, a adoção do trabalho em equipe modifica radicalmente o papel do supervisor no processo de seleção. Quando o trabalho em equipe é realizado por equipes autogeridas, os candidatos geralmente são entrevistados pela equipe, e esta recomenda ou escolhe os seus novos integrantes. O supervisor, como líder de equipe, precisa conhecer os princípios de seleção para orientar os funcionários na execução desse processo. O pessoal de recursos humanos da organização apóia a equipe, e não somente as vontades do supervisor.

CRITÉRIOS DE SELEÇÃO

Para selecionar os funcionários certos, o supervisor, a equipe (quando for o caso) e o departamento de recursos humanos precisam ter claramente definidos os cargos a serem preenchidos e o tipo de funcionário mais adequado para cada vaga. O supervisor ou a equipe autogerida fornece essas informações, através da preparação da descrição e da especificação do cargo, podendo consultar o departamento de recursos humanos se necessário. A Tabela 15.1 mostra em detalhes os tipos de informações básicas que a descrição e especificação do cargo deve conter.

descrição do cargo
Lista das características de um cargo, incluindo o título da posição, as responsabilidades envolvidas e as condições de trabalho

A **descrição do cargo** é a lista das características do cargo, ou seja, as atividades observáveis exigidas para se ocupar o cargo. A descrição do cargo normalmente inclui o título da posição, uma descrição geral do cargo e detalhes das responsabilidades envolvidas. Será possível observar mais adiante neste capítulo como é importante explicar detalhadamente na descrição do cargo as responsabilidades da posição. Quando necessário, a

TABELA 15.1
Conteúdo da Descrição e da Especificação do Cargo

Fonte: *Modern Management*. 8. ed., Samuel C. Certo. Copyright©2000 Pearson Education, Inc. Reprodução autorizada pela Pearson Education, Inc., Upper Saddle River, NJ.

Descrição do Cargo	Especificação do Cargo
Título do cargo	Escolaridade
Local	Experiência
Resumo do cargo	Disponibilidade para trabalhar horas extras
Responsabilidades, incluindo funções de apoio durante períodos de pico	Aptidão técnica, física, comunicativa e interpessoal
Padrões de qualidade e produtividade	Treinamento
Máquinas, ferramentas e equipamentos	Discernimento e iniciativa
Materiais e formulários usados	Características emocionais
Relações, supervisão e equipes, se for o caso	Esforço físico
Condições de trabalho	Exigência sensorial incomum (visão, olfato, audição etc.)

FIGURA 15.1
Exemplo de Descrição de Cargo: Mecânico de Manutenção

Fonte: Raymond Noe, John R. Hollenbeck, Barry Gerhart e Patrick M. Wright, *Human Resource Management: Gaining a Competitive Advantage*, 4. ed., 2003 Copyright©2003, The McGraw-Hill Companies.

Descrição Geral do Cargo Manutenção geral e conserto de todos os equipamentos usados nas operações de um distrito específico. Engloba o serviço em veículos da companhia, equipamentos da oficina e maquinários usados nas áreas de trabalho.

1. *Responsabilidade Essencial (40%): Manutenção de Equipamentos*
   Tarefas: manter registro de toda a manutenção executada nos equipamentos. Substituir peças e fluidos de acordo com o cronograma de manutenção. Verificar regularmente os medidores e as cargas para detectar desvios indicativos de problemas nos equipamentos. Executar manutenção não rotineira quando necessário. Pode envolver certo grau de supervisão e treinamento dos operários de manutenção.

2. *Responsabilidade Essencial (40%): Conserto de Equipamentos*
   Tarefas: inspecionar os equipamentos e recomendar o descarte ou conserto de algum deles. Se houver necessidade de consertar o equipamento, o mecânico tomará as providências necessárias para devolvê-lo à condição de uso. Essas providências podem envolver a remanufatura total ou parcial do equipamento usando várias ferramentas manuais e equipamentos. Envolve basicamente a revisão geral e a reparação de problemas de motores a diesel e equipamentos hidráulicos.

3. *Responsabilidade Essencial (10%): Teste e Aprovação*
   Tarefas: assegurar a execução de toda a manutenção e dos consertos necessários, obedecendo as especificações do fabricante. Aprovar ou reprovar equipamentos para serem usados no trabalho.

4. *Responsabilidade Essencial (10%): Manutenção do Estoque*
   Tarefas: manter o estoque das peças necessárias para a manutenção e o conserto dos equipamentos. Responsável pela requisição das peças e dos suprimentos corretos ao menor custo possível.

Funções Não-Essenciais
Outras responsabilidades designadas.

---

descrição do cargo também pode discriminar as condições de trabalho. A Figura 15.1 mostra um exemplo de descrição do cargo de técnico de manutenção.

Especificação do cargo é a lista de características desejáveis da pessoa que ocupa o cargo. São quatro tipos de características:[2]

especificação do cargo
Lista das características desejáveis da pessoa que ocupa determinado cargo, incluindo histórico profissional e educacional, características físicas e qualidades pessoais

1. *Conhecimento* – Informações necessárias para executar as tarefas incluídas na descrição do cargo.

2. *Capacitação* – Domínio para executar as tarefas incluídas na descrição do cargo.

3. *Aptidão* – Habilidade necessária para executar as tarefas incluídas na descrição do cargo.

4. *Outras características* – Quaisquer outras características relacionadas à capacidade de desempenho satisfatório das tarefas essenciais (por exemplo, características da personalidade).

A especificação do cargo de técnico de manutenção, portanto, abrangeria características como conhecimento dos veículos e dos equipamentos de oficina da companhia, capacitação no conserto desses itens, ampla aptidão mecânica e compromisso com o trabalho de alta qualidade.

O supervisor (ou a equipe sob a orientação do supervisor) deve fornecer as informações aplicáveis a determinado cargo. Se já existir uma descrição e especificação do cargo de determinada posição, o supervisor deve revisá-las para refletir as necessidades atuais. A preparação e o uso desse material ajuda o supervisor a basear a decisão de contratação em critérios objetivos, ou seja, até que ponto o candidato preenche os requisitos do cargo. Sem essas informações, o supervisor corre o risco de contratar pessoas apenas por afinidades.

RECRUTAMENTO

recrutamento
Processo de identificação de pessoas interessadas em determinada posição ou em trabalhar na organização

Para selecionar os funcionários, o supervisor e o departamento de recursos humanos precisam de candidatos para o cargo. O processo de identificação de pessoas interessadas em obter determinado emprego ou trabalhar para a organização é denominado **recrutamento**, que envolve a procura de candidatos tanto dentro como fora da organização.

Recrutamento Interno

A maioria dos funcionários trabalha visando uma promoção. Mesmo sendo menos comum, há funcionários que aceitam trabalhar em outro departamento ou realizar tarefas diferentes das delas somente pela variedade, mesmo que a transferência não envolva aumento de salário ou qualquer tipo de valorização. Essas mudanças podem ser fonte de motivação para os funcionários.

Porém, a motivação decorrente das promoções e das transferências é apenas um dos benefícios de um novo cargo. O funcionário promovido ou transferido já começa na nova função familiarizado com as políticas e as práticas da organização. Pode ser mais fácil treinar pessoal em cargos de iniciantes do que contratar pessoas de fora para preencher posições mais complexas.

Para identificar funcionários qualificados e interessados em alguma vaga, o supervisor ou o departamento de recursos humanos recruta indivíduos da própria organização. O recrutamento interno é conduzido de duas formas básicas: divulgação das vagas e recomendação de funcionários. A divulgação é feita por meio de uma lista das posições em aberto na organização. Normalmente, na divulgação das oportunidades são informados o título do cargo, o departamento e a faixa salarial. Além disso, os funcionários de algum supervisor podem recomendar alguém para a vaga, como amigos ou parentes que não trabalham na organização ou candidatos qualificados que conhecem. Algumas organizações gratificam os funcionários pela recomendação se o candidato for contratado.

Recrutamento Externo

Uma organização em expansão também precisa procurar novos funcionários fora da empresa. Esses novos contratados estão menos familiarizados com a organização, mas trazem habilidades e idéias frescas, que são importantes para o crescimento da companhia. A maneira básica de identificar candidatos qualificados fora da organização é por meio de anúncios, agências de empregos, sites de ofertas de empregos e universidades.

Os anúncios de emprego são uma maneira bem popular de recrutar candidatos a uma vaga. A maioria das pessoas que está à procura de um emprego lê esse tipo de anúncio. As organizações também podem anunciar em revistas e publicações dirigidas a um público especializado. Por exemplo, um laboratório de pesquisas que procura um redator pode anunciar na revista *Technical Communications*, e um fabricante procurando um engenheiro para desenvolver novos produtos pode anunciar na *Design News*. Através do anúncio nesses tipos de publicações especializadas, o recrutamento fica restrito a candidatos com o histórico profissional (ou pelo menos algum interesse) na área específica.

As agências procuram candidatos qualificados para preencher as vagas oferecidas pelas organizações. Essas agências podem ser públicas, nesse caso elas não cobram pelos serviços, ou particulares. Muitas agências particulares cobram do empregador para identificar algum funcionário, e algumas cobram do candidato. Em qualquer dos casos, a agência recebe somente quando a pessoa é contratada. Quando falta tempo ou pessoal especializado na organização para realizar um bom processo de contratação, faz sentido contratar uma agência de emprego. (Além disso, as organizações estão utilizando cada vez mais esse tipo de serviço para a contratação de funcionários temporários.) As agências também ajudam na triagem dos candidatos, etapa do processo de seleção descrita na próxima seção.

O recrutamento eletrônico tem se tornado uma forma popular de identificar bons candidatos para as vagas oferecidas. A divulgação de empregos na web é um meio conveniente e barato para a divulgação das vagas para todo o país. O empregador pode divulgar informações sobre as vagas existentes no próprio site da companhia ou por meio de web sites que divulgam as ofertas de empregos na web, como Monster ou Yahoo Empregos. Algumas companhias complementam essas informações com recursos audiovisuais, permitindo ao candidato carregar arquivos de áudio descrevendo as oportunidades de trabalho, juntamente com outras informações, como dicas para a entrevista. A empresa de consultoria Bain & Company usou a divulgação feita através de recursos audiovisuais como forma de atingir formandos do Indian Institute of Management, para vagas oferecidas na sua nova sede na Índia. A resposta foi tão positiva que a Bain decidiu expandir o uso desse tipo de divulgação para recrutar candidatos em universidades de outros países.[3] Outra ferramenta da internet, o blog (site que armazena informações em forma de relatório ou de diário eletrônico pessoal), está se transformando em recurso eletrônico de recrutamento instantâneo. Blogs especializados em determinado setor ou companhia incluem vínculos com informações importantes de emprego. Sabendo que os usuários da internet estão procurando empregos pela internet, alguns recrutadores estão escrevendo seus próprios blogs para atrair esses candidatos. Na Microsoft, o recrutador Heather Hamilton escreve a respeito das carreiras na companhia. Em uma semana, o blog de Hamilton teve 25 mil visitas. Ele comenta: "Eu poderia passar o dia inteiro ao telefone que não conseguiria atingir tantas pessoas".[4] Quando as companhias usam essas ferramentas, precisam desenvolver sistemas para responder aos candidatos.

Dependendo dos requisitos do cargo, o supervisor decide qual tipo de funcionário ele necessita, talvez ele precise de funcionários recém-formados de nível médio de uma escola de alguma comunidade, de uma escola profissionalizante, de uma universidade famosa ou de algum outro tipo de instituição educacional. Nesse caso, a organização pode procurar os candidatos nas escolas específicas. As organizações de grande porte que desejam contratar muitos recém-formados, às vezes, enviam recrutadores para conversar com os estudantes nas universidades escolhidas. Muitas escolas também procuram organizar vários tipos de lista de empregadores interessados em contratar. O recrutamento nas escolas é uma maneira de restringir os candidatos àqueles que possuem a formação educacional desejada. Cada vez mais companhias estão ampliando esses esforços, e uma maneira de se fazer isso é oferecendo estágios aos estudantes. A contratação de um estudante para trabalhar nas férias é uma maneira de ver como ele lida com as várias situações que se apresentam em um ambiente de trabalho. Em uma recente pesquisa, os empregadores afirmaram efetivar mais da metade dos estagiários.[5]

Humphrey Chen precisava contratar funcionários para a ConneXus, que é um serviço em que ouvintes de rádio conseguem identificar nomes de músicas e de cantores utilizando o telefone celular. Chen adotou uma maneira inovadora de recrutar indivíduos do MIT, universidade onde se formou. Ele escreveu uma mensagem eletrônica para a assistente administrativa chefe do departamento de ciência da computação pedindo para ela mencionar algumas vagas oferecidas pela ConneXus no próximo e-mail que enviaria aos alunos informando a grade de horário das aulas e das provas. Uma semana depois, Chen havia contratado quatro estudantes do MIT, três como estagiários e um como efetivo.[6]

PROCESSO DE SELEÇÃO

Nos últimos anos, as organizações normalmente têm tido muito mais candidatos do que vagas para preencher. Assim, depois de identificar os candidatos mais qualificados a alguma vaga, a organização começa o trabalho mais complicado, que é o processo de seleção. Por meio desse processo, o supervisor e o departamento de recursos humanos buscam a pessoa mais bem qualificada para preencher determinada vaga. Na Figura 15.2, são mostradas as várias etapas do processo de seleção que vão afunilando o número de candidatos. Normalmente, o departamento de recursos humanos faz a triagem inicial, e o supervisor toma a decisão final.

FIGURA 15.2
Processo de Seleção

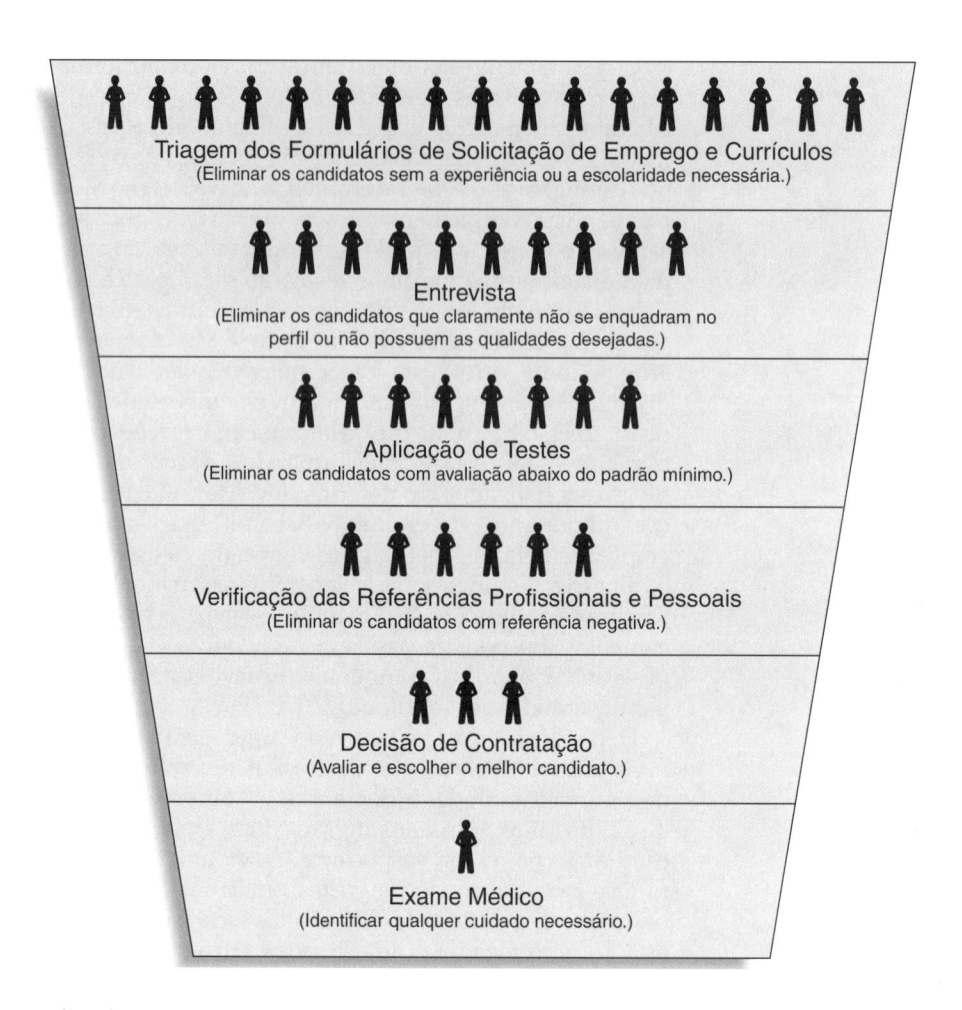

Triagem dos Formulários de Solicitação de Emprego e Currículos
(Eliminar os candidatos sem a experiência ou a escolaridade necessária.)

Entrevista
(Eliminar os candidatos que claramente não se enquadram no perfil ou não possuem as qualidades desejadas.)

Aplicação de Testes
(Eliminar os candidatos com avaliação abaixo do padrão mínimo.)

Verificação das Referências Profissionais e Pessoais
(Eliminar os candidatos com referência negativa.)

Decisão de Contratação
(Avaliar e escolher o melhor candidato.)

Exame Médico
(Identificar qualquer cuidado necessário.)

Na abordagem tradicional mostrada na Figura 15.2, o número de candidatos vai diminuindo à medida que a organização faz uma triagem dos formulários de solicitação de emprego e dos currículos, das entrevistas e dos testes e verifica suas referências. Um número cada vez maior de organizações tem usado a tecnologia da computação para tornar esse processo mais eficiente, assim como descrito na seção "Habilidades em Supervisão". Muitas vezes, a tecnologia permite testar e entrevistar automaticamente os candidatos, antes de convocá-los para uma entrevista pessoal.

Triagem dos Formulários de Solicitação de Emprego e Currículos

Os candidatos a um emprego respondem ao recrutamento preenchendo um formulário de solicitação de emprego ou enviando um currículo. A Figura 15.3 mostra um exemplo de formulário de emprego. Na primeira etapa do processo de seleção, os formulários e currículos são analisados para eliminar candidatos não qualificados e também para separar aqueles que melhor se enquadram nos requisitos da vaga. O objetivo da triagem é reduzir a quantidade de candidatos a um número de pessoas que o supervisor ou o departamento de recursos humanos desejam entrevistar para a vaga.

Normalmente, uma pessoa do departamento de recursos humanos realiza o processo de triagem, comparando os formulários ou currículos com a descrição do cargo preparada pelo supervisor, e, assim, elimina os candidatos que claramente não possuem as qualificações exigidas nessa descrição.

O supervisor raramente participa ativamente desse processo, mas, às vezes, ele conhece algum candidato que gostaria de avaliar. Nesse caso, ele indica essa pessoa ao departamento de recursos humanos, pedindo que a inclua no processo de seleção. Raramente o departamento de recursos humanos descarta uma pessoa indicada pelo supervisor.

HABILIDADES EM SUPERVISÃO

SELECIONANDO FUNCIONÁRIOS
INOVAÇÕES TECNOLÓGICAS MODERNIZAM O PROCESSO DE SELEÇÃO

Cada vez mais os candidatos a uma vaga de emprego interagem com um computador antes de entrar em contato ou falar pessoalmente com alguém da companhia na qual desejam trabalhar. Por exemplo, muitos supermercados dos EUA estão instalando sistemas oferecidos pela Unicru e HR3 para que os candidatos possam encaminhar a sua solicitação de emprego através dos sites das lojas na internet. A Unicru também instala terminais nas lojas, para que os candidatos possam se inscrever quando estiverem em alguma delas. A HR3 complementa seu sistema da internet com uma linha telefônica gratuita que os candidatos podem usar para fornecer informações sobre a sua experiência profissional.

Ambos os sistemas colhem os dados dos candidatos e comparam com as características das vagas existentes. Os sistemas separam os candidatos por CEP, para que a loja tenha a possibilidade de selecionar os candidatos qualificados que residam mais próximo ao local que trabalharão. O sistema da HR3 destaca a honestidade e aponta os candidatos que admitem usar drogas, eliminando aqueles com problemas dessa natureza. A companhia também avalia as atitudes relacionadas ao trabalho, ajudando os empregadores a eliminar candidatos resistentes à supervisão ou ao trabalho árduo.

Esses sistemas automatizados também ajudam na etapa seguinte do processo de seleção. Eles criam um conjunto de perguntas de entrevista adequadas para cada candidato, baseadas nas informações fornecidas por ele mesmo. As perguntas visam cumprir as exigências da legislação de emprego, ajudando o supervisor a limitar-se aos tópicos adequados durante a entrevista.

Para muitos tipos de emprego, os testes também podem ser automatizados. O teste automatizado pode ser uma maneira barata de reduzir o número de candidatos e tornar a entrevista mais eficaz, porque, dessa forma, a companhia consegue convocar apenas os que ela considera qualificados para a vaga. Por exemplo, se uma pessoa se candidata a um emprego de assistente administrativo, o computador que registra o formulário de emprego pode oferecer testes de aptidão em digitação, arquivamento em ordem alfabética e revisão de textos. O supervisor pode, assim, entrevistar apenas os candidatos que obtiveram bons resultados nos testes, mostrando serem os mais rápidos na digitação, os mais precisos no arquivamento e na revisão dos textos. Outros testes muito usados medem a aptidão no uso de planilhas eletrônicas, na execução de tarefas financeiras e na resolução de cálculos de problemas matemáticos.

Quando o empregador usa o teste automatizado para limitar a quantidade de candidatos, ele sabe que há mais chances de os entrevistados restantes possuírem muitas das aptidões básicas necessárias para ocupar o cargo. Assim, o empregador pode concentrar mais a entrevista em saber do funcionário se ele irá se adaptar aos valores e ao estilo de trabalho da organização. Quando usado de forma adequada, esses sistemas não apenas são mais eficientes, como também ajudam o empregador a fazer a escolha certa, contratando pessoas que darão contribuições valiosas e terão comprometimento com o trabalho na organização.

Fontes: Tom Weir, "Primary Candidates", *Progressive Grocer,* 15 fev. 2004, extraído de Business & Company Resource Center, http://galenet.galegroup.com; Adam Agard, "How Savvy Employers Interview Only the Most Highly Skilled Applicants", *Supervision,* jul. 2003, extraído de InfoTrac, http://web1.infotrac.galegroup.com; Adam Agard, "Pre-Employment Skills Testing: An Important Step in the Hiring Process", *Supervision,* jun. 2003, extraído de InfoTrac, http://web1.infotrac.galegroup.com.

Entrevista

Quando o departamento de recursos humanos reduz a lista de candidatos a poucas pessoas, a próxima etapa é a entrevista. Um dos objetivos da entrevista é reduzir a quantidade de candidatos até chegar a um, avaliando a habilidade comunicativa e interpessoal, verificando a interação entre supervisor e candidato e descobrindo detalhes a respeito das informações fornecidas por ele no formulário de emprego ou no currículo. Além disso, ela proporciona ao candidato a chance de conhecer mais sobre a organização, ajudando-o a decidir se aceita ou não o emprego.

Em certos casos, o supervisor pode achar complicado realizar uma boa entrevista. Quando se sentir tentado a buscar atalhos, ele deve ter em mente a importância da entrevista de seleção. Para qualquer novo funcionário, a organização irá investir muito dinheiro, além de benefícios e tempo com treinamentos. Portanto, coletar as informações necessárias para tomar a decisão certa na hora da contratação é, no mínimo, tão

FIGURA 15.3 Exemplo de um Formulário de Solicitação de Emprego Federal, nos EUA

FORMULÁRIO OPCIONAL PARA EMPREGO FEDERAL – OF 612

Formulário Aprovado
OMB N° 3206-0219

Seção A – Informações do Candidato

* Usar Código Postal Estadual Padrão (sigla). Se estiver fora dos Estados Unidos da América e não tiver endereço militar, digitar ou escrever em letra de forma "OV" no campo Estado (Bloco 6c) e preencher o campo País (Bloco 6e) abaixo, deixando o campo CEP (Bloco 6d) em branco.

1. Título do cargo anunciado
2. Nível(is) para o(s) qual(is) está se candidatando
3. Número do anúncio

4a. Sobrenome
4b. Primeiro nome e nome do meio
5. Número de Inscrição no Serviço Social

6a. Endereço para correspondência*

7. Telefones (incluir código de área se estiver dentro dos Estados Unidos da América)

7a. Horário durante o dia

6b. Cidade
6c. Estado
6d. CEP

7b. Horário à noite

6e. País (se estiver fora dos Estados Unidos da América)

8. E-mail (se tiver)

Seção B – Experiência Profissional

Descrever sua experiência profissional remunerada ou não remunerada que se relaciona ao cargo para o qual está se candidatando. Não anexar a descrição do cargo.

1. Título do cargo (se Federal, informar série e nível)

2. De (mm/aaaa)
3. A (mm/aaaa)
4. Salário   por
$
5. Horas por semana

6. Nome e endereço do empregador

7. Nome e telefone do supervisor
7a. Nome
7b. Telefone

8. Podemos entrar em contato com o seu supervisor atual?   Sim ☐   Não ☐
   Se tivermos de contatar o seu supervisor atual antes de fazer uma proposta formal de emprego, avisaremos você primeiro.

9. Descrever suas responsabilidades e realizações

Seção C – Outras Experiências Profissionais

1. Título do cargo (se Federal, informar série e nível)

2. De (mm/aaaa)
3. A (mm/aaaa)
4. Salário   por
$
5. Horas por semana

6. Nome e endereço do empregador

7. Nome e telefone do supervisor
7a. Nome
7b. Telefone

8. Descrever suas responsabilidades e realizações

Departamento Norte-Americano de Gestão de Pessoal
Permitido o uso da edição anterior

NSN 7540-01-351-9178
50612-101

Página 1 de 2

Formulário Opcional 612
Revisado em Dezembro de 2002

FIGURA 15.3 *(continuação)*

Seção D – Escolaridade

1. Última escola secundária ou curso equivalente. Informar o nome, a cidade, o estado, o CEP (se souber) e o ano de conclusão do ensino médio ou de aprovação no exame de equivalência escolar:

2. Marcar o maior nível concluído: Ensino médio incompleto ☐   Ensino médio/equivalente completo ☐   Curso seqüencial completo ☐   Bacharelado ☐   Mestrado ☐   Doutorado ☐

3. Faculdades e universidades freqüentadas. Anexar cópia do histórico escolar somente se solicitado.			Total de Créditos Obtidos Semestre	Trimestre	Especialização(ões)	Título Obtido (se houver), Ano de Conclusão
3a. Nome						
Cidade	Estado	CEP				
3b. Nome						
Cidade	Estado	CEP				
3c. Nome						
Cidade	Estado	CEP				

Seção E – Outras Qualificações

Cursos de treinamento profissionais (título e ano). Habilidades profissionais (outros idiomas, programas e equipamentos de computador, ferramentas, maquinário, velocidade de digitação etc.). Certificados e licenças profissionais (apenas os atuais). Homenagens, prêmios e realizações profissionais especiais (publicações, filiações em sociedades profissionais/honoríficas, atividades de liderança, palestras e prêmios de destaque). Informar datas, mas não anexar documentos, somente se solicitado.

Seção F – Outras Informações

1a. É cidadão norte-americano? Sim ☐ Não ☐ →   1b. Se não, informar sua cidadania

2a. Reivindica privilégios de veterano de guerra? Não ☐ Sim ☐ → Se sim, marcar suas reivindicações dos 5 ou 10 pontos a seguir.
2b. 5 pontos ☐ → Anexar o Relatório de Afastamento do Serviço Ativo (DD 214) ou outro documento comprobatório.
2c. 10 pontos ☐ → Anexar a Requisição de Preferência de 10 Pontos de Veterano (SF 15) e as provas exigidas.

3. Já foi funcionário civil federal   Não ☐ Sim ☐ → Se sim, informar o mais alto nível civil a seguir:

3a. Série	3b. Nível	3c. De (mm/aaaa)	3d. A (mm/aaaa)

4. Está em condições de ser reintegrado com base no status federal de carreira ou condicionado à carreira.   Não ☐ Sim ☐
Se solicitado no anúncio da vaga, anexar a Notificação de Ação de Pessoal (SF 50), como prova.

Seção G - Certificação do Candidato

Certifico que todas as informações fornecidas e anexadas neste formulário são verdadeiras, corretas, completas e apresentadas de boa-fé. Estou ciente de que informações falsas ou fraudulentas fornecidas ou anexadas neste formulário podem justificar a minha não-contratação ou demissão depois de começar a trabalhar e podem ser passíveis de multa ou prisão. Estou ciente de que qualquer informação dada é passível de investigação.

1a. Assinatura	1b. Data (dd/mm/aaaa)

Departamento Norte-Americano de Gestão de Pessoal
Permitido o uso da edição anterior

NSN 7540-01-351-9178
50612-101

Formulário Opcional 612
Revisado em Dezembro de 2002

importante quanto fazer outros investimentos de dimensão comparável. Visto por esse ângulo, o tempo e o esforço dedicados à preparação criteriosa e à condução de uma entrevista de seleção são bem investidos.

Quem Deve Entrevistar?

A entrevista inicial com o candidato freqüentemente é conduzida por alguém do departamento de recursos humanos. Dependendo das políticas e práticas da organização, o supervisor pode participar das entrevistas posteriores. Por essa razão, é importante que um supervisor saiba como conduzir uma entrevista eficaz.

A organização pode apoiar o trabalho em equipe, fazendo com que as equipes (ou diversos integrantes de equipes) entrevistem os candidatos a um emprego. As entrevistas em equipe mostram como o candidato interage em grupo. Na fábrica da Gates Rubbers, em Siloam Springs, Arkansas, o candidato conversa primeiro com o departamento de pessoal e, depois, com um grupo de três pessoas de diferentes setores da fábrica. O gestor da fábrica Burt Hoefs explica: "Nós avaliamos a capacidade de comunicação, as atitudes de trabalho e os níveis de confiança geral. Como todo trabalho da fábrica é realizado em equipes, também verificamos a capacidade de o candidato reagir bem em um ambiente de grupo".[7] Quando as entrevistas são conduzidas por equipes, o supervisor precisa combinar as habilidades de entrevistar e de facilitar os processos coletivos (veja os Capítulos 3 e 9).

A tecnologia também está modificando o papel do supervisor como entrevistador, automatizando partes padronizadas da entrevista, ou até mesmo o processo todo. A Capital One, por exemplo, emprega milhares de atendentes de telemarketing para suas operações de crédito. Para melhorar o processo de contratação, a companhia conduz entrevistas automatizadas por telefone. O candidato a uma vaga na central de atendimento telefona gratuitamente para um número e responde a uma série de perguntas gravadas, que irão servir como uma espécie de triagem. Os candidatos aprovados nessa triagem visitam o escritório regional, para serem testados e receberem mais informações. Entre os testes, há uma simulação de um atendimento em que o candidato escuta o problema e tem de responder, por exemplo, reclamações de clientes irritados. O sistema de computadores da companhia avalia as informações sobre o candidato e as respostas do teste para chegar a uma decisão de contratação. Esse processo minimiza o papel do supervisor como entrevistador, mas agiliza o processo e tem selecionado grupos de funcionários mais produtivos. O papel do supervisor na seleção de funcionários na Capital One limita-se a definir os requisitos do cargo, que são inseridos no sistema de tomada de decisão automatizada.[8]

Preparação para a Entrevista

Assim como mostra a Figura 15.4, o entrevistador deve começar o processo, preparando-se para a entrevista. Para se preparar para uma entrevista, o entrevistador deve analisar a descrição do cargo e elaborar uma maneira realista de descrevê-lo aos candidatos. O entrevistador também deve analisar o currículo ou o formulário de solicitação de emprego do candidato e verificar se as informações fornecidas ali sugerem alguns questionamentos específicos. Por exemplo, o entrevistador talvez queira saber por que o candidato escolheu determinada área de especialização na faculdade ou por que mudou

FIGURA 15.4 Processo de Entrevista

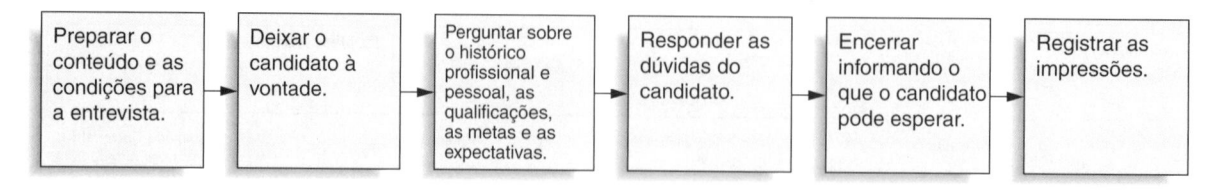

| Preparar o conteúdo e as condições para a entrevista. | → | Deixar o candidato à vontade. | → | Perguntar sobre o histórico profissional e pessoal, as qualificações, as metas e as expectativas. | → | Responder as dúvidas do candidato. | → | Encerrar informando o que o candidato pode esperar. | → | Registrar as impressões. |

de área, deixando um emprego de vendedor para tornar-se mecânico. O entrevistador também deve perguntar sobre os intervalos entre um emprego e outro. Por último, o entrevistador deve preparar um local para a entrevista atendendo às condições descritas a seguir.

Condições de Entrevista

A maioria dos candidatos sentem um certo nervosismo. Esse nervosismo inicial pode dificultar a entrevista e atrapalhar um pouco a visão de como essa pessoa se comportaria no trabalho. Portanto, é importante que o entrevistador conduza a entrevista em condições que deixem o candidato à vontade. Privacidade e ausência de interrupções são condições necessárias para uma boa entrevista. O candidato deve ser acomodado em local confortável. Alguns entrevistadores sentam-se ao lado do candidato em uma mesa pequena, em vez de se sentarem atrás de uma mesa de escritório, a fim de criar um ambiente com mais igualdade e menos formalidade. Para deixar o candidato à vontade, o entrevistador pode lhe oferecer um café e comentar durante um ou dois minutos sobre amenidades, como, por exemplo, o tempo.

Às vezes, é difícil ter privacidade. Muitos supervisores não têm sala fechada. Se possível, ele deve solicitar uma sala de reuniões disponível ou o escritório de um colega. Na pior das hipóteses, se ele precisar entrevistar o candidato em sua baia, deverá pendurar um aviso na entrada de "Não perturbe".

Conteúdo da Entrevista

Depois de deixar o candidato à vontade, o entrevistador deve começar com perguntas gerais sobre o histórico profissional e pessoal e as qualificações do candidato. O entrevistador também deve perguntar sobre as metas e as expectativas do candidato em relação ao emprego. Estas são as perguntas mais comuns a se fazer:[9]

- Por que você quer trabalhar nesta companhia?
- Que tipo de carreira você planejou para sua vida?
- Que tipo de aprendizado teve na faculdade que proporcionasse a você desenvolver uma carreira?
- Cite alguns aspectos que você procura em uma companhia?
- Que tipo de experiência você teve no emprego anterior que o tenha preparado para seguir uma carreira?
- Quais são suas qualidades? E defeitos?
- Por que escolheu essa faculdade?
- Cite aquilo que considera uma das suas realizações mais importantes.
- Você se considera um líder? Explique.
- Como planeja continuar o seu desenvolvimento?
- Por que escolheu essa especialização?
- O que você sabe a respeito da companhia?

Quando o entrevistador tiver questionado o candidato de maneira suficiente para poder avaliar a sua adequação à vaga, ele deve oferecer-lhe a chance de esclarecer suas dúvidas. Essa oportunidade não apenas ajuda o candidato a obter mais informações, mas também pode proporcionar ao entrevistador uma visão mais ampla sobre o conhecimento do candidato e sobre as áreas que mereçam mais atenção. Para obter mais recomendações sobre como preparar e usar perguntas em uma entrevista, leia o texto na seção "Dicas da Linha de Frente".

O entrevistador deve encerrar a entrevista informando ao candidato como ele saberá sobre a decisão da organização em relação ao emprego, que pode ser por um contato telefônico em uma semana ou uma carta até o final do mês. Assim que o candidato sair, o entrevistador deve anotar as suas impressões, porque ele corre o risco de esquecer pontos importantes, principalmente quando há muitos candidatos.

DICAS DA LINHA DE FRENTE

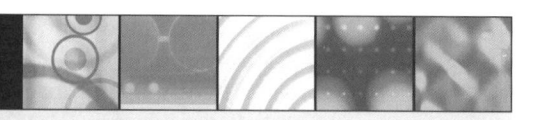

ENTREVISTANDO CANDIDATOS A UM EMPREGO

Duane Lakin, psicológa em Wheaton, Illinois, afirma haver uma razão para a dificuldade encontrada pela maioria dos supervisores de entrevistar candidatos a um emprego: "A maioria deles não consegue realizar boas entrevistas porque isso não faz parte do seu trabalho básico". Além de receber algum tipo de treinamento em entrevista, o supervisor pode adotar as seguintes sugestões para melhorar a sua técnica:

- Identifique as aptidões e os comportamentos que espera de um funcionário. Se já contar com bons funcionários em posições semelhantes no grupo, reflita sobre as qualidades e os comportamentos que os tornam bem-sucedidos.
- Baseado na recomendação anterior, peça a cada candidato para exemplificar como aplicar essas aptidões e comportamentos. Por exemplo, se precisar de alguém que trabalhe bem em equipe, pergunte o seguinte: "No seu último emprego, como você enfrentava as desavenças com os outros integrantes da sua equipe?".
- Quando o candidato citar exemplos, principalmente quando eles forem vagos, use perguntas complementares para buscar mais detalhes. No exemplo anterior sobre como lidar com as desavenças, siga perguntando: "O que aconteceu quando você agiu dessa forma? O que aprendeu com essa experiência?". Se o candidato disser que seu maior defeito é o "perfeccionismo", pergunte quais problemas essa característica pessoal provocou no emprego anterior.
- Quando o candidato falar de forma geral (por exemplo: "Sou uma pessoa voltada às pessoas" ou "Sou centrada na qualidade"), pergunte o que ele quer dizer com isso. Peça sempre para exemplificar. Esse procedimento ajudará a verificar se as palavras do candidato realmente significam aquilo que o supervisor espera.
- Mantenha um clima agradável na entrevista e ajude o candidato a relaxar. A idéia é incentivá-lo a ser honesto e sincero a respeito de si mesmo, e não se manter na defensiva.
- Compare os candidatos com a descrição e a especificação do cargo, e não entre si. Escolha aquele que preencha ou supere os requisitos, não apenas o melhor de um grupo insatisfatório. Se ninguém preencher os requisitos, continue procurando.

Uma companhia que aplica essas sugestões é a cadeia de restaurantes Golden Corral. A companhia elaborou perguntas de entrevista baseadas nos comportamentos desejáveis para os cargos. A Golden Corral fornece ao entrevistador perguntas complementares que o ajudam a comparar a experiência profissional com as aptidões básicas identificadas pela companhia para cada posição. Com base nas informações fornecidas pelos candidatos, a companhia os avalia em vários aspectos, inclusive sobre o nível de escolaridade e a experiência anterior em restaurantes. De acordo com o vice-presidente sênior de operações da Golden Corral, Lance Trenary "Nós... insistimos em não contratar ninguém abaixo do nível atual".

Fontes: Kathryn Tyler, "Train for Smarter Hiring", *HRMagazine*, maio 2005; Steve Weinberg, "Determining the Formula for Hiring the Best People", *Kitchen & Bath Design*, jun. 2006; Cord Cooper, "Deal with People Effectively: Snare a Top-Notch Team", *Investor's Business Daily*, 6 out. 2005, todos os textos extraídos de Business & Company Resource Center, http://galenet.galegroup.com.

As perguntas do entrevistador devem ser relacionadas ao desempenho no cargo. Isso significa que ele não deve questionar a respeito de idade, sexo, estado civil, filhos, religião ou algum registro de prisão (mas pode perguntar sobre alguma condenação). Por exemplo, o entrevistador não deve perguntar: "Bem, então, você planeja ter filhos?" ou "Esse sobrenome é de que nacionalidade?". Esse tipo de pergunta fere a legislação antidiscriminatória, descrita mais adiante neste capítulo. A Tabela 15.2 apresenta algumas perguntas permitidas e não permitidas. Se o supervisor tiver dúvidas sobre alguma pergunta, deverá verificar primeiro com o departamento de recursos humanos.

Técnicas de Entrevista

A pessoa que conduz a entrevista pode optar pela entrevista estruturada, não estruturada ou uma combinação das duas. A **entrevista estruturada** é baseada em perguntas preparadas antecipadamente pelo entrevistador. Consultando a lista de perguntas, o entrevistador aborda o mesmo conteúdo com todos os candidatos. Em uma entrevista

entrevista estruturada
Entrevista baseada em perguntas preparadas antecipadamente pelo entrevistador

TABELA 15.2 Perguntas Permitidas e Não Permitidas na Entrevista de Seleção

Fontes: Richard D. Irwin, Inc. "Management Guidelines", Apêndice 2, 1 dez. 1991; Robert N. Lussier, *Supervision: A Skill-Building Approach* (Homewood, IL: Irwin, 1989), p. 254-55; Janine S. Pouliot. "Topics to Avoid with Applicants", *Nation's Business*, jul. 1992, p. 57-58; Gary Dessler, *Human Resource Management* (Upper Saddle River, NJ: Prentice Hall, 2000), p. 234.

Categoria	Entrevistador Pode Perguntar	Entrevistador Não Pode Perguntar
Nome	Nome verdadeiro; se o candidato já trabalhou com outro nome	Nome de solteiro; se o candidato mudou o nome; qual a forma de tratamento preferida (por exemplo, senhora, senhorita etc.)
Endereço	Residência atual; tempo que vive na residência	Se a residência é própria ou alugada, a menos que seja para algum cargo que exija qualificação ocupacional de boa-fé; nome e relação da pessoa com quem o candidato reside
Idade	Se o candidato possui idade mínima exigida pela lei (por exemplo, ter mais de 21 anos para servir bebida alcoólica)	Idade do candidato; pedir a certidão de nascimento dele; quanto tempo ele pretende continuar trabalhando até se aposentar; datas em que freqüentou o ensino fundamental e médio; como o candidato se sente trabalhando com um chefe mais jovem (ou mais velho)
Sexo	Sexo do candidato se a posição exigir qualificação ocupacional de boa-fé (por exemplo, no caso de modelos ou pessoal de limpeza de banheiros)	Sexo do candidato, a menos que seja o caso de qualificação ocupacional de boa-fé
Estado civil e situação familiar	Se o candidato pode cumprir a escala de trabalho (deve ser perguntado para ambos os sexos ou nenhum)	Estado civil do candidato; se ele tem ou planeja ter filhos; outras questões familiares; informações sobre quem cuida dos filhos; informações sobre quem cuida dos afazeres domésticos; se o candidato está procurando emprego apenas para complementar a renda familiar
Nacionalidade, cidadania, raça, cor	Se o candidato está em situação legal para trabalhar no País; se o candidato tem como comprovar a legalidade, se contratado	Nacionalidade, cidadania, raça ou cor do candidato (ou dos parentes); como o candidato se sente trabalhando com ou para pessoas de outras raças
Idioma	Idiomas que o candidato fala ou escreve fluentemente; se o candidato fala ou escreve algum idioma específico no caso de qualificação ocupacional de boa-fé	Idioma que o candidato usa fora do trabalho; como o candidato aprendeu alguma língua
Prisão ou condenação	Se o candidato foi condenado por algum delito grave; outras informações se o delito for relacionado ao trabalho	Se o candidato alguma vez já foi preso; informações sobre alguma condenação não relacionada ao trabalho
Altura e peso	Não perguntar	Altura ou peso do candidato
Histórico médico e deficiência	Se o candidato está apto a executar as funções essenciais do cargo; por exemplo, como (com ou sem acomodação especial) o candidato pode executar as funções essenciais do cargo	Se o candidato é deficiente ou portador de alguma necessidade especial; como o candidato ficou deficiente; histórico médico; se o candidato fuma; se o candidato tem AIDS ou é soro positivo
Religião	Se o candidato faz parte de algum grupo religioso no caso de qualificação ocupacional de boa-fé; se o candidato pode cumprir a escala de trabalho	Preferência, associação ou denominação religiosa; nome do padre, pastor, rabino ou outro líder religioso do candidato
Situação financeira pessoal	Avaliação de crédito do candidato no caso de qualificação ocupacional de boa-fé	Avaliação de crédito do candidato; outras informações sobre a situação financeira pessoal, incluindo ativos, contas de despesas; se o candidato possui automóvel

(continua)

TABELA 15.2 Perguntas Permitidas e Não Permitidas na Entrevista de Seleção

Categoria	Entrevistador Pode Perguntar	Entrevistador Não Pode Perguntar
Escolaridade e experiência profissional	Informações sobre a escolaridade e a experiência relacionadas ao trabalho	Informações sobre a escolaridade e a experiência não relacionadas ao trabalho
Referências	Nomes de pessoas para referência; nomes de pessoas que sugeriram que o entrevistado se candidatasse ao emprego	Referência de algum líder religioso
Serviço militar	Informações sobre a formação educacional e a experiência relacionadas ao trabalho; se o candidato foi dispensado por alguma causa desonrosa	Datas e condições da dispensa; se o candidato está qualificado para servir o Exército; experiência em forças armadas estrangeiras
Organizações	Nomes de entidades profissionais; por exemplo, de sindicatos ou associações profissionais ou comerciais dos quais o candidato é filiado	Filiação em qualquer organização que não esteja relacionada ao trabalho e que indique algum grupo racial, religioso ou outro protegido; filiação política do candidato

entrevista não estruturada
Entrevista em que o entrevistador não usa uma lista de perguntas previamente preparadas, mas pergunta com base nas respostas do candidato

não estruturada, o entrevistador não usa uma lista de perguntas previamente preparadas, mas pensa nas perguntas com base nas respostas do candidato. A entrevista não estruturada oferece ao entrevistador mais flexibilidade, mas não garante cobrir o mesmo conteúdo em toda entrevista.

Uma maneira prática de combinar essas duas abordagens é preparando uma lista com perguntas que devem ser formuladas a todos os candidatos. Depois, o entrevistador que queira mais esclarecimentos do candidato em relação a alguma resposta específica continua a fazer perguntas como: "Por que você tratou do problema dessa forma?". O entrevistador não precisa seguir a seqüência das perguntas da lista desde que todas sejam eventualmente formuladas. Com base nos comentários do candidato, o entrevistador pode deixar a pergunta para o final da lista. Embora o formato varie um pouco de um candidato para outro, essa abordagem assegura que o entrevistador não omita temas importantes de algumas entrevistas.

pergunta aberta
Pergunta que permite ao entrevistado amplo controle da resposta
pergunta fechada
Pergunta que exige uma resposta simples, por exemplo, um sim ou um não

Seja na entrevista estruturada, seja na entrevista não estruturada, o entrevistador pode formular perguntas de respostas abertas ou fechadas. A **pergunta aberta** é aquela que permite ao candidato amplo controle da resposta. A **pergunta fechada** é aquela que exige uma resposta simples, por exemplo, um sim ou um não. Um exemplo de pergunta aberta seria: "Quais experiências do seu emprego anterior podem ajudá-lo neste novo emprego?". Exemplos de perguntas fechadas seriam: "Você usava iMac no seu último emprego?" e "Em que período você prefere trabalhar?".

As perguntas abertas costumam funcionar melhor na entrevista, porque induzem o candidato a fornecer mais informações. Por exemplo, para saber se o candidato pesquisou bastante à procura do emprego – indicativo da seriedade com que ele encara a posição – o entrevistador pode perguntar: "Que características você procuraria em uma pessoa se estivesse contratando alguém para essa posição?". Loretta M. Flanagan, que dirige a Westside Future, organização dedicada a reduzir a mortalidade infantil, usa perguntas abertas para descobrir sobre as habilidades de relações humanas e de solução de problemas dos candidatos. Por exemplo, ela pode fazer a seguinte pergunta a um candidato a uma vaga de assistente social:

> Uma grávida viciada em drogas procura o escritório pedindo ajuda imediata. Ela faltou às duas últimas sessões agendadas. A assistente social chefe está ocupada com outra cliente e outra vai chegar em 20 minutos. Como você lidaria com essas duas situações conflitantes?

É evidente que não há uma resposta única correta. Flanagan procura candidatos que demonstrem capacidade de estabelecer prioridades e justificar a medida adotada.

Como o candidato tem liberdade para responder a pergunta aberta, a resposta, às vezes, não é suficientemente clara ou específica. Assim, o entrevistador deve buscar mais detalhes, pedindo ao candidato que dê mais exemplos ou o que ele considera como sendo um trabalho estressante demais.

Problemas a Serem Evitados

Ao conduzir uma entrevista, o supervisor precisa evitar alguns erros comuns de julgamento. Um desses erros é a decisão baseada na predisposição pessoal. Por exemplo, um supervisor pode não gostar de homens que usam brincos ou de algum estilo de corte de cabelo feminino. No entanto, essas características não costumam indicar se o candidato seria ou não eficaz no desempenho profissional. Do mesmo modo, ser amigo ou parente de um supervisor não serve de bom indicativo do desempenho profissional. Se o entrevistador tomar a decisão de contratar com base nessas ou em outras tendências, ele pode acabar excluindo o candidato mais qualificado.

Outra causa de erro está no **efeito halo**, ou seja, na formação de uma opinião geral com base em alguma característica extraordinária. Por exemplo, muitos avaliam a personalidade de uma pessoa com base no seu aperto de mão. "Ela tem um aperto de mão firme", um entrevistador pode pensar a respeito de uma candidata. "Acho que ela é ativa, decidida e se relaciona bem com as pessoas", quando, de fato, a candidata pode não possuir nenhum desses traços desejados. O entrevistador precisa procurar provas de cada traço, não simplesmente aglutiná-los em apenas uma característica.

O supervisor também deve evitar transmitir ao candidato uma imagem equivocada da organização. Se algum candidato parecer ideal, o supervisor pode se sentir tentado a descrever a organização de maneira maravilhosa, para despertar a vontade de ele trabalhar ali. Mas, se a realidade não for tão maravilhosa, o novo funcionário pode ficar decepcionado e irritado. Ele pode até mesmo desistir. Por outro lado, dentro dos limites da realidade, o supervisor deve transmitir uma boa impressão da organização e do pessoal. Mesmo que algum candidato não pareça ser o mais adequado para o cargo, ele pode, algum dia, vir a ser um cliente ou ocupar uma posição que possa influenciar a opinião das outras pessoas a respeito da organização.

Aplicação dos Testes de Seleção

Com base no currículo e no formulário de solicitação de emprego, é relativamente fácil verificar a experiência profissional e a escolaridade do candidato, mas como saber se ele realmente possui as qualificações para o cargo? Pelo simples fato de Pete Wong trabalhar na divisão de marketing de uma empresa de doces, não significa que ele saiba vender doces (talvez essa seja a razão pela qual ele queira sair desse emprego). Apenas porque Ruth Petersen se formou em engenharia não significa que ela saiba aplicar o seu conhecimento para trabalhar em uma equipe, preparando o layout de uma fábrica.

A aplicação dos testes é uma das formas de verificar se o funcionário possui as qualificações necessárias. Existem vários tipos de testes de seleção:

- O teste que mede a capacidade do candidato em aprender as aptidões relacionadas ao trabalho é denominado **teste de aptidão.**
- O candidato pode ser submetido ao **teste de proficiência**, para determinar se ele possui as qualificações necessárias para desempenhar uma função. O teste de digitação é um exemplo de teste para a posição de secretária.
- Para cargos que demandem capacidade física, por exemplo, na montagem de equipamentos, o candidato pode ser submetido ao **teste psicomotor**, que mede a sua força, destreza e coordenação.
- Algumas organizações também usam testes de personalidade, que identificam vários traços da personalidade do indivíduo. Kurt Swogger utilizou os testes de personalidade para contratar e remanejar os funcionários do grupo de pesquisa e desenvolvimento da divisão de plásticos da Dow Chemical. Dividindo os funcionários entre os que tendem a sonhar alto com idéias novas, que enxergam oportunida-

---

efeito halo
Prática de formar uma opinião geral com base em alguma característica extraordinária

teste de aptidão
Teste que mede a capacidade do candidato em aprender as aptidões relacionadas ao trabalho

teste de proficiência
Teste que avalia se o candidato possui as qualificações necessárias para desempenhar a função

teste psicomotor
Teste que mede a força, destreza e coordenação do candidato

des para modificar os produtos existentes, e os que estão mais sintonizados com os clientes e o mercado, Swogger transformou uma divisão lenta em uma equipe de inovadores. Com o enfoque voltado à personalidade, a divisão obteve idéias inovadoras, além de um ritmo mais rápido de desenvolvimento.[10]

- Por fim, algumas organizações aplicam testes de detecção de uso de drogas, principalmente quando o consumo de drogas por funcionários impõe um grave risco de segurança, tal como no caso de operadores de máquinas ou pilotos. Esses testes são controversos, mas são legais na maioria dos estados norte-americanos.[11]

Geralmente, os testes são aplicados pelo departamento de recursos humanos.

Alguns testes possuem aspectos lingüísticos ou outras características que os tornam mais fáceis para funcionários de um grupo étnico do que de outros. O uso de testes desse tipo pode infringir a legislação antidiscriminatória, descrita mais adiante neste capítulo. Do mesmo modo, o teste de personalidade pode criar um problema, caso identifique candidatos com distúrbios mentais ou emocionais.[12] A legislação antidiscriminatória protege indivíduos portadores de deficiência se eles estiverem aptos a desempenhar as funções exigidas no trabalho. Portanto, se o supervisor quiser aplicar testes, estes devem ser avaliados pelo departamento de recursos humanos ou por algum consultor externo, para garantir que não sejam discriminatórios.

Apesar dessas restrições, o empregador pode ser criativo, elaborando testes de seleção centrados nos requisitos do cargo. Os candidatos a emprego de bombeiro na Central Pierce Fire & Rescue, próximo de Tacoma, Washington, participam de uma simulação para observar como os candidatos lidam com cidadãos descontrolados. A gestora de recursos humanos, Karen Johnson, afirma que alguns candidatos se saem muito bem na dramatização, mas que alguns candidatos incorporam a simulação.[13] No Chrysler Group da DaimlerChrysler, os candidatos a um emprego na linha de montagem são submetidos a testes para verificar a agilidade e precisão com que montam os equipamentos. Os candidatos a cargos de gestão e especializados são submetidos a testes nos quais devem responder memorandos e atender ligações telefônicas. Eles também podem participar de dramatizações, orientando alguém que esteja representando o papel de um funcionário com algum problema relacionado ao trabalho.[14]

Verificação de Referências Profissionais e Pessoais

Muitos currículos e formulários de solicitação de emprego contêm informações falsas. Em uma recente pesquisa realizada pela Society of Human Resource Management com seus afiliados, 90% dos entrevistados responderam haver detectado informações falsas durante a verificação das referências. No topo da lista dos itens sobre os quais o candidato mente estão informações sobre o ex-empregador, o tempo trabalhado na última empresa, o salário recebido e os cargos ocupados, e os antecedentes criminais. De acordo com um especialista "As pessoas se valorizam demais no currículo, mas, no formulário de solicitação de emprego e nas entrevistas, elas geralmente se esquecem da imagem que criaram de si".[15]

Uma maneira básica de verificar se as informações contidas no formulário de emprego ou no currículo estão corretas é verificando as referências. A verificação do histórico do funcionário não apenas evita que a organização contrate uma pessoa não qualificada, mas também a protege de ações judiciais. Os tribunais têm responsabilizado os empregadores por crimes cometidos por funcionários cujo histórico na época da contratação não tenha sido investigado de forma razoável, resultando na contratação de alguém com registro de delitos para ocupar uma posição que lhe permitiria cometer outros delitos.[16]

O supervisor ou alguém do departamento de recursos humanos pode entrar em contato por telefone ou por escrito com as universidades e os antigos empregadores ou contratar alguma companhia especializada em seleção de funcionários para verificar as referências. O custo relativamente baixo pago pela prestação desse tipo de serviço por essas companhias pode ser um dinheiro muito bem investido por uma organização de pequeno porte que não conte com um pessoal de recursos humanos. Nos últimos anos,

FIGURA 15.5
Exemplos de Restrições na Verificação de Referências

Fonte: Privacy Rights Clearinghouse. "Employment Background Checks", Fact Sheet 16, rev. jun. 2004, www.privacyrights.org.

Não pedir:
Falências depois de dez anos
Registros de prisão e processo civil
Dívidas em cobrança (de sete anos ou mais)

Não considerar na decisão de contratação:
Falências
Indenização trabalhista recebida
Histórico médico

Obter autorização primeiro:
Histórico acadêmico
Certas informações do serviço militar

as preocupações cada vez maiores com a segurança e o fácil acesso a dados pessoais pela internet têm intensificado a verificação de referências. No entanto, o supervisor deve estar ciente de que vários estados e leis federais norte-americanas protegem a privacidade individual e restringem os tipos de informações que os empregadores podem usar e a maneira como eles podem obter esses dados. Veja alguns exemplos na Figura 15.5. Quando houver qualquer dúvida, o supervisor deve buscar a orientação de um consultor qualificado antes de iniciar a verificação das referências.

O candidato apresenta diversos tipos de referência:

- *Referência pessoal* – pessoas que atestem sobre o caráter do candidato.
- *Referência acadêmica* – professores ou orientadores que possam descrever o desempenho acadêmico do candidato.
- *Referência profissional* – ex-empregadores que possam confirmar o histórico profissional do candidato.

As pessoas normalmente conseguem pensar em algum amigo ou professor que possa dar alguma declaração positiva a respeito delas; portanto, a principal finalidade da referência pessoal e acadêmica é eliminar aqueles casos de pessoas que não podem dar esse tipo de referência.

Os ex-empregadores são os que estão em melhor posição para discutir o desempenho do candidato no passado. No entanto, para evitar processos judiciais de ex-funcionários, muitas organizações adotam como política fornecer pouca informação a respeito de antigos funcionários. Muitas vezes, a verificação das referências apenas confirma se o candidato de fato ocupou a posição declarada, nas datas informadas. Alguns empregadores até se dispõem a discutir o desempenho, o salário, as promoções e os rebaixamentos do candidato. Por causa da cautela dos antigos empregadores nas suas declarações, um contato telefônico com o ex-supervisor pode ser mais produtivo que um pedido de informações por escrito. Algumas vezes, as pessoas dão informações extra-oficiais por telefone, que não dariam se tivessem que se comprometer fazendo isso por escrito.

Decisão de Contratação

A decisão final de qual candidato contratar geralmente fica a cargo do supervisor. Normalmente, mais de uma pessoa passa por todas as etapas precedentes no processo de triagem. Conseqüentemente, a decisão final geralmente é uma questão de julgamento.

O supervisor pode enfrentar o dilema de ter de escolher entre vários candidatos bem qualificados para a posição, buscando outros critérios relevantes de seleção. Na prática, as decisões, muitas vezes, refletem diversas questões. Às vezes, o supervisor escolhe um funcionário parecido com ele para se sentir confortável; ele também pode selecionar um candidato cujas qualidades sejam diferentes das suas como uma forma de compensar aquilo que lhe falta. Uma pesquisa realizada para descobrir o segredo do sucesso das "cem melhores companhias para as quais trabalhar" da revista *Fortune* descobriu que essas empresas enfatizam a seleção de funcionários cujos valores e crenças correspondam com os da companhia. Isso significa que o supervisor deve considerar não apenas os requisitos técnicos do cargo em si, mas também qualidades, como o entusiasmo e o desejo do funcionário de contribuir para a equipe. Ao mesmo tempo, o supervisor deve ter em mente que as pessoas que compartilham dos mesmos valores podem divergir em outros aspectos. Por exemplo, pode ser vantajoso que a equipe tenha algumas pessoas que busquem a conciliação e outras que desafiem os antigos métodos argumentando com idéias inovadoras.[17] O supervisor pode melhorar sua escolha aplicando os princípios da tomada eficaz de decisão, abordados no Capítulo 9.

Quando o supervisor escolhe o candidato que deseja contratar, o departamento de recursos humanos ou ele próprio oferece formalmente o emprego ao candidato. A pessoa que oferece o emprego é responsável por negociar salários e benefícios adicionais e estabelecer uma data de início. Se nenhum dos candidatos identificados pelo supervisor parecer satisfatório, ninguém deve ser escolhido, e o processo de recrutamento é repetido. Talvez a organização possa procurar em outros locais ou tentar atrair candidatos melhores, oferecendo um salário maior.

Exame Médico

No passado, muitas organizações pediam aos candidatos para se submeterem a exames médicos. No entanto, desde a aprovação no Congresso Norte-Americano da Lei Contra a Discriminação do Norte-Americano Portador de Deficiência (descrita mais adiante neste capítulo), os especialistas têm recomendado aos empregadores que solicitem o exame médico apenas depois de oferecer formalmente o emprego ao candidato.[18] O exame médico depois da oferta formal ajuda a organização a determinar se a pessoa está fisicamente apta para cumprir as demandas do cargo, além disso, o momento de realização do exame reduz o risco de algum candidato processar a companhia por se recusar a contratá-lo por causa de sua deficiência. O exame médico também serve para determinar as condições do candidato para fins de seguro de vida, seguro-saúde e seguro de invalidez, oferecidos pela companhia como benefícios.

Uma doença, uma deficiência ou a gravidez não podem ser usadas como base para a recusa de um candidato a um emprego, a menos que ela o impeça de exercer as funções essenciais do cargo. Se no exame médico for constatado algum estado de saúde que possa interferir na capacidade de a pessoa exercer essas funções essenciais, a companhia deve consultar o candidato para saber como adaptar o equipamento ou o trabalho para acomodá-lo. Por causa dessas restrições quanto ao uso de informações dos exames médicos, a maioria das organizações prefere deixar a cargo do departamento de recursos humanos os exames e a acomodação do funcionário portador de necessidades especiais. O supervisor pode, assim, concentrar-se na experiência e nos talentos do candidato.

QUESTÕES LEGAIS

O Congresso Norte-Americano aprovou leis que restringem as decisões de contratação. A maioria dessas leis visa oferecer às pessoas acesso justo e igual a empregos com base nas suas habilidades, e não nos seus traços pessoais, como a raça ou alguma deficiência física. Independentemente do papel do supervisor na seleção de funcionários, ele deve conhecer a legislação que afeta a contratação para manter a legalidade das ações da organização.

Legislação Antidiscriminatória

Algumas leis federais norte-americanas proíbem vários tipos de discriminação no emprego.

- Nos termos do Título VII da Lei dos Direitos Civis de 1964 (mais comumente conhecida como Título VII), o empregador não pode discriminar com base em raça, cor, religião, sexo ou nacionalidade no recrutamento, na contratação, na remuneração, na demissão ou na suspensão temporária de contrato trabalhista dos funcionários, ou em qualquer outra prática de contratação. O órgão governamental responsável pelo cumprimento dessa lei é a **Comissão para a Promoção de Oportunidades Iguais de Emprego (Equal Employment Opportunity Comission – EEOC)**. Essa comissão investiga acusações de discriminação e busca uma solução

Comissão para a Promoção de Oportunidades Iguais de Emprego (Equal Employment Opportunity Comission – EEOC)
Órgão do governo federal norte-americano responsável pelo cumprimento do Título VII da Lei dos Direitos Civis

nos tribunais ou na mediação (o que significa a participação de um terceiro para escutar os dois lados e decidir como resolver a questão).

- A Lei Contra a Discriminação Etária no Emprego, de 1967, e emendas de 1978 e 1986, proíbe o empregador de discriminar com base na idade das pessoas com 40 anos ou mais.
- A Lei de Reabilitação, de 1973, considera ilegal recusar oferecer um emprego a uma pessoa portadora de deficiência somente com base na deficiência, se esta não interfere na sua capacidade de exercer o cargo.
- A Lei Contra a Discriminação por Gravidez, de 1978, considera ilegal discriminar com base na gravidez, no nascimento de filhos ou em estado de saúde relacionado. Uma candidata a um emprego ganhou uma ação contra a Wal-Mart por não contratá-la por causa da sua gravidez.[19] O supervisor deve saber que, embora esses casos sejam raros, eles podem ocorrer.
- Veteranos portadores de deficiência e veteranos da Guerra do Vietnã recebem proteção nos termos da Lei para a Reintegração dos Veteranos da Guerra do Vietnã, de 1974, que exige de qualquer prestador de serviços do governo federal norte-americano esforços especiais para recrutar essas pessoas. (Esse é o tipo de ação antidiscriminatória, descrita logo a seguir.) Ao decidir se o veterano está qualificado, o empregador pode considerar o registro militar apenas em aspectos diretamente relacionados às qualificações para o cargo.

No Brasil também não se pode discriminar com base na raça, cor, religião, sexo ou nacionalidade nas relações de trabalho, como se depreende da legislação abaixo citada.:

- O art. 7º da Constituição Federal de 1988, incisos XXX, XXXI e XXXII, proíbe diferença de salários, exercícios de funções e de critérios de admissão por motivo de sexo, idade, cor ou estado civil, estabelecendo proibição de qualquer discriminação no tocante a salário e critério de admissão do trabalhador portador de deficiência, bem como a proibição de distinção entre trabalho manual, técnico e intelectual, ou entre os profissionais respectivos.
- A Consolidação das Leis do Trabalho no artigo 5º determina que "a todo trabalho de igual valor corresponderá salário igual, sem distinção de sexo".
- O artigo 373 – A da Consolidação das Leis do Trabalho nos seus respectivos incisos, veda inúmeras hipóteses de discriminação, a maioria delas voltadas para corrigir distorções que afetam o acesso da mulher ao mercado de trabalho.
- O artigo 461 da Consolidação das Leis do Trabalho dispõe que "sendo idêntica a função, a todo trabalho de igual valor, prestado ao mesmo empregador, na mesma localidade, corresponderá igual salário, sem distinção de sexo, nacionalidade ou idade".
- Lei 7.716, de 5 de janeiro de 1989, pune quaisquer atos de discriminação por raça, cor, etnia, religião ou procedência nacional.
- A lei 9.029, de 13 de abril de 1995, proíbe que o empregador adote prática discriminatória por motivo de sexo, origem, raça, cor, estado civil, situação familiar ou idade.
- A Lei 7.853, de 24 de outubro de 1989, dispõe sobre o apoio às pessoas portadoras de deficiência, sua integração social, sobre a Coordenadoria Nacional para Integração da Pessoa Portadora de Deficiência – Corde, institui a tutela jurisdicional de interesses coletivos ou difusos dessas pessoas, disciplina a atuação do Ministério Público, define crimes e dá outras providências.
- Lei 8.213, de 24 de julho de 1991, dispõe sobre os Planos de Benefícios da Previdência Social e no seu artigo 93 determina que as empresas, com 100 (cem) ou mais empregados, devem preencher de 2 (dois) a 5% (cinco por cento) de seus cargos com beneficiários reabilitados da Previdência Social ou com PPDs (Pessoas Portadoras de Deficiências).

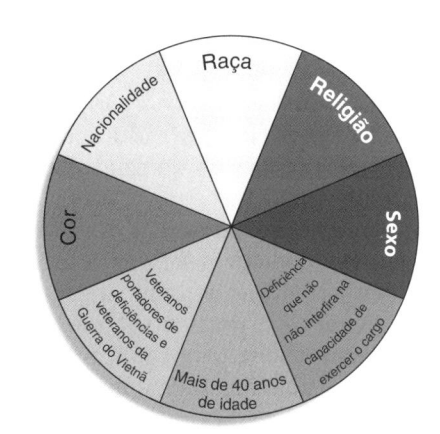

A Figura 15.6 mostra as categorias de trabalhadores protegidos pela legislação antidiscriminatória.

FIGURA 15.6
Categorias de Trabalhadores Protegidos pela Legislação Antidiscriminatória

SUPERVISÃO E DIVERSIDADE

DIVERSIDADE NO MENU DA CADEIA BERTUCCI'S BRICK OVEN RISTORANTE

A Bertucci's Brick Oven Ristorante, cadeia de restaurantes de comida italiana, atua em dezenas de locais e conta com 6.500 funcionários. A clientela é diversificada, e, como a administração quer seu quadro de pessoal igualmente diversificado em todos os níveis da organização, a Bertucci's adotou uma política de "inclusão deliberada". Sua política de diversidade alia esforços para atrair funcionários diversificados mediante o compromisso de desenvolvimento e promoção interna.

O processo de recrutamento alcança toda a comunidade, apoiando as organizações locais étnicas, religiosas e culturais. A companhia também participa de eventos voltados à diversidade, promovidos por comunidades e organizações civis.

Em muitos restaurantes, o quadro de pessoal é diversificado no que se refere aos iniciantes, mas na Bertucci's o compromisso se estende ao "recrutamento interno", ou seja, à promoção dos funcionários já empregados. Rahel Yohannes, gestor-geral do restaurante em Springfield, Virgínia, afirma: "Quando contratamos, contratamos não apenas para alguma posição temporária de horista, mas para um futuro na companhia". Yohannes, de origem de um país do leste africano, acrescenta que já no primeiro dia no emprego os funcionários descobrem que "todos são bem-vindos e todos podem fazer carreira aqui".

A Bertucci's transforma essa promessa em realidade, oferecendo aos funcionários uma chance para se aperfeiçoar. A companhia criou uma comissão de diversidade, que avaliou as necessidades e descobriu que a falta do domínio da língua inglesa era a principal barreira contra o avanço na carreira. A Bertucci's passou a oferecer cursos denominados Inglês como Língua de Trabalho aos funcionários que eram identificados como tendo capacidade de liderança, mas que necessitavam de mais domínio do idioma para progredir. Tanto os funcionários horistas como os gestores podem participar do programa, que combina aulas de inglês de nível básico com aulas de aperfeiçoamento no vocabulário específico de restaurantes e aulas de história e cultura norte-americana. Os funcionários freqüentam as aulas de Inglês como Língua de Trabalho na sede da organização.

Rick Barbrick, presidente e diretor-executivo operacional da companhia, afirma que o programa é "assustador", mas um excelente investimento: "No final do dia, os participantes percebem que tiveram ótimo rendimento na aprendizagem, e nós ganhamos um grupo de pessoas leais para com a companhia, que retornam às suas comunidades contando que a Bertucci's lhes paga para aprender a falar inglês e que estão progredindo por causa disso".

Um bom exemplo é o de Carivaldi Santos. Imigrante brasileiro, Santos foi contratado pela Bertucci's depois de gastar duas horas preenchendo o formulário de solicitação de emprego com a ajuda de um dicionário inglês-português. Ele começou lavando pratos em Massachusetts. Sua supervisora ficou tão impressionada com o seu empenho e a sua dedicação que o recomendou para o programa. A barreira da língua era o que segurava Santos; ele havia sido professor no Brasil. Ele completou com êxito o curso de inglês e logo foi promovido.

A política de diversidade da Bertucci's significa que todos são valorizados, mesmo os homens brancos, como Barbrick. Sobre os demais homens brancos da Bertucci's, Barbrick diz que se, não estivesse comprometido com a diversidade genuína, "Eles se sentiriam ameaçados, porque poderiam pensar que eu só promoveria funcionários das minorias". Na realidade, ele acrescenta, as contratações e promoções são baseadas na competência, e não em cotas. "O processo de diversidade visa fortalecer a companhia e torná-la um ambiente melhor para todos que trabalham lá e, com isso, um ambiente mais agradável para o cliente jantar."

Fonte: Donna Hood Crecca, "Setting the Course", *Chain Leader*, ago. 2004, extraído de Business & Company Resource Center, http://galenet.galegroup.com.

Embora algumas pessoas critiquem essas leis considerando-as como um peso para o empregador, as organizações se beneficiam quando decidem contratar com base no conhecimento, nas aptidões e nas habilidades do candidato, e não nos traços pessoais secundários, como raça, idade ou sexo.

Os gestores de muitas organizações estão observando a crescente diversidade da força de trabalho e dos clientes; eles concluem ser limitada demais a política para evitar a discriminação. Eles têm adotado políticas denominadas "gestão da diversidade". Em organizações que efetivamente geram a diversidade, gestores e funcionários criam uma atmosfera em que todos se sentem respeitados e capazes de participar. Em um relatório recente da Society for Human Resource Management consta que três quartos das organizações pesquisadas afirmam considerar a diversidade em todas as suas políticas e iniciativas de negócios.[20] A seção "Supervisão e Diversidade" mostra um exemplo desse tipo de organização.

A gestão da diversidade implica a contratação e promoção pela organização de pessoas com características diferentes. Para esses e outros fins, muitas organizações têm implementado programas de ação antidiscriminatória. **Ação antidiscriminatória** refere-se a planos destinados a aumentar as oportunidades de grupos tradicionalmente discriminados. Na realidade, esses planos são uma tentativa real de promover a diversidade na organização, e não apenas de tratar todos com igualdade.

Algumas pessoas pensam equivocadamente que ação antidiscriminatória significa estabelecer cotas artificiais, favorecendo alguns grupos em detrimento de outros. No entanto, as organizações podem aumentar as oportunidades de outras formas. Além de usar o treinamento para criar um quadro de candidatos qualificados, algumas companhias recrutam em escolas onde muitos estudantes são de minorias raciais.

Nos EUA, iniciativas realizadas por meio de votações na Califórnia e em Washington visam reduzir os programas de ação antidiscriminatória nas contratações feitas pelos governos municipais e estaduais. Defensores das políticas de ação antidiscriminatória argumentam que, como vários candidatos muitas vezes possuem as qualificações para preencher qualquer emprego, a concessão intencional de alguns empregos a pessoas de grupos minoritários não só é ética como proporciona benefícios por causa das vantagens da diversidade. Qualquer que seja a opinião do indivíduo sobre ação antidiscriminatória, é importante observar que, exceto no caso de empregadores contratados ou subcontratados do governo federal, a legislação não obriga as organizações a implementar esse tipo de programa. Certamente, os programas de ação antidiscriminatória caminham juntos às leis contra a discriminação.

ação antidiscriminatória
Planos destinados a aumentar as oportunidades de grupos tradicionalmente discriminados

Acessibilidade no Trabalho*

Em 1990, o Congresso dos EUA aprovou a Lei Contra a Discriminação do Norte-Americano Portador de Deficiência (ADA), que proíbe que o empregador com mais de 15 funcionários discrimine com base em deficiência mental ou física na contratação e promoção. Uma pessoa capaz de executar as funções essenciais de um cargo não pode ser impedida de fazê-lo apenas por ser portadora de alguma deficiência mental ou física. A Tabela 15.3 mostra, resumidamente, os critérios que determinam o estado de deficiência nos termos da ADA. As organizações também devem evitar a discriminação em acomodações públicas, transportes, serviços governamentais e telecomunicações.

TABELA 15.3
Estado de Deficiência nos Termos da Lei Contra a Discriminação do Norte-Americano Portador de Deficiência

Fonte: "What Constitutes a Disability?" *Nation's Business*, jun. 1995, Câmara Norte-Americana do Comércio.

"Deficiência" Abrange	"Deficiência" Não Abrange
Limitação substancial que impeça uma pessoa de realizar alguma atividade importante da vida	Desvantagens culturais e financeiras
Debilidade física e mental	Traços comuns de personalidade, como impaciência
Histórico de vício de drogas	Gravidez
Obesidade mórbida (peso 100% acima do normal ou decorrente de algum distúrbio de saúde)	Desvios normais de peso, altura ou força
	Problemas temporários ou de curta duração
	Usuário de drogas ilegais sob medida disciplinar por abuso corrente
	Usuário casual (não viciado) de drogas ilegais

Nota: As pessoas portadoras de alguma deficiência são protegidas contra a discriminação no emprego apenas se a deficiência não as impedir de executar as funções essenciais do cargo.

---

* N.R.T.: Lei 10.098, de 19 de dezembro de 2000, estabelece normas gerais e critérios básicos para a promoção da acessibilidade das pessoas portadoras de deficiência ou com mobilidade reduzida.

Uma das vantagens das organizações norte-americanas que cumprem a ADA está no fato de a lei encorajar os empregadores a tirar proveito de um amplo quadro de potenciais trabalhadores cujos talentos muitas vezes são ignorados. A National Organization on Disability calcula que 70% dos 49 milhões de portadores de deficiência dos Estados Unidos estão desempregados.[21] Porém, cada vez mais companhias, inclusive a Charles Schwab, Ford Motor, Honeywell, Johnson & Johnson e Wells Fargo, estão descobrindo por que um estudo de trinta anos realizado pela DuPont mostrou que o desempenho profissional de trabalhadores deficientes é igual ou superior ao dos colegas plenamente funcionais. Quando o tetraplégico Chris Harmon candidatou-se a um emprego no Crestar Bank, o recrutador que o contratou teve de colocar uma caneta em sua boca para que ele pudesse assinar o formulário de solicitação de emprego. Mas, agora que ele foi contratado como representante de teleserviço de atendimento ao cliente, Harmon utiliza uma tecnologia acionada por voz para operar seu computador e colocar as informações necessárias na tela. Nenhum cliente que telefona para o banco imagina que ele seja portador de deficiência.[22]

Acomodações para Funcionários Portadores de Deficiência

Para cumprir a ADA, os empregadores devem acomodar os funcionários portadores de deficiência se as acomodações necessárias puderem ser "prontamente fornecidas", ou seja, fáceis de instalar e possíveis de implementar sem muita dificuldade ou gastos. As empresas podem receber crédito fiscal de até 15 mil dólares para ajudar a compensar o custo de acessibilidade do estabelecimento.

Essa lei não se limita à acessibilidade da cadeira de rodas, mas engloba acomodações para qualquer funcionário capacitado e deficiente, inclusive com dificuldade visual ou auditiva, artrite, hipertensão e doença cardíaca. Portanto, as acomodações englobam maçanetas fáceis de manipular e telefones com dispositivo para funcionários portadores de deficiência auditiva. Para funcionários portadores de deficiência mental, as facilitações apropriadas incluem falar mais devagar, dar tempo extra se possível, disponibilizar uma pessoa para ler os materiais de inscrição, demonstrar (em vez de apenas descrever) a aplicação e os procedimentos de trabalho, e substituir o teste escrito por "entrevista ampliada", na qual o funcionário com dificuldades para descrever suas aptidões pode, em vez disso, demonstrá-las.[23] Além disso, as organizações podem contornar muitos problemas relacionados com a deficiência mental, com orientação e aconselhamento extra para os funcionários que necessitarem. Grace Louie, gestora da loja San Francisco Safeway, afirma que cerca de um décimo dos seus 150 funcionários é portador de algum tipo de deficiência. Ela afirma que algumas pessoas requerem que o supervisor demonstre o trabalho porque têm dificuldades para ler, mas, "Uma vez entendido o trabalho, eles geralmente o desempenham bem".[24]

O Que o Supervisor Pode Fazer

O supervisor pode adotar diversas medidas para cumprir a ADA. Uma delas é analisar e revisar a descrição de cargos. Como a organização não pode discriminar as pessoas capazes de executar as funções essenciais do cargo, cada descrição do cargo deve indicar o que é essencial. A descrição de cargos deve se concentrar nos resultados que o funcionário deve atingir, e não no processo para atingir tais resultados. Por exemplo, na descrição do cargo de técnico de telefonia deve constar: "Consertar linhas telefônicas localizadas no alto de um poste", e não "Subir em postes telefônicos". Além disso, o supervisor deve assegurar que os padrões de produção sejam razoáveis; os funcionários atuais devem ser capazes de cumprir esses padrões.

Ao entrevistar o candidato, o supervisor deve tomar cuidado para não perguntar se ele possui algum problema físico ou mental que o impeça de realizar o trabalho. Em vez disso, depois de oferecido o emprego, a organização deve procurar oferecer a melhor acomodação possível para qualquer dificuldade que a pessoa possa ter. Do mesmo modo, o supervisor não deve perguntar sobre o histórico médico do candidato, inclusive se sofreu ferimentos no trabalho.

Lei de Reforma e Controle da Imigração*

Com a aprovação da Lei de Reforma e Controle da Imigração (IRCA) de 1986, o Congresso Norte-Americano tornou o empregador responsável por ajudar a desencorajar a imigração ilegal. A IRCA proíbe o empregador de contratar imigrantes ilegais e exige dele a verificação criteriosa dos candidatos, para ter certeza de que estão autorizados a trabalhar nos Estados Unidos. Ao mesmo tempo, no entanto, o empregador não pode usar esses requisitos como justificativa para discriminar candidatos por terem aparência e sotaque estrangeiros.

Isso significa que o empregador deve verificar a identidade e a autorização de trabalho de *todo* novo funcionário. Para isso, o empregador pode pedir documentos, como passaporte norte-americano válido, documento do Serviço de Autorização da Imigração com data válida, autorização de trabalho com data válida, certidão de nascimento, carteira de habilitação ou cartão de inscrição no seguro social.[25] Nas organizações de grande porte, essa lei afeta principalmente o departamento de recursos humanos, que tem um trabalho extra no processo de contratação. Nas organizações de pequeno porte, no entanto, o supervisor pode ser o responsável por verificar se todos os seus funcionários novos estão autorizados a trabalhar nos Estados Unidos.

---
* N.R.T.: No Brasil, a Lei 6.815 de 19 de agosto de 1980, que define a situação jurídica do estrangeiro no Brasil, conferiu ao Ministério do Trabalho, por meio da Coordenadoria Geral da Imigração, competência específica para a concessão de autorização de trabalho para estrangeiros.

MÓDULO DE APTIDÃO

PARTE UM: CONCEITOS

Resumo

15.1 Discutir os papéis comuns do supervisor no processo de seleção.

Na maioria dos casos, o supervisor trabalha com o departamento de recursos humanos no processo de seleção. Se a organização depender de equipes, o supervisor poderá tentar identificar candidatos que colaborem e sejam capazes de resolver problemas ou que já tenham ajudado alguma equipe a atingir bons resultados no passado. Se uma equipe estiver realizando a seleção, o supervisor, como líder de equipe, deve conhecer os princípios de seleção para orientar os funcionários no processo. O supervisor também prepara a descrição e a especificação do cargo, consultando o departamento de recursos humanos se for necessário.

15.2 Distinguir entre descrição e especificação do cargo e explicar como elas ajudam na seleção dos funcionários.

A descrição do cargo contém uma lista das características do cargo, como as atividades observáveis exigidas para executar o trabalho. A especificação do cargo contém uma lista das características desejáveis da pessoa que irá executar o trabalho. Os dois documentos ajudam a mostrar se o candidato preenche de forma aceitável os requisitos do cargo.

15.3 Citar os possíveis locais onde procurar candidatos.

A organização pode realizar o processo de recrutamento tanto dentro da organização como no ambiente externo. Os funcionários já empregados podem ser promovidos ou transferidos para preencher as vagas existentes ou podem recomendar pessoas para trabalhar na organização. Fora da organização, os funcionários podem ser recrutados por meio de anúncios de emprego, agências de emprego, sites especializados na oferta de emprego ou blogs e universidades.

15.4 Identificar as etapas do processo de seleção.

Com base nos formulários de solicitação de emprego ou currículos, o pessoal do departamento de recursos humanos elimina os candidatos não qualificados. Em seguida, o departamento de recursos humanos ou o supervisor entrevista os candidatos. Algumas organizações costumam aplicar testes de seleção. A verificação da referência profissional e pessoal é feita com candidatos que a organização está interessada. O supervisor toma a decisão de contratação e, depois, pede ao candidato para realizar o exame médico.

15.5 Discutir como o supervisor deve proceder para entrevistar os candidatos a um emprego.

Primeiro, o supervisor deve se preparar para a entrevista, analisando a descrição do cargo e o currículo ou o formulário de solicitação de emprego de cada candidato, planejando perguntas e preparando um local adequado para a realização da entrevista; uma sala que ofereça privacidade e onde não haja interrupções. Quando o candidato chegar, o supervisor deverá deixá-lo à vontade e, depois, poderá perguntar sobre as metas e as expectativas dele em relação ao emprego. As perguntas devem estar relacionadas ao desempenho do trabalho e devem incluir tanto perguntas abertas como fechadas. O entrevistador deve evitar cometer erros comuns de julgamento, como as preferências pessoais, ou oferecer informações enganadoras sobre a organização. Depois, ele deve oferecer ao candidato a chance de esclarecer suas dúvidas. O supervisor deve encerrar a entrevista informando ao candidato o que ele pode esperar. Quando o candidato sair, o supervisor deverá anotar suas impressões.

15.6 Definir os tipos de testes de seleção.

O teste de aptidão mede a capacidade de a pessoa aprender as habilidades relacionadas ao trabalho. O teste de proficiência mede se a pessoa possui as qualificações necessárias para desempenhar a função. O teste psicomotor mede a força, a destreza e a coordenação. O teste de personalidade identifica traços de personalidade. Algumas organizações também aplicam o teste de detecção de uso de drogas. O exame médico deve ser requisitado depois da oferta formal de emprego.

15.7 Resumir as exigências da legislação antidiscriminatória.

A organização, inclusive o supervisor, deve evitar atitudes discriminatórias baseadas em raça, cor, religião, sexo, nacionalidade, idade acima de 40 anos ou deficiência física ou mental, incluindo incapacidade relacionada à gravidez. Essas leis se aplicam em termos de recrutamento, contratação, remuneração, demissão e suspensão temporária de contrato trabalhista e qualquer outra prática de emprego. Além disso, contratantes e subcontratantes do governo federal dos EUA devem adotar ações antidiscriminatórias para incentivar o emprego de minorias e veteranos da Guerra do Vietnã. Ao avaliar as qualificações dos veteranos, o empregador pode usar apenas as partes do registro militar relacionadas aos requisitos do cargo.

15.8 Explicar o impacto da Lei Contra a Discriminação do Norte-Americano Portador de Deficiência (ADA) nas decisões de contratação.

A ADA proíbe a discriminação baseada na deficiência mental ou física de pessoas capazes de executar as funções essenciais de um cargo. Em vez de discriminar, o empregador deve suprir as necessidades de acomodação do funcionário portador de deficiência se estas puderem ser prontamente oferecidas. Para cumprir essa lei, o supervisor deve analisar e revisar a descrição do cargo, indicando suas funções essenciais. Na entrevista, o supervisor deve evitar perguntar a respeito das deficiências e do histórico médico do candidato.

15.9 Descrever as exigências da Lei de Reforma e Controle da Imigração (IRCA) de 1986.

Nos termos da IRCA, o empregador é responsável por ajudar a desencorajar a imigração ilegal. Ele não pode contratar pessoas não autorizadas a trabalhar nos Estados Unidos; no entanto, não pode discriminar pessoas por elas terem a aparência e o sotaque de estrangeiro. Portanto, o empregador deve verificar a identidade e a autorização de trabalho de todo novo funcionário.

Termos Principais

descrição do cargo, *p.* 406
especificação do cargo, *p.* 407
recrutamento, *p.* 408
entrevista estruturada, *p.* 416
entrevista não estruturada, *p.* 418
pergunta aberta, *p.* 418
pergunta fechada, *p.* 418
efeito halo, *p.* 419
teste de aptidão, *p.* 419
teste de proficiência, *p.* 419
teste psicomotor, *p.* 419
Comissão para a Promoção de Oportunidades Iguais de Emprego (Equal Employment Opportunity Commission – EEOC), *p.* 423
ação antidiscriminatória, *p.* 425

Questões para Discussão e Revisão

1. Pense no seu emprego atual ou em algum recente. Elabore a descrição e a especificação do cargo. Você preenche (ou preenchia) bem os requisitos do cargo?

2. O executivo de uma empresa afirmou que as pessoas tendem a cometer o erro de contratar com base na sua própria imagem. O que ele quis dizer com essa afirmação? Para a organização, essa tendência dificulta a formação de uma força de trabalho diversificada?

3. No recrutamento para preencher cada uma das posições a seguir, em quais meios de oferta de emprego você recomendaria procurar os candidatos? Explique suas recomendações.
   a. Uma recepcionista para o escritório de um órgão municipal.
   b. Um operador de prensa.
   c. Um designer gráfico para uma agência de publicidade.
   d. Uma enfermeira para uma casa de repouso.

4. Descreva o que acontece durante o processo de triagem. O que o departamento de recursos humanos procura na leitura dos formulários de solicitação de emprego e currículos?

5. A supervisora Lisa Kitzinger está entrevistando candidatos para o cargo de operador de computador. Kitzinger trabalha em uma baia e conta com uma secretária que pode ajudá-la durante o processo de entrevistas. O que ela pode fazer para deixar os candidatos à vontade?

6. Qual(is) destas perguntas é(são) apropriada(s) em uma entrevista para a posição de gestor do escritório de uma concessionária de automóveis?
   a. Você costuma freqüentar a igreja?
   b. Você sabe usar o nosso sistema de computador e de telecomunicações?
   c. Você conhece a nossa linha de automóveis?
   d. Você é casado?
   e. Você não está quase em idade de se aposentar?
   f. Quais habilidades você desenvolveu no emprego anterior que acredita seriam úteis neste emprego?

7. Como o entrevistador pode combinar técnicas de entrevista estruturada e não estruturada?

8. Donald Menck, supervisor de um estaleiro de construção de barcos, entrevista um candidato que comparece à entrevista vestindo paletó e gravata. Menck fica surpreso com o traje do candidato, mais formal que o exigido no cargo; e também fica impressionado com suas qualificações. Ele imagina que o candidato seja inteligente e motivado. Que erro comum de julgamento Menck está cometendo? Que atitudes ele deve tomar durante a entrevista para não incorrer nesse erro?

9. Uma companhia aérea adota uma política que exige que todos os funcionários se submetam a exame médico antes de assumir o cargo. Em que momento do processo de seleção a companhia deve requisitar o exame? De que maneira a companhia pode fazer uso dessas informações?

10. Quais das seguintes ações seriam consideradas discriminatórias nos termos da legislação federal norte-americana? Explique as respostas.
    a. Uma companhia cria uma política estabelecendo que todos os funcionários devem se aposentar com 65 anos.
    b. Um supervisor concede aumentos salariais maiores aos homens, porque eles têm famílias para sustentar.
    c. Uma companhia costuma recrutar em faculdades e universidades e pelo menos 20% das visitas são feitas a universidades historicamente de negros.
    d. Em um departamento em que os funcionários precisam fazer muitas horas extras aos sábados, o supervisor evita contratar judeus porque sábado é dia de descanso e de orações deles.
11. Joel Trueheart supervisiona os representantes do serviço de atendimento ao cliente de uma companhia de brinquedos. Os funcionários atendem reclamações e perguntas de clientes que entram em contato com a companhia através de uma linha de chamada gratuita. Para preencher uma vaga no departamento, Trueheart analisou muitos currículos e está entrevistando alguns candidatos. Um dos currículos mais impressionantes que ele recebeu foi o de Sophia Ahmad, mas, quando ele a conheceu, ficou atônito ao perceber que ela é cega. O que ele deveria fazer para ter certeza de cumprir a Lei Contra a Discriminação do Norte-Americano Portador de Deficiência?
12. Que providências o empregador deve adotar para efetivamente cumprir a Lei de Reforma e Controle da Imigração?

PARTE DOIS: CAPACITAÇÃO

PROBLEMA A SER RESOLVIDO PELO ALUNO

Com base no texto da página 405, reflita e discuta com os integrantes do grupo como você se sentiria se fosse candidato em uma processo de seleção para um emprego como atendente da Cold Stone Creamery. Você ficaria entusiasmado com o processo adotado por eles?

Trabalhando juntos e com base na experiência como cliente (ou talvez como funcionário) de sorveterias, liste as responsabilidades e os padrões desse emprego. Em seguida, liste as qualidades consideradas importantes que uma pessoa deve possuir para ocupar esse cargo. Use a lista para elaborar a descrição e a especificação do cargo.

Dessa descrição e especificação do cargo, quais requisitos a audição da Cold Stone Creamery permite avaliar? O que mais um supervisor da Cold Stone Creamery pode fazer para selecionar funcionários qualificados e motivados?

Caso de Solução de Problemas: *Honda Procura: Engenheiros que Adoram Morar em Cidades Pequenas*

Embora as três maiores montadoras sediadas nos Estados Unidos – General Motors, Ford e DaimlerChrysler – tenham recentemente anunciado cortes e demissões, algumas companhias automobilísticas ainda estão contratando. Toyota, Nissan, Honda e outras companhias se instalaram nos Estados Unidos. Se por um lado elas empregam muito menos nos Estados Unidos do que as três maiores montadoras, por outro, suas contratações vêm aumentando. Um em cada quatro empregos oferecidos por companhias automobilísticas nos Estados Unidos está fora das três maiores montadoras. A Honda R&D Americas recentemente informou a um repórter que estava acrescentando cerca de 100 funcionários por ano e tentando preencher 50 posições para engenheiros.

Para preencher essas posições, a Honda enfrenta um desafio: sua localização. O setor de pesquisa e desenvolvimento da Honda fica em um local distante de Ohio, na cidade de Raymond, localizada a cerca de 96 quilômetros a noroeste de Columbus. A maioria dos setores de pesquisa automotiva nos Estados Unidos fica próxima de Detroit, porque grande parte dos talentos da indústria vive e trabalha nessa região. A fábrica da Honda ocupa uma área de 8 mil acres de terra juntamente com o Centro de Pesquisa em Transportes da companhia, e a Honda opera duas montadoras nas proximidades de Marysville e East Liberty. Áreas de plantio de milho cercam esse complexo.

Por causa da sua localização, a Honda não busca a maior parte dos candidatos em outras montadoras. Ela contrata residentes locais para preencher as vagas da produção e, no caso dos engenheiros, recorre às universidades da região para encontrar recém-formados. Carol Hadden, gestora de recursos humanos, afirma que um bom local para buscar engenheiros é a Ohio State University.

Ciente de que a vida na cidade pequena não atrai muitos recém-formados, a Honda exige que o candidato compareça à empresa em Raymond para a primeira entrevista. Allen explica: "Fazemos com que eles venham até aqui para saberem exatamente onde estamos". Aqueles que conhecem o local e gostam têm mais chances de se entusiasmar com a carreira na Honda R&D.

1. Sugira três maneiras de a Honda R&D Americas contratar engenheiros para preencher as vagas no setor de pesquisa e desenvolvimento em Raymond, Ohio.
2. Se você entrevistasse um candidato para a vaga nessa localidade, o que perguntaria para descobrir se ele ficaria satisfeito em permanecer na Honda?
3. Como a ênfase da Honda R&D no recrutamento de recém-formados, em vez de engenheiros automotivos experientes, afetaria o seu trabalho se você fosse supervisor desses funcionários? Você gostaria de que a Honda mudasse essa estratégia de recrutamento Por que sim ou não?

Fontes: Lindsay Chappell, "Honda's U.S. R&D Center Looks Locally for Talent", *Automotive News*, 20 mar. 2006; Lillie Guyer, "Cutbacks Aside, Industry Still Needs Engineers", *Automotive News*, 27 mar. 2006; Gail Kachadourian, "Auto Jobs: A Big Tilt Away From the Big Three", *Automotive News*, 25 abr. 2005, todos os textos extraídos de Business & Company Resource Center, http://galenet.galegroup.com.

Autoconhecimento

Será que Você se Contrataria?

Um dos critérios observados pelo supervisor em um candidato seria se ele combina bem com a cultura da companhia. Use este questionário para identificar o que você valoriza no seu ambiente de trabalho, para ter uma idéia melhor do tipo de empresa que provavelmente o contrataria.

Os 54 itens a seguir englobam uma gama completa de valores pessoais e institucionais encontrados em qualquer companhia. Divida em uma lista os 27 itens certamente fundamentais no ambiente de trabalho ideal na sua visão e os 27 itens menos importantes. Continue dividindo entre as mais e menos importantes até classificar todos os itens e, depois, anote o número das dez opções mais e menos importantes no espaço a seguir. Teste seu nível de compatibilidade na situação de contratação, verificando se os valores da companhia combinam com os dez itens mais e menos importantes.

Os dez itens mais importantes:

____ ____ ____ ____ ____ ____ ____ ____ ____ ____

Os dez itens menos importantes:

____ ____ ____ ____ ____ ____ ____ ____ ____ ____

Menu de Opções:
Você é:

1. Flexível
2. Adaptável
3. Inovador
4. Capaz de agarrar oportunidades
5. Aberto a experiências
6. Disposto a arriscar
7. Cuidadoso
8. Perseguidor de autonomia
9. Tranqüilo quanto a regras
10. Analítico
11. Atento aos detalhes
12. Preciso

13. Orientado a equipes
14. Disposto a compartilhar informações
15. Orientado a pessoas
16. Tranqüilo
17. Calmo
18. Apoiador
19. Agressivo
20. Determinado
21. Orientado a ações
22. Ansioso por tomar a iniciativa
23. Pensativo
24. Orientado a realizações
25. Exigente
26. Tranqüilo com as responsabilidades individuais
27. Tranqüilo em relação a conflitos
28. Competitivo
29. Extremamente organizado
30. Orientado a resultados
31. Interessado em criar amizades no trabalho
32. Colaborador
33. Ávido por se adaptar aos colegas
34. Entusiasta quanto ao trabalho

Sua companhia oferece

35. Estabilidade
36. Previsibilidade
37. Altas expectativas de desempenho
38. Oportunidades de crescimento profissional
39. Boa remuneração para o bom desempenho
40. Estabilidade de emprego
41. Elogio pelo bom desempenho
42. Clara orientação filosófica
43. Baixo nível de conflito
44. Ênfase na qualidade
45. Boa reputação
46. Respeito pelos direitos individuais
47. Tolerância
48. Informalidade
49. Igualdade
50. Cultura unitária em toda a organização
51. Senso de responsabilidade social
52. Muitas horas de trabalho
53. Liberdade relativa quanto às normas
54. Oportunidade de distinguir-se ou diferenciar-se dos outros

Pausa e Reflexão

1. Tomando por base o seu emprego atual ou o mais recente, você acha que se adapta (ou se adaptava) bem à cultura da organização?
2. Colocando-se no lugar do supervisor, se pudesse escolher novamente, você (como supervisor) se contrataria?

Fonte: Matt Siegel, "The Perils of Culture Conflitct", *Fortune*, 9 nov. 1998. Copyright©1998 Time, Inc. Todos os direitos reservados.

Exercício em Aula

Preparando para Entrevistar Candidatos a um Emprego

Este capítulo abordou as etapas envolvendo uma boa decisão na seleção de funcionários. Não é tarefa fácil identificar funcionários com as qualificações necessárias para atender aos desafios do ambiente de trabalho de hoje. A maioria das organizações vem enfrentando desafios semelhantes: adaptando-se às mudanças tecnológicas, melhorando a qualidade, lidando com uma força de trabalho diversificada, reorganizando o trabalho para que seja feito em equipes e concedendo mais poder aos funcionários de todos os níveis para melhorar o serviço de atendimento ao cliente. Este exercício concentra-se nas qualificações que os empregadores procuram nos candidatos a um emprego atualmente e proporciona uma oportunidade prática de desenvolver perguntas de entrevista que ajudam a avaliar potenciais funcionários.

Instruções

1. Analise a Tabela A.
2. Estabeleça a correspondência entre cada habilidade específica da Tabela A com a descrição apropriada na Tabela B. (Cada resposta será usada apenas uma vez. Os dois primeiros itens já foram respondidos na coluna da esquerda na Tabela B.)

TABELA A
16 Habilidades Profissionais Cruciais para o Sucesso

Fonte: Tabela adaptada de Anthony P. Carnevale. *America and the New Economy* (San Francisco: Jossey-Bass, 1991).

Categoria de Habilidade	Habilidades Específicas em Cada Categoria
Competência Básica	a Noção de como aprender
	b Leitura
	c Escrita
	d Cálculos
Comunicação	e Escuta
	f Comunicação verbal
Adaptabilidade	g Raciocínio criativo
	h Solução de problemas
Administração pessoal	i Auto-estima
	j Definição de metas e motivação
	k Desenvolvimento pessoal/profissional
Eficácia coletiva	l Habilidades interpessoais
	m Negociação
	n Trabalho em equipe
Influência	o Eficácia organizacional
	p Liderança

3. No espaço depois de cada descrição na Tabela B, elabore uma pergunta a ser feita ao candidato que lhe dê uma visão das suas habilidades em cada área; supondo que esteja entrevistando candidatos para preencher uma vaga de caixa de banco. (As primeiras duas já estão preenchidas para exemplificar.)

Fonte: O exercício em classe foi preparado por Corinne Livesay, Belhaven College, Jackson, Mississippi.

TABELA B Descrição das Habilidades Específicas

Resposta	Descrição e Pergunta
i	1. Os empregadores querem funcionários orgulhosos de si e do seu potencial para o sucesso. *Pergunta: Descreva alguma tarefa ou algum projeto que você tenha realizado no seu último emprego do qual se orgulha.*
h	2. Os empregadores querem funcionários que reflitam por si diante de um dilema. *Pergunta: Se algum cliente retornasse ao seu guichê reclamando, em voz alta e irritado, que você cometeu um erro, como lidaria com essa situação?*
	3. Os empregadores querem funcionários que assumam responsabilidade e motivem os colegas quando necessário. *Pergunta:*
	4. Os empregadores querem funcionários capazes de entender as razões principais das preocupações de um cliente. *Pergunta:*
	5. Os empregadores querem funcionários capazes de aprender as aptidões específicas de uma função disponível. *Pergunta:*

(continua)

TABELA B   Descrição das Habilidades Específicas (*continuação*)

Resposta	Descrição e Pergunta
	6. Os empregadores querem funcionários capazes de resolver conflitos, satisfazendo às partes envolvidas. *Pergunta:*
	7. Os empregadores querem funcionários que tenham certa noção das habilidades necessárias para desempenhar bem no cargo atual e que estejam trabalhando para desenvolver as habilidades visando qualificarem-se para outros cargos. *Pergunta:*
	8. Os empregadores querem funcionários com boas habilidades matemáticas. *Pergunta:*
	9. Os empregadores querem funcionários capazes de trabalhar com os outros para atingir uma meta. *Pergunta:*
	10. Os empregadores querem funcionários capazes de transmitir a resposta adequada ao responder às preocupações dos clientes. *Pergunta:*
	11. Os empregadores querem funcionários com certa noção da meta da organização e de como contribuir para atingi-la. *Pergunta:*
	12. Os empregadores querem funcionários capazes de apresentar soluções inovadoras quando necessário. *Pergunta:*
	13. Os empregadores querem funcionários capazes de articular as idéias de forma clara e sucinta por escrito. *Pergunta:*
	14. Os empregadores querem funcionários que saibam como realizar as tarefas e que queiram concretizá-las. *Pergunta:*
	15. Os empregadores querem funcionários capazes de se relacionarem bem com clientes, fornecedores e colegas. *Pergunta:*
	16. Os empregadores querem funcionários que sejam analíticos, sucintos nas informações e capazes de monitorar seu próprio entendimento na leitura das tarefas. *Pergunta:*

Capacitação em Supervisão

Entrevistando e Selecionando Funcionários Novos

Este exercício simula uma versão abreviada do processo de seleção. Imagine uma situação em que o gestor de um restaurante do tipo familiar precise contratar um atendente. Trabalhando juntos, o grupo deve elaborar uma descrição e uma especificação do cargo. O professor anota tanto a descrição como a especificação no quadro ou na transparência do retroprojetor. Se houver dúvidas quanto aos detalhes, os alunos devem usar a imaginação. O objetivo é que o grupo concorde que as duas listas estejam completas e razoáveis.

Depois de elaboradas a descrição e a especificação do cargo, a classe cria uma lista de perguntas de entrevista para verificar se o candidato seria apropriado para o cargo. Além de criar as perguntas, a classe também deve pensar em outras formas de determinar as informações durante a entrevista (por exemplo, observando alguns aspectos do comportamento do candidato).

Em seguida, quatro alunos assumem os seguintes papéis para representar:

1. Gestor do restaurante.
2. Candidato 1: um universitário entusiasmado, mas sem experiência em restaurantes.
3. Candidato 2: uma mulher de aproximadamente 60 anos e com oito anos de experiência como atendente, durante a década de 1960.
4. Candidato 3: um homem com quatro anos de experiência como atendente em cinco restaurantes diferentes.

Os alunos representando esses papéis podem acrescentar os detalhes que desejarem nessas descrições de "si mesmos". O aluno representando o gestor entrevista cada candidato por no máximo cinco minutos. (Uma entrevista real provavelmente duraria muito mais.)

A encenação das entrevistas pode ser gravada em vídeo e, depois, exibida durante a discussão.

Por último, a classe discute um desses tópicos ou os dois:

1. *Seleção do candidato*: Levantando as mãos, o grupo vota no candidato que recomendaria para ser contratado. Quais são as razões para a escolha desse candidato específico?
2. *Técnicas de entrevista:*
   - O gestor do restaurante entrevistou com objetividade, baseado nos critérios estabelecidos no início do exercício?
   - O entrevistador abordou todos os aspectos importantes?
   - O gestor usou perguntas abertas ou fechadas?
   - O estilo de questionamento do gestor ajudou ou prejudicou na obtenção das informações? Por quê?
   - Os candidatos tiveram chance de perguntar suas dúvidas?
   - O gestor obedeceu a legislação antidiscriminatória?
   - Como os candidatos se sentiram na experiência com a entrevista? E o gestor?

Capítulo Dezesseis

Orientação e Treinamento

Tópicos Gerais do Capítulo

Orientação de Novos Funcionários
Benefícios da Orientação
Papel do Supervisor
Tópicos da Orientação
Métodos de Orientação

Treinamento
Ciclo de Treinamento
Avaliação das Necessidades de Treinamento
Tipos de Treinamento

Coaching para Apoio ao Treinamento

Avaliação do Treinamento

Objetivos de Aprendizado

Depois de estudar o capítulo, o aluno estará apto a:

16.1 Resumir os motivos para a empresa adotar a orientação dos novos funcionários.

16.2 Discutir como o supervisor e o departamento de recursos humanos podem trabalhar juntos para conduzir o programa de orientação.

16.3 Identificar os métodos de orientação.

16.4 Descrever o ciclo de treinamento.

16.5 Explicar como o supervisor determina se o funcionário precisa de treinamento.

16.6 Definir os principais tipos de treinamento.

16.7 Descrever a prática de coaching e mentoring para auxiliar no treinamento.

16.8 Discutir como o supervisor pode avaliar a eficácia do treinamento.

O treinamento é importante para o aperfeiçoamento contínuo por causa das mudanças que ocorrem freqüentemente ao nosso redor. É preciso estar ciente dessas mudanças e crescer continuamente para se adaptar a elas.

– *Paul Kortier, líder de treinamento de fábrica, Libbey Inc.*

Problema de um Supervisor: Ensinando aos Funcionários sobre a Cultura da Cheesecake Factory

Com centenas de restaurantes e milhares de funcionários, a Cheesecake Factory enfrenta um imenso desafio para difundir por toda a companhia os seus valores e métodos. Na cadeia de restaurantes, é preciso que os gestores de todos os níveis estejam comprometidos com o treinamento, para que os funcionários aprendam mais que os procedimentos comuns do trabalho, aprendam sobre a cultura da companhia. Com o crescimento da empresa, a diretoria se preocupa em preservar o mesmo bom serviço de atendimento ao cliente de quando a empresa era de pequeno porte.

O treinamento é oferecido aos funcionários de todos os níveis da organização. Os lavadores de prato, muitos dos quais são imigrantes, podem participar de um programa interativo de aprendizado para melhorar a fluência no inglês. O pessoal da cozinha recebe treinamento na preparação e apresentação das centenas de opções do enorme cardápio da Cheesecake Factory. Os atendentes participam de um treinamento prático com duração de duas semanas assim que são contratados. Durante esse período de treinamento, eles trabalham sob a orientação de um mentor, que observa a interação deles com o cliente, e os ajuda a aprender a lidar com situações delicadas. Depois das duas semanas de treinamento, eles são submetidos a um teste; e, para serem efetivados, devem receber avaliação 'A'. Eles recebem mais treinamento um mês depois e são orientados novamente toda vez que a companhia renova o cardápio. O atendente com um bom desempenho pode ser submetido a um treinamento cruzado em várias responsabilidades para obter certificação como instrutor de atendente com um nível de remuneração superior. Os candidatos a uma função de gestão participam de um curso de 12 semanas em um dos "restaurantes de treinamento" da companhia, para desenvolver suas aptidões como gestor. Esses programas de treinamento são os mesmos em todos os restaurantes da rede, para que a qualidade do atendimento aos clientes tenha o mesmo alto nível em todas as unidades.

Muitos dos métodos de treinamento estão descritos neste capítulo, como o aprendizado prático, jogos interativos, coaching, dramatização e treinamento informatizado. Juntos, esses programas custam à companhia uma média de dois mil dólares por empregado. Mas a direção da Cheesecake Factory acredita ser um capital muito bem investido, porque a rotatividade entre os funcionários está abaixo da média do setor, os clientes são leais e ficam muito satisfeitos com o serviço prestado pelo restaurante.

Assim como na Cheesecake Factory, supervisores de outras organizações apóiam a participação dos funcionários em programas de treinamento. Os supervisores também têm a possibilidade de treinar o funcionário de uma maneira informal, durante o horário de trabalho.

QUESTÕES

1. Como um supervisor da Cheesecake Factory pode auxiliar nos esforços de treinamento da companhia?
2. Que habilidades de treinamento o supervisor deve ter a capacidade para usar?

Fonte: Gina Ruiz. "Traditional Recipe: Tall Order", *Workforce Management*, 24 abr. 2006, extraído de Business & Company Resource Center, http://galenet.galegroup.com.

O supervisor é responsável por garantir que os funcionários saibam o que fazer e como fazer. Boas práticas de seleção facilitam a escolha de funcionários capacitados a aprender o trabalho e, por vezes, garantem que eles já tenham experiência na execução de muitas das tarefas para as quais foram contratados. No entanto, principalmente por causa das intensas mudanças que a maioria das organizações enfrenta, até mesmo os melhores funcionários precisam de um certo grau de treinamento. Nesse contexto, **treinamento** refere-se ao aperfeiçoamento das habilidades que os funcionários precisam para cumprir com mais eficácia as metas da organização.

O treinamento demanda grandes gastos. Em 2003, as empresas norte-americanas orçaram o treinamento formal em mais de $ 51 bilhões, representando centenas de dólares por funcionário.[1] E esses programas formais podem ser apenas uma pequena parcela de todo o treinamento existente nas organizações. A enfermeira do exército, Rose A. Hazlett, atribui grande parte do seu sucesso nas forças armadas ao coaching recebido de seus oficiais supervisores. Durante sua primeira designação em serviço, quando serviu como marinheira, seu supervisor da marinha recomendou-lhe que fizesse uma faculdade e considerasse como área de estudo a saúde. Hazlett começou a freqüentar a faculdade comunitária e se formou em bacharel (obteve depois o título de mestrado e foi admitida em um programa de doutorado). Com sua formação de enfermeira e na patente de tenente, após ter se transferido para o exército, Hazlett passou a se reportar ao enfermeiro-chefe. Esse oficial ensinou-lhe lições fundamentais; "Como oficial, as pessoas teriam de respeitar as patentes que trago em meus ombros, mas o

treinamento
Aperfeiçoamento das habilidades que permitem aos funcionários cumprir melhor as metas da organização

FIGURA 16.1 Tipos Específicos de Treinamento Oferecidos por Companhias Norte-Americanas

Fonte: Tammy Galvin. "2003 Industry Report: *Training* Magazine's 22nd Annual Comprehensive Analysis of Employer-Sponsored Training in the United States", *Training*, out. 2003, extraído de InfoTrac, http://web1.infotrac.galegroup.com.

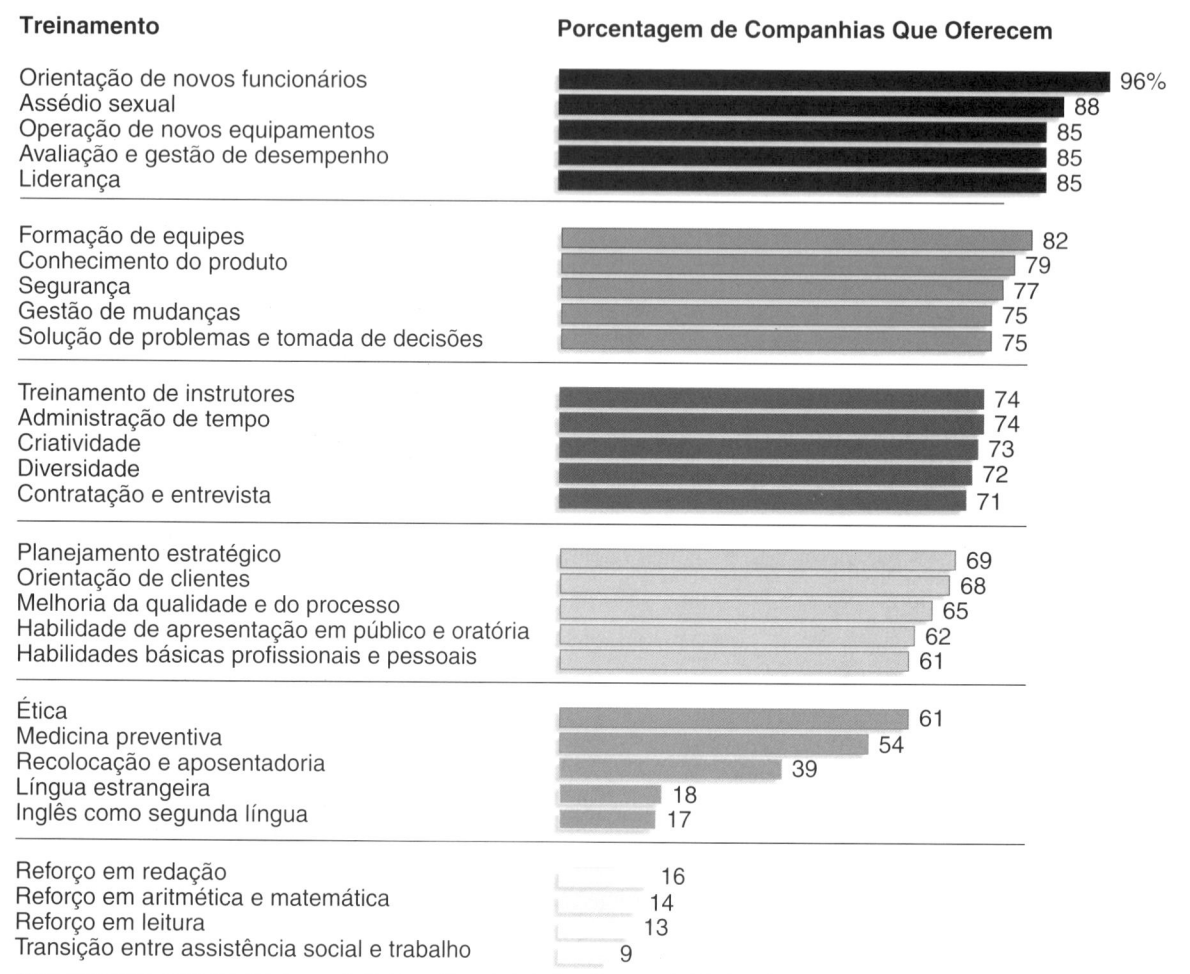

Treinamento	Porcentagem de Companhias Que Oferecem
Orientação de novos funcionários	96%
Assédio sexual	88
Operação de novos equipamentos	85
Avaliação e gestão de desempenho	85
Liderança	85
Formação de equipes	82
Conhecimento do produto	79
Segurança	77
Gestão de mudanças	75
Solução de problemas e tomada de decisões	75
Treinamento de instrutores	74
Administração de tempo	74
Criatividade	73
Diversidade	72
Contratação e entrevista	71
Planejamento estratégico	69
Orientação de clientes	68
Melhoria da qualidade e do processo	65
Habilidade de apresentação em público e oratória	62
Habilidades básicas profissionais e pessoais	61
Ética	61
Medicina preventiva	54
Recolocação e aposentadoria	39
Língua estrangeira	18
Inglês como segunda língua	17
Reforço em redação	16
Reforço em aritmética e matemática	14
Reforço em leitura	13
Transição entre assistência social e trabalho	9

Nota: Respostas coletadas de inúmeras indústrias e tipos de trabalho diferentes, incluindo treinamento, recursos humanos, vendas e marketing, e serviço de atendimento ao cliente.

respeito como pessoa foi algo que tive que conquistar... resultado do meu respeito por aqueles sob o meu comando e minha orientação". Hazlett credita ao treinamento informal com pessoas mais experientes o fato de ter se tornado, em suas próprias palavras: "quem sou hoje – uma orgulhosa enfermeira hispano-americana, patriota e líder".[2]

Na TalentFusion Inc., o treinamento em formação de equipes é feito de forma bastante informal. Agência de recrutamento atuando tanto na rede mundial como fora, a TalentFusion realiza jogos semanais de futebol como parte do treinamento dos funcionários. "O objetivo não é treinar habilidades de jogador de futebol", explica David Pollard, CEO. "O objetivo é o treinamento na formação de equipes e na orientação voltada às metas, dois aspectos que traduzem perfeitamente nosso trabalho fora de campo".[3]

O treinamento de funcionários, qualquer que seja a forma de conduzi-lo, supre necessidades importantes. Funcionários novos precisam de chances para aprender a maneira específica de executar o trabalho na organização. Além disso, os funcionários se sentem mais bem preparados para contribuir em um ambiente de trabalho em permanente mudança quando têm oportunidade de aprender novas aptidões e melhorar as já existentes. Funcionários bem treinados conseguem produzir com mais qualidade que os mal treinadas. O treinamento melhora a produtividade, e permite controlar diversos custos, como pagamento de horas extras de funcionários que ainda não conhecem bem o trabalho, indenização trabalhista e tempo perdido com funcionários lesionados porque não obedecem às práticas de segurança, ações judiciais decorrentes de comportamentos inadequados, como assédio sexual (discutido no Apêndice B), e muito mais. Enfim, funcionários bem treinados tendem a ficar mais satisfeitos porque sabem o que estão fazendo e como o trabalho deles contribui para atingir as metas organizacionais. A Figura 16.1 mostra áreas em que as companhias norte-americanas estão conduzindo treinamentos, de acordo com uma recente pesquisa.

Neste capítulo, serão descritos os tipos de treinamento de funcionários e a maneira como o supervisor pode participar. O capítulo começa com a descrição do papel do supervisor na orientação, a primeira experiência de aprendizado do funcionário. Em seguida, apresenta uma discussão dos tipos de treinamento disponíveis depois que os funcionários são contratados e a explicação de como os supervisores avaliam a necessidade de treinamento. O capítulo também trata da crescente expectativa do supervisor em complementar o treinamento formal com coaching ou mentoring. Por último, apresenta uma descrição das razões e dos métodos de avaliação dos esforços de treinamento.

ORIENTAÇÃO DE NOVOS FUNCIONÁRIOS

Você se lembra do seu primeiro dia no emprego atual ou no mais recente? Ao chegar ao local de trabalho, não conhecia o local onde iria trabalhar ou onde ficavam os banheiros. Provavelmente não conhecia seus colegas nem onde eles costumavam almoçar. Talvez não conhecesse os detalhes de como realizar seu trabalho, inclusive onde e como obter os suprimentos ou materiais necessários.

orientação
Processo de fornecer aos novos funcionários as informações necessárias para que eles possam começar a trabalhar com certo conforto, de forma efetiva e eficiente

Essas dúvidas são comuns entre os novos funcionários de todos os tipos de organização. Por essa razão, o supervisor deve saber que todo funcionário precisa de algum tipo de orientação. Nesse contexto, **orientação** refere-se ao processo de fornecer aos novos funcionários as informações necessárias para que eles possam começar a trabalhar com certo conforto, de forma efetiva e eficiente. Assim como se pode observar na Figura 16.1, uma recente pesquisa da revista norte-americana *Training* mostra que 96% das companhias pesquisadas oferecem aos funcionários algum programa de orientação formal. Mesmo em organizações em que outra pessoa seja responsável pela aplicação do programa de orientação formal, o supervisor deve fornecer todas as informações necessárias para que o seu funcionário comece a trabalhar.

Benefícios da Orientação

Um funcionário que perde o dia inteiro procurando uma máquina copiadora, tentando descobrir como operar uma caixa registradora ou procurando alguém para explicar como preencher um pedido de compra não está trabalhando bem. A principal razão de as organizações adotarem programas de orientação é que quanto mais cedo o funcionário souber as informações básicas para a execução do seu trabalho, mais cedo ele começará a produzir. O funcionário será capaz de começar a trabalhar mais rápido e com menos erros, e seus colegas e o supervisor gastarão menos tempo ajudando-o.

A orientação não apenas proporciona ao novo funcionário o conhecimento necessário para realizar o trabalho, como também reduz o seu nervosismo e insegurança. Com a orientação, o funcionário consegue se concentrar mais no seu trabalho que nas suas preocupações, aumentando sua eficácia e reduzindo a possibilidade de desistir do novo emprego, o que traria novos custos para a organização.

Outra razão para a orientação está em encorajar o funcionário a desenvolver uma atitude positiva. O tempo gasto na sessão de orientação mostra que a organização valoriza os novos funcionários. Essa demonstração quase sempre aumenta a sensação de satisfação e o desejo do funcionário de cooperar como parte da organização. Assim, o novo funcionário sente-se mais seguro em trabalhar naquela organização. Além disso, o trabalho torna-se mais satisfatório quando sabemos como realizá-lo bem. As organizações se beneficiam porque funcionários com atitudes positivas costumam se sentir mais motivados e, assim, tendem a realizar um bom trabalho.

As atitudes positivas e o compromisso decorrem em boa parte de relações profissionais saudáveis e solidárias. Quando uma orientação mostra ao novo funcionário que o supervisor e os colegas desejam o seu sucesso, ele se sente mais capacitado e com mais desejo de atingir as expectativas. Nancy Ahlrichs recomenda algumas formas de fortalecer as relações profissionais positivas durante a orientação. De acordo com Ahlrichs, o supervisor deve estar presente no primeiro dia, demonstrando estar satisfeito de ter o novo funcionário no grupo e propiciando uma transição tranqüila. Mostrar a empresa e apresentar as pessoas ajuda o novo funcionário a tomar contato com o novo ambiente de trabalho e a diminuir a sua ansiedade. Uma mensagem eletrônica de boas-vindas da diretoria ou do supervisor complementa com um toque positivo, mostrando que a companhia se importa com aquela contratação. Escolher algum colega ou mentor (discutido mais adiante neste capítulo) para se encarregar do novo funcionário serve como fonte valiosa de informações e incentivo. Esses aspectos interpessoais são importantes e devem ser incluídos em qualquer material de orientação eletrônico ou impresso.[4]

No setor de produtos da Motorola Semiconductor em Phoenix, Arizona, o treinamento nos métodos Seis Sigma (discutido no Capítulo 2) foi incluído na orientação de todos os novos funcionários. O gestor de engenharia de qualidade, Craig Erwin, declara que o Seis Sigma, considerado uma "meta estendida", continua a melhorar a confiabilidade e qualidade do produto, "apesar da crescente complexidade dos produtos e expectativa dos clientes". A inclusão do treinamento na orientação dos funcionários não apenas alerta todos os trabalhadores quanto à importância do programa Seis Sigma para a empresa, mas também proporciona ao novo contratado um início direcionado ao cumprimento da meta de aperfeiçoamento contínuo.[5]

Papel do Supervisor

Em organizações de pequeno porte, o supervisor, muitas vezes, é o responsável pela orientação do novo funcionário. Se esse for o caso, o supervisor deve tentar adaptar os princípios apresentados neste capítulo às necessidades específicas do seu grupo.

Nas organizações de grande porte, geralmente o programa de orientação formal é conduzido pelo departamento de recursos humanos. Mesmo assim, o supervisor desempenha um papel na orientação. Se por um lado o programa de orientação formal enfoca as informações relativas à organização como um todo, por outro, o supervisor deve transmitir os detalhes específicos de determinado cargo. Um supervisor nessas circunstâncias deve procurar conhecer os tópicos e métodos adotados pelo departamento de recursos humanos e, depois, estudar formas de, juntamente com os demais funcionários, tentar tratar dos aspectos restantes. Veja na seção "Habilidades em Supervisão" algumas recomendações específicas para gerir o período de "lua-de-mel".

Tópicos da Orientação

Quando a responsabilidade pela orientação é dividida entre o departamento de recursos humanos e o supervisor, o primeiro geralmente trata dos aspectos relacionados à política e procedimentos organizacionais, incluindo o horário de expediente e intervalos; a localização das instalações da companhia, como o refeitório e a academia de ginástica; os procedimentos para preenchimento do registro de horas trabalhadas; e as políticas relacionadas à avaliação de desempenho, aumentos salariais e licenças. O departamento de recursos humanos também é encarregado de providenciar para que o novo funcionário preencha a documentação necessária, como os formulários de seguro e imposto de renda. A pessoa encarregada dessa orientação deve explicar cada um desses formulários ao novo funcionário.

O supervisor é responsável pelos tópicos de orientação relacionados à realização de um trabalho específico. O supervisor explica o que faz o departamento e como essas

HABILIDADES EM SUPERVISÃO

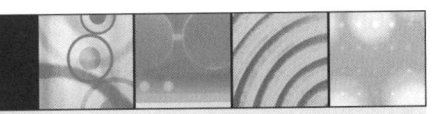

CONDUZINDO A ORIENTAÇÃO
IDÉIAS DE ORIENTAÇÃO DE PROFISSIONAIS

Nos exemplos a seguir, gestores experientes compartilham as idéias que os ajudaram a preparar os novos funcionários para produzir resultados.

Na Sawhill Custom Kitchens and Design, localizada em Mineápolis, Minnesota, os novos funcionários recebem informações por escrito para que possam consultar posteriormente. Cada novo contratado recebe um manual explicando a filosofia e as políticas da companhia, além da descrição do cargo, detalhando os requisitos da posição. Um projetista sênior também fica encarregado do novo funcionário que o segue o dia todo, acompanhando-o para que ele veja como uma pessoa experiente trabalha com os clientes. Como os funcionários precisam conhecer os produtos que eles vendem, a Sawhill também envia alguns deles para visitar as instalações dos fabricantes, onde aprendem sobre as linhas de produto.

O treinamento na Belgrade TrueValue, loja de ferramentas em Belgrade, Montana, começa antes de as pessoas serem contratadas. Durante a entrevista de seleção, o dono da empresa, Steve Bachmeier, pede ao candidato para descrever sua melhor e pior experiência no atendimento de clientes. Isso inicia uma conversa sobre os padrões da Belgrade TrueValue em termos de serviço de atendimento ao cliente. Depois, o candidato é contratado, então esse processo continua com o mentoring e um programa de treinamento prático. Além disso, o novo funcionário recebe as informações sobre os produtos da loja em folhetos e treinamentos com aulas expositivas. Os novos funcionários da loja passam os dois primeiros dias trabalhando com um instrutor na área dos caixas. Como a meta da loja é a de que nenhum cliente fique aguardando em filas, todos os funcionários aprendem a operar os caixas. Depois do treinamento inicial, os funcionários recebem semanalmente uma página de informações durante quatro semanas e são incentivados a procurar os gestores mencionados nos informativos, como forma de demonstrar iniciativa e conhecer a administração da loja. O material da primeira semana aborda tópicos, por exemplo, sobre como ler as etiquetas das prateleiras e do estoque. Nas três semanas seguintes, são abordados departamentos específicos da loja. O programa destina-se a proporcionar aos funcionários conhecimento e confiança quando precisar pedir ajuda para resolver as dúvidas dos clientes.

Em outra loja da TrueValue, a Wabash TrueValue, localizada em Wabash, Indiana, os funcionários passam as primeiras horas no emprego trabalhando junto com o proprietário da empresa, Brian Howenstine. Esse coaching da direção oferece a Howenstine uma chance para falar de suas expectativas e das políticas da companhia. Depois, para que o novo contratado não se sinta sobrecarregado, Howenstine permite-lhe passar o restante do dia apenas visitando a loja e conhecendo os produtos das prateleiras.

Fontes: "What Do You Find to Be the Most Important Aspects of Effectively Training Employees?" *Kitchen and Bath Design*, jun. 2006; Darci Valentine. "New-Hire Training Tips: A Guide to Teaching Them the Ropes", *Do-It-Yourself Retailing*, fev. 2006, ambos os textos extraídos de Business & Company Resource Center, http://galenet.galegroup.com.

---

atividades contribuem para que se atinja as metas da organização. O supervisor que já abordou essas informações na entrevista de seleção deve repeti-las durante o processo de orientação. Assim como será descrito mais adiante, na orientação, o supervisor deve ressaltar os locais das instalações que o funcionário precisará usar e explicar qualquer política e procedimento específicos do departamento em que ele vai trabalhar.

A orientação do supervisor também deve conter instruções de como executar o trabalho. Uma tarefa simples possivelmente poderá ser explicada somente uma vez. Porém, a maioria das tarefas é complexa e, por isso, requer uma explicação mais complexa, exigindo que o supervisor apresente um panorama geral das responsabilidades do cargo e, depois, no decorrer dos dias ou das semanas, mostre ao funcionário como executar os diferentes aspectos do trabalho. Para criar entusiasmo durante o treinamento, o supervisor também pode explicar por que o trabalho do funcionário é importante, ou seja, como ele contribui para atingir os objetivos departamentais e organizacionais.

O supervisor deve preparar uma lista de tópicos a serem abordados durante a orientação dos novos funcionários. A Figura 16.2 mostra uma lista adaptada, distribuída aos supervisores da Swift and Company. Essa lista é impressa em um cartão de 5 por 7,5 centímetros para que o supervisor possa consultá-la facilmente. Ao preparar a lista, o supervisor deve incluir itens específicos do seu quadro.

FIGURA 16.2 Exemplo de Lista de Orientações

Fonte: Lista adaptada de um documento da Swift and Company.

LISTA DE ORIENTAÇÕES DO SUPERVISOR
Um Bom Início para Novos Funcionários

A. Explicar (antes de o funcionário começar no emprego):
1. Valor da remuneração, inclusive de horas extras.
2. Dia do pagamento.
3. Função ou tarefa inicial.
4. Horário, plantão, descanso remunerado, atraso não permitido.
5. Horários de entrada e saída.
6. Horário de almoço e períodos de descanso.
7. A quem o funcionário deverá avisar caso não possa ir trabalhar (dar o nome e o telefone no cartão).
8. Regras quanto ao uniforme – lavanderia.
9. Áreas onde é proibido fumar.
10. Normas de segurança; indicar, por exemplo, que é proibido correr, que é necessário usar luvas de segurança, é necessário comunicar todos os acidentes etc.
11. Higiene. Esta é uma fábrica de alimentos.
12. Benefícios (explicação posterior).
13. Possíveis dificuldades no trabalho, como dores musculares ou nas mãos, tontura, náuseas etc. (encorajar a persistir).
14. Como realizar compras de produtos fabricados pela companhia.
15. Não se pode retirar nada da fábrica sem requisição.
16. Importância da qualidade do produto.

B. Mostrar:
1. Armários e vestiários.
2. Refeitório.
3. Onde o funcionário irá trabalhar; apresentar o supervisor e os colegas com quem vai trabalhar.
4. A maneira de realizar o trabalho, usar *Just-in-Time*.

C. Conversar com o novo funcionário (com o intuito de incentivá-lo no novo emprego):
1. Duas vezes no primeiro dia.
2. Uma vez por dia nos quatro dias seguintes.

D. Depois de uma semana, explicar:
1. Férias.
2. Internação hospitalar.
3. Plano de Benefícios – coletivo.
4. Pensão.
5. Plano de sugestões.
6. Acordo sindical, se a fábrica for sindicalizada (período de experiência).

Métodos de Orientação

Os métodos utilizados pelo supervisor dependem das políticas e dos recursos da organização. Por exemplo, uma organização de grande porte, que conta com um departamento de recursos humanos, deve fornecer um manual de informações para os novos funcionários e explicar os procedimentos de orientação a serem seguidos. Uma organização de pequeno porte espera que cada supervisor desenvolva seu próprio método de orientação. Entre alguns métodos comuns estão o uso de um manual de funcionários, a visita às instalações da empresa e o encorajamento para que os colegas se envolvam.

Manual do Funcionário

manual do funcionário
Documento que descreve as condições de emprego, as políticas relacionadas aos funcionários, os procedimentos administrativos e os assuntos relacionados à organização

Se a organização possui um manual do funcionário, o novo contratado deve receber esse documento durante a orientação. O **manual do funcionário** descreve as condições de emprego na organização (por exemplo, freqüência, comportamento no trabalho, desempenho das funções), as políticas em relação aos funcionários (por exemplo, horário de descanso, de expediente, benefícios), os procedimentos administrativos (por exemplo, preenchimento do registro de horas trabalhadas e relatório de despesas de viagem) e outros assuntos. O supervisor deve mostrar ao novo funcionário os tópicos abordados no manual e explicar como usá-lo para encontrar as respostas de suas dúvidas. Por exemplo, o funcionário pode encontrar no manual informações sobre o tempo de trabalho necessário na empresa para que ele tenha direito a três semanas de férias.

Visita às Instalações

Outro método de orientação importante é levar o funcionário para conhecer a empresa. A visita pode começar com a própria área de trabalho do funcionário, que já deve estar preparada com os suprimentos, as ferramentas ou os equipamentos necessários para o funcionário começar a trabalhar. O supervisor, em seguida, mostra ao funcionário as demais instalações que ele precisa conhecer, inclusive os banheiros, os bebedouros, as máquinas de café, fax e copiadora; e onde obter suprimentos, peças ou outros materiais necessários para realizar o trabalho.

Durante a visita, o supervisor deve apresentá-lo às demais pessoas com as quais ele irá trabalhar. Simpatia, palavras de apoio durante as apresentações ajudam o novo funcionário a se sentir parte da equipe. Ao apresentar uma nova enfermeira aos colegas do hospital, o supervisor pode dizer: "Esta é a Janet Strahn. Ela foi uma das melhores alunas da Northern, e tenho certeza de que todos iremos apreciar a sua contribuição". Ao apresentar um novo mecânico de manutenção a um operador de máquina do departamento, o supervisor pode dizer: "Pedro é o cara que você irá chamar quando a máquina pifar". Nos dois exemplos, o supervisor está ressaltando a importância do novo funcionário para o departamento.

Envolvimento dos Colegas

Os colegas do novo funcionário desempenham papel fundamental na orientação. O comportamento deles é muito importante e conta muito na maneira como o novo funcionário se sentirá. Portanto, o supervisor deve pedir a todos os funcionários que o ajudem a receber bem o novo contratado. Se a organização tenta criar um espírito de equipe promovendo atividades, como reuniões sociais e formação de equipes de esporte, o supervisor deve divulgá-las de maneira clara para que os novos funcionários possam facilmente participar. O supervisor pode incentivar os colegas a convidar o novo funcionário para se juntar a eles no intervalo ou no almoço. No primeiro dia de trabalho do funcionário, o supervisor pode ajudá-lo a se sentir bem-vindo, convidando-o para almoçar.

Acompanhamento

Além das informações iniciais, a orientação requer um acompanhamento. O supervisor deve certificar-se de que, no fim do primeiro dia e da primeira semana, ele tenha entendido quais são as expectativas em relação ao trabalho dele e se ele já sabe onde obter o que precisa. A todo o momento, o supervisor deve incentivar o funcionário a questionar sobre suas dúvidas.

É evidente que o supervisor não deve deixar de acompanhar a adaptação do funcionário depois de uma semana. A verificação regular do desempenho e do progresso dos funcionários é parte das responsabilidades de controle do supervisor, principalmente em profissões técnicas.[6]

TREINAMENTO

Assim como já mencionado, os funcionários precisam de treinamento contínuo, mesmo depois de trabalharem muitos anos na organização. O treinamento permite ao funcionário saber como executar os fundamentos básicos do seu trabalho, ajudando-o, assim, a melhorar suas aptidões. O treinamento também ajuda o funcionário a se adaptar às mudanças no trabalho. Como as mudanças ocorrem em todas as organizações, a necessidade de treinamento continua (veja o Capítulo 14).

Ciclo de Treinamento

O processo de aplicação do treinamento ocorre em um ciclo de etapas (veja a Figura 16.3). A primeira etapa consiste na avaliação das necessidades de treinamento. Assim como será descrito na seção seguinte, a avaliação das necessidades de treinamento faz parte da função do supervisor. Além disso, a alta administração ou o departamento de recursos humanos pode identificar os vários tipos de treinamento necessários. As três etapas seguintes envolvem o planejamento do treinamento. Depois, uma pessoa conduz o treinamento, conforme planejado. Por último, o treinamento é avaliado.

FIGURA 16.3
Ciclo de Treinamento

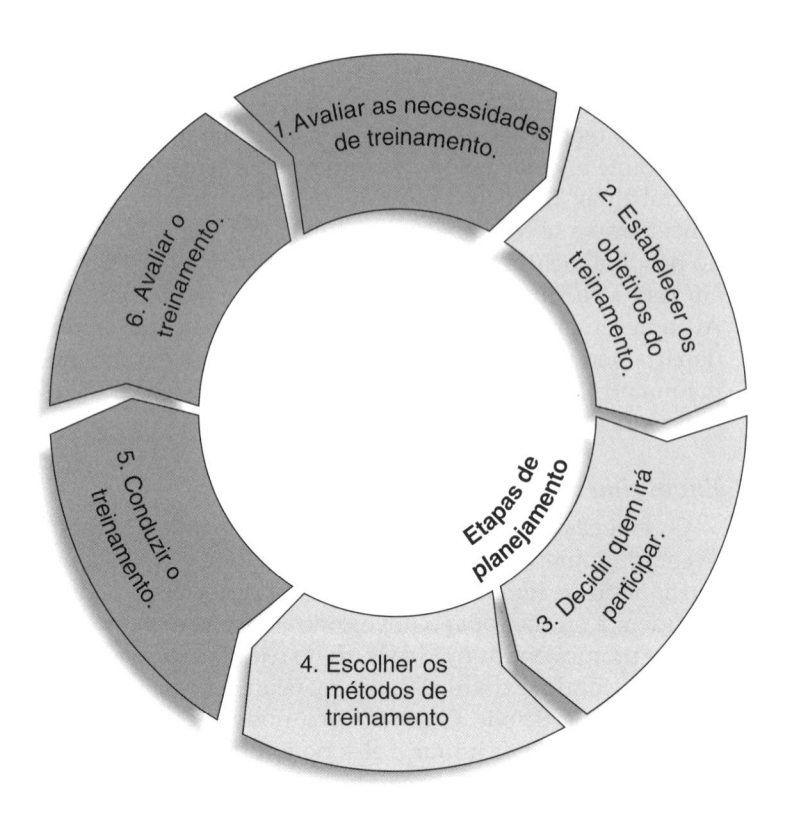

Etapas de planejamento:
1. Avaliar as necessidades de treinamento.
2. Estabelecer os objetivos do treinamento.
3. Decidir quem irá participar.
4. Escolher os métodos de treinamento.
5. Conduzir o treinamento.
6. Avaliar o treinamento.

Etapas de Planejamento

O supervisor ou outra pessoa que realiza o treinamento começa no estágio de planejamento, definindo seus objetivos. Esses objetivos são baseados em uma comparação entre o nível atual e o nível que se deseja. Em outras palavras, eles especificam o quanto de melhoria na capacidade e desempenho dos funcionários se espera alcançar com esse treinamento. Os objetivos do treinamento devem preencher os critérios dos objetivos eficazes (veja o Capítulo 6). Portanto, eles devem ser documentados por escrito, mensuráveis, claros, específicos e desafiadores, porém, atingíveis. Os objetivos do treinamento também devem apoiar as metas da organização, ajudando a desenvolver o tipo de funcionário que possa torná-la mais competitiva. Na United Technologies Corporation (UTC), as dificuldades nos negócios obrigaram a companhia a reduzir a sua força de trabalho e tornar os funcionários restantes mais eficientes. Apesar da atmosfera difícil decorrente dos cortes, a UTC precisou assegurar-se de que os funcionários se sentiam valorizados e iriam usar suas aptidões de forma ainda mais produtiva. Para atingir essa meta, a UTC estabeleceu um programa de treinamento para seus supervisores de linha, englobando mais de 10 mil supervisores, que coordenavam funcionários que fabricavam produtos muito diversificados, como helicópteros, elevadores e células de combustível. O programa de treinamento ressaltou as habilidades de supervisão, como a discussão construtiva do desempenho com os funcionários.[7]

O supervisor também decide quem deve participar do programa de treinamento. Por exemplo, o programa de prevenção do assédio sexual aplica-se a todos os funcionários, portanto, todos do departamento devem participar. No entanto, o treinamento na operação de um novo equipamento deve incluir apenas aqueles que usam o equipamento. Essa decisão deve levar em conta os níveis de interesse e motivação dos funcionários, além de suas habilidades. Por exemplo, um funcionário que esteja ansioso para progredir na organização deve querer participar de várias atividades de treinamento para desenvolver diversas habilidades. Um funcionário interessado na estabilidade no

SUPERVISÃO NOS DIVERSOS SETORES

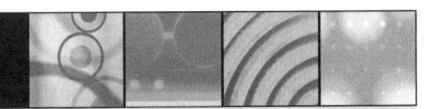

SETOR BANCÁRIO
TREINAMENTO MELHORA A VENDA CRUZADA NA HOME FEDERAL SAVINGS AND LOAN

Quando Lynn Sander tornou-se vice-presidente de bancos de varejo da Home Federal Savings and Loan Association, ela tirou proveito do fato de ser nova na organização e "anonimamente se passou por cliente" nas agências da Home Federal. Sem revelar sua verdadeira identidade, Sander tentou usar vários serviços em cada agência da Home Federal, baseada em Nampa, Idaho. Ela constatou que os funcionários precisavam de mais treinamento. Eles foram atenciosos e tentaram ajudar, mas não demonstraram nenhuma habilidade em vender outros produtos à 'provável' cliente. Um teste complementar de habilidades de venda confirmou as impressões de Sander; os funcionários pontuaram abaixo da média do setor.

Sob o comando de Sander, a Home Federal estabeleceu um programa de treinamento centrado nas habilidades de vendas. Essa abordagem faz sentido, de acordo com Michael Cherry, dono de uma companhia que oferece treinamento em habilidades de vendas. Cherry afirma que os bancos tradicionalmente se dedicam a ensinar a seus funcionários sobre os vários produtos que oferecem. Essa abordagem parte do pressuposto de que, conhecendo melhor os produtos, o funcionário incentivará os clientes a adquiri-los. No entanto, a melhor maneira de vender é concentrar-se nas necessidades do cliente, assim, o treinamento deve ensinar os funcionários a escutar os cliente e a ajudá-los a identificar suas necessidades em relação aos serviços que o banco oferece.

A Home Federal adotou essa abordagem e contratou consultores externos para oferecer o novo programa de treinamento. O programa incluiu instruções relacionadas às aptidões, como, por exemplo, a maneira como se deve cumprimentar os clientes, chamá-los pelo nome, abordá-los com perguntas abertas e acompanhar as atividades deles. As perguntas abertas, por exemplo, são importantes porque ajudam o funcionário a estabelecer um relacionamento com o cliente.

Todos os funcionários da Home Federal participaram desse programa. Além dos funcionários da linha de frente, os executivos também foram incluídos, para que todos pudessem avaliar como a mudança para um enfoque voltado ao cliente afetaria a instituição. Depois do treinamento, as habilidades e o desempenho em vendas dos funcionários começaram a se mostrar acima da média. Nas palavras de Sander: "Foi realmente possível ver a mudança acontecendo". Por causa do sucesso desse programa de treinamento, a Home Federal o mantém e exige a participação de todos os novos funcionários.

Fonte: Nancy Feig. "The Cross-Sales Puzzle: Putting the Right Pieces in Place", *Community Banker*, jul. 2004, extraído de Business & Company Resource Center, http://galenet.galegroup.com.

---

emprego provavelmente deve querer treinamento apenas suficiente para se manter atualizado quanto à execução do seu trabalho.

A última etapa do planejamento do treinamento é a escolha dos métodos. Alguns métodos de treinamento serão descritos mais adiante neste capítulo. Se a escolha do método de treinamento fizer parte do papel do supervisor, ele deverá consultar o departamento de recursos humanos ou algum especialista em treinamento para saber quais são as técnicas mais adequadas para os seus objetivos de treinamento. Veja o texto na seção "Supervisão nos Diversos Setores" para saber como a Home Federal Savings and Loan Association planejou um programa de treinamento bem-sucedido.

Implementação

Depois de planejado o treinamento, alguém deve conduzi-lo de maneira eficiente. Em alguns casos, o instrutor pode ser o supervisor. Os funcionários do departamento podem estar capacitados a conduzir alguns tipos de treinamento, por exemplo, demonstrando como usar um sistema de computadores. Em outros casos, o mais adequado é usar um instrutor especializado. A escolha depende do grau de conhecimento do supervisor ou do funcionário, o conteúdo e o tipo de treinamento, o tempo e a verba disponíveis. Um supervisor com um bom orçamento e pouco conhecimento em determinada área de treinamento costuma usar um especialista interno ou externo. Os tópicos de treinamento mais abordados pelo supervisor são aqueles a respeito do departamento ou do trabalho específico e não de políticas e valores da companhia, interpretação do desempenho da companhia ou trabalho efetivo em equipe.

Se o supervisor conduzir o treinamento, poderá se beneficiar do uso dos princípios de aprendizado.[8] Um desses princípios diz que adultos geralmente assimilam mais do treinamento se aprenderem pouco a pouco em um período mais longo, principalmente se o objetivo for mudar o comportamento e não simplesmente aumentar a base de conhecimento do aprendiz. Portanto, reservar um dia inteiro de treinamento seria menos eficaz que programar meia hora por semana ou algo assim. Em outro princípio, os adultos querem ver a aplicação prática do conteúdo do treinamento nos problemas e nas necessidades do cotidiano. Geralmente, eles compartilham experiências significativas nas sessões, e essa experiência deve ser reconhecida e incorporada no programa de treinamento.

Instrutores experientes também recomendam adotar nas sessões várias combinações de métodos porque cada pessoa tem um estilo diferente de aprendizado; cada um aborda um assunto e retém informações de forma variada. Os métodos de treinamento devem incluir informações verbais e visuais, além de oferecer aos funcionários chance de experimentar o que estão aprendendo, talvez com encenações, simulações ou jogos. Os métodos devem ser adequados para a apresentação da teoria e das instruções (procedimentos, métodos, regras e assim por diante) do assunto em questão, e de modelos de aplicação prática das novas aptidões e experiências. Na Kimberly-Clark, por exemplo, os funcionários tinham dificuldades de aprender sobre a cadeia de fornecimento (todas as etapas que levam um produto ao consumidor) da companhia nas apresentações de slides e reuniões. Quando o treinamento foi ampliado, incluindo jogos de simulação e apresentação de vídeos, os funcionários começaram a entender o processo e o porquê da sua importância no desempenho da companhia.[9] A Figura 16.4 mostra as principais categorias de métodos de treinamento usados por empregadores norte-americanos.

Por último, a motivação é tão importante para o sucesso do aprendizado quanto para as outras atividades dos funcionários. O treinamento será eficaz, portanto, quando refletir os princípios da motivação, discutidos no Capítulo 11.

FIGURA 16.4
Aplicação de Vários Métodos de Treinamento

Fonte: Tammy Galvin. "2003 Industry Report", *Training*, out. 2003, extraído de InfoTrac, http://web1.infotrac.galegroup.com.

Método de Treinamento

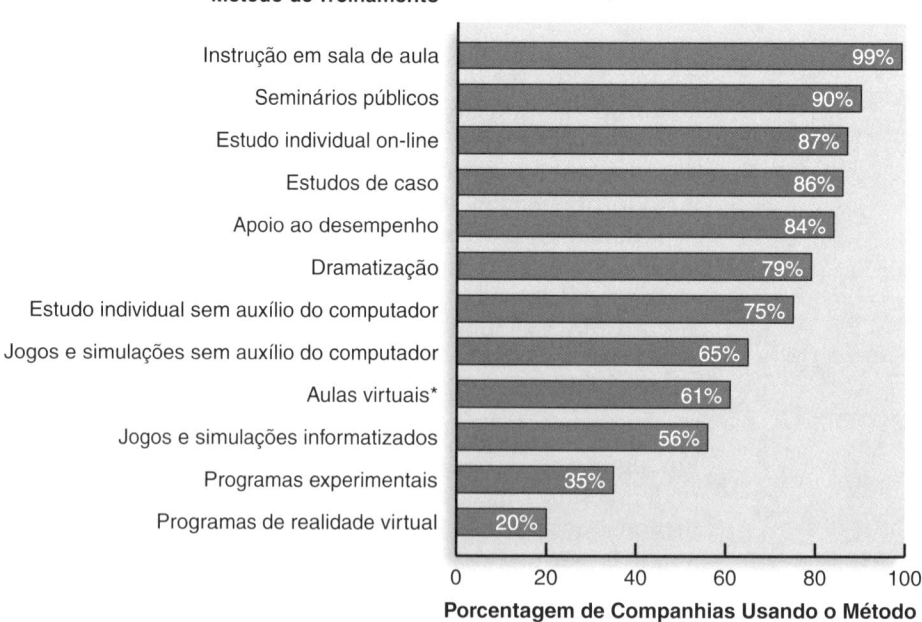

Método	Porcentagem
Instrução em sala de aula	99%
Seminários públicos	90%
Estudo individual on-line	87%
Estudos de caso	86%
Apoio ao desempenho	84%
Dramatização	79%
Estudo individual sem auxílio do computador	75%
Jogos e simulações sem auxílio do computador	65%
Aulas virtuais*	61%
Jogos e simulações informatizados	56%
Programas experimentais	35%
Programas de realidade virtual	20%

Porcentagem de Companhias Usando o Método

* Instrutor em local remoto.

Avaliação

Depois de terminado o treinamento, o supervisor avalia os resultados. Será que os objetivos foram atingidos? Na última parte deste capítulo, haverá uma discussão mais detalhada sobre a avaliação do treinamento. A avaliação completa o ciclo de treinamento, ajudando o supervisor a identificar a necessidade de mais treinamento.

Avaliação das Necessidades de Treinamento

Independentemente de o supervisor conduzir ou não grande parte do treinamento formal dos seus funcionários, ele ainda é responsável por identificar a necessidade ou não de treinamento. O supervisor deve colher a opinião dos funcionários para identificar em quais áreas eles necessitam de treinamento e programar os horários para realizá-lo.

O supervisor deve sempre se preocupar em avaliar as necessidades, e não somente ocasionalmente. Hoje, as mudanças são tão predominantes que as organizações dependem do contínuo aprendizado e desenvolvimento da força de trabalho para estabelecer determinada margem competitiva.

O supervisor pode identificar as necessidades de treinamento de diversas maneiras. Primeiro, ele pode observar os problemas do departamento que indicam a necessidade de treinamento. Por exemplo, se os clientes de um restaurante reclamam da qualidade do atendimento, o gestor pode concluir que alguns ou todos os funcionários necessitam de treinamento em satisfação do cliente. Ou, se os formulários enviados de um departamento para outro freqüentemente contêm os mesmos tipos de erros, o supervisor deve investigar para saber por que o pessoal está preenchendo os documentos dessa forma. Embora as perguntas freqüentes dos funcionários não necessariamente sejam um "problema", elas efetivamente indicam a necessidade de treinamento em alguma área.

Mudanças em certas áreas também sinalizam a necessidade de treinamento, e o supervisor deve ficar atento e considerar as novas tecnologias e aptidões que os funcionários irão necessitar para acompanhá-las. Se a organização incentiva a autonomia e a autoridade dos funcionários e o trabalho em equipe, é necessário que eles saibam tomar decisões, avaliar os esforços coletivos e escutar os integrantes do grupo. Quando alguma nova tecnologia (de um concorrente, fornecedor ou qualquer outro) afeta a organização ou os seus componentes, os funcionários precisam conhecer e aprender a aplicá-la. Se algum departamento ou a base de clientes da empresa se torna mais diversificada, os funcionários precisam aprender a se comunicarem com as pessoas de diferentes culturas.

Outra maneira de conhecer as necessidades de treinamento é perguntando aos funcionários diretamente. Geralmente, eles têm sugestões sobre o que devem aprender para executar melhor o trabalho. O supervisor e os funcionários devem, pelo menos, discutir as necessidades de treinamento durante as avaliações de desempenho (veja o Capítulo 17). Além disso, o supervisor deve incentivar os funcionários a informar as suas necessidades.

O supervisor pode, também identificar as necessidades de treinamento durante o planejamento. Muitas vezes, a execução dos planos exige o treinamento dos funcionários nos novos recursos ou procedimentos. Por exemplo, se a organização introduzir um novo produto, os vendedores precisam ter conhecimento suficiente para saber informar vantagens desse novo produto aos clientes, e o pessoal do atendimento ao cliente deve saber responder as dúvidas.

Além de reconhecer esses sinais, o supervisor também deve saber avaliá-los. Esses sinais indicam a necessidade de treinamento ou de algo mais? Às vezes, o fraco desempenho não é resultado da falta de treinamento, mas da falta de motivação. Erros ou defeitos podem ser sintomas de falta de recursos ou de falta de cooperação entre os funcionários da organização. Dúvidas freqüentes podem sinalizar a necessidade de melhor comunicação, em vez (ou além) de treinamento. Antes de gastar dinheiro em treinamento, o supervisor deve avaliar se ele seria a melhor resposta para esses sinais. Um bom lugar para começar pode ser pedindo a determinados funcionários para ajudar a descobrir o problema básico.

Treinamento Obrigatório

O supervisor não é o único a decidir quando o treinamento é necessário. As normas governamentais, sindicais, ou a política da companhia podem impor o treinamento em determinadas circunstâncias. Se o estado exigir um número de aulas de educação continuada para professores, se o sindicato exigir um número de meses de aprendizado para instaladores de encanamento, ou se a direção da companhia decidir que todos devem fazer o curso de qualidade total, a função do supervisor é garantir que os seus funcionários recebam o treinamento exigido.

Ambiente Propício ao Aprendizado

Juntamente com o planejamento das sessões formais, o supervisor pode ajudar a atender às necessidades de treinamento promovendo uma atmosfera que valorize o aprendizado. Esse tipo de clima é chamado "ambiente propício ao aprendizado". Jack Welch, ex-presidente da General Electric (GE), afirma que aprendia muito com os gestores subordinados a ele e incentivava-os a desafiar suas idéias. "A GE possui o que gosto de chamar de cultura do aprendizado", ele diz, "o que significa aprender com todos".[10]

Outra maneira de promover um ambiente de aprendizado é servindo de bom exemplo. O supervisor deve desenvolver seu próprio conhecimento e suas próprias aptidões de diversas formas, da leitura à participação de seminários. Além disso, deve compartilhar amplamente as informações com os funcionários. Ele pode incentivar os funcionários a aprender uns com os outros, compartilhando o que aprenderam na escola, nas atividades de treinamento e com a experiência. Quando o funcionário pedir tempo e outros recursos para algum treinamento, o supervisor deve considerá-lo como investimento, não apenas como um desvio do "verdadeiro trabalho" da organização.

Tipos de Treinamento

Existem diversos tipos de treinamento de funcionários (veja a Figura 16.5). A maioria das organizações usa diversos métodos de treinamento. Na Regions Financial, instituição bancária sediada em Birmingham, Alabama, os candidatos a vagas de gestão cumprem um rodízio nas diversas posições do banco e participam de aulas expositivas, recebem instrução informatizada e treinamento prático orientado por um gestor. A Verizon Wireless oferece a cada um dos seus representantes de serviço de atendimento ao cliente 96 horas de treinamento, incluindo simulações, aulas de instrução e aprendizado prático.[11]

Ao escolher ou recomendar um tipo de treinamento, o supervisor deve comparar os gastos em relação aos benefícios, os recursos disponíveis, as necessidades de prática e

FIGURA 16.5
Tipos de Treinamento

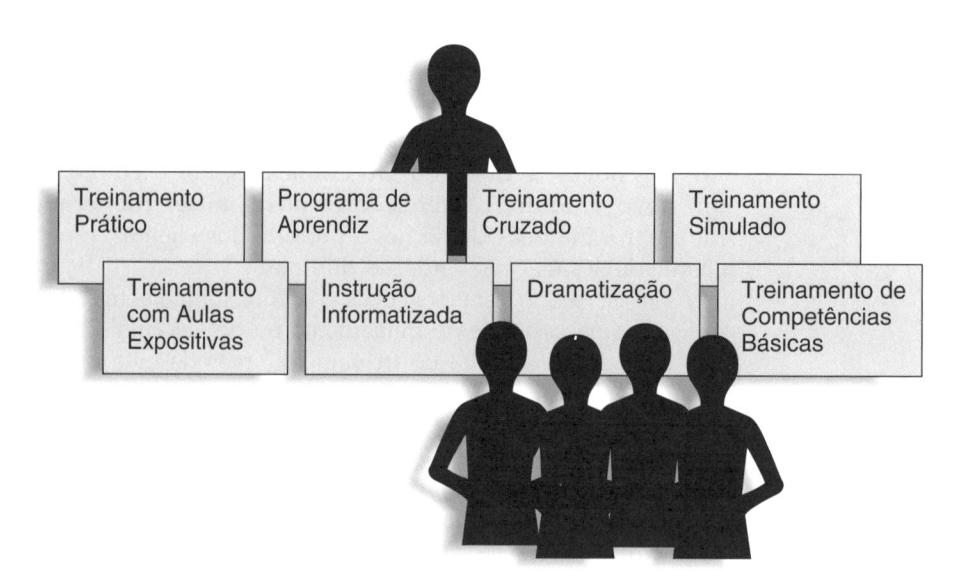

- Treinamento Prático
- Programa de Aprendiz
- Treinamento Cruzado
- Treinamento Simulado
- Treinamento com Aulas Expositivas
- Instrução Informatizada
- Dramatização
- Treinamento de Competências Básicas

atenção individualizada dos funcionários. Qualquer que seja o tipo de treinamento adotado, o supervisor deve assegurar-se de que o funcionário entenda seu objetivo e como colocá-lo em prática. O supervisor também deve orientar os funcionários que aparentam estar desanimados e elogiá-los quando eles demonstrarem progresso.

Treinamento Prático

Em muitos casos, a maneira mais fácil de aprender a realizar um trabalho é tentando executá-lo. No **treinamento prático,** o instrutor ensina a tarefa ao funcionário no próprio trabalho. O instrutor, que normalmente é um colega ou o supervisor, mostra ao funcionário como executar a tarefa e, depois, o funcionário tenta executá-la.

treinamento prático
O instrutor ensina a tarefa ao funcionário no próprio trabalho

O funcionário que aprende dessa maneira se beneficia da chance de experimentar as técnicas e os recursos ensinados. O resultado mostra imediatamente se o funcionário entendeu o que o instrutor está tentando ensinar. No entanto, no treinamento prático, existe o risco de o funcionário inexperiente cometer erros que causem prejuízo financeiro à empresa, ou mesmo que sejam perigosos. Portanto, esse tipo de treinamento é mais adequado quando as tarefas ensinadas são relativamente simples ou os custos de um erro são baixos. Para tarefas mais complexas ou arriscadas, é mais adequado aplicar outros tipos de treinamento antes ou mesmo em vez do treinamento prático.

Programa de Aprendiz*

Muitos comerciantes aprendem seu ofício por meio do **programa de aprendiz**. Nesse tipo de treinamento, o aprendiz trabalha junto com uma pessoa experiente, que lhe mostra como executar as várias tarefas envolvidas no negócio. Esse tipo de aprendizado também se caracteriza como sendo um treinamento prático, de longo prazo. (Muitos desses programas também exigem do aprendiz a conclusão do treinamento com aulas expositivas.) A maioria dos programas de aprendiz é realizada em trabalhos de marcenaria e de instalação de encanamento, por exemplo.

programa de aprendiz
Treinamento em que o aprendiz trabalha com uma pessoa experiente, que lhe mostra como executar as várias tarefas envolvidas no cargo ou no negócio

Por exemplo, a National Electrical Contractors Association and International Brotherhood of Electrical Workers (NECA-IBEW) oferece um programa de aprendiz de três a cinco anos, prometendo treinamento prático, crédito de nível superior, remuneração competitiva e benefícios de assistência médica e aposentadoria. A organização espera treinar mais de 100 mil eletricistas e instaladores de sistema de tecnologia da informação com esse programa.[12]

No caso de tarefas individuais, é mais complicado adotar o programa de aprendiz do que o simples treinamento prático. No entanto, o programa de aprendiz é uma maneira de ajudar o supervisor a atender às necessidades de treinamento que demandem meses ou anos de aprendizado.

Treinamento Cruzado

Assim como discutido no Capítulo 11, cada vez mais organizações estão adotando o rodízio de funções, em que os funcionários se revezam na execução de várias tarefas. No rodízio de funções, o funcionário aprende a realizar mais de uma tarefa. Esse processo de ensinar ao funcionário outra tarefa para que ele possa executá-la quando necessário é denominado treinamento cruzado. O funcionário que completa o treinamento cruzado pode desfrutar da variedade do seu trabalho, e o supervisor ganha mais flexibilidade na hora de designar as tarefas. O trabalho em equipe também demanda essa flexibilidade obtida com o treinamento cruzado.

A Vanamatic Company, companhia de serviços de usinagem em Delphos, Ohio, adota o treinamento cruzado na capacitação dos funcionários para o trabalho em equipe. Cada equipe executa as tarefas produtivas de determinada célula de produção, usando máquinas operatrizes na fabricação de um produto específico. No treinamento cruzado, cada integrante da equipe aprende a executar todas as funções de uma célula de produção, como a operação de um torno automático e de uma central de usinagem.

---

* N.R.T.: No Brasil, os artigos 424 e seguintes da Consolidação das Leis do Trabalho tratam dos deveres dos responsáveis legais de menores e dos empregadores, bem como dos contratos de aprendizagem e suas condições.

Os funcionários também são testados para identificar suas qualidades e preferências de trabalho. As equipes distribuem o trabalho entre os integrantes, tentando designar cada trabalhador à área operacional de sua preferência. Quando surgem necessidades especiais, todos podem atuar e ajudar conforme o necessário. De acordo com Adam Wiltsie, engenheiro de produção da companhia, "os operadores gostam da mudança de ritmo inerente à execução de diferentes tarefas", e a eficácia é muito maior do que no arranjo tradicional do funcionário especializado em apenas um processo ou em uma máquina.[13]

Ao planejar o treinamento cruzado, o supervisor deve assegurar-se de que os funcionários tenham tempo de prática suficiente em cada função, para aprendê-la bem. Algumas tarefas são mais complexas que outras e exigem mais tempo de treinamento. Além disso, alguns funcionários aprendem a tarefa mais rápido que os outros.

Treinamento Simulado

O treinamento prático é eficaz, mas inadequado como treinamento inicial para funções que não permitam erros, por exemplo, no caso de pilotos de avião e enfermeiras. Nesses casos, as pessoas aprendem os princípios ou as técnicas antes de começarem efetivamente a trabalhar. O tipo de treinamento que permite ao funcionário praticar usando equipamentos fora do ambiente real de trabalho é denominado **treinamento simulado**. Funcionários que participam do treinamento simulado utilizam procedimentos e equipamentos instalados em um ambiente especial simulado. Por exemplo, uma grande loja de varejo pode criar um ambiente de treinamento com caixas registradoras, ou uma companhia aérea pode usar uma cabine simulada para o treinamento de comissários de bordo.

treinamento simulado
Treinamento feito em equipamentos instalados em área especial, fora do ambiente real de trabalho

O treinamento simulado é recomendável quando a organização contrata pessoas que ainda não sabem como usar o equipamento. Os funcionários aprendem a operar o equipamento sem a pressão de possíveis acidentes, clientes impacientes ou outros funcionários dependendo de um montante mínimo de produção. Os custos do treinamento simulado ou de outro tipo de treinamento fora do ambiente real de trabalho são mais elevados porque os funcionários não estão produzindo mercadorias ou fornecendo serviços para a organização durante o período de aprendizado. No entanto, se a organização contratar apenas pessoas com todas as qualificações necessárias, provavelmente terá de pagar mais e terá dificuldades para identificar o número de candidatos qualificados de que ela precisa.

Na Espresso Connection, pequena cadeia de lojas de café drive-thru no estado de Washington, Christian Kar reduziu drasticamente seu orçamento de marketing para investir mais no treinamento de pessoal quando percebeu que o grande segredo do aumento das vendas estava em impressionar os clientes com um bom serviço de atendimento. Os novos funcionários costumavam conhecer e aprender a usar o equipamento da empresa e a preparar as bebidas na prática. Entretanto, Kar contratou funcionários de meio período e providenciou um ambiente especial para que eles passassem uma semana usando as máquinas e aprendendo a preparar as várias opções de café. Só quando eles adquiriam o domínio dos princípios básicos é que passavam outras 40 horas no treinamento prático em uma das lojas. No novo programa, o treinamento também abrange orientações específicas sobre a alta qualidade no serviço de atendimento ao cliente. As vendas no horário de pico dobraram desde o início do treinamento. "O treinamento efetivamente ajudou", afirma Kar.[14]

Treinamento com Aulas Expositivas

Além do treinamento simulado, cerca de 69% do aprendizado fora do ambiente de trabalho envolve alguma forma de aula expositiva.[15] Esse tipo de treinamento é realizado em salas de aula ou seminários com um ou mais palestrantes que apresentam algum assunto específico. Existem vários tipos de seminários disponíveis sobre diversos temas, portanto, o supervisor que estiver estudando a possibilidade de participar ou de enviar os funcionários a algum seminário deve primeiro certificar-se de que o tema seja relevante para o desempenho profissional. O treinamento com aulas expositivas pode ser realizado no local de trabalho, mesmo que a organização não tenha tempo ou salas de aula.

A principal vantagem da aula expositiva é a possibilidade de o instrutor transmitir grande quantidade de informações para mais de uma pessoa, em um tempo relativamente curto. Dependendo do formato e do instrutor, ele pode ser uma forma relativamente barata de transmitir informações. A desvantagem é que a maioria do fluxo de comunicação é unidirecional – do instrutor para os participantes. Na comunicação unidirecional, há menos envolvimento das pessoas e menos retenção das informações. Além disso, nas aulas expositivas, o participante raramente tem a oportunidade de praticar o que está aprendendo.

O treinamento com aulas expositivas torna-se proveitoso se o instrutor for capaz de manter um alto nível de interesse, por exemplo, incluindo instruções informatizadas e dramatizações. A Randstad North America, agência de emprego temporário, enviou os gestores das suas 250 filiais para um curso de cinco dias, explorando alguns dos princípios básicos de supervisão. O enfoque era voltado à aplicação das lições do curso, portanto, para aprender sobre coaching, os participantes tinham que levar um exemplo: o funcionário mais complicado que eles precisavam orientar. Os gestores formaram pares para uma dramatização. Na encenação de cada participante, o gestor da filial representava a si próprio, e o parceiro, o funcionário problemático.[16]

Instrução Informatizada

É crescente o número de organizações em que o programa de computador vem tomando o lugar dos instrutores de aulas expositivas. De fato, de acordo com a revista norte-americana *Training*, cerca de 16% dos cursos de treinamento são ministrados via computador sem um instrutor presente.[17] Na instrução informatizada, normalmente utiliza-se o computador para apresentar as informações, gerar e avaliar os testes, acompanhar o desempenho do funcionário e orientar-lhe quanto às atividades que ele deve executar. Esse tipo de treinamento é uma maneira comum de aprender a utilizar um novo programa de computador; o programa vem com uma seqüência de lições, propiciando ao usuário a chance de praticar. O treinamento informatizado via internet é comumente denominado aprendizado eletrônico. A Tabela 16.1 mostra as dez principais vantagens do aprendizado eletrônico para a organização. O aprendizado eletrônico traz benefícios a organizações que possuem funcionários espalhados por diversas regiões distintas. Nesse caso, a organização pode adotar o *aprendizado a distância* através de computadores e tecnologia da comunicação, de forma que os participantes localizados distantes do provedor de treinamento recebam o conteúdo do curso.

Algumas empresas já estão bem estruturadas em termos de integração tecnológica no treinamento da força de trabalho. Uma das inovações está em utilizar a tecnologia dos videogames para tornar o aprendizado mais interessante e agradável. A Cold Stone Creamery oferece um jogo on-line personalizado, simulando uma de suas lojas. Os participantes aprendem a controlar as porções servidas, esculpindo o sorvete enquanto o tempo vai passando; quando o tempo se esgota, eles podem ver se serviram uma porção grande demais. Quase três de cada dez funcionários da Cold Stone fizeram o download desse jogo, por conta própria, porque o acharam divertido. A Canon treina os técnicos de manutenção com um jogo em que, usando o mouse do computador, arrastam e colocam as peças na imagem de uma máquina copiadora. Se colocarem a peça em local errado, uma luz pisca e um alarme dispara. A Canon comparou o desempenho dos funcionários entre os que usaram o jogo e os que aprenderam usando os manuais; os resultados dos que usaram o jogo foram nitidamente superiores.[18]

A instrução informatizada está cada vez mais envolvente e disseminada por causa da crescente viabilidade financeira da **multimídia interativa**. Esse programa reúne som, vídeo, gráficos, animação e texto. Os melhores programas de multimídia interativa ajustam o conteúdo do curso de acordo com as respostas do funcionário às perguntas. A multimídia interativa normalmente é fornecida em DVD ou CD-ROM, mídia de armazenamento usada em muitos computadores pessoais. A Accenture utiliza multimídia interativa para criar simulações em que o funcionário pratica respondendo as perguntas e, de outra forma, interagindo com imagens digitalizadas de clientes. O varejista JCPenney

---

multimídia interativa
Programa de computador que reúne som, vídeo, gráficos, animação e texto, e ajusta o conteúdo de acordo com as respostas do usuário

TABELA 16.1
O Aprendizado Eletrônico Oferece Dez Grandes Vantagens

Fonte: Bray J. Brockbank. "E-Learning Offers 10 Major Advantages", *Executive Excellence*, jul. 2001. Reprodução autorizada por Leadership Excellence.

1. Aprendizado e aplicação de conhecimento em tempo real. O aprendizado eletrônico é imediato e atualizado.
2. Treinamento centrado no aluno. O aprendizado eletrônico transfere o enfoque do instrutor para o aluno. Ele é adaptado de acordo com as responsabilidades e capacidades do aluno, criando aplicações relevantes.
3. Capacidade de atrair, treinar e reter funcionários. Uma das principais razões que leva uma empresa a perder funcionários importantes está na falta de investimento no seu desenvolvimento profissional.
4. Treinamento personalizado. Um bom sistema de aprendizado eletrônico utiliza o conhecimento a respeito do seu usuário para personalizar o conteúdo oferecido ao estilo de aprendizado, aos requisitos do cargo, às metas de carreira, ao conhecimento atual e às preferências do funcionário.
5. Domínio do aprendizado. O aprendizado eletrônico oferece autonomia e autoridade para o funcionário gerir seus próprios planos de aprendizado e desenvolvimento. O domínio do aprendizado é crucial para o crescimento individual e a retenção de funcionários.
6. Simulação. Os funcionários aprendem praticando. O aprendizado eletrônico é uma maneira inovadora de simular cada experiência de aprendizado com o conteúdo oferecido pelos maiores profissionais especializados.
7. Colaboração. A colaboração é obtida mediante a solução conjunta de algum problema ou o compartilhamento de idéias e experiências entre grupos de estudo e salas de bate-papo. A colaboração é o caminho para a eficácia dos processos de aprendizado e inovação.
8. Possibilidade de treinar em qualquer horário e em qualquer local. Hoje, o treinamento com aulas de informações virtuais é possível a qualquer momento e em qualquer lugar.
9. Economia. Os resultados são avaliados com base nos custos aplicados a cada funcionário. Além disso, o aprendizado eletrônico atrapalha menos as atividades diárias de trabalho, economizando tempo e dinheiro já que interrompem menos as tarefas regulares dos funcionários.
10. Resultados quantificáveis. O aprendizado eletrônico pode ser medido em termos de conhecimento adquirido e retenção. Com o aprendizado eletrônico, as corporações podem acompanhar o progresso, apurar os resultados e especificar qualquer assunto complementar. Nesse sentido, o retorno sobre o investimento é reconhecido tanto pelo empregador como pelo funcionário.

utiliza a multimídia interativa para treinar representantes do serviço de atendimento ao cliente na divisão de cartões de crédito. O computador simula chamadas de clientes para os atendentes praticarem o atendimento, inclusive, com simulações de clientes irados.

Alguns treinamentos informatizados usam simulações, assim como no exemplo anterior da Cold Stone Creamery. O computador mostra as situações que o funcionário talvez tenha de enfrentar. Por exemplo, um simulador de vôo mostra ao piloto em treinamento a cabine e a visão da janela. Outra simulação pode apresentar os botões e os aparelhos de leitura de uma máquina. O funcionário utiliza o teclado do computador ou qualquer outro dispositivo para reagir à situação exibida pelo computador, e o simulador responde mostrando as conseqüências da sua ação. Desse modo, o funcionário consegue praticar reagindo às situações sem sofrer as conseqüências reais de um erro, por exemplo, com a queda do avião ou a explosão de uma caldeira.

O custo da instrução informatizada é significativamente vantajoso em relação ao de outros métodos quando o número de participantes do treinamento é alto. A organização não precisa pagar o instrutor. Além disso, cada funcionário pode trabalhar no próprio ritmo, eliminando a frustração de uma aula acelerada demais, que talvez dificulte a compreensão do material, ou lenta demais, que disperse o interesse. Um bom programa de treinamento ajuda o funcionário a aprender mais rápido ou melhor do que aprenderia por meio de outra técnica de aprendizado. Na JCPenney, os representantes do serviço de atendimento ao cliente treinados com a multimídia interativa atingem o pico de proficiência em um terço do tempo em comparação com os demais treinados em métodos mais tradicionais. A Accenture credita à multimídia interativa o fato de os seus funcionários terem "competências mais sólidas, mais aptidões e conhecimento".[19]

O custo menor do treinamento informatizado é a provável razão do seu crescente uso, mesmo quando as companhias precisam cortar os orçamentos gerais de treinamento.[20]

As companhias de pequeno porte também podem se beneficiar do treinamento informatizado. A Sherman Assembly Systems de San Antonio, Texas, é uma empreiteira fabricante de conjuntos de cabos eletrônicos. Muitos dos seus funcionários são ex-pensionistas da previdência social, que receberam o treinamento da Goodwill Industries, mas que ainda não possuíam o diploma do ensino médio. Para ajudá-los a obter o diploma, o CEO Michael Sherman contou com a ajuda de uma universidade local para oferecer um curso on-line, realizado em alguns computadores na sala de reuniões da companhia.[21]

Algumas pessoas, no entanto, ficam nervosas em ter que usar o computador. O supervisor ou outro instrutor precisa incentivar e ajudá-las. Além disso, algumas formas de instrução informatizada não permitem que os funcionários trabalhem em equipe, perguntem ou troquem idéias. Se esses recursos de treinamento forem importantes para a empresa, o supervisor deverá escolher entre um programa que os ofereça, complementar o treinamento informatizado ou adotar outro método de treinamento.

Os especialistas oferecem as seguintes recomendações para implementar com êxito um programa de treinamento informatizado:[22]

- Informar aos funcionários qual capacitação ele obterá com o treinamento.
- Incluir recompensas, como dinheiro, licença, melhores condições de trabalho, novas ferramentas e equipamentos ou oportunidades de carreira.
- Minimizar os ruídos e as interrupções no ambiente de aprendizado e maximizar o acesso, a agilidade e a facilidade de uso.
- "Agrupar" as instruções em segmentos de 20 minutos ou menos.
- Variar a mídia, incluindo diversos materiais de áudio, vídeo e impressos, além de simulações e ferramentas interativas.
- Opinar e criticar com sinceridade.
- Lembrar de incorporar o aspecto humano por meio de salas de bate-papo, mensagens eletrônicas, expediente eletrônico, transmissão de áudio ou orientação ao vivo.
- Reforçar o aprendizado com questionários ou sessões de bate-papo com "ex-alunos".

Dramatização

dramatização
Método de treinamento em que são atribuídos papéis aos participantes, para que encenem como enfrentariam uma situação específica

Para ensinar os funcionários a trabalharem uns com os outros, a organização pode adotar a **dramatização**. Esse método consiste em atribuir papéis aos participantes, para que encenem como enfrentariam uma situação específica. Alguns dos exercícios deste livro usam a dramatização. Uma técnica que aumenta a utilidade da dramatização é a gravação da sessão em vídeo e sua exibição para que os participantes possam observar o seu comportamento.

A dramatização oferece às pessoas a chance de praticar como elas reagiriam com as outras, tornando-a muito proveitosa para o treinamento em habilidades de relações humanas, como a comunicação, a resolução de conflitos e o trabalho com pessoas de outras raças ou culturas. As pessoas que representam determinados papéis, como, por exemplo, o papel do supervisor, geralmente entendem melhor o ponto de vista daquele que representam. A principal desvantagem da dramatização é a necessidade de um instrutor especializado na sua condução.

Na companhia de mídia de internet sediada em Nova York, MaMaMedia.com, que cria produtos que utilizam a internet e proporcionam "aprendizado com diversão" para crianças menores de 12 anos, os funcionários aprendem praticando, exatamente como as crianças fazem. "Tentamos nos aproximar do modo como as crianças aprendem, com exploração, diversão, surpresa e imaginação", afirma Rebecca Randall, vice-presidente executiva de marketing e desenvolvimento de marca. "Uma das melhores maneiras de provocar a reflexão é envolvendo as pessoas em jogos, partidas, atividades, encenações e dramatizações."[23]

Treinamento de Competências Básicas

Uma queixa freqüente entre os empregadores, hoje, é a crescente dificuldade de encontrar um número suficiente de funcionários com as competências básicas necessárias para executar os trabalhos modernos. Um número cada vez maior de empregadores vem reagindo a esse problema por meio da condução de seu próprio treinamento em competências básicas. As organizações que oferecem esse tipo de programa não apenas melhoram as competências de seus trabalhadores, como também atraem e mantêm funcionários altamente motivados. No entanto, a educação em competências básicas apresenta algumas dificuldades para o empregador. Uma delas é a possível resistência dos funcionários por se sentirem envergonhados ou temerosos de que a organização os puna se descobrir que eles não possuem as competências básicas. Para enfrentar esse desafio, a organização deve atribuir criteriosamente um nome ao programa, chamando-o, por exemplo, de "educação no trabalho" ou "aperfeiçoamento de habilidades". O supervisor e demais gestores devem reafirmar aos funcionários que a participação no programa não coloca em risco o seu emprego. Além disso, os especialistas recomendam recompensar os funcionários pela participação no programa de competências básicas.

COACHING DE APOIO AO TREINAMENTO

coaching
Aconselhar e instruir os funcionários em como executar o trabalho de para cumprir as metas de desempenho

Depois do treinamento, o supervisor deve assumir o papel de *coach*, para ajudar os funcionários a manter e usar as competências adquiridas. **Coaching** é aconselhar e instruir os funcionários em como executar o trabalho para cumprir as metas de desempenho. O conceito vem do esporte, em que o técnico constantemente observa os jogadores em ação, identifica e trabalha com os pontos fortes e fracos de cada um, ajudando-os a maximizar os pontos fortes e melhorar os fracos. Os treinadores mais respeitados, geralmente, incentivam os jogadores e se interessam pessoalmente por eles.

No contexto empresarial, o coaching abrange atividades similares. Como *coach*, o supervisor regularmente observa, ensina e incentiva, ajudando os funcionários a evoluírem para que, por sua vez, eles contribuam para o sucesso da equipe. Grande parte desse processo é informal e visa apoiar o processo de treinamento formal.

Nesse papel, o supervisor observa o desempenho diário dos funcionários, opinando e criticando. Para incentivar os funcionários, o supervisor deve elogiá-los quando atingirem ou superarem as expectativas. O supervisor deve avaliar se o bom desempenho demonstra a capacidade que os funcionários possuem de assumir responsabilidades importantes ou qualidades que devem ser mais desenvolvidas. Quando algum funcionário comete um erro, o supervisor deve trabalhar com ele, concentrando-se no problema e não em alguma deficiência percebida do caráter dele. Juntos, supervisor e funcionário devem decidir como corrigir o problema – talvez com mais treinamento, reavaliação da atribuição ou acesso mais confiável aos recursos. Ambos devem trabalhar em apenas um problema por vez, e o supervisor deve, continuamente, buscar sinais de progresso do funcionário. A Figura 16.6 mostra resumidamente esse processo de coaching.

O processo de coaching não se limita simplesmente a dizer aos funcionários o que eles devem fazer. Ele ressalta o aprendizado a respeito dos funcionários, e o aproveitamento e desenvolvimento dos seus talentos. (O questionário de Autoconhecimento da página 462 ajuda o aluno a avaliar seu potencial como *coach*.) A atuação como *coach* é apropriada principalmente para supervisores de organizações que incentivam a participação dos funcionários nas decisões e no trabalho em equipe.

mentoring
Orientação, aconselhamento e incentivo por meio de uma relação profissional contínua e individualizada

Mentoring

Em alguns casos, o supervisor pode dedicar os esforços de coaching a apenas um funcionário. Essa prática é denominada **mentoring**, ou seja, orientação, aconselhamento e incentivo por meio de uma relação profissional contínua e individualizada. O supervisor não deve usar a relação de mentoring como desculpa para não incentivar todos os funcionários do grupo de trabalho. Contudo, mentoring é a maneira adequada

FIGURA 16.6
Processo de Coaching

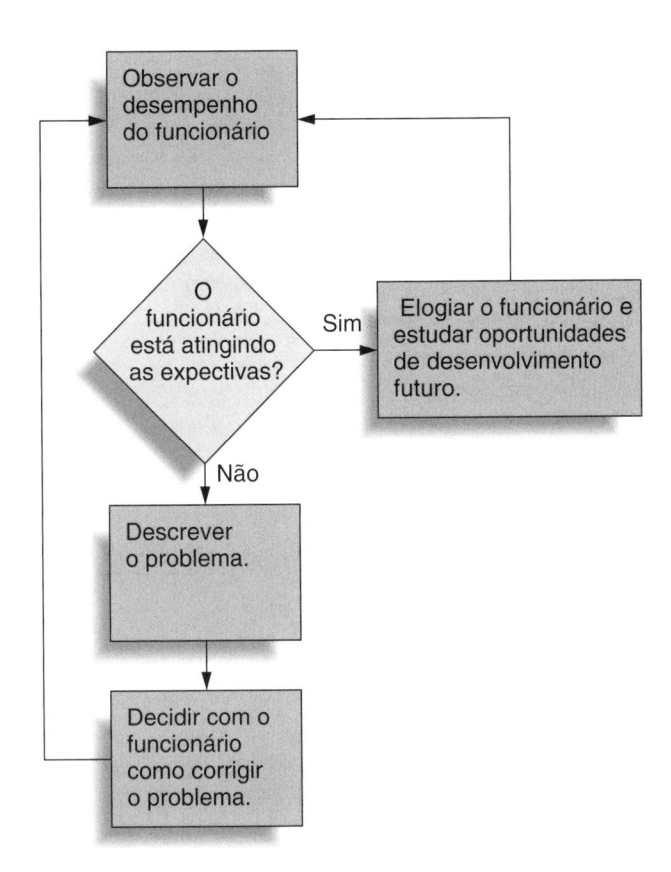

```
Observar o desempenho do funcionário
        ↓
O funcionário está atingindo as expectivas? ──Sim──> Elogiar o funcionário e estudar oportunidades de desenvolvimento futuro.
        │
       Não
        ↓
Descrever o problema.
        ↓
Decidir com o funcionário como corrigir o problema.
```

de apoiar o treinamento de algum funcionário que possua extremo potencial, precise de atenção extra para contribuir plenamente ou tenha sido designado ao supervisor especificamente para esse fim. Algumas organizações adotam mentoring de funcionários pertencentes a minorias ou do sexo feminino para ajudá-los a aprender a conviver em um ambiente com estilos de comunicação, valores, expectativas e outros aspectos diferentes daqueles com os quais estão acostumadas. Para obter exemplos, veja o texto na seção "Supervisão e Diversidade".

Na empresa de relações públicas FitzGerald Communications, em Cambridge, Massachusetts, os novos funcionários trabalham com "companheiros" das equipes de conta de clientes nos primeiros 90 dias de trabalho. Depois, eles escolhem seus próprios mentores, com quem se reúnem várias vezes ao longo do ano seguinte. A companhia leva tão a sério a prática de mentoring que produziu um manual específico de 18 páginas. Os parceiros de mentoring firmam um acordo de compromisso com o programa, e ambos opinam nas avaliações anuais de funcionários.[24]

Entre algumas das atividades do mentor estão escutar ou atuar como uma espécie de caixa de ressonância, dividir o conhecimento e a experiência, orientar os funcionários no sentido de descobrirem os resultados do seu próprio comportamento e compartilhar aquilo que sabem sobre as oportunidades na organização e sua direção futura. Por exemplo, em certa ocasião, Dan Boehm viu que um jovem vendedor da companhia de softwares no qual trabalhava tinha dificuldades para fechar as vendas. Observando e escutando o representante de vendas, Boehm concluiu que o jovem vendedor precisava tirar o enfoque dos seus próprios temores e frustrações e começar a se concentrar nas necessidades dos clientes. Boehm orientou o vendedor em como explorar a personalidade, os objetivos e os problemas de cada possível cliente. Ele incentivou o vendedor a estabelecer metas atingíveis de curto prazo. No fim, o vendedor recuperou sua confiança, e seu desempenho melhorou.[25]

SUPERVISÃO E DIVERSIDADE

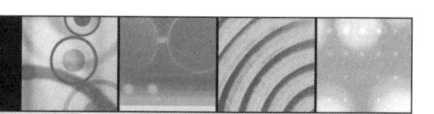

PAPEL DO MENTOR: FACILITADOR

Quando os principais cargos da organização são ocupados por homens brancos, mulheres e minorias, algumas vezes, acreditam ser necessário trabalhar mais para que causem uma boa impressão. Muitas mulheres e integrantes de ambos os sexos de grupos de minorias procuram ativamente um mentor – algumas vezes, mais de um.

Berthenia A. Harmon encontrou um mentor na escola quando decidiu mudar de carreira. Harmon, afro-americana, havia trabalhado como especialista contábil em uma seguradora, mas desejava mudar para a área de educação. Ela se matriculou no programa de mestrado em educação infantil na Kean University. Ali, o coordenador de pós-graduação de Harmon foi uma fonte de incentivo, ratificando o amor de Harmon pela sua recém-escolhida carreira, além do seu potencial para aplicar as lições aprendidas no mundo corporativo à burocracia do sistema escolar.

Assim como no caso de Harmon, funcionários bem-sucedidos exercem papel ativo na relação de mentoring. Esses funcionários identificam metas de carreira e procuram mentores que os ajudem a atingi-las. Isso significa que o funcionário pode ter vários mentores à medida que progride profissionalmente. Marques T. Crump, por exemplo, tinha um mentor no seu trabalho como programador de computador, mas ele descobriu sua preferência por um tipo de trabalho diferente. Quando passou a trabalhar como representante de serviços financeiros da Primerica, Crump agradeceu a seu mentor, mas recusou a oferta de uma transferência para outra posição na área de informática.

Muitas organizações incentivam o processo de mentoring como maneira de promover a participação plena na companhia de funcionários do sexo feminino e dos integrantes de minorias. Os mentores ajudam os funcionários a compartilhar suas idéias e aptidões com os demais na organização, e os orientam quanto às oportunidades de desenvolver suas habilidades. As organizações podem treinar seus supervisores e outros gestores para que adquiram habilidades para a prática de mentoring, para que saibam como questionar com perguntas abertas e identificar oportunidades para o funcionário desenvolver novas habilidades.

Fontes: Robyn D. Clarke. "Leading by Direction, Not Dictation: A New Role for Today's Mentor", *Black Enterprise*, abr. 2003, extraído de InfoTrac, http://web3.infotrac.galegroup.com; Nancy S. Ahlrichs. *Manager of Choice: Five Competencies for Cultivating Top Talent* (Palo Alto, CA: Davies-Black, 2003), p. 48-49, 147-48.

AVALIAÇÃO DO TREINAMENTO

Muitas vezes, o supervisor está em melhor posição para identificar se o treinamento está funcionando. A forma mais básica de avaliar o treinamento é identificar se está resolvendo o problema. Será que os novos funcionários estão aprendendo o seu trabalho? Será que o índice de defeitos está diminuindo? Os funcionários estão usando corretamente o novo sistema de informática? Os clientes estão elogiando o atendimento em vez de reclamar? A busca pelas respostas a essas perguntas é fundamental no processo de controle, conforme descrito no Capítulo 6.

Outras pessoas, incluindo os funcionários que participaram do treinamento, também podem fornecer informações de avaliação do treinamento. Eles podem preencher um questionário (veja a Figura 16.7), ou a organização pode criar uma equipe para avaliar os métodos e o conteúdo do treinamento.

Se a avaliação mostrar que o treinamento não está atingindo os objetivos, ele pode ser modificado ou ampliado. Talvez o tipo de treinamento não seja apropriado para as necessidades. Por exemplo, funcionários novos com dificuldades para aprender o trabalho talvez não estejam tendo oportunidade suficiente para praticar o que estão aprendendo. Para identificar o que é necessário mudar, o supervisor pode questionar os seguintes aspectos:

- O instrutor estava bem preparado?
- O instrutor transmitia as informações com clareza e de forma interessante?

FIGURA 16.7
Questionário de Avaliação de Treinamento

Fonte: Donald S. Miller e Stephen E. Catt. *Human Relations: A Contemporary Approach* (Lincolnwood, IL: Richard D. Irwin, 1989), p. 330. Reprodução autorizada pelos autores.

Título do Programa _____

Data _____ **Título do Cargo** _____

Instruções: Por favor, responda cada pergunta e devolva este questionário ao responsável pelo programa. As respostas são confidenciais. NÃO ESCREVA SEU NOME NESTE INSTRUMENTO DE AVALIAÇÃO.

1. Em minha opinião, esse programa foi: (Escolha uma opção)
   _____ Excelente _____ Muito bom _____ Bom _____ Regular _____ Fraco

2. O programa cumpriu os objetivos estabelecidos no sumário apresentado? (Escolha uma opção)
   _____ Sim _____ Não

3. O programa atingiu suas expectativas? (Escolha uma opção)
   _____ Sim _____ Não Se não, por favor, explique. _____

4. As acomodações onde o treinamento foi realizado estavam adequadas? (Escolha uma opção)
   _____ Sim _____ Não Se não, por favor, explique. _____

5. Em minha opinião, esse programa foi: (Escolha uma opção)
   _____ Excelente _____ Muito bom _____ Bom _____ Regular _____ Fraco

6. Qual a importância de cada um destes elementos do treinamento? (Escolha uma opção para cada elemento)
   Videoteipes   _____ muito importante _____ Vale a pena _____ Não é importante
   Dramatizações   _____ muito importante _____ Vale a pena _____ Não é importante
   Palestras   _____ muito importante _____ Vale a pena _____ Não é importante
   Apostilas   _____ muito importante _____ Vale a pena _____ Não é importante
   Discussões em grupo

7. Qual foi o nível de sua participação no programa? (Escolha uma opção)
   _____ Muita _____ Suficiente _____ Alguma _____ Nenhuma

8. Até que ponto o conteúdo desse programa o ajudará a desempenhar as responsabilidades da sua função? (Escolha uma opção)
   _____ Muito _____ Suficiente _____ Até certo ponto _____ Nada

9. Que outros tipos de programas de treinamento são do seu interesse? Indique suas preferências. _____

10. Como esse programa pode ser melhorado? Indique suas sugestões. _____

11. Outros comentários e sugestões. Indique qualquer outro comentário/sugestão que considere útil no planejamento de futuros programas de treinamento.
_____
_____

- O treinamento incluía demonstrações visuais além da descrição verbal de como executar a tarefa?
- Os funcionários estavam suficientemente preparados para o programa de treinamento?
- Os funcionários entenderam como se beneficiariam com o treinamento?
- Os funcionários tiveram oportunidades de questionar?
- Os funcionários foram bastante elogiados pelo seu progresso?

Visando reter os gestores experientes da fábrica adquirida da General Electric, a gestora de recursos humanos da Gates Energy Products, Robin Kane, conduziu uma avaliação das necessidades para identificar as habilidades necessárias e os temas críticos.

Ela, então, elaborou um "programa de desenvolvimento de novos gestores", constituído de cursos de dois dias por mês durante nove meses para tratar de questões como habilidades de liderança de equipe, definição de metas, motivação, delegação e controle de tempo, solução de problemas, tomada de decisões, negociação e gestão de conflitos e mudanças. Embora a fábrica tenha sido novamente vendida mais tarde, Kane conseguiu avaliar o programa com base na sua meta de retenção de gestores: a rotatividade permaneceu bem baixa.[26]

Qualquer que seja o resultado, o treinamento representa custos para a organização. Conseqüentemente, conduzir um treinamento é válido apenas quando ele resulta em melhoria de desempenho, medido pelo aumento da quantidade, qualidade, ou de ambas. O treinamento que não produza resultados deve ser modificado ou descontinuado. Em organizações nas quais os supervisores e demais pessoas são seletivos e adotam apenas o treinamento que os ajudem a atingir metas, os programas de treinamento não constituem gastos, mas sim investimento valioso nos recursos humanos da organização.

MÓDULO DE APTIDÃO

PARTE UM: CONCEITOS

Resumo

16.1 Resumir os motivos para a empresa adotar a orientação dos novos funcionários.

O principal motivo para que se aplique a orientação aos novos funcionários é que quanto mais cedo eles conhecerem as informações básicas relacionadas ao trabalho, mais cedo ele se tornarão produtivos. A orientação também reduz o nervosismo e a incerteza, e os ajuda a desenvolver atitude positiva, aumentando a satisfação profissional.

16.2 Discutir como o supervisor e o departamento de recursos humanos podem trabalhar juntos para conduzir o programa de orientação.

Nas organizações de pequeno porte, o supervisor pode conduzir a maior parte da orientação. Nas organizações de grande porte, o departamento de recursos humanos conduz grande parte das tarefas. Em qualquer dos casos, o supervisor é responsável por ensinar os detalhes de uma função específica de determinado departamento. Isso envolve explicar o que o departamento faz e o que a função do novo funcionário abrange. Normalmente, o departamento de recursos humanos trata de assuntos relacionados às políticas e aos procedimentos da organização.

16.3 Identificar os métodos de orientação.

Na orientação, o novo contratado deve receber da organização o manual do funcionário. O supervisor (ou outra pessoa) deve levar o funcionário para conhecer o local de trabalho, mostrando as instalações onde ele irá trabalhar. Durante a visita, o funcionário deve ser apresentado às pessoas com as quais irá trabalhar. O supervisor deve orientar os demais funcionários para que recebam bem o novo colega. Ao final do primeiro dia ou da primeira semana, o supervisor deve verificar se o novo funcionário está entendendo o trabalho.

16.4 Descrever o ciclo de treinamento.

Em primeiro lugar, o supervisor (ou outra pessoa) avalia as necessidades de treinamento. As três etapas seguintes abrangem o planejamento do treinamento: definição dos objetivos, seleção dos participantes e escolha do método de treinamento. Depois, alguém (o supervisor, algum funcionário ou um instrutor profissional) conduz o treinamento. A última etapa é avaliar o sucesso do treinamento. A avaliação, algumas vezes, indica a necessidade de treinamento complementar.

16.5 Explicar como o supervisor determina se o funcionário precisa de treinamento.

O supervisor pode observar problemas no departamento que indiquem a necessidade de treinamento. Áreas em processo de mudanças podem demonstrar necessidade de treinamento. O supervisor pode consultar os funcionários quanto aos tipos de treinamento que eles acreditam que necessitam durante o planejamento. Por fim, alguns treinamentos são exigidos pelas normas governamentais e sindicais ou pela política da companhia.

16.6 Definir os principais tipos de treinamento.

A organização pode adotar o treinamento prático, em que o funcionário aprende durante a realização do trabalho. Outros métodos de treinamento são o programa de aprendiz e o treinamento cruzado (ou seja, o funcionário exerce mais de uma função). O treinamento também pode ser conduzido fora do ambiente de trabalho por meio de treinamento simulado ou com aulas expositivas. O treinamento com aulas expositivas pode ser mais eficaz se incluir instruções informatizadas (especialmente a multimídia interativa) e a dramatização. Algumas instruções informatizadas envolvem simulações. Por fim, se o funcionário não possuir as competências básicas, como capacidade de ler as orientações ou de trabalhar com números, a organização pode oferecer treinamento em competências básicas.

16.7 Descrever como o supervisor pode usar a as práticas coaching e mentoring para auxiliar no treinamento.

Para ajudar os funcionários a manter e usar as aptidões adquiridas, o supervisor assume o papel de *coach*, orientando e instruindo-os em como executar um trabalho, para cumprir as metas de desempenho. O supervisor observa o desempenho do funcionário, opina e critica. Supervisor e funcionário trabalham juntos para buscar a solução de qualquer problema. Depois, o supervisor avalia o desempenho do funcionário para verificar se ele entendeu o que deve ser feito e se está efetivamente fazendo da maneira como deve. O supervisor pode atuar como mentor de um funcionário, orientando, aconselhando e incentivando por meio de uma relação profissional contínua e individualizada. Algumas organizações adotam prática de mentoring com minorias e funcionários do sexo feminino como forma de ajudá-los a aprender a conviver em situações de trabalho desconhecidas.

16.8 Discutir como o supervisor pode avaliar a eficácia do treinamento.

Para avaliar o treinamento, o supervisor analisa se o problema tratado no treinamento está sendo resolvido. Além disso, os participantes podem preencher um questionário de avaliação da sua experiência de treinamento. Quando o treinamento não está produzindo os resultados desejados, o supervisor deve tentar descobrir a razão e, então, corrigir o problema.

Termos Principais

treinamento, *p.* 437
orientação, *p.* 439
manual do funcionário, *p.* 442
treinamento prático, *p.* 449
programa de aprendiz, *p.* 449
treinamento simulado, *p.* 450
multimídia interativa, *p.* 451
dramatização, *p.* 453
coaching, *p.* 454
mentoring, *p.* 454

Questões para Discussão e Revisão

1. Descreva um cargo ou uma atividade para a qual você tenha sido treinado. Qual era a finalidade desse treinamento?
2. Descreva uma situação em que você tenha recebido orientação. Em que consistia essa orientação? A orientação foi diferente do treinamento?

3. Quando Al DeAngelis começou em seu novo emprego como programador de computador, chegou ao departamento às 9h30, depois de passar pelo departamento de recursos humanos para preencher alguns formulários. Marcia Eizenstadt, sua supervisora, cumprimentou-o e disse: "Al, estou muito feliz que esteja começando conosco hoje. Precisamos muito do seu talento". Depois, explicando que passaria o dia todo ocupada em importantes reuniões de planejamento, Eizenstadt mostrou a DeAngelis sua mesa e deu-lhe um manual do funcionário para ler. "Leia com cuidado", disse Eizenstadt. "Ele contém todas as informações de que precisa para trabalhar aqui. Amanhã ou depois, espero podermos nos reunir e começar a passar a sua primeira tarefa". DeAngelis passou o resto do dia lendo o manual, louco por uma xícara de café e tentando sorrir com simpatia em resposta aos olhares indagadores dos demais funcionários que passavam e olhavam para sua baia.

   a. Que aspectos da orientação de DeAngelis foram úteis?

   b. Como ela poderia ser melhorada?

4. Quais são as etapas do ciclo de treinamento?

5. Quem determina quando o treinamento é necessário? Quais são alguns indicativos da necessidade de treinamento?

6. Phil Petrakis supervisiona as camareiras do hotel de uma grande cidade. Ele descobriu que a maneira mais fácil e rápida de treinar o pessoal é enviando-lhes um memorando descrevendo quaisquer novas políticas e procedimentos que ele deseja ensinar. Depois de os funcionários lerem o memorando, está concluído o treinamento – simples assim. O que há de errado com essa abordagem?

7. Que tipo ou tipos de treinamento você recomendaria em cada uma das situações a seguir? Explique as recomendações.

   a. Ensinar aos controladores de vôo como ajudar os pilotos a aterrissar a aeronave com segurança.

   b. Melhorar as habilidades de decisão dos trabalhadores da produção para que possam participar mais do programa de envolvimento de funcionários da companhia.

   c. Ensinar ao encanador como trocar canos de esgoto.

   d. Ensinar à recepcionista como operar o novo sistema de telefonia.

8. Na reunião do departamento, a supervisora de produção Lenore Gibbs anuncia: "A partir do próximo mês a companhia oferecerá um curso para aqueles que não sabem ler. As aulas acontecerão no refeitório depois do expediente". Em sua opinião, como os funcionários com dificuldades de leitura reagiriam ao anúncio de Gibbs? De que maneira ela poderia reformular o texto do anúncio para que este atraísse mais funcionários para o curso?

9. Em que consiste a prática de coaching? Por que ela é mais adequada para organizações que incentivam o envolvimento do funcionário e o trabalho em equipe?

10. O que é um mentor? Que medidas o mentor deve adotar para ajudar um funcionário japonês transferido do escritório de Tóquio para a matriz da companhia nos Estados Unidos? Como essas ações podem ajudar o funcionário e a organização?

11. Retome o treinamento descrito na questão 1. Avalie sua eficácia. De que maneira ele pode ser melhorado?

PARTE DOIS: CAPACITAÇÃO

PROBLEMA A SER RESOLVIDO PELO ALUNO

Com base no texto da página 437, reflita e considere que, embora a rotatividade de funcionários na Cheesecake Factory esteja abaixo da média, o setor de restaurantes tende a apresentar rotatividade muito alta (ou seja, muitos funcionários deixam o emprego todo ano). Mais especificamente, o padrão do setor é 106%, e a rotatividade nos restaurantes da Cheesecake Factory varia de 80% a 95%, o que significa que todo ano o gestor do restaurante precisa treinar novos funcionários para a maioria das posições.

Suponha que seu grupo seja a equipe de consultores escolhida para avaliar a possibilidade de melhorar o treinamento visando reduzir o índice de rotatividade da companhia. A Cheesecake Factory irá experimentar as idéias sugeridas em três de seus restaurantes. Revise as idéias de treinamento apresentadas neste capítulo. Prepare um memorando recomendando mudanças no programa de treinamento da companhia. Explique por que, em sua opinião, as recomendações devem reduzir o índice de rotatividade nos três restaurantes testados.

Caso de Solução de Problemas: *Treinamento de Funcionários de Centrais de Atendimento*

Os funcionários de centrais de atendimento ao cliente precisam estar capacitados para atender com educação, mas as habilidades necessárias para esse cargo não se restringem a regras de etiqueta. Eles também precisam lidar com várias perguntas e problemas relacionados a produtos específicos. Sempre que a companhia acrescenta uma nova linha de produtos ou serviços, o funcionário precisa estar preparado para responder várias perguntas novas. Portanto, treinamento é uma preocupação permanente nas centrais de atendimento. O método tradicional consiste na apresentação do novo material em aulas expositivas, complementadas com outros componentes de treinamento.

Com o intuito de buscar eficácia e flexibilidade, o treinamento em centrais de atendimento, freqüentemente, é feito utilizando uma rede virtual. A forma mais comum desses componentes é o chamado **treinamento assíncrono por rede**, que consiste em um conjunto de módulos que cada atendente estuda de forma independente em seu computador, visualizando o conteúdo do curso e, depois, respondendo às perguntas no seu próprio ritmo. Não há necessidade de um instrutor estar presente. Algumas vezes, os módulos incluem uma simulação em que o funcionário atende chamadas de atores representando clientes com perguntas ou problemas relacionados ao conteúdo do curso.

Algumas organizações têm condições de oferecer programas de treinamento personalizados, mais envolventes do que a simples leitura de textos e resposta de questões de múltipla escolha. Uma central de atendimento contratou uma companhia de treinamento chamada Resource Bridge para desenvolver um treinamento on-line, nos moldes de um videogame. Os módulos de ensino de modos de cortesia e profissionalismo contêm vídeos animados de três atendentes recebendo uma ligação. Um dos funcionários atende de modo rude, o outro usa um tom de conversa agradável, e o terceiro é extremamente informal, tratando o interlocutor de "meu bem". Quando o atendente escolhe o estilo que ele considera mais adequado, o vídeo de treinamento mostra a reação do cliente, em vez de apenas indicar se a escolha está correta. Por exemplo, o cliente reage ao ser chamado de "meu bem" demonstrando irritação com a intimidade. O funcionário logo percebe que essa abordagem é inadequada.

Quando o supervisor monitora as ligações dos atendentes, usa as gravações para identificar oportunidades de treinamento. Se ele observa que um funcionário está com dificuldades em atender algum cliente ou com dificuldades para resolver determinado tipo de problema, pode enviar-lhe um módulo de treinamento que trate da situação. A Envision Click2Coach permite ao supervisor escolher as cenas de vídeo, mostrando como tratar de um tipo específico de problema. O supervisor pode gravar uma explicação verbal de como o funcionário pode tratar do problema com mais eficácia. Esses e outros programas de treinamento permitem ao supervisor escolher gráficos, documentos e clipes de áudio (inclusive gravações de chamadas atendidas pelo funcionário) para inserir nos módulos de treinamento. Esse recurso permite ao supervisor orientar mais especificamente cada funcionário, sem que nenhum dos dois tenha de se deslocar de sua mesa.

Coaching eletrônico é fácil e flexível, assim, é necessário lembrar o supervisor da importância da comunicação ao vivo com os funcionários. É essencial que o supervisor incentive pessoalmente o funcionário, para que este utilize as habilidades desejadas.

Os novos funcionários ou aqueles que acabam de aprender um novo conjunto de recursos podem começar a trabalhar em uma "área de concentração". Podem se sentar juntos em uma área da central de atendimento onde um ou dois supervisores ficam próximos e disponíveis para auxiliar e responder as dúvidas. Além disso, atendentes experientes podem ser indicados para ajudar os funcionários da área de concentração. Colocando-os no papel de *coach*, os funcionários podem ficar mais à vontade (é mais fácil pedir ajuda a um colega do que a um supervisor). Ao mesmo tempo, orientando as pessoas, o funcionário experiente reforça o seu conhecimento e se desenvolve para ser um supervisor no futuro.

Outra maneira comum de treinar atendentes é indicando algum funcionário veterano para servir de mentor. Por exemplo, se um supervisor da central de atendimento da Georgia Power identificar uma deficiência em alguma habilidade específica dos novos atendentes, ele os encaminhará a funcionários experientes, excelentes nessa habilidade. Os atendentes e seus mentores sentam-se próximos uns dos outros para que estes possam prontamente ajudar. No entanto, Paula Sacks, supervisora na Georgia Power, observa a necessidade de escolher criteriosamente o mentor. Não basta que o mentor seja habilidoso na sua função; ele também deve ter boa capacidade de comunicação e estar disposto a usar parte do seu tempo como orientador.

1. Imagine-se como supervisor de uma central de atendimento, em que supervisiona 20 funcionários, que lidam com questões e problemas de consumidores que compram os produtos do seu cliente – móveis montados usando ferramentas manuais. Seu cliente está preparando o lançamento de novos produtos: tapetes e outros acessórios. Agora, os atendentes precisam estar preparados para responder novos tipos de questões, como perguntas relacionadas aos tecidos e às cores. Quais dos métodos descritos neste caso você usaria para preparar os atendentes para essas mudanças? Por quê?

2. Prepare um plano de treinamento para os atendentes. O treinamento será aplicado a todos de uma vez ou em grupos? Quais métodos você irá utilizar primeiro? O treinamento será iniciado antes ou durante o lançamento do produto?

3. O que você precisará aprender para se preparar para essas mudanças? Como irá desenvolver suas próprias aptidões?

Fontes: Greg Levin. "The End of Agent Training as We Know It", *Call Center*, 1º jul. 2006; Kelli Gavant. "Resource Bridge Helps Companies Improve Training", *(Arlington Heights, IL.) Daily Herald*, 19 abr. 2006, ambos os textos extraídos de Business & Company Resource Center, http://galenet.galegroup.com.

Autoconhecimento

Será Que Você Está Capacitado para Orientar Alguém?

Este questionário destina-se a avaliar o potencial do aluno de atuar como orientador de apoio ao treinamento. Responda Verdadeiro ou Falso nestas afirmações.

_____ 1. A melhor maneira de ter algo feito é fazê-lo você mesmo.

_____ 2. Se eu der instruções claras a uma pessoa, sei que ela irá realizar o trabalho sem que eu precise verificar.

_____ 3. Não me incomodo se alguém perguntar como realizar um trabalho.

_____ 4. Se eu der instruções a uma pessoa sobre como executar uma tarefa, é responsabilidade dela executá-la.

_____ 5. Gosto de deixar claro para a pessoa quando ela faz algo certo.

_____ 6. Se uma pessoa comete um erro, concentramo-nos em resolver o problema juntos.

_____ 7. Se alguém comete um erro, eu mesmo resolvo o problema.

_____ 8. Se uma pessoa não segue os procedimentos da companhia, suponho que ela não tenha lido o manual da companhia.

_____ 9. Considero o programa de multimídia interativa a melhor forma de treinamento para todos.

_____ 10. O treinamento de um novo funcionário não deve durar mais de uma semana.

Resultado: Verdadeiro nas afirmações 2, 5 e 6 mostra bom potencial como orientador. Verdadeiro nas demais afirmações mostra que você precisa atentar mais para as necessidades individuais e, depois, trabalhar com base nos talentos de cada um, enfatizando-os.

Pausa e Reflexão
1. De acordo com esse questionário, quão boas são as suas habilidades de coaching?
2. Como você pode melhorar a sua habilidade de coaching?

Exercício em Aula

Atuando como Instrutor

Um ou mais alunos se voluntariam para ensinar à classe alguma habilidade. Se possível, os voluntários devem ter um tempo para preparar a "sessão de treinamento" antes da aula. Alguns "instrutores" podem preferir trabalhar em equipe. A seguir, apresentamos algumas sugestões de habilidades para ensinar; use a criatividade para contribuir com a lista:

- Fazer chapéus de origami.
- Fazer truques com cartas de um baralho.
- Comunicar uma mensagem com a linguagem dos sinais.
- Preparar um drinque para uma festa.

Depois da sessão ou sessões de treinamento, a classe discute as seguintes questões:

1. Como avaliar o êxito do treinamento? Se possível, tente avaliar o que a classe aprendeu. O que indicam os resultados dessa avaliação?
2. Que técnicas de treinamento foram adotadas? Alguma outra técnica ou alternativa teria facilitado o aprendizado? Que modificações ajudariam?

Capacitação em Supervisão

Orientando um Novo Integrante da Equipe

Divida a classe em equipes de quatro a cinco integrantes. Escolha (ou peça algum voluntário) um integrante de cada equipe para representar o papel de um aluno recém-admitido na escola (o novato representa um aluno transferido de outra escola, vindo de outro país ou algo desse tipo). O restante da equipe se empenhará ao máximo para orientar o novato na escola. Os integrantes da equipe podem assumir a responsabilidade de diferentes áreas; por exemplo, um pode desenhar o mapa do *campus* e do bairro para o novato, indicando as rotas dos ônibus e os locais importantes ou úteis; outro pode dar informações sobre grupos de estudo ou atividades sociais. No final da sessão, o novato deve avaliar e discutir a eficácia da orientação recebida.

Capítulo **Dezessete**

Avaliação de Desempenho

Tópicos Gerais do Capítulo

Objetivos da Avaliação de Desempenho
Abordagem Sistemática de Avaliação do Desempenho
Processo de Avaliação
O Que Medir na Avaliação
Diretrizes da EEOC
Avaliação de Desempenho e Revisão Salarial

Tipos de Avaliação
Escala de Classificação Gráfica
Método de Comparação aos Pares
Método de Escolha Forçada
Avaliação Descritiva
Escala de Classificação do Comportamento (ECC)
Avaliação por Lista de Verificação do Desempenho
Avaliação de Incidentes Críticos
Método de Norma de Trabalho
Gestão por Objetivos (GPO)
Avaliação por Terceiros Que Não o Supervisor

Causas de Distorções
Entrevista de Avaliação do Desempenho
Objetivo da Entrevista
Preparação para a Entrevista
Condução da Entrevista

Objetivos de Aprendizado

Depois de estudar o capítulo, o aluno estará apto a:

17.1 Descrever resumidamente os benefícios da avaliação de desempenho.

17.2 Identificar as etapas da avaliação sistemática de desempenho.

17.3 Discutir as recomendações para evitar a discriminação na avaliação de desempenho.

17.4 Comparar os tipos de avaliação de desempenho.

17.5 Descrever as causas de distorções na avaliação de desempenho.

17.6 Explicar o objetivo da entrevista de avaliação de desempenho.

17.7 Recomendar como o supervisor deve se preparar para a entrevista de avaliação de desempenho.

17.8 Descrever as orientações para a entrevista de avaliação.

Você precisa ouvir constantemente opiniões e críticas construtivas para tirá-lo da zona de conforto.
– *Kevin Sharer, CEO, Amgen*

Problema de um Supervisor: Avaliando os Funcionários do Gwinnett Health System

Steve Nadeau, vice-presidente de recursos humanos do Gwinnett Health System, hospital que possui um quadro de 3.300 funcionários em Lawrenceville, Georgia, tinha um problema. "A tradicional e ultrapassada avaliação de desempenho não funcionava bem para nós. As avaliações eram demoradas, os funcionários as consideravam subjetivas demais, e os gestores não gostavam do sistema", ele afirma. As dificuldades se agravaram e poderiam até ter afetado o credenciamento do hospital pela comissão de credenciamento das organizações de manutenção da saúde, que avalia mais de 19.500 entidades nos Estados Unidos.

Então, Nadeau adquiriu um software de apoio às avaliações de funcionários da área da saúde. Depois de um longo período testando e ajustando o sistema com os critérios estabelecidos especificamente para o hospital, o programa foi implementado. Nos dois meses seguintes, funcionários e gestores receberam treinamento para usar o programa. Os resultados foram realmente satisfatórios. "Os funcionários gostaram do programa desde o início", afirma Nadeau.

O novo sistema usa cinco classificações de funcionário baseadas nos padrões estabelecidos pelos gestores do hospital. Para minimizar a subjetividade das decisões, o sistema permite ao gestor ajustar os módulos, em vez de criar critérios partindo do zero. Embora o sistema sirva de apoio ao processo tradicional de avaliação formal anual dos funcionários, que é conduzido pelos supervisores, ele também permite que sejam inseridas opiniões e críticas dos colegas. Os dois terços dos funcionários do Gwinnett que não têm acesso regular a computadores podem contribuir com críticas e opiniões respondendo os questionários de avaliação por escrito.

Essas avaliações de desempenho informatizadas enfocam os resultados e não os traços de personalidade dos funcionários, por isso, eles percebem que o novo sistema é mais objetivo e justo que o antigo. Essa percepção é especialmente importante porque os resultados das avaliações de desempenho são vinculados aos aumentos salariais.

Os supervisores no Gwinnett Health System não escolhem o formato da avaliação de desempenho dos funcionários, mas precisam opinar e criticar com base nos resultados que foram obtidos pelo sistema escolhido pela organização.

QUESTÕES

1. Como o supervisor pode colher as informações necessárias para fornecer feedback aos funcionários?
2. Como o supervisor pode fornecer um feedback objetivo e justo?

Fonte: Gail Dutton, "Making Reviews More Efficient and Fair", *Workforce*, abr. 2001, p. 76-81.

---

avaliação de desempenho
Feeadback formal sobre o desempenho de um funcionário no seu trabalho

O feedback formal, que diz respeito ao desempenho do funcionário no trabalho, é denominado **avaliação de desempenho** (ou verificação de desempenho ou, ainda, exame de desempenho). A maioria das organizações exige que o supervisor avalie o desempenho de todos os seus funcionários regularmente, geralmente uma vez por ano. Portanto, o supervisor precisa saber avaliar o desempenho de forma justa.

Neste capítulo, serão discutidos os objetivos da avaliação de desempenho e será descrito o processo de avaliação sistemática do desempenho. Serão descritos vários tipos de avaliações que são adotadas pelas organizações hoje em dia. Além disso, será discutido como evitar as distorções e como conduzir a entrevista de avaliação.

OBJETIVOS DA AVALIAÇÃO DE DESEMPENHO

A avaliação de desempenho fornece as informações necessárias para o funcionário melhorar a qualidade do seu trabalho. Para que ele possa melhorar a qualidade do seu trabalho, o funcionário precisa saber se o seu desempenho é satisfatório ou não, de acordo com as expectativas da organização. Assim como descrito nos Capítulos 7 e 10, o feedback do supervisor para o funcionário deve ser freqüente. A avaliação de desempenho complementa o feedback informal através de uma avaliação mais formal e completa. (O funcionário que recebe opiniões e críticas informais suficientes provavelmente não se surpreende com os resultados da avaliação.) A avaliação formal assegura um feedback que abrange todos os aspectos importantes do desempenho do funcionário.

Com base nessas informações, funcionário e supervisor podem planejar como melhorar as deficiências. Desse modo, a avaliação de desempenho auxilia na prática de

SUPERVISÃO NOS DIVERSOS SETORES

MANUFATURA

A WHIRLPOOL AVALIA SEU PROCESSO DE AVALIAÇÃO

Quando a direção da Whirlpool percebeu que os funcionários queriam receber mais feedback por parte dos supervisores, a companhia começou a aperfeiçoar o seu processo de avaliação. No âmago das mudanças estava o feedback freqüente. A Whirlpool começou exigindo que os supervisores fizessem entrevistas de avaliação com cada funcionário pelo menos quatro vezes por ano, em vez de duas, como era feito. Quando os supervisores e funcionários descobriram que as avaliações estavam ajudando a melhorar a qualidade do trabalho dos funcionários, alguns começaram a se reunir com mais freqüência. Jeffrey Davidoff tem oito funcionários subordinados a ele, que são responsáveis pela comercialização dos produtos da Whirlpool na América do Norte. Ele faz uma análise com seus funcionários a cada duas semanas. Essas reuniões chegam a durar 45 minutos. Pode-se imaginar esse processo como uma perda de tempo, mas Davidoff afirma: "Estou percebendo resultados muito melhores".

Essa atitude reflete uma mudança em relação ao que os gestores da Whirlpool sentiam anteriormente. Antes de a empresa começar a modificar o processo de análise, os supervisores reclamavam do tempo que gastavam realizando as avaliações. A resposta da companhia veio na forma de conversão do processo usado por um sistema informatizado. Nesse sistema, o supervisor digita seus comentários e os funcionários lêem a avaliação no seu próprio computador. Contudo, os funcionários começaram a reclamar que faltavam opiniões a respeito do seu desempenho nas avaliações. Eles não sabiam se estavam superando ou deixando a desejar quanto às expectativas da organização, e muito menos como melhorar. Essa reação mostrou a importância das reuniões de avaliação como ferramenta de gestão. Davidoff, por exemplo, constatou que, quando se reúne com mais freqüência com os funcionários para discutir o desempenho, ele consegue delegar mais o trabalho de comercialização dos produtos, em vez de realizá-lo sozinho.

Hoje, além das reuniões realizadas com mais freqüência, o processo de avaliação da Whirlpool exige do funcionário a elaboração dos seus próprios objetivos de desempenho, que devem incluir pelo menos uma meta diferente dos requisitos básicos do trabalho do funcionário. O supervisor deve analisar e aprovar tais objetivos. Alguns funcionários sentem dificuldades em estabelecer os objetivos, mas apreciam o envolvimento e a clareza a respeito das expectativas em relação ao seu trabalho. Chris Ball, gestor de vendas sênior da Whirlpool, disse a um repórter: "Eu sinto mais propriedade" no novo sistema de avaliação. E Davidoff declara: "Estou agradavelmente surpreso com a forma como comportamentos do dia-a-dia mudaram", agora que os funcionários enxergam com mais clareza o que se espera deles.

Fonte: Erin White, "For Relevance, Firms Revamp Worker Reviews", *The Wall Street Journal*, 17 jul. 2006, http://online.wsj.com.

coaching do funcionário, descrita no Capítulo 16. Por exemplo, na Van Kampen Investments em Oakbrook Terrace, Illinois, gestores e supervisores usam o processo de análise para perguntar aos funcionários a respeito de suas metas. Jeanne Cliff, vice-presidente do setor de recursos humanos, disse: "Se algum funcionário quiser passar do setor de serviço de atendimento ao cliente para o de finanças, por exemplo, qual seria a etapa seguinte? Os gestores preparam e fornecem por escrito ao funcionário as metas e os planos de desenvolvimento do desempenho".[1]

A avaliação também ajuda a motivar o funcionário. A maioria das pessoas aprecia o tempo dedicado pelo supervisor para discutir sobre o seu trabalho, e, também os elogios que recebem pelo bom desempenho; o simples fato de escutar o ponto de vista do supervisor pode ser motivador. Os funcionários tendem a se esforçar ainda mais nas tarefas em que são elogiados. Portanto, ao avaliar no funcionário o tipo de comportamento considerado importante, a organização o incentiva a se empenhar nessas áreas e mantém os trabalhadores qualificados na empresa. Em uma pesquisa de 1998, realizada com trabalhadores da área de tecnologia da informação, mais de 80% dos entrevistados declararam ser o feedback e o fato de ter planos de desenvolvimento individual os principais fatores que os influenciariam a permanecer na empresa.[2] Considere o caso de Bill Ransom, um funcionário sindicalizado que permaneceu 18 anos na mesma companhia aeroespacial e, em todo esse período, recebeu exatamente *uma* análise pessoal de desempenho de um supervisor. "Não importa o que eu fizesse", ele diz, "ninguém examinava meu trabalho e eu nunca recebia qualquer tipo de comentário. Depois de certo tempo, parei de me preocupar tanto com o desempenho".[3]

Acima de tudo, o supervisor deve lembrar-se de que a avaliação de desempenho faz parte de um processo de controle permanente. Ron Adler, CEO da Laurdan Associates de Potomac, Maryland, afirma que a finalidade da avaliação de desempenho não deve ser de distribuir punições ou evitar processos judiciais. "É um método para provocar ações", ele ressalta, "ou porque pede que o funcionário continue a trabalhar da maneira como está trabalhando, ou porque pede para mudar".[4] Quando a McKesson Corporation estabeleceu como meta para os funcionários da central de atendimento ao cliente o desenvolvimento de algumas aptidões específicas, os atendentes e seus mentores na companhia tiveram que preencher avaliações classificando o nível de aptidão em cada área. Para cada área que o funcionário tinha que melhorar, ele criou um plano de desenvolvimento pessoal, e a companhia lhe deu seis meses para atingir um nível de aptidão aceitável. No início, alguns atendentes resistiram, mas assim que perceberam o processo como um incentivo ao desenvolvimento, sentiram-se motivados.[5] Veja o texto na seção "Supervisão nos Diversos Setores" para saber como a Whirlpool Corporation ajustou seu processo de avaliação para sustentar melhor as metas da companhia.

Enfim, a avaliação de desempenho produz importantes registros para a organização. Esses registros são uma fonte valiosa de informações nas decisões de aumentos salariais, promoções e aplicação de medidas disciplinares, e são comprovantes da aplicação justa da avaliação. A avaliação de desempenho também serve de comprovação do comportamento ou desempenho problemático de algum funcionário. (Para obter mais detalhes sobre funcionários problemáticos, veja o Capítulo 12.)

ABORDAGEM SISTEMÁTICA DE AVALIAÇÃO DO DESEMPENHO

Para produzir seus potenciais benefícios, a avaliação deve ser totalmente justa e precisa. O supervisor deve, portanto, ser sistemático na avaliação do desempenho. Ele deve seguir um processo completo, usar medidas objetivas quando possível e evitar a discriminação.

Processo de Avaliação

O processo de avaliação ocorre em quatro etapas (veja a Figura 17.1). O supervisor estabelece e informa as expectativas em termos de desempenho e seus padrões de medição. O supervisor também observa o desempenho individual, comparando-o com determinados padrões. Com base nessas informações, o supervisor reforça o desempenho ou aplica medidas corretivas.

Estabelecer e Informar as Expectativas Quanto ao Desempenho

Durante o processo de planejamento, o supervisor deve definir o que deve ser realizado pelo departamento ou grupo de trabalho (veja o Capítulo 6). Nos planos de ação, o supervisor detalhará quem irá realizar o que para atingir os objetivos que foram pre-estabelecidos. Com essas informações, fica relativamente fácil especificar o trabalho que cada funcionário deve executar para ajudar o departamento ou grupo de trabalho

FIGURA 17.1
Processo de Avaliação do Desempenho

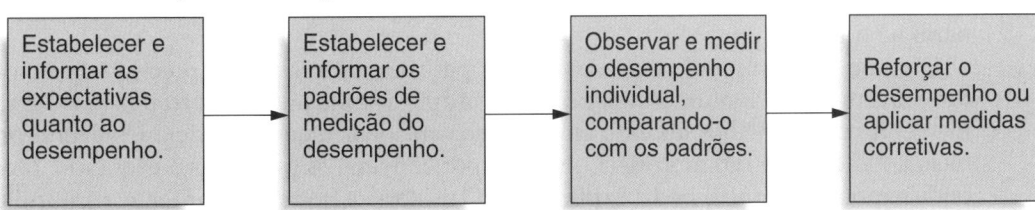

Estabelecer e informar as expectativas quanto ao desempenho. → Estabelecer e informar os padrões de medição do desempenho. → Observar e medir o desempenho individual, comparando-o com os padrões. → Reforçar o desempenho ou aplicar medidas corretivas.

a atingir suas metas. O supervisor pode listar de três a cinco responsabilidades importantes para cada posição; a avaliação concentra-se, então, nessas responsabilidades.

Por exemplo, suponhamos que Francine Bloch supervisione o pessoal de entrega de uma rede de lojas de eletrodomésticos em Dallas. Todos os motoristas devem conduzir o veículo com segurança, entregar a mercadoria sem danos e tratar os clientes com gentileza.

O supervisor deve garantir que os funcionários saibam e entendam o que se espera deles. Para isso, ele deve assegurar-se de que os objetivos fiquem claros para os funcionários, portanto, ele deve comunicá-los com a maior clareza possível (veja o Capítulo 10). Os funcionários entendem melhor e ficam mais comprometidos com os objetivos quando participam da sua definição. Cada vez mais empresas estão exigindo que supervisores e funcionários estabeleçam juntos as metas de desempenho.

Estabelecer e Informar os Padrões de Medição do Desempenho

Como as expectativas de desempenho são objetivas, cada uma delas deve ser mensurável (veja o Capítulo 6). Na avaliação de desempenho, a tarefa do supervisor abrange tanto decidir a maneira de medir o desempenho dos funcionários como assegurar que eles saibam o que será medido. Por exemplo, se o supervisor estiver buscando um bom trabalho em equipe, esse desempenho deverá ser definido em termos de freqüência (com pontualidade) nas reuniões de equipe, idéias apresentadas para enfrentar as dificuldades do grupo, e comunicação à equipe sobre o progresso que a pessoa está tendo nas designações determinadas pela equipe.[6] No caso dos funcionários de Bloch, os padrões devem incluir que a entrega dos eletrodomésticos devem ser realizadas sem que o produto tenha qualquer dano, nenhum acidente ou multa de trânsito, e nenhuma reclamação do cliente a respeito do serviço.

Observar e Medir o Desempenho Individual Comparando-o com os Padrões

Por meio do processo de controle, o supervisor deve continuamente colher informações a respeito do desempenho de cada funcionário. Essa é uma atividade permanente, e não algo que o supervisor deve fazer somente quando for preencher os formulários de avaliação. Assim como afirma a consultora Carol Booz, se os gestores e supervisores conseguirem "encontrar um sistema para controlar tudo que os funcionários fazem durante o período de avaliação, eles não perceberão o processo como uma obrigação".[7] Durante a preparação da avaliação de desempenho, o supervisor compara as informações coletadas do funcionário avaliado com os padrões estabelecidos. No exemplo, Bloch deve registrar as mercadorias não entregues, os danos, os acidentes, as multas de trânsito e as reclamações (ou elogios) dos clientes. Ao avaliar o desempenho de determinado funcionário, ela poderá verificar a freqüência com que esses problemas vêm ocorrendo com ele.

Reforçar o Desempenho ou Aplicar Medidas Corretivas

Para manter os funcionários motivados e informados, o supervisor precisa mostrar a eles quando estiverem trabalhando corretamente, e não apenas quando estiverem errando. Portanto, a última etapa do processo de avaliação engloba o reforço pelo bom desempenho. Esse reforço pode ser tão simples quanto mostrar ao funcionário em que aspecto o desempenho foi satisfatório. Por exemplo, Bloch pode elogiar um dos motoristas mostrando-lhe a carta de elogio recebida de um cliente. O supervisor pode comentar que irá anexar tal informação no arquivo de registro permanente do funcionário na organização.

Quando o desempenho ficar abaixo dos padrões, o funcionário precisa saber o que deve fazer para melhorar. O supervisor pode aplicar uma medida corretiva, mas, geralmente, funciona melhor quando ele pede ao funcionário que o ajude a resolver o problema. No caso de um motorista multado por conversões proibidas à esquerda, Bloch pode expor a situação e pedir explicações. O motorista pode afirmar ter se confundido porque estava perdido. Com essa informação, Bloch e o motorista podem trabalhar juntos para que ele aprenda a transitar melhor.

Desse modo, Bloch e o motorista estão tratando do problema básico (a dificuldade que o motorista está tendo em transitar em Dallas) e não do sintoma (as multas de trânsito). Portanto, o desempenho do motorista nesse aspecto pode melhorar no futuro. Em geral, além de discutirem os sintomas para descobrir o problema básico, supervisor e funcionário podem questionar quais destas causas levam ao fraco desempenho:

- *Falta de capacidade* – Se o problema for a falta de determinadas aptidões do funcionário, o supervisor deve providenciar para que ele receba o treinamento necessário, assim como descrito no capítulo anterior.
- *Falta de esforço* – Se o problema for a falta de esforço por parte do funcionário, o supervisor talvez tenha de aplicar os princípios de motivação discutidos no Capítulo 11.
- *Falhas de processo* – Se as políticas e os procedimentos organizacionais ou relacionados ao trabalho recompensarem o comportamento ineficaz ou de qualidade insuficiente, talvez o supervisor e o funcionário possam modificar o modo como o trabalho é executado.
- *Condições externas* – Se o problema estiver fora do controle do supervisor e do funcionário (por exemplo, situação econômica negativa, falta de cooperação de outro departamento, greve de fornecedores), os padrões e as classificações do desempenho devem ser ajustados para que sejam justos com os funcionários.
- *Problemas pessoais* – Se o desempenho for prejudicado por problemas pessoais do funcionário, o supervisor deve tratar da situação orientando e aplicando medidas disciplinares (veja o Capítulo 12).

Ao investigar o problema básico, o supervisor pode enxergar melhor a situação, perguntando o que pode ser feito para ajudar o funcionário a atingir as metas. Antes de terminar a avaliação, o funcionário deve ter um plano claro para realizar as mudanças necessárias a fim de melhorar o seu desempenho.

O Que Medir na Avaliação

A garçonete Kelly O'Hara saiu furiosa da sua avaliação de desempenho. "Irresponsável!" ela resmungou consigo mesma, "Preguiçosa! Quem ele pensa que é, falando desse jeito de mim? Ele não sabe do que está falando". A reação de O'Hara mostra que rotular as pessoas com certas características não é uma abordagem construtiva na condução da avaliação. Rótulos tendem a colocar as pessoas em postura defensiva, e são difíceis, se não impossíveis, de provar.

Em vez disso, a avaliação de desempenho deve ater-se ao *comportamento* e aos *resultados*. Enfocando o comportamento, a avaliação deve descrever ações ou padrões de ação específicos. Enfocando os resultados, deve-se descrever até que ponto o funcionário atingiu os objetivos pelos quais é responsável. Se o supervisor de O'Hara percebeu que recebia muitas reclamações sobre a demora no atendimento, ele e O'Hara poderiam ter trabalhado em um plano para minimizar tais queixas. Talvez o problema nem fosse o comportamento de O'Hara, mas o acúmulo de pedidos na cozinha. Com o enfoque no cumprimento dos objetivos, a avaliação poderia ter sido mais construtiva do que simplesmente tachar O'Hara de "preguiçosa", mostrando exatamente à funcionária o que se esperava dela. Esse enfoque seria também mais justo, principalmente se a funcionária ajudou a estabelecer os objetivos. A Figura 17.2 mostra resumidamente as qualidades das medidas de avaliação de desempenho que motivam os funcionários a atingir os objetivos.

FIGURA 17.2
Qualidades de Medidas Eficazes de Avaliação do Desempenho

Fonte: Susan M. Heathfield, "Take Those Numeric Ratings and...", About.com, http://humanresources.about.com/library/weekly/aa112500a.htm, acessado em 14 de outubro de 2004.

☺ Objetivas
☺ Relacionadas ao trabalho
☺ Baseadas no comportamento
☺ Sob o controle do funcionário
☺ Relacionadas a tarefas específicas
☺ Comunicadas ao funcionário

Em muitos casos, o supervisor utiliza um formulário de avaliação que requer conclusões sobre características pessoais do funcionário. Por exemplo, o supervisor talvez precise classificar quão dependente o funcionário é ou a sua atitude. Embora esse tipo de classificação seja necessariamente subjetiva, o supervisor pode tentar se basear em observações do comportamento e dos resultados. Uma das formas seria registrando pelo menos um exemplo específico de cada categoria avaliada. A classificação de uma característica pessoal parece mais razoável quando o supervisor tem como provar sua conclusão.

Diretrizes da EEOC

Assim como descrito no Capítulo 15, a Comissão para a Promoção de Oportunidades Iguais de Emprego (*Equal Employment Opportunity Commission* - EEOC) é o órgão governamental norte-americano responsável pelo cumprimento da legislação federal contra a discriminação. A EEOC publicou as Diretrizes Uniformes de Procedimentos na Seleção de Funcionários, incluindo orientações para a elaboração e implementação de avaliações de desempenho. Em geral, os comportamentos ou as características medidas em uma avaliação de desempenho devem estar relacionadas ao trabalho e ao êxito na execução deste. Por exemplo, se a avaliação medir a "apresentação pessoal", então uma boa apresentação pessoal deve ser importante para o êxito no trabalho. Por causa dessa exigência, o supervisor e outros responsáveis pelo conteúdo da avaliação de desempenho devem verificar se o que eles medem ainda é, de fato, relevante para um determinado trabalho.

Da mesma maneira que a contratação deve ser baseada na capacidade do candidato em executar as tarefas essenciais de determinado emprego, as avaliações devem ser baseadas no êxito do funcionário na execução dessas tarefas. As classificações em uma avaliação de desempenho não podem ser discriminatórias; ou seja, não devem ser baseadas em raça ou sexo, mas, sim, na sua capacidade de atingir os padrões de desempenho. Além disso, o funcionário deve ser previamente informado sobre esses padrões, e a organização deve disponibilizar um sistema para que ele possa questionar sobre sua classificação.

Avaliação de Desempenho e Revisão Salarial

Em muitas organizações, o salário do funcionário é revisado na época da avaliação de desempenho. Essa atitude reforça a relação estabelecida pela companhia entre o desempenho e os aumentos salariais. Um funcionário com avaliação excelente pode receber o maior aumento salarial permitido, enquanto alguém com uma avaliação ruim pode não receber qualquer aumento ou um aumento muito pequeno.

No entanto, a revisão simultânea do salário e da avaliação de desempenho apresenta uma potencial desvantagem. Os funcionários podem se concentrar na questão financeira, o que torna mais difícil para o supervisor utilizar a avaliação de desempenho como oportunidade para motivar e orientar. A grande maioria das companhias (68% em um recente estudo realizado pela Development Dimensions International) orienta seus gestores a separar a avaliação de desempenho das discussões salariais.[8] Nessas organizações, o supervisor consegue manter a avaliação mais centrada no desempenho do funcionário. Em outras organizações, o supervisor que revisa o salário ao mesmo tempo em que avalia o desempenho deve fazer um esforço extra para enfatizar o desempenho, ter o cuidado de orientar o funcionário, além de emitir opiniões e críticas durante o ano inteiro.

TIPOS DE AVALIAÇÃO

Foram desenvolvidas muitas técnicas de avaliação de desempenho. E é o departamento de recursos humanos ou a alta administração que normalmente decide que tipo de avaliação o supervisor deve usar. Se a organização determinar que todos os supervisores usem o mesmo método, ela estabelece uma forma de manter os registros, mostrando o desempenho ao longo do tempo, principalmente quando algum funcionário se reporta a mais de um supervisor durante a sua permanência no emprego. Embora o supervisor deva usar o formato de avaliação escolhido para toda a organização, ele pode complementá-la com outras informações úteis. O supervisor pode usar a parte de "Comentários" de um formulário pré-impresso ou anexar informações adicionais.

Escala de Classificação Gráfica

escala de classificação gráfica
Avaliação de desempenho que examina o nível do funcionário em várias características

O tipo mais comumente usado de avaliação é a **escala de classificação gráfica**, que examina o nível do funcionário em várias características, tais como o conhecimento do trabalho ou a pontualidade. A pontuação geralmente segue uma escala de um a cinco, por exemplo, sendo cinco o desempenho excelente, e um o desempenho fraco. Alguns formulários de avaliação contêm espaço para comentários, nos quais o supervisor pode justificar a pontuação concedida. A Figura 17.3 mostra um exemplo de formulário de avaliação com escala de classificação gráfica.

A principal vantagem da escala de classificação gráfica é a sua relativa facilidade de uso. Além disso, a pontuação serve de base para identificar se o funcionário melhorou em determinados aspectos. Contudo, a análise em si é subjetiva; aquilo que para um supervisor é "excelente" pode ser apenas "médio" para outro. Além disso, muitos supervisores tendem a classificar seus funcionários um pouco acima da média. Alguns formulários de avaliação tentam eliminar esses problemas, com descrições do comportamento excelente ou fraco em cada área. Outras escalas de classificação apresentam um problema diferente, pois rotula o desempenho em termos de quão bem o funcionário "preenche os requisitos". Presume-se que o supervisor queira que *todos* os funcionários preencham os requisitos do cargo, mas, se na escala de classificação todos ficarem no nível máximo, ela não serve para orientar ou recompensar os funcionários. A Microsoft tenta resolver esses problemas exigindo que apenas uma pequena porcentagem dos funcionários de cada supervisor seja classificada como "excelente" em termos de cumprimento das metas. Essa exigência força o supervisor a avaliar muito bem antes de fazer a sua classificação. Em contrapartida, o departamento de manutenção de equipamentos da cidade de Fort Worth, Texas, decidiu basear a análise em dados concretos, tais como o tempo gasto pelo funcionário para terminar determinados reparos. A informação sobre tempo gasto em cada projeto é comparada com os padrões do setor para determinar se o funcionário é mais ou menos produtivo. Os dados mostram se o funcionário deve receber cinco pontos ou um pouco menos na escala de cinco pontos do órgão.[9]

Método de Comparação aos Pares

método de comparação aos pares
Avaliação que mede o desempenho dos funcionários em relação ao grupo

O **método de comparação aos pares** mede o desempenho dos funcionários em relação ao grupo. O supervisor relaciona os funcionários do grupo e, depois, os classifica. Uma forma de avaliar é comparando o desempenho dos dois primeiros funcionários da lista. O supervisor marca o funcionário de melhor desempenho e, em seguida, repete o processo, comparando o desempenho do primeiro funcionário com o dos demais. Depois, compara o segundo funcionário da lista com todos os demais e assim por diante até comparar todos os pares de funcionários. O funcionário marcado mais vezes como o melhor é considerado o melhor funcionário daquela avaliação.

FIGURA 17.3 Exemplo de Escala de Classificação Gráfica

Fonte: John M. Ivancevich, *Human Resource Management: Foundations of Personnel*, 7. ed. (Nova York: McGraw-Hill, 1998). p. 272. Copyright©The McGraw-Hill Companies.

Nome _____ Depto. _____ Data _____

		Excelente	Bom	Satisfatório	Regular	Insatisfatório
Quantidade de trabalho	Volume de trabalho aceitável em circunstâncias normais					
	Comentários:	☐	☐	☐	☐	☐
Qualidade do trabalho	Rigor, capricho e precisão do trabalho					
	Comentários:	☐	☐	☐	☐	☐
Conhecimento do trabalho	Claro entendimento dos fatos ou fatores pertinentes ao trabalho					
	Comentários:	☐	☐	☐	☐	☐
Qualidades pessoais	Personalidade, aparência, sociabilidade, liderança, integridade					
	Comentários:	☐	☐	☐	☐	☐
Cooperação	Aptidão e disposição para trabalhar com colegas, supervisores e subordinados visando metas comuns					
	Comentários:	☐	☐	☐	☐	☐
Confiabilidade	Consciencioso, íntegro, preciso, confiável em termos de assiduidade, horários de almoço, descanso etc.					
	Comentários:	☐	☐	☐	☐	☐
Iniciativa	Empenho na busca de mais responsabilidades. Iniciativa própria, coragem para prosseguir por conta própria					
	Comentários:	☐	☐	☐	☐	☐

O supervisor também pode comparar os funcionários tendo como base diversos critérios, como a quantidade e qualidade do trabalho. Para cada critério, o supervisor classifica os funcionários do melhor ao pior, atribuindo um ponto para o pior e a pontuação máxima para o melhor funcionário em determinada categoria. Depois, todos os pontos de cada funcionário são somados para determinar quem pontuou mais.

O método de comparação aos pares é adequado quando o supervisor precisa identificar um funcionário de destaque no grupo. Esse método pode ser usado também para identificar o melhor candidato para uma promoção ou uma tarefa especial. Contudo, na comparação aos pares, alguns funcionários parecem melhores em detrimento de outros, tornando a avaliação ineficaz para a motivação do desempenho em equipe ou para a prática do coaching com os funcionários. Cada vez mais, nos últimos tempos, mais companhias têm usado a comparação aos pares para reduzir a força de trabalho. Essas companhias devem avaliar se há vantagens em identificar os trabalhadores menos produtivos, pois precisam ter em mente a possível deterioração do estado de espírito e do trabalho em equipe entre os funcionários remanescentes.[10]

O aspecto negativo do método de comparação aos pares se estende aos tribunais. Nos últimos anos, os afro-americanos e as mulheres da Microsoft, cidadãos norte-americanos da Conoco e funcionários mais antigos da Ford Motor Company têm impetrado ações coletivas alegando discriminação por parte dessas empresas nas avaliações. A Microsoft defende o sistema, que também é utilizado por outras grandes companhias, como a Cisco Systems, Intel e General Electric. "Queremos conceder a melhor compensação àqueles que têm o melhor desempenho", afirma a vice-presidente sênior de recursos humanos da Microsoft, Deborah Willingham. A companhia diz que o sistema permite verificações e conciliações para garantir a imparcialidade e que os funcionários são em grande parte responsáveis pelos critérios de pontuação, e podem questionar sua avaliação. A Conoco e a Ford também negam qualquer intenção discriminatória. No entanto, alguns críticos, inclusive David Thomas da Harvard Business School, contestam dizendo que "as companhias estão encenando sua versão de 'O Sobrevivente'", e a Cisco planejou usar esse sistema de pontuação como forma para identificar os 5 mil trabalhadores que seriam demitidos.[11]

Método de Escolha Forçada

método de escolha forçada
Avaliação de desempenho que apresenta ao avaliador conjuntos de descrições do comportamento dos funcionários; o avaliador deve escolher a descrição que melhor caracteriza o funcionário

No **método de escolha forçada**, o formulário de avaliação contém um conjunto de descrições do comportamento dos funcionários. De cada conjunto, o supervisor deve escolher a descrição que melhor caracteriza o funcionário. A Figura 17.4 mostra parte de um formulário de avaliação que usa o método de escolha forçada.

Esses questionários costumam ser elaborados para evitar que o supervisor informe apenas aspectos positivos a respeito dos funcionários. Portanto, o método de escolha forçada é utilizado quando a organização identifica que os supervisores vêm classificando um número desproporcional de funcionários acima da média.

Avaliação Descritiva

Às vezes, o supervisor precisa descrever sobre o desempenho do funcionário, respondendo perguntas como: "Quais são os principais pontos fortes deste funcionário?" ou "Em que aspectos este funcionário precisa melhorar?". A avaliação descritiva, muitas vezes, é utilizada em conjunto com outros tipos de avaliação, principalmente com as escalas de classificação gráfica. Ela permite ao supervisor descrever aspectos do desempenho que não são plenamente abordados em um questionário de avaliação. A principal desvantagem da avaliação descritiva é que sua qualidade depende das habilidades de redação do supervisor.

FIGURA 17.4
Exemplo de Método de Escolha Forçada

Fonte: John M. Ivancevich, *Human Resource Management: Foundations of Personnel*, 7. ed. (Nova York: McGraw-Hill, 1998), p. 274. Copyright©The McGraw-Hill Companies.

Instruções	Classifique de 1 a 4 cada conjunto de descrições, conforme a descrição do desempenho de _____ na função. Atribua 1 para (nome do funcionário) a descrição mais característica, e 4 para a menos característica. Não estabeleça relação entre elas.
1. _____	Não se antecipa às dificuldades
_____	Entende as explicações rapidamente
_____	Raramente perde tempo
_____	É fácil conversar com ele
2. _____	É um líder nas atividades em grupo
_____	Perde tempo com coisas sem importância
_____	Calmo e tranquilo o tempo todo
_____	Trabalhador esforçado

FIGURA 17.5
Exemplo de Escala de Classificação do Comportamento (ECC)

Fonte: John M. Ivancevich, *Human Resource Management: Foundations of Personnel*, 7. ed. (Nova York: McGraw-Hill, 1998), p. 277. Copyright©The McGraw-Hill Companies.

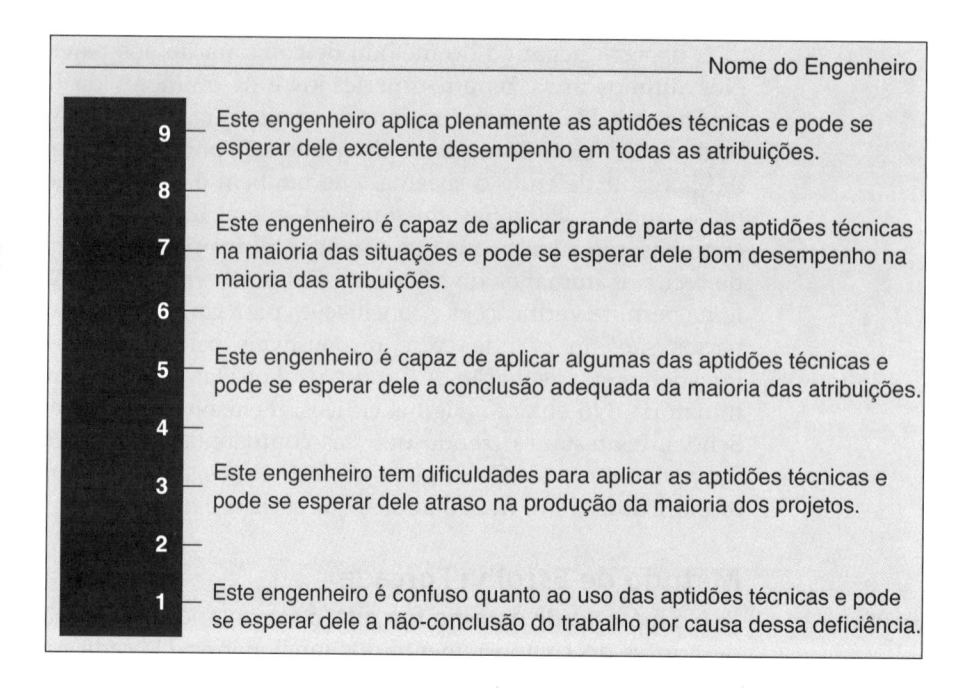

_____ Nome do Engenheiro

9 — Este engenheiro aplica plenamente as aptidões técnicas e pode se esperar dele excelente desempenho em todas as atribuições.

8

7 — Este engenheiro é capaz de aplicar grande parte das aptidões técnicas na maioria das situações e pode se esperar dele bom desempenho na maioria das atribuições.

6

5 — Este engenheiro é capaz de aplicar algumas das aptidões técnicas e pode se esperar dele a conclusão adequada da maioria das atribuições.

4

3 — Este engenheiro tem dificuldades para aplicar as aptidões técnicas e pode se esperar dele atraso na produção da maioria dos projetos.

2

1 — Este engenheiro é confuso quanto ao uso das aptidões técnicas e pode se esperar dele a não-conclusão do trabalho por causa dessa deficiência.

Escala de Classificação do Comportamento (ECC)

escala de classificação do comportamento (ECC)
Avaliação de desempenho em que o funcionário é avaliado em escalas contendo afirmações que descrevem o desempenho em diversos aspectos

Algumas organizações pagam cientistas comportamentais ou psicólogos organizacionais para criar a **escala de classificação do comportamento (ECC)**. Nessa escala, o desempenho do funcionário é analisado em vários aspectos, como a quantidade e qualidade do trabalho, com uma série de afirmações descrevendo o desempenho eficaz ou ineficaz. Em cada área, o supervisor seleciona a afirmação que descreve melhor o desempenho do funcionário. As descrições na escala de classificação são diferentes para cada cargo da organização. A Figura 17.5 mostra uma escala de classificação do comportamento que mede o desempenho na área de competência da engenharia.

A principal vantagem dessa escala está no fato de ser ajustável aos objetivos que a organização propõe para os funcionários. Além disso, a avaliação comportamental é menos subjetiva que alguns outros métodos porque utiliza afirmações descrevendo o próprio comportamento. No entanto, o desenvolvimento da escala leva tempo e, portanto, é relativamente caro.

Avaliação por Lista de Verificação do Desempenho

A avaliação por lista de verificação consiste em uma série de perguntas a respeito do desempenho do funcionário. A Figura 17.6 mostra o formato deste tipo de avaliação. O supervisor responde às perguntas com 'sim' ou 'não'. Portanto, a lista de verificação é apenas um registro do desempenho, e não uma avaliação feita pelo supervisor. O departamento de recursos humanos usa um gabarito para pontuar os itens da lista; a pontuação resultante determina a avaliação de desempenho do funcionário.

Embora a avaliação por lista de verificação do desempenho seja fácil de preencher, possui diversas desvantagens. Ela pode ser difícil de ser elaborada, e cada cargo provavelmente irá exigir que se elabore um conjunto diferente de perguntas. Além disso, o supervisor não tem como ajustar as respostas para qualquer circunstância especial que venha a afetar o desempenho.

avaliação de incidentes críticos
Avaliação de desempenho em que o supervisor mantém um registro escrito dos incidentes que mostram ações positivas ou negativas do funcionário; o supervisor usa esse registro para avaliar o desempenho do funcionário

Avaliação de Incidentes Críticos

Para conduzir uma **avaliação de incidentes críticos**, o supervisor mantém um registro escrito dos incidentes que mostram as ações positivas e negativas do funcionário. O registro deve incluir datas, pessoas envolvidas, ações adotadas e qualquer outro detalhe

FIGURA 17.6
Exemplo de Avaliação por Lista de Verificação do Desempenho

Fonte: Donald S. Miller e Stephen E. Catt, *Supervision: Working with People*, 2. ed. (Lincolnwood, IL: Richard D. Irwin, 1991), p. 330. Reprodução autorizada pelos autores.

	Sim	Não
1. O funcionário se dispõe a cooperar com os outros na conclusão das atribuições do trabalho?	____	____
2. O funcionário possui o conhecimento adequado do trabalho para desempenhar as funções de maneira satisfatória?	____	____
3. Em termos de qualidade, o trabalho do funcionário é aceitável?	____	____
4. O funcionário cumpre os prazos de conclusão das atribuições do trabalho?	____	____
5. O registro do funcionário mostra faltas injustificadas?	____	____
6. O funcionário segue as normas e os regulamentos de segurança?	____	____

relevante. No momento da avaliação, o supervisor analisa o registro para chegar a uma avaliação geral do comportamento do funcionário. Durante a entrevista de avaliação, o supervisor deve dar uma chance para que o funcionário apresente sua visão de cada incidente registrado.

A vantagem dessa técnica é que ela se concentra em comportamentos reais. No entanto, o registro dos incidentes críticos pode consumir muito tempo, e mesmo o supervisor mais atento pode deixar passar incidentes importantes. Além disso, o supervisor tende a registrar mais eventos negativos que positivos, resultando em uma avaliação extremamente rígida. Um supervisor atento, no entanto, pode usar a avaliação de incidentes críticos como ferramenta para motivar e desenvolver os funcionários. Por exemplo, como consultor de empreiteiros de mecânica e encanamento, Paul Ridilla descobriu que as companhias podem melhorar o desempenho, identificando e registrando os tipos de comportamento que valorizam a organização: sugerir inovações, trabalhar horas extras, treinar colegas e fornecer serviço de alta qualidade que leve o cliente a enviar cartas de agradecimento. Ridilla aconselha o supervisor a registrar esses e outros comportamentos positivos, além de reconhecê-los e recompensá-los.[12]

Método de Norma de Trabalho

Para usar o **método de norma de trabalho**, o supervisor tenta estabelecer medidas objetivas do desempenho. Uma norma típica de trabalho seria a quantidade produzida por um trabalhador da linha de montagem. Essa quantidade deve refletir o que uma pessoa normalmente é capaz de produzir. O supervisor compara, assim, o desempenho real do funcionário com determinadas normas.

Embora o método de norma de trabalho seja amplamente utilizado pelos trabalhadores da produção, o princípio da medição objetiva dos resultados é aplicável na avaliação de variadas funções. A norma de trabalho é uma das ferramentas usadas pelo Bank of Newport, de Rhode Island, para avaliar o desempenho dos caixas. O banco norte-americano usa "clientes misteriosos", que visitam cada agência uma vez por mês. O cliente misterioso observa e registra comportamentos específicos, inclusive se os funcionários mantêm contato visual, sorriem, chamam o cliente pelo nome e o agradecem por utilizar os serviços do banco. De acordo com Robert E. Maddock, um dos executivos do Bank of Newport, no início desse tipo de avaliação, os caixas não gostavam de ter seu comportamento registrado dessa maneira, mas, quando viram que seriam reconhecidos por cumprir as normas, passaram a aceitar melhor esse estilo de avaliação.[13]

método de norma de trabalho
Avaliação em que o avaliador compara o desempenho de um funcionário com medidas objetivas do que ele deve produzir

Gestão por Objetivos (GPO)

No Capítulo 6, a gestão por objetivos foi introduzida como ferramenta de planejamento. Em uma organização que utiliza a gestão por objetivos, o supervisor também usa essa abordagem na avaliação do desempenho. O supervisor compara as realizações de cada funcionário com os objetivos estabelecidos para ele. Se o funcionário atingir ou superar seus objetivos, a avaliação será favorável. As principais vantagens desse sistema estão no fato de o funcionário saber o que se espera dele e no fato de o supervisor concentrar-se nos resultados e não em critérios mais subjetivos.

Nos EUA, o Departamento de Polícia de Madison, Wisconsin, recentemente substituiu sua avaliação tradicional pelo sistema de definição de metas individuais, treinamento em liderança e envolvimento do funcionário. Uma pesquisa com 12 departamentos de polícia metropolitana realizada pelo Ministério Norte-Americano da Justiça constatou que a polícia de Madison era a que apresentava o maior nível de satisfação entre os cidadãos, e todo ano ela recebe mais de mil candidatos para preencher cerca de 20 vagas.[14]

Avaliação por Terceiros Que Não o Supervisor

É impossível o supervisor saber como o funcionário se comporta o tempo todo ou em todas as situações. E ele nem sempre consegue avaliar todo o impacto que o comportamento do funcionário causa nas pessoas dentro e fora da organização. Para complementarem aquilo que o supervisor sabe, outras pessoas podem opinar a respeito do comportamento do funcionário. Para isso, o supervisor pode combinar sua avaliação com a auto-avaliação do próprio funcionário ou as avaliações feitas por colegas e clientes. A avaliação de supervisores e gestores também pode ser feita por seus subordinados. A combinação de várias fontes de avaliação é denominada **feedback de 360 graus**. Uma recente pesquisa constatou que, de cada cinco organizações, uma está usando alguma forma de feedback de 360 graus, incluindo as informações de avaliações feitas por clientes ou colegas.[15]

feedback de 360 graus
Avaliação de desempenho que combina análises de diversas fontes

Diversos departamentos de polícia dos EUA têm melhorado o desempenho dos seus policiais, usando o feedback de 360 graus como base de coaching. Esses departamentos usam sistemas informatizados em que supervisores, os próprios policiais e colegas que trabalham com eles inserem dados de avaliação de como eles resolveram incidentes específicos ou desempenharam suas funções em determinado período. O supervisor dos policiais analisa as avaliações e discute com eles como melhorar. Sabendo que os outros estão observando o seu desempenho, os funcionários concentram-se nos comportamentos que fazem a diferença e, assim, geralmente sua avaliação melhora.[16] Na Trinity Communications Inc., pequena empresa de marketing sediada em Boston, cada funcionário é avaliado tanto por colegas como por clientes. "Pode ser assustador", diz a sócia-fundadora Nancy Michalowski sobre o processo. "O desafio está em ser construtivo de forma que todos consigam continuar trabalhando juntos".[17]

Para aplicar o método da auto-avaliação, o supervisor pode pedir para cada funcionário que preencha uma avaliação antes da entrevista. Depois, o supervisor e o funcionário comparam a avaliação feita por cada um no que diz respeito ao comportamento do funcionário. Esse procedimento estimula a discussão sobre aspectos de discordância entre os dois e também o surgimento de opiniões para melhorar os pontos considerados fracos. Na cadeia de lojas de móveis, acessórios e utensílios domésticos IKEA, a auto-avaliação não é apenas uma ferramenta de avaliação, mas também parte de um compromisso de ajudar o funcionário a progredir e ser promovido. O funcionário completa um processo de auto-avaliação que o ajuda a identificar seus pontos fortes. Junto com o seu supervisor, o funcionário analisa os resultados da auto-avaliação e prepara um plano para atingir suas metas de carreira dentro da companhia.[18] O supervisor também utiliza o conceito de auto-avaliação para progredir em sua própria carreira. Leia o texto na seção "Habilidades em Supervisão" para obter algumas sugestões.

avaliação por pares
Avaliação de desempenho feita por colegas do funcionário

A avaliação feita por colegas – geralmente chamada de **avaliação por pares** – é menos comum, mas a sua utilização vem crescendo, principalmente em organizações que adotam o trabalho em equipe. Os funcionários que trabalham em equipe geralmente avaliam o desempenho dos integrantes do seu grupo. As equipes fazem isso em reuniões, em que discutem os pontos fortes de cada integrante e as áreas que precisam ser melhoradas. Presume-se que os funcionários reajam de forma mais positiva a

HABILIDADES EM SUPERVISÃO

AVALIANDO E PLANEJANDO

USANDO A AUTO-AVALIAÇÃO PARA PLANEJAR SUA CARREIRA

Assumir a posição de supervisor é o primeiro passo na escala da gestão. Esse é um período importante para que você avalie as aptidões e as metas profissionais a fim de planejar a próxima fase da carreira. Uma auto-avaliação bem refletida é extremamente importante no ambiente de trabalho hoje em dia, que recompensa a criatividade no planejamento da carreira e no aprendizado permanente.

Se a organização oferece ferramentas de avaliação, como testes psicológicos e métodos de auto-avaliação, você deve tirar proveito desses recursos. Começar refletindo a respeito das oportunidades que teve até então para exercer a liderança tanto dentro como fora da função é um bom caminho. Você busca posições de liderança? Os integrantes do grupo o vêem como líder? Caso não tenha tido muita experiência de liderança, comprometa-se a buscar papéis de liderança em projetos voluntários e atribuições do trabalho.

Além disso, questionar-se a respeito das áreas de conhecimento adicional que ajudariam no emprego atual e na carreira desejada é importante. Participe de aulas, conferências e programas de graduação que darão acesso ao conhecimento necessário.

Procure aceitar projetos desafiadores e alinhados com as metas. Seja criterioso ao aceitar atribuições em que possa ter êxito e demonstrar seu potencial. Se não estiver preparado para determinada atribuição, seja honesto quanto aos seus limites.

Ao estabelecer metas e definir os aspectos em que precisa melhorar as aptidões de liderança, procure um mentor para orientá-lo nesse processo. Quem você admira e respeita em aspectos de liderança? Antes de abordar essa pessoa, defina algumas metas para a relação de mentoring, para que o tempo que passarem juntos seja produtivo. Identifique se deseja basicamente o incentivo dessa pessoa ou está mais interessado na opinião dela a respeito da organização, do setor ou da área, ou de algum problema específico que esteja enfrentando. Seja receptivo e escute novas idéias, inclusive de alguém que tenha uma visão diferente da sua.

Com esses esforços de curto e longo prazos de auto-avaliação e desenvolvimento pessoal, é possível determinar a sua importância para o seu empregador. A auto-avaliação também ajuda na preparação para pedir um aumento salarial. Se descobrir que está sendo mal remunerado, levando-se em conta a estrutura salarial da organização, a disposição do seu chefe em discutir salários e a remuneração típica da sua função, você pode usar as conclusões obtidas com a auto-avaliação para documentar o seu valor para a organização. Descreva as situações em que exerceu liderança, adquiriu conhecimento e concluiu projetos desafiadores. Se o chefe rejeitar sua proposta ou criticar seu desempenho, escute com cuidado e use as críticas e opiniões para sua próxima rodada de auto-avaliação.

Fontes: Edward E. Lawler III, *Treat People Right: How Organizations and Individuals Can Propel Each Other into a Virtuous Spiral of Success* (San Francisco: Jossey-Bass, 2003), p. 223-26; Connie LaMotta, "Career Stalled? Find a Mentor", *Direct*, 1º jan. 2003, extraído de LookSmart's FindArticles, www.findarticles.com; Max Owens, "How to Ask for a Raise", AOL Find a Job (2003), http://findajob.aol.com/findajob/articles/article.adp?id=82, acessado em 10 de setembro de 2004.

---

avaliações feitas por colegas em que todos participam igualmente do que às usadas ocasionalmente para avaliar funcionários específicos. Uma das dificuldades da avaliação por pares é assegurar que todos estejam preparados para opinar e criticar de forma objetiva. Um estudo recente constatou que os integrantes de um grupo de pares tendem a avaliar melhor os colegas com estilo social semelhante (um misto de assertividade e receptividade).[19] Quando a organização adota a avaliação por pares, o supervisor deve preparar os integrantes do grupo para aplicar os princípios da avaliação objetiva descritos neste capítulo. Talvez os funcionários precisem de treinamento, e o método de avaliação deve se ater a comportamentos específicos e mensuráveis.

O empenho em satisfazer os clientes em um mercado altamente competitivo, aliado ao desejo de obter informações práticas do desempenho, tem encorajado algumas companhias a instituir programas em que clientes avaliam o desempenho dos funcionários. Assim como já mencionado, uma maneira de obter opinião objetiva a respeito do serviço de atendimento ao cliente é usar "clientes misteriosos". Essas pessoas contatam a organização para realizar uma compra específica ou pedir ajuda para solucionar determinado problema. O cliente misterioso então registra os resultados da experiência. Esse tipo de avaliação funciona melhor quando os funcionários sabem quais são os comportamentos específicos desejados e o cliente misterioso mede esses comportamentos. Por exemplo, os caixas da Bruster's Real Ice Cream, localizada em Columbus, Georgia, devem convidar todo cliente a retornar. O cliente misterioso, fazendo compras na Buster, observa se o caixa que o atendeu o convidou a retornar. A Bruster's reforça o empenho premiando em dinheiro os caixas que recebem pontuação perfeita de um cliente misterioso.[20]

Em um número cada vez maior de grandes corporações, os subordinados avaliam a gestão do chefe. Normalmente, a avaliação é anônima, para preservar os funcionários. A finalidade dessas avaliações feitas por subordinados é fornecer aos gestores informações que eles podem usar para melhorar a supervisão e tornar a organização mais competitiva. Esse tipo de avaliação também sustenta a tendência de permitir a maior participação dos funcionários operacionais na gestão da organização.

A avaliação feita por subordinados e outro feedback de 360 graus podem corrigir algumas das distorções descritas na próxima seção. Eles também fornecem informações mais úteis na solução de problemas e no desenvolvimento de funcionários do que os resultados típicos de uma avaliação do subordinado feita pelo superior. Por exemplo, o orientador de executivos John Parker Stewart trabalhou com um gestor de vendas e marketing de cinco funcionários, todos praticamente prestes a pedir demissão por se sentirem frustrados. O gestor não conseguia perceber o problema até Stewart lhe mostrar os resultados da avaliação feita pelos subordinados. Todos os cinco funcionários indicaram que o gestor deixava de conceder crédito pelo seu trabalho; assim, eles sentiam que não eram reconhecidos quando conseguiam se superar. Depois de recuperado do golpe no seu orgulho, o gestor conseguiu melhorar o modo como recompensava a equipe, e os funcionários agradeceram com lealdade.[21]

Para que o feedback de 360 graus funcione, a pessoa que está gerindo o processo de análise deve assegurar que as respostas sejam anônimas. Os subordinados podem ficar muito temerosos de responder com sinceridade se sentirem que pode haver retaliação por conta de comentários negativos.

CAUSAS DE DISTORÇÕES

O ideal em uma avaliação de funcionários é que o supervisor seja extremamente objetivo. Cada avaliação deve refletir diretamente o desempenho do funcionário, e não uma tendência do supervisor. Evidentemente, é impossível fazer isso de maneira perfeita. Todos fazemos concessões nas estratégias de tomada de decisões e seguimos tendências ao avaliarmos o que as outras pessoas fazem. O supervisor precisa estar consciente dessa tendenciosidade para que a sua influência nas avaliações seja restringida ou eliminada. A Figura 17.7 mostra algumas causas comuns de distorções na avaliação de desempenho.

viés da austeridade
Avaliação do funcionário com mais rigor do que o seu desempenho merece

Alguns supervisores são propensos ao **viés da austeridade**, ou seja, avaliam o funcionário com mais rigor do que ele merece. Supervisores novos geralmente são mais suscetíveis a esse tipo de erro, talvez por sentirem que precisam passar a idéia de que devem ser levados a sério. Infelizmente, o viés da austeridade também tende a frustrar e desmotivar os funcionários, ressentidos com a injustiça na avaliação do seu desempenho.

viés da condescendência
Avaliação do funcionário de forma mais favorável do que o seu desempenho merece

No outro extremo está o **viés da condescendência**. Nesse caso, o supervisor avalia o seu funcionário de forma mais favorável do que ele merece. O supervisor que age dessa forma pode estar desejando obter crédito por desenvolver um departamento com funcionários "excelentes". Ou talvez ele simplesmente não se sinta bem confrontando os funcionários por causa das suas deficiências. O viés da condescendência pode parecer vantajoso para o funcionário avaliado de forma favorável, mas tira tanto dos funcionários quanto do departamento a vantagem do verdadeiro desenvolvimento e orientação.

FIGURA 17.7
Causas das Distorções na Avaliação de Desempenho

Diagrama circular com os seguintes setores ao redor do centro "Viés":
- Viés da Austeridade
- Síndrome da Recenticidade
- Efeito Halo
- Escolhas Aleatórias
- Viés da Similaridade
- Viés da Condescendência
- Viés da Proximidade
- Tendência ao Centro
- Preconceitos

---

tendência ao centro
Tendência de atribuir ao funcionário uma pontuação no meio da escala

viés da proximidade
Tendência de atribuir pontuação similar nos itens próximos uns dos outros no questionário

viés da similaridade
Tendência de julgar os outros de forma mais positiva quando eles se parecem conosco

Um viés característico das respostas em muitos tipos de questionários é a **tendência ao centro**, que é a propensão de escolher a pontuação localizada no meio da escala. As pessoas aparentemente se sentem melhor posicionando-se no centro do que em qualquer dos extremos. Essa distorção faz com que o supervisor perca importantes oportunidades de elogiar ou corrigir os funcionários.

Proximidade significa estar próximo. O **viés da proximidade** refere-se à tendência de atribuir pontuação similar em itens próximos uns dos outros em um questionário. Se o supervisor atribuir oito pontos em um item da avaliação, por causa desse viés ele tende a atribuir seis ou sete pontos no item seguinte, mesmo que seja mais justo atribuir três pontos. Evidentemente, essa tendência pode provocar avaliações incorretas.

Quando utiliza um tipo de avaliação que exige respostas a perguntas específicas, o supervisor pode sucumbir às *escolhas aleatórias*. O supervisor pode agir assim quando não sabe ao certo como responder ou quando a pontuação geral no questionário parece indesejável. Por exemplo, se o supervisor considera que a pontuação do funcionário na avaliação está baixa demais, pode favorecer alguns aspectos que não façam muita diferença para ele. O supervisor que se vê fazendo escolhas aleatórias deve parar e tentar aplicar critérios objetivos.

O **viés da similaridade** refere-se à tendência de julgar as pessoas de forma mais positiva quando elas se parecem conosco. Nesse caso, as pessoas tendem a julgar de forma mais favorável outras que compartilhem de interesses, gostos, formação e outras características semelhantes. Por exemplo, em uma avaliação de desempenho, o supervisor corre o risco de enxergar o desempenho do funcionário de forma favorável porque ele também gosta de se vestir na última moda. Ou, então, o supervisor pode interpretar de forma negativa o desempenho de um funcionário muito mais tímido do que ele.

Assim como descrito no Capítulo 9, a *síndrome da recenticidade* refere-se à tendência humana de dar mais importância a fatos ocorridos mais recentemente. Em uma avaliação de desempenho, o supervisor pode atribuir muita importância a algum problema causado pelo funcionário na semana anterior ou a algum prêmio recebido por este recentemente, mas ele deve tomar cuidado e considerar os fatos ou comportamentos ocorridos durante todo o período coberto pela avaliação. A melhor maneira de fazer

DICAS DA LINHA DE FRENTE

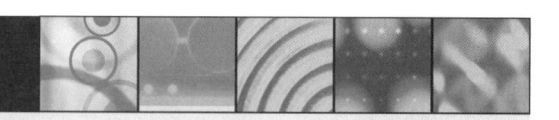

EVITAR AUTOCONCRETIZAR PROFECIAS DE FRACASSO

Pode parecer óbvio supor que o supervisor promova o desempenho máximo de todos os seus funcionários. No entanto, surpreendentemente, em uma pesquisa, realizada pelos professores de administração Jean-François Manzoni e Jean-Louis Barsoux, foi constatado um comportamento gerencial tipicamente diferente. Nas organizações estudadas por Manzoni e Barsoux, os gestores tratavam os subordinados de forma diferente com base nas suas avaliações de desempenho. O tratamento dado aos funcionários de desempenho fraco piorava ainda mais a atuação deles no trabalho.

Os pesquisadores estudaram a gestão dos funcionários que se mostravam simplesmente menos produtivos e menos comprometidos do que seus colegas, e que não eram necessariamente funcionários "problemáticos", como discutido no Capítulo 12. Esses funcionários de fraco desempenho tomavam mais tempo do gestor, porque ele precisava intervir para tentar ajudá-los a melhorar no desempenho de suas funções. No entanto, de acordo com Manzoni e Barsoux, o esforço extra do gestor, ao contrário do que era esperado, promovia o fracasso.

O problema começa com a avaliação tendenciosa. Em até uma semana, o chefe começa a formar opiniões a respeito do desempenho e das atitudes do funcionário. Então, o halo de uma opinião inicial negativa obscurece a interpretação do chefe em comportamentos futuros. Quando o chefe começa a se preocupar com o potencial do funcionário, começa a monitorar cada ação dele, impondo instruções específicas. Em seguida, cada deslize e cada fracasso no estrito cumprimento das orientações confirma as dificuldades do funcionário. Quando o chefe dá ao funcionário o rótulo de "fraco desempenho", o próprio rótulo, e não as dificuldades do projeto ou o comportamento dos outros, acaba sendo o culpado dos resultados negativos que esse funcionário possa estar envolvido.

O gestor também estabelece expectativas mais baixas em relação a um funcionário que inicialmente tem um desempenho ruim. Ele transmite as baixas expectativas de várias maneiras. Algumas são bem óbvias, como atribuir tarefas menos importantes e monitorar o funcionário de perto. Outras são mais sutis, como não encarar o funcionário, demonstrar frustração e emitir menos mensagens positivas, como sorrisos ou gracejos. Quando esse funcionário percebe a maneira como o chefe o está tratando, fica desmotivado. Ele perde a confiança na sua própria capacidade ou nas suas chances de criar uma impressão positiva. Ele se concentra em evitar problemas com o chefe, não em inovar e ter êxito.

Esse padrão de comportamento produz uma espiral de desempenho descendente. Observando o funcionário nos detalhes das tarefas de rotina, o gestor chega à conclusão de que ele está desmotivado e não enxerga "o cenário geral". O funcionário tem menos chances de contribuir ou conversar informalmente com o chefe, portanto, tem mais dificuldades para perceber a situação como um todo. O funcionário também pode criar uma avaliação negativa do gestor, tendo-o como uma pessoa injusta, teimosa ou incapaz de valorizá-lo. Com essa avaliação, o funcionário começa a tratar o gestor de forma mais negativa. Por meio dessa espiral descendente, as impressões iniciais do gestor tornam-se uma profecia autoconcretizada.

Nesse estudo, alguns gestores evitaram a autoconcretização da profecia, e a experiência deles proporciona uma recomendação valiosa. Esses gestores promoveram a comunicação bidirecional com a equipe inteira, até mesmo com os integrantes de desempenho mais fraco. Eles prontamente passaram a se esforçar mais para conhecer os funcionários como indivíduos, e não somente como funcionários. A visão mais ampla dos seus funcionários os ajudou a evitar o efeito halo e suas conseqüências.

Fonte: Jean-François Manzoni e Jean-Louis Barsoux, "Managing Smart: Enabling Under-Performers to Become Valued Contributors", *Ivey Business Journal Online* 67 (mar.-abr. 2003), extraído de Business & Company Resource Center, http://galenet.galegroup.com.

---

isso é fazer e manter registros durante o ano inteiro, assim como descrito anteriormente no tópico sobre avaliação de incidentes críticos.

O *efeito halo*, introduzido no Capítulo 15, refere-se à tendência de generalizar um aspecto positivo ou negativo de uma pessoa ao seu desempenho como um todo. Assim, se o supervisor Ben Olson considera que o modo agradável de atender ao telefone é que faz um bom atendente de central de atendimento ao cliente, ele tende a avaliar bem um atendente com voz agradável, sem se importar com o que ele efetivamente diga ao cliente ou quão confiável seja o seu desempenho. Talvez seja ainda mais prejudicial o impacto de um supervisor com opinião totalmente negativa a respeito de algum funcionário, assim como descrito na seção "Dicas da Linha de Frente".

Por fim, os *preconceitos* do supervisor em relação a vários tipos de pessoas podem influenciar de forma injusta a avaliação de desempenho. O supervisor precisa pensar em cada funcionário como indivíduo, e não apenas como representante de um grupo. Por exemplo, aqueles que acreditam que, no geral, os afro-americanos possuem pouca aptidão no uso do inglês padrão precisam reconhecer que esse preconceito está relacionado a um grupo, e não a um fato efetivamente aplicável ao funcionário. Portanto, antes que recomende a um vendedor afro-americano para que aperfeiçoe o uso da língua inglesa, o supervisor deve analisar se ele realmente precisa desse aperfeiçoamento ou se são seus preconceitos que estão interferindo em uma avaliação precisa. Esse aspecto é muito importante à luz das diretrizes da EEOC, discutidas no capítulo anterior.

ENTREVISTA DE AVALIAÇÃO DO DESEMPENHO

O último estágio do processo de avaliação, que é o estágio em que o supervisor reforça ou corrige o desempenho, acontece na entrevista entre ele e o funcionário. Nesse momento, o supervisor descreve suas observações e discute essa avaliação com o funcionário. Juntos, eles avaliam as áreas que precisam ser melhoradas e desenvolvidas. Caso o supervisor nunca tenha atuado como tal, devem ser aplicadas as questões relativas a essa parte ao modo como o seu supervisor atual ou o mais recente avaliou o seu desempenho.

Os supervisores geralmente não gostam das entrevistas de avaliação. Pode ser desagradável ressaltar os pontos negativos de outra pessoa. Para superar esse desconforto, o supervisor deve se concentrar nos benefícios que essas avaliações trazem para os funcionários e para a organização. Ele pode cultivar uma atitude positiva se pensar nesse tipo de entrevista como uma oportunidade para orientar e desenvolver o seu pessoal.

Objetivo da Entrevista

O objetivo da entrevista de avaliação é informar ao funcionário a respeito do seu desempenho. Depois que o supervisor avalia o desempenho de um funcionário, ele precisa transmitir sua opinião a ele. A entrevista é o momento ideal para isso, porque é um tempo reservado para se concentrar na avaliação e discuti-la em particular. A entrevista também é uma oportunidade para a comunicação ascendente, do funcionário para o supervisor. Se o funcionário contribui com seus pontos de vista e suas idéias, ele pode trabalhar com o supervisor para melhorar seu desempenho.

Preparação para a Entrevista

Antes da entrevista de avaliação, o supervisor deve reservar bastante tempo para preencher o formulário de avaliação. O formulário deve ser preenchido criteriosa e refletidamente. Além de preencher o formulário, o supervisor deve pensar nas prováveis reações do funcionário diante da avaliação e planejar como enfrentá-las. O supervisor também deve preparar algumas idéias para resolver os problemas observados na avaliação.

O supervisor deve notificar com antecedência o funcionário a respeito da entrevista de avaliação. Se o funcionário é comunicado com alguns dias ou algumas semanas de antecedência, ele pode refletir sobre o seu desempenho e, na entrevista, pode contribuir com idéias.

Além disso, o supervisor deve preparar um local adequado para se reunir com o funcionário. A entrevista deve ser realizada em um escritório ou em alguma sala em que o supervisor e funcionário tenham privacidade. O supervisor deve providenciar para que eles não sejam interrompidos, por exemplo, com ligações telefônicas.

Condução da Entrevista

No início da entrevista, o supervisor deve tentar descontrair o funcionário. Os funcionários muitas vezes se sentem incomodados com a perspectiva de discutir seu desempenho. Um cafezinho e uma rápida conversa descontraída ajudam a quebrar o gelo.

O supervisor pode começar analisando, juntamente com o funcionário, a auto-avaliação feita por este, se houver, pedindo-lhe para explicar o porquê das diversas classificações. Em seguida, o supervisor descreve a sua avaliação a respeito do funcionário e apresenta as suas justificativas. Ele pode começar descrevendo as impressões gerais e, em seguida, explicar o conteúdo do formulário de avaliação. O supervisor deve explicar a base de análise, usando exemplos específicos do comportamento e dos resultados do funcionário. A maioria dos funcionários espera "más notícias", portanto, talvez seja mais eficaz descrever primeiro as áreas que necessitam de melhorias e, depois, os pontos fortes do funcionário. As pessoas precisam saber em que aspecto estão desempenhando bem para que possam continuar no mesmo curso e, também, precisam saber que seus esforços estão sendo valorizados.

Depois de descrever a avaliação de desempenho do funcionário, o supervisor deve dar um tempo para que ele possa dar suas opiniões sobre o que foi dito. O funcionário deve ter a chance de questionar, concordar ou discordar das conclusões do supervisor. Esse é um momento importante para o supervisor manter a mente aberta e aplicar as habilidades de escutar, discutidas no Capítulo 10. Escutar as reações do funcionário é o primeiro passo no sentido de resolver qualquer problema descrito na avaliação.

Solução do Problema e Orientação

Quando o supervisor e o funcionário entendem o ponto de vista um do outro, eles conseguem decidir como resolver os problemas descritos na avaliação. Juntos, eles podem buscar inúmeras alternativas e escolher as soluções aparentemente mais promissoras. Algumas vezes, a melhor solução seria o funcionário modificar o comportamento; outras vezes, o supervisor talvez precise fazer mudanças, como manter o funcionário mais bem informado ou melhorar os processos de trabalho.

Os proponentes da gestão de qualidade criticam as avaliações de desempenho por vincular a recompensa basicamente ao desempenho individual. O problema, eles afirmam, é que a qualidade do desempenho dos funcionários depende principalmente dos sistemas da organização, que devem proporcionar a cada funcionário a informação, a autoridade e os materiais necessários para desempenhar bem a sua função. Além disso, pesquisas mostram que as organizações dão um grande salto na melhoria da qualidade quando os funcionários recebem avaliações tratando do desempenho individual no cumprimento das metas quantitativas. Parece que, as pessoas sentem-se mais motivadas quando a sua contribuição individual é avaliada e reconhecida. Ademais, resultados mensuráveis parecem mais justos como base para a medição do desempenho. Os supervisores e as organizações podem combinar a preocupação com a melhoria da qualidade com a preocupação com o desempenho individual, identificando formas de avaliar se os funcionários estão contribuindo para o trabalho em equipe e, também, individualmente, para atingir uma boa qualidade no resultado coletivo. Eles podem até mesmo envolver a equipe no estabelecimento de tais medidas de desempenho.[22]

Além de resolver problemas, a entrevista de avaliação, muitas vezes, serve para discutir aspectos de orientação específica e de desenvolvimento da carreira do funcionário dentro da organização. Os pontos positivos e negativos identificados na avaliação de desempenho muitas vezes indicam aspectos em que o supervisor e o funcionário podem trabalhar juntos para desenvolver as aptidões desejadas por meio de mais treinamento ou experiência. É essencial discutir o potencial de crescimento e aperfeiçoamento do funcionário.

FIGURA 17.8 Processo de Condução da Entrevista de Avaliação de Desempenho

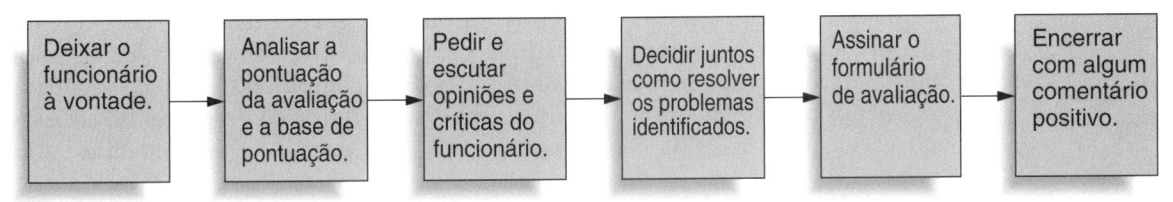

Deixar o funcionário à vontade. → Analisar a pontuação da avaliação e a base de pontuação. → Pedir e escutar opiniões e críticas do funcionário. → Decidir juntos como resolver os problemas identificados. → Assinar o formulário de avaliação. → Encerrar com algum comentário positivo.

O consultor e escritor Brayton Bowen chama esse esforço de reservar "tempo para educar e comunicar além de avaliar".[23] Por exemplo, o supervisor deve ajudar o funcionário a identificar maneiras de melhorar individualmente e, também, como parte da equipe. No entanto, o funcionário pode ter dificuldades para desviar o foco do desempenho do passado e do salário, principalmente quando as avaliações de desempenho estão direta ou indiretamente vinculadas aos níveis salariais. O supervisor, portanto, não deve usar as entrevistas de avaliação de desempenho para substituir a prática de coaching permanente.

Assinaturas

No final da entrevista, o supervisor e o funcionário geralmente devem assinar o formulário de avaliação. Com isso, eles confirmam que a entrevista foi realizada e que o funcionário leu e entendeu o formulário. Se o funcionário se recusar a assinar, o supervisor pode explicar que a assinatura representa simplesmente isso. Se, mesmo com a explicação, o funcionário não se convencer a assinar, o supervisor pode colocar uma observação no formulário de avaliação explicando a recusa do funcionário em assinar, e verificar com o departamento de recursos humanos as providências que devem ser tomadas depois disso. O funcionário deve ficar com uma cópia do formulário de avaliação.

O supervisor deve encerrar a entrevista com algum comentário positivo, dizendo, por exemplo, "Você tem feito um ótimo trabalho", ou, "Acho que com os planos que fizemos, seu trabalho logo atingirá os padrões". A Figura 17.8 mostra resumidamente o processo de entrevista.

Acompanhamento

Mesmo depois de terminada a entrevista, o supervisor deve continuar a avaliar o desempenho. Ele precisa acompanhar toda ação planejada durante a entrevista. Será que o funcionário está efetuando as mudanças prometidas? O supervisor está fornecendo os recursos necessários, como treinamento, para que as melhorias possam acontecer? Esse acompanhamento deve ser um processo contínuo, e não uma atividade deixada para a avaliação de desempenho do ano seguinte.

MÓDULO DE APTIDÃO

PARTE UM: CONCEITOS

Resumo

17.1 Descrever resumidamente os benefícios da avaliação de desempenho.

A avaliação de desempenho fornece as informações necessárias para o funcionário melhorar a qualidade do seu trabalho. Sua função deve ser a de motivá-lo, demonstrando o interesse do supervisor e da organização em seu desenvolvimento. A avaliação deve manter o funcionário informado e indicar as áreas de desempenho que são importantes para ele. Ela também serve de registro importante para a companhia, e o gestor pode usá-la para decidir sobre aumentos salariais, promoções e aplicações de medidas disciplinares.

17.2 Identificar as etapas da avaliação sistemática de desempenho.

Primeiro, o supervisor estabelece e informa as expectativas de desempenho; depois, estabelece e informa os padrões de medição do desempenho. Em seguida, ele observa o desempenho de cada funcionário, comparando-o com os padrões desejados pela organização. Por fim, o supervisor reforça o desempenho aceitável ou excelente e trabalha com o funcionário para corrigir o desempenho inadequado.

17.3 Discutir as recomendações para evitar a discriminação na avaliação de desempenho.

A avaliação deve ater-se, ao máximo, a medidas objetivas do comportamento e dos resultados, mais especificamente, o modo como o funcionário executa as tarefas essenciais da sua função. Os comportamentos e as características avaliadas devem estar relacionadas ao trabalho e ao êxito na sua execução.

17.4 Comparar os tipos de avaliação de desempenho.

A escala de classificação gráfica examina o nível do funcionário em várias características, como conhecimento do trabalho e pontualidade. O método de comparação aos pares mede o desempenho relativo dos funcionários em grupo. O método de escolha forçada apresenta ao supervisor conjuntos de descrições do comportamento dos funcionários. O supervisor escolhe a descrição que mais caracteriza ou menos caracteriza o funcionário. A avaliação descritiva inclui um ou mais parágrafos descrevendo o desempenho de um funcionário. A escala de classificação do comportamento (ECC) avalia o desempenho do funcionário em diversas áreas, usando uma série de afirmações descrevendo o desempenho eficaz ou ineficaz em vários aspectos. A avaliação por lista de verificação consiste em uma série de perguntas com respostas usando apenas as palavras 'sim' ou 'não' a respeito do desempenho do funcionário. A avaliação de incidentes críticos é baseada em um registro permanente de incidentes em que o funcionário tenha se comportado de forma positiva ou negativa. O método de norma de trabalho é baseado no estabelecimento de medidas objetivas do desempenho, com as quais o desempenho do funcionário é comparado. A gestão por objetivos é um sistema de desenvolvimento de metas com os funcionários e de comparação do desempenho deles com essas metas. Além disso, o supervisor pode combinar diversas fontes de avaliação no feedback de 360 graus, incluindo a auto-avaliação pelo próprio funcionário, a avaliação feita por colegas e clientes, ou a avaliação (normalmente anônima) do supervisor feita por subordinados.

17.5 Descrever as causas de distorções na avaliação de desempenho.

O supervisor que queira provar sua firmeza pode sucumbir ao viés da austeridade, avaliando o funcionário com excessivo rigor. O supervisor que odeia dar más notícias pode sucumbir ao viés da condescendência, avaliando o funcionário de forma demasiadamente favorável. A tendência ao centro faz alguns supervisores atribuírem aos funcionários pontuação na média da escala. O viés da proximidade refere-se à tendência de atribuir pontuação similar em itens próximos uns dos outros em um questionário. Escolhas aleatórias às vezes ocorrem quando o avaliador não tem certeza da resposta ou se sente incomodado com a avaliação geral. O viés da similaridade é a tendência de julgarmos as pessoas de forma mais positiva quando elas se parecem conosco. A síndrome da recenticidade pode levar o supervisor a dar muita importância a fatos ocorridos recentemente. O efeito halo leva o avaliador a usar o traço positivo ou negativo para descrever todo o desempenho de uma pessoa. Por fim, as pessoas são influenciadas pelo preconceito contra grupos.

17.6 Explicar o objetivo da entrevista de avaliação do desempenho.

O objetivo da entrevista é transmitir ao funcionário as opiniões do supervisor a respeito do desempenho dele. Além disso, é uma oportunidade para o funcionário emitir seu ponto de vista e suas idéias para que supervisor e funcionário possam trabalhar juntos na melhoria do desempenho.

17.7 Recomendar como o supervisor deve se preparar para a entrevista de avaliação de desempenho.

O supervisor deve levar o tempo necessário para preencher totalmente o formulário de avaliação. Ele também deve pensar na provável reação do funcionário e planejar como enfrentá-la. O supervisor deve estar preparado com idéias para resolver os problemas observados na avaliação. Por fim, ele deve notificar com antecedência o funcionário a respeito da entrevista e preparar um local adequado para se reunir sem que ocorram interrupções.

17.8 Descrever as orientações para a entrevista de avaliação.

O supervisor deve primeiro tentar deixar o funcionário à vontade. Depois, supervisor e funcionário devem analisar a auto-avaliação, se houver, e a avaliação do funcionário feita pelo supervisor. O supervisor deve se concentrar primeiro nas áreas que necessitam de melhorias e, em seguida, nos pontos fortes. O funcionário deve ter tempo para opinar e criticar; depois, supervisor e funcionário devem trabalhar juntos na busca das soluções para quaisquer problemas identificados. O supervisor e o funcionário assinam o formulário de avaliação, e, depois, o supervisor encerra com um comentário positivo. Depois da entrevista, o supervisor deve fazer o acompanhamento para verificar se as ações planejadas estão sendo implementadas.

Termos Principais

avaliação de desempenho, *p.* 465
escala de classificação gráfica, *p.* 471
método de comparação aos pares, *p.* 471
método de escolha forçada, *p.* 473
escala de classificação do comportamento (ECC), *p.* 474
avaliação de incidentes críticos, *p.* 474
método de norma de trabalho, *p.* 475
feedback de 360 graus, *p.* 476
avaliação por pares, *p.* 476
viés da austeridade, *p.* 478
viés da condescendência, *p.* 478
tendência ao centro, *p.* 479
viés da proximidade, *p.* 479
viés da similaridade, *p.* 479

Questões para Discussão e Revisão

1. O que é avaliação de desempenho? Como as organizações se beneficiam do uso da avaliação de desempenho?

2. June Pearson acaba de ser promovida a supervisora do departamento de contabilidade de uma seguradora. De acordo com o cronograma de avaliação de desempenho da companhia, ela precisa avaliar um dos funcionários, Ron Yamamoto, apenas um mês depois de ter assumido o cargo. Pearson não consegue encontrar nenhum registro das metas estabelecidas para Yamamoto, assim, ela pede aos colegas dele e a outras pessoas com quem ele mantém contato para descrever seu desempenho. Com base nessas informações, Pearson preenche o formulário de avaliação e realiza a entrevista.
    a. Que etapas da abordagem sistemática de avaliação do desempenho Pearson omitiu?
    b. Em sua opinião, qual será a reação de Yamamoto nessa entrevista?
    c. Você consegue pensar em algo mais que Pearson pudesse fazer para melhorar essa avaliação específica? Explique.

3. Nomeie e descreva resumidamente os cinco tipos de causas do fraco desempenho.

4. Na medição do desempenho de um funcionário, quais destes modos são apropriados?
   a. Dia após dia, mais de três clientes aguardam na fila da caixa registradora de Janet, portanto, o supervisor dela chega à conclusão de que ela é lenta.
   b. Jonathan é muito sorridente, portanto, seu supervisor supõe que ele esteja feliz.
   c. Wesley chega atrasado ao trabalho toda quarta-feira de manhã, por isso seu supervisor planeja descobrir a causa dos atrasos.
   d. Nick normalmente leva mais tempo do que o prometido pela companhia para entregar a pizza aos clientes, portanto, seu supervisor percebe que ele é ineficiente.
   e. A produção do grupo inspecionado por Caitlin tem caído um pouco nos dois últimos meses, assim, o supervisor discute com ela as possíveis razões.
5. Como o supervisor pode evitar a discriminação ilegal na avaliação de desempenho?
6. Em uma companhia manufatureira, uma política estabelece que todo gestor e funcionário deve ser avaliado em intervalos de um ano. Ao mesmo tempo, a companhia revisa o salário ou a remuneração da pessoa, normalmente, concedendo pelo menos um pequeno aumento. Nos últimos anos, assim como muitos fabricantes, essa companhia tem se preocupado com a redução dos custos. A política em relação à avaliação de desempenho foi modificada: agora, a avaliação do gestor deve ser realizada *no mínimo* um ano depois da última revisão salarial dele. Um supervisor foi avaliado em dezembro de um ano, depois, em fevereiro (14 meses depois) e, em seguida, em maio do terceiro ano.
   a. Em sua opinião, por que o gestor do supervisor atrasou as avaliações de desempenho de forma que sejam feitas em intervalos de mais de um ano?
   b. Em sua visão, que efeitos esse atraso provocou no supervisor?
7. Que tipo de avaliação de desempenho é usado com mais freqüência? Quais são as vantagens e desvantagens desse tipo de abordagem?
8. Que tipo de avaliação de desempenho era (ou é) usado no seu emprego mais recente? Em sua opinião, ela é eficaz? Por quê?
9. Em uma companhia que vende equipamentos de raio-X, um importante e novo território de vendas está se abrindo. Patrick O'Day, supervisor da equipe de vendas da companhia, quer designar o território ao vendedor mais bem qualificado. Como ele pode comparar o desempenho dos vendedores do grupo para escolher o melhor candidato à vaga?
10. Cite as vantagens e desvantagens de usar cada um destes tipos de avaliação:
    a. Avaliação descritiva.
    b. Escala de classificação do comportamento (ECC).
    c. Avaliação por lista de verificação do desempenho.
    d. Avaliação de incidentes críticos.
11. Que tipo de viés cada uma destas situações ilustra?
    a. Anne Compton é uma nova supervisora. Para assegurar que seus funcionários e seu gestor levem suas avaliações a sério, ela atribui a cada um dos funcionários avaliação inferior à concedida pelo supervisor anterior.
    b. Ron está atrasado no preenchimento por escrito da avaliação de desempenho de Noreen. Para terminar o mais rápido possível, ele dá uma olhada e acrescenta algumas avaliações negativas e uma análise no geral positiva para equilibrar.
    c. Renee gosta muito da sua nova funcionária, Joan. Recentemente, Joan e sua família mudaram-se para a mesma cidade em que mora Renee; seus filhos freqüentam a mesma escola; Renee e Joan fazem compras juntas no horário de almoço.

Na época da avaliação de desempenho de Joan, Renee a avalia bem em todas as categorias.

12. Reginald DeBeers odeia conduzir entrevistas de avaliação, assim, ele criou uma metodologia peculiar. Quinze minutos antes do término do expediente, ele se reúne com o funcionário a ser avaliado. Ele vai direto ao ponto, explicando a avaliação do funcionário e como ele chegou a cada número. Depois, funcionário e supervisor assinam o formulário. Nesse momento, já é quase hora de ir embora, então, DeBeers levanta-se para cumprimentar o funcionário e diz a ele: "Mantenha o bom trabalho" ou "Eu tenho certeza de que da próxima vez você fará melhor".

Que partes do processo de entrevista DeBeers omitiu? Quais são as conseqüências da omissão dessas etapas?

PARTE DOIS: CAPACITAÇÃO

PROBLEMA A SER RESOLVIDO PELO ALUNO

Com base no texto da página 465, reflita e diga quais etapas de uma avaliação sistemática do desempenho são evidentes na história da Gwinnett Health System. Imagine-se na posição de supervisor de enfermagem da Gwinnett, preparando-se para a entrevista de avaliação anual com uma das enfermeiras. Você está preocupado com as interações da enfermeira com os pacientes. Algumas vezes, precisou resolver problemas porque essa funcionária não ouviu atentamente os pacientes, e, às vezes, a aparência dela lhe parece desleixada em comparação aos padrões que você considera mais adequados.

Você decide resolver a situação atribuindo três pontos em uma escala de cinco em "profissionalismo". Como o novo sistema informatizado da organização pode ajudá-lo nesse processo?

Peça a um integrante do grupo para representar o papel do supervisor, e a outro, o da enfermeira. Peça-lhes para encenar a entrevista de avaliação em que o supervisor pretende tratar dessas questões.

Depois, discuta se as questões foram bem resolvidas na encenação. O que o supervisor e a funcionária poderiam ter feito para resolver com mais eficácia as questões?

Caso de Solução de Problemas: *Avaliando Funcionários de uma Clínica Dentária*

Jill Strode supervisiona o pessoal administrativo de uma clínica dentária. Uma das responsabilidades de Strode abrange o desenvolvimento de um sistema para avaliar o desempenho dos funcionários sob sua supervisão.

Para cada funcionário, Strode explica as áreas específicas de responsabilidade que serão avaliadas. As áreas correspondem às responsabilidades estabelecidas na descrição de cargo do funcionário. Portanto, para a recepcionista, Strode explica que a avaliará a funcionária em cinco áreas de responsabilidade, inclusive nos procedimentos de saída do paciente e de atendimento das ligações telefônicas. Ao avaliar um funcionário em cada área, Strode verifica traços específicos, como conhecimento, iniciativa, inovação e cortesia. Os trechos a seguir de uma avaliação da recepcionista mostram o formato das avaliações:

RESPONSABILIDADE DO CARGO: Procedimentos de Saída do Paciente e Encaminhamento de Prontuários . . .
Precisão: Muito precisa, no geral. Atenção extraordinária aos detalhes de todas as áreas. Raramente se esquece de qualquer parte do procedimento de alta do paciente.
Exemplo: Capacidade de identificar erros de encaminhamento, verificação repetida dos prontuários na busca de etapas não cumpridas (seguro, agendamento etc.), perfeição.
Inovação: Abaixo da média. Essa área permaneceu inalterada desde a instalação do sistema. Mudanças procedimentais sugeridas pela supervisão e implementadas pela recepcionista. Precisa de melhorias.
Exemplo: Reclama dos erros nos prontuários e do fluxo de pacientes; no entanto, não sugere nenhuma mudança ou melhoria nos procedimentos. Limitação do espaço na área de recepção também é uma preocupação . . . sugestões de melhorias?

Para analisar a avaliação de desempenho com a funcionária, Strode agenda uma entrevista de avaliação formal. Ela prepara a seguinte agenda com tópicos a serem abordados na reunião:

1. Revisão das áreas específicas de responsabilidade a serem avaliadas. Se necessário, modificar ou acrescentar qualquer outro item.
2. Avaliação de cada área específica.
   a. Definir metas em termos de melhorias e mudanças (pelo menos duas melhorias/mudanças para cada área).
   b. Definir datas de treinamento, se necessário.
   c. Receber críticas e opiniões do pessoal a respeito da avaliação feita pelo supervisor.
3. Avaliação geral dos traços, conforme exemplificado nas atividades e ações diárias.
4. Revisão das metas e datas de treinamento.
5. Perguntas e respostas da lista.
6. Abertura de debate para discussões: funcionário para supervisor.

Depois, Strode faz o acompanhamento para verificar se tanto o funcionário como o supervisor estão cumprindo as metas e os planos estabelecidos durante a entrevista.

1. Com base nas informações dadas, que tipo de avaliação de desempenho Strode elaborou?
2. Com base na agenda usada por Strode nas entrevistas de avaliação, que princípios de uma boa avaliação ela segue?
3. Examine se os exemplos deste caso parecem ferramentas úteis para avaliar funcionários administrativos de uma clínica dentária. Sugira acréscimos ou melhorias, respondendo estas perguntas:
   a. No trecho de exemplo da avaliação, que outras informações melhorariam essa avaliação?
   b. Como você revisaria, se quisesse modificar algo, a agenda da entrevista de avaliação?
   c. Justifique por que suas sugestões melhorariam o processo de avaliação.

Fonte: Jill Strode.

Autoconhecimento Você Aceita Bem Suas Avaliações?

Pode ser difícil para qualquer pessoa aceitar julgamentos ou críticas, e, algumas vezes, ela pode ficar sentida e nem escutar direito. Este pequeno questionário ajuda a descobrir se você está preparado para aceitar críticas e opiniões, o que é, para um supervisor, tão importante quanto criticar e opinar. Questione-se com as seguintes perguntas:

1. Será que eu me preparo para a análise do meu desempenho, colhendo exemplos de trabalhos meus bem executados e de elogios recebidos de colegas?
2. Tenho realizado as funções descritas no meu cargo? Tenho aceitado e cumprido as minhas responsabilidades nas principais atribuições?
3. Tenho melhorado no trabalho, aprendido outras aptidões e/ou assumido mais responsabilidades?
4. Tenho uma lista de áreas em que posso melhorar o meu desempenho? Priorizei os pontos fracos e selecionei três nos quais atuar imediatamente?
5. Durante a avaliação, será que fico me dizendo: "Devo escutar atentamente. Isso me ajudará a crescer pessoal e profissionalmente"?
6. Será que realmente presto atenção no que estou escutando?
7. Consigo me manter o máximo possível objetivo e impassível?
8. Contenho-me para não interromper?
9. Resumo e reafirmo aquilo que ouvi para verificar se entendi corretamente?
10. Peço feedback específico e voltado a ações?
11. Criei um plano de ação para atingir minhas metas?
12. Faço um acompanhamento para avaliar minha própria evolução?

Pausa e Reflexão
1. Como o fato de aceitar críticas pode ajudar na sua carreira?
2. Em que aspectos você quer melhorar para aceitar melhor as suas avaliações?
3. O que fará para melhorar nesses aspectos?

Fontes: Susan Vaughn, "Rethinking Employee Evaluations", *Los Angeles Times*, 8 abr. 2001, p. W1; "Give Yourself a Job Review", *American Salesman*, maio 2001, p. 26-27.

Exercício em Aula

Usando um Programa de Avaliação de Funcionários

A Figura 17.1 mostra uma visão geral de como o supervisor realiza a avaliação de desempenho. Este exercício foi elaborado com base no modelo dessa figura, mostrando como usar o *ManagePro* (marca registrada da Avantos Performance Systems) – o primeiro produto desse tipo em uma nova categoria de programa de produtividade corporativa conhecido como gestão de metas e pessoas (GMP), que foi elaborado para melhorar as habilidades de gestão do desempenho.*

Instruções

Você é um dos 17 supervisores da Tybro, grande fabricante de brinquedos do meio-oeste americano. Coloque-se no seguinte cenário:

Cenário

Durante uma reunião com o seu chefe, ele mostra um artigo do *Wall Street Journal*, "Máquinas com Programas de Computador Ajudam Chefes na Gestão de Pessoas", e lhe diz, "Quero saber mais sobre o *ManagePro*, o programa analisado nesse artigo, para ver se ele pode ajudar os supervisores e gestores da Tybro, e quero que seja você a pessoa a me responder essa pergunta. Provavelmente, a melhor maneira de descobrir é inscrevendo-se no seminário de um dia sobre o *ManagePro* e, assim, ao retornar, você poderá fazer as suas recomendações baseado na sua experiência prática". Você participou do seminário e aprendeu muito sobre o processo de gestão do desempenho. Estes são alguns itens que você aprendeu sobre o *ManagePro*.

Visão Geral do ManagePro

O instrutor do seminário explicou que o *ManagePro* é baseado em processos de gestão comprovadamente fundamentais, que atendem às necessidades básicas de desempenho dos funcionários (veja a Tabela A).
Ao longo do dia, você aprendeu que esses processos são reforçados no *ManagePro* (1) na forma como o programa está estruturado, (2) nas ferramentas oferecidas e (3) na orientação disponível no Management Advisor.

Estrutura do Programa

Conforme vai experimentando o programa, você descobre como é fácil inserir as informações usando formulários com preenchimento de campos, esboços e tabelas semelhantes a planilhas eletrônicas. Também é fácil visualizar e manipular as informações em vários níveis de detalhes. Rapidamente, você está manipulando o programa, usando o mouse para apontar e clicar nos ícones daquilo de que necessita. Tudo é bem intuitivo e fácil de acompanhar. As alterações feitas em qualquer parte do programa e em qualquer nível são refletidas automaticamente em todo o programa. Por exemplo, se o usuário reorganizar as metas no Goal Planner/Outliner (*Criador/Planejador de Metas*), as alterações automaticamente se refletem no People Status Board (*Quadro de Status de Pessoal*).

* Autorização para a inclusão das informações sobre o *ManagePro* contidas neste exercício foi concedida por Avantos Performance Systems, Inc. Para obter mais informações sobre o *ManagePro*, contatar a Avantos Performance Systems, nos EUA, 5900 Hollis Street, Suite C, Emeryville, CA 94608, ou ligar para 1-800-AVANTOS.

TABELA A
Necessidades Abordadas no *ManagePro*

Necessidades Quanto ao Desempenho dos Funcionários	Processo de Gestão
"Explique-me os objetivos que estamos tentando atingir, e vamos chegar a um acordo sobre o que se espera de mim."	*Definir metas claras e mensuráveis* que sustentem os principais objetivos da empresa com pontos de verificação e prazos específicos.
"Vamos discutir como está o meu desempenho."	*Monitorar o progresso em cada meta* com a freqüência definida com base na capacidade da pessoa envolvida.
"Ajude-me a melhorar."	*Fornecer feedback e orientação adequados* para manter o pessoal informado e ajudar a melhorar o desempenho. Pesquisas mostram consistentemente que os funcionários têm pouca noção do que o chefe pensa do desempenho deles. Feedback regular ao pessoal e ajuda por meio de orientação específica são partes críticas da gestão.
"Recompense-me pela minha contribuição."	*Avaliar, reconhecer e recompensar as contribuições do pessoal.* Se o pessoal sente que o desempenho compensa, irá trabalhar com mais empenho para obter êxito.

Estes são alguns dos recursos principais do *ManagePro*:

- O Goal Planner/Outliner (*Criador/Planejador de Metas*) permite organizar as metas. Elas podem ser divididas em camadas de submetas, de acordo com as datas de início e término, e delegadas a uma pessoa ou uma equipe. É fácil organizar e reorganizar as metas, clicando e arrastando com o mouse. (Veja a Figura 17.A.)

- O Goal Status Board (*Quadro de Status da Meta*) mostra as metas pendentes e o seu andamento. Indicadores coloridos alertam para os itens que exigem providências. Por exemplo, amarelo significa que pelo menos uma submeta está atrasada. (Veja a Figura 17.B.)

- O People/Team Planner (*Planejador de Equipe/Pessoal*) permite organizar o pessoal, acompanhar as metas associadas às pessoas, e controlar as informações de feedback, orientação e avaliação de desempenho.

- O People Status Board (*Quadro de Status de Pessoal*) orienta o usuário a periodicamente obter informações atualizadas sobre o andamento das metas e fornecer feedback, orientação e reconhecimento com a freqüência determinada por ele para cada

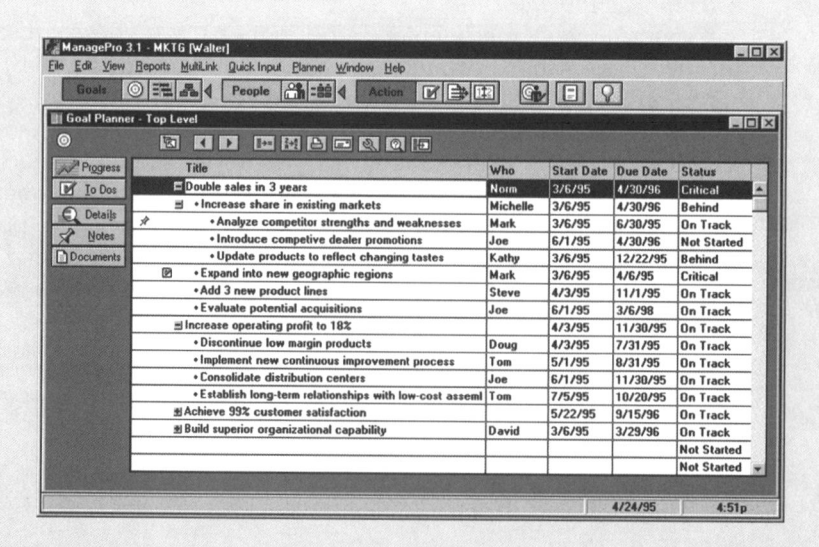

FIGURA 17.A
Mantendo-se Organizado

Title	Who	Start Date	Due Date	Status
Double sales in 3 years	Norm	3/6/95	4/30/96	Critical
• Increase share in existing markets	Michelle	3/6/95	4/30/96	Behind
• Analyze competitor strengths and weaknesses	Mark	3/6/95	6/30/95	On Track
• Introduce competive dealer promotions	Joe	6/1/95	4/30/96	Not Started
• Update products to reflect changing tastes	Kathy	3/6/95	12/22/95	Behind
• Expand into new geographic regions	Mark	3/6/95	4/6/95	Critical
• Add 3 new product lines	Steve	4/3/95	11/1/95	On Track
• Evaluate potential acquisitions	Joe	6/1/95	3/6/98	On Track
• Increase operating profit to 18%		4/3/95	11/30/95	On Track
• Discontinue low margin products	Doug	4/3/95	7/31/95	On Track
• Implement new continuous improvement process	Tom	5/1/95	8/31/95	On Track
• Consolidate distribution centers	Joe	6/1/95	11/30/95	On Track
• Establish long-term relationships with low-cost asseml	Tom	7/5/95	10/20/95	On Track
• Achieve 99% customer satisfaction		5/22/95	9/15/96	On Track
• Build superior organizational capability	David	3/6/95	3/29/96	On Track
				Not Started
				Not Started

FIGURA 17.B
Permanecendo no Topo das Suas Metas

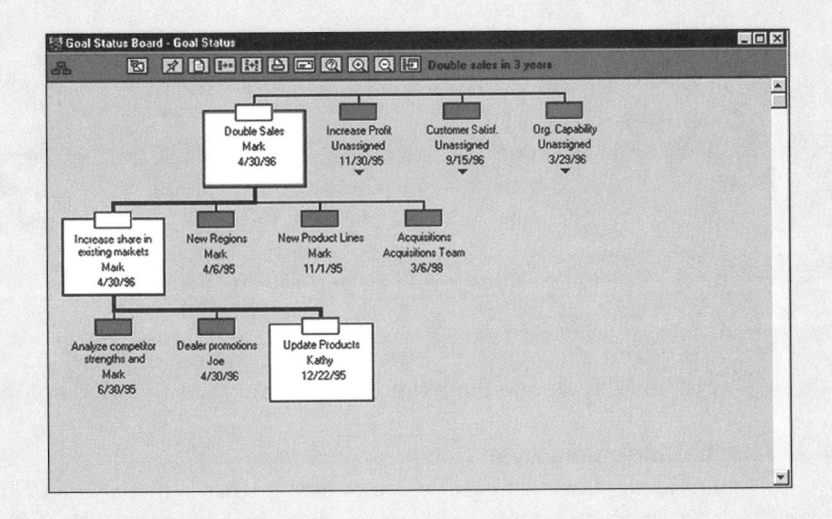

pessoa ou equipe. Por exemplo, o usuário pode configurar o *ManagePro* para lembrá-lo de dar feedback a determinado funcionário a cada três meses. Isso ajuda a disciplinar a gestão de pessoas de forma que importantes atividades e processos não se percam. (Veja a Figura 17.C.)

Ferramentas

Estas são algumas ferramentas de apoio do *ManagePro*:

- O Calendar (*Calendário*) mostra a visualização gráfica imediata, anual, mensal, semanal e diária, dos eventos e dos prazos.
- A Action List (*Lista de Ações*) oferece uma visualização personalizada dos itens e status das providências relacionadas a todas as metas e ações no *ManagePro*, incluindo as ações de gestão de pessoas, como a análise do progresso.
- Os Reports (*Relatórios*) permitem gerar diversos relatórios padronizados de metas, planejamento, calendários, listas de ações e informações de gestão de pessoas.

Management Advisor

Para acessar outro importante componente do programa, basta selecionar o botão Management Advisor, que permite visualizar técnicas e dicas de gestão relacionadas ao contexto, compiladas por especialistas. O Management Advisor ajuda os

FIGURA 17.C
Gerindo Efetivamente o Seu Pessoal

supervisores novos a aprender e a aplicar os processos de gestão no trabalho; ele também oferece um lembrete e apoio de diagnóstico específico ao supervisor experiente.

Conclusão

Você volta ao escritório no dia seguinte e senta-se para elaborar suas recomendações sobre o *ManagePro* para o seu chefe. Efetivamente, você comprou a idéia de que os supervisores da Tybro (e, nesse aspecto, todos os níveis de gestão da Tybro) se beneficiariam muito com o uso do programa de gestão de metas e pessoas. Para sustentar suas recomendações, responda às seguintes perguntas:

1. Quais processos de gestão o *ManagePro* apóia?
2. Cite os três recursos do *ManagePro* que mais o impressionaram para melhorar sua gestão de desempenho e da companhia como um todo? Por quê?

Capacitação em Supervisão

Elaborando uma Avaliação

Divida a classe em equipes de quatro a cinco alunos. Cada equipe irá elaborar uma avaliação de desempenho destinada a avaliar o desempenho ou do reitor de uma universidade ou do presidente de uma companhia (ou alguma outra pessoa escolhida pela classe ou pelo professor). Primeiro, cada equipe deve escolher que tipo de avaliação seria mais adequada para analisar o desempenho da pessoa. Segundo, os integrantes da equipe decidem a respeito do conteúdo da avaliação (o que deve ser perguntado). Terceiro, a classe como um todo deve discutir quais tipos de avaliação foram selecionadas, e por que foram escolhidas certas perguntas.

Apêndice B

Legislação Pertinente à Supervisão: Saúde e Segurança, Relações Trabalhistas, Emprego Justo

ONDE HÁ FUMAÇA . . .

Está se tornando cada vez mais comum a cena em que grupos de funcionários fora do prédio do escritório inalam a última pitada de fumaça de seus cigarros para dentro dos pulmões, antes de voltarem a trabalhar. De acordo com o Instituto Nacional do Câncer dos Estados Unidos, os ambientes de trabalho estão rapidamente eliminando o cigarro. Em uma pesquisa realizada em 1999, nos EUA, 69% dos entrevistados afirmaram trabalhar em locais onde era proibido fumar. Em 1993, esse número era de apenas 46%.

Em mais de três quartos dos estados norte-americanos, o fumo é restringido em escolas e instituições de saúde*, mas em apenas 24 estados o fumo é restringido em empresas privadas. A tendência é haver menos fumantes em ambientes de trabalhadores administrativos do que de prestadores de serviços ou de trabalhadores da produção. E a proibição do fumo é mais comum nos estados da região norte do que no sul dos Estados Unidos. O que tudo isso representa para o trabalhador?

Fontes: Amy Joyce, "Smoke-Free Workplaces Spreading Like Wildfire", *Washington Post*, 15 nov. 1998, p. H4; American Cancer Society, "Smoke-Free Workplace Encourages Smokers to Quit", notícias, 28 ago. 2002, www.cancer.org; Minnesota Smoke-Free Coalition, "National Cancer Institute: Up in Smoke: Many States Lag Behind in Workplace Smoking Protections", notícias, 10 ago. 2001, www.smokefreecoalition.org; National Cancer Institute, "Clean Indoor Air: Fact Sheet", State Cancer Legislative Database Program, Bethesda, Maryland, jan. 2002, www.scld-nci-net.

---

* N.R.T.: No Brasil, a Lei nº 9.294, de 15.07.1996, proíbe o uso de cigarros, cigarrilhas, charutos, cachimbos ou de qualquer outro produto fumígero, derivado ou não do tabaco, em recinto de trabalho coletivo, privado ou público.

Algumas pessoas acreditam que o ambiente de trabalho tornou-se muito mais saudável desde o início das proibições. Até mesmo os que são fumantes não querem passar o dia inteiro envoltos em fumaça. Tem-se observado que os fumantes atingidos pelas normas antitabagistas no trabalho largam mais o vício do que aqueles que trabalham em locais onde o fumo é permitido. Quando esses trabalhadores deixam de fumar, o ar fica mais limpo não apenas para eles mesmos, mas também para os outros.

Mas pode haver uma reação persistente por parte daqueles que defendem o direito de fumar. De acordo com a National Smokers Alliance (*Aliança Nacional dos Fumantes*), dos EUA, "Os fumantes têm sido injustamente caracterizados como cidadãos de segunda classe, que não têm os mesmos direitos dos não-fumantes". O fato de ser obrigado a fumar fora do ambiente de trabalho, na opinião de algumas pessoas, sujeita o trabalhador a situações de desconforto, como ficar exposto ao extremo calor ou frio, o que parece injusto.

Mesmo assim, as evidências continuam a mostrar cada vez mais que, em termos de saúde do trabalhador, onde há fumaça, há perigo.

Hoje, a maioria dos supervisores sabe que manter a segurança e a saúde dos trabalhadores é uma grande tarefa. Essa responsabilidade é apenas uma entre as muitas impostas pelo governo federal norte-americano às organizações que atuam nos Estados Unidos. Outras responsabilidades foram abordadas em capítulos anteriores deste livro. No Capítulo 3, foi discutida a legislação trabalhista que limita a forma de trabalho em equipe nas organizações. No Capítulo 11, discutiu-se o impacto da legislação nos benefícios oferecidos pela organização aos trabalhadores. Nos Capítulos 15 e 17, a legislação para promover oportunidades iguais de emprego.

Neste apêndice, são discutidas três áreas em que a legislação federal rege as ações das organizações. Em primeiro lugar, discute-se o papel do governo federal na fiscalização da segurança e da saúde no ambiente de trabalho. Em seguida, os riscos à segurança e à saúde, os programas organizacionais para a promoção da segurança e da saúde, e o papel do supervisor nessa área. Depois, os sindicatos; o seu impacto e as leis que regem a sua interação com as organizações. Por último, são examinadas várias tentativas legais de tornar o local de trabalho mais justo e acessível para uma força de trabalho diversificada. São apresentadas as exigências legais para a acomodação de funcionários deficientes, concessão de licença para tratamento de saúde do próprio funcionário ou de seus familiares, e manutenção do emprego para o cumprimento das obrigações militares. Por fim, o apêndice apresenta sugestões de como evitar o assédio de trabalhadores e como agir em situações como essas.

NORMA GOVERNAMENTAL DE SEGURANÇA E SAÚDE*

De acordo com o Departamento Norte-Americano de Estatísticas Trabalhistas, em 2002, foram mais de 4,7 milhões de lesões e doenças ocupacionais entre os quase 109 milhões de trabalhadores do setor privado.[1] Esses problemas não se restringem ao ambiente das fábricas. As taxas de incidência mais alta foram entre os trabalhadores de transporte aéreo, de instituições de saúde e clínicas de repouso, e da indústria de equipamentos e veículos automotores.[2] A Figura B.1 mostra os setores que apresentaram o maior número (não taxa) de lesões e doenças no trabalho em 2002. O desafio de evitar esses problemas está no fato de estes serem disseminados, além de muitas lesões e doenças registradas atualmente estarem associadas à tecnologia moderna, como lesões relacionadas ao movimento repetitivo e ao projeto inadequado das estações de trabalho.

---

* N.R.T.: A Constituição da República Federativa do Brasil enumera, no artigo 7º, em seus inúmeros incisos, os direitos dos trabalhadores urbanos e rurais, além de outros que visam à melhoria de sua condição social, incluindo a redução dos riscos inerentes ao trabalho, por meio de normas de saúde, higiene e segurança.
Os artigos 154 a 201 da Consolidação das Leis do Trabalho tratam das disposições gerais sobre Segurança e Medicina do Trabalho. Esses artigos definem os órgãos competentes para cuidar desses assuntos, promover fiscalização, inspeção, embargos e interdição e estabelecer obrigações para as empresas (como por exemplo, a de manter a Comissão Interna de Prevenção de Acidentes – CIPA e a de fornecer o equipamento de proteção individual - EPI). Relacionam uma série de medidas preventivas e de proteção aos trabalhadores, especialmente aos que atuam em condições insalubres e perigosas, prevendo aplicação de penalidades para o caso de infrações.
O artigo 72 da Consolidação das Leis do Trabalho assegura um intervalo de descanso de dez minutos para os trabalhadores que realizam serviços permanentes de mecanografia. O Enunciado nº 346 do Tribunal Superior do Trabalho – TST, por analogia, aplicou referido artigo aos digitadores, no intuito de prevenir lesões por esforço repetitivo. (Res. TST 56/96, DJ.28.06.96.)

FIGURA B.1
Setores com o Maior Número de Lesões e Doenças Ocupacionais, 2002

Fonte: Departamento Norte-Americano de Estatísticas Trabalhistas, "Workplace Injuries and Illnesses in 2002", Tabela 4, notícias, 18 dez. 2003, www.bls.gov.

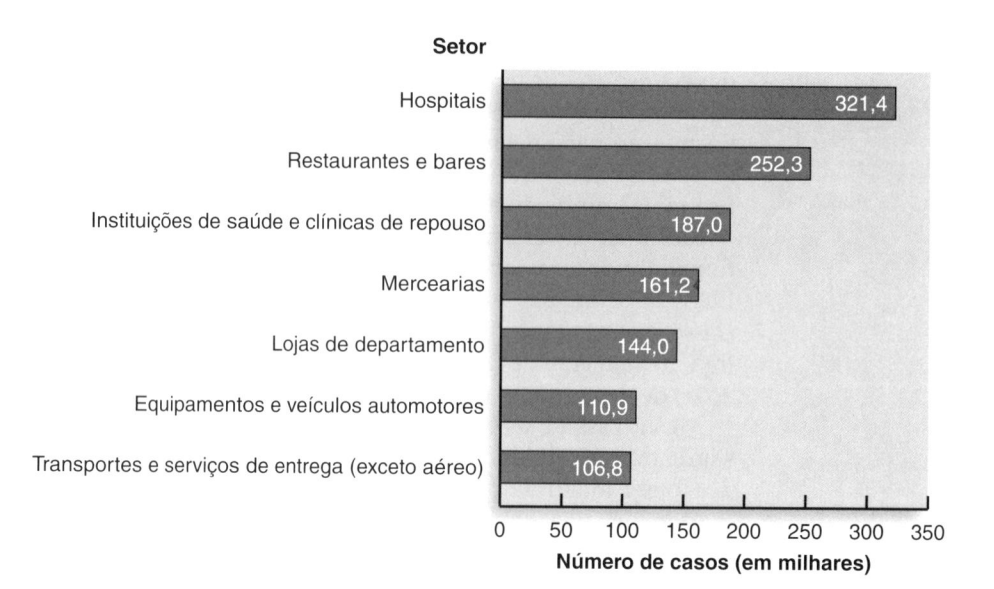

Setor	Número de casos (em milhares)
Hospitais	321,4
Restaurantes e bares	252,3
Instituições de saúde e clínicas de repouso	187,0
Mercearias	161,2
Lojas de departamento	144,0
Equipamentos e veículos automotores	110,9
Transportes e serviços de entrega (exceto aéreo)	106,8

Muitas organizações admitem que cuidar do bem-estar dos funcionários no ambiente de trabalho não é apenas ético, mas também essencial para atrair e manter um quadro de pessoal qualificado. Infelizmente, essa visão nem sempre prevalece. Conseqüentemente, o governo tem que interferir para regular a segurança e a saúde nos locais de trabalho.

Acidentes terríveis ocorreram quando a revolução industrial uniu trabalhadores inexperientes com as novas e desconhecidas máquinas. Começando basicamente no início do século XX, os governos estaduais aprovaram leis de fiscalização e criaram programas de indenização trabalhista para conceder benefícios aos funcionários lesionados no trabalho. Em 1913, o Congresso norte-americano criou o Ministério do Trabalho, cuja responsabilidade inclui a melhoria das condições de trabalho. Apesar dessas medidas, o desejo dos cidadãos em favor de mais proteção e mais melhorias continua crescendo.

Lei de Segurança e Saúde Ocupacional (Lei OSH, Occupational Safety and Health Act) de 1970

A legislação mais abrangente que regula a segurança e saúde no trabalho nos EUA é a Lei de Segurança e Saúde Ocupacional (Lei OSH), de 1970. A lei visa "garantir o máximo possível a todos os homens e mulheres trabalhadores da nação, assegurar condições de trabalho seguras e saudáveis e preservar os nossos recursos humanos". Essa lei cria órgãos do governo para realizar pesquisas e estabelecer normas relacionadas à segurança e saúde ocupacional, inspecionar os locais de trabalho, e penalizar empregadores que não cumpram as normas estabelecidas. As sanções podem ser rígidas, incluindo multas diárias de US$ 7 mil pela falta de providências para corrigir alguma infração e, até, prisão de seis meses pela falsificação de registros visando iludir os fiscais.

OSHA e NIOSH

A lei OSH criou dois órgãos federais para fiscalizar o cumprimento dos seus dispositivos pelos empregadores. O Departamento de Segurança e Saúde Ocupacional (OSHA, Occupational Safety and Health Administration), parte do Ministério do Trabalho norte-americano, é responsável pelo estabelecimento e cumprimento das normas de segurança e saúde no trabalho. As pessoas muitas vezes pensam que as normas do OSHA estão relacionadas principalmente às questões ligadas às fábricas, como equipamentos de proteção pessoal (por exemplo, luvas e botas) e proteção do maquinário. No entanto, muitas das normas do OSHA referem-se a questões de segurança e saúde no escritório, inclusive as normas recentemente propostas de qualidade do ar e prevenção das lesões por movimentos repetitivos. (Esses temas serão discutidos mais adiante, neste apêndice.)

Para garantirem que as organizações cumpram as normas, os fiscais do OSHA podem visitar as companhias, mas devem mostrar um mandado de busca antes de conduzir a inspeção. "Entre inspeções estaduais e federais, realizamos cerca de 85 mil inspeções no ano todo, em cerca de seis milhões de locais de trabalho", afirma o ex-secretário assistente do OSHA, Charles Jeffress. O órgão também possui um portal na rede mundial com áreas especiais para pequenas empresas e links para orientação online. O órgão conta com especialistas em assistência e cumprimento legal em seus escritórios regionais e também promove debates e sessões de treinamento por todo o país.[3] O órgão também opera um programa de consulta gratuita no local, com consultores independentes que avaliam as práticas de trabalho da organização, os riscos ambientais, e o programa de saúde e segurança. Se a organização seguir as recomendações do consultor, ela não é penalizada pelos problemas identificados.

O Instituto Nacional de Segurança e Saúde Ocupacional (NIOSH, National Institue for Occupational Safety and Health) é responsável pelas pesquisas relacionadas à segurança e saúde no trabalho. Ele é parte do Departamento de Serviços Humanos e de Saúde. O Instituto fornece ao OSHA as informações necessárias para a definição das normas.

Responsabilidade do Supervisor nos Termos da Lei OSHA

Dada a extensão dos regulamentos do OSHA e das suas milhares de interpretações, o supervisor não consegue estar a par de tudo. No entanto, ele efetivamente precisa entender os tipos de práticas exigidos para preservar a saúde e a segurança no seu departamento. Além disso, a lei OSHA impõe algumas responsabilidades específicas aplicáveis aos supervisores.

A lei OSHA exige do supervisor a manutenção de registros de lesões e doenças ocupacionais. Ele precisa registrar as ocorrências nos formulários do OSHA em até seis dias úteis depois do conhecimento da lesão ou doença. A Figura B.2 mostra detalhadamente os tipos de acidentes e doenças que devem ser registrados. O supervisor possivelmente precisará acompanhar os representantes do OSHA quando eles forem realizar alguma inspeção. Essas inspeções são feitas mediante a solicitação do empregador, do sindicato ou de algum funcionário, ou quando previstas na própria programação do OSHA. (O empregador não pode penalizar o funcionário por requisitar uma investigação ou comunicar alguma possível infração.) Durante a inspeção é importante cooperar e agir com cortesia. Isso nem sempre é fácil porque a inspeção pode ocorrer em um momento inconveniente, e o supervisor pode vê-la como uma interferência indesejada. No entanto, a falta de cooperação não propicia de maneira nenhuma boas relações com o órgão e, ao contrário, pode até levar os inspetores a agir com mais rigor do que agiriam normalmente.

Devido ao risco disseminado das substâncias químicas no ambiente de trabalho hoje em dia, o OSHA emitiu uma norma de direito à informação, exigindo que os funcionários sejam informados a respeito das substâncias químicas usadas no seu local de trabalho. Cada organização deve disponibilizar informações sobre os riscos químicos existentes no local de trabalho e como os funcionários podem se proteger deles. As informações devem ser destacadas nas etiquetas dos recipientes de materiais químicos, e também nos informativos de segurança dos materiais, ambos identificando as substâncias químicas, descrevendo como manipulá-las e identificando os riscos envolvidos. O supervisor deve assegurar a disponibilidade dessas informações para todas as substâncias químicas transportadas, usadas ou produzidas no local de trabalho que ele supervisiona. Se o supervisor sentir a necessidade de mais informações, os fornecedores das substâncias devem fornecê-las.

TIPOS DE PROBLEMAS DE SEGURANÇA E SAÚDE*

Por causa do importante papel exercido pelo supervisor na manutenção de um ambiente de trabalho seguro e saudável, ele precisa conhecer os problemas que normalmente ocorrem, inclusive, os riscos à saúde e segurança. As pessoas tendem a associar ambas as categorias de risco aos ambientes de fábrica, mas os riscos podem surgir em qualquer ambiente de trabalho, desde escritórios até viaturas da polícia.

---

* N.R.T.: A matéria acidentária e das doenças profissionais no Brasil são regidas, entre outras normas, pela Lei 6.367/76, pelo Decreto 3048/99; pela Lei da Previdência (Lei 8.213/91, artigos 19 ao 21 – A); e pelo Decreto 6.042/2007, que contem no anexo, o rol das doenças profissionais.

FIGURA B.2
Acidentes e Doenças Que Devem Ser Notificados Conforme a Lei OSHA

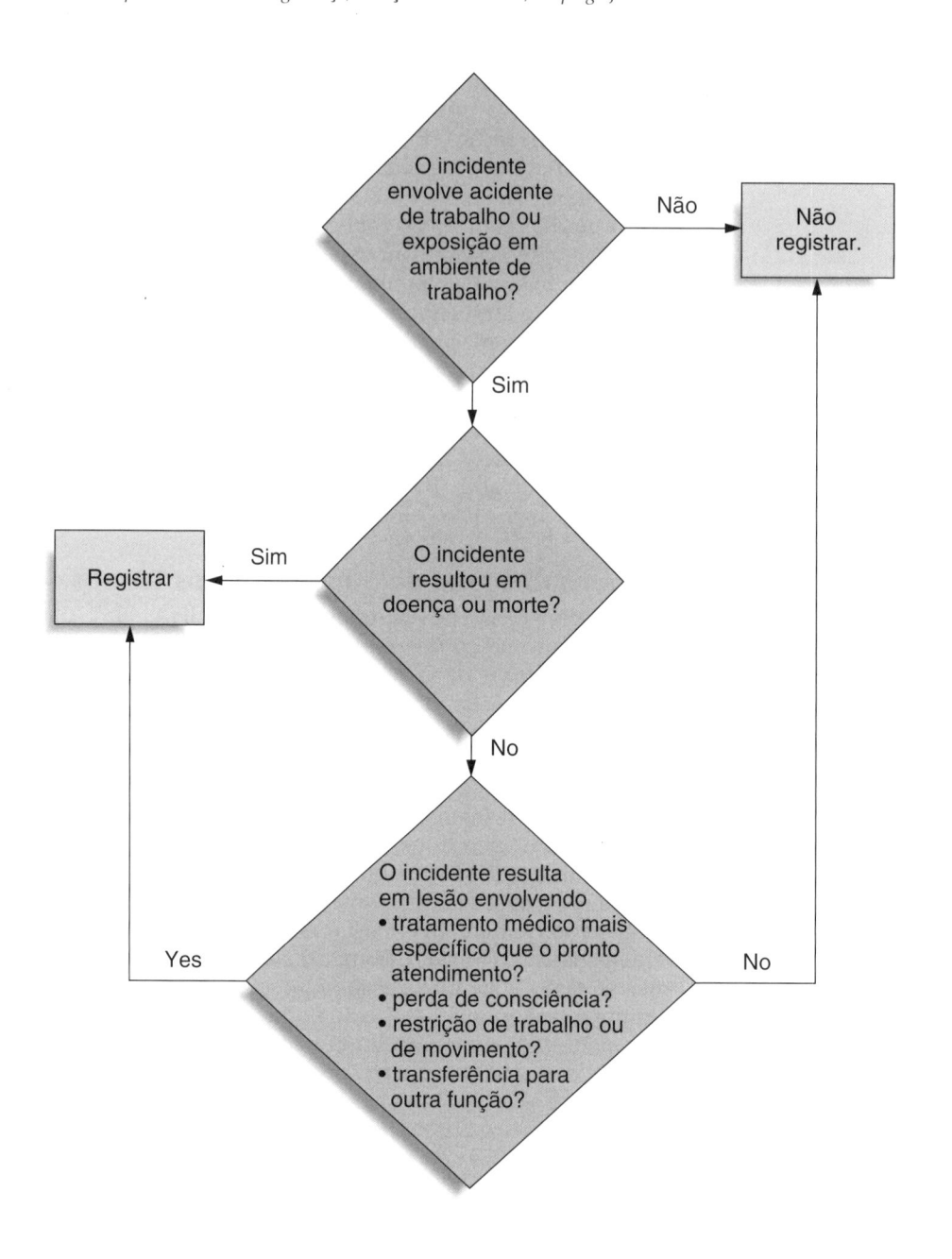

[Fluxograma:
- O incidente envolve acidente de trabalho ou exposição em ambiente de trabalho? → Não → Não registrar.
- Sim ↓
- O incidente resultou em doença ou morte? → Sim → Registrar
- No ↓
- O incidente resulta em lesão envolvendo
  • tratamento médico mais específico que o pronto atendimento?
  • perda de consciência?
  • restrição de trabalho ou de movimento?
  • transferência para outra função?
  → Yes → Registrar
  → No → Não registrar.]

Riscos à Saúde

Em conseqüência das condições estressantes de trabalho, um controlador de tráfego aéreo desenvolveu uma úlcera estomacal. Uma escriturária credita a sua vertigem ao fato de trabalhar em uma sala mal ventilada com uma fotocopiadora. Esses são exemplos de condições do ambiente de trabalho que podem gradualmente prejudicar a saúde das pessoas que ali trabalham. Essas condições produzem riscos à saúde. Em geral, os riscos à saúde podem ser físicos, químicos, biológicos ou que levam ao estresse (veja a Figura B.3).

Os riscos físicos à saúde englobam ruídos, vibrações, radiações, temperaturas extremas, e mobílias e equipamentos projetados inadequadamente, prejudicando o conforto do usuário. Por exemplo, a operação de equipamentos barulhentos pode prejudicar a audição do funcionário. A exposição à radiação pode deixar a pessoa vulnerável ao câncer.

FIGURA B.3
Tipos de Riscos à Saúde

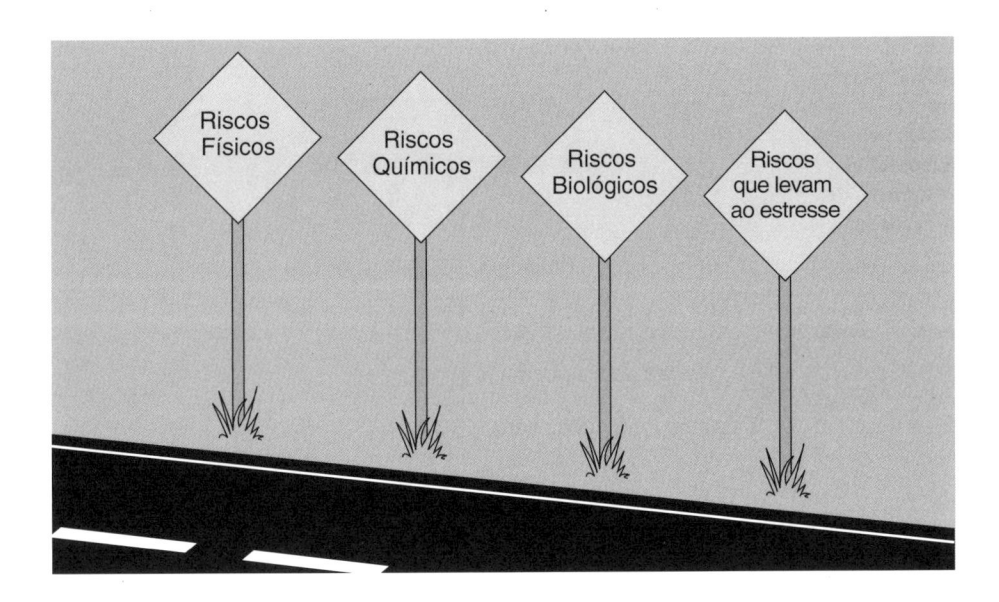

Móveis projetados de forma inadequada podem contribuir para as lesões musculares e por movimentos repetitivos (descritos mais adiante neste apêndice).

Os riscos químicos estão presentes em poeira, fumaça e gases. Eles contêm substâncias químicas cancerígenas (causadoras do câncer). Exemplos de riscos químicos são os provocados por amianto, pó de carvão, chumbo e benzeno. As pessoas que trabalham em escritórios estão expostas a substâncias químicas provenientes do carpete sintético, da fumaça do cigarro e de outras fontes. O OSHA propôs recomendações quanto à qualidade do ar interno, mas não implementou regulamentos. As recomendações ressaltam o fornecimento de ventilação adequada e a exigência de áreas reservadas para fumantes ou a saída destes do prédio para fumar. Embora estudos estimem os custos para o empregador, nos EUA, em mais de 8 bilhões de dólares por ano com ventilação e outras exigências, o OSHA também estima uma economia para as companhias de 15 bilhões de dólares com o aumento da produtividade e redução do absenteísmo.[4] Por essa razão prática e para obedecer a padrões éticos, muitas empresas tentam manter limpo o ar do ambiente interno, independentemente do governo exigir ou não providências específicas.

Espaços fechados, como os de aeronaves, impõem riscos à saúde quando a qualidade do ar é ruim. Em um recente vôo de Los Angeles à Costa Leste dos Estados Unidos, a aeronave fez um pouso não programado em Chicago, onde paramédicos atenderam tripulação e passageiros com perda de capacidade motora e mental, perda de noção do tempo, apatia e mesmo perda de consciência. Os problemas foram atribuídos à má qualidade do ar. O ar reciclado produz uma economia de 60 mil dólares por ano nas aeronaves, mas alguns consideram o preço dessa economia alto demais. O Centro de Prevenção e Controle de Doenças e o NIOSH estão atentos quanto às constantes reclamações contra os níveis de dióxido de carbono, o ar excessivamente seco e outros riscos à saúde nas aeronaves.[5]

Os riscos biológicos são provocados por bactérias, fungos e insetos associados aos riscos à saúde das pessoas. Os modernos edifícios comerciais, que costumam ser herméticos para evitar esses elementos, podem ser solos férteis para riscos desse tipo. Do mesmo modo, regar demais as plantas pode propiciar o crescimento de fungos na água excedente, e esses fungos podem circular nas correntes de ar, deixando os funcionários doentes.

Condições de trabalho estressantes também podem prejudicar a saúde dos funcionários. Por exemplo, o funcionário fica mais propenso a sofrer de doenças relacionadas ao estresse se o trabalho exigir que ele se exponha a riscos, satisfaça algum supervisor imprevisível ou presencie muito sofrimento. (No Capítulo 13, são discutidas as conseqüências do estresse e maneiras de enfrentá-lo.)

FIGURA B.4
Lesões e Doenças Comumente Relacionadas ao Trabalho e os Dias Correspondentes de Trabalho Perdido

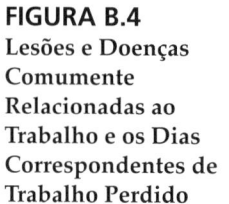

Fonte: NIOSH. *Worker Health Chartbook 2000*, DHHS (NIOSH) Publicação n. 2000-127, http://www.cdc.gov/niosh/pdfs/2000-127d.pdf.

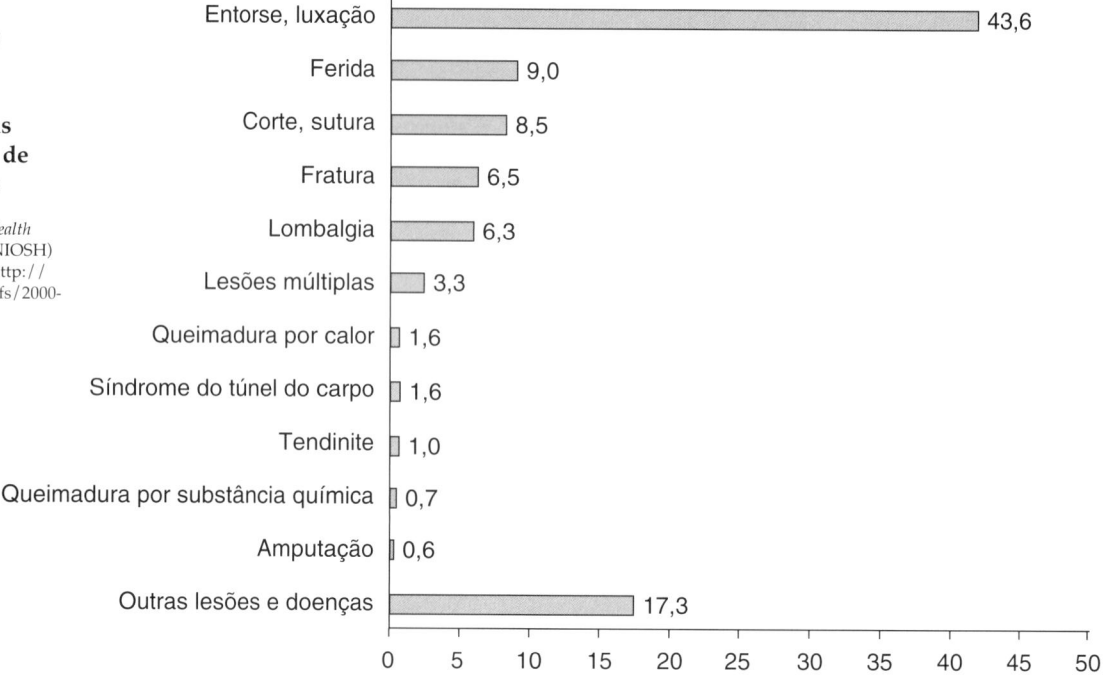

Lesão/Doença	Dias
Entorse, luxação	43,6
Ferida	9,0
Corte, sutura	8,5
Fratura	6,5
Lombalgia	6,3
Lesões múltiplas	3,3
Queimadura por calor	1,6
Síndrome do túnel do carpo	1,6
Tendinite	1,0
Queimadura por substância química	0,7
Amputação	0,6
Outras lesões e doenças	17,3

Riscos à Segurança

O risco à segurança é caracterizado pela condição existente no ambiente de trabalho que provoca um acidente causador de lesões. Cortes, fraturas, queimaduras e choques elétricos são tipos comuns de lesões. A Figura B.4 mostra diversas lesões e doenças comumente relacionadas ao trabalho, e os dias correspondentes de trabalho perdido. Na pior hipótese, a lesão pode levar à morte. O NIOSH registra por dia, em média, 9 mil trabalhadores norte-americanos com lesões incapacitantes sofridas no trabalho, 16 mortes por lesões sofridas no trabalho, e 137 mortes por doenças relacionadas ao trabalho. Um estudo patrocinado pelo NIOSH a respeito dos custos dessas lesões e doenças revelou um custo direto anual para as empresas de mais de 40 bilhões de dólares por ano, além de cerca de 200 bilhões de dólares de custos indiretos.[6] Em geral, os riscos à segurança são provocados pelo comportamento pessoal (ou seja, atos inseguros) ou por condições do ambiente físico.

Tipos de Riscos à Segurança

O comportamento pessoal dos gestores e dos funcionários podem colocar em risco a segurança no trabalho, criando um ambiente propício aos acidentes. Esse comportamento pode ser tão básico quanto a falta de atenção ou tão óbvio quanto o consumo de bebida alcoólica no trabalho. Às vezes, os funcionários colocam em risco a segurança, recusando-se a obedecer aos procedimentos corretos ou usar equipamentos de segurança, como luvas ou óculos de proteção. Os supervisores e demais gestores contribuem ao não imporem as medidas de segurança ou ao exigirem dos funcionários longas horas de trabalho, não lhes permitindo descanso suficiente para raciocinar com clareza. A publicação do NIOSH, *Worker Health Chartbook 2000*, registra que, em 1997, os incidentes envolvendo veículos automotores foram a principal causa de lesões fatais no trabalho.[7] Portanto, o supervisor deve se preocupar especialmente em incentivar o comportamento seguro entre os funcionários que trabalham com veículos, como pessoal de entrega, vendedores, funcionários que viajam a trabalho e assim por diante.

Alguns funcionários são considerados propensos a terem acidentes, ou seja, tendem a se envolver mais do que outras pessoas em acidentes. Esses funcionários tendem a agir por impulso, sem refletir com cuidado, e sem se concentrar no trabalho. Muitos dos funcionários vulneráveis aos acidentes apresentam atitudes negativas em relação ao seu trabalho, aos colegas ou a supervisores. Talvez eles considerem o trabalho chato.

Às vezes, até mesmo as pessoas cuidadosas são vulneráveis aos acidentes. Quando elas sofrem com problemas pessoais ou não dormem bem, podem ficar propensas a causar acidentes. Portanto, o supervisor precisa estar atento ao comportamento de todos os funcionários para reconhecer se algum representa risco de provocar um acidente a qualquer momento. Talvez o supervisor tenha de restringir as atividades de algum funcionário que esteja temporariamente propenso a causar acidentes ou mesmo mandá-lo para casa. Se o problema continuar, o supervisor talvez tenha de orientá-lo e adotar as medidas disciplinares, como as descritas no Capítulo 12.

As más condições de trabalho que podem causar acidentes podem ser: um ambiente de trabalho desorganizado, uma fiação elétrica solta, onde as pessoas podem acabar tropeçando, uma iluminação fraca e a falta de equipamentos de proteção para o uso das máquinas. Em um estudo realizado pela Liberty Mutual usando os dados do Departamento Norte-Americano de Estatísticas Trabalhistas e de indenizações trabalhistas, constatou-se que os tipos de lesões no trabalho decorrentes de quedas e tropeços foram, respectivamente, o segundo e o terceiro mais onerosos nos Estados Unidos.[8] Até a barreira da língua pode contribuir para o risco no trabalho, como no caso de um jovem trabalhador hispânico que escorregou de um telhado molhado e ficou paralítico. Seu supervisor, que não falava espanhol, disse que o trabalhador não falava inglês, por isso tinha sido difícil alertá-lo sobre o telhado escorregadio.[9]

Providências

Ao observar condições de insegurança, o supervisor deve adotar as seguintes providências, listadas em ordem de prioridade:

1. Eliminar o risco.
2. Se o risco não puder ser eliminado, usar, por exemplo, dispositivos de proteção para operar o maquinário.
3. Se não for possível se proteger do risco, usar avisos, como, por exemplo, etiquetas na parte interna de fotocopiadoras avisando que elas ficam quentes durante o uso.
4. Se o supervisor não conseguir ele próprio fazer o trabalho de proteção ou eliminação do perigo, deve notificar a autoridade competente. Deve recomendar alguma solução e, depois, acompanhar para verificar se a situação foi corrigida.

Para Frank Clemente, supervisor da central de serviços de carga do aeroporto internacional de O'Hare, em Chicago, um dos mais movimentados do mundo, a segurança é extremamente importante. Muitas vezes, as empilhadeiras batem com força e danificam o portão do galpão de depósitos, assim, eles não fecham mais com segurança. Conseqüentemente, o chão e a área ao redor ficam úmidos, deixando o piso do armazém escorregadio e perigoso. A companhia instalou portões "à prova de golpes", que são painéis ajustados em trilhos montados na parede. Se os portões são deslocados, podem ser remontados facilmente, eliminando as condições de risco.[10]

As lesões lombares e cervicais representam grande parte dos ferimentos ocorridos no trabalho, portanto, o supervisor precisa adotar medidas para evitar e corrigir os riscos à segurança que podem causar esse tipo de lesão. O supervisor pode ajudar a evitar as lesões lombares, estruturando o trabalho para reduzi-las, treinando os funcionários em técnicas de levantamento de peso para minimizar a luxação lombar, diminuindo o tamanho e peso dos objetos levantados, usando o auxílio mecânico e confirmando se os trabalhadores designados para as tarefas são suficientemente fortes para trabalhar de forma segura. A posição sentada é a mais prejudicial para as costas. O supervisor de trabalhadores de escritório deve fornecer cadeiras confortáveis e oportunidade para que eles se levantem e se movimentem.

Preocupações Comuns

Diversas preocupações comuns relativas à segurança e à saúde no trabalho são bastante significativas porque estão ocorrendo muito, ou, pelo menos, sendo muito discutidas.

Entre essas preocupações estão o tabagismo, o alcoolismo e o consumo abusivo de drogas, os problemas relacionados ao uso de computadores, as lesões causadas por movimentos repetitivos e a AIDS.

Tabagismo

Estima-se que 57 milhões de pessoas nos Estados Unidos atualmente fumam cigarros, correndo sérios riscos de saúde, já que o cigarro pode trazer câncer, doenças cardíacas e hipertensão. Com cerca de 440 mil mortes por ano nos Estados Unidos atribuídas ao tabaco, fumar é a principal causa evitável de morte e doença no país.[11] A fumaça ambiental ("indireta") do cigarro contém mais de 4 mil substâncias químicas, das quais mais de 50 são consideradas cancerígenas. A fumaça indireta está associada a um risco maior de câncer de pulmão e doença cardíaca coronária, além de vários riscos à saúde das crianças, inclusive síndrome de morte súbita infantil, asma, bronquite e pneumonia.[12] Além do risco à saúde, fumar é um risco à segurança; cigarros acesos podem causar queimaduras, incêndios ou explosões por falta de atenção ou quando próximos a substâncias inflamáveis.

Como as conseqüências do fumo são potencialmente graves, muitas organizações têm restringido a permissão para fumar no ambiente de trabalho, assim como descrito no texto inicial. Em muitos locais, as restrições também são imposições da legislação estadual ou municipal. Em uma pesquisa realizada pela American Medical Association em 1999 com 17 estados norte-americanos e o Distrito de Columbia, constatou-se que entre 87% e 97% das empresas adotavam as políticas oficiais relativas ao ambiente de trabalho que restringiam o fumo em áreas públicas, comuns ou de trabalho. De acordo com o Instituto Nacional do Câncer dos Estados Unidos, as leis que restringem o cigarro em alguns ou em todos os locais de trabalho vigoram no Distrito de Columbia e em 47 estados norte-americanos, com o fumo proibido na maioria das vezes em escolas e instituições de saúde.[13]

O supervisor pode ajudar a minimizar os efeitos do fumo no trabalho, impondo as restrições determinadas pela organização e incentivando e reconhecendo os funcionários que tentam parar de fumar.

Alcoolismo* e Consumo Abusivo de Drogas

O alcoolismo e o consumo abusivo de drogas no trabalho são problemas graves e podem custar caro para as organizações. As pessoas sob a influência dessas substâncias são mais propensas a se envolverem em acidentes. Muitas políticas organizacionais envolvem providências rígidas quando algum funcionário é flagrado alcoolizado ou drogado.

Parte do papel do supervisor na promoção da segurança deve ser o de orientar os funcionários com esses problemas e aplicar medidas disciplinares. (Para obter mais informações de como o supervisor deve agir, consulte o Capítulo 12).

Problemas Relacionados ao Uso do Computador

Hoje, a grande maioria dos trabalhadores norte-americanos usa computadores no trabalho. Com o uso cada vez mais comum dos computadores no trabalho, alguns problemas de saúde têm sido atribuídos a ele.[14] Muitas das queixas são em relação aos monitores, que é a tela em que são exibidas as informações do computador. Os usuários têm reclamado que trabalhar com os monitores ou próximo deles causa diversos problemas de saúde, inclusive fadiga ocular e problemas de visão. Alguns relatórios têm indicado que o uso do monitor também estaria associado a problemas na gravidez, principalmente de abortos, por causa da radiação emitida pelas telas, mas pesquisas ainda não comprovaram a relação entre o uso do monitor e os riscos à gravidez.

Felizmente, os problemas associados ao uso do monitor podem ser reduzidos ou eliminados. As estações de trabalho devem permitir o posicionamento do monitor de forma a minimizar o brilho (veja a Figura B.5), e a luminosidade da tela deve ser de

---

* N.R.T.: No direito brasileiro, ao lado de várias outras causas enumeradas pelo artigo 482 da Consolidação das Leis do Trabalho, a embriaguez habitual em serviço é considerada justa causa para rescisão do contrato de trabalho.

FIGURA B.5
Posicionamento do Monitor para uma Visão Confortável

Fonte: Cortesia do Comitê de Indenização Trabalhista da British Columbia. Uso autorizado da ilustração.

nível moderado. A tela do computador deve ficar a pelo menos 40 centímetros dos olhos do usuário. Os funcionários que usam o computador devem fazer pausa para descansar; um intervalo de três a cinco minutos a cada hora pode aliviar o desconforto visual. De vez em quando, desviando o olhar da tela para objetos distantes é possível relaxar os músculos óticos. Os usuários que se preocupam com a radiação também podem instalar protetores de tela no computador ou usar somente monitores de baixa emissão de radiação.

Digitação e olhar fixo no computador por longos períodos podem provocar distensões musculares nas costas, nos braços, nas pernas e no pescoço. Muitos desses problemas estão associados à má postura. Os problemas podem ser resolvidos com um simples ajuste na altura e posição da cadeira, do teclado ou mouse, e da tela do computador. Os usuários de computador podem também ficar suscetíveis à lesão por movimento repetitivo, discutido a seguir.

Lesões por Esforços Repetitivos

De acordo com o OSHA, as lesões musculoesqueléticas, ou LER (as lesões e doenças do tecido macio incluem músculos, tendões, ligamentos, juntas e cartilagem e o sistema nervoso), respondem por cerca de um em cada três dias de trabalho perdido por lesões e doenças ocupacionais.[15] As lesões musculoesqueléticas ocorrem em todas as ocupações e setores. Em 2002, o movimento ou a posição do trabalhador foram as principais causas desse tipo de lesão. Em mais de 50 mil casos, as lesões eram resultado da repetição do mesmo movimento várias vezes. A modernização das máquinas e dos equipamentos eletrônicos tem permitido aos trabalhadores executarem as funções repetitivas em um ritmo cada vez menor. Infelizmente, a aplicação repetitiva da força nos mesmos músculos ou juntas podem resultar em lesões por esforços repetitivos.

Um exemplo dessa lesão é a síndrome do túnel do carpo, que envolve a dor no punho e nos dedos. Essa é uma queixa comum entre funcionários que digitam o dia inteiro ou realizam outras tarefas envolvendo o punho, por exemplo, realizando o mesmo corte de frangos em frigoríficos o dia todo. Algumas pessoas do setor jornalístico especulam se a competição acirrada pelo emprego nessa área tem forçado muitos jornalistas e colunistas a tentar contornar a dor em vez de se queixar.

Os problemas lombares são outra grande despesa para empregadores e empregados, respondendo por cerca de US$ 50 bilhões por ano em indenizações trabalhistas nos EUA. Outros US$ 50 bilhões são gastos por ano nos EUA em custos indiretos, como a seleção e o treinamento de trabalhadores substitutos e a implementação de programas de condicionamento físico e de redução de trabalho para facilitar o retorno desses funcionários ao emprego. A redução da produtividade no trabalho é causa de preocupação. "Se você olhar para o tempo de trabalho perdido", afirma o professor Alan Hedge do Departamento de Projetos e Análise Ambiental da Cornell University, "ele é a ponta do iceberg. Quando você está se lesionando no trabalho, não está sendo tão eficaz".[16]

Para evitar a lesão por esforço repetitivo, a organização pode adotar várias medidas, inclusive projetando funções e estações de trabalho de forma que permita pausas, usando mobiliário ajustável, e evitando movimentos estranhos e má postura. Esse tipo de providência para resolver o problema é uma aplicação da ergonomia, a ciência voltada às características humanas que devem ser consideradas quando se projetam tarefas e equipamentos para as pessoas trabalharem com a máxima segurança e eficácia. O supervisor não precisa ser especialista em ergonomia, mas pode tomar consciência a respeito dessas questões. Outra providência seria incentivar os funcionários com dor a buscar ajuda médica imediata. O supervisor jamais deve dizer ao funcionário para suportar a dor, já que isso pode agravar a lesão existente.

AIDS

Embora outras doenças sejam mais disseminadas, provavelmente a mais temida seja a AIDS (síndrome da imunodeficiência adquirida), causada pelo HIV, o vírus da imunodeficiência humana. A maior causa desse medo está no fato de a AIDS ainda ser incurável e fatal. Felizmente, a doença não é contraída pelo simples contato com pessoas com AIDS ou pelo compartilhamento do mesmo copo ou do mesmo banheiro; o vírus HIV é transmitido na troca de fluidos corporais, que ocorre na relação sexual, na transfusão de sangue e no compartilhamento de seringas contaminadas, além da transmissão da mãe para o feto.

A maioria das atividades envolvendo a transmissão do HIV não ocorre nos ambientes de trabalho. A principal exceção são as instituições de saúde onde são usadas seringas hipodérmicas. Essas instituições devem adotar procedimentos de manipulação e descarte adequado das agulhas para evitar a disseminação da AIDS e de outras doenças graves, como a hepatite.

Na maioria dos ambientes de trabalho, a principal preocupação em relação a AIDS está em como tratar os funcionários soro positivo ou doentes de AIDS. A legislação antidiscriminatória e de promoção da igualdade obriga dispensar a esses funcionários o mesmo tratamento dispensado a qualquer outra pessoa deficiente. Desde que o funcionário consiga realizar o seu trabalho, ele deve permanecer no emprego. Em algum momento, a organização talvez precise providenciar acomodações razoáveis para ele poder continuar trabalhando, por exemplo, permitindo que o funcionário doente termine o trabalho em casa.

Quando algum funcionário tem AIDS, o supervisor deve enfrentar os prováveis temores dos demais funcionários de trabalhar com ele. Com a ajuda do departamento de recursos humanos, o supervisor talvez tenha de orientar os outros funcionários a respeito da AIDS e da sua forma de transmissão. Apesar desses esforços, alguns funcionários podem marginalizar um colega com AIDS. Portanto, o supervisor e os demais integrantes da organização devem fazer o máximo para manter o sigilo de uma pessoa com AIDS. Se algum funcionário com AIDS ou os colegas do funcionário tiverem dificuldades para lidar com a situação, o supervisor pode encaminhá-los para o programa de assistência ao funcionário, se houver. (Esses programas foram descritos no Capítulo 12.)

PROGRAMAS DE PROMOÇÃO DA SEGURANÇA E DA SAÚDE NO TRABALHO

Muitos empregadores têm instituído programas de promoção da segurança e da saúde dos funcionários. Esses programas incluem treinamento, reuniões de segurança, cartazes, premiação por um desempenho seguro e comitês de segurança e saúde. Um típico comitê é composto de gestores e trabalhadores operacionais, às vezes, com rodízio periódico de funcionários. Um estudo recente a respeito dos comitês de segurança e saúde ocupacional do setor público em Nova Jersey constatou uma associação entre a maior participação de trabalhadores nos comitês com o menor registro de doenças e lesões.[17] Fazem parte das responsabilidades do comitê de saúde e segurança a inspeção regular das áreas de trabalho, o estudo das sugestões dos funcionários visando a melhoria da saúde e da segurança, e a promoção de mais consciência em termos de segurança. O comitê também pode patrocinar premiações e competições por práticas seguras.

Muitas organizações têm ampliado seus programas de segurança e saúde, incluindo o comportamento dos funcionários fora do trabalho que contribuem para os problemas de saúde. Esses esforços podem compor o programa de medicina preventiva (veja o Capítulo 13). Por exemplo, alguns programas de medicina preventiva servem para incentivar os funcionários a parar de fumar (não apenas a restringir o fumo no trabalho), e outros para ensinar hábitos de alimentação saudável e prática de atividades físicas.

Benefícios

Reduzindo o número de acidentes e a gravidade das lesões e doenças relacionadas ao trabalho, os programas de segurança e saúde reduzem os custos da organização em inúmeras áreas. Entre elas, nos custos com indenizações trabalhistas, defesa em processos judiciais, conserto ou substituição de equipamentos danificados em acidentes e salários pagos por tempo perdido. A economia pode ser significativa. Além disso, os programas de segurança e saúde ajudam a motivar os funcionários, reduzir a rotatividade e a evitar a dor e o sofrimento dos trabalhadores e de suas famílias. Enfim, promovendo um local de trabalho seguro e saudável, a organização desfruta mais de boas relações com o governo e a comunidade, e recruta com mais facilidade bons funcionários.

Características de um Bom Programa

Um programa de segurança e saúde é eficaz quando minimiza a probabilidade de as pessoas se ferirem ou ficarem doentes em conseqüência das condições do local de trabalho, quando há um compromisso sólido de todos os níveis da gestão com o programa e quando os funcionários acreditam na importância do programa. Além disso, todos os funcionários precisam de treinamento em termos de importância da segurança e meios para promover a saúde e segurança no trabalho. Esse treinamento deve criar uma consciência permanente quanto à necessidade do comportamento seguro. Por fim, a organização deve possuir um sistema de identificação e correção dos riscos antes que estes provoquem danos. Além dos já mencionados neste apêndice, os riscos existentes no trabalho abrangem pesticidas, carpetes mal instalados, produtos de limpeza, toners, sinalizadores, corretivos líquidos, iluminação artificial, escadas escuras, agulhas ou seringas, tintas à base de chumbo (em construções antigas), ruídos, dióxido de carbono, radônio, raio-X, perfumes, materiais e lixos radioativos, dejetos biológicos, substâncias venenosas, e ferramentas e equipamentos não "ajustados" aos funcionários.[18]

Papel do Supervisor

É fundamental o apoio da diretoria às medidas de segurança; a organização pode até manter um diretor de segurança ou outro gestor responsável pelos programas de segurança. Mesmo assim, é responsabilidade do supervisor verificar se os funcionários adotam as devidas precauções de segurança. É o supervisor que observa e é responsável pelo desempenho dos funcionários no dia-a-dia. Infelizmente, alguns supervisores precisam testemunhar uma grave lesão para só então perceber que devem obrigar os funcionários a cumprir os procedimentos e as normas de segurança. O supervisor que não impõe o cumprimento dessas normas por temer uma reação negativa dos funcionários não entende a razão da existência delas. Ele também não reconhece a importância do seu papel na manutenção de um ambiente de trabalho seguro e saudável.

O supervisor eficaz não se restringe à simples imposição das normas. Ele pode incentivar os funcionários a diagnosticar os riscos e ajudá-los a superar as barreiras burocráticas para que consigam melhorar as condições de insegurança. Um estudo realizado em hospitais nos Estados Unidos constatou que enfermeiras que percebiam os problemas relacionados à segurança, muitas vezes, não conseguiam promover as mudanças necessárias para resolvê-los.[19] O supervisor pode ser um aliado fundamental em situações como essa.

Treinamento e Prevenção contra Riscos

O supervisor precisa verificar se os funcionários entendem e cumprem todos os procedimentos visando a manutenção da segurança e da saúde. Os funcionários novos devem ser bem treinados para realizar o trabalho com segurança; os mais experientes precisam de treinamento quando assumem novas responsabilidades ou quando a organização introduz novos procedimentos, materiais ou maquinários. Além disso, os funcionários precisam de alertas sobre práticas seguras. Além dos comentários do supervisor, os alertas devem ser dados em cartazes, itens do jornal da companhia ou do departamento e apresentações feitas por um funcionário aos colegas. As estatísticas sobre o desempenho do departamento, como o número de acidentes no ano corrente comparado com o do ano anterior, podem ser divulgadas nos quadros de aviso ou no jornal da empresa. Além disso, nos EUA, o OSHA exige das companhias com mais de dez funcionários a exibição de um cartaz de segurança e saúde, mostrado na Figura B.6, dando informações sobre os direitos dos trabalhadores nos termos da OSHA.

Algumas preocupações especiais surgem em relação à educação de funcionárias que estão ou podem vir a ficar grávidas. Uma determinação da Suprema Corte Norte-Americana proíbe os empregadores de impedir que grávidas ocupem posições de risco, política que, se permitida, forçaria as mulheres a escolher entre manter o emprego e ter um filho. Mesmo assim, mulheres que permanecem nessas funções podem processar o empregador por danos se o bebê nascer com lesões causadas por condições de trabalho perigosas. A forma aceitável de proteger as funcionárias em idade fértil seria enfatizando as informações. Elas devem ser informadas de quaisquer riscos à gravidez associados ao desempenho da função. O supervisor também pode encorajar as funcionárias a pedir transferência para uma função menos perigosa no caso de engravidarem. (A organização não pode reduzir o salário, os benefícios ou o direito de tempo de trabalho adquirido.) Se a funcionária não puder ser remanejada, a organização pode conceder-lhe licença durante a gravidez, incluindo o pagamento integral e a garantia do emprego depois do nascimento do bebê.

Outra situação que exige atenção especial é a supervisão dos trabalhadores de turno, que precisam de mais orientação em práticas seguras. Esses funcionários ficam alertas e conseguem se concentrar melhor quando adaptam seu estilo de vida geral ao trabalho noturno ou aos rodízios. Eles precisam de esforço extra para dormir o suficiente durante o dia, procurando um local calmo, escuro e ameno para isso. Pessoas que naturalmente permanecem despertas tarde da noite, provavelmente dormem melhor imediatamente depois de trabalhar à noite, enquanto outras descansam melhor se dormirem antes de ir trabalhar no período noturno. Pessoas que trabalham no turno da noite provavelmente se sentem melhor se comerem alimentos leves durante o turno, evitando itens gordurosos e pesados.

O supervisor deve encorajar todos os funcionários a ajudar a promover condições seguras e saudáveis. Uma forma de fazer isso seria enfatizar que os funcionários também são responsáveis pela criação de um ambiente seguro. Além disso, o supervisor deve escutar as reclamações dos funcionários a respeito da segurança, pedindo ao comitê de saúde e segurança ou à pessoa adequada para investigá-las. Quaisquer condições de risco devem ser imediatamente eliminadas.

FIGURA B.6
Cartaz de Segurança e Saúde do OSHA

Você Tem Direito a um Local de Trabalho Seguro e Saudável*

É A LEI!

- Você tem direito de notificar seu empregador ou o OSHA a respeito dos riscos no local de trabalho. O seu nome será mantido em sigilo.
- Você tem direito de requisitar uma inspeção do OSHA se acreditar que existem condições inseguras e prejudiciais à saúde no trabalho. Você ou o seu representante pode participar da inspeção.
- Você pode registrar uma queixa no OSHA, em até 30 dias, se o seu empregador discriminá-lo por reclamar da segurança e dos riscos à saúde ou por exercer seus direitos nos termos da *Lei OSH*.
- Você tem direito a consultar as citações emitidas pelo OSHA contra o seu empregador. O empregador deve afixar a notificação da citação no local ou próximo ao local da alegada infração.
- O empregador deve sanar os riscos do local de trabalho até a data indicada na citação e deve declarar que tais riscos foram reduzidos ou eliminados.
- Você tem direito de copiar seus registros médicos ou registros da sua exposição a substâncias ou condições tóxicas e perigosas.
- O empregador deve afixar este alerta no seu local de trabalho.

A Lei de Segurança e Saúde Ocupacional (Lei OSH) de 1970, P.L. 91-596, garante condições de trabalho seguras e saudáveis a trabalhadores e trabalhadoras de toda a Nação. O Departamento de Segurança e Saúde Ocupacional do Ministério Norte-Americano do Trabalho, tem como responsabilidade principal o cumprimento da *Lei OSH*. Os direitos mencionados aqui podem variar dependendo de circunstâncias específicas. Para registrar uma queixa, relatar alguma emergência ou buscar orientação, assistência ou produtos do OSHA, ligue para 1-800-321-OSHA ou o escritório do OSHA mais próximo • Atlanta (404) 562-2300 • Boston (617) 565-9860 • Chicago (312) 353-2220 • Dallas (214) 767-4731 • Denver (303) 844-1600 • Kansas City (816)426-5861 • Nova York (212) 337-2378 • Filadélfia (215) 861-4900 • San Francisco (415) 975-4310 • Seattle (206) 553-5930. O número do teletipo é 1-877-889-5627. Para registrar uma queixa ou obter mais informações a respeito dos programas estaduais e federais do OSHA, visite www.osha.gov. Se o seu local de trabalho estiver em um estado operando nos termos de algum plano aprovado pelo OSHA, seu empregador deve afixar um cartaz estadual equivalente a este.

1-800-321-OSHA
www.osha.gov

Ministério Norte-Americano do Trabalho   Departamento de Segurança e Saúde Ocupacional   OSHA 3165

* N.R.T.: No Brasil, o artigo 197 da Consolidação das Leis do Trabalho dispõe: "Os materiais e substâncias empregados, manipulados ou transportados nos locais de trabalho, quando perigosos ou nocivos à saúde, devem conter, no rótulo, sua composição, recomendações de socorro imediato e o símbolo de perigo correspondente, segundo padronização internacional".
De acordo com o artigo 200 da Consolidação das Leis do Trabalho, o Ministério do Trabalho e Emprego estabeleceu disposições complementares às normas gerais sobre Segurança e Medicina do Trabalho, tendo em vista as peculiaridades de cada atividade ou setor de trabalho. As referidas normas, conhecidas como NR – Normas Regulamentadoras podem ser acessadas no site http://www.mte.gov.br/legislacao/normas_regulamentadoras/default.asp.

Respostas Imediatas

O supervisor que observa alguma violação das diretrizes de saúde e segurança deve reagir de forma imediata e consistente. A falta de reação sinaliza aos funcionários que as orientações não são realmente importantes. Primeiro, o supervisor deve descobrir por que ocorreu a violação. Será que o funcionário conhece os procedimentos corretos? Se o funcionário conhece os procedimentos, mas mesmo assim insiste em não segui-los, o supervisor deve tentar descobrir por quê. Por exemplo, se o funcionário reclamar que algum equipamento de segurança é desconfortável de usar, ao investigar a reclamação ele pode descobrir uma alternativa melhor, que pode ser uma variedade maior de óculos de segurança ou uma maneira de estruturar o trabalho para exigir menos equipamentos de segurança. Apesar das reclamações, no entanto, o supervisor deve insistir com o funcionário para seguir os procedimentos de segurança, mesmo parecendo inconvenientes. Se as normas de segurança forem violadas, o supervisor talvez tenha de adotar medidas disciplinares. (Veja no Capítulo 12 a discussão sobre disciplina.)

Qualidade de Vida no Trabalho

Combatendo a fadiga, o tédio e a insatisfação, que também podem tornar o funcionário propenso a acidentes, o supervisor pode promover a segurança e a saúde. Esses esforços podem incluir a melhoria da qualidade de vida no trabalho, tornando as funções mais interessantes e satisfatórias. Embora não haja provas sobre a ligação entre qualidade de vida no trabalho e segurança e saúde do funcionário, parece razoável supor que funcionários interessados e satisfeitos tendem a ser mais cuidadosos e saudáveis. (No Capítulo 11, são apresentadas algumas recomendações para a expansão e autonomia dos cargos.)

No caso de trabalhadores de turno, o supervisor pode minimizar a fadiga, encorajando a organização a escalar os funcionários em um único turno ou realizar o rodízio entre os turnos para eles irem trabalhar cada vez mais tarde, em vez de mais cedo, ou sem cumprir padrão estável. A iluminação forte também ajuda os funcionários a permanecer alertas à noite.

Servir de Exemplo

Assim como em qualquer outra área em que o supervisor queira que os funcionários se comportem de determinada forma, ele deve servir de bom exemplo e adotar práticas seguras. Por exemplo, um supervisor que usa incorretamente as ferramentas, constrói uma torre de latas de refrigerante em cima do arquivo, ou tenta resolver o problema da fotocopiadora sem antes desligar a energia, está anulando o efeito até da mais eloqüente palestra sobre segurança no trabalho.

A seguir estão algumas recomendações de comportamento que o supervisor pode adotar para servir de bom exemplo. A maioria das recomendações incorre em pouco ou nenhum custo financeiro.[20]

1. Ser "neurótico" com a saúde e segurança. Torná-las prioridade máxima da sua fábrica, loja ou escritório.
2. Criar um comitê de segurança tornando-o responsável pela realização periódica de auditorias de segurança.
3. Conscientizar ainda mais os funcionários, oferecendo programas de treinamento, promovendo campanhas regulares de segurança e comemorando a Semana da Segurança Nacional.
4. Recompensar as sugestões de medidas para melhorar a segurança e saúde.
5. Tornar a limpeza mais que uma virtude. Torná-la uma obrigação.
6. Distribuir um manual de instruções e de procedimentos de emergência e segurança.
7. Divulgar números de telefone de emergência em pontos bem visíveis em todo o local de trabalho.
8. Treinar os procedimentos de evacuação de segurança, quando necessário.
9. Insistir para que todas as substâncias e os materiais perigosos sejam bem selados e corretamente armazenados.
10. Quando disser que o uso do capacete é obrigatório no local de trabalho, diga de forma convincente!

11. Instalar detectores de fumaça, alarmes e extintores de incêndio apropriados.
12. Exigir o estrito cumprimento das normas da companhia de proibição do fumo e introduzir uma política de proibição do uso de perfumes, quando necessário.
13. Marcar claramente todos os itens e zonas de risco.
14. Jamais aceitar ou incentivar a alternativa mais fácil, que pode colocar em risco a segurança.

RELAÇÕES TRABALHISTAS: PAPEL DO SUPERVISOR

Os problemas relacionados à segurança e saúde estão entre as questões que impulsionaram a formação dos sindicatos nos Estados Unidos no final do século XVIII. Os trabalhadores, que na época trabalhavam até doze horas por dia, uniram-se para convencer os empregadores a reduzir as horas trabalhadas, pagar salários melhores e melhorar a segurança. Hoje, os sindicatos continuam a negociar com as organizações em questões semelhantes.

Em 1935, o governo federal norte-americano aprovou a Lei Wagner (também denominada Lei Nacional das Relações Trabalhistas). Essa lei visa definir e proteger os direitos dos trabalhadores e empregadores, encorajar a negociação coletiva e eliminar as práticas injustas (por exemplo, violência e ameaça de demissão de funcionários que se filiem ao sindicato). Depois da aprovação da Lei Wagner, a filiação nos sindicatos triplicou (veja a Figura B.7). Como porcentagem da força de trabalho total, o pico da sindicalização foi na década de 1940.

Desde então, a filiação sindical tem caído, chegando a menos de 14% da força de trabalho na década passada.[21] Essa queda tem acompanhado o declínio no setor industrial da economia, em que a participação sindical tradicionalmente foi sempre mais forte. O poder dos sindicatos também caiu juntamente com esses números. Durante a década de 1980, muitos sindicatos fizeram grandes concessões em negociações com os empregadores.

Os processos pelos quais supervisores e demais gestores trabalham de forma construtiva com os sindicatos constituem a disciplina da gestão denominada relações trabalhistas. Boas relações trabalhistas nem sempre eliminam todos os conflitos entre direção e trabalhadores, mas efetivamente consistem em um meio relativamente mais barato de resolver os conflitos por meio da discussão e não do confronto. As relações trabalhistas se concretizam por meio de atividades, como iniciativa de organização sindical e negociação coletiva.

FIGURA B.7 Sindicalização como Porcentagem da Força de Trabalho Empregada nos Estados Unidos

Fonte: C. Chang, C. Sorrentino, "Union Membership in 12 Countries", *Monthly Labor Review* 114, n. 12 (1991), p. 46-53; L. Troy e N. Sheflin, *Union Sourcebook* (West Orange, NJ: Industrial Relations Data and Information Services, 1985); *Statistical Abstract of the United States: 2003* (Washington, DC, 2003), p. 431.

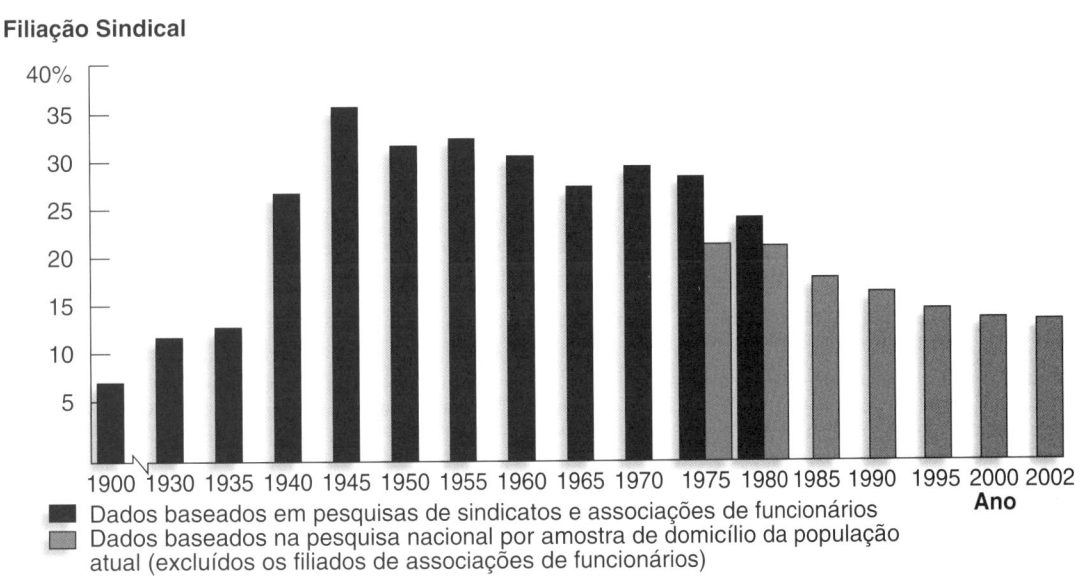

Iniciativa de Organização Sindical*

A iniciativa de organização sindical é o método de eleger sindicalistas para representar os trabalhadores em uma organização. A direção normalmente resiste a essa iniciativa por acreditar na interferência do sindicato na capacidade dos gestores de tomar decisões visando o melhor interesse da companhia. Os gestores também temem que o sindicato possa converter a lealdade dos funcionários para com a companhia em lealdade para com o sindicato. O sindicato tenta convencer os funcionários de que a direção jamais visa os interesses dos trabalhadores e que estes ficariam em melhor situação deixando o sindicato negociar coletivamente com a empresa.

O processo de organização sindical começa quando alguns funcionários decidem que desejam ser representados por um sindicato ou quando líderes sindicais visam alguma organização como possível candidata. Então, os representantes sindicais se dirigem à organização para se organizarem. Se no mínimo 30% dos funcionários assinarem uma autorização, permitindo que o sindicato os represente, a entidade sindical pode requisitar uma eleição. Os funcionários votam em eleição secreta. Se a maioria dos trabalhadores votar a favor do sindicato, este se torna representante de *todos* os funcionários na unidade de negociação.

Embora os gestores geralmente prefiram manter os sindicatos distantes, a legislação federal norte-americana, por exemplo, proíbe que supervisores e demais gestores impeçam os funcionários de formar sindicatos ou se filiarem a algum. O supervisor pode expressar seu ponto de vista a respeito dos sindicatos, mas não pode ameaçar punir os funcionários por formar sindicatos ou se filiarem a eles, e não pode prometer recompensas para aqueles que atuarem contra o sindicato. O supervisor que não sabe ao certo que tipo de comentário pode emitir deve consultar o departamento de recursos humanos da organização. O sindicato não pode tentar pressionar os funcionários a se filiarem. O supervisor que acha que o sindicato está violando essa legislação deve informar o departamento de recursos humanos.

Negociação Coletiva**

Normalmente, trabalhadores e direção da empresa têm pontos de vista diferentes em diversas questões; afinal, a razão fundamental da existência dos sindicatos é tornar mais forte a opinião dos trabalhadores quando surgem as diferenças. O processo básico de resolução dessas diferenças é a negociação coletiva – processo de tentativa de um acordo, especificando os direitos e as obrigações dos trabalhadores sindicalizados e do empregador. Normalmente, a negociação começa quando o sindicato e a direção expressam suas exigências. Como as duas partes geralmente divergem quanto ao que consideram aceitável, elas discutem como resolver as principais áreas de conflito. Se precisarem de ajuda para resolver o conflito, podem convocar um mediador, ou seja, uma pessoa neutra que ajuda os dois lados a chegar a um acordo.

O supervisor raramente exerce papel direto na negociação coletiva. No entanto, a direção da empresa pode pedir ao supervisor informações que ajudem durante o processo de negociação. Essa é outra razão pela qual o supervisor deve manter registros criteriosos a respeito dos funcionários.

Acordo Coletivo

Um típico acordo coletivo contém dispositivos, como normas para a filiação sindical; procedimento para encaminhamento das reclamações; políticas de salário e pagamento

---

* N.R.T.: A Constituição da República Federativa do Brasil, no seu artigo 8º, garante a livre associação profissional ou sindical, observando que cabe ao sindicato a defesa dos direitos e interesses coletivos ou individuais da categoria, inclusive em questões judiciais ou administrativas. O Título V da Consolidação das Leis do Trabalho (artigos 511 a 610) trata da organização sindical no Brasil.

** N.R.T.: No Brasil, a negociação coletiva precede o acordo ou a convenção coletiva do trabalho. Trata-se de um procedimento desenvolvido pelos representantes das categorias profissional e econômica e das empresas envolvidas na negociação, onde são debatidos os seus interesses coletivos, com objetivo de encontrar uma forma de composição.
A Constituição da República Federativa do Brasil, no inciso XXVI do artigo 7º, prestigia tanto a convenção como o acordo coletivo de trabalho, reconhecendo-os como direito do trabalhador, fazendo referência a negociação coletiva no artigo 8º, VI e §§ do artigo 114.
O artigo 611 da Consolidação das Leis do Trabalho, define a convenção coletiva de trabalho como o: "acordo de caráter normativo, pelo qual dois ou mais sindicatos representativos de categorias econômicas e profissionais estipulam condições de trabalho aplicáveis, no âmbito das respectivas representações, às relações individuais de trabalho."
Por outro lado, o acordo coletivo, previsto no §1º do artigo 611 da CLT é um pacto entre uma ou mais empresas com o sindicato de uma categoria profissional, em que são estabelecidas condições de trabalho, aplicáveis a essas empresas.
Na convenção coletiva, o acordo é realizado entre os sindicatos da categoria econômica e profissional envolvidos. Já no acordo coletivo o pacto se estabelece entre uma ou mais empresas e o sindicato Lda categoria profissional.

de horas extras, benefícios (incluindo férias e descansos) e horas trabalhadas; e acordos relacionados à segurança e saúde. O supervisor fica obrigado a cumprir os termos desse acordo, portanto, deve conhecê-lo bem. O supervisor que não conhece o acordo coletivo pode, sem querer, causar algum problema, por exemplo, pedindo que o funcionário faça algo proibido pelo acordo ou usando algum procedimento disciplinar proibido. A desconsideração de algum dispositivo do acordo, como, por exemplo, o tempo dos períodos de descanso, pode ser interpretada como uma concordância para alterar o acordo. O supervisor também deve tratar todos os funcionários com justiça e coerência. Essa é uma boa prática, havendo ou não um sindicato; além disso, a legislação federal norte-americana proíbe o supervisor e demais gestores de discriminar funcionários sindicalizados.

*Trabalhando com o Representante Sindical**

Parte da função do supervisor nos termos do acordo coletivo seria manter um bom relacionamento com o representante sindical. O sindicalista é o funcionário que atua como representante do sindicato em determinada unidade de trabalho. Os funcionários recorrem ao representante sindical quando têm dúvidas e reclamações relativas ao acordo coletivo.

Visando minimizar os conflitos e resolver os problemas que surgem, o supervisor precisa cooperar com o representante sindical. O supervisor deve tratá-lo com respeito e informar-lhe sobre os problemas e mudanças futuras. Se o supervisor e o representante sindical mantiverem um relacionamento de cooperação, muitas vezes, conseguirão eles próprios resolver os problemas, em vez de expor a organização e os funcionários ao custo e ao estresse de uma disputa permanente.

*Reclamações Trabalhistas***

O funcionário que sentir que foi tratado de forma injusta nos termos do acordo coletivo pode registrar uma queixa formal, ou uma reclamação trabalhista. Normalmente, quando algum funcionário entra com uma reclamação trabalhista, ele antes se reúne com o supervisor e o representante sindical para buscar uma solução. Na maioria das vezes, os três conseguem resolver o problema. Quando não, gestores do nível superior e representantes sindicais se reúnem para buscar a solução. Se eles não conseguirem chegar a um acordo, ambas as partes concordarão em recorrer a um árbitro externo, uma pessoa neutra que decide como resolver o conflito. Ambas as partes devem cumprir os termos estabelecidos pelo árbitro.

Para evitar esse processo oneroso e demorado, o supervisor deve assegurar ao funcionário a oportunidade de ser ouvido. Em muitos casos, o supervisor consegue resolver os conflitos antes que o funcionário registre uma reclamação formal. Quando uma reclamação trabalhista é registrada, o supervisor deve conduzi-la com seriedade. Isso significa colher informações completas e tentar resolver o problema com a máxima rapidez. Quando se permite a continuidade dos conflitos, eles tendem a se agravar.

Greves***

Ocasionalmente, as partes não conseguem chegar a um acordo durante a negociação coletiva, assim, os funcionários decidem entrar em greve. Durante a greve, os funcionários deixam de trabalhar ou se recusam a retornar até que haja um acordo. Nas últimas décadas, o número de greves nos EUA tem diminuído. De acordo com o Departamento Norte-Americano de Estatísticas Trabalhistas, foram 381 grandes greves em 1970, 187 em 1980, 44 em 1990 e apenas 14 em 2003.[22] Em geral, é proibido fazer greve – greve ilegal – durante a vigência de um acordo.

---

* N.R.T.: No Brasil, o representante sindical goza de estabilidade no emprego, desde sua candidatura até um ano após o mandato. É o que dispõem o artigo 8º, inciso VIII da Constituição Federal e o artigo 543 da Consolidação das Leis do Trabalho.

** N.R.T.: No Brasil, os conflitos de interesse na área trabalhista podem ser coletivos ou individuais. Os coletivos envolvem os sindicatos e representantes sindicais e denominam-se dissídios coletivos de trabalhos. São resolvidos pelos acordos e convenção coletivos. Os dissídios individuais envolvem o trabalhador e o empregador e têm por objeto questões resultantes de vínculo de emprego. A reclamação trabalhista está prevista nos artigos 837 e seguintes da Consolidação das Leis do Trabalho.
Aprovada em 2004, a Emenda Constitucional nº. 45 ampliou a competência da Justiça do Trabalho que antes era restrita à solução dos conflitos entre empregados e empregadores. A Justiça do Trabalho passou, então, a ser competente para dirimir controvérsias decorrentes da relação de trabalho, em sentido amplo, abarcando, por exemplo, serviços prestados por trabalhadores autônomos.

*** N.R.T.: A Constituição da República Federativa do Brasil, em seu artigo 9º e a Lei nº. 7.783/89 asseguram o direito de greve a todo trabalhador. Caberá a ele decidir sobre a oportunidade de exercer esse direito e sobre os interesses que deva defender por meio dele.

TABELA B.1
Recomendações para o Supervisor Durante a Greve Ilegal

Fonte: Leslie W. Rue e Lloyd L. Byars, *Supervision: Key Link to Productivity*, 6. ed. (Nova York: Irwin/McGraw-Hill, 1999), p. 263. Copyright©1999, The McGraw-Hill Companies. Reprodução autorizada pela The McGraw-Hill Companies.

Permanecer no trabalho.
Notificar a diretoria por telefone ou mensageiro.
Registrar criteriosamente os fatos conforme eles forem ocorrendo.
Atentar para quem são os líderes e registrar o comportamento deles.
Registrar qualquer falta de providências por parte dos representantes sindicais.
Relatar todas as informações à diretoria o mais breve e completo possível.
Incentivar os funcionários a retomar o trabalho.
Pedir aos sindicalistas para que orientem os funcionários a voltar a trabalhar.
Não discutir a causa da greve.
Não firmar nenhum acordo ou dizer algo que possa ser entendido como autorização para deixar o trabalho.
Deixar claro que a direção irá discutir o problema quando todos os funcionários retornarem ao trabalho.

Papel do Supervisor na Prevenção de Greves

Embora o supervisor tenha pouco controle sobre qualquer acordo firmado durante a negociação coletiva pelo sindicato e por representantes da direção da empresa, ele efetivamente exerce o papel de diminuir as possibilidade de haver uma greve. Tratar os funcionários com imparcialidade e razoabilidade propicia boas relações entre trabalhadores e direção. Nesse tipo de clima, os funcionários ficam menos propensos a querer uma greve. Práticas de boa comunicação também permitem que os funcionários entendam o ponto de vista da direção e tenham a chance de expressar suas frustrações.

Papel do Supervisor durante a Greve

Se os funcionários optarem pela greve, não há muito que o supervisor possa fazer para resolver o conflito. Se a greve não for motivada por práticas trabalhistas injustas por parte do empregador, este pode contratar funcionários substitutos. Nesse caso, o supervisor precisa enfrentar o desafio de treinar e conhecer a nova força de trabalho. O supervisor terá de ajustar as metas e as expectativas prevendo a inexperiência dos novos contratados.

Quando ocorre uma greve ilegal, o supervisor deve seguir as práticas mencionadas na Tabela B.1, principalmente observando criteriosamente os acontecimentos e incentivando os funcionários a cumprir o estabelecido no acordo e retornar ao trabalho. Em nenhuma circunstância o supervisor pode firmar acordos ou mesmo discutir os problemas que levaram à greve ilegal.

Notificação sobre o Fechamento de Unidades[*]

Embora numericamente os sindicatos não tenham o mesmo poder que tinham antigamente, às vezes, eles interferem na legislação visando proteger os trabalhadores. Uma lei recente destinada a amenizar o sofrimento causado pelas demissões é a Lei Norte-Americana de Notificação de Ajuste e Retreinamento de Trabalhadores (Worker Adjustment and Retraining Notification, WARN), que entrou em vigor em 1989. Nos termos dessa lei, as companhias com mais de cem funcionários devem comunicar por escrito com no mínimo 60 dias de antecedência quando planejam fechar alguma unidade por seis meses ou mais, ou demitir pelo menos um terço da força de trabalho (ou 500 ou mais funcionários, mesmo que isso represente menos de um terço da força de trabalho da companhia). A lei prevê exceção para unidades temporárias ou trabalhadores temporários; se trabalhadores temporários são contratados para executar algum projeto específico, o aviso prévio não é exigido quando o

---

[*] N.R.T.: Em caso de fechamento do estabelecimento, filial ou agência, no Brasil, aplicam-se as normas dos artigos 497 e 498 da Consolidação das Leis do Trabalho que asseguram direitos aos empregados que gozam de estabilidade no emprego. Aos demais, aplicam-se as regras de rescisão previstas nos artigos 477 e seguintes da mesma Consolidação. Aos optantes do Fundo de Garantia por Tempo de Serviço – FGTS, aplicam-se as regras da Lei 8.036/90. No site http://www.mte.gov.br/ass_homolog/default.asp, poderão ser encontrados programas virtuais de Assistência e Homologação de Rescisão de Contrato de Trabalho, oferecidos pelo Ministério de Trabalho e Emprego.

projeto terminar. Nos termos da lei, as companhias devem notificar supervisores e gestores afetados, além de funcionários de outros níveis.

Um estudo realizado pelo Escritório de Contabilidade Geral do governo federal norte-americano constatou que, em 2001, em apenas um terço das situações em que a notificação era obrigatória, os empregadores cumpriram essa determinação. Os grandes empregadores costumam demitir levas de funcionários, talvez para manter o número abaixo do limite estabelecido pela lei, e essa prática tornou mais difícil tanto para os empregadores quanto para os empregados determinar se a lei WARN seria aplicável em uma situação específica.[23] Embora a forma de aplicação da lei WARN seja complicada, o supervisor deve conhecer a lei, porque demissões e outros tipos de reorganizações são recursos comuns do ambiente corporativo moderno.

EMPREGO JUSTO

O supervisor exerce papel importante para ajudar o empregador a manter práticas justas de emprego. Um emprego justo não se restringe às decisões iniciais de recrutamento e contratação de funcionários. O empregador também precisa oferecer um ambiente de trabalho em que os funcionários possam trabalhar sem sofrer intimidação e com oportunidades iguais de progredir de acordo com sua capacidade. A legislação relacionada ao emprego justo engloba a obrigatoriedade de evitar o assédio e oferecer acomodações razoáveis. Além disso, o governo aprovou leis visando ajudar os funcionários a manter seus empregos quando surgem demandas familiares, médicas e militares. Em todos esses casos, o supervisor pode ajudar no cumprimento da lei, com planejamento e liderança, visando manter a eficácia do trabalho do grupo.

Assédio Sexual e Outros Tipos de Assédio*

De acordo com a EEOC, a legislação contra a discriminação proíbe o assédio de funcionários.[24] Por exemplo, o Título VII da Lei Norte-Americana dos Direitos Civis proíbe a discriminação com base em raça, cor, sexo, religião ou nacionalidade, incluindo o assédio de funcionários com base nessas características. Do mesmo modo, a Lei Contra a Discriminação Etária no Emprego e a Lei Contra a Discriminação do Norte-Americano Portador de Deficiência proíbem o assédio de funcionários que tenham 40 anos ou mais, ou por ser portador de alguma deficiência. Em geral, o assédio não é caracterizado por comentários espontâneos ou alguma simples provocação. Ao contrário, ele envolve uma conduta forte o suficiente para deixar o ambiente de trabalho hostil ou provocar algum tipo de providência, como, por exemplo, o rebaixamento do funcionário, a transferência para algum cargo menos importante ou a demissão da empresa. No entanto, é arriscado o supervisor supor que alguma provocação seja não intencional; a atitude mais segura seria incentivar o comportamento positivo.

Nos últimos anos, a atenção tem se voltado mais ao assédio sexual, definido pela EEOC como "investidas sexuais indesejadas, pedidos de favores sexuais e outras condutas físicas e verbais de natureza sexual" que "tenham a finalidade ou o efeito de interferir de forma não razoável no desempenho profissional do indivíduo ou de criar um ambiente de trabalho intimidador, hostil ou ofensivo". O assédio sexual pode incluir quaisquer dos comportamentos mencionados na Tabela B.2. O assediador e a vítima podem ser do sexo masculino ou feminino. (Menos de 15% das reclamações registradas na EEOC em 2003 foram de homens, mas a porcentagem tem aumentado regularmente na última década.)[25] A vítima não precisa provar que o assédio sexual tenha causado danos psicológicos, apenas que era indesejado.

O número de acusações de assédio sexual registrado na EEOC aumentou muito na década de 1990, diminuindo um pouco nos últimos anos. Seja ou não esse declínio parte de uma tendência, o problema continua a merecer considerações sérias. As penas

---

* N.R.T.: No Brasil, a Lei nº. 10.224, de 15 de maio de 2001, introduziu no Código Penal o artigo 216-A, criminalizando o assédio sexual nas relações de trabalho e de ascendência. Consulte o Capítulo 5 para mais informação sobre este tópico

TABELA B.2
Comportamentos Que Podem Caracterizar o Assédio Sexual

Fonte: Tabela baseada em Michael A. Verespej, "New-Age Sexual Harassment", *Industry Week*, 15 maio 1995, p. 66.

> Comentários sugestivos.
> Provocações ou insultos de natureza sexual.
> Conduta física ou investida sexual indesejada.
> Uso contínuo de linguajar ofensivo.
> Gracejos de cunho sexual.
> Bravatas de proezas sexuais.
> Imagens sensuais afixadas na porta do armário ou no escritório.
> "Elogios" em tom excessivamente sexual.
> Exigência de sexo em troca da manutenção do emprego ou de promoção.

não apenas custaram aos assediadores $ 50 milhões em 2003, mas também as companhias que permitem o assédio podem estar se tornando locais de trabalho desagradáveis para alguns dos seus melhores funcionários. Além disso, a ética exige o tratamento justo e adequado das pessoas.

Respondendo às Acusações de Assédio Sexual

É grave a acusação de assédio sexual. As decisões da justiça têm responsabilizado os empregadores pela má conduta dos seus funcionários a menos que a organização tente ativamente evitar o comportamento inadequado e reagir com eficácia quando ele ocorre. Portanto, quando o funcionário acusa algum membro da organização de assédio sexual, o supervisor deve enfrentar o problema com seriedade. Não há exceções a essa regra – não se aceita como justificativa o fato de a vítima ser atraente ou a opinião do supervisor a respeito de um homem que se sente agredido com fotos pornográficas.

O supervisor deve providenciar para que a reclamação seja devidamente investigada. Geralmente, a investigação é conduzida por terceiros, por exemplo, um representante do departamento pessoal pode entrevistar as pessoas envolvidas. Esse representante, o supervisor e as partes envolvidas devem manter a investigação em sigilo. O supervisor deve evitar expressar opiniões ou impor sua interpretação da situação.

A caracterização do assédio depende de como o comportamento afeta a vítima, e não da intenção do assediador. Portanto, se piadas sujas e fotos pornográficas criam, na visão de algum funcionário, um clima hostil e intimidador, não importa se a pessoa que conta as piadas ou exibe as fotos vê essas atitudes como simples diversão. As percepções variam de pessoa para pessoa. Esse princípio é muito importante para o supervisor avaliar o seu próprio comportamento. Ele deve analisar que a sua posição na organização lhe oferece mais poder do que a seus subordinados. O comportamento que possa parecer apenas divertido para o supervisor pode parecer assustador aos olhos de alguém com menos poder na organização.

Se a investigação confirmar a existência de assédio sexual, o problema deve ser resolvido. Uma abordagem que *não* funciona é ignorar o comportamento ofensivo na esperança de que ele desapareça. O pedido da vítima feito ao agressor para parar com aquele tipo de comportamento funciona em mais da metade das situações. Por causa das diferenças de percepção, pode ser importante não apenas descrever o comportamento ofensivo, mas também o tipo de comportamento que seria aceitável. Além disso, o supervisor precisa trabalhar com o departamento de recursos humanos para encontrar uma resposta imediata e firme às acusações comprovadas. A resposta pode ser a transferência do funcionário agressor para outro departamento ou turno ou mesmo a demissão. A medida disciplinar deve ser adequada e imediata, e deve ser aplicada no mesmo dia se possível ou pelo menos na mesma semana.

Prevenção do Assédio Sexual

Um funcionário que assedia outro sexualmente prejudica a organização de diversas maneiras. A pessoa assediada fica contrariada e não consegue trabalhar de forma adequada. Se a pessoa reclamar, a aplicação de uma medida disciplinar ao assediador pode envolver a transferência ou a demissão dele, resultando na perda de um funcionário, que, de algum modo, é qualificado. E se a pessoa assediada mover um processo, a companhia enfrentará o embaraço e o gasto da defesa na justiça. A prevenção do assédio sexual é claramente em prol dos melhores interesses da organização.

Acomodação de Funcionários Portadores de Deficiência*

Assim como discutido no Capítulo 15, a Lei Contra a Discriminação do Norte-Americano Portador de Deficiência exige que o empregador torne suas instalações acessíveis aos funcionários portadores de deficiência. Nos termos dessa lei, o supervisor deve assegurar que a companhia providencie acomodações razoáveis para que funcionários deficientes possam executar o trabalho.

Desde a aprovação da lei, a definição do que constitui acomodações "razoáveis" tem evoluído com as decisões administrativas e determinações dos tribunais. Pode ser complicado decidir que tipo de acomodações deve ser providenciada.[26] O supervisor deve trabalhar com o departamento de recursos humanos para assegurar a legalidade de quaisquer providências. O supervisor contribui com sua visão sobre as atividades envolvidas no cargo, enquanto o departamento de recursos humanos contribui com o conhecimento das exigências legais. Do mesmo modo, se o desempenho do funcionário parece decair e o supervisor acredita que seja por causa da sua deficiência, ele deve trabalhar com o departamento de recursos humanos para evitar a discriminação. Em geral, o supervisor não deve transmitir a um funcionário sua impressão de que talvez este tenha alguma necessidade especial; ao contrário, ele deve concentrar-se no desempenho do trabalho propriamente dito. Deve ser evitado usar casualmente termos como "mania" ou "maluco", que podem ser interpretados como referência a doenças mentais.

Licença por Motivo Familiar, Médico ou Militar**

Ocasionalmente, algum funcionário precisa se ausentar do trabalho por motivo de doença ou para cuidar de parentes ou cumprir obrigações militares. Em algumas situações, a organização é obrigada a manter disponível o emprego dele. O supervisor precisa planejar como os funcionários remanescentes realizarão o trabalho daquele funcionário. No retorno, o supervisor precisa ajudar o funcionário a realizar uma transição tranqüila na retomada do emprego. Essas responsabilidades demandam forte liderança além de boas habilidades de planejamento. O supervisor deve estar ciente da legislação que impõe essas iniciativas.

Lei de Licença por Motivo Familiar e Médico

Nos termos da Lei de Licença por Motivo Familiar e Médico (Family and Medical Leave Act, FMLA), dos EUA, o empregador com mais de 50 funcionários deve permitir que aqueles com direito saiam de licença não remunerada de até 12 semanas por motivos familiares e médicos. Embora a lei não obrigue a licença remunerada, ela exige que o empregador mantenha os benefícios de assistência médica do funcionário durante a licença. Quando o funcionário retornar, o empregador deve colocá-lo na mesma posição que ocupava antes ou, pelo menos, em uma posição equivalente.

Entre as razões que permitem que o funcionário saia de licença nos termos da FMLA estão o nascimento ou a adoção de um filho; a necessidade de cuidar de cônjuge, filho ou pais doentes; e doença grave que o impeça de executar sua função. O funcionário que deseja sair de licença nos termos dessa lei deve notificar o empregador – notificação prévia de 30 dias se a razão for previsível. Ele também deve cumprir as exigências burocráticas da organização. O funcionário pode sair de licença em períodos intermitentes ou de uma só vez. A cada 12 meses, o funcionário adquire o direito de mais 12 semanas de licença não remunerada. É responsabilidade do empregador determinar quando começa e quando termina cada período de um ano.

Em alguns estados dos EUA, o empregador deve cumprir exigências estaduais que são mais rígidas que as federais da FMLA. Recentemente, a Califórnia se tornou o pri-

---

* N.R.T.: A lei brasileira n°. 10.098, de 19 de dezembro de 2000, estabelece normas gerais e critérios básicos para a promoção da acessibilidade das pessoas portadoras de deficiência ou com mobilidade reduzida. Consulte o Capítulo 15 para mais informações.
** N.R.T.: No Brasil, há várias situações em que os funcionários podem se ausentar do serviço, sem prejuízo do salário. Consulte o Capítulo 12 para mais informações.

meiro estado norte-americano a obrigar a licença familiar remunerada. O trabalhador pode receber até seis semanas de pagamento parcial, com o salário financiado pelos impostos sobre a folha de pagamento de quatro dólares por mês, por funcionário. Outros estados provêem licença remunerada a pais de baixa renda.[27]

O Ministério do Trabalho Norte-Americano estudou os dados sobre a licença nos termos da FMLA durante 1999 e no primeiro semestre de 2000.[28] O ministério constatou que 23,8 milhões de trabalhadores, ou seja, 16,5% do total de trabalhadores, tiraram algum tipo de licença não remunerada nos termos da lei. Mais da metade saiu de licença para cuidar da própria saúde, e quase um quinto para cuidar de um filho recém-nascido. Dentre os funcionários que saíram de licença, mais da metade retornou ao trabalho em dez dias, e um quarto tirou a licença em parcelas reduzidas de até uma hora. O grande desafio para o supervisor está em manter o grupo de trabalho organizado quando algum funcionário necessita de licença por motivos familiares ou médicos. Com um planejamento hábil e uma boa comunicação, o supervisor pode ajudar a manter uma operação tranqüila da organização e, ao mesmo tempo, cumprir a legislação.

Lei dos Direitos de Emprego e Reemprego por Prestação de Serviços Militares

Além dos compromissos pessoais e familiares, muitos funcionários têm compromissos de obrigação militar. As campanhas militares no Afeganistão e no Iraque têm exigido que milhares desses funcionários sirvam ao exército norte-americano durante longos períodos. Esse serviço renovou a atenção a uma lei de 1994, a Lei dos Direitos de Emprego e Reemprego por Prestação de Serviço Militar (Uniformed Services Employment and Reemployment Rights Act, USERRA). Nos termos dessa lei, o indivíduo que deixa o emprego civil para servir no exército ou para treinamento militar tem o direito de retomar o emprego que ele teria se não tivesse se ausentado por motivos militares. A lei também exige que o empregador promova o retorno desses membros ao trabalho com esforços razoáveis de treinamento ou retreinamento, se necessário, e com acomodações para veteranos portadores de alguma deficiência. Essas obrigações permanecem em vigor por até cinco anos após o serviço militar. Para receber os benefícios, o indivíduo que serviu no exército deve ter sido dispensado em condições honrosas, reapresentando-se ao empregado no período hábil.

Ao contrário das demais legislações relativas ao emprego, essa lei não isenta as organizações de pequeno porte. Mesmo uma empresa familiar com meia dúzia de funcionários é obrigada a recontratar funcionários que serviram ao exército. Para as organizações de pequeno porte, pode ser complicado cumprir essa lei, pois elas sofrem profundamente com a ausência desse funcionário, além de enfrentar dificuldades para ter um funcionário a mais ou de encontrar alguém para substituí-lo temporariamente. Mesmo assim, muitos funcionários podem se sentir motivados a trabalhar em tempo extra por apreciar o sacrifício desses colegas que estão servindo ao exército.

Outra dificuldade na recontratação de veteranos está nos danos causados em alguns militares pelo estresse dos combates. Os recentes conflitos no Oriente Médio exigiram a maior e mais duradoura mobilização de soldados da reserva e da Guarda Nacional Norte-Americana desde a Guerra da Coréia, e as condições de batalha foram traumáticas para alguns que serviram. Alguns enfrentam as dificuldades, outros sofrem de distúrbio de estresse pós-traumático. O supervisor deve lembrar-se de que, em nenhuma hipótese ele deve tentar diagnosticar a condição psicológica de um funcionário. No entanto, se qualquer funcionário reempregado, ou qualquer outro funcionário, tiver dificuldades para se concentrar ou para se relacionar bem com os colegas, o supervisor talvez tenha de intervir, assim como discutido nos Capítulos 12 e 13.

Uma especialista muito experiente nesses problemas é Elaine Weinstein, vice-presidente sênior de recursos humanos da KeySpan. Desde 11 de setembro de 2001, mais de 20 funcionários da KeySpan foram mobilizados para o serviço militar. Para o retorno deles, ela planeja as ações que a companhia precisa adotar para ajudá-los na transição de volta ao trabalho civil. Algumas vezes, a flexibilidade de horário pode ajudar. Weinster aconselha com base na ética: "Trate-os como você gostaria de ser tratado depois de ter deixado a sua família para defender o seu país".[29]

Algumas pessoas reclamam das dificuldades para cumprir as exigências de promover um emprego justo. A licença por motivo familiar, médico ou militar impõe sérias dificuldades às organizações. E a necessidade de evitar o assédio parece um campo minado para algumas pessoas. Por exemplo, o medo de ser acusado de assédio sexual faz com que algumas pessoas sintam-se incapazes de elogiar em tom amigável. No entanto, respeitar o ponto de vista, o conforto emocional e as responsabilidades pessoais de todos os funcionários simplesmente têm significado prático e ético. A mesma afirmação é verdadeira para garantir a segurança e a saúde dos funcionários e praticar boas relações trabalhistas. Em cada caso, o supervisor reconhece a manutenção de boas relações com o funcionário como vital no cultivo dos recursos mais importantes da organização: seus funcionários.

Apêndice C

Seqüência Profissional do Supervisor: Encontrando a Carreira Certa

DEFININDO A META PROFISSIONAL

Existem muitos empregos, mas pode ser um desafio encontrar uma carreira recompensadora e que seja de acordo com as preferências e as necessidades pessoais. A carreira é uma opção; envolve todas as atividades desenvolvidas pela pessoa em determinado momento para criar uma vida satisfatória enquanto ela vai estabelecendo metas e trabalhando para atingi-las. Emprego é uma atividade regular realizada em troca de pagamento. A pessoa pode trabalhar como garçom para ganhar dinheiro, mas, ao mesmo tempo, ser estagiário em um escritório de advocacia e cursar Ciências Políticas visando crescer profissionalmente.

Você evolui na carreira ao longo do tempo – provavelmente, você terá uma série de empregos em diversos setores que acabarão compondo a sua carreira. Em toda busca de emprego, é essencial que as metas de carreira sejam definidas. Essa definição mostra aos potenciais empregadores um profissional focado e orientado por metas. Seja por carta, telefone ou entrevista pessoal, em cada momento de contato com os possíveis empregadores, o profissional deve demonstrar que possui metas determinadas depois de muita reflexão. O estabelecimento de metas profissionais envolve pesquisa e busca dedicada, mas a compensação vem na forma de um emprego satisfatório e adequado.

Primeiro Passo: Auto-Avaliação e Perfil de Personalidade

O primeiro passo na busca da seqüência profissional correta é conhecer-se bem. De que você gosta? O que você faz bem? Quais são suas preocupações? O que motiva você? Existem inúmeros recursos que ajudam a descobrir os interesses e valores pessoais. O Indicador de Tipos de Myers-Briggs, mencionado no Capítulo 13, é usado freqüentemente para ajudar as pessoas na auto-avaliação. Embora esse teste não possa ser realizado ao vivo pela internet, existem inúmeros outros tipos de testes de personalidade que permitem avaliar e identificar as preferências pessoais. É possível obter uma lista desses testes no seguinte endereço: www.jobhuntersbible.com/counseling/ptests.shtml. Formule uma lista de interesses, habilidades e valores que compõem o perfil de sua personalidade. Esse perfil servirá de base na busca de um emprego, estabelecendo a direção para uma carreira que se ajuste à sua personalidade e aos seus interesses profissionais. Não se esqueça das prioridades. O questionário de Autoconhecimento do Capítulo 11, "O Que o Motiva?", ajuda a identificar aspectos importantes na escolha da carreira, como ambiente de trabalho, prestígio e estabilidade no emprego. No Capítulo 15, o questionário "Será Que Você Se Contrataria?" ajuda a identificar o que a pessoa valoriza no ambiente de trabalho. As prioridades ajudam você a se concentrar naquilo que é importante. Talvez você tenha um forte interesse em patinação artística no gelo, mas valorize a estabilidade e necessite de dinheiro. Nesse caso, você precisa de um emprego mais estável e lucrativo. Talvez administrar uma pista de patinação no gelo atenderia tanto os seus interesses como as suas necessidades.

Segundo Passo: Inventário de Habilidades

Com base na sua experiência educacional e profissional, reúna em uma lista todas as habilidades que você adquiriu. Assim como discutido no Capítulo 1, as habilidades em supervisão podem ser divididas em cinco categorias:

- *Habilidades técnicas* – conhecimento de determinadas técnicas/procedimentos.
- *Habilidades em relações humanas* – capacidade de se comunicar, motivar e entender outras pessoas.
- *Habilidades conceituais* – capacidade de perceber a relação das partes com o todo.
- *Habilidades em tomada de decisão* – capacidade de analisar as informações e tomar boas decisões.
- *Habilidades de conhecimento* – capacidade de usar e-mail, correio de voz, fax, intranet e internet para gerenciar dados.

Consulte também a Figura 1.5, "Características de um Supervisor de Sucesso", do Capítulo 1, para se lembrar de alguns conjuntos de habilidades demonstrados por supervisores de sucesso.

Pense nas habilidades e nas qualidades em termos de:

- **Habilidades relacionadas à personalidade.** São aptidões que refletem a capacidade pessoal, o talento e as áreas de interesse geral. Elas abrangem qualidades, como ser detalhista, bom ouvinte, artístico ou atlético. Essas aptidões tendem a ser amplas e aplicáveis a diversas ocupações.
- **Habilidades relacionadas à escolaridade/experiência.** São aptidões adquiridas com a educação e a experiência e refletem as habilidades do profissional. Essas aptidões incluiriam atividades, como equilibrar o orçamento, falar outro idioma ou digitar mais de 100 palavras por minuto. Elas também englobam aptidões bem específicas, como conhecer um programa de computador complexo ou operar algum equipamento específico.

Terceiro Passo: Pesquisa de Tendências de Emprego

Onde estarão os empregos no futuro? Tomar decisões profissionais conscientes exige não apenas uma criteriosa auto-avaliação, mas também um estudo do mercado de trabalho e o conhecimento dos setores que lhe interessam. Você pode achar interessante seguir uma carreira na indústria, mas a expectativa de queda do nível geral de emprego nessa área na próxima década pode influenciar na busca de uma seqüência profissional nesse setor. O Ministério Norte-Americano do Trabalho elabora o *Occupational Outlook Handbook* (Guia de Perspectivas Ocupacionais) que fornece uma visão das perspectivas futuras nas áreas de seu interesse. No endereço www.bls.gov/oco/, é possível encontrar informações sobre profissões específicas ou navegar por diversos "grupos ocupacionais", como de gestão, vendas e produção.

Estas são algumas tendências para os EUA destacadas no guia de 2004-2005:

- A mudança do emprego do setor de produção para o de prestação de serviços deve continuar no longo prazo. Espera-se que o setor de prestação de serviços responda por cerca de 20,8 milhões dos 21,6 milhões de novos empregos de mensalistas e horistas gerados de 2002 a 2012.
- Ocupações de profissionais liberais aumentarão mais rápido e acrescentarão mais empregos novos do que qualquer outra categoria ocupacional. Para o período de 2002 a 2012, há uma projeção de aumento de 23,3% no número de empregos de profissionais liberais, um ganho de 6,5 milhões. Os profissionais liberais realizam diversos trabalhos e são empregados tanto pelo governo como pelo setor privado. Cerca de três quartos do crescimento do emprego deve vir de três grupos de profissionais liberais – profissionais da computação e da matemática; técnicos da saúde e médicos; e profissionais de educação e treinamento, e bibliotecários – que acrescentarão 4,9 milhões de empregos.

- Estima-se que o setor de serviços de saúde e educação cresça mais rápido (31,8%) e acrescente mais empregos do que qualquer outro supersetor industrial. Aproximadamente um de cada quatro novos empregos criados na economia norte-americana será ou do setor de assistência social e da saúde ou de educação privada.
- A força de trabalho norte-americana será mais diversificada em 2012. Estima-se um aumento da participação dos hispânicos na força de trabalho, até 2012, de 12,4% para 14,7%.

Com base no perfil de personalidade, no inventário de habilidades e nas perspectivas de tendências de emprego, tenha como objetivo as profissões e/ou setores que você mais se identifica e que atendam as suas prioridades.

Quarto Passo: Identificação do Emprego Adequado e Estabelecimento de Objetivos de Carreira

Identificados os setores e as ocupações de interesse, você pode começar a afunilar a busca a empregos específicos. Procurando na seção de anúncios de qualquer jornal ou visitando portais na internet, como CareerBuilder.com e Monster.com, você pode ajustar as preferências conforme a lista de empregos específicos. Usando o perfil de personalidade e o inventário de habilidades, procure nos anúncios as profissões nos setores de sua preferência. Na CareerBuilder.com, é possível até mesmo informar as suas aptidões específicas e receber uma lista de empregos tendo como requisito essas habilidades.

Através da análise dos anúncios e examinando as profissões e os setores disponíveis, será possível chegar a uma lista razoável de empregos e carreiras que combinem com a personalidade e as habilidades do profissional. Você pode fazer uma lista de empregos que lhe interessa e que esteja qualificado para assumir hoje e daqueles empregos que você aspira. Os empregos que você quer alcançar servirão de base para começar a construir a carreira. O treinamento e a educação necessários para essas posições mais avançadas devem ser destacados no processo de tomada de decisão quando você começar e continuar a procurar emprego.

PREPARANDO-SE PARA PROCURAR EMPREGO

Preparação do Currículo

Depois de ter feito a lição de casa e conhecido as ocupações e os setores específicos que o estabelece como alvo na busca do emprego, você precisa preparar o currículo. Um currículo bem organizado que ressalte exatamente as qualidades e a experiência é fundamental para o êxito na busca de um emprego. Assim com discutido no Capítulo 15, o processo de seleção começa quando os candidatos a um emprego enviam seus currículos. Estes, normalmente, são selecionados ou examinados pelo pessoal de recursos humanos ou, algumas vezes, por um programa leitor de currículos. Nesse processo de triagem, o currículo é examinado na busca de aptidões, habilidades e educação específicas e adequadas às especificações da vaga de emprego em aberto. Como o currículo passa por esse processo, é essencial elaborá-lo na linguagem própria da profissão ou do setor visado.

Conteúdo do Currículo

Todo currículo deve conter informações básicas a respeito do profissional e do que ele tem a oferecer ao futuro empregador. Comece o currículo colocando as informações básicas:

- **Nome, endereço, telefone e endereço de e-mail.**
- **Objetivo profissional** – uma breve apresentação, semelhante à descrição de um cargo, das posições de interesse.
- **Formação educacional** – todos os títulos obtidos, as datas e as escolas (inclua a cidade e o estado de cada escola). Se a média geral obtida nos cursos for boa, você poderá incluí-la. Inclua também os demais cursos relevantes para a posição.

- **Atividades e destaques** – todos os prêmios, bolsas de estudo e bolsas para pesquisa, e participação em organizações profissionais.
- **Experiência** – todas as posições ocupadas (inclusive em trabalho voluntário e trabalho autônomo). Para cada posição, mencione o título do cargo, a organização, a cidade e o estado, as datas de emprego, e um breve resumo das funções. Ressalte as responsabilidades e atividades especiais relacionadas às posições em que está interessado. Especifique também os resultados sempre que possível.
- **Aptidões** – destaque as habilidades desenvolvidas com o estudo e a experiência, com títulos ressaltando as qualificações. Os anúncios de emprego podem dar idéias para o título.
- **Referências** – obtenha autorização para mencionar o nome de uma pessoa como referência, escolha pessoas que possam comprovar suas habilidades e informe-as quando se candidatar a alguma posição, fornecendo-lhes uma cópia atual do currículo.

Formatos

O currículo é um reflexo do profissional e deve expressar seu estilo e talento individuais. Existem várias maneiras de organizar o currículo; a questão crucial é elaborá-lo de forma que ressalte melhor as qualidades e os interesses peculiares do profissional. Os currículos são organizados geralmente de duas formas: por cronologia ou por área funcional. O currículo cronológico é melhor quando a educação e a experiência progridem de forma lógica para a posição na qual a pessoa está interessada e quando se possui títulos importantes para destacar. O currículo funcional enfatiza as aptidões e qualificações e funciona bem quando se está tentando mudar de área ou quando há hiatos no histórico profissional.

Procure em portais de busca de emprego inúmeros exemplos de bons estilos e formatos de currículo. Estes são dois portais interessantes: http://resume.monster.com/archives/samples/ e www.collegegrad.com/resumes/.

Depois de escolhido o formato mais adequado, é hora de reunir todas as informações. Para ajudar na organização das informações e formatação do currículo, você pode usar o Dushkin Online Résumé Builder (www.dushkin.com/online/future/resumebuilder.mhtml).

Provavelmente você necessitará de uma versão do currículo elaborado para digitalização além do formato tradicional. Para aumentar as chances de uma digitalização correta do currículo:

- Use fonte padrão, tamanho 12 ou 14.
- Use parágrafos com alinhamento à esquerda.
- Não use itálicos, sublinhados, linhas, caixas, scripts, marcadores ou bordas.
- Não dobre, nem grampeie o currículo.
- Use palavras-chave para aumentar o número de "ocorrências"; inclua frases de efeito e jargão técnico do setor.

Existem inúmeros recursos para elaborar um currículo eletrônico. A Monster.com oferece algumas dicas no endereço: http://resume.monster.com/articles/scannableresume.

Revisar, Revisar, Revisar

Revise repetidas vezes o currículo para não haver erros de digitação ou de gramática. Peça também a amigos e parentes para que o ajudem fazendo uma revisão. Erros, não importa quão mínimos sejam, são sinais de alerta para potenciais empregadores, porque indicam a falta de atenção nos detalhes.

Carta de Apresentação

Qualquer currículo deve ser enviado com uma carta de apresentação, mencionando a posição específica para a qual você está se candidatando. A carta deve ressaltar as qualificações do candidato e como suas aptidões podem beneficiar a organização. Para adaptar a carta a alguma organização específica, acesse o site da organização na internet e pesquise o que a companhia faz, quais são suas metas e quaisquer outros fatos importantes que possam ajudá-lo a destacar suas habilidades e experiência. Se a companhia estiver lançando algum novo produto e o candidato tiver experiência no desenvolvimento de produtos, a carta é um local excelente para destacar essa relação. Sempre que possível, enderece a carta ao gestor contratante. Uma carta incluindo o nome do destinatário chama mais a atenção que o simples padrão "Prezados Senhores".

Outras Ferramentas Úteis de Busca de Emprego

O currículo é uma ferramenta fundamental para procurar emprego, mas existem também outros itens que são convenientes para demonstrar profissionalismo.

- **Correio de voz:** Seja no telefone convencional ou no celular, o correio de voz é a melhor maneira de garantir que você não perca uma ligação importante. Potenciais empregadores, diante de um sinal de ocupado ou de ligação não atendida, não costumam retornar a ligação. Ao deixar uma mensagem, seja breve e profissional, e responda a qualquer mensagem no mesmo dia.
- **E-mail:** Uma conta de e-mail pessoal e permanente de um provedor respeitado é fundamental na busca do emprego. Você deve ter um programa de e-mail que permita transmitir anexos, como currículos, de maneira rápida e fácil. Tenha certeza de ter escolhido um endereço de e-mail profissional e facilmente identificável.
- **Sistema de gerenciamento de informações:** Durante toda a busca de emprego, você acessa uma quantidade significativa de informações e contata inúmeras pessoas. Você precisa se manter organizado, criando um sistema para controlar todas as informações obtidas durante a busca. Provavelmente, você precisará de um sistema que permita obter cópia impressa além de informações eletrônicas. Um conjunto de pastas de arquivo (tanto para material impresso como eletrônico) ajuda a manter o controle de informações importantes. Crie arquivos separados para dicas de busca de emprego, para o currículo e para o material de apoio (como exemplos de trabalho), para os cargos de interesse e para os contatos que possam servir de bom ponto de partida.

Recursos de Procura de Emprego

Depois de definidas as metas profissionais e preparado o currículo, você pode começar a procurar o emprego com determinação. Existem diversos recursos que ajudam nessa busca.

Centros de Colocação de Faculdades

A maioria das faculdades possui centros de colocação profissional que podem fornecer listas de empregos e informações sobre as companhias, além de agendar entrevistas na própria instituição. Elas também oferecem serviços de orientação vocacional, com orientadores que dão dicas a respeito do currículo, ajudam o candidato a se preparar para a entrevista e orientam sobre as vagas oferecidas. Muitos desses centros de colocação trabalham com ex-alunos, além dos atuais, portanto, o candidato não deve descartar esse recurso apenas porque já se formou.

Internet

A internet é um recurso inestimável na busca de um emprego. Centenas, se não milhares, de sites oferecem orientações, informações e oportunidades. Para evitar ficar sobrecarregado, o profissional deve restringir a sua pesquisa a alguns sites confiáveis e pertinentes à área de busca específica. Estes são alguns dos portais mais conhecidos na internet hoje:

www.collegegrad.com/jobs/
www.careerbuilder.com/
www.monster.com
http://hotjobs.yahoo.com/
www.jobbankusa.com/jobs.html
www.rileyguide.com/

Também é possível acessar os sites das companhias em que você está interessado. São mais de 1.500 sites corporativos acessíveis na web; a maioria divulga oportunidades de emprego para os quais você pode se candidatar diretamente.

Anúncios Classificados

A proliferação dos sites de busca de emprego pela internet tem reduzido drasticamente o uso dos anúncios classificados. Isso não significa que você deva descartar essa importante fonte de empregos. Muitas companhias anunciam em jornais locais, publicações comerciais e revistas setoriais. Assim como já foi mencionado, ao examinar os anúncios de emprego, você pode ter uma idéia das companhias locais e dos setores que estão crescendo (e contratando).

Feiras de Emprego

Muitas comunidades (inclusive o *campus* da faculdade) recebem feiras de emprego, para ajudar as empresas locais no recrutamento de candidatos para as vagas. Essas feiras normalmente são setoriais, mas podem ser mais gerais. Participar dessas feiras é uma boa maneira de conhecer as companhias que estão contratando e estabelecer contatos importantes com pessoas do setor pretendido.

Recrutadores e Headhunters

Muitas vezes, as organizações de grande porte contratam consultorias especializadas para encontrar candidatos para as vagas disponíveis. Estabelecer um contato com empresas especializadas no setor desejado pode aumentar a visibilidade do candidato. Os recrutadores podem ser uma boa fonte de informação em termos de tendências no setor e tipos de posições disponíveis. Eles também podem ajudar, opinando a respeito do currículo e orientando o candidato na busca do emprego.

Rede de Contatos

Além do centro de colocação da faculdade e dos sites da internet, você pode recorrer à *rede de contatos* para aumentar as chances de encontrar o emprego perfeito. A rede envolve o estabelecimento de alianças e o desenvolvimento de uma lista de contatos profissionais que saibam das oportunidades de emprego. Uma boa campanha de atuação na rede concentra-se em estabelecer contato com o máximo possível de associações, grupos industriais e comerciais, associações de ex-alunos e organizações étnicas. Os membros desses grupos são recursos que o candidato pode e deve utilizar. Prepare-se com uma simples definição de si e do que deseja: "Sou recém-formado e estou interessado em uma carreira em marketing. Pesquisei o setor e decidi concentrar a minha busca em posições no desenvolvimento de novos produtos . . .". Depois, você pode solicitar uma entrevista informativa ou perguntar sobre as vagas disponíveis das quais o contato saiba na área especificada.

Mantenha o controle dos contatos estabelecidos. Se usar cartões de registro ou um computador de mão, não se esqueça de anotar nome, endereço, telefone e informações importantes sempre que conhecer um novo contato.

Entrevistas Informativas

As entrevistas informativas são uma excelente forma de penetrar no mercado de trabalho de empregos não divulgados. Em uma entrevista informativa, você entra em contato com uma pessoa que trabalha em um setor ou uma ocupação na qual deseja iniciar. A entrevista informativa pode:

- Ajudar a esclarecer as metas profissionais.
- Descobrir oportunidades de emprego não anunciadas.
- Expandir a rede de contatos profissionais.
- Ajudar a adquirir confiança nas entrevistas de emprego.

Procure na rede de contatos pessoas que possam ser entrevistadas. Se conseguir uma entrevista informativa, não se esqueça de:

1. **Fazer a lição de casa.** Uma boa preparação envolve pesquisar sobre a pessoa, a companhia e o setor. Compareça à entrevista com uma meta em mente; você está mais interessado em descobrir quais são as áreas em expansão no setor ou precisa de informações sobre as responsabilidades cotidianas de uma profissão específica? Compareça preparado com uma lista de perguntas e pergunte ao contato quanto tempo ele tem disponível, para que você possa priorizar a lista.

2. **Informar o contexto.** Lembre ao novo contato quem é o amigo, conhecido, organização ou associação que ambos têm em comum. Depois, informe resumidamente as metas definidas para a reunião e uma visão geral da formação profissional e educacional. Em seguida, siga com a entrevista, questionando o contato com as perguntas preparadas. Peça ao contato para indicar outras pessoas que sirvam para ampliar a rede de contatos.

3. **Não pedir emprego.** Não se esqueça de que se trata de uma entrevista informativa – do ponto de vista do contato, um pedido de emprego pode ser constrangedor. Se o candidato impressionar o novo contato e este souber de algo adequado, ele irá mencionar.

4. **Depois da entrevista.** Um agradecimento formal é obrigatório, mas também você deve procurar manter o contato com as pessoas. Se você se encontrar com alguém indicado pelo contato inicial, envie-lhe uma mensagem eletrônica informando, resumidamente, a conversa e agradeça-o. Se ler um artigo que talvez seja do interesse dele, encaminhe-lhe uma cópia. Com um simples contato básico com essas pessoas a cada quatro a seis semanas, você aumenta muito o número de pessoas que estão pensando nele e na sua busca de emprego. Não se esqueça de informar aos contatos quando encontrar um emprego e de agradecê-los mais uma vez pela ajuda.

PRINCÍPIOS BÁSICOS DA ENTREVISTA

Preparando-se para a Entrevista

Pesquisa

O processo de preparação para uma entrevista de emprego formal é semelhante ao processo para uma entrevista informal. É essencial que você faça a lição de casa. Pesquise a companhia, a pessoa e o setor, além da posição para a qual está se candidatando. O site corporativo da companhia na internet é um excelente recurso para esse tipo de pesquisa, assim como publicações de negócios do setor e portais de organizações de profissionais. Descubra o máximo que puder sobre:

- A empresa – suas metas corporativas, posição financeira, concorrência etc.
- O gestor contratante – talvez haja informações biográficas ou comunicados sobre a pessoa no site corporativo da empresa na web.
- O setor – quais são as tendências e os desafios do setor escolhido?
- A posição – verificar se é possível encontrar a descrição do cargo; pesquise sobre faixas salariais no site do Departamento de Estatísticas Trabalhistas: www.bls.gov/ncs/.

A entrevista visa identificar o mais adequado, tanto para a companhia como para você. É a oportunidade de mostrar como as aptidões e a experiência do candidato podem beneficiar a organização. Também é a oportunidade de descobrir as informações necessárias sobre o emprego e a companhia para a qual se pretende trabalhar. Prepare perguntas que o ajudarão no processo de decisão, caso você seja aprovado. Consulte o perfil de personalidade e as prioridades e assegure-se de perguntar todas as dúvidas sobre as responsabilidades do cargo, a cultura da empresa e assim por diante. O ideal seria preparar de três a cinco perguntas – mais que isso fará parecer que você é o entrevistador.

Ensaio

Prepare-se para responder àquela famosa pergunta: "Fale de você". Você deve identificar os principais pontos fortes em relação à posição, e preparar uma breve descrição do que seriam essas qualidades e por que elas beneficiariam a companhia. Reflita sobre as metas profissionais e como a posição para a qual você está se candidatando se encaixaria nelas. Prepare-se para responder à pergunta: "qual é o seu principal defeito?". Ensaie responder perguntas comuns de entrevista ou na frente do espelho ou com algum amigo para melhorar a capacidade de respondê-las bem e com confiança. O ensaio também permite ao candidato perceber melhor sua linguagem corporal, expressões faciais e contato visual – sinais não-verbais importantes observados por entrevistadores experientes.

Vestimenta Adequada e Material Necessário

Se você não tiver certeza do código de vestimenta da companhia, entre em contato com o departamento de recursos humanos e pergunte. Atenha-se aos estilos mais conservadores – evite modismos em excesso –, verifique se a roupa cai bem, se está limpa e em bom estado.

- Leve cópias extras do currículo, papel para anotações e caneta para escrever.
- Se necessário, leve amostras de trabalhos.
- Leve uma relação das referências, caso não esteja incluída no currículo. A lista deve conter nomes, endereços e telefones.

Entrevista

Você fez a lição de casa e ensaiou as respostas para as perguntas padrão da entrevista a respeito de qualidades, defeitos e metas. Cada entrevista mostra um conjunto peculiar de desafios, já que cada uma reflete o estilo de personalidade do entrevistador. A entrevista inicial pode ser por telefone ou por vídeo. Ela pode ser com o gestor contratante, mas também pode ser com a equipe com a qual você irá trabalhar. As perguntas podem ser diretas a respeito das habilidades e das experiências, ou podem ser comportamentais e abertas sobre como você reagiria em diversas situações. Quanto mais preparado estiver para a entrevista, menos provável será que você se atrapalhe em alguma pergunta ou cenário. Todo o trabalho de avaliar suas habilidades e adequação para o cargo, a pesquisa sobre a companhia, o setor e o gestor contratante, e as respostas e perguntas preparadas devem proporcionar confiança em você para que enfrente quaisquer desafios que possam surgir.

Primeiras Impressões

Um componente fundamental da entrevista é a primeira impressão. Seja pontual! Planeje chegar no mínimo de cinco a dez minutos antes. Demonstre respeito com todos com quem encontrar, seja o segurança, a recepcionista ou as pessoas dentro do elevador. Sorria e olhe para as pessoas.

Espelhar-se no comportamento do entrevistador é uma boa maneira de criar uma boa impressão. Cumprimente-o com um sorriso ou aperto de mão da mesma forma que ele – nem firme nem fraco demais. Sente-se quando ele se sentar e observe a linguagem corporal dele. Tente não ser formal demais se o entrevistador for do estilo mais casual. Sente-se com mais determinação se estiver falando com uma pessoa aparentemente formal demais.

Durante a Entrevista

Antes de começar a entrevista, você e o entrevistador podem ter uma rápida conversa informal. O entrevistador pode começar com uma breve explicação sobre a vaga, ou com uma pergunta – deixe o entrevistador conduzir a discussão. Escute com atenção e responda breve e precisamente cada pergunta. Busque chances de demonstrar suas aptidões. Responda às perguntas de maneira cuidadosa, fornecendo detalhes sempre que possível. Muitos entrevistados têm êxito usando a abordagem STAR para ressaltar não apenas suas aptidões, mas os resultados (benefícios) das suas habilidades:

S: Descrever uma *Situação* em que o entrevistado lançou mão de alguma aptidão ressaltada no currículo.
T: Quais foram as *tarefas* envolvidas na situação?
A: Quais foram as *ações* que você implementou?
R: Quais foram os *resultados*?

Não seja evasivo; se não souber responder alguma pergunta, não tente agradar para escapar. Admita que não sabe e garanta que irá buscar a resposta o mais rápido possível.

A questão salarial pode ser levantada, portanto, você deve estar preparado para apresentar suas condições. Se você fez a lição de casa, sabe o que esperar, e a faixa salarial pedida não deve surpreender o gestor contratante.

Não se esqueça de formular as perguntas preparadas. Se o entrevistador não tratou de todas as questões importantes para que você possa decidir se aceita o emprego caso seja aprovado, você terá de encontrar uma brecha para perguntar. Se não houver tempo, pergunte se pode fazê-lo por telefone ou e-mail.

Encerramento

Caso sinta que você é o candidato ideal para a posição, defenda a idéia antes do encerramento da entrevista. Demonstre ao entrevistador que deseja o emprego e quando pode começar. Se não houver uma decisão imediata (normalmente o caso), será necessário manter o contato. Talvez seja necessária outra entrevista com os integrantes da equipe contratante; tente saber quem são essas pessoas e quando irá se reunir com elas. Verifique se existem outras informações importantes para dar ao entrevistador e quando poderá saber o resultado da entrevista. Descubra qual o prazo para o preenchimento da vaga. Você deve verificar se ficou com o nome, o título e o endereço de correspondência do entrevistador. Agradeça-o pelo tempo e interesse – e não se estenda demais.

Pós-Entrevista

Depois da entrevista, anote algumas questões discutidas, os aspectos positivos e negativos. Cada entrevista é uma experiência de aprendizado e ajuda você a se preparar melhor para a próxima. Se alguma pergunta foi difícil de responder, anote-a e prepare uma resposta caso ela seja feita em outra entrevista. Assegure-se de anotar o nome, o título e o endereço dos entrevistadores.

Acompanhamento

Bilhete de agradecimento para todas as pessoas pelas quais você foi entrevistado é essencial. Se for enviado em 24 horas, isso impressionará os entrevistadores e demonstrará o seu interesse. Nesta era do e-mail, um bilhete de agradecimento escrito a mão é um gesto simpático. Escreva um bilhete curto e educado. Agradeça os entrevistadores pelo tempo e interesse, e se ainda estiver interessado no emprego, reafirme o desejo.

Baseie-se no prazo dado na entrevista para se orientar quanto ao tempo apropriado para acompanhar o processo. O candidato pode contatar por telefone ou e-mail. Seja persistente e pergunte se haverá outra entrevista ou, se for o caso, se foi aprovado.

CONTRATAÇÃO
Oferta Formal de Emprego

Valeu a pena o trabalho duro, pois o emprego é oferecido a você! Você deve se lembrar de que as impressões ainda contam, portanto, deixe claro para o potencial empregador o quão satisfeito ficou com a oferta. Evite precipitar-se na avaliação da oferta, perguntando: "Até quando eu posso decidir?". Peça pelo menos um ou dois dias para estudar a oferta. Você deve verificar se entendeu claramente a oferta e se sabe:

- O título do cargo e a estrutura hierárquica.
- O salário total incluindo qualquer possível gratificação.
- O local de trabalho.
- O horário de expediente (nem todas as empresas trabalham das 8h às 17h).
- A data prevista de início.
- Quais despesas serão cobertas (ou seja, no caso de uma transferência, o novo empregador arcará com os custos da mudança?).
- Os benefícios aos quais tem direito – este é um item cada vez mais importante de ser considerado. Os benefícios podem aumentar muito a base salarial se eles forem abrangentes e incluir plano de assistência médica, reembolso de mensalidades escolares e férias remuneradas.

No portal CollegeGrad.com, em www.collegegrad.com/jobsearch/jobofferchecklist.shtml, existe uma boa lista de verificação de oferta de emprego.

Avaliação da Oferta

Depois de claramente entendidos os detalhes da oferta de emprego, você pode avaliar bem se ela é adequada. O Departamento Americano de Estatísticas Trabalhistas fornece algumas dicas excelentes para a avaliação de ofertas de emprego no site www.bls.gov/oco/oco20046.htm. Consulte mais uma vez o perfil de personalidade – será que as funções e responsabilidades do emprego oferecido se ajustam aos seus interesses e valores? Será que o ambiente de trabalho é adequado? Será que a posição irá contribuir para as metas profissionais no geral? Será que o salário atende as suas necessidades financeiras? Às vezes é tentador aceitar a primeira oferta, mas vale a pena ter em mente suas metas e seus interesses para sua satisfação no longo prazo. Concessões aparentemente insignificantes podem aumentar a insatisfação quando o emprego não atende aos interesses e às metas.

Negociação

Se decidir que a posição se encaixa nas suas metas profissionais, mas houver detalhes preocupantes na oferta, talvez você possa negociar alguns desses itens. O segredo para o êxito da negociação é entender que não há como "vencer". Uma boa negociação significa chegar a uma decisão positiva para ambas as partes. Se a companhia estiver realmente interessada em você a ponto de lhe ofertar o emprego, provavelmente irá estudar os pedidos razoáveis de mudança na oferta. Razoável é a palavra-chave: não espere que ao pedir um aumento de 50% terá uma resposta positiva.

Seja respeitoso ao apresentar a contraproposta e continue a demonstrar interesse na companhia. Explique as razões e ofereça alternativas: se estiver pedindo um salário maior, mostre estatísticas de salários competitivos e demonstre que o pedido é razoável. Se precisar de mais tempo de férias por motivos pessoais, ofereça-se para trabalhar mais horas ou que o salário seja reduzido para acomodar as necessidades. Esteja preparado para fazer concessões e mantenha uma postura profissional nas negociações.

Aceitação

Depois de concordar com os termos do emprego, escreva uma carta aceitando formalmente a oferta, descrevendo os detalhes da aceitação. Esse procedimento indica que você entendeu perfeitamente a oferta e que o empregador aceita os termos. Não deixe de reiterar o entusiasmo pelo emprego e pela companhia.

DESENVOLVIMENTO DA CARREIRA

Rede de Contatos na Empresa

A sua busca de emprego termina com a aceitação da oferta, mas a *busca da carreira* não. Assim como já foi discutido, a carreira evolui com o tempo – o emprego que o candidato aceitou e em que ele começou a trabalhar é apenas um passo no desenvolvimento da sua carreira. Aproveite o emprego com sabedoria. Procure conhecer pessoas dentro da companhia que ocupem posições nas quais você tem interesse e procure o auxílio delas no desenvolvimento da carreira. Esses mentores podem ser ativos valiosos à medida que o profissional for explorando as possibilidades de carreira.

Aproveite qualquer oportunidade que surja para expandir o conjunto de habilidades e a rede de contato com os colegas. Voluntarie-se em forças tarefas, una-se a grupos da companhia que lhe interessam, participe ativamente de reuniões, mantenha a visibilidade e deixe claro aos colegas suas metas e aspirações.

Organizações de Profissionais

Cada setor tem organizações ou associações de profissionais. Assim como mencionado na discussão sobre redes de contato, essas organizações são um importante recurso para a carreira. A filiação nesses grupos significa oportunidades de participar de reuniões em que são discutidas as tendências do setor e de estabelecer redes de contato. A filiação também facilita o acesso aos líderes do setor e pessoas que fazem a diferença na área. Existem associações abrangentes e de grande porte, como a American Marketing Association (www.marketingpower.com/) com 38 mil afiliados ou a Society for Hispanic Professionals (www.nshp.org/?wf=goto) com 7.500 afiliados. Existem ainda outras organizações especializadas, como a New England Direct Marketing Association (www.nedma.com/). Você pode se afiliar a qualquer grupo, mas pesquise para encontrar as organizações que mais têm a oferecer em termos profissionais.

Educação Continuada

Alguns setores, como o da saúde e de seguros, demandam educação continuada. Para manter ativa a licença profissional, as pessoas devem cumprir determinado número de horas de educação continuada. Mesmo que a profissão escolhida não exija educação continuada, o segredo para uma carreira de sucesso é manter-se atualizado nas aptidões técnicas relativas à posição.

Existem inúmeras fontes de educação continuada. Para aptidões mais gerais, como treinamento em computadores ou programas, a comunidade local é um bom lugar para começar. Bibliotecas locais, faculdades comunitárias e mesmo alguns distritos educacionais oferecem cursos em que se aprende a usar programas padrão, como Power Point e Excel.

As organizações profissionais são outra boa fonte de educação continuada e desenvolvimento profissional. A maioria das organizações oferece seminários e/ou treinamento. Por exemplo, a American Marketing Association oferece um programa de dois dias denominado "Campo de Treinamento de Marketing" para os novos profissionais de marketing. Procure seminários e sessões de treinamento que sejam do seu interesse e use-os para expandir o conjunto de aptidões e a rede de contatos.

Retorno ao Plano Inicial (de Certa Forma)

À medida que você vai adquirindo experiência na nova posição e aumentando a rede de contatos na área, suas metas profissionais provavelmente mudarão. Depois de seis meses a um ano no cargo, resgate os arquivos de busca de emprego e reveja o perfil de personalidade, o inventário de habilidades e o currículo. Avalie onde estava, onde já esteve e, agora, para onde deseja ir. O que mudou? Atualize o currículo regularmente para permanecer concentrado nas metas e assegure-se de que a busca da carreira não se encerre quando encerrar a busca do emprego.

FONTES

www.collegegrad.com/intv/
www.businessweek.com/careers/content/sep2003/ca2003093_4973_ca009htm?c=bwinsidersep5&n=link18&t=email
www.collegeview.com/career/interviewing/first_impress/sell_yourself.html
www.career.fsu.edu/ccis/guides/negotiate.html
www.bls.gov/oco/oco2003.htm
www.quintcareers.com/STAR_interviewing.html
http://content.monster.com/
www.rileyguide.com/

Notas

Capítulo 1

1. Gary Yukl, Angela Gordon e Tom Taber. "A Hierarchical Taxonomy of Leadership Behavior: Integrating a Half Century of Behavior Research", *Journal of Leadership and Organizational Studies* 9, n. 1 (verão 2002), p. 15–32.

2. U.S. Census Bureau. *Statistical Abstract of the United States: 2006*, tabela 577, p. 387, acesso em: www.census.gov.

3. "Women Are Going to the Dogs (and Cats and Birds)", *The New York Times*, 18 abr. 2001, p. G1.

4. U.S. Census Bureau, "U.S. Interim Projections by Age, Sex, Race, and Hispanic Origin", 18 mar. 2004, acesso em: www.census.gov.

5. Lisa Chin. "The Iron Man of 4th Avenue South", *Seattle Times*, 4 abr. 2006, extraído de Business & Company Resource Center, http://galenet.galegroup.com.

6. Brian Grow. "Hispanic Nation", *BusinessWeek*, 15 mar. 2004, extraído de InfoTrac, http://web5.infotrac.galegroup.com.

7. "Visible Signs of Relief", *Inc.*, maio 2001, p. 67.

8. Timothy P. Henderson. "Retailers Use ESupervision Technology to Manage and Maintain Security at Multiple Sites", *Stores*, fev. 2001, p. 64–66.

9. Carl Metzgar. "The Pitfalls of Supervisors Doing Work", *Pit & Quarry*, maio 2005, extraído de Business & Company Resource Center, http://galenet.galegroup.com.

10. Veja as Ocupações de Gestão, Negócios e Finanças no Bureau of Labor Statistics, *Occupational Outlook Handbook*, ed. 2006–07, disponível em: http://stats.bls.gov/oco/home.htm.

11. Andrew Park e Peter Burrows. "What You Don't Know about Dell", *BusinessWeek*, 3 nov. 2003, extraído de InfoTrac, http://web5.infotrac.galegroup.com.

12. Edward E. Lawler III. *Treat People Right!* (San Francisco: Jossey-Bass, 2003), p. xiii, 10–13.

13. Ibid., p. 207.

14. Cheryl Dahle. "A Steelmaker's Heart of Gold", *Fast Company*, jun. 2003, extraído de InfoTrac, http://web5.infotrac.galegroup.com.

15. Gene Ference. "Coaching Plan Helps Managers Increase Employee Commitment", *Hotel & Motel Management*, 2 abr. 2001, p. 16.

Capítulo 2

1. Louise Lee. "Dell: Facing Up to Past Mistakes", *BusinessWeek*, 19 jun. 2006, extraído de InfoTrac, http://web2.infotrac.galegroup.com.

2. Jane Erwin e P. C. Douglas. "It's Not Difficult to Change Company Culture", *Supervision*, nov. 2000, p. 6.

3. Keith Bradsher. "Ford Has Harsher Words for Latest Recalled Tires", *The New York Times*, 15 jun. 2001, p. C4.

4. Mary Connelly. "Ford Works with Suppliers to Ensure Quality Standards", *Automotive News*, 30 abr. 2001, p. 36.

5. "QC Software Cuts Inspection Time 80%", *Manufacturing Engineering*, abr. 2001, p. 116–20.

6. Maggie McFadden. "The Quality Is in the Process", *Quality*, jun. 2006, extraído de InfoTrac, http://web1.infotrac.galegroup.com.

7. Veronica T. Hychalk. "How Do We Quantify Quality?" *Nursing Management*, 1º mar. 2001, p. 16.

8. John S. McClenahen. "General Cable Corp. Moose Jaw Plant, Moose Jaw, Saskatchewan, Canada: Prairie Home Champion", *Industry Week*, out. 2005, extraído de InfoTrac, http://web1.infotrac.galegroup.com.

9. "Six Sigma – in Brief", The Quality Portal, www.thequalityportal.com, extraído em 1º jul. 2004.

10. Gregory T. Lucier e Sridhar Seshadri. "GE Takes Six Sigma beyond the Bottom Line", *Strategic Finance*, maio 2001, p. 40–46.

11. Shawn Tully. "Bank of the Americas", *Fortune*, 14 abr. 2003, extraído de InfoTrac, http://web7.infotrac.galegroup.com.

12. Roberto Ceniceros. "Insurance Department Takes Team Approach to Quality", *Business Insurance*, 30 abr. 2001, p. 92.

13. John P. Walsh. "The Quest for Quality", *Hotel & Motel Management*, 7 maio 2001, p. 36–38.

14. National Institute of Standards and Technology. "Malcolm Baldrige National Quality Award", *Fact Sheet*, atualizado em 25 nov. 2003, portal do NIST, www.nist.gov.

15. Walsh. "The Quest for Quality".

16. David Drickhamer. "Beating the Baldrige Blues", *Industry Week*, maio 2004, extraído de InfoTrac, http://web7.infotrac.galegroup.com; National Institute of Standards and Technology, "Baldrige Index Beaten by S&P 500 for Second Year", *NIST Tech Beat*, 23 abr. 2004, extraído de www.nist.gov; NIST, "Baldrige Index Beaten by S&P 500 after Nine Winning Years", *NIST Update*, 15 maio 2003, extraído de www.nist.gov.

17. Pallavi Gogoi. "Thinking Outside the Cereal Box", *BusinessWeek*, 28 jul. 2003, extraído de InfoTrac, http://web4.infotrac.galegroup.com.

18. John R. Brandt. "Competing beyond Quality", *Industry Week*, jan. 2003, extraído de InfoTrac, http://web7.infotrac.galegroup.com.

19. National Institute of Standards and Technology. "2003 Award Winner: Baptist Hospital Inc.", extraído do portal do NIST, www.nist.gov, 28 jun. 2004; Baptist Health Care, "Standards of Performance", extraído da página Careers do site da Baptist Health Care, www.ebaptisthealthcare.org, 28 jun. 2004.

20. U.S. Census Bureau,. *Statistical Abstract of the United States: 2002*, Tabelas 605 e 1353, p. 399, 849, extraído de www.census.gov.

21. Nancy Morris. "What to Expect When You Relocate", Career-Intelligence.com (2002), extraído de www.career-intelligence.com, 1º jul. 2004.

22. Lee Hawkins Jr. e Norihiko Shirouzu. "A Tale of Two Auto Plants", *The Wall Street Journal*, 24 maio 2006, http://online.wsj.com. Veja também John Teresko, "Learning from Toyota – Again", *Industry Week*, fev. 2006, extraído de InfoTrac, http://web1.infotrac.galegroup.com.

23. John S. McClenahen. "New World Leader", *Industry Week*, jan. 2004, extraído de InfoTrac, http://web7.infotrac.galegroup.com.

24. Julie Flaherty. "Suggestions Rise from the Floors of U.S. Factories", *The New York Times*, 18 abr. 2001, p. C1, C7.

25. American Management Association (AMA). "2005 Electronic Monitoring & Surveillance Survey: Many Companies Monitoring, Recording, Videotaping – and Firing – Employees", notícia, 18 maio 2005, site da AMA, www.amanet.org.

26. Tonya Vinas. "Spreading the Good Word", *Industry Week*, fev. 2004, extraído de InfoTrac, http://web4.infotrac.galegroup.com.

27. James Mehring. "What's Lifting Productivity", *BusinessWeek*, 24 maio 2004, extraído de InfoTrac, http://web4.infotrac.galegroup.com.

28. Raymond Dreyfack. "Treasure Chest: Money-Saving Ideas for the Profit-Minded Supervisor", *Supervision*, fev. 2006, extraído de Business & Company Resource Center, http://galenet.galegroup.com.

29. Charles Fishman. "The Toll of a New Machine", *Fast Company*, maio 2004, extraído de InfoTrac, http://web2.infotrac.galegroup.com.

30. Stanley Holmes e Wendy Zellner. "The Costco Way", *BusinessWeek*, 12 abr. 2004, extraído de InfoTrac, http://web4.infotrac.galegroup.com.

31. Darnell Little e Adam Aston. "Even the Supervisor Is Expendable", *BusinessWeek*, 23 jul. 2001, p. 78.

32. Steve Hamm, Spencer E. Ante, Andy Reingardt e Manjeet Kripalani. "Services: To Stay Competitive, Companies Are Finding New Ways to Automate Operations, Reuse Technology, and Streamline Processes", *BusinessWeek*, 21 jun. 2004, extraído de InfoTrac, http://web4.infotrac.galegroup.com.

33. Philip Siekman. "The Struggle to Get Lean", *Fortune*, 12 jan. 2004, extraído de InfoTrac, http://web7.infotrac.galegroup.com.

Capítulo 3

1. Sonja D. Brown. "Congratulations, You're a Manager!" *Black Enterprise*, abr. 2006, extraído de Business & Company Resource Center, http://galenet.galegroup.com.

2. Stevenson Swanson. "Window of Opportunity Opens in N.Y.", *Chicago Tribune*, 22 jan. 2006, sec. 1, p. 9.

3. Julie Graham. "Hospital Team Works to Cut Cardiac Arrests", *(Rock Hill, S.C.) Herald*, 4 jul. 2006, extraído de Business & Company Resource Center, http://galenet.galegroup.com.

4. R. B. Lacoursiere. *The Life Cycle of Groups: Group Development Stage Theory* (Nova York: Human Service Press, 1980).

5. Fara Warner. "Brains for Sale", *Fast Company*, jan. 2004, extraído de InfoTrac, http://web3.infotrac.galegroup.com.

6. Chuck Salter. "When Couches Fly", *Fast Company*, jul. 2004, extraído de InfoTrac, http://web4.infotrac.galegroup.com.

7. Patricia M. Buhler. "Managing in the New Millennium: Are You a Team Player?" *Supervision*, mar. 2006, extraído de Business & Company Resource Center, http://galenet.galegroup.com; Thomas Capozzoli, "How to Succeed with Self-Directed Work Teams", *Supervision*, fev. 2006, extraído de InfoTrac, http://web2.infotrac.galegroup.com.

8. Thomas Capozzoli. "Succeed with Self-Directed Work Teams", *Supervision*, jun. 2004, extraído de InfoTrac, http://web4.infotrac.galegroup.com.

9. Charles Fishman. "The Anarchist's Cookbook", *Fast Company*, jul. 2004, extraído de InfoTrac, http://web4.infotrac.galegroup.com.

10. Jim Jenkins. "Getting Up to Full Speed", *HRMagazine*, abr. 2006, extraído de Business & Company Resource Center, http://galenet.galegroup.com.

11. Dick Gorelick. "What Do Your Meetings Say about You?" *American Printer*, jul. 2003, extraído de LookSmart's FindArticles, www.findarticles.com.

12. Salter. "When Couches Fly".

13. Susan Heathfield. "True Empowerment Wins!" Páginas About.com Human Resources, http://humanresources.about.com, extraído em 15 jul. 2004; Labor Policy Association, "The Legality of Employee Involvement Teams under the National Labor Relations Act", LPA Legal Compliance Assistance, 28 set. 2001, extraído de www.lpa.org.

14. Michael A. Prospero. "Two Words You Never Hear Together: 'Great Meeting!'" *Fast Company*, jun. 2004, extraído de InfoTrac, http://web4.infotrac.galegroup.com.

15. Keisha-Gaye Anderson. "I Can't See You: Getting the Most from Your Off-Site Staff", *Black Enterprise*, ago. 2003, extraído de InfoTrac, http://web3.infotrac.galegroup.com.

16. Julia Chang. "The World According to Google", *Sales & Marketing Management*, abr. 2006, extraído de InfoTrac, http://web4.infotrac.galegroup.com.

17. Prospero. "Two Words You Never Hear Together".

18. Nancy S. Ahlrichs. *Manager of Choice: Competencies for Cultivating Top Talent* (Palo Alto, CA: Davies-Black, 2003), p. 173.

19. David K. Lindo. "You Can Make It Better", *Supervision*, abr. 2004, extraído de InfoTrac, http://web4.infotrac.galegroup.com.

20. Ibid.

Capítulo 4

1. Ethics Resource Center. "2003 National Business Ethics Survey: Executive Summary", www.ethics.org, 19 jul. 2004; Ethics Resource Center, "Major Survey of America's Workers Finds Substantial Improvements in Ethics", notícia, 21 maio 2003, extraído de www.ethics.org.

2. Jay Prakash Mulki, Fernando Jaramillo e William B. Locander. "Effects of Ethical Climate and Supervisory Trust on Salesperson's Job Attitudes and Intentions to Quit", *Journal of Personal Selling and Sales Management*, inverno 2006, extraído de Business & Company Resource Center, http://galenet.galegroup.com. Uma pesquisa com resultados similares está disponível em Ethics Resource Center. "National Business Ethics Survey: How Employees View Ethics in Their Organization, 1994–2005", www.ethics.org, 17 jul. 2006.

3. Gary Dessler. "How to Find-Tune Your Company's Ethical Compass", *Supervision*, abr. 2006, extraído de InfoTrac, http://web2.infotrac.galegroup.com.

4. James M. Clash. "Vintage Names", *Forbes*, 7 jun. 2004, extraído de InfoTrac, http://web7.infotrac.galegroup.com.

5. G. Jeffrey MacDonald. "A Quest for Clean Hands", *Christian Science Monitor*, 9 fev. 2004, www.csmonitor.com.

6. T. L. Stanley. "The Ethical Manager", *Supervision*, maio 2006, extraído de InfoTrac, http://web2.infotrac.galegroup.com; Hanna Andersson, "Community Involvement", outono 2006, www.hannaandersson.com, acesso em: 19 jul. 2006.

7. Jim Geraghty. "CIA's George Tenet, the Spy Who Came in with the Gold", *Washington Post*, 5 jul. 2006, www.washingtonpost.com; Ministério Norte-Americano da Justiça (DOJ), Escritório de Ética Departamental, Divisão de Gestão da Justiça, "Do It Right", www.usdoj.gov/jmd/ethics/generalf.htm, 9 fev. 2006;

Divisão de Gestão da Justiça do DOJ, "Gifts and Entertainment", www.usdoj.gov/jmd/ethics/gift.html, 10 fev. 2006.

8. James Cox. "Inmates Teach MBA Students Ethics from Behind Bars: University of Maryland Class Clarifies Moral Consequences", *USA Today*, 24 maio 2001, p. B01.

9. Julia Chang. "Codes of Conduct: Ethics Training Shouldn't Be Overlooked in a Down Economy", *Sales & Marketing Management*, nov. 2003, extraído de InfoTrac, http://infotrac.galegroup.com.

10. Chan Sup Chang et al. "Offering Gifts or Bribes? Code of Ethics in South Korea", *Journal of Third World Studies*, 2001, p. 125–39.

11. "Ethics in the U.S., Canada, and Mexico: Who Would You Want to Do Business With?" notícia, PR Newswire, 6 jun. 2006, extraído de Business & Company Resource Center, http://galenet.galegroup.com.

12. Transparency International. "Transparency International Corruption Perceptions Index 2003", www.transparency.org, 19 jul. 2004.

13. Paul Klebnikov. "Coke's Sinful World", *Forbes*, 22 dez. 2003, extraído de InfoTrac, http://web7.infotrac.galegroup.com; Daniel Fisher., "Dangerous Liaisons", *Forbes*, 28 abr. 2003, extraído de InfoTrac, http://web7.infotrac.galegroup.com.

14. Libby Estell. "Think Globally, Give Graciously", *Incentive*, nov. 2000, p. 47–50; Dov Seidman, "Across the Border", *American Executive*, mar. 2006, p. 34–36.

15. Alexandra MacRae. "More Firms Join UN Push to Be Good Corporate Citizens", *Christian Science Monitor*, 19 jul. 2004, www.csmonitor.com.

16. "Ethical Conflicts in Ethical Companies: Feeding the Hog", *Management World* (Institute of Certified Professional Managers), fev. 2003, extraído do portal da James Madison University, http://cob.jmu.edu/icpm/management_world.

17. Ethics Resource Center. "2003 National Business Ethics Survey: Executive Summary"; Ethics Resource Center, "Major Survey of America's Workers".

18. "Pop Quiz: A Quick Test of Your Managerial Skills", *Sales & Marketing Management*, set. 2003, extraído de InfoTrac, http://web7.infotrac.galegroup.com.

19. Taxpayers against Fraud. "Statistics", www.taf.org, acesso em: 18 jul. 2006.

20. Paul Davies. "Gabelli, Affiliates Settle Fraud Suit for $130 Million", *The Wall Street Journal*, 14 jul. 2006, http://online.wsj.com.

21. Phyllis Plitch. "Blowing the Whistle", *The Wall Street Journal*, 21 jun. 2004, http://online.wsj.com.

22. Neil Weinberg. "Cops Inc.", *Forbes*, 17 mar. 2003, extraído de InfoTrac, http://web7.infotrac.galegroup.com.

Capítulo 5

1. Samuel C. Certo. *Modern Management*, 8. ed. (Upper Saddle River, NJ: Prentice Hall, 2000), p. 528.

2. Goodwill Industries International. "Success Story: Night Shift Supervisor Overcomes Obstacles to Learning", páginas What We Do, portal da Goodwill, www.goodwill.org, acesso em: 25 jul. 2006.

3. Bank of America. "Diversity Fact Sheets", página Careers, portal do Bank of America, www.bankofamerica.com/careers/, extraído em 9 ago. 2004.

4. Bureau of Labor Statistics, "Women in the Labor Force: A Databook Updated and Available on the Internet", notícia, 13 maio 2005, www.bls.gov.

5. Bureau of Labor Statistics., "Foreign-Born Workers: Labor Force Characteristics in 2005", notícia, 14 abr. 2006, www.bls.gov.

6. Veja Mitra Toossi. "A Century of Change: The U.S. Labor Force, 1950–2050", *Monthly Labor Review*, maio 2002, p. 15–28.

7. David S. Joachim. "Computer Technology Opens a World of Work to Disabled People", *The New York Times*, 1º mar. 2006, www.nytimes.com; Grant Gross, "Technology Helps Disabled Workers", *PC World*, 5 maio 2005, www.pcworld.com.

8. U.S. Census Bureau. "Facts for Features: Americans with Disabilities Act, July 26", notícia, 19 jul. 2006, www.census.gov. Veja também K. C. Jones. "IBM Applies Technology for Disabled at Aging Baby Boomers", *TechWeb Technology News*, 30 set. 2005, www.techweb.com.

9. Erin White. "Why Few Women Run Plants", *The Wall Street Journal*, 1º maio 2006, http://online.wsj.com.

10. Kathy Gurchiek. "Slurs at Work Are on the Rise, Survey Finds," *HRMagazine*, jun. 2006, extraído de InfoTrac, http://web2.infotrac.galegroup.com.

11. Mary-Kathryn Zachary. "Labor Law for Supervisors: Religion, Race and Dress Codes", *Supervision*, mar. 2006, extraído de Business & Company Resource Center, http://galenet.galegroup.com.

12. Cora Daniels. "Young, Gifted, Black – and Out of Here", *Fortune*, 3 maio 2004, extraído de InfoTrac, http://web5.infotrac.galegroup.com.

13. Rudolph F. Verderber. *Communicate!* 8. ed. (Belmont, CA: Wadsworth, 1996), p. 45.

14. Carol Hymowitz. "Women Swell Ranks as Middle Managers, but Are Scarce at Top", *The Wall Street Journal*, 24 jul. 2006, http://online.wsj.com; Melanie Lasoff Levs, "Next 20 Female CEOs, 2006", *Pink*, dez. 2005–jan. 2006, p. 67–73.

15. U.S. Census Bureau, "Facts for Features: Father's Day, June 18", notícia, 12 jun. 2006 (revisada), www.census.gov.

16. "Training Can Keep Companies out of Court", *BusinessWeek Online*, 9 mar. 2006 (entrevista com Eli Kantor), extraído de Business & Company Resource Center, http://galenet.galegroup.com.

17. C. E. Weller. "Economic Snapshots: Older Workers Staying in the Labor Force", Economic Policy Institute, 16 jul. 2003, www.epinet.org; Nancy R. Lockwood, "The Aging Workforce: The Reality of the Impact of Older Workers and Eldercare in the Workplace", *HRMagazine*, dez. 2003, extraído de InfoTrac, http://web5.infotrac.galegroup.com.

18. Lockwood. "The Aging Workforce".

19. David Raths. "Bridging the Generation Gap", *InfoWorld*, 8 nov. 1999, p. 84.

20. "Older and Wiser", *BusinessWeek*, 22 maio 2000, p. F6.

21. Robert D. Ramsey. "Supervising Employees with Limited English Language Proficiency", *Supervision*, jun. 2004, extraído de InfoTrac, http://web5.infotrac.galegroup.com.

22. Patricia Sellers. "By the Numbers", *Fortune*, 9 fev. 2004, extraído de InfoTrac, http://web5.infotrac.galegroup.com; Catalyst, "New Catalyst Study Reveals Financial Performance Is Higher for Companies with More Women at the Top", notícia, 26 jan. 2004, www.catalystwomen.org.

23. Esses exemplos foram extraídos de Kitty O. Locker, *Business and Administrative Communication*, 6. ed. (Nova York: Irwin/McGraw-Hill, 2003), p. 297–300.

24. Donna M. Owens. "Multilingual Workforces", *HRMagazine*, set. 2005, extraído de InfoTrac, http://web2.infotrac.galegroup.com.

25. Gary Dessler. *Human Resources Management*, 7. ed. (Upper Saddle River, NJ: Prentice Hall, 1997), p. 267.

26. Jonathan A. Segal. "Throw Supervisors a Lifeline and Save Yourself", *HRMagazine*, jun. 2003, extraído de InfoTrac, http://web4.infotrac.galegroup.com.

27. Equal Employment Opportunity Commission. "Federal Equal Employment Opportunity (EEO) Laws", páginas About EEO, portal da EEOC, www.eeoc.gov, última modificação em 20 abr. 2004; "New Ripples in the Tide against Job Discrimination", *The New York Times*, 22 mar. 2000, p. G1.

Capítulo 6

1. Jonathan Katz. "Snuffing Out Scrap", *Industry Week*, jun. 2006, extraído de InfoTrac, http://web1.infotrac.galegroup.com.

2. Ryan Underwood. "Lighting the GE Way", *Fast Company*, ago. 2004, extraído de InfoTrac, http://web6.infotrac.galegroup.com.

3. Joe Mullich. "Get in Line", *Workforce Management*, dez. 2003, p. 43–46.

4. Traci Purdum. "The Show Must Go On", *Industry Week*, jan. 2004, extraído de Business & Company Resource Center, http://galenet.galegroup.com.

5. William Keenan Jr. "Numbers Racket", *Sales & Marketing Management*, maio 1995, p. 46–66 e posteriores.

6. Mark Skertic. "American Airlines Gets into Maintenance Line", *Chicago Tribune*, 25 jun. 2006, sec. 5, p. 1, 14.

7. Janet Bigham Bernstal. "The Profit Pursuit", *Bank Marketing*, abr. 2004, extraído de InfoTrac, http://web6.infotrac.galegroup.com.

8. Jennifer Taylor Arnold. "Making the Leap", *HRMagazine*, maio 2006, extraído de Business & Company Resource Center, http://galenet.galegroup.com.

9. Joel Levitt. "Active Supervision: Improve Shop Efficiency by 15 Percent", *Fleet Maintenance*, ago. 2005, extraído de Business & Company Resource Center, http://galenet.galegroup.com.

10. "Taking the Guesswork out of Customer Satisfaction", *Food Management*, jan. 2006, extraído de Business & Company Resource Center, http://galenet.galegroup.com.

11. Ibid.

12. Brad Cleveland. "Reporting Call Center Activity", *Call Center*, 1º dez. 2003, extraído de Business & Company Resource Center, http://galenet.galegroup.com.

13. Jennifer Saba. "Galvanizing the PJ Set", *Potentials*, fev. 2003, extraído de Business & Company Resource Center, http://galenet.galegroup.com.

Capítulo 7

1. Alison Overholt. "Cuckoo for Customers", *Fast Company*, jun. 2004, extraído de InfoTrac, http://web2.infotrac.galegroup.com.

2. Christopher S. Frings. "Addressing Management Issues", *Medical Laboratory Observer*, jan. 2003, extraído de Business & Company Resource Center, http://galenet.galegroup.com.

3. Thomas Sy e Laura Sue D'Annunzio. "Challenges and Strategies of Matrix Organizations: Top-Level and Midlevel Managers' Perspectives", *Human Resource Planning*, mar. 2005, extraído de Business & Company Resource Center, http://galenet.galegroup.com. Veja também Lonnie Pacelli. "Making Many Units Whole", *Incentive*, jan. 2005, extraído de Business & Company Resource Center, http://galenet.galegroup.com.

4. Veja, por exemplo, Stephen P. Borgatti. "Virtual/Network Organizations", revisado 5 fev. 2001, acesso em: www.analytictech.com/mb021/virtual.htm, 3 ago. 2006.

5. Douglas McLeod. "Insurers Outsourcing Benefits Administration", *Business Insurance*, 23 ago. 2004, extraído de Business & Company Resource Center, http://galenet.galegroup.com.

6. Simona Covel. "Eastern Europe Stakes Its Claim as Just the Right Site for Growth", *The Wall Street Journal*, 8 set. 2004, http://online.wsj.com.

7. Patricia L. Smith. "Rebuilding an American Icon", *American Machinist*, jun. 2003, extraído de Business & Company Resource Center, http://galenet.galegroup.com.

8. Anne Marie Borrego. "Inside Play", *Inc.*, set. 2001, p. 74–80.

9. "Wrong, Wrong, Wrong!" *Computerworld*, 10 maio 2004, extraído de Business & Company Resource Center, http://galenet.galegroup.com.

10. Don Durfee. "Striking a Balance", *CFO*, nov. 2005, extraído de Business & Company Resource Center, http://galenet.galegroup.com.

11. "Follow These Leaders", *Fortune*, 12 dez. 2005; "Advanced Tent Rental Ltd. and Supervisor Fined for Health and Safety Violations", *CNW Group*, 31 maio 2006, extraído de Business & Company Resource Center, http://galenet.galegroup.com.

12. "Dow Jones Announces Business Reorganization", *The Wall Street Journal*, 22 fev. 2006, http://online.wsj.com.

13. Michael Oneal. "Harley Enjoys Winning Cycle", *Chicago Tribune*, 14 maio 2006, sec. 5, p. 1, 9, 11.

14. "Shhh . . . the Best Kept Secret at The Ritz-Carlton Is . . . ", *Re-designing Customer Service*, maio 1995, p. 1–2.

15. Barbara Davison. "Management Span of Control: How Wide Is Too Wide?" *Journal of Business Strategy* 24, n. 4 (jul.–ago. 2003), extraído de Business & Company Resource Center, http://galenet.galegroup.com; Joseph A. Pegnato. "Federal Workforce Downsizing during the 1990s: A Human Capital Disaster", *Public Manager*, inverno 2003, extraído de Business & Company Resource Center, http://galenet.galegroup.com.

16. Os fatores descritos nesse parágrafo são baseados em Harold Koontz. "Making Theory Operational: The Span of Management", *Journal of Management Studies*, out. 1966, p. 229–243; Davison. "Management Span of Control".

17. "Too Much Work, Too Little Time". *BusinessWeek*, 16 jul. 2001, p. 12.

18. Jill Hecht Maxwell. "One Man, One Computer, 1,431 Lawn Mowers", *Inc. Tech*, 2001, n. 2, p. 46–50.

19. W. H. Weiss. "The Art and Skill of Delegating", *Supervision*, set. 2000, p. 3–5.

20. "When Good Managers Fail: The Law of Problem Evolution". *CioInsight*, 18 maio 2005, extraído de Business & Company Resource Center, http://galenet.galegroup.com.

21. Kirk Johnson. "Rescuers' Mission Remains Steadfast", *New York Times*, 4 jul. 2001, p. B1, B7.

22. Joseph A. Raelin. "Growing Group Leadership Skills", *Security Management*, jun. 2004, extraído de Business & Company Resource Center, http://galenet.galegroup.com.

23. Michael Bartlett. "The Branch CEO", *Banking Wire*, 17 nov. 2005, extraído de Business & Company Resource Center, http://galenet.galegroup.com.

24. Bridget McCrea. "Lightening the Workload", *Black Enterprise*, set. 2003, extraído de Business & Company Resource Center, http://galenet.galegroup.com.

25. Amy Alexander. "Let Yourself Delegate", *Greater Baton Rouge Business Report*, 19 ago. 2003, extraído de

Business & Company Resource Center, http://galenet.galegroup.com.

Capítulo 8

1. Becky Bright. "Leading through Uncertainty", *The Wall Street Journal*, 10 jul. 2006, http://online.wsj.com; Deborah Gavello. "Leading *versus* Managing in the 21st Century", *Western Banking*, mar. 2003, acesso no portal da Western Independent Bankers, www.wib.org; Small Business Administration. "Leading vs. Managing: They're Two Different Animals", páginas *Managing Your Business* do portal da SBA, www.sba.gov, acesso: em 9 ago. 2006.

2. Steve Bates. "Baseball Gaffe Provides Leadership Lessons", *HRMagazine*, dez. 2003, extraído de InfoTrac, http://web4.infotrac.galegroup.com.

3. Douglas McGregor. *The Human Side of Enterprise*, (Nova York: McGraw-Hill, 1960).

4. Jane Wollman Rusoff. "Portrait of a Branch Manager", *Research*, jul. 2004, extraído de Business & Company Resource Center, http://galenet.galegroup.com.

5. Robert D. Ramsey. "Doing the 'Little Things' Right", *Supervision*, abr. 2006, extraído de Business & Company Resource Center, http://galenet.galegroup.com.

6. Del Jones. "Business Leadership Book Wins Fans in NFL", *USA Today*, 28 nov. 2005, Yahoo News, http://news.yahoo.com.

7. Scott Powers. "Disney Executive Lee Cockerell Has a Legacy of Leadership", *Orlando Sentinel*, 27 jul. 2006, extraído de Business & Company Resource Center, http://galenet.galegroup.com.

8. Daniel Goleman. "Leadership That Gets Results", *Harvard Business Review*, mar. 2000, extraído de InfoTrac, http://web6.infotrac.galegroup.com.

9. Joseph Lipsey. Correspondência pessoal.

10. Susan H. Surplus. "Motivating the Troops: Moving from the Power of 'Me' to the Power of 'We'", *Supervision*, abr. 2004, extraído de InfoTrac, http://web4.infotrac.galegroup.com.

11. Ed Gubman. *The Engaging Leader: Winning with Today's Free Agent Workforce* (Chicago: Dearborn Trade Publishing, 2003), p. 17–18; James M. Kouzes e Barry Posner. "A Prescription for Leading in Cynical Times", *Ivey Business Journal Online*, jul.–ago. 2004, extraído de Business & Company Resource Center, http://galenet.galegroup.com.

12. Ed Lisoski. "Courage, Character and Conviction: The Three C's of Outstanding Supervision", *Supervision*, fev. 2005, extraído de Business & Company Resource Center, http://galenet.galegroup.com.

13. Bright. "Leading through Uncertainty".

Capítulo 9

1. Citado por Tom Peters. "Rule #3: Leadership Is Confusing as Hell", *Fast Company*, mar. 2001, p. 124.

2. Ted Pollock. "Mind Your Own Business", *Supervision*, dez. 2005, extraído de Business & Company Resource Center, http://galenet.galegroup.com.

3. Susan Chandler. "Sense of Entitlement Leads Some CEOs to Plunder Own Firms, Say Experts", *Knight Ridder/Tribune Business News*, 5 set. 2004, extraído de Business & Company Resource Center, http://galenet.galegroup.com.

4. Craig Sutton. "Get the Most Out of Six Sigma", *Quality*, mar. 2006, extraído de InfoTrac, http://web1.infotrac.galegroup.com.

5. Kevin Lim. "Turning His Life's Lessons into Corporate Successes", *The Wall Street Journal*, 24 jul. 2006, http://online.wsj.com.

6. Laith Agha. "Bates Cartoons Return to Walls", *Monterey County [Calif.] Herald*, jul. 30, 2006; Laith Agha. "Bringing Back Bill Bates", *Monterey County [Calif.] Herald*, 6 jul. 2006, ambos extraídos de Business & Company Resource Center, http://galenet.galegroup.com.

7. Sutton. "Get the Most Out of Six Sigma".

8. Roger Von Oech, citado em W. H. Weiss. "Coming Up with Good Ideas", *Supervision*, dez. 2005, extraído de InfoTrac, http://web2.infotrac.galegroup.com.

9. Deena Amato-McCoy. "Commerce Bank Manages Knowledge Profitably", *Bank Systems + Technology*, jan. 2003, extraído de Business & Company Resource Center, http://galenet.galegroup.com.

10. Veja Irving L. Janis. *Groupthink: Psychological Studies of Policy Decisions and Fiascoes*, 2. ed. (Boston: Houghton Mifflin, 1982).

11. Kathleen Melymuka. "How to Pick a Project Team: Tech Skills Are Only the Beginning," *Computerworld*,

12 abr. 2004, extraído de Business & Company Resource Center, http://galenet.galegroup.com.

12. Timothy G. Habbershon. "A Little Too Hands-On", BusinessWeek, 5 jul. 2004, extraído de InfoTrac, http://web4.infotrac.galegroup.com.

13. Keith H. Hammonds. "How Do We Break Out of the Box We're Stuck In?" Fast Company, nov. 2000, p. 260–68.

14. Ibid.

15. James Webb Young. *A Technique for Producing Ideas* (Chicago: Crain Communications, 1975).

16. Ibid., p. 59–60.

17. Thea Singer. "Your Brain on Innovation", *Inc.*, set. 2002, extraído de InfoTrac, http://web4.infotrac.galegroup.com.

18. Essas sugestões foram adaptadas de Weiss. "Coming Up with Good Ideas"; e Pollock. "Mind Your Own Business".

19. Cheryl Dahle. "Natural Leader", *Fast Company*, dez. 2000, p. 268–80.

Capítulo 10

1. Mary Helen Gillespie. "CEO's Weaknesses Displayed", *Boston Globe*, 8 abr. 2001, p. J15; "Electronic Invective Backfires", *Workforce*, jun. 2001, p. 20; Edward Wong. "A Stinging Office Memo Boomerangs", *The New York Times*, 5 abr. 2001, p. B1.

2. Jennifer Beauprez. "Many Companies Monitor Workers' Web-Surfing Habits", *Denver Post*, 13 mar. 2000, p. C1.

3. Bruce Vernyi. "An Avenue for Ideas", *Industry Week*, set. 2005, extraído de InfoTrac, http://web1.infotrac.galegroup.com; e C. R. Bard. "About Bard", www.crbard.com, extraído em 22 ago. 2006.

4. T. L. Stanley. "What Would Buzz Lightyear Do?" *Supervision*, mar. 2006, extraído de Business & Company Resource Center, http://galenet.galegroup.com.

5. Carl R. Rogers e Richard E. Farson. "Active Listening", reimpresso em William V. Haney, *Communication and Interpersonal Relations: Text and Cases*, 6. ed. (Homewood, IL: Irwin, 1992), p. 158–59.

6. Essa seção foi baseada em Donna M. Owens. "Multilingual Workforces", *HRMagazine*, set. 2005, extraído de InfoTrac, http://web2.infotrac.galegroup.com; Bob Miodonski. "Foreign-Born Workers Deserve Respect", *Contractor*, abr. 2005, extraído de Business & Company Resource Center, http://galenet.galegroup.com; Ed Rosheim. "Bridging Language Gap Leads to More Productive Staff", *Nation's Restaurant News*, 5 set. 2005, extraído de Business & Company Resource Center, http://galenet.galegroup.com; e Josh Cable. "The Multicultural Work Force: The Melting Pot Heats Up", *Occupational Hazards*, mar. 2006, extraído de Business & Company Resource Center, http://galenet.galegroup.com.

7. Leigh Buchanan. "The English Impatient", *Inc.*, maio 2001, p. 68.

8. Eve Tahmincioglu. "The 4-Letter-Word Patrol Is in Pursuit", *The New York Times*, 27 jun. 2001, p. G1.

9. "Clean It Up or Else", *BusinessWeek*, 26 out. 1998, p. 8.

10. Ken Fracaro. "Two Ears and One Mouth", *Supervision*, 1º fev. 2001, p. 3.

11. Richard A. Oppel Jr. e Patrick McGeehan. "Along with a Lender, Is Citigroup Buying Trouble?" *The New York Times*, 22 out. 2000, sec. 3, p. 1, 15 (foto).

12. Linda Dulye. "Get Out of Your Office", *HRMagazine*, jul. 2006, extraído de Business & Company Resource Center, http://galenet.galegroup.com.

13. Bill Zollars, citado em "Follow These Leaders", *Fortune*, 12 dez. 2005.

14. As idéias dessa lista foram baseadas em: Harriet Rubin. "Like the King, King David Knew How to Strum a Person Like an Instrument", *Fast Company*, nov. 2000, p. 410–13; Belinda E. Puetz et al. "Helpline", *RN*, abr. 2001, p. 23; Mary Munter. *Guide to Managerial Communication*, 5. ed. (Upper Saddle River, NJ: Prentice Hall, 2000); e Edward Bailey, *Writing and Speaking at Work* (Upper Saddle River, NJ: Prentice Hall, 1999).

15. "Indecent Exposure", *Inc.*, 1998, p. 86.

16. Bureau of Labor Statistics, "Computer and Internet Use at Work in 2003", notícia, 2 ago. 2005, www.bls.gov/cps/.

17. Jared Sandberg. "Never a Safe Feature, 'Reply to All' Falls into the Wrong Hands", *The Wall Street Journal*, 25 out. 2005, http://online.wsj.com.

18. Eric Benderoff. Mike Hughlett, "Teleconferencing Has Reduced Business Travel for Many Companies", *Chicago*

Tribune, 10 ago. 2006, extraído de Business & Company Resource Center, http://galenet.galegroup.com.

19. "E-mail Preferred to In-Person Meetings", *USA Today*, dez. 2003, www.findarticles.com.

20. Cable. "The Multicultural Work Force".

21. Ann Pomeroy. "Great Places, Inspired Employees", *HRMagazine*, jul. 2004, extraído de InfoTrac, http://web4.infotrac.galegroup.com.

22. Peggy Darragh-Jeromos. "A Suggestion System That Works for You", *Supervision*, ago. 2003, extraído de InfoTrac, http://web7.infotrac.galegroup.com.

23. Janet R. Waddell. "You'll Never Believe What I Heard", *Supervision*, fev. 2004, extraído de Business & Company Resource Center, http://galenet.galegroup.com.

24. Elaine McShulskis. "24-Hour HR", *HRMagazine*, nov. 1997, p. 22.

25. Baseado em: Mortimer R. Feinberg. "How to Get the Grapevine on Your Side", *Working Woman*, maio 1990, p. 23; Ray Alastair. "Profiting from the E-mail Grapevine", *Marketing*, 11 out. 2001, p. 27.

26. Siobhan Benet. "Corporate Cues", *Black Enterprise*, mar. 2004, www.findarticles.com.

Capítulo 11

1. Scott Martelle. "Businesses Develop New Take on Giving: More Companies Find That Urging Workers to Volunteer in the Community Boosts Their Image, Staff Morale and Skills", *Los Angeles Times*, 27 abr. 2001, p. B1 e posteriores.

2. Ver, por exemplo: Abraham Maslow. *Eupsychian Management* (Homewood, IL: Irwin, 1965); e C. P. Alderfer. "An Empirical Test of a New Theory of Human Needs", *Organization Behavior and Human Performance* 4 (1969), p. 142–75.

3. Jennifer O'Herron. "Don't Miss the Mark: Motivation That Works", *Call Center*, 1º jun. 2005, extraído de Business & Company Resource Center, http://galenet.galegroup.com.

4. Kimberly Griffiths. "How to Find 'Em and How to Hold 'Em", *Industrial Distribution*, 1º abr. 2006, extraído de Business & Company Resource Center, http://galenet.galegroup.com.

5. Hewitt Associates. "Hewitt Study Shows Work/Life Benefits Hold Steady Despite Recession", notícia, 13 maio 2002, http://was4.hewitt.com; Society for Human Resource Management. "Rising Health Care Costs Force Employers to Cut Some Non-Essential Benefits", notícia, 22 jun. 2003, www.shrm.org; Madlen Read, "Top Companies Offer More than Maternity Leave to Moms", *USA Today*, 21 set. 2004, www.usatoday.com/money/.

6. John A. Byrne. "How to Lead Now: Getting Extraordinary Performance When You Can't Pay for It", *Fast Company*, ago. 2003, extraído de InfoTrac, http://web7.infotrac.galegroup.com.

7. Larry Stewart. "Rewarding Teamwork Turns a Shop Around", *Construction Equipment*, 1º jan. 2006, extraído de Business & Company Resource Center, http://galenet.galegroup.com.

8. David Dorsey. "Andy Pearson Finds Love", *Fast Company*, ago. 2001, p. 78–86.

9. Society for Human Resource Management. "11-Year-Old FMLA in Need of Medical Treatment", notícia, 17 fev. 2004, www.shrm.org.

10. Peter Berg e Ann C. Frost. "Dignity at Work for Low Wage, Low Skill Service Workers", *Industrial Relations*, 2005, extraído de Business & Company Resource Center, http://galenet.galegroup.com.

11. Barbara Whitaker. "'Living Wage' Ordinance Both Delights and Divides", *The New York Times*, 29 maio 2001, p. A13. O decreto foi aprovado pela câmara municipal, mas derrubado um ano depois em um plebiscito. Veja Alan J. Liddle e Richard Martin. "Santa Monica, Berkeley Reject Private-Sector 'Living Wage' Law, Coffee-Source Restrictions", *Nation's Restaurant News*, 18 nov. 2002, extraído de Business & Company Resource Center, http://galenet.galegroup.com.

12. Julia Chang. "Spread the Wealth: Letting Your Salespeople Profit When Your Company Does", *Sales & Marketing Management*, jun. 2006, extraído de Business & Company Resource Center, http://galenet.galegroup.com.

13. Dean Foust et al. "Wooing the Worker", *BusinessWeek Online*, 22 maio 2000, www.businessweek.com:/2000/00_21/b3682139.htm?scriptFramed, acesso em: 13 ago. 2001.

14. Mike Hofman. "Hot Tip: Performance Bonuses with an Extra Kick", *Inc.com*, www.inc.com/articles/details/0,3532,ART20579,00.html, acesso em: 13 ago. 2001.

15. "Leading Dealers Share Tips on Technician Compensation Plans, Managing Cash Flow, Product Line Selection, Marketing the Dealer Advantage, Serving Commercial Customers, and More", *Yard & Garden*,

mar. 2006, extraído de Business & Company Resource Center, http://galenet.galegroup.com.

16. Laurence Zuckerman. "Happy Skies of Continental", *The New York Times*, 27 fev. 2001, p. C1, C15.

17. Antoinette Alexander. "The Lure: Smart Compensation Plans Can Keep Staff in a Tight Market", *Accounting Technology*, jul. 2006, extraído de Business & Company Resource Center, http://galenet.galegroup.com.

18. David Boyce. "Expectations Part of Deal for Gordon", *Kansas City Star*, 12 abr. 2006, extraído de Business & Company Resource Center, http://galenet.galegroup.com.

19. Zuckerman. "Happy Skies of Continental".

20. Erika Germer. "Tell Them What They've Won!" *Inc.*, abr. 2001, p. 70.

21. Alison Overholt. "Cuckoo for Customers", *Fast Company*, jun. 2004, extraído de InfoTrac, http://web2.infotrac.galegroup.com.

22. Diane Brady. "Give Nursing Moms a Break at the Office", *BusinessWeek*, 6 ago. 2001, p. 70.

23. Alan Feuer. "Leading a Porterhouse Ballet", *The New York Times*, 11 jun. 2001, p. B1, B4.

24. Ron Lieber. "New Way to Curb Medical Costs: Make Employees Feel the Sting", *The Wall Street Journal*, 23 jun. 2004, http://online.wsj.com.

25. Dave Marin. "Viewpoint: Rock-Solid Results from Simple Praise", *American Banker*, 7 abr. 2006, extraído de Business & Company Resource Center, http://galenet.galegroup.com.

Capítulo 12

1. "2003 Unscheduled Absence Survey". *Medical Benefits*, 15 dez. 2003, extraído de Business & Company Resource Center, http://galenet.galegroup.com.

2. Ibid.; "Strategies That Can Help You Deal with Excessive Absences", *HR Focus*, dez. 2003, extraído de Business & Company Resource Center, http://galenet.galegroup.com.

3. Aaron Bernstein. "Racism in the Workplace", *BusinessWeek*, 30 jul. 2001, p. 64–67.

4. Michele Marchetti. "When Salespeople Struggle", *Sales & Marketing Management*, abr. 2006, extraído de InfoTrac, http://web4.infotrac.galegroup.com.

5. Judy Swartley. "Coming Clean", *EC&M, Electrical Construction & Maintenance*, 1º abr. 2006, extraído de Business & Company Resource Center, http://galenet.galegroup.com.

6. Ibid.; U.S. Department of Labor, Office of the Assistance Secretary for Policy,. "2003 National Survey on Drug Use and Health (NSDUH) Reveals the Vast Majority of Drug and Alcohol Abusers Work", Substance Abuse Information Database, www.dol.gov/asp, acesso em: 24 set. 2004; U.S. Department of Labor, Office of the Assistance Secretary for Policy. "General Workplace Impact", *Working Partners: Statistics*, www.dol.gov/asp, acesso em: 24 set. 2004; "Alcohol and Other Substance Abuse: Prevalence, Cost and Impact on Productivity", *Employee Benefit News*, 1º set. 2004, extraído de Business & Company Resource Center, http://galenet.galegroup.com.

7. Swartley. "Coming Clean".

8. "Top Threat: Workplace Violence Remains nº 1 Nemesis", *Security*, jun. 2001, p. 9–12; Mike France e Michael Arndt. "Office Violence: After the Shooting Stops", *BusinessWeek*, 12 mar. 2001, p. 98–100.

9. "Top Threat: Workplace Violence Remains nº 1 Nemesis".

10. Matthew Flamm. "Domestic Violence Victims Gaining Help in Workplace", *Crain's New York Business*, 12 mar. 2001, p. 33, 38; Mike Hofman. "The Shadow of Domestic Violence", *Inc.*, mar. 2001, p. 85.

11. Flamm. "Domestic Violence Victims Gaining Help".

12. Ibid.

13. France e Arndt. "Office Violence".

14. Jennifer S. Lee. "Tracking Sales at the Cashiers", *The New York Times*, 11 jul. 2001, p. C1, C6.

15. Ibid.

16. P. J. Connolly. "Activity Monitors Raise Ethical and Legal Questions Regarding Employee Privacy", *InfoWorld*, 12 fev. 2001, p. 57E.

17. Caroline Wilbert. "Coke Employee Faces Charges of Wire Fraud, Stealing Trade Secrets", *Atlanta Journal-Constitution*, 6 jul. 2006; David Gulliver. "Health Care Firm Loses Data", *Sarasota Herald Tribune*, 17 ago. 2006, ambos extraídos de Business & Company Resource Center, http://galenet.galegroup.com.

18. Karen Krebsbach. "The Enemy Within", *Banking Wire*, 16 jun. 2004, extraído de Business & Company Resource Center, http://galenet.galegroup.com.

19. Lista dos direitos fornecida por Corinne R. Livesay, Liberty University, Lynchburg, VA.

20. Christopher Stewart. "Desperate Measures", *Sales & Marketing Management*, set. 2003, extraído de InfoTrac, http://web5.infotrac.galegroup.com.

21. Rick McLaughlin. "More Than Punishment Involved in Correcting Employee's Poor Performance", *Knight Ridder/Tribune Business News*, 22 ago. 2003, extraído de Business & Company Resource Center, http://galenet.galegroup.com.

22. Beth Musgrave. "Some Workers Had Past Problems: Seven Charged Had Been Disciplined Before", *Lexington Herald-Leader*, 21 jul. 2006, extraído de Business & Company Resource Center, http://galenet.galegroup.com.

23. Ministério Norte-Americano do Trabalho. "Drug-Free Workplace Advisor: Supervisor Training", *eLaws Advisor*, www.dol.gov/elaws, acesso em: 26 jun. 2006.

24. Veja Tamara Cagney. "Why Don't Supervisors Refer?" *Journal of Employee Assistance*, jan.–mar. 2006, extraído de Business & Company Resource Center, http://galenet.galegroup.com.

Capítulo 13

1. Robert D. Ramsey. "15 Time Wasters for Supervisors", *Supervision*, jun. 2000, p. 10.

2. Ted Pollock. "Mind Your Own Business", *Supervision*, mar. 2001, p. 17–19.

3. Jared Sandberg. "To-Do Lists Can Take More Time Than Doing, but That Isn't the Point", *The Wall Street Journal*, 8 set. 2004, http://online.wsj.com.

4. Jason Fry. "A Tale of Two Emailers", *The Wall Street Journal*, 30 jan. 2006, http://online.wsj.com.

5. Clive Thompson. "Meet the Life Hackers", *The New York Times Magazine*, 16 out. 2005, www.nytimes.com.

6. Ibid.

7. Mann, citado em ibid.; White, citado em "Quitting Time!" *Incentive*, out. 2000, p. 142.

8. Pace Productivity. "Time Tips", www.getmoredone.com, acesso em: 19 ago. 2001.

9. Pollock. "Mind Your Own Business".

10. Pace Productivity. "Time Tips".

11. Ibid.

12. Gail Dutton. "Cutting Edge Stressbusters", *HR Focus*, 1º set. 1998, p. 11.

13. Alisa Tang. "Sick or Stressed Out: Workplace Absence, by Job and Gender", *The New York Times*, 1º dez. 1999, p. G1.

14. Frank Grazian. "Are You Coping with Stress?" *Communication Briefings* 14, n. 1, p. 3.

15. Michael Gelman com Jobert E. Abueva. "The Boss: No Second Chances on Live TV", *The New York Times*, 14 fev. 2001, p. C8.

16. Margarita Bauza. "Study: More Americans Do Work on Their Vacations", *Detroit Free Press*, 8 ago. 2006, extraído de Business & Company Resource Center, http://galenet.galegroup.com.

17. Matt Murray. "Amid Record Profits, Companies Continue to Lay Off Employees", *The Wall Street Journal*, 4 maio 1995, p. A1, A4.

18. Emily Burg, análise de *The Procrastinator's Handbook*, www.workingwoman.com/wwn/article.jsp?contentId=5745&ChannelID=212, acesso em: 14 jun. 2001.

19. T. L. Stanley. "Balance and Organization", *American Salesman*, ago. 2004 (citando autobiografia de Colin Powell, *My American Journey*), extraído de Business & Company Resource Center, http://galenet.galegroup.com.

20. Grazian. "Are You Coping with Stress?"

21. Carol Kleiman. "Turning Stress Control into a Laughing Matter", *Chicago Tribune*, 6 ago. 1995, sec. 8, p. 1.

22. Claudia Hale-Jinks, Herman Knopf e Kristen Kemple. "Tackling Teacher Turnover in Child Care: Understanding Causes and Consequences, Identifying Solutions", *Childhood Education*, 2006, extraído de InfoTrac, http://web2.infotrac.galegroup.com; "Peer and Supervisor Support May Be Critical Coping Strategies for Emergency Medical Services Personnel, Research Indicates", *CNW Group*, 25 jan. 2006, extraído de Business & Company Resource Center, http://galenet.galegroup.com.

23. Ann Pomeroy. "Great Places, Inspired Employees", *HRMagazine*, jul. 2004, extraído de InfoTrac, http://web4.infotrac.galegroup.com.

24. Dave Simanoff. "Workers' Needs Should Be First in Stress Times, Experts Say", *Knight Ridder/Tribune Business News*, 18 set. 2004; Sara Kennedy. "Airline's Dispatchers Weather a Storm", *The New York Times*, 26 set. 2004; Jeff Zeleny. "Fourth Hurricane, Jeanne, Slashes into Weary Florida", *Knight Ridder/Tribune Business News*, 26 set. 2004, todos extraídos de Business & Company Resource Center, http://galenet.galegroup.com.

25. "Employers Increase Wellness Push with New Programs, Incentives", *Employee Benefit News*, 1º jul. 2006, extraído de Business & Company Resource Center, http://galenet.galegroup.com.

26. Sara Kennedy. "Physically, Fiscally Fit: Wellness Strategy Can Prove to Be Good Business", *Bradenton (Fla.) Herald*, 2 jul. 2006, extraído de Business & Company Resource Center, http://galenet.galegroup.com.

27. Ibid.

28. Emily Berry e Herman Wang. "Wellness Programs Aim to Hold Down Health Costs", *Chattanooga (Tenn.) Times/Free Press*, 21 jul. 2006, extraído de Business & Company Resource Center, http://galenet.galegroup.com.

29. Seth A. Berr, Allan H. Church e Janine Waclawski. "The Right Relationship Is Everything: Linking Personality Preferences to Managerial Behaviors", *Human Resource Development Quarterly* 11, n. 2 (2000), p. 133-57.

Capítulo 14

1. Cheryl Dahle. "Deflecting the Knife of a Backstabber", *The New York Times*, 8 ago. 2004, extraído de Business & Company Resource Center, http://galenet.galegroup.com.

2. Tatsha Robertson. "Between Work and Life There's Balance", *Boston Globe*, 19 jun. 2005, www.boston.com.

3. Joshua Kendall. "Can't We All Just Get Along?" *BusinessWeek*, 9 out. 2000, p. F18; Tony Schwartz. "How Do You Feel?" *Fast Company*, jun. 2000, p. 296-313.

4. Jared Sandberg. "Office Democracies: How Many Bosses Can One Person Have?" *The Wall Street Journal*, 22 nov. 2005, http://online.wsj.com.

5. Para obter um estudo relacionado interessante, veja Catherine H. Tinsley e Jeanne M. Brett. "Managing Workplace Conflict in the United States and Hong Kong", *Organizational Behavior and Human Decision Processes* 85, n. 2 (2001), p. 360-81.

6. Anne Spray Kinney. "Financial Leadership for the Twenty-First Century: An Interview with Five Public Sector Leaders", *Government Finance Review*, fev. 2005, extraído de Business & Company Resource Center, http://galenet.galegroup.com.

7. Dahle. "Deflecting the Knife of a Backstabber".

8. Patricia Kitchen. "Ways to Defuse Conflict at Work", (Melville, N.Y.) *Newsday*, 2 jul. 2006, extraído de Business & Company Resource Center, http://galenet.galegroup.com.

9. Belinda E. Puetz et al. "Helpline", *RN*, abr. 2001, p. 23.

10. Veja, por exemplo, Dianne Jacobs. "Sharing Knowledge: How to Thrive in Times of Change", *Ivey Business Journal Online*, jul.-ago. 2005, extraído de Business & Company Resource Center, http://galenet.galegroup.com; Marvin J. Cetron e Owen Davies. "Trends Now Shaping the Future", *The Futurist*, maio-jun. 2005, p. 37-50.

11. Randy Dotinga. "Can Boss Insist on Healthy Habits?" *Christian Science Monitor*, 11 jan. 2006, www.csmonitor.com.

12. Scott Kirsner. "Designed for Innovation", *Fast Company*, nov. 1998, p. 54.

13. David Armstrong. "Gillette Will Cut 8% of Work Force, Close Plants under Restructuring Plan", *The Wall Street Journal*, 19 dez. 2000, p. 1.

14. Richard McCormack. "Service Is an Overlooked Ingredient for Success in Manufacturing", *Manufacturing and Technology News*, 3 mar. 2006, www.manufacturingnews.com.

15. Claudia H. Deutsch. "Competitors Can Teach You a Lot, but the Lessons Can Hurt", *The New York Times*, 18 jul. 1999, p. BU 4.

16. Kurt Lewin. "Frontiers in Group Dynamics: Concept, Method, and Reality of Social Sciences – Social Equilibrium and Social Change", *Human Relations*, jun. 1947, p. 5-14.

17. "Follow These Leaders", *Fortune*, 12 dez. 2005.

18. Michael Hammer e Steven A. Stanton. "Beating the Risks of Reengineering", *Fortune*, 15 maio 1995, p. 105 e posteriores.

19. Algumas das sugestões dessa lista foram adaptadas de William W. Hull. "Coping with Threatening Change", *Supervision*, 1º maio 2001, p. 3; outras de David W. Mann. "Why Supervisors Resist Change and What You Can Do About It", *Journal for Quality & Participation*, 1º maio 2001, p. 20-22.

20. Steve Bates. "Getting Engaged", *HRMagazine*, fev. 2004, extraído de InfoTrac, http://web4.infotrac.galegroup.com.

21. Joseph A. Raelin. "Growing Group Leadership Skills", *Security Management*, jun. 2004, extraído de Business & Company Resource Center, http://galenet.galegroup.com.

22. Jim Barlow. "The Ins and Outs of Office Politics", *Houston Chronicle*, 17 maio 2001, p. C1; Donald S. Miller e Stephen E. Catt. *Human Relations: A Contemporary Approach* (Homewood, IL: Irwin, 1989), p. 200-2.

Apêndice A

1. C. Pasternak. "Corporate Politics May Not Be a Waste of Time", *HRMagazine*, set. 1994, p. 18.

2. R. Bhasin. "On Playing Corporate Politics", *Pulp & Paper*, out. 1985, p. 175. Veja também N. Gupta e G. D. Jenkins Jr., "The Politics of Pay", *Compensation & Benefits Review*, mar.-abr. 1996, p. 23-30.

3. R. W. Allen, D. L. Madison, L. W. Porter, P. A. Renwick e B. T. Mayes. "Organizational Politics: Tactics and Characteristics of Its Actors", *California Management Review*, 1979, p. 77. Veja também K. M. Kacmar e G. R. Ferris. "Politics at Work: Sharpening the Focus of Political Behavior in Organizations", *Business Horizons*, jul.-ago. 1993, p. 70-74. Uma atualização completa pode ser encontrada em K. M. Kacmar e R. A. Baron. "Organizational Politics: The State of the Field, Links to Related Processes, and an Agenda for Future Research", *Research in Personnel and Human Resources Management*, v. 17, ed. G. R. Ferris (Stamford, CT: JAI Press, 1999), p. 1-39.

4. Veja P. M. Fandt, G. R. Ferris, "The Management of Information and Impressions: When Employees Behave Opportunistically", *Organizational Behavior and Human Decision Processes*, fev. 1990, p. 140-58.

5. As quatro primeiras causas são baseadas na discussão em D. R. Beeman e T. W. Sharkey. "The Use and Abuse of Corporate Politics", *Business Horizons*, mar.-abr. 1987, p. 26-30.

6. A. Raia. "Power, Politics, and the Human Resource Professional", *Human Resource Planning*, n. 4 (1985), p. 203.

7. A. J. DuBrin. "Career Maturity, Organizational Rank, and Political Behavioral Tendencies: A Correlational Analysis of Organizational Politics and Career Experience", *Psychological Reports*, out. 1988, p. 535.

8. Essa distinção em três níveis vem de A. T. Cobb: "Political Diagnosis: Applications in Organizational Development", *Academy of Management Review*, jul. 1986, p. 482-96.

9. Uma excelente perspectiva histórica e teórica sobre coalizões pode ser encontrada em W. B. Stevenson, J. L. Pearce e L. W. Porter. "The Concept of 'Coalition' in Organization Theory and Research", *Academy of Management Review*, abr. 1985, p. 256-68.

10. L. Baum. "The Day Charlie Bradshaw Kissed Off Transworld", *BusinessWeek*, 29 set. 1986, p. 68.

11. Veja K. G. Provan e J. G. Sebastian. "Networks within Networks: Service Link Overlap, Organizational Cliques, and Network Effectiveness", *Academy of Management Journal*, ago. 1998, p. 453-63.

12. Allen et al. "Organizational Politics", p. 77.

13. Veja W. L. Gardner III. "Lessons in Organizational Dramaturgy: The Art of Impression Management", *Organizational Dynamics*, verão 1992, p. 33-46.

14. Para obter mais informações sobre comportamento político, veja A. Nierenberg. "Masterful Networking", *Training & Development*, fev. 1999, p. 51-53.

15. A. Rao, S. M. Schmidt e L. H. Murray. "Upward Impression Management: Goals, Influence Strategies, and Consequences", *Human Relations*, fev. 1995, p. 147.

16. Fandt e Ferris. "The Management of Information and Impressions", p. 140-58; W. L. Gardner e B. J. Avolio. "The Charismatic Relationship: A Dramaturgical Perspective", *Academy of Management Review*, jan. 1998, p. 32-58; L. Wah. "Managing-Manipulating?—Your Reputation", *Management Review*, out. 1998, p. 46-50; M. C. Bolino. "Citizenship and Impression Management: Good Soldiers or Good Actors?" *Academy of Management Review*, jan. 1999, p. 82-98.

17. Para obter uma pesquisa relacionada, veja M. G. Pratt e A. Rafaeli. "Organizational Dress as a Symbol of Multilayered Social Identities", *Academy of Management Journal*, ago. 1997, p. 862-98.

18. S. Friedman. "What Do You Really Care About? What Are You Most Interested In?" *Fast Company*, mar. 1999, p. 90. Veja também B. M. DePaulo e D. A. Kashy. "Everyday Lies in Close and Casual Relationships", *Journal of Personality and Social Psychology*, jan. 1998, p. 63-79.

19. Veja S. J. Wayne e G. R. Ferris. "Influence Tactics, Affect, and Exchange Quality in Supervisor-Subordinate Interactions: A Laboratory Experiment

and Field Study", *Journal of Applied Psychology*, out. 1990, p. 487–99. Para obter outra versão, veja Tabela 1 (p. 246) em S. J. Wayne e R. C. Liden. "Effects of Impression Management on Performance Ratings: A Longitudinal Study", *Academy of Management Journal*, fev. 1995, p. 232–60.

20. Veja R. Vonk,."The Slime Effect: Suspicion and Dislike of Likeable Behavior toward Superiors", *Journal of Personality and Social Psychology*, abr. 1998, p. 849–64; M. Wells. "How to Schmooze Like the Best of Them", *USA Today*, 18 maio 1999, p. 14E.

21. Veja P. Rosenfeld, R. A. Giacalone e C. A. Riordan. "Impression Management Theory and Diversity: Lessons for Organizational Behavior", *American Behavioral Scientist*, mar. 1994, p. 601–4; R. A. Giacalone e J. W. Beard. "Impression Management, Diversity, and International Management", *American Behavioral Scientist*, mar. 1994, p. 621–36; A. Montagliani e R. A. Giacalone. "Impression Management and Cross-Cultural Adaptation", *The Journal of Social Psychology*, out. 1998, p. 598–608.

22. M. E. Mendenhall e C. Wiley. "Strangers in a Strange Land: The Relationship between Expatriate Adjustment and Impression Management", *American Behavioral Scientist*, mar. 1994, p. 605–20.

23. T. E. Becker e S. L. Martin. "Trying to Look Bad at Work: Methods and Motives for Managing Poor Impressions in Organizations", *Academy of Management Journal*, fev. 1995, p. 191.

24. Ibid., p. 181.

25. Ibid., p. 180–81.

26. Ibid., p. 192–93.

27. Dados de G. R. Ferris, D. D. Frink, D. P. S. Bhawuk, J. Zhou e D. C. Gilmore. "Reactions of Diverse Groups to Politics in the Workplace", *Journal of Management*, n. 1 (1996), p. 23–44. Para outras constatações com base no mesmo banco de dados, veja G. R. Ferris, D. D. Frink, M. C. Galang, J. Zhou, K. M. Kacmar e J. L. Howard. "Perceptions of Organizational Politics: Prediction, Stress-Related Implications, and Outcomes", *Human Relations*, fev. 1996, p. 233–66. Veja também M. L. Randall, R. Cropanzano, C. A. Bormann e A. Birjulin. "Organizational Politics and Organizational Support as Predictors of Work Attitudes, Job Performance, and Organizational Citizenship Behavior", *Journal of Organizational Behavior*, mar. 1999, p. 159–74.

28. A. Drory e D. Beaty. "Gender Differences in the Perception of Organizational Influence Tactics", *Journal of Organizational Behavior*, maio 1991, p. 256–57. Veja também L. A. Rudman. "Self-Promotion as a Risk Factor for Women: The Costs and Benefits of Counterstereotypical Impression Management", *Journal of Personality and Social Psychology*, mar. 1998, p. 629–45; J. Tata. "The Influence of Gender on the Use and Effectiveness of Managerial Accounts", *Group & Organization Management*, set. 1998, p. 267–88.

29. Veja S. J. Wayne e R. C. Liden. "Effects of Impression Management on Performance Ratings: A Longitudinal Study", *Academy of Management Journal*, fev. 1995, p. 232–60.

30. Rao, Schmidt e Murray. "Upward Impression Management", p. 165.

Capítulo 15

1. Michael Kinsman. "Job N° 1 for Supervisors: Hiring the Right Person", *San Diego Union-Tribune*, 2 out. 2005, extraído de Business & Company Resource Center, http://galenet.galegroup.com.

2. Raymond A. Noe, John R. Hollenbeck, Barry Gerhart e Patrick M. Wright. *Human Resource Management: Gaining a Competitive Advantage*, 4. ed. (Nova York: McGraw-Hill/Irwin, 2003), p. 149.

3. Aman Singh. "Podcasts Extend Recruiters' Reach", *The Wall Street Journal*, 24 abr. 2006, http://online.wsj.com.

4. Kris Maher. "Blogs Catch On as Online Tool for Job Seekers and Recruiters", *The Wall Street Journal*, 28 set. 2004, http://online.wsj.com.

5. Margarita Bauza. "A Change in Recruiting: The Long Interview", *Detroit Free Press*, 5 jun. 2006, extraído de Business & Company Resource Center, http://galenet.galegroup.com.

6. Donna Fenn. "Scour Power: Smart Recruiters Are Turning the Internet Inside Out in Search of Employees", *Inc.*, nov. 2000, www.inc.com.

7. "Best Practices: Hiring", *Inc.*, mar. 1994, p. 10.

8. Jim Romeo. "Answering the Call", *HRMagazine*, out. 2003, extraído de InfoTrac, http://web4.infotrac.galegroup.com.

9. John M. Ivancevich. *Human Resource Management*, 7. ed. (Nova York: Irwin/McGraw-Hill, 1998), p. 701.

10. Alison Overhoit. "Are You a Polyolefin Optimizer? Take This Quiz!" *Fast Company*, abr. 2004, extraído de InfoTrac, http://web4.infotrac.galegroup.com.

11. "Drug Testing: The Things People Will Do", *American Salesman*, mar. 2001, p. 20–24.

12. Rosemary Winters. "Some Companies Use Tests in Criteria for Personnel Decisions", *Salt Lake Tribune*, 14 nov. 2005, extraído de Business & Company Resource Center, http://galenet.galegroup.com.

13. Shirleen Holt. "Job Hunters, Simulate This", *Seattle Times*, 2 fev. 2005, extraído de Business & Company Resource Center, http://galenet.galegroup.com.

14. Erin White. "Employers Gauge Candidates' Skills at 'Real-World' Tasks", *The Wall Street Journal*, 16 jan. 2006, http://online.wsj.com.

15. Kari Haskell. "Liar, Liar, You're Not Hired: Even White Lies Hurt Job Hunters", *The New York Times*, 30 maio 2001, p. G1.

16. Gary Dessler. *Human Resource Management*, 8. ed. (Upper Saddle River, NJ: Prentice Hall, 2000), p. 173.

17. Ed Gubman. *The Engaging Leader: Winning with Today's Free Agent Workforce* (Chicago: Dearborn Trade Publishing, 2003), p. 54–55.

18. Dessler. *Human Resource Management*, p. 49–52.

19. Sue Shellenbarger. "Work and Family", *The Wall Street Journal*, 27 jan. 1999, p. B1.

20. Robert Rodriguez. "Diversity Finds Its Place", *HRMagazine*, ago. 2006, extraído de Business & Company Resource Center, http://galenet.galegroup.com.

21. Bruce Felton. "Technologies That Enable the Disabled", *The New York Times*, 14 set. 1997, p. B1.

22. Michelle Conlin. "The New Workforce", *BusinessWeek*, 20 mar. 2000, p. 64–68.

23. Equal Employment Opportunity Commission, "Questions and Answers about Persons with Intellectual Disabilities in the Workplace and the Americans with Disabilities Act", última modificação 20 out. 2004, www.eeoc.gov.

24. David Armstrong. "Building Bridges at Work", *San Francisco Chronicle*, 4 maio 2006, extraído de Business & Company Resource Center, http://galenet.galegroup.com.

25. Dawn D. Bennett-Alexander e Laura B. Pincus. *Employment Law for Business*, 2. ed. (Nova York: Irwin/McGraw-Hill, 1998), p. 558.

Capítulo 16

1. Tammy Galvin. "2003 Industry Report: Training Magazine's 22nd Annual Comprehensive Analysis of Employer-Sponsored Training in the United States", *Training*, out. 2003, extraído de InfoTrac, http://web1.infotrac.galegroup.com.

2. Rose A. Hazlett. "A Military Victory", *Minority Nurse*, www.minoritynurse.com, acesso em: 14 jun. 2006.

3. Erika Germer. "Not Just for Kicks", *Fast Company*, mar. 2001, p. 70.

4. Nancy S. Ahlrichs. *Manager of Choice: Five Competencies for Cultivating Top Talent* (Palo Alto, CA: Davies-Black Publishing, 2003), p. 139–41.

5. Jane Erwin e P. C. Douglas. "It's Not Difficult to Change Company Culture", *Supervision*, 1º nov. 2000, p. 6.

6. Diane Walter. "A View from the Floor", *Training*, jul. 2001, p. 76.

7. John S. McClenahen. "The Next Crisis: Too Few Workers", *Industry Week*, maio 2003, extraído de InfoTrac, http://web5.infotrac.galegroup.com.

8. Inúmeros desses aspectos são mencionados em Edward Shaw. "The Training-Waste Conspiracy", *Training*, abr. 1995; Tiffany Potter e Nancy Heineke. "Professional Training: Adult Learning Theory Meets GIS", *GEO World*, jul. 2006, extraído de Business & Company Resource Center, http://galenet.galegroup.com.

9. Karl Albrecht. "Take Time for Effective Learning", *Training*, jul. 2004; Holly Dolezalek. "Pretending to Learn", *Training*, jul.–ago. 2003, ambos extraídos de InfoTrac, http://web4.infotrac.galegroup.com.

10. Claudia Deutsch. "Five Questions for John F. Welch, Jr.", *The New York Times*, 18 mar. 2001, p. BU7.

11. "Training Best Practices 2006", *Training*, mar. 2006, extraído de Business & Company Resource Center, http://galenet.galegroup.com.

12. "High School Grads Find Apprenticeships Hot Ticket to Cool Careers and Big Bucks", *PR Newswire*, 11 jun. 2001.

13. Chris Koepfer. "Integrating Machining Centers into the Work Flow", *Production Machining*, ago. 2006, p. 34–38.

14. Emily Barker. "High-Test Education", *Inc.*, jul. 2001, p. 81–82.

15. Galvin. "2003 Industry Report".

16. Jack Gordon. "Movin' 'Em Up, through Effective Training", *Sales & Marketing Management*, jun. 2006, extraído de InfoTrac, http://web2.infotrac.galegroup.com.

17. Galvin. "2003 Industry Report".

18. Reena Jana. "On-the-Job Video Gaming", *BusinessWeek*, 27 mar. 2006, extraído de General Reference Center Gold, http://find.galegroup.com.

19. Galvin. "2003 Industry Report".

20. Veja, por exemplo, "Training Best Practices 2006".

21. Leigh Buchanan. "City Lights: In the Bank", *Inc.*, maio 2001, p. 68.

22. Jim Moshinskie. "Tips for Ensuring Effective E-Learning", *HR Focus*, ago. 2001, p. 6–7.

23. Cathy Olofson. "Play Hard, Think Big", *Fast Company*, jan. 2001, p. 64.

24. Anne Marie Borrego. "Using Mentors to Build Loyalty", *Inc.*, fev. 2000, p. 121.

25. Betsy Cummings. "Coaching Clinic", *Sales & Marketing Management*, dez. 2003, extraído de InfoTrac, http://web4.infotrac.galegroup.com.

26. Leon Rubis. "Mission Possible: Manager Training Helped Company Digest Big Bite", *HRMagazine*, 1º dez. 2000, p. 60–62.

Capítulo 17

1. Carla Johnson. "Employee, Sculpt Thyself… with a Little Help", *HRMagazine*, maio 2001, p. 60–64 (matéria complementar).

2. Ibid.

3. Carla Johnson. "Making Sure Employees Measure Up", *HRMagazine*, mar. 2001, p. 36–41.

4. Ibid.

5. Greg Levin. "Agent Development in Action!" *Call Center*, 1º jun. 2006, extraído de Business & Company Resource Center, http://galenet.galegroup.com.

6. Michael M. Grant. "Six Sigma for People? The Heart of Performance Management", *Human Resource Planning*, mar. 2006, extraído de Business & Company Resource Center, http://galenet.galegroup.com.

7. Lin Grensing-Pophal. "Motivate Managers to Review Performance", *HRMagazine*, mar. 2001, p. 44–48.

8. "Parallels between Performance Management Quality and Organizational Performance", *Supervision*, set. 2003, extraído de InfoTrac, http://web4.infotrac.galegroup.com.

9. Benjamin J. Romano. "Under Pressure, Microsoft Fights to Keep Its Workers", *Seattle Times*, 19 maio 2006; Larry Stewart. "Performance Measures Motivate Change", *Construction Equipment*, 1º jun. 2005, ambos extraídos de Business & Company Resource Center, http://galenet.galegroup.com.

10. "Parallels between Performance Management Quality and Organizational Performance".

11. Carol Hymowitz. "In the Lead: Ranking Systems Gain Popularity but Have Many Staffers Riled", *The Wall Street Journal*, 15 maio 2001, p. B1; Reed Abelson. "Companies Turn to Grades, and Employees Go to Court", *The New York Times*, 19 mar. 2001, p. A1; Matthew Boyle. "Performance Reviews: Perilous Curves Ahead", *Fortune*, 28 maio 2001, p. 187–88.

12. Paul Ridilla. "'That's Not My Job' Scorecard: Recognize Extra Effort by Your Employees or It Won't Continue", *Plumbing & Mechanical*, jul. 2004, extraído de Business & Company Resource Center, http://galenet.galegroup.com.

13. Bill Stoneman. "To Reduce Turnover, Turn the Teller into a Team Player", *American Banker*, 8 jul. 2003, extraído de Business & Company Resource Center, http://galenet.galegroup.com.

14. Dayton Fandray. "The New Thinking in Performance Appraisals", *Workforce*, maio 2001, p. 36–40.

15. "Parallels between Performance Management Quality and Organizational Performance".

16. Roger Seiler. "Getting Results with 360 Assessments: Continuous and Periodic Ratings by Superiors and Peers Helps Employees Grow in Their Positions", *Law Enforcement Technology*, set. 2005, extraído de Business & Company Resource Center, http://galenet.galegroup.com.

17. Alison Stein Wellner. "Everyone's a Critic", *BusinessWeek Small Biz*, abr. 2001, p. 18.

18. Julie Forster. "IKEA's Unusual Benefits, Attitude Scores Hit with Workers", *Knight Ridder/Tribune Business*

News, 14 jul. 2004, extraído de Business & Company Resource Center, http://galenet.galegroup.com.

19. Gary L. May e Lisa E. Gueldenzoph. "The Effect of Social Style on Peer Evaluation Ratings in Project Teams", *Journal of Business Communication* 43, n. 1 (jan. 2006), extraído de Business & Company Resource Center, http://galenet.galegroup.com.

20. Danee Attebury. "Mystery Shoppers Keep Employees on Their Toes", *Columbus (Ga.) Ledger-Enquirer*, 1º ago. 2006; Barry Himmel. "Customer Service Impact", *Rental Equipment Register*, 1º jan. 2006, ambos extraídos de Business & Company Resource Center, http://galenet.galegroup.com.

21. Julia Chang. "Feedback Needed", *Sales & Marketing Management*, fev. 2004, extraído de InfoTrac, http://web4.infotrac.galegroup.com.

22. Richard S. Allen e Ralph H. Kilmann. "Aligning Reward Practices in Support of Total Quality Management", *Business Horizons*, maio 2001, extraído de Business & Company Resource Center, http://galenet.galegroup.com.

23. R. Brayton Bowen. "Today's Workforce Requires New Age Currency", *HRMagazine*, mar. 2004, extraído de InfoTrac, http://web2.infotrac.galegroup.com.

Apêndice B

1. Bureau of Labor Statistics. "Workplace Injuries and Illnesses in 2002", notícia, 18 dez. 2003, www.bls.gov.

2. Ibid., Tabelas 1 e 4.

3. Christina LeBeau. "Breakway (A Special Report): Second Thoughts—Not Tough Enough? At Smaller Firms, Less OSHA Oversight and More Deaths and Injuries", *The Wall Street Journal*, 19 mar. 2001, p. 14 e posteriores.

4. Aerias. "Standards and Guidelines for Indoor Air Quality (IAQ)", 2001, www.aerias.org/c_doc_149.htm.

5. Gayle Hanson. "In-Flight Air Recycling Fouls Friendly Skies", *Insight on the News*, 17 fev. 1997, p. 18; Julie Flaherty. "Flight Attendants Demand Cleaner In-Flight Air", Reuters, 4 jan. 2001.

6. National Institute for Occupational Safety and Health. "About NIOSH", www.cdc.gov/niosh/about.html; extraído em 21 out. 2004.

7. "Worker Health Chartbook". *Professional Safety*, dez. 2000, p. 1.

8. "Watch Your Step: Workplace Injuries Cost a Bundle", *U.S. News & World Report*, 26 mar. 2001, p. 10.

9. Steven Greenhouse. "Hispanic Workers Die at a Higher Rate", *The New York Times*, 16 jul. 2001, p. A11.

10. "Safety on the Docks", *Warehousing Management*, jul. 2001, p. 33–37.

11. U.S. Department of Health and Human Services. "Preventing Disease and Death from Tobacco Use", Fact Sheet, 8 jan. 2001, www.hhs.gov, extraído em 20 set. 2001; U.S. Department of Health and Human Services. "New Surgeon General's Report Expands List of Diseases Caused by Smoking", notícia, 27 maio 2004, www.hhs.gov.

12. Centros de Prevenção e Controle de Doenças. "Secondhand Smoke", Fact Sheet, fev. 2004, www.cdc.gov/tobacco/factsheets/secondhand_smoke_factsheet.htm.

13. "State-Specific Prevalence of Current Cigarette Smoking among Adults and the Proportion of Adults Who Work in a Smoke-Free Environment, United States, 1999", *Journal of the American Medical Association*, 13 dez. 2000, p. 2865–66; Instituto Nacional do Câncer, Programa de Banco de Dados Legislativo Estadual de Câncer. "Clean Indoor Air", Fact Sheet, jan. 2002, www.scld-nci.net.

14. Veja, por exemplo, Oregon Occupational Safety and Health Division. *Evaluating Your Computer Workstation*, publicação n. 440-1863, fev. 2004, www.cbs.state.or.us; Lori Eig e Julie Landis. "MSDs and the Workplace", *Journal of Employee Assistance*, 3º trimestre 2004, p. 12–14.

15. Bureau of Labor Statistics. "Number of Nonfatal Occupational Injuries and Illnesses with Days Away from Work Involving Musculoskeletal Disorders by Selected Worker and Case Characteristics, 2002", Tabela 11, mar. 2004, www.bls.gov.

16. Robert J. Grossman. "Back with a Vengeance", *HRMagazine*, ago. 2001, p. 36–46.

17. Adrienne E. Eaton e Thomas Nocerino. "The Effectiveness of Health and Safety Committees: Results of a Survey of Public-Sector Workplaces", *Industrial Relations*, abr. 2000, p. 265 e posteriores.

18. Robert D. Ramsey. "Handling Hazards in the Workplace", *Supervision*, maio 2000, p. 6–8.

19. June Fabre. "Improve Patient Safety and Staff Retention by Mentoring Your Staff", *Healthcare Review*, 1º jul. 2003, extraído de Look Smart's FindArticles, www.findarticles.com.

20. Essas sugestões são trechos de Ramsey. "Handling Hazards in the Workplace".

21. U.S. Census Bureau. *Statistical Abstract of the United States: 2003* (Washington, DC, 2003), p. 431.

22. Bureau of Labor Statistics. "Work Stoppages Involving 1,000 or More Workers, 1947–2003", página Major Work Stoppages: Detailed Monthly Data, www.bls.gov, extraído em 25 out. 2004.

23. Margaret M. Clark. "Employers Fail to Give Required Notice in Majority of Mass Layoffs and Closures", *HRMagazine*, dez. 2003, extraído de Business & Company Resource Center, http://galenet.galegroup.com.

24. Veja Equal Employment Opportunity Commission. "Questions & Answers for Small Employers on Employer Liability for Harassment by Supervisors", 21 jun. 1999, www.eeoc.gov/policy/docs/harassment-facts.html.

25. Equal Employment Opportunity Commission. "Sexual Harassment Charges, EEOC & FEPAs Combined: FY 1992–FY 2003", 8 mar. 2004, www.eeoc.gov/stats/harass.html.

26. As precauções mencionadas nesse parágrafo são baseadas em Jonathan A. Segal. "Throw Supervisors a Lifeline and Save Yourself", *HRMagazine*, jun. 2003, extraído de InfoTrac, http://web2.infotrac.galegroup.com.

27. Jill Elswick. "FMLA Protects Seriously Ill Workers against Job Loss", *Employee Benefit News*, 1º ago. 2004, extraído de Business & Company Resource Center, http://galenet.galegroup.com; Burt Helm. "California Offers Paid Leave for All Workers", *Inc.*, out. 2004, extraído de InfoTrac, http://web2.infotrac.galegroup.com.

28. Michael Prince. "FMLA Hasn't Been Big Burden for Employers", *Business Insurance*, 29 set. 2003, extraído de Business & Company Resource Center, http://galenet.galegroup.com.

29. Linda Wasmer Andrews. "Aftershocks of War", *HRMagazine*, abr. 2004, extraído de InfoTrac, http://web2.infotrac.galegroup.com.

Glossário

ação antidiscriminatória Planos destinados a aumentar as oportunidades de grupos tradicionalmente discriminados. 425

administração de conflitos Reação aos problemas decorrentes de um conflito. 370

administração de tempo Prática de controlar a maneira como utiliza o tempo. 336

ageísmo Discriminação baseada na idade. 121

agenda Lista dos assuntos a serem abordados em uma reunião. 80

árvore de decisão Gráfico que ajuda o responsável pela decisão a usar a teoria da probabilidade, mostrando os valores esperados pelas decisões, em variadas circunstâncias. 233

assédio sexual Abordagem sexual indesejada, incluindo linguagem, comportamento ou exibição de imagens. 120

autoconceito A imagem que uma pessoa tem de si própria. 209

autoridade Direito de executar uma tarefa ou de dar ordens. 176

autoridade de assessoria Direito de aconselhar ou auxiliar aqueles com autoridade de linha. 176

autoridade de linha Direito de executar tarefas e dar ordens relacionadas à finalidade primária da organização. 176

autoridade funcional Direito concedido pela alta administração a um pessoal de assessoria específica para que esses possam dar ordens relacionadas à sua área de especialidade. 177

avaliação de desempenho Feedback formal sobre o desempenho de um funcionário no seu trabalho. 465

avaliação de incidentes críticos Avaliação de desempenho em que o supervisor mantém um registro escrito dos incidentes que mostram ações positivas ou negativas do funcionário; o supervisor usa esse registro para avaliar o desempenho do funcionário. 474

avaliação por pares Avaliação de desempenho feita por colegas do funcionário. 476

benchmarking **(análise de desempenho)** Identificação do melhor desempenho em um processo com o objetivo de aprender e implementar as práticas de mais alto desempenho. 40

biofeedback Tomar consciência das funções corporais visando controlá-las. 352

brainstorming Processo de geração de idéias em que os componentes do grupo expressam suas idéias, um dos integrantes as registra e ninguém pode comentar sobre elas até o final do processo. 237

cadeia de comando Fluxo de autoridade de uma organização de um nível da gestão ao seguinte. 181

coaching Aconselhar e instruir os funcionários em como executar o trabalho de forma a cumprir as metas de desempenho. 454

código de ética Documento formal de uma organização, descrevendo os valores e as normas de comportamento ético. 97

coesão Grau de união dos membros do grupo. 71

comissões Pagamento vinculado ao montante de vendas concretizadas. 293

Comissão para a Promoção de Oportunidades Iguais de Emprego (Equal Employment Opportunity Comission – EEOC) Órgão do governo federal norte-americano responsável pelo cumprimento do Título VII da Lei dos Direitos Civis. 422

comportamento digressivo Tática de adiar ou evitar o trabalho. 51

comunicação Processo pelo qual as pessoas enviam e recebem informações. 249

comunicação ascendente Comunicação organizacional em que a mensagem é enviada a alguém de nível hierárquico superior. 269

comunicação descendente Comunicação organizacional em que a mensagem é enviada a alguém de nível hierárquico inferior. 269

comunicação formal Comunicação organizacional relacionada ao trabalho e que segue as linhas do organograma. 271

comunicação informal Comunicação organizacional voltada a atender as necessidades e os interesses individuais, e que não necessariamente segue as linhas formais de comunicação. 271

comunicação lateral Comunicação organizacional em que a mensagem é enviada a alguém do mesmo nível hierárquico. 271

conflito Dificuldade decorrente de necessidades, sentimentos, pensamentos ou demandas incompatíveis ou contraditórias de uma ou mais pessoas. 366

conflito de papéis Situação em que uma pessoa possui dois papéis diferentes, que exigem tipos de comportamento conflitantes. 69

controle Acompanhar o desempenho e realizar os ajustes necessários. 10 Função da gestão que garante a execução do trabalho de acordo com o planejado. 150

controle de qualidade Esforços de uma organização para prevenir ou corrigir os defeitos nas mercadorias ou nos serviços, ou para melhorá-los de alguma forma. 31

controle de qualidade do produto Controle de qualidade que se concentra em métodos para melhorar o produto em si. 32

controle do processo Controle de qualidade que enfatiza como executar as atividades de modo a melhorar a qualidade. 32

controle estatístico da qualidade Procura de defeitos em peças ou produtos acabados selecionados por meio de uma técnica de amostragem. 33

controle estatístico de processo (CEP) Técnica de controle da qualidade que utiliza a estatística para monitorar a qualidade da produção em base contínua e efetuar correções sempre que os resultados mostrarem o processo fora de controle. 34

controle por *feedback* Controle baseado no desempenho já ocorrido. 156

controle prévio Esforços para evitar algum comportamento que possa produzir resultados indesejados. 156

controle simultâneo Controle feito durante a realização do trabalho. 156

criatividade Capacidade de criar algo produtivo ou novo. 238

cultura corporativa Crenças e normas que regem o comportamento organizacional de uma empresa. 116

decisão Uma opção escolhida entre as alternativas existentes. 222

dedução Conclusão baseada nos fatos disponíveis. 259

delator de práticas inadequadas Pessoa que expõe a violação da ética ou da lei. 103

delegação Conceder à outra pessoa a autoridade e responsabilidade para realizar uma tarefa. 183

demissão Dispensa de um funcionário do seu emprego. 320

departamentalização Formação dos departamentos de uma organização. 171

departamento Grupo exclusivo de recursos designado pela alta administração para executar uma tarefa específica. 171

descrição do cargo Lista das características de um cargo, incluindo o título da posição, as responsabilidades envolvidas e as condições de trabalho. 406

desenvolvimento de equipe Desenvolver a capacidade dos membros da equipe de trabalhar juntos para atingir objetivos em comum. 77

despesas indiretas Despesas indiretas são despesas não diretamente relacionadas à produção de mercadorias e serviços; tais como aluguel, luz, água e folha de pagamento. 50

diagrama de Gantt Ferramenta de programação que lista as atividades a serem completadas e que utiliza barras horizontais para representar graficamente o tempo gasto na atividade, incluindo as datas de início e término das tarefas. 146

disciplina Medida adotada pelo supervisor para evitar que o funcionário viole as regras. 318

disciplina positiva Medida disciplinar destinada a evitar o surgimento de qualquer comportamento inadequado. 323

discriminação Tratamento injusto ou desigual baseado no preconceito. 117

dissimulação Administrar um conflito fingindo que ele não existe. 371

diversidade Características dos indivíduos que moldam a sua identidade e as suas experiências vivenciadas em sociedade. 113

dramatização Método de treinamento em que são atribuídos papéis aos participantes, para que encenem como enfrentariam uma situação específica. 453

efeito halo Prática de formar uma opinião geral com base em alguma característica extraordinária. 419

efeito Pigmalião Relação direta entre expectativas e desempenho; altas expectativas levam a altos desempenhos. 297

***empowerment* (atribuição de poder)** Delegação de ampla autoridade e responsabilidade para tomar decisões. 184

enriquecimento horizontal do cargo Esforço para tornar um cargo mais interessante, acrescentando mais funções. 296

enriquecimento vertical do cargo Incorporação de fatores motivacionais em um cargo, mais especificamente, concedendo ao funcionário mais responsabilidade e reconhecimento. 296

entrevista estruturada Entrevista baseada em perguntas preparadas antecipadamente pelo entrevistador. 416

entrevista não estruturada Entrevista em que o entrevistador não usa uma lista de perguntas previamente preparadas, mas pergunta com base nas respostas do candidato. 418

equipe Grupo pequeno, cujos membros compartilham metas, compromisso e responsabilidade em busca de resultados. 73

equipes de envolvimento de funcionários Equipes de funcionários que planejam formas de melhorar a qualidade nas áreas em que atuam na organização. 35

equipes de trabalho autogeridas Grupos de cinco a quinze membros que trabalham juntos para produzir um produto inteiro. 74

escala de classificação do comportamento (ECC) Avaliação de desempenho em que o funcionário é avaliado em escalas contendo afirmações que descrevem o desempenho em diversos aspectos. 474

escala de classificação gráfica Avaliação de desempenho que examina o nível do funcionário em várias características. 471

escuta ativa   Ouvir o que o interlocutor está dizendo, procurar entender os fatos e os sentimentos que ele está tentando transmitir e expressar o que foi entendido da mensagem. 254

esfera de controle   Número de pessoas supervisionadas por um gestor. 181

esgotamento   Incapacidade de atuar bem em conseqüência do estresse contínuo. 349

especificação do cargo   Lista das características desejáveis da pessoa que ocupa determinado cargo, incluindo histórico profissional e educacional, características físicas e qualidades pessoais. 407

estereótipos   Imagens generalizadas ou fixas a respeito dos outros. 118 Opiniões rígidas sobre um grupo de pessoas. 227

estresse   Reação do corpo para lidar com as demandas ambientais. 345

estrutura orgânica   Estrutura organizacional em que as fronteiras entre os trabalhos mudam continuamente e as pessoas atuam em qualquer área que necessite de suas contribuições. 174

ética   Princípios pelos quais as pessoas distinguem o que é moralmente correto. 93

feedback   O modo como o receptor de uma mensagem reage ou deixa de reagir à mensagem. 250

feedback de 360 graus   Avaliação de desempenho que combina análises de diversas fontes. 476

frustração   Derrota no esforço de atingir as metas desejadas. 367

gestão da qualidade total (GQT)   Enfoque de âmbito organizacional buscando a satisfação dos clientes, melhorando continuamente cada etapa na produção de mercadorias e serviços. 37

gestão por objetivos (GPO)   Sistema formal de planejamento em que gestores e funcionários de todos os níveis definem os objetivos para suas próprias realizações; assim, o desempenho de cada um é medido de acordo com esses objetivos. 142

grupo   Duas ou mais pessoas que interagem umas com as outras, têm ciência umas das outras, e pensam em si como uma unidade. 63

grupos de tarefa   Grupos formados para executar uma atividade específica e, depois de concluída, são dissolvidos. 65

grupos formais   Grupos estabelecidos pela direção da empresa para cumprir os objetivos organizacionais. 65

grupos funcionais   Grupos que satisfazem as necessidades da organização, executando uma função específica. 65

grupos informais   Grupos formados por indivíduos de uma organização quando desenvolvem relacionamentos para atender a necessidades pessoais. 65

habilidades conceituais   Capacidade de entender a relação das partes com o todo e entre si. 5

habilidades em relações humanas   Capacidade de trabalhar bem com outros funcionários. 4

habilidades na tomada de decisões   Capacidade de analisar as informações e tomar boas decisões. 5

habilidades técnicas   Conhecimento especializado e perícia utilizados para executar determinadas técnicas ou procedimentos. 4

homogeneidade   Grau de semelhança entre os membros de um grupo. 72

horário flexível   Política que concede a alguns funcionários certa liberdade para escolher os dias da semana em que pretendem trabalhar oito horas ou como cumprir as 40 horas de trabalho semanais. 286

incentivos financeiros   Pagamento pelo cumprimento ou pela superação dos objetivos. 292

insubordinação   Recusa deliberada a executar o que o supervisor ou outro superior pede. 311

ISO 9000   Série de padrões adotados pela Organização Internacional para Padronização com o objetivo de estabelecer critérios aceitáveis para sistemas de qualidade. 39

licença para tomar uma decisão   Um dia de licença para o funcionário problemático decidir se retorna ao trabalho e cumpre os padrões exigidos pela empresa ou permanece afastado. 323

liderança   Influenciar pessoas para agir (ou não agir) de certa maneira. 10 Influenciar pessoas para agir (ou não agir) de certa maneira. 195

liderança autoritária   Estilo de liderança em que o líder retém muita autoridade. 198

liderança democrática   Estilo de liderança em que o líder permite a participação dos subordinados na tomada de decisões e na solução de problemas. 198

liderança *laissez-faire*   Estilo de liderança em que o líder não intervém e permite que os subordinados conduzam a si próprios. 198

locus de controle interno   Crença de que a pessoa seja a causa primária de tudo o que acontece a si mesma. 197

manual do funcionário   Documento que descreve as condições de emprego, as políticas relacionadas aos funcionários, os procedimentos administrativos e os assuntos relacionados à organização. 442

mensagem não-verbal   Mensagem transmitida sem usar palavras. 262

mensagem verbal   Mensagem constituída de palavras. 262

mentoring   Orientação, aconselhamento e incentivo por meio de uma relação profissional contínua e individualizada. 454

metas   Os objetivos, muitas vezes aqueles com enfoque mais abrangente. 137

método de comparação aos pares   Avaliação que mede o desempenho dos funcionários em relação ao grupo. 471

método de escolha forçada Avaliação de desempenho que apresenta ao avaliador conjuntos de descrições do comportamento dos funcionários; o avaliador deve escolher a descrição que melhor caracteriza o funcionário. 473

método de norma de trabalho Avaliação em que o avaliador compara o desempenho de um funcionário com medidas objetivas do que ele deve produzir. 475

modificação do comportamento Aplicação da teoria do reforço para motivar as pessoas a se comportarem de determinado modo. 290

motivação Prática de incentivar as pessoas para que elas atuem do modo desejado. 283

multimídia interativa Programa de computador que reúne som, vídeo, gráficos, animação e texto, e ajusta o conteúdo de acordo com as respostas do usuário. 451

nepotismo Contratação de parentes. 101

normas Instruções específicas sobre o que fazer ou não fazer em determinada situação. 141

normas Padrões de comportamento apropriado ou aceitável do grupo. 69

objetivos As realizações desejadas pela organização como um todo ou de parte dela. 137

orçamento Plano especificando como gastar o dinheiro. 145

organização Estabelecer o grupo, alocar os recursos e designar o trabalho para atingir as metas. 9 e 169

organizações em rede Organizações que mantêm a flexibilidade, mantendo uma estrutura pequena, e firmando acordos com outras pessoas físicas e jurídicas conforme o necessário para concluir projetos. 174

orientação dirigida Método de orientação em que o supervisor questiona o funcionário sobre algum problema específico; quando o supervisor entende o problema, sugere maneiras de enfrentá-lo. 316

orientação não dirigida Método de orientação em que o supervisor, basicamente, escuta e incentiva o funcionário a procurar a origem do problema e a propor as soluções possíveis. 317

orientação Processo de entender o comportamento impróprio de um indivíduo e ajudá-lo a resolver o problema. 315 Processo de fornecer aos novos funcionários as informações necessárias para que ele possa começar a trabalhar com certo conforto, de forma efetiva e eficiente. 439

padrões Medidas do que se espera. 150

papéis Padrões de comportamento relacionados às posições dos funcionários em um grupo. 68

participação nos ganhos Plano de incentivo coletivo em que a organização incentiva os funcionários a participarem, dando sugestões e tomando decisões, e, assim, recompensa o grupo com uma parcela do aumento da receita. 295

pensamento coletivo O fracasso em raciocinar de forma independente e realista, estando em um grupo, por causa do desejo de desfrutar do consenso. 235

percepção O modo como as pessoas vêem e interpretam a realidade. 260

perfeccionismo Tentativa de realizar as atividades com perfeição. 343

pergunta aberta Pergunta que permite ao entrevistado amplo controle da resposta. 418

pergunta fechada Pergunta que exige uma resposta simples, por exemplo, um sim ou um não. 418

período de recuperação do investimento Tempo que se leva para os benefícios gerados por um investimento (por exemplo, economia de custos com o maquinário) compensar o seu gasto. 53

personalidade do tipo A Padrão de comportamento que envolve a constante tentativa de realizar muito e às pressas. 347

personalidade do tipo B Padrão de comportamento voltado a uma atitude de vida relaxada, porém ativa. 347

planejamento Definir metas e determinar como cumpri-las. 136 Definir metas e determinar como cumpri-las. 8

planejamento contingencial Planejamento que especifica o que fazer se os planos originais não funcionarem. 146

planejamento estratégico Elaboração de metas de longo prazo para a organização como um todo. 137

planejamento operacional Desenvolvimento de objetivos especificando como as divisões, os departamentos e os grupos de trabalho apoiarão as metas organizacionais. 138

plano de ação Plano especificando a maneira de atingir um objetivo. 141

plano de divisão de lucros Plano de incentivo coletivo no qual a companhia separa uma parcela de seus lucros e a divide entre os funcionários. 294

plano de incentivo coletivo Plano de incentivo financeiro que recompensa uma equipe de trabalhadores por cumprir ou superar algum objetivo. 294

poder Capacidade de fazer os outros agirem de determinada forma. 177 Capacidade de influenciar o comportamento das pessoas. 383

poder da posição Poder proveniente da função formal de uma pessoa dentro da organização. 383

poder pessoal Poder proveniente das características individuais de cada pessoa. 383

políticas Diretrizes abrangentes de como agir. 140

políticas organizacionais Atos intencionais de influência para aprimorar ou proteger o interesse próprio de pessoas ou grupos. 382

preconceito Julgamento preconcebido sobre uma pessoa ou um grupo de pessoas. 117 Conclusões negativas sobre alguma categoria de pessoas baseadas em estereótipos. 261

Prêmio de Qualidade Nacional Malcolm Baldrige Prêmio anual administrado pelo Departamento de Comércio Norte-Americano e concedido à companhia que mostrar o desempenho de mais alta qualidade em sete categorias. 39

princípio da exceção Princípio de controle que estabelece que um supervisor deve tomar providências quando a variação for significativa. 154

princípio da paridade Princípio de que os funcionários que aceitam uma responsabilidade devem também ter autoridade suficiente para cumpri-la. 180

problema Fator dentro da organização que se torna uma barreira contra as melhorias. 154

procedimentos Etapas a serem cumpridas para atingir uma finalidade específica. 140

procrastinação Adiar o que precisa ser feito. 343

produtividade Montante de produtos (resultados) que a organização obtém com uma determinada quantidade de recursos. 29

programação Definição de um cronograma preciso para a conclusão do trabalho. 146

programa de aprendiz Treinamento em que o aprendiz trabalha com uma pessoa experiente, que lhe mostra como executar as várias tarefas envolvidas no cargo ou no negócio. 449

programa de assistência ao empregado (PAE) Programa estabelecido pela empresa para oferecer orientação e ajuda a funcionários cujos problemas pessoais estejam prejudicando o seu desempenho no ambiente de trabalho. 326

programa de medicina preventiva Atividades organizacionais que visam ajudar o funcionário a adotar práticas de vida saudável. 355

programa zero defeito Técnica de controle de qualidade baseada na visão de que todos da organização devem trabalhar visando atingir a meta de produzir com alta qualidade, de modo que nenhum dos aspectos das mercadorias e dos serviços da organização apresentem qualquer problema. 35

punição Conseqüência desagradável em resposta a um comportamento indesejável. 290

qualificação ocupacional de boa fé (BFOQ) Característica objetiva exigida de um indivíduo para desempenhar adequadamente uma função. 124

racionalidade limitada Escolher uma alternativa que atenda os padrões mínimos de aceitabilidade. 225

rádio peão Recurso utilizado pela comunicação informal. 272

rebaixamento Transferência de um funcionário para um cargo de menor responsabilidade e geralmente de menor salário. 320

recrutamento Processo de identificação de pessoas interessadas em determinada posição ou em trabalhar na organização. 408

reforço Conseqüência desejada ou eliminação de uma conseqüência negativa, qualquer uma em resposta a um comportamento desejável. 290 Encorajamento de um comportamento, associando-o a uma recompensa. 154

registro de tempo Registro das atividades da pessoa, de hora em hora, durante todo o dia. 336

relatório de desempenho Resumo do desempenho e comparação com os padrões estabelecidos. 157

resolução do conflito Administrar um conflito através do confronto ou solução do problema. 372

responsabilidade Obrigação de desempenhar as atividades atribuídas. 178

responsabilização Prática de aplicar penalidades por não cumprir de forma adequada as responsabilidades e de conceder recompensas por cumpri-las. 13

rodízio de funções Troca de funcionários entre uma função e outra, oferecendo-lhes mais variedade. 296

rotatividade Índice de saída dos trabalhadores da organização. 54

ruído Algo que distorce a mensagem, interferindo no processo de comunicação. 250

Seis Sigma Método de controle de qualidade destinado a processos no sentido de melhorar o produto ou a oferta de serviços tornando-os 99,97% perfeitos. 36

seleção Identificar, contratar e desenvolver a qualidade e o número necessário de funcionários. 9

sexismo Discriminação baseada em estereótipos de gênero. 119

síndrome da recenticidade Tendência a lembrar mais facilmente dos acontecimentos ocorridos recentemente. 227

sintoma Indicativo de existência de um problema subjacente. 154

sistema de remuneração por unidade produzida Pagamento de acordo com a quantidade produzida. 293

software de apoio à tomada de decisão Programa de computador que conduz o usuário pelas etapas do processo decisório. 234

solução conciliatória Estabelecimento de uma solução que proporcione a cada pessoa parte daquilo que deseja; ninguém consegue tudo, e ninguém perde tudo. 371

status Posição de um membro do grupo em relação aos demais. 70

supervisor Gestor no primeiro nível de gestão. 3

suspensão O funcionário fica impedido de comparecer ao trabalho por um período determinado pelo qual ele não é pago. 319

taxa média de retorno (TMR) Porcentagem que representa os ganhos médios anuais por dólar de um determinado investimento. 53

técnica de avaliação e revisão de projetos (PERT) Ferramenta de programação que identifica as relações entre as tarefas e o tempo gasto em cada tarefa. 147

tempo ocioso, ou tempo de paralisação Tempo durante o qual os funcionários ou as máquinas não estão produzindo mercadorias, nem serviços. 51

tendência ao centro Tendência em atribuir ao funcionário uma pontuação posicionada no meio da escala. 487

teoria da probabilidade Conjunto de técnicas para comparar as conseqüências das decisões possíveis em uma situação de risco. 232

Teoria X Conjunto de atitudes de gestão baseado na visão de que as pessoas não gostam de trabalhar e devem ser forçadas a isso. 199

Teoria Y Conjunto de atitudes de gestão baseado na visão de que o trabalho é uma atividade natural e que as pessoas trabalham com empenho e criatividade para atingir os objetivos com os quais estão comprometidas. 199

Teoria Z Conjunto de atitudes de gestão que enfatiza a participação dos funcionários em todos os aspectos da tomada de decisão. 201

teste de aptidão Teste que mede a capacidade do candidato em aprender as aptidões relacionadas ao trabalho. 419

teste de proficiência Teste que avalia se o candidato possui as qualificações necessárias para desempenhar a função. 419

teste psicomotor Teste que mede a força, destreza e coordenação do candidato. 419

trabalho compartilhado Acordo no qual dois funcionários que trabalham em meio expediente compartilham as responsabilidades de uma posição de período integral. 286

treinamento Aperfeiçoamento das habilidades que permitem aos funcionários cumprir melhor as metas da organização. 437

treinamento cruzado Treinamento nas habilidades necessárias para executar mais de uma função. 296

treinamento prático O instrutor ensina a tarefa ao funcionário no próprio trabalho. 449

treinamento simulado Treinamento feito em equipamentos instalados em área especial, fora do ambiente real de trabalho. 450

unidade de comando Princípio de que cada funcionário deve ter apenas um supervisor. 180

valor Importância atribuída pelo cliente ao conjunto total de mercadorias e serviços em comparação ao seu custo. 40

variação Tamanho da diferença entre o desempenho real e o padrão estabelecido. 153

viés da austeridade Avaliação do funcionário com mais rigor do que o seu desempenho merece. 478

viés da condescendência Avaliação do funcionário de forma mais favorável do que o seu desempenho merece. 478

viés da proximidade Tendência de atribuir pontuação similar nos itens próximos uns dos outros no questionário. 479

viés da similaridade Tendência de julgar os outros de forma mais positiva quando eles se parecem conosco. 479

Índice Remissivo

3M Corporation, 48

Abbott Laboratories, 186
Abordagem STAR, 523
Abraham Maslow, 284–285
Abraham Wassad, 226–227
Abraham Zaleznik, 400
Absenteísmo e atraso, 54, 310–311
Absenteísmo, 367, 346, 497
Ação antidiscriminatória, 422-423, 428
Accenture, 451–452
Accountemps, 268
Accurate Gauge and Manufacturing, 32–33
Aceitabilidade, 160
Acordo coletivo, 508–509
Adam Agard, 411
Adam Bryant, 216
Adam Wiltsie, 450
Administração de tempo, 53, 336–345
    administração de estresse e, 352
    controlando os fatores de desperdício de tempo, 339
    definição, 336
    delegação e, 185
    entendendo como o supervisor utiliza o tempo, 336–337
    planejamento e, 143, 338–339
Administração do estresse organizacional, 352–353
Administração do estresse, 345, 349–354, 352–356
    causas do estresse, 352–355
    conseqüências do estresse, 348, 358
    definição do estresse, 336
    deslocamento de ida e volta do trabalho e, 354
    estabelecendo limites e, 344
    ética, 353, 354
    organizacional, 352–355
    pessoal, 349
    riscos à saúde, 496
    tipos de personalidade e, 356–357
Adrian DeVore, 182
Advanced Tent Rental, 178
Advertência, 319
Aeroporto internacional de O'Hare, 449
Ageísmo, 121–122
Agência Federal de Aviação, 122
Agências de emprego, 408
Agenda oculta, 379–380
Agenda, 80–83, 85
Agilent Technologies, 177
AIDS (síndrome da imunodeficiência adquirida), 502
AirTran Airways, 355
Aisha Mootry, 63
Al Aurilio, 7
Al Trejo, 260–261
Alan Hedge, 502

Alan Hirsch, 293
Albert Mehrabian,, 263
Alex Gordon, 297
Aliança Nacional dos Fumantes, 493
Alianças, 174–175
Alice H. Eagly, 204
Alice Privett,, 354–355
Alocando recursos, 144–145
Alpine Industries, 265
Alton Sturtevant,, 309
Amanda S. Kodz, 405
Ambiente de trabalho orientado aos resultados - (ROWE do inglês, Results-Oriented Work Environment), 365, 390
Ambiente propício ao aprendizado, 448
Ambientes de trabalho favoráveis à fé, 368
Ambigüidade, 204
American Airlines, 149
American Express, 369, 396
American Institute of Stress, 346
American Management Association, 49
American Marketing Association, 525
American Medical Association, 500
Amgen, 464
Amy Joyce, 492
Analfabetismo, 269
Análise de desempenho (*Benchmarking*), 40
Análise de desempenho. *Ver* Avaliação de desempenho
Andy Pasztor, 104
Andy Pearson, 291
Angela Molis, 269
Angelo Kinicki, 393
Ann Adams McCanse, 200
Ann McNally, 154
Ann Pomeroy, 70
Ann Zimmerman, 131
Anne Mulcahy, 28
Anthony Beatty, Anthony, 335
Anthony P. Carnevale, 433
Anthony Raia, 394
Anthony Topazi, 335
Anúncios classificados, 520
Aon Consulting, 345
Apache Stoneworks, 135, 163
Aprendizado à distância, 451
Aprendizado eletrônico, 451, 452
Apresentação de vídeos, 446
Archer-Daniels-Midland, 119
Área de concentração, 462
Arthur Little, 18
Arturo Castro, 205
ArvinMeritor, 55
Árvore de decisão, 232–233
Assédio sexual, 120–121, 512–513, 515
    socialização, 387
    treinamento e, 438, 439, 444
Assédio, 511, 515. *Ver também* Assédio sexual

Associação de comissário de bordo, 216
Associated Supply Company, 237
Associates First Capital, 263
Atendentes de telemarketing, 414
Atitude positiva, 16
Atitudes e habilidades dos funcionários, 44–45
Atividades relativas à tarefa, 5
Atividades relativas às pessoas, 5
Atraso/absenteísmo. *Ver* Absenteísmo/atraso
Atribuição de poder, 176, 184
Auto-avaliação, 476, 477
Autoconceito, 209
Autoconcretizar profecias de fracasso, 480
Autoconfiança, 197
Autodisciplina, 323–324
Auto-estima, 353
AutoNation, 177
Autoridade centralizada e descentralizada, 177
Autoridade de assessoria, 176–176
Autoridade de linha, 176
Autoridade funcional, 177
Autoridade, 12, 180–181
    cadeia de comando e, 182
    delegação, 190
    liderança, 202
    poder da posição, 202
    princípio da paridade, 180
Avaliação de desempenho, 322, 464–468, 487
    abordagem sistemática de, 467–468
    causas de distorções, 478–479
    definir, 467
    entrevista e, 481–482
    objetivos da, 465–466
    tipos de, 471–478
    treinamento e, 447
Avaliação de incidentes críticos, 474–475
Avaliação descritiva, 473
Avaliação do treinamento, 447, 456–457
Avaliação feita por subordinados, 478
Avaliação por lista de verificação do desempenho, 474, 475
Avaliação por pares, 476–478
Avaliação, desempenho. *Ver* Avaliação de desempenho
Avon, 396

B. F. Skinner, 290–291
B. T. Mayes, 396
Bain & Company, 409
Banco Central Norte-Americano em Dallas, 55
Bank of America (BofA), 37, 114
Bank of Newport, 296, 475
Baptist Hospital Inc. (BHI), 41
Barbara Davison, 182
Bárbara Filner, 391
Barbara Ley Toffler, 93
Barnes Federal Building, 114

Barry Gerhart, 407
Barry Nalebuff, 226
Baruch Schieber, 75
Belgrade TrueValue, 441
Ben Olson, 480–481
Ben Swett, 266
Berthenia A. Harmon, 456
Bertucci's Brick Oven Ristorante, 424
Best Buy, 365, 366, 390
Bic Corporation, 48–49
Bike Shop, 169, 191
Bilhete de agradecimento, 523
Bill Alleyne, 65
Bill Gray, 216
Bill Ransom, 469–470
Bill Stoneman, 296
Bill Zollars, 248, 264
Biofeedback, 352
BlackBerry, 42
Blogs, 409
Blue Cross and Blue Shield, 283, 376
Bob Nelson, 244
Bob Trebilcock, 270
Bode expiatório, 397
Boeing, 95, 104, 195
Boston Goodwill, 113
Boston Red Sox, 199
Brad Alty, 18
Brad Lee Thompson, 176
Brainstorm, 237-238
Brandi Britton, 16
Brandon Moreno, 391
Brax Wright, 237
Bray J. Brockbank, 452
Brayton Bowen, 483
Brea Embassy Suites, 286
Breathe, 339
Brian Grow, 7, 114
Brian Howenstine, 441
Bridgeport Machines, 175
Bridgestone, 107
Bristol-Myers Squibb Company, 153-154
Bruce Frazzoli, 140
Bruster's Real Ice Cream, 478
Burt Hoefs, 414
Busca de emprego, 515–519
BusinessWeek, 299

C. Chang, 507
C. Sorrentino, 507
C.R. Bard, 253
Cadeia de comando, 181
Calendário do Microsoft Works, 338
Cali Ressler, 365
Calvert Funds, 95
Caminho crítico, 148
Capital One, 414
características do líder de sucesso, 196–197
    definindo, 196
    diversidade, 205
    estilos de, 197–206
    orientando, 207–208
    relações humanas, 208–210, 218
Caras, Harvey, 87
Caráter, 210

Cardinal Health, 139
Careerbuilder.com, 517, 520
Carivaldi Santos, 424
Carl Jung, 356
Carl Metzgar, 11
Carl R. Rogers, 254–255
Carl Robinson, 373
Carl Sandburg, 334
Carley Roney, 168, 178
Carlos M.Gutierrez, 194
Carnegie Council dos Estados Unidos, 98
Carol Booz, 468
Carol Hadden, 431
Carreira, 515–526
    contratação, 524–525
    definindo a meta profissional, 515–517
    desenvolvimento, 525–526
    fontes de, 525
    inventário de habilidades para a, 516–517, 526
    perfil de personalidade para, 515-517, 522, 524, 526
    princípios básicos da entrevista, 521–522
Carta de apresentação, 518
Cartaz de segurança e saúde, 504–505
Cartazes, 268
Casos de Solução de Problemas
    Caso de solução de problemas e Conferência da Costa Atlântica (ACC), 21–22
    disciplina, 331
    mensagem de correio eletrônico, 276–277
    motivando os funcionários, 304–305
    processo de resolução, 87–88
    sobre administração de estresse, 361
    sobre avaliação de desempenho, 483–485
    sobre diversidade, 128–129
    sobre ética, 102
    sobre gestão por objetivos (GPO), 161–164
    sobre liderança, 215
    sobre organização, 191–193
    sobre qualidade/produtividade, 59
    sobre resolução de conflitos, 391
    sobre seleção de funcionários, 430–431
    sobre tomada de decisão em grupo, 234–236
    sobre treinamento, 461–462
Casos. *Ver* Casos de Solução de Problemas; Casos de Vídeo
Cassondra Kirby, 331
Catalyst, 123–124
Caterpillar, 378
Celia Talavera,, 292
Center for Elimination of Violence in Family Inc., 313
Center for Ethics and Business da Loyola Marymount University, 102
Centrais de atendimento, 228, 283, 461–462, 467
Centrais de atendimentos de emergência, 221, 243
Central de atendimento de chamadas de emergência de Oklahoma City, 221
Central de Serviços de Carga, 499
Centro Bancário Norte-Americano-Asiático, 114
Centro de Estudo da Ética nas Profissões do Illinois Institute of Technology, 109
Centro de Fé e Cultura (Escola de Teologia de Yale), 368

Centro de Prevenção e Controle de Doenças, 497
Centros de colocação de faculdades, 519
Cerner Corp., 250-251, 266
Chanthika Pornpitakpan, 260
Charles Fishman, 74
Charles J. Bradshaw, 395–396
Charles Jeffress, 495
Charles Schwab, 426
Charlie Sentell, 335
Charlotte Muniz 221
CheckFree, 63, 87
Cheesecake Factory, 437, 461
Chemtura, 82
Cherry, Michael, 445
Choque cultural, 44–45
Chris Ball, 466
Chris Harmon, 426
Chris Poole, 175
Chris Womack, 273
Christian Kar, 450
Christine Kwapnoski, , 130
Christopher S. Frings, 309
Chrysler Group, 420
Chubb Corporation, 288
Chuck Salter, 50
Cisco Systems, 177, 473
Citibank, 180
Citicorp, 201
Citigroup, 200, 263
CleanAirGardening.com, 183
Clientes misteriosos, 475, 477–478
Clougherty, John, 21–22
Coaching, 14, 196, 454–455, 466
    avaliação de desempenho e, 467, 468, 479, 481, 482–485
Coalizões, 395–397
Coca-Cola Company, 313
Coca-Cola, 99
Cockerell, Lee, 206
Coesão, 71
Cold Stone Creamery, 405, 430, 451, 452
Coleman Consulting Group, 272
Colin Powell, 351
CollegeGrad.com, 526
Columbia University, 385
Coluna Shark Tank (revista *Computerworld*), 176
Comissão de credenciamento das organizações de manutenção da saúde, 465
Comissão de Oportunidades Iguais de Emprego (EEOC), 120, 127–128, 422
    avaliação de desempenho, 470, 481
Comissões, 293–294
Comitê de Salvamento Internacional, 7
Comitê Nacional de Relações Trabalhistas (NLRB), 78
Commerce Bank, 234
Communities of Oakwood, 322
Companhia siderúrgica Dofasco, 13
Competição, 212
Comportamento digressivo, 51
Computadores. *Ver também* Correio eletrônico; Internet; Technology
    administração de tempo e, 336–337
    avaliação de desempenho, 464–467, 469–471
    busca de emprego e, 519, 520-521, 525
    controle e, 10

Eureka banco de dados eletrônico, 249
gráficos de, 270
planejamento e, 9, 137, 141
processo de seleção de funcionários, 411
produtividade e, 48–49
programa de gerenciamento do desempenho para centrais de atendimento ao cliente, 235
programa de monitoramento, 313
programação e, 145
segurança e saúde no trabalho, 494–495
software de apoio à tomada de decisão, 234
treinamento e instrução informatizada, 448–450
Comunicação ascendente, 269–271
Comunicação descendente, 269, 271, 274
Comunicação escrita, 264–265, 267
Comunicação formal e informal, 271, 274
Comunicação formal/informal, 271, 274
Comunicação intercultural, 255–256
Comunicação lateral, 271
Comunicação oral, 264, 267–268
Comunicação, 17, 251–252
  administração de estresse, 352
  barreiras contra a, 257–258
  como funciona a comunicação, 250–251
  com os gestores, 211
  comunicação nas organizações, 269
  definir, 270
  diversidade e, 123–124
  eficaz, 251,–267
  escolhendo o tipo de mensagem mais eficaz, 267–269
  intercultural, 255–256,
  mensagens verbais, 264
  tecnologia e tipos de mensagem, 266–267
  tipos de mensagens, 262
Concessões, 224, 392
Conferência da Costa Atlântica (ACC), 21–22
Conferência Quest for Excellence, 39
Confiabilidade, 30
Confiança, 210
Conflito de papéis, 69
Conflito entre vencedores e perdedores, 372–373
Conflito estratégico, 370
Conflito estrutural, 369–370
Conflito interpessoal, 369, 370–371
Conflito intrapessoal, 367–369
Conflito, 366–376, 392–393
  administração, 371
  administração, interpessoal, 370–371
  aspectos positivos e negativos, 366–367
  definição, 367
  mudanças, 379
  processo de resolução, 87
  resolução do conflito, 372
  tipos de, 367–368
Conflitos entre vencedores e vencedores, 373
Conformidade, 30
Connextions, 283, 304
ConneXus, 409
Connie LaMotta, 477
Conoco, 473
Consideração, 298
Constance Dierickx, 324
Constituição, 117

Consultar, 6
Consultorias especializadas, 520
Consumo abusivo de álcool e drogas, 311–312
  detecção de funcionários problemáticos e, 324
  disciplina e, 324
  estresse, 345
  orientação e, 315
  segurança e saúde no trabalho, 495
  violência e, 313
Consumo abusivo de drogas. Ver Consumo abusivo de álcool/drogas
Consumo abusivo de substâncias químicas. Ver Consumo abusivo de álcool/drogas
Continental Airlines, 294, 298
Contratação. Ver Funcionários, seleção
Controle de qualidade do produto, 32
Controle do processo, 32–33, 49
Controle estatístico da qualidade, 33–34
Controle estatístico de processo (CEP), 33–34
Controle prévio, 156
Controle simultâneo, 156
Controle, 10, 146, 149–154
  avaliação de desempenho, 467, 468
  características de controles eficazes, 159–161
  definição, 152
  ferramentas de, 156–161
  processo de, 148–151, 456
  tipos de, 156
Convicção, 210–211
Conway Transportation, 139
Cooperação, 214
Cooperative Printing, 369
Cora Daniels, 114, 131
Coragem, 210
Cord Cooper, 416
Corinne Livesay, 24, 61, 90, 165, 433
Corpo de Bombeiros da Cidade de Nova York (FDNY), 113, 129
Correio de voz, 519
Correio eletrônico, 276–277
  administração de tempo e, 336–337
  busca de emprego e, 525, 526
  controle e, 10
  desperdício de tempo são os spam, 51
  monitoramento do desempenho e, 152–153
  orientação de novos funcionários, 439
  produtividade e, 51
  reuniões, 81
  trabalho flexível, 365
Corrupção, 99–100
Costco Wholesale Corp., 54, 243–244
Craig Erwin, 440
Crestar Bank, 426
Criatividade, 238–240
Crítica, 212–214, 321
Crown Cork & Seal Company, 78
Crystal Window & Door Systems Ltd., 256
Cultura corporativa, 116
Currículos, 410, 414, 420, 517–518, 526

D. L. Madison, 396
D. R. Beeman, 400
DaimlerChrysler, 175, 420, 430
Dan Boehm, 455
Dan O'Haire, 132
Daniel Thobe, 103–104

Darci Valentine, 441
Darleen Druyun, 104
Dave Frantz, 223–224
Dave Jacobs, 149
Dave Marin, 301
David A. Kostival, 405
David Drickhamer, 59
David Hodges, 256
David Hutchins, 305
David K. Lindo, 379
David L Goetsch, 146
David McClelland, 284, 287–288
David Miller, 368
David Mussa, 286
David Pollard, 438
David Stum, 345–346
David Thomas, 473
Davis & Geck, 149
DBS Group Holdings, 229
Deanna Brown, 339
Deborah Gavello, 196
Deborah Tannen, 260
Deborah Willingham, 473
Debra Chatman Finely, 361
DeDe Thompson Bartlett, 313
Dedução, 259–260
Deere & Company, 176
Deficiência, 513–514
  AIDS e, 502
  assédio e, 511
  consumo abusivo de substâncias químicas e, 315
  diversidade e, 112-130
  seleção de funcionários e, 422–425
  trabalho virtual e, 159
Delegação, 12, 176
  administração de tempo, 343, 344
  definição, 178
  vantagens da, 183–184
Delegar poder, 6
Dell Inc., 12, 30–31
Delphi Corporation, 174
Demissão/exoneração, 320
Denise O'Berry, 186
Dennis Hoffman, 70
Dennis Kozlowski, 226
Denunciante de práticas inadequadas, 104–105
Departamentalização, 174
Departamento de Comércio Norte-Americano, 39
Departamento de manutenção de equipamentos da cidade de Fort Worth, 471
Departamento de Polícia de Madison, Wisconsin, 476
Departamento de Projetos e Análise Ambiental da Cornell University, 502
Departamento de recursos humanos
  AIDS e, 510
  aplicação dos testes de seleção, 419
  avaliação de desempenho, 471, 474
  exame médico de contratação, 422

funcionários problemáticos, 309, 312, 314, 324, 326–327
Lei Contra a Discriminação do Norte-Americano Portador de Deficiência e, 513
Lei de Reforma e Controle da Imigração (IRCA) e, 427
orientação de funcionários e, 441
seleção de funcionários e, 405, 406, 414, 422, 422, 432
treinamento e, 448
verificação de referências profissionais e pessoais, 420
Departamento de Saúde Mental e Abuso de Substâncias Químicas, 312
Departamento de Segurança e Saúde Ocupacional (OSHA), 494–495, 505
Departamento de Serviços Humanos e de Saúde, 495
Departamento Nacional de Segurança do Tráfego Rodoviário (NHTSA), 107, 108
Departamento Norte-Americano de Censo, 122
Departamento Norte-Americano de Estatísticas Trabalhistas, 266, 346, 493, 494, 499, 509
Departamento Norte-Americano de Segurança no Transporte, 391
Departamento, 173
Descrição do cargo, 406–407, 410, 412, 414, 426, 427, 428
Desempenho, 32
Desempenho, monitoramento, 152–153
Desenvolvimento de equipe, 77
Deslocamento de ida e volta do trabalho, 350
Despesas indiretas, 50–51
Development Dimensions International, 470
Devon Wzientek, 385
Diagrama de Gantt, 146–147
Diane C. Decker, 351
Diane Knorr, 344
Dicas da Linha de Frente
  cadeia de comando, 181
  comunicar, 253
  crítica construtiva, 321
  de administração de tempo, 343
  entrevistando candidatos a um emprego, 416
  escolhas éticas, 102
  motivação, 294
  reuniões, 83
  sobre avaliações de desempenho, 480
  sobre como se tornar um supervisor, 16
Dick Dobkin, 355
Dick Gorelick, 78
Dick Parsons, 92
Dilworth Mattress Co., 293
Diretrizes Uniformes de Procedimentos na Seleção de Funcionários, 470
Disciplina positiva, 328
Disciplina preventiva. Ver Disciplina positiva
Disciplina, 318–333
  Alcoolismo e consumo abusivo de drogas, 500
  avaliação de desempenho, 467
Discriminação, 113, 117–120, 127, 291
  ageísmo e, 121–122
  AIDS, 502

ajuda a funcionários problemáticos, 326
assédio e, 512
avaliação de desempenho, 464, 467
consumo abusivo de substâncias químicas, 315
deficiência e, 127, 513
funcionários sindicalizados e, 509
religiosa, 368
seleção de funcionários e, 420 423, 427–428, 431
Wal-Mart e, 130–131
Dispensa. Ver Demissão/exoneração
Dissimulação, 371–372
Diversidade, 115–121, 130–131. Ver também Comunicação intercultural; Supervisão e Diversidade
  ageísmo e, 121–122
  comunicação, 123–126, 128
  cultura corporativa e, 116
  da força de trabalho, 6–8
  discriminação e, 117–118
  estereótipos e, 118
  hispânicos e, 6–7
  liderança e, 205
  mudanças e, 376
  nos Estados Unidos, 114–117
  o que é, 113–114
  preconceito e, 117–118
  questões legais, 127
  sexismo e, 119–120
  treinamento, 123–129, 438
  vantagens da, 114–115
  Wal-Mart e, 130–131
Divisão de lucros, 304–305
Divulgação das vagas, 408, 520
Dizer não, 344–345
Doctors Hospital (Flórida), 356
Documentação, 322
Domini Social Investments, 95
Don Bradley, 376
Don Franks, , 87
Don T. Davis, 200–201
Don Winkler, 237
Donald S. Miller, 457, 475
Donna Genett, 188
Donna Hood Crecca, 424
Doris West-Walkin, 125
Douglas McGregor, 199, 201
Dow Chemical, 419
Dow Chemical, 50, 419
Dow Jones and Company, 179
DPL Inc., 103
Dramatização, 453
Dreyfack, Raymond, 265
Duane Lakin, 416
Dudley Rochelle, 368
DuPont, 119
Durabilidade, 30
Durr Industries, 175
Dushkin Online Résumé Builder, 518

Eastern Airlines, 320–321
Eastman Kodak Company, 87–88
Ed Lisoski, 16, 210, 270
Ed Miller, 22
Edgar Burnett, 51
Edison Electric Institute, 335
Educação continuada, 525

Educação continuada, 525
Edward Don & Company, 163–164
Edward E. Lawler III, , 12–13, 210, 477
Edward Glassman, 76
Edward J. Felten, 134
Edwin G.Boring, 261
Efeito halo, 419, 484–485
Efeito Pigmalião, 297
Eficácia de um grupo, 72
Eficácia dos custos, 159
Elaine Nelson-Lewis, 221
Elaine Weinstein, 516
Eleanor Chakonas, 208-209
Eli Borodow, 228
Elissa Gootman, 113
Elite Information Systems, 175
Elite.com, 175
Elogio, 299–302, 385, 398-399, 455
Elwood N. Chapman, 23, 218
e-mail, 250, 276-277
Empatia, 197
Empreendimento interno, 175
Emprego justo, 511-514
Enriquecimento horizontal do cargo, 296
Enriquecimento vertical do cargo, 296, 302
Enron, 95
Entrevista estruturada, 416–418
Entrevista informativa, 519–520
Entrevista não estruturada, 418
Entrevista
  avaliação de desempenho, 475, 481–483
  busca de emprego e, 519–520
  processo de seleção de funcionários, 410
Envision Click2Coach, 461
Equipe Bancária Chinesa, 114
Equipe de atendimento Rápido, 65
Equipe virtual, 63, 87, 175
Equipes de envolvimento de funcionários, 33, 35–38, 48, 56-57, 61
Equipes de trabalho autogeridas, 75, 205–206, 235, 372, 406
Equipes médicas de atendimento emergencial, 353
Equipes. Ver também Grupos; Reuniões; Líder de equipe; Trabalho em equipe
  Antártico Norte-Americano e desenvolvimento de equipe, 70
  avaliação de desempenho, 476
  CheckFree e, 63
  de envolvimento de funcionários, 35, 37–38, 39, 48
  de trabalho autogeridas, 74, 205–206, 235
  grupos naturais de trabalho, 179
  instrução informatizada, 453
  kaizen e, 29
  organização e, 176, 177
  treinamento cruzado, 449–450
  treinamento, 438
  virtuais, 9
  virtual, 63
Ercole Electric, 312
Ergonomia, 502
Eric Audras, 247
Eric Knudsen, 370
Eric Kriss, 217
Erin Strout, 50
Erin White, 466
Ernst & Young, 355

Escala de classificação do comportamento (BARS), 474
Escala de classificação gráfica, 471, 472, 473
Esclarecer as funções, 6
Escolha das palavras, 258, 260
Escritório de Contabilidade Geral, 511
Escuta ativa, 255–256
Escutar
    conflito, 374, 375, 376, 377
    escuta ativa, 254–255
    estratégias para escutar bem, 251–253
    mentores e, 456
    ouvir *versus*, 255, 251
Esfera de controle, 181–183
Esgotamento, 349
ESP Pharma, 269–270
Especificação do cargo, 405, 406–407, 416
Espelhar-se, 522
Espresso Connection, 450
estado da Pensilvânia, 195
Estágios, 409
Estereótipos, 8, 118, 119, 125, 227
Estética, 30
Estrutura da tarefa, 201, 202
Estrutura funcional, 171–172
Estrutura orgânica, 174
Estrutura por área geográfica, 172–173
Estrutura por cliente, 173
Estrutura por produto, 173
Ethics Resource Center, 94, 96
Ética, 93–108. *Ver também* Supervisão e Ética
    ação antidiscriminatória e, 420
    administração de estresse, 352
    código de, 97–99, 104, 106, 108-109
    comportamento ético do supervisor, 100–101
    conflito, 367–368
    definindo, 94
    desafios do comportamento ético, 95–97
    diferentes medidas do comportamento ético, 97–98
    diversidade e, 115, 119, 121, 123
    emprego justo, 514
    liderança, 214
    política organizacional e, 382–383, 386, 394
    responsabilidades do supervisor e, 11
    riscos à saúde, 496
    tomada de decisão e, 222, 228
    tratamento dos delatores de práticas inadequadas, 103–105
    treinamento, 438
    vantagens do comportamento ético, 94–95
Eureka Banco de dados eletrônico, 249, 276
Exoneração. *Ver* Demissão/exoneração
Experian, 286
ExxonMobil, 99

Faberge Perfumes, 265
Faixa preta, 37
Favoráveis à família, 288
Federal Correction Institute em Cumberland, Maryland, 95
Federal Express, 38
Federated Investors, 258
Feedback de 360 graus, 476, 478
Feedback, 250–252, 267-268
    administração de estresse e, 352
    avaliação de desempenho e, 464, 465, 470, 471

coaching de apoio ao treinamento e, 454
consultorias especializadas na busca de profissionais, 520
controle por, 156
de 360 graus, 476
instrução informatizada, 453
motivação dos funcionários, 306
seleção de funcionários, 406
Feiras de emprego, 520
Firestone, 31, 107–108
First Supply Group, 134
FitzGerald Communications, 455
Flexibilidade, 160
Fluxo de trabalho, 52
Focos de fábrica, 75
Fofocas e rumores, 271, 274
Fofocas e rumores, 271–272
Força Aérea Norte-Americana, 369
Ford Motor Company, 4, 31, 108, 142, 426, 430, 473
Ford Motor Credit Co., 237
Formulários de solicitação de emprego, 410, 420-421, 427–428, 429
Fortune 1000, 312
Francine Bloch, 468, 469
Frank Bucaro, 103
Frank Clemente, 499
Frank Flynn, 385
Fred E. Fiedler, 202
Fred Luthans, 353
Fred Stanley, 75
Frederick Herzberg, 284, 289
Frederick W. Hill, 195,
Friedman, Stewart, 369, 398
Frustração, 367
Fumar, 492, 503
Funcionários problemáticos, 308-333
    avaliação de desempenho e, 464, 467
    categorias, 311
    disciplina e, 309, 318–327
    fontes de apoio, 327
    funcionários problemáticos, 321–326
    orientação, 315, 319, 321–324, 331, 333
    problemas que exigem providências especiais, 310–321
Funcionários, seleção, 414–417. *Ver também* Processo de seleção de funcionários
    caso de solução de problema, 430–431
    critérios para a, 406–407
    descrição do cargo para a, 406, 407, 426-428
    diversidade e, 424–425
    especificação do cargo para, 406, 407, 416
    papel do supervisor no processo de seleção, 406
    questões legais para a, 405, 422-423
    recrutamento e, 408, 409–410
    seleções, 405
    treinamento, 438
Funcionários. *Ver* Funcionários, seleção; Motivação; Orientação, funcionários; Funcionários com problemas; Treinamento
Furacão Katrina, 335, 360
Furto de informações, 313–314
Furto, 314–315, 322, 328

G. R. Ferris, 399
Gail Kachadourian, 431
Gary Dessler, 417

Gates Energy Products, 457
Gates Rubber, 414
Gayle Hamilton, 209
GE Medical Systems, 37
Gene Ference, 13
General Cable Corporation, 35–36, 137
General Electric (GE), 31, 37, 74, 137, 448, 457, 473
General Mills, 40
General Motors (GM), 47, 54, 192, 258, 396, 430
Georgia Power, 462
Georgia-Pacific Corporation, 116–117
Geraldine Albores, 185
Gerenciamento da impressão, 394–399
Gestão da qualidade total (GQT), 33, 37–39, 156
Gestão por objetivos (GPO), 142–144, 163–164, 475–476
Gestores
    política organizacional, 394, 395
    relacionamento entre supervisor, 211–212
    tomada de decisão , 233
Gillette Co., 378
Gina Ruiz, 437
Golden Corral, 416
Goldman Sachs, 100
Goodwill Industries, 453
Google, 79
Gordon M.Bethune, 298
Grace Louie, 426
Grady Little, 199
Gráficos, 270
Gravações em DVD, 21–22
Gravidez, 504
Grayson Homes, 42
Greg Giltner, 221
Greg Levin, 462
Greg Semuskie, 315
Greg Smith, 237
Greve ilegal, 509, 510
Greves, 509–510
Grupos de tarefa, 65
Grupos formais, 65
Grupos funcionais, 65
Grupos informais, 65–67
Grupos naturais de trabalho, 179
Grupos. *Ver também* Reuniões; Equipes
    avaliação de desempenho, 471–472
    características dos, 70–72
    definição, 67
    estágios de desenvolvimento, 73
    no local de trabalho, 65–67
    razões para participar de, 64–65
    tomada de decisão e, 238–243
Gun Denhart, 95
Gustav Friedrich, 132
Gwinnett Health System, 465, 487

Habilidades conceituais, 5
Habilidades de gestão, 4–6
Habilidades em relações humanas, 4–5, 218
    diversidade da força de trabalho e, 6
    líder de equipe , 18
    liderança e, 10, 208–213
Habilidades em Supervisão
    administração de estresse, 352
    com os "valentões", 324
    de avaliação de desempenho, 485

liderança, 200
motivação dos funcionários, 54, 306
na delegação, 185
na ética, 104
na mudança, 379
na orientação de funcionários, 441
na tomada de decisão, 232
no desenvolvimento de equipe, 70
nos gráficos, 270
planejamento, 149
selecionando funcionários, 411
superar a barreira do idioma, 126
Habilidades técnicas, 4
Hagberg Consulting Group, 122
Hanna Andersson, 95
Hardinge Inc., 175
Harley-Davidson, 179
Harvard Business Review, 206
Harvard Business School, 473
Hayward Pool Products, 29
HCA, 104
Heather Hamilton, 409
Helen Astin, 204
Helene Dublisky, 373
Herbert Jack Rotfeld, 96
Hewlett-Packard, 38
Hierarquia das necessidades de Maslow, 284–285
Hilton Hotel, 206
Hispânicos, 6–7
  comunicação intercultural e, 256
  diversidade, 114, 115
  força de trabalho, 517
  liderança e, 207
  redes e, 396
  Society for Hispanic Professionals, 525
HIV (vírus da imunodeficiência humana), 502
Home Depot, 285
Home Federal Savings and Loan Association, 445
Homogeneidade, dos grupos, 72
Honda Motor Company, 18, 430
Honeywell, 426
Horário flexível, 286–288, 367
Hospice of Marion County Healthcare Alliance, 354–355
HR3, 411
Humphrey Chen, 409
HVS/The Ference Group, 13
Hyundai Mobis, 175
Hyundai Motor Company, 378

I. W. Porter, 396
Ian Ayres, 226
IBM, 75, 396
IBS, 287
IKEA, 476
Ilya Welfeld, 339
Impotência aprendida, 291
Inc. Libbey, 436
Incentivos financeiros, 292–293
Inconsolidação, 382, 379–380, 378
Indian Institute of Management, 409
Indicador de Tipos de Myers-Briggs, 356–357, 515
Indústria de transporte, 235
Inflow Inc., 55
Informações salariais, 295

Informativos de segurança dos materiais, 495
Inglês como Língua de Trabalho, 424
Iniciativa de organização sindical, 508
Inside Edition, 265
InSilica, 311
Instituto Nacional de Padrões e Tecnologia (NIST), 39
Instituto Nacional de Segurança e Saúde Ocupacional (NIOSH), 495, 497–498
Instituto Nacional do Câncer, 492, 500
Instituto Nacional do Consumo Abusivo de Drogas, 311
Insubordinação, 311, 367
Intel, 473
Inteligência emocional, 369
InterDyn, 294
Internet
  busca de emprego, 519
  controle, 10
  monitoramento e, 50, 152, 250–251, 313
  mudanças, 12
  processo de seleção de funcionários, 410, 427
  produtividade, 48, 51
  recrutamento, 408
  treinamento e, 437, 447, 448
Intimida, 324
Inventário de habilidades, 516, 517, 526
ISO 9000, 39
Ivan Seidenberg, 2
Ivancevich, John M., 472, 474

J. Collison, 121–122
J. K. Pinto, 397
J. Lynn Lunsford, 104
Jack Welch, 448
Jackson Tai, 229
Jakob Nielsen, 277
James Adrian, 145
James Cox, 108
James Cummings, 18
James Mulvihill, 109
James Small, 169, 186
James Webb Young, 238
Jane S. Mouton, 199–200
Jane Whitney Gibson, 347
Janet Bigham Bernstal, 138
Janet Eckles, 116
Janet M. Thuesen, 357
Janet Mahoney, 193
Janet Speers, 366
Janine S. Pouliot, 417
Jayne O'Donnell, 108
JCIT Training Institute, 175
JCPenney, 452
Jean Johnson, 355
Jeanette Delacroix, 371–372
Jean-François Manzoni, 480
Jean-Louis Barsoux, 480
Jeanne Cliff, 466
Jeff Ingalls, 163–164
Jeffrey Davidoff, 466
Jennifer Plotnick, 8–11
Jennifer S. Lee, 314
Jennifer White, 341
Jerald Greenberg, 354
Jill Strode, 487–488

Jim Huguet, 94–95
Jim Jenkins, 77
Jim McNerney, 104
Jim Olsztynski, 321
Jim York, 235
Joan Claybrook, 108
Joann Muller, 108, 175
Job Access with Speech, 116
Jody Thompson, 365
Jody Urquhart, 136
Johanna Rothman, 236, 298, 344
John A. Byrne, 54
John Mackey, 74, 77
John Parker Stewart, 478
John R. Hollenbeck, 407
John Renner, 122
John Schwartz, 344
Johnny Atherton, 335
Johns Hopkins Medical Institutions, 125,
Johns Hopkins, 255
Johnson & Johnson Corporation, 97–98 109, 205, 426
Jonathan A. Segal, 120, 125–126
Jonathan Fahey, 169
Jonathan Karp, 169
Jose Eduardo dos Santos, 99
Joseph Lipsey, , 207
Joseph M. Juran, 38
JP Morgan Chase, 195
Judy Duplisea, 63, 87
Judy Graham-Weaver, 355
Julia Chang, 283
Justiça, 16, 100, 102
Jyoti Thottam, 365

Kaizen, 29, 49
Kane, Sean, 107–108
Kansas City Royals, 297
Kansas City Star, 250
Karen Johnson, 420
Kathleen R. Tibbs, 320–321
Kathryn Tyler, 416
Kato Engineering, 49
Kean University, 456
Keith Binder, 159
Keith Bradsher, 108
Keith Dawson, 228
Keith S. Collins, 205
Kelli Gavant, 462
Kellogg, 194
Kelly Hancock, 184-185
Kellye M. Garrett, 361
Kemper Securities, 238
Ken Blanchard, 202
Ken Fracaro, 136
Ken Raymond, 221
Kevin Gallagher, 113
Kevin Hayden, 228
KeySpan, 514
Keystone, 191
Kim Coleman, 261
Kimberly-Clark, 446
Kouzes, Jim, 211
KPMG, 385
Kraft Foods, 119
Kris Maher, 385

Kristin L. Bowl, 312–313
Kuka Group, 175
Kurt Lewin, 378
Kurt Swogger, 419–420

L. Troy, 507
LabCorp, 309
LaBlanc, Pam, 243–244
Laing, Jonathan R., 104
Lance Trenary, 416
Lars Hundley, 183
LaTanya Jones, , 232
Laurdan Associates, 467
Lawrence Crolla, 309
Lealdade, 17, 197
Lee County Fleet Management, 290
Lee Graf, 346
Lee Raymond, 99
Legislação trabalhista e trabalho em equipe, 78
Lei Assistencial de Readaptação dos Veteranos da Guerra do Vietnã de 1974, 127, 431
Lei Contra a Discriminação do Norte-Americano Portador de Deficiência (1990), 117, 127, 422,425,430, 511, 513
Lei Contra a Discriminação Etária no Emprego (1967), 122, 129, 423, 511
Lei Contra a Discriminação por Gravidez de 1978, 127, 423
Lei de Equivalência Salarial de 1963, 127
Lei de Falsas Alegações, 103
Lei de Reabilitação de 1973, 423
Lei de Reabilitação Vocacional de 1973, 127
Lei de Reforma e Controle da Imigração (IRCA), 427
Lei de Segurança e Saúde Ocupacional (Lei OSH), 494–496
Lei dos Direitos Civis de 1964, 117, 128, 422–423, 511
Lei dos Direitos Civis de 1991, 127
Lei dos Direitos de Emprego e Re-Emprego por Prestação de Serviço Militar (USERRA), 514-515
Lei Nacional de Relações Trabalhistas de 1935, 78, 507
Lei Norte-Americana de Notícia de Ajuste e Retreinamento de Trabalhadores (WARN), 510
Lei Sarbanes-Oxley, 103, 104
Lei Wagner, 507
Leitura e redação, 341
Leslie W. Rue, 510
Lesões musculoesqueléticas (MSDs), 501
Lesões por movimentos repetitivos, 494-495, 501, 502
Liberty Mutual, 499
Licença Médica e por Motivos Familiares (FMLA), 291–292, 513, 514
Licença por motivo militar, 513–514
Líder com orientação para as pessoas, 199
Líder com orientação para as tarefas, 198–199, 202, 205
Líder de equipe, 18, 75–76, 77–79
Liderança autoritária, 198, 204, 214
Liderança democrática, 198, 205-206
Liderança *laissez-faire*, 198

Liderança orientada para as relações. *Ver* Liderança orientada para as pessoas
Liderança, 10, 13, 195
Ligações telefônicas, 340, 358
Lillie Guyer, 431
Limitações da alta administração, restrições à produtividade e, 44
Lindsay Chappell, 431
Lista de tarefas, 338-339, 340-341, 350,356
Live with Regis, 347
Liz Claiborne Inc., 313
Lloyd L. Byars, 510
Lockheed Martin, 104
Locus de controle interno, 197
Loja da Beall's Outlet, 313
Loretta M Flanagan, 418
Lotus Notes, 338–339
Louis V Imundo., 76
Lowes Santa Monica (Califórnia) Beach Hotel, 292
Lydia Papadopoulos, 13
Lynda McCarty, 116–117
Lynn Sander, 445

Malcolm Stevenson Forbes, 112
Mal-entendidos, 258
MaMaMedia.com, 453
Manager of Choice (Ahlrichs), 81
Managerial Grid®, 199–200
Manual do funcionário, 442
Margaret J. Cofer, 131
Margaret M.Clark, 88
Margit Gerow, 122
Marilyn Rawlings, 290
Mark Goldin, 187
Mark Preiser, 374
Mark Roberts, 187
Mark Sr.Ward, 42
Mark Tario, 33
Mark Turner, 237
Marques T. Crump, 456
Martha Stewart Living Omnimedia, 95
Martha Wong, 284
Marti Bailey, 309
Marty Schottenheimer, 203–204
Mary Harris, 87
Mary Siegel, 141
Matthew Kissner, 377
Max Messmer,, 268
McAfee.com, 308
McDonnell Douglas, 195
McGraw-Hill, 140
McKesson Corporation, 467
Mediação, 375–376, 391
Medical Laboratory Observer, 309
Meditação, 352
Mellon Bank, 195
Memorando, 269
Mensagem não-verbal, 262–263
Mensagem verbal, 262, 264–268
Mentoring, 439, 441, 454–456, 459
Mercora, 308
Meredith Buckle, 180
Merlin Mann, 341
Metas. *Ver também* Objetivos
 avaliação de desempenho e, 471
 definição, 136
 discutir, 15

 liderança e, 208
 planejamento e, 8–9, 134–135, 150
 trabalho básico de um gestor, 3
 treinamento, 450
Método de comparação aos pares que mede desempenho dos funcionários, 471–473
Método de escolha forçada, como tipo de avaliação de desempenho, 473
Método de norma de trabalho, 475
Meyer Friedman, 347
Michael A. Verespej, 512
Michael Feiner, 368–369
Michael Gelman, 347
Michael O'Connor, 350
Michael Rosenwald, 63
Michael Sherman, 453
Michelle Krapfl, 288
Michelle Ku, 331
Michelle St. John, 287
Microsoft, 404, 409, 471, 473
Midway Games, 267–268
Mike Drummond, 182
Mike Speckman, 311
Mike Tripp, 283
Milton S. Hershey Medical Center do estado da Pensilvânia, 309
Ministério da Defesa Norte-Americano, 116
Ministério da Justiça dos Estados Unidos, 104
Ministério da Previdência Social, 181
Ministério de Transportes Norte-Americano, 294
Ministério do Trabalho Norte-Americano, 312, 494, 509, 510, 516
Ministério Norte-Americano da Justiça, 476
Mississippi Power Company (MPC), 355, 360
MIT, 409
Mitchell Caplan, 62
Mitra Toossi, 115
Modelo racional de tomada de decisão, 222–225, 240
Modificação do comportamento, 290
Monica Warthen, 286
Monitoramento eletrônico. *Ver* Monitoramento
Monitoramento, 6, 50, 152–153, 250–251
Monster.com, 517-518, 520, 526
Morton Metalcraft Co., 32
Motivação, 284–286
 avaliação de desempenho, 467, 468, 470, 472, 473
 como o supervisor pode motivar, 395–296
 dinheiro e, 292–295
 disciplina positiva e, 323
 equipes, 77
 orientação de funcionários e, 439
 orientação, 314
 produtividade e, 55–56
 programas de segurança e saúde, 503
 seleção de funcionários, 404, 405
 teoria dos dois fatores de Herzberg, 289
 teorias de conteúdos, 284, 289
 teorias de processo, 289–290
 teorias motivacionais e a legislação, 291–292
 treinamento, 444, 446, 447, 448, 454
Motorola, 37–38
Mudanças, 5, 377–378
 agente de, 376

antecipar-se às, 6
assumir os riscos da, 6
horário flexível na Companhia, 365
implementação de, 382–383
origem das, 377–378
proposta de, 382
resistência às, 378
responsabilidades do supervisor, 11
treinamento e, 446
Multimídia interativa, 451–452

N. Sheflin, 507
Nancy Feig, 445
Nancy R. Lockwood, 121–122
Nancy S. Ahlrichs, 81, 440, 456
Nanette Byrnes, 305
National Association of Manufacturers, 55
National Business Ethics Survey, 94–95, 101
National Conflict Resolution Center (NCRC), 390–391
National Electrical Contractors Association and International Brotherhood of Electrical Workers (NECA-IBEW), 449
National Housing Quality Gold Award, 42
National Organization on Disability, 426
Navistar, 313
Necessidade de Filiação, 287
Necessidade de realização, 287
Necessidades de auto-realização, 285
Necessidades de estima, 285
Necessidades de segurança, 285
Necessidades fisiológicas, 285
Necessidades sociais, 285
Negativismo, 385
Negociação coletiva, 507–510
Negociação, 524
Neil L. Patterson, 250, 251
Nepotismo, 101
New Century Mortgage, 380–381
New England Direct Marketing Association, 525
NFL (Liga Nacional de Futebol Americano), 203, 220, 379
Nick Visconti, 269
Nicole St. Pierre, 108
Nieman Marcus Stores, 119
Nike, 100
Nina Christopher, 373
Nissan, 430
Normas governamentais, 45
Normas, 141, 154
Normas, 68–69
Northeastern Vermont Regional Hospital, 33
Nucor Corporation, 304–305

O. P. Kharbanda, 397
Objetivos operacionais, 138–139
Objetivos pessoais, 139
Objetivos. *Ver também* Metas; Gestão por objetivos (GPO)
  administração de tempo, 343
  avaliação de desempenho, 467, 468–470, 472, 473
  controle de qualidade, 41
  de carreira, 575
  definição, 137
  gestores e, 211
  grupos e, 68
  mensuráveis, 136
  motivação, 387
  organização e, 180–181
  padrões, 150–152
  planejamento e, 135, 136-137,144, 145, 149–150
  reuniões, 79
  treinamento, 444, 449
Observação pessoal, 158–159
Occupational Outlook Handbook (Ministério Norte-Americano do Trabalho), 516
Ogilvy & Mather Worldwide, 282
Ohio State University, 431
Oportunidade, 159
Opto Technology, 141
Orçamento de capital, 146
Orçamento operacional, 146
Orçamento
  controle , 156–157, 159
  planejamento , 149–150
Orest Protch, 187
Organização Internacional para Padronização, 39
Organização, 9, 172–193
  autoridade, 180–181
  definição, 178
  delegação, 185–191
  estrutura organizacional, 174–175
  princípios, 180–181, 189
  processo de, 178–180
  responsabilidades do supervisor e, 11
  termos relacionados à, 176
Organizações em rede, 174
Organizações ou associações profissionais, 525
Organizações virtuais, 175
Organograma, 170–173, 269
Orientação de funcionários, 439–443. *Ver também* Treinamento
  benefícios da, 439–440
  definição, 444
  lista de orientações, 442
  métodos de, 442–443
  papel do supervisor na, 440
  tópicos da, 440
Orientação dirigida, 316–317
Orientação não dirigida, 316–317
Orientação, 317, 315–317, 322
  alcoolismo e consumo abusivo de drogas, 500
  avaliação de desempenho e, 467
  programa de assistência ao funcionário e, 330
Orientando dar, 207–208
Otto Kroeger, 357
Owens, Max, 477

P. A. Renwick, 396
Pacific Gas and Electric Company (PG&E), 209
Pacific Iron and Metal Company, 7
Padrões de desempenho, 150–152
  disciplina positiva e, 323
  esfera de controle e, 181
  orçamento e, 145
  orientação e, 315
  relatório de desempenho e, 157–158
Padrões, 150–152, 159
Pam Cromer, 346–347
Pamela Babcock, 249
Papéis, 68–69
Pares, 212–214
Participação nos ganhos, 295
Pat Broderick, 391
Pat Mene, 39
Patricia Braus, 300
Patrício Valencia, 64
Patrick M. Wright, 407
Paul Hersey, 202
Paul Kortier, 435
Paul Roa, 180
Paul Rosch, 346
Paul Taffinder, 196, 210–211
Paul Tagliabue, 220, 379
Paula Sacks, 462
Pax World Funds, 95
Pedro Martinez, 199
Pensamento coletivo, 235–236
PepsiCo Inc., 291, 313, 368
Percepção, 260–262
Perfeccionismo, 343, 361
Perfil de personalidade, 515, 517, 522, 524, 526
Pergunta aberta, 418–419, 445
Pergunta fechada, 418
Período de recuperação do investimento, 53
Personalidade do tipo A, 347
Personalidade do tipo B, 347
Pesquisa da Pinkerton, 312
Pete Desai, 372
Pete Wong, 419
Pete Yakimoto, 232
Pfizer, 288
Phil Jackson, 209
Philip B. Crosby, 38, 364
Philip Celeste, 7
Philip Crosby Associates, 364
Philip Morris Co., 313
Philip R. Harris, 260
Phyllis Jensen, 370
Piedmont Medical Center, 65
Pierce Fire & Rescue, 420
Pignataro, Wendy, 298
Pinard's Small Engine Repair, 294
Pincham, Allen, 253–254
Pitney Bowes Credit Corporation, 377
Pitney Bowes Inc., 377
Pizza Hut, 4
Planejamento estratégico, 138–139
Planejamento no curto prazo, 6
Planejamento operacional, 138
Planejamento, 139–152
  avaliação do desempenho, 467
  contingencial, 142
  definição, 136
  equipes e, 149
  esfera de controle, 181
  funcionários e, 140–151
  funções gerais do supervisor e, 8–9
  gestão por objetivos (GPO) e, 142–144
  motivação dos funcionários e, 306
  no curto prazo, 6
  o supervisor como planejador, 144–145

objetivos e, 141–144, 149–152
orçamento e, 156
padrões de desempenho e, 152
plano de ação, 141–142
políticas, procedimentos e normas, 140–141
responsabilidades do supervisor , 12
treinamento, 438, 443–444, 447
Plano de ação, 141–142
Plano de divisão de lucros, 294
Planos de contingência, 141, 240
Planos de incentivo coletivo, 294–295
Planos de remuneração, 292–295
Poder da posição, 201, 202, 383
Poder de coação, 384
Poder de especialista, 384
Poder de informação, 384
Poder de recompensa, 388
Poder de referência, 384–385
Poder de relação, 384
Poder legítimo, 383
Poder pessoal, 383
Poder, 15, 181–182
    definição, 376
    necessidade, 293
    política organizacional e, 383, 385, 386
Política organizacional, 382–383, 393–394
    administração, 400–401
    construção de uma base de poder, 386
    definição e domínio, 394–395
    definição, 376
    estabelecimento de uma margem competitiva, 386
    estratégicas políticas, 384–385
    gerenciamento da impressão e, 396–399
    poder e, 383–384
    socialização, 387
    táticas políticas, 370, 394–397
Políticas, 140–142, 156
Possibilitar, 75–76
Preconceito, 117–118, 261, 484
Prêmio Baldrige. *Ver* Prêmio de Qualidade Nacional Malcolm Baldrige
Prêmio de Qualidade Nacional Malcolm Baldrige, 39
Prêmio Resposta Emergencial, 335
Presentes, 95, 101
Prestar favores, 384–385
Primerica, 456
Princípio da exceção, 157
Princípio da paridade, 180
Princípios de aprendizado, 446
Prisão Estadual Feminina da Califórnia, 120
Problema, 155
Problemas lombares, 502
Procedimentos, 140–142, 156
Processo de resolução de contendas, 87
Processo de seleção de funcionários, 409–420. *Ver também* Funcionários, seleção
    decisão de contratação, 421
    entrevista e, 419, 415–420
    exame médico e, 422
    formulário de solicitação de emprego, 412–413
    inovações tecnológicas e, 411
    testes de seleção e, 419–420
    triagem dos formulários de solicitação de emprego e currículos, 410

    verificação de referências profissionais e pessoais, 420–421
Processos, 174
Proclamação da Independência, 117
Procrastinação, 342–343
Procrastinator's Handbook: Mastering the Art of Doing It Now, The (Emmett), 350
Procter & Gamble, 378
Produtividade, 29–33, 43–55, 59
    aperfeiçoamento da, 40–56
    define, 29
    equipes e, 77
    kaizen e, 29
    medição da, 46
    restrições à, 43–44
    temor dos funcionários ao aperfeiçoamento da, 55
    tendências de, 43
Programa Adote um Gestor Sênior, 354–355
Programa Antártico Norte-Americano, 72
Programa de aprendiz, 449
Programa de assistência ao funcionário (EAP), 327,329,330
Programa de cadetes, 113
Programa de medicina preventiva, 355–356, 382, 503
Programa QuickGantt, 146
Programa zero defeito, 33, 35, 36, 40, 48,56
Programação, 146–148
Projetos, 169
Promoções, 408
Prudential Reinsurance Company/Everest Reinsurance Company, 361
PSA HealthCare, 314
Pulliam Aquatech Pools, 368
Punição, 290–291, 320
Purdue University, 204

Qdoba Mexican Grill, 3
Qualidade do ar, 494, 497
Qualidade, 29–42, 59
    conseqüências da baixa, 30–31
    dimensões da, 30
    diretrizes para o controle, 40–42
    garantia de, 31
    métodos de aperfeiçoamento da, 33–35
    padrões de, 39–41
    produtividade e, 47
Qualificação ocupacional de boa fé, 122, 129, 417
Questões legais
    diversidade, 127
    emprego justo, 511–515
    legislação trabalhista e trabalho em equipe, 78
    motivação, 284–286
    mudanças, 377
    na seleção de funcionários, 405, 414-415, 422,432
    norma governamental de segurança e saúde, 493–494
    programas de promoção da segurança e da saúde no trabalho, 503–507
    relações trabalhistas, 507
    tabagismo, 500
    tipos de problemas de segurança e saúde, 495–496
Quiosques, 52–53

R. C. Taylor, 103
R. W. Allen, 396
Racionalidade limitada, 224-225, 229
Racionalidade subjetiva, 224
Racionalização, 224–226
Rackspace, 173
Rádio peão, 272–274, 391
Radio Shack, 119
Rahel Yohannes, 424
Rakesh Gangwal, 216
Ramiro Gonzalez, 7
Randstad North America, 451
Ray Funke, 36
Ray H. Rosenman, 347
Ray Kurzweil, , 239
Raymond Mohan, 64
Raymond Noe, 407
Rayona Sharpnack, 239
Raytheon, 169, 191
Rebaixamento, 320
Rebecca Aronauer, 82
Rebecca Liss, 238
Rebecca Randall, 453
Receita Federal Norte-Americana, 116
Reciprocidade, 397
Reclamações trabalhistas, 509
Recomendação de funcionários, 408
Recompensas, 78, 301–304
Reconhecer, 6
Reconsolidação, 378, 381–382
Recrutamento, 408–410, 422, 424
Recursos audiovisuais, 409
Recursos distintos, 32
Rede de contatos, 520-525, 526
Rede PERT, 147–148
Redes, 395–396
Reengenharia, 49
Referências, 420–421, 515
Reforço, 154, 290–291
Regions Financial, 448
Regis Philbin, 347
Registro Consular, 114
Registro de tempo, 336–338
Relação aos monitores, 500–501
Relacionamento entre líder e componentes do grupo, 201, 202
Relações trabalhistas, 507–509
Relatório de desempenho, 157–158
Relatório, 268
Relatórios orçamentários, 49, 159
Religião. *Ver* Ambientes de trabalho favoráveis à fé
Remessa Segura, 114
Renata King, 225–226
Representante sindical, 509
Republic Bancorp, 296
Resource Bridge, 461
Responsabilidade, 180
    delegação e, 185
    liderança e, 201, 208
    princípio da paridade, 180
Responsabilização, 13, 189
Restaurante Colors, 64
Retrocesso, 381, 382
Reuniões, 79–83
    conduzindo, 81–82
    consultores de administração, 339

preparando-se para, 79–80, 82
razões para realizar, 79
superando os problemas com as, 83
Revista americana *Inc.*, 217
Revista *Computerworld*, 176
Revista *Fast Company*, 291
Revista *Fortune*, 250, 291, 422
Revista *Industry Week*, 59
Revista *Sales & Marketing Management*, 50
Rhonda Melton, 75
Ric Robbins, 320
Rich Weissman, 138
Rich Yakima, 370
Richard E. Farson, 255
Richard G. Ensman, 363
Richard L Hunter, .31
Rick Barbrick, 424
Ridilla, Paul, 475
Riscos à saúde e segurança, 493, 495–496
Riscos à segurança, 498–499
Riscos biológicos, 497
Riscos químicos, 495, 497
Rita Emmett, 350
Ritz-Carlton Hotel Co., 39, 179, 180
Robert D Ramsey, 126, 196
Robert D. McTeer Jr., 55
Robert E. Maddock, 475
Robert Half Management Resources, 142
Robert Kreitner, 393
Robert Leeper, 261
Robert N. Lussier, 417
Robert R. Black, 196
Robert R. Blake, 196, 199-200
Robert T. Moran, 260
Robert Tannenbaum, 198
Roberta Bhasin, 394
Robin Kane, 457–458
Robin Seigle, 391
Robinwood Inc., 7
Robyn D. Clarke, 456
Rochelle Garner, 249
Rodízio de funções, 296, 449
Rodney Randall, 184
Roger E. Axtell, 260
Roger Von Oech, 231
Romarico Nieto, 135, 163
Ron Adler 467
Ron Shemenski, 70
Rona Leach, 11
Rona Solomon, 313
Rosa A. Hazlett, 437
Rotatividade, 54
Rowe Furniture, 75, 78
RSM McGladrey, 288
Ruído, 251–252
Ruth Petersen, 419

S. J. Wayne, 399
Saga Software, 293
Sam Farr, 230
Sam Walton, 130
Sam's Club, 130
Samuel C. Certo, 46, 346, 406
San Diego Chargers, 203
San Diego Mediation Center, 391
Sandy Parr, 354
Sarah Lundy, 221
Sawhill Custom Kitchens and Design, 441
Scott Thurm, 249

Segurança, 315
Seis Sigma, 31, 33, 36–37, 48, 440
Seleção, 405
Seleção, 9
Selo Azul por Excelência no Serviço
   Automotivo (ASE), 290
Senso de Humor, 197, 351
Ser aceito, 3
Serviço de atendimento, 32–33
Serviço de Correios Norte-Americano, 230
Serviço Telefônico de Idiomas, 116
Setor Bancário, 445
Setor da construção, 42, 145
Setor de produtos da Motorola
   Semiconductor, 440
Sexismo, 119–120
Shabnam Mogharabi, 368
Shaquille O'Neal, 209
Sharer, Kevin, 464
ShawCor Pipe Protection, 256, 269
Shawn Schmill, 335
Shawn Tully, 114
Shelly Lazarus, 282
Sherman Assembly Systems, 453
Sheryl Sandberg, 79
Simulações, 446, 447, 452
Sindicalização, 45, 507–508
Sindicato dos Trabalhadores da Indústria
   Automobilística, 175
Sindicato dos Trabalhadores de Transporte
   (TWU), 216
Síndrome da luta ou fuga, 351
Síndrome da recenticidade, 227, 479, 484
Síndrome do túnel do carpo, 501
Sintoma, 155
Sistema bancário, 138, 296
Sistema de bonificação por produção, 293
Sistema de gerenciamento de informações, 519
Sistema de remuneração por unidade
   produzida, 293
Skico, 175
Small Business Administration (SBA), 93,
   196, 315, 327
Smith Barney, 200
Sobrecarga de informações, 257
Society for Hispanic Professionals, 525
Society for Human Resource Management,
   121, 291, 312, 420, 424–425
Sondra Thiederman, 260
Sonja D. Brown, 3
Southern Company, 273
Srivats Sampath, 308
Stan Bakker, 383
Stan Sword, 250
Standard & Poor, 39
Stater Bros. Markets, 322
Status, 68–70
Steelcase, 347
Stephanie Odle, 130
Stephen E. Catt, 457, 475
Sterling Bancshares, 296
Steve Bachmeier, 441
Steve Ballmer, 404
Steve Heller, 243–244
Steve Nadeau, 465
Steve Weinberg, 416
Steve Zurier, 42
Steven M Brown., 335

Stewart Alsop, 277
Strategic Safety, 107
Stuart Gilman, 96
Stuart M. Lewis, 335
Subgrupos, 67
Sue Shellenbarger, 288
Sugestões, 292, 294-295, 302
Supervisão e Diversidade
   entre os hispânicos, 7
   liderança e, 205
   na prática de mentoring, 456
   na seleção de funcionários, 422
   no Bank of America, 114
   os ambientes de trabalho favoráveis
      à fé, 368
Supervisão nos diversos setores
   na avaliação de desempenho, 468
   na comunicação escrita, 264
   na indústria automobilística, 18
   na terceirização, 174
   na tomada de decisão em grupo, 235
   no setor bancário, 138
   no treinamento, 445
   no varejo, 74
Supervisor como exemplo, 209–210
Supervisor
   características de um supervisor de
      sucesso, 15–17
   funções gerais do, 8–11
   responsabilidades do, 11–13
   supervisor, definição, 3
   tornando-se um, 13–15
Supevisão e Ética
   a família Perez devolveu o carro, 96
   bom modelo, 210
   em política organizacional, 385
   na administração de estresse, 352
   na tomada de decisão, 222
   no assédio sexual, 120
   no horário flexível, 288
   no monitoramento eletrônico, 50
Suporte, 30
Susan Carey, 216
Susan M. Heathfield, 470
Susan Surplus, 209
Susan Vaughn, 489
Suspensão, 319–320, 327, 331
Swift and Company, 441–442
Sylvia Ong, 363

T. L. Stanley,, 82, 210
T. W. Sharkey, 400
Tabagismo, 500
TalentFusion Inc., 438
Tamesha, Johnson, 70
Tammy Galvin, 438, 446
Tarefas no Microsoft Outlook, 339
Taxa média de retorno (TMR), 53
Técnica de avaliação e revisão de projetos
   (PERT), 147–148
Tecnologia. *Ver também* Computadores
   BlackBerry, 42
   comunicação e, 269, 273
   diversidade e, 117
   esfera de controle e informação, 183
   gravações em DVD, 21–22
   produtividade e, 51
   responsabilidades do supervisor e, 13

tipos de mensagens e, 262–263
trabalho virtual e, 159
Ted Pollock, 60
Ted Reed, 216
Tempo ocioso ou tempo de paralisação, 51
Tendência ao centro, 479
Tendências, 261-262
Teora, Patrick, 87–88
Teoria contingencial, 201–202
Teoria da necessidade de realização poder e afiliação de McClelland, 287–289, 301
Teoria da necessidade de realização, poder e filiação, 287–288
Teoria da probabilidade, 232–233
Teoria da valência-expectativa de Vroom, 289–290, 290
Teoria da valência-expectativa, 289, 290, 299
Teoria do ciclo de vida, 202
Teoria do reforço de Skinner, 290–291
Teoria dos dois fatores de Herzberg, 289
Teoria dos dois fatores de Herzberg, 289
Teoria dos dois fatores, 289
Teoria X, 199, 201
Teoria Y, 199-201, 207
Teorias de processo, 289–290
Teorias do conteúdo, 284,
Teorias motivacionais de conteúdo, 292, 297
Terceirização, 55, 174
Terceirizando, 175
Terminais eletrônicos de auto-atendimento (ATM), 52–53
Terry Wildman, 335
Teste de aptidão, 419
Teste de proficiência, 419
Teste psicomotor, 419
Testes de detecção de drogas, 312, 325
Testes de personalidade, 419
Testes de seleção, 419–420
Teto de vidro, 120
The Knot, 168, 178
The Small Business Edge Corporation, 186
Theresa Levering, 356
Third Federal Savings and Loan, 296
Thomas Chen, 256
Thomas Von Essen, 113
Thor Industries, 195–196
Timothy Riordan, 372
tipos de controle, 31–33
Tipos de habilidades de supervisão, 4–8
Tipos de personalidade, 356, 357–358
Título VII (da Lei dos Direitos Civis de 1964), 128, 422-423, 511
Todd Cameron, 385
Todd Harris, 283, 304
Tom Blesener, 365
Tom Peters,, 158
Tom Weir, 411
Tom Wiggins, 253
Tomada de decisão, 4, 222–225
   administração de estresse, 352
   definição, 244
   diretrizes para a, 228
   em grupo, 236–241
   ferramentas para a, 232
   licença para, 323
   motivação dos funcionários e, 306, 309
   processo de seleção de funcionários e, 411

   processo de, 222–225
Toronto Sun, 184, 185
Toyota, 47, 74, 430
Trabalhadores de turno, 506
Trabalho compartilhado, 286
Trabalho em equipe, 75–79. *Ver também* Líder de equipe; Equipes
   legislação trabalhista e, 78
   planejamento e, 139, 150
   seleção de funcionários, 406, 414
   trabalho em equipe, 73
   vantagens do, 74–75
   Whole Foods e, 74
Trabalho virtual, 13, 159
Traci Tobias, 365
Training, 439, 451
Transferência de trabalho para o exterior, 55, 174
Transferência, 408
Transparency International, 98
Transworld Corporation, 395–396
Treinamento assíncrono por rede, 461
Treinamento com aulas expositivas/Instrução, 448, 449–450, 460
Treinamento cruzado, 296, 448–450
Treinamento em competências básicas, 454, 459
Treinamento fora do ambiente real de trabalho, 450
Treinamento prático, 449
Treinamento simulado, 450
Treinamento, 46, 436–437, 443–454. *Ver também* Orientação, funcionários
   avaliação das necessidades de treinamento, 447–448
   avaliação do, 461–462
   caso de solução de problemas sobre, 461–462
   ciclo de, 443–444
   coaching e, 462–463, 461–462
   definindo, 444
   métodos, 445
   tipos de, 438, 448–454
Trinity Communications Inc., 476
Tropicana, 355–356
TrueValue, 441
Tyco International, 95, 226
Tyrone Dugan, 3, 21

UCLA (University of California, Los Angeles), 204
Uehiro Foundation do Japão, 98
UNICEF, 276–277
Unicru, 411
Unidade de comando, 181–182
Uniformed Firefighters Association, 113
Unilever, 265
United Nations Global Compact, 100
United Technologies Corporation (UTC), 444
United Way, 4
Universidade da Pensilvânia, 54, 398
Universidade de Maryland, 95
Universidade de Pitisburgo, 195
Universidade do Sul da, 12
UnumProvident, 356
US Airways Group, 216
US West, 400
Valor esperado (VE), 232–234

Valor, 34
Valores, 205, 381
Van Kampen Investments, 466
Vanamatic Company, 441
Varejo, 74
Variância, 153-154,156-158, 160, 161
Venda cruzada, 138
Verificação de referências, 420–421
Verizon Communications Inc., 258
Verizon Wireless, 448–449
Veronica T Hychalk, 33
Victor Vroom, 289–290
Videogames, 451
Viés da austeridade, 478
Viés da condescendência, 478
Viés da proximidade, 479
Viés da similaridade, 479
Viés, 478–479
Violência doméstica, 313
Violência, 312–313, 322
Visitantese, 341–342
Viv Groskop, 365

W. E. Hill, 261
W. Edwards Deming, 38
W. H. Weiss, 183
Wabash TrueValue, 441
Wade Thompson, 192
Wall Street Journal, 340
Wal-Mart Stores, 54, 130–131, 205
Walt Disney World, 206
Walter F. Cameron Advertising, 374
Warren D. Jeffries, 378
Warren H. Schmidt, 198
Wells Fargo, 426
Wendy Zellner, 131
Westinghouse Electric Corporation, 38, 195, 288, 346–347
Westside Future, 418
WestStar Credit Union, 185
Weyco, 376
Weyerhaeuser Company, 38
Whack on the Side of the Head, (Von Oech), 231
Whirl, 169, 191
Whirlpool Corporation, 466, 467
Whole Foods Market, 74, 77, 300–301
William Converse, 265
William Fenech, 191
Windowbox.com, 266
Windows on the World, 64
Winston Churchill, 221
Wire One Technologies, 320
Wisco Industries, 311
Wiss, Janney, Elstner Associates, 171–172
Worker Health Chartbook 2000 (NIOSH), 498
Wow Answer Guide, 234
Wyndham International, 286

Xerox Business Products and Systems, 38
Xerox Corporation, 74, 249, 276, 378

Yahoo Empregos, 409
Yellow Roadway, 248
Yum! Brands, 291

Zeller Electric, 175

Impressão e Acabamento
Prol